O TRABALHO
DO ATOR

KONSTANTÍN STANILÁVSKI

O TRABALHO DO ATOR
DIÁRIO DE UM ALUNO

Editado por
JEAN BENEDETTI

Tradução
VITÓRIA COSTA

martins fontes

© 2017 Martins Editora Livraria Ltda., São Paulo, para a presente edição.
© 2008 Routledge. Todos os direitos reservados.
Esta obra foi originalmente publicada em inglês sob o título
An Actor's Work: A Student's Diary.

Publisher	Evandro Mendonça Martins Fontes
Coordenação editorial	Vanessa Faleck
Produção editorial	Susana Leal
Capa	Douglas Yoshida
Preparação	Nina Basílio
Revisão	Regina Schöpke
	Renata Sangeon

Dados Internacionais de Catalogação na Publicação (CIP)
(Câmara Brasileira do Livro, SP, Brasil)

Stanislávski, Konstantín, 1863-1938.
O trabalho do ator : diário de um aluno /
Konstantín Stanislávski ; tradução Vitória Costa –
São Paulo: Martins Fontes - selo Martins, 2017.

Título original: An Actor's Work: A Student's Diary
ISBN 978-85-8063-252-1

1. Artes cênicas 2. Atores - Formação 3. Método
de atuação 4. Representação teatral I. Título.

15-08492   CDD-792.028

Índices para catálogo sistemático:
1. Arte dramática : Teatro 792.028
2. Atores de teatro : Arte dramática 792.028

Todos os direitos desta edição reservados à
Martins Editora Livraria Ltda.
Av. Dr. Arnaldo, 2076
01255-000 São Paulo SP Brasil
Tel.: (11) 3116 0000
info@emartinsfontes.com.br
www.emartinsfontes.com.br

SUMÁRIO

O trabalho do ator VII
Introdução XI
Prefácio do tradutor XVII
Agradecimentos dos editores XXV
O trabalho do ator: Rascunho do prefácio original XXVII

PRIMEIRO ANO 1
O trabalho do ator: Introdução 3
  1. Amadorismo 5
  2. O palco como arte e atuação de mera técnica 17
  3. Ação, "se", "circunstâncias dadas" 39
  4. Imaginação 63
  5. Concentração e atenção 90
  6. Liberação muscular 125
  7. Cortes e tarefas 142
  8. Crença e senso de verdade 160
  9. Memória emotiva 205
 10. Comunicação 242
 11. Adaptações de um ator e outros elementos, qualidades, aptidões e dons 273
 12. Impulsos psicológicos internos 288
 13. Impulsos psicológicos internos em ação 298
 14. O estado criativo interno do ator 308
 15. A supertarefa e a ação transversal 322
 16. O subconsciente e o estado criativo do ator 338

SEGUNDO ANO 367

17. Transição para a concretização física 369
18. Educação física 373
19. Voz e fala 401
20. Perspectiva do ator e do papel 481
21. *Tempo-ritmo* 488
22. Lógica e sequência 535
23. Características físicas 545
24. Os retoques finais 567
25. Carisma 581
26. Ética e disciplina 584
27. O estado criativo externo da atuação 613
28. O estado criativo geral na atuação 615
29. O "sistema" 647

Apêndices 649
    Material adicional para o capítulo "Ação, 'se', 'circunstâncias dadas'" 651
    Material adicional para o capítulo "Comunicação" 659
    A relação ator-público 668
    Esboços e fragmentos 677
    Glossário de termos-chave: uma comparação de traduções 713
    Posfácio por Anatóli Smeliánski 716

O TRABALHO DO ATOR

O "sistema" de Stanislávski tem dominado a formação de atores no Ocidente desde que suas obras foram traduzidas para o inglês pela primeira vez, nas décadas de 1920 e 1930. Sua tentativa sistemática de definir uma técnica psicofísica de ação sobre si mesmo revolucionou os padrões de atuação no teatro.

Até agora, leitores e estudantes tiveram de lidar com versões em inglês imprecisas, enganosas e difíceis de ler. E algumas traduções equivocadas criaram distorções profundas na maneira pela qual seu sistema foi interpretado e ensinado. Em suma, Jean Benedetti obteve sucesso ao traduzir o longo manual de Stanislávski, criando um texto vivo, fascinante e preciso. Ele se manteve fiel às intenções originais do autor, juntando os dois livros, anteriormente conhecidos como *A preparação do ator* e *A construção da personagem*, em um único volume, de estilo coloquial e de fácil leitura para os atores da atualidade.

O resultado foi uma louvável contribuição para o teatro e um serviço prestado a um dos maiores inovadores do século XX.

Este livro é dedicado a Mária Petróvna Lílina – com quem compartilhei meus trabalhos –, minha melhor professora, atriz amada, e sempre uma devotada companheira em todos os meus empreendimentos teatrais.

INTRODUÇÃO

Declan Donnellan

A melhor história de Stanislávski que conheço não é sobre um ator, mas sobre um cachorro. Um ator tinha um cachorro que costumava ir aos ensaios. Por ser um pouco preguiçoso, passava o dia inteiro dormindo num canto. Estranhamente, todas as noites, quando os atores estavam prestes a terminar, o cachorro já ia para a porta, com a coleira na boca, esperando que o levassem para casa. O que surpreendia realmente Stanislávski era que o cachorro se levantava morosamente alguns minutos antes de seu dono chamá-lo. Preciso como um relógio, ao final de cada ensaio, ele corria para a porta e esperava pacientemente. Ora, como um cachorro poderia saber que o ensaio estava acabando antes de alguém ir até a porta? Stanislávski, por fim, compreendeu. O cachorro percebia quando os atores começavam a falar novamente como seres humanos normais. É que a diferença entre o artificial e o natural é tão aguda quanto a sineta de Pávlov.

Stanislávski era obcecado pela vida. Quando usava a palavra "arte", era, frequentemente, como um código para "vida". Essa fusão é clara, mesmo no título de sua autobiografia, *Minha vida na arte*. Sua prioridade absoluta era que a vida fluísse no palco. Ele odiava efeitos vazios e amava a vitalidade autêntica. Ele abominava gestos ocos que fingiam ter vida. Ele buscava a estranha mistura de disciplina e espontaneidade que caracteriza toda boa arte.

É por essa razão, presumivelmente, que ele continua a nos inspirar. E sua própria inspiração teve origem em diversas fontes. Quando jovem, ele ficou muito impressionado com o estilo de conjunto de uma companhia alemã que estava em turnê em Moscou, e também com Eleonora Duse, a grande estrela italiana, que tentava ocultar seu virtuosismo na luta por um momento vivo. Mas é claro que Stanislávski extraiu a maior parte de sua inspiração da própria vida, que ele via fluindo e refluindo à sua volta.

Em primeiro lugar, Stanislávski teve a visão de um teatro vivo, que não se reduz a um mero prédio ou mesmo a uma companhia. Ele representava, ao contrário, toda uma nova postura com relação ao próprio teatro.

Então, a pergunta que ele se fazia era: "*Como posso fazer isso? Como posso fazer a vida fluir no palco?*".

É nesse momento que, normalmente, nos precipitamos para descobrir como ele respondeu à pergunta: "*O que preciso fazer, que exercícios devo praticar para me tornar um ator bem-sucedido? Apenas indique-me os passos e eu seguirei o plano!*". Mas é exatamente nesse momento que devemos desacelerar por completo. Precisamos lembrar o que Stanislávski viu primeiro. Ele viu, ele teve a visão, de uma forma de atuação transbordante de vida. Para sua consternação, ele percebeu que era muito tênue a linha entre o fingido e o autêntico. Sim, nós conseguimos ver de imediato o abismo que parece separar a velha e terrível afetação do naturalismo sofisticado da moderna estrela de cinema. Mas a farsa pode ser frequentemente muito real, e uma apresentação completamente natural também pode ser perfeitamente falsa. De fato, separar a aparência da realidade é uma das tarefas mais difíceis, sendo que a inteligência pode dificultá-la ainda mais. Às vezes, é preciso um cachorro para perceber a diferença.

Stanislávski viu que é mais fácil oferecer ao público um percurso inteligente do que uma experiência real. Mas sua intuição fundamental foi a de que atuar é mais do que parecer real. Acima de tudo, ele sabia que atuar e fingir eram duas coisas totalmente diferentes e que essa distinção era sutil e crucial. De certa forma, toda a sua obra contribui para explicar essa diferença.

E, de algum modo, a primeira intuição de Stanislávski pode se perder por conta desta afobação que temos para aprender as técnicas e estratégias que ele inventou (e que muitas vezes descartou). O primeiro passo, então, não é perguntar: "*Como posso ser um ator bem-sucedido?*". A primeira pergunta deve ser sempre: "*O que é uma boa atuação?*". E a resposta continuará sendo a mesma: "*É boa quando é viva*". É estranho, mas precisamos voltar sempre a esse ponto de partida, caso contrário, estaremos perdidos para sempre.

Há alguns dias, um estrangeiro aproximou-se de mim na rua e perguntou, com um inglês perfeito: "*Desculpe-me, mas para que lado fica o Parque Belsize?*". Quando respondi, ele me olhou atento e perguntou, com grande ênfase: "*Mas como vou reconhecer o parque quando chegar lá?*". Foi uma pergunta muito boa. Em todos os campos, é de importância vital aprender a reconhecer quando chegamos lá.

Para Stanislávski, aprender a reconhecer as coisas é de grande importância — o ator, por exemplo, deve aprender a ver as restrições impostas à sua personagem. É assim que Stanislávski dá grande importância às "Circunstâncias Dadas". A ideia parece bastante óbvia, mas, ainda assim, é bastante sutil. Ele entende que a vida só é possível dentro de um contexto; que a personagem e a ação dependem das "Circunstâncias Dadas" e que precisamos enxergar as pequenas realidades que compõem o mundo em que vivemos. A duras penas, até nossa espécie está aprendendo que sua própria sobrevivência depende da saúde do planeta. Nós não existimos no vazio.

Infelizmente, Stanislávski tornou-se um mito, e isso acabou lhe prestando um desserviço. Como quase todo grande pensador, Stanislávski fala de alguns conflitos eternos com tal simplicidade enganadora que tendemos a nos ver refletidos ali. Talvez seja por isso que se apropriam dele com tanta facilidade.

Por exemplo, ele entende que o teatro sempre estará estendido entre dois polos – o da forma e o do conteúdo. E, embora Stanislávski fosse fascinado pelo funcionamento interno do ator, ele não era nenhum puritano do teatro. Ele adorava sua maquiagem; ele queria desfilar o corpo de Tuzenbach ao redor do palco no final de *As três irmãs* e ainda inovou tanto os efeitos sonoros que Tchékhov ameaçou começar sua próxima peça com a seguinte fala: "Não é incrível que em um verão tão quente não se ouça sequer uma cigarra em lugar algum?". Não eram os gestos teatrais que Stanislávski detestava – eram os gestos teatrais vazios.

Um dos principais temas da fase inicial de seu trabalho parece ter sido o da fuga de um teatro "superficial" para algo mais "verdadeiro". Isso é contrabalançado pelo entendimento de que o teatro, de fato, necessita desses dois extremos para ter alguma vida. Também precisamos de diversão para viver; porém, a diversão excessiva começa a se parecer com a histeria. Como muitos outros grandes artistas, Stanislávski transita entre esses eternos opostos, o profano e o sagrado, o grotesco e o sublime, o terreno e o etéreo*, o espetáculo e o culto. Ignorar um desses polos pode ajudar a nos sentir mais confortáveis a curto prazo, mas acaba conduzindo a um suicídio artístico. Para viver plenamente, precisamos saber gerenciar o tênue limite entre a ordem e o caos.

Assim, Stanislávski não é uma coisa única. Como todo grande pensador, ele é um emaranhado de contradições. Por exemplo, ele era um amador que almejava se tornar um verdadeiro "profissional". E ainda que seus contemporâneos concordassem que ele era um ator talentoso, em algum lugar dentro de

---

* Originalmente, os termos escolhidos por Declan foram *earth and clouds*, que literalmente se traduz por "terra e nuvens". No entanto, para evitar um provável equívoco de sentidos, já que a ideia de "estar nas nuvens" ou de "viver nas nuvens" (no mundo dos sonhos, da fantasia, da irrealidade) não expressa o sentido desta frase específica (ainda que também diga respeito à arte), preferimos traduzir por "terreno e etéreo", já que Declan parece querer apenas opor o concreto, a terra, o chão, o temporal, o mundano às esferas superiores, às alturas, ao elevado, ao puro, ao etéreo, ao sagrado. Em outras palavras, o que há de mais "baixo" ao que há de mais "alto". [N. E.]

seu coração, ele sempre se sentiu inexperiente. Decerto seus escritos nasceram dessa luta, que não visava apenas treinar seus alunos atores, mas também fazer dele mesmo um "profissional". É essa humildade que fez Stanislávski ser notável de verdade. Ele era sábio precisamente por saber que não *sabia*.

Como diretor, Stanislávski viu um grupo de atores atuando e entendeu que seu trabalho, nessa função, era ajudá-los a atuar em conjunto, igualando o nível de atuação do ator mais fraco com o do mais forte. Ao longo de sua vida, ele inventou exercícios para ajudar os atores a atuarem melhor. Nem mais, nem menos do que isso. Ele não tinha nenhum plano grandioso. Sabia que estava sempre reagindo às circunstâncias que o cercavam – suas próprias "Circunstâncias Dadas". E todas as circunstâncias dadas mudam, menos aquela que afirma que tudo deve mudar. Essa é uma das razões pelas quais se considera o *corpus* de seus escritos sobre teatro o mais sistemático, duradouro e revolucionário, precisamente porque ele sabia que qualquer sistema à prova de falhas está fadado ao fracasso.

Stanislávski mudava de ideia com frequência e também era cabeça-dura. Tomado por entusiasmos e modismos, como o Toad de *Toad Hall**, de repente, todos os seus alunos tinham de estar equipados com um caderno para anotar suas observações e, tão de repente quanto antes, tudo isso era esquecido.

Ao longo dos anos, especialmente depois da Revolução, seus alunos se separaram, cada um deles conservando uma memória do pensamento de seu mestre. Porém, raramente essas memórias constituíam mais do que um recorte – uma fotografia do pensamento de Konstantín Serguêievitch em um dado momento. Era como uma trégua temporária em seus pensamentos conflitantes. Eis por que muitos de seus discípulos discordavam tão seriamente. Konstantín Serguêievitch provavelmente teria concordado com a maioria deles! Mas é improvável que ele concordasse com os discípulos que afirmavam que o seu caminho era o único caminho verdadeiro.

O século passado testemunhou os esforços das superpotências para converter Stanislávski aos seus próprios usos ideológicos. É claro que, em primeiro lugar, elas tiveram de apagar sua inconveniente dimensão de humanidade. A União Soviética temia a ambivalência da metáfora; então, alguns *apparatchiks*** distorceram suas teorias para que elas servissem de porta-voz do mais sombrio naturalismo stalinista. Mas ele teve outro destino no resto do

....

* O sr. Toad ("sapo", em inglês) é um personagem das dramatizações teatrais intituladas *Toad of Toad Hall*, criadas por A. A. Milne no início do século XX e baseadas no livro *The Wind in the Willows* [O vento nos salgueiros], de Kenneth Grahame, publicado em 1908. O personagem Toad é um sapo criativo e inventivo, mas impertinente e imprevisível, daí sua comparação com Stanislávski. [N. E.]

** Na União Soviética, nome dado aos funcionários que exercem cargos burocráticos no Partido Comunista. [N. E.]

mundo, e se um dos princípios mais perenes de Stanislávski era o de que os atores deveriam ensaiar juntos, para poderem se adaptar e interagir espontaneamente com seus parceiros, nos Estados Unidos, já longe deste contexto essencial de conjunto, suas ideias foram usadas em favor da estrela individualista que prepara seu papel bem longe dos olhares curiosos de seus camaradas. Assim, durante grande parte do século passado, Stanislávski foi comunizado e capitalizado à vontade.

Mas o crescente fundamentalismo do século atual ameaça rivalizar com os horrores totalitários do século passado, e, assim, Stanislávski também se encontra ameaçado pelo fundamentalismo. Grandes líderes espirituais enfatizam que, quando há um conflito entre o texto da lei e o espírito da lei, é o espírito que deve prevalecer, sem exceção. Mas o problema com todos os fundamentalistas é que eles nunca são fundamentais o suficiente. Um texto escrito para ajudar as pessoas pode ser facilmente utilizado como um instrumento para controlá-las ou mesmo puni-las.

Konstantín Serguêievitch Stanislávski jamais pretendeu que suas palavras se tornassem uma escritura sagrada. Ele nunca procurou criar um "sistema". Ao contrário de Freud, ele nunca quis inventar uma ciência. Acima de tudo, ele tomava o cuidado de ressaltar que, enquanto houvesse vida verdadeira no palco, tudo deveria ser deixado como estava!

O crescente desejo dos estudantes de adquirirem habilidades pode ser bastante justo, mas, às vezes, é importante lembrar que aprender é muito mais do que armazenar qualificações e informações. Também é importante estar aberto para o espírito do mestre, que não pode ser quantificado nem descrito. Alguns de nós têm a sorte de ter grandes mestres; porém, eles não são grandes apenas por terem acesso a informações secretas ou por serem competentes para transmitir o seu ponto de vista. Eles são grandes porque infundem confiança em seus pupilos. E eles despertam a paixão dos pupilos pelo seu tema inspirando-lhes um sentimento de que eles *são capazes* em vez da sensação de que eles *não podem*. Eles capacitam seus alunos para que continuem depois deles. Em última análise, eles conseguem até mesmo preparar seus alunos para discordarem deles e se libertarem.

Meyerhold foi pupilo de Stanislávski. E Stanislávski preparou o jovem para iniciar o seu próprio estúdio. Eles, por vezes, discordavam de forma bastante violenta. Ocasionalmente, Meyerhold é usado como uma espécie de antídoto contra seu professor, como se fossem o Danton e o Robespierre da teoria teatral. Mas Meyerhold pegou o espírito de Stanislávski e o metamorfoseou – assim como Stanislávski também, anos antes, afetado pelo espírito de conjunto da companhia alemã que estava em turnê, inspirou e expirou esse espírito, transformando-o. Na verdade, Stanislávski dizia que considerava Meyerhold o seu verdadeiro herdeiro, tendo sido ele a última pessoa que lhe deu um emprego (antes do assassinato de seu aluno em Lubianca*). É claro que Meyerhold absorveu muito mais de Stanislávski do que alguns exercícios – o seu sistema de biomecânica é totalmente inspirado naquela sede insaciável de vida de seu professor.

No que diz respeito à atual tendência consumista da educação, que valoriza apenas a aquisição de habilidades visíveis, ela é menos preocupante do que o crescente clamor pelas certezas. Queremos saber como ser bem-sucedidos, queremos resultados rápidos – e sem floreios. Seria ótimo se existisse um processo passo a passo à prova de falhas para atuar bem ou fazer bom teatro, mas isso simplesmente não existe – da mesma forma que nenhuma religião, com um sistema do tipo "primeiro-faça-isso-e-depois-faça-aquilo", consegue garantir a redenção. É claro que existem exercícios que podem auxiliar. É claro que há procedimentos que podem ajudar a vida a fluir. Mas às vezes eles não funcionam, e Stanislávski teve o cuidado de apontar isso. Sua frustração muitas vezes transborda.

Mas por que Stanislávski continua a inspirar tantos atores e gente de teatro, inclusive aqueles que parecem estar tão longe de sua tradição? Porque a vida é tudo o que ele procurava. Ele se esforçava para que a vida fluísse nos atores, entre os atores, e entre os atores e a plateia. Suas palavras são um relato fascinante e comovente dessa luta. Seus escritos são importantes porque nos ajudam a entrar em contato com seu grande espírito. Ele foi um revolucionário porque nos ajudou a ver que atuar é mais do que um mero fingimento, e também a perceber que, para além do trivial, há algo de grandiosamente vivo que faz valer a pena o esforço.

DECLAN DONNELLAN
Outubro de 2007

Declan Donnellan é diretor artístico adjunto da Cheek by Jowl e diretor associado do Royal National Theatre. Em 1999, com seu parceiro Nick Ormerod, ele formou um grupo de atores em Moscou. Seu livro The actor and the target [O ator e o alvo], publicado originalmente em russo, já foi traduzido para vários idiomas.

www.cheekbyjowl.com

---

* Nome do edifício onde se localizava o quartel-general e a prisão da KGB, o Comitê de Segurança do Estado, em Moscou. Meyerhold foi executado em 2 de fevereiro de 1940. [N. E.]

PREFÁCIO DO TRADUTOR

Jean Benedetti

Este livro não é uma tradução literal nem acadêmica, mas uma tentativa de respeitar a intenção original de Stanislávski, que é a de fornecer, para os atores em formação, um relato acessível do "sistema", sem uma teorização muito abstrata. Daí a forma que ele escolheu: um diário escrito por um jovem estudante, no qual ele descreve as aulas de atuação dadas por Tortsov (Stanislávski) e a sua própria luta, ao lado de seus camaradas de classe, para dominar o novo método.

O trabalho do ator sempre apresentou problemas, tanto para os leitores russos quanto para os não russos. Primeiramente, é um trabalho que está escrito pela metade. Em 1888, quando tinha por volta de vinte anos, Stanislávski concebeu a ideia de uma "gramática" da atuação. Sua primeira tentativa, *Um projeto de manual*, data de 1906, quando teve início o "sistema". Posteriormente, ele tentou fazer uma exposição formal por meio de palestras e aulas, mas chegou à conclusão de que os atores não respondiam bem a esse tipo de abordagem. Ele deu uma série de conferências na escola do Bolshoi entre 1919 e 1921, o que representa a primeira tentativa de descrição do "sistema", mas nunca tentou publicá-las. Em seguida, ele experimentou a forma de romance, *A história de um papel* e *A história da produção*, abandonando ambos. Por fim, no final da década de 1920, ele optou pela forma de um diário; um diário escrito por um estudante enquanto ele passa pelo processo de formação, *O trabalho do ator sobre si mesmo*.

Depois do ataque cardíaco de 1928, que pôs fim à sua carreira de ator, ele voltou ao trabalhar nisso, baseando-se em artigos antigos, incompletos, e também em seus cadernos de anotações, de modo que grande parte do material foi escrito antes da Revolução. Concebido como um único volume, ele esboçou um curso de formação de dois anos, em que o aluno aprende primeiro o processo pelo qual se cria a vida interior de uma personagem e, em seguida, como isso é expresso em termos físicos e técnicos. O resultado é um sistema unificado, uma coerente técnica psicofísica.

Como já discuti anteriormente, os acidentes da história fizeram que os dois aspectos da formação fossem separados. Um único volume virou dois, de forma que, na própria Rússia, aproximadamente treze anos separaram a edição da Primeira Parte (1938) da edição da Segunda Parte (1953). Perdeu-se, assim, a unidade da técnica psicofísica. Até mesmo Elizabeth Hapgood, a primeira tradutora de Stanislávski, pensava que se tratava de livros separados e que a Segunda Parte representava uma revisão das ideias contidas na Primeira Parte. Desde o início, Stanislávski teve sérias dúvidas sobre a divisão do livro. Ele temia que o primeiro volume, tratando dos aspectos psicológicos da atuação, pudesse ser identificado como o "sistema" completo em si mesmo, como uma forma de "ultranaturalismo". E seus temores eram justificados. Os diretores têm visto o "sistema" como puramente "psicológico". Eles não têm consciência da enorme ênfase que Stanislávski dava à técnica física e vocal e à análise detalhada do texto. Por isso, tentei restaurar a unidade do conceito de ensino de Stanislávski, recriando a obra num único volume, como foi originalmente previsto.

Uma das dificuldades, porém, de apresentar um relato legível dessas ideias de Stanislávski é o seu estilo, que varia consideravelmente com relação a outros escritos. Ele vivia atormentado pela possibilidade de ser mal interpretado, como havia ocorrido no passado com tanta frequência, e até mesmo por colaboradores próximos. Como consequência, ele tinha a tendência de reescrever e explicar em excesso, usando várias palavras quando uma ou duas seriam suficientes e repetindo definições como um mantra. Seu estilo muitas vezes obscurecia seu sentido. Quando Liubóv Guriévitch, sua amiga de longa data e historiadora de teatro, viu os esboços dos primeiros capítulos de Stanislávski, em 1929, ela entendeu o problema. Eles eram repetitivos e prolixos. Ela sugeriu a Stanislávski que terminasse o livro e que depois os dois o editassem, e até o cortassem, para lhe conferir uma forma mais legível.

Stanislávski teve dois outros colaboradores para o livro, Norman e Elizabeth Hapgood. A sra. Hapgood falava russo fluentemente e tinha sido intérprete de Stanislávski em uma recepção na Casa Branca, em 1923, enquanto seu marido, Norman, era um editor e redator experiente.

Em 1929, Stanislávski renovou seu contato com a sra. Hapgood em Nice, onde ele convalescia depois de seus ataques cardíacos. Eles concordaram em colaborar para uma tradução norte-americana. A primeira coisa que Norman Hapgood fez foi pegar seu lápis azul e editar o esboço parcial de Stanislávski, enquanto Elizabeth Hapgood sugeria algumas revisões que foram retraduzidas para o russo. Quando Stanislávski retornou à Rússia, o livro ainda estava inacabado. A sra. Hapgood levou os capítulos completos de volta para os Estados Unidos, mas não recebeu os capítulos restantes até 1935.

A tarefa de Stanislávski, em seu retorno a Moscou, era preparar a edição soviética[1], trabalhando mais uma vez com a sra. Guriévitch. É dessa edição que nos ocuparemos agora. Essa edição diferiu substancialmente da edição entregue à sra. Hapgood, e as razões para isso são de dois tipos.

Primeiro, Stanislávski reescrevia incessantemente, enquanto a sra. Guriévitch usava seu "lápis azul". Ela editava suas versões com cuidado e introduzia um elemento de ordem. Infelizmente, ele revisava e reescrevia tudo, reintroduzindo o caos. Por fim, em desespero, Guriévitch teve de desistir da luta desigual, de modo que os capítulos finais da Primeira Parte são apenas de Stanislávski, nos quais fica muito evidente a deterioração da escrita. Mesmo depois que as provas tinham sido devolvidas para a gráfica, ele continuava a rascunhar partes para uma possível segunda edição. Assim, mesmo a edição russa de 1938 era, na sua concepção, "provisória".

Em segundo lugar, ele travou uma batalha amarga com a psicologia pseudomarxista soviética, que era behaviorista e não reconhecia a existência do subconsciente ou da mente. Por isso, ele reescreveu substancialmente passagens inteiras na tentativa de apaziguar as autoridades. Em nenhum lugar as diferenças entre as duas edições são mais evidentes do que nos capítulos 14, 15 e 16.

As razões para as dificuldades do estilo de Stanislávski são mais profundas do que as suas excentricidades pessoais. Seu esforço foi pioneiro. Ele tentou definir os processos do ator (mental, físico, intelectual e emocional) de uma forma abrangente, algo que nunca havia sido feito antes. Seu problema era que não havia nenhuma linguagem ou terminologia disponível à qual ele pudesse recorrer. Muitos conceitos atualmente considerados óbvios, como comunicação não verbal ou linguagem corporal, não existiam. Mesmo a noção de treinamento abrangente e sistemático não existia. Ensinar em escolas de teatro consistia basicamente na preparação de cenas pelos alunos, que seriam posteriormente retrabalhadas pelo tutor. Às vezes, o aluno preparava só uma ou duas cenas ao longo de todo o seu estudo e aprendia apenas a copiar os truques de seu mestre. Ele não tinha um processo coerente nem uma "gramática" de sua autoria. Stanislávski procurava desenvolver o ator-criador. Ele foi impelido, então, a forjar um "jargão" que era desconhecido fora do Teatro de Arte. Nos primeiros anos, sua experiência de ensinar o "sistema" tinha feito que ele desconfiasse de palestras formais ou da utilização de uma terminologia científica. Os atores se esquivavam disso ou co-

---

1. Para um relato completo da redação, tradução, edição e publicação da obra e sobre as diferenças entre a edição norte-americana de 1936 e a edição soviética de 1938, cf. meu *Stanislavski his Life and Art* [Stanislávski: sua vida e sua arte], 3ª edição, 1999.

meçavam a usar termos técnicos para dar a impressão de que haviam entendido, quando, na realidade, não haviam.

O "jargão" de Stanislávski se compõe de elementos disparatados. Sempre que possível, ele usava palavras comuns e cotidianas, que chamava de seu vocabulário "caseiro". Assim, ao analisar uma peça, ele não falava na sua divisão em partes ou seções componentes, mas a dividia em "Pedaços" ou cortes, como quando se corta um pedaço de carne[2]. Ao definir sua linha de ação, os atores traçavam "metas" e se davam "Tarefas" simples, práticas e diretas, em vez de algum tipo de elevado propósito filosófico ou emocional. Quanto ao resto, ele fazia o que podia, como podia. Quando chegou o momento de discutir a comunicação não verbal, ele se baseou em conceitos extraídos da ioga, que tinha estudado no começo do século XX. Onde quer que houvesse definições técnicas, científicas, tais como intelecto, sentimento e vontade, ele as usava. Às vezes, adaptava as palavras de acordo com a sua própria finalidade. Esse é o caso com a sua decisão de utilizar as palavras francesas *mise-en-scène/mises-en-scène* para designar a ação exterior no palco que, literalmente, "põe em cena" a ação interior da peça, como um todo ou em momentos individuais[3]. Talvez o exemplo mais significativo seja o uso da palavra-chave *vivência* (*perejivánie*), que denota o processo pelo qual um ator se envolve ativamente com a situação em cada apresentação. Às vezes, em especial, quando se tratava do subconsciente, ele foi obrigado a criar os seus próprios termos e definições que, muitas vezes, são extremamente complicados e confusos. O leitor tem de concordar com o "jargão", assim como fazem os alunos do livro. Na verdade, este é o propósito do livro: que o leitor vivencie o processo de aprendizagem dos alunos. Para ajudar, como fiz em livros anteriores, deixei os termos mais importantes do "sistema" com iniciais maiúsculas, para indicar a sua transformação de palavras cotidianas em definições técnicas.

ESTADOS UNIDOS E RÚSSIA: UMA HISTÓRIA DA PUBLICAÇÃO

O trabalho do ator

Por razões comerciais, Hapgood e Edith Isaacs, editora-chefe da Theatre Arts Books, reduziram a Primeira Parte, *A preparação do ator*, quase pela metade. Ela perdeu a sua forma essencial de diário de um estudante do primeiro ano para tornar-se uma narrativa direta. Muitas das animadas discussões em sala de aula, quando as ideias eram criticadas, e isso sem mencionar o humor,

---

2. Cf. Capítulo 7.
3. Cf. Glossário.

desapareceram. Não há, no original, um Diretor ditando princípios de forma abstrata, mas um professor rigoroso e compreensivo que orienta os alunos por meio de um processo de tentativa e erro. A sra. Hapgood também decidiu não usar os termos caseiros utilizados por Stanislávski, mas substituí-los por palavras mais abstratas. Assim, "Corte" se torna "unidade".

A construção da personagem

A Segunda Parte, *A construção da personagem*, novamente na tradução de Elizabeth Hapgood, apresenta problemas editoriais ainda mais sérios. Stanislávski não viveu para terminar a Segunda Parte. Quando da sua morte, em 1938, somente um ou dois capítulos, como o que tratava do Discurso, existiam em rascunho, embora o conteúdo geral do livro estivesse claro. Havia, além disso, um certo número de fragmentos de tamanho variável que forneciam a base para o manuscrito completo.

Estão disponíveis três versões da Segunda Parte. A primeira, traduzida por Elizabeth Hapgood e publicada em 1950, foi baseada no material fornecido pelo filho de Stanislávski, Igor. A sra. Hapgood acreditava que esse material representava os pensamentos finais de Stanislávski. Em 1955, a Segunda Parte surgiu como o volume 3 da edição soviética em oito volumes das *Obras coligidas* de Stanislávski. Ele incluía o material dos arquivos a que Hapgood não teve acesso. Ele foi apresentado como uma reconstrução. Em 1990, mais uma versão expandida apareceu como o volume 3 da nova edição em nove volumes das *Obras escolhidas*, claramente identificada como *Material para um livro*.

Embora as edições de 1955 e 1990 fossem acompanhadas de notas, não foi feito nenhum trabalho editorial no corpo do texto. Um exame detalhado dos textos russos publicados revela que o material estava bem incompleto. Grande parte havia sido extraída, como indicam evidências internas, de períodos anteriores da vida de Stanislávski, e não a partir de meados dos anos 1930. Muitas passagens são versões do material que já havia sido utilizado na Primeira Parte. Outros materiais são repetidos em mais de uma seção. Mesmo nos capítulos aparentemente completos há repetições. No capítulo sobre o Discurso, por exemplo, a pontuação, a ênfase e as pausas são discutidas duas vezes com exemplos pouco diferentes. Há materiais da seção *O estado criativo geral* que talvez fossem destinados ao capítulo 15 da Primeira Parte.

Isso, no entanto, é do interesse de especialistas e acadêmicos; mas, se a ideia for tentar produzir um livro que, como desejava Stanislávski, fosse prático o suficiente para ser usado na formação do ator, em conjunto com a Primeira Parte, é necessário então algum trabalho de edição.

Removi, tanto quanto possível, trechos ou materiais redundantes que tinham sido utilizados na Primeira Parte. Também removi as partes do capítulo sobre o Discurso que discutem a pronúncia correta das consoantes russas e que têm pouco sentido para os não falantes de russo. O treinamento técnico da voz e do corpo avançou de forma considerável nas escolas e nos conservatórios de teatro desde os anos 1930, de modo que algumas das ideias de Stanislávski, que haviam sido pioneiras na época, têm agora apenas interesse histórico. Editei e reuni, portanto, dois capítulos originais, *Canto e Dicção* e *O Discurso e suas Leis*, em um só capítulo, *Voz e Discurso*. Omiti os capítulos finais, *Fundamentos do Sistema* e *Como usar o Sistema*, quase inteiramente, uma vez que são fragmentários e sintetizam o material das partes anteriores. As revisões da Primeira Parte, que ele pretendia usar em uma segunda edição, aparecem como Apêndices no final do livro, assim como os exercícios práticos que Stanislávski havia sugerido.

Incluí o rascunho original do Prefácio escrito por Stanislávski, que nunca havia sido traduzido anteriormente. Ele foi reconstruído pelos editores dos atuais nove volumes, com base em anotações dos *Cadernos* de Stanislávski do começo da década de 1930. Os rascunhos originais apresentam suas intenções com muito mais clareza. O prefácio da edição russa de 1938 é, essencialmente, uma declaração política, uma defesa contra as críticas que ele recebera. Também incluí no Apêndice os rascunhos que Stanislávski escreveu depois que o livro tinha sido enviado para a gráfica, para uma possível segunda edição.

O "SISTEMA" E O MÉTODO

Um dos grandes obstáculos para o bom entendimento dos ensinamentos de Stanislávski foi a confusão generalizada entre o "sistema" e o Método tal como foi definido por Lee Strasberg no *Actors' Studio*, de Nova York. Strasberg tinha perfeita consciência das diferenças entre seus ensinamentos e os de Stanislávski, que se centravam no papel da Memória Emotiva[4]. No "sistema", a principal ênfase está na ação, na interação e na situação dramática que resulta no sentimento acompanhado de uma Memória Emotiva como técnica auxiliar e secundária. No Método, a Memória Emotiva é colocada bem no centro; o ator evoca, de forma consciente, sentimentos pessoais que correspondem aos da personagem, técnica que Stanislávski rejeitou expressamente. Enquanto, no "sistema", cada seção da peça contém algo que o ator tem de *fazer*, no Método há algo que ele tem de *sentir*. A principal preocupação de Strasberg era possibilitar que o ator desbloqueasse as suas emoções. A análise textual ou dramatúrgica é nula ou quase inexistente.

No início da década de 1950, Strasberg assumiu o *Actors' Studio*. Os fundadores originais, Elia Kazan, Robert Lewis e Stella Adler, eram, de modo ge-

---
4 Cf. Capítulo 9.

ral, defensores do "sistema" na sua forma tardia. Adler passou seis semanas em Paris, em 1934, trabalhando com Stanislávski o Método da Ação Física – que Strasberg rejeitou de maneira categórica e furiosa quando ela lhe falou sobre ele. Os professores do Studio entraram em um conflito acirrado. No início, Strasberg era exclusivamente professor de história do teatro e não tinha autorização para dar aulas de teatro, já que não era confiável. Foi com a ida de Elia Kazan para Hollywood que surgiu uma oportunidade para ele assumir. Ele, então, remodelou o Studio à sua maneira. Na verdade, ele se tornou o Studio; os ensinamentos eram os seus. Foi, de fato, graças ao impacto dos filmes de Elia Kazan e de uma série de interpretações impressionantes, de atores como Marlon Brando (aluno de Stella Adler, e não de Strasberg), que o método alcançou renome mundial e foi identificado com o "sistema". Isso se tornou possível porque a maioria dos atores e diretores, como temia Stanislávski, achava que *A preparação do ator*, que é uma versão cortada da metade de um livro, era o "sistema" completo. O "sistema" significava subjetividade e emoção5. Para piorar a confusão, o termo *perejivánie* (vivência) era comumente traduzido como "identificação emocional".

Na década de 1950, apenas em uma ou duas escolas no Reino Unido se ensinava o "sistema" como tinha sido estabelecido pelo próprio Stanislávski. E novamente o "sistema" foi identificado com o Método, que era geralmente ridicularizado por profissionais de sucesso. Somente Michael Redgrave, entre os principais atores de sua época, realmente compreendia Stanislávski. Somente nos últimos trinta anos os ensinamentos autênticos de Stanislávski se tornaram conhecidos nos departamentos de teatro das universidades e nas escolas de teatro. No entanto, mesmo pessoas relativamente bem informadas ainda confundem o "sistema" com o Método, e é por isso que é importante reafirmar a integridade do pensamento de Stanislávski.

AS PERSONAGENS DO LIVRO

Uma observação deve ser acrescentada sobre os nomes das personagens do livro. Stanislávski seguiu uma tradição segundo a qual as personagens recebiam nomes que refletiam a natureza essencial de suas personalidades. Stanislávski se torna Tortsov, que deriva da palavra que designa "criador". Tortsov é uma combinação do Stanislávski maduro e do seu mentor, o principal tenor do Bolshoi, Fiôdor Komissarjévski. O aluno que escreve o diário é Nazvánov, ou seja, "o escolhido". Ele é uma combinação do jovem Stanislávski – com o mesmo primeiro nome, Kóstia (Konstantín) – e de seu pupi-

---

5 Para uma análise detalhada do problema, cf. Richard Horby, *The End of Acting* [O fim da atuação], Applause Books, 2000.

lo favorito, Vakhtángov, que chamou a atenção de Stanislávski pela primeira vez como estenógrafo. Outros alunos se chamam Inteligente, Gordo, Cara Bonita, Bocão, Jovem, Feliz e Exibido. Essas sutilezas linguísticas se perdem para os não falantes do russo. De fato, a simples pronúncia dos nomes russos apresenta dificuldades que podem ser uma barreira para o entendimento. Com sabedoria – e, provavelmente, com a aquiescência de Stanislávski –, Hapgood deu primeiros nomes a cada um dos estudantes e eu, assim como os tradutores para outras línguas, segui o seu exemplo.

Os alunos
Dária Dímkova
Grícha Govôrkov
Mária Maloliétkova
Konstantín (Kóstia) Nazvánóv
Lev Puschin
Pável (Pácha) Chustóv
Nikolai Úmnovikh
Vária Veliáminova
Igor Vesselóvski
Ivan (Vánia) Viuntsov

Os professores
Ivan Rakhmánov
Arkádi Tortsov

AGRADECIMENTOS

Gostaria de expressar minha profunda gratidão a Kátia Kamótskaia, atriz profissional e diretora, graduada pela Escola Vakhtángov, em Moscou, por ler todo o rascunho da tradução e fazer muitas sugestões valiosas quanto aos seus significados e nuances. Nosso estudo em conjunto do texto de Stanislávski, muitas vezes complicado e nebuloso, revelou as dificuldades que o seu estilo apresenta quando se tenta decifrar o seu sentido, mesmo para os falantes nativos de russo. A tradução final é o resultado de muitas horas de discussão detalhada.

JEAN BENEDETTI
Outubro de 2007

AGRADECIMENTOS DOS EDITORES

Os editores gostariam de agradecer aos seguintes colaboradores pelo apoio e pelas contribuições:

Louise Jeffreys e Sarah Shaw do Barbican Centre; Paul Fryer e Andrew Eglington do Rose Bruford College; Bella Merlin; Anne Meyer; Declan Donnellan e Jacqui Honess-Martin do Cheek by Jowl; Maxime Mardoukhaev e Olga Alexeev, Paris; Laurence Senelick, Tufts University, Boston; Anatóli Smeliánski, Estúdio-Escola do Teatro de Arte de Moscou; The National Theatre, Londres; Marie-Christine Autant-Mathieu do CNRS, Paris.

O TRABALHO DO ATOR

Rascunho do prefácio original
[TRECHOS]

Meu livro não tem a pretensão de ser científico. Apesar de considerar que a arte deve ter uma boa relação com a ciência, assustam-me todos os tipos de sofismas científicos que os atores usam nos momentos em que estão criando intuitivamente. Essa é a principal preocupação deste livro. Atuar é acima de tudo intuitivo, porque se baseia em sentimentos subconscientes, nos instintos do ator. É claro que isso não significa que o ator deva ser um ignorante, que ele não tenha necessidade de conhecimento. Muito pelo contrário, ele precisa dele mais do que ninguém, porque é o saber que lhe fornece material para ser criativo. Mas existe um tempo e um lugar certo para tudo. Os atores devem se educar, acumular conhecimentos e experiências da vida real; mas, no palco, enquanto estão atuando, devem esquecer o que aprenderam e ser intuitivos.

A intuição deve ser a pedra fundamental do nosso trabalho, porque a nossa constante preocupação é com o espírito humano vivo, com a vida da alma humana. Não se pode criar ou vir a conhecer um espírito vivo por meio do cérebro. Em primeiro lugar se faz isso com o sentimento. Essa consciência é criada e percebida pelo próprio espírito vivo do ator.

No teatro, conhecimento significa sentimento.

Se meu livro influenciar as futuras gerações e atrair alguma atenção, estará sujeito a uma crítica rigorosa, tanto científica quanto não científica. Isso é positivo porque a crítica de profissionais inteligentes pode esclarecer muitos mal-entendidos e lacunas em nossa técnica. Ela revelará e explicará as deficiências do meu livro. Terei orgulho e ficarei satisfeito por ter sido a causa de debates e estudos que serão direcionados para a verdadeira natureza do nosso trabalho, e não para tentativas de criar substitutos para ele, como tem ocorrido nos últimos tempos. Sem dúvida, também haverá opiniões de pessoas que não entendem nem o teatro, nem os estudos científicos sobre ele. E talvez as pessoas que se consideram especialistas também falem dele, assim como falarão as pessoas que têm medo da verdadeira arte no teatro ou as pessoas que se ligam a ele apenas para poder explorá-lo. Vão se refugiar em frases de efeito, ensaios, palavras decoradas e desprovidas de sentido que são prejudiciais para a nossa prática profissional, já que enchem a cabeça dos atores e do público com irrelevâncias.

Como uma defesa contra esses filisteus e forasteiros, apresso-me a alertar os atores e outros profissionais sobre o que podem esperar dos meus esforços.

Eles devem esperar um benefício prático, uma ajuda real dos conselhos que meu livro tenta dar. Se não houver nenhum benefício prático, o meu livro é inútil. Portanto, sempre que falo de trabalho criativo ou de arte me guio pelo teatro em si, isto é, pelo sentimento. Vou falar da arte e do trabalho criativo exclusivamente com base nos meus sentimentos e no que aprendi em uma vida inteira de experiência, durante a qual ouvi atentamente a mim mesmo como artista, enquanto estava ativo, e aos outros, como diretor e professor.

Somente este material e as conclusões que tirei das minhas experiências, do meu trabalho, das minhas observações e da minha prática, são de interesse tanto para os profissionais — ou seja, atores, diretores e outros que atuam com arte — quanto, possivelmente, para os homens de ciência, se quiserem um material vivo, baseado na experiência cotidiana, para a sua pesquisa sobre a prática do teatro. Em poucas palavras, independentemente do uso que os cientistas possam fazer do meu livro e do jeito como procedam, a sua relevância é puramente prática.

Ao se estudar qualquer sistema, método ou conselhos práticos, uma coisa se torna aparente. Aqueles que estudam qualquer um deles têm uma característica distintiva: a impaciência. Buscam um retorno rápido de sua leitura. E, assim, lançam-se furiosamente sobre livros de sistemas diferentes, mas logo se decepcionam e os deixam de lado. As minhas sugestões práticas padecem desse destino comum mais do que quaisquer outras. É fácil se apaixonar por elas; mas, como à primeira vista elas não trazem nenhum benefício, e sim um obstáculo temporário, o desencanto se instala tão rápido quanto o encantamento anterior.

Tenho medo da impaciência, tão característica dos atores (não dos verdadeiros atores), e por isso gostaria de lembrar uma verdade elementar que é fácil de esquecer: um sistema precisa se tornar tão familiar que você acabe se esquecendo dele. É só depois que ele se tornou parte da sua carne, sangue e coração, que se pode começar, inconscientemente, a obter um real benefício dele.

Você deve absorver e filtrar qualquer sistema por você mesmo, torná-lo seu, manter sua essência e desenvolvê-lo à sua própria maneira.

A essência do meu livro é o acesso ao subconsciente por meio do consciente. Tento usar os métodos conscientes no trabalho do ator para estudar e estimular a criatividade subconsciente – a inspiração. Sustento, com base em uma longa prática, que isso é possível com a condição, é claro, de toda a iniciativa criativa ser dada à natureza, a única e verdadeira criadora, a que é capaz de gerar, de conceber o que é verdadeiramente belo, inescrutável, inatingível, inacessível a qualquer forma de consciência, isto é, aquilo que tem um espírito vivo em seu interior. A mente consciente só pode ajudá-la.

Atuar é, acima de tudo, interior, psicológico, subconsciente. A melhor coisa é quando a criação ocorre de forma espontânea, intuitiva, por meio da inspiração.

Mas e se isso não acontecer?

Então, tudo o que resta a fazer é estimular, pela nossa técnica, a criação subconsciente através de meios conscientes.

Meu sistema se destina aos criativos. Meu sistema é para quem tem talento.

Dizem que pessoas talentosas não precisam de um sistema, que criam inconscientemente. Isso é o que a maioria, o que quase todo mundo diz. Mas, curiosamente, nem as pessoas muito talentosas, nem os gênios dizem isso.

No entanto, antes de atingir as alturas encantadoras da inspiração, temos de lidar com a técnica consciente para alcançá-la.

Somos confrontados não apenas com a mente invisível e criativa do ator, mas também com seu corpo, visível e palpável. Isso é real, material, e, para operar com isso, é necessário o "trabalho pesado", sem o qual nenhuma arte é produzida.

Precisamos dessa prosaica rotina diária da mesma maneira que os cantores precisam impostar a voz e treinar a respiração ou que os músicos precisam desenvolver suas mãos e dedos, e os bailarinos precisam de exercícios para as pernas. A única diferença é que os atores precisam desse trabalho preparatório em um grau muito mais elevado. Os cantores só têm de lidar com a voz, a respiração e a dicção, os pianistas só têm de lidar com as mãos, mas nós temos de lidar com tudo isso, e também com o corpo, o rosto, a nossa psicologia e fisiologia – tudo isso ao mesmo tempo.

Só percebemos a necessidade dessa rotina na preparação de nosso mecanismo, e ela só se torna fácil e prazerosa quando é direcionada, desde o início, por algum objetivo fundamental e convincente – o poder criativo subconsciente e sempre inspirador da própria natureza.

Não é suficiente escrever um livro sobre os sentimentos associados ao nosso próprio processo criativo. É necessário educar pessoas para que elas sejam capazes de ler este livro. Estou dando o meu melhor para isso. Mas é preciso reconhecer que já existe, e existirão ainda mais, falsos discípulos... Fuja dessas pessoas como da peste. Elas são perigosas porque abordam o sistema de modo superficial, formalmente, passando apenas pelos seus pontos altos. Sua compreensão é extraordinariamente simplista. Pensamentos simplistas são perigosos. Eles brotam da estreiteza do espírito, da falta de talento, da obtusidade na compreensão da alma humana e dos processos mais complexos da sua vida interior. As pessoas estúpidas fazem todos os exercícios externos visando ao seu próprio intento, mas esquecem que não são eles que importam. O que importa é o que eles produzem mentalmente. Mas esse mundo interior não é para os estúpidos, e por isso eles o rejeitam. Qual a utilidade de todo o sistema nesse caso? Para pessoas artisticamente entediantes e sem talento, ele é útil para a sua carreira, para ter dinheiro e status. Elas mesmas vão se apresentar como meus pupilos. Não acredite nelas. São os piores inimigos da arte.

Sistemas de todos os tipos entram "na moda" no teatro. É essencial que cada ator em ascensão, para estimular seu status, sua carreira, sua popularidade, crie seu próprio sistema e seu próprio estúdio. Esses "sistemas" não pagam, de forma alguma, "dividendos". Então, para que eles servem? Na realidade, existe apenas um único "sistema", e é o que pertence à nossa própria natureza criativa como artistas e seres humanos. Devemos estudá-lo de todos os ângulos e basear nele as nossas leis. Mas temos de ser cuidadosos. Você pode complicar as leis criativas da natureza de tal forma que se torne impossível aplicá-las. Por outro lado, é possível também esvaziá-las e reduzi-las a ponto de elas perderem todo o significado.

Sempre lemos artigos inteligentes e críticas sobre a arte do teatro e as interpretações dos atores. Eles demonstram a grande erudição e a capacidade filosófica do escritor, mas que contribuição prática eles trazem? Nenhuma, ou quase nenhuma, e, em muitos casos, eles são simplesmente confusos.

Conhecemos diretores inteligentes que fazem o mesmo.

Da mesma forma, conhecemos professores eminentes e "simplistas". O seu ponto de vista sobre a arte e o trabalho criativo é extremamente fácil. Mal saem os resultados de algum teste ou experimento interessante, eles já anotam o que precisam e, no dia seguinte, nas diversas instituições onde ensinam, proclamam as últimas descobertas em psicotécnica, que ainda nem foram totalmente testadas pelas pessoas que, de fato, realizam a pesquisa.

Eles desenvolveram uma capacidade extraordinária de evitar o que é necessário, aquilo que é difícil na arte, e de se apegarem ao que é irrelevante, mas de fácil acesso. Por exemplo, é fácil fazer os exercícios, o difícil é usá-los para desenvolver a psicotécnica.

O ator Leônidov diz: "Há verdades e 'verdades'". Meus alunos, aqueles de quem falei, revelaram muitas "verdades" que, por engano, espalharam como se fosse o "sistema", mas eles não dizem nada das verdades reais que são tão caras para mim.

Essas pessoas "simplistas" terminam seu estudo do "sistema" e sua familiaridade com ele, colocando um ponto final quando o "sistema" realmente começa a se revelar, ou seja, no ponto em que a parte crucial do ato criativo emerge – o trabalho da natureza e do subconsciente.

Muitas vezes, elas subestimam a parte complexa e difícil e superestimam a parte mais acessível e fácil, a primeira, a parte preparatória. Pessoas que abordam a arte dessa maneira simplista são os piores inimigos do "sistema". Não menos perigosos são os nossos discípulos "ininteligíveis". Geralmente, são honrados homens de ciência e de literatura, teóricos sem nenhum sentimento pela arte do ator, pela essência humana do teatro e pela nossa psicotécnica.

Existem "admiradores" que só pensam no produto final, em uma interpretação que seja corretamente realizada e encenada. Eles concentram toda a sua atenção nela, esquecendo-se dos atores, que são os únicos que podem dar vida – alma – a uma interpretação.

Cada palavra deste livro foi verificada na prática. Não há lugar para especulação. Extraí os fatos da minha própria experiência e só a escondi atrás de outro nome (Tortsov) por conveniência.

Essa proximidade do chamado "sistema de Stanislávski" com o ator enquanto ser humano, enquanto organismo criativo, é o seu ensinamento mais importante, especialmente agora, quando todo mundo está se afastando dele ao máximo, em busca de um novo, custe o que custar.

Apesar de não negar a necessidade constante de acompanhar a evolução dos tempos, considero perigoso forçar qualquer aspecto de nossa sutil, caprichosa e complexa natureza. Precisamos nos vingar impiedosamente do que vemos na atuação contemporânea. Nossas tarefas mudam, mas a natureza criativa e suas leis não.

O conteúdo, as tarefas e as formas das coisas que criamos podem mudar, mas não devemos violar as leis da natureza nem causar coação. Onde se forçam as etapas acaba o trabalho criativo, assim como a própria arte. A coação é nosso mais perigoso inimigo.

Há um aspecto da nossa arte que é nítido para todos os atores, independentemente da escola a que pertençam. O realista, o naturalista, o impressionista e o cubista põem a comida na boca, mastigam, engolem, e ela vai para o estômago. Exatamente a mesma coisa se aplica ao que percebemos na arte, na nossa forma de assimilá-la, desenvolvê-la e materializá-la; formas que a natureza estabeleceu de uma vez por todas e que não são suscetíveis de mudanças sob nenhuma circunstância.

  Assim, os atores e outras pessoas que trabalham no teatro devem criar o *que* e *como* quiserem, mas com uma condição essencial: a de que o seu processo criativo não vá contra a natureza e suas leis. Se você quer cantar a "Internacional" comunista ou o hino czarista, precisa de uma voz bem impostada e de técnica. É sobre essa impostação e sobre essa técnica que este livro fala, e nada mais. Ele foi escrito em defesa das leis da natureza.

Primeiro ano
VIVÊNCIA

O TRABALHO DO ATOR

Introdução

... Em fevereiro de 19.., na cidade de N[1], onde me encontrava trabalhando com um amigo – que, como eu, também era estenógrafo –, houve um convite para que registrássemos uma palestra pública com o renomado ator, diretor e professor Arkádi Tortsov. Essa palestra decidiu meu futuro e meu destino: senti uma atração irresistível pelo palco. Matriculei-me, então, na escola de teatro e, em breve, começarei a trabalhar com ele e seu assistente, Ivan Rakhmánov.

Estou extremamente feliz por ter abandonado a minha antiga vida e me lançado em uma nova direção.

Mas há algo desse passado que viria a ser útil: a minha taquigrafia.

E se eu registrasse todas as aulas sistematicamente, da forma mais literal possível? Dessa maneira, eu poderia criar um verdadeiro manual! Isso me ajudaria a rever o que tivéssemos feito. E, mais tarde, quando já tivesse me tornado um ator, essas anotações funcionariam como uma bússola nos momentos difíceis do meu trabalho.

Está decidido. Vou fazer minhas anotações na forma de um diário.

---

1. Níjni-Nóvogorod, onde Vakhtángov nasceu. Ele chamou a atenção de Stanislávski, primeiramente, por ser um estenógrafo.

1

Amadorismo

.. .. 19..

Hoje esperamos, não sem um pouco de temor, nossa primeira aula com Arkádi Tortsov. Mas tudo o que ele fez foi entrar e fazer um comunicado surpreendente. Tortsov havia organizado uma apresentação na qual teríamos de interpretar trechos de peças de nossa escolha. Ela se daria no palco principal, para um público composto pela companhia e pela administração. Ele desejava nos ver interpretando no palco, em grupo, e com tudo completo, maquiagem, figurino e iluminação. Segundo ele, só esse tipo de apresentação poderia fornecer uma imagem nítida de nossa qualidade cênica.

Os estudantes ficaram perplexos, congelaram. Aparecer *naquele* palco, no *nosso* teatro? Seria um sacrilégio artístico! Quis falar com Tortsov, para pedir que a apresentação fosse transferida para algum outro lugar menos imponente, mas ele se foi antes mesmo que eu pudesse alcançá-lo.

A aula foi cancelada e assim tivemos um tempo livre para escolher nossos trechos.

A proposta de Tortsov desencadeou uma animada discussão. A princípio, só alguns se mostraram favoráveis. Um jovem camarada de boa compleição física, chamado Grícha Govórkov – que, como ouvi dizer, já havia representado em alguns teatros menores –, uma loira alta, bonita e robusta, Sônia Veliamínova, e o pequeno, irrequieto e animado Vánia Viúntsov apoiaram a proposta de forma veemente.

Mas nós, os restantes, fomos aceitando a ideia aos poucos. E, ao vislumbrarmos o brilho da ribalta em nossa imaginação, logo a apresentação tornou-se algo atraente, útil e quase vital. Nossos corações disparavam quando pensávamos nela.

A princípio, Pável Chustóv, Lev Púschin e eu fomos muito moderados em nossas ambições. Pensamos em pequenos esquetes e em comediazinhas superficiais. Nós achávamos que isso era tudo o que podíamos fazer. Porém, em torno de nós, os nomes dos grandes escritores russos – Gógol, Ostrôvski, Tchékhov – e, em seguida, dos mestres da literatura mundial eram cada vez mais cogitados com confiança, de modo que, sem perceber, nossa moderação foi ficando para trás. Agora almejávamos os românticos, algo com figurino e em verso. Fiquei tentado pelo papel de Mozart na peça *Mozart e Salieri*, de Púchkin, e Lev ficou pelo de Salieri. Já Pácha*, por sua vez, achou que poderia arriscar o Dom Carlos, de Schiller. Então, começamos a falar de Shakespeare e eu optei por Otelo[1]. Acabei decidindo-me por ele, uma vez que não tinha um exemplar de Púchkin em casa, mas tinha um de Shakespeare. Estava tão animado com o trabalho que queria começar imediatamente e, portanto, não podia perder tempo procurando um livro. Pácha disse então que interpretaria Iago.

Hoje fomos informados que o primeiro ensaio está marcado para amanhã. Assim que cheguei em casa, tranquei-me no quarto e me acomodei no sofá, abri meu livro com reverência e comecei a ler. Mas, já na segunda página, senti que precisava começar a atuar. Não conseguia me controlar. Minhas pernas, minhas mãos e meu rosto começaram a se mover por conta própria. Tinha de declamar as falas. De repente, deparei-me com um grande abridor de cartas de marfim na mão, que enfiei no cinto para que parecesse uma adaga. A toalha foi transformada em um turbante e o puxador multicolorido das cortinas da janela serviu como um cinturão. Confeccionei uma toga e um manto com os lençóis e o cobertor. O guarda-chuva virou uma cimitarra. Mas faltava o escudo. Lembrei, então, que, ao lado, na sala de jantar, atrás do armário, tinha uma grande bandeja que poderia servir de escudo. Havia chegado o momento da batalha.

Assim armado, senti-me um verdadeiro guerreiro, orgulhoso, belo e majestoso. Só que minha aparência era moderna, suave, refinada. Mas Otelo é africano! Há algo de tigre nele. Fiz então toda uma série de exercícios para tentar descobrir os movimentos característicos de um tigre. Eu deslizava em torno do quarto, esgueirando-me, passando entre os móveis, escondendo-me atrás do armário, esperando a minha presa. De um só pulo, saí do meu esconderijo e caí em cima do meu inimigo imaginário, representado por um almofadão. Eu o sufoquei "como um tigre" e o esmaguei com o meu peso.

---

* Diminutivo de Pável. [N.T.]

1. Nikolai Vassílevitch Gógol (1809-1852); Aleksándr Nikoláievitch Ostróvski (1823-1886), um dos poucos escritores russos que escreveram exclusivamente peças teatrais, e Anton Pávlovitch Tchékhov (1860-1904). *Mozart e Salieri*, de Aleksándr Púchkin (1799-1837), uma de suas quatro *Pequenas tragédias* (1836). *Don Carlos* (1787), do dramaturgo romântico alemão Johann Christoph Friedrich von Schiller (1759-1805). Nazvánov escolheu o Ato III, cena 4, do *Otelo* de Shakespeare.

A mesma almofada virou depois minha Desdêmona. Abracei-a apaixonadamente, beijei-lhe a mão, que tinha improvisado com uma das pontas da almofada; depois afastei-a com desprezo, para logo abraçá-la de novo, estrangulá-la e chorar sobre seu cadáver. Algumas partes não ficaram de todo ruins.

Fiquei cinco horas ensaiando e nem percebi, o que já não acontece quando você é forçado a isso! Em momentos de inspiração artística, as horas parecem minutos. Essa era uma prova clara de que o estado que vivenciei foi, de fato, de genuína inspiração!

Antes de despir meu figurino, aproveitei que todos estavam dormindo no apartamento e me esgueirei em direção ao corredor vazio, onde havia um grande espelho. Acendi a luz e dei uma olhada em mim mesmo. Mas o que vi não era nada do que eu esperava. As poses e os gestos não tinham absolutamente nada a ver com o que eu tinha imaginado em minha cabeça. O espelho revelou um ângulo e uma feiura de traços em meu corpo que eu nunca estive ciente de ter. Eu fiquei tão desapontado que a minha energia dissipou-se.

.. .. 19..

Acordei mais tarde do que de costume, troquei de roupa o mais rápido possível e fui correndo para a escola. Quando entrei na sala de ensaios, todo mundo já estava me esperando. Fiquei tão constrangido que, em vez de me desculpar, soltei uma frase banal e estúpida:

— Acho que estou um pouco atrasado.

Rakhmánov lançou-me um longo olhar de reprovação e, por fim, disse:

— Estávamos todos aqui sentados esperando, ansiosos e impacientes, e você acha que está só *um pouco* atrasado! Todo mundo chegou aqui pronto para o trabalho, mas por sua causa já perdi todo o entusiasmo de dar essa aula. É bem difícil criar uma motivação, porém é muito fácil acabar com ela. Quem você acha que é para atrapalhar toda a turma? Eu tenho muito respeito pelo nosso trabalho para tolerar esse tipo de desleixo, e é por isso mesmo que acho que é preciso conduzir nossas atividades com disciplina militar. O ator, como o soldado, precisa de uma disciplina férrea. Dessa primeira vez, vou deixar passar só com uma simples advertência, sem anotar nada no diário de classe. Porém, você tem de pedir desculpas a todos e, no futuro, ter como regra chegar para o ensaio quinze minutos antes, e não depois de ele ter começado.

Eu gaguejei minhas desculpas e prometi não chegar atrasado novamente. No entanto, Rakhmánov já não queria mais começar a aula. O primeiro ensaio, disse ele, é um acontecimento especial na vida de um ator e deve sempre deixar nele boas lembranças. Por minha causa, o ensaio de hoje estava arruinado. Nosso ensaio mais importante ficou então para o dia seguinte, substituindo o fiasco de hoje. Em seguida, Rakhmánov saiu da sala.

Mas não acabou por aí. Liderados por Grícha, meus camaradas me deram outra "bronca". Essa "bronca" foi ainda mais severa do que a primeira. Eu não vou esquecer tão cedo a vergonha de hoje.

Meu plano era ir para a cama cedo, porque depois da comoção de hoje e da decepção da noite anterior, fiquei com medo de tentar ensaiar e trabalhar o papel. Mas, de repente, vi uma barra de chocolate. Comecei a misturá-la com um pouco de manteiga. O resultado foi uma pasta marrom. Foi fácil espalhá-la pelo rosto e me transformar em um mouro. Meus dentes pareciam mais brancos em contraste com minha pele escura. Sentado em frente ao espelho, fiquei um bom tempo admirando a sua brancura, aprendendo a arreganhá-los e a revirar o branco dos meus olhos.

Eu precisava experimentar o figurino para ver se a maquiagem tinha ficado boa e, uma vez vestido, senti vontade de representar. Mas não encontrei nada de novo, só repeti o que tinha feito na noite anterior e que já tinha perdido a graça. Mesmo assim, consegui ver qual seria a aparência exterior do meu Otelo. Isso é importante.

.. .. 19..

Hoje foi nosso primeiro ensaio e dei um jeito de aparecer bem antes do início. Rakhmánov pediu que nós mesmos arrumássemos o espaço e os adereços. Ainda bem que Pácha não se interessava muito por esses aspectos exteriores e concordou com todas as minhas sugestões. Para mim, era especialmente importante conseguir dispor os adereços de maneira que pudesse me movimentar entre eles, como tinha feito no meu quarto. Do contrário me faltaria inspiração. Entretanto, não consegui fazer o que queria. Fiz um esforço para me convencer de que estava no meu próprio quarto, mas não consegui. De fato, isso era mais um obstáculo para a minha atuação.

Pácha já sabia suas falas, mas eu tinha de usar o livro ou traduzir grosseiramente o sentido daquilo de que eu me lembrava usando as minhas próprias palavras. Para a minha surpresa, em vez de me ajudar, as falas reais acabaram me atrapalhando. Teria sido ótimo continuar sem elas ou cortá-las pela metade. Não só as palavras, mas também os pensamentos do autor, que não eram os meus, e as rubricas que ele indicava, limitavam a liberdade que eu tinha desfrutado quando ensaiara em casa.

Ainda mais incômodo era o fato de que eu não reconhecia a minha própria voz. De fato, nem a *mise-en-scène*[2], nem a ideia do personagem que eu tinha criado em casa tinham a ver com a peça de Shakespeare. Por exemplo, como eu poderia arreganhar os dentes, revirar os olhos e fazer meus movi-

---

2. Stanislávski usa uma palavra francesa, denotando encenação, para designar a ação global no palco destinada a expressar as intenções das personagens.

mentos "de tigre", que eram o meu percurso para entrar no papel, durante a cena de abertura relativamente tranquila entre Iago e Otelo?

No entanto, eu não conseguia abrir mão dos meus truques ou da minha mise-en-scène porque não tinha nada para colocar no lugar deles. Por um lado, recitei as falas de modo artificial e, por outro, representei meu próprio selvagem, também de modo artificial, mas sem nenhuma relação entre os dois. As falas atrapalhavam a atuação, e a atuação atrapalhava as falas. Em tudo, havia uma sensação geral de desacordo.

Mais uma vez, não me ocorreu nenhuma novidade ao ensaiar em casa. Apenas repeti as velhas coisas com as quais não estava satisfeito. Mas para que serve repetir as mesmas sensações e fazer as mesmas coisas? Será que elas pertencem a mim ou ao mouro selvagem? Por que a atuação de ontem foi igual à de hoje, e por que a de amanhã será igual à de hoje? Será que a minha imaginação se esgotou? Ou será que não tenho na minha memória o material de que necessito para o papel? Por que o início do trabalho foi tão rápido e fácil, e, depois, cheguei a um beco sem saída?

Enquanto refletia sobre essas coisas, meu senhorio e sua esposa se sentavam para o chá da tarde no aposento ao lado. Tive de ir para outra parte do quarto para recitar minhas falas o mais baixo possível, de modo a não chamar a atenção. Para a minha surpresa, essas mudanças insignificantes me deram nova vida e fizeram que de alguma forma eu me relacionasse de uma maneira diferente com o meu trabalho e, sobretudo, com o próprio papel.

Esse era o segredo. Você não deve se prender por muito tempo a uma coisa e repetir interminavelmente algo que já perdeu a graça.

Eu decidi. No ensaio de amanhã, vou improvisar tudo — mise-en-scène, interpretação e meu enfoque completo.

.. .. 19..

Hoje improvisei tudo desde o começo. Em vez de me movimentar, sentei. Decidi atuar sem nenhum gesto, movimento ou caretas. E o que aconteceu? Assim que abri a boca, já me vi em apuros. Esqueci minhas falas, as inflexões adequadas e fiquei sem ação. Tive de voltar rapidinho às mises-en-scène que tinha planejado. Era óbvio que não conseguiria representar o selvagem a não ser que usasse os meios que conhecia. Mas eu não tinha o controle sobre eles, eles é que tinham o controle sobre mim. Mas o que era isso? Escravidão?

.. .. 19..

No conjunto, senti-me melhor no ensaio de hoje. Estou me acostumando com o lugar onde ensaiamos e com as pessoas que trabalham conosco.

Acima de tudo, os opostos começavam a se harmonizar. A maneira como eu interpretava, anteriormente, um selvagem, não tinha nada a ver com Shakespeare. Eu me sentia artificial nos primeiros ensaios, quando tentava impingir características africanas ao papel, mas, agora, é como se eu tivesse injetado alguma coisa de mim no que estou fazendo. Finalmente, sinto-me menos em guerra com o autor.

.. .. 19..

Hoje ensaiamos no palco principal. Eu estava contando com a magia e a inspiração dos bastidores. Mas o que encontrei? Em vez do brilho da ribalta, uma bagunça. Os cenários que eu esperava ver estavam amontoados em pilhas. Tudo ali era escuridão e silêncio, sem nenhuma alma à vista. O vasto palco estava vazio e árido. Sob os seus refletores, havia algumas cadeiras de madeira arqueada que delimitavam o novo cenário e, à direita, havia um suporte com três lâmpadas acesas.

Assim que pisei na área de atuação, defrontei-me com a abertura da boca de cena e, para além dela, com um profundo e escuro vazio infinito. Do palco, com as cortinas erguidas, estava vendo a plateia pela primeira vez, deserta, sem ninguém. Em algum lugar lá fora – que me parecia estar bem longe –, uma lâmpada brilhava sob um abajur. Sua luz se projetava em um maço de papéis sobre uma mesa. Havia mãos prontas para tomar nota de todos os nossos erros, "sem misericórdia"... Senti-me como se estivesse sendo engolido pelo vazio.

Então alguém disse: "Comecem". Eu estava sendo convidado a entrar no quarto imaginário de Otelo, demarcado pelas cadeiras, e a assumir o meu lugar. Sentei-me, mas não na cadeira que deveria, segundo o meu plano. O cenógrafo não conseguia reconhecer a disposição do seu próprio quarto! Tiveram de me explicar então o que cada cadeira representava. Demorou um longo tempo até que eu conseguisse entrar na minúscula área de atuação demarcada pelas cadeiras e me concentrasse no que estava acontecendo à minha volta. Tinha dificuldade de olhar para Pácha, que estava ao meu lado. Em alguns momentos, a minha mente era atraída pela plateia, depois pelas salas adjacentes ao palco, as salas dos técnicos, onde a vida seguia apesar de nós. As pessoas iam e vinham, carregando coisas, serrando, martelando e conversando.

Apesar de tudo isso, eu continuava falando e me mexendo de forma automática. Se todo o trabalho que eu tinha feito em casa não tivesse orientado os meus pequenos truques, falas e inflexões, eu teria ficado sem ação assim que abrisse a boca. Mas, no fim das contas, foi o que aconteceu. Era culpa do ponto. Compreendi de imediato que esse "cavalheiro" era o pior tipo de conspirador, e não um amigo do ator. Na minha opinião, um bom ponto seria alguém que fosse capaz de ficar em silêncio a noite inteira e, somente num momento crítico, soprar uma palavra que tivesse fugido de nossa memória. Mas o nosso ponto não parava de sussurrar o tempo todo e era um terrível incômodo³. Você não sabe onde ficar ou como se livrar desse homem excessivamente zeloso que, no seu desejo de ajudar, parece se embrenhar pelos nossos ouvidos e chegar à própria alma. No fim, ele venceu. Fui derrubado, parei e pedi para que ele me deixasse em paz.

.. .. 19..

Nosso segundo ensaio foi no teatro principal. Cheguei bem cedo e resolvi me preparar no palco, na frente de todo mundo, em vez de sozinho no meu camarim. O trabalho ia a todo vapor. Estavam montando o cenário e os adereços para o nosso ensaio. Comecei a me aprontar.

Considerando o caos que me rodeava, teria sido um absurdo pretender encontrar a comodidade de quando ensaiava em casa. Para mim, o mais importante era achar o meu lugar nesse novo ambiente. Então desci do palco com passos firmes e encarei o ameaçador buraco negro, de modo a me acostumar com isso e libertar-me da atração exercida pela plateia. Porém, quanto mais tentava ignorá-lo, mais pensava nele e mais forte se tornava a atração exercida pela escuridão ameaçadora que estava para lá da moldura. Nessa hora, um assistente de palco, que tinha vindo para o meu lado, derrubou uns pregos. Comecei a ajudar a recolhê-los e, de repente, já me sentia bem, quase em casa no amplo palco. Entretanto, quando terminamos de recolher todos os pregos e meu camarada boa-praça foi embora, de novo senti-me ameaçado pelo buraco e, de novo, senti como se ele estivesse me sugando. E eu estava me sentindo tão bem um pouco antes! Mas isso é compreensível. Enquanto estava recolhendo os pregos não estava pensando no buraco negro. Apressadamente abandonei o palco e sentei-me na primeira fila.

Começou o ensaio dos outros trechos, mas eu não conseguia ver o que estava acontecendo. Esperava a minha vez, uma pilha de nervos.

A agonia da espera tem seu lado positivo, pois leva a um estado em que, por mais que se tenha medo, tudo o que se quer é que ela acabe o quanto antes. Era assim que eu estava me sentindo hoje.

Quando, finalmente, chegou a hora da minha cena, subi ao palco. O cenário, que tinha sido improvisado com pedaços de placas, pranchas, estrados etc., estava montado. Algumas das peças tinham sido colocadas do lado contrário. Os móveis também estavam uma bagunça. Entretanto, no geral,

---

3. Era de praxe, como na ópera moderna, que a caixa do ponto estivesse situada sob o centro do palco, ligeiramente levantada e que o ponto lesse o texto de forma contínua durante a apresentação.

com a iluminação, tudo parecia agradável, e o quarto de Otelo, do jeito que haviam montado para nós, parecia seguro. Com um grande esforço de imaginação, acho que daria para encontrar alguma coisa que me remetesse ao meu próprio quarto.

No entanto, assim que as cortinas se abriram e a plateia surgiu escancarada diante de mim, senti-me completamente dominado por ela e experimentei uma nova – e, para mim, inesperada – sensação. Graças ao cenário e ao seu teto, o ator fica isolado da vastidão dos bastidores, do imenso vazio escuro de cima, das salas adjacentes ao palco e do depósito de cenários. Sem dúvida, esse isolamento era bem-vindo. O problema é que isso atua como uma espécie de refletor, direcionando toda a atenção do ator para a plateia, assim como, em um concerto, a plataforma funciona como concha para projetar o som diretamente para os ouvintes. Tinha outra novidade. Com o meu pânico, sentia a necessidade de manter o público entretido para que – Deus me livre! – não se entediasse. Isso aumentava a minha ansiedade e não deixava que eu me concentrasse direito no que estava fazendo e dizendo, de modo que as palavras e os movimentos vinham mais rápido do que os meus pensamentos e as minhas sensações. O resultado foi tagarelice e atropelo. Tanto na parte da ação quanto na dos gestos. Falei o texto voando até ficar sem fôlego, mas não conseguia mudar o ritmo. Até as minhas partes favoritas passaram zunindo como os postes de telégrafo vistos de dentro de um trem. Uma mínima pausa e seria o desastre. Frequentemente, eu olhava suplicante para o ponto, mas ele ficava dando corda no relógio, como se nada estivesse acontecendo. Sua vingança por ontem, sem dúvida.

.. .. 19..

Hoje, cheguei ao teatro mais cedo do que de costume para o ensaio geral, pois tínhamos figurino e maquiagem. Deram-me um belo camarim. Haviam tirado do depósito o manto oriental do Príncipe do Marrocos de *O Mercador de Veneza*. Tudo isso era um bom presságio para a minha representação. Sentei-me à penteadeira sobre a qual várias perucas, barbas e todo tipo de maquiagem e apetrechos tinham sido colocados.

Por onde eu começo?... Peguei um pouco de pó marrom de um dos pincéis, mas ele estava tão duro que foi difícil conseguir passar até mesmo um pouquinho, não ficando nenhum vestígio dele na minha pele. Troquei o pincelzinho por um batom. O resultado foi o mesmo. Passei um pouco dele nos meus dedos e comecei a aplicar na pele e, então, dessa vez, consegui um pouco de cor. Experimentei as outras cores, mas só uma delas, a azul, aderia bem à pele. Só que o azul não é exatamente a cor que você precisa para ser um mouro. Tentei colocar um pouco de goma adesiva nas bochechas e colar nelas uma mecha de cabelo. A goma adesiva fazia arder e o cabelo não ficou na posição correta... Provei uma peruca, depois uma segunda e uma terceira, sem ter a menor ideia de qual lado ficava para frente ou para trás. Todas as três, em contraste com um rosto sem maquiagem, revelavam a sua "peruquice". Quis tirar o pouco de maquiagem que tinha conseguido colocar no meu rosto, mas como fazer isso? Pois bem nessa hora entrou um homem alto, bem magro, de óculos, jaleco branco, bigode pontudo e uma longa barba imperial. Aquele "Dom Quixote" se inclinou e, sem mais delongas, começou a maquiar o meu rosto. Com vaselina, ele removeu todo o emplastro que eu tinha feito e, depois de lubrificar meus pincéis, novamente começou a aplicar a cor. As cores aderiam à pele preparada de forma fácil e uniforme. O "Dom Quixote" deu ao meu rosto um bronzeado bem forte, como deveria ser o de um mouro. Mas fiquei triste de perder o tom mais escuro de antes, que me foi dado pelo chocolate: o branco dos meus olhos e o dos meus dentes teriam brilhado mais.

Quando a maquiagem ficou pronta e eu vesti a roupa do figurino, examinei-me no espelho e realmente fiquei impressionei com o talento do "Dom Quixote". Perdido em autoadmiração, vi que a angulosidade do meu corpo havia desaparecido sob as pregas do manto, e as expressões selvagens que eu tinha concebido condiziam muito bem com a impressão geral.

Pácha e alguns camaradas entraram e também ficaram entusiasmados com a minha aparência. O elogio deles foi unânime, sem nenhum traço de inveja, e isso me deu ânimo e restabeleceu minha autoconfiança. No palco, a inesperada disposição dos móveis me desconcertou um pouco. Uma das poltronas tinha sido levada, estranhamente, para longe da parede, até o meio do palco; a mesa estava perto demais da caixa do ponto, bem na parte de baixo do palco, como se estivesse em exposição. Fiquei tão nervoso que comecei a andar de um lado para o outro no palco, sempre batendo a ponta do manto e da minha cimitarra nos móveis e nas quinas do cenário. Nem por isso deixava de balbuciar meu texto de forma mecânica e de andar sem rumo. Acho que quase consegui chegar até o final da cena. Mas quando atingi o clímax, um pensamento passou voando pela minha cabeça: "Vou esquecer as falas". Entrei em pânico, parei de falar, estava desorientado e via círculos brancos vazios diante dos meus olhos... Eu mesmo não sei como ou o que me levou a entrar no modo automático, mas foi isso que mais uma vez me salvou do desastre.

Depois disso desisti. Só conseguia pensar em acabar logo com tudo aquilo, tirar a maquiagem e sair correndo do teatro.

E aqui estou eu, em casa. Sozinho. Nesse momento, me transformei na minha pior companhia. Fiquei muito mal. Pensei em ir visitar uns amigos para espairecer, mas não fui. Com certeza todo mundo já sabe da minha desgraça e está apontando o dedo para mim.

Ainda bem que meu bom e velho Lev veio aqui. Ele me vira na plateia e queria saber o que eu tinha achado da sua interpretação de Salieri. Só que eu não consegui lhe dizer coisa alguma. Embora tivesse visto sua interpretação da coxia, estava tão nervoso esperando a minha vez que nem prestei atenção ao que acontecia no palco. Não perguntei nada sobre mim, pois temia que as críticas acabassem de destruir a pouca autoconfiança que me restava.

Lev falou com eloquência sobre a peça de Shakespeare e o personagem Otelo, mas destacou algumas exigências às quais não consigo satisfazer. Falou muito bem sobre o ressentimento, o espanto e o choque que o mouro sente quando se convence de que, por trás da máscara de beleza de Desdêmona, esconde-se um vício hediondo, o que faz que ela pareça ainda mais abominável aos olhos de Otelo.

Depois que meu amigo foi embora, tentei repassar um ou dois trechos do papel à luz do que ele me tinha dito — e acabei chorando, de tanta pena que sentia do mouro.

.. .. 19..

Hoje foi o dia da nossa apresentação. Sabia exatamente como seria. Eu chegaria ao teatro e me sentaria para ser maquiado, e, então, "Dom Quixote" faria sua aparição e se debruçaria sobre mim. Mas, mesmo que eu ficasse satisfeito com o resultado da maquiagem e quisesse atuar, não aconteceria nada. Tinha uma sensação de completa indiferença sobre tudo isso. Esse estado de espírito, no entanto, só durou até eu chegar ao meu camarim. Nesse momento, meu coração disparou de tal maneira que eu não conseguia nem respirar direito. Sentia náuseas e uma terrível exaustão. Pensei que estivesse doente. Perfeito. Estar doente explicaria o fracasso da minha primeira aparição como ator.

No palco, o que mais me desconcertou foi o silêncio solene, a ordem. Quando saí do breu dos bastidores e adentrei no esplendor da ribalta, os holofotes do teto e os canhões de luz das coxias me atordoaram e cegaram. A luz era tão intensa que seu brilho criava uma cortina entre mim e a plateia. Eu me sentia protegido da multidão e conseguia respirar normalmente. Porém, logo os meus olhos se acostumaram com as luzes, a escuridão da plateia se tornou ainda mais intimidante e a atração pelo público, cada vez mais forte. O teatro parecia estar repleto de gente, era como se milhares de olhos e binóculos de ópera estivessem todos apontados exclusivamente para mim. Era como se estivessem tentando encantar uma presa. Senti que era o escravo daquela imensa multidão e me tornei servil, perdendo qualquer princípio, pronto para fazer qualquer concessão. Estava disposto a me virar do avesso, lamber suas botas, dar-lhes mais do que realmente tinha ou era capaz. Mas por dentro estava mais vazio do que nunca.

Depois de fazer um esforço sobre-humano para extrair de mim mesmo os sentimentos, com a minha incapacidade de alcançar o impossível, todo o meu corpo se viu invadido pela tensão, que se converteu em cãibra e paralisou-me o rosto, as mãos e todo o resto, impedindo qualquer movimento, qualquer gesto. Todas as minhas forças se canalizaram para essa tensão sem sentido, infrutífera. Tive de recorrer à minha voz para ajudar meu corpo e meus sentimentos dormentes: dei um grito. Mas a tensão não se dissipou. Tinha um nó na garganta, não conseguia recuperar o fôlego, o tom da minha voz atingiu o registro mais agudo e não havia maneira de voltar ao normal. Como consequência, fiquei rouco.

Fisicamente, eu precisava fazer mais. Mas já não estava em condições de controlar as mãos, as pernas, a tagarelice, e tudo se potencializava com meu estado geral de tensão. Estava com vergonha de cada palavra que emitia, de cada gesto que fazia e que imediatamente achava falho. Meu rosto ficou vermelho, os dedos dos pés e das mãos ficaram duros, e eu grudei com toda a força no respaldo da poltrona. De repente, a minha impotência e constrangimento se transformaram em fúria. Não sei bem com quem estava furioso, se comigo mesmo ou com o público, mas isso fez que me sentisse liberto de tudo à minha volta por alguns instantes e me tornasse espontâneo e destemido. A célebre fala "Sangue, Iago, sangue!" jorrou de mim sem nenhum tipo de esforço consciente. Era o grito de um homem realmente atormentado. Como ele saiu, não sei. Talvez eu tenha sentido, nessas palavras, a alma ferida de um homem confiante e compadeci-me dele de forma instintiva. Lembrava também da interpretação de Otelo que Lev me havia apresentado recentemente e que vinha à tona com muita clareza, mexendo com os meus sentimentos.

Tive a impressão de que o público havia apurado os ouvidos por um instante e que um farfalhar passara como o vento pela copa das árvores.

Assim que senti sua aprovação, uma energia fervilhou dentro de mim, mas não sabia o que fazer com ela. Essa energia arrebatou-me: não lembro sequer como fiz o final da cena. Só me lembro que a minha consciência das luzes e do grande buraco negro desapareceu, que estava liberto de qualquer tipo de medo e que uma vida nova, misteriosa e estimulante, tinha sido criada para mim. Não conheço satisfação maior do que aquela que vivenciei naqueles poucos minutos. Vi que Pácha ficou surpreso com o meu renovado sopro de vida. Foi inspirador para ele, que começou a atuar com grande verve.

Fecharam-se as cortinas e vieram os aplausos. Meu coração era pura alegria e júbilo. De repente, minha confiança em meu próprio talento aumentou. Havia uma convicção renovada. Quando voltei, triunfante, do palco para o camarim, tinha a impressão de que todo mundo me olhava com entusiasmo.

Depois de me trocar, entrei na plateia durante um dos intervalos, cheio de mim, com o ar digno de uma "estrela" provinciana e com o que me parece agora ser uma desajeitada presunção de indiferença. Para a minha surpresa, não havia nem a atmosfera festiva, nem toda a iluminação que é normal em uma atuação "que se preze". No lugar da casa cheia, vi ao todo vinte pessoas na plateia. Para quem eu tinha feito todo aquele esforço? Entretanto, logo me consolei. "O público da apresentação de hoje talvez até seja pequeno", disse para mim mesmo, "porém era composto de *connoisseurs* – Tortsov, Rakhmánov, os maiores atores do nosso teatro. Foram essas pessoas que me aplaudiram. Não trocaria seu aplauso escasso pela ovação de milhares de pé".

Escolhi um lugar na primeira fila, de onde poderia ser facilmente visto por Tortsov e Rakhmánov, e sentei-me, na esperança de que me chamassem para dizer algo gentil.

As luzes se acenderam. As cortinas se abriram, e, imediatamente, Mária Maloliétkova, outra aluna, desceu correndo por um lance de escadas que tinha sido colocado no cenário. Ela se jogou no chão, totalmente descontrolada, e clamou "Salvem-me!", com um grito de partir o coração e que me deixou todo arrepiado. Depois começou a falar algo, mas tão rápido que não dava para entender nada. De repente, ela esqueceu as falas e parou no meio da frase, cobriu o rosto com as mãos e correu para as coxias, de onde se ouviam vozes abafadas de aprovação e consolo. Fecharam-se as cortinas, mas seu grito, "Salvem-me!", continuou a ressoar em meus ouvidos. Isso é que é um verdadeiro talento! Uma entrada, uma palavra, e já impressiona.

Tortsov ficou completamente eletrizado ou, pelo menos, pareceu ficar. "Aconteceu com Mária o mesmo que aconteceu comigo", refleti. "Uma frase, 'Sangue, Iago, sangue!' e o público estava nas minhas mãos."

Agora, enquanto escrevo, não tenho dúvida nenhuma sobre o meu futuro. Entretanto, essa confiança não me impede de ter consciência de que não tive assim tanto sucesso quanto imaginava. E, ao mesmo tempo, em algum lugar, no fundo do coração, ouço as trombetas anunciando a vitória.

2

O palco como arte e a atuação de mera técnica*

Hoje nos reunimos para que Tortsov nos transmitisse suas considerações sobre nossas atuações. Ele disse:

— Na arte precisamos, acima de tudo, encontrar e entender o belo. Então, primeiro, vamos recordar os melhores momentos do que vocês nos apresentaram. Foram apenas dois: o primeiro, quando Mária desceu pela escada correndo e gritou, em desespero, "Salvem-me!", e o segundo foi o de Kóstia, "Sangue, Iago, sangue!". Nos dois casos, atores e público entregaram-se de corpo e alma ao que estava acontecendo. Ficamos atordoados e inflamados pela mesma emoção. Esses momentos de sucesso, que podemos abstrair do todo, podem ser chamados de *arte da vivência*, que é aquela que cultivamos aqui em nosso teatro e que estudamos em nossa escola.

— O que é a arte da vivência? — perguntei, curioso.

— Você sabe o que é, porque aconteceu com você. Experimente nos contar do que você fisicamente tinha consciência no momento em que estava sendo genuinamente criativo.

— Não sei, não entendi nada — disse eu, estupefato com o elogio de Tortsov. — Só sei que foram momentos inesquecíveis e que não quero atuar de outra maneira. Estou pronto para me entregar de corpo e alma a esse tipo de atuação...

Eu tive de parar, pois, do contrário, cairia no choro.

....

* No original, "*stock-in-trade*". A atuação "*stock-in-trade*" baseia-se no uso de artifícios técnicos e truques, o que supõe um total domínio da técnica. Trata-se de uma atuação artificial, formal, de pura convenção; é belamente formal, mas desprovida de alma, de vida; é bastante exagerada e repleta de clichês, e visa exclusivamente impressionar o público. Não tem vivência real e, por esse motivo, torna-se mecânica, repetitiva. O ator "*stock-in-trade*" é comercial, mercadológico, totalmente distanciado da tarefa principal e mais nobre da arte. [N. E.]

— Como assim?! Não se lembra da agonia que sentiu enquanto procurava por alguma coisa terrível? Não se lembra de como as suas mãos, os seus olhos, o seu corpo todo, procuravam algum lugar para se posicionar ou se apoiar? Não se lembra de como mordeu os lábios com força e mal conseguiu conter as lágrimas? — indagou Tortsov.

— Sim, agora que está me dizendo, acho que começo a me lembrar de como me senti — admiti.

— Mas não teria conseguido lembrar sem mim?

— Não, não teria.

— Quer dizer que estava se comportando de maneira subconsciente?

— Não sei, talvez. Isso é bom ou ruim?

— Bom, se o subconsciente leva para o caminho certo, e ruim, se não leva. Mas, na apresentação, ele não o decepcionou; o que você nos ofereceu naqueles poucos instantes de êxito foi muito melhor do que você pode imaginar.

— Sério? — perguntei, sem fôlego de tão contente.

— Sim, porque o melhor que pode acontecer ao ator é ser completamente absorvido pela atuação. Então, sem intervenção da sua vontade, ele vive o papel, sem perceber *como* sente, sem pensar sobre *o que* está fazendo, e tudo emerge de forma espontânea, subconsciente. Mas, infelizmente, nem sempre está em nosso poder controlar isso.

"Isso nos coloca diante de uma situação impossível. Supostamente, nós criamos por inspiração, mas, na verdade, só o subconsciente é realmente capaz de fazê-lo, e nós não podemos controlá-lo."

— Será que você poderia nos dizer então, por favor, qual seria a saída? — perguntou Grícha, perplexo, com uma pontinha de ironia.

— Felizmente, há uma saída — interrompeu-o Tortsov. — É a influência indireta, e não a direta, do consciente sobre o subconsciente. Alguns aspectos da psique humana obedecem à mente consciente e à vontade — que, por sua vez, têm a capacidade de influenciar nossos processos involuntários.

"Na verdade, isso exige um processo criativo longo e complexo, que só ocorre parcialmente sob a orientação e a influência direta da mente consciente. Ele é, na maioria das vezes, subconsciente e involuntário. Apenas um artista tem o poder de fazer isso: a natureza, que é o mais perspicaz, inventivo, sutil, fugidio e miraculoso de todos os artistas. Nem mesmo a técnica mais refinada pode ser comparada a ela. Ela tem a chave! É essa atitude, essa conexão com a natureza, que caracteriza a arte da vivência com perfeição" — disse Tortsov, inflamado.

— Mas e se a natureza pregar peças? — alguém questionou.

— Vocês têm de aprender a estimulá-la e a controlá-la. Para tanto, existem métodos especiais, como a nossa psicotécnica, que vocês estão para começar a estudar. Seu propósito é despertar e envolver o subconsciente criativo de maneira indireta e consciente. Não é por acaso que um dos fundamentos da nossa arte da vivência está expresso no princípio: *criação subconsciente por meio da psicotécnica consciente do ator* (o subconsciente pelo consciente, o involuntário pelo voluntário.). Deixemos o subconsciente com a natureza, a mágica, e vamos nos concentrar no que temos ao nosso dispor – *o enfoque consciente da atividade criativa e nossa psicotécnica*. O que eles nos ensinam, principalmente, é que, uma vez que o subconsciente começa a trabalhar, devemos tentar não atrapalhar.

– Que estranho o subconsciente precisar do consciente – disse eu, surpreso.

– Para mim, isso é perfeitamente normal – disse Tortsov. – Eletricidade, vento, água e outras forças da natureza dependem, para que as pessoas possam utilizá-las, do conhecimento e da inteligência de um engenheiro. Da mesma forma, nossas forças criativas subconscientes não podem ser controladas sem seu próprio engenheiro, ou seja, sem uma psicotécnica consciente. Somente quando o ator entende e sente que sua vida no palco, interior e exterior, com todas as convenções implicadas, flui natural e normalmente a ponto de ser perfeitamente naturalista, de acordo com todas as leis da natureza humana, é que os segredos mais profundos do subconsciente irrompem cautelosamente. Desses segredos emergem sentimentos que nem sempre podemos compreender, mas que nos dominam por um breve ou mesmo por um longo período de tempo e movem-se em direções impostas por algo que vem do nosso interior. Não tendo controle sobre essa força motriz, e também sendo incapazes de estudá-la, nós a chamamos simplesmente, em nossa terminologia, de "natureza".

"Porém, se nós transgredimos o funcionamento da vida como um organismo humano, paramos de criar de maneira convincente no palco. Imediatamente o subconsciente, que é arisco, fica com medo de ser atacado e se refugia uma vez mais em suas profundezas secretas. Portanto, o realismo psicológico, ou mesmo o naturalismo, são essenciais para estimular o subconsciente e produzir um surto de inspiração."

– Em outras palavras, na nossa arte, precisamos criar de forma ininterrupta e subconsciente – acrescentei, concluindo.

– Mas não dá para trabalhar o tempo todo de maneira subconsciente e inspirada – destacou Tortsov. – Gênios assim não existem. E, portanto, a nossa arte exige que preparemos o terreno para esse tipo de criação genuína e subconsciente.

– E como fazemos isso?

– Vocês devem criar, acima de tudo, de maneira consciente e crível. Isso prepara melhor o terreno para que o subconsciente e a inspiração desabrochem.

– Por quê? – perguntei, sem entender.

— Porque aquilo que é consciente e crível faz nascer a verdade, e a verdade incita a crença, e, se a natureza crê no que está acontecendo dentro de você, ela também se envolve. O subconsciente vem em seu rastro e, possivelmente, a inspiração o segue.

— O que quer dizer atuar "de uma maneira crível"? – perguntei.

— Quer dizer pensar, querer, empenhar-se, comportar-se com honestidade, em uma sequência lógica, de uma maneira humana, dentro da personagem e paralelamente a ela. Uma vez que o ator faça isso, estará mais próximo do papel e começará a sentir como se os dois fossem um só.

"Aqui chamamos isso de *vivenciar um papel*. O processo e o termo que o define assumem uma importância muito excepcional. São cruciais para a arte de atuar, tal como a professamos.

"A vivência ajuda o ator a atingir essa meta básica, que é *a criação da vida do espírito humano em um papel e a sua comunicação no palco de uma forma artística*.

"Como podem ver, nossa tarefa primordial não é apenas representar a vida de um papel exteriormente, mas, acima de tudo, criar a vida interior da personagem e de toda a peça, levando nossos sentimentos individuais para ela, dotando-a de todos os traços da nossa própria personalidade.

"Lembrem-se sempre de que esse princípio, de que esse propósito básico, deve ser nosso guia em todos os momentos de nossa vida criativa. É por isso que pensamos, antes de mais nada, no aspecto interior do papel, ou seja, na sua vida psicológica, que criamos a partir do processo de vivência. Esse é o aspecto mais importante do trabalho criativo, e deve ser a primeira preocupação do ator. Vocês têm de vivenciar um papel, ou seja, vivenciar sentimentos análogos a ele sempre que o desempenharem.

"'Todo grande ator deve sentir, deve realmente sentir o que está interpretando', disse Tommaso Salvini, o maior representante dessa escola de atuação. 'Considero até que ele não deva sentir essa emoção apenas uma ou duas vezes, enquanto estuda o papel, mas sim em maior ou menor grau em cada interpretação, seja a primeira ou a milésima' – Tortsov citava um trecho de um ensaio de Tommaso Salvini (sua resposta a Coquelin) que Ivan Rakhmánov tinha lhe passado[1] –, é assim também que o nosso teatro entende a arte do ator."

.. .. 19..

Depois de longas discussões com Pácha, aproveitei a primeira oportunidade para dizer a Tortsov:

— Não entendo como você consegue ensinar alguém a vivenciar e sentir da maneira certa se ele próprio não "sente" ou "vivencia" isso!

---

1. O ator italiano Tommaso Salvini (1829-1915) fez uma turnê pela Rússia no final do século XIX.

— E o que você acha? Você consegue ensinar a si mesmo ou a outra pessoa a entrar em um papel e encontrar seu significado mais profundo? – perguntou Tortsov.

— Digamos que... sim, mas não é fácil – respondi.

— Você consegue selecionar coisas interessantes e importantes para buscar em um papel, descobrir o enfoque certo, despertar intenções verdadeiras e executar as ações certas?

— Consigo – mais uma vez concordei.

— Então veja se consegue fazê-lo meticulosamente e com absoluta honestidade, mantendo-se frio e indiferente. Não dá. Você vai acabar se envolvendo e começará a se sentir na mesma situação que a personagem da peça. Vai vivenciar os seus próprios sentimentos, como se fossem paralelos aos dela. Interprete cada papel assim e verá que todos os momentos da sua vida no palco invocarão experiências pessoais correspondentes. Uma sequência ininterrupta desses momentos produz uma vivência contínua, vivendo "a vida do espírito humano". Esse estado de plena consciência em que há uma verdade interna genuína é o melhor para despertar sentimentos e criar o terreno mais favorável para fazer que o subconsciente trabalhe, a curto ou a longo prazo, ou em lampejos de inspiração.

Pácha tentou sintetizar:

— Então, com base em tudo o que você disse, entendo que o estudo da atuação se resume ao domínio da psicotécnica de vivenciar. Vivenciar ajuda-nos a alcançar o propósito básico do trabalho criativo, que é criar "a vida do espírito humano" de um papel.

— Nosso propósito não é apenas criar "a vida do espírito humano em um papel", mas também comunicá-la exteriormente de uma forma artística – corrigiu-o Tortsov. – Então, o ator não apenas deve vivenciar o papel interiormente, mas também materializar essa experiência interior fisicamente. Na nossa escola de atuação, a comunicação exterior conta em grande parte com a vivência interior. Para ser capaz de refletir uma vida que é sutil e geralmente subconsciente, é preciso possuir uma voz e um corpo excepcionalmente receptivos e extraordinariamente bem treinados, capazes de expressar sentimentos interiores ocultos quase imperceptíveis instantaneamente e de uma maneira clara e precisa. É por isso que os atores da nossa escola, muito mais do que os de outras escolas, devem estar preocupados não apenas com o aparelho mental que facilita o processo de vivenciar, mas ainda mais com o aparelho físico, seu corpo, que expressa seus sentimentos interiores de uma maneira crível – sua forma exterior, sua corporificação.

"O subconsciente exerce forte influência aqui. A mais sutil das técnicas não se compara com o subconsciente no que diz respeito à materialização física, embora faça reivindicações arrogantes de superioridade.

"Nas últimas duas aulas, aludi de forma muito ampla ao que constitui a arte da vivência em seu conjunto" – concluiu Tortsov. – "Acreditamos firmemente e sabemos, a partir de nossa prática de trabalho, que apenas esse tipo de teatro, enriquecido com as experiências do próprio ator como um organismo vivo, como um ser humano, pode comunicar todas as nuances fugidias e as profundezas ocultas de um papel. Apenas esse tipo de atuação é capaz de cativar o público por completo e de levá-lo a um ponto no qual ele não apenas compreenda, mas – ainda mais importante do que isso – vivencie tudo o que acontece no palco, enriquecendo, assim, sua própria vida interior, deixando nela uma marca que o tempo não vai apagar. Porém, mais do que isso – e isso é extremamente importante –, os fundamentos do ato criativo e as leis orgânicas da natureza, nos quais o nosso tipo de atuação está fundamentado, protegem o ator de se sentir completamente deslocado. Quem sabe com que tipo de diretores ou em que tipo de teatros vocês terão de trabalhar? Nem todos os diretores e teatros trabalham conforme as leis da natureza – longe disso. Na maioria dos casos eles as desrespeitam de forma aberta, o que sempre pode desestabilizar um ator. Se vocês souberem onde começa e onde termina a verdadeira arte e as leis criativas da natureza, não sairão do bom caminho. Entenderão seus erros e serão capazes de corrigi-los. Sem os fundamentos firmes que a arte da vivência pode oferecer, os quais são estabelecidos pela natureza, vocês vão se confundir e perder os seus padrões. Por isso considero indispensável que todo ator, de qualquer escola, estude os fundamentos da arte da vivência. Todo ator deve começar dessa maneira seu trabalho na escola."

– Sim, sim, é isso que estou buscando com todo o meu coração! – exclamei. Sentia-me inspirado. – E estou muito feliz por ter conseguido, ao menos em parte, chegar ao nosso principal propósito, vivenciando.

– Não se deixe levar pelo entusiasmo tão cedo – disse Tortsov, arrefecendo meu ardor –, senão vai se decepcionar profundamente depois. Não confunda a verdadeira arte da vivência com o que você demonstrou durante a cena.

– O que demonstrei, então? – perguntei, como um criminoso diante de um juiz.

– Já disse a você que, durante toda a representação, houve apenas um ou dois bons momentos de verdadeira vivência, que o aproximaram do nosso tipo de atuação. Estou usando-os como exemplos para ilustrar para você e para os outros estudantes os fundamentos desse tipo de arte, que é o que nos ocupa neste momento. Se considerarmos toda a cena entre Otelo e Iago, com certeza não podemos chamá-la de arte da vivência.

– E do que a chamaríamos?

– Chamaríamos de *atuar por instinto visceral* – afirmou Tortsov.

— E o que é isso? – perguntei, sentindo o chão se abrir sob os meus pés.

— Em uma interpretação desse tipo – continuou Tortsov –, momentos isolados de repente se elevam, sem avisar, a patamares artísticos superiores que encantam o público. O ator vivencia ou cria por inspiração, em uma espécie de improvisação. Mas você se considera realmente talentoso e forte o bastante, mental e fisicamente, para representar todos os cinco atos do *Otelo* com a mesma exaltação com que representou – acidentalmente – uma fala breve: "Sangue, Iago, sangue!"?

— Não sei...

— Mas eu sei. Isso está além da capacidade de um ator, mesmo que ele tenha um poder emocional excepcional e uma enorme força física! – respondeu Tortsov. – A natureza precisa do apoio de uma psicotécnica bem trabalhada. Mas vocês ainda não adquiriram isso, não mais do que esses atores instintivos, que nunca veem nenhuma necessidade de técnica. Eles, assim como vocês, acreditam apenas na inspiração. E, na falta dela, tanto eles quanto vocês se veem sem nada para preencher as lacunas, os pontos cegos da atuação, os lugares que ainda não foram vivenciados. O resultado são longos períodos de baixa energia nervosa, total impotência artística e fingimento ingênuo e amador. Nessas horas, a interpretação de vocês, como a de qualquer ator instintivo, fica sem vida, forçada e trabalhosa. Então, durante os seus primeiros passos vacilantes, os momentos de exaltação se alternaram com fingimento. Esse é o tipo de interpretação teatral que nós chamamos de atuar por instinto.

As críticas que Tortsov fez das minhas falhas marcaram-me muito. E não só me abalaram, mas também me assustaram. Entrei em uma espécie de torpor e já não ouvi mais nada do que ele disse depois.

.. .. 19..

Ouvimos novamente os comentários de Tortsov sobre a apresentação.

Primeiro, ele se virou para Pácha.

— Você também nos proporcionou alguns momentos interessantes, de uma arte genuína. Porém, não era a arte da vivência também, e sim, por mais estranho que isso possa parecer, a *arte da representação*.

— Representação?! – exclamou Pácha, com grande surpresa.

— Que tipo de arte é essa? – perguntaram os estudantes.

— É o segundo tipo de escola de atuação, e sua natureza pode ser mais bem explicada pela pessoa que a demonstrou em um ou dois momentos bem-sucedidos de sua apresentação. Pácha! Lembre-se do seu Iago! – disse Tortsov, virando-se para ele de novo.

— Como já tinha aprendido um pouco com o meu tio sobre a nossa abordagem, fui logo ao conteúdo interno do papel e fiquei horas pesquisando – disse Pácha, para se justificar.

— E seu tio o ajudou? — perguntou Tortsov.

— Um pouco. Achei que tinha conseguido, em casa, alguns momentos de vivência genuína. Às vezes, no ensaio, também senti isso em momentos isolados, enquanto interpretava o papel. É por isso que não entendo onde entra nisso a arte da representação — continuou Pácha, ainda tentando se justificar.

— Nesse tipo de atuação também se vivencia o papel uma ou duas vezes — em casa ou no ensaio. O fato de que esse processo de suma importância esteja presente significa que nós podemos considerar essa segunda escola como uma atuação real.

— Mas como se vivencia o papel nesse tipo de atuação? Da mesma maneira que fazemos no nosso? — perguntei.

— Exatamente da mesma maneira, mas com uma intenção diferente. Você pode vivenciar o papel todas as vezes ou, como foi feito aqui, vivenciá-lo uma ou duas vezes para registrar a forma exterior que um sentimento adquire. Uma vez percebida a forma, você aprende a repeti-la mecanicamente, com a ajuda de músculos treinados. Isso é a representação, a reprodução de um papel.

"Assim, nessa escola de atuação, o processo de vivência deixa de ser o fator criativo mais importante e passa a ser mais um dos estágios preparatórios. O trabalho posterior é a busca por uma forma artística exterior que dê uma expressão clara e visual ao conteúdo interior. Aqui o ator também depende de si mesmo e tenta sentir plenamente, para vivenciar a vida de sua personagem. Porém, repito, ele não o faz durante a apresentação, diante do público, mas sim em casa ou nos ensaios."

— Mas Pácha o fez durante a apresentação! Quer dizer que foi a arte da vivência — disse eu, em sua defesa.

Alguns me apoiaram, dizendo que, embora Pácha tivesse sobreatuado por conta do nervosismo, tiveram alguns momentos de vivência real, dignos do que chamamos de atuação.

— Não — contestou Tortsov. — Em nosso tipo de atuação, que é vivenciar cada momento do papel, esse vivenciar tem de ser sentido novamente e materializado fisicamente de uma nova maneira.

"Improvisar um tema imaginário pode ser de grande valia, dotando a interpretação de frescor e espontaneidade. Esse foi o caso em alguns dos momentos bem-sucedidos da atuação de Kóstia. No entanto, não pude perceber esse frescor, essa improvisação, na maneira com que Pácha sentia seu papel. De qualquer forma, ele conseguiu me tocar aqui e acolá com sua precisão e arte. Porém... em toda a sua atuação havia uma frieza que me fazia suspeitar de que sua interpretação era fixa, sem lugar para a improvisação e, portanto, privada de frescor e de espontaneidade. Seja como for, sentia o tempo todo que o original, no qual ele habilmente baseou a sua reprodução, era bom, crível e expressava a genuína e vital 'vida do espírito humano' do personagem. Foi esse eco de um processo anterior de vivência que transformou, em alguns momentos, sua reprodução em arte genuína."

— Mas onde será que eu, o sobrinho do ator Chustóv, aprendi a arte da representação?

— Vamos examinar isso. Conte-nos mais sobre como você trabalhou sobre Iago — continuou Tortsov.

— Usei um espelho para ver como as minhas experiências estavam sendo transmitidas exteriormente — recordou Pácha.

— É perigoso, porém típico da arte da representação. Lembrem-se de que o espelho deve ser usado com cautela, pois leva o ator a observar o que está fora em vez daquilo que está dentro.

— De qualquer forma, o espelho me ajudou a entender como meu exterior transmitia meus sentimentos — disse Pácha, justificando-se.

— Os seus próprios sentimentos ou os sentimentos suscitados pelo papel?

— Os meus, mas também apropriados para Iago.

— Pois bem, quando ensaiou com o espelho, a sua preocupação não era tanto o exterior, a forma, mas sim como você seria capaz de refletir fisicamente os sentimentos interiores que tinha vivenciado, "a vida do espírito humano", certo? — perguntou Tortsov, pressionando ainda mais.

— Isso, exatamente.

— Mas isso também faz parte da arte da representação. E justamente pelo fato de ser uma arte, ela exige uma forma que expresse não somente a parte exterior de um papel, mas, principalmente, a parte interior — "a vida do espírito humano".

— Lembro-me de que fiquei satisfeito com alguns momentos nos quais vi o reflexo fiel do que sentia — continuou Pácha.

— E você definiu, de uma vez por todas, as formas técnicas de exprimir esses sentimentos?

— Eles o fizeram por si próprios, através de uma repetição constante.

— Então, por fim, você encontrou um conjunto de formas definidas para os momentos bem-sucedidos da sua interpretação e foi tecnicamente capaz de materializá-las?

— Eu diria que sim.

— E você usou essas formas todas as vezes, tanto em casa quanto nos ensaios?

— Devo ter feito isso, por força do hábito — reconheceu Pácha.

— Então conte para nós: essas formas definidas surgem sempre por conta própria, como resultado da vivência interna, ou apenas vinham à tona e, uma vez fixadas, repetiam-se mecanicamente, sem que os seus sentimentos estivessem envolvidos?

— Acho que eu as vivenciava todas as vezes.

— Não, isso não chegou ao público na primeira apresentação. Na arte da representação, as pessoas fazem o que você fez: elas tentam despertar e observar traços humanos típicos em si mesmas que expressem a vida interior de um papel. Tendo criado, de uma vez por todas, a melhor forma que podem encontrar, elas passam a aprender como materializá-la de maneira natural, sem que seus próprios sentimentos estejam envolvidos. Isso é executado por músculos treinados, pela voz, por meio de todos os virtuosismos técnicos e artifícios próprios de qualquer arte, e por meio da repetição infinita. A arte da representação desenvolve a memória muscular no seu mais alto grau.

"Uma vez que esteja acostumado a reproduzir um papel de forma mecânica, o ator o repete, sem nenhum gasto de energia nervosa ou mental. Ele não somente considera isso totalmente desnecessário, mas até nocivo para uma apresentação pública, visto que qualquer perturbação emocional comprometeria seu controle e alteraria o molde e o formato de algo permanentemente predefinido. A imprecisão da forma e a incerteza de como transmiti-la estragariam seu efeito.

"Tudo isso é verdadeiro, em maior ou menor grau, para certos momentos da sua representação de Iago.

"Então, lembre-se disso no futuro."

— Eu não estava satisfeito com outras partes do papel ou com a personagem do próprio Iago. Mas encontrei a resposta, usando o espelho — recordou Pácha. — Vasculhei a minha memória em busca de um modelo adequado e lembrei-me de um conhecido, que não tinha nenhuma relação com o papel, mas que, pensei comigo, era a própria personificação da astúcia, da maldade e da desonestidade.

— Você, então, observou-o e tentou adaptá-lo por conta própria?

— Sim.

— Como você usou o que lembrava dele?

— Para dizer a verdade, só copiei seus trejeitos — admitiu Pácha. — Eu o via de pé ao meu lado, andando, parado ou sentado, e observava e repetia tudo o que ele fazia.

— Isso foi um grande erro! Nessa hora você traiu a arte da representação e começou a mimetizar, copiar e imitar, e nada disso diz respeito ao verdadeiro trabalho criativo.

— E o que eu deveria ter feito para absorver a imagem de Iago, que eu também fortuitamente adquiri de fora?

— Deveria ter deixado o novo material ser filtrado por você, dando-lhe vida com o uso da sua imaginação, como fazemos na escola da vivência.

"Uma vez que esse material vivo tivesse se integrado a você e o personagem tivesse sido concebido na sua mente, você teria de ir além. Um dos melhores representantes da escola da representação, Coquelin Ainé, famoso ator francês, foi bem claro no que escreveu a respeito. 'O ator cria um modelo em sua imaginação, capturando, como um pintor, cada traço e transferindo-o não para a tela, mas para si mesmo'" — leu Tortsov, citando o livro de Coquelin, que Rakhmánov lhe havia entregado[2]. "Então, como o pintor, ele captura todos os seus traços e os põe não na tela, mas em si mesmo. Ele dota o seu *Dois* com todos os aspectos dessa pessoa. Ele vê Tartufo em um determinado traje. Ele veste esse traje. Ele nota uma certa maneira de caminhar e a copia. Ele molda seu próprio rosto e, fazendo isso, como um alfaiate, corta e costura sua própria carne até que o crítico dentro de seu *Um* esteja satisfeito e diga que ele realmente se parece com Tartufo. Mas a questão não acaba aí, porque essa seria somente uma semelhança superficial, a parte exterior de uma personagem, e não a personagem em si. É preciso ainda que ele faça Tartufo falar com a voz que ele acha que Tartufo teria e precisaria fazê-lo andar e falar, pensar e ouvir com a *alma* que ele sente em Tartufo, para, assim, dar forma a toda a sua interpretação. Só então o retrato estará pronto e poderá ser colocado em uma moldura, o palco, e a plateia poderá dizer 'Esse é Tartufo' ou 'o ator interpretou mal'..."

— Mas isso é realmente difícil, muito complicado — disse eu, muito angustiado.

— Sim. O próprio Coquelin admitiu. Ele disse: "O ator não vive, mas representa. Mantém-se frio para com o objeto de sua atuação, mas sua arte tem de ser perfeita". E, de fato — acrescentou Tortsov, — a arte da representação exige perfeição para continuar sendo arte.

— Então, não seria mais simples confiar na natureza, no verdadeiro trabalho criativo e na vivência genuína? — perguntei.

— Coquelin declara, com confiança: "A arte não é a vida real, nem mesmo seu reflexo. A arte é, ela mesma, uma criadora. Ela cria sua própria vida, fora do tempo e do espaço, bela em sua própria abstração".

"É claro que nós não podemos concordar com esse arrogante desafio ao verdadeiro artista, perfeito e inatingível: a natureza criadora."

— Mas eles podem realmente acreditar que a sua técnica tem mais poder do que a natureza? Que falta de senso! — disse eu, sem conseguir me controlar.

— Eles acreditam que a vida criada no palco é melhor. Não é a vida humana genuína que, de fato, conhecemos, mas outra, a que foi melhorada. É

---

2. Paris, 1898.

por isso que os atores da escola da representação vivem cada papel com verdade e humanidade somente no começo, nos estágios de preparação; porém, na hora da representação real, eles trocam isso por uma vida baseada em convenções. Para justificar essa abordagem, eles argumentam que o teatro e as representações são convenções, que o palco não tem meios adequados para transmitir uma ilusão da vida real. O teatro, nesse caso, deve não somente aceitar as convenções, mas carregá-las em seu âmago.

"Esse tipo de atuação tem beleza, mas não profundidade. É mais eficaz do que profunda. A forma é mais interessante do que o conteúdo. Atua preferencialmente sobre os olhos e ouvidos, e não sobre o coração, e, consequentemente, deleita mais do que perturba.

"Na realidade, esse tipo de atuação pode causar uma impressão considerável, que lhe conquista enquanto você assiste e deixa em você belas memórias; porém, essas impressões não aquecem o coração nem se aprofundam muito. Seu efeito é intenso, porém transitório. Você fica maravilhado, porém não acredita. Então há coisas que ela não consegue fazer. Esse tipo de atuação pode conseguir apresentar qualquer coisa que esteja destinada a assustar e a surpreender; ela pode oferecer a você o que é teatralmente belo ou os sentimentos de uma gravura de cartão-postal. Porém, quando se trata da expressão de paixões profundas, ela é espalhafatosa demais ou superficial demais. A sutileza e a profundidade dos sentimentos humanos não se rendem à mera técnica. Elas precisam do apoio direto da própria natureza para que a vivência ocorra naturalmente e seja materializada. Apesar disso, a representação de um papel, quando ela surge de um processo de vivência genuína, pode ser reconhecida como um trabalho criativo, como arte."

.. .. 19..

Na aula de hoje, Grícha declarou, com grande entusiasmo, que era um ator da escola da representação, que seus fundamentos eram caros ao seu coração, que eles eram aquilo que a sua natureza artística exigia e que, portanto, ele se inclinava diante deles. Era isso e somente isso que ele entendia por arte. Tortsov questionou a validade das suas opiniões, lembrando a ele que a vivência é uma parte essencial da arte da representação, mas que ele não estava nem um pouco convencido de que Grícha fosse capaz de controlar esse processo enquanto estava no palco ou em casa. Entretanto, nosso amigo contestador declarou que ele sempre sentia e vivenciava, com muita intensidade, o que fazia no palco.

— Todo mundo sente e vivencia alguma coisa em todos os momentos de sua vida — disse Tortsov. — Se não sentíssemos nada, estaríamos mortos. Somente os mortos nada sentem. Mas o que seria mais importante para vocês:

vivenciar seus próprios sentimentos que são paralelos ao do papel ou algo sem nenhuma relação com eles?

"É muito comum que os atores mais experientes levem ao palco coisas que conceberam em casa, mas que não têm, de maneira alguma, relevância para o papel ou para o palco como arte. Foi isso o que aconteceu com todos vocês. Alguns exibiram suas vozes, suas inflexões cheias de significado, sua técnica. Outros deleitaram o público trotando em círculos com vivacidade, dando saltos de balé, sobreatuando desesperadamente ou tentando nos cativar com belos gestos e poses. Resumindo, vocês trouxeram elementos verdadeiramente desnecessários para as personagens que estavam interpretando.

"E você, Grícha, não abordou o seu papel a partir do conteúdo interior nem pela vivência, nem pela representação dele. Você chegou a isso de uma forma totalmente diferente. Você acha que criou algo que poderia ser classificado como arte. Porém, se não há consciência dos sentimentos vivos, que são paralelos aos da personagem, não se pode falar em um genuíno ato de criação.

"Assim, não se iluda, mas procure vascular mais profundamente e entender onde começa e onde termina a arte genuína. Então você perceberá que sua atuação não tem nenhuma relação com a arte."

— Mas, então, o que foi aquilo?

— Mera técnica. É verdade que não foi ruim como um ponto de vista sobre o papel, como uma ilustração do papel baseada em convenções e artifícios razoavelmente eficientes.

Vou pular a longa argumentação que Grícha iniciou e passarei diretamente à explicação que Tortsov nos deu sobre a linha divisória entre a arte real e a mera técnica.

— Não existe arte genuína quando não há vivência. A arte genuína começa quando o sentimento vem de dentro de você mesmo.

— E a atuação de mera técnica? — perguntou Grícha.

— Ela começa, por sua vez, onde termina a vivência criativa ou a reprodução artística que dela deriva.

"Enquanto nas artes da vivência e da representação a vivência é indispensável, na atuação de mera técnica ela é um acidente. Os atores desse tipo não são capazes de criar cada papel individualmente. Eles não são capazes de vivenciar e dar materialização física natural ao que vivenciaram. O ator de mera técnica só consegue recitar suas falas como se estivesse declamando-as e acompanhando sua recitação com truques teatrais que foram trabalhados de uma única vez por todas. Isso simplifica grandemente as tarefas com as quais a atuação de mera técnica tem de lidar."

— Mas no que consiste essa simplificação? — perguntei.

— Você vai entender melhor quando souber de onde vêm os truques do ofício, as coisas que nós, aqui, chamamos de *clichês de ator*, como eles foram criados e como se desenvolveram.

"Se você precisa expressar os sentimentos em um papel, tem de entendê-los. E para isso é preciso passar por experiências semelhantes. Você não pode mimetizar um sentimento, você só pode simular as suas consequências exteriores. Porém, os atores de mera técnica não são capazes de vivenciar um papel e, assim, nunca poderão entender também quais são as consequências exteriores desse processo criativo.

"Como pode ser isso? Como você pode encontrar uma forma exterior sem o estímulo de sentimentos interiores? Como você consegue exprimir, por meio da voz e do movimento, as implicações exteriores de uma vida interior inexistente? Nada pode dar conta disso, a não ser recorrer a simples truques teatrais baseados em convenções. Trata-se de uma representação extremamente primitiva, formal e exterior de sentimentos que o ator nunca conheceu ou vivenciou. Isso é mera imitação.

"Usando mímica, voz e movimento, o ator de mera técnica somente oferece ao público clichês exteriores, como se exprimissem 'a vida do espírito humano' de um papel, uma máscara morta para sentimentos inexistentes. Existe um extenso conjunto de truques prontos para uso que, por meios exteriores, exprimem ostensivamente todos os sentimentos que você pode encontrar ao longo de sua carreira para esse tipo de atuação no teatro. Não há neles nenhum sentimento presente. Existe apenas imitação, uma semelhança com os seus supostos resultados exteriores. Não existe conteúdo psicológico. Existem apenas truques técnicos que supostamente o exprimem.

"Alguns desses truques já se fixaram e foram preservados pela tradição da atuação de mera técnica, sendo transmitidos para nós por nossos predecessores — como, por exemplo, pôr a palma de uma das mãos sobre o coração ao fazer uma declaração de amor ou passar o dedo pelo colarinho de alguém para representar a morte. Outros são tomados de empréstimo, prontos para uso, de nossos talentosos contemporâneos (tais como passar o dorso da mão pela testa, como fazia Vera Komissarjévskaia[3], em momentos trágicos). Um terceiro tipo de truque pode ser inventado pelos próprios atores.

"Existe uma forma especial, de mera técnica, de ordinariamente representar um papel, que envolve voz, dicção, longas falas (registros exagerada-

---

3. Vera Fiódorovna Komissarjévskaia (1864-1910) foi uma das maiores atrizes dramáticas da Rússia. Fundou o Teatro Dramático (1904-1909), em São Petersburgo, onde promoveu ativamente o drama simbolista e proporcionou a estreia profissional de muitos dos principais diretores e cenógrafos russos, incluindo Vsevolód Meyerhold, aluno de Stanislávski.

mente altos e baixos nos clímaces, com um vibrato específico do ator ou com especiais floreios declamatórios e vocais). Existem truques para caminhar (os atores de mera técnica não andam pelo palco, eles se pavoneiam), para movimentos e ações, para moldar o corpo e a atuação exterior (estes são especialmente acurados nos atores de mera técnica e não se baseiam na beleza, mas na simples graciosidade). Existem truques formais para demonstrar todos os sentimentos e paixões humanas possíveis e imagináveis (arreganhar os dentes, revirar os olhos para sugerir ciúme, como fez Kóstia; tapar o rosto e os olhos com as mãos em vez de chorar, puxar os cabelos para sugerir desespero). Existem truques para imitar personagens e tipos de diferentes estratos sociais (camponeses cospem no chão e limpam o nariz com a barra do avental, militares tilintam as esporas, aristocratas brincam com seus monóculos). Existem truques para períodos históricos (gestos operísticos para a Idade Média, movimentos aprendidos com mestres de dança para o século XVIII). Existem truques para peças e papéis específicos (o Prefeito em O *inspetor geral*[4]), um jeito especial de inclinar o corpo para o público durante os apartes, mantendo a mão na frente da boca. Todos esses hábitos dos atores se tornaram, com o tempo, tradicionais.

"Desse modo, uma maneira generalizada de falar, bem como uma maneira particular de desempenhar um papel com efeitos preestabelecidos, um modo de andar especificamente teatral, poses e gestos pitorescos, tudo isso foi desenvolvido de uma vez por todas.

"Truques mecânicos prontos para uso são facilmente reproduzidos por atores de mera técnica com músculos treinados. Eles se tornam um hábito, uma segunda natureza, que substitui a natureza real.

"Essa máscara fixa de sentimento logo se desgasta, perde sua semelhança passageira com a vida e se converte em um mero clichê, um truque de ofício ou um sinal convencional exterior. Uma sequência desses clichês constitui uma espécie de ritual por meio do qual um ator ilustra cada papel e anda de mãos dadas com uma interpretação convencional das falas. Os atores de mera técnica buscam substituir a vivência vital e genuína, e a atuação criativa, por esses truques. Mas nada pode se comparar com o sentimento real, que não se deixa comunicar pelos truques mecânicos do ator de mera técnica.

"Alguns desses clichês têm certa eficácia teatral, mas a esmagadora maioria é de tão mau gosto que chega a ser ofensiva. Eles deixam você perplexo pela sua falta de compreensão do sentimento humano, pela sua relação simplista com ele ou, simplesmente, pela sua estupidez.

....

4. A mais célebre das peças de Nikolai Vassílevitch Gógol, encenada pela primeira vez em 1836. Stanislávski extrai muitos de seus exemplos dessa peça.

"Mas o tempo e o costume tornaram o feio e o sem sentido coisas familiares e apreciadas por nós. Por exemplo, as caretas do cômico em uma opereta, ou a velha cômica tentando parecer jovem, ou as portas de um cenário que se abrem e fecham automaticamente quando o herói ou uma estrela da companhia faz uma entrada ou uma saída. Eles foram consagrados pelo tempo e são considerados, por alguns, algo perfeitamente normal.

"É por isso que até mesmo clichês não naturais se tornaram parte do modo de atuação de mera técnica e agora foram incluídos no ritual do ator; outros clichês se degeneraram de tal modo que ninguém mais consegue dizer de onde eles vieram. Os truques que perderam o significado interior que lhes deu origem tornaram-se meras convenções teatrais dos atores. Eles não têm nada em comum com a vida real e bloqueiam a verdadeira humanidade do ator. Existe uma abundância desses clichês convencionais na ópera, no balé e, especialmente, na tragédia neoclássica, na qual as pessoas tentam expressar as experiências mais complexas e sublimes dos heróis com truques padronizados e de mera técnica (por exemplo, pelo visual pitoresco, pelo movimento exagerado do corpo, 'rasgando' o coração em momentos de desespero, sacudindo os punhos em fúria ou torcendo as mãos em súplica).

"Os atores de mera técnica estão convencidos de que essa maneira de falar e esses movimentos que todos eles têm em comum – por exemplo, uma voz doce enjoativa para passagens líricas, monotonia para a poesia épica, estridência para o ódio, um falso soluço na voz de pesar – elevam aparentemente a voz e o corpo de um ator tornando-os mais belos, teatralmente mais eficazes e visualmente mais poderosos. Porém, infelizmente, a nobreza nem sempre é entendida como se deveria. Existem várias maneiras de representar a beleza, mas elas são muitas vezes ditadas meramente pelo mau gosto. E existe muito mais mau gosto do que bom gosto no mundo. É por isso que temos pomposidade no lugar de nobreza, o bonitinho no lugar de beleza, e efeito teatral no lugar de expressividade. E, desde a maneira de falar e da dicção convencionais ao andar e à gesticulação do ator, tudo isso beneficia o lado ostentatório do teatro, que é grosseiro demais para ser arte.

"A maneira de falar e a expressão corporal do ator de mera técnica se corromperam e se tornaram demonstrações de efeito, nobreza pomposa, a partir da qual foi criado um tipo especial de graciosidade teatral.

"Os clichês não podem substituir a vivência.

"É lamentável, também, que todos os tipos de clichês sejam tolerados. Eles vão corroendo o ator por fora, como a ferrugem. Assim que encontram uma brecha, eles penetram fundo, multiplicam-se e tentam dominar cada momento de um papel, cada aspecto da técnica de um ator. Eles preenchem todos os espaços em branco. Com frequência, surgem antes de qualquer sentimento, bloqueando, assim, sua trajetória. Portanto, o ator deve estar vigilante e afastar esses intrusos.

"Tudo o que eu disse também se aplica ao ator talentoso que tem capacidade para um verdadeiro trabalho criativo. Pode-se dizer que quase tudo que os típicos atores de mera técnica fazem consiste em uma hábil seleção e combinação de clichês. Alguns deles têm o seu próprio tipo de encanto, e o público pouco sofisticado não percebe que eles não estão recorrendo a nada além de simples mecânica.

"Mas não importa quão perfeitos possam ser os clichês do ator, eles não conseguem comover o público. Para isso, é necessário um estímulo adicional, truques especiais que chamamos de *emoção do ator*. A emoção do ator não é uma emoção genuína ou vivência artística genuína. É um estímulo artificial da periferia do corpo.

"Por exemplo, se você cerra o punho e contrai os músculos do seu corpo ou começa a ficar ofegante, é possível que isso cause uma considerável tensão física que, vista da plateia, pode muitas vezes ser confundida com a aparição de uma personalidade poderosa despertada pela paixão. Você pode explodir e enfurecer-se exteriormente, de forma mecânica, com total sangue frio, geralmente sem motivo algum. Isso cria uma tênue aparência de frenesi físico.

"Os atores que são mais tensos induzem a *emoção do ator* estimulando artificialmente os seus nervos. O resultado é o seu próprio tipo de frenesi teatral, de histeria, tão desprovido de significado interior quanto o frenesi físico artificial. Em ambos os casos, não estamos lidando com a atuação como arte, mas como encenação, não com os sentimentos vivos do ser humano/ator que foram moldados para o papel, mas com a *emoção do ator*. Entretanto, esse emocionalismo pode atingir sua meta, pode ter uma leve semelhança com a vida e causar uma certa impressão, desde que os artisticamente ingênuos não questionem e fiquem satisfeitos com uma imitação grosseira. Atores desse tipo estão quase sempre convencidos de que servem à arte genuína. Eles não percebem que aquilo que fazem é pura atuação de mera técnica."

.. .. 19..

Tortsov continuou sua análise na aula de hoje.

Foi principalmente o pobre Vánia que ficou com a pior parte. Tortsov achava que a sua atuação não chegava nem a ser de mera técnica.

— O que foi, então? — eu interpus.

— O mais estarrecedor tipo de sobreatuação.

— Mas eu não fiz o mesmo? — perguntei, por via das dúvidas.

— Fez, sim!

— Mas quando?! — exclamei, horrorizado. — Você me disse que eu tinha atuado de forma instintiva.

— E, como expliquei, esse tipo de atuação se compõe de momentos de genuíno trabalho criativo que se alternam com momentos...

— De mera técnica? — a pergunta partiu de mim.

— Não havia nenhuma maneira de você chegar à atuação de mera técnica, pois isso exige um trabalho longo e árduo, como aconteceu com Grícha, e você não teve tempo para isso. É por isso que você imitou um selvagem usando clichês extremamente amadores, nos quais não se podia discernir nenhum tipo de técnica. E, sem algum tipo de técnica, além de não haver arte, também não há mera técnica.

— Como eu posso ter usado clichês se era a minha primeira vez no palco?

— Conheço muitas garotas de escola que nunca foram a um teatro ou a uma apresentação ou mesmo a um ensaio e que, ainda assim, representam tragédias usando os clichês mais inveterados e vulgares.

— Isso quer dizer que não é nem atuação de mera técnica, mas pura sobreatuação amadora?

— Sim! Somente canastrice, felizmente.

— Por que "felizmente"?

— Porque é mais fácil combater a sobreatuação amadora do que a profissional, que já está profundamente arraigada. Principiantes como vocês, quando talentosos, podem, de maneira acidental e momentânea, sentir um papel como deve ser, porém não conseguem comunicar isso de maneira consistente e artística, e, portanto, sempre buscam refúgio na sobreatuação. Nos primeiros estágios isso é relativamente inofensivo, mas vocês devem recordar que na sobreatuação existe um grande perigo oculto contra o qual devemos lutar desde o começo, para que vocês não desenvolvam o tipo de hábitos que prejudicam o ator e desvirtuam seus talentos naturais. Tentem compreender onde a atuação de mera técnica e a simples canastrice começam e terminam.

— E onde começam?

— Vou usar você como exemplo. Você é uma pessoa inteligente. Então por que, com exceção de um ou dois momentos, o que fez durante a apresentação foi tão absurdo? Você realmente acredita que os mouros, renomados por sua cultura naqueles tempos, comportavam-se como animais selvagens, rondando pelas suas jaulas? O selvagem que você representou rosnava, arreganhava os dentes, revirava os olhos, mesmo durante uma conversa tranquila com seu ajudante de ordens. De onde veio essa abordagem? Explique-nos como chegou a esse absurdo. Não seria porque, para um ator que se extraviou, qualquer tipo de tolice é possível?

Descrevi como havia trabalhado em casa quase com a mesma riqueza de detalhes do meu diário. Consegui ilustrar algumas partes com ação. Para ficar mais claro, arrumei as cadeiras da mesma maneira como os móveis estavam dispostos no meu quarto.

Tortsov riu muito com algumas das coisas que eu fiz.

— É assim que se cria o pior tipo de atuação de mera técnica — disse ele, quando terminei. — É basicamente isso que acontece quando você assume coisas que estão além da sua capacidade, coisas que você não conhece nem sente.

"A impressão que tive durante a sua apresentação foi que o seu principal objetivo era surpreender, mexer com o público. Mas com o quê? Com sentimentos reais, enraizados em sua própria natureza, que condiziam com a personagem que você ia retratar? Você não tinha nada disso. Você também não dispunha de uma imagem completa e viva que pudesse copiar exteriormente. O que lhe restava fazer, então? Apelar ao primeiro recurso disponível que viesse à sua mente. Como qualquer ser humano, você tem um grande estoque deles para todo tipo de ocasião. Afinal, toda impressão que recebemos fica guardada de uma forma ou de outra na nossa memória e, quando necessário, nós a expressamos como uma imagem. No caso de imagens gerais fortuitas e fugazes, ficamos menos preocupados em fazer que aquilo que estamos comunicando corresponda ao mundo real. Contentamo-nos com qualquer tipo de característica, qualquer signo. A vida cotidiana também nos abastece com estereótipos ou símbolos, com os quais damos corpo físico a essas imagens. Diga a qualquer um de nós, 'interprete um selvagem, sem pensar nisso, imediatamente'. Aposto que a maioria vai fazer exatamente o que você fez durante a apresentação, pois espreitar, arreganhar os dentes para os outros ou revirar os olhos são ações associadas, na nossa imaginação, desde tempos imemoriais, com a falsa representação do selvagem.

"Esses truques 'genéricos' estão presentes em todo ser humano para exprimir ciúmes, raiva, emoção, alegria, desespero ou o que quer que seja. E esses truques são postos em ação independentemente de quando, como ou em que circunstâncias uma pessoa os vivencia. Esse tipo de 'atuação' ou, mais precisamente, de 'encenação' é ridiculamente elementar. Para transmitir uma força que não existe na realidade, você grita até ficar rouco, força a sua expressão facial até o ponto de transformá-la em uma careta, exagera nos movimentos e nas ações, agita os punhos, aperta a cabeça com as mãos e assim por diante. Todos esses truques estão dentro de você e, felizmente, eles não são tantos assim. E por isso não é de se estranhar que você tenha lançado mão de todos eles no espaço de uma hora de trabalho. Truques como esses aparecem de forma rápida e espontânea, mas logo se tornam cansativos.

"Em um nítido contraste, é difícil encontrar formas artísticas reais para exprimir a vida interior de um papel. Elas são criadas lentamente, porém nunca se tornam cansativas. Elas sempre se renovam, se desenvolvem e invariavelmente comovem tanto o ator quanto a plateia. É por isso que um papel baseado em formas naturais tem sucesso, ao passo que outro, baseado em encenação e em sobreatuação amadora, logo se torna sem vida e mecânico.

"Todos esses, por assim dizer, 'clichês humanos comuns' são, como tolos prestativos, mais perigosos do que os inimigos. São clichês que estão dentro de vocês assim como de qualquer ser humano, e vocês os usaram no palco na falta da técnica pronta para uso e cuidadosamente elaborada do ator de mera técnica.

"Como vocês podem ver, a sobreatuação, bem como a atuação de mera técnica, começa onde termina a vivência. Porém, a atuação de mera técnica está convenientemente estruturada para substituir sentimentos por reles artifícios e clichês treinados, enquanto a sobreatuação não tem nem mesmo isso à sua disposição, colocando em funcionamento, indiscriminadamente, os primeiros clichês 'comuns' ou 'tradicionais' que estão ao alcance da mão, e isso sem nem ao menos poli-los ou adaptá-los para o palco.

"O que aconteceu com você é compreensível e perdoável para iniciantes. Mas tenha cuidado no futuro. A canastrice amadora e os 'clichês comuns' podem, em longo prazo, resultar no pior tipo de atuação de mera técnica. Não dê chance para que eles se desenvolvam.

"Você pode fazer isso, em primeiro lugar, combatendo incessantemente os clichês e, em segundo lugar, estudando como vivenciar um papel, não só em momentos isolados de uma interpretação, como você fez com *Otelo*, mas todo o tempo em que estiver atuando. Dessa forma, você conseguirá deixar para trás a atuação por instinto e entrar na arte da vivência."

.. .. 19..

As palavras de Tortsov causaram-me uma enorme impressão. Houve momentos em que cheguei à conclusão de que realmente deveria abandonar a escola.

Foi por isso que hoje, quando encontrei Tortsov na sala de aula, voltei a fazer minhas perguntas. Queria tirar uma conclusão geral de tudo o que tinha sido dito nas aulas anteriores. Finalmente, cheguei à conclusão de que a minha atuação era uma mistura do que existe de melhor no nosso ofício, isto é, os momentos de inspiração, e do que existe de pior, isto é, a canastrice.

— Isso não foi totalmente ruim — tranquilizou-me Tortsov. — O que alguns dos demais fizeram foi ainda pior. O seu amadorismo pode ser curado, mas os erros cometidos por outros advêm de um princípio consciente, que nem sempre é possível alterar ou erradicar.

— E qual é esse princípio?

— A exploração da arte.

— O que é isso? – perguntaram os estudantes.

— Consideremos o que Vária fez, por exemplo.

— Eu?! — Vária saltou da cadeira, surpresa — O que eu fiz?

— Você nos brindou com uma exibição dos seus bracinhos e perninhas, aliás, de todo o seu corpo, pois as pessoas podem ter uma visão melhor do que está no palco.

— Eu? Meus bracinhos e perninhas? — disse o nosso pobre rostinho bonito, com alguma perplexidade.

— Isso mesmo, seus bracinhos e perninhas.

— Que péssimo, horrível, horrível — repetiu Vária —, fiz isso sem sequer perceber.

— É sempre assim quando os maus hábitos tomam conta de você.

— E por que recebi tantos aplausos, então?

— Porque você tem belíssimos bracinhos e perninhas.

— E o que há de errado nisso?

— O que há de errado é que você estava flertando com a plateia em vez de interpretar Kate. Shakespeare não escreveu *A megera domada* para que uma estudante chamada Vária pudesse exibir seus singelos braços e pernas e flertar com seus admiradores. Shakespeare tinha outra coisa em vista, algo muito estranho para você e um mistério para todos nós.

"Infelizmente, nossa arte é frequentemente explorada para fins completamente alheios a ela. Você por querer mostrar como é linda, outros para ganhar popularidade, para ter sucesso exterior ou para alavancar suas carreiras. Isso acontece o tempo todo em nosso ofício, e estou lhe fazendo uma advertência oportuna a respeito. Anotem cuidadosamente o que vou lhes dizer sobre isso. O teatro, porque é público, por causa do elemento de exibição que nele existe, é uma faca de dois gumes. Por um lado, ele tem uma importante missão social, mas, por outro, atrai pessoas que querem explorá-lo para fazer uma carreira para si. Essas pessoas se aproveitam da ignorância de alguns e do mau gosto de outros, recorrem ao favorecimento, às tramoias e a outros meios que nada têm a ver com o trabalho criativo. Atitudes desse tipo são as inimigas mais perniciosas da arte. Vocês precisam lutar ao máximo contra elas e, se isso não funcionar, elas precisam ser postas para fora do palco. Portanto — disse ele novamente a Vária —, ajuste a sua cabeça de uma vez por todas. Você veio aqui para servir à arte e para fazer sacrifícios por ela ou para explorá-la em prol dos seus próprios fins pessoais?

"No entanto" — ele prosseguiu, voltando-se para todos nós —, "é só na teoria que a arte pode ser dividida em categorias separadas. A realidade e a prática não estão interessadas em rótulos. Elas misturam todos os tipos de escolas em uma só. Na verdade, vemos com frequência grandes artistas, pela fraqueza humana, caírem no modo de atuação de mera técnica, ao passo que atores de mera técnica, em alguns momentos, elevam-se ao nível da arte genuína.

"A mesma coisa ocorre com a interpretação de todos os papéis em todas as peças. Juntamente com os momentos de real vivência existem momentos de mera representação, mera técnica, canastrice e exploração. Assim, o mais essencial para um ator é saber onde termina a arte, e o mais importante para o ator de mera técnica é compreender a linha onde a arte começa.

"Então, em nosso ofício, existem duas escolas básicas de pensamento, *a arte da vivência e a arte da representação*. O pano de fundo comum contra o qual elas se projetam é o teatro de mera técnica, seja ele bom ou ruim. É preciso reconhecer que, em momentos de entusiasmo, pode haver lampejos de trabalho criativo genuíno que triunfam sobre clichês e dissimulações entediantes. Precisamos também proteger nossa arte contra a exploração, já que essa iniquidade pode se infiltrar nela sem ser percebida.

"No que diz respeito ao amadorismo, podemos dizer que ele é útil e nocivo na mesma medida, dependendo de que caminho ele percorre."

— Como podemos nos defender contra todos os perigos que nos ameaçam? — indaguei.

— Há apenas uma maneira, como eu já disse: sempre cumprir o objetivo básico da nossa arte, que consiste na criação *da vida do espírito humano de um papel em uma peça e na apresentação dessa vida física materializada em uma forma estética e teatral*. O ideal do artista genuíno está contido nessas palavras.

Ficou claro para mim, a partir dessa discussão com Tortsov, que era muito cedo para que aparecêssemos no palco e que a apresentação que nós, estudantes, tínhamos realizado tinha feito mais mal do que bem.

— Isso lhes fez algum bem — respondeu Tortsov, quando expressei meus pensamentos a ele. — Isso demonstrou para vocês o que nunca devem fazer no palco e o que devem evitar no futuro.

No fim da nossa conversa, quando começávamos a nos dispersar, Tortsov anunciou que amanhã começaríamos as aulas para trabalhar a voz e o corpo, ou seja, as aulas de dicção, canto, ginástica, ritmo, movimento expressivo, dança, esgrima e acrobacia. Essas aulas aconteceriam todos os dias, pois os músculos do corpo humano exigem um exercício sistemático, constante e de longo prazo para poderem se desenvolver.

3

Ação, "se", "circunstâncias dadas"

.. .. 19..

Hoje nos reunimos no teatro da escola, que é pequeno, mas totalmente equipado.

Tortsov entrou, olhou-nos atentamente e disse:

— Mária, vá para o palco.

Eu não conseguiria descrever o pavor da pobre Mária. Ela começou a correr de um lado para o outro e seus pés escorregavam no piso de parquete encerado, como se fosse um filhotinho de cachorro. Por fim, conseguimos segurá-la e levá-la até Tortsov, que estava rindo feito um colegial. Ela cobria o rosto com as mãos e não parava de balbuciar:

— Meus queridos, por favor, eu não posso! Meus caros, estou com medo, estou com medo!

— Acalme-se e vamos representar! É sobre isso que é a nossa peça – disse Tortsov, sem prestar mais atenção à agonia dela. – As cortinas se abrem e você aparece no palco, sentada. Sozinha. Você fica sentada, apenas sentada, e continua sentada. Depois, as cortinas se fecham. E pronto. Nada poderia ser mais fácil, não é mesmo?

Mária não respondeu. Então, sem dizer uma palavra, Tortsov a pegou pelo braço e a levou para o palco. Os estudantes caíram na gargalhada.

Tortsov virou para trás.

— Meus caros jovens amigos – disse ele –, vocês estão numa sala de aula. E Mária está vivenciando um momento muito importante da sua vida de atriz. Vocês precisam aprender a hora e o lugar certo para rir.

Mária e Tortsov subiram ao palco. Então, todos nós nos sentamos em silêncio, cheios de expectativa. Havia uma tensão no ar, como quando vai começar uma apresentação.

As cortinas, por fim, se abriram lentamente. Mária estava sentada no centro do palco. Como antes, ela tinha escondido o rosto com as mãos como se tivesse medo de ser vista pela plateia. O silêncio reinava, o que nos fez esperar algo especial dela. A pausa foi eletrizante.

Sem dúvida, Mária também sentia a mesma coisa e percebeu que era preciso fazer algo. Com muita cautela, ela tirou primeiro uma das mãos do rosto e depois a outra. Porém, ao mesmo tempo, baixou tanto a cabeça que só era possível ver a risca do seu cabelo. Houve outra pausa angustiante.

Por fim, sentindo o clima geral de expectativa, ela olhou para a plateia e logo em seguida se virou, como se as luzes brilhantes a tivessem cegado. Começou a se sentir incomodada, sentou primeiro de um jeito, depois de outro, fazendo poses ridículas, indo para trás, para o lado, puxando a saia curta, olhando fixamente para algo no chão. Por fim, Tortsov se compadeceu, fez um sinal, e as cortinas se fecharam.

Fui correndo pedir que Tortsov repetisse o exercício comigo.

Puseram-me sentado no centro do palco.

Eu não vou mentir – não me senti aterrorizado. Afinal, não era uma apresentação. No entanto, sentia-me pouco à vontade. Eu estava dividido entre necessidades conflitantes. O palco, por sua própria natureza, me colocava em evidência, enquanto os sentimentos humanos que eu buscava precisavam de solidão. Dentro de mim, havia uma pessoa que queria que eu entretivesse o público e outra que me dizia para ignorá-lo. E, embora as minhas pernas, mãos, cabeça e torso me obedecessem, eles acrescentavam, ao mesmo tempo, algo de si próprios à minha revelia, muito mais do que era necessário. Um simples movimento da mão ou do pé se transformava em algo cheio de trejeitos. O resultado foi uma espécie de pose fotográfica.

Estranho! Eu tinha estado no palco apenas uma vez. O resto do tempo tinha levado uma vida humana normal. No entanto, para mim, era muito, mas muito mais fácil sentar-me no palco de uma maneira mais teatral, não natural, do que humana. No palco, a falsidade teatral era mais conveniente do que a verdade natural. Disseram-me, no entanto, que eu estava com cara de bobo, embaraçado, como se estivesse pedindo desculpas. Não sabia o que fazer ou para onde olhar. Tortsov não fez nada e me deixou lá, mofando.

Depois de mim, outros estudantes também fizeram o exercício.

– Agora vamos continuar – disse Tortsov. – Mais tarde, voltaremos a esse exercício e aprenderemos a ficar sentados no palco.

– Mas só aprender a ficar sentado? – gritaram os estudantes, surpresos. – Nós já ficamos sentados...

– Não – disse Tortsov, com firmeza –, vocês não ficaram tão somente sentados.

– E como seria estar sentado?

Em vez de responder, Tortsov se levantou e caminhou de um modo profissional para o palco. Ali, ele afundou pesadamente em uma poltrona, como se estivesse em casa.

Ele não fez ou tentou fazer nada; mesmo assim, seu jeito simples de se sentar prendeu a nossa atenção. Queríamos observá-lo e entender o que se passava em sua cabeça. Ele sorriu, nós também sorrimos. Ele ficou pensativo, nós queríamos saber em que estava pensando. Ele olhou para alguma coisa e nós precisávamos saber, de qualquer maneira, o que tinha atraído a sua atenção.

Na vida real, não teríamos nenhum interesse em ficar observando Tortsov apenas sentado. Mas quando isso acontece no palco, por algum motivo, observamos com atenção especial e até mesmo sentimos um certo prazer no que vemos. Não foi assim quando os estudantes estavam no palco. Ninguém queria observá-los ou estava interessado em saber o que se passava em suas mentes. Eles nos divertiam com seu desamparo e desejo de agradar, mas Tortsov não prestou nenhuma atenção, ao passo que nós nos sentíamos atraídos por Tortsov. Qual era o segredo? Tortsov nos revelou:

— Tudo o que acontece no palco deve ser por *alguma razão*. Quando vocês se sentarem lá, vocês precisam estar sentados por alguma razão e não apenas para se exibirem para o público. Mas não é fácil; vocês precisam aprender a fazer isso.

— E por qual razão você estava sentado lá agora? — perguntou Vánia.

— Para descansar de vocês e do ensaio que tinha acabado de fazer no teatro. Agora venha comigo e vamos encenar outra peça — disse ele a Mária.

— Também vou representar com você.

— Você?! — exclamou ela e correu para o palco.

Mais uma vez puseram-na sentada no meio do palco e, mais uma vez, ela ficou tentando mudar de posição a todo custo. Tortsov ficou em pé ao lado dela, concentrado, buscando alguma coisa em seu caderno de anotações. Enquanto isso, Mária foi aos poucos se acalmando e, por fim, parou de se mexer por completo, fixando seu olhar atento em Tortsov. Ela temia incomodá-lo e, assim, ficou esperando pacientemente mais instruções de seu professor. Sua postura tornou-se natural. O palco destacava seus pontos positivos como atriz. E assim ela me cativou.

Um considerável período de tempo passou-se assim. Depois as cortinas se fecharam.

— Como se sentiu? — perguntou Tortsov, depois que os dois tinham voltado para a plateia.

— Eu? — perguntou ela, confusa. — Estávamos atuando?

— Claro.

— Mas pensei que estivesse apenas sentada, esperando você encontrar o que queria no seu caderno e me dizer o que queria que eu fizesse. Não representei nada!

— É exatamente por isso que foi bom: você estava sentada no palco por uma razão qualquer, e não estava dissimulando — disse Tortsov, aproveitando as palavras dela. — O que vocês acham melhor — disse ele, dirigindo-se a todos nós —, estar sentado no palco, exibindo as pernas, como Sônia, ou todo o corpo, como Grícha, ou estar sentado e realmente fazendo alguma coisa, mesmo que insignificante? Talvez isso não seja muito interessante, mas cria vida no palco, ao passo que se exibir de um jeito ou de outro simplesmente nos leva para além dos limites da verdadeira arte.

"Atuar é ação. *A base do teatro é o agir, é o dinamismo*. A própria palavra 'drama', em grego antigo, significa 'uma ação sendo executada'. Em latim, a palavra correspondente é *actio*, cujo radical se encontra no nosso vocabulário em 'ação', 'ator' e 'ato'. Portanto, drama é uma ação que podemos ver enquanto é executada, e, quando o ator entra em cena, ele se torna um agente dessa ação."

— Olhe, por favor, desculpe-me — disse, de repente, Grícha —, você está tentando nos dizer que teatro é ação. Mas, se posso perguntar, de que forma o seu sentar-se na poltrona era ação? Para mim, era uma total e absoluta falta de ação.

— Não sei se era ação ou não — disse eu, com algum ardor —, mas a "inação" dele era muito mais interessante do que a sua "ação".

— O fato de ficar sentado no palco, imóvel, não quer dizer que você esteja sendo passivo — explicou Tortsov. — É possível ficar imóvel e, ainda assim, ativo, não externa e fisicamente, mas interna e mentalmente. Além do mais, com frequência, a imobilidade física advém de intensa ação interna, que é, sobretudo, importante e interessante no trabalho criativo. O valor da arte pode ser definido pelo seu conteúdo interior. Assim, vou mudar a minha fórmula e dizer: *atuar é ação — mental e física*.

"Desse modo, um dos princípios mais básicos de nossa arte é satisfeito, que consiste na natureza ativa e dinâmica de nosso trabalho criativo, no teatro e em nossa arte."

.. .. 19..

— Vamos encenar outra peça — disse Tortsov, virando-se para Mária. — O enredo é o seguinte: Sua mãe perdeu o emprego. Ela não tem mais nada que possa vender para pagar a mensalidade da sua escola de teatro. Amanhã, portanto, você será expulsa por inadimplência. Porém, apareceu uma amiga para salvá-la. Como ela não tem dinheiro, trouxe um broche com uma pedra preciosa incrustada, a única coisa de valor que conseguiu encontrar. Você ficou muito surpresa e comovida com esse gesto generoso da parte da sua amiga. Como aceitar tamanho sacrifício? Você não pode se convencer a aceitá-lo e, então, recusa. Mas sua amiga espeta o broche na cortina e vai para o corredor. Você a segue. Aí vem uma longa cena em que ela tenta lhe persuadir. Você diz de novo que não, chora e expressa sua gratidão. Finalmente, você acaba aceitando o sacrifício; sua amiga vai embora e você volta para a sala para pegar o broche. Porém... Onde ele está? Será que alguém entrou e o pegou? Como há muitos inquilinos no apartamento, seria possível. Inicia-se, então, uma busca tensa e minuciosa. Suba ao palco. Vou prender o broche e você volta para procurá-lo em uma das pregas da cortina.

Mária foi para os bastidores. Tortsov nem se preocupou em prender o broche e, depois de alguns momentos, pediu para ela voltar. Ela se catapultou dos bastidores, correu para a boca de cena e depois imediatamente recuou, pondo as duas mãos na cabeça em um espasmo de horror... Em seguida, correu para o lado oposto, agarrou a cortina, rasgou-a em desespero e enfiou a cabeça entre as pregas. Com isso, representava sua busca pelo broche. Como não o encontrou, correu de volta para os bastidores com as mãos apertando o peito de maneira convulsiva, representando, com certeza, o aspecto trágico da situação. Nós que estávamos sentados nas primeiras fileiras mal podíamos conter o riso.

Mária veio voando do palco para a plateia em evidente triunfo. Seus olhos brilhavam e as bochechas estavam coradas.

— Como se sentiu? — perguntou Tortsov.

— Oh, meus queridos! Tão maravilhoso! Não posso lhes dizer como foi maravilhoso... Não consigo, realmente não consigo dizer mais nada. Estou tão feliz! — exclamou, sentando-se e depois dando um pulo e segurando a cabeça. — Eu senti, eu realmente senti!

— Muito bem — disse Tortsov, em sinal de aprovação. — E cadê o broche?

— Ah, é mesmo! Eu me esqueci dele...

— Estranho — disse Tortsov —, você fez aquilo tudo para encontrá-lo e... se esqueceu dele.

Em um piscar de olhos, Mária já estava no palco de novo, começando a examinar com os dedos as pregas da cortina.

— Lembre-se de que — recordou Tortsov —, se você encontrar o broche, está salva e pode continuar frequentando a escola. Caso contrário, está tudo acabado. Você será expulsa.

Diante disso, o semblante de Mária ficou sério. Ela fixou seus olhos na cortina e começou a examinar cada dobra do material atenta e sistematicamente.

Dessa vez, a busca transcorreu em um ritmo diferente e incomparavelmente mais lento. Era possível acreditar que Mária não estava desperdiçando um instante que fosse, que ela estava sinceramente preocupada e ansiosa.

— Querido Deus! Onde está? Sumiu!... — repetia ela em voz baixa. — Não! — exclamou ela, desesperada e perplexa, depois de ter inspecionado todas as dobras da cortina.

Seu rosto expressava preocupação. Ela ficou ali parada, estupefata, com o olhar fixo. Nós a observávamos com a respiração suspensa.

— Ela é muito sensível — disse baixinho Tortsov para Rakhmánov. — Como se sentiu quando procurou da segunda vez? — perguntou ele a Mária.

— Como me senti? — ela repetiu a pergunta, com indiferença. — Não sei, estava ocupada procurando — disse ela, depois de uma pausa para reflexão.

— Isso mesmo. Dessa vez, você estava ocupada procurando. Mas o que você fez da primeira vez?

— Ah! Da primeira vez! Estava tão emotiva! Sentia tamanho terror. Não consigo! Não consigo!... — lembrou-se, entusiasmada e orgulhosa, ruborizada pela excitação.

— Qual dos dois estados de espírito você prefere? Quando estava correndo de um lado para o outro rasgando a cortina ou quando examinou a cortina com mais calma?

— Bem, com certeza quando estava procurando da primeira vez!

— Não. Não tente nos convencer de que, na primeira vez, você estava procurando o broche — disse Tortsov. — Você não pensou no broche nem por um segundo. Tudo o que você queria era sofrer por sofrer. Agora, na segunda vez, você realmente estava procurando. Todo mundo aqui conseguia ver isso, ficou evidente, entendemos e acreditamos que a sua perplexidade e consternação eram bem fundamentadas. Portanto, da primeira vez que você olhou, não conseguiu realizar nada. Era uma rotineira postura teatral. Já na segunda vez, a maneira como você procurou estava perfeitamente correta.

Esse veredicto deixou Mária atordoada.

— Não precisamos de correria sem sentido no palco — continuou Tortsov. — Não deve haver nem correria por correria, nem sofrimento por sofrimento. No palco, você não deve executar uma ação pela ação, uma ação "em geral". Você deve executá-la de uma forma *bem fundamentada, adequada e produtiva*.

— E que seja genuína — acrescentei.

— A ação genuína é bem fundamentada e adequada — afirmou Tortsov. — Então — continuou —, como vocês têm de fazer genuinamente coisas no palco, subam todos nele e... comecem a fazer coisas.

Subimos todos, mas durante muito tempo não sabíamos por onde começar.

Seja lá o que for feito no palco, deve ser feito de tal forma que deixe uma impressão. Porém, como eu não conseguia encontrar ações interessantes o bastante para prender a atenção do público, comecei a repetir meu Otelo, mas logo percebi que estava me exibindo, como fiz na apresentação, e, então, parei.

Lev representou um general e depois um camponês. Pácha sentou-se em uma cadeira com pose de Hamlet e representou primeiro o pesar e depois a desilusão. Sônia flertava, enquanto Grícha lhe fazia uma declaração de amor de uma maneira tradicional, como se faz nos palcos de todo o mundo.

Olhei, então, para o canto mais distante do palco, onde se haviam refugiado Nikolai e Dária. Quase dei um grito, vendo seus rostos pálidos e contorcidos, seus olhos arregalados e seus corpos rígidos. Pareciam estar interpretando a "cena das faixas" do *Brand*, de Ibsen[1].

– Agora analisemos o que vocês fizeram – disse Tortsov. – Vou começar com você – disse, virando-se para mim – e com você e você – disse a Mária e a Pácha. – Sentem-se todos onde eu possa vê-los e comecem a sentir as mesmas coisas que vocês acabaram de representar: você, ciúme; você, sofrimento; você, melancolia.

Sentamos e tentamos invocar os sentimentos necessários, mas nada acontecia. Enquanto eu andava pelo palco como um selvagem, não tinha ideia do absurdo das minhas ações quando não tinha nada em meu interior. Porém, quando fui forçado a me sentar imóvel, sem nenhuma pose externa, ficaram claras como o cristal a insensatez, a futilidade e a impossibilidade da tarefa.

– Como, na opinião de vocês – perguntou Tortsov –, é possível se sentar em uma cadeira e, por vontade própria, ficar ciumento, furioso ou triste sem uma razão para isso? Vocês podem invocar uma "ação criativa"? Vocês acabaram de tentar, mas nada aconteceu, nenhum sentimento foi despertado, por isso tiveram de começar a dissimular, usando o rosto para demonstrar experiências inexistentes. Não dá para espremer para fora os sentimentos de vocês, não dá para ficar com ciúme, amar e sofrer apenas por ser ciumento, amoroso ou sofredor. Não dá para forjar sentimentos. Isso simplesmente resultaria na mais repulsiva das sobreatuações. Assim, ao escolher uma ação, deixem seus sentimentos em paz. Eles vão aparecer por conta própria, como resultado de algo que aconteceu antes e que evoca ciúme, amor ou sofrimento. Pensem bem sobre o que aconteceu antes e o recriem. Não se preocupem com o resultado. Representar com paixão, como fizeram Kóstia, Mária e Pácha, dissimular com estereótipos, como fizeram Lev e Vánia, ou atuar mecanicamente como Igor e Grícha são erros generalizados

---

1. Tragédia em verso de Henrik Ibsen, publicada em 1866 e cuja primeira encenação completa aconteceu em Estocolmo, em 1885.

em nossa profissão. São pecados que afligem aqueles que estão acostumados a representar estereótipos teatrais e a fazer poses no palco. Um ator verdadeiro não deve macaquear manifestações exteriores de paixão, ou copiar formas exteriores, ou entregar-se a uma interpretação mecânica de acordo com algum ritual de canastrice, mas representar ações de forma genuinamente humana. Vocês não devem fingir paixões e personagens, mas reagir sob a influência da paixão, na personagem.

— Como fazer qualquer coisa em um palco vazio com apenas algumas cadeiras? — perguntaram os estudantes, em sua própria defesa.

— Por Deus, juro que se tivéssemos um cenário para atuar, com mobília, lareira e cinzeiros e todos os adereços, poderíamos interpretar as ações bastante bem! — garantiu Vánia.

— Tudo bem! — disse Tortsov, e saiu da sala.

.. .. 19..

A aula de hoje estava marcada para o teatro da escola, mas a porta principal da plateia estava trancada. Na hora marcada, no entanto, abriram outra porta, que dava acesso direto ao palco. Quando chegamos, para nossa surpresa, deparamo-nos com um hall de entrada. Depois do hall, havia uma sala de estar confortavelmente mobiliada. Na sala, havia duas portas; uma delas dava para uma pequena sala de jantar e um quarto, ao passo que a outra levava a um corredor no qual havia uma sala bem iluminada à esquerda. O apartamento estava todo dividido em seções, uma parte com lonas e a outra com armações de vários cenários. O mobiliário e os adereços provinham de obras que estavam no repertório. As cortinas foram fechadas e bloqueadas pelos móveis, de modo que era difícil determinar onde a ribalta e a boca de cena estavam.

— Aqui vocês têm um apartamento inteiro, onde podem não só fazer coisas como também morar — explicou Tortsov.

De fato, ao andarmos, não sentíamos as tábuas do palco sob os nossos pés e, assim, nos comportávamos como se estivéssemos em casa, como na vida cotidiana. Começamos examinando toda a sala. Depois, cada um encontrou um canto confortável para si, escolheu um parceiro e começou a conversar. Tortsov nos recordou que estávamos reunidos para estudar e não para bater papo.

— E o que temos de fazer? — perguntamos.

— O mesmo da última aula — explicou Tortsov. — Vocês devem fazer o que quiserem de uma maneira genuína, bem fundamentada e adequada.

Porém, ficamos ali em pé, imóveis.

— A verdade é que realmente não sei... como podemos... de repente, fazer coisas de uma maneira adequada sem nenhum porquê — arriscou Pácha.

— Se vocês não conseguirem fazer coisas sem um porquê, façam-nas por alguma razão. Será que vocês não conseguem ser motivados por nada neste cenário da vida real? Se eu pedisse para você, Vânia, ir até aquela porta e fechá-la, você se recusaria?

— Fechar a porta?! Com prazer — respondeu ele, com sua habitual forma afetada.

Em um piscar de olhos, ele foi, bateu a porta e voltou para o seu lugar.

— Isso não é o que eu chamo de fechar uma porta — comentou Tortsov. — Isso se chama bater a porta, como se dissesse: deixe-me em paz. A frase "fechar a porta" quer dizer fechá-la para que não entre uma corrente de ar, como agora, ou para que não se ouça no corredor o que estamos falando.

— Mas ela não ficaria fechada! É sério! Não ficaria!

Para provar, ele mostrou como a porta tinha acabado de se abrir.

— Então você vai precisar dedicar mais tempo e esforço para fazer o que eu pedi.

Vânia foi de novo, ficou um bom tempo lidando com a porta e, por fim, fechou-a.

— Agora sim, uma ação genuína — disse Tortsov, encorajando-o.

— Peça para eu fazer algo também — pedi a Tortsov.

— Será que não consegue pensar em alguma coisa sozinho? Tem uma lareira e lenha. Vá acender o fogo.

Fiz o que ele disse, coloquei a lenha na lareira e, então, percebi que não havia fósforos. Tive de incomodar Tortsov novamente.

— Para que quer fósforos? — disse ele, surpreso.

— Como assim, para quê? Para pôr fogo na madeira.

— Que os céus nos protejam! É uma lareira cenográfica, de papel machê. Vai querer botar fogo no teatro?!

— Não é para acendê-la de verdade, e sim para fazer de conta — expliquei.

— Para "fazer de conta" que acende só precisa de fósforos de "faz de conta". Aqui estão, pegue.

Ele me estendeu a mão vazia.

— Como se riscar um palito de fósforo fosse importante! Você precisa é de outra coisa. É essencial acreditar que, se não tivesse fósforos de verdade à mão, precisaria fazer exatamente o que está fazendo agora, sem nada disso. Um dia, quando representar Hamlet, depois de ter passado por todas as complexidades de sua mente, vai chegar o momento em que você mata o rei. Será que tudo realmente vai depender de você ter uma espada afiada na sua mão? Será que você vai ser incapaz de terminar a peça se não tiver uma? Não, você pode matar o rei sem uma espada e acender a lareira sem fósforos. Em vez disso, o que você precisa acender é a sua imaginação.

Eu voltei para acender a lareira e ouvi, vagamente, Tortsov dar a todos algo para fazer. Ele mandou Vánia e Mária ao hall para planejar diversos jogos. Disse para Nikolai, que era um ex-desenhista, fazer a planta do apartamento, medindo-o com passos. Ele pegou uma carta de Sônia e disse a ela que a encontrasse em um dos cinco cômodos e depois disse a Grícha que, na realidade, tinha dado a carta de Sônia para Lev, solicitando que este último a escondesse em algum lugar muito secreto. Isso forçou Grícha a ficar no encalço de Lev. Resumindo, Tortsov conseguiu que nos movimentássemos e fez que desempenhássemos ações reais por um breve tempo.

Da minha parte, fui fazendo de conta que acendia a lareira. Meu fósforo imaginário de "faz de conta" apagou várias vezes. Tentei o tempo todo vê-lo e senti-lo entre meus dedos. Mas sem muito sucesso. Também tentei visualizar o fogo na lareira e sentir seu calor, mas não funcionou. Logo me cansei de ficar acendendo a lareira. Precisava encontrar outra coisa para fazer. Comecei a arrumar os móveis e outros objetos, mas como essas tarefas eram artificiais e não tinham fundamento real, eu fazia tudo de forma mecânica.

Tortsov chamou a minha atenção para o fato de que as ações mecânicas e infundadas são representadas extraordinariamente rápido no palco; muito mais rápido do que as conscientes e bem fundamentadas.

— E não é nenhuma surpresa — explicou ele — que você não tenha como se concentrar quando suas ações são mecânicas, quando você não tem um propósito real em mente. Realmente, você não demorou muito para trocar algumas cadeiras de lugar. Mas se você tivesse de colocá-las em uma certa ordem, com um propósito definido — por exemplo, para marcar o lugar dos convidados importantes e dos não tão importantes na mesa de jantar —, aí você conseguiria trocar essas mesmas cadeiras de lugar várias vezes, durante horas.

Mas a minha imaginação tinha se esgotado. Não conseguia pensar em mais nada. Enfiei a cara em uma revista ilustrada e fiquei olhando as fotos.

Vendo que os outros também tinham se acalmado, Tortsov reuniu a todos na sala de estar.

— Vocês não têm vergonha de si mesmos? — disse a todos nós. — Que tipo de atores são vocês que não conseguem pôr a própria imaginação para trabalhar? Se eu chamar uma dúzia de crianças e disser para elas que isto aqui é um apartamento novo, vocês ficariam admirados com a sua imaginação. Elas inventariam uma brincadeira que nunca acabaria. Então, vamos lá, façam como as crianças!

— É fácil dizer "façam como as crianças"! — suspirou Pácha. — Brincar faz parte da natureza delas e é o que elas querem, mas nós precisamos nos forçar a isso.

— Bem, é claro que se vocês não "querem", não há razão para ficarmos aqui discutindo — respondeu Tortsov. — Mas, nesse caso, sou obrigado a perguntar se vocês são realmente atores.

— Olha, por favor, me desculpe! Abra a cortina, dê-nos um público e nós vamos nos sentir como crianças — explicou Grícha.

— Não. Se vocês são atores não vão precisar disso, vão *fazer* coisas. Digam-me, com honestidade: o que está impedindo vocês de entrarem no jogo? — insistiu Tortsov.

Comecei a explicar a minha situação. Eu poderia acender a lareira e trocar os móveis de lugar, mas ninguém tinha interesse em nenhuma dessas ações. São muito curtas. Acendi o fogo, fechei a porta — bang! E acabou. Mas se uma segunda ação derivasse da primeira e levasse a uma terceira, aí seria outra história.

— Pois então — resumiu Tortsov —, vocês precisam não de ações curtas, exteriores e semimecânicas, e sim de ações amplas, profundas e complexas, com grande potencial.

— Não, isso é demais, é muito difícil. Não é o que temos em mente. Dê-nos algo simples, mas interessante — expliquei.

— Isso depende de vocês, não de mim — disse Tortsov. — Vocês podem executar uma ação de uma maneira interessante ou entediante, seja curta ou longa. Será que é mesmo uma questão de metas exteriores ou de razões interiores e motivadoras, circunstâncias em que e para que se realizam as ações? Considerem algo simples, como abrir ou fechar uma porta. O que poderia ser mais sem sentido do que uma tarefa tão mecânica? Mas suponhamos que aqui, neste apartamento, onde Mária está dando a festa de inauguração de sua casa, tenha morado antes um homem que agora é um lunático desvairado. Ele foi internado em um hospício... E se descobríssemos que ele fugiu de lá e está agora na porta, o que vocês fariam?

Uma vez levantada essa hipótese, a nossa atitude — ou, como disse Tortsov, "nosso objetivo interior" — mudou subitamente. Já não pensávamos mais em como prolongar o jogo e não estávamos preocupados com o que aconteceria exteriormente, no que diz respeito à apresentação, mas interiormente, e nos perguntávamos se as nossas ações eram as corretas, mediante o problema que tinha sido apresentado. Começamos a medir com os olhos a distância até a porta e a procurar meios seguros de chegar a ela. Examinamos nosso entorno, de forma a nos adaptar, ficamos vendo para onde iríamos correr se o louco entrasse na sala. O instinto de autopreservação nos fez antecipar possíveis perigos e sugeriu maneiras de lidar com eles.

Pode-se julgar nosso estado de espírito pelo incidente que se seguiu. Vánia, de forma deliberada ou espontânea, saltou para longe da porta e todos nós fizemos o mesmo, em bloco, colidindo uns com os outros nesse processo.

As mulheres começaram a gritar e a correr para o outro cômodo. Eu me vi debaixo da mesa com um pesado cinzeiro de bronze na mão. Não paramos, mesmo enquanto a porta ainda estava bem fechada. Como não havia chave, fizemos barricadas com mesas e cadeiras. Então tivemos de ligar para o hospital psiquiátrico, para que pudessem tomar todas as providências possíveis para recapturar seu paciente violento.

Eu me encontrava em um estado de grande excitação e, tão logo o exercício de atuação terminou, virei para Tortsov e gritei:

— Faça-me acender uma lareira úmida. Isso está me acabando. Se conseguir dar vida a este exercício, serei o mais entusiástico defensor do "sistema".

Sem um momento de hesitação, Tortsov nos disse que hoje Mária estava dando a festa de inauguração do seu apartamento e tinha convidado seus amigos e conhecidos da escola. Um deles, que conhecia muito bem os famosos atores Moskvín, Katchálov e Leonídov[2], tinha prometido trazer um deles para a festa. Ele queria agradar os estudantes. O único problema é que o apartamento era frio. Não tinham colocado janelas duplas para o inverno, não havia mais lenha e agora, por azar, caíra uma geada repentina, de modo que todos os cômodos estavam gélidos e não havia como receber convidados importantes. O que deveríamos fazer? Pegamos lenha com um vizinho e acendemos a lareira na sala de estar, mas começou a sair fumaça. Tivemos de apagar o fogo e chamar o zelador. Enquanto ele resolvia o problema com grande lentidão, acabou escurecendo. Agora até poderíamos acender a lareira, mas a madeira estava molhada e não ia pegar fogo. E os convidados chegariam a qualquer momento.

— Agora, me contem, o que vocês fariam se a história que acabei de inventar fosse realmente verdadeira?

Era uma teia firmemente tecida de circunstâncias. Mais uma vez tivemos de reunir toda a nossa engenhosidade natural para resolver o problema e sair de uma situação difícil.

Uma das circunstâncias mais preocupantes era a esperada chegada de Moskvín, Katchálov e Leonídov. A vergonha que sentiríamos seria especialmente grande. Tínhamos plena consciência de que *se* uma situação tão constrangedora viesse a ocorrer na realidade, seria um momento bem incômodo. Demos o melhor de nós para ajudar, tentamos elaborar um plano de ação, o sugerimos aos nossos amigos e depois tentamos colocá-lo em prática.

— Desta vez — afirmou Tortsov —, posso dizer que o que vocês fizeram foi genuíno, produtivo e adequado. Mas o que os levou a esse ponto? Uma expressão minúscula: "se".

---

2. Ivan Mikháilovitch Moskvín (1874-1946), Vassíli Ivanovitch Katchalov (1875-1948) e Leonid Mirónovitch Leonidov (1873-1941) foram protagonistas do Teatro de Arte de Moscou.

Os estudantes ficaram extasiados.

Era como se um "Abre-te, Sésamo" tivesse sido revelado para nós, que podíamos usá-lo para ter acesso à arte por inteiro, e que, se um papel ou um exercício não estivesse funcionando, tudo o que tínhamos de fazer era pronunciar "se", e tudo trabalharia como um relógio.

— Então – disse Tortsov, resumindo – na aula de hoje vocês aprenderam que a *ação no palco deve ser bem fundamentada interiormente, em uma sequência adequada, lógica e possível no mundo real.*

.. .. 19..

Todo mundo está louco pela expressão "se". Usam-na sempre que é possível, exaltando-a. A aula de hoje foi praticamente um longo tributo a ela.

Tortsov mal teve tempo de passar pela porta e sentar em seu lugar e já se viu rodeado pelos estudantes, que queriam exprimir seu entusiasmo e animação.

— Um experimento bem-sucedido possibilitou que vocês entendessem e vivenciassem em primeira mão como as ações interiores e exteriores surgem da natureza e do organismo humano por conta própria, mediante o uso do "se". Agora vamos pegar esse exemplo vivo e reexaminar a função de cada estímulo, de cada fator em nosso experimento.

"Comecemos com o 'se'.

"Sua importância reside, sobretudo, no fato de que ele está no início de cada ato criativo – explicou Tortsov. – Para os atores, o 'se' é a alavanca que nos transporta para fora do mundo da realidade em direção ao único mundo em que podemos ser criativos.

"Existem 'ses' que apenas se limitam a estimular em nós desdobramentos lógicos a longo prazo, passo a passo."

Tortsov estendeu a mão para Pácha e esperou que alguma coisa acontecesse. Os dois se olharam, inexpressivos.

— Como podem ver – disse Tortsov –, não aconteceu nada entre nós. Agora vou introduzir um "se" e dizer: e se eu tivesse estendido uma carta em vez da mão vazia, o que você teria feito?

— Teria pegado a carta e olhado para ver a quem se endereçava. *Se* fosse endereçada a mim, eu teria, então, pedido licença, abriria a carta e começaria a lê-la. Mas desde que ela fosse particular e desde que eu pudesse manifestar meus sentimentos ao lê-la...

— E *desde que* fosse mais sensato ir para outro lugar para evitar isso – disse Tortsov, para encorajá-lo.

— ... então eu iria para um outro cômodo e a leria lá.

— Vejam quantos pensamentos conscientes viriam em uma sequência adequada, quantos passos lógicos – *então, e se, desde que* –, quantas ações diferentes a expressão "se" pode incitar. Geralmente é assim.

"Mas às vezes o 'se' não funciona por si só, rapidamente, sem necessidade de ajuda externa. Por exemplo..."

Com uma das mãos, Tortsov deu um cinzeiro de metal para Mária e, com a outra, uma luva de camurça para Sônia, dizendo:

– Um sapinho gelado para você e um ratinho macio para você.

Mal ele pronunciou essas palavras e as duas mulheres recuaram com nojo.

– Dária, beba água – ordenou Tortsov.

Ela levou o copo aos lábios.

– Está envenenada – avisou ele.

Dária ficou paralisada, instintivamente.

– Viram? – disse Tortsov, triunfante. – Em vez de simples, esses foram os "ses mágicos" que provocaram ações instantâneas e instintivas. Vocês obtiveram os mesmos resultados, embora não de uma maneira tão aguda e efetiva como no exercício de atuação sobre o louco. Naquele caso, a suposição de que alguma coisa anormal estava acontecendo produziu imediatamente um forte estado de agitação real e de ação dinâmica. Um "se" desse tipo também pode ser considerado "mágico".

"Em qualquer análise mais aprofundada das qualidades e dos atributos do 'se', devemos atentar para o fato de que existem, por assim dizer, 'ses' *de um só nível e de vários níveis*. Por exemplo, agora há pouco, no experimento com o cinzeiro e a luva, nós lidamos com um 'se' de um só nível. Tudo o que tivemos de dizer foi: e se o cinzeiro fosse um sapo e a luva fosse um rato, e a resposta imediata foi uma ação.

"Porém, em peças complexas, há um grande número de possíveis 'ses', criados pelo autor e por outros, para justificar um determinado comportamento das personagens principais. Nesse caso, tratamos não só do 'se' de um nível, mas dos 'ses' de vários níveis, isto é, com um número considerável de hipóteses e ideias que as complementam, todas habilmente concatenadas. Aí, o autor diz: e se a ação decorrer nesse ou naquele período, nesse ou naquele país, nesse ou naquele lugar ou casa, e se essa ou aquela pessoa morar lá, com esse ou aquele tipo de mentalidade, com essa ou aquela ideia e sentimento, e se ela entrar em conflito com essa ou aquela circunstância, e assim por diante.

"O diretor complementa as ideias do autor com seus próprios 'ses' e diz: se houvesse esta ou aquela relação entre as personagens, e se seus hábitos particulares fossem estes ou aqueles, e se elas vivessem em um determinado contexto, e assim sucessivamente, como o ator reagiria se ele se visse colocado nessas circunstâncias? Por sua vez, o cenógrafo, o iluminador e outros membros da equipe de produção vão contribuir com suas próprias ideias artísticas para a peça.

"Vocês também devem perceber uma certa qualidade oculta na expressão 'se', um certo poder que vivenciaram durante o exercício com o louco. Essa qualidade, esse poder, causaram uma mudança instantânea, um passo à frente."

— Sim, é isso, uma mudança, um passo à frente! — concordei, sentindo que era a definição correta para a minha própria experiência.

— Graças a isso — continuou Tortsov —, como em O *pássaro azul*, quando o diamante mágico[3] é girado, acontece alguma coisa que faz que os olhos vejam de forma diferente, os ouvidos ouçam diferente, a mente entenda as coisas à sua volta de forma diferente. O que temos aqui é um dispositivo, uma ideia criativa que, por meio da operação da própria natureza, produz uma ação que é adequada, uma ação real que é essencial para atingir a meta a que nos propusemos.

— E isso parece acontecer de repente! — disse eu, entusiasmado. — No fim das contas, por que as características da lareira deveriam ser importantes para mim? Porém, uma vez que eu estava sujeito ao "se", uma vez que tinha aceitado a ideia de que estavam chegando atores famosos e que a lareira impraticável nos faria parecer estúpidos, isso se tornou uma coisa muito importante para mim. Realmente detestei aquele pedaço de cenário de papelão, amaldiçoei a onda de frio e simplesmente não tinha tempo para pôr em prática todas as sugestões da minha imaginação, uma vez que ela tinha sido ativada.

— A mesma coisa aconteceu no exercício de atuação com o louco — disse Pácha. — Aí também, a porta, que era o ponto de partida para o exercício, tornou-se um meio de defesa. A meta básica, o foco da nossa atenção era o instinto de autopreservação. Tudo aconteceu de forma natural e espontânea...

— E por que foi assim? — interrompeu Tortsov, animado. — Porque a perspectiva do perigo sempre nos estimula. Como a levedura, que sempre produz fermentação. Em relação à porta e à lareira, elas só nos afetam até o ponto em que se conectam com outras questões muito mais cruciais.

"O segredo do 'se', como um estímulo, está no fato de que ele não se refere a fatos reais, ao que é, mas ao que poderia ser... 'Se'... Não é uma afirmação, é uma pergunta a ser respondida.

"O ator tem de tentar respondê-la. É por isso que o passo à frente e a solução ocorreram sem que eu tivesse de forçar uma situação ou enganar. O fato é que, na verdade, eu nunca garanti que havia um louco do outro lado da porta. Não menti. Pelo contrário, a simples menção da expressão 'se' foi

---

3. Stanislávski dirigiu a primeira produção de O *pássaro azul*, de Maurice Maeterlinck, em 1908 (Maeterlinck tinha escrito a peça em 1905). No primeiro ato, quando o diamante mágico é girado, as crianças da peça veem objetos inanimados como se estivessem vivos.

um claro reconhecimento de que estava apenas introduzindo uma hipótese e que, na realidade, não havia ninguém do outro lado da porta. Eu só quis que me dissessem, com honestidade, o que fariam se a história do louco fosse verdadeira. Não pedi que se iludissem. Não impus os meus próprios sentimentos a vocês, mas dei-lhes total liberdade para que vivenciassem o que cada um 'vivenciaria' sozinho, naturalmente. E vocês, por sua vez, não se obrigaram a aceitar a minha história sobre o louco como real ou verdadeira, mas a consideraram uma hipótese. Não os obriguei a acreditar na verdade desse louco fictício, vocês mesmos aceitaram, livremente, a possibilidade de que tal coisa pudesse existir na vida real."

— Sim. E o bom é que o "se" é verdadeiro, abrangente, e faz as coisas de uma forma clara. Isso elimina a sensação de ter sido enganado que geralmente sentimos nas interpretações — disse eu, entusiasticamente.

— Mas o que teria acontecido se, em vez de uma história óbvia, eu tivesse jurado que havia um verdadeiro louco do outro lado da porta?

— Eu não teria acreditado em uma mentira tão flagrante, não teria nem me abalado — disse eu. — E também é bom que o "se" crie um clima que impeça que se force uma situação. Somente nessas circunstâncias é possível considerar seriamente uma coisa que não existe, mas que poderia ocorrer no mundo real — prossegui, bastante eufórico.

— Essa é outra característica do "se" — lembrou-me Tortsov. — Ele desperta o dinamismo de um artista, que é mais mental do que físico, mas faz isso sem forçar uma situação, por meio da própria natureza. A expressão "se" é um impulso, um estímulo para o dinamismo criativo interior e exterior. Basta perguntar: "e se a história do louco fosse realmente verdade, o que eu faria, como eu lidaria com isso?". E imediatamente surge o dinamismo e a vivacidade. Vocês não estavam apenas dando uma resposta simples para uma questão que lhes foi proposta. Como atores, pela natureza de vocês, isso se tornou um chamado urgente à ação. A pressão era tanta que não hesitaram e começaram a lidar com a questão que tinham diante de vocês. O verdadeiro instinto humano de autopreservação determinou suas ações como se tivesse ocorrido na própria vida...

"Esse é, de longe, o atributo mais importante da expressão 'se', que a conecta a um dos fundamentos da nossa escola de atuação, ou seja, o de que *o trabalho criativo e a arte são dinâmicos e ativos.*"

— Mas parece que o "se" nem sempre atua livremente — objetei. — Por exemplo, embora o meu passo à frente parecesse repentino, na realidade levou muito tempo. No momento em que o "se" mágico foi introduzido, eu acreditei na mesma hora e o passo à frente aconteceu. Mas, logo depois, comecei a hesitar e disse para mim mesmo: "O que você está buscando? Você sabe que todos esses "ses" são inventados, são um jogo, e não a vida real".

Mas, então, uma outra voz discordou: "Eu não contesto que os 'ses' são inventados ou são jogos, mas são absolutamente possíveis e viáveis no mundo real. Ninguém está forçando você. Basta perguntar: 'O que eu teria feito se estivesse no apartamento de Mária naquela noite e me encontrasse nas mesmas circunstâncias dos seus convidados?'".

"Tendo vivenciado a ficção como fato, eu seria capaz de levar isso a sério e de pensar como resolveria a questão da lareira e como lidaria com a visita das celebridades."

.. .. 19..

– De que modo o "mágico" ou simples "se" ativa o trabalho criativo? Ele fornece o primeiro impulso para facilitar o desenvolvimento do processo criativo em um papel.

"Quanto à forma como esse processo se desenvolve, vou deixar Púchkin falar no meu lugar!

"Em seu artigo 'Sobre o teatro popular nacional e sobre a peça *Marta, a esposa do senescal*', Púchkin diz:

"'A verdade das paixões, sentimentos que parecem verdadeiros nas circunstâncias presumidas, é isso que o nosso intelecto exige de um dramaturgo.'[4].

"Da minha parte, vou acrescentar que isso é precisamente o que o nosso intelecto exige de um ator, com uma diferença: a de que as circunstâncias que, para o dramaturgo, são *supostas*, para nós, atores, elas são *impostas*, são dadas. Assim, criamos a expressão 'Circunstâncias Dadas', e é ela que utilizamos."

– Circunstâncias Dadas... em... – disse um preocupado Vánia.

– Pensem bem sobre essa notável afirmação e depois vou lhes dar um exemplo de como o nosso amado "se" pode nos ajudar a cumprir a magistral regra de Púchkin.

– "A verdade das paixões, sentimentos que parecem verdadeiros nas circunstâncias presumidas, é isso que o nosso intelecto exige de um dramaturgo" – recitei isso em todos os tons, lendo a sentença que havia escrito.

– É inútil continuar repetindo essa frase primorosa – disse Tortsov, interrompendo-me –, já que isso não revelará seu significado profundo. Quando não se consegue compreender uma ideia de uma só vez, é preciso decompô-la em suas partes lógicas.

– O que precisamos entender, acima de tudo, é o que queremos dizer com a expressão Circunstâncias Dadas, não é? – perguntou Pácha.

....

4. Esse ensaio de Púchkin (1799-1837) data de 1830 e diz respeito a uma peça de M. P. Pogódin de 1808.

— Quer dizer o enredo, os fatos, os incidentes, o período, o tempo e o lugar da ação, o estilo de vida, como nós, atores e diretores, entendemos a peça, as contribuições que fazemos, a encenação, os cenários e figurinos, os adereços, o camarim, os efeitos sonoros etc. etc., tudo o que é dado para os atores durante os ensaios. As Circunstâncias Dadas, assim como o "se", são suposições, "produtos da imaginação". Têm uma simples origem: as Circunstâncias Dadas. Elas são a mesma coisa que o "se", e o "se" é a mesma coisa que as Circunstâncias Dadas. Um deles é uma hipótese ("se") e o outro é o seu corolário (as Circunstâncias Dadas). O "se" sempre inicia o ato criativo e as Circunstâncias Dadas o desenvolvem. Um não pode existir sem o outro ou adquirir a força de que precisa. Mas as suas funções são um pouco diferentes. O "se" é um estímulo para a imaginação adormecida, ao passo que as Circunstâncias Dadas fornecem a substância para ele. Juntos e separadamente, eles contribuem para que seja dado o passo à frente.

— Mas o que é "a verdade das paixões"? — perguntou Vánia.

— A verdade das paixões é a verdade das paixões, ou seja, paixões genuínas, vivas, humanas, sentimentos, as experiências pessoais do próprio ator.

— E o que são "sentimentos que parecem verdadeiros"? — insistiu Vánia.

— Paixões, sentimentos e experiências não genuínos, mas uma insinuação deles, um estado de espírito intimamente relacionado a eles, parecendo verdade e, portanto, sendo uma visão da verdade. Essa é uma maneira de transmitir as paixões, não de forma direta, espontânea e subconsciente, mas despertadas, por assim dizer, por nossos sentimentos.

"Quanto ao que disse Púchkin, será mais fácil para vocês entenderem se inverterem a ordem das palavras na frase e disserem:

"'Circunstâncias Dadas, verdade das paixões.' Em outras palavras: primeiro estabeleçam as Circunstâncias Dadas, acreditem nelas genuinamente, e, então, a 'verdade das paixões' surgirá naturalmente."

— Nas "Cir-cuns-tân-cias Da-das" — disse Vánia, tentando desesperadamente entender. Tortsov veio socorrê-lo.

— Em termos práticos, vocês se deparam com mais ou menos a seguinte sequência de eventos. Primeiro, precisam ter uma visão clara e pessoal de todas as Circunstâncias Dadas que extraíram da peça em si, da direção e da sua própria imaginação criativa. Isso lhes dá uma visão geral da personagem e das suas circunstâncias... Vocês precisam acreditar sinceramente que tal vida é possível no mundo real. Devem se acostumar tanto com ela que ela se torne uma parte íntima de vocês. Se conseguirem fazer isso, então a verdade das paixões ou os sentimentos que parecem verdadeiros vão surgir naturalmente.

— Eu gostaria, preferencialmente, de uma técnica mais concreta e prática — disse eu.

— Pegue o seu querido "se" e confronte-o com todas as Circunstâncias Dadas que você trouxe. Diga a você mesmo: e se houvesse um louco tentando entrar, e se os estudantes estivessem na festa de inauguração do apartamento de Mária, e se a porta estivesse quebrada e não fosse possível trancá-la, e se tivéssemos de usar barricadas etc., o que eu faria e como faria?

"Essa questão imediatamente aciona o seu dinamismo. Responda a ela por meio da ação, diga: 'Eu faria o seguinte!'. E faça o que quiser, seja lá o que for que se sentir compelido a fazer, sem parar para pensar.

"Então você sentirá interiormente — de forma consciente ou subconsciente — o que Púchkin chama de 'a verdade das paixões' ou, pelo menos, os sentimentos que parecem verdadeiros. O segredo desse processo é não forçar os seus sentimentos, deixar que eles fluam, não parar para pensar sobre 'a verdade das paixões', pois essas 'paixões' não dependem de nós, mas surgem por sua própria vontade. Elas não podem ser coagidas.

"Os atores devem se concentrar nas Circunstâncias Dadas, começar a vivê-las, e, então, 'a verdade das paixões' surgirá por si mesma."

Quando Tortsov explicou que todas as possíveis Circunstâncias Dadas e os "ses", fornecidos pelo autor, ator, diretor, iluminador e outros membros da equipe de produção, criam uma atmosfera teatral semelhante à vida que vivemos, Grícha ficou indignado e "saiu em defesa" do ator.

— Olha só, por favor, perdão — protestou ele, — o que sobra para um ator se tudo foi feito por outras pessoas? Algumas migalhas?

— O que você quer dizer com migalhas? — Tortsov virou-se para ele. — Acreditar em pensamentos de outra pessoa e genuinamente vivê-los: você chama isso de migalhas? Você não sabe que criar em cima da ideia de outra pessoa é infinitamente mais difícil do que inventar sua própria história? Sabemos de casos em que uma peça ruim alcançou renome mundial graças a ter sido retrabalhada por um grande ator. Sabemos que Shakespeare reformulou histórias de outras pessoas. E nós reformulamos as criações dos dramaturgos. Descobrimos o que está oculto por trás das palavras. Enriquecemos o texto alheio com nossas próprias entrelinhas. Estabelecemos nossas próprias relações com as pessoas e com as circunstâncias de suas vidas. Filtramos todo o material dado pelo autor e pelo diretor com as nossas próprias personalidades. Nós o remodelamos, damos-lhe vida com a nossa própria imaginação. Ligamo-nos a ele e o vivemos de forma psicológica e física. Produzimos "a verdade das paixões" em nós mesmos. O resultado final é uma ação genuinamente produtiva, intimamente relacionada com as ideias centrais da peça. Criamos imagens vivas e típicas por meio das paixões e dos sentimentos das personagens que representamos. Esta é uma tarefa gigantesca: "migalhas", de fato! Não, isso é trabalho criativo em uma larga escala, arte genuína! — disse Tortsov, concluindo.

.. .. 19..

Quando chegou, Tortsov contou-nos qual era o plano para a aula de hoje:
— Depois do "se" e das Circunstâncias Dadas, hoje vamos falar sobre ação interior e exterior. Será que vocês têm ideia da importância disso para a atuação que, por sua própria natureza, é baseada no dinamismo?

"Isso se revela em ações, e as ações expressam a essência de um papel, a própria vivência do ator e o mundo interior da peça em si. Nós julgamos as pessoas que estão sendo representadas, entendemos quem elas são por meio de seus atos e ações.

"Isso é o que a ação nos dá e o que o público espera obter.

"Mas o que o público obtém de nós na grande maioria dos casos? No geral, muita pieguice, uma infinidade de gestos descontrolados, movimentos nervosos e mecânicos. Nós os esbanjamos muito mais no teatro do que na vida real.

"Porém, todo esse histrionismo é bem diferente das ações humanas na vida real. Deixem-me mostrar a diferença. Quando alguém precisa mergulhar fundo nos seus mais íntimos e secretos pensamentos e vivências (como no 'Ser ou não ser' de *Hamlet*), ele se volta para dentro de si mesmo e tenta exprimir o que está pensando e sentindo em palavras.

"No palco, os atores se comportam de maneira muito diferente. Nos momentos de intimidade, eles vão direto para a frente do palco, olham para a plateia e declamam suas experiências inexistentes de uma maneira emocional ruidosa e berrante."

— Perdão, o que significa "declamar suas experiências inexistentes"?

— Significa fazer o que vocês fizeram, quando queriam preencher o seu vazio interior com uma exibição exterior de sobreatuação.

"Isso é mais vantajoso para representar 'eficazmente' a uma plateia um papel que você não está sentindo interiormente, apenas para ser aplaudido. Porém, um ator sério dificilmente precisa de um monte de burburinho teatral em trechos que expressam os seus pensamentos e sentimentos mais queridos e os segredos mais íntimos do seu ser. No fundo, essas passagens são os próprios sentimentos pessoais do ator, paralelos ao papel. Para expressá-los, ele precisa não do som de uma vulgar explosão de aplausos, mas, muito pelo contrário, do silêncio sincero, em grande intimidade. Se o ator sacrifica essas coisas e não tem remorsos em depreciar esse momento solene, então ele demonstra que, para ele, as palavras que articula são vazias e que ele não as investiu com nada de precioso ou privado. É impossível ter uma relação edificante com palavras vazias. Você precisa delas apenas como sons por meio dos quais você pode exibir sua voz, sua dicção, sua técnica vocal e sua energia animal teatralizada. Quanto aos pensamentos e sentimentos que a peça foi escrita para exprimir, eles só podem ser comunicados 'em geral': tristeza 'em geral', alegria 'em geral', tragédia, desespero etc. Essa é a mera forma exterior e morta, atuação de mera técnica.

"A mesma coisa acontece com a ação exterior assim como com a interior (no discurso). Quando o ator, como ser humano, não tem necessidade de fazer o que está fazendo, quando o papel e sua atuação não são direcionados para a finalidade que deveriam servir, então essas ações se tornam vazias, não vivenciadas, elas não transmitem nada de essencial. Então, não resta nada a fazer a não ser coisas 'em geral'. Quando o ator sofre por sofrer, quando ele ama por amar, quando tem ciúmes ou pede perdão simplesmente por isso mesmo, quando todas essas coisas são feitas porque estão escritas, e não porque são vivenciadas no coração e na vida do papel, então o ator não tem para onde ir, e 'atuar de modo geral' é o único caminho para ele.

"Como é terrível a expressão 'em geral'!

"Quanta negligência, bagunça, frivolidade e caos ela implica.

"Vocês gostariam de comer alguma coisa 'em geral'? Gostariam de falar, ler 'em geral', gostariam que fizesse um bom tempo 'em geral'?

"Que vendavais de tédio e vazio sopram através de enunciados como esse!

"Quando a expressão 'em geral' é utilizada para julgar o desempenho de um ator, por exemplo: 'Esse ou aquele ator interpretou Hamlet muito bem, de modo geral' –, esse julgamento é um insulto para o intérprete.

"Representem amor, ciúme e ódio 'em geral' para mim!

"O que significa isso? Representar uma misturada dessas paixões e suas partes constituintes? E é justamente essa misturada de paixões, sentimentos, pensamentos, ações lógicas e imagens que os atores nos servem no palco 'em geral'.

"O mais engraçado disso tudo é que eles ficam genuinamente comovidos e sentem suas interpretações 'em geral' com muita força. Não se consegue convencê-los de que eles não têm paixão, nem experiência pessoal, nem pensamento, mas somente uma misturada por dentro. Esse tipo de ator sua, se comove e é arrastado pela sua própria interpretação e, entretanto, ele não tem a mínima ideia do que o comove e entusiasma. Isso é a 'emoção do ator', a histeria de que falei anteriormente. Isso é ser comovido 'em geral'.

"A atuação real é incompatível com a representação 'em geral'. Uma destrói a outra. A arte preza a ordem e a harmonia, porém 'em geral' quer dizer desordem e caos.

"Como farei para protegê-los do nosso inimigo jurado 'em geral'?!

"Você luta contra ele introduzindo um corpo estranho nessa representação desordenada, o que vai destruí-lo.

"O 'em geral' é superficial e trivial. Então, introduzam um elemento maior de planejamento em sua atuação e uma atitude mais séria para com o que estão fazendo. Isso destruirá a superficialidade e a frivolidade.

"O 'em geral' é caótico e sem sentido. Introduzam lógica e sequência em um papel, e isso vai expulsar o mau hábito de representar 'em geral'.

"O 'em geral' começa tudo e não termina nada. Assegurem-se de que o seu trabalho esteja completo.

"Isso é o que devemos fazer ao longo de todo o nosso estudo do 'sistema'. Com isso, nós não acabamos com a atuação 'em geral', mas desenvolvemos, de uma vez por todas, a ação humana genuína, produtiva e cheia de propósito em nosso trabalho.

"Essa é a única coisa que reconheço como arte, a única coisa que apoio e desenvolvo.

"E por que sou tão mordaz em relação ao 'em geral'? Pelo seguinte.

"Quantas representações ocorrem todos os dias, pelo mundo, com atuações de acordo com a sua verdade interior, como exige a verdadeira arte? Umas dez.

"Quantas representações ocorrem todos os dias, pelo mundo, com atuações sem olhar para a verdade interior, mas 'em geral'? Dezenas de milhares. Assim, não se surpreendam se eu disser que em todo o mundo, todos os dias, centenas de milhares de atores causam danos a si mesmos por desenvolverem sistematicamente hábitos teatrais errados e prejudiciais. Isso é ainda mais terrível porque, por um lado, o próprio teatro e suas demandas levam o ator para esses hábitos perigosos. Por outro lado, os próprios atores, em busca da linha de menor esforço, fazem um uso errôneo da atuação de mera técnica 'em geral'.

"Então, de uma forma ou de outra, os ignorantes arrastam gradual e sistematicamente a arte do ator para a sua ruína, ou seja, rumo à destruição do ato criativo, por causa de uma atuação 'em geral' de má qualidade, convencional e exterior.

"Então, vocês conseguem ver que temos de lutar contra o mundo inteiro, contra as condições em que aparecemos em público, contra os métodos rotineiros de ensaio e, especialmente, contra o conhecimento recebido sobre a atuação, que é errôneo.

"Considerando todos os obstáculos que são colocados em nosso caminho, se quisermos chegar ao sucesso, devemos ter a coragem de reconhecer que, por muitas razões, quando nos apresentamos com a casa lotada e quando devemos fazer arte criativa em público, perdemos completamente o nosso senso da vida real. Nós esquecemos tudo, como andar, sentar, comer, beber, dormir, falar, olhar, ouvir – em poucas palavras, como nós agimos interna e externamente. Temos de aprender tudo de novo, no próprio palco, precisamente da mesma maneira que uma criança aprende a falar, olhar e ouvir.

"Terei muitas oportunidades de recordar-lhes essa conclusão inesperada e importante ao longo de nosso curso. Por ora, estamos tentando entender como aprender a fazer coisas no palco não de uma forma histriônica ('em geral'), mas de uma maneira humana: de forma simples, com a verdade de um organismo vivo, livremente, não como as convenções de teatro exigem, mas como exigem as leis de um organismo vivo e natural."

— Em suma, você quer dizer, aprender a banir o teatro do teatro — disse Grícha.

— Completamente. Banir do Teatro (com T maiúsculo) o teatro (com t minúsculo). Não dá para fazer isso de uma vez, mas é possível fazê-lo de forma gradual, como parte do processo de crescimento artístico e do desenvolvimento da sua psicotécnica. Agora, Vánia — disse Tortsov virando-se para Rakhmánov —, vou lhe pedir que cuide para que, estando no palco, os alunos sejam sempre genuínos, produtivos e adequados. Eles não devem dar a impressão de estar simplesmente fazendo algo por fazer. Assim, no momento em que você perceber que eles estão descambando para o fingimento ou — pior ainda — para a canastrice, interrompa-os imediatamente. Quando as aulas estiverem acontecendo (e estou ansioso para isso), desenvolva exercícios especiais para obrigá-los a sempre realizar ações no palco. Faça esses exercícios com mais frequência e por mais tempo a cada dia, de modo a treiná-los gradual e metodicamente para a ação genuína, produtiva e com propósito no palco.

"A capacidade humana para a ação deve, em suas mentes, tornar-se inseparável do que sentem no palco diante de uma plateia. Eles devem sentir a mesma coisa em público e durante a aula, sem plateia. Quando você treiná-los, dia após dia, para serem ativos de uma maneira humana no palco, incuta-lhes o saudável hábito de serem pessoas normais, e não manequins empalhados."

— Que tipo de exercícios? De que tipo você está falando?

— Prepare as aulas de uma maneira séria e rigorosa, de modo a manter os atores sempre atentos, como em uma representação. Você consegue fazer isso.

— É claro! — concordou Rakhmánov.

— Chame-os um por um para o palco e peça para fazerem alguma coisa.

— Como assim?!

— Bom, por exemplo, olhar um jornal e dizer o que há nele.

— Demoraria muito tempo com uma turma tão grande. Seria necessário ler tudo.

— Será que é realmente necessário saber todo o conteúdo do jornal? O importante é conseguir uma ação genuína, produtiva e com propósito. Quando vir que criou uma situação em que o estudante de fato se envolve com o que está fazendo e que ele não perde a concentração porque a aula é pública, então chame um outro aluno e mande o primeiro para algum lugar fora do palco. Enquanto isso, ele pode continuar seu exercício e introjetar o hábito da ação humana e viva no palco. Para desenvolver e enraizar esse hábito de uma vez por todas em si mesmo, é necessário passar uma quantidade "x" de tempo no palco em ações genuínas, produtivas e adequadas. Você deve ajudá-los a adquirir essa quantidade "x" de tempo.

Como a aula estava terminando, Tortsov nos explicou:

— O "se", as Circunstâncias Dadas e a ação interior e exterior são fatores importantes em nosso trabalho. Porém, eles não são os únicos. Precisamos de muitas habilidades especiais, qualidades e dons (imaginação, concentração, senso de verdade, tarefas, potencial dramático etc. etc.). Vamos nos limitar, para sermos breves e por conveniência, a chamar essas coisas por um nome: Elementos.

— Elementos do quê? — perguntou alguém.

— Não vou responder a essa pergunta agora. Isso vai ficar claro quando chegar a hora certa. A arte de controlar esses Elementos e a habilidade para combiná-los, aproximá-los e uni-los requer muita prática e experiência e, consequentemente, tempo. E na sua linha de frente estão o "se", as Circunstâncias Dadas e a ação interior e exterior. Devemos ser pacientes e, por ora, dedicar todos os nossos esforços para estudar e desenvolver cada um desses Elementos. Esse deve ser o objetivo primordial de nossos estudos este ano.

4

Imaginação

.. .. 19..

Como Tortsov estava doente, a aula de hoje foi em seu apartamento. Ele nos acomodou confortavelmente em seu estúdio.

— Agora vocês sabem — disse ele — que o nosso trabalho começa por introduzir o "se" mágico na peça e no papel, elevando o ator da vida cotidiana ao mundo da imaginação. A peça e o papel são histórias, uma sequência de "ses" mágicos e outros mais, as Circunstâncias Dadas que o autor inventou. O mundo normal, os "fatos" reais, não existem no palco. O mundo normal não é arte. Por sua própria natureza, ele carece de criatividade. E esta, em primeira instância, irrompe na obra que o autor produziu. A tarefa do ator é usar suas habilidades criativas para transformar a história da peça em *realidade teatral*, e a nossa imaginação desempenha um papel muito importante aqui. Por essa razão, precisamos dedicar um pouco mais de tempo a ela e nos familiarizarmos com a sua função criativa.

Tortsov apontou para as paredes, que estavam totalmente cobertas com todo tipo de desenhos cenográficos.

— Todas essas gravuras foram feitas pelo meu jovem desenhista predileto, agora já falecido. Ele era muito excêntrico. Fazia esboços para peças que ainda não haviam sido escritas. Este, por exemplo, é um esboço para o último ato de uma peça não escrita por Tchékhov — que ele concebeu um pouco antes de sua morte. Uma expedição está ilhada no gelo, no aterrorizante e desolador Ártico. Um grande navio a vapor está rodeado por blocos flutuantes de gelo. Os remoinhos de fuligem negra se destacam, sinistros, contra o fundo branco. Uma geada forte. Um vento gélido levanta rajadas de neve, que tomam, ao subir, a forma de mulheres envoltas em mortalhas. E aqui vemos as figuras de um marido e do amante de sua esposa se atracando.

Ambos entraram nessa expedição para fugir da vida, para esquecerem seu drama pungente.

"Quem acreditaria que esse esboço foi feito por alguém que nunca tinha saído de Moscou? Ele criou uma paisagem ártica usando suas observações da natureza durante o inverno daqui, o que ele sabia de histórias, a partir de descrições da literatura, de livros científicos e de fotografias. A imagem foi criada a partir de todo o material que tinha recolhido. O papel dominante nesse trabalho foi o da sua imaginação."

Depois disso, Tortsov nos levou para outra parede, na qual estavam penduradas uma série de paisagens. Na verdade, eram repetições do mesmo tema: algum tipo de colônia de férias, modificada pela imaginação do artista cada vez que a representava. O mesmo corredor de belas casas em uma floresta de pinheiros, mostrado em diferentes épocas do ano e horas do dia – sob o sol escaldante, durante tempestades. Mais adiante, havia a mesma paisagem, mas com a floresta derrubada, substituída por lagos artificiais, com árvores recém-plantadas de diferentes tipos. O artista se divertia brincando com a natureza e com a vida das pessoas. Em seus esboços, ele construiu casas e cidades, derrubou tudo, replanejando bairros inteiros e arrasando montanhas.

– Vejam que lindo! O Kremlin na praia! – exclamou alguém.

– A imaginação do artista também criou tudo isso. E aqui temos esboços para uma peça inexistente sobre a vida interplanetária – disse Tortsov, levando-nos a uma outra sequência de desenhos e aquarelas. – Aqui vemos uma estação para alguns tipos de máquinas que mantêm comunicações interplanetárias. Vejam, há uma caixa de metal enorme, com grandes balcões e figuras de belos seres alienígenas. É o terminal. Ela orbita no espaço. Humanos podem ser vistos em suas janelas, passageiros da Terra. Uma sequência de terminais semelhantes, subindo e descendo, pode ser vista estendendo-se no espaço infinito. São mantidos em um estado de equilíbrio pela atração de compensação de ímãs enormes. No horizonte, há vários sóis e luas. Sua luz cria efeitos fantásticos, não visíveis da Terra. Para ser capaz de pintar um quadro como esse, você precisa ter não apenas imaginação, mas também uma boa dose de fantasia.

– Qual é a diferença entre eles? – perguntou alguém.

– A imaginação cria aquilo que é, o que existe, o que nós conhecemos, ao passo que a fantasia cria o que não existe, aquilo que não conhecemos, o que nunca foi e nunca será. Mas talvez pudesse ser. Quem pode dizer? Quando a fantasia popular criou o tapete mágico nos contos de fadas, quem imaginaria que um dia as pessoas voariam pelo ar, em aviões? A fantasia sabe tudo e pode fazer qualquer coisa. A fantasia, assim como a imaginação, é essencial para um pintor.

— E para um ator? — perguntou Pácha.
— Por que você acha que o ator precisa de imaginação? — rebateu Tortsov.
— Como assim, por quê? Para criar o "se" mágico e as Circunstâncias Dadas — replicou Pácha.
— Mas o autor já criou isso sem qualquer ajuda nossa. Sua peça é ficção. Pácha ficou em silêncio.
— Mas será que o dramaturgo fornece tudo o que o ator precisa saber? — perguntou Tortsov. — Será que se pode revelar a vida de todas as personagens na íntegra em cerca de umas cem páginas? Ou será que muita coisa fica de fora? Por exemplo, será que o autor sempre nos dá detalhes suficientes sobre o que aconteceu antes de a peça começar? Será que nós recebemos um relato exaustivo do que vai acontecer depois da peça ou do que acontece nas coxias quando os personagens vão e vêm? O dramaturgo é econômico com esse tipo de comentário. No roteiro vocês têm: *Entra Petrov* ou *Petrov sai*. Mas nós não podemos entrar e sair como de um vazio misterioso sem considerar o propósito de tais movimentos. Tais ações não têm credibilidade. Nós conhecemos um outro tipo de indicações de palco que o dramaturgo nos fornece: *levanta-se, anda animadamente, sorri, morre*. Recebemos descrições enigmáticas da personagem, tais como: *um jovem de aparência agradável. Fuma muito*.

"Mas será que isso é suficiente para criar tudo aquilo que dá aparência à personagem, seus maneirismos, seu caminhar e seus hábitos pessoais? E quanto ao diálogo? Será que temos de decorar e repetir como papagaios?

"E o que dizer de todas as orientações de palco do autor, as exigências do diretor, as marcações, as *mises-en-scène* e toda a produção? Será realmente suficiente lembrar-se deles e executar tudo isso de modo formal?

"Será que isso consegue realmente retratar a personagem, determinar todas as nuances de seus pensamentos, sentimentos, aspirações e ações?

"Não, isso tudo tem de ser preenchido e aprofundado pelo ator. Só então tudo o que recebemos do autor, e do resto da equipe de produção, pode agitar os mais íntimos recessos do coração, tanto nos atores quanto na plateia, para criar a vida. Só assim o ator pode começar a viver a vida interior da personagem e se comportar da maneira prescrita pelo autor, pelo diretor e pelos seus próprios sentimentos vivos.

"Nossa fonte mais imediata de ajuda aqui é a nossa imaginação, com seu 'se' mágico e suas Circunstâncias Dadas. Isso não só nos diz o que o autor, o diretor e os demais não nos disseram, como também dá vida a tudo o que foi feito pela equipe de produção, cujo trabalho criativo alcança o público principalmente por meio do sucesso dos atores.

"Agora vocês entendem como é importante para os atores possuir uma imaginação vívida e clara. Precisamos dela em cada momento de nossa vida artística, seja estudando ou atuando.

"A imaginação toma a iniciativa no processo criativo, arrastando consigo o ator."

Eis que a aula foi interrompida por uma visita inesperada, do famoso ator de tragédias U..., que, no momento, estava em turnê em Moscou. A celebridade falou sobre seus sucessos, e Tortsov traduziu seu relato para o russo.

Depois de levar o nosso fascinante convidado até a porta e retornar, Tortsov disse rindo:

— É claro, ele estava exagerando. Porém, como vocês podem ver, ele é um homem fascinante, que realmente acredita sinceramente nas coisas que inventa. Nós, atores, estamos tão acostumados a embelezar os fatos com detalhes de nossa própria imaginação, que acabamos carregando esses hábitos do palco para a vida real. Claro que, nesse caso, eles são supérfluos, mas no teatro eles são essenciais.

"Vocês pensam que é fácil inventar histórias de maneira que as pessoas possam ouvir vocês com interesse? Isso também é trabalho criativo, decorrente do 'se' mágico, das Circunstâncias Dadas e de uma imaginação bem desenvolvida.

"Quando se trata de homens de gênio, não se pode dizer que sejam mentirosos. Eles não veem o mundo real como nós, mas com um olhar diferente. Eles não veem a vida como nós, mortais. Será que vocês podem condená-los porque a imaginação faz que às vezes eles vejam através de óculos cinzentos, azuis, verdes, escuros ou cor-de-rosa? Haveria algum benefício artístico se essas pessoas tirassem seus óculos e aprendessem a ver a realidade e as obras de arte sem nenhum tipo de filtro, vendo o cotidiano de maneira totalmente sóbria?

"Confesso que existem ocasiões em que eu também conto mentiras se, como ator ou diretor, eu tenho de trabalhar um papel ou uma peça que não ache particularmente sedutor. Então, minhas faculdades criativas são paralisadas, eu seco. É necessário um incentivo. Começo, então, a mostrar para todo mundo que estou entusiasmado com a nova peça, eu a elogio. Para tanto, tenho de pensar no que falta. E essa necessidade estimula a imaginação. Não faria isso se estivesse sozinho, mas quando há mais gente, começamos a justificar a nossa mentira, quer queira, quer não, e começamos a fazer as coisas. Então, muitas vezes, você pega o material que inventou e insere na peça."

— Se a imaginação desempenha um papel tão importante para os atores, o que fazer quando não se tem nenhuma imaginação? — perguntou timidamente Pácha.

— Desenvolvê-la ou desistir do palco. De outro modo, vocês podem ser vítimas de diretores que vão substituir a sua imaginação imperfeita pela deles. E vocês vão deixar de ser artistas independentes e vão virar meros peões. Não seria melhor tentar desenvolver sua própria imaginação?

— Mas isso deve ser muito difícil — suspirei.

— Isso depende do tipo de imaginação que você tem em mente! Tem um tipo de imaginação que toma a iniciativa, que trabalha por conta própria, desenvolvendo-se por si mesma, sem esforço especial. Ela trabalha de forma constante e incansável, acordada ou dormindo. Há também o tipo de imaginação que carece de iniciativa, mas que aceita facilmente qualquer sugestão, para então desenvolver-se de maneira independente. Esse tipo de imaginação é relativamente fácil de se desenvolver. No entanto, se a imaginação apenas aceita sugestões e não as desenvolve, então existem problemas aí. Há pessoas que não criam por conta própria nem aceitam o que lhes sugerem. Se eles só conseguem se restringir às aparências do que lhes apresentam, quer dizer que não têm imaginação, e, sem imaginação, você não pode ser um ator.

"Tomar a iniciativa ou não?"

"Aceitar e desenvolver ou não aceitar?"

Essas questões não me deixaram em paz. Depois do chá da tarde, quando estava tudo silencioso, tranquei-me no meu quarto, sentei-me confortavelmente no sofá, rodeado de almofadas, fechei meus olhos e, embora estivesse cansado, deixei minha imaginação vagar. Mas, desde o primeiro momento, a minha atenção se distraiu com círculos de luz e pontos multicoloridos que preenchiam a escuridão diante de minhas pálpebras.

Apaguei a lâmpada, supondo que essa era a razão.

"O que devo imaginar?", perguntava-me. E a minha imaginação não me falhou. Ela desenhou uma floresta de pinheiros, com copas de árvores que balançavam ritmicamente em uma brisa suave.

Isso era agradável.

Parecia sentir um aroma de ar fresco.

De algum lugar... no silêncio... veio o barulho de tique-taque de um relógio.

....

Minha mente estava vagando.

"É claro!", concluí, estimulando-me. "Não dá para simplesmente deixar a imaginação vagar sem tomar uma iniciativa. Voarei em um aeroplano. Por cima das copas das árvores. E lá estou eu, sobrevoando árvores, campos, rios, cidades e aldeias... por cima... das copas das árvores... que balançam bem devagarzinho... Há um aroma de ar fresco... de pinheiros... Um relógio faz tique-taque..."

....

"Quem está roncando? Não sou eu, certo? Será que caí no sono? ... Por quanto tempo?"

Estão varrendo o chão da sala de jantar... arrastando móveis... A luz matinal atravessa as cortinas.

O relógio bate oito... i...ni...ci..a...ti...va...

.. .. 19..

Fiquei tão desconcertado com o meu fracasso em casa que não pude conter-me e revelei, na aula de hoje, para Tortsov, tudo o que aconteceu no "apartamento de Mária".

— Seu experimento falhou porque você cometeu uma série de erros — disse-me ele em resposta. — Em primeiro lugar, você forçou a sua imaginação, em vez de persuadi-la com paciência. Em segundo lugar, você deixou sua imaginação vagar aleatoriamente, para onde e como o acaso determinasse. Da mesma forma que você não deve fazer nada por fazer (atuar só pela ação em si), você também não deve deixar sua imaginação vagar só por vagar. O que a sua imaginação estava fazendo não tinha nem sentido, nem propósito, que são essenciais no trabalho criativo. Em terceiro lugar, suas ideias não eram nem ativas, nem dinâmicas. A qualidade dinâmica da imaginação tem um significado muito especial para os atores. Sua imaginação deve incitar primeiro a ação interior e depois a exterior.

— Mas eu estava realizando ações, porque mentalmente eu estava sobrevoando a floresta em um ritmo frenético.

— E quando você está deitado em um trem expresso, viajando em um ritmo frenético, será que você também está realizando ações? — perguntou Tortsov. — A locomotiva e o maquinista estão trabalhando, mas o passageiro é passivo. Mas e se você se envolve numa discussão de negócios enquanto o trem está em movimento, argumentando ou elaborando um relatório, aí seria outra coisa, e poderíamos falar de trabalho ou ação. O mesmo se aplica ao seu voo de aeroplano. O piloto estava trabalhando, mas você não estava envolvido em qualquer atividade. Se você estivesse pilotando ou tirando fotos de diversas áreas embaixo, poderíamos falar de atividade. Nós precisamos de uma imaginação ativa, e não passiva.

— E como fazer para se tornar ativo? — indagou Pácha.

— Deixem-me contar para vocês a respeito da brincadeira preferida da minha sobrinha de seis anos. Chama-se "o que acontece se?" e é jogada da seguinte maneira. A garotinha me pergunta: "O que você está fazendo?". Eu respondo: "Tomando chá". "E se não fosse chá, e sim óleo de rícino, como você beberia?" Tenho de lembrar qual é o gosto do remédio. E, ao lembrar, faço uma careta, e aí a criança enche a sala com a sua risada. Em seguida, vem outra pergunta: "Onde você está sentado?". "Em uma cadeira", respondo. "Mas e se fosse um fogareiro, o que você faria?" Mentalmente, tenho de me sentar em um fogareiro e fazer um esforço incrível para não me queimar. Quando consigo fazer isso, a garotinha começa a sentir pena de mim. Agita as mãos e grita: "Eu não quero mais brincar!". E, se você continua com a brincadeira, tudo termina em lágrimas. Então, pensem em uma brincadeira assim para vocês, alguma coisa que incite ações dinâmicas.

— Acho um enfoque meio bruto e primitivo para mim — comentei. — Eu queria encontrar algo mais sutil.

— Não apresse as coisas! Você tem tempo! Por ora, contente-se com devaneios simples e elementares. Não tente voar alto demais. Viva com o resto de nós aqui na Terra, entre as coisas que o circundam no mundo real. Faça destes móveis e objetos que você pode sentir e ver parte do seu trabalho. Considere, por exemplo, a improvisação sobre o louco. Ali, nossas próprias ideias foram incorporadas à vida real em torno de nós. A sala onde estávamos, os móveis que usaram para fazer a barricada na porta — em poucas palavras, o mundo dos objetos — não sofreram mudança. Só inserimos a ideia de um louco imaginário. Em outros aspectos, a cena dependia de algo real, e não de algo que pairava no ar.

"Vamos tentar uma experiência semelhante. Agora estamos em uma sala de aula, estudando. Isso é real. A mobília, a aula e todos os estudantes e seus professores ficam igual ao que são agora. Com a ajuda do 'se', vou me transportar para uma vida imaginária e, para tanto, vou mudar apenas a hora do dia e dizer para mim mesmo: 'Agora não são três da tarde, e sim três da manhã'. Usem a sua imaginação para justificar o fato de que a aula está durando tanto tempo. Isso não é difícil. Digamos que amanhã vocês tenham um exame e falta muita coisa para fazer, e por isso ficaram até mais tarde no teatro. Agora temos novas circunstâncias e novas preocupações. Suas famílias estão ficando ansiosas em casa. Vocês não conseguiram avisar que ainda estavam em aula porque não há telefone. Um de vocês deixou de ir a uma festa para a qual tinha sido convidado. Outro de vocês vive muito longe e não sabe como vai chegar em casa se não há mais bonde rodando etc. Essa nova ideia produz muitos outros pensamentos, sentimentos e estados de espírito, os quais influenciam a atmosfera geral que dá um tom para tudo o que se segue. Esse é um dos estágios preliminares no processo de vivência. Assim, com a ajuda de nossas novas ideias, preparamos o terreno, as Circunstâncias Dadas, para uma cena que podemos desenvolver e chamar de 'Aula noturna'.

"Vamos tentar fazer mais uma experiência. Vamos incorporar outro novo 'se' ao nosso mundo real — isto é, que é esta sala e a aula acontecendo agora. Mantenhamos a mesma hora do dia — três horas da tarde —, mas vamos mudar a época do ano. Em vez de inverno e 15 graus Celsius negativos lá fora, que seja primavera, quando temos um clima quente e maravilhoso. Estão vendo, o humor de vocês já mudou. Já estão sorrindo com a perspectiva de uma caminhada pela cidade depois da aula! Decidam o que vão fazer, encontrem uma justificativa, e, como resultado, temos um novo exercício que irá desenvolver a sua imaginação.

"Eu vou dar para vocês mais um 'se'. A hora do dia, o ano, essa sala, a nossa escola e a aula ficam como estão, porém fomos todos transportados de Moscou para a Crimeia, ou seja, alteramos o local da ação que está para além dos limites desta sala. Em vez da rua, há o mar lá fora, e vocês vão nadar depois da aula. Perguntem-se como foram parar no sul. Justifiquem essa circunstância dada com qualquer ideia que lhes apeteça. Talvez estejamos em turnê na Crimeia, mas não interrompemos nosso trabalho regular na escola estando aqui? Justifiquem os vários momentos dessa vida imaginária, respeitando o 'se' que introduzimos, e vocês vão ter uma nova base de razões para exercitar sua imaginação.

"Vou introduzir mais outro 'se' e nos transportar para o Ártico nessa época do ano, quando permanece com luz 24 horas por dia. Como podemos justificar essa mudança de lugar? Talvez tenhamos ido rodar um filme. Precisamos estar de acordo com a realidade e sermos simples, porque qualquer coisa errada arruinaria a filmagem. Nem todos nós somos capazes de evitar o fingimento, e eu, como diretor, sou obrigado a responder pelos seus estudos. Tendo aceitado todas essas novas ideias com a ajuda do 'se' e acreditando nelas, agora perguntem a si mesmos: 'O que eu faria primeiro nessas condições?'. Quando resolverem essa questão, vocês farão sua imaginação começar a trabalhar automaticamente.

"E agora, em um novo exercício, vamos inventar todas as Circunstâncias Dadas. Vamos manter só essa sala e nada mais do mundo à nossa volta. Porém, vamos transformá-la drasticamente em nossas mentes. Suponhamos que todos nós somos membros de uma expedição científica que partiu em uma longa viagem de avião. Mas, enquanto estávamos sobrevoando uma região inexplorada, aconteceu um desastre. O motor para e temos de aterrissar em um vale montanhoso. O motor tem de ser reparado. Isso atrasa muito a expedição. A boa coisa é que temos suprimentos. No entanto, não são particularmente abundantes. Temos de caçar para conseguir comida. Além disso, temos de construir algum tipo de abrigo, decidir quem cozinha, estar atentos e preparados para qualquer ataque súbito de nativos ou animais selvagens. Assim, em nossas mentes, criamos uma vida cheia de medos e perigos. Cada momento dessa vida exige ações essenciais e cheias de propósito, que estão planejadas em uma sequência lógica na nossa imaginação. Nós temos de acreditar que elas são essenciais. Caso contrário, a história perde o sentido e o encanto para nós.

"No entanto, o trabalho do ator não consiste apenas no uso de sua imaginação, mas também na expressão física do que ele imaginou. Transformem o imaginário em realidade e representem um episódio na vida dos membros dessa expedição para mim."

— Onde? Aqui? No "apartamento de Mária"? — perguntamos, surpresos.

— Onde mais? Não vão querer agora encomendar um cenário especial para nós! Pois, neste caso, temos o nosso próprio cenógrafo, que pode satisfazer todas as nossas exigências num segundo, e de graça. Não é um problema para ele transformar a sala de estar, o corredor e o *hall* no que vocês acharem melhor. Esse cenógrafo é a nossa imaginação. Digam-lhe o que vocês querem. Decidam o que vocês fariam primeiro depois que o aeroplano tivesse aterrissado, se esse apartamento fosse um vale montanhoso e essa mesa, uma grande rocha, se a luminária fosse uma planta tropical, se o lustre de cristal fosse um galho carregado de frutas tropicais e se a lareira fosse um forno abandonado.

— O que pode ser o corredor? — perguntou Pácha, com interesse.

— Uma ravina.

— Certo! — disse, com prazer, o jovem entusiasmado. — E a sala de jantar?

— Uma caverna na qual, aparentemente, algum tipo de povo primitivo viveu.

— E o *hall* de entrada?

— Um espaço aberto com um horizonte amplo e uma vista maravilhosa. Vejam, o brilho das paredes desta sala cria a ilusão de ar livre. E vocês podem decolar no avião deste espaço plano.

— E a plateia? — insistiu Pácha.

— Um abismo sem fundo. Vocês não precisam esperar nenhum perigo deste abismo, dos nativos ou das feras selvagens, assim como também da planície e do mar. Então, vocês devem estabelecer a guarda na porta que dá para o corredor, que representa a ravina.

— E a sala de estar, o que vai representar?

— Vocês terão de usá-la para consertar o aeroplano.

— E onde está o aeroplano?

— Aqui — disse Tortsov, apontando para o sofá. — O assento é o compartimento dos passageiros. As cortinas da janela são as asas. Abram-nas o máximo possível. A mesa é o motor. Antes de mais nada, vocês têm de examinar o motor. O dano é significativo. Ao mesmo tempo, outros membros da expedição podem se preparar para a noite. Aqui está um cobertor.

— Onde?

— A toalha de mesa.

"Aqui estão algumas latas de conserva e um barril de vinho" — apontou Tortsov para uns livros grossos na estante e para um vaso grande. — "Examinem a sala com mais atenção e descobrirão objetos que são essenciais para a sua nova vida."

Logo estávamos a todo o vapor e começamos a viver a vida sombria de uma expedição presa nas montanhas, na aconchegante sala de estar. Percebemos nossa situação e nos adaptamos a ela.

Não poderia dizer que acreditei na transformação. Não, simplesmente não percebi o que não precisava ver. Não tivemos tempo para perceber. Estávamos muito ocupados. A artificialidade da história era ocultada pela verdade de nossos sentimentos, de nossas ações físicas e de nossa crença neles.

Depois que nós representamos a improvisação proposta de modo bastante satisfatório, Tortsov disse:

— Nessa improvisação, o mundo da imaginação tornou-se parte do mundo real com ainda mais força. A história de um desastre em um local montanhoso foi resumida dentro da sala de estar. Este é apenas um dos inúmeros exemplos de como, com a ajuda da imaginação, somos capazes, interiormente, de dar uma nova vida ao mundo de objetos inanimados. Vocês não devem rejeitá-la. Pelo contrário, devem assimilá-la na vida criada por sua imaginação.

"Isso acontece continuamente em nossos ensaios. Com algumas cadeiras de bambu, podemos criar qualquer coisa que a imaginação do autor e do diretor podem conceber: casas, praças, navios e florestas. Ao mesmo tempo, ainda que possamos não acreditar que a cadeira seja uma árvore ou uma rocha genuína, acreditamos no caráter genuíno de nossa relação com esses substitutos artificiais e os tratamos como se fossem árvores ou rochas."

.. .. 19..

A aula começou com uma breve introdução. Tortsov disse:

— Até agora os nossos exercícios sobre a imaginação estavam, em maior ou menor grau, relacionados com o mundo dos objetos ao nosso redor (a sala, a lareira, a porta) e com a vida real (a nossa aula). Agora vou sair do mundo dos objetos e entrar no mundo da imaginação. As nossas ações vão continuar sendo dinâmicas, porém acontecerão na mente. Vamos abandonar o aqui e agora e nos transferir para outro lugar, para o ambiente individual e familiar de cada um de vocês, e fazer o que a imaginação de cada um sugerir. Decida onde você quer estar em sua mente – disse Tortsov para mim. – Onde e quando ocorre a ação?

— No meu quarto, ao anoitecer – declarei.

— Esplêndido – aprovou Tortsov. — Não sei como isso é com você, mas para me sentir como se eu estivesse em um apartamento imaginário, teria de primeiro subir as escadas e tocar a campainha na porta da frente, em suma, completar uma série de ações logicamente conectadas. Pense na maçaneta da porta, em como a porta se abre e em como você entra no seu quarto. O que você vê na sua frente?

IMAGINAÇÃO   73

— Bem em frente, o guarda-roupa, o lavatório...
— E à esquerda?
— O sofá, a mesa...
— Tente dar uma volta no quarto e viver um pouco nele. Por que você está franzindo a testa?
— Encontrei uma carta sobre a mesa. Eu lembrei que não a respondi e isso me fez sentir vergonha.
— Bom. Agora você teria condições de dizer claramente "estou sendo" no meu quarto?
— O que significa "estou sendo"? – perguntaram os estudantes.
— No nosso vocabulário, "estou sendo" refere-se ao fato de me colocar no centro de uma situação que inventei, de sentir que estou realmente dentro dela, de realmente existir em seu coração, em um mundo de objetos imaginários, e de estar começando a agir como eu mesmo, assumindo toda a responsabilidade. Agora, diga-me, o que quer fazer?
— Isso depende de que horas são agora.
— É lógico. Vamos supor que sejam onze horas da noite.
— É a hora em que começa a haver silêncio no apartamento – observei.
— O que você quer fazer agora que há silêncio? – perguntou Tortsov, em um tom encorajador.
— Convencer-me de que eu não sou um ator cômico, mas um ator trágico.
— Que pena que queira desperdiçar o tempo de uma forma tão improdutiva. E como você vai convencer a si mesmo?
— Vou interpretar algum papel trágico só para mim – disse eu, revelando minhas ambições secretas.
— Qual? Otelo?
— Oh, não. Eu não posso trabalhar Otelo novamente no meu quarto. Cada canto e fenda me fazem repetir as coisas que já fiz muitas vezes antes.
— Então como você vai interpretar?
Eu não respondi, pois ainda não tinha encontrado uma resposta.
— O que você está fazendo agora?
— Estou examinando o quarto. Será que não existe um ou outro objeto que poderia sugerir um tema interessante para eu trabalhar?... Aqui, por exemplo, eu lembro que há um canto escuro atrás do guarda-roupa. Não é exatamente sombrio por si só, mas fica assim com a luz noturna. Em vez de um cabide, há um gancho de fora, como se estivesse me convidando a usá-lo para me enforcar. Então se eu realmente quisesse me enforcar, o que faria primeiro?
— O que você faria?

— Antes de tudo, é claro, teria de encontrar uma corda ou um cinto, então examino as coisas nas prateleiras e nas gavetas...

— Você encontra alguma coisa?

— Sim... Mas o gancho está muito baixo. Meus pés tocam o chão.

— É uma pena. Encontre outro gancho.

— Não tem outro.

— Nesse caso, a melhor coisa que você pode fazer é continuar vivenciando.

— Eu não sei, estou todo confuso, minha imaginação está esgotada — confessei.

— Porque a história que inventou não era lógica. Na natureza, tudo é lógico e sequencial (com uma ou duas exceções), e o seu faz de conta tem de ser igual. Não é de admirar que a sua imaginação se recusou a seguir uma linha que não tinha premissa lógica e levou a uma conclusão idiota.

"No entanto, a sua experiência com um suicídio imaginário lhe deu o que eu esperava. Mostrou claramente um novo aspecto da nossa forma de faz de conta. Aqui, a imaginação do ator se liberta do mundo à sua volta (nesse caso particular, desta sala) e é transportada para outro imaginário (ou seja, o seu apartamento). Nesse cenário imaginário tudo lhe parece familiar, portanto o seu material continua sendo extraído da vida. Isso faz que seja mais fácil para você buscar na sua memória. Mas e se você estivesse trabalhando com uma vida que não lhe fosse familiar? Isso nos dá outro aspecto da imaginação.

"Para entendê-lo, saia uma vez mais, em sua mente, do mundo do aqui e agora e vá para outros mundos, que, na verdade, não existem no momento, mas poderiam existir. Por exemplo, provavelmente ninguém aqui fez uma viagem ao redor do mundo. Só que é possível fazê-la, tanto na realidade quanto na imaginação. Vocês não devem implementar suas ideias 'de qualquer maneira', 'em geral', 'aproximadamente' (todas são intoleráveis na arte). Vocês devem implementá-las com todos os detalhes com os quais se prepara um grande empreendimento.

"Vão ter de lidar com todo tipo de situação na sua viagem — a vida cotidiana, os costumes de regiões e povos estranhos. É pouco provável que vocês sejam capazes de encontrar toda a informação que necessitam em sua própria memória. Então vocês terão de partir de livros, mapas, fotografias e outras fontes que oferecem conhecimento direto ou reproduzem impressões de outras pessoas. Usando essa informação, dá para definir quais lugares vocês querem visitar em sua mente, em que época do ano, em que mês; onde vocês podem navegar em um navio a vapor e em que cidades vocês precisarão parar. Também vão obter informações sobre as condições e os costumes deste ou daquele país, cidade etc. Todos esses dados importantes fundamentam seu trabalho com firmeza, tornando-o menos frágil, algo que sempre ocorre quando se faz de conta 'em geral'. É isso que leva o ator ao fingimento e à atuação de mera técnica. Depois de muito trabalho de preparação, é possível fixar seu itinerário e começar a viagem. Somente não esqueçam que todo o tempo vocês devem estar em contato com aquilo que é lógico e sequencial, o que permitirá que fantasias oscilantes e instáveis fiquem mais próximas da realidade estável e inabalável.

"Passando a um novo aspecto da divagação, lembro sempre que esta tem possibilidades mais amplas do que a própria realidade. Assim, a imaginação concebe o que não existe na vida real. Por exemplo, em sonhos, nós podemos ser transportados a outros planetas e raptar princesas de contos de fadas. Podemos lutar e vencer monstros inexistentes, mergulhar nos abismos do mar e casar com a Imperatriz das Profundezas. Tentem fazer isso no mundo real. Provavelmente, vocês não encontrarão já pronto o material de que precisam para essas histórias. A ciência, a literatura, a pintura e os contos populares nos dão pistas, sinais e pontos de partida para essas excursões mentais a reinos inexistentes. Assim, o trabalho criativo mais importante cabe ao nosso senso de faz de conta. Nesse caso, precisamos, mais do que nunca, de meios para aproximar ao máximo o mundo das fábulas do mundo dos fatos. Tenho falado da importância da sequência e da lógica. Elas juntam o impossível e o provável. Então sejamos lógicos e ordenados ao criar o fabuloso e o fantástico.

"Agora" – disse Tortsov, após uma breve reflexão –, "quero explicar para vocês como os exercícios que já foram feitos podem ser usados em várias combinações. Por exemplo, podem dizer a si mesmos: 'Suponhamos que eu esteja observando a maneira como meus camaradas estudantes, liderados por Tortsov e Rakhmánov, estão realizando seus estudos escolares na Crimeia ou no Ártico. Vou apenas dar uma olhada em como eles estão se saindo com sua expedição em um aeroplano'. Ao fazer isso, vocês se distanciam mentalmente e observam como os seus amigos estão assando no sol da Crimeia ou congelando no norte, como eles estão consertando o avião danificado no vale montanhoso ou se preparando para se defender das feras selvagens. Nesse caso, vocês são meros espectadores do quadro que a sua imaginação pintou e não desempenham nenhum papel nessa vida imaginária.

"Mas agora vocês sentem que querem fazer parte da expedição imaginária ou das aulas no litoral sul da Crimeia. 'Qual seria a minha aparência física nessas circunstâncias?', vocês se perguntam. E, mais uma vez, vocês se distanciam e olham para seus camaradas estudantes, só que agora estando no meio deles, na aula na Crimeia ou na expedição. Dessa vez, vocês também são observadores passivos na sua divagação, são sua própria plateia, uma plateia de uma só pessoa.

"Por fim, vocês se cansam de observar e querem ser ativos. Para tanto, imaginam que estão lá, que estudam na Crimeia ou no Ártico, e consertam o avião ou vigiam o acampamento. Mas agora, como personagem de uma vida imaginária, já não veem a si mesmos, mas as coisas ao redor, e respondem interiormente a tudo o que está acontecendo como um participante genuíno. Nesse momento, enquanto vocês estão imaginando ativamente, o modo que chamamos de 'estou sendo' é criado em vocês."

.. .. 19..

— Olhem para dentro de vocês mesmos e contem-me, tal como fizeram na última aula, o que acontece em suas mentes quando vocês pensam em nosso trabalho escolar na Crimeia — pediu Tortsov a Pácha, no começo da aula de hoje.

— O que acontece na minha mente? — refletiu Pácha. — Por algum motivo, tenho a imagem de um quarto de hotel simples e pequeno com uma janela aberta para o mar, o calor, muitos estudantes na sala e alguém fazendo exercícios para desenvolver a imaginação.

— E o que acontece com você — perguntou Tortsov, voltando-se para Dária — quando pensa nesse grupo de estudantes mentalmente transportados para o Ártico?

— Tenho uma imagem de geleiras, uma fogueira de acampamento, uma tenda e todos nós vestidos com peles.

— Então — concluiu Tortsov —, tudo o que eu tenho de fazer é dar um tema, e vocês começam a visualizar imagens com o que chamamos de seu olho da mente. No nosso jargão de atores, chamamos essas *imagens mentais* de *olho interior*.

"Com base em experiências pessoais, imaginar e fantasiar é, acima de tudo, visualizar com o olho da mente aquilo que se pensa.

"E o que acontece, na sua mente, quando você se prepara para se enforcar no canto escuro do seu quarto?" — perguntou Tortsov, virando-se para mim.

— Quando, em minha mente, eu visualizei mais uma vez o ambiente familiar, as dúvidas que conheço muito bem, e que já estou acostumado a enfrentar sozinho, tornaram-se vivas novamente. Senti uma tristeza que me apertava o coração e o desejo de libertar-me das dúvidas que me consomem. E assim, na minha mente, por impaciência e fraqueza de caráter, procurei uma saída no suicídio — expliquei, um pouco agitado.

— Então — resumiu Tortsov —, tudo o que você precisou fazer foi visualizar o ambiente familiar com o olho da sua mente, sentir sua atmosfera e, imediatamente, os pensamentos familiares conectados com o lugar onde ocorreu a ação foram reavivados em você. Pensamentos produzem sentimentos e experiências e, depois, o impulso para a ação.

"E o que vocês conseguem visualizar com o olho da mente quando se lembram da cena com o louco?" — perguntou Tortsov, virando-se para todos os estudantes.

— Eu vejo o apartamento de Mária, muitos jovens dançando no hall, a ceia na sala de jantar. Luz, calor e alegria! E ali, nas escadas, na porta da frente, um sujeito enorme e magro, com uma barba desgrenhada, usando chinelos de hospital e um roupão, gelado até os ossos e faminto — disse Pácha.

— Você realmente só vê o começo da cena? — perguntou Tortsov a Pácha, que ficou em silêncio.

— Não, eu tenho a imagem do guarda-roupa que arrastamos para fazer a barricada na porta. Também lembro-me de como, na minha mente, falei ao telefone com o hospital de onde o louco havia escapado.

— E o que mais você vê?

— Para dizer a verdade, mais nada.

— Isso não é nada bom! Porque, com uma fonte de material pequena e desconexa como essa, você não consegue criar uma série contínua de imagens mentais para toda a cena. O que devemos fazer?

— Você precisa pensar e criar o que está faltando — sugeriu Pácha.

— Sim, precisamente. Criar! É o que você sempre tem de fazer quando o autor, o diretor e o resto da equipe de produção não forneceram tudo o que o ator precisa saber quando está sendo criativo.

"Em primeiro lugar, precisamos de uma linha contínua de Circunstâncias Dadas, por meio da qual a cena pode continuar, e, em segundo lugar, repito, precisamos de uma série ininterrupta de imagens interiores relacionada a essas Circunstâncias Dadas. Em suma, *precisamos de uma linha ininterrupta não de Circunstâncias Dadas simples e corriqueiras, mas daquelas que foram totalmente coloridas por nós.* Então, relembrem bem isso, sempre: em todo o tempo em que vocês estão no palco, em todo tempo do progresso exterior e interior da peça, o ator deve ver o que está acontecendo à sua volta (ou seja, as Circunstâncias Dadas exteriores, criadas pelo diretor, pelo cenógrafo e pelo resto da equipe de produção) ou o que está acontecendo interiormente, na sua própria imaginação, ou seja, aquelas imagens que retratam as Circunstâncias Dadas com todas as cores. Uma linha contínua de imagens fugazes é formada, dentro e fora de nós, como um filme. Ela continua ao longo de todo o processo criativo, projetando as Circunstâncias Dadas que o ator coloriu completamente na tela do olho de sua mente, de modo que agora vive sua própria vida por completo.

"Essas imagens criam um clima interior correspondente, que age então sobre a sua mente e evoca experiências análogas.

"Assistir constantemente o filme das suas imagens mentais pode, por um lado, manter vocês seguros dentro da peça e, por outro, guiar infalivelmente e de modo fiel o trabalho criativo.

"Agora, no que diz respeito às imagens mentais, é correto dizer que realmente as vemos dentro de nós? Nós temos a capacidade de visualizar coisas que não existem na realidade atual, mas que são meramente imagens para nós mesmos. Não é difícil verificar essa nossa capacidade. Considere o candelabro. Ele está fora de mim. Ele é, ele existe no mundo material. Olho para ele e sinto, por assim dizer, como se estivesse estendendo 'minhas antenas oculares' na sua direção. Mas agora desvio os olhos do candelabro, fechando-os, e quero vê-lo de novo, com o meu olho da mente, 'de memória'. Para tanto, tenho de, por assim dizer, desligar minhas 'antenas oculares' e depois redirecioná-las para dentro de mim mesmo, e não para fora, para um artigo real, mas para algum tipo de 'tela imaginária no olho da mente', como chamamos no nosso jargão.

"Onde encontrar essa tela, ou melhor, onde a coloco, dentro ou fora de mim? Sinto que está em algum lugar fora de mim, no espaço vazio à minha frente. O próprio filme passa dentro de mim, mas o vejo projetado fora de mim.

"Para garantir que vocês estão realmente entendendo, vou falar disso usando outros termos.

"As imagens mentais primeiro surgem em nossa imaginação, em nossa memória, para, posteriormente, nossas mentes as projetarem para fora de nós, para que possamos visualizá-las. Mas nós vemos esses objetos imaginários com o olho da nossa mente, de dentro para fora, por assim dizer, e não de fora para dentro.

"A mesma coisa acontece no caso da audição. Nós ouvimos sons imaginários não com o exterior, e sim com o interior dos ouvidos, porém identificamos, na maioria dos casos, a origem desses sons não dentro, mas fora de nós. Eu diria que, invertendo as palavras na nossa cabeça, esses objetos e imagens imaginárias se materializam fora de nós mesmos, embora surjam, em primeira instância, dentro de nós, na nossa imaginação e na nossa memória. Vamos testar isso por meio de um exemplo. Kóstia!" – disse Tortsov, dirigindo-se a mim. – "Você se lembra da minha palestra na cidade de... ? Você consegue visualizar a plataforma em que nós dois estávamos sentados? Nesse momento, essas imagens estão dentro ou fora de você?"

– Sinto que estão fora de mim da mesma forma que senti daquela vez – respondi, sem precisar pensar.

– E com que olhos você está olhando para a plataforma imaginária agora, com os olhos interiores ou exteriores?

– Interiores.

– Somente resolvendo essas questões é que nós podemos compreender o termo "olho interior".

– Criar a cada momento imagens mentais durante uma longa peça! É terrivelmente complicado e difícil! – exclamei.

— Complicado e difícil? Como castigo por dizer isso, tente me contar a história completa da sua vida, desde o primeiro momento que você se recorda — propôs Tortsov, inesperadamente.

Eu comecei.

— Meu pai costumava dizer que a infância é recordada em décadas; a juventude, em anos; a meia-idade, em meses; e a velhice, em semanas.

"É assim que percebo meu passado. E, de fato, muito do que está gravado na minha memória é visível nos mínimos detalhes. Por exemplo, a primeira memória que tenho da minha vida é o balanço do jardim. Tinha medo dele. Consigo ver outros episódios da minha infância com a mesma clareza, o quarto da minha mãe, a minha avó, o quintal, a rua. Uma nova fase, a adolescência, ficou gravada na minha memória de forma particularmente clara, porque coincidiu com meu começo na escola. Depois disso, as minhas imagens mentais ilustram trechos mais curtos, porém mais numerosos da minha vida. Assim, fases longas e episódios individuais se estendem de volta ao passado a partir do presente em uma linha muito, muito longa."

— Você consegue ver isso?

— Ver o quê?

— A linha ininterrupta de fases e episódios que se estende de volta para trás, através do seu passado.

— Eu consigo ver, mas existem lacunas — admiti.

— Ouviram? — disse Tortsov, triunfante. — Em poucos minutos, Kóstia fez um filme de toda a sua vida, mas não consegue fazer o mesmo com a vida de um papel que leva apenas três horas para ser transmitida em uma interpretação!

— Mas, certamente, não recordei a minha vida inteira, não é? Apenas alguns momentos dela.

— Você viveu a sua vida inteira e ficaram as memórias dos momentos mais importantes. Viva a vida inteira de um papel e deixe ficar só os marcos mais importantes dele também. Por que você acha tão difícil fazer isso?

— Porque a vida faz um filme a partir de imagens mentais por meios naturais, mas a vida imaginária de um papel tem de ser criada pelo ator, e isso é muito difícil, muito complexo!

— Logo você vai estar convencido de que não é tão difícil assim. Se eu sugerisse que, no olho da mente, você traçasse uma linha feita não com imagens mentais, mas com suas próprias experiências e sentimentos mais íntimos, isso pareceria não só "complexo" e "difícil", mas impossível de se alcançar.

— Por quê? — perguntaram os estudantes.

— Porque nossos sentimentos e experiências são fugidios, caprichosos, mutáveis e não podem ser delimitados ou, como dizemos em nosso jargão de atores, "fixados". A visão é mais favorável. As coisas que vemos são gravadas de forma mais livre e profunda em nossa memória visual e são ressuscitadas em nossas representações delas.

"Além disso, as coisas que vemos em sonhos, apesar de seu caráter ilusório, nem por isso deixam de ser mais reais, mais tangíveis e mais 'materiais' – se é que se pode falar assim dos sonhos – do que as representações de sentimentos que a nossa memória emotiva vagamente nos sugere. Então, deixemos que as imagens mentais mais acessíveis e mais dóceis nos ajudem a reviver e a fixar os sentimentos mais íntimos menos acessíveis e menos estáveis.

"Deixe o filme das suas imagens mentais sustentar estados de espírito que estejam em harmonia com a peça dentro de vocês. Deixe que eles, à medida que se abram dentro de vocês, evoquem as próprias experiências, impulsos, intenções e ações correspondentes.

"Isso porque, em cada papel, nós não precisamos de Circunstâncias Dadas simples, mas de Circunstâncias Dadas ilustradas" – concluiu Tortsov.

– Isso significa – disse eu, querendo me aprofundar – que se eu criar um filme dentro de mim, composto por imagens mentais para cada momento da vida de Otelo, e se projetar esse filme na tela do meu olho da mente...

– E se – interrompeu Tortsov – ele realmente refletir as Circunstâncias Dadas e o "se" mágico da peça; e se ele evocar em você estados de espírito e sentimentos paralelos aos do próprio papel, então você verá, de forma verdadeira, que as suas imagens mentais te possuem o tempo todo e vivenciará com sinceridade os sentimentos de Otelo cada vez que vir o filme dentro de você.

– Uma vez criado o filme, projetá-lo não é difícil. A questão toda é: como fazer isso? – disse eu, sem me dar por vencido.

– Falarei mais sobre isso na próxima aula – disse Tortsov, levantando-se e saindo da sala.

.. .. 19..

– Vamos usar nossa imaginação para fazer um filme – propôs Tortsov.

– Sobre o quê? – perguntaram os estudantes.

– Escolhi deliberadamente um tema que não fosse ativo, pois um tema ativo poderia automaticamente despertar o dinamismo de vocês sem nenhuma ajuda prévia da imaginação. No entanto, um assunto com pouca ação necessita que a imaginação faça um árduo trabalho preparatório. Por enquanto, não estou interessado no dinamismo em si, mas na preparação para ele. Por isso, escolhi um tema que fosse o menos ativo possível. Proponho que vocês vivam a vida de uma árvore com raízes profundas na terra.

– Está bem! Sou uma árvore, um carvalho centenário – decidiu Pácha. – Mas, embora eu diga isso, não acredito que seja possível.

— Nesse caso, diga a si mesmo: este sou eu, mas e se eu fosse um carvalho, e se as circunstâncias ao meu redor e dentro de mim fossem essas e essas, o que eu faria? — disse Tortsov para ajudá-lo.

— Sim, mas — disse Pácha, pensativo — como posso ser ativo em um estado de inércia e imobilidade, em pé, no mesmo lugar?

— Sim, é claro que você não consegue se mover de um lugar para outro, não consegue andar. Mas há outras ações além dessas. Para estimulá-las, não seria necessário primeiro decidir onde você se encontra? Em uma floresta? No meio de um campo, no topo de uma montanha? Escolha o lugar que achar mais excitante.

Pácha considerou ser um carvalho crescendo na clareira de uma montanha, em algum lugar nos Alpes. À esquerda, ao longe, um castelo; em torno dele, um espaço aberto; ao longe, o brilho prateado de uma cadeia de montanhas nevadas e, mais perto, intermináveis pequenas colinas que, vistas de cima, parecem ondas do mar petrificadas. Aqui e ali, aldeias dispersas.

— Agora, diga-me, o que você vê por perto?

— Eu vejo minha própria copa de folhagem densa, que está fazendo muito barulho porque os meus galhos estão balançando.

— Isso mesmo! Lá em cima, onde você está, o vento é muito forte.

— Nos meus galhos, eu vejo ninhos de diversas espécies de passarinhos.

— Isso é bom, considerando a sua solidão.

— Não, não há nada de bom nisso. A convivência com os passarinhos é difícil. Eles fazem barulho com as suas asas, afiam seus bicos no meu tronco e às vezes brigam e fazem confusão. É irritante... Ao meu lado, passa um córrego, meu melhor amigo, com quem eu posso conversar. Ele impede que eu me resseque — disse Pácha, alargando sua fantasia.

Tortsov o fez descrever todos os detalhes de sua vida imaginária.

Então Tortsov se voltou para Lev, que, sem qualquer recurso à sua imaginação, escolheu algo muito trivial, algo muito familiar, que era fácil de reviver em sua memória. A imaginação dele é bem pobre. Ele retratou uma casa de campo com um jardim no Parque Petróvski.

— O que você vê? — perguntou Tortsov.

— O Parque Petróvski.

— Você não consegue abarcar todo o Parque Petróvski com uma olhada. Escolha algum ponto definido para sua casa de campo. O que você vê na sua frente?

— Uma cerca com gradil.

— De que tipo?

Lev não disse nada.

— A cerca é feita do quê?

— Do quê? De ferro fundido.

— Com que tipo de forma? Desenhe para mim.

Lev deslizou a ponta do dedo pela mesa por bastante tempo, e ficou evidente que era a primeira vez que ele pensava no que tinha falado.

— Não estou entendendo. Desenhe com mais clareza – disse Tortsov, forçando os limites de sua memória visual. – Está bem... digamos que você consiga ver isso... Agora, diga-me, o que está para além da cerca?

— Uma estrada.

— Quem está caminhando ou dirigindo por ela?

— Turistas de verão.

— E?

— Cocheiros.

— E?

— Carroceiros.

— E quem mais está passando?

— Transeuntes.

— De bicicleta, talvez?

— É isso. É isso! Bicicletas, carros...

Ficou claro que Lev não estava fazendo o menor esforço para estimular sua imaginação. E de que serve uma imaginação tão passiva, quando o professor faz todo o trabalho para o estudante?

Expressei minha perplexidade para Tortsov.

— Existem um ou dois pontos em meu método para estimular a imaginação que é importante notar – respondeu ele. – Quando a imaginação do estudante está inativa, formulo uma pergunta simples. Você não tem como não responder quando alguém lhe faz uma pergunta. Às vezes, o estudante responde sem pensar, só para se ver livre. Mas eu não aceito esse tipo de resposta e demonstro sua inadequação. Se quer dar uma resposta mais satisfatória, o estudante tem de movimentar sua imaginação imediatamente, fazer que ele próprio visualize as coisas que lhe foram perguntadas com o olho da sua mente ou encarar a questão usando a sua inteligência, por meio de uma série de apreciações lógicas. O trabalho da imaginação é muitas vezes preparado e guiado por esse tipo de atividade consciente e mental. Assim, o estudante finalmente visualiza algo que vem da sua memória ou da sua imaginação. Diante dele estão imagens visuais bem definidas. A imaginação trabalhou por um breve momento. Depois disso, repito o processo, com a ajuda de outra pergunta. Ocorre, então, um segundo breve momento de discernimento e depois um terceiro. Dessa forma, mantenho e amplio sua imaginação e evoco toda uma série de momentos vivos, cuja soma total cria uma imagem para a sua vida imaginária. É preciso admitir que a imagem pode não ser ainda muito interessante, mas o fato de ter sido criada a partir das imagens mentais do próprio estudante já é suficiente. Uma vez que sua imaginação foi despertada, ele consegue vê-la duas, três, muitas vezes. Repetir a imagem faz que ela fique mais firmemente gravada em sua memória e que ele se sinta à vontade com ela. No entanto, a imaginação pode ser preguiçosa e nem sempre responder a uma pergunta simples. Então tudo o que o professor pode fazer é propor uma resposta para a pergunta. Se a sugestão do professor agrada o estudante, então, ao aceitar a imagem do outro como sua, ele pelo menos começa a ver alguma coisa. Já no caso contrário, o estudante então modifica o que foi sugerido de acordo com o seu próprio gosto, e isso também o obriga a olhar e ver com o olho da sua mente. No fim das contas, dessa vez, algo semelhante a uma vida imaginária foi criado, criado em parte com o seu próprio material... Eu vejo que você não está muito feliz com o resultado. Entretanto, mesmo esses momentos forçados de imaginação produzem alguma coisa.

— Alguma coisa que seja precisa?

— Talvez, mas antes disso não havia imagens ou esboços com os quais criar uma vida. Tudo era vago e difuso. Mas, depois de trabalhar assim, algo toma corpo e forma. Foi criado o solo em que o professor e o diretor podem plantar novas sementes. É a base invisível sobre a qual a imagem pode ser pintada. Além disso, com a minha abordagem, os estudantes copiam as técnicas do professor de estimular sua imaginação e aprendem a despertá-la com perguntas motivadas pela sua própria inteligência. Eles criam o hábito de lutar conscientemente contra a passividade e lentidão de sua imaginação. E isso já é bastante.

.. .. 19..

Hoje, Tortsov continuou os exercícios para desenvolver a imaginação.

— Na última aula — disse ele para Pácha —, você nos contou *quem era*, *onde estava* no seu sonho e o que *via* à sua volta... Agora, conte-nos o que *ouvia* com seu ouvido interno, como um velho carvalho.

No começo, Pácha não ouvia nada. Tortsov então o recordou da algazarra que os passarinhos faziam construindo seus ninhos nos galhos do carvalho e acrescentou:

— Então, o que você ouve ao seu redor, na sua clareira da montanha?

Agora Pácha conseguia ouvir o balido das ovelhas, o mugido das vacas, o tilintar de pequenos sinos, o som da flauta dos pastores e mulheres conversando enquanto descansavam sob o carvalho de seu trabalho pesado nos campos.

— Agora diga-me *quando* as coisas que você vê e ouve na sua imaginação acontecem. Em que período? Em que século?

Pácha escolheu o período feudal.

— Bom. Nesse caso, quais sons você ouve que são característicos dessa época, como um velho carvalho?

Depois de uma pausa, Pácha disse que ouvia a canção de um menestrel errante, trilhando seu caminho para um banquete no castelo próximo: aqui, sob o carvalho, às margens do córrego, ele descansa, lava-se, coloca sua roupa enfeitada e se prepara para sua apresentação. Aqui, ele afina a sua harpa e faz o último ensaio de sua nova música, que é sobre a primavera, o amor e as mágoas do coração. À noite, o carvalho ouve um cortesão fazer uma declaração de amor a uma dama casada e, depois, seus longos beijos. Em seguida, as violentas imprecações de dois inimigos jurados, o choque das armas e os gritos agonizantes de um homem ferido. Ao amanhecer, ouvem-se as vozes ansiosas das pessoas que procuram pelo homem morto; em seguida, quando o encontram, a comoção geral e os gritos individuais e agudos enchem o ar. Elas erguem o corpo e podem ser ouvidos passos pesados e cadenciados enquanto o levam embora.

Pácha mal teve tempo de recuperar o fôlego e Tortsov já fez outra pergunta:

— Por quê?

— Como assim, por quê? — perguntamos, com espanto.

— Por que Pácha é um carvalho? Por que ele está crescendo na Idade Média, nas montanhas?

Tortsov atribuía grande importância a essa pergunta. Segundo ele, ao respondê-la, era possível deduzir o passado dessa vida imaginária.

— Por que você está crescendo sozinho nessa clareira?

Pácha pensou no possível passado do velho carvalho. Houve uma vez um tempo em que toda a área da montanha tinha sido coberta por uma densa floresta. Mas o barão, que era o senhor do castelo que se via deste lado do vale, não muito distante dali, tinha de ficar continuamente em estado de alerta contra ataques do senhor vizinho. A floresta ocultava os movimentos do exército inimigo e poderia ser usada para uma emboscada. Assim, ele derrubou tudo. Somente o poderoso carvalho ficou de pé porque, justamente sob ele, em sua sombra, uma nascente brotou da terra. Se a nascente secasse, o córrego, que fornecia água para o rebanho do Barão, também desapareceria.

"*Por qual razão?*", eis mais uma das perguntas de Tortsov que também deixou-nos perplexos.

— Consigo entender a dificuldade de vocês, pois, nesse caso, estamos falando de uma árvore. Mas, de um modo geral, a pergunta: "por qual razão?" é de considerável importância. Ela nos obriga a esclarecer a que estamos visando, e isso, juntamente com a meta, define o futuro e nos impele à ação positiva. A árvore, é claro, não pode estabelecer metas para si, mas pode servir a algum tipo de propósito, não muito diferente da atividade real, e isso, de alguma forma, é útil.

Pácha encontrou a seguinte resposta. O carvalho era o ponto mais alto deste lugar. Assim, poderia ser usado como uma excelente torre de vigia para observar o vizinho hostil. Considerava-se, nesse sentido, que a árvore tinha prestado um grande serviço no passado. Não é de admirar, então, que ela fosse tratada com excepcional estima pelos habitantes do castelo e das aldeias vizinhas. Na primavera, organizava-se uma festividade especial em sua homenagem. O próprio barão comparecia e fazia um brinde, bebendo uma enorme taça de vinho. As pessoas enfeitavam o carvalho com flores, cantavam músicas e dançavam em volta dele.

— Agora que as Circunstâncias Dadas tomaram forma na nossa imaginação — disse Tortsov — e foram trazidas à tona, uma a uma, comparemos o que tínhamos no início com o que temos agora. Antes, quando tudo o que sabíamos era que você estava em uma clareira da montanha, sua visão interior era geral e difusa, como um rolo de filme mal revelado. Agora, com a ajuda do trabalho que fizemos, sua imagem ficou muito mais clara. Você conseguiu entender *quando, onde, por que* e *por qual razão* está lá. Você já consegue distinguir os contornos de uma nova vida, que até então não conhecia. Consegue sentir o chão sob os seus pés. Você viveu na sua mente. Mas só isso não basta. O palco exige ação. Você deve evocá-la definindo tarefas e intenções nesse sentido. Para tanto, você precisa de novas "Circunstâncias Dadas" e do "se" mágico, de novas ideias para se estimular.

Pácha, porém, não conseguia encontrá-las.

— Pergunte a si mesmo e responda a essa questão com sinceridade. Que evento, que desastre imaginário, poderia tirar você do seu estado de indiferença, despertá-lo, assustá-lo ou encantá-lo? Sinta-se na clareira da montanha, crie o "estou sendo" e responda somente depois de ter feito isso — aconselhou Tortsov.

Pácha tentou fazer o que foi sugerido, mas não conseguia pensar em nada.

— Nesse caso, abordemos o problema de forma indireta. Primeiramente, então, diga-me a que você é mais sensível na vida. O que, na maioria das vezes, o excita, assusta ou encanta? A minha pergunta tem pouca relação com o assunto do nosso faz de conta. Por ora, uma vez que conheçamos as suas próprias inclinações naturais, poderemos facilmente induzir as suas ideias para que tenham uma maior coerência com elas. Então, fale-me sobre uma das suas características ou interesses típicos.

— Qualquer tipo de disputa me entusiasma. Será que isso parece estranho para você, por causa do meu aspecto bastante pacífico? — disse Pácha, depois de alguma reflexão.

— Tudo bem! Nesse caso, há um ataque! As forças do duque inimigo estão avançando para ocupar suas terras e já estão subindo a colina onde você está. As lanças deles cintilam ao sol, catapultas e aríetes estão em movimento. O inimigo sabe que, com frequência, os vigias sobem nos seus galhos mais altos para observá-los. Eles querem cortar e queimar você! — disse Tortsov, em tom ameaçador.

— Eles não vão conseguir! — foi a resposta veemente de Pácha. — Não serei abandonado. Sou necessário. Nossos homens não estão dormindo. Já estão correndo para cá. Os cavaleiros estão galopando em seus corcéis. Os vigias estão lhes enviando mensageiros a cada minuto...

— Agora a batalha cresce à sua volta. Bestas fazem chover uma saraivada de flechas sobre você e seus vigias, algumas das quais estão cobertas com estopas em chamas e revestidas com breu. Pare e decida, antes que seja tarde demais, o que você faria nessas circunstâncias que lhe apresentei se isso estivesse acontecendo na vida real.

Percebia-se claramente que Pácha estava vasculhando a sua mente para encontrar uma saída para o "se" mágico introduzido por Tortsov.

— O que uma árvore pode fazer para salvar-se quando suas raízes estão enterradas na terra e ela não tem capacidade de se locomover? — exclamou ele, frustrado pelo caráter desesperador da situação.

— Sua frustração é o bastante para mim — disse Tortsov, em sinal de aprovação. — O problema é insolúvel, e não é sua culpa se lhe foi dado um sujeito imaginário que é desprovido de ação.

— Então, por que você deu esse? — perguntamos perplexos.

— Para mostrar a vocês que, mesmo quando vocês se deparam com um sujeito inativo, a imaginação pode produzir um avanço mental, evocar um impulso vital para a ação. Porém, a maioria dos nossos exercícios deve mostrar para vocês como criar o material, as imagens mentais e o filme para um papel, e que esse processo não é, de forma alguma, tão difícil e complicado quanto parece.

.. .. 19..

Tudo o que Tortsov pôde fazer na aula de hoje foi explicar para nós que o ator precisa de imaginação não somente quando cria, mas também quando renova o que já foi criado, o que está ficando cansativo. Isso é realizado pela introdução de uma nova ideia ou revitalizando detalhes individuais.

— Um exemplo prático pode mostrar isso a vocês. Consideremos, por assim dizer, uma cena que vocês já esgotaram, embora não tenham feito exatamente isso. Estou falando da improvisação do "louco". Tentem insuflar uma nova vida em toda a improvisação ou apenas em parte dela, inventando algo novo.

Mas nada de novo ocorreu a nenhum de nós.

— Ouçam — disse Tortsov —, como vocês souberam que tinha alguém, um louco faminto, do outro lado da porta? Foi Mária que lhes falou? Sim, ela abriu a porta que dá para a escada e viu o antigo inquilino. Disseram que ele foi levado para um hospital psiquiátrico em um acesso de loucura violenta... Mas, enquanto faziam a barricada na porta, Grícha correu para o telefone para se comunicar com o hospital, e eles responderam que a loucura não tinha nada a ver com isso, que o paciente tinha um simples caso de *delirium tremens*. Ele é alcoólatra. Mas agora ele está bem de novo, recebeu alta e voltou para casa. Porém, quem sabe, talvez a informação esteja errada, talvez os médicos tenham se equivocado. O que vocês fariam se tudo isso realmente tivesse acontecido?

— Mária tem de sair e perguntar-lhe por que ele voltou — disse Lev.

— Que aterrorizante! Meus queridos amigos, eu não poderia, não poderia! Estou com medo, com medo! — exclamou Mária, com uma cara assustada.

— Lev vai com você. Ele é forte e saudável — disse Tortsov, em um tom encorajador. — Um, dois, três, comecem! — ordenou, voltando-se para todos nós. — Concentrem-se nas novas circunstâncias, obedeçam seus impulsos e vão.

Fizemos o exercício com todo o entusiasmo, com uma emoção genuína, e ganhamos a aprovação de Tortsov e de Rakhmánov, que participava da aula. A nova versão tinha produzido o seu efeito e nos revitalizado.

No final da aula, Tortsov resumiu o nosso trabalho de desenvolvimento da imaginação criativa e, depois de recordar os estágios específicos desse trabalho, encerrou com as seguintes palavras:

— Todas as suas ideias devem ser precisamente fundamentadas e estritamente determinadas. As perguntas que fazemos para excitar a nossa imaginação — *quem, quando, onde, por quê, por qual razão, como* — nos ajudam a criar uma imagem da nossa vida imaginária e ilusória com cada vez mais definição. Existem, é claro, casos em que a imagem se desenha por si mesma sem o auxílio da atividade consciente e mental, sem perguntas condutoras, apenas intuitivamente. Mas vocês mesmos podem ver que não se pode depender da energia dinâmica da imaginação e deixá-la se arranjar sozinha. Isso está fora de cogitação quando vocês recebem um tema específico para o seu faz de conta. Imaginar "em geral", sem um tema bem definido e solidamente fundamentado, não rende frutos.

"No entanto, quando inventamos com a nossa razão, com frequência obtemos apenas pálidos reflexos da vida que imaginamos. E isso não é suficiente para a atuação criativa, que exige que o ser humano/ator, que sua personalidade, esteja em efervescência, que ele se entregue ao papel não só psicológica, mas fisicamente. O que devemos fazer? Façam outra pergunta familiar para vocês mesmos: 'O que eu faria se a ficção virasse fato?'. Vocês sabem por experiência própria que são levados a responder a essa pergunta através da ação, devido à nossa própria natureza de artistas. Essa pergunta se mostra um excelente estímulo, impelindo a nossa imaginação. Por enquanto, não deem forma física a essa ação, mas deixem que ela continue sendo um impulso. Só é importante que esse impulso seja despertado e vivenciado, por nós, não só psicológica, mas também fisicamente. Vivenciá-lo dessa forma fixa a história que nós criamos.

"É importante reconhecer que essa imaginação, embora desprovida de carne e sangue, tem a capacidade de invocar genuínas ações de carne e sangue, dos nossos corpos. Essa capacidade desempenha um grande papel na psicotécnica.

"Ouçam com atenção o que tenho para lhes dizer: *cada um de nossos movimentos no palco, cada palavra deve ser resultado de uma imaginação verdadeira.*

"Se vocês falarem uma palavra ou fizerem alguma coisa no palco mecanicamente, sem saber quem vocês são, de onde vêm, por quê, do que precisam, para onde vão ou o que estão fazendo ali, vocês estarão atuando sem imaginação, e esse fragmento de sua existência no palco, seja curto ou longo, não será verdadeiro para vocês. Vocês vão representar como uma máquina a quem deram corda, como um autômato.

"Se eu lhes fizer agora mesmo a mais simples das perguntas, 'hoje está fazendo frio ou calor?', antes que vocês possam responder 'frio' ou 'calor' ou 'não tenho ideia', vocês precisam ir para a rua na sua mente, lembrar de como vocês andaram ou cavalgaram até aqui, checar o seu corpo, lembrar de como os transeuntes se agasalhavam e puxavam os colarinhos para cima e de como a neve rangia sob os seus pés, e só então vocês podem pronunciar a única palavra de que precisamos.

"Talvez, todas essas imagens passem pela mente de vocês em um instante e, olhando de fora, pareça que vocês responderam quase sem pensar. Mas as imagens estavam lá, suas sensações corporais estavam lá, o processo de verificação estava lá, e vocês só responderam como resultado dos trabalhos complexos da sua imaginação.

"Então, nem uma simples cena, nem um simples passo no palco deve ser representado de forma mecânica, sem uma razão interior, isto é, sem a imaginação.

"Se vocês se mantiverem firmes nessa regra, todos os seus exercícios na escola, de qualquer parte do nosso programa, vão desenvolver e fortalecer a sua imaginação.

"Inversamente, tudo o que vocês fizerem no palco friamente ('de um modo frígido') será a sua ruína, pois vai inculcar o hábito de fazer as coisas automaticamente, sem imaginação.

"Criar um papel, transformar o mundo do dramaturgo em fato teatral, tudo do começo ao fim é feito em cooperação e com a imaginação.

"O que pode nos aquecer e nos excitar tanto quanto a nossa própria imaginação? Se for para responder a todas as exigências que lhe fazemos, ela deve ser móvel, dinâmica, sensível e adequadamente desenvolvida.

"Então, prestem uma especial atenção ao desenvolvimento da sua imaginação. Desenvolvam-na de todas as maneiras possíveis – por meio desses exercícios com os quais vocês já estão familiarizados, ou seja, trabalho direto sobre a imaginação como tal, bem como trabalho indireto. Adotem a regra de nunca fazerem nada no palco mecanicamente, como mera forma exterior."

5

Concentração e atenção

.. .. 19..

A aula foi no "apartamento de Mária". Em outras palavras, no cenário com as cortinas fechadas.

Continuamos a trabalhar os exercícios do louco e da lareira úmida.

Graças às sugestões de Tortsov, nossas interpretações saíram boas. Foi tão divertido que pedimos para fazer de novo as duas cenas.

Enquanto esperávamos, sentei-me recostado na parede.

Então, aconteceu uma coisa totalmente inesperada. Para minha surpresa, sem nenhuma razão aparente, as duas cadeiras perto de mim caíram no chão. Ninguém havia tocado nelas, mas elas caíram assim mesmo. Levantei-as e depois arrumei mais duas que estavam por cair. Enquanto fazia isso, uma rachadura longa, fina e vertical na parede chamou minha atenção. Ela subia, subia, e eu ia olhando até chegar à sua altura máxima. Então entendi por que as cadeiras tinham caído. Alguém estava abrindo uma das "paredes" do nosso quarto, e isso estava empurrando e derrubando os objetos. Alguém estava abrindo a cortina.

E lá estava o buraco negro e as silhuetas de Tortsov e de Rakhmánov de pé, na semiescuridão.

Conforme as cortinas se abriam, eu ia me sentindo totalmente diferente por dentro. Com o que eu poderia comparar isso?

Imaginem eu e minha mulher (se tivesse uma) em um quarto de hotel. Nós conversávamos com intimidade, despimo-nos e fomos para a cama. Estávamos livres e sem inibições. E, de repente, percebemos que uma porta enorme, na qual não estávamos prestando atenção, abriu-se, e lá, nas sombras, há estranhos, nossos vizinhos, observando-nos. Não é possível saber quantos são. Na escuridão parecem haver muitos deles. Rapidamente, pegamos nossas roupas, arrumamos o cabelo e tentamos nos comportar com o recato adequado, como se fôssemos visitantes.

De repente, sinto-me tenso como uma corda de violino, embora há pouco me sentisse em casa; é que agora tenho companhia e estou apenas com o meu camisolão de dormir.

É incrível como a sensação de intimidade pode ser destruída por um buraco negro. Enquanto estávamos em uma agradável sala de estar, não sabíamos que ali havia um lado importante e um lado sem importância. Não interessava onde ficássemos ou para onde nos virássemos. Quando a quarta parede se abriu, o buraco negro tornou-se o lado que importava, e nós tivemos de nos ajustar a ele, porque era de lá que estávamos sendo observados. Não importava se a pessoa com quem você estava se comunicando ou a pessoa que estava falando se sentiam confortáveis no palco, o que importava era que você pudesse ser visto e ouvido por pessoas que não estavam presentes na sala com você, mas sentadas, invisíveis, do outro lado da ribalta, na escuridão.

E Tortsov e Rakhmánov, que ainda há pouco tinham estado na sala conosco e pareciam comuns e familiares, estavam agora na escuridão, do outro lado da boca de cena, e então tinham se tornado rigorosos e exigentes, totalmente diferentes do nosso ponto de vista inicial.

A mesma mudança ocorreu com os outros estudantes. Só Grícha continuava o mesmo com a cortina aberta ou fechada. Preciso dizer que a nossa atuação virou mera exibição. Foi um fracasso.

"Não, enquanto não aprendermos a ignorar o buraco negro, com certeza não vamos fazer nenhum progresso", decidi interiormente.

Conversei com Pácha sobre isso, mas ele achava que se recebêssemos um exercício completamente novo, com um comentário útil de Tortsov para nos inspirar, isso desviaria nossas mentes da plateia.

Quando falei com Tortsov sobre a sugestão de Pácha, ele disse:

— Tudo bem, podemos tentar. Eis uma tragédia extremamente interessante, que espero que faça vocês pararem de pensar no público.

"Ela acontece no apartamento de Mária, como antes. Ela acabou de se casar com Kóstia, que foi contratado como tesoureiro em uma instituição beneficente. Eles têm um encantador bebê recém-nascido. A mãe sai da sala para dar banho nele. O marido arruma uns papéis e conta o dinheiro – notem que é o dinheiro da instituição beneficente. Como era muito tarde, não deu para entregá-lo no lugar onde ele trabalha. Maços de notas velhas e ensebadas estão empilhados sobre a mesa.

"Diante de Kóstia está o irmão mais novo de Mária, que é corcunda e doente mental. Ele observa Kóstia cortando as tiras de papel brilhoso dos maços – as cintas – e jogando-as na lareira, onde começam a arder faiscando. Ele gosta de ver a maneira como elas queimam.

"Todo o dinheiro foi contado. São mais de dez mil.

"Aproveitando-se do fato de que seu marido terminou o trabalho, Mária o chama para ir ver o bebê que está tomando banho no aposento ao lado. Kóstia sai e o corcunda passa a imitá-lo, jogando os pedaços de papel no fogo. Quando não há mais cintas coloridas, ele começa a jogar o dinheiro. Este, de fato, queima ainda com mais brilho e intensidade do que o papel colorido. Excitado por essa brincadeira, o corcunda atira todo o dinheiro no fogo, todo o capital da instituição beneficente, juntamente com as contas e as faturas.

"Kóstia volta bem na hora em que o último maço está começando a queimar. Percebendo o que tinha acontecido, ele perde o controle e investe contra o corcunda, empurrando-o com toda a força. O idiota cai, batendo a testa no guarda-fogo. Kóstia entra em pânico, pega o último maço carbonizado e dá um grito de desespero. Sua esposa vem correndo e vê seu irmão caído junto à lareira. Ela corre para ele, tenta levantá-lo, mas não consegue. Ao ver sangue no seu rosto, ela grita para o marido ir buscar um pouco de água, mas Kóstia não se dá conta. Ele está em transe. Então sua esposa corre para pegar água, e alguns segundos depois de sair da sala, ouvem-se seus gritos. A alegria da sua vida, o encantador bebê recém-nascido, tinha se afogado na banheira.

"Se essa tragédia não desviar a mente de vocês do buraco negro, é porque vocês têm um coração de pedra."

O novo exercício nos estimulou por seu caráter melodramático e impressionante... mas achamos que tínhamos mesmo corações de pedra, porque não conseguimos representá-lo.

Tortsov sugeriu que, como de costume, deveríamos começar com o "se" e as Circunstâncias Dadas. Começamos contando histórias uns para os outros, mas isso não se dava pelo trabalho livre da imaginação, e sim por uma invenção deliberada, pelas ideias que íamos extraindo de nós mesmos e que eram claramente incapazes de nos estimular criativamente.

A atração da plateia provou ser mais forte do que os horrores trágicos no palco.

— Nesse caso — decidiu Tortsov —, vamos nos isolar mais uma vez, para que vocês representem esses "horrores" com a cortina fechada.

A cortina foi fechada e nossa agradável sala de estar voltou a ser aconchegante. Tortsov e Rakhmánov voltaram da plateia e novamente se tornaram amigáveis e bem dispostos. Começamos a cena. Conseguimos realizar a parte calma; porém, quando chegou o drama, não fiquei satisfeito com o que tinha feito. Queria dar muito mais, mas não tinha o sentimento e a energia necessários. Sem perceber, eu tinha perdido o rumo e me vi vítima do "fingimento".

As impressões de Tortsov confirmaram a minha própria sensação. Ele disse:

— No começo você fez certo, mas, no final, você estava dando um espetáculo puro de ação. Você estava arrancando sentimentos para fora de si ou, como diz Hamlet, "rasgando a paixão em farrapos". Então, não adianta reclamar do buraco negro. Não foi só isso que o impediu de vivenciar realmente no palco, já que os resultados foram os mesmos com a cortina fechada.

— Se a plateia era o problema quando a cortina estava aberta — confessei —, quando ela foi fechada, para ser franco, o problema eram você e Ivan Rakhmánov.

— Então é isso! — exclamou Tortsov, com muito bom humor. — Ivan, era só o que faltava. Nós somos um buraco negro! Vamos ficar ofendidos e ir embora! Vamos deixar que atuem sozinhos!

Tortsov e Rakhmánov saíram de modo tragicômico, seguidos pelos demais. Ficamos sozinhos e tentamos fazer o exercício sem ninguém olhando, isto é, sem ninguém no caminho.

Por mais estranho que pareça, quando estávamos sozinhos as coisas ficaram ainda piores. Minha atenção continuava vagando para o meu camarada ator. Eu observava sua atuação intensamente, criticando-a e, por incrível que pareça, virei plateia. Os meus camaradas atores, por sua vez, observavam-me atentamente. Sentia que era, ao mesmo tempo, um espectador e um ator sob escrutínio. No final das contas, atuar uns para os outros é algo estúpido, tedioso e, acima de tudo, inútil.

Mas, então, por acaso, olhei para o espelho, gostei do que vi, me senti encorajado e lembrei dos meus ensaios de Otelo em casa, quando, como hoje, tinha de atuar para mim mesmo, olhando no espelho. Gostei de ser "meu próprio público". Minha confiança aumentou e, assim, concordei com a proposta de Pácha de chamar Tortsov e Rakhmánov de volta para mostrar-lhes os resultados de nosso trabalho.

Acabou que não precisamos chamá-los porque eles estavam observando a nossa apresentação por uma fresta na porta.

Nós nos voltamos para o ponto em que eles nos disseram que a nossa interpretação foi pior do que com a cortina aberta. Daquela vez ela tinha sido ruim, porém modesta e contida; agora foi igualmente ruim, mas com autoconfiança e despreocupação.

Quando Tortsov resumiu o trabalho de hoje, as conclusões foram que, quando a cortina estava aberta, ficamos inibidos pelo público sentado na escuridão, do outro lado da ribalta. Quando a cortina estava fechada, Tortsov e Rakhmánov, sentados na mesma sala, nos inibiram. Quando ficamos sozinhos, nossos camaradas atores nos inibiram se transformando em plateia e, quando atuei só para mim mesmo, tornei-me a minha própria plateia e inibi a mim mesmo como ator. Ou seja, de qualquer ponto de vista, o público é o obstáculo. Mas, mesmo assim, é chato atuar sem ele.

– Pior do que crianças pequenas – disse Tortsov, para nossa vergonha. – Não nos resta nada – disse ele, depois de uma breve pausa –, a não ser suspender nossos exercícios por ora e trabalhar com os objetos de atenção. Eles são os principais culpados do que aconteceu e devemos começar com eles da próxima vez.

.. .. 19..

Hoje havia um grande cartaz pendurado na plateia:

ATENÇÃO E CONCENTRAÇÃO CRIATIVA

A cortina, representando a quarta parede da confortável sala de estar, foi aberta, e as cadeiras que normalmente ficavam encostadas nela tinham sido removidas. Nossa confortável sala, com uma parede desaparecida, agora estava aberta para o olhar da plateia. Ela tinha sido transformada em um cenário normal e perdido sua sensação de aconchego.

Cabos elétricos com lâmpadas foram colocados em vários pontos das paredes do cenário.

Estávamos enfileirados ao longo da ribalta. Havia um silêncio significativo.

– Quem perdeu um salto de sapato? – perguntou-nos, de repente, Tortsov.

Os estudantes começaram a olhar para os seus próprios sapatos e para os das outras pessoas, dedicando a isso toda a sua atenção.

Tortsov fez outra pergunta:

– O que acabou de acontecer com a plateia?

Não sabíamos o que responder.

– Isso quer dizer que vocês não viram o meu secretário? Ele é um tipo de pessoa muito ativa e barulhenta. Trouxe alguns papéis para eu assinar.

O fato era que não o tínhamos visto.

– Incrível! – exclamou Tortsov. – Como isso pôde acontecer? E com a cortina aberta também! Não lhes disseram que a plateia tem uma atração irresistível para vocês?

– Estava ocupado com o meu salto – disse eu, como justificativa.

– Realmente! – disse Tortsov, ainda mais admirado. – Um pequeno e insignificante salto de sapato provou ser mais forte do que o grande buraco negro! Isso significa que não é tão difícil desviar sua atenção dele. O segredo é muito simples: *para desviar sua atenção da plateia, é preciso que você esteja absorvido no que está acontecendo no palco.*

"Então, de fato" – pensei comigo mesmo –, "tudo o que tenho de fazer é me interessar por um minuto naquilo que está acontecendo deste lado da ribalta e, involuntariamente, pararei de pensar no que está acontecendo do outro lado."

Então, eu me lembrei de quando os pregos caíram no palco e da conversa que tive com o assistente. Foi quando fiquei tão absorto com os pregos que me esqueci do buraco negro escancarado.

— Bem, agora espero que vocês entendam — disse Tortsov, resumindo — que o ator precisa de um objeto para concentrar sua atenção, não na plateia, mas no palco; e, quanto mais convincente for esse objeto, mais ele pode prender sua atenção.

"Não existe nenhum momento na vida de uma pessoa em que algum objeto não ocupe sua atenção.

"E quanto mais convincente for o objeto, maior será seu poder sobre a atenção do ator. Para desviá-la da plateia, é preciso ser inteligente e trazê-la para algum objeto que esteja aqui, no palco. Vocês sabem como uma mãe distrai um filho com um brinquedo. Da mesma forma, o ator deve ser capaz de inventar algum tipo de brinquedo semelhante para si, para desviar sua mente da plateia."

"Entretanto" — pensei comigo mesmo —, "para que ter o trabalho de inventar um objeto quando há tantos deles no palco?"

— Se eu sou o *sujeito*, tudo o que está fora de mim é *objeto*. E o mundo inteiro está fora de mim... Existem muitos objetos, todos os tipos de objetos! Por que criá-los?

Tortsov, no entanto, se contrapôs a isso dizendo que é assim que as coisas acontecem na vida. Objetos surgem e atraem a nossa atenção espontaneamente, de uma maneira natural. Sabemos perfeitamente bem para o *que* olhar e *como* olhar a cada momento de nossa existência.

Mas no teatro não é assim; no teatro existe uma plateia que impede o ator de viver normalmente.

Eu deveria saber disso mais do que ninguém, segundo Tortsov, depois da minha interpretação de *Otelo*. Além do mais, do nosso lado da ribalta há uma riqueza de objetos muito mais interessantes do que no buraco negro. Você só precisa ser verdadeiramente capaz de ver as coisas que se encontram ali. Você precisa fazer exercícios regulares para ajudar a manter a concentração. Você precisa desenvolver uma técnica especial que ajude a se concentrar em um objeto, de tal modo que o objeto no palco possa distrair do que está fora do palco. Em resumo, segundo Tortsov, nós temos de aprender a olhar e a ver.

Em vez de uma palestra sobre que objetos existem na vida e, consequentemente, no teatro, Tortsov disse que nos daria uma ilustração gráfica deles no palco.

— Os pontos e focos de luz que vocês estão para ver ilustram vários aspectos de objetos com os quais vocês estão familiarizados na vida e que, portanto, são essenciais no teatro.

Fez-se um blecaute total na plateia e no palco. Depois de alguns segundos, perto da mesa em torno da qual estávamos sentados, uma pequena lâmpada elétrica, escondida em uma caixa, ganhou vida de repente. No meio de uma escuridão geral, o ponto de luz se tornou a única atração clara e perceptível. Nada mais chamava a nossa atenção.

— Essa pequena lâmpada, brilhando na escuridão — explicou Tortsov — ilustra *o objeto imediato, o ponto focal imediato*. Nós os usamos nos momentos em que temos de nos concentrar e não deixar nossa atenção se perder em outras direções.

Quando as luzes voltaram, Tortsov voltou-se para os estudantes:

— Concentrar-se em um ponto de luz na escuridão é comparativamente fácil para vocês. Agora vamos tentar e repetir o exercício, só que dessa vez com as luzes acesas.

Tortsov pediu a um dos estudantes que observasse o encosto de uma poltrona atentamente; a mim, pediu que observasse bem o falso laqueado da mesa; já para um terceiro, ele entregou algumas bugigangas; para um quarto, entregou um lápis; para um quinto, uma corda; para um sexto, um palito de fósforo; e assim por diante.

Pácha começou a desenrolar a corda, mas eu o detive, dizendo que o exercício que tínhamos de fazer não tinha a ver com ação, e sim com concentração, então podíamos só observar o artigo e pensar nele. Mas Pácha discordou e insistiu em fazer à sua maneira. Tivemos de recorrer a Tortsov para resolver a disputa. Este disse:

— Concentrar-se em um objeto produz uma necessidade natural de fazer alguma coisa com ele. A ação concentra a atenção ainda mais estritamente no objeto. Assim, a concentração aliada à ação cria um vínculo maior com o objeto.

Quando, uma vez mais, comecei a olhar para a mesa com seu laqueado falso, senti vontade de traçar o contorno do desenho com algum objeto pontiagudo que estivesse à mão.

Fazer isso me obrigou a observar, a examinar o desenho ainda com mais atenção. Nesse meio-tempo, Pácha estava concentrado em desenrolar a corda e fazia isso com muito prazer. Outros estudantes ficaram absortos em algum tipo de ação ou na observação atenta de um objeto.

Por fim, Tortsov declarou:

— O ponto focal imediato tornou-se totalmente absorvido por vocês, não somente na escuridão, mas também na luz. Isso é bom!

Então, primeiro em um blecaute total e depois na luz, ele nos demonstrou *o ponto focal médio e o distante*. Como no primeiro exemplo, com o ponto focal imediato, para manter a concentração o máximo de tempo possível, tínhamos de criar um alicerce firme para o que estávamos fazendo na nossa imaginação.

Conseguimos fazer facilmente os novos exercícios no escuro.

Todas as luzes voltaram a se acender.

— Agora, olhem atentamente para as coisas em torno de vocês e selecionem, entre elas, algum ponto focal médio ou distante e concentrem toda a atenção nele — sugeriu Tortsov.

Havia tantas coisas imediatas, médias e distantes à nossa volta que por um minuto nossos olhos vagaram sem rumo.

Em vez de um único ponto focal, uma dúzia de coisas saltava aos olhos — as quais, se fosse inclinado a brincar com as palavras, eu deveria chamar não de pontos, mas de uma sequência de pontos de exclusão. Por fim, meus olhos se fixaram em uma pequena estatueta, bem longe, sobre a lareira, mas não consegui mantê-la como o centro da minha atenção por muito tempo, pois tudo à minha volta me distraía, e a estatueta logo se perdeu entre centenas de outros itens.

— Ah-ha! — exclamou Tortsov. — Antes de podermos estabelecer pontos focais médios e distantes na luz, temos evidentemente de aprender a olhar e ver no palco.

— O que existe aí para aprender? — perguntou alguém.

— Como é que é? Trata-se de uma coisa difícil de fazer com outras pessoas presentes e com o buraco negro na sua frente. Por exemplo, uma das minhas sobrinhas adora comer de pé fazendo travessuras, correndo e tagarelando. Até pouco tempo ela comia sozinha no seu quarto. Agora ela passou a comer à mesa com a família e esqueceu-se de como é comer de pé, tagarelando e fazendo travessuras. "Por que você não come e conversa com a gente?", perguntaram para ela. "E por que vocês ficam olhando para mim?", retrucou a menina. Como é que vamos ensiná-la a novamente comer e conversar em pé e fazendo travessuras na frente de outras pessoas?

"O mesmo vale para vocês. Na vida vocês sabem como andar, falar, sentar e olhar, mas, no teatro, perdem essa capacidade e dizem para si mesmos, quando sentem a proximidade da multidão: 'Por que vocês ficam olhando para mim?'. Vocês têm de aprender tudo do zero: no palco e na frente das pessoas.

"Lembrem-se agora de que tudo, mesmo as ações mais simples e mais elementares que conhecemos perfeitamente bem na vida, caem por terra quando se entra no palco, no resplendor das luzes da ribalta, diante de uma casa cheia. É por isso que temos de aprender a andar, sentar, deitar e nos mover tudo de novo. Mencionei isso a vocês na nossa primeira aula. Hoje, com relação à questão da concentração, já disse que vocês precisam aprender a olhar e ver, a escutar e ouvir no palco também."

.. .. 19..

— Escolham alguma coisa — disse Tortsov, quando os estudantes tinham se acomodado no palco com as cortinas abertas. — Um objeto, talvez aquela toalha pendurada na parede com sua estampa viva e chamativa.

Todo mundo começou a olhar atentamente para a toalha.

— Não! — disse Tortsov, interrompendo-nos. — Isso não é olhar, isso é encarar fixamente com olhos vidrados.

Interrompemos o nosso esforço, mas isso não convenceu Tortsov de que estávamos vendo aquilo que os nossos olhos focalizavam.

— Prestem mais atenção! — ordenou Tortsov.

Todos se inclinaram para frente.

— Ainda houve muito pouca concentração e uma boa dose de fixação mecânica.

Franzimos as nossas sobrancelhas e tentamos parecer que estávamos concentrados.

— Estar concentrado e parecer estar concentrado não são a mesma coisa. Verifiquem por vocês mesmos o que é uma observação falsa e uma genuína.

Depois de muita tentativa e erro, nos acalmamos e tentamos não ficar tensos e olhar para a toalha.

De repente, Tortsov soltou uma gargalhada, virou-se para mim e disse:

— Se eu pudesse simplesmente tirar uma foto sua, você não acreditaria em como a tensão pode reduzir um ser humano ao estado absurdo em que você estava ainda agora. Seus olhos estavam literalmente saltando para fora da cabeça. Será que você realmente precisa se esforçar tanto só para observar? Faça menos, menos! Muito, muito menos! Liberte-se da tensão. Reduza-a em 95%! Vamos... vamos... Por que você está se esticando em direção ao objeto, por que está se inclinando tanto para ele? Acalme-se. Menos, menos! Vamos, vamos! Vamos, muito, muito menos! — continuou Tortsov, falando comigo.

Quanto mais ele reiterava, persistente, "vamos, vamos", mais aliviava a tensão que me tinha impedido de "observar e ver". O excesso de tensão era enorme, incrível. Vocês não fazem ideia da enormidade que é ficar de pé, debruçado, diante do buraco negro. Tortsov está certo quando fala em 95% de excesso de tensão no momento em que um ator observa qualquer coisa no palco.

— Isso é tão simples! Como precisamos de tão pouco para observar e ver! — exclamei, em êxtase. — É extraordinariamente fácil comparado com o que tenho feito até agora. Eu não percebia que não se pode ver nada com os olhos esbugalhados e com o corpo tão tenso, mas quando não há tensão, consigo ver tudo com detalhes. Mas também é difícil simplesmente não fazer nada no palco.

— Bem, sim — disse Tortsov, respondendo. — Porque em cada minuto tudo aquilo em que você pensava era: "Por que o público gastou tanto dinheiro se eu não estou tentando apresentar nada para ele? Preciso merecer meu salário de ator, tenho de entreter o público!".

Que estado de graça é estar sentado no palco sem estar tenso e olhar e ver com calma. Ter esse direito ao se deparar com as mandíbulas escancaradas da boca de cena. Quando você se sente no direito de estar no palco, então nada o assusta. Hoje, no palco, senti prazer em observar e ver de maneira simples, natural e humana, e me lembrei da maneira simples como Tortsov tinha se sentado na nossa primeira aula. Estou familiarizado com esse estado na vida. Mas na vida, isso não me dá nenhum prazer, porque já estou muito acostumado com ele. Porém, eu conheci esse estado no palco pela primeira vez e devo isso totalmente a Tortsov.

— Parabéns! — ele gritou para mim. — Isso se chama olhar e ver. E como é fácil para nós olhar e não ver nada no palco. O que poderia ser mais apavorante do que os olhos vagos de um ator? Eles são testemunhas convincentes do fato de que a mente de quem está representando o papel está semiadormecida ou de que a sua concentração está em algum outro lugar, para além dos confins do teatro e da vida que está sendo retratada no palco, e da qual o ator está vivendo alguma coisa que não tem nada a ver com o papel.

"Uma língua muito agitada e mãos e pés se movendo como um autômato não conseguem substituir olhos pensativos que dão vida a tudo. Não é para menos que os olhos são chamados de 'espelhos da alma'.

"Os olhos de um ator, que olham e veem, atraem a atenção do público e, ao mesmo tempo, a direcionam para o objeto que ele próprio deve estar olhando. Ao contrário, os olhos vagos de um ator direcionam a atenção do público para fora do palco."

Depois dessa explicação, Tortsov disse:

— Mostrei para vocês lâmpadas ilustrando os pontos focais imediato, mediano e distante, que são essenciais para qualquer criatura com visão e, consequentemente, para qualquer criação teatral, bem como para a pessoa que a está representando.

"As lâmpadas que indiquei até agora representavam objetos no palco como eles devem ser vistos pelo ator. Isso é o que *deveria* acontecer no teatro, mas *raramente* acontece.

"Agora vou mostrar para vocês o que *nunca deveria* acontecer no palco, mas que, infelizmente, *quase sempre acontece* com a grande maioria dos atores. Vou mostrar para vocês o que quase sempre ocupa a atenção dos atores quando estão no palco."

Depois dessa introdução, pequenos feixes de luz subitamente dardejaram. Eles tomaram conta de todo o palco e da plateia, ilustrando a concentração do ator quando ela não está focada.

Então, os feixes desapareceram e no seu lugar, sobre um dos assentos da orquestra, foi acesa uma forte lâmpada 100 watts.

— O que é isso? — perguntou uma voz.

— Um crítico feroz — respondeu Tortsov. — Uma grande dose de atenção é dedicada a ele quando o ator está atuando.

Os feixes dardejaram mais uma vez e mais uma vez desapareceram e, finalmente, outra grande lâmpada se acendeu.

— Esse é o diretor.

Nem bem essa lâmpada se apagou, outra pequena, fraca e quase imperceptível começou a piscar.

— Esse é o seu pobre camarada ator. Ele não recebe muita atenção — observou Tortsov, ironicamente.

A lâmpada fraca se apagou e, então, fomos ofuscados por um holofote direcionado para o lado direito do palco.

— Esse é o ponto.

Então, os onipresentes raios dardejaram mais uma vez. Eles piscaram e se apagaram. Enquanto isso acontecia, eu me lembrei do meu estado de espírito durante a apresentação do *Otelo*.

— Será que vocês entenderam agora como é importante para um ator ser capaz de olhar e ver no palco? — disse Tortsov, quando a aula estava acabando. — Esta é a difícil arte que vocês têm de aprender!

.. .. 19..

Para nosso desapontamento geral, em vez de Tortsov, foi Rakhmánov quem veio dar a aula sozinho, explicando que, por ordens de Tortsov, ele tinha vindo trabalhar conosco.

Então, hoje foi a primeira aula de Rakhmánov.

Qual seria a sua maneira de ser como professor?

Obviamente, ele seria bem diferente de Tortsov. Mas nenhum de nós poderia ter previsto que ele seria o homem que passamos a conhecer hoje.

Na vida, por causa de sua admiração por Tortsov, ele é quieto, reservado e taciturno; porém, quando Tortsov não está, ele é enérgico, decidido e rigoroso.

— Concentrem-se! Não deixem a sua atenção vagar! — ordenava, em um tom potente e confiante. — O exercício é o seguinte: indicarei um objeto para cada um de vocês observar. Vocês vão notar a sua forma, contorno, cor, detalhes e características específicas. Vocês têm de fazer tudo isso enquanto conto até trinta. Eu disse trinta! Depois disso, vou pedir que apaguem todas as luzes, de modo que vocês não consigam ver os objetos, e vou pedir para falarem sobre eles. Durante o blecaute, vocês descreverão o que a sua memória visual consegue evocar. Verificarei e compararei o que vocês dizem com o objeto. Para tanto, acenderei a luz novamente. Prestem atenção! Vou começar. Mária, o espelho.

— Oh, meus queridinhos! — disse ela, apontando para o espelho completamente desorientada. — Este aqui?

— Não precisa fazer perguntas inúteis. Tem só um espelho na sala, não existe outro. Nenhum outro! Um ator tem de pensar rápido. Lev, a foto. Grícha, o candelabro. Vária, o álbum.

— O luxuoso? — indagou ela, em um tom meloso.

— Já lhe disse. Eu não digo as coisas duas vezes. Um ator deve pegar as coisas no ar. Kóstia, o tapete.

— Existem vários. Qual deles?

— Quando estiver em dúvida, decida por você mesmo. Erre, mas não tenha dúvidas nem fique fazendo perguntas. Um ator deve ser cheio de recursos. Cheio de recursos, entendeu?

"Vánia, o vaso. Nikolai, a janela. Dária, a almofada. Lev, o piano. 1, 2, 3, 4, 5..." — Rakhmánov contou lentamente até trinta e ordenou:

— Blecaute!

Depois do blecaute, ele me chamou e pediu para descrever o que eu tinha visto.

— Você me deu um tapete — eu disse, e comecei uma explicação detalhada. — Não escolhi logo qual deles e assim perdi tempo.

— Vá direto ao ponto — ordenou Rakhmánov. — Ao ponto!

— É um tapete persa. O fundo dele é totalmente marrom avermelhado. Tem uma borda larga nas beiradas — continuei a descrevê-lo até Rakhmánov gritar:

— Luzes! Você não lembrou direito, meu rapaz! Reprovado. Você devia estar dormindo! Blecaute! Lev!

— Não consegui saber qual era o tema da foto por causa da minha miopia e da minha distância dele. Só consegui ver uma mancha amarela em um fundo vermelho.

— Luzes! — ordenou Rakhmánov. — Não tem nem amarelo, nem vermelho na foto.

— Eu estava dormindo. Falhei — disse Lev, com uma voz grave.

— Grícha! — chamou Rakhmánov.

— Pois bem, o candelabro dourado é um artigo do mercado de pulgas, com uns pedaços de vidro.

— Luzes! — ordenou Rakhmánov. — O candelabro é uma relíquia genuína, datada da época de Alexandre I[1]. Reprovado!

"Blecaute! Kóstia, descreva o tapete novamente."

— Eu não sabia que tinha de fazer isso de novo, perdão. Eu não estava pensando — confessei, fui apanhado desprevenido.

— Então, pense outra vez. Corrija seus erros e não fique aí sentado torcendo os seus dedos, sem fazer nada. Todos vocês devem saber que vou questioná-los duas, quatro vezes até me darem uma descrição exata de suas impressões. Lev!

Fui reprovado. Reprovado duas vezes.

Finalmente, Rakhmánov conseguiu fazer que visualizássemos e descrevêssemos nos mínimos detalhes o item que ele tinha nos dado. Para tanto, ele teve de me chamar cinco vezes. Esse exercício desesperador que estou descrevendo aqui durou cerca de meia hora em velocidade acelerada. Os olhos ficaram cansados e a concentração, exaurida. Não conseguiríamos trabalhar com essa intensidade por muito tempo. Rakhmánov sabia disso e dividiu sua aula em duas partes de meia hora.

Interrompemos os exercícios temporariamente e fomos para a nossa aula de dança. Depois disso foi novamente a aula de Rakhmánov, quando fizemos outra vez o que tínhamos feito na primeira metade, mas agora contando apenas até vinte.

Rakhmánov prometeu que repetiria o exercício até baixar para três a cinco segundos.

— Essa é a maneira de aguçarmos a concentração — declarou ele.

Agora que estou registrando, no meu diário, a aula de hoje com Rakhmánov, começo a ter dúvidas. Será que eu deveria, será que vale a pena escrever o que acontece nas aulas de Rakhmánov detalhadamente, palavra por palavra? Ou seria melhor escrever os exercícios em um outro caderno? Essas anotações poderiam constituir um guia de exercícios práticos ou um tipo de manual de "treinamento e exercícios", como Rakhmánov chama suas aulas. Essas anotações seriam úteis para os meus exercícios práticos diários e, com o tempo, para meu trabalho de direção e ensino...

Está decidido.

De agora em diante vou ter dois cadernos. Em um continuarei meu diário e escreverei sobre a *teoria* da arte propriamente dita, assim como é ensinada por Tortsov, e, no outro, transcreverei os exercícios *práticos* que Rakhmánov faz conosco. Será um manual sobre o "sistema" baseado nas aulas de "treinamento e exercícios".

---

1. Alexandre I (1775-1825), que se tornou czar em 1801.

.. .. 19..

Hoje, Tortsov continuou ilustrando objetos de atenção, usando luzes. Ele disse:

— Até agora estávamos usando pontos de luz como objetos. Agora vou mostrar-lhes o que chamamos de *círculo de atenção*. Ele representa não um ponto único, mas uma pequena área definida, tendo dentro dela vários objetos diferentes. O olho pode saltar de um objeto para outro, mas nunca sai da circunferência do círculo.

Depois da introdução de Tortsov, houve um blecaute e, um segundo depois, acendeu-se uma luminária grande sobre a mesa ao lado da qual estávamos sentados. Ela projetou um ponto de luz na minha cabeça e mãos. Seu brilho alegre iluminou o centro da mesa, que estava coberta de bugigangas. O resto do palco e a plateia estavam perdidos em uma pavorosa escuridão. Eu me senti muito mais à vontade no ponto de luz que, por assim dizer, focou toda a minha concentração dentro do seu círculo, para além do qual havia somente trevas.

— Esse ponto de luz sobre a mesa ilustra o *pequeno círculo de atenção*. Você, ou melhor, sua cabeça e suas mãos, que estão na área iluminada, estão em seu centro. Esse círculo é como o pequeno diafragma de uma câmera que mostra a parte mais minúscula de um objeto em detalhes.

Tortsov tinha razão: todas as bugigangas sobre a mesa chamaram a atenção para si mesmas espontaneamente.

Basta que você esteja em um círculo de luz, no escuro, para se sentir imediatamente isolado de tudo. Ali, no círculo de luz, como em sua própria casa, não há ninguém a temer e nada do que se envergonhar. Ali você consegue esquecer o fato de que, no escuro, por todos os lados, muitos olhos estranhos estão observando você viver. Sinto-me mais em casa no pequeno círculo de luz do que no meu próprio apartamento. Ali a proprietária intrometida espia pelo buraco da fechadura, enquanto no pequeno círculo as paredes negras das trevas parecem impenetráveis. Nesse círculo estreito de luz, com a atenção concentrada, é fácil observar as coisas em detalhes precisos, viver os sentimentos e pensamentos mais íntimos e executar as mais complexas ações. Você pode resolver problemas difíceis. Você pode se relacionar com outras pessoas, confiar suas ideias mais íntimas a elas, evocar memórias do passado e sonhar com o futuro.

Tortsov entendeu o meu estado de espírito. Ele veio até a ribalta e disse, com alguma animação:

— Preste atenção no seguinte: o seu atual estado de espírito é o que *nós* chamamos de "*solidão pública*". Ela é chamada de pública porque todos nós estamos aqui com você. Ela é solidão porque você está isolado de nós por um pequeno círculo de atenção. Em uma apresentação, com mil olhos sobre você, é sempre possível retirar-se para a sua solidão, assim como um caracol entra na sua concha. Agora vou mostrar para vocês o *círculo médio de atenção*.

Blecaute.

Em seguida, um espaço bastante grande com uma coleção de mobiliário foi iluminado: uma mesa, cadeiras e parte de um piano, uma lareira com poltronas grandes na frente. Achei-me no centro desse círculo.

Era impossível que os olhos abrangessem todo esse espaço de uma só vez. Tive de examiná-lo pouco a pouco. Cada coisa no círculo surgiu como um ponto focal separado e independente. O único problema foi que, com a área de luz ampliada, foram criados meios-tons. Esses meios-tons saíam dos limites do círculo, e, como resultado, as paredes pareciam menos sólidas. Além disso, minha área de solidão era agora grande demais. Se o pequeno círculo pode ser comparado a um apartamento de solteiro, o círculo médio podia se assemelhar a um apartamento de família. Como é um tanto triste morar sozinho em uma mansão vazia e fria com uma dúzia de quartos, tudo o que eu queria era voltar para o meu pequeno e agradável círculo de atenção.

Mas só me senti assim enquanto estava sozinho. Quando Pácha, Lev, Mária, Vánia e outros se juntaram a mim no círculo de luz, tínhamos dificuldade para nos apertar dentro dele. Formamos um grupo que se espalhou pelas poltronas, as cadeiras e o sofá.

Uma área grande cria a possibilidade de uma ação mais ampla. Em um espaço grande, é mais fácil falar sobre assuntos gerais, e não pessoais e íntimos. Por essa razão, foi simples criar uma cena de multidão animada, vigorosa e apaixonada no círculo médio. Isso é uma coisa que você não pode repetir por encomenda. Como o círculo pequeno, o círculo médio me fez vivenciar qual é o estado de espírito do ator quando a área de atenção se expande.

E aqui vai um detalhe interessante: durante toda a aula de hoje, não pensei uma única vez no meu odiado inimigo no palco, o buraco negro. É fantástico!

— Agora, aqui está o *grande círculo* para vocês! — disse Tortsov, no momento em que toda a sala de estar foi inundada por uma luz intensa. Os outros cômodos permaneceram na escuridão, mas a nossa concentração já tinha começado a se perder naquele amplo espaço.

— E aqui está o *círculo maior de todos* para vocês — gritou Tortsov, quando todos os outros cômodos foram banhados pela luz.

Fui engolido pelo grande espaço.

— As dimensões do círculo maior de todos dependem de quão longe vocês conseguem ver. Aqui, no quarto, abri o campo de visão o máximo possível. Porém, se não estivéssemos no teatro, e sim em planícies abertas ou no mar, as dimensões do círculo de atenção seriam determinadas pelo horizonte. No palco, o ponto de fuga é o que o cenógrafo pinta no pano de fundo.

"Agora" – anunciou Tortsov, após uma breve pausa – "vou repetir o mesmo exercício, só que com luz. Agora, com as luzes da ribalta e os holofotes superiores acesos, criem o círculo pequeno de atenção e de solidão pública, e depois o círculo médio e o grande."

Para ajudar os estudantes, Tortsov demonstrou estratagemas para manter a concentração, que pode se dispersar em todas as direções quando as luzes estão totalmente acesas.

– Para evitar isso, vocês devem restringir o círculo de concentração, utilizando as formas dos objetos no aposento. Por exemplo, a mesa redonda com todos os tipos de coisas sobre ela. Sua área de superfície define o círculo pequeno de atenção com as luzes acesas. E o tapete relativamente grande no chão com os móveis sobre ele é o círculo médio.

"Um outro tapete, ainda maior, delimita claramente o grande círculo com as luzes acesas."

Quando o piso estava sem tapete, Tortsov calculou o espaço necessário para usar os quadrados do parquete que tinham deixado sua marca na lona do palco. Na verdade, é mais difícil fixar o contorno do círculo e manter a concentração dentro dele, mas os quadrados ajudam.

– E aí vocês têm o apartamento inteiro, o maior de todos os círculos de atenção. E tudo isso com todas as luzes acesas.

Quanto mais a área se expandia, para meu desespero, mais o buraco negro parecia tomar conta do palco e destruía os meus poderes de concentração. Como resultado, os exercícios que tínhamos feito antes, que tinham me dado esperança, não serviram para nada. Mais uma vez, senti-me desamparado.

Vendo meu estado, Tortsov disse:

– Vou lhe falar sobre outra técnica que poderá lhe ajudar a focar a sua atenção. É esta: à medida que o círculo, com todas as luzes acesas, aumenta, a área em que você tem de se concentrar fica maior. No entanto, isso só pode continuar até o ponto em que for capaz, mentalmente, de se manter firme dentro da circunferência. Assim que ele começa a oscilar e se dissolver, você deve reduzir rapidamente o círculo para dimensões com que consiga lidar.

"Mas é bem nessa hora que, com muita frequência, acontece o desastre. A nossa concentração perde o controle e se dissolve no espaço. Temos de recuperá-la de novo e focar. Para isso, use rapidamente um ponto focal, talvez, por exemplo, esta pequena lâmpada, na caixa sobre a mesa, que acendeu de novo. Não importa se ela não parece tão brilhante quanto antes no escuro, pois isso não vai impedi-lo de direcionar sua atenção para ela.

"Agora, uma vez que você se concentre nela por um minuto, primeiro estabeleça um pequeno círculo com todas as luzes acesas e com a lâmpada no centro. Em seguida, selecione um círculo médio de atenção com todas as luzes acesas e uma série de pequenos círculos dentro dele."

Fizemos tudo o que ele nos disse. Quando a área de atenção foi ampliada ao máximo, mais uma vez me dissolvi no enorme espaço do palco.

Na mesa redonda, a lâmpada na caixa se acendeu de novo.

— Olhem rapidamente para o ponto focal — gritou Tortsov para nós.

Fixei meus olhos na lâmpada brilhante com todas as luzes acesas e mal percebi que tudo ao redor estava mergulhado na escuridão e um círculo médio tinha se formado a partir de um grande.

Então o círculo médio foi reduzido até um pequeno. Esse ainda é o melhor! É o meu favorito e eu posso controlá-lo livremente.

Depois disso, Tortsov fez a transição que já havia nos mostrado do círculo pequeno para o grande, e de volta do grande para o pequeno, e mais uma vez do pequeno para o grande, e de novo e de novo.

Isso foi repetido uma dúzia de vezes e, finalmente, tornou-se, em certa medida, um hábito.

Mas então, depois de repetir isso uma dúzia de vezes, no círculo maior, com o palco todo iluminado, Tortsov gritou:

— Encontrem o círculo médio com todas as luzes e deixem o seu olhar vagar livremente dentro dele.

"Parem! Vocês perderam a concentração! Vistam o seu colete salva-vidas: a lâmpada. É por isso que ela está acesa. Sim! Bom!

"Agora, mais uma vez, com todas as luzes acesas, criem o círculo pequeno. Não é tão difícil com a lâmpada acesa no meio."

Então nós voltamos, em ordem inversa, para o círculo grande, apoiando-nos, em momentos de perigo, na lâmpada incandescente, o ponto focal. Isso também foi feito várias vezes.

— Se vocês se perderem no círculo grande — repetia Tortsov o tempo todo —, concentrem-se no ponto focal. Fiquem nele, criem o círculo pequeno e depois o médio.

Tortsov estava tentando desenvolver o reflexo para fazer a transição entre o círculo pequeno e o grande, e vice-versa, subconsciente e automático, sem que perdêssemos a concentração no processo.

Eu ainda não desenvolvi esse reflexo, mas mesmo assim entendi que a técnica de se retirar para a solidão pública quando o círculo está se expandindo pode se tornar uma necessidade real no palco.

Quando mencionei isso para Tortsov, ele observou:

— Você só vai apreciar o valor pleno dessa técnica quando se vir em uma vasta plataforma de concerto. Um ator se sente desamparado ali, como em um vazio. Então você vai entender que, para salvar a si mesmo, ele deve ter total controle sobre o círculo de atenção médio e pequeno.

"Em momentos de pânico e confusão, você deve se lembrar de que, quanto maior e mais vazio o círculo grande, mais estreitos e mais firmes devem ser os círculos médio e o pequeno dentro dele, e mais a sua solidão pública deve deixar as coisas de fora."

Após uma breve pausa, Tortsov passou a demonstrar, usando luzes, outros grupos de círculos, pequenos, médios e grandes, fora de nós.

Até aquele ponto sempre tínhamos estado no centro de todos esses círculos de atenção, mas agora estávamos na escuridão, fora do ponto de luz.

Todas as luzes desapareceram e, então, de repente, a lâmpada pendurada sobre a mesa na sala ao lado acendeu. O círculo de luz caiu sobre a toalha branca da mesa de jantar.

— Ali tem um pequeno círculo de atenção, fora de vocês.

Depois esse círculo se expandiu para o tamanho de um círculo médio, fora de nós. Iluminou toda a área da sala vizinha e, em seguida, assumiu todas as outras áreas, exceto a sala em que estávamos.

— Ali tem o círculo grande, fora de nós.

Era confortável, da escuridão da sala de estar, observar o que estava acontecendo ao nosso redor, até o ponto mais distante no nosso campo de visão. Eu podia escolher observar pontos focais individuais e círculos de atenção pequenos, médios e grandes fora de nós.

Esses exercícios, com círculos de atenção de todas as dimensões fora de nós, foram realizados com todas as luzes acesas. Dessa vez, a sala de estar e todos os outros cômodos estavam iluminados. Nós tivemos de escolher estreitar e ampliar os círculos de atenção fora de nós, como tínhamos feito antes, quando éramos o centro do nosso próprio círculo.

.. .. 19..

No início da aula de hoje, em uma explosão de entusiasmo, exclamei:

— Se pelo menos pudesse ficar sempre no círculo pequeno!

— Você pode! Você decide! — respondeu Tortsov.

— Mas eu não posso carregar a lâmpada e sua sombra comigo para todos os lugares, como se fosse um guarda-chuva.

— Não foi o que eu sugeri, claro que não. Mas você pode levar o círculo pequeno de atenção para todos os lados com você, não só no palco, mas na própria vida.

— Como isso é possível?

— Você vai ver agora. Suba no palco e comporte-se como se estivesse em casa: fique de pé, ande, sente-se aqui e ali.

Subi. Houve um blecaute durante o qual um ponto circular de luz apareceu de algum lugar e começou a se mover junto comigo.

Fui para o quarto e o círculo me seguiu.

Então aconteceu uma coisa incompreensível. Sentei-me ao piano e toquei uma música de O demônio[2], a única que sei tocar.

Esse fato extraordinário só pode ser plenamente apreciado se eu explicá-lo um pouco. O fato é que eu não sou músico e só toco em casa, secretamente, quando estou completamente sozinho. É um desastre quando alguém me ouve e entra no meu quarto enquanto estou tocando. Nessa hora, fecho a tampa com força, fico vermelho e, resumindo, comporto-me como um escolar que foi pego fumando. Mas hoje fiz uma aparição pública como pianista e não senti nenhuma inibição, toquei sem errar e com prazer. Incrível! Maravilhoso! Como podemos explicar isso? Talvez o círculo de atenção nos defenda mais no palco do que na vida, e o artista se sente mais seguro lá do que no mundo real. Ou será que o círculo de atenção possui uma qualidade desconhecida para mim?

De todos os segredos do processo criativo que aprendemos durante o nosso breve tempo na escola, o círculo de atenção pequeno e móvel tem sido um dos mais essenciais e práticos para mim. O círculo de atenção móvel e a solidão pública são doravante os meus baluartes contra qualquer coisa errada que aconteça no palco.

Para melhor explicar o seu valor para nós, Tortsov nos contou uma história do folclore hindu. Era assim:

"Um marajá estava escolhendo seu primeiro-ministro. Ele escolheria qualquer homem que pudesse dar a volta nos muros da cidade com uma jarra cheia de leite até a boca, sem derramar uma gota. Muitos tentaram e no caminho ouviam gritos, ameaças e eram distraídos, derramando, assim, o leite.

"– Estes homens não servem para ministros – disse o marajá.

"Porém, então chegou um certo homem. Nenhum grito, nenhuma ameaça ou estratagema conseguiu distrair seus olhos da jarra transbordante.

"– Atirem! – disse o soberano.

"Atiraram, porém, não deu resultado.

– Agora, ele é o ministro – disse o marajá.

"– Você ouviu os gritos? – perguntou-lhe ele.

"– Não!

"– Você não viu que o ameaçavam?

"– Não, estava prestando atenção no leite.

"– Ouviu os tiros?

....
2. Ópera de Anton Rubinstein (1829-1894), baseada no poema homônimo de Mikhail Liêrmontov (1814-1841), encenada pela primeira vez em São Petersburgo em 1885.

"— Não, senhor. Estava prestando atenção no leite.

"Isso é o que se chama estar no círculo. É a concentração real, e, além disso, não em um blecaute, mas na luz" — disse Tortsov, concluindo a história. — Então, tentem o experimento em plenas luzes da ribalta.

Infelizmente, ficou claro que não poderíamos conseguir o cargo de ministro do marajá. Com as luzes acesas, eu não conseguia me fechar no círculo móvel e criar a solidão pública.

Então Rakhmánov veio em nosso auxílio com uma nova ideia. Ele entregou-nos aros de madeira, do tipo que os cavaleiros atravessam no circo. Alguns eram largos, outros, um pouco menores. Se vocês colocassem esse aro sobre a cabeça e o segurassem de modo que estivessem no centro dele, então vocês estariam no círculo, e a borda do aro permitiria que vocês mantivessem a forma dele dentro dos limites claramente fixados. Quando vocês andam pela sala, vocês podem ver e sentir fisicamente o círculo móvel de atenção que têm de carregar mentalmente.

A ideia de Rakhmánov ajudou alguns, como Lev, por exemplo.

Nosso camarada gorducho disse:

— Eu me sinto como Diógenes... em seu barril[3]. Apertado por causa da minha pança gorda, mas tolerando isso por causa da minha solidão e da minha arte.

Quanto a mim, adaptei-me à minha própria maneira ao difícil problema criado pelo círculo móvel.

Hoje fiz minhas próprias descobertas na rua.

Foi estranho. Era mais fácil para mim na rua, em meios às multidões de pedestres e ao movimento de bondes e automóveis, traçar a linha de um círculo imaginário de concentração, e mesmo andar com ele, do que no palco. Fiz isso com bastante facilidade no Arbat[4], na região em que há mais gente, e disse depois para mim mesmo: "Esta é a circunferência do círculo que eu defino como o limite para que meus próprios cotovelos se projetem sob a minha pasta e, também, o ponto mais distante que alcanço com as pontas dos pés e pernas quando eles dão um passo à frente. Esta é a linha para além da qual a minha atenção não deve se desviar". Para minha surpresa, fui capaz de mantê-la dentro dos limites prescritos. No entanto, estar tão ocupado em um lugar lotado provou não ser inteiramente prático e quase teve consequências terríveis. Pisei no pé de alguém, quase derrubei um camelô e sua barraca, e não cumprimentei um conhecido. Isso me obrigou a ampliar o círculo para um círculo médio, empurrando-o para muito além dos limites do meu próprio corpo.

....
3. Diógenes de Sinope (412-323 a.C.), filósofo cínico grego que vivia em um barril.
4. O mais antigo bairro residencial de Moscou, perto do Kremlin e da Praça Vermelha.

Isso provou ser mais seguro, porém, dificultou a concentração, pois as pessoas que vinham em minha direção e seguiam atrás de mim passavam pelo círculo mais amplo, como se fosse um pátio. Se não houvesse um círculo, eu quase não as teria notado em um espaço grande, mas, dentro dos limites estreitos que eu tinha definido para observação, estranhos de pouco interesse tornaram-se, contra a minha vontade, mais visíveis do que eu teria desejado. Eles chamavam a minha atenção – como acontece com o pequeno círculo de uma lupa ou de um microscópio, quando cada mínimo detalhe salta aos olhos. Eis o que aconteceu em meu círculo móvel. Minha concentração estava aguçada e apreendia avidamente tudo o que entrava em seu campo de visão.

Tentei fazer experiências expandindo e contraindo o círculo de atenção, mas tive de parar quando quase não consegui contar o número de degraus que conduziam a um porão.

Caminhando pela praça Arbat, selecionei o maior círculo de atenção que podia controlar visualmente, e, de repente, todas as linhas dentro dele viraram um borrão. Ouvi então uma buzinada violenta e um motorista xingando, e vi o bico arrebatado de um carro que quase tinha me atropelado.

"Se você ficar perdido no círculo grande, reduza-o imediatamente para o círculo pequeno", recordei as palavras de Tortsov. Foi isso que fiz.

"Estranho" – discuti comigo mesmo. – "Por que é mais fácil criar solidão na praça Arbat, que é enorme, e em uma rua cheia de gente, do que no palco? Será que é porque ali ninguém está preocupado comigo, ao passo que, no palco, todos vêm presumivelmente assistir ao ator? Essa é uma condição inescapável do teatro. É por isso que ele existe, para que as pessoas olhem para ele e para a solidão pública da personagem."

Nessa mesma noite, o acaso deu-me uma lição ainda mais instrutiva. Eis o que aconteceu: Fui a uma palestra do professor X... Estava muito atrasado e perdi o início. Entrei correndo no salão lotado justamente quando o palestrante, com voz serena, apresentava a tese e a premissa básica de sua conferência.

– Psiu... quieto! Vamos ouvir! – pessoas bradavam para mim de todos os lados.

Sentindo que eu era o centro geral das atenções, perdi a cabeça e, em um átimo, minha concentração se foi, como aconteceu durante a primeira apresentação do *Otelo*. Porém, imediatamente, como uma máquina, limitei meu círculo de atenção aos limites do círculo móvel, e, assim, todos os pontos focais dentro dele se tornaram tão precisos que consegui encontrar o número da minha poltrona. Isso me acalmou tanto que ali, em público, sem pressa, comecei a fazer os exercícios de expansão e contração do círculo de atenção, do grande para o pequeno e vice-versa. Enquanto estava fazendo isso, senti que a minha serenidade, a minha falta de pressa e a minha autoconfiança impressionaram toda a assembleia e seus gritos cessaram. Até mesmo o palestrante parou e fez uma pausa. E eu estava gostando de prender a atenção de todos e sentia que os tinha na palma da minha mão.

Hoje eu entendi, isto é, senti, não em teoria, mas na prática, a utilidade do círculo móvel de atenção.

.. .. 19..

Tortsov disse:

— Até agora, temos voltado a nossa atenção para fora, para objetos que estão mortos, inanimados, que não ganharam vida nem pelo "se", nem pelas Circunstâncias Dadas, nem por nossas próprias ideias. Precisávamos da atenção pela atenção e dos objetos pelos objetos. Agora devemos voltar nossa atenção para dentro, para objetos que são imaginários, que estão em nossas mentes.

"Que tipo de objetos são esses? Algumas pessoas pensam que, se vocês olharem para dentro das suas mentes, poderão ver as suas partes constituintes, intelecto e sentimento, o poder de concentração em si e a imaginação. Então, agora, Vánia, olhe para dentro da sua mente e tente encontrar o poder de concentração e de imaginação."

— Onde devo procurar por eles?

— Por que não estou vendo Rakhmánov? Onde ele está? — perguntou subitamente Tortsov.

Todos olharam em volta e começaram a pensar.

— Para onde foi a sua concentração? — perguntou Tortsov para Vánia.

— Está percorrendo o teatro à procura de Rakhmánov... e fui parar na casa dele.

— E onde está a sua imaginação? — perguntou Tortsov.

— No mesmo lugar que a minha concentração, procurando — decidiu Vánia, muito satisfeito consigo mesmo.

— Agora, lembrem-se do gosto do caviar fresco.

— Eu me lembro — respondi.

— Onde está o objeto de sua atenção?

— Antes de mais nada, eu imaginei um grande prato de caviar sobre a mesa, com os canapés.

— Isso significa que, para a sua mente, o objeto estava fora de você.

— Mas, imediatamente, a imagem evocou o gosto dele na minha boca — lembrei.

— Ou seja, dentro de você — comentou Tortsov —, que é onde a sua concentração estava focada. Pácha! Lembre-se do cheiro de salmão.

— Estou lembrando.

— Onde está o objeto?

— No começo também estava sobre a mesa com os canapés — lembrou Pácha.

— Ou seja, fora de você.

— E depois, em algum lugar aqui, na minha boca, no meu nariz, em suma, dentro de mim.

— Agora, lembre-se da *Marcha fúnebre* de Chopin[5]. Onde está o objeto?

— Inicialmente, fora de mim, em um cortejo fúnebre. Mas eu ouço o som da orquestra em algum lugar no fundo dos meus ouvidos, isto é, dentro de mim — explicou Pácha.

— E é aí que a sua concentração está focada?

— Sim.

— Então, nós criamos em primeiro lugar, interiormente, representações visuais — a residência de Rakhmánov, uma mesa cheia de canapés ou um cortejo fúnebre — e, em seguida, por meio dessas representações, estimulamos internamente um dos nossos cinco sentidos e, por fim, nos concentramos no resultado. Assim, em nossa imaginação, nossa concentração não se aproxima do objeto diretamente, mas indiretamente, por meio de outro objeto — por assim dizer — secundário. Isso é o que acontece com os nossos cinco sentidos. Vária, o que você sente quando está prestes a entrar no palco?

— Honestamente, não sei como explicar — hesitou nossa bela jovem.

— Onde está a sua concentração nesse exato momento?

— Honestamente, não sei... no camarim... nos bastidores... no nosso teatro... antes do início da apresentação... na nossa primeira apresentação.

— E o que você está fazendo no camarim?

— Não sei como expressá-lo... Estou preocupada com a minha roupa.

— E não com o papel de Kate?

— Com a Kate também.

— E o que está sentindo?

— Estou com pressa, fico derrubando tudo... Não vou chegar na hora... Tem uma campainha... E em algum lugar aqui e ali, muito... É como um vício... Sinto-me fraca, como se estivesse doente... Ooh! Minha cabeça está realmente rodando.

Vária recostou-se em sua cadeira e cobriu os olhos com suas belas mãos.

— Como podem ver, a mesma coisa aconteceu outra vez. Você tinha uma imagem, uma representação da vida nos bastidores antes da sua entrada em cena. Isso produziu uma resposta, foram revividas experiências passadas que,

---

5. Frédéric Chopin (1810-1849). *Sonata para piano número 2 em si bemol menor* (1837), terceiro movimento. Normalmente tocada em uma versão orquestral em cerimônias públicas.

se tivessem ido mais longe, poderiam – quem sabe – ter feito você realmente desmaiar.

"Os objetos de nossa atenção estão generosamente espalhados ao nosso redor, no mundo real e – especialmente – na nossa imaginação. A imaginação pinta não só as coisas que de fato existem, mas também mundos fantásticos que não poderiam existir de verdade. Um conto de fadas não pode acontecer na vida real, mas ele existe em nosso mundo imaginário. E esse é um mundo no qual existe uma diversidade incomparavelmente maior de objetos.

"Vocês podem perceber como é inesgotável o material disponível quando nos concentramos interiormente.

"A dificuldade, porém, é que os objetos de nossa imaginação são instáveis e muitas vezes ilusórios. Se o mundo material exige poderes de concentração bem treinados, essas exigências são multiplicadas quando se trata de objetos imaginários instáveis."

– Mas como você pode tornar os objetos imaginários estáveis? – perguntei.

– Exatamente da mesma maneira que você faz com os objetos reais. Tudo o que você sabe sobre eles se aplica em igual medida aos objetos interiores e à concentração interior.

– Então isso significa que, na nossa imaginação, podemos fazer uso do ponto focal imediato, do médio e do distante, e também dos círculos de atenção móveis e imóveis, pequenos, médios e grandes? – perguntei a Tortsov com urgência.

– Certamente você os sente por dentro, não é? Isso significa que eles existem e que você deve usá-los.

Continuando com a comparação entre os objetos de atenção exteriores e interiores, Tortsov disse:

– Você se lembra de como, em outras ocasiões, o buraco negro o distraía do que estava acontecendo no palco?

– Claro que me lembro! – exclamei.

– Então, lembre-se disso: a concentração interior pode ser momentaneamente desviada do papel pelos pensamentos do ator sobre sua vida particular. E, assim, há uma luta permanente entre o tipo de concentração certo e errado, o útil e o prejudicial.

"O tipo errado de concentração nos desvia da linha que devemos seguir e nos leva para o outro lado da ribalta, para a plateia ou para além dos confins do teatro."

– Então, para desenvolvermos a concentração interior, devemos realizar mentalmente os mesmos exercícios que você nos mostrou para a concentração exterior? – disse eu, tentando definir a questão de forma mais precisa.

— Sim — confirmou Tortsov —, tanto daquela vez quanto agora, você primeiro precisa de exercícios para ajudar a sua mente a se afastar das coisas para as quais você não deve olhar, sobre as quais você não deve nem pensar. E, em segundo lugar, você precisa de exercícios para poder se concentrar interiormente nas coisas necessárias para o papel. Só então a nossa concentração fica forte, disposta, precisa, firme, tanto por dentro quanto por fora. Isso requer um trabalho longo e sistemático.

"É claro que a concentração interior vem em primeiro lugar, porque a maior parte da vida do ator é vivida na imaginação e nas circunstâncias dadas que idealizamos. Tudo isso está presente, de forma invisível, na mente do ator e está disponível apenas quando ele se concentra interiormente.

"Ter de criar em público, como nós fazemos, é perturbador e, diante da casa lotada, é difícil fazer que toda a nossa concentração esteja em um objeto instável interior. Não é fácil aprender a observá-lo no palco, com os olhos da mente. Mas a força do hábito e o trabalho duro superam todos os obstáculos."

— Com certeza, devem haver exercícios especiais para isso? — perguntei.

— Haverá mais do que suficientes no curso da nossa escola e, posteriormente, no seu trabalho de palco! Como no próprio processo criativo, isso exige a sua concentração exterior e, mais particularmente, a interior, para estar continuamente ativo. Se o estudante ou o ator entender isso e estiver conscientemente preocupado com a profissão que escolheu em casa, na escola e no palco; se ele for suficientemente disciplinado com relação a isso e se sentir sempre intimamente dono de si, então o resto é fácil. Seu poder de concentração estará recebendo o treinamento de que ele necessita, mesmo sem exercícios especiais.

"Porém, um trabalho diário consciente deste tipo exige muita força de vontade, firmeza e autocontrole dos quais nem todo mundo é dotado. Assim, além do trabalho efetivo no palco, é possível treinar o poder de concentração de uma pessoa na vida privada. Com essa finalidade em vista, façam os mesmos exercícios que fizeram para desenvolver a imaginação. Eles são igualmente eficazes para desenvolver a concentração.

"Toda noite, quando forem dormir, tentem, depois de apagar as luzes, repassar na mente toda a sua vida durante o dia que findou, lembrando os mínimos detalhes de uma forma precisa. Por exemplo, se vocês pensarem no almoço ou no café da manhã, tentem lembrar e visualizar não só a comida que comeram, mas também todos os pratos servidos e como a mesa estava posta. Lembrem-se dos pensamentos e sentimentos interiores despertados pelas conversas do almoço, do gosto daquilo que vocês comeram. Em outros momentos, em vez de relembrar o dia que passou, recordem momentos mais distantes de suas vidas.

"Observem na sua mente, ainda com mais detalhes, os apartamentos, os quartos, os lugares onde vocês moraram e andaram e, depois, conforme relembrarem coisas individuais, usem-nas mentalmente. Isso pode levá-los de volta para uma sequência de ações que já foi familiar e para a linha que aquele dia do seu passado seguia. Revejam essas ações em detalhes, usando a sua concentração interior.

"Tentem recordar os seus entes mais próximos e mais queridos, vivos ou mortos, da maneira mais clara possível. Quando vocês fazem isso, um papel preponderante é atribuído aos seus poderes de concentração, que servem de base para exercícios ulteriores."

.. .. 19..

Hoje, Tortsov continuou a aula inacabada. Ele disse:

— A concentração e os objetos devem, como vocês sabem, estar plenamente estáveis durante a atuação. Não precisamos do tipo de concentração que toca levemente a superfície. Atuar exige a coordenação de todo o organismo. Como podemos alcançar a estabilidade do objeto e da concentração? Vocês sabem como. Vamos tentar agora na prática. Kóstia! Suba no palco e olhe para a lâmpada que está na caixa sobre a mesa redonda.

Fui para o palco. As luzes se apagaram, com exceção daquela lâmpada que se tornou o meu único objeto. Porém, depois de um minuto, comecei a odiá-la. Eu a odiava tanto que tive vontade de atirá-la no chão.

Quando comentei isso com Tortsov, ele lembrou-me:

— Você sabe, não é o objeto em si, a lâmpada, que nos leva à concentração, mas uma ideia sugerida pela imaginação. É essa ideia que lhe dá vida nova e, ajudada pelas Circunstâncias Dadas, torna o objeto atraente. Ela cria uma história maravilhosa e emocionante a partir da lâmpada. E, então, essa lâmpada detestável será transformada e se converterá num estímulo para a atividade criativa.

Houve uma longa pausa, durante a qual olhei para a lâmpada sem conseguir pensar em qualquer razão para o meu olhar.

Finalmente, Tortsov apiedou-se de mim.

— Eu vou ajudá-lo. Digamos que esta pequena lâmpada é o olho semiaberto de um monstro adormecido de um conto de fadas. Seu gigantesco tronco está invisível na escuridão profunda. Dessa forma, ele vai parecer ainda mais terrível para você. Diga a si mesmo: "Se a ficção virasse realidade, o que eu faria?". Algum príncipe de conto de fadas talvez tenha feito a mesma indagação antes de começar a combater o monstro. Responda a pergunta usando a lógica simples e humana: qual o melhor lado de atacar, o do focinho que está virado para você ou o da cauda, que está bem longe, lá atrás? Talvez você elabore um plano de ataque pobre; talvez o herói do conto de fadas fizesse um melhor. Mesmo assim, de qualquer forma, você pensa em algo e foca sua atenção no objeto e, para além dele, nos seus pensamentos sobre isso. Como resultado, sua imaginação é despertada. Isso toma conta de você, e daí resulta um impulso para agir. E se você age, isso quer dizer que você aceitou o objeto, que você acredita nele, que formou com ele um vínculo. Ou seja, o seu objetivo ficou claro e a sua atenção foi desviada de tudo aquilo que não estava no palco. Mas isso é apenas o começo do processo de dar uma nova vida ao objeto de atenção.

A tarefa que tinha diante de mim pareceu-me difícil. Mas lembrei-me de que o "se" não coage nem arranca sentimentos; ele apenas exige uma resposta "conforme à lógica humana", como diz Tortsov. Por ora, tudo o que precisava decidir era de que lado era melhor atacar o monstro. Depois disso, comecei a raciocinar de forma lógica e sequencial: "O que é aquela luz na escuridão?", perguntei a mim mesmo. "É o olho semiaberto do dragão adormecido. Se é assim, ele está olhando diretamente para mim. Devo me esconder." Mas eu tinha medo de me mover. O que eu deveria fazer? Quanto mais eu pensava nisso, mais entrava em detalhes e mais importante o objeto de atenção se tornava para mim. E quanto mais eu ficava preocupado com ele, mais ele me hipnotizava. De repente, a lâmpada piscou e eu me sobressaltei. Em seguida, ela começou a brilhar mais forte. Isso me cegou e me deixou, ao mesmo tempo, alarmado e assustado. Recuei, pois parecia que o monstro tinha me visto e estava se mexendo. Falei isso para Tortsov.

— Finalmente, você conseguiu fixar um objeto escolhido! Ele deixou de existir em sua forma inicial e desapareceu, por assim dizer, para surgir de outra forma mais poderosa, fortalecido por sua imaginação (era uma lâmpada pequena que se transformou em um olho). O objeto transformado cria uma reação emocional. Esse tipo de concentração envolve não apenas o objeto, mas reúne toda a aparelhagem criativa de um ator em torno do trabalho, que a utiliza para prolongar a sua própria atividade criadora.

"Você deve ser capaz de revitalizar o objeto e, para além dele, o próprio poder de concentração, transformando o que é frio, intelectual e racional em algo caloroso e *sensorial*. Essa terminologia entrou para o nosso jargão de atores. Por outro lado, o termo 'concentração sensorial' não é nosso e pertence a I. I. Lapchín, que o utilizou pela primeira vez em seu livro *Criação artística*[6].

"Para concluir, devo dizer que, para nós, a concentração sensorial é, particularmente, necessária e importante, porquanto estabelece a "vida do espírito humano em um papel", isto é, por cumprir o objetivo básico da nossa arte. A partir disso, vocês podem julgar a importância da concentração sensorial em nossa tarefa criativa."

---

6. Obra de Ivan Ivanovitch Lapchín (1870-1950), publicada em Petrogrado em 1923.

Depois que terminou comigo, Tortsov convocou Pácha, Lev e Igor para o palco e fez experimentos semelhantes com eles.

Não vou descrevê-los, para não me repetir.

.. .. 19..

Meu tio ficou doente. Cheguei atrasado para a aula. E, durante o ensaio, fui chamado ao telefone várias vezes. Por fim, precisei ir embora antes do fim da aula. Se, além das interrupções, considerarmos também o meu próprio estado de espírito ensimesmado, que me impedia de ouvir o que Tortsov dizia, pode-se compreender a natureza desconexa e fragmentária das minhas anotações da aula de hoje.

Cheguei na sala de aula quando uma acalorada discussão com Lev estava em andamento. Ele, certamente, deve ter dito que achou difícil, para não dizer impossível, preocupar-se simultaneamente com o papel, a técnica, o público (que não pode também ser ignorado), suas falas, as deixas do seu parceiro, o ponto e, por vezes, ainda vários objetos ao mesmo tempo.

— Isso exige muita concentração! – ele exclamou.

— Você pode pensar que não consegue, mas, no circo, um malabarista que se equilibra sobre um cavalo lida com uma tarefa muito mais difícil e arrisca sua vida fazendo isso. Ele tem de equilibrar as pernas e o corpo enquanto monta no cavalo, ficar de olho na vara que tem na testa com um prato grande rodando e, além disso, tem de fazer malabarismos com três ou quatro bolas. Ele tem de lidar com muitos objetos ao mesmo tempo! Mas mesmo assim ele consegue se manter garbosamente sobre o cavalo.

"O malabarista consegue tudo isso porque os seres humanos possuem *multiníveis de concentração* e um nível não interfere no outro.

"Isso é difícil apenas no começo. Felizmente, muitos dos nossos hábitos viram reflexos. E a concentração pode ser um deles. É claro que se vocês pensavam que, uma vez que tenha adquirido habilidade, um ator pode trabalhar por instinto, agora vocês vão ter de mudar de opinião. Habilidade sem trabalho não passa de matéria-prima não processada."

Não sei como terminou a discussão, já que me chamaram para atender o telefone e tive de ir ver o médico.

Quando voltei para o teatro e para a aula, encontrei Grícha em pé no palco, com os olhos esbugalhados, enquanto Tortsov, entusiasmado, estava tentando convencê-lo de alguma coisa.

— O que está acontecendo? Do que estão falando? – perguntei para o camarada ao lado.

— Grícha disse que não devemos tirar os olhos do público – riu ele.

— Nós estamos diante de uma multidão de pessoas lá fora! – exclamou o jovem argumentador.

Mas Tortsov discordou e disse: "Você deve".

Não vou perder tempo com a contenda, mas quero simplesmente registrar as condições nas quais, na opinião de Tortsov, alguém pode direcionar o seu olhar para a plateia.

— Vamos supor que vocês estejam olhando para a parede imaginária que deve separar o ator da plateia. Em que posição deveriam estar os seus olhos quando eles olham para algum ponto focal imediato na parede imaginária? Eles devem estar como se vocês estivessem olhando para a ponta do seu nariz. Mas o que o ator faz na ampla maioria dos casos? Por força do hábito, ele olha para a parede com seus olhos diretamente apontados para as poltronas nas quais estão sentados o diretor, um crítico ou alguma admiradora. Neste caso, seus olhos não estão olhando para o ângulo requerido pela natureza quando estamos olhando para um objeto próximo. Vocês pensam que o ator, seu camarada ator e o público não percebem um erro fisiológico desse tipo? Vocês realmente esperam enganar a sua experiência e a nossa, como pessoas, com esse tipo de comportamento antinatural?

"Vou lhes dar outro exemplo. Vocês têm de olhar ao longe, para a linha extrema do horizonte, no mar, onde os navios que estão partindo podem ser vistos.

"Lembrem-se da posição em que estão os olhos quando estão olhando ao longe.

"Eles olham diretamente para frente, de modo que ambas as linhas de visão fiquem quase paralelas uma à outra. Para que seus olhos cheguem a essa posição, vocês têm, por assim dizer, de trespassar a parede por trás das cadeiras da plateia e, em sua mente, descobrir o ponto imaginário mais distante e concentrar nele a sua atenção.

"Mas, em vez disso, o que os atores fazem? Mais uma vez, como sempre, eles dirigem seu olhar fixo para o diretor, para o crítico ou para a admiradora nas poltronas.

"Vocês realmente acham que podem enganar a si mesmos e ao público nesses casos?

"Uma vez que vocês tenham aprendido tecnicamente a posicionar o objeto em seu devido lugar e a concentrar sua atenção nele; uma vez que vocês tenham compreendido a importância do espaço para o ângulo de visão no palco, vocês então poderão olhar para a plateia como se estivessem olhando através e para além dela ou, inversamente, como se o seu olhar fixo estivesse aquém dela. Até esse momento, rompam com o hábito de contar mentiras físicas. Quando vocês são jovens e tecnicamente inseguros, isso desloca a concentração."

— Então, enquanto isso, para onde você acha que devemos olhar? – perguntou Grícha.

— Por enquanto, olhem para a esquerda ou para a direita do alto da boca de cena. Não se preocupem, o público vai ver seus olhos. Quando necessário, vocês vão virar para o objeto imaginário que supostamente está do lado de cá da ribalta. Isso acontece de maneira instintiva, como deve ser. Mas, se não tiverem essa necessidade interior e subconsciente, evitem olhar para frente, para a parede inexistente ou para longe, pelo menos até desenvolverem a psicotécnica necessária.

Recebi um novo chamado e não voltei mais para a aula.

.. .. 19..

Na aula de hoje, Tortsov disse:

— Para avaliar como o poder de concentração de um ator trabalha mais plenamente, devemos discuti-lo como uma fonte potencial de material criativo.

"Um ator deve se concentrar não só no palco, mas na vida. Deve concentrar todo o seu ser naquilo que prende sua atenção. Ele não deve ver as coisas como um ignorante parcialmente atencioso, mas penetrar no âmago da coisa que ele está observando.

"Sem isso, nosso método criativo seria unilateral, a um passo da verdade da vida das outras pessoas e dos acontecimentos contemporâneos, mas sem nenhuma conexão com eles.

"Existem pessoas que são observadoras por natureza. Elas percebem e registram tudo o que acontece ao seu redor firmemente em sua memória, sem nenhum esforço da vontade. São capazes de selecionar, daquilo que elas observam, o que é mais importante, interessante, típico e colorido. Quando vocês ouvem essas pessoas, vocês veem e entendem coisas que escapam àqueles que são menos observadores, que não sabem como olhar e ver na vida ou como falar de maneira vívida sobre aquilo que viram.

"Infelizmente, nem todo mundo é dotado desse poder de concentração, que é tão essencial para o ator e que revela o que é quintessencial e característico na vida.

"Muitas vezes, as pessoas são incapazes de fazer isso até mesmo em seu próprio interesse mais básico. Elas são ainda mais incapazes de ver e ouvir com rigor, assim como aprender a verdade da vida, ou desenvolver uma maneira sensível e carinhosa de se aproximar dos outros, ou criar de uma forma artística verdadeira. Isso é dado a uma pessoa em um milhão. Quão doloroso é o espetáculo da cegueira humana. Ela transforma pessoas bondosas por natureza em algozes inocentes daqueles que lhes são mais próximos e mais queridos, e faz dos sábios tolos que não percebem o que está sendo feito diante dos seus olhos.

"As pessoas não conseguem dizer qual é o estado de espírito de quem está conversando com elas baseando-se no rosto, no olhar ou no timbre da voz. Elas são incapazes de olhar de maneira ativa e ver a verdade complexa da vida, são incapazes de escutar atentamente e ouvir de uma forma genuína. Se fossem capazes de fazer isso, seu trabalho criativo seria infinitamente mais rico, mais sutil e mais profundo. Mas não se pode condenar um homem pelo que a natureza não lhe deu; deve-se, isso sim, tentar desenvolver e suplementar o pouco que ele tem.

"Trabalhar a concentração exige enorme esforço, vontade de fazê-lo e exercícios sistemáticos.

"Como ensinar as pessoas que não estão atentas a perceber e a ver as coisas que a natureza e a vida lhes oferecem? Primeiro você deve explicar a elas como olhar e ver, escutar e ouvir não só aquilo que é ruim, mas, acima de tudo, o que é belo. O belo eleva a alma e suscita seus mais delicados sentimentos, deixando vestígios indeléveis e profundos na emoção e em outros tipos de memória. A coisa mais bela de todas é a própria natureza. Observem-na com o máximo de atenção possível. Para começar, peguem uma flor, uma folha, uma teia de aranha ou o desenho criado pela geada na vidraça e assim por diante. Tudo isso é obra do artista supremo, a Natureza. Tentem definir, verbalmente, o que lhes agrada neles. Isso vai concentrar a atenção de vocês mais firmemente no objeto que estão observando, fazer vocês se relacionarem com ele de modo mais consciente. Não tenham repulsa pelo lado escuro da natureza, para que vocês possam apreciar e investigar sua essência mais profundamente. E também não se esqueçam de que há coisas positivas ocultas entre fenômenos negativos, que há um elemento de beleza naquilo que é mais feio, assim como o belo tem coisas que não são tão bonitas. Mas o que é realmente belo não teme o que é feio. Muitas vezes, este só serve para desencadear a beleza daquele.

"Busquem ambas as coisas, definam ambas verbalmente, conheçam as duas e sejam capazes de vê-las. Caso contrário, seu conceito de beleza vai se tornar unilateral, enjoativo, enfeitado e sentimental, e isso é um grande perigo para a arte.

"Em seguida, passem para o estudo das próprias obras de arte — literatura, música, exposições em museus, objetos de arte etc., enfim, toda e qualquer coisa desse tipo que vocês puderem ver, o que os ajudará a desenvolver o bom gosto e um amor pelo belo.

"Mas não façam isso com o olhar frio do analista, com o lápis na mão. O ator genuíno se envolve profundamente com o que está acontecendo ao seu redor, entusiasma-se com a vida, que se torna o objeto de seu estudo e sua paixão. Ele devora avidamente tudo o que vê e tenta gravar o que registrou, não como um estatístico, mas como um artista, não apenas em um caderninho, mas em seu coração. Pois o que ele garimpa não é vazio, e sim matéria-prima viva, pulsante e criativa. Em poucas palavras, na arte você não pode usar um enfoque frio. Precisamos de um certo grau de fogo interior, precisamos de concentração sensorial. Isso vale também para a busca de matéria-prima para ser utilizada no processo criativo. Por exemplo, quando um escultor encontra um bloco de mármore e o examina para saber se pode criar com ele uma estátua de Vênus, isso o excita. Ele tem uma premonição, uma intuição do corpo, da obra que ele pode criar em cada detalhe da pedra, em cada veio. E é assim que acontece conosco, os atores. O básico para qualquer processo no qual garimpemos material criativo é uma reserva de entusiasmo. Isso, é claro, não exclui o trabalho intenso realizado pelo intelecto. Mas os nossos pensamentos não deveriam ser ardentes, em vez de frios? Com muita frequência, na vida, o acaso ajuda a agitar a imaginação naturalmente e de forma poderosa. Vou contar a vocês uma coisa que aconteceu comigo, para servir de exemplo.

"Eu estava visitando, a trabalho, um autor bem conhecido, um dos meus favoritos. Quando me levaram até seu estúdio, eu fiquei instantaneamente mudo de assombro. Sua escrivaninha estava repleta de manuscritos, documentos e livros, o que demonstrava que havia pouco tempo ele estivera ali, trabalhando. Ao lado da mesa havia um grande bumbo, tímpanos, um enorme trombone e estantes de música que não cabiam na sala de estar ao lado. Eles transbordavam para dentro do estúdio através das largas portas duplas de correr. Ao lado, o caos imperava: a mobília tinha sido amontoada contra a parede de qualquer jeito e as estantes de música estavam montadas no espaço que havia sido desobstruído.

"'Será que o autor realmente consegue realizar o seu trabalho aqui, nessa situação, com o barulho do bumbo, dos tímpanos e do trombone tocando?' – pensei. 'Será que esta não é uma descoberta surpreendente, que poderia atrair a atenção até mesmo do indivíduo mais desatento e forçá-lo a fazer todo o possível para entender e explicar esse mistério?' Não era de admirar que a minha própria concentração estivesse extremamente aguçada e trabalhando em plena potência.

"Ah, se ao menos os atores conseguissem ficar interessados na vida da peça e do papel, tanto quanto eu estava, naquele momento, nas coisas da casa do meu escritor favorito! Se ao menos eles tivessem sempre de investigar o que estava acontecendo, ao seu redor na vida real, com esse grau de concentração! Quão ricos em material criativo nós seríamos! Nesse caso, o processo de pesquisa seria realizado como se deve, por um ator genuíno.

"No entanto, não devemos nos esquecer de que não é tão difícil estar atento quando aquilo que nos rodeia imediatamente envolve o nosso interesse. Então, tudo acontece por si, por meios naturais. Mas o que ocorre quando nada desperta a nossa curiosidade, nos emociona nem nos impele a fazer perguntas, a especular, a explorar aquilo que vemos?

"Por exemplo, imaginem que eu tivesse passado pelo apartamento desse famoso escritor não no dia em que um ensaio de orquestra estava acontecendo, mas em um momento comum, quando as estantes de música tivessem sido retiradas e toda a mobília estivesse em seu devido lugar. Eu teria visto o apartamento do meu escritor favorito como o lugar mais comum do mundo, quase um ambiente pequeno-burguês que, à primeira vista, não diria nada aos meus sentimentos, de maneira alguma caracterizaria o famoso homem que morava ali e não excitaria a minha atenção, a minha curiosidade e a minha imaginação, não me impeliria a fazer perguntas, a especular, a observar ou investigar.

"Nesse caso, seria necessário ter uma curiosidade natural excepcional, poderes agudos de observação para ajudar você a detectar sinais e alusões pouco perceptíveis, porém típicos da vida das pessoas, ou seria necessário ter ajuda técnica, um abalo, um método secundário para ajudar a despertar os poderes adormecidos da concentração.

"Porém, nós não temos dons naturais excepcionais para distribuir. Naquilo que diz respeito à técnica, primeiro é preciso encontrá-la, reconhecê-la, estudá-la e aprender a dominá-la. Por enquanto, usem aquilo que vocês já experimentaram na prática, aquilo que vocês conhecem bem. Estou falando sobre formas de dar uma sacudida na imaginação, o que ajudaria a despertá-la quando ela estiver inativa. Essa técnica desperta os seus poderes de concentração, leva vocês para longe da posição de observadores frios da vida de outra pessoa, aumentando, com isso, a temperatura criativa em um ou dois graus.

"Como antes, façam perguntas a si mesmos e respondam com honestidade e sinceridade: *quem, o quê, quando, onde, por que e por qual razão* acontece algo que vocês observam. Definam, em palavras, o que vocês acham bonito e típico no apartamento, na sala, nas coisas que lhes interessam, e o que, mais do que qualquer outra coisa, caracteriza os proprietários. Definam o propósito da sala e dos objetos que estão nela. Perguntem a si mesmos e respondam por que os móveis estão dispostos dessa forma, e não de alguma outra forma, e as outras coisas também; que indícios eles nos sugerem sobre os hábitos dos proprietários. Por exemplo, usando a visita casual a meu autor favorito, que mencionei, perguntem-se: 'Por que tem um arco, um xale turco e um pandeiro no sofá? Quem se interessa por dança e música? Será que é o dono da casa ou outra pessoa?'. Para responder a essas perguntas, vocês terão de descobrir quem é esse 'desconhecido'. Como vocês vão encontrá-lo, através dessas questões, inquéritos e especulações? É possível deduzir a presença de uma mulher por causa do chapéu de mulher no chão. Isso é confirmado pelo retrato sobre a mesa e pelas fotos emolduradas no canto, que ainda não foram penduradas na parede depois de uma recente mudança no apartamento. Deem uma olhada nos álbuns espalhados sobre as mesas. Vão encontrar muitas fotos da mesma mulher. Em algumas, ela estará linda, em outras, deliciosamente simples, mas sempre única. Isso revelará o segredo para vocês, os caprichos que regem a vida dessa casa, quem é que se interessa por pintura, dança e quem rege uma orquestra. Você vão aprender muito com essa especulação imaginativa, as indagações e os boatos que surgem em torno de um homem famoso. A partir disso, vocês sabem que um escritor bastante conhecido se apaixonou por uma mulher que ele usa como a heroína de todas as suas peças, romances e contos. Será que vocês temem que essas especulações e ideias, que vocês precisam ter, possam vir a distorcer o material extraído da vida? Não tenham medo! Muitas vezes, as coisas pessoais que vocês acrescentam (se acreditarem nelas) realçam ainda mais esse material.

"Vou confirmar isso dando a vocês o seguinte incidente como exemplo. Enquanto observava as pessoas que passavam pela avenida, vi uma velha gorda e atarracada empurrando um pequeno carrinho de bebê, onde havia um canário em uma gaiola em vez de uma criança. Muito provavelmente, a mulher que passava por mim tinha apenas colocado o peso que precisava carregar no carrinho de bebê, em vez de ter de levá-lo na mão. Mas decidi ter uma visão diferente, decidi que a velha tinha perdido todos os seus filhos e netos e que havia apenas uma única criatura que ela amava no mundo inteiro: o canário da gaiola. E agora ela o empurrava ao longo da avenida, assim como certa vez, não faz muito tempo, ela havia empurrado seu último e amado neto. Essa versão das coisas é nítida, mais teatral do que a própria realidade. Por que não gravar na minha memória precisamente essa forma? Como podem ver, eu não sou um estatístico que precisa dos dados que reuniu para ser exato. Sou um ator que precisa de emoções criativas.

"A imagem que descrevi da vida, embelezada pela minha imaginação, vive até hoje na minha memória e serve para o palco.

"Uma vez que vocês tenham aprendido a olhar para a vida à sua volta e a descobrir nela material criativo, vocês vão precisar examinar cuidadosamente o material que é mais importante para vocês e no qual o seu trabalho criativo estará principalmente baseado. Estou falando das emoções que surgem da comunicação pessoal e direta, de mente para mente, de objetos vivos, isto é, de pessoas.

"O material extraído das emoções é, particularmente, precioso. A partir dele, forma-se a 'vida do espírito humano em um papel', que é o objetivo fundamental da nossa arte. É difícil garimpar esse material porque ele é invisível, intangível, indefinível; porque ele é sentido apenas interiormente pela nossa intuição.

"Na verdade, muitas experiências invisíveis, sentidas de forma profunda, refletem-se nas expressões faciais, nos olhos, na voz, na própria fala, nos movimentos e no aparato físico de uma pessoa. Isso facilita a tarefa de observação, mas mesmo assim não é fácil entender quem as pessoas realmente são, porque elas raramente se abrem e revelam como realmente são. Na maioria dos casos, elas escondem suas experiências, e a máscara exterior serve como uma barreira. Isso não ajuda o observador, que encontra ainda mais dificuldade para adivinhar os sentimentos que foram deliberadamente ocultados.

"A nossa psicotécnica ainda não desenvolveu métodos para todos os processos que descrevi, e, assim, tudo o que posso fazer é limitar-me a alguns conselhos práticos que pelo menos podem ajudar um pouco. Meu conselho não é novidade e é o seguinte: quando o mundo interior da pessoa que estamos observando é revelado por suas ações, pensamentos e impulsos, que são moldados pela sua condição de vida, observem com atenção e perguntem a si mesmos: 'Por que será que essa pessoa faz isso assim, e não de outra maneira; o que há na sua cabeça?'. Tirem as conclusões apropriadas de tudo isso, definam a sua atitude em relação ao objeto que estão observando e usem para ajudar a entender o tipo de personalidade dele.

"Quando o sucesso vem depois de longas e penetrantes observações e investigações, significa que o ator obteve uma matéria-prima criativa que pode ser trabalhada.

"Mas há momentos em que a vida interior de outra pessoa não vai se render à nossa própria mente consciente. Neste caso, ela é acessível apenas pela intuição. Então, temos de sondar os seus recessos mais íntimos e procurar materiais criativos usando o que poderíamos chamar de sondas dos nossos próprios sentimentos.

"Nesse processo, estamos lidando com os tipos mais sutis de concentração e observação, que em sua origem são subconscientes. Nossos poderes normais de concentração não são sensíveis o suficiente para procurarem material em outras almas humanas vivas.

"Se eu fosse tentar convencê-los de que a nossa psicotécnica é capaz de fazer isso, estaria dizendo uma mentira, e, com isso, não chegaríamos a lugar algum.

"Tudo aquilo que podemos contar neste processo complexo, quando estamos buscando fora de nós esse material emocional criativo, resistente e sutil, é com a nossa própria sabedoria mundana, nossa experiência humana, nossa sensibilidade e nossa intuição. Devemos esperar que a ciência nos ajude a encontrar formas mais práticas e legítimas de abordar a mente de outro homem. Devemos estudar formas de investigar a lógica, a ordem e a sequência de seus sentimentos, sua psicologia e caracterologia. Talvez isso possa nos ajudar a desenvolver métodos com os quais possamos procurar material subconsciente e criativo não só no nosso meio ambiente, mas na vida interior das pessoas."

6

Liberação muscular

.. .. 19..

Eis o que aconteceu:

Tortsov entrou na sala de aula, chamou Mária, Vánia e eu para o palco. Ele nos pediu para repetir a "queima do dinheiro". Nós começamos.

No início, tudo correu bem. Mas, quando foi chegando a hora da tragédia, senti que alguma coisa cedeu; fiquei tentando segurar no ar, deter... aqui... ali... Fiquei com raiva. "Não vou soltar", disse, obstinado, e, para ajudar, pressionei algo duro – depois vi que era um cinzeiro de vidro. Quanto mais eu o agarrava, mais eu travava e, quanto mais eu travava, mais o agarrava. De repente, alguma coisa se espatifou. Senti uma dor lancinante e minha mão estava molhada e quente. A folha de papel branco sobre a mesa ficou vermelho vivo. Meus punhos estavam vermelhos. Estava jorrando sangue da minha mão.

Eu fiquei assustado. Sentia a cabeça rodar, sentia-me enjoado. Não sei se desmaiei ou não. Lembro-me do tumulto. Lembro-me de Rakhmánov e Tortsov. Um deles agarrou meu braço de forma dolorosa, enquanto o outro amarrou uma atadura em volta dele. Primeiro, guiaram-me e depois me carregaram. Grícha ofegava em meu ouvido, por causa do peso que carregava. Fiquei comovido com sua atitude com relação a mim. Eu tenho uma vaga lembrança do médico e da dor que isso me causou. Uma fraqueza cada vez maior... tontura... Por fim, eu desmaiei.

Houve, então, um intervalo temporário na minha vida teatral. Naturalmente, também parei com minhas anotações no caderno. Parei porque não há lugar nelas para a minha vida particular e, depois, em especial, porque não há nada mais triste do que ficar deitado na cama.

.. .. 19..

Pácha veio me visitar e fez um relato muito detalhado do que estava acontecendo na escola. Parece que o meu infeliz acidente teve repercussão nos estudos. Eles tiveram de se adiantar e começaram a trabalhar o corpo.

Tortsov disse:

— Vamos ter de interromper a sequência rigorosa, sistemática e teórica do nosso programa e falar, antes mesmo do que eu havia planejado, de um dos elementos mais importantes do nosso trabalho, o processo de *liberação muscular*.

"O momento adequado para tratar dessa questão seria quando falássemos da técnica exterior, isto é, do trabalho sobre o corpo. Mas os fatos indicam, com certa urgência, que seria mais apropriado abordar esta questão agora, no começo do programa, enquanto estamos falando da nossa psicotécnica.

"Vocês não fazem ideia de quão prejudiciais podem ser a tensão muscular e a tensão física no processo criativo. Quando elas ocorrem nos órgãos vocais, as pessoas que nascem com belas vozes ficam roucas, ofegantes ou até mesmo perdem completamente a voz. Quando há tensão nas pernas, o ator anda como se estivesse paralisado; quando há tensão nos braços, eles ficam rígidos, como postes de sinalização em uma passagem de nível. A mesma tensão, e tudo o que ela implica, encontra-se também na coluna vertebral, no pescoço, nos ombros. Em todos os casos, ela deforma o ator e impede que ele atue. Mas o pior de tudo é quando a tensão acomete o rosto, distorcendo e congelando seu poder de expressão, petrificando-o. Depois, os olhos se arregalam e ficam fixos, os músculos contraídos lhe conferem uma aparência desagradável fazendo, assim, que ela não corresponda ao que o ator está vivenciando. A tensão pode ocorrer no diafragma e em outros músculos que fazem parte do processo respiratório, perturbar o seu bom funcionamento e levar à falta de ar. Tudo isso só pode ser prejudicial para o processo de vivência, para a materialização física exterior do que está sendo vivenciado e para o estado mental geral do próprio ator.

"Querem ver como a tensão física paralisa toda a nossa capacidade de ação, o nosso dinamismo, e como a tensão muscular está conectada com as nossas mentes? Vamos fazer uma experiência. No palco, há um piano: tentem levantá-lo."

Os estudantes, por sua vez, com tensão física considerável, levantaram um dos lados do piano.

— Multiplique 37 por nove, rápido, sem soltar o piano! — disse Tortsov a um estudante. — Você não consegue? Bem, então agora tente se lembrar de todas as lojas da nossa rua, a partir da esquina. Também não consegue fazer isso? Bem, cante a cavatina do *Fausto*[1]. Nada? Tente sentir o gosto de sopa de rim ou recordar a sensação de tocar pelúcia de seda ou o cheiro de queimado.

Para fazer o que Tortsov havia pedido, foi preciso soltar a ponta do piano que se estava segurando com uma tensão considerável e, depois de uma pausa para respirar, em um instante, foi possível lembrar-se de todas as perguntas, entendê-las e respondê-las na ordem, reunindo todas as sensações físicas necessárias.

— Então — concluiu Tortsov —, para responder às minhas perguntas, vocês tiveram de soltar o piano e relaxar os músculos e só aí conseguiram se lembrar.

"Será que isso não demonstra como a tensão muscular impede ainda mais o nosso pensamento e o processo de vivência? O sentimento verdadeiro e sutil ou a vida psicológica normal de um papel não podem estar em questão enquanto a tensão física estiver presente. Então, antes de começar o trabalho criativo, é preciso deixar os nossos músculos em boas condições de funcionamento, para que eles não estorvem a nossa liberdade de ação. Se não fizermos isso, vamos nos deparar com as coisas que são mencionadas em *Minha vida na arte**. Nesse livro, há um relato de como um ator, por causa da tensão, cerrou seu punho e cravou as unhas na palma da mão ou espremeu os dedos dos seus pés e colocou todo o peso de seu corpo sobre eles.

"E aqui temos um novo exemplo, ainda mais convincente: o terrível acidente que aconteceu com Kóstia! Ele sofreu porque violou as leis da natureza. Desejemos ao coitado uma rápida recuperação e que o acidente que ocorreu sirva de exemplo para ele e para todos os demais. Existem coisas que vocês nunca devem fazer no palco. Livrem-se delas de uma vez por todas."

— Mas será possível livrar-se da constrição física de forma permanente? O que Tortsov falou sobre isso?

— Tortsov voltou a citar uma parte de *Minha vida na arte*, sobre um ator que sofria de tensão muscular aguda. Ele desenvolveu o hábito de se vigiar de maneira automática e regular. Assim que ele saía do palco, seus músculos relaxavam e ficavam livres do excesso de tensão. A mesma coisa acontecia quando ele estava em dificuldades.

— Isso é fantástico! — disse eu. Eu invejo sua boa sorte.

— Mas não são apenas as tensões musculares agudas que distorcem o trabalho do ator. Mesmo a mais insignificante tensão em qualquer ponto, ainda que não detectada, pode paralisar todo o processo criativo — prosseguiu Pácha, relembrando as palavras de Tortsov. — Eis um exemplo prático que confirma isso. Uma atriz de muito talento e de personalidade forte nem

---

1. Ópera de Charles Gounod (1818-1893), encenada em Paris, em 1859.

*Trata-se da célebre autobiografia de Stanislávski, inicialmente publicada em inglês, em 1924, e depois em russo, em 1938. [N.T.]

sempre tirava a melhor vantagem de ambos. Ela só conseguia fazê-lo em raros momentos ocasionais. Com muita frequência, o sentimento era substituído pela mera tensão física (ou, como chamamos, "distensão"). Trabalharam muitíssimo com ela para liberar os músculos e conseguiram grandes resultados, mas a utilidade desse trabalho foi apenas parcial. Eles foram informados de que nos momentos dramáticos a sua sobrancelha direita ficava levemente tensa. Eu sugeri que, quando estivesse se aproximando de um trecho difícil, ela se preparasse para remover toda a tensão do rosto até liberá-lo por completo. Quando ela fez isso, toda a tensão de seu corpo foi liberada por conta própria. Ela virou uma nova pessoa, seu corpo tornou-se flutuante e expressivo, e seu rosto tornou-se maleável, transmitindo claramente o que ela vivenciava no papel. O sentimento saiu dos nichos secretos de seu subconsciente, como se emergisse de uma cela. Uma vez alcançada essa liberdade, ela alegremente verteu para fora tudo o que estava em seu coração, e isso a inspirou.

.. .. 19..

Nikolai, que me visitou hoje, tem certeza de que Tortsov disse que não se deve liberar por completo toda a tensão corporal. Isso não só seria impossível, mas desnecessário. Mas Pácha está igualmente convencido, com base no que disse Tortsov, que a liberação dos músculos é fundamental e também deve ser contínua, tanto no palco quanto na vida. Do contrário, as constrições e contrações podem se tornar extremas e sufocar o embrião do sentimento vivo quando estamos tentando ser criativos.

Mas como podemos conciliar esses opostos? Será a liberação total dos músculos essencial ou impossível?

Pácha, que me visitou depois que Nikolai foi embora, tinha mais ou menos o seguinte a dizer sobre o assunto:

— Em pessoas com temperamento nervoso, as tensões musculares são inevitáveis em qualquer momento de sua vida.

"O ator, na medida em que é humano, será vítima delas sempre que fizer uma aparição pública. Se você reduzir a tensão na coluna vertebral, ela vai subir para os ombros; livre-se dela nesse ponto e você vai ver que ela se desloca para o diafragma. E assim as tensões aparecem aqui e ali o tempo todo. É preciso, portanto, travar uma batalha constante contra esse distúrbio. Não se pode erradicar o mal por completo, mas é possível lutar contra ele. E você pode fazer isso criando um observador ou monitor dentro de você mesmo.

"O papel do monitor é difícil. Ele deve, tanto na vida como no palco, estar incansavelmente alerta para que não surjam o excesso de tensão e as constrições musculares. O monitor deve eliminar essas tensões à medida que surgem. Esse processo de vigilância de si deve ser levado a ponto de se tornar um reflexo. Porém, mais do que isso, ele deve ser transformado em um hábito diário, uma exigência natural, não só para momentos tranquilos em um papel, mas (e isso é ainda mais importante) em momentos de grande agitação nervosa e física."

— Como? — disse eu. — Como não ficar tenso quando se está todo tensionado?

— Não é não ficar tenso; é apenas relaxar os músculos o máximo que puder.

"Tortsov disse" — prosseguiu Pácha — "que, em momentos de grande entusiasmo, os atores ficam ainda mais tensos porque exageram. Sabemos o efeito que isso tem sobre o processo criativo. Assim, para evitar o esgotamento em momentos de grande entusiasmo, é preciso prestar atenção especial em liberar os músculos da tensão, de maneira absoluta e total. O hábito de automonitoramento contínuo, de lutar contra a tensão, deve ser o estado normal do ator no palco. Isso deve ser alcançado com exercícios prolongados e treinamento sistemático. É preciso se comportar de maneira tal que em momentos de grande entusiasmo o hábito de relaxar os músculos torne-se mais normal do que a compulsão de ficar tenso."

— E isso é possível?!

— Tortsov está convencido de que sim. "Deixem a tensão aumentar" — disse ele — "se não puder ser evitada. Mas faça o monitor controlar e acompanhar tudo de perto."

"É claro que, até isso se tornar um hábito, é preciso uma grande dose de pensamento consciente para o monitor dirigi-los, e isso distrai vocês das suas tentativas de serem criativos. Mas, depois, liberar os músculos ou, pelo menos, esforçar-se para isso em momentos mais dramáticos torna-se uma ocorrência normal. Vocês devem trabalhar diariamente, de forma sistemática, para desenvolver esse hábito, não só na sala de aula e nos exercícios que fazem em casa, mas na vida real, fora do palco, ou seja, quando estão dormindo, se levantando, comendo, andando, trabalhando e descansando — em suma, em cada momento da sua existência. Vocês devem fazer do controle muscular uma parte do seu ser físico, torná-lo instintivo. Só assim o monitor muscular será uma ajuda para nós durante a atuação. Se trabalhamos a liberação muscular somente durante a aula, não vamos conseguir o resultado desejado, pois o tempo que temos para fazer exercícios é limitado e nele não é possível desenvolver um hábito até que ele se torne um reflexo inconsciente."

Quando duvidei da possibilidade disso, Pácha citou o próprio Tortsov como exemplo. Parece que, nos primeiros anos de sua carreira, ele costumava se encontrar em um tal estado de nervos que a tensão muscular quase o levou a ter espasmos. Mas, a partir daí, ele desenvolveu um monitor automático interno, ele criou o impulso, em momentos de grande nervosismo, não de tensionar, mas, ao contrário, de relaxar os músculos.

O bom e velho Rakhmánov também veio me visitar hoje. Ele trouxe saudações de Tortsov e disse que tinha sido incumbido do trabalho de me mostrar alguns exercícios.

– Kóstia não pode fazer muita coisa enquanto está de cama – disse Tortsov –, mas peça para ele tentar isso. É o melhor exercício para ele.

O exercício consistia em me deitar de costas sobre uma superfície plana e dura (por exemplo, o piso) e identificar os grupos de músculos que estavam desnecessariamente tensos.

E, para ficar mais consciente das impressões que tinha nessa postura, era preciso definir os locais onde estava a constrição: "Há constrição nos meus ombros, no meu pescoço e na minha cintura".

As tensões, uma vez percebidas, devem ser imediatamente liberadas, uma a uma, enquanto se procura por outras.

Com Rakhmánov me observando, tentei fazer alguns exercícios de costas, não no piso duro exatamente, mas na cama macia.

Depois de liberar os músculos e manter apenas a tensão necessária para suportar o peso do meu corpo, indiquei os lugares: ambas as omoplatas e a pelve.

Mas Rakhmánov protestou:

– Os hindus, meu rapaz, aprendem a se deitar como crianças pequenas ou animais. Como animais! – repetiu ele, para ter certeza de que eu entendia. – É melhor você acreditar nisso!

Depois ele explicou por que isso era necessário. Parece que ao colocar um bebê ou um gato deitado na areia e fazê-lo ficar quieto ou dormir e depois, com cuidado, levantá-lo, a marca de todo o seu corpo fica impressa. Se você fizer a mesma experiência com um adulto, tudo o que fica são as marcas fortes dos ombros e da pelve; as outras partes do corpo só tocam ligeiramente a areia e não deixam nenhuma marca por causa da constante e crônica tensão muscular.

Para virar criança ao se deitar e ser capaz de deixar a forma de seu corpo marcada no solo macio, é preciso liberar-se de toda a tensão muscular. O corpo atinge o descanso máximo nesse estado. Esse tipo de repouso revitaliza em cerca de meia hora, e de um jeito que, em outras circunstâncias, seria impossível alcançar em uma noite inteira. Os condutores de caravanas fazem isso, e não sem razão. Eles não podem se demorar no deserto, têm de limitar o seu sono ao mínimo. Um longo sono é substituído pela liberação do corpo de toda a tensão muscular, e isso revitaliza um corpo cansado.

Rakhmánov faz isso todos os dias entre o seu trabalho diurno e o noturno. Depois de um descanso de dez minutos, ele se sente completamente em forma. Sem essa pausa, ele não poderia fazer o trabalho que tem de fazer, dia após dia.

Assim que Rakhmánov saiu, chamei o gato para dentro do quarto e coloquei-o sobre uma das almofadas mais macias do sofá, na qual a sua forma era claramente visível. Decidi que ele iria me ensinar a deitar e descansar com os meus músculos relaxados.

Lembrei-me de Tortsov dizendo que o ator, como um bebê de colo, tem de aprender tudo do zero, a ver, a andar, a falar e assim por diante. Nós todos sabemos agora como fazer isso na vida. O problema é que, na esmagadora maioria dos casos, fazemos isso mal e não de acordo com a natureza. No palco, precisamos ver, andar e falar de forma diferente – melhor e mais normalmente do que na vida, mais próximo da natureza. Primeiro, porque os nossos defeitos são muito visíveis, muito evidentes na ribalta. Segundo, porque esses defeitos influenciam o nosso estado de espírito.

Essas palavras, obviamente, têm relação com a questão de deitar. É por isso que agora estou deitado no sofá com o gato. Eu o observo enquanto ele dorme e tento imitá-lo. Mas não é fácil deitar de modo que nem um único músculo fique tenso e todas as partes do corpo toquem as almofadas. Não estou dizendo que é difícil detectar e definir este ou aquele músculo tenso. Liberá-lo também não é um grande mistério. A questão é que, depois de se liberar de uma tensão, aparece outra imediatamente, e uma terceira, e assim por diante, *ad infinitum*. Quanto mais atenção você der às constrições e às cãibras, mais elas surgem. Dessa forma, também se pode aprender a detectar sensações que nunca se havia notado antes. Isso ajuda a descobrir mais e mais constrições e, quanto mais se fizer isso, mais constrições vão aparecendo. Em pouco tempo, eu já conseguia liberar as tensões nas costas e no pescoço. Não posso dizer que tenha me sentido fisicamente renovado como resultado disso, mas ficou claro para mim quanta tensão muscular excessiva, inútil e prejudicial sofremos, da qual eu nunca tinha suspeitado. Quando você se lembra da história da tensão na sobrancelha, desenvolve um sério temor da constrição muscular. Embora não tenha conseguido liberar todos os músculos, tive uma antecipação do prazer que, com o tempo, vou experimentar depois de já ter alcançado a liberação muscular completa.

O principal problema é que não consigo distinguir um músculo do outro. Não consigo dizer onde estão as minhas mãos e a minha cabeça.

Como fiquei cansado com os exercícios de hoje!

Não há muito descanso deitado assim!

... Só agora, deitado, consegui liberar as tensões principais e limitar o meu círculo de atenção à ponta do meu nariz. Como resultado, minha cabeça ficou aturdida, como quando se começa a ficar tonto, e caí no sono, da mesma forma que acontece com o meu Sr. Gato. Parece que um afrouxamento dos músculos, juntamente com a redução do círculo de atenção, é um bom remédio para a insônia.

.. .. 19..

Lev veio me visitar hoje e falou das aulas de treinamento e exercício. Rakhmánov, sob as ordens de Tortsov, fez os estudantes assumirem uma grande variedade de posições horizontais e verticais, ou seja, sentados, meio sentados, em pé, ajoelhados, sozinhos ou em grupos, com cadeiras, mesas e outras peças do mobiliário. Em todas essas posições, assim como quando estavam deitados, eles tinham de localizar os músculos nos quais havia excesso de tensão e nomeá-los. Nem seria preciso dizer que uma certa tensão em alguns músculos era essencial para cada posição, mas só neles, e não nos músculos contíguos, que deviam permanecer em repouso. É preciso lembrar que existem diferentes tipos de tensão. É preciso contrair os músculos corretos tanto quanto necessário para uma determinada posição, mas, contraindo-os demais, pode-se produzir cãibras, espasmos. Esse tipo de excesso é prejudicial tanto para a posição como para o processo criativo.

Depois de me contar os detalhes das aulas, o bom e velho Lev sugeriu que fizéssemos os mesmos exercícios juntos. É claro que concordei, apesar da minha fraqueza e do perigo de abrir uma ferida não curada. Então seguiu-se uma cena digna da pena de Jerome K. Jerome[2]. O grande Lev, com o rosto vermelho e suando por causa do esforço, arfando e bufando, deitou-se no chão e assumiu as poses mais bizarras. E, deitado ao lado dele, estava eu, comprido, magro, fraco, com uma mão enfaixada e de pijama listrado, como um palhaço de circo. Quantas cambalhotas demos, eu e meu querido amigo gorducho! Deitamos, separados, depois juntos, e assumimos posições como gladiadores lutando; ficamos em pé, separados, depois juntos, como efígies em um monumento. Às vezes, eu me levantava e Lev se deitava, jogado no pó, depois ficava em pé e eu, de joelhos, depois nós dois adotamos uma posição de reza ou ficamos em posição de sentido, como dois granadeiros.

Todas essas posições exigem a constante liberação desse ou daquele grupo de músculos e um aumento de controle exercido pelo monitor. Para tanto, precisávamos de poderes de concentração bem treinados, que encontrassem rapidamente o seu caminho, para investigarem as nossas sensações físicas. Era muito mais difícil distinguir as tensões necessárias das desnecessárias em posições complexas do que quando se estava deitado. Não é fácil definir as que são necessárias e eliminar as que não são. Precisamos entender o que está controlando o quê.

Mal Lev tinha ido embora, voltei-me para o gato, como se fosse a primeira ordem do dia. Com quem aprender suavidade e liberdade de movimentos senão com ele?

....
2. Jerome K. Jerome (1859-1927), romancista, humorista e dramaturgo inglês. Famoso por seu romance cômico *Três homens em um barco*.

E ele é realmente inimitável! Para além de qualquer coisa que eu possa fazer!

Quantas posições eu não imaginava para ele: de cabeça para baixo, de lado, de costas! Ficou pendurado por cada pata, depois pelas quatro patas, depois pelo rabo. E, em cada uma dessas posições, dava para observá-lo tenso no primeiro instante e, logo em seguida, relaxando com extraordinária facilidade, livrando-se da tensão desnecessária e fixando-se na tensão necessária. Ao entender o que se solicitava dele, meu Sr. Gato se adaptava à posição, oferecendo apenas a quantidade de apoio que era necessária. Depois ele relaxava, já pronto para manter a posição pelo tempo que fosse exigido. Que adaptabilidade extraordinária! Durante as minhas sessões com o Sr. Gato, aconteceu algo inesperado...

Quem vocês pensam que era?! Como alguém pode explicar um semelhante milagre?!

Era Grícha!

Como fiquei feliz em vê-lo!

Mesmo quando estive semiconsciente, deitado sangrando em seus braços, enquanto ele me carregava ofegante, eu já tinha uma vaga consciência da bondade de seu coração. Hoje, de novo, eu tive a mesma sensação. Eu o vi de forma diferente, e não como o vejo normalmente. Ele até falou de Tortsov de um modo bem diferente do habitual e contou um detalhe interessante sobre a aula.

Quando falou sobre o relaxamento e as tensões necessárias para manter uma posição específica, Tortsov recordou um incidente de sua própria vida. Em Roma, ele participou da demonstração de uma norte-americana em uma residência particular. Ela restaurava estátuas da Antiguidade clássica, que chegaram até nós de diversas formas, sem braços, sem pernas, sem cabeça, com os torsos quebrados, dos quais permaneceram apenas partes. Ela tentava adivinhar a pose da estátua com base nas partes remanescentes. Para tanto, ela foi obrigada a estudar as leis do equilíbrio do corpo humano e a aprender com sua própria experiência como determinar o centro de gravidade em todas as posições adotadas. Ela desenvolveu uma habilidade excepcional de localizar o centro de gravidade de imediato, e era impossível fazê-la perder o equilíbrio. Eles a empurravam, jogavam, faziam-na tropeçar, pediam para que adotasse posições em que, aparentemente, era impossível manter o equilíbrio, mas ela sempre se saía vitoriosa. E, mais do que isso, pequena e frágil como era, conseguia derrubar um homem bastante forte com um leve empurrão. Isso foi conseguido também graças ao conhecimento das leis do equilíbrio. Ela conseguia saber os pontos fracos de seu oponente, onde empurrá-lo de forma a fazê-lo perder o equilíbrio e tropeçar sem grande uso da força.

Tortsov nunca descobriu o segredo de sua arte. Mas, como resultado de uma série de exemplos que ela deu, ele aprendeu a importância de encontrar o centro de gravidade. Ele viu o grau em que foi possível desenvolver a agilidade, a flexibilidade e a adaptabilidade do corpo, no qual os músculos apenas fazem o trabalho indicado por um senso de equilíbrio extremamente desenvolvido. Tortsov incumbiu-nos de estudar essa habilidade.

E quem eu deveria estudar, senão o Sr. Gato? Então, quando Grícha foi embora, comecei uma nova brincadeira com o animal: eu o empurrava, atirava, virava de cabeça para baixo, tentava derrubá-lo, mas era impossível. Ele só caía quando queria.

.. .. 19..

Lev me visitou e me contou como Tortsov tinha verificado o trabalho de treinamento e exercício. Parece que novas coisas importantes tinham sido introduzidas hoje. Tortsov exigia não somente que cada postura fosse verificada por nossos monitores individuais para a liberação automática da tensão, mas também que fosse fundamentada pelos nossos próprios poderes de invenção, pelas Circunstâncias Dadas e pelo "se". A partir daquele momento, ela deixava de ser uma simples postura, transformava-se em uma Tarefa ativa, tornava-se ação. Então, suponhamos que eu erga o braço e diga para mim mesmo:

"Se eu estivesse parado assim e houvesse um pêssego acima de mim em um galho alto, o que eu teria de fazer para pegá-lo?

"Tudo o que tenho de fazer é acreditar nessa história, e, imediatamente, por ter uma tarefa real – pegar o pêssego –, uma posição morta se torna uma ação viva e genuína. Basta sentir a verdade inerente a essa ação, e a própria natureza virá imediatamente em seu auxílio. O excesso de tensão será liberado, mas a tensão necessária será mantida, e isso ocorrerá sem a intervenção da técnica consciente.

"No palco, não pode haver poses sem fundamento e sem substância. Não há lugar para convenções teatrais na obra genuinamente criativa ou na arte séria. Se uma convenção for necessária por algum motivo, ela deve receber uma justificativa válida, deve ter um sentido interior e não ser apenas uma visão agradável."

Lev continuou me contando que, na aula de hoje, houve uma demonstração de exercícios-testes e, então, ele os explicou para mim. Lev deitou-se no sofá e, de maneira muito cômica, assumiu a primeira posição que lhe veio à cabeça. Ele ficou como que pendurado, com o rosto perto do chão e o braço estendido. O resultado foi uma posição absurda e sem sentido. Dava para sentir que ele estava desconfortável e que não sabia quais músculos tensionar e quais relaxar. Ele pôs em ação o seu monitor, que lhe indicou quais tensões eram necessárias e quais eram supérfluas. Mas ele não conseguia encontrar uma posição livre e natural para que todos os seus músculos funcionassem de forma correta.

Subitamente, ele exclamou: "Olhe ali uma barata enorme! Bata nela com um pau, rápido!".

Naquele mesmo instante, ele se esticou na direção de algum ponto focal – a barata imaginária – para esmagá-la e, imediatamente, todos os seus músculos se encaixaram e começaram a trabalhar de maneira adequada. A posição tinha sido bem fundamentada e era crível – os braços estendidos, a metade do corpo pendurada para baixo, as pernas apoiadas no encosto do sofá. Lev congelou-se assim e esmagou a barata imaginária, ficando claro que seu aparelho corporal havia cumprido a tarefa corretamente.

A natureza é um melhor guia para o organismo vivo do que a mente consciente e as bem conhecidas e famosas técnicas de "atuação".

Todos os exercícios que Tortsov fez hoje foram projetados para conscientizar os estudantes do fato de que, no palco, em qualquer postura ou posição corporal adotada, existem três estágios.

O primeiro – excesso de tensão, que é inevitável em cada nova pose e com o entusiasmo produzido por aparecer em público.

O segundo – liberação automática do excesso de tensão usando o monitor.

O terceiro – fundamentação ou justificativa da pose se ela, por si só, não produzir credibilidade.

Tensão, liberação, justificação. "Tensão, liberação, justificação", repetiu Lev, enquanto se despedia.

Ele se foi. E, agora, com a ajuda do gato, experimentei casualmente os exercícios que Lev tinha acabado de me mostrar, tentando entender o seu significado.

Eis o que aconteceu. Para estar nas boas graças do meu professor, coloquei o gato ao meu lado no sofá e comecei a afagá-lo e acariciá-lo.

Porém, em vez de se deitar, ele pulou das minhas mãos para o chão, assumiu uma posição e, de forma suave e silenciosa, começou a andar nas pontas dos pés para um canto da sala, onde, aparentemente, havia detectado a sua presa.

Eu não conseguia tirar os olhos dele. Prestei atenção a cada um de seus movimentos. Então, para não perdê-lo de vista, tive de me desdobrar como um "contorcionista" de circo. Estava longe de ser uma posição fácil, já que eu estava com a mão enfaixada, mas imediatamente usei isso como um teste e deixei meu monitor recém-desenvolvido examinar as tensões musculares de todo o meu corpo. No início, as coisas não podiam ter corrido melhor. Havia tensão apenas nos locais em que deveria haver. Isso era compreensível. Eu tinha uma Tarefa viva, e a própria natureza estava realizando a ação. Mas, assim que transferi a atenção do gato para mim, tudo de repente mudou. Minha concentração acabou, apareceram constrições musculares aqui e ali, e a tensão necessária aumentou de maneira desordenada, quase a ponto de produzir um espasmo muscular. Os músculos adjacentes também começaram a trabalhar de forma desnecessária. A tarefa viva e a ação desapareceram, e as costumeiras cãibras de ator se instalaram com força total.

Enquanto isso, um dos meus chinelos caiu e abaixei-me para colocá-lo de volta e apertar a fivela. Mais uma vez o resultado foi uma posição difícil e tensa por causa da minha mão lesionada e enfaixada.

Verifiquei isso também, usando o meu monitor.

E o que vocês acham que aconteceu? Enquanto a minha atenção estava concentrada na ação, tudo estava bem. Os grupos de músculos necessários para a posição se contraíram com força, porém não havia excesso de tensão aparente nos músculos livres. Porém, assim que eu tirei a minha atenção da ação e perdi a tarefa de vista, assim que fiquei absorto observando-me fisicamente, surgiu uma tensão desnecessária, e a tensão necessária se transformou em constrição.

Eis aqui um outro bom exemplo que pareceu acontecer de propósito, mas que realmente foi bem fortuito. Enquanto estava tomando banho, o sabão escorregou por entre meus dedos e caiu entre a pia e o armário. Tive de pegá-lo com a mão boa e deixar a enfaixada pendurada. Mais uma vez, o resultado foi uma posição corporal difícil, e meu monitor não estava desligado. Ele então verificou a tensão dos músculos por conta própria. Tudo estava bem, apenas os músculos necessários e operacionais estavam tensos.

"Vamos repetir a mesma posição de propósito", disse para mim mesmo. Assim o fiz. Mas o sabonete já estava na minha mão e não havia mais a real necessidade de assumir a mesma posição. A Tarefa viva tinha desaparecido. A que restou estava morta. Quando monitorei meus músculos, quanto mais conscientemente os verificava, mais tensões indesejadas se criavam e mais difícil foi distingui-las e localizar as tensões necessárias.

Mas, então, foi aí que a minha atenção foi atraída por uma faixa escura, aproximadamente no mesmo lugar em que o sabonete estava antes. Estendi a mão para tocá-la e, então, descobrir o que era. Tratava-se de uma rachadura no chão. Mas essa não era a questão. A questão era que meus músculos e seu estado natural de tensão estavam mais uma vez em bom funcionamento. Depois de todos esses testes, ficou claro, para mim, que as tarefas vivas e as ações genuínas (uma vida real ou imaginária bem fundamentada pelas Circunstâncias Dadas nas quais um ator acredita sinceramente) ativam a própria natureza em seu curso. Só ela pode guiar totalmente os músculos e tensioná-los ou liberá-los de maneira correta.

.. .. 19..

Acabei de me encolher no sofá.

Alguma coisa perturbou-me enquanto estava semiacordado. Havia algo que eu tinha de fazer... Enviar uma carta? Para quem?... Então percebi que isso tinha sido ontem, e hoje... hoje eu me sinto doente e tenho de trocar minhas ataduras.

Não, não são as ataduras... mas... Lev chegou e me disse algo... mas eu não escrevi... é muito importante. Sim, lembrei: amanhã tem o ensaio geral... *Otelo*... Não estou deitado de maneira confortável... Eu entendo, está tudo claro agora.

Os ombros se levantaram por causa da tensão. Havia músculos que estavam severamente tensos, de modo que eu não conseguia relaxar... Mas o monitor, sondando o corpo inteiro, despertou-me. Graças a Deus relaxei. Encontrei outro centro de gravidade e agora estou bem confortável, muito melhor... Eu me acomodei mais no sofá macio em que estava deitado... Porém, mais uma vez esqueci de alguma coisa e agora lembrei-me por que esqueci.

Sim... Eu entendo, é o meu monitor novo, ou melhor, o inspetor. O inspetor de músculos... Isso é muito impressionante. Mais uma vez acordei por um segundo e percebi que havia tensão nas costas... E não só nas costas, mas também nos ombros... e os dedos do meu pé esquerdo também estavam retesados.

....

E, assim, o tempo todo em que eu estava cochilando, o monitor e eu estávamos procurando por tensões. Elas ainda continuam lá, enquanto escrevo.

Agora lembrei-me que ontem tive o mesmo mal-estar vago, quando Lev estava aqui. E, no dia anterior, quando o médico chegou, tive de me sentar por causa do desconforto na minha coluna. E, quando me sentei, passou.

....

O que significa tudo isso? Ocorreriam novas tensões o tempo todo? Continuamente? E por que não era assim antes? É porque eu não notava ou não tinha um monitor interno? Será que isso significa que ele ganhou vida e está lá dentro de mim? Ou melhor, eu estou descobrindo mais e mais tensões, que não percebia antes, porque ele está ativo. Ou, melhor ainda, são tensões crônicas e antigas das quais só agora comecei a tomar consciência. Quem poderá dizer?

Uma coisa é certa, alguma coisa nova está acontecendo comigo... que não acontecia antes.

.. .. 19..

Pácha contou-me que Tortsov passou das posições estáticas para os gestos e como conseguiu levar os estudantes até esse ponto. Contou também sobre a conclusão que ele tirou disso.

A aula foi na plateia.

Todos os estudantes foram enfileirados, como se fosse uma inspeção. Tortsov ordenou que erguessem o braço direito, e eles obedeceram como se fossem um só.

Eles levantaram os braços de forma lenta e pesada, como cancelas em uma passagem de nível. Ao mesmo tempo, Tortsov e Rakhmánov sentiam os músculos dos seus ombros e diziam: "O pescoço e as costas não estão relaxados. Todo o braço está tenso"... etc.

"Vocês não sabem levantar os braços" – determinou Tortsov.

A tarefa que tínhamos recebido era bastante simples, mas ninguém foi capaz de cumpri-la. O que foi pedido para nós, estudantes, foi a ação "isolada" de um grupo único de músculos que controla o movimento dos ombros, enquanto todos os outros músculos, os do pescoço, das costas e, principalmente, os da cintura, deveriam ficar livres de qualquer tipo de tensão. A cintura, como se sabe, muitas vezes vira todo o corpo na direção oposta à do braço levantado, para compensar seu movimento.

Essas tensões musculares excessivas e contíguas lembram, para Tortsov, teclas de um piano de má qualidade, que grudam uma na outra quando se toca. Assim, com a nota dó você também ouve as adjacentes si e dó sustenido. Que música refinada se consegue com um instrumento desse tipo! A música dos nossos próprios movimentos seria igualmente "refinada" se esses músculos funcionassem como as teclas de um piano de má qualidade. Não é surpreendente que, nessas circunstâncias, nossos movimentos não sejam precisos, limpos, mas como os de uma máquina mal lubrificada. Os movimentos que fazemos devem ser distintos como a sonoridade clara das notas de um piano. Caso contrário, os contornos de um papel específico não ficarão claros, e a comunicação da sua vida interior e exterior será vaga e artisticamente deficiente. Quanto mais sutis forem os sentimentos, mais precisão, clareza e flexibilidade eles necessitarão quando forem fisicamente materializados.

– A minha impressão da aula de hoje – continuou Pácha – foi que Tortsov nos desparafusou, despojou-nos, como um mecanismo, de todas as nossas peças, desde os ossos pequenos das articulações até os músculos individuais, e, depois, lavou, limpou e lubrificou, montando tudo de novo como antes, parafusando tudo de volta no mesmo lugar. Sinto-me mais flexível, mais ágil e mais expressivo agora.

– E o que mais aconteceu? – perguntei, interessado no que Pácha estava dizendo.

– Tortsov exigiu – lembrou ele – que, quando deslocássemos cada grupo individual e "isolado" de músculos (ombros, braços, costas, pernas), todos os outros músculos permanecessem sem qualquer tipo de tensão. Assim, por exemplo, quando levantamos o braço, usando os músculos do ombro e tensionando-os da maneira correta, o cotovelo, a mão, os dedos e suas articulações devem ficar para baixo, e todos os grupos de músculos correspondentes devem estar totalmente liberados, relaxados e livres de tensão.

— E vocês conseguiram fazer isso? — disse eu, interessado.

— Para ser sincero, não — ele reconheceu —, só tivemos uma vaga ideia do que vai acontecer com o tempo.

— Mas era realmente tão difícil fazer o que lhes foi pedido? — perguntei, um tanto intrigado.

— À primeira vista, era fácil. Mas nenhum de nós conseguiu fazer o que nos foi pedido como deveríamos. Isso exige uma preparação especial. Qual é a resposta? Teríamos de nos refazer completamente, corpo e alma, da cabeça aos pés, e nos adaptar às exigências da nossa arte, ou melhor, às exigências da natureza. Porque a arte está em harmonia com ela. A vida e os maus hábitos que foram enxertados nela desfiguram a nossa natureza. Deficiências que passam despercebidas na vida ficam óbvias sob as luzes da ribalta, destacando-se para o público como um polegar ferido.

"Por outro lado, uma coisa fica clara. No palco, a vida é mostrada num espaço confinado, como numa foto em uma moldura, como no diafragma de uma câmera fotográfica. As pessoas veem essa vida comprimida, na boca de cena, através de binóculos. Elas a examinam como uma miniatura sob uma lupa. Em outras palavras, nada escapa à atenção do público, nem um único detalhe, nem a coisa mais minúscula. Se os braços que se projetam para fora, tal como cancelas numa passagem de nível, são toleráveis na vida, no palco, eles se tornam intoleráveis. Eles fazem que um ser humano pareça ser feito de madeira, transformando-o em um manequim. Esses atores parecem ter corações de pau, tal como seus braços. Se acrescentarmos a isso as costas retas como uma vara de ferro, então o resultado é um 'cabeça oca', e não um ser humano no sentido pleno da palavra. O que esse 'bloco de madeira' conseguiria exprimir? Que tipo de experiências?"

De acordo com Pácha, na aula de hoje, ninguém conseguiu fazer as tarefas mais simples, como levantar um braço usando o grupo adequado de músculos do ombro. O mesmo exercício foi feito flexionando-se os cotovelos, depois os pulsos, em seguida, a primeira, a segunda e a terceira articulação do dedo etc., com o mesmo insucesso. Dessa vez, todo o braço tentava se virar para dentro. E quando Tortsov sugeriu que todos fizessem os movimentos que ele havia descrito para flexionar o braço em uma sucessão ordenada, do ombro até os dedos e vice-versa, dos dedos até o ombro, o resultado foi ainda pior. Isso é compreensível. Se você não consegue controlar cada uma das flexões separadamente, então é ainda mais difícil realizá-las em uma sequência lógica.

No entanto, Tortsov não apresentou os exercícios julgando que seríamos capazes de fazê-los com rapidez. Ele mandou Rakhmánov fazê-los regularmente em nossas aulas de treinamento e exercícios. Esses mesmos exercícios foram feitos com o pescoço virando em todas as direções, com a coluna vertebral e com a cintura, as pernas e, em especial, com os pulsos, que Tortsov chama de olhos do corpo.

Lev chegou. Ele foi gentil o suficiente para demonstrar tudo o que Pácha tinha explicado com palavras. Sua ginástica era extremamente engraçada, sobretudo o dobrar e desdobrar das vértebras da coluna espinhal, uma por uma, começando com a mais alta, no occipício, e terminando com a mais baixa, na pelve. Por causa do corpo atarracado do bom e velho Lev, a gordura ia de um lado para o outro, dando a impressão de fluidez de movimento. Duvido que ele fosse capaz de encontrar as vértebras e de senti-las individualmente. Não é tão simples quanto parece. Nós temos, ao todo, 24 pontos de flexão. Isso não é tão fácil quanto aparenta. Consegui localizar somente três vértebras, ou seja, três pontos na coluna vertebral. Mas temos 34 deles.

Pácha e Lev foram embora. Era a hora do retorno do Sr. Gato.

Comecei uma brincadeira com ele e observei suas poses extremamente distintas, incríveis e indescritíveis.

Essa harmonia de movimento, esse desenvolvimento corporal que se encontram em um animal não estão ao alcance dos seres humanos!

Nenhuma técnica consegue atingir o mesmo domínio perfeito dos músculos. Só a natureza é capaz de obter inconscientemente tal virtuosismo, leveza, precisão, esses movimentos sem restrições, essa flexibilidade. Quando esse gracioso gato salta, dá cambalhotas ou sai em disparada para agarrar o dedo que eu tinha passado por uma rachadura, ele passa tão instantaneamente do repouso completo ao movimento relâmpago que é difícil de acompanhar. Como ele é econômico no modo como usa a energia! E de que maneira ele a distribui! Quando se prepara para andar ou saltar, ele não desperdiça força inutilmente em excessos de tensão. Eles simplesmente não existem. O gato reúne suas forças para, no momento certo, poder direcioná-las imediatamente para o centro motor que necessita delas. É por isso que seus movimentos são tão precisos, seguros e fortes. A confiança, combinada com a agilidade, a leveza e a liberdade dos músculos, cria a excepcional flexibilidade de movimento pela qual os felinos são justamente famosos.

Para me testar e me comparar com o gato, dei uma volta pelo quarto com meu andar "tigrino" de Otelo. Com o primeiro passo, contra a minha vontade, todos os meus músculos ficaram tensos e recordei com clareza das minhas sensações físicas na primeira apresentação, entendendo qual tinha sido o meu erro. Alguém cujo corpo está cheio de cãibras não consegue se sentir livre e realmente viver a vida no palco. Se já é difícil fazer contas de multiplicação quando você está tenso erguendo um piano, como você poderá dominar os sentimentos mais refinados e profundos de um papel complexo como o de Otelo e as sutilezas de sua psicologia?! Tortsov deu-nos uma lição – e das boas – para toda a vida naquela apresentação. Ele nos fez realizar, com total ímpeto, coisas que nunca deveriam ser feitas em um palco.

Essa foi uma prova por contradição muito sábia e persuasiva.

7

Cortes e tarefas

.. .. 19..

Hoje, a aula foi no auditório. Quando entramos, vimos uma grande placa na qual estava escrito:

CORTES E TAREFAS

Tortsov parabenizou-nos por termos chegado a uma nova e extremamente importante fase de nossos estudos. Ele começou a explicar o que eram Cortes e como uma peça de teatro, ou mesmo um papel, pode ser decomposta em suas partes constituintes.

Como de costume, o que ele nos disse foi claro e instigante. No entanto, antes de escrever sobre o que aconteceu na aula de Tortsov, falarei de algo que aconteceu depois da aula, que me ajudou a entender a explicação dada por Tortsov.

Hoje, pela primeira vez, fui à casa do famoso ator Pácha, tio de meu amigo Pácha.

Durante o almoço, o grande ator perguntou a seu sobrinho sobre nossas aulas na escola, pois estava interessado em nosso trabalho. Pácha contou-lhe que tínhamos chegado a uma nova fase: "Cortes e Tarefas".

– Você conhece Chpôndia? – perguntou o velho.

Ao que parece, um dos filhos de Pácha estava fazendo aulas de interpretação com um jovem professor com o curioso nome de Chpôndia, um devoto fervoroso de Tortsov. Por conseguinte, todas as crianças e jovens tinham aprendido a nossa terminologia. O "se" mágico, as "ideias criativas", a "ação genuína" e outros termos com os quais eu ainda não estava acostumado apareciam na conversa desses jovens.

— Chpôndia dá aulas o dia inteiro, todos os dias — brincou o grande ator que, nesse exato momento, estava com um enorme peru colocado diante dele. — Ele esteve aqui em casa outro dia. Servimos um prato parecido com este. Como eu estava com o dedo machucado, pedi para ele cortá-lo e reparti-lo.

"'Crianças!' — falou Chpôndia para a minha turminha. — 'Imaginem que isso aqui, em vez de um peru, fosse uma peça completa em cinco atos. Por exemplo: *O inspetor geral*. Será que vocês conseguiriam pôr tudo na boca de uma só vez? Lembrem-se de que, da mesma maneira que não é possível pôr um peru inteiro na boca de uma vez, também não é possível absorver de uma só vez uma peça em cinco atos. Então, temos de dividi-la em vários cortes grandes. Assim... assim...'

Com essas palavras, o tio de Pácha cortou as coxas, as asas e o peito e pôs tudo em um prato.

— "Aqui estão os primeiros cortes grandes" — anunciou Chpôndia. Bem, é claro que todos da minha turminha mostraram os dentes e queriam engolir sua parte imediatamente. No entanto, conseguimos conter os glutões. Chpôndia usou esse exemplo e disse: "Lembrem-se de que não é possível administrar um corte grande de uma vez. Então, fatiem-no em partes menores. Assim... assim... assim..." — disse Pácha, cortando as coxas e as asas nas juntas.

"Dê-me seu prato, crocodilo" — disse ele, virando-se para seu filho mais velho. — "Um pedaço grande para você. Esta é a primeira cena."

— "Chamei-os aqui, meus senhores, para lhes dar uma notícia desagradável..." — recitou o jovem, retomando seu prato sem jeito e tentando imitar a voz de um baixo.

— Evguéni Oniéguin, pegue o segundo pedaço, como chefe dos correios — disse o grande ator a seu filho mais novo. — Príncipe Igor e Tzar Fiódor, para vocês a cena com os dois proprietários, Bóbtchinski e Dóbtchinski; Tatiana Répina e Kátia Kabánova, tomem a cena entre Mária e Anna — disse o tio de Pácha, distribuindo os pedaços pelos pratos das crianças[1].

"'Comam tudo de uma vez!', ordenou Chpôndia" — prosseguiu o tio. — "E o que aconteceu? Meus monstrinhos famintos atacaram o prato e queriam engolir tudo de uma só vez.

"Vocês não conseguem imaginar com que rapidez eles enfiaram os pedaços enormes na boca; um engasgou... o outro ficou sem ar. Mas... ninguém sofreu danos.

"'Lembrem-se' — disse Chpôndia —, 'se vocês não conseguem engolir um pedaço grande de uma vez, cortem-no em pedaços cada vez menores e, se necessário, ainda menores.' Muito bem! Picaram, puseram na boca e es-

---
1. Os nomes dados às crianças são todos de obras clássicas da literatura russa — de Púchkin, Gógol e Ostrôvski.

tão mastigando" – disse o tio de Pácha, descrevendo o que ele próprio estava fazendo.

"Mãe! Isso está duro e seco" – disse ele, de repente, para sua mulher com expressão de dor, em um tom muito diferente, por assim dizer, do jeito de falar doméstico.

– "Se estiver seco" – explicaram as crianças, usando as palavras de Chpôndia –, "tempere-o com a beleza da sua imaginação, com suas próprias ideias."

– Aqui está, papai, um molho de "se" mágico – brincou Evguéni Oniéguin, entregando a seu pai um molho de ervas. – As "Circunstâncias Dadas" vêm do poeta.

– E este aqui, papai, é do diretor – brincou Tatiana Répina, dando-lhe um pouco do molho de raiz-forte.

– Aqui está uma coisa do ator; é mais picante – brincou Príncipe Igor, oferecendo uma pitada de pimenta.

– Você não quer um pouco de mostarda de um artista "esquerdista"[2], para adicionar algo ainda mais picante? – sugeriu Kátia Kabánova a seu pai.

Tio Chustóv misturou tudo o que tinha recebido com um garfo, cortou o peru em pedaços pequenos e começou a mergulhá-los no molho que tinha criado. Amassou, apertou e revirou os pedaços para que ficassem bem embebidos no caldo.

– "Ivan, o Terrível, repita comigo" – disse o travesso Evguéni Oniéguin –: "Cortes...".

– "Cores...", disse a criança, dando o melhor de si, para a diversão geral.

– "Os pedaços são marinados em um molho 'imaginário'."

Ivan, o Terrível repetiu isso de uma forma tão enrolada que todos os presentes, inclusive ele, começaram a rir, e demorou um tempo para se recomporem.

– Fiquem sabendo que esse molho "imaginário" até que está bem gostoso – disse o velho Chustóv, passando os pedaços cortados bem finos no molho. – Dá vontade de lamber os dedos. Até mesmo esta sola de sapato vira algo comestível, dá até para achar que é carne – disse ele, para o constrangimento da esposa. – É exatamente assim que os cortes de um papel devem estar embebidos cada vez mais profundamente nas Circunstâncias Dadas. Quanto mais seco estiverem, de mais molho necessitam. Quanto mais de um, mais do outro.

"Agora juntem os pedacinhos embebidos no molho da melhor maneira possível em um bocado grande e..."

Ele os colocou na boca e ficou um bom tempo mastigando com uma cara ridiculamente feliz.

---

2. A referência é à extrema esquerda, à vanguarda, que fez uma particular oposição a Stanislávski.

— "Essa é a 'verdade das paixões'" — brincaram as crianças, usando o jargão teatral.

Fui embora da casa de Chustóv cheio de pensamentos sobre os Cortes. Era como se toda a minha vida estivesse dividida em cortes e a eles reduzida.

Uma vez que a sua mente esteja direcionada nesse sentido, ela, involuntariamente, procura cortes na própria vida e nas ações que você realiza. Por exemplo, quando estava me despedindo, eu disse: um corte. Descendo as escadas, quando estava no quinto degrau, pensei como deveria contar a descida: seria como um único corte ou será que cada passo deveria ser contado como um corte separado? Qual seria o resultado? Tio Chustóv mora no terceiro andar e há pelo menos sessenta degraus até seu apartamento... então, seriam sessenta Cortes? Nesse caso, será que cada passo na calçada teria de ser contado como um corte? São coisas demais com que lidar!

"Não" — decidi —, "descer as escadas seria um corte, o caminho para casa, outro. Mas e a entrada principal? Seria um ou seriam vários Cortes? Acho melhor que sejam vários. Ao menos por uma vez tentemos não ser mesquinhos, já que economizei bastante anteriormente."

Então, desci as escadas –
                    dois Cortes
Segurei a maçaneta da porta –
                    três Cortes
Empurrei-a –
                    quatro Cortes
Abri metade da porta –
                    cinco Cortes
Cruzei a soleira –
                    seis Cortes
Fechei a porta –
                    sete
Larguei a maçaneta –
                    oito
Entrei em casa –
                    nove
Esbarrei em um transeunte...

Não, isso não é um Corte, e sim um acidente.

Parei diante da vitrine de uma livraria. O que deve ser feito nesse caso? Considerar a leitura de cada título de livro como um corte individual ou classificar o olhar para todo o mostrador como um Corte?

Classifiquei isso como um Corte.
                    dez.

Tendo voltado para casa, me despido e ido para o lavatório, apanhei o sabão e calculei:

> 207

Ensaboar minhas mãos –

> 208

Colocar o sabão de volta –

> 209

Enxaguar as mãos –

> 210

Por fim, deitar-me na cama e me cobrir com o cobertor –

> 216

E depois? Todos os tipos de ideias pipocavam na minha cabeça. Será que eu realmente deveria contar cada uma delas como um novo Corte? Tive de deixar a pergunta sem resposta, mas o meu raciocínio sobre o assunto é o seguinte:

"Se você continuar contando desse jeito, em uma tragédia em cinco atos, como *Otelo*, então é claro que chegará a muitos milhares de Cortes. Será que você realmente seria capaz de se lembrar de todos eles? Você ficaria louco! Ia acabar misturando tudo. Você precisa manter um número baixo. Mas como? Com o quê?"

.. .. 19..

Aproveitei a primeira oportunidade que tive hoje para pedir a Tortsov que resolvesse o meu dilema sobre o vasto número de Cortes. Sua resposta foi a seguinte:

– Perguntaram ao piloto de um navio: "Em uma viagem longa, como o senhor faz para se lembrar de todas as curvas do litoral, de todos os bancos de areia e recifes?".

"'Não me preocupo com eles' – respondeu o piloto –, *'eu sigo o canal navegável.'*"

"O ator também, em seu papel, não deve passar pelos pequenos Cortes, que são inumeráveis e não podem ser lembrados, mas pelos Cortes maiores e mais importantes, por onde passa o caminho criativo. Esses Cortes maiores podem ser comparados às áreas por onde passa o canal navegável.

"Com base no que foi dito, se fosse para descrever a sua partida do apartamento de Chustóv como um filme, você teria de se perguntar primeiro:

"'O que estou fazendo?'

"'Estou indo para casa.'

"Isso quer dizer que ir para casa é o primeiro Corte grande e importante.

"Mas houve paradas ao longo do caminho, quando você ficou olhando a vitrine. Nesses momentos você não estava em movimento, e sim parado, fazendo outra coisa. Então, vamos contar a parte de olhar as vitrines como um Corte novo e independente. Depois disso, você voltou novamente para o seu caminho, ou seja, voltou para o seu primeiro Corte.

"Finalmente, você entrou em seu quarto e começou a se despir. Isso foi o início de um novo Corte no seu dia. E, quando você foi para a cama e deixou sua mente vagar, foi um novo Corte. Assim, em vez dos seus duzentos Cortes, contamos quatro ao todo. Eles são os caminhos navegáveis.

"Reunidos em conjunto, esses poucos Cortes formam um Corte maior e mais importante, isto é, o Corte de ir para casa.

"Agora, digamos que quando você realiza o primeiro Corte – voltar para casa – você só anda, anda, anda e mais nada. Para efetuar o segundo Corte – a vitrine de loja –, você fica parado, parado, parado, e é tudo. Ao retratar o terceiro Corte, você se lava e se lava, e, no quarto, você só fica deitado, deitado e deitado em sua cama. É claro que esse tipo de atuação é tediosa e monótona, e o diretor insiste que você desenvolva cada Corte em detalhes. Isso obriga você a dividir todos os Cortes individuais em suas menores partes constituintes, para desenvolvê-las e efetuar cada uma delas de forma clara, em todos os detalhes.

"Se esses novos Cortes acabarem sendo monótonos, então você terá de dividi-los novamente ao meio, em pequenas partes, repetindo o mesmo trabalho com eles até que sua passagem pela rua exiba todos os detalhes que caracterizam esta ação: encontrar pessoas que você conhece, cumprimentá-las, observar o que acontece à sua volta, esbarrar em pessoas e assim por diante. Depois de eliminar o supérfluo e fundir os pequenos cortes em Cortes maiores, você cria 'o canal navegável' (ou plano)."

Tortsov passou, então, a explicar as mesmas coisas que o Tio Chustóv tinha explicado durante o almoço.

Eu e Pácha trocávamos olhares e ríamos, lembrando como o famoso ator tinha dividido os cortes grandes em pequenas porções, embebendo-os em uma "marinada de ideias criativas", como ele depois juntou todos os pequenos cortes com o garfo e transformou-os em algo grande, e como enfiou tudo na boca e mastigou com prazer.

— Então – disse Tortsov, concluindo –, do maior para o médio, do médio para o pequeno, do pequeno para o menor Corte, para que vocês possam mais uma vez combiná-los e voltar ao maior.

"Dividir uma peça e um papel em pequenos Cortes só é admissível como uma medida provisória" – advertiu Tortsov. – "A peça e o papel não podem ser deixados nesse estado fragmentário por muito tempo. Estátuas quebradas, imagens que foram rasgadas em pedaços não são obras de arte, por mais lindos que sejam os fragmentos. Com Cortes pequenos estamos tratando mais do trabalho preparatório; porém, quando atuamos, eles se recombinam em Cortes grandes e garantimos que estão no tamanho máximo e na quantidade mínima. Quanto maiores forem os Cortes, menos eles serão e mais nos ajudarão a compreender a peça e o papel como um todo."

Entendi o processo de divisão da peça em partes menores para poder analisá-la e estudá-la; porém, não ficou claro como a reconstruo depois em Cortes maiores.

Quando falei com Tortsov sobre isso, ele explicou:

— Digamos que você tenha dividido um exercício que fizemos na aula em cem Cortes e que você estivesse completamente envolvido com eles. E que tivesse perdido de vista o todo e estivesse representando cada Corte muito bem, separadamente. É difícil, de fato, conceber um simples exercício de estudante que seja complexo e profundo o bastante para que você possa dividi-lo em cem Cortes básicos e independentes. É óbvio então que muitos deles serão recorrentes e estarão interligados. Quando você tiver examinado cada Corte, considerando seus elementos essenciais, vai perceber, digamos, que o primeiro e o quinto Cortes e os Cortes 10 a 15, e o 21º Corte etc. são todos sobre uma mesma coisa e, digamos, que os Cortes 2 a 4, 6 a 9, 11 a 14 etc., estão organicamente relacionados uns aos outros. Por conseguinte, em vez de uma centena de Cortes, temos dois grandes Cortes significativos, que são fáceis de ser manipulados. Dessa forma, uma cena confusa e difícil se transforma em algo simples, fácil e acessível. Resumindo, é fácil para os atores dominar Cortes grandes, que foram bem planejados. Cortes assim, que são estabelecidos durante a duração da peça, funcionam para nós como um canal navegável que nos indica o caminho certo a ser seguido e nos conduz pelos perigosos baixios, recifes e sequências complexas da peça, nos quais poderíamos nos perder com facilidade.

"Infelizmente, muitos atores sobrevivem sem isso. Eles não sabem como dissecar e examinar uma peça e, portanto, são forçados a lidar com uma grande quantidade de Cortes vazios e fragmentados. Existem tantos deles que o ator fica atrapalhado e perde completamente o sentido do todo.

"Não tomem esses atores como exemplo, não dividam a peça de forma desnecessária e, na representação, não usem Cortes pequenos, apenas sigam o canal navegável através dos Cortes grandes que foram devidamente trabalhados e trazidos à vida em todas as suas partes constituintes.

"A técnica da divisão em Cortes é bastante simples. Basta perguntar a si mesmo: 'Qual é a coisa mais essencial na peça?' e, em seguida, começar a lembrar as etapas principais, sem entrar em detalhes. Vamos dizer que estamos fazendo *O inspetor geral*, de Gógol. Qual é a coisa mais indispensável dessa peça?"

— Khlestakóv, o inspetor — respondeu Vánia.

— Ou, melhor ainda, todo o episódio com Khlestakóv — disse Pácha.

— Concordo — reconheceu Tortsov. — Mas não temos só Khlestakóv na peça. Nós precisamos da atmosfera certa para o incidente tragicômico que Gógol descreveu. São os canalhas, como o prefeito; os fraudulentos, os mentirosos e os semeadores de escândalo, como Zemliánki, Liápkin-Tiápkin, Dóbtchinski e Bóbtchinski e outros mais que criam essa atmosfera. Disso se depreende que não apenas a peça *O inspetor geral* não poderia existir sem Khlestakóv, mas também que ela não poderia existir sem os habitantes ingênuos de uma cidade "de onde você poderia cavalgar por três anos e não chegar a nenhum outro lugar". E o que mais não pode faltar na peça?

— Romantismo estúpido, flertes provincianos como o de Mária Antónovna, graças a quem acontece o noivado e toda a comoção na cidade — disse alguém.

— E o que mais não pode faltar na peça?

— O chefe dos correios intrometido, o prudente Óssip, o suborno, a carta, a chegada do verdadeiro inspetor geral — continuaram os estudantes, interrompendo uns aos outros à medida que iam lembrando.

— Agora fizemos um apanhado geral de toda a peça em seus episódios principais e, assim, dividimos a peça em suas partes constituintes. Esses são os maiores e mais importantes Cortes que compõem a peça.

"É precisamente essa mesma divisão em partes, para fins analíticos, que ocorre em cada um dos Cortes médios e pequenos, que depois formam os Cortes maiores.

"Há casos em que é preciso introduzir Cortes pessoais, do próprio ator ou do diretor, em uma peça em que um autor ruim não trabalhou de maneira adequada, mas somente uma necessidade imperiosa poderia justificar esse tipo de licença. Porém, existem pessoas que são apaixonadas pelas suas próprias ideias e que fazem a mesma coisa com as grandes e monoliticamente indivisíveis obras clássicas, que não necessitam de nenhum tipo de adição. Nem tudo está perdido se esses Cortes tiverem alguma afinidade natural com a peça. Em geral, não ocorre assim. Eis por que acaba crescendo uma gangrena dentro do organismo vivo dessa bela peça, e isso mata o Corte particular ou mesmo a peça inteira."

No final da aula, repassando tudo o que fizemos hoje, Tortsov disse:

— Com o tempo, vocês vão aprender o significado prático dos Cortes para um ator. Que tormento é subir ao palco com um papel que foi mal analisado, mal trabalhado e não foi dividido em Cortes claros! Como é desgastante atuar dessa forma; como é cansativo para o ator, como é arrastado, como parece imenso e assustador. Você se sente completamente diferente em um papel que foi devidamente analisado e estudado. Enquanto você está se preparando, só pensa no primeiro Corte que você precisa fazer em relação à peça inteira e ao seu objetivo final. Você representa o primeiro Corte e passa para o segundo e assim por diante. Uma interpretação assim certamente parece fácil. Quando penso nesse tipo de interpretação, lembro-me de um estudante a caminho de casa voltando de suas aulas. Se o caminho é longo e a distância o assusta, vocês sabem o que ele faz? Pega uma pedra e a atira o mais longe possível... depois fica preocupado: "E se eu não conseguir encontrá-la?". Mas ele a encontra, fica feliz e atira a pedra ainda mais longe, e depois fica preocupado novamente se vai encontrá-la. Ao dividir uma longa caminhada em seções, com a agradável perspectiva de descansar em casa, o estudante para de pensar na distância e nem mesmo se dá conta dela.

"Assim, em seus papéis ou seus exercícios de atuação, passem de um Corte maior para o próximo sem perder de vista o objetivo final. Então, mesmo uma tragédia em cinco atos, que começa às oito e termina depois da meia-noite, vai parecer curta para vocês."

.. .. 19..

— Vocês devem dividir a peça em Cortes não apenas para poderem analisar e estudar o trabalho, mas por outra razão ainda mais importante, oculta no fundo de cada Corte — explicou Tortsov na aula de hoje.

"Existe uma Tarefa criativa armazenada em cada Corte. A Tarefa surge organicamente de seu próprio Corte ou, ao contrário, também lhe dá nascimento.

"Já dissemos que não é preciso forçar Cortes estranhos e sem relação com a peça, e vocês também não devem fazer isso com as Tarefas. Como os Cortes, elas devem fluir em uma sequência lógica, de uma para a outra.

"Por causa da conexão orgânica entre elas, tudo o que foi dito antes sobre os Cortes se aplica às Tarefas."

— Então, neste caso, temos Tarefas grandes, médias e pequenas, primárias e secundárias, que podem se fundir umas nas outras. Isso quer dizer que as Tarefas também criam um canal navegável — disse eu, recordando o que sabia sobre Cortes.

— As Tarefas são as luzes que mostram onde está o canal navegável e impedem que vocês percam o caminho em qualquer segmento de seu curso. São as etapas básicas de um papel que orientam o ator durante a interpretação.

— Tarefas?! — disse Vánia, com muita reflexão. — Em aritmética existem Tarefas ou problemas! Temos os mesmos tipos de problemas — Tarefas — aqui! Não há como entender isso! Atuar bem, essa é a nossa Tarefa e o nosso problema! — determinou ele.

— Sim, essa é uma Tarefa maior, uma que vai durar a vida toda! — confirmou Tortsov. — Mas quantas coisas nós temos de fazer para isso?! Basta considerarmos: temos de passar pelo primeiro, pelo segundo, pelo terceiro e quarto anos do curso. E essas não seriam Tarefas? Sim, mas não tão grandes quanto a de se tornar um grande ator!...

"E, para passar por cada ano, pensem no número de vezes que vocês terão de vir à escola, frequentar as aulas, entender do que elas tratam, o número de exercícios que terão de fazer! Essas não seriam Tarefas? É verdade, mas menos importantes do que conseguir passar sempre de ano. E para chegar à escola todos os dias, o número de vezes que vocês terão de acordar na hora certa, levantar-se na hora certa, tomar banho, vestir-se e ir para a rua. Essas também são Tarefas, mas ainda menores."

— E, para tomar banho, quantas vezes vocês terão de pegar o sabonete e esfregar as mãos e o rosto — lembrou Vánia. — E o número de vezes que terão de vestir as calças, o casaco e fechar os botões!

— Todas essas são Tarefas também, mas essas são as menores de todas — explicou Tortsov.

— A vida, as pessoas, as circunstâncias e nós mesmos criamos incessantemente uma série de obstáculos intermináveis, abrindo nosso caminho por entre eles como que por entre arbustos. Cada um desses obstáculos cria uma Tarefa e uma ação para superá-lo.

"Um ser humano deseja alguma coisa, luta por alguma coisa e conquista alguma coisa em todos os momentos da sua vida. No entanto, se seu objetivo for grande demais, provavelmente ele não vai alcançá-lo durante a sua vida.

"Os problemas humanos universais não podem ser resolvidos por um homem, mas por várias gerações, ao longo de séculos.

"No palco, essas Tarefas humanas universais são cumpridas por poetas geniais como Shakespeare e, também, por grandes atores como Motchálov e Tommaso Salvini[3].

"O teatro tem como meta então colocar em cena as grandes Tarefas humanas e as ações genuínas, produtivas e cheias de propósito que são necessárias para cumpri-las. Quanto aos resultados, eles serão satisfatórios se tudo o que for feito de antemão estiver correto.

"O erro que a maioria dos atores comete é de não pensar na ação, mas no resultado. Eles ignoram a ação e vão direto para o resultado. O que você obtém daí, então, é a canastrice, uma representação de efeito, forçada, uma atuação de mera técnica.

"Aprendam a não representar um efeito no palco, mas a cumprir a Tarefa de maneira genuína, produtiva e adequada por meio da ação, durante

---

3. Pável Stepánovitch Motchálov (1800-1848), às vezes chamado de "Kean" russo. Ele se baseava principalmente na inspiração do momento. Tommaso Salvini (1829-1915), já citado anteriormente.

todo o tempo em que estiverem atuando. Vocês devem amar as Tarefas que têm de realizar, encontrar ações dinâmicas para elas. Por exemplo: pensem em uma Tarefa agora e cumpram-na" – sugeriu-nos Tortsov.

Enquanto eu e Mária meditávamos profundamente, Lev veio até nós com a seguinte ideia:

– Suponhamos que estivéssemos os dois apaixonados por Mária e que a tivéssemos pedido em casamento? Qual seria a primeira coisa que faríamos se isso realmente tivesse acontecido?

Em primeiro lugar, nós três escolhemos uma série complicada de Circunstâncias Dadas, que dividimos em Cortes e Tarefas que levaram a ações. Quando a ação exigiu, nós introduzimos novos "ses" e Circunstâncias Dadas, que criaram seus próprios problemas. Tivemos, então, de resolvê-los. Por causa da maneira como sempre nos estimulávamos para seguir adiante, mantivemo-nos ocupados o tempo todo e nem percebemos quando as cortinas subiram. Elas revelaram um palco vazio, com o cenário pronto, empilhado contra as paredes para uma eventual apresentação noturna.

Tortsov sugeriu que subíssemos ao palco e continuássemos a nossa experiência, o que nós fizemos. Quando acabou, Tortsov disse:

– Vocês se lembram de uma das nossas primeiras aulas, quando eu sugeri que vocês subissem ao palco vazio e fizessem alguma coisa? Naquela época, vocês não puderam fazer nada e andaram de um lado para o outro, fingindo personagens e sentimentos. Hoje, apesar de estarem outra vez no palco sem nenhum tipo de cenário ou móveis ou adereços, muitos de vocês se sentiram mais livres, mais à vontade. O que foi que os ajudou?

– Tarefas interiores e ativas – determinamos eu e Pácha.

– Isso – confirmou Tortsov –, elas guiam o ator ao longo do caminho adequado e o impedem de dissimular. As Tarefas tornam o ator consciente de seu direito de entrar no palco e viver sua própria vida paralela ao papel.

"É uma pena que a experiência de hoje não tenha convencido a todos, já que, para alguns estudantes, mesmo depois disso, as Tarefas não foram utilizadas para produzir ação. Eram as Tarefas pelas Tarefas simplesmente. E, assim, logo elas se degeneraram em canastrice, em 'maneirismos' pomposos. Foi o que aconteceu com Igor. Já com outros – Vária, por exemplo – mais uma vez a Tarefa foi puramente exterior, quase narcisista. Com Grícha, como de costume, a Tarefa foi reduzida para fazer brilhar sua técnica. Isso não pode dar bons resultados e apenas cria o desejo de se fazer de conta que se realizam ações em vez de realmente executá-las. Com Lev, a Tarefa não estava ruim, mas racional demais, literária demais. A literatura é algo excelente, mas não é tudo na atuação."

.. .. 19..

Hoje Tortsov disse:

— Há uma grande variedade de Tarefas, porém nem todas são necessárias ou úteis. Muitas são prejudiciais. Por isso, é importante que o ator seja capaz de julgar a qualidade das Tarefas, para assim poder definir as que são necessárias e rejeitar aquelas que são desnecessárias.

— Quais são os sinais para reconhecê-las? – perguntei.

— Quando digo "Tarefas necessárias", quero dizer o seguinte:

"1. Tarefas que existem do lado de cá da ribalta e não do outro, ou seja, Tarefas relacionadas à peça, direcionadas aos outros atores, e não ao público das primeiras fileiras.

"2. Tarefas que são certas para o ator como pessoa e que estão em consonância com o papel.

"3. Tarefas criativas e estéticas, isto é, aquelas que contribuem para o objetivo básico da atuação: a criação da 'vida do espírito humano de um papel' e sua comunicação artística.

"4. Tarefas genuínas, vividas, dinâmicas e humanas, que impulsionem o papel, e não Tarefas histriônicas, convencionais e mortas, que não têm nenhum tipo de relação com a personagem, mas existem para divertir o público.

"5. Tarefas nas quais o ator, seus camaradas atores e o público possam acreditar.

"6. Tarefas fascinantes e excitantes que sejam capazes de estimular a vivência.

"7. Tarefas adequadas, isto é, as que são típicas de um papel e precisamente, e não aproximadamente, estejam relacionadas com o significado da peça.

"8. Tarefas ricas e que correspondam ao significado mais profundo do papel, e não as que são pouco profundas e tocam de leve na superfície da peça.

"Resta-me somente adverti-los contra as Tarefas que, embora muito difundidas em nossa profissão, são extremamente perigosas, automáticas, mecânicas, histriônicas e levam diretamente para a atuação de mera técnica."

— Então – disse eu, para resumir –, o que você está dizendo é que existem Tarefas internas e externas, ou seja, físicas e psicológicas.

— E algumas basicamente psicológicas – acrescentou Tortsov.

— Que tipo de tarefas são essas? – perguntei.

— Imagine que você entra em uma sala, balança sua cabeça para dizer olá e aperta a minha mão. Essas são Tarefas cotidianas. A psicologia não tem nada a ver com elas.

— Como assim?! Quer dizer, então, que não podemos cumprimentar uns aos outros no palco? — disse Vánia, desconcertado.

Tortsov foi rápido em tranquilizá-lo.

— Vocês podem cumprimentar uns aos outros, porém não podem mecanicamente sentir amor, paixão, ódio e cumprir Tarefas vivas e humanas com habilidades motoras apenas, sem sentir nada, como vocês costumam fazer.

"Em uma outra ocasião, você estende a mão para apertar a minha e, ao mesmo tempo, tenta expressar, com os olhos, sentimentos de amor, respeito e gratidão. Essa é uma Tarefa que realizamos todos os dias; porém, existe nela um elemento psicológico. Em nosso vocabulário, nós chamamos essas Tarefas de basicamente psicológicas.

"E eis aqui um terceiro caso. Suponhamos que ontem tenha acontecido uma cena vergonhosa. Eu o insultei publicamente. E, hoje, quando nos encontramos, eu desejei me aproximar de você, estender minha mão e pedir-lhe perdão, dizendo que foi tudo minha culpa e pedindo que você esqueça o ocorrido. Não é nada simples estender a mão ao inimigo de ontem, e isso exige muita reflexão e sentimento. Há muita resistência a ser superada antes que você possa fazer isso.

"Uma Tarefa desse tipo pode ser classificada como psicológica e é bastante complicada."

Na segunda metade da aula, Tortsov disse:

— No entanto, a verdade é que a principal e mais importante qualidade da Tarefa é o seu fascínio para o próprio ator. Ela tem de ser agradável, atraí-lo, fazer que ele queira realizá-la. Como um ímã, ela atrai a sua vontade de criar.

"Chamamos essas Tarefas de *Tarefas criativas*. Além disso, é importante que essas tarefas sejam viáveis, acessíveis e realizáveis. Caso contrário, elas forçarão a natureza do ator. Por exemplo, qual foi a sua Tarefa na sua cena favorita, a da 'criança abandonada', na peça *Brand*?"

— Salvar a humanidade — respondeu Nikolai.

— Veja você! Não seria essa uma Tarefa gigantesca demais para as capacidades de uma pessoa mediana? Pegue uma Tarefa um pouco mais fácil para começar — algo físico, porém atraente.

— Mas uma Tarefa física... é mesmo interessante? — perguntou Nikolai, tímido, virando-se para ele com um sorriso gentil.

— Interessante para quem? — perguntou-lhe Tortsov.

— Para o público — respondeu nosso tímido psicólogo.

— Não se preocupe com ele. Pense em você — respondeu Tortsov. — Se for interessante para você, o público o acompanhará.

— Mas isso não me interessa. Prefiro uma tarefa psicológica.

— Tudo a seu tempo. É prematuro para você mergulhar na psicologia e em outras Tarefas. Você vai chegar nelas depois. Por ora, limite-se à mais simples das Tarefas: uma Tarefa física. Qualquer Tarefa pode se tornar atrativa.

— Mas não dá para separar a... mente do corpo. É fácil misturar as coisas e errar... é disso que eu tenho medo — admitiu Nikolai, confuso.

— Sim, sim! É disso que estou falando — concordou Tortsov. — Em toda Tarefa física ou psicológica há, na hora de executá-la, uma grande parcela da outra. Não há como separá-las. Suponhamos que você tenha de interpretar Salieri, na peça *Mozart e Salieri*, de Púchkin. A psicologia de Salieri, quando ele decide assassinar Mozart, é complexa. É uma decisão difícil de tomar, pegar uma taça, enchê-la de vinho, pôr veneno e oferecê-la a seu amigo, o gênio, aquele cuja música arrebata as pessoas. Essas são ações físicas. No entanto, quanto de psicologia existe nelas! Ou, mais precisamente, todas essas ações complexas são psicológicas, mas também físicas! Eis uma ação corporal simples para você. Vá até alguém e dê-lhe uma bofetada. Para ser capaz de realmente fazer isso, quantas experiências psicológicas complexas você não vai ter de viver de antemão! Realize uma série de ações físicas com uma taça de vinho, dê um tapa no ouvido de alguém, justificando isso interiormente, como Circunstâncias Dadas e "ses" e, então, decida onde termina o corpo e onde começa a mente. Você verá que não é nada fácil tomar decisões. É fácil confundi-las. Mas não tenha medo disso. Use a ambiguidade dessa fronteira entre as Tarefas físicas e as psicológicas. Quando selecionar uma tarefa, não defina uma fronteira entre o físico e o psicológico de modo muito claro. Deixe isso meio vago, usando seus sentimentos como guia, embora com uma constante inclinação para o físico. Se cometer um erro, não vou usá-lo contra você. Ele pode ser útil no momento da criação.

— Como um erro evidente pode ser útil? — perguntamos com espanto.

— Ele impede que vocês afugentem os seus próprios sentimentos; um erro os protege de forçar a mente. Realizar uma Tarefa verdadeiramente física ajuda vocês a criar o estado psicológico certo. E isso transforma uma Tarefa física em psicológica. Como eu já disse, qualquer Tarefa física pode ter uma base psicológica.

"Por ora, vamos concordar em trabalhar com Tarefas físicas, pois são mais fáceis, mais acessíveis e mais simples de completar. Com elas há menos risco de descambar para o fingimento. Falaremos das Tarefas psicológicas a seu tempo, mas, por ora, meu conselho é que procurem Tarefas físicas em todos os seus exercícios, fragmentos e papéis."

.. .. 19..

Depois vieram questões importantes e, especificamente, a de como transformar Cortes em Tarefas. A psicotécnica desse processo consiste em conceber um nome apropriado para o Corte que está sendo analisado e, de preferência, um que caracterize o seu significado.

— Para que precisamos desse "batismo"? — perguntou Grícha, sarcasticamente.

Ao que Tortsov respondeu:

— Você sabe o que representa um nome bem escolhido, um nome que defina o significado de um Corte?

"Ele é a sua quintessência. Para chegar a ele, é preciso "destilar" o Corte como um licor, extrair sua essência, cristalizando-a, e então encontrar um nome apropriado para o "cristal" final. Enquanto o ator está procurando por essa palavra, ele está, ao mesmo tempo, sondando e estudando o Corte, cristalizando-o e sintetizando-o. Ao escolher o nome, você descobre a própria Tarefa. O título correto, que define a essência do Corte, revela a Tarefa contida em seu interior.

"Para entender isso na prática, vamos experimentar, digamos, na cena da 'criança abandonada' da peça *Brand*" — disse Tortsov. — "Vamos considerar os dois primeiros Cortes, dois episódios. Vamos recordar o seu conteúdo.

"Agnes, a esposa do pastor Brand, perdeu seu único filho. Em seu luto, ela está separando as roupas do bebê, fraldas, brinquedos e todo tipo de coisa que ficou para trás — relíquias. Cada item é embebido nas lágrimas de uma mãe em luto. Suas memórias são de cortar o coração. A tragédia ocorreu porque eles vivem em uma área úmida, insalubre. Quando a criança adoeceu, a mãe suplicou ao marido que deixasse a paróquia. Mas Brand, um fanático dedicado, não quis abandonar seu dever de pastor em prol da família. Isso custou a vida de seu filho.

"Vamos recordar o conteúdo do segundo Corte ou episódio. Brand entra. Ele está sofrendo muito; sofre por Agnes. Porém, seu fanático senso de dever o leva à crueldade, e ele convence a esposa a dar as coisas e brinquedos do filho morto a uma cigana, porque isso estaria impedindo Agnes de se dedicar a Deus e de realizar a ideia básica das suas vidas: que é a de servir ao próximo.

"Agora, destilem a essência de ambos os Cortes e encontrem nomes apropriados para cada um deles."

— Mas o que falta pensar? É tudo óbvio. O nome da primeira Tarefa é amor materno e o nome da segunda é, se me permitem, o senso de dever de um fanático — explicou Grícha.

— Bom, que assim seja — concordou Tortsov. — Não pretendo entrar em detalhes sobre a forma de cristalizar o Corte. Vamos falar disso quando começarmos a trabalhar com o papel e a peça.

"Por enquanto, recomendo que nunca definam uma Tarefa com um substantivo. Reservem os substantivos para os Cortes; *as Tarefas devem ser invariavelmente definidas por um verbo.*"

— Por quê? — perguntamos, perplexos.

— Vou ajudá-los a responder a essa pergunta, mas com a condição de que primeiro tentem cumprir as Tarefas que acabaram de definir com substantivos, ou seja: 1) amor materno; 2) senso do dever de um fanático.

Vánia e Vária começaram. Ele fez uma cara feia, arregalou os olhos, endireitou as costas até que ficassem rígidas. Caminhou com passos firmes, pisando com os calcanhares, engrossou a voz e andou empertigado, na esperança de alcançar firmeza, força e determinação na expressão do senso de dever "em geral". Vária também fez poses, tentando exprimir ternura e amor "em geral".

— Vocês não acham — disse Tortsov, depois de assisti-los — que os substantivos que usaram para definir as Tarefas acabaram induzindo um de vocês a representar a imagem de um homem aparentemente poderoso e o outro a representar emoções, um amor materno? Vocês apresentaram pessoas com poder e afeto, mas não encarnaram essas pessoas. Isso aconteceu porque um substantivo é uma representação, que expressa um certo estado, uma imagem, uma ocorrência simples.

"Vejam bem, os substantivos expressam essas representações apenas de maneira figurativa ou a partir da forma, sem nenhuma tentativa de sugerir dinamismo ou ação. Só que toda Tarefa tem de ser inevitavelmente ativa."

— Olhe aqui, perdão, mas um substantivo pode ilustrar, representar, definir, e isso, com todo o respeito, também é ação! — argumentou Grícha.

— Sim, é ação, mas não a ação genuína, produtiva e cheia de propósito, e sim uma ação teatral "representacional", uma reprodução, que nós não reconhecemos e fazemos todo o esforço para banir do teatro. Agora vejamos o que acontece se nós mudarmos a Tarefa de um substantivo para um verbo correspondente — continuou Tortsov.

— Como podemos fazer isso? — perguntamos, sem entender.

— É muito simples — disse Tortsov. — Antes de escolher o verbo, ponham a palavra "quero" na frente do substantivo que vão transformar: "Quero fazer... o quê?".

"Vou tentar demonstrar isso com um exemplo. Vamos supor que estejamos fazendo uma experiência com a palavra 'poder'. Coloquem 'quero' na frente dela. Vocês têm: 'Quero poder'. Um querer como esse é muito geral, irreal. Para dar-lhe vida, introduzam um objetivo mais concreto. Se acharem isso tentador, então o desejo e o impulso para a ação de maneira a atingi-la vão surgir em vocês. É isso que vocês devem definir com um nome preciso, que expresse o seu significado. Esse deve ser um verbo, definindo uma Tarefa viva e dinâmica, em vez de uma representação inativa, de um conceito criado por um substantivo."

— Como é que vamos encontrar essa palavra? — perguntei, sem entender.

— Diga para si mesmo: "Quero fazer... o que... para alcançar o poder?". Responda à pergunta e você perceberá o que tem de fazer.

— Quero ser poderoso e não ter de esperar — decidiu Vánia, sem hesitação.

— A palavra *ser* define um estado estático. Ela não tem o dinamismo necessário para uma Tarefa ativa — comentou Tortsov.

— Quero adquirir poder — corrigiu Vária.

— Ficou um pouco mais dinâmico, mas ainda muito generalizado e impossível de se conseguir de uma só vez. Olhe, sente-se nesta cadeira e tente querer adquirir poder "em geral". Você precisa de uma Tarefa mais concreta, imediata, real e alcançável. Como podem ver, nem todos os verbos são úteis e nem todas as palavras levam a uma ação dinâmica e produtiva. Vocês devem saber que nomes escolher para as suas Tarefas.

— Eu quero poder para que consiga fazer toda a humanidade feliz — sugeriu alguém.

— Essa é uma frase bonita, mas na realidade é difícil acreditar que isso possa ser alcançado — objetou Tortsov.

— Quero poder para que eu consiga aproveitar a vida, viver com alegria, ser muito estimado, saciar meus desejos e satisfazer meu orgulho — corrigiu Lev.

— Esse querer é mais real e mais fácil de ser satisfeito, mas, para alcançá-lo, você deve primeiro resolver toda uma série de problemas complementares. Uma meta desse tipo não pode ser alcançada de uma vez; você tem de ir passo a passo, como quando sobe uma escadaria para o andar de cima. Você não chega lá com um passo só. Dê cada passo que conduz à sua Tarefa e conte-os.

"Quero ter a aparência de um homem de negócios, talentoso, para criar autoconfiança. Quero me destacar, ser favorecido, atrair a atenção, e assim por diante."

Depois disso, Tortsov voltou à cena com a "criança abandonada" de *Brand* e deu a seguinte sugestão para envolver todos os estudantes:

— Todos os homens ponham-se no lugar de Brand e encontrem nomes para suas Tarefas. Eles devem realmente compreender a psicologia da personagem. Quanto às mulheres, que sejam Agnes. As sutilezas de uma mulher e de uma mãe amorosa são mais acessíveis para elas.

"Um, dois, três! A competição entre as duas metades da turma, a de homens e a de mulheres, começou!"

— Quero adquirir poder sobre Agnes para forçá-la a fazer um sacrifício, para salvá-la e ter domínio sobre ela.

Mal acabei de dizer a última palavra e todas as mulheres correram para mim e me bombardearam com seus anseios.

— Quero me lembrar da criança morta!

— Quero estar perto dela! Quero falar com ela!

– Quero amamentá-la e abraçá-la, cuidar dela!

– Quero trazê-la de volta à vida. – Quero segui-la na morte! – Quero senti-la perto de mim! – Quero senti-la a partir dos seus pertences! – Quero chamá-la de volta da tumba! – Quero trazê-la de volta para mim! – Quero esquecer a sua morte! – Quero amortecer a minha dor!

Mária gritou uma única frase, mais alto do que as outras:

– Quero tomar conta dela e nunca mais deixá-la ir embora!

– Nesse caso – determinaram, por sua vez, os homens –, vamos lutar até o fim! – Quero preparar Agnes, conquistá-la para mim! – Quero abraçá-la! – Quero fazê-la sentir o quanto eu entendo o seu sofrimento! – Quero descrever o prazer e a alegria de ter dado um dever para ela! – Quero explicar as grandes Tarefas humanas para ela!

– Nesse caso – as mulheres gritaram em resposta –, quero persuadir meu marido a sofrer com a minha dor. – Quero que ele veja as minhas lágrimas!

– Quero abraçá-lo ainda mais forte e nunca mais deixá-lo ir embora! – gritou Mária.

Em resposta, os homens disseram: – Quero assustá-la com a sua responsabilidade para com a humanidade! – Quero ameaçá-la com punição e separação! – Quero expressar meu desespero pela nossa incapacidade de compreender um ao outro!

Mais e mais pensamentos e sentimentos eram produzidos durante toda essa batalha e precisavam de verbos apropriados para defini-los, e os verbos, por sua vez, evocavam impulsos para a ação.

Em meus esforços para convencer as mulheres, eu lutava com elas, e quando todas as Tarefas que a minha inteligência, os meus sentimentos e a minha vontade sugeriram se esgotaram, tive a sensação de que agora tínhamos realmente realizado a cena. Isso me deu satisfação.

– Cada uma das Tarefas que vocês selecionaram era verdadeira em si mesma e em um grau ou outro produziu ação – disse Tortsov. – Para aqueles com uma natureza mais dinâmica, a Tarefa "quero lembrar a criança morta" disse pouco para os seus sentimentos; eles precisavam de outra Tarefa, "quero abraçá-la e não deixá-la ir embora". De quê? Coisas, lembranças, pensamentos sobre a criança morta. Porém, se você sugerir essas mesmas Tarefas a outra pessoa, elas vão deixá-la indiferente. É importante que cada Tarefa tenha um apelo para vocês e os motive.

"Agora, parece-me que fiz vocês responderem por si mesmos à pergunta 'Por que as Tarefas devem ser definidas por verbos, e não por substantivos?'.

"Por enquanto, isso é tudo o que posso lhes dizer sobre Cortes e Tarefas. O resto, vou falar quando vocês souberem mais da nossa maneira de atuar e da nossa psicotécnica, e quando tivermos peças e papéis que possam ser divididos em Cortes e Tarefas."

8

Crença e senso de verdade

Para essa aula, havia um cartaz. Nele estava escrito:

CRENÇA E SENSO DE VERDADE

Antes de começar a aula, os estudantes estavam no palco, procurando uma coisa que Mária sempre perde, sua bolsa.

De repente, ouviu-se a voz de Tortsov. Fazia algum tempo que ele nos observava do fosso da orquestra.

— A moldura do palco e o brilho da ribalta revelam muito bem o que está acontecendo. Vocês estavam realmente vivenciando o que faziam enquanto procuravam a bolsa. Tudo era verdadeiro e dava para acreditar em tudo. As pequenas Tarefas físicas foram realizadas com precisão, tinham definição e clareza, a atenção estava aguçada. Os elementos de que precisamos para o trabalho criativo estavam funcionando de forma correta e harmoniosa... Em poucas palavras, uma verdadeira obra de arte estava sendo criada no palco — eis a conclusão inesperada de Tortsov.

— Não... Como poderia ser arte? Era a realidade, a verdade autêntica, um "acontecimento banal", como se diz — contestaram os estudantes.

— Repitam esse "evento".

Colocamos a bolsa onde estava antes e começamos a procurar algo que já tínhamos encontrado e não precisava mais ser procurado. Naturalmente, não conseguimos fazer o mesmo dessa vez.

— Não, desta vez não senti nenhuma Tarefa, ação ou verdade autêntica — foi a crítica de Tortsov. — Por que vocês não conseguem repetir o que acabaram de vivenciar na realidade? Vocês não precisam ser atores para fazer isso, mas apenas pessoas.

Os estudantes explicaram a Tortsov que, da primeira vez, eles estavam mesmo procurando, mas, da segunda, não havia necessidade e eles estavam apenas fingindo que procuravam. A primeira vez foi genuína, mas a segunda vez era uma falsificação, uma representação, uma mentira.

— Então, interpretem a procura pela bolsa sem mentiras, apenas com a verdade — propôs Tortsov.

— Mas — hesitamos — não é tão simples. Temos de nos preparar, ensaiar e vivenciar isso.

— Como assim, vivenciar isso? Vocês não estavam vivenciando quando procuravam a bolsa?

— Aquilo era a realidade; agora, temos de criar e vivenciar algo fictício.

— Você quer dizer que no palco vocês têm de vivenciar as coisas de forma diferente da vida? — disse Tortsov, sem compreender.

Palavra por palavra, à força de novas questões e explicações, Tortsov nos trouxe a percepção de que, no mundo real, a verdade genuína e a crença criam-se a si mesmas. Por exemplo, só quando os estudantes estavam no palco em busca de um objeto perdido, a verdade genuína e a crença foram criadas. Porém, isso aconteceu porque não havia nenhuma ação, mas realidade.

No entanto, quando não há nenhuma realidade no palco e você tem de atuar, a criação da verdade e da crença precisa ser preparada com antecedência. Isso significa que a verdade e a crença surgem pela primeira vez na imaginação como uma ficção artística, para só então ser traduzida para o palco.

— Então, para despertar a verdade genuína em vocês mesmos e replicar a busca pela bolsa, vocês precisam, por assim dizer, puxar alguma alavanca e transferir a vida da imaginação para o palco — explicou Tortsov. — Lá vocês criam um evento fictício similar à realidade. Nesse processo, o "se" mágico e as Circunstâncias Dadas, quando adequadamente compreendidos, ajudam a sentir e a criar a verdade teatral e a crença no palco. Então, na vida há a verdade, o que é, o que existe, o que as pessoas realmente conhecem. No palco, chamamos de verdade o que não existe na realidade, mas que poderia acontecer.

— Olha só, por favor, perdão — perguntou Grícha —: como se pode falar da verdade no teatro quando se sabe que tudo o que há é uma ficção, uma mentira, das peças de Shakespeare à adaga de papel machê com que Otelo se apunhala?

— Se você está preocupado com o fato de que a adaga é de papel machê, e não de aço — retrucou Tortsov —, se você realmente chama tal adereço de falso e rude, se chama de mentira, e se você estigmatiza toda a arte junto com ele e cessa de acreditar que a vida no palco é genuína, então deixe a sua mente descansar. No teatro, o que importa não é se a adaga de Otelo é de papel machê ou de metal, mas se o sentimento interior do ator justifica verdadeira e genuinamente o suicídio de Otelo. O importante é que o ator/ser humano se comporte como se as circunstâncias e as condições da vida de Otelo fossem genuínas e a adaga com a qual ele se apunhala fosse real.

"Decida o que é mais interessante, mais importante para você, no que você quer acreditar: que o mundo material dos fatos e acontecimentos existe no teatro e na peça ou que o sentimento, que nasce no coração do ator, agitado por uma ficção, é genuíno e verdadeiro?

"Essa é a verdade do sentimento da qual falamos no teatro. Essa é a verdade teatral da qual o ator precisa na interpretação. Não há arte genuína sem verdade e crença. E quanto mais real for o ambiente no palco, mais próxima da natureza deverá estar a vivência do ator.

"Mas muitas vezes o que vemos é algo completamente diferente. Cria-se um cenário realista, com decoração, adereços, tudo verdadeiro, mas se esquece da verdade dos sentimentos e da vivência na interpretação. Essa contradição entre a verdade dos objetos e a falsidade do sentimento serve apenas para sublinhar ainda mais fortemente a ausência de vida genuína na interpretação.

"Para evitar que isso aconteça, tentem sempre justificar o que vocês fazem no palco com seus próprios 'se' e Circunstâncias Dadas. Só com trabalho criativo desse tipo é possível satisfazer seu senso de verdade e sua crença no caráter genuíno de sua vivência.

"Chamamos isso de processo de justificação."

Eu queria entender plenamente as coisas importantes que Tortsov estava dizendo e pedi que ele resumisse em poucas palavras o que é verdade no teatro. Eis o que ele tinha a dizer:

— A verdade no palco é aquilo em que acreditamos sinceramente, no nosso próprio coração e no coração dos nossos parceiros.

"A verdade é inseparável da crença, e a crença é inseparável da verdade. Uma não pode existir sem a outra, e sem as duas não pode haver vivência ou trabalho criativo.

"Tudo no palco deve ser convincente para o próprio ator, para seus camaradas atores e para o público. Tudo deve inspirar a crença na existência possível, na vida real, de sentimentos análogos aos do próprio ator. Cada momento no palco deve ser endossado pela crença na verdade dos sentimentos que estão sendo vivenciados e na verdade da ação que está acontecendo.

"Esse é o tipo de verdade interior e de crença ingênua que é essencial para o ator" — disse Tortsov, concluindo.

.. .. 19..

Eu estava no teatro hoje trabalhando com efeitos sonoros. Durante o intervalo, Tortsov veio até a Sala Verde e conversou com os atores e conosco, estudantes. Ele virou-se para mim e Pácha e, casualmente, disse:

— Que pena que vocês não viram o ensaio de hoje. Teria ficado bem claro para vocês o que são a verdade genuína e a crença. Acontece que agora estamos ensaiando uma peça francesa antiga, que começa com uma jovem correndo pela sala e declarando que uma boneca está com dor de barriga. Uma das personagens sugere dar remédio à boneca. A menina sai correndo. Depois de alguns momentos, ela volta e explica que a boneca doente está melhor. Essa é a cena, e, depois, em cima disso constrói-se a tragédia de "pais ilegítimos".

"Não havia uma boneca nos adereços do teatro. Em seu lugar, pegamos um pedaço de madeira, envolto em um pedaço de material brilhoso, e demos para a menina. A criança imediatamente aceitou o pedaço de madeira como sua filha e deu-lhe seu amor. O problema era que a jovem mãe da boneca não estava de acordo com o autor da peça e com seu método de tratar a indigestão. Ela não queria usar medicamentos e preferia a aplicação de banhos de água. Com isso em mente, a atriz decidiu fazer mudanças no roteiro e trocou suas próprias falas. Para tanto, produziu argumentos sólidos, extraídos de sua própria experiência, que lhe tinha ensinado que os banhos eram mais eficazes e mais agradáveis do que os laxantes.

"No final do ensaio, ela não se separava de sua filha por nada deste mundo. O aderecista-chefe estava disposto a dar-lhe o pedaço de madeira, mas não o resto do material necessário para a interpretação daquela noite. Uma tragédia infantil se seguiu com lamentos e choro. Isso só parou quando sugeriram para a criança que ela trocasse o material bonito e brilhoso por um pano barato e áspero, mas quente, usado para tirar pó. A criança descobriu que o calor era mais útil para a dor de estômago do que a beleza e o brilho do material que ela tinha e concordou com a troca, de bom grado.

"Isso é crença e verdade!

"Eis com quem devemos aprender a atuar!" — exclamou Tortsov.

"Lembro-me de um outro exemplo" — continuou ele. — "Um dia chamei minha sobrinha de sapo porque ela não parava de pular, e, durante toda uma semana, ela assumiu esse papel e ficou andando só de quatro. Passou vários dias debaixo das mesas, atrás das cadeiras e pelos cantos, escondendo-se das pessoas e da sua babá.

"Em outra ocasião, ela foi elogiada por se comportar como um adulto na hora do almoço e, imediatamente, essa criança impertinente tornou-se muito educada e começou a ensinar seus bons modos à própria governanta. Foi uma semana muito tranquila para as pessoas da casa, já que nem se ouvia a menina. Então, basta uma brincadeira e encontrar algum prazer no sacrifício para controlar uma tendência natural, de livre e espontânea vontade, por uma semana inteira. Será que isso não demonstra a flexibilidade da imaginação e a complacência e modéstia da criança quando escolhe um tema para a sua brincadeira? Será que isso não é a crença no caráter genuíno e na verdade das suas próprias ideias?

"É bastante surpreendente quanto tempo as crianças podem se concentrar em um objeto ou uma ação. Elas gostam de permanecer com o mesmo ânimo em seu personagem favorito. A ilusão da vida real que as crianças estabelecem nas suas brincadeiras é tão forte que é difícil para elas voltar à realidade. Elas transformam em prazer qualquer coisa que caia em suas mãos. Tudo o que elas têm de dizer para si mesmas é 'se', e o que elas inventaram fica vivo nelas.

"O 'se' da criança é muito mais forte do que o nosso 'se' mágico.

"As crianças têm uma qualidade que nós devemos tentar imitar. Elas sabem no que devem acreditar e o que devem ignorar. E a garotinha da qual eu falava para vocês ainda agora conservava ciosamente os seus sentimentos maternos e conseguia ignorar o pedaço de madeira.

"O ator deve se envolver com as coisas em que ele consegue acreditar e não levar em conta as coisas que são um obstáculo para ele. Isso vai ajudar a esquecer o buraco negro e a condição de aparecer em público.

"Assim, quando vocês estiverem atuando com a verdade e a crença das crianças quando brincam, vocês vão ser capazes de se tornar grandes atores."

.. .. 19..

Tortsov disse:

— Resumi, em termos gerais, o significado e a função da verdade no processo criativo. Agora vamos falar um pouco sobre as mentiras no palco.

"É bom ter um senso de verdade, mas também é preciso ter um senso de mentira.

"Vocês estão surpresos por eu separar essas duas noções e torná-las opostas. Faço isso porque a própria vida exige.

"Existem muitos empresários teatrais, atores, público e críticos que só gostam de convenções, do espetaculoso e do errado no palco.

"Em alguns, isso pode ser explicado pelo mau gosto rançoso e, em outros, porque estão empanturrados. Como glutões superalimentados, eles exigem alguma coisa com um sabor picante, algo condimentado. Eles gostam de um toque de pimenta na encenação e na atuação. Eles querem algo 'especial' que não existe na vida. O mundo real os entedia, e eles não querem ter de enfrentá-lo no palco. 'Qualquer coisa é melhor do que a vida real', dizem eles e, para evitá-la, eles procuram o máximo possível de distorção.

"Eles justificam tudo isso com palavras eruditas, ensaios, palestras, teorias elaboradas da moda, aparentemente motivadas por suas pesquisas sobre os pontos mais delicados da arte. 'O teatro precisa de beleza!', dizem. 'Queremos relaxar, nos divertir, rir durante a peça! Não queremos sofrer e chorar'. Outros dizem: 'Já existe bastante miséria na própria vida'.

"No extremo oposto estão os empresários teatrais, atores, público e críticos que amam e reconhecem apenas uma parcela da vida, o naturalismo, o realismo no palco: a verdade. Essas pessoas querem uma alimentação normal e saudável, boa 'carne' sem temperos e 'molhos' perniciosos. Elas não têm medo de impressões fortes para purgar a alma. Querem ter um bom choro, uma boa risada, para vivenciar, para participar indiretamente da vida da peça. Elas querem um reflexo da genuína 'vida do espírito humano' no palco.

"Somem a isso o fato de que, em ambos os casos, há um elemento de exagero, quando o tempero e a distorção são levados a tamanhos extremos que beiram a deformidade, e quando simplicidade e naturalidade beiram o ultranaturalismo.

"Esses dois extremos estão na fronteira do pior tipo de atuação.

"Tudo o que eu disse me obriga a isolar a verdade das mentiras e a falar delas separadamente.

"Porém, amá-las e odiá-las é uma coisa. Outra coisa é..."

Subitamente, Tortsov perdeu-se em pensamentos e, depois de uma pausa, sem terminar a frase, virou-se para Dária e Nikolai:

— Interpretem para nós a sua cena favorita, a da "criança abandonada", de *Brand*.

Eles fizeram o que ele pediu com uma seriedade comovente, mas com o habitual esforço e "suor".

— Diga-me — disse Tortsov a Dária —, por que vocês dois estavam tão hesitantes agora há pouco, feito amadores pouco convincentes?

Dária não disse nada, toda encolhida e com os olhos baixos.

— O que atrapalhou?

— Não sei! Não interpreto o que estou sentindo. Você diz uma coisa e depois quer voltar atrás.

— Por que é assim? — pressionou Tortsov, até que finalmente ela admitiu seu pânico de estar errada e também de estar dissimulando.

— Ah! — disse Tortsov, aproveitando essas palavras. — Você estava com medo do fingimento?

— Estava — admitiu Dária.

— E você, Nikolai? Por que houve tanto esforço, tensão, ponderação e tantas pausas entediantes? — perguntou Tortsov.

— Eu queria ir mais fundo, chegar ao cerne da questão, capturar a sensação viva dentro de mim mesmo... ser uma pessoa... para que houvesse luta, medo no coração... você tem de persuadir, de convencer as pessoas...

— Você procurou pela verdade autêntica, o sentimento, a vivência, as entrelinhas por trás das palavras? É isso?

— Exatamente! Exatamente!

— Aqui vocês têm representantes de dois diferentes tipos de ator — disse Tortsov aos estudantes. — Ambos odeiam mentir no palco, mas cada um à sua própria maneira. Por exemplo, Dária entrou em pânico e por isso se concentrou só nas mentiras. Foi só nisso que pensou. Ela não pensou em nenhum momento na verdade, não conseguiu ter tempo para pensar nela, pois o medo de mentir a dominou completamente. Isso é uma escravidão total, na qual não pode haver, de modo algum, trabalho criativo.

"Com Nikolai nós encontramos a mesma servidão causada não pelo medo da mentira, mas, ao contrário, por um amor apaixonado pela verdade. Ele não reflete sobre a primeira porque está completamente ocupado com a segunda. É preciso que eu lhes diga que a luta contra a mentira, assim como o amor à verdade pela verdade, não podem levar a nada, exceto à sobreatuação.

"Você não consegue subir no palco e ser criativo se tem uma obsessão: 'como não errar'. Você não consegue prosseguir com o único pensamento de criar a verdade aconteça o que acontecer. Daí virão apenas mentiras maiores."

— Como podemos evitar isso? — perguntou a pobre Dária, quase chorando.

— Fazendo duas perguntas que aguçam nossos poderes criativos, assim como uma pedra de amolar faz com uma navalha. Quando estiverem obcecados pela mentira, perguntem-se, nas luzes da ribalta:

"'Será que estou fazendo o que deveria ou lutando contra as mentiras?'

"Subimos ao palco não para lutar contra os nossos defeitos, mas para realizar ações que sejam genuínas, produtivas e cheias de propósito. Se vocês alcançarem o seu objetivo, significa que a mentira foi derrotada. Para verificar se as suas ações são verdadeiras ou não, façam a si mesmos uma outra pergunta:

"'Para quem estou fazendo o que faço, para mim mesmo, para o público ou para a pessoa que está na minha frente, isto é, o meu camarada ator?'

"Vocês sabem que o ator não é o próprio juiz da sua interpretação. E também não é o público. Este último tira as suas conclusões em casa. Seu juiz é o seu camarada ator. Se vocês causam um efeito no seu camarada ator, se vocês o obrigam a acreditar na verdade de seus próprios sentimentos e existe comunicação, isso significa que vocês atingiram o seu objetivo criativo e as mentiras foram derrotadas.

"O ator que não reproduz, que não dissimula, mas que realiza continuamente ações que são genuínas, produtivas e cheias de propósito, o ator que se comunica não com o público, mas com o seu camarada ator, é alguém que mantém, dentro da peça e do papel, com verdade viva e crença, o 'estou sendo'. Ele está vivendo a verdade no palco.

"Há outra forma de combater mentiras" — disse Tortsov para consolar Dária, que chorava. — "Arranque-as pela raiz."

— Mas que garantias existem de que outra mentira não vai ocupar o lugar que você limpou?

— Vocês devem fazer as coisas de forma diferente e plantar uma semente de verdade sob a nova mentira, quando ela aparece. A semente vai suplantar a mentira assim como um novo dente empurra para fora um dente de leite. Devidamente justificados, os "ses", as Circunstâncias Dadas, as Tarefas convincentes e as ações verdadeiras vão eliminar clichês, fingimento e mentiras.

"Se vocês soubessem quão importante e essencial é ter consciência da verdade e jogar fora mentiras... Esse processo, que chamamos de erradicação de mentiras e clichês, deve ocorrer desapercebido, como uma questão de hábito, monitorando constantemente cada passo que damos no palco.

"Tudo o que acabei de dizer sobre o cultivo da verdade é aplicável não só a Dária, mas a você também, Nikolai" – comentou Tortsov, voltando-se para o nosso "projetista".

"Tenho uma dica que vocês devem ter sempre em mente. Nunca exagerem na busca da verdade ou na importância de mentiras. A paixão pela primeira leva ao fingimento da verdade pela verdade. Essa é a pior de todas as mentiras. Tanto quanto o medo extremo de mentiras, que cria uma precaução natural que também é uma das maiores 'mentiras' teatrais. Vocês devem se associar com esta última, assim como com a verdade no palco, calma e equitativamente, sem implicâncias. A verdade é necessária no teatro na proporção em que pode ser sinceramente crível, na medida em que ajuda a convencer você e seu camarada ator e permite que vocês cumpram as suas tarefas criativas com confiança.

"Também é possível tirar proveito das mentiras se você abordá-las de maneira inteligente.

"A mentira é um diapasão para o que o ator não precisa fazer.

"Não é nenhum grande desastre que momentaneamente cometamos um erro e toquemos uma nota errada. O importante é usar isso como diapasão para definir os limites do crível, isto é, da verdade, para que, no momento em que errarmos, possamos voltar ao caminho certo. Nessas circunstâncias, um descontrole momentâneo, uma nota errada, são uma vantagem para o ator, mostrando-lhe os limites além dos quais ele não deve ir.

"Esse processo de automonitoramento é essencial durante o trabalho criativo e deve ser constante, permanente.

"Quando ele está entusiasmado, porque está criando publicamente no palco, o ator sempre quer dar mais sentimento do que de fato tem. Mas onde está ele? Nós não temos reservatórios de emoções para manter coerente a nossa vivência no teatro. Você pode subestimar ou superestimar uma ação, fazer mais esforço do que o necessário, em uma aparente expressão de sentimento. Mas isso não fortalece o sentimento, e sim o destrói. Isso é fingimento exterior, exagero.

"Os protestos feitos pelo senso de verdade de alguém acabam provando ser um melhor regulador em tais momentos. Esses protestos devem ser ouvidos até mesmo em momentos em que o ator está vivendo o papel interiormente como deveria. Nesses momentos, não é raro que, por causa dos nervos, seu aparelho exterior e expressivo faça esforços excessivos e, inconscientemente, comece a dissimular. Isso inevitavelmente leva a mentiras."

No final da aula, Tortsov falou de um ator que possuía um senso muito sutil de verdade quando estava sentado na plateia, assistindo outras pessoas atuarem. Porém, quando ele subia ao palco e se tornava personagem em uma peça, ele perdia o seu senso de verdade.

— É difícil acreditar — disse Tortsov — que a mesma pessoa que tinha acabado de condenar a falsidade e o fingimento de seus camaradas com um entendimento tão sutil cometesse erros, quando estava no palco, ainda maiores do que aqueles que ela tinha acabado de criticar.

"Em tais atores, e em outros como eles, o senso de verdade como membros de uma plateia e como atores em uma representação são diferentes."

.. .. 19..

Na aula, Tortsov disse:

— A melhor coisa para um ator é quando a verdade e a crença surgem espontaneamente na realidade do que ele está fazendo.

"Mas e quando isso não acontece?"

"Então, vocês precisam procurar e criar essa verdade e essa crença usando a sua psicotécnica.

"Vocês não devem criar nada em que vocês mesmos não acreditem ou que considerem mentiroso.

"E onde vocês devem procurar, como devem criar a verdade e a crença dentro de vocês mesmos? Será que não vai ser nos seus sentimentos e ações interiores, ou seja, em sua mente, como atores e seres humanos? Mas os sentimentos são muito complexos, evasivos e caprichosos, e é difícil fixá-los. A verdade e a crença surgem espontaneamente na mente ou são criadas pelo trabalho complexo da nossa psicotécnica. A coisa mais fácil do mundo é encontrar e estimular a verdade e a crença no corpo, com as mais ínfimas e simples Tarefas físicas e ações. Elas são acessíveis, estáveis, visíveis e tangíveis, elas se submetem à mente consciente e a ordens. E também é fácil fixá-las. É por isso que recorremos a elas em primeira instância, para que, com sua ajuda, possamos começar a criar o papel.

"Vamos fazer uma experiência."

.. .. 19..

— Kóstia, Vánia! Vão para o palco e façam o exercício em que vocês se saíram pior. Acho que foi o "queimando dinheiro".

"Vocês não conseguem compreendê-lo principalmente porque querem acreditar, de uma tacada só, em todas as coisas terríveis que eu pensei para a história. 'Em uma tacada só' fez que vocês atuassem 'em geral'. Tentem dominar um exercício difícil por partes, começando com as ações físicas mais simples, porém – é claro – em total harmonia com o todo. Se cada ação ínfima e secundária estiver relacionada com a verdade, o todo fluirá de maneira adequada, e vocês acreditarão que ele é genuíno."

– Dê-me, por favor, um pouco de dinheiro cenográfico – disse eu ao assistente de palco que estava nas coxias.

– Você não precisa disso. Use o vazio. Faça uma mímica – ordenou Tortsov.

Comecei a contar o dinheiro inexistente.

– Não estou acreditando em você! – disse Tortsov, interrompendo-me assim que me estiquei para pegar o pacote imaginário.

– No que é que você não acredita?

– Você nem olhou para o que estava tocando.

Olhei para o local onde estava o pacote imaginário, não vi nada, estiquei a mão e o puxei novamente.

– Será que você poderia ao menos fazer a gentileza de apertar os dedos uns contra os outros para não deixar o pacote cair? Não o jogue, deposite-o. Leva apenas um segundo. Se quiser justificar e acreditar fisicamente naquilo que está fazendo, não seja sovina. Quem desataria o pacote assim? Encontre a ponta do cordão que amarrou o pacote. Não assim! Não dá para fazer de uma vez só. Na maioria dos casos, as pontas estão amarradas e enfiadas sob um pedaço do cordão para o nó não se desfazer. Não é fácil endireitar as pontas. Isso – disse Tortsov, em sinal de aprovação. – Agora conte cada pacote.

"Ufa! Você fez tudo isso rápido demais. Nem o caixa mais experiente do mundo contaria notas velhas e amassadas com essa rapidez.

"Veja você em que detalhes realísticos e em que pequenas verdades nós temos de entrar para convencer, fisicamente, a nossa própria natureza, daquilo que fazemos no palco."

Ação por ação, segundo a segundo, de maneira lógica, em sequência, Tortsov guiava minhas ações físicas. Enquanto eu contava o dinheiro imaginário, ia gradualmente me lembrando de como, em que ordem e em que sequência isso era feito na vida real.

Como resultado de todas as ações lógicas que Tortsov me sugeria, desenvolvi uma nova atitude em relação a trabalhar com "nada". Isso preenchia com exatidão o papel do dinheiro imaginário, ou melhor, permitia que eu me concentrasse em um objeto que, na verdade, não existia. De maneira alguma é a mesma coisa mexer os dedos sem nenhum sentido e contar as notas usadas e surradas de rublos para as quais, na minha cabeça, eu estava olhando.

Assim que senti a verdade da ação física, passei a me sentir em casa no palco.

E, ao mesmo tempo, espontaneamente, ocorriam ações de improviso. Desamarrei o cordão meticulosamente e o coloquei na mesa ao meu lado. Essa pequena ação estimulou minha impressão de realidade e produziu então uma série de novas ações improvisadas. Antes de contar os pacotes, por exemplo, eu os batia na mesa por bastante tempo para garantir que as bordas ficassem alinhadas, para organizar as notas. Vánia, que estava ao meu lado enquanto eu fazia isso, compreendeu minha atitude e riu.

— O que foi? – perguntei.

— Saiu-se muito bem – explicou.

— Isso é o que chamamos de uma ação física total e completamente justificada, uma ação na qual o ator, como ser humano, pode acreditar! – gritou Tortsov, das cadeiras.

Após uma pequena pausa, Tortsov começou a falar:

— Nesse verão, depois de um longo intervalo, eu estava novamente perto de Sérpukhov[1], em uma casa de campo na qual havia passado minhas férias de verão havia muitos anos. A pequena casa, na qual eu alugava um quarto, era um pouco longe da estação. Mas, andando em linha reta, atravessando a ravina, o apiário e o bosque, a distância diminuía muito. Em uma ocasião, como eu já tinha passado por esse caminho muitas vezes, entrei por um atalho que tinha sido coberto por uma alta vegetação durante os anos em que estive ausente. Tive de abrir novamente a trilha com meus próprios pés. No começo foi difícil. Sempre me desviava da direção certa e ia parar em uma estrada que era cheia de sulcos e buracos por conta do tráfego intenso. Essa estrada seguia em direção oposta à da estação. Eu tinha de dar meia-volta, retornar por onde havia vindo e continuar seguindo o caminho. O que me servia de guia era a disposição familiar das árvores e dos tocos e as subidas e descidas do terreno. A memória que eu tinha deles estava intacta e me guiava.

"Por fim, surgiu uma longa trilha de grama pisoteada e eu andei por ela até a estação, e de lá novamente para a casa.

"Minhas frequentes idas à cidade faziam que eu tomasse esse caminho quase todos os dias, e, assim, em pouco tempo, formou-se uma trilha."

Depois de outra pausa, Tortsov continuou:

— Em "queimando dinheiro", hoje, com Kóstia, traçamos uma linha de ações físicas e demos vida a elas. Essa linha, à sua maneira, é um tipo de "caminho". Vocês o conhecem bastante bem na vida real, mas no palco têm de abrir esse caminho de novo.

---

1. Cidade ao sul de Moscou.

"Junto a essa, a linha certa, Kóstia tem outra, a linha errada, arraigada por hábito. Ela é formada por clichês e convenções. Ele se desviou dela momentaneamente, contra a sua vontade. Essa linha errada pode ser comparada com uma estrada interiorana cheia de sulcos. A estrada afastou momentaneamente Kóstia da direção correta e o levou para a atuação de mera técnica. Para evitar isso, Kóstia – assim como eu, no bosque – teve de descobrir e determinar de novo a linha correta de ações físicas. Podemos comparar isso com a grama pisoteada do bosque. Agora Kóstia tem de 'pisá-la' mais, até que ela se transforme em um 'caminho' que algum dia fixará, de uma vez por todas, o caminho certo para o papel.

"O segredo do meu método está claro. Não se trata de ações físicas em si, mas da verdade e da crença que essas ações nos ajudam a despertar e a sentir.

"Assim como existem ações e Cortes pequenos, médios, grandes e maiores, na nossa área existem verdades e momentos de crença pequenos, grandes e maiores. Se você não consegue entender a verdade de uma ação em larga escala de uma só vez, você terá, então, de dividi-la em partes e tentar acreditar pelo menos na menor delas.

"Foi o que fiz quando abri meu caminho pela ravina e pelo bosque. Ali, fui guiado pelos menores sinais, memórias do caminho certo (tocos de árvores, valas, montes de terra). E, do mesmo modo, como Kóstia, eu não usei as maiores, e sim as menores ações físicas, descobrindo pequenas verdades e momentos de crença. Um momento dava origem a outro, e ambos produziam um terceiro, um quarto e assim por diante. Isso lhes parece algo menor? Vocês se enganam: é algo enorme. Muitas vezes, sentindo uma pequena verdade, um momento de crença sincera na ação, um ator pode, de repente, ver as coisas com clareza e sentir-se dentro do papel, além de acreditar na verdade maior da peça inteira. Um momento de verdade viva sugere o tom correto para todo o papel.

"Eu poderia citar muitos exemplos desse tipo, a partir da minha própria experiência. Algo inesperado acontece enquanto um ator está realizando uma apresentação rotineira. Uma cadeira cai ou uma atriz deixa cair o lenço, que o ator então tem de pegar, ou uma mudança no cenário faz que ele tenha de mudar a mobília de lugar inesperadamente. Assim como uma lufada de ar fresco renova um cômodo abafado, um acidente da vida real, que penetre em um palco dominado por convenções, é capaz de dar vida a atuações mortas e envoltas em clichês.

"O ator tem de pegar o lenço ou levantar a cadeira de improviso, pois isso não foi ensaiado. Uma ação inesperada desse tipo é realizada não de uma maneira teatral, mas de uma maneira humana, e cria uma verdade autêntica, similar à vida real, na qual você tem de acreditar. Esse tipo de verdade é profundamente diferente da 'atuação' teatral, baseada em convenções. Ela produz no palco uma ação viva, tirada do mundo real do qual o ator está isolado. Muitas vezes, basta um movimento desses para colocar vocês na direção correta ou para produzir novos ímpetos criativos, ou seja, para produzir uma reviravolta. Uma corrente revitalizadora flui por toda a cena e, talvez, por todo o ato ou toda a peça. Isso depende de o ator querer aceitar um momento acidental que irrompeu do mundo real e incluí-lo no papel ou negá-lo e sair do papel.

"Em outras palavras, o ator pode lidar com o acidente como a personagem da peça e, então, incorporá-lo ao papel. Mas ele também pode sair por um segundo do seu papel, remover o acidente que ocorreu contra a sua vontade (como pegar o lenço ou levantar a cadeira) e retomar sua vida do palco baseada em convenções, que havia sido interrompida.

"Se uma pequena verdade e um momento de crença podem colocar o ator em um estado criativo, então toda uma série de momentos, em sucessão lógica e em sequência, pode criar uma verdade muito grande e todo um período longo de crença. Uma coisa vai apoiar e reforçar a outra.

"Não negligenciem as pequenas ações físicas, mas aprendam a usá-las para o bem da verdade e da sua crença no caráter genuíno do que vocês estão fazendo."

.. .. 19..

Tortsov disse:
— Vocês sabem que, quando vivenciamos uma tragédia ou um drama, pequenas ações físicas, pequenas verdades físicas e momentos de crença adquirem grande importância, não só em passagens simples, mas também em momentos muito intensos e de clímax. Por exemplo, o que você fez quando representava a segunda metade dramática de "queimando dinheiro"? – disse Tortsov para mim. – Você se jogou na lareira, puxou o maço de dinheiro das chamas, então reanimou o corcunda, tentou salvar a criancinha etc. Essas são as sucessivas fases de ação física por meio das quais a vida física do papel se desenvolve naturalmente e em sequência durante a parte mais trágica do exercício.

"Eis um outro exemplo:
"O que faz o amigo mais próximo ou a esposa de um homem que está morrendo? Procuram garantir que o homem doente esteja tranquilo, cumprem as ordens do médico, medem sua temperatura, aplicam nele compressas e emplastros. Todas essas pequenas ações adquirem uma nítida importância na vida do homem doente e, por isso, são realizadas como se fossem sagradas, pondo-se nelas todo o coração. E isso não é surpreendente, pois quando lutamos contra a morte, o desleixo é um crime e poderia matar o paciente.

"E eis aqui um terceiro exemplo:
"O que Lady Macbeth faz no clímax da tragédia? Uma ação física simples, limpando os respingos de sangue das mãos."

— Olha aqui, por favor, perdão — disse Grícha, logo intervindo em nome de Shakespeare. — Você realmente quer dizer que um grande escritor criou sua obra-prima para que ela pudesse lavar as mãos ou executar outras ações naturalistas?

— Decepcionante, não é? — disse Tortsov, irônico. — Não pensar no "trágico", abandonar o tipo de tensão, o tipo de histrionismo de que você tanto gosta, "sentimentalismo", "inspiração". Esqueça o público e o efeito que você exerce sobre ele e, em vez disso, tente encantá-lo, limitando-se às pequenas e físicas ações realistas, às pequenas verdades físicas e a uma crença sincera na autenticidade delas!

"Com o tempo, você vai entender que isso tem de ser feito não por causa do naturalismo, e sim por verdade de sentimento, para se acreditar que ele é autêntico e que, mesmo na própria vida, as experiências de uma ordem elevada são muitas vezes reveladas nas ações mais comuns, pequenas e naturais.

"Nós, atores, precisamos fazer pleno uso do fato de que essas ações físicas adquirem grande força dentro do contexto das Circunstâncias Dadas. Existe, então, uma interação entre mente e corpo, ação e sentimento, graças à qual o exterior ajuda o interior, ao passo que o interior estimula o exterior. Lavar o sangue ajuda Lady Macbeth a satisfazer seus pensamentos ambiciosos que, por sua vez, obrigam-na a lavar o sangue. Não é por acaso que em seu monólogo Lady Macbeth alternadamente lava as mãos e lembra momentos específicos do assassinato de Banquo[2]. A ação menor, real e física de lavar os respingos adquire um grande significado na vida posterior de Lady Macbeth, e, além disso, intenções poderosas (pensamentos ambiciosos) necessitam da ajuda de pequenas ações físicas.

"Porém, também existe outra razão prática, mais simples, para a verdade da ação física adquirir grande importância em momentos de clímax trágico. O fato é que, em momentos de tragédia intensa, o ator tem de atingir o ponto mais alto da tensão criativa. Isso é difícil. Sem dúvida, é preciso um esforço enorme para chegar a um estado de abandono, quando você não tem impulsos naturais para movê-lo! Será que é fácil, contra a sua vontade, chegar a esse estado sublime, que só ocorre quando se está completamente dominado pelo que se está criando? Tal abordagem vai contra a natureza, e é muito fácil queimar etapas e chegar à atuação de mera técnica, ao histrionismo e ao fingimento quando você tem tensão muscular em vez de um senti-

---
2. Ato V, cena II. Stanislávski deve ter querido dizer Duncan. Apesar de Banquo ser mencionado, suas memórias são do assassinato de Duncan, e é o sangue dele que está em suas mãos.

mento genuíno. O fingimento é fácil, é familiar, você está tão acostumado com ele que se torna mecânica, um hábito. É a linha de menor resistência.

"Para evitar esse erro, é preciso encontrar algo real, estável, orgânico e tangível. Para tanto, precisamos de um pouco de ação física clara, limpa e excitante, porém, fácil de ser realizada, que tipifique o momento que estamos vivenciando. Isso nos leva ao caminho certo, de forma natural e automática, e impede que nos desviemos por caminhos errados nos momentos difíceis da criação.

"É precisamente nos momentos em que vivenciamos tragédia e drama de uma forma intensa que as ações físicas verdadeiras e simples se tornam muito importantes. Quanto mais simples, mais acessíveis e mais factíveis elas forem, mais fácil será agarrar-se a elas em momentos difíceis. A Tarefa certa conduz ao objetivo certo. Isso impede que o ator escolha a linha de menor resistência, ou seja, a dos clichês e da atuação de mera técnica.

"Existe outra circunstância importante que dá mais força e significado às simples ações físicas.

"É esta: diga a um ator que seu papel, sua Tarefa, suas ações, são de natureza psicológica, profunda e trágica. Ele, imediatamente, ficará tenso e começará a simular a paixão, a 'rasgá-la em farrapos'. Ou, então, ele remexerá sua alma e estimulará algum sentimento para ser usado sem nenhum propósito.

"Porém, se você der ao ator a Tarefa física mais simples dentro de Circunstâncias Dadas interessantes e excitantes, ele começará a desempenhá-la sem se assustar e sem pensar se há psicologia, tragédia e drama naquilo que está fazendo.

"Então, o sentimento de verdade, a que nos leva a psicotécnica de um ator, é interiorizado, e esse é um dos momentos mais importantes no ato criativo. Graças a esse tipo de abordagem, o sentimento não é forçado e se desenvolve de forma plena e natural.

"Em grandes autores, até mesmo as menores tarefas físicas ocorrem dentro de Circunstâncias Dadas fortemente significativas, que são as que contêm estímulos tentadores para a emoção.

"Então, na tragédia, como vocês podem ver, é preciso fazer o oposto do que fez Nikolai, ou seja, não espremam sentimentos para fora de vocês mesmos, mas pensem em uma forma de executar, como deveriam, todas as ações físicas de acordo com as Circunstâncias Dadas, do começo ao fim da peça.

"Momentos trágicos devem ser desempenhados não apenas sem tensão e sem serem forçados, como fez Nikolai, mas também sem nervosismo e inquietação, como fez Dária, e não de uma só vez, como acontece com a maioria dos atores, mas, gradualmente, em sequência, de forma lógica, sentindo cada pequena ou grande verdade da ação física e, sobretudo, acreditando nela.

"Quando tiverem dominado essa técnica de abordagem do sentimento, vocês desenvolverão uma atitude completamente diferente e apropriada com relação ao clímax trágico e dramático. Eles já não irão mais assustá-los.

"Muitas vezes, a diferença entre drama, tragédia, farsa e comédia consiste apenas nas Circunstâncias Dadas em que as ações ocorrem. Em todos os outros aspectos, a vida física permanece a mesma. As pessoas se sentam, andam e comem tanto na tragédia quanto na farsa.

"Mas será, talvez, que isso tem algum interesse para nós? O importante é o motivo pelo qual isso se produz. As coisas importantes são as Circunstâncias Dadas, o 'se'. Eles dão vida à ação, justificam-na. Uma ação adquire um significado bem diferente quando ocorre em circunstâncias trágicas ou em outras circunstâncias na peça. No primeiro caso, ela é transformada em um grande evento, uma proeza. É claro que isso acontece com a aprovação da verdade e da crença. Nós gostamos de pequenas e grandes ações físicas por causa da sua verdade clara e tangível. Elas criam a vida do nosso corpo, e essa é metade da vida do papel.

"Nós gostamos das ações físicas porque elas nos levam fácil e imperceptivelmente à própria vida do papel, aos sentimentos contidos nele. Nós também gostamos das ações físicas porque elas nos ajudam a fixar nossa concentração no palco, na peça e no papel, ajudando na convergência sólida de todas as linhas estabelecidas do papel."

.. .. 19..

Tortsov disse a Vánia e a mim que repetíssemos a cena de "queimando dinheiro" da aula anterior. Eu tive sorte e fui capaz de lembrar relativamente rápido do que havia feito, realizando assim todas as ações físicas.

É tão bom sentir a verdade no palco, não só na mente, mas também no corpo! Você pode sentir o chão sob seus pés, você pode se manter firme sobre ele e ter certeza de que ninguém irá derrubá-lo!

— Que alegria é acreditar em si mesmo no palco e sentir que os outros também acreditam em você! — exclamei, ao terminarmos de atuar.

— E o que o ajudou a descobrir essa verdade? — perguntou Tortsov.

— Um objeto imaginário! O vazio.

— Ou melhor, as ações físicas, utilizando o vazio, a mímica — corrigiu-me Tortsov. — Isso é um fator importante, e teremos de falar sobre isso muitas vezes mais. Considere o seguinte: sua atenção, que antes estava dispersa por todo o teatro, está agora presa por um objeto inexistente. Esse objeto está no palco, no centro da peça; ele separa o ator do público e de tudo aquilo que não está no palco. Fazer a mímica de um objeto foca a concentração do ator, primeiro em si mesmo e, depois, nas ações físicas, obrigando-o a observá-las.

"A mímica também o ajudou a decompor grandes ações físicas em suas partes constituintes e a estudá-las separadamente. Uma vez, em sua primeira infância, quando você aprendia a olhar, a ouvir, a andar, prestando grande atenção em tudo, você estudava cada pequeno ato constituinte. Você terá de fazer a mesma coisa no palco. Em sua infância artística, você também terá de aprender tudo do zero.

"E o que mais o ajudou a atingir a verdade em 'queimando dinheiro'?" – perguntou Tortsov.

Fiquei em silêncio. Não consegui pensar imediatamente o que poderia ser.

– Você foi ajudado pela lógica e pela sequência das ações que obtive de você. Isso também é um fator importante, e ainda teremos de passar muito tempo pensando nisso.

"A lógica e a sequência também fazem parte das ações físicas. Elas dão ordem, estabilidade, sentido e ajudam a estimular a ação que é genuína, produtiva e com propósito.

"Na vida real, não pensamos nisso. Tudo acontece espontaneamente. Quando recebemos dinheiro na agência do correio ou no banco, não o contamos como Kóstia fez em cena antes que eu o corrigisse. No banco, contamos o dinheiro como Kóstia fez depois que trabalhei com ele."

– Sim! No banco, você pode deixar de contar uma nota de cem ou de duzentos rublos, e todo mundo tem medo de que isso aconteça, mas não é assustador não contar um objeto inexistente. Não há nenhum prejuízo real no palco – argumentaram os estudantes.

– Na vida, porque as mesmas ações são frequentemente repetidas, vocês têm aquilo que eu poderia chamar de uma lógica "automática" e de uma sequência de ações físicas e de outras ações – explicou Tortsov. – A vigilância subconsciente, exercida por nossos poderes de concentração e o automonitoramento instintivo do qual precisamos, surgem espontaneamente e nos guiam de maneira invisível.

– A lógica e se... quência de a... ções... vi... gi... lância... auto... moni... toramento – repetiu Vánia, percutindo essas curiosas palavras em sua cabeça.

– Vou explicar a vocês o que "a lógica e a sequência de ações" significam, sua "natureza automática" e outros termos que os assustam. Ouçam-me:

"Se vocês têm de escrever uma carta, não começam por selar o envelope, não é mesmo mesmo? Vocês preparam papel, caneta e tinta, pensam naquilo que querem dizer e passam suas ideias para o papel. Só depois de tudo isso é que vocês pegam um envelope para ser endereçado e selado. Por que vocês fazem isso dessa forma? Porque estão sendo lógicos e consequentes em suas ações.

"Mas vocês já viram a maneira como os atores escrevem cartas no palco? Eles correm até a mesa, movimentam a caneta descontroladamente no ar sobre o primeiro pedaço de papel que lhes chegam à mão, enfiam o papel mal dobrado de qualquer maneira em um envelope, encostam os lábios na carta e... é só isso.

"Atores que se comportam dessa maneira não têm nem lógica, nem coerência em suas ações. Entenderam?"

— Eu entendi — disse Vánia, satisfeito.

— Agora vamos falar sobre a natureza automática da lógica e da sequência em ações físicas. Quando está comendo, você não quebra a cabeça com cada detalhe: como segurar a faca e o garfo, o que fazer com eles, como mastigar e engolir. Vocês já comeram milhares de vezes em suas vidas e tudo se tornou tão rotineiro que é automático e, assim, acontece por conta própria. Vocês entendem instintivamente que, se não tivessem sequência lógica, suas ações não permitiriam que vocês comessem e saciassem sua fome. Quem cuida da lógica e das ações automáticas? Seu subconsciente, seu poder sempre vigilante de concentração, seu automonitoramento instintivo. Entendem?

— Sim, senhor! Eu entendo!

— Isso é o que acontece na vida real. Mas no palco é diferente. Em cima dele, como vocês sabem, executamos ações não porque fazem parte de nossa vida diária e são biologicamente necessárias para nós, mas porque o autor e o diretor nos disseram para fazer.

"A necessidade biológica de uma ação física desaparece no palco e, com ela, a lógica e a sequência 'automáticas', juntamente com a vigilância subconsciente e o automonitoramento instintivo, que são tão naturais na vida.

"Como é que vamos passar sem isso?

"Temos de substituir os reflexos automáticos pelo monitoramento consciente, lógico e cronológico de cada momento da ação física. Com o tempo, graças à repetição frequente, um hábito é criado.

"Vocês precisam entender como é urgente, para essa consciência da lógica e da sequência de ações físicas, a sua verdade, a crença nessa verdade, para que isso se torne um hábito o mais rápido possível.

"Vocês não podem imaginar quão rápido iremos desenvolver essa consciência e sua necessidade se fizermos os exercícios certos.

"Isso não é tudo. A necessidade de lógica e de sequência, de verdade e de crença influencia, por si mesma, todos os outros campos: pensamentos, desejos, sentimentos, palavras, todos esses Elementos. A lógica e a sequência lhes conferem disciplina — e especialmente concentração. Elas ensinam vocês a manter o objeto de sua atenção no palco, ou dentro de si mesmos, para vigiar o modo como são executadas as pequenas partes constituintes das ações, não só físicas, mas também interiores e mentais.

"Sentindo a verdade interior e exterior e acreditando nela, surge automaticamente um impulso para a ação e, em seguida, a própria ação.

"Se todos os aspectos da natureza de um ator, enquanto ser humano, estão funcionando logicamente, em sequência, com verdade e crença genuínas, então o processo de vivência está completo.

"Treinar atores lógica e sequencialmente, que se relacionem com tudo aquilo que está acontecendo na peça e no papel com verdade e crença genuínas, é uma enorme empreitada!"

Infelizmente, a aula foi interrompida pelo desmaio de Dária. Nós tivemos de carregá-la para fora e chamar um médico.

.. .. 19..

— Posso dizer, pelo olhar questionador de Kóstia, o que ele está esperando — disse Tortsov ao chegar à sala de aula. — Ele precisa saber, tão logo quanto possível, como dominar a técnica pela qual pequenas ações físicas influenciam sentimentos. O trabalho que fizemos com "ação sem objetos" vai ajudá-lo bastante nisso.

"Vocês viram o que fizemos e sabem como isso pode ajudar.

"Lembrem-se, no início, quando estava fazendo o 'queimando dinheiro', Kóstia realizava ações sem 'nada', sem nenhum tipo de propósito, sem um guia, sem saber o que estava fazendo, porque toda a sua vigilância, seu monitoramento e sua lógica automática tinham desaparecido. Eu assumi o papel da consciência de Kóstia, tentei fazê-lo entender o propósito e as ligações entre as partes constituintes de uma grande ação ('contar dinheiro'), e a maneira lógica e coerente como ela se desenvolve. Ensinei Kóstia a estabelecer o controle consciente sobre cada pequena ação subsidiária.

"Vocês viram a que isso levou. Kóstia lembrou, reconheceu, sentiu a verdade, a vida de suas ações, e começou a executá-las genuinamente, de forma produtiva e com propósito. Hoje, ele se lembrou de todas elas sem nenhum esforço especial.

"Kóstia pode repetir o que estruturamos dez ou uma centena de vezes, e um processo automático será criado dentro das ações lógicas e sequenciais."

— Mas pode ser, se assim posso dizer, que fiquemos tão acostumados a trabalhar com "nada" que, depois, quando nos derem "algo", não sejamos capazes de lidar com ele, e tudo fique confuso — disse Grícha, em tom de provocação.

— Então, por que não ensaiarmos com coisas reais desde o início? — perguntou alguém.

— De quanto precisaremos para que a nossa imaginação funcione? — observou Pácha.

— Não faz muito tempo, por exemplo, construímos uma casa e carregamos vigas e tijolos — lembrei.

— Existem outras razões, mais importantes. Grícha vai mostrar a vocês com um exemplo prático — observou Tortsov. — Grícha! Vá para o palco e escreva uma carta com as coisas reais que estão sobre a mesa redonda.

Grícha subiu ao palco e fez o que lhe foi dito. Quando ele terminou, Tortsov perguntou aos estudantes:

— Vocês foram capazes de ver todas as suas ações e de acreditar nelas?

— Não — declararam os estudantes quase em uníssono.

— O que vocês não viram, e o que parecia falso para vocês?

— Em primeiro lugar, não vi de onde vieram o papel e a caneta — disse alguém.

— Pergunte a Grícha para quem ele estava escrevendo e o que escreveu. Ele não será capaz de dizer, porque ele mesmo não sabe — observou outra pessoa.

— Você não poderia escrever nem mesmo um simples bilhete em um tempo tão curto — criticou um terceiro.

— Ainda me lembro de cada detalhe com que Duse, quando interpretava Marguerite Gautier (em *A dama das camélias*, de Dumas), escreveu sua carta para Armand[3]. Três décadas se passaram desde que eu a vi, mas ainda posso saborear cada mínimo detalhe de sua ação física, a de escrever uma carta para o homem que ela amava — observou Tortsov.

Então ele se virou mais uma vez para Grícha:

— Agora, faça o mesmo exercício em mímica.

Foi preciso muito tempo e muito trabalho antes que fosse possível guiá-lo, lembrá-lo, passo a passo, logicamente, em sequência cronológica, de todas as pequenas partes constituintes de uma grande ação. Quando Grícha as recordou e as colocou na sequência ordenada, Tortsov perguntou aos estudantes:

— Agora vocês acreditam que ele estava escrevendo uma carta?

— Sim.

— Vocês viram, vocês conseguem se lembrar de onde ele conseguiu o papel, a caneta e a tinta?

— Sim.

— Vocês sentiram que, antes de escrever a carta, Grícha repassou aquilo que estava em sua mente e depois colocou isso logicamente, passo a passo, no papel?

— Sim.

— Que conclusão vocês tiram?

Ficamos em silêncio, pois nenhum de nós sabia o que responder.

---

3. Eleonora Duse (1858-1924), lendária atriz italiana que ganhou fama internacional quando interpretou *A dama das camélias* em São Petersburgo, em 1898. A peça foi escrita por Alexandre Dumas Filho (1824-1895) em 1848.

— A conclusão é esta — disse Tortsov. — O público, enquanto observa as ações do ator, deve sentir também automaticamente esse processo "automático", isto é, a lógica e a sequência de ações com as quais estamos familiarizados na vida. Caso contrário, ele não irá acreditar no que está acontecendo no palco. Então, dê a ele a lógica e a sequência em cada ação. Inicialmente, faça isso de forma consciente, e depois, com o tempo e a prática, isso se tornará automático.

— Há uma outra conclusão — afirmou Grícha. — Você sabe que, mesmo usando coisas reais, temos de trabalhar em cima de cada ação física.

— Você está certo, mas o trabalho com coisas reais no início da carreira é mais difícil do que o trabalho com "nada" — observou Tortsov.

"E você sabe por quê?

"Porque com coisas reais você apressa muitas ações instintiva e automaticamente, como na vida cotidiana, de modo que, como ator, você não consegue manter o controle sobre elas. É difícil se aperceber dessas ações fugazes, mas, se você falhar, o resultado serão lacunas na lógica e na sequência das ações que as arruínam. Por sua vez, essa lógica fracassada destrói a verdade, e sem verdade não há crença, tanto para o ator quanto para o público.

"Com a mímica é diferente. Com ela, querendo ou não, você deve concentrar sua atenção em cada minúscula parte constituinte de uma grande ação. Se não fizer isso, você não conseguirá se lembrar ou executar todas as partes subsidiárias do todo e, sem elas, não conseguirá ter consciência da grande ação como um todo.

"Você deve primeiro pensar e depois realizar a ação. Dessa forma, graças à lógica e a sequência daquilo que você faz, você se aproxima da verdade por um caminho natural; e da verdade você chega à crença e, daí, à vivência genuína.

"Agora vocês podem entender por que, nos estágios iniciais, eu recomendo que vocês comecem com a 'ação sem objetos' e por que, por enquanto, neguei a vocês os objetos reais.

"O 'nada' obriga a investigar e a estudar a natureza das ações físicas com mais atenção e profundidade.

"Agarrem-se a essa técnica e aos exercícios com toda a paixão que puderem reunir e, com sua ajuda, alcançarão a verdade orgânica."

— Olha, por favor, perdão — objetou Grícha —, mas você pode realmente afirmar que a mímica é uma ação física genuína?

Pácha o apoiou. Ele também descobriu que as ações com objetos reais e as ações com objetos imaginários (vazio) eram, por natureza, diferentes.

— Por exemplo, vamos considerar beber água. Isso enseja, como se sabe, uma série de ações físicas reais e de processos naturais, tais como levar o líquido à boca, sensações de gosto, ingestão...

— Sim, sim! — interrompeu Tortsov. — Vocês têm de repetir todos esses pontos mais delicados mesmo durante a mímica, pois sem eles vocês não irão engolir.

— Mas, diga-me, o que devemos fazer quando não há nada na boca?

— Engula sua saliva, o ar, é a mesma coisa! — sugeriu Tortsov. — Você vai me dizer que não é a mesma coisa que beber um vinho saboroso. Eu concordo. Há uma diferença. Mas, mesmo assim, ainda há muitos momentos de verdade física que são suficientes para os nossos fins.

— Olha, perdoe-me, mas fazer isso distrai você das coisas importantes, do significado de um papel. Na vida, como você sabe, beber é algo que acontece, não requer concentração — insistiu Grícha.

— Não, mas quando você provar o que você está bebendo, isso requer concentração — objetou Tortsov.

— Mas quando não se está saboreando, não se pensa nisso.

— A mesma coisa acontece na mímica. Como eu disse a vocês, façam alguma coisa mais de cem vezes, compreendam-na, lembrem-se de cada momento singular e seu corpo, por sua própria natureza, vai reconhecer uma ação que vocês já conhecem e ajudará vocês a repeti-la.

Depois da aula, enquanto os estudantes se despediam, Tortsov deu algumas instruções a Rakhmánov. Eu pude ouvi-las, pois Tortsov falava em voz alta:

— Isso é o que deve ser feito com os estudantes. Nos estágios iniciais, assuma o papel da consciência deles, aponte os erros que eles cometerem nas pequenas ações constituintes.

"Deixe que cada estudante, por sua vez, entenda que deve conhecer as partes constituintes das ações principais e seu desenvolvimento lógico. Os estudantes devem treinar continuamente os seus poderes de concentração para que vejam, neles mesmo, se as exigências que a natureza faz estão sendo precisamente cumpridas. Os estudantes devem sempre sentir a lógica e a sequência da ação física, de modo que isso se torne uma necessidade para eles, parte do seu estado mental normal; eles devem valorizar cada pequeno componente das grandes ações, assim como um músico ama cada nota da melodia que está tocando.

"Até agora, você sempre zelou para que os estudantes se comportassem de forma produtiva, com propósito, e não apenas representassem papéis. Isso é excelente! Siga em frente com isso nas aulas de 'treinamento e exercícios'. Como anteriormente, escreva cartas, ponha a mesa de jantar, prepare todos os tipos possíveis de pratos, beba chá imaginário, costure roupas, construa uma casa etc. etc. Mas, a partir de agora, faça todas essas ações físicas sem objetos, com 'nada', lembrando que esses exercícios são essenciais para estabelecermos a verdade genuína e orgânica e a crença por meio da ação física em um ator.

"Kóstia agora sabe como a mímica o obrigou a investigar cada momento da ação física, contando o dinheiro. Traga esse trabalho de concentração para o grau mais elevado possível de perfeição técnica. Isso é extremamente importante. Depois disso, coloque a mesma ação física em numerosas Circunstâncias Dadas e 'ses' diferentes. Por exemplo, o estudante sabe perfeitamente como se vestir. Pergunte a ele: 'Como você se veste em seu dia de folga quando não tem que correr para a escola?'.

"Ele deve se lembrar e se vestir como faria em seu dia de folga.

"Como você se veste em um dia de escola, quando tem tempo de sobra antes de o trabalho começar?

"E quando ele está atrasado para a escola?

"E quando há uma emergência ou um incêndio em casa?

"E quando ele não está em casa, mas como hóspede em algum lugar etc.?

"Em todos os momentos, as pessoas se vestem fisicamente da mesma maneira. Elas puxam as calças, dão nó na gravata, abotoam seus botões etc. precisamente da mesma maneira todas as vezes. A lógica e a sequência dessas ações físicas não mudam, quaisquer que sejam as circunstâncias. Essa lógica e essa sequência devem ser dominadas de uma vez por todas, desenvolvidas até a perfeição em cada ação física dada. As Circunstâncias Dadas, o 'se' mágico e outros 'ses' nos quais a mesma ação física ocorre é que se modificam. A situação em que estamos influencia as nossas ações, mas não precisamos nos preocupar com isso. A natureza, nossa experiência de vida, o hábito e o próprio subconsciente cuidam disso para nós. Temos de pensar se a ação física está sendo realizada adequadamente, com lógica e sequência nas Circunstâncias Dadas.

"Você será ajudado estudando e corrigindo as ações através de exercícios de mímica por meio dos quais chegará a reconhecer a verdade. É por isso que invisto nesses exercícios com uma ênfase especial e, mais uma vez, peço a você que dê bastante atenção a eles."

– Sim, sim! – respondeu Rakhmánov, à maneira dos marinheiros.

.. .. 19..

A lógica e a sequência das ações físicas estão agora firmemente fixadas em nossas mentes. É nisso que nos concentramos durante nossos exercícios, nosso treinamento e prática etc.

Estamos elaborando cada experimento concebível em aula e no palco. A preocupação com a lógica e a sequência de ações físicas, de fato, tornou-se parte de nossas vidas reais. Criamos uma espécie de jogo no qual observamos uns aos outros para detectar uma falta de lógica e sequência em nossas ações físicas.

Hoje, por exemplo, como houve um atraso na limpeza do palco da escola, tivemos de esperar pela aula de Tortsov no corredor contíguo ao teatro da escola. De repente, Mária gritou:

— Ó, meus queridos! É terrível. Perdi a chave do meu quarto!

Nós todos, então, começamos a procurar por ela.

— Isso não foi lógico — Grícha objetou a Mária. — A primeira coisa que você fez foi se abaixar, e foi só aí então que você pensou onde olhar. Disso posso concluir que suas ações físicas não foram realizadas para procurar a chave, mas para que você pudesse flertar conosco, o público.

— Meus queridos, ele é uma praga! — disse Mária, asperamente.

Enquanto isso, Vánia estava nos calcanhares de Sônia.

— Ali! É isso! Você perdeu! Nenhuma sequência! Não acredito em você! Você foi apalpando o sofá com a mão e olhando para mim. Então você perdeu! — reclamava Vánia.

Somando os comentários de Lev, Igor, Pácha e, em parte, os meus próprios, ficou claro que as pessoas que procuravam estavam em uma situação desesperadora.

— Crianças estúpidas! Parem de dar nós em si mesmas! — trovejou a voz de Tortsov.

Os estudantes congelaram, chocados.

— Sentem no banco todos vocês, e vocês, Mária e Sônia, andem para um lado e para o outro do corredor — Tortsov ordenou em uma voz que parecia inusitadamente severa para nós.

"Não desse jeito! As pessoas realmente andam assim? Calcanhares para dentro, dedões dos pés para fora! Por que você não dobra os joelhos? Por que há tão pouco movimento em seus quadris? Prestem atenção ao seu centro de gravidade! Caso contrário, não há nenhum sentido, nenhuma lógica em nossos movimentos! Eu não acredito em você! Você não sabe andar? Onde está a verdade e a crença no que você está fazendo? Por que você está oscilando como se estivesse bêbada? Olhe para onde você está indo!

Quanto mais o tempo passava, mais fortes eram as críticas de Tortsov às falhas delas e, quanto mais implicante ele se tornava, mais as duas estudantes atormentadas perdiam a confiança. Tortsov as bloqueou a tal ponto que elas perderam qualquer senso de onde estavam os seus joelhos, calcanhares e pés. Procurando pelos grupos de músculos motores que Tortsov mencionava, as pobres mulheres se perderam em movimentos desnecessários. Isso atraía mais críticas do tutor.

Isso terminou quando elas tropeçaram nas próprias pernas e Sônia ficou completamente parada no meio do corredor, com sua boca vazia aberta e os olhos cheios de lágrimas, com medo de se mover.

Quando olhei para Tortsov, para minha surpresa, vi que ele e Rakhmánov estavam tapando as bocas com seus lenços, tremendo de tanto rir.

A piada foi logo explicada.

— Vocês não entendem — disse Tortsov — que o seu jogo bobo destruiu o sentido da minha técnica. Estabelecer a lógica e a sequência das partes constituintes de uma grande ação puramente física é realmente o que está em jogo? Não é disso que eu preciso, preciso da verdade do sentimento e da crença sincera do ator.

"Sem verdade e crença, tudo aquilo que é feito no palco, todas as ações físicas lógicas e sequenciais tornam-se mera convenção, isto é, produzem mentiras nas quais é impossível acreditar.

"A coisa mais perigosa para o meu método, para o 'sistema' como um todo e sua psicotécnica – e, de fato, para toda a arte – é a abordagem formal da complexidade do trabalho criativo, um entendimento estreito e primário daquilo que ele é. Aprender a dividir uma grande ação física em suas partes constituintes, estabelecer a lógica e a sequência entre elas de uma maneira formal, elaborar exercícios adequados para esse propósito, fazê-los como estudantes, sem nenhuma preocupação com aquilo que é mais importante, que é trazer a ação física para o ponto da verdade genuína e da crença, não é difícil, mas também não é proveitoso!

"Que tentação para aqueles que exploram o 'sistema'. Não há nada mais insensato e perigoso para a arte do que o sistema pelo sistema. Vocês não devem fazer dele um fim em si mesmo, vocês não devem converter seus meios em seu significado. Essa é a maior mentira de todas.

"Quando cheguei aqui, essa era precisamente a mentira que vocês estavam criando enquanto procuravam por algo que havia sido perdido. Vocês pinçaram buracos em cada pequena ação física, não tanto para descobrirem a verdade e estabelecerem a crença nela, mas para que pudessem entender, de forma puramente exterior, a lógica e a sequência das ações físicas enquanto tais. Esse é um jogo insensato e perigoso, que não tem qualquer relação com a arte.

"Deixem-me também oferecer a vocês um pequeno conselho de amigo. Nunca permitam que a sua arte, o seu trabalho criativo, os seus métodos, a sua psicotécnica e tudo o mais os transformem em críticos exagerados e detalhistas. Isso pode privar um ator de seu senso comum ou induzir a um estado de paralisia ou de estupor. Por que vocês deveriam querer desenvolver essas coisas em si mesmos e em outras pessoas usando um jogo sem sentido? Desistam disso, caso contrário, em um tempo muito curto, um excesso de cautela, de detalhismo e um medo aterrorizante das mentiras irão paralisá-los. Procurem pela mentira até o ponto em que ela ajude vocês a descobrir a verdade. E não se esqueçam de que o detalhista e o crítico criam a inverdade mais do que o seu contrário, assim como o ator que é o objeto desse detalhismo cessa involuntariamente de realizar a tarefa ativa que ele selecionou e, em vez disso, começa a simular a verdade. A maior mentira de todas está oculta na simulação. Mandem para o diabo o detalhista, tanto fora quanto dentro de vocês – no público e ainda mais em vocês mesmos. O crítico fica muito feliz em encontrar abrigo na mente sempre hesitante do ator.

"Desenvolvam uma crítica saudável, calma, judiciosa, compreensiva e verdadeira dentro de vocês mesmos – a melhor amiga do ator. Ela não drena a vida das ações, mas as torna vitais; ela ajuda você a representá-las não como uma mera forma, mas de maneira genuína. A verdadeira crítica pode olhar e ver o belo, ao passo que a crítica errada, mesquinha e detalhista só vê o que está ruim, enquanto o que é bom passa despercebido.

"Eu dou o mesmo conselho a quem estiver assistindo o trabalho do colega. Aqueles que estão monitorando o trabalho de outras pessoas devem limitar-se a servir como um espelho e dizer sinceramente, sem minúcias, se acreditam ou não no que estão vendo e ouvindo, indicando os momentos que os convenceram. Isso é tudo que se exige de vocês.

"Se os membros da plateia fossem tão exigentes e minuciosos em relação à verdade no teatro como são na vida, nós, pobres atores, não ousaríamos nos mostrar no palco."

– E o público não é exigente quando se trata da verdade? – perguntou alguém.

– Ele é exigente, mas não minucioso como vocês. Pelo contrário. O que um bom público mais quer é acreditar em tudo, ele quer ser convencido por uma história, e isso por vezes leva à ingenuidade de proporções lendárias.

"Vou falar sobre algo incomum que me aconteceu recentemente.

"Eu estava em uma festa com alguns conhecidos na qual o velho Pácha realizou um truque de mágica para divertir os jovens. Diante de nossos olhos, ele tirou a camisa de um dos convidados sem tocar seu casaco ou colete, desfazendo apenas o nó da gravata e abrindo os botões da camisa.

"Eu sabia o segredo do truque, pois, por acaso, tinha visto seu ensaio e ouvido o que havia dito ao assistente. Mas me esqueci de tudo isso enquanto assistia ao truque e fui surpreendido pelo velho Pácha em seu novo papel.

"Depois que o truque foi finalizado, todos discutiam espantados como tinha sido feito, e eu conversava com eles tendo esquecido, ou melhor, não querendo lembrar o que sabia. Eu queria esquecer para não me privar do prazer de acreditar e ser levado por ele. Eu não tenho outra explicação para esse incompreensível lapso de memória e para minha ingenuidade.

"O público em um teatro também quer ser 'levado', ele gosta de acreditar na verdade teatral e esquecer que é tudo uma peça, e não a vida real.

"Conquiste o público com a verdade e crença genuínas no que você está fazendo."

.. .. 19..

— Hoje vamos trabalhar na segunda parte de "queimar dinheiro" da mesma forma como fizemos com a primeira parte alguns dias atrás — explicou Tortsov, entrando na sala.

— Sabe, essa é uma tarefa mais difícil e pode ser que não estejamos à altura — comentei, subindo ao palco com Mária e Vánia.

— Não importa — disse Tortsov, tentando me acalmar —, realmente não estou passando o exercício para que tenham certeza de se dar bem, mas para que entendam melhor o que lhes falta e o que precisam aprender quando envolvidos em uma tarefa difícil. Por enquanto, façam o que puderem. Se não puderem dominar tudo de uma vez, basta uma parte; estabeleçam apenas a linha das ações físicas externas. Sintam a verdade nela.

"Por exemplo, você pode parar o que está fazendo por um momento e ir para a sala de jantar, quando sua esposa o chama para que a veja banhando o bebê?"

— Posso, isso não é difícil!

Levantei-me e fui para a sala seguinte.

— Não! — disse Tortsov, intercedendo-me às pressas. — Você nem mesmo parece fazer isso corretamente. Ainda assim, entrar em uma sala e sair pelas coxias não é uma questão fácil. Por isso, não é de admirar que você tenha tão pouca lógica ou sequência.

"Verifique por si mesmo quantas pequenas ações físicas e verdades, quase imperceptíveis mas essenciais, você deixou de fora. Por exemplo, antes de sua saída, você estava lidando não apenas com trivialidades, mas com coisas mais importantes, como colocar os papéis da empresa em ordem e verificar o dinheiro. Por que de repente você deixou seu trabalho de lado, por que não andou, por que correu para fora da sala como se o teto estivesse desabando? Nada terrível tinha acontecido, sua esposa tinha chamado você, isso é tudo. Além disso, em sua vida, você realmente iria ver um bebê de colo com um cigarro aceso na boca? A pobre criança iria tossir por causa da fumaça. E sua esposa dificilmente permitiria alguém fumando em um quarto onde um bebê recém-nascido estivesse sendo banhado. Então, primeiro, encontre um lugar para colocar o cigarro, deixe-o aqui, nesta sala, e depois saia. Cada uma dessas pequenas ações secundárias é fácil de executar."

Foi o que fiz. Deixei o cigarro na sala de desenho, fui para as alas e esperei minha entrada.

— Então, agora você fez cada uma dessas pequenas ações físicas separadamente e formou uma ação grande, uma saída para a sala de jantar. Foi fácil acreditar.

Meu retorno para a sala de desenho também foi submetido a muitas modificações, só que desta vez porque eu não estava simplesmente executando ações. Eu estava saboreando cada detalhe, todo o seu conteúdo e mais. Isso, também, é uma fonte de mentiras no palco.

Finalmente, nós nos aproximávamos de um momento de grande dramaticidade. Na minha reentrada, conforme retornava à mesa onde havia deixado os papéis, vi que Vánia tinha posto fogo neles e se deliciava como um idiota com seu jogo.

Farejando o momento da tragédia, impulsionei-me à frente como um cavalo de guerra ao soar a ordem de ataque. Minha natureza escapou de mim, fazendo-me encenar. Não consegui impedir a mim mesmo.

— Pare! Você perdeu a cabeça! Você perdeu o caminho! Você está seguindo uma linha errada! – disse Tortsov, intercedendo. – Repasse o que acabou de fazer, enquanto o rastro é recente.

— Eu estava representando a tragédia – confessei.

— E o que deveria ter feito?

— O que eu deveria ter feito era simplesmente ir até a lareira e arrancar o pacote de dinheiro queimando nas chamas. Mas, para fazer isso, teria primeiro de limpar o caminho, empurrando o corcunda. Isso foi o que fiz.

Mas Tortsov percebeu que, dada a fraqueza de meu empurrão, não poderia ser uma catástrofe ou questão de morte.

— Como podemos provocar e justificar uma ação mais violenta?

"Aqui, veja" – disse Tortsov –, "vou atear fogo a este pedaço de papel e jogá-lo aqui, neste cinzeiro grande. Você vai ficar um pouco mais longe e, logo que vir as chamas, correrá para salvar os pedaços que não estiverem queimando."

Assim que Tortsov fez o que disse, corri em direção ao papel, trombei com Vánia e quase quebrei seu braço.

— Veja – disse Tortsov, segurando-me –, o que você acabou de fazer tem alguma coisa a ver com o que você fez antes? Dessa vez, uma catástrofe poderia estar acontecendo, enquanto antes era tudo encenação. Claro, você não deve concluir que eu recomende quebrar o braço dos atores e incapacitar as pessoas no palco. Tudo o que emerge disso é que você não levou uma circunstância importante em conta, ou seja, que o dinheiro queima instantaneamente e, assim, para salvá-lo, você deve tomar medidas imediatas. Você não fez isso e, assim, violou a verdade e nossa crença nela. Agora vamos seguir em frente.

— O quê?... Isso é tudo? – disse eu, estupefato.

— O que mais deve haver? Você salvou o que pôde e o resto foi queimado.

— E o assassinato?

— Não houve assassinato algum.

— Como assim?

— Veja. Para a personagem que você estava fazendo, simplesmente não houve assassinato algum. Você estava deprimido porque perdeu o dinheiro.

Você nem mesmo percebeu que derrubou o idiota. Se você tivesse percebido o que aconteceu, não teria se enraizado ali no local, mas corrido para pedir ajuda pelo menino moribundo.

– Talvez sim... mas temos de fazer alguma coisa aqui. É um momento dramático, você sabe!

– Eu entendo. Para ser franco, você quer fazer a tragédia completa. Mas é melhor não fazer. Vamos prosseguir.

Fomos para o outro momento, difícil para mim: eu tinha de ficar imóvel, ou, na expressão de Tortsov, em "inação trágica".

Congelei e... eu mesmo sentia que estava exagerando.

– Lá estão eles, meus queridos amigos! Os velhos clichês que nossas avós e avôs conheciam. Como são teimosos, esses inveterados e calosos clichês – provocava-me Tortsov.

– Quais são eles?

– Olhos esbugalhados horrorizados, esfregar tragicamente a testa, segurar a cabeça nas mãos, correr os dedos pelo cabelo, apertar a mão contra o coração. Todos esses clichês têm uns trezentos anos de idade.

"Agora vamos nos desfazer de todo esse lixo!" – ordenou. – "Fora com todos os clichês. Toda essa atuação com o rosto, o coração, o cabelo, fora! No lugar, deem-me mesmo a menor ação, mas que seja genuína, produtiva, com propósito, verdade e crença."

– E como eu posso executar uma ação em um momento de inação dramática? – indaguei. – Como pode haver ação em um momento de inação dramática? Se existir, diga-me o que é.

Tivemos de nos arrastar por uma série de memórias para recordar o que um homem faz em um momento de inação dramática. Tortsov relatou o seguinte incidente:

– Uma mulher desafortunada recebeu a notícia da morte prematura de seu marido. Depois de uma longa e cuidadosa preparação, o triste mensageiro finalmente pronunciou as palavras fatais. A pobre mulher congelou. Mas não havia nenhum indício de tragédia em seu semblante (ao contrário do palco, no qual os atores gostam de encenar esse tipo de momento ao extremo). Esse silêncio, essa ausência total de expressão, foi terrível. O mensageiro teve de ficar totalmente imóvel por alguns momentos, de modo a não se intrometer prematuramente nos pensamentos da mulher. Por fim, teve de se mover, e isso a tirou do estupor. Ela emergiu... e caiu sem sentidos.

"Depois de um considerável lapso de tempo, quando foi possível falar com ela sobre o passado, perguntaram-lhe o que ela estava pensando no momento de sua 'inação trágica'.

"Ocorreu que cinco minutos antes de receber a notícia da morte de seu marido, ela estava se preparando para sair para comprar uma ou duas coisas para ele... Mas, como estava morto, ela teria de fazer outra coisa. Mas o quê? Começar uma vida nova? Dizer adeus à antiga? Ela reviveu toda a sua vida passada em um instante, ficou cara a cara com o futuro e não conseguia compreender o que isso significava, não conseguia encontrar a tranquilidade de que precisava para que a vida continuasse e assim... desmaiou por causa do desamparo que sentia. Você vai concordar que esses minutos de inatividade dramática foram bastante dinâmicos. Com efeito, reviver toda a vida, a longa vida, em um período tão breve e considerar seu valor! Isso não é ação?"

— É, mas isso não é físico, isso é puramente psicológico.

— Sim, concordo. Não é uma ação física, mas outro tipo de ação. Não vamos procurar pelo em ovo. Sejamos mais precisos. Em cada ação física há algo psicológico, e há algo físico em cada ação psicológica.

"Um renomado cientista diz que se você tentar escrever seus sentimentos, você terá uma discussão da ação física.

"De minha parte, eu diria que quanto mais física for a ação, menor o risco que você corre de forçar seus sentimentos.

"— Mas... bem, que assim seja, vamos falar sobre o psicológico, vamos lidar não com a ação interna, não com a lógica e sequência de ações físicas externas, mas com a lógica e sequência dos sentimentos. A coisa mais difícil e importante é entender o que é que temos de fazer. Você não pode fazer algo que não entende, sem o risco de cair na atuação 'em geral'. Você precisa de um plano claro e de uma linha de ação interior. Para estabelecer isso, você precisa entender a natureza, a lógica e a sequência dos sentimentos. Até agora, temos lidado com a lógica e sequência das ações físicas, que são palpáveis, visíveis, acessíveis a nós. Agora encontramos o problema da lógica e sequência de sentimentos interiores elusivos, invisíveis, inacessíveis e instáveis. Essa área, essa nova tarefa que os enfrenta é notoriamente complexa.

"Não é fácil discernir a natureza, a lógica e sequência dos sentimentos. Essas são todas questões psicológicas extremamente complexas, pouco analisadas pela ciência, e, portanto, ainda não podem nos fornecer nenhum indicador prático ou princípio básico.

"O único modo é encontrar uma maneira de sair da nossa situação difícil por nossos próprios, digamos, meios caseiros. Vamos falar sobre isso na próxima aula."

.. .. 19..

— Como, então, devemos resolver a questão altamente complexa da "lógica e sequência do sentimento", sem a qual não podemos trazer a pausa da "inação trágica" à vida?

"Nós somos atores, não cientistas. Nossa esfera é a ação. Somos guiados por nossa prática, nossa experiência humana, nossas lembranças de vida diária, lógica e sequência, verdade e crença no que fazemos no palco. Esse é o ângulo pelo qual enfoco a questão."

Após uma breve pausa, Tortsov continuou:

— A experiência prática tem me ensinado um método absurdamente simples. Ele consiste em perguntar: "O que eu faria na vida real se caísse em 'inação trágica'?". Basta responder a essa pergunta de uma forma natural, humana e nada mais.

"Como veem, eu me volto à ação física simples como auxílio ao sentimento."

— Se você não se importa, não concordo com isso, porque, você sabe, não há ações físicas no reino do sentimento. São psicológicas — disse Grícha.

— Não, você está enganado. Antes de tomar uma decisão, a imaginação das pessoas é bastante ativa. Com seu olho interior, elas veem o que e como as coisas podem acontecer e, mentalmente, percorrem as ações que planejam. Os atores sentem fisicamente as coisas nas quais pensam e mal podem conter seu próprio impulso interior de ação, sua luta para encontrar expressão exterior.

"Imagens mentais de ações estimulam a coisa mais importante de tudo, que é o dinamismo interior, o impulso à ação externa" — insistiu Tortsov. — "E você deve notar que todo esse processo tem lugar no mundo em que nós normalmente criamos. O trabalho de um ator não é feito na vida real, mas em uma vida imaginária, a qual não existe, mas bem que poderia existir. Para nós, atores, parece ser a própria realidade.

"Portanto, eu afirmo que quando falamos de uma vida imaginária e ações imaginárias, devemos nos relacionar a elas como faríamos com atos físicos genuínos e reais. Assim, a técnica de aprender a lógica e a sequência dos sentimentos pela lógica e sequência de ações físicas se justifica plenamente na prática.

"Como sempre, quando tenho um trabalho complicado a fazer, começo com a confusão em minha cabeça. Tenho de lembrar, reunir e avaliar cada fato, cada Circunstância Dada no exercício de atuar, um a um: a felicidade, a família, meus deveres para com ela e para com a empresa pública que sirvo, minhas responsabilidades como tesoureiro, a importância das faturas; meu amor, meus fortes sentimentos para com minha esposa e meu filho; o idiota, o corcunda que está sempre debaixo do meu nariz, a próxima auditoria e reunião de acionistas; a catástrofe, a visão terrível da queima do dinheiro e dos documentos, o impulso instintivo de salvá-los, meu estado de dormência, a loucura, exaustão. Tudo isso foi criado em minha representação de eventos, em minhas imagens mentais, e se refletia em meus sentimentos. Tendo colocado os fatos em seus lugares, tive então de entender onde levavam, o que me esperava no futuro, quais evidências havia contra mim.

"Primeiro, foi o grande e bom apartamento. Era um sinal de que estava vivendo além de meus meios, gastando demais. A ausência total de dinheiro no caixa, o fato de que as faturas tinham sido parcialmente queimadas, a morte do cunhado idiota e do fato de que não havia uma única testemunha de minha inocência, o afogamento do meu filho. Essa era uma nova evidência que indicava que eu estava planejando fugir e que um bebê de colo e um idiota teriam sido grandes obstáculos. O juiz diria: 'É por isso que, em primeira instância, este criminoso deu um fim a ambos'.

"A morte do meu filho envolveu não só a mim, mas também minha mulher, no crime. Além disso, certamente haveria dificuldades em nosso relacionamento como resultado do assassinato de seu irmão. E eu não poderia esperar que ela me defendesse.

"Todos os fatos, 'ses' e Circunstâncias Dadas me confundiam e atrapalhavam, tanto que, no início, eu não conseguia ver nenhuma saída a não ser fugir e me esconder.

"Mas, depois de um segundo, minha decisão precipitada foi minada por dúvidas.

"'Para onde posso correr?', perguntei a mim mesmo. 'A vida de um fugitivo é melhor do que uma prisão, e fugir não seria uma forte evidência contra mim? Não, não vou fugir da justiça, mas dizer tudo como aconteceu. O que tenho a temer? Não sou culpado. Inocente?... Sim, mas prove!'"

Quando expliquei todos os meus pensamentos e dúvidas a Tortsov, ele disse:

— Anote todas as suas ideias e traduza-as em ação, porque isso é exatamente o que interessa a você quanto à resposta à pergunta: "O que eu faria na vida real se me encontrasse de repente em um estado de 'inação trágica'?".

— Como você pode traduzir ideias em ação? — perguntaram os estudantes que não tinham entendido.

— Muito simples. Vamos supor que você tenha uma lista de ideias. Leia tudo. Bom apartamento, sem dinheiro, documentos queimados, duas pessoas mortas etc.

"O que você faria, uma vez que tivesse escrito e lido essas linhas? Você lembraria, selecionaria, avaliaria os fatos que poderiam servir-lhe como prova. Essa é a primeira de suas ideias, que foi transformada em ação. Leia mais adiante na lista. Tendo chegado à conclusão de que não há nenhuma saída, você decide fugir. Qual será sua ação?"

— Alterar o plano anterior e fazer um novo — decidi.

— Essa é sua segunda ação. Continue adiante na lista.

— Mais adiante eu critico o plano que acabei de fazer e o rasgo.

— Esta é a sua terceira ação. Adiante!

— Mais adiante, decido fazer uma confissão completa do que aconteceu.

— Esta é a sua quarta ação. Agora, tudo o que resta é a realização do que você planejou. Se isso é feito, não de forma histriônica, "em geral", mas de forma humana, genuína e produtiva, com propósito, em seguida um estado vivo, humano, semelhante ao estado da personagem que você está retratando, será criado não apenas em sua cabeça, mas em todo o seu ser, em todos os seus Elementos internos.

"Toda vez que você repetir uma pausa de 'inação trágica', o momento no qual a executa, repasse suas ideias mais uma vez. Elas virão a você, a cada dia, de uma forma ligeiramente diferente. Não importa se melhores ou piores, é importante que pertençam ao dia de hoje, que sejam novas. Só assim você poderá evitar repetir o que já aprendeu ou infligir clichês sobre si mesmo e resolver o mesmo problema de novo, um pouco melhor a cada vez, mais profunda e completamente, com maior lógica e ordem. Só nessas condições você poderá preservar a genuína verdade, a crença e a ação produtiva e pertinente à cena. Isso vai ajudá-lo a experimentar sinceramente uma forma humana, e não apresentá-la de forma teatral e convencional.

"Então, você responde à pergunta: 'O que eu faria se estivesse em um estado de inação trágica?' – ou seja, em um estado psicológico altamente complexo, não em termos científicos, mas por uma série de ações altamente lógicas, sequenciais.

"Como você pode ver, de nosso modo caseiro, imperceptível e praticamente, resolvemos o problema da lógica e sequência de sentimentos na escala pequena da qual precisamos no momento, para que possamos prosseguir.

"O segredo dessa técnica é que, já que não podemos lidar com o complexo problema da lógica dos sentimentos, nós os deixamos de lado e nos voltamos às investigações, a algo que nos é mais acessível, a lógica da ação.

"Então, respondemos à pergunta não de forma acadêmica, mas de uma forma totalmente prática, através de nosso conhecimento do mundo, com a ajuda de nossa própria natureza humana, nossa experiência cotidiana, nosso instinto, talento, lógica, sequência e nosso próprio subconsciente.

"Depois de criar uma sequência lógica de ações físicas, estaremos cientes, se prestarmos atenção, de que outra linha está sendo criada dentro de nós, paralelamente à lógica e à sequência de nossos sentimentos. Isso é compreensível. Sem percebermos, sentimentos interiores dão origem a ações, e estas estão indissoluvelmente ligadas a suas vidas.

"Esse é mais um exemplo convincente de como a lógica e a sequência de ações físicas e psicológicas, quando justificadas, conduzem à verdade e à crença de sentimentos."

.. .. 19..

Hoje, mais uma vez, Tortsov pediu que eu, Vánia e Mária fizéssemos a cena de "queimar dinheiro".

No início, na cena da contagem do dinheiro, algo deu errado. Tortsov, como da primeira vez, teve de guiar meus esforços passo a passo. Assim que senti a verdade das ações físicas e acreditei que fossem genuínas, eu me inflamei: as coisas tornaram-se mais fáceis, minha imaginação estava funcionando.

Enquanto eu contava o dinheiro, aconteceu de eu olhar para o corcunda, Vánia, e, pela primeira vez, fiquei cara a cara com a pergunta a respeito de quem ele era e por que estava sempre debaixo do meu nariz. Eu não poderia continuar até ter esclarecido minha relação com o corcunda.

— Veja! — exclamou Tortsov quando lhe falei sobre isso. — Pequenas verdades passam a exigir verdades cada vez maiores.

Esta é a história que inventei, com a ajuda Tortsov, para justificar minha relação com o colega ator.

A beleza e saúde de minha esposa foram compradas à custa da deformação de seu irmão, o idiota. Eles eram gêmeos. Quando vieram ao mundo, a vida de sua mãe estava em perigo. O obstetra teve de operar e arriscar a vida de um dos filhos para salvar a vida do outro e da própria mãe. Ambos sobreviveram, mas o menino nasceu idiota e corcunda. Parecia às pessoas saudáveis que algum tipo de culpa pairava sobre a família e que ela padecia de constante autocensura.

Essa história produziu um avanço em minha mente. Ela alterou minha atitude em relação ao pobre corcunda. Senti bondade genuína por ele, comecei a ver sua deformidade com olhos diferentes e, até mesmo, sentir algo semelhante às dores da culpa pelo passado.

Toda a cena da contagem do dinheiro veio à tona na presença da pobre aberração que sentia deleite pelos papéis em chamas. Eu estava pronto para jogar qualquer tipo de jogo com ele, por piedade: bater os pacotes em cima da mesa, fazer caretas e movimentos engraçados, gestos tolos ao jogar os papéis ao fogo e outras coisas que me vinham à cabeça. Vánia entrou no espírito do que eu estava fazendo e reagiu bem a isso. Seu entusiasmo me incentivou a inventar coisas novas. Uma cena totalmente diferente foi criada: aconchegante, viva, quente, feliz. Ela atraía a resposta da plateia a cada momento. Isso também me estimulou. Então, chegou o momento no qual eu tinha de ir à sala de jantar. Para quem? Para minha esposa? Quem era ela? Outra questão surgiu.

Aqui, novamente, era impossível fazer qualquer coisa até que resolvesse a questão de quem era minha esposa. Inventei uma história extremamente sentimental que prefiro não escrever. Ainda assim, isso me moveu e me fez acreditar que se as coisas fossem como a minha imaginação retratava, então minha esposa e meu filho eram infinitamente caros a mim. Eu trabalharia por eles com alegria, incansavelmente.

Agora que o exercício ganhara vida, minha encenação anterior parecia ofensiva.

Era tão fácil ir ver meu filho no banho. Desta vez, não tive de me lembrar do cigarro. Eu o deixei cuidadosamente para trás, na sala de estar. Meu carinho e minha preocupação pela criança exigiam isso.

A razão pela qual tinha de voltar à mesa e aos papéis era agora clara. Eu estava trabalhando por minha esposa, por meu filho, pelo corcunda!

Agora que conhecia meu passado, a queima do dinheiro da empresa assumia um significado diferente. Agora precisava dizer a mim mesmo: "O que eu faria se isso acontecesse na realidade?", e, de imediato, meu coração começou a bater mais rápido por um sentimento de impotência. Como parecia terrível meu futuro imediato, que pairava sobre mim. Tive de abrir as cortinas para o futuro. Para fazer isso, tinha de estar perfeitamente imóvel, e a "inação trágica" acabou por ser extremamente ativa. Ambos eram necessários para que concentrasse toda a minha energia e força no trabalho que minha imaginação e mente estavam fazendo.

A seção seguinte, com a tentativa de salvar o corcunda moribundo, saiu natural e espontaneamente. Isso era compreensível, dada minha nova atitude afetuosa a ele. Ele havia se tornado meu parente, querido para mim.

– Uma verdade revela e dá origem a outras verdades, logicamente, uma após a outra – disse Tortsov quando lhe contei minhas experiências. – Primeiro, você descobriu as pequenas verdades em "contar o dinheiro", e ficamos felizes quando você conseguiu lembrar, até o menor detalhe, o processo físico real de contagem de dinheiro na vida real. Depois de sentir essa verdade no palco, quando contava o dinheiro, você queria alcançar a mesma veracidade para a vida em outros momentos, em seus encontros com os outros personagens, sua mulher e o corcunda. Você queria saber por que o corcunda estava sempre na sua frente. Com a ajuda da lógica cotidiana e da sequência, você criou uma história provável e fácil de se acreditar. A soma de tudo isso o levou a viver com sinceridade no palco, de acordo com as leis da natureza.

Agora começava a ver o exercício que me enjoava com olhos diferentes, o qual evocava sentimentos vivos como resposta. Tinha de reconhecer que o método de Tortsov era excelente, mas parecia-me que o sucesso fora baseado na ação do "se" mágico e das Circunstâncias Dadas. Foram eles que produziram o avanço em mim, e não a criação de ações físicas e imaginárias. Então por que não começar com elas antes? Por que perder tempo em ações físicas?

Falei com Tortsov sobre isso.

— Claro! — concordou. — Sugeri começar com isso... há alguns meses, quando você fez o exercício pela primeira vez.

— Então era difícil para eu conseguir dar partida em minha imaginação. Ela estava morta — lembrava-me.

— Sim, mas agora ela está viva, e é fácil para você não só criar histórias, mas também vivê-las em sua mente, sentir sua verdade e acreditar nisso. Por que essa mudança aconteceu? Porque, anteriormente, você lançou as sementes da sua imaginação em solo pedregoso, e elas pereceram. Você sentiu a verdade, mas não acreditava no que fazia. Postura, tensão física, incorreções do corpo compõem um solo ingrato à criação de verdade e experimentação do sentimento. Mas agora não só sua vida psicológica, mas também a física, está em bom estado. Tudo nelas é verdade. Você acredita nelas não com sua inteligência, mas com as coisas que sua própria natureza sente como um organismo. Não é surpresa, portanto, se suas ideias criativas, nessas condições, colocam para fora as raízes e frutificam. Agora, sua imaginação não está ociosa como antes, em um vazio, não mais "em geral", mas tem uma base consideravelmente mais forte. Agora, o que você imagina tem significado não abstrato, mas concreto. Isso justifica interiormente a ação exterior. A verdade das ações físicas e crença nelas estimula nossas mentes.

"Mas a coisa mais importante que você aprendeu hoje é esta: você não estava mais no palco no 'apartamento de Mária', você não estava encenando, você era. Você realmente vivia com sua família imaginária. Isso é o que chamamos, em nossa terminologia, de o estado de 'ser'. Seu segredo é o fato de que a lógica ordenada de ações físicas e sentimentos o levaram à verdade, a verdade evocou crença, e, juntos, eles criaram o 'ser'. E o que é 'ser'? Isso significa que eu sou, eu vivo, eu sinto, eu penso em unicidade com o papel.

"Em outras palavras, 'ser' leva à emoção, ao sentimento, à experiência.

"'Ser' é um destilado, quase a verdade absoluta no palco.

"O desempenho de hoje foi também notável na medida em que vividamente ilustrou uma nova e importante qualidade que a verdade possui. E isso é o fato de que pequenas verdades evocam verdades maiores, cada vez maiores, até as maiores de todas.

"Tudo o que você tinha de fazer era conscientemente dirigir suas pequenas ações físicas e realmente acreditar nelas. Mas não foi suficiente que você apenas contasse o dinheiro, você tinha de saber por quem você fazia isso, quem você tentava entreter e assim por diante.

"Ser no palco é o resultado de querer verdades cada vez maiores, até mesmo a verdade absoluta.

"Onde a verdade, a crença e o 'ser' estão, há, inevitavelmente, a genuína experiência humana (e não teatral). Esses são os mais fortes 'impulsos' de nossos sentimentos."

.. .. 19..

Chegando à aula, Tortsov declarou:

— Agora vocês sabem o que é verdade e crença no palco, mas ainda é necessário provar se todos vocês as têm. E é por isso que conduzirei uma revisão individual do sentimento de verdade e da crença nela com cada um de vocês.

Grícha foi o primeiro a ser chamado ao palco. Tortsov disse-lhe que interpretasse alguma coisa.

É claro que nosso rei da representação precisava de sua permanente parceira, Vária.

Como de costume, apresentaram uma espécie de porcaria exagerada.

Foi isso que Tortsov disse no final:

— Para um mecânico hábil como você, que só está interessado na técnica de representação, o que você fez hoje pareceu certo, e você ainda se mostrou apaixonado por sua própria mestria técnica.

"Mas eu não compartilhei de seus sentimentos, porque o que procuro na atuação é o poder inato e criativo da própria natureza, que impregna num papel morto uma vida humana genuína.

"Sua falsa verdade o ajuda a representar 'personagens e paixões'. Minha verdade permite criar as próprias personagens e paixões. Entre a sua arte e a minha há o mesmo abismo que existe entre as palavras "parecer" e "ser". Eu preciso de uma verdade genuína, você está satisfeito com a aparência da verdade. Eu preciso de crença, você se satisfaz com a crença que o público tem em você. Quando eles o veem, podem ter a certeza de que tudo vai ser feito exatamente em conformidade com os truques tradicionais que conhecem. Eles têm fé em sua proficiência técnica, assim como têm fé que um ginasta não caia do trapézio. Em seu tipo de atuação, uma plateia é uma plateia. No meu tipo, ela se torna uma testemunha involuntária e uma participante do processo criativo. Ela é atraída para o âmago da vida representada."

Em vez de responder ao que fora dito por Tortsov, Grícha, um tanto venenosamente, declarou que Lev tinha uma visão da verdade diferente de Tortsov. Para apoiar seu ponto de vista sobre a verdade na atuação, Grícha citou os versos de Púchkin, aqueles de que todos nós nos lembramos nessas ocasiões:

Mais cara do que a escuridão da verdade elementar
Eu busco a toda-edificante mentira[4].

---

4. "O herói", poema de Púchkin.

— Concordo com você e com Púchkin também. Isso é demonstrado pelos versos que você citou, nos quais o poeta fala da mentira que nós acreditamos. É porque acreditamos na mentira que ela nos eleva. Ou será que a mentira teria qualquer efeito benéfico ou edificante sobre nós se não acreditássemos nela? Imagine que algumas pessoas viessem vê-lo no dia 1º de abril, quando gostamos de enganar os outros, e tentassem persuadi-lo de que o governo decidira fazer uma estátua sua em reconhecimento ao seu gênio artístico. Você se sentiria elevado por tal mentira?

— Eu não sou um idiota, você sabe, eu não acreditaria em uma piada estúpida como essa! — respondeu Grícha.

— Então, para se sentir elevado, você teria de "acreditar em uma piada estúpida" — disse Tortsov, lembrando-o de suas próprias palavras. — Púchkin expressa quase a mesma opinião em outras linhas:

Derrame lágrimas quentes sobre uma história[5].

"Você não derrama lágrimas por algo em que não acredita. Então, vida longa às mentiras e histórias nas quais acreditamos, uma vez que podem elevar o ator, bem como o público! Tais mentiras se tornam verdade para as pessoas que acreditam nelas. E isso é uma confirmação ainda mais forte do fato de que, no palco, tudo deve se tornar verdade na vida imaginária do ator. E eu não vejo isso em sua atuação."

Tortsov passou a segunda metade da aula colocando em ordem a pequena cena que Grícha e Vária tinham acabado de interpretar. Tortsov verificava as pequenas ações físicas na atuação deles e buscava a verdade, da mesma maneira que fizera comigo em "queimando dinheiro".

Porém... ocorreu um incidente que devo registrar, pois levou a uma repreensão de Tortsov que achei altamente instrutiva. Eis o que aconteceu:

De repente, Grícha interrompeu o que estava fazendo, parou de atuar e ficou em silêncio, com um olhar nervoso e irritado expresso em seu rosto. Suas mãos e lábios tremiam.

— Eu não posso mais ficar calado! Eu tenho de, quero dizer... eu preciso desabafar! — Ele começou a falar, depois de um curto silêncio durante o qual lutava com sua emoção. — Ou eu não entendo nada, e nesse caso é melhor eu desistir do teatro, ou, perdoe-me, mas o que você está nos ensinando aqui é veneno, e não devemos continuar com isso.

"Nos últimos seis meses, você nos fez mover cadeiras, fechar portas, acender o fogo. Logo, você pedirá que cutuquemos nossos narizes por uma questão de realismo, com pequena ou grande verdade física. Mas, perdão, mover cadeiras no palco não é arte. A verdade não está em demonstrar o lixo naturalista. Para o inferno com esse tipo de verdade, isso me deixa doente!

---
5. "Elegia", poema de Púchkin.

"'Ação física'? Não, veja, eu sinto muito. O teatro não é um circo. Ali, sim, a ação física – pegar o trapézio, pular nas costas de um cavalo – é extremamente importante; a vida do acrobata depende disso.

"Mas os grandes escritores do mundo não criam obras geniais para que seus heróis possam usar ações físicas como um tipo de exercício. Entende?! E isso é tudo o que temos feito. Estamos sufocando.

"Não nos transforme em poeira! Não corte nossas asas! Vamos bater as asas, voar alto, perto do eterno... do transcendental, do universal, lá em cima nas mais altas esferas! A arte é livre! Ela precisa de espaço, não de pequenas verdades. Ela precisa de liberdade de ação, veja bem, para voar alto, e não rastejar pelo chão como minúsculos insetos. Queremos algo de belo, nobre, inspirador! Não escureça nosso céu!"

"Tortsov está certo em não deixar Grícha planar entre as nuvens. Isso não combina com ele", pensei comigo mesmo. "O quê? Grícha, o nosso rei da representação, quer voar ao céu?! 'Atuar' em vez de fazer exercícios?!"

Quando Grícha terminou, Tortsov disse:

– Seu protesto me surpreende. Até agora nós pensamos em você como um ator exterior, técnico, uma vez que essa é a área na qual você se distinguiu. Agora, inesperadamente, ficamos sabendo que a sua verdadeira vocação está nas esferas além das nuvens, que você precisa do eterno, do universal, uma área na qual você não se distinguiu em nenhum momento.

"Então, para onde as suas intenções artísticas voam exatamente? Aqui, para nós, para a plateia, para a qual você se mostra, para a qual você sempre representa personagens, ou para lá, para o lado de lá da ribalta, ou seja, para o palco, o autor, os atores, para a arte que você serve, para a 'vida do espírito humano de um papel' que você está vivenciando? Eu creio, pelo que você disse, que seja para esta última. Muito bem! Então, mostre-nos o seu eu mais íntimo assim que puder, jogue fora sua amada técnica e seu assim chamado estilo elevado, do qual as plateias com mau gosto parecem precisar.

"Convenções e mentiras não têm asas. Não é dado ao corpo voar. Na melhor das hipóteses, ele pode saltar um metro do chão ou ficar na ponta dos pés e assim se esticar um pouco mais alto.

"A imaginação, os sentimentos e os pensamentos podem voar. Só eles possuem asas invisíveis que não têm nenhuma substância, nenhuma carne. Nós só podemos falar deles quando sonhamos, como você diz, com o 'transcendental'. Neles se encontram escondidas as lembranças vivas de nossa memória, aquela 'vida do espírito humano', que é nosso sonho.

"É isso que pode conduzir não somente 'para cima', mas consideravelmente mais além, aos mundos que a natureza ainda não criou, mas que vivem na fantasia sem limites de um ator. Mas, na verdade, seus sentimentos, pensamentos e imaginação não voam mais longe do que a plateia, da qual você é escravo. E, assim, eles devem gritar suas próprias palavras de volta para você: 'Não nos transforme em poeira! Estamos sufocando! Não corte nossas asas! Vamos bater as asas, voar alto, para perto do eterno... do universal! Dê-nos algo edificante, e não os surrados clichês teatrais!'."

Tortsov imitou maldosamente a vulgaridade do emotivo e histriônico estilo declamatório de Grícha.

— Se a tempestade da sua inspiração não erguer suas asas e arrastar você no turbilhão, você, mais do que ninguém, precisa da linha de ações físicas, da sua verdade e crença para poder decolar.

"Mas você tem medo disso, você acha que é humilhante fazer exercícios que são compulsórios para todos os atores. Por que você espera ser a exceção à regra geral?

"Os bailarinos suam e arquejam todas as manhãs durante seus exercícios antes de voar 'en pointe' à noite. Os cantores fazem exercícios de vocalização toda manhã, ampliam a sua extensão, desenvolvem o diafragma, encontram os pontos de ressonância na cabeça e no nariz para que à noite eles vertam suas almas no seu canto. Artistas de todos os tipos tomam cuidado para não negligenciarem seus corpos ou deixarem de fazer os exercícios físicos que a sua técnica exige.

"Por que você quer ser a exceção? No momento em que almejamos uma ligação direta entre nosso corpo e nossa mente, para que um possa influenciar o outro, você tenta mantê-los separados. E isso não é tudo. Você está mesmo tentando decepar (em palavras apenas, é claro) metade de sua natureza, o físico. Mas a natureza fez uma brincadeira com você, ela não lhe deu as coisas que você preza: a elevação de sentimentos e a vivência. Em vez disso, ela simplesmente lhe concedeu a técnica física de um exibicionista.

"Você, mais do que ninguém, está intoxicado por truques exteriores, mera técnica, declamação, emocionalismo e todos os velhos clichês habituais.

"Qual de nós está mais próximo do sublime: você, que se ergue um pouco na ponta dos pés e, apenas em palavras, se eleva para 'a grande imensidão azul' — enquanto, de fato, está inteiramente sob o poder do público — ou eu, que preciso de técnica e ações físicas para que, com a ajuda da verdade e da crença, possa transmitir as complexas experiências humanas? Decida-se. Qual de nós está mais próximo do chão?"

Grícha não disse nada.

— É bastante incompreensível! — exclamou Tortsov, depois de uma pausa. — As pessoas que mais falam sobre o sublime são aquelas que não têm o menor dom para ele, pessoas às quais faltam asas invisíveis com as quais voar. Falam sobre atuação e trabalho criativo de uma forma artificial, bombástica, incompreensível e pretensiosa. Atores de verdade, no entanto, falam sobre sua arte de forma simples e compreensível.

"Será que você não está incluído no primeiro tipo?

"Pense sobre isso e, também, sobre o fato de que, nos papéis para os quais é adequado, você pode se tornar um ator bom e útil."

Depois de Grícha, Vária apresentou sua cena. Para minha surpresa, ela fez todos os exercícios simples muito bem, em minha opinião, justificando-os.

Tortsov a elogiou e, então, sugeriu que ela apanhasse o cortador de papel da mesa e se apunhalasse com ele.

Ao primeiro sopro de tragédia, Vária tornou-se imediatamente bombástica e começou hediondamente "a rasgar a paixão em farrapos"; ao atingir o clímax, ela soltou um inesperado "ronco", e não pudemos nos conter, caindo em gargalhadas.

Tortsov disse:

— Eu tinha uma tia que se casou com um aristocrata e revelou-se uma "dama" superlativa. Ela caminhava no fio da navalha com arte consumada e praticava as "políticas" da alta sociedade de forma brilhante, de modo que era sempre bem-sucedida em qualquer circunstância. Todos acreditavam nela. No entanto, ao tentar conquistar a simpatia dos parentes de um homem que havia acabado de morrer e cujo enterro ocorria em uma igreja lotada, minha tia se aproximou do caixão, fez uma pose de ópera, olhou para o rosto do homem morto, fez uma pausa eficaz e declamou para toda a igreja: "Adeus, amigo! Obrigada por tudo!". Mas seu senso de verdade a traiu. Ela passou longe do alvo, e ninguém acreditou em seu pesar. Mais ou menos a mesma coisa aconteceu com você agora. Nas passagens cômicas, você teceu o papel como se fosse uma renda, e acreditei em você. Mas, na passagem dramática forte, você também perdeu a mira. Você, evidentemente, tem um sentimento unilateral da verdade, que é correto para a comédia, mas deslocado no drama. Tal como Grícha, você deve encontrar seu verdadeiro lugar no teatro. Entender seu "tipo", enquanto há tempo. É importante em nossa arte.

.. .. 19..

Tortsov continuou com sua revisão do sentimento de verdade e de crença nesta verdade, e o primeiro a ser chamado foi Vánia.

Ele interpretou o "queimando dinheiro" comigo e com Mária. Sustento que Vánia vivenciou a primeira parte soberbamente, como nunca antes. Ele me surpreendeu desta vez com seu senso de proporção e convenceu-me novamente de que era genuinamente talentoso.

Tortsov o elogiou, mas depois expressou sua reserva:

— Mas por que, na cena da morte, você simulou a "verdade" de um modo que não queremos ver, espasmos no estômago, náusea, vômito, caretas terríveis, contrações musculares no corpo inteiro...?

"Nesse trecho, você ofertou o naturalismo pelo naturalismo. Você precisava da verdade do moribundo por ela mesma, mas não viveu as lembranças dos últimos minutos da 'vida da alma humana', ficando mais interessado nas lembranças do público sobre a maneira como o corpo expira fisicamente.

"Isso foi errado.

"Na peça *Hannele*, de Hauptmann[6], o naturalismo pode ser tolerado. Mas o usamos de modo a destacar o significado da peça com mais clareza. É uma técnica que podemos aceitar. Mas por que, quando não precisamos disso, deveríamos empregar coisas da vida, as quais melhor seria rejeitar como um refúgio desnecessário? As Tarefas e a verdade desse tipo são antiartísticas, assim como a impressão que deixam em seu caminho. O repulsivo não cria o belo, o corvo não pode parir a pomba, a urtiga não pode gerar a rosa.

"Então, nem todas as verdades que conhecemos na vida são boas para o teatro.

"A verdade no teatro deve ser genuína, não glamorizada. Ela deve estar livre de detalhes mundanos desnecessários. Deve ser verdadeira em um sentido realista, mas tornada poética por ideias criativas.

"Deixe a verdade no palco ser realista, mas deixe-a ser artística, deixe que nos eleve."

— Mas em que consiste esse tipo de verdade artística? — perguntou Grícha, com um toque de veneno.

— Eu sei o que você quer, uma discussão sobre a elevação da arte. Posso dizer, por exemplo, que existe a mesma diferença entre a verdade artística e a não artística que entre uma pintura e uma fotografia. A última informa tudo, a anterior, somente o essencial. É preciso o talento do artista para colocar o que é essencial na tela. No que se refere ao papel de Vánia em "queimando dinheiro", devemos notar que, para o público, o importante era o corcunda morrer, e não que sua morte fosse acompanhada de exibição física. Esses são detalhes fotográficos prejudiciais à imagem. Queremos algum aspecto único e essencial que caracterize um homem morrendo e, de forma alguma, que ele nos apresente todos os seus sintomas. Caso contrário, a coisa mais importante, a morte, a partida de um ente querido, se torna um pano de fundo, e os sintomas secundários se destacam — e o público irá sentir nojo no momento exato em que deveria estar chorando.

"Estou bem ciente daquilo que vocês estão esperando que eu diga, mas não direi! Por quê? Porque certas pessoas, pouco exigentes, ficam satisfeitas muito facilmente. Algumas palavras e explicações, e elas pensam saber tudo sobre a arte. Para mim, tal estado de espírito é prejudicial. Ele não nos diz

---

6. Gerhardt Hauptmann (1862-1946), dramaturgo alemão. *Hanneles, Himmelfahrt* (*A ascensão de Hannele*) foi escrita em 1893. Stanislávski dirigiu a peça para a sua Sociedade de Arte e Literatura em 1896.

nada e, ao mesmo tempo, acalma nosso senso de curiosidade e nosso espírito de investigação, que são tão essenciais para um ator.

"Se eu me recusar a responder, vocês ficarão preocupados, intrigados, perturbados, isso irá colocá-los na defensiva e forçá-los a examinar a si mesmos em busca da resposta a uma pergunta não respondida.

"É por isso que deixo claro a vocês que não tenho nenhuma intenção de definir em palavras ou de encontrar formas para aquilo que seja a arte na Arte. Sou um praticante e posso ajudá-los a compreender, ou seja, a sentir a natureza da verdade artística, não em palavras, e sim em ação. Se isso tiver de acontecer, vocês deverão se armar de uma grande dose de paciência, porque levará um ano; ou melhor, isso ficará automaticamente claro quando tiverem passado por todo o 'sistema'. Então, vocês serão capazes de mapear por si mesmos o nascimento, o refino e a cristalização da simples, diária e humana verdade na arte. Isso não vai acontecer de uma vez, mas enquanto o papel estiver se moldando e crescendo. Ao tomar em nós mesmos aquilo que é mais essencial, dotando-o de beleza, de forma e expressão apropriadas ao palco, removendo tudo o que é supérfluo, com a ajuda de nosso subconsciente, nossa arte, nosso talento, nossa habilidade e nosso gosto, transformamos o papel em algo poético, belo, harmonioso, simples, compreensível, enobrecedor e purificador para o público. Essas qualidades colaboram para que aquilo que criamos no palco seja não apenas verdadeiro e portador de verdade, mas também artístico.

"Essa consciência sensorial essencial da beleza, do artístico, não pode ser definida por fórmulas mortas. Ela exige sentimento, prática, experiência, um tipo certo de curiosidade e tempo."

Depois de Vánia, Mária interpretou a cena da "criança abandonada". O conteúdo da cena é o seguinte: Mária está voltando para casa quando encontra no caminho um bebê abandonado. A criança, exausta e abandonada, expira rapidamente em seus braços. No início, ela mostrou sua alegria por encontrar a criança com uma extraordinária sinceridade, tratando-a como um bebê de verdade. Ela saltou e correu com ela, a envolveu em seus braços, beijando-a, adorando-a, esquecendo-se de que lidava com um pedaço de madeira enrolado em uma toalha de mesa.

Mas, de repente, o bebê parou de reagir a seus jogos. Mária olhou para ele longamente, tentando entender o motivo. A expressão em seu rosto mudou. Quanto mais seu espanto e terror se refletiam nele, mais ela se concentrava. Ela deitou a jovem coisa cuidadosamente no sofá e recuou. Quando estava a certa distância, ela congelou em estupefação trágica. Isso foi tudo. Nada mais. Quanto de verdade, de crença, ingenuidade, juventude, encanto, feminilidade, gosto e drama genuínos não estavam contidos aí? Ela contrastava lindamente a morte de um bebê recém-nascido com a sede de vida de uma jovem! Quão delicadamente ela sentiu o primeiro encontro com a morte de um ser jovem e vital, o primeiro vislumbre de um lugar onde não há mais vida.

— Aí existe verdade artística! — exclamou Tortsov, com entusiasmo, quando Mária saiu do palco. — Você pode acreditar em tudo o que ela fez, como se tivesse sido vivenciado e extraído de uma vida genuína, tal como ela é vivida, não indiscriminadamente, mas com discernimento, usando apenas o necessário. Nem mais, nem menos. Mária sabe como observar, ela pode entrever o belo e tem senso de proporção. Isso é uma qualidade importante.

— Como uma jovem iniciante, uma estudante, pode demonstrar tanta perfeição? — perguntaram alguns, com inveja.

— Através de talento natural e, o que é mais importante, de um sentimento excepcionalmente refinado para a verdade. Tudo o que é sutil, verdadeiro, é, invariavelmente, de alta qualidade artística. O que pode ser melhor do que a intocada, do que a imaculada verdade natural?

No final da aula, Tortsov nos explicou:

— Parece que, por enquanto, já lhes disse tudo o que posso sobre o sentimento da verdade, a crença e as mentiras no palco.

"Chegou a hora de começar a pensar sobre como desenvolver e testar essa importante dádiva da natureza.

"Ocasiões e pretextos para semelhante trabalho surgem em abundância, assim como o sentimento da verdade e da crença surge a cada passo que damos quando somos criativos, seja em casa, no palco, nos ensaios ou na atuação. Tudo o que o ator faz e o público vê deve estar imbuído do sentimento de verdade e ser sancionado por ele.

"Cada exercício, mesmo o mais insignificante, conectado com a linha interior e exterior da ação, precisa ser monitorado e sancionado pelo sentimento de verdade.

"Está claro, por tudo o que eu disse, que cada momento de nosso trabalho na escola, no teatro ou em casa pode servir para promover o seu desenvolvimento.

"A única preocupação que nos resta é a de que todos estes momentos devem nos servir para o bem, e não para o mal, que eles nos ajudem a desenvolver e fortalecer o sentimento de verdade, e não mentiras, incorreção e simulação.

"Essa é uma tarefa difícil, já que é mais fácil enganar e falsificar do que falar e agir de maneira verdadeira.

"Uma enorme concentração é necessária, assim como é necessário o monitoramento constante dos tutores para que os estudantes possam crescer mais fortes no caminho certo para o sentimento de verdade.

"Esqueçam as coisas que ainda estão além de vocês e que vão contra a nossa natureza lógica e nosso senso comum! Tais coisas produzem perturbação, coisas forçadas, simulação, mentiras. Quanto mais vezes permitirmos que essas coisas entrem no palco, pior será para o sentimento de verdade, desmoralizado e despojado pelo que é errado.

"Tomem cuidado para não fazer das mentiras e da incorreção um hábito no palco, não permitam que sementes ruins criem raízes em vocês. Arranquem-nas sem piedade. Caso contrário, as ervas daninhas crescerão e sufocarão os pequenos, preciosos e essenciais brotos de verdade que existem em vocês."

9

Memória emotiva

.. .. 19..

A aula começou com Tortsov sugerindo que repetíssemos o "louco" e a "lareira úmida", que não fazíamos há algum tempo. Os estudantes receberam a sugestão com entusiasmo. Eles sentiam falta dos exercícios. E, além disso, era bom repetir algo que já havia dado certo, algo que nos dava segurança.

Interpretamos com energia ainda maior. Isso não chegou a ser surpreendente. Cada um de nós sabia o que tinha de fazer e como fazer. Estávamos tão seguros de nós mesmos que nos exibíamos bastante. Uma vez mais, como antes, vendo o medo de Vánia, corríamos em todas as direções.

Mas, hoje, seu susto não foi surpresa para nós, tivemos tempo para nos preparar, para pensar em quem correria para onde. Como resultado, a corrida foi, no geral, mais claramente definida, melhor ensaiada e, assim, consideravelmente mais forte do que antes. Gritamos a plenos pulmões.

Quanto a mim, acabei debaixo da mesa, como antes, só que, como não encontrei um cinzeiro, agarrei um grande álbum. A mesma coisa pode ser dita dos outros. Sônia, por exemplo: da primeira vez, ela derrubou acidentalmente uma almofada ao colidir com Dária. Não houve colisão hoje, mas ela, ainda assim, derrubou a almofada para que pudesse apanhá-la como da última vez.

Qual não foi a nossa surpresa quando o exercício terminou, e Tortsov e Rakhmánov nos disseram que, enquanto nossos esforços anteriores tinham sido diretos, sinceros, puros e verdadeiros, o que fizéramos hoje havia sido errado, insincero e artificial! Tudo o que podíamos fazer então era erguer nossas mãos em desespero.

— Mas estávamos sentindo, vivenciando! — disseram os estudantes.

— Todo mundo inevitavelmente sente e vivencia algo em todos os momentos da sua vida — respondeu Tortsov. — Se não sentisse ou vivenciasse alguma coisa, não seria uma pessoa, mas um cadáver. Só os mortos não sentem nada. A questão é o que precisamente vocês estavam "sentindo" e "vivenciando".

"Vamos dar uma olhada e comparar o que aconteceu anteriormente com o que vocês fizeram hoje ao repetir o exercício.

"Não pode haver dúvida, a mise-en-scène, os movimentos, sua sequência, os mínimos detalhes do agrupamento foram mantidos com uma precisão surpreendente. Basta olhar para os móveis empilhados bloqueando a porta. É quase como se vocês tivessem tirado uma fotografia de como tudo tinha sido arranjado e tivessem construído uma barricada usando a fotografia como um modelo.

"Todo o lado exterior, factual, foi repetido com uma precisão bastante surpreendente, o que é uma clara evidência de que vocês possuem uma memória afiada para a composição do palco, agrupamento, ação física, movimentos, mudanças etc. Tudo exteriormente. Mas será que é realmente tão importante o lugar onde vocês estavam e como se agruparam? Eu, assim como o público, estou muito mais interessado em saber *como* vocês respondiam interiormente, *o que* vocês estavam sentindo. São as suas próprias experiências individuais, as que vocês trazem para o papel, a partir do mundo real, que darão vida a ele. Mas vocês não me deram esses sentimentos. Se a ação externa, a mise-en-scène e o agrupamento não estiverem bem fundamentados dentro de vocês, eles são mera forma, seca e desnecessária para nós no palco. E é isso que fez a diferença entre o desempenho de hoje e o que vocês tiveram anteriormente.

"A primeira vez que sugeri a ideia do hóspede louco, que aparece sem ser convidado, todos vocês, como se fossem um só, começaram a pensar sobre o problema vital da autopreservação. Todos vocês ponderaram sobre as circunstâncias e só depois disso começaram a fazer algo. Essa foi uma abordagem lógica e verdadeira, uma experiência genuína fisicamente encarnada.

"Hoje, porém, vocês estavam desfrutando de uma brincadeira favorita e, instantaneamente, sem pensarem por um momento que seja, sem pesarem as Circunstâncias Dadas, vocês começaram a copiar as ações exteriores que já conheciam previamente. Isso foi errado. Da primeira vez tudo estava quieto como um túmulo, hoje estava tudo fervilhante e excitado. Vocês todos correram para colocar as coisas nos lugares certos: Sônia, uma almofada; Vánia, um abajur; Kóstia, um álbum, em vez de um cinzeiro."

— O contrarregra se esqueceu das preparações — disse eu, para me justificar.

— E vocês fizeram alguma coisa com antecedência da primeira vez? Talvez você soubesse que Vánia fosse gritar e assustá-lo? — disse Tortsov, ironicamente. — Estranho! Como você podia prever que hoje fosse precisar de um álbum? Aparentemente, ele deveria chegar à sua mão por acaso. Uma pena que nenhum desses acasos tenha se repetido hoje! E há outro detalhe. Da primeira vez, você ficou com os olhos colados na porta atrás da qual o louco imaginário deveria estar. Mas hoje vocês não estavam preocupados com ele, mas conosco, o seu público, Rakhmánov e eu. Vocês queriam saber qual impressão estavam causando. Em vez de se esconderem do louco, vocês estavam se mostrando. Se, na primeira vez, suas ações foram motivadas por seus sentimentos, sua intuição, sua experiência cotidiana, hoje vocês seguiram cegamente um caminho já conhecido, quase mecanicamente. Vocês repetiram o sucesso da primeira versão e não criaram uma nova vida genuína pertencente exclusivamente ao dia de hoje. Vocês tiraram o seu material não da vida cotidiana, mas de memórias teatrais de "atuação". As coisas que brotaram da vida dentro de vocês, de forma espontânea, e que ficaram naturalmente refletidas na ação da primeira vez, hoje, foram artificialmente infladas, exageradas para produzir um efeito maior sobre o público. Em poucas palavras, o que aconteceu com vocês foi o que aconteceu uma vez com um rapaz que procurou Vassíli Samoilov[1] para perguntar-lhe se deveria se tornar ator.

"'Saia e, em seguida, entre novamente e diga o que acabou de dizer', sugeriu o famoso ator.

"O jovem repetiu sua primeira entrada exteriormente, mas não conseguiu recapturar a experiência que havia sentido ao chegar pela primeira vez. Ele não justificou ou deu vida interior a suas ações exteriores.

"No entanto, nem a comparação que fiz com o jovem, nem o fracasso de hoje devem incomodá-los. Tudo faz parte da ordem das coisas, e lhes direi por quê. O fato é que o melhor estímulo para a atividade criativa é, muitas vezes, o elemento surpresa, o frescor de um tema criativo. Este elemento surpresa estava presente na primeira vez que realizaram o exercício. Minha sugestão de que poderia haver um louco do outro lado da porta realmente os perturbou. Hoje, o elemento surpresa se foi, porque vocês sabiam de tudo com antecedência. Era uma velha história, notoriamente clara, até e inclusive na forma que suas ações tomariam. Nesse caso, por que se preocupar em pensar novamente ou em justificar o que faziam usando a sua própria experiência de vida, os sentimentos, as coisas que vocês viveram no mundo real? Qual é o sentido disso, se tudo já foi preparado e aprovado por mim e por Rakhmánov? Formas já prontas são uma grande tentação para o ator. Não surpreende, então, que vocês, que poucas vezes estiveram no palco, tenham sido tentados pelo que já estava pronto e, ao fazê-lo, tenham exibido uma

---

1. Vassíli Vassílievitch Samóilov (1812-1887), ator do Teatro Aleksandrínski, em São Petersburgo, tinha um dom extraordinário de se autotransformar e era um mestre da maquiagem.

excelente memória para exterioridades. Porém, a memória de sentimentos não estava evidente hoje."

– Memória de sentimentos? – disse eu, tentando entender claramente o que ele queria dizer.

– Sim. Ou, como iremos chamá-la, Memória Emotiva. Antigamente, seguindo Ribot[2], chamávamos isso de "memória afetiva". Esse termo agora foi abandonado, mas não foi substituído por outro em todos os casos. Porém, nós precisamos de algum tipo de palavra para definir isso e, assim, concordamos em chamá-la de memória de sentimentos, Memória Emotiva.

Os estudantes pediram uma explicação mais clara do que essas palavras implicavam.

– Vocês irão entender a partir deste exemplo fornecido por Ribot: dois viajantes ficaram ilhados em uma falésia pela maré. Eles escaparam e depois relataram suas impressões. Um deles se lembrava de cada uma de suas ações, como, por onde e por que havia chegado aonde chegou, onde descera, como havia posicionado os pés, onde pulara. O outro não se lembrava de quase nada disso, mas só dos sentimentos que vivera: primeiro a excitação, em seguida, cautela, alarme, esperança, dúvida e, finalmente, um estado de pânico.

"Esses sentimentos ficaram retidos em sua Memória Emotiva.

"Se hoje, simplesmente pensando no exercício, todos os sentimentos que vocês haviam experimentado na primeira vez tivessem voltado, como ocorreu com o segundo viajante; se vocês os tivessem vivido, começado de novo de uma forma genuína, produtiva e com propósito, se tudo isso tivesse acontecido espontaneamente, sem nenhum esforço da vontade, eu diria que vocês possuem uma Memória Emotiva de primeira classe, muito excepcional.

"Mas, infelizmente, esse é um fenômeno muito raro. Então, diminuirei minhas exigências e direi que se vocês tivessem realizado o exercício guiados apenas pelos movimentos a que tinham se proposto, se isso tivesse feito que vocês se lembrassem dos sentimentos que haviam vivenciado, e se vocês tivessem se entregado a essas memórias emotivas, vocês teriam realizado o exercício comandados por elas. Nesse caso, eu gostaria de dizer que vocês têm uma Memória Emotiva apenas boa, mas não excepcional ou superlativa.

"Estou preparado para diminuir minhas exigências ainda mais e aceitar o fato de que vocês começaram o exercício de uma forma externa, exterior, que os movimentos familiares e as ações físicas não deram vida aos sentimentos associados a eles, que vocês não mostraram nenhum sinal da necessidade de pesar as Circunstâncias Dadas dentro das quais deveriam suposta-

---

2. Théodule Ribot (1839-1916), psicólogo francês, cujo trabalho Stanislávski conheceu em 1908.

mente reagir, como fizeram da primeira vez. Em tais casos, vocês podem ajudar a si mesmos usando sua psicotécnica, isto é, através da introdução de novos 'ses' e Circunstâncias Dadas, avaliando-os cuidadosamente e despertando seus poderes adormecidos de concentração, sua imaginação, seu senso de verdade, crença, pensamentos e, através deles, o seu sentimento.

"Se vocês tivessem conseguido fazer isso, eu teria reconhecido que vocês têm uma Memória Emotiva.

"Mas hoje vocês não deram prova de nada disso. Hoje, tal como o primeiro viajante, vocês repetiram a linha das ações exteriores com clareza excepcional, mas não a fizeram arder com a experiência interior. Hoje, vocês estavam preocupados apenas com os resultados. É por isso que eu digo que vocês não deram provas de Memória Emotiva."

— Isso significa que não a temos? — perguntei, desesperadamente.

— Não. Você está tirando a conclusão errada. Mas iremos testar isso na próxima aula — respondeu Tortsov, com calma.

.. .. 19..

A aula de hoje começou com uma verificação da minha Memória Emotiva.

— Lembra-se — disse Tortsov — quando, na sala verde, você me contou sobre a grande impressão que Moskvín havia causado em você quando ele estava em turnê em ***? Será que você consegue se lembrar de suas apresentações de forma tão vívida a ponto de ainda ser arrebatado por elas como foi cinco ou seis anos atrás?

— Talvez não tão intensamente como na época, mas as minhas memórias ainda me comovem muito.

— Isso é suficientemente forte para que seu coração bata mais rápido quando pensa nelas?

— Bem, se eu realmente permitir.

— E o que você sente, mental ou fisicamente, quando se lembra da morte trágica de seu amigo, de quem você também me falou na sala verde?

— Eu afasto tais memórias dolorosas, elas são deprimentes.

— Esse é o tipo de memória que ajuda a reviver todos os sentimentos que você experimentou anteriormente, durante a turnê de Moskvín ou quando o seu amigo morreu — essa é a Memória Emotiva.

"Assim como sua memória visual ressuscita coisas há muito esquecidas, uma paisagem ou a imagem de uma pessoa, antes do seu olho interior, também os sentimentos experimentados são ressuscitados em sua Memória Emotiva. Você pensou que eles estivessem completamente esquecidos, mas de repente uma sugestão, um pensamento, uma forma familiar, e mais uma vez você está nas garras de sentimentos passados, que às vezes são mais fracos do que da primeira vez, às vezes são mais fortes, às vezes da mesma forma ou ligeiramente modificados.

"Uma vez que você empalidece ou se ruboriza simplesmente por recordar de alguma coisa que aconteceu com você, uma vez que você fica com medo de pensar em um infortúnio do passado, você tem uma memória de sentimentos, ou Memória Emotiva. Mas ela não está suficientemente desenvolvida para que você enfrente por conta própria os problemas inerentes à apresentação em público.

"Então diga-me" – falou Tortsov, voltando-se para Pácha –, "você gosta do cheiro de lírio do vale?"

– Sim, eu gosto – respondeu Pácha.
– E do gosto de mostarda?
– Não isoladamente, mas com carne, sim.
– E de acariciar o pelo de um gato ou um veludo fino, você gosta?
– Gosto.
– E você se lembra dessas sensações?
– Lembro.
– E você gosta de música?
– Também gosto.
– Você tem melodias favoritas?
– Claro.
– Quais, por exemplo?
– Muitas músicas de Tchaikóvski, Grieg, Mussórgski.
– Você consegue se lembrar delas?
– Consigo, tenho um bom ouvido.
– Um ouvido e memória auditiva – acrescentou Tortsov. – Ouvi dizer que você gosta de pintar.
– Muito.
– Você tem quadros favoritos?
– Tenho.
– Você consegue se lembrar deles também?
– Muito bem.
– E você gosta da natureza?
– Quem poderia não gostar?
– Você tem uma boa memória para paisagens, para a disposição dos objetos em uma sala, para o formato das coisas?
– Tenho.
– Para rostos também?
– Sim, para aqueles que causam uma impressão em mim.
– Dê-me um exemplo de um rosto do qual se lembra com clareza.
– Katchálov, por exemplo. Eu o vi de perto e ele me deixou uma grande impressão.
– Isso significa que você tem memória visual.

"Todas essas são impressões recorrentes produzidas pela memória movida pelos cinco sentidos. Elas não pertencem à categoria de experiências em nossa Memória Emotiva, elas são independentes dela.

"No entanto, algumas vezes mencionarei os cinco sentidos em paralelo com a Memória Emotiva. Isso é o mais conveniente.

"Os atores precisam das impressões deixadas em nossos cinco sentidos; mas em que medida eles precisam delas?

"Para responder a essa pergunta, observemos cada um dos sentidos.

"De todos os cinco sentidos, o da visão é o mais receptivo a impressões.

"A audição também é muito aguda.

"É por isso que é mais fácil agir sobre os nossos sentimentos através de nossa visão e audição.

"É bem sabido que certos pintores têm um olhar interior tão desenvolvido que conseguem pintar o retrato de alguém que não está presente.

"Alguns músicos têm um ouvido tão perfeito que podem tocar em suas mentes uma sinfonia que acabaram de ouvir, lembrando todos os detalhes da apresentação e os desvios mais insignificantes da partitura. Artistas de teatro, assim como pintores e músicos, possuem recordação visual e auditiva que lhes permite registrar e reviver imagens visuais e auditivas, do rosto de uma pessoa e de sua expressão, do formato de seu corpo, seu andar, maneirismos, movimentos, voz, as entonações das pessoas que eles encontram, suas roupas, detalhes – mesmo os mais triviais –, natureza, paisagens e assim por diante. Além disso, uma pessoa – ainda mais um ator – pode se recordar e reproduzir não apenas as coisas que vê e ouve na vida real, mas também as coisas que são criadas invisíveis e inaudíveis na sua imaginação. Atores do tipo visual gostam que lhes seja mostrado o que é exigido, e então é fácil que compreendam os sentimentos em questão. Atores do tipo auditivo, por sua vez, desejam ouvir o quanto antes o som da voz, o modo de falar ou as entonações da personagem que eles vão interpretar. Para eles, é a sua lembrança auditiva que fornece o impulso inicial para os sentimentos."

– E os outros sentidos? Não precisamos deles também? – perguntei, interessado.

– É claro!

– Se precisarmos, como podemos fazer uso deles, e com que finalidade?

– Imagine – explicou Tortsov – que você esteja representando a primeira cena do terceiro ato de *Ivánov*, de Tchékhov. Ou imaginem que um de vocês vai interpretar o Cavaliere di Ripafratta em *La Locandiera*, de Goldoni, e que ele pretensamente deve ficar em êxtase com o falso guisado de papel machê, que Mirandolina supostamente preparou com tanta maestria. Vocês precisam interpretar essa cena de tal forma que tanto vocês quanto seu público fiquem com água na boca. Para fazer isso, enquanto interpretam a cena, vocês devem reproduzir algo como o gosto, se não de um guisado genuíno, ao menos de algum outro prato saboroso, caso contrário, vocês irão simplesmente simular, e não vivenciar o gosto e o prazer de comer.

— Mas o que dizer do tato? Em qual peça você precisa dele?

— Talvez em *Édipo*, na cena com seus filhos, quando Édipo, que arrancara os próprios olhos, os toca. Nesse caso, você precisa de um senso bem desenvolvido de tato.

— Mas, olhe aqui, perdão, um bom ator expressará tudo isso sem se preocupar com o sentimento, mas apenas por meio da técnica — disse Grícha.

— Cuidado com tais asserções de autossuficiência. A técnica mais perfeita não pode ser comparada com a arte sutil, inatingível e inalcançável da própria natureza. No meu tempo, vi muitos atores famosos e cheios de virtuosidade técnica de todas as escolas e nacionalidades, e afirmo que nenhum deles poderia alcançar as alturas que o subconsciente do ator genuíno pode atingir quando invisivelmente solicitado pela própria natureza. Você nunca deve esquecer que muitos aspectos da nossa natureza são complexos e não irão se submeter à direção consciente. Só a natureza tem poder sobre essas partes de nós que são inacessíveis para nós mesmos. Sem a ajuda dela, podemos apenas parcial, e não totalmente, dominar o aparato criativo altamente complexo de que precisamos para vivenciar e encarnar fisicamente um papel.

"Lembranças de paladar, tato e olfato podem ter pouca aplicação para nós em nossa atuação; no entanto, por vezes, elas assumem grande importância, mas seu papel é apenas secundário."

— Em que consiste isso? — pressionei-o.

— Vou lhe dar um exemplo — disse Tortsov. — Vou lhe contar uma coisa que vi por acaso, não faz muito tempo. Dois jovens haviam passado uma noite na cidade e estavam tentando lembrar a melodia de uma polca ordinária que tinham ouvido em algum lugar, mas não sabiam onde.

"'Foi... Onde foi mesmo?... Estávamos sentados perto de um pilar ou de uma coluna', lembrou um deles, com dificuldade. 'Mas o que a coluna tem a ver com isso?', disse o outro, irritado.

"'Você estava sentado à esquerda e, à direita... quem estava sentado à direita?', disse o primeiro farrista, esforçando-se para ver em sua mente.

"'Não tinha ninguém sentado lá e nenhuma coluna. E nós estávamos comendo peixe recheado à moda judaica, essa é que é a verdade, e...'

"'Havia um fedor de água de colônia barata', lembrou o outro.

"'Isso, isso' — concordou o segundo homem —, 'o fedor de água de colônia barata, e o peixe recheado tinha um cheiro desagradável, nunca vou me esquecer disso!'

"Essas impressões ajudaram a lembrar de uma mulher que estava sentada com eles, comendo lagostim.

"Então, eles viram a mesa, a comida sobre ela, a coluna perto da qual eles realmente estavam sentados. Então, de repente, um dos farristas assobiou os sons que a flauta tinha produzido e mostrou como o flautista tinha tocado. Ele também se lembrou do líder da banda.

"Gradualmente, memórias gustativas, táteis e olfativas foram revividas e, com elas, as impressões visuais e auditivas recebidas no decorrer daquela noite.

"Por fim, um dos farristas se lembrou de algumas notas da polca ordinária. O outro, por sua vez, adicionou mais algumas notas, e os dois cantaram a melodia que tinha sido revivida em sua memória, regendo-a como o próprio líder da banda.

"Mas não acabou por aí. Os farristas se lembraram de que tinham trocado alguns insultos enquanto estavam bêbados e começaram novamente a discutir de forma acalorada, e o resultado disso foi que, de novo, começaram a se ofender.

"A partir desse exemplo, vocês podem ver claramente a estreita relação e interação de nossos cinco sentidos e sua influência sobre as coisas que a Memória Emotiva traz à tona. Então, como podem ver, o ator precisa não só de Memória Emotiva, mas também de memória sensorial."

.. .. 19..

Como Tortsov está em turnê fora de Moscou, nossos estudos foram interrompidos por algum tempo. Tivemos de nos contentar com o "Treinamento e exercícios", dança, ginástica, impostação de voz (cantar) e assuntos científicos. Assim como as aulas, as anotações no meu caderno também foram temporariamente interrompidas.

Mas ocorreu recentemente um incidente em minha vida privada que me fez entender algo muito importante para a nossa atuação e, em particular, para a Memória Emotiva. Eis o que aconteceu:

Não faz muito tempo, eu estava voltando para casa com Pácha. A rua Arbat estava bloqueada por uma grande multidão. Adoro ver coisas que acontecem na rua e abri caminho para chegar na frente. Então fui confrontado com uma visão aterradora. Perto de mim havia um velho mendigo em uma poça de sangue, com a mandíbula fraturada, as duas mãos e metade de um pé decepados. O rosto do morto estava terrível, o maxilar inferior estava destruído e seus dentes velhos e podres tinham sido arrancados e estavam alojados em seus bigodes ensanguentados. As mãos estavam ali, separadas do corpo. Parecia que ele as havia estendido à sua frente, implorando por misericórdia. Um dedo estava levantado, como se fosse ameaçar alguém. A ponta da bota, cheia de ossos e carne, também havia rolado para o lado. O bonde, que estava perto de sua vítima, parecia imenso e terrível. Ele mostrava os dentes e sibilava, como um animal. O motorista estava consertando algo no motor, provavelmente para mostrar que essa era a causa do acidente e se livrar da responsabilidade. Um homem estava debruçado sobre o cadáver, olhando atento para o seu rosto, enfiando um lenço sujo em seu nariz. Ali perto, crianças estavam brincando com água e sangue. Elas gostaram quando os riachos de neve derretida se misturaram com o sangue vermelho e formaram uma nova corrente cor-de-rosa. Uma mulher chorava, já o resto das pessoas ficou olhando com curiosidade, horror ou repugnância. Eles estavam esperando as autoridades, o médico e a ambulância etc.

Essa imagem realista-naturalista causou uma impressão horripilante e devastadora em mim. Isso fazia um intenso contraste com o dia ensolarado, o céu azul, claro, feliz e sem nuvens.

Fui embora extremamente deprimido e, durante muito tempo, não consegui me livrar daquela impressão horripilante. A memória da cena que descrevi despertou um estado de espírito doloroso que não saiu de mim o dia todo.

Acordei no meio da noite, revi a imagem gravada em minha mente, fiquei mais abalado, parecia terrível estar vivo. O trágico acidente parecia mais terrível na memória do que tinha sido na realidade, talvez porque fosse de noite e tudo parece pior no escuro. Mas eu atribuía o meu estado à Memória Emotiva, que tinha deixado toda a impressão ainda mais forte. Fiquei até feliz de estar horrorizado, já que isso indicava que eu tinha uma memória muito boa para sentimentos.

Um ou dois dias depois do incidente que descrevi, estava andando de novo pela rua Arbat, perto do local onde o acidente tinha ocorrido e, então, parei involuntariamente, refletindo sobre o que tinha acontecido havia pouco tempo. Todo aquele horror não estava mais lá, havia apenas uma vida humana a menos no mundo. Os funcionários varriam a rua com calma, como se estivessem eliminando os últimos vestígios do trágico acidente, os bondes passavam correndo alegremente pelo fatídico local, manchado de sangue humano. Hoje, as viaturas não mostravam os dentes ou sibilavam como naquele dia, mas, ao contrário, tocavam os seus sinos vivamente e, assim, podiam deslizar mais alegremente.

A memória do acidente, recente e terrível, renasceu, relacionada a meus pensamentos sobre a brevidade da vida humana. Mas o que havia nele de cruamente naturalista – a mandíbula fraturada, as mãos e parte do pé amputados, o dedo levantado e as crianças brincando nas poças de sangue –, embora me abalasse tanto quanto antes, me abalava de uma maneira bem diferente. O sentimento de repugnância desapareceu e a indignação tomou seu lugar. Eu definiria o que aconteceu em minha mente da seguinte maneira: no dia do acidente trágico, marcado pelo que tinha visto, eu poderia ter escrito um relato cáustico no jornal, como um repórter de rua, mas, no outro dia a que me refiro, eu teria sido capaz de elaborar um artigo apaixonado sobre a crueldade da vida. Quando me lembro do acidente, não fico perturbado com os detalhes naturalistas, mas com um sentimento de pena, de enternecimento pela vítima. Hoje pensei com especial afetuosidade na mulher que chorava amargamente.

É incrível como o tempo exerce uma enorme influência sobre o desenvolvimento da rememoração de nossas emoções.

Esta manhã, ou seja, uma semana após o acidente, indo para a escola, mais uma vez passei pelo local fatídico e lembrei o que tinha acontecido. Havia neve, tão branca hoje como naquele dia. É a vida. A figura negra deitada no chão, estendendo-se em direção a alguma coisa. Essa era a morte. O sangue escorrendo eram as paixões que emanam das pessoas. Em torno de tudo, em um forte contraste, mais uma vez estavam o céu, o sol, a neve, a natureza. Essa era a eternidade. Os bondes abarrotados passando por mim pareciam as transitórias gerações humanas caminhando para a eternidade. E toda aquela imagem que há pouco parecia repugnante, depois horripilante, agora tinha se tornado majestosa. Se, no primeiro dia, eu queria escrever uma reportagem e depois fiquei tentado a produzir uma matéria de caráter filosófico, hoje eu estava inclinado para a poesia, versos, celebrações líricas.

Ainda afetado pelas mudanças em meus sentimentos e memórias emotivas, comecei a pensar sobre um incidente que Lev nos contara não fazia muito tempo. Nosso querido amigo tinha se envolvido com uma moça simples do campo. Eles se davam bem, mas ela tinha três defeitos insuportáveis. Primeiro, ela nunca parava de falar. Mas, como não era muito educada, sua conversa era boba. Segundo, ela tinha mau hálito e, terceiro, ela roncava muito a noite toda. Lev a deixou, e seus defeitos foram o principal motivo da separação.

Passou um bom tempo e ele começou a sonhar de novo com sua Dulcineia[3]. Com o tempo, o lado ruim dela ficou esmaecido e começou a parecer sem importância para ele; e seu lado bom emergiu de forma mais clara. Aconteceu um encontro casual. Dulcineia fazia o serviço doméstico em um apartamento para o qual ele tinha se mudado de propósito. Em pouco tempo, tudo voltou a ser como antes.

Agora que as recordações de suas emoções se tornaram realidade, Lev sonha novamente com a separação.

....

3. Dulcineia, personagem de Dom Quixote (Parte 1, 1605; Parte 2, 1615), de Miguel de Cervantes (1547-1616). Dulcineia é a amada de Dom Quixote.

.. .. 19..

Que estranho. Agora, depois de uma breve passagem de tempo, quando me lembro do acidente na Arbat, vejo sobretudo o bonde em minha mente. Não o mesmo que vi naquele momento, mas outro, que tinha sido armazenado em minha memória depois de um acidente que acontecera algum tempo antes.

No último outono, eu estava voltando para Moscou de Stréchnovo[4], tarde da noite, no último bonde. O carro saiu dos trilhos antes que conseguisse chegar à clareira deserta. As forças combinadas dos poucos passageiros foram necessárias para colocá-lo de volta aos trilhos. Que enorme e poderoso parecia o carro para mim, e que insignificantes e desprezíveis eram as pessoas comparadas com ele.

A pergunta que eu gostaria de responder é: por que esses sentimentos de um passado distante estão gravados mais profundamente na minha Memória Emotiva do que as coisas que vivenciei há pouco tempo na Arbat?...

E também tem outra coisa estranha, bastante similar. Rememorando o mendigo estirado no chão e o homem desconhecido debruçado sobre ele, eu pensei não no trágico acidente na rua Arbat, mas em outro incidente. Há algum tempo deparei-me com um sérvio, agachado sobre um macaco que estava morrendo na calçada. O pobre homem, com os olhos cheios de lágrimas, estava tentando enfiar um pedaço de confeito sujo na boca do animal. Essa cena, evidentemente, mexeu mais comigo do que a morte do mendigo. Ficou gravada em minha memória de forma mais profunda. É por isso que agora o macaco morto, e não o mendigo, o sérvio, e não o homem desconhecido, vêm à mente quando penso no acidente recém-ocorrido. Se tivesse de representar essa cena, não lançaria mão das emoções associadas a ela, da minha memória, mas de algo diferente, registrado um bom tempo antes, em circunstâncias diferentes e com personagens totalmente diferentes, ou seja, o sérvio e o macaco. Por que isso acontece?

.. .. 19..

Tortsov voltou de suas viagens e deu a aula de hoje. Contei a ele sobre o que tinha passado após o trágico acidente. Tortsov elogiou meus poderes de observação.

— O que aconteceu com você — disse ele — ilustra muito bem o processo de cristalização que ocorre em nossa Memória Emotiva. Todo mundo, a seu tempo, vê não apenas um, mas muitos acidentes trágicos. Eles ficam armazenados na memória, mas não em todos os detalhes, somente as características que causaram maior impacto. Todos esses vestígios de experiências e senti-

---
4. Stréchnovo, uma pequena cidade perto de Moscou, onde Stanislávski trabalhava, em uma clínica, na versão final deste livro, em 1935.

mentos semelhantes se condensam em uma memória única, mais ampla e mais profunda. Não há nada de supérfluo nela, só o que é mais essencial. É uma síntese de todos os sentimentos afins. Ela não tem relação com as partes pequenas e individuais do incidente, mas com todos os casos semelhantes. Essa é a memória em larga escala. Ela é mais clara, mais profunda, mais densa, mais rica em conteúdo e mais penetrante do que a própria realidade.

"Por exemplo, quando eu comparo as impressões das minhas recentes viagens em turnês anteriores, vejo que, embora a viagem que acabei de finalizar tenha deixado em mim uma ótima impressão, essa impressão está, contudo, desfigurada por uma série de momentos secundários, irritantes e desagradáveis, que eclipsaram o prazer de todo mundo.

"Não me lembro de nada semelhante em minhas viagens anteriores. A Memória Emotiva purificou tudo no crisol do tempo. Isso é bom. Se não fosse assim, detalhes secundários se sobreporiam ao que foi importante, e o que foi importante se perderia em uma confusão de trivialidades. O tempo é um filtro maravilhoso, um poderoso purificador das memórias e sentimentos de uma pessoa. Além disso, o tempo é um grande artista. Ele não apenas purifica, ele empresta poesia à memória.

"Graças a essa qualidade, até mesmo experiências sinistras, reais e brutalmente naturalistas se tornam mais belas e artísticas com o tempo. Ele faz que elas fiquem irresistivelmente atraentes.

"Mas se dirá que grandes poetas e artistas escrevem e pintam a partir da natureza!

"Pode até ser, mas eles não a fotografam, eles se inspiram nela, filtram o modelo através da sua própria personalidade e o enriquecem com material vivo de sua própria Memória Emotiva.

"Se não fosse assim, e os autores criassem seus vilões fotograficamente, a partir da natureza, com todos os detalhes realistas que viram e sentiram no modelo vivo, suas criações seriam detestáveis."

Depois disso, contei a Tortsov como a lembrança do mendigo tinha sido substituída na minha memória pela recordação do macaco, e um bonde pelo outro.

— Não há nada de surpreendente nisso — disse Tortsov. — Se usar uma comparação bem banal, posso lhe dizer que não podemos ordenar as recordações de nossos sentimentos como fazemos com os livros em nossa biblioteca.

"Você sabe o que é Memória Emotiva? Imagine um grande número de casas, com um grande número de quartos e, neles, incontáveis armários e cômodas, com muitas gavetas, compartimentos, grandes e pequenos, incluindo um bem pequenininho, com uma pérola dentro. É fácil encontrar a casa, o quarto, o armário, a prateleira; o mais difícil é encontrar os compartimentos grandes e pequenos. Mas onde está o olhar aguçado que consegue encontrar uma pérola que caiu no chão esta manhã, cintilou por um instante e depois se foi para sempre? Você só se depara com ela novamente por acaso.

"O mesmo acontece com os arquivos de nossa memória. Ela tem seus armários, cômodas e compartimentos, grandes e pequenos. Alguns são acessíveis, outros nem tanto. Como, no meio deles, você vai encontrar a 'pequena pérola' de emoção recordada que primeiro cintilou e então se foi para sempre, assim como um meteoro explode por um instante e depois se extingue para sempre? Quando ela aparece e faísca dentro de você (como a imagem do sérvio e de seu macaco), dê graças aos céus por isso lhe ter sido concedido. Mas nem por um instante imagine que você pode recuperar uma sensação que se foi para sempre. Amanhã, em vez do sérvio, você vai se lembrar de outra coisa. Não imagine que você pode reaver a memória de ontem, contente-se com a de hoje. Aprenda a aceitar memórias que reviveram novamente. Então o seu coração responderá com energia renovada a qualquer coisa que já não lhe entusiasme em uma peça que você representou muitas vezes. Você vai se inflamar e, então, talvez a inspiração apareça.

"Mas desista da ideia de caçar velhas pérolas: elas estão além da recordação, como ontem, como as alegrias da infância, como o primeiro amor. Tente deixar que cada dia traga uma nova e fresca inspiração para você, uma por dia já é suficiente. Não importa se ela é mais fraca do que a de ontem. O bom é que é de hoje, é natural, surgiu de forma espontânea, saiu por um instante de seu esconderijo para excitar seus esforços criativos. Além do mais, quem pode dizer, com certeza, qual lampejo de inspiração genuína é melhor ou pior? São todos belos, cada um à sua maneira, exatamente porque são inspirações."

.. .. 19..

No início da aula, pedi que Tortsov lançasse alguma luz sobre algo que me intrigara:

— Então significa — disse eu — que nós possuímos essas pérolas de inspiração, que elas não surgem em nossas mentes do exterior, não voam desde o alto, do céu? Então significa que elas são, por assim dizer, recorrentes, não espontâneas, nunca a primeira vez?

— Eu não sei — disse Tortsov, evitando uma resposta direta. — Perguntas sobre o subconsciente não são, intelectualmente falando, da minha seara. Além disso, não vamos destruir o mistério e o fascínio com que envolvemos os momentos de inspiração. Mistérios são belos e são um impulso para a criação.

— Sim, mas então tudo o que vivenciamos no palco seria uma repetição? Temos alguma vivência pela primeira vez? O que eu gostaria de saber é se é uma coisa boa ou não, quando sentimentos que nunca vivenciamos na vida real são despertados pela primeira vez no palco. — insisti.

— Depende de que tipo são eles – disse Tortsov. – Por exemplo, vamos supor que você esteja representando Hamlet e, no último ato, se lance de espada em punho sobre Pácha – que está representando o rei – e que, pela primeira vez em sua vida, você sinta um anseio irresistível por sangue, desejo este que você nunca teve antes. Vamos supor também que a espada tenha perdido o fio, seja um adereço, e que o evento todo transcorra sem sangue derramado; ainda assim, poderia haver uma luta horrorosa, o que significaria que as cortinas se fechariam antes da hora e haveria uma investigação. Será que é bom para o espetáculo que o ator se sinta "inspirado" e se entregue a sentimentos que surgem pela primeira vez no palco?

— Você quer dizer que impulsos de momento são indesejáveis? – insisti.

— Ao contrário, eles são extremamente desejáveis – disse Tortsov para me acalmar. – São diretos, fortes, vívidos, mas não ocorrem no palco como você imagina, isto é, por períodos muito longos ou durante um ato inteiro. Eles irrompem aqui e ali, mas apenas em momentos isolados. Nesse sentido, eles são desejáveis no mais alto grau, e eu os recebo de todo o coração. Que eles possam nos frequentar mais vezes e intensificar a verdade de nossas emoções, algo que prezamos mais do que tudo na apresentação. Exatamente porque são inesperados, os sentimentos de primeira viagem proporcionam um estímulo irresistível para o ator.

"Uma palavra de advertência. Não dominamos as experiências de impulsos momentâneos, são elas que nos dominam. Tudo o que podemos fazer é deixar isso com a natureza e dizer para nós mesmos, caso surjam sentimentos espontâneos, que eles apareçam quando forem necessários, para não irem contra a peça e o papel."

— Isso significa que somos impotentes quando se trata do subconsciente e da inspiração! – gritei, com a voz cheia de horror.

— E por acaso a nossa atuação, a nossa técnica, está simplesmente reduzida a sentimentos de primeira viagem? Eles são raros, não apenas no palco, mas na própria vida – disse Tortsov para me consolar. – Temos os sentimentos repetidos, recorrentes, que a nossa Memória Emotiva incita. Antes de tudo, aprenda a usá-los. Eles são mais acessíveis para nós.

"É claro que uma 'descoberta' subconsciente inesperada é interessante. É o nosso sonho, o aspecto do trabalho criativo de que mais gostamos. Mas isso não quer dizer que devemos menosprezar a importância das lembranças conscientes de nossa Memória Emotiva. Vocês devem, ao contrário, valorizá-las, pois é somente por meio delas que vocês podem exercer algum grau de influência sobre a inspiração.

"Devemos recordar o princípio básico da nossa escola de atuação: 'O *subconsciente por meio do consciente*'.

"Devemos também cuidar do nosso estoque de memórias, porque o ator leva para o papel não as primeiras memórias que vêm à mente, mas outras que foram escolhidas com cuidado e que são suas preferidas, memórias de sentimentos que ele vivenciou em sua própria vida. Muitas vezes, ele prefere a vida da personagem que ele está retratando, moldada com materiais retirados de sua Memória Emotiva, à sua própria vida cotidiana. Esse não seria um solo fértil para a inspiração? O ator transfere cuidadosamente as suas melhores qualidades para o palco. A forma e a ambientação variam de acordo com a peça, mas as emoções humanas do ator, paralelas aos sentimentos do papel, devem continuar vivas. Elas não devem ser falsificadas ou substituídas por outra coisa, por alguma artimanha intrincada de ator."

— O quê? — disse Grícha, admirado. — Você quer dizer que, em todos os papéis, Hamlet, Arkachka, Neschastlíchev[5], Pão e Açúcar em *O pássaro azul*, você realmente acha que deveríamos fazer uso de nossos próprios sentimentos pessoais?

— E como poderia ser de outra forma? — disse Tortsov, por sua vez intrigado. — Um ator só pode vivenciar as suas próprias emoções. Ou você quer que o ator obtenha um novo conjunto de sentimentos, um novo coração e mente para cada papel que ele representa? Você acha que isso é possível? Ele deveria ter espaço para quantos corações? Você não pode arrancar seu próprio coração e alugar outro, mais adequado para o papel. Onde você encontraria um coração? Em um papel morto ao qual você ainda não deu vida? O papel está esperando para que você lhe dê um coração. Podemos pegar roupas ou um relógio emprestado, mas você não pode pegar emprestados sentimentos de outra pessoa ou de um papel. Alguém, por favor, diga-me como se faz isso? Meus sentimentos são uma parte inseparável de mim mesmo, assim como os seus são de você. Podemos compreender, sentir um papel, podemos nos colocar em seu lugar e começar a nos comportar como a personagem faria. Isso evoca em nós vivências que são semelhantes ao papel. Porém, esses sentimentos não pertencem ao personagem que o autor escreveu, mas ao próprio ator.

"Por mais sonhos que você possa ter, por mais que você possa vivenciar coisas na realidade ou na sua imaginação, você é sempre você mesmo. Nunca perca a comunicação consigo mesmo no palco. Atue a partir da sua própria personalidade como ator/ser humano. Você nunca pode fugir de si mesmo. Se negar o seu 'eu', você perde o chão, e isso é a coisa mais terrível que pode acontecer. No momento em que você perde a comunicação consigo mesmo no palco, a vivência acaba e o fingimento começa. Então, por mais apresentações que você faça, seja quem for que você esteja retratando,

---

5. Arkáchka (Arkádi Stcháslichev) e Guennádi Nestcháslichev são personagens de *A floresta* (1871), de Aleksándr Nikoláievitch Ostróvski (1823-1886). Seus nomes significam "Afortunado" e "Desafortunado", respectivamente.

você deve usar seus próprios sentimentos, sempre. Infringir essa lei é equivalente ao ator assassinar a personagem que ele está interpretando, privando-a de uma alma pulsante, viva e humana que, por si só, confere vida a um papel morto."

— Você quer dizer que tem interpretado a si mesmo por toda a vida? — disse Grícha, espantado.

— Isso é justamente o que eu quero dizer — disse Tortsov. — Sempre interpretar a si mesmo no palco, mas sempre com diferentes combinações de Tarefas e Circunstâncias Dadas, que você tem alimentado no cadinho de suas próprias memórias emotivas. Elas são o melhor e o único material para o trabalho criativo interior. Faça bom uso delas e não dependa de pedir emprestado as coisas dos outros.

— Mas olha só, perdão — argumentou Grícha —, eu não tenho espaço interior para todos os sentimentos de todos os papéis em todas as peças do mundo.

— Você nunca vai ser capaz de interpretar os papéis para os quais não encontrar o devido espaço. Eles não são o seu repertório. Os atores não devem ser divididos de acordo com o tipo, mas de acordo com sua personalidade[6].

— Como uma pessoa pode ser Arkáchka e Hamlet? — dissemos, admirados.

— Em primeiro lugar e antes de tudo, um ator não é nem uma coisa, nem outra. Ele tem uma personalidade bem desenvolvida ou pobremente desenvolvida, tanto mental quanto fisicamente. Você pode não encontrar a chicanice de Arkáchka e a nobreza de Hamlet em um ator específico, mas o embrião, as sementes de quase todas as virtudes e vícios humanos encontram-se dentro dele.

"A arte de um ator e a técnica interior devem ser direcionadas no sentido de encontrar um caminho natural para descobrir as sementes das virtudes e dos vícios humanos inatos dentro dele mesmo para, posteriormente, alimentá-las e desenvolvê-las para qualquer papel que ele venha a interpretar.

"Então, a personagem é construída pelo ator desvinculada dos Elementos vivos de seu próprio eu, desvinculada das suas Memórias Emotivas e assim por diante."

Minha cabeça estava pegando fogo com todas as coisas que Tortsov tinha me revelado, e eu lhe disse isso.

— Quantas notas existem na música? Apenas sete. E ainda assim, as combinações dessas sete notas estão longe de ter sido esgotadas. E quantos elementos psicológicos existem em uma pessoa: estados, disposições, sentimentos? Pessoalmente, eu nunca contei, mas não tenho dúvida de que eles são

---

6. No início do século XIX, os atores eram classificados, por um decreto imperial, em tipos específicos: Protagonista, Juvenil, Pesado, Personagem Velho etc.

em maior número do que as notas na música. Então, você pode ficar tranquilo, há o suficiente para preencher sua vida artística. Então, tome como tarefa aprender, em primeiro lugar, os meios e as técnicas por meio dos quais se extrai o material emocional do seu eu interior e, em segundo lugar, as maneiras e meios pelos quais se pode criar infinitas combinações de almas humanas, personagens, sentimentos e paixões para seus papéis.

— O que são essas maneiras e meios? — pressionei-o.

— Em primeiro lugar, aprender como ativar nossa Memória Emotiva — explicou Tortsov.

— E como você a ativa? — insisti.

— Como você sabe, isso pode ser feito por uma série de estímulos interiores. Porém, existem estímulos exteriores. Nós vamos falar sobre isso na próxima aula, porque é uma questão complexa.

.. .. 19..

Hoje nós trabalhamos com a cortina fechada, no "apartamento de Mária". Mas nós não o reconhecemos. A sala de jantar estava onde estivera a sala de estar, a sala de jantar tinha virado um quarto de dormir e o hall tinha sido transformado em vários quartos pequenos, separados por armários. Havia móveis baratos, de material ordinário, por toda parte. Era como se alguma senhoria mesquinha houvesse entrado em nossa morada e transformado o belo apartamento que tínhamos em quartos rentáveis de alta rotatividade, ordinários e atulhados.

— Feliz mudança de casa! — saudou-nos Rakhmánov.

Uma vez recuperados de sua surpresa, os estudantes pediram em coro para voltar ao conforto do "apartamento de Mária". Eles se sentiram horríveis nas novas instalações e não se consideravam em condições de trabalhar adequadamente.

— Não há nada que possamos fazer — foi a resposta negativa de Tortsov. — O teatro precisa daquilo que tínhamos anteriormente para suas produções atuais. Deram-nos o que puderam em troca e acomodaram as coisas da melhor maneira possível. Se vocês não gostaram, mudem as coisas que os cercam para que se sintam mais confortáveis com elas.

Seguiu-se uma grande confusão e agitação, pois o trabalho foi feito com disposição. Logo, estabeleceu-se um completo caos.

— Parem! — gritou Tortsov. — O que veio da sua Memória Emotiva, que sentimentos recorrentes vocês tiveram enquanto estavam criando este caos?

— Em Armavir... quando... houve... um terremoto... os móveis... movidos... como estes — murmurou o nosso desenhista e agrimensor Nikolai.

— Eu não sei como colocá-los. Era como ter pessoas encerando o assoalho antes de uma ocasião especial — lembrou Sônia.

— É uma pena, meus queridos. Fiquei com o coração nas mãos — reclamou Mária.

Quando estávamos movendo a mobília, uma discussão surgiu. Uns estavam procurando por um estado de espírito, outros, por um estado diferente, dependendo de como se sentiam e de suas Memórias Emotivas, quando viam os móveis dispostos desta ou daquela maneira. Finalmente, o mobiliário foi disposto de uma maneira tolerável. Nós aceitamos a maneira como ele foi organizado, mas pedimos mais luz. Nesse momento, começou uma demonstração de efeitos de luz e som.

Antes de tudo, houve a luz solar brilhante, e todos nós nos sentimos bem. Ao mesmo tempo, teve início no palco toda uma sinfonia de sons — carros, bondes, sinos, sirenes de fábricas e apitos de trem a distância indicavam que o dia de trabalho estava em pleno andamento.

Então, gradualmente, ficamos à meia-luz. Estávamos sentados na penumbra. Foi aconchegante, calmo e um pouco triste. Nós nos sentimos propensos a sonhar, nossas pálpebras ficaram pesadas. Em seguida, um forte vento soprou, quase uma tempestade. As vidraças das janelas vibraram, o vento uivava na chaminé. Havia chuva e, depois, neve na janela. Com a luz mortiça, tudo se acalmou. Os barulhos da rua cessaram. O relógio bateu na sala ao lado. Então, alguém começou a tocar o piano, ruidosamente no início, depois quieta e tristemente. A chaminé uivou, e nossos corações ficaram pesados. A noite começou a invadir a sala, as lâmpadas foram acesas, o piano parou. Então, do lado de fora das janelas, em algum lugar distante, o relógio da torre deu doze badaladas. Meia-noite. Reinou o silêncio. Um rato arranhava no porão. De tempos em tempos, um carro buzinava ou uma locomotiva apitava brevemente. Finalmente, tudo se apagou a distância, surgiram as trevas e fez-se um silêncio de túmulo. Depois de um curto espaço de tempo, apareceu a luz cinzenta do amanhecer. Quando os primeiros raios do sol irromperam no quarto, senti como se tivesse nascido de novo.

Vánia era o mais entusiasmado.

— Melhor do que na vida real — assegurou-nos ele.

— Na vida, você não nota a influência da luz sobre um período completo de 24 horas, — disse Pácha, explicando suas impressões, — mas quando tudo dura apenas alguns minutos, como aconteceu agora, e todas as mudanças de matizes do dia e da noite lampejam, você sente o poder que isso tem sobre você.

— Os sentimentos mudam com a luz e o som; em um momento tristeza, depois, alarme e, em seguida, voltar à vida — disse eu, transmitindo minhas próprias impressões. — Às vezes, você pensa que existe um homem doente em casa que lhe pediu para falar em voz baixa; outras vezes, você pensa que as pessoas vivem pacificamente juntas e, então, não é tão ruim estar vivo. Logo, você se sente bem e quer falar em voz alta.

— Como vocês podem ver — apressou-se a nos dizer Tortsov —, as coisas ao nosso redor influenciam a maneira como nos sentimos. E aquilo que acontece não só na vida real, mas também no palco, igualmente nos influencia. Aqui nós temos nossas vidas, nossa personalidade, temos bosques, montanhas, mares, cidades, aldeias, castelos e celeiros. Eles vivem, refletidos, na tela do pintor. Nas mãos de um diretor talentoso, todos os elementos importantes da produção e os efeitos teatrais já não parecem falsificações grosseiras, mas tornam-se uma obra de arte. Quando eles se relacionam com os sentimentos íntimos das personagens, tornam-se muito mais significativos do que na vida real. O estado de espírito que eles evocam corresponde à peça, concentrando maravilhosamente a atenção sobre a vida interior de uma personagem, o que influencia a mente e o sentimento do ator. Portanto, o aspecto exterior do cenário e o estado de espírito que ele cria é um estímulo para nós. E assim, quando uma atriz está representando Margarida[7], sendo tentada por Mefistófeles enquanto está orando, o diretor deve fornecer-lhe a apropriada atmosfera de igreja. Isso a ajuda a sentir o papel.

"O diretor também deve criar o correto estado de espírito de isolamento forçado para Egmont[8] na cena do calabouço.

"Ele ficará grato, porque o estado de espírito guia o sentimento.

"A equipe de produção deve nos ajudar com tudo o que tem à sua disposição. Suas habilidades são estímulos ocultos para a nossa Memória Emotiva e para os nossos sentimentos recorrentes."

— Mas o que acontece quando um diretor cria um belo cenário, que não chega muito profundamente no significado da peça? — perguntou Pácha.

— Infelizmente, isso acontece com muita frequência e sempre termina causando problemas, porque os erros do diretor conduzem os atores na direção errada e criam um muro entre eles e seu papel.

— E se toda a produção do diretor for pura e simplesmente ruim? — perguntou alguém.

— Isso é ainda pior! O trabalho do diretor e da equipe de produção levará a resultados diametralmente opostos. Em vez de focar o ator no palco e no papel, um cenário ruim vai arrastá-lo para longe da ação e colocá-lo em poder do público, do outro lado das luzes da ribalta.

— E se o diretor nos oferece um tipo de produção vulgar, aparatosa e de mau gosto, como a que eu vi ontem à noite no Teatro N...? — perguntei.

— Nesse caso, o veneno vai abrir seu caminho para dentro do ator e ele vai seguir os passos do diretor. Algumas pessoas encontram "estímulos" muito poderosos na vulgaridade teatral. Então, como você pode ver, os as-

---
7. No *Fausto*, de Goethe.
8. Peça de Goethe.

pectos exteriores de uma produção podem ser uma faca de dois gumes nas mãos de um diretor. Eles podem fazer bem ou prejudicar.

"Por sua vez, os atores devem aprender a olhar, a ver, a entender as coisas ao seu redor e a se entregar à ilusão sem reservas. Quando um ator tem essas habilidades, essas capacidades, ele pode fazer pleno uso de todos os estímulos latentes nos aspectos exteriores da produção.

"Agora, uma pergunta para você" – continuou Tortsov. – "Se um bom cenário é uma ajuda para um ator, ele estimula a sua Memória Emotiva? Imagine alguns belos panos de fundo pintados por um artista famoso, com um maravilhoso domínio de cores, linhas e perspectivas. Você os vê da plateia e é chamado para o palco. Porém, quando sobe ao palco, você se desaponta e quer largar tudo. Onde reside o segredo? Se os cenários são planejados apenas como pinturas, e as necessidades do ator foram esquecidas, então eles não são bons para o palco. Em projetos como esse, assim como em um quadro, o pintor lidou apenas com duas dimensões, largura e altura, e não com três. Naquilo que concerne à profundidade ou, em outras palavras, ao espaço cênico, ele está vazio e morto.

"Você sabe por experiência própria o que é um apartamento vazio ou um palco vazio; como é difícil se concentrar em cima dele, encontrar o seu verdadeiro eu, mesmo em um simples exercício pequeno ou em uma cena inteira.

"Mas experimentem um espaço como uma plataforma de concerto, ir para a direita, para baixo, para frente e comunicar toda a 'vida do espírito humano' de Hamlet, Otelo ou Macbeth. Como é difícil fazer isso sem a ajuda do diretor, sem *mises-en-scène*, sem adereços e sem móveis nos quais vocês possam se apoiar, sentar, descansar, ao redor dos quais vocês possam se agrupar. Afinal, cada um desses itens ajuda vocês a viver no palco e a dar expressão física a seu estado de espírito interior. Isso é mais fácil de conseguir com uma produção que está cheia de ideias do que com um ator de pé, como um bloco de madeira, sob as luzes da ribalta. Precisamos da terceira dimensão, o espaço moldado através do qual nos movemos e no qual vivemos e agimos. Precisamos da terceira dimensão mais do que das duas primeiras. Qual é a utilidade para nós, atores, de ter um pano de fundo pendurado atrás de nós, fabricado pela mão de um artista genial? Muitas vezes nem o vemos, já que estamos de costas para ele. Isso apenas nos incita a uma simulação eficiente, que corresponda ao pano de fundo. Mas isso não nos ajuda, porque a preocupação do cenógrafo era apenas com o que ele estava criando. Ele queria exibir-se a si mesmo, esquecendo-se de tudo o que dizia respeito ao ator.

"E onde estão esses gênios, esses atores técnicos que podem ficar na frente da caixa do ponto e transmitir todo o conteúdo da peça e do papel sem a ajuda externa da equipe de produção, do diretor e do cenógrafo?

"Até o momento em que nossa atuação tiver alcançado tamanho nível de perfeição que possa garantir que o ator, sozinho, se iguale às suas tarefas criativas, iremos requerer os serviços do diretor e da equipe de produção, que têm todos os estímulos que a decoração, a concepção, a iluminação, o som etc. podem pôr à sua disposição."

.. .. 19..

— O que você está escondendo em um canto? — perguntou Tortsov a Mária.

— Eu estou tentando me esconder! Eu simplesmente não posso continuar! — disse ela, com grande agitação, colocando-se ainda mais para o canto, escondendo-se de um consternado Vánia.

— E por que vocês estão tão confortavelmente sentados juntos? — disse Tortsov a um grupo de estudantes, que se agruparam no sofá ao lado da mesa, no canto mais agradável, aguardando a sua chegada.

— Estamos ouvindo... as piadas! — respondeu Nikolai, o desenhista.

— E o que vocês dois, você e Grícha, estão fazendo com a lâmpada? — disse Tortsov a Sônia.

— Eu... Eu... não sei o que dizer... — disse ela, envergonhada. — Nós estamos lendo uma carta... porque... Eu realmente não sei por quê...

— E por que você está andando para cima e para baixo com Pácha? — perguntou-me Tortsov.

— Estamos falando sobre alguma coisa — respondi.

— Em suma — concluiu Tortsov —, cada um de vocês escolheu o local mais adequado, criou o agrupamento mais apropriado para os seus próprios fins, de acordo com o seu estado de espírito, de acordo com o que vocês estavam vivenciando e fazendo, em vez dos movimentos sugeridos que tinham de fazer, da sua Tarefa.

Tortsov sentou-se perto da lareira, e ficamos de frente para ele. Várias pessoas, para ouvirem melhor, posicionaram suas cadeiras de forma a estarem mais próximas dele. Eu me sentei à mesa com a lâmpada, para ficar mais fácil de escrever. Grícha e Sônia encontraram lugares juntos mais distante, para que pudessem sussurrar entre eles.

— Agora, por que você está sentado aqui, você, aí e você, à mesa? — disse Tortsov, mais uma vez exigindo uma explicação.

Mais uma vez respondemos a respeito de nossas ações, e Tortsov voltou a concluir que cada um de nós, à sua maneira, cria a *mise-en-scène* de acordo com o cenário e com seu estado de espírito e vivências.

Então Tortsov nos levou a diferentes cantos da sala. O mobiliário foi organizado de forma diferente em cada um deles, e ele nos pediu para definir o estado de espírito, as memórias emotivas e as vivências recorrentes que isso provocava em nossas mentes. Tivemos de definir as circunstâncias e a maneira como faríamos uso daquela determinada *mise-en-scène*.

Depois disso, Tortsov nos organizou em diferentes agrupamentos da maneira como julgou melhor. E tivemos de lembrar e definir em que estado mental, em que condições, em que estado de espírito ou circunstâncias dadas era confortável, para nós, nos sentarmos da maneira como ele nos falou. Em outras palavras, se, anteriormente, tínhamos nos agrupado de acordo com o nosso estado de espírito, da maneira como sentíamos a tarefa no interior da ação, Tortsov agora estava fazendo isso por nós, e tudo o que tínhamos de fazer era justificar a disposição dos outros, tentar encontrar as correspondentes vivências e ações, descobrindo o respectivo estado de espírito dentro delas.

Como disse Tortsov, assim como um ator se depara, frequentemente, com os dois primeiros casos, quando ele precisa criar suas próprias *mises-en--scène*; em sua prática de trabalho, ele encontra também um terceiro caso, quando ele tem de justificar as de outras pessoas. Então, precisamos ter controle sobre elas.

Mais tarde, fizemos um experimento, "prova por meio de opostos". Tortsov e Rakhmánov sentaram-se como se estivessem prontos para começar a aula. Nós mesmos nos instalamos para acompanhar a "matéria em mãos e o estado de espírito". Porém, Tortsov alterou a disposição até que tudo ficou irreconhecível. Ele deliberadamente colocou os estudantes sentados de qualquer maneira, contra o estado de espírito e as coisas que supostamente estaríamos fazendo. Alguns pareciam estar muito longe, ao passo que outros, embora estivessem perto do tutor, se encontravam de costas para ele.

A disparidade entre as *mises-en-scène*, o estado de espírito e o assunto que estávamos tratando nos surpreendeu.

Esse exemplo foi uma demonstração concreta de quão importante é a ligação entre a encenação e o estado mental do ator, e que o pecado consiste em romper essa ligação.

Tortsov, então, ordenou que todos os móveis fossem encostados nas paredes, sentou todos os estudantes neles e colocou uma simples cadeira de braços no meio do pavimento vazio.

Então, ele nos chamou, um de cada vez, e pediu-nos para esgotar todas as possíveis posições que a nossa imaginação fosse capaz de conceber para essa cadeira. Todas essas posições deviam, naturalmente, ser interiormente justificadas — pela nossa imaginação, as Circunstâncias Dadas e os sentimentos. Nós fizemos tudo da nossa maneira, definindo que vivências pessoais a encenação, o agrupamento e as posições nos traziam ou, ao contrário, quais estados de espírito surgiam espontaneamente. Isso nos fez valorizar a excelente encenação, prestativa e gratificante, que não existe para si própria, mas para os sentimentos que ela evoca e, em seguida, fixa.

— Assim — disse Tortsov, resumindo —, por um lado, o ator procura por um cenário que corresponda ao estado de espírito, ao tema que está sendo tratado e à Tarefa imediata, e, por outro lado, o próprio estado de espírito, a Tarefa e o tema tratado criam o cenário. Eles também são estímulos à nossa Memória Emotiva.

"As pessoas geralmente pensam que quando usamos cenários detalhados e figurinos no palco, iluminação, som e outros deleites de direção, nossa primeira preocupação é deslumbrar o público. Não é assim. Nós usamos esses estímulos não só para o público, mas para os atores, também. Tentamos ajudá-los a se concentrar naquilo que está no palco e fazê-los ignorar o que está fora dele. Se o estado de espírito que nós criamos no nosso lado da ribalta corresponde à peça, então estabelecemos uma atmosfera criativa, que estimula corretamente a Memória Emotiva e a vivência.

"Agora, depois de uma série de experimentos e demonstrações, será que vocês estão convencidos de que todos os meios e efeitos que nós utilizamos para criar um estado de espírito no palco — a encenação, os cenários, a disposição, a iluminação, o som e outras coisas — são maravilhosos estímulos externos para os nossos sentimentos?" — perguntou Tortsov.

Os estudantes, com exceção de Grícha, concordaram com essa proposição.

— Mas há alguns atores — continuou Tortsov — que não sabem como olhar e ver no palco. Em qualquer cenário em que estejam, de qualquer maneira como esse cenário é iluminado, quaisquer que sejam os sons que o preencham, qualquer que seja a ilusão que foi criada, eles não se interessam por isso, mas apenas pelo que está na frente. Não somente é impossível fazê-los se interessar pelo cenário, como também é impossível fazê-los se interessar pela peça e seu significado. Eles mesmos se separam dos estímulos externos cruciais com os quais o diretor e a equipe de produção tentam ajudá-los.

"Em vez de deixar que isso aconteça com vocês, aprendam a olhar e a ver no palco, entreguem-se às coisas ao seu redor, respondam a elas. Em poucas palavras, sejam capazes de usar todos os estímulos dados."

.. .. 19..

Na aula de hoje, Tortsov disse: "Até agora, temos ido do estímulo para o sentimento. Mas muitas vezes temos de fazer as coisas em sentido inverso, indo do sentimento para o estímulo. Isso é o que fazemos quando temos de fixar uma experiência criada por acaso. Deixem-me dar-lhes um exemplo.

"Eis o que aconteceu comigo em uma das primeiras apresentações da peça *A ralé*[9], de Górki.

---

9. Máximo Górki (1868-1936). *A ralé* foi sua primeira peça produzida. Ela teve sua estreia no Teatro de Arte de Moscou em 1902.

"O papel de Satin era relativamente fácil para mim, a não ser pelo longo discurso 'sobre o Homem', no último ato. Pediram-me o impossível: transmitir o significado geral, para não dizer universal, da cena, a infinita sabedoria do subtexto, de modo que o discurso tornou-se a chave da peça inteira. Quando alcancei o ponto perigoso, puxei os freios interiormente, tornei-me muito cauteloso e comecei a refugar como um cavalo com uma carga pesada diante de uma montanha íngreme. Essa 'montanha' no meu papel impediu-me de correr livremente, estragou o prazer do momento criativo. Depois da fala, eu me senti como um cantor que perdeu o seu dó maior.

"No entanto, de forma bastante inesperada, essa passagem complexa foi realizada, na terceira e na quarta apresentação, com bastante espontaneidade.

"Para entender a razão do meu sucesso casual, comecei a repassar tudo o que tinha conduzido à minha atuação. Em primeiro lugar, tive de examinar o dia inteiro desde a manhã.

"Para começar, eu havia recebido uma enorme conta do meu alfaiate. Isso causou um rombo no meu orçamento e eu estava aborrecido. Então, perdi a chave da minha escrivaninha. E vocês sabem o transtorno que isso representa. Eu estava de mau humor quando li uma crítica de nossa produção na qual tudo que era ruim foi elogiado e tudo o que era bom foi condenado. A resenha me deprimiu. Pensei na peça o dia inteiro. Analisei-a mais de cem vezes, tentando descobrir o que era mais importante nela, a essência, recordei cada momento de minha própria vivência e estava tão envolvido no que estava fazendo que, naquela noite, não estava interessado no sucesso, não estava preocupado com isso como antes, não pensava no público, não dava a mínima para o êxito do espetáculo e para o meu próprio desempenho particular. Eu não estava representando uma peça, mas apenas cumprindo lógica e sequencialmente as Tarefas do papel em palavras, ações e obras. Lógica e sequência combinadas me colocaram no caminho certo, e o próprio papel desempenhado e a passagem complexa transcorreram sem que eu nem ao menos percebesse.

"Como resultado, minha atuação alcançou, se não o 'universal', pelo menos uma importância considerável para a peça, embora eu não tenha pensado nisso.

"O que isso significa? O que foi que me ajudou a libertar-me de minhas amarras? O que foi que me apontou o caminho certo e me levou para o objetivo que eu estava buscando?

"É claro que não foi o fato de o alfaiate ter-me enviado uma conta enorme ou de eu ter perdido minha chave e lido uma crítica. Todas essas coisas juntas, minhas circunstâncias diárias, os elementos casuais, colocaram-me em um estado de espírito em que a revisão teve um efeito sobre mim maior do que seria de esperar. Ela despertou minha visão global do papel em questão e me obrigou a olhar novamente para ele. Isso me levou ao sucesso.

"Eu procurei um ator muito experiente e bom psicólogo, e pedi-lhe para me ajudar a fixar essa experiência ocasional que eu tinha tido naquela noite. Ele me disse:

"'Tentar repetir algo que você tenha experimentado por acaso é como tentar trazer uma flor morta de volta à vida. Não seria melhor fazer outra coisa? Não tentar reviver algo que já está morto, mas deixar algo novo se desenvolver? O que temos de fazer? Em primeiro lugar, não pensar na flor em si, mas aguar suas raízes; ou plantar uma nova semente na terra e deixar crescer uma nova flor'.

"Mas, na grande maioria dos casos, não é isso que os atores fazem. Se acontecer de eles terem um momento de sucesso em um papel e quiserem repeti-lo, então eles tomam a rota direta para o próprio sentimento e tentam vivenciá-lo. Isso é o mesmo que tentar criar uma flor sem o auxílio da natureza. Isso é impossível, e assim não há nada a fazer a não ser substituí-la por uma flor artificial."

— E o que devemos fazer?

— Não pensar no próprio sentimento, mas pensar naquilo que o faz brotar, nas condições que conduzem à vivência. Elas são o solo que vocês têm para irrigar e adubar. Enquanto isso, a própria natureza criará um novo sentimento, análogo ao que vocês vivenciaram antes.

"A mesma coisa vale para vocês. Nunca comecem pelo resultado. Ele não virá por si mesmo, ele é a consequência lógica daquilo que veio antes.

"Eu fiz exatamente como meu sábio conselheiro me disse. Eu fui da flor ao caule e, depois, às suas raízes; em outras palavras, refiz meu caminho através do discurso 'sobre o Homem', até que cheguei à ideia básica da peça, a razão pela qual ela foi escrita. Como devemos chamar essa ideia? Liberdade? Autoconsciência humana? É sobre isso, em essência, que o peregrino, Luka, fala o tempo todo, desde o início da peça.

"Mas agora, quando cheguei às raízes do meu papel, percebi que elas estavam cobertas de mofo e fungos, com todos os tipos possíveis de Tarefas de ator inúteis e prejudiciais.

"Percebi que o meu discurso 'universalmente significativo' não tinha qualquer relação com o discurso 'sobre o Homem' que Górki tinha escrito. A primeira interpretação era apenas eu sobreatuando de maneira pesada, ao passo que a segunda buscou expressar a ideia principal da peça e ser o seu clímax, o momento mais importante, criativo e edificante, assim como ele é vivenciado pelo autor e pelo ator. Antes disso, tudo o que eu pensava era em como proferir eficazmente as linhas escritas por outra pessoa, da forma mais clara e bela possível, para o meu camarada ator, mas não pensava em transmitir meus pensamentos e vivências, que eram paralelos aos pensamentos e vivências da personagem. Eu interpretei o resultado em vez de me comportar de forma lógica e sequencial, para só então mover-me com bastante naturalidade na direção do resultado, ou seja, da ideia principal da peça e do meu próprio trabalho criativo como ator. Todos os erros que eu tinha cometido bloquearam para mim, como um muro de pedra, a ideia principal.

"E o que me ajudou a derrubar o muro?"

"Questionar a maneira como eu tinha concebido o papel."

"O que me fez questionar isso?"

"A revisão."

"E o que deu a ela tamanho poder?"

"A conta do alfaiate, a chave perdida e outros eventos casuais que me colocaram em um estado geral ruim e nervoso. Isso então me fez lançar um olhar crítico sobre o que tinha acontecido naquele dia.

"Dou-lhes esse exemplo de modo a ilustrar a segunda via da qual falei, o caminho do sentimento para o estímulo.

"Uma vez que esteja familiarizado com esse caminho, um ator pode, à vontade e a qualquer momento, convocar as vivências recorrentes de que ele precisa.

"Então, vamos dos sentimentos criados, por acaso, para o estímulo, de modo que depois possamos ir do estímulo para o sentimento" – disse Tortsov, resumindo.

.. .. 19..

Hoje Tortsov disse:

"Quanto mais abrangente é a Memória Emotiva, quanto maior é a matéria-prima que ela oferece para o nosso trabalho, mais rico e mais completo é esse trabalho. Penso que isso é autoevidente e não necessita de mais clarificação.

"Porém, independentemente da riqueza de nossas memórias emotivas, devemos distinguir entre a força, a estabilidade e a qualidade do material que elas contêm.

"A força da Memória Emotiva é de grande importância em nosso trabalho. Quanto mais forte, mais nítida e mais precisa ela é, mais clara e mais completa é a nossa capacidade de vivenciar. Uma Memória Emotiva fraca evoca sentimentos fantasmagóricos quase imperceptíveis. Eles não são adequados para o palco, uma vez que não cativam e dificilmente atingem a plateia."

Quanto mais ele falou sobre a Memória Emotiva, mais verificou-se que o grau de sua força, duração e influência varia consideravelmente. Sobre isso, Tortsov disse:

"Imagine que você foi insultado ou esbofeteado em público. Isso vai fazer as suas bochechas arderem pelo resto da sua vida. O choque psicológico causado por esse incidente foi tão grande que apagou todos os detalhes e circunstâncias exteriores do ataque selvagem que você sofreu.

"Por alguma razão bastante trivial, ou mesmo por razão nenhuma, a ofensa que você vivenciou causou erupções na sua Memória Emotiva, ganhando vida com força redobrada. Então, o seu rosto fica vermelho ou mortalmente pálido, seu coração adoece e bate descontroladamente rápido.

"O que todo ator tem de fazer, se ele possui essa matéria-prima emocional aguçada e se ela pode ser facilmente despertada, é vivenciar uma cena em paralelo com o choque gravado na sua memória da vida real. Ele não precisa da técnica para ajudá-lo. Tudo acontece de forma espontânea. A natureza ajuda o ator.

"Essa é uma das características mais poderosas, mais sutis, mais puras e mais vitais das memórias emotivas e dos sentimentos recorrentes.

"Deixem-me lhes dar outro exemplo. Um amigo meu, que é incrivelmente distraído, depois de um longo período de afastamento, foi almoçar com algumas pessoas que ele conhecia e propôs um brinde à saúde do filho da anfitriã, uma criança pequena que seus pais adoravam.

"Seus bons votos foram recebidos em um silêncio mortal, e, logo após, a anfitriã, a mãe da criança, desmaiou. Aparentemente, meu pobre amigo tinha se esquecido de que o almoço estava sendo oferecido exatamente um ano após a morte da criança a cuja saúde ele havia brindado. 'Nunca vou esquecer do que senti naquele momento pelo resto da minha vida' – reconheceu ele.

"De qualquer maneira, essa sensação de tempo não apaga as circunstâncias, como com o tapa na cara; e, assim, não somente as suas emoções, mas cada detalhe do que aconteceu ficaram claramente impressos na memória do meu amigo. Ele podia relembrar nitidamente os rostos horrorizados dos convidados sentados à sua frente, os olhos baixos da pessoa ao seu lado, e o grito arrancado do outro lado da mesa.

"Agora, depois de passado algum tempo, os sentimentos que ele teve durante o chocante incidente na mesa, súbita e espontaneamente, tornam a ganhar vida. Porém, algumas vezes ele não pode dominar todos os detalhes de uma só vez. Ele deve recordar as circunstâncias do infeliz incidente. Então, o sentimento volta novamente, todo de uma vez ou gradualmente.

"Isso é um exemplo de uma Memória Emotiva mais fraca ou, por assim dizer, com uma vitalidade e uma força medíocre, que necessita da ajuda da nossa psicotécnica.

"Agora vou lhes dar um terceiro exemplo do mesmo tipo. Isto aconteceu com esse mesmo amigo distraído, dessa vez não em público, mas em uma conversa privada.

"Seu primo foi visitá-lo depois da morte de sua mãe para lhe agradecer a coroa de flores que ele tinha enviado para o funeral. O primo mal tinha acabado de expressar seus sentimentos quando meu amigo, distraído e maluco, pede educadamente notícias sobre a 'saúde de sua querida tia' (a falecida).

"O constrangimento que ele sentiu em seguida ficou, é claro, impresso na sua memória, mas consideravelmente mais fraco do que o do exemplo anterior do brinde. Então, se o meu amigo quisesse utilizar este material como um ator, teria de fazer uma grande quantidade de trabalho preparatório. Isso porque os traços da sua Memória Emotiva não foram suficientemente profundos e penetrantes para reviverem por si mesmos, sem ajuda externa.

"Esse é um exemplo de Memória Emotiva fraca e de sentimentos recorrentes.

"Em casos como esses, a nossa psicotécnica é chamada a fazer uma grande quantidade de trabalho complexo."

.. .. 19..

Tortsov continuou com a discussão sobre as diferentes qualidades e pontos fortes da Memória Emotiva.

Ele disse:

– Algumas memórias emotivas são fracas, outras são fortes, embora isso seja muito menos frequente.

"Frequentemente, as impressões vivem em nossa memória e continuam a crescer e a se aprofundar. Elas se tornam estímulos para novos processos que, por um lado, nos fazem lembrar dos detalhes de um evento passado que ainda não fomos capazes de recordar e, por outro, agitam a imaginação que, então, preenche os detalhes que nós esquecemos. Essa é uma ocorrência comum entre nós, atores. Lembrem-se do ator italiano em turnê que vocês conheceram na minha casa.

"E eis aqui outro exemplo ainda mais notável da vida real, que aconteceu com a minha irmã.

"Ela estava saindo da cidade e voltando para a sua casa no campo e, na sua bolsa, levava as cartas de seu falecido marido, que eram muito preciosas para ela. Como estava com pressa, ela correu para sair do trem que estava chegando à estação e, por fim, desceu para o último degrau do vagão, que estava coberto de gelo. Ela escorregou e, para o horror de todos aqueles que estavam ao seu redor, minha irmã viu-se entre o trem em movimento e as colunas que sustentavam a borda da plataforma. A pobre mulher deu um grito desesperado, não porque temesse por si própria, mas porque tinha deixado cair sua preciosa carga, as cartas, que podiam estar sob as rodas. Estabeleceu-se a confusão: gritavam que uma mulher tinha caído debaixo do trem e o maquinista, em vez de ajudá-la, xingou-a enfaticamente. Seguiu-se uma cena estúpida e desagradável. A pobre mulher ficou tão aborrecida com isso que não conseguiu se recompor durante o resto do dia, descontando seu ressentimento contra o maquinista em todos que estavam na casa, esquecendo-se completamente de sua queda e do terrível acidente do qual ela, por tão pouco, escapou.

"Chegou a noite. No escuro, minha irmã se lembrou de tudo o que tinha acontecido e teve um ataque de nervos.

"Depois desse acidente, ela não teve coragem de voltar à estação na qual tinha escapado por pouco de um acidente fatal. Minha irmã tinha medo de que as suas memórias ficassem ainda mais intensas e preferia percorrer duas milhas de carruagem até uma estação mais distante.

"Assim, as pessoas permanecem calmas no momento do perigo e só desmaiam quando se recordam dele. Este não é um exemplo de Memória Emotiva forte, mas do fato de que experiências recorrentes podem ser mais fortes do que experiências inéditas, desde que elas continuem a se desenvolver em nosso subconsciente.

"Mas, além da força e da intensidade das memórias emotivas, devemos distinguir as suas características específicas. Por exemplo, imagine que você não desempenhou nenhum papel nos incidentes que eu descrevi sobre o tapa, a tia e o primo, mas foi um mero espectador.

"Uma coisa é ser insultado ou sentir um agudo embaraço e outra é observar o que está acontecendo, ser incitado por isso e criticar as ações daqueles que estão envolvidos na controvérsia quando você não tem nenhuma responsabilidade nisso.

"É claro que não existe nada que impeça o observador de ter sentimentos fortes. Em casos individuais, eles podem ser até mesmo mais fortes do que os daqueles que tomaram parte. Porém, no momento, isso não tem interesse para mim. Por ora, quero simplesmente comentar que a qualidade das experiências vividas, tal como são lembradas por um observador e por um participante, não é a mesma.

"No entanto, existem casos nos quais não somos participantes ativos ou mesmo observadores daquilo que aconteceu, mas apenas ouvimos ou lemos sobre isso.

"Isso não nos impede de ser fortemente influenciados por esses acontecimentos, de termos profundas memórias emotivas. Estas dependem do poder de persuasão da pessoa que escreve ou fala e da receptividade da pessoa que lê ou escuta.

"Eu nunca vou me esquecer de uma testemunha ocular descrevendo um barco com uma tripulação de jovens em treinamento que naufragou quando o capitão morreu subitamente, durante uma tempestade. Apenas uma pessoa foi bastante afortunada para sobreviver. A história dessa tragédia no mar, que me foi relatada em detalhes vívidos, abalou-me e continua a me comover até hoje.

"É claro que as memórias emotivas de um participante, de um observador, de um ouvinte e de um leitor são de tipos diferentes.

"Os atores têm de lidar com todos os aspectos deste material emocional, adaptá-lo e remodelá-lo para atender às exigências do papel.

"Por exemplo, digamos que vocês não fossem participantes, mas observadores da eletrizante cena do tapa na cara que lhes contei na aula passada.

"Vamos dizer também que as impressões que vocês receberam nessa ocasião ficaram solidamente impressas na sua Memória Emotiva. Seria fácil para vocês repetirem no palco essas mesmas vivências no tipo certo de papel. Vamos supor também que tal papel foi encontrado, mas que vocês não são um observador da cena, mas a pessoa que realmente foi esbofeteada. Como vocês fariam para reformular a Memória Emotiva do observador transformando-a na vivência do personagem do próprio drama?

"Este último sente, enquanto o primeiro tem apenas um sentimento de solidariedade. Então, nós temos de transformar o sentimento de solidariedade em sentimento.

"Aqui está um exemplo de como o sentimento de solidariedade de um observador renasce como sentimento genuíno do personagem.

"Vamos dizer que você foi ver um amigo e o encontrou em um estado terrível. Ele estava murmurando alguma coisa, furioso, chorando, mostrando todos os sinais de completo desespero. Mas você foi incapaz de entender a razão disso, embora estivesse realmente preocupado com o seu estado. O que é que você sente em momentos como esse? Um sentimento de solidariedade. Mas o seu amigo leva você para o quarto ao lado, e lá você vê a mulher dele estendida no chão, em uma poça de sangue.

"A visão daquilo leva o marido a perder todo o autocontrole. Ele engasga e soluça, ele grita alguma coisa, mas você não pode compreender as palavras, embora sinta o seu significado trágico.

"O que você sente nesse momento?

"Um sentimento ainda mais forte de solidariedade para com seu amigo.

"Você consegue acalmar o pobre homem, e ele começa a falar de modo mais inteligível.

"Fica-se sabendo que ele matou a esposa por ciúme... de você.

"Com essa informação, tudo muda para você. O sentimento de solidariedade que você tinha antes, como um observador, renasce como sentimento de um participante da tragédia — no que, de fato, você se tornou.

"Um processo similar ocorre quando estamos trabalhando em um papel. A partir do momento em que o mesmo tipo de transformação interior tem lugar, o ator sente que ele é um personagem ativo na vida da peça, e, assim, nasce um genuíno sentimento humano. Algumas vezes, essa transformação do sentimento de solidariedade nos sentimentos de um personagem ocorre espontaneamente.

"O primeiro (o ser humano) pode ter uma nítida compreensão da situação do último (o personagem) e responder a isso sentindo-se como se estivesse no lugar dele.

"Nesse caso, ele vai considerar o que está acontecendo, embora não intencionalmente, mas como se fosse a própria pessoa que foi esbofeteada. Ele vai querer reagir, se envolver no tumulto e protestar contra o comportamento do culpado, como se se tratasse de sua própria honra pessoal, como se ele tivesse sido insultado.

"Nessas circunstâncias, as vivências do observador transformam espontaneamente o sentimento de solidariedade em sentimento direto; ou seja, ele adquire a mesma qualidade e quase a mesma força que tem para o personagem na peça.

"Mas e se isso não acontecer durante o ato criativo? Então nós temos de nos voltar para a ajuda da nossa psicotécnica, para as Circunstâncias Dadas, o 'se' mágico e outros estímulos que provoquem uma resposta em nossa Memória Emotiva.

"Assim, quando estamos em busca de matéria-prima, devemos usar não apenas as nossas próprias experiências de vida, mas coisas que reconhecemos em outras pessoas pelas quais temos um sentimento natural de solidariedade.

"Um processo similar ocorre com as lembranças de leitura ou a partir de histórias contadas por outras pessoas.

"Essas impressões também têm de ser reformuladas interiormente, ou seja, o sentimento solidário da pessoa que está lendo ou ouvindo tem de ser transformado no seu próprio e genuíno sentimento, similar aos sentimentos da personagem na história.

"Vocês não estão familiarizados com esse processo através do qual os sentimentos do escritor se tornam sentimentos da personagem? Será que não é isso que fazemos com cada novo papel que representamos? Nós nos familiarizamos com isso por meio da leitura de peças, que falam sobre incidentes em que nós, os atores, não éramos observadores nem participantes, mas que ficamos conhecendo através da nossa leitura.

"Quando encontramos, pela primeira vez, a obra de um dramaturgo, com raras exceções, apenas sobrevém o sentimento de solidariedade para com as personagens. É o nosso trabalho quando ensaiamos: transformar esse sentimento de solidariedade em nosso próprio sentimento genuíno, como atores e seres humanos."

.. .. 19..
— Vocês recordam do "louco" ou do "avião acidentado"? — perguntou-nos Tortsov hoje. — Vocês se lembram dos "ses", das Circunstâncias Dadas, das ideias que vocês tiverem e dos outros estímulos, de tudo o que ajudou vocês a revelar o material criativo que estava enterrado na sua Memória Emotiva e do qual vocês necessitavam? Vocês atingiram esses mesmos resultados com a ajuda de estímulos exteriores.

"Vocês se lembram da cena de *Brand* e de como ela foi dividida em Cortes e Tarefas, o que causou um grande conflito entre a ala masculina e feminina da turma? Esse foi um novo tipo de estímulo interior.

"Vocês se lembram dos objetos de atenção, que foram ilustrados por luzes elétricas que iluminavam primeiro aqui, depois ali, no palco e na plateia? Agora vocês sabem que objetos vivos também podem atuar como um estímulo para nós.

"Vocês se lembram das ações físicas, da sua lógica e sequência, da verdade e da crença em sua autenticidade? Elas também são um importante estímulo para o sentimento.

"No futuro, vocês terão de aprender toda uma série de novos estímulos interiores. O mais poderoso deles reside nas palavras e ideias da peça, nos sentimentos que se encontram por sob o texto do autor, na interação das personagens.

"Vocês agora estão habituados a uma outra série completa de estímulos exteriores: o cenário, as luzes, o som e outros efeitos de produção, que criam no palco a ilusão da vida real e uma atmosfera vívida.

"Se nós juntarmos todos os estímulos com os quais vocês já se familiarizaram e somarmos aqueles que vocês ainda têm de aprender, então vocês terão armazenado uma boa quantidade deles. Esse é o seu capital, a sua psicotécnica. Vocês têm de saber como usá-lo."

— Mas como? Estou desesperadamente ansioso para aprender como evocar sentimentos recorrentes para ordenar e estimular minha Memória Emotiva — assegurei a ele.

— Você deve lidar com a Memória Emotiva e os sentimentos que ela contém da mesma forma como um caçador lida com aves selvagens — explicou Tortsov. — Se o pássaro não voa para ele, não há maneira de caçá-lo pelo chão, embrenhando-se num denso matagal verde. Não há nada a fazer, a não ser atrair o pássaro para fora da floresta com a ajuda de apitos especiais, que nós chamamos de "chamarizes".

"O sentimento artístico, assim como as aves do bosque, se assusta com facilidade e se esconde nos recessos profundos de nossa mente. Se os nossos sentimentos não saírem para o espaço aberto, não há maneira de emboscá-los. Nesse caso, nós temos de contar com um chamariz.

"Esses chamarizes são precisamente aqueles estímulos para a Memória Emotiva e para os sentimentos recorrentes dos quais temos falado durante todo esse tempo, para atraí-los para fora.

"Cada etapa sucessiva em nossos estudos trouxe um novo chamariz (ou estímulo) para a nossa Memória Emotiva e os nossos sentimentos recorrentes. De fato, o 'se' mágico, as Circunstâncias Dadas, a nossa imaginação, os Cortes e Tarefas, os objetos de atenção, a verdade e a crença nas ações interiores e em outras ações nos muniram com os chamarizes apropriados (estímulos).

"Assim, todo o trabalho que temos feito até agora na escola levou-nos a esses chamarizes dos quais necessitamos para estimular nossa Memória Emotiva e nossos sentimentos armazenados.

"Os chamarizes são o mais poderoso meio à nossa disposição quando se trata de trabalhar na área da nossa psicotécnica.

"O vínculo entre o chamariz e o sentimento pode ser amplamente utilizado, tanto mais que ele é natural e normal.

"O ator deve ser capaz de responder diretamente aos chamarizes (estímulos) e dominá-los, assim como um virtuoso faz com um teclado. Você inventa uma história envolvente, ou Tarefa, sobre um louco, ou um avião acidentado, ou a queima de dinheiro, e imediatamente alguma espécie de sentimento explode dentro de você. Você inventa alguma outra coisa e eis que outras experiências são evocadas. Você deve saber o que estimula o quê, qual é a isca certa para obter uma mordida. Você tem de ser o jardineiro, por assim dizer, do seu próprio coração, aquele que sabe o que cresce a partir de quais sementes. Você não deve rejeitar qualquer tema, qualquer estímulo à sua Memória Emotiva."

O final da aula foi dedicado a demonstrar que todo o nosso trabalho na escola, em todas as suas fases, conduz principalmente ao despertar da Memória Emotiva e dos sentimentos recorrentes.

.. .. 19..

Na aula de hoje, Tortsov disse:

– Ficou claro, de tudo o que já foi dito, que a Memória Emotiva e os sentimentos recorrentes desempenham um enorme papel no processo criativo.

"Em seguida, vem a questão dos nossos depósitos de Memória Emotiva. Estes últimos devem ser continuamente reabastecidos. Como vamos fazer isso? Onde é que vamos encontrar o material criativo necessário?

"Como vocês sabem, na linha de frente estão as nossas impressões pessoais, sentimentos e vivências. Estas, nós obtemos do mundo real e da nossa imaginação, das nossas lembranças, dos livros, da ciência e da aprendizagem, das viagens, dos museus e, o mais importante de tudo, dos nossos relacionamentos com outras pessoas.

"A natureza do material que o ator obtém da vida varia conforme o grau em que o teatro concebe o propósito da arte e a sua própria responsabilidade particular com relação ao público. Houve períodos em que o teatro só era acessível a um pequeno número de pessoas ociosas que procuravam diversão, e ele tentou satisfazer as exigências do seu público. Houve outros períodos em que o material que o ator poderia usar estava colocado no tumulto em torno dele, e assim por diante.

"Em diferentes períodos, o teatro usou diferentes tipos de material. A observação superficial foi suficiente para os *vaudevilles*. Um certo temperamento de ator, junto com uma técnica exterior e um mínimo conhecimento do estilo heroico, eram suficientes para as tragédias convencionais de Ozerov[10]. Para produzir o drama medíocre escrito entre 1860 e 1890 (se você descontar Ostróvski), atores realistas podiam se contentar com o conhecimento que eles obtinham do seu próprio círculo e das camadas da sociedade ligadas a eles. Porém, quando Tchékov escreveu *A gaivota*, que disparou completamente com a atmosfera de uma nova era, o material antigo revelou-se inadequado, e tivemos de escavar mais fundo na vida da nossa sociedade e humanidade como um todo, de onde tendências mais complexas e mais sutis apareceram.

"Quanto mais complexas as vidas individuais das pessoas e da humanidade como um todo se tornaram, mais fundo o ator teve de cavar na complexidade desta vida.

"Para fazer isso, ele teve de ampliar seus horizontes. Estes se estendem cada vez mais e, em tempos de eventos que sacodem o mundo, alcançam o infinito.

"Mas não é suficiente alargar os horizontes de uma pessoa para abranger todos os aspectos da vida, e não é suficiente observar; você também deve compreender o significado do fenômeno que observa, você deve digerir os sentimentos e impressões em sua Memória Emotiva, você deve penetrar o significado real daquilo que está acontecendo ao seu redor. Para criar arte e retratar 'a vida do espírito humano de um papel' no palco, você deve não somente estudar a vida, mas também entrar em comunicação direta com ela em todas as suas manifestações, quando, onde e como você puder. Caso contrário, nosso trabalho criativo vai murchar, transformar-se em clichês. O ator que observa das margens a vida, sentindo a alegria e a tristeza das coisas que acontecem, mas que não penetra nas razões complexas para elas e não vai além de vê-las como eventos grandiosos, cheios de grande drama e de grande heroísmo, está morto para o trabalho criativo real. Se ele quer viver para sua arte, ele deve escavar profundamente a vida que está ao seu redor,

---

10. Vladislav Aleksándrovitch Ózerov (1769-1816), autor de tragédias pseudoclássicas, como *Édipo em Atenas, Fingal e Polyxenes*.

seja qual for o custo, usar sua mente em toda a sua extensão, preencher as lacunas em seu conhecimento e reexaminar suas opiniões. Se um ator não quer matar sua capacidade criativa, então ele não deve ver a vida como um filisteu pobre de espírito. Um filisteu não pode ser um artista digno desse nome. Mas a maioria dos atores é justamente isso — filisteus, fazendo uma carreira para si mesmos.

"Quando buscamos por material emocional, devemos também ter em mente que nós, russos, tendemos a ver o pior nos outros e em nós mesmos.

"Então, quando se trata de sentimentos e lembranças negativas, temos um grande estoque deles em nossa Memória Emotiva. Nossa literatura está cheia de personagens negativas e é muito pobre em personagens positivas.

"É claro que existem muitas representações artísticas do vício (Khlestakóv, o prefeito[11]), e mesmo os mais sombrios atributos humanos contêm paixões de poder explosivo (Ivan, o Terrível), mas eles, sozinhos, não representam a essência de nossa arte, que é transmitir a beleza 'da vida do espírito humano'. Precisamos de um tipo diferente de material. Buscar esse material nos recantos mais brilhantes de nosso mundo interior, nos lugares onde vivem o ardor e o entusiasmo. Deixem a sua Memória Emotiva ser preenchida com um poderoso estoque de coisas belas e nobres.

"Certamente, agora deve estar claro para vocês que, para um ator genuíno fazer todas as coisas que dele são exigidas, ele deve levar uma vida rica, interessante, bela, diversificada, animada e estimulante. Ele deve saber o que está acontecendo não somente nas grandes cidades, mas também nas províncias, no país, em fábricas e usinas, nos centros culturais do mundo. O ator deve observar e estudar a vida e a psicologia dos povos, tanto em casa como no estrangeiro.

"Precisamos de horizontes infinitamente vastos, uma vez que estamos representando peças de nosso próprio tempo, de países de todo o mundo, e somos chamados a transmitir a 'vida do espírito humano' de todos os povos do globo.

"Um ator, mais do que isso, cria no palco não apenas a vida de sua própria época, mas também do passado e do futuro.

"Nossas tarefas se tornam mais complexas. Quando está criando a sua própria época, um ator pode observar as coisas que existem, o que está acontecendo ao seu redor. Porém, quando está criando a vida passada ou futura, ou uma que não existe, ele tem de reconstruí-la ou construí-las a partir do zero em sua imaginação — e isso, como vocês já viram, é um negócio complexo.

---

11. Em O inspetor geral, de Gógol.

"Nosso ideal como atores, em todos as épocas, foi e continua sendo o que é eterno na arte, aquilo que nunca envelhece ou morre e que é sempre jovem e querido para as pessoas.

"Estou falando dos píncaros de nossa realização criativa, estabelecidos para nós por modelos clássicos, o ideal que devemos ambicionar eternamente.

"Estudem esses modelos e busquem por material criativo vivo e afetivo para transmiti-los.

"O ator apropria-se de tudo o que ele pode oferecer a um ser humano da sua vida real ou imaginária. Porém, todas as impressões, paixões, delícias e tudo o que é vivo como elas são interiormente transformadas em material para o seu trabalho criativo.

"Fora do que é pessoal e transitório, ele cria um mundo inteiro de imagens poéticas, de ideias radiosas que viverão eternamente para todos.

"Eu já lhes disse tudo o que é possível dizer aos iniciantes sobre a Memória Emotiva. O resto, vocês vão aprender no futuro, enquanto estudarem o nosso programa" – concluiu Tortsov.

10

Comunicação

.. .. 19..

Um grande cartaz estava pendurado na plateia. Nele se lia:

COMUNICAÇÃO

Tortsov entrou, parabenizou-nos por uma nova fase em nosso trabalho e se voltou para Igor.

— Com quem ou com o que você está em comunicação agora mesmo? – perguntou ele.

Igor estava perdido em seus próprios pensamentos e não compreendeu imediatamente o que lhe estava sendo perguntado.

— Eu? Com ninguém, com nada – respondeu ele quase automaticamente.

— Então você deve ser uma das "maravilhas da natureza"! Teremos de colocá-lo no museu das aberrações se você pode viver sem estar em comunicação com alguém ou com alguma coisa.

Igor tentou se desculpar, assegurando-nos de que ninguém estava olhando para ele ou em comunicação com ele. Assim, ele não poderia estar em comunicação com ninguém.

— Será que você realmente necessita que alguém esteja olhando para você ou falando com você para fazer isso? – disse Tortsov com espanto. – Feche os seus olhos, tape os seus ouvidos, não fale nada e descubra com quem e com o que você está mentalmente em comunicação. Veja se você pode detectar um único momento em que não esteja em comunicação com nenhum objeto.

Eu fiz a mesma coisa: fechei os olhos, tapei meus ouvidos e comecei a verificar o que acontecia dentro de mim.

Eu tinha uma imagem do sarau da noite anterior no teatro em que um famoso quarteto de cordas se apresentou e, passo a passo, comecei a lembrar de tudo o que havia acontecido comigo. Fui para o salão do teatro, disse "olá" para as pessoas, sentei-me e comecei a assistir aos músicos que estavam se preparando para tocar.

Eles começaram a tocar, e eu os ouvia. Mas eu não era capaz de entrar na apresentação, ouvi-la e senti-la como deveria.

"Foi um momento vazio, eu não estava em comunicação com absolutamente nada" – decidi, e rapidamente comuniquei meus pensamentos a Tortsov.

– O quê? – exclamou ele com assombro – Você considera que estar respondendo a uma obra de arte é um momento vazio, no qual você não estava em comunicação com coisa nenhuma?

– Sim, porque eu estava escutando sem ouvir, tentando entender e não entendendo. Então, afirmo que eu ainda não estava em comunicação com a música, e, por isso, este foi um momento vazio – acrescentei.

– Você não estava em comunicação com a música porque a sua atenção ainda estava no que tinha acontecido antes. Porém, quando isso acabou, você ouviu, ou se virou, ou ficou interessado em outra coisa. Então você estava em comunicação o tempo todo.

– Tudo bem – disse eu, e continuei relembrando.

Distraidamente, movimentei-me com muita violência e senti que estava chamando a atenção das pessoas. Tive de me sentar muito quieto por um certo tempo e fingir que estava ouvindo a música, embora, na realidade, eu não estava ouvindo absolutamente nada, mas verificando o que estava acontecendo ao meu redor.

Meu olhar vagou na direção de Tortsov e percebi que ele não tinha notado a minha inquietação. Então, olhei em volta à procura do Tio Pácha, mas ele não estava lá nem estavam os outros atores. Então, dei uma olhada em todos os presentes, um de cada vez. Até então, minha concentração estava voando em todas as direções, de modo que eu não podia controlá-la ou direcioná-la para onde eu queria. Que imagens, que pensamentos passaram pela minha mente naquele momento! A música ajudou esses voos do pensamento e da imaginação. Pensei nas pessoas de casa, nos meus parentes que viviam longe em outras cidades e em um amigo morto.

Tortsov disse que essas imagens vieram a mim não apesar, mas por causa da necessidade que eu tanto sentia de me entregar aos objetos que eu sentia ou nos quais estava pensando, ou de evocar outros pensamentos a partir deles. Finalmente, minha atenção foi atraída para as pequenas lâmpadas nos lustres, e eu passei um longo tempo olhando para as suas formas intrincadas.

"Agora há um momento vazio" – decidi. – "Você não pode considerar ficar olhando para lâmpadas estúpidas uma forma de comunicação."

Quando falei com Tortsov sobre minha nova descoberta, ele a explicou desta forma:

— Você estava tentando entender como elas foram feitas e do que foram feitas. Elas transmitiram sua forma, sua aparência geral e todo tipo de detalhes. Você recebeu todas essas impressões, inscreveu-as em sua memória e então pensou sobre o que tinha visto. Ou seja, você tomou alguma coisa do objeto, e você fez isso porque relacionar-se é essencial para nós, atores. Você estava confuso pelo fato de que se tratavam de coisas inanimadas. Contudo, as pinturas e estátuas expostas nos museus também são inanimadas, mas conservam a vida de seu criador dentro delas. E uma lâmpada pode, em certo grau, ganhar vida pelo interesse que temos por ela.

— Se é esse o caso — argumentei —, estamos em comunicação com cada uma das coisas que vemos?

— É muito pouco provável que você seja capaz de tomar algo ou entregar um pouco de si mesmo para todas as coisas que você avistar. Você só pode estar em comunicação quando vê algo e se entrega ao que vê. Breves momentos de estar em comunicação são criados por coisas para as quais você dá algo de si mesmo ou das quais você toma alguma coisa.

"Eu já lhe disse mais de uma vez que, no palco, você pode olhar e ver realmente, e você pode olhar e não ver nada. Para ser mais preciso, você pode olhar, ver e sentir tudo o que está acontecendo ao seu redor ou você pode olhar e, no entanto, estar realmente interessado naquilo que está acontecendo na plateia ou fora do teatro.

"Você pode olhar, ver e entender o que está acontecendo, mas também pode olhar, ver e não entender nada.

"Em poucas palavras, existe um formalismo exterior ou, por assim dizer, uma 'ficha de cadastro com olhos vazios', como falamos aqui.

"O teatro tem os seus próprios truques de ofício para mascarar o nosso vazio interior, mas eles só salientam o vazio dos olhos.

"É preciso que eu diga que esse tipo de visão é desnecessária e prejudicial. Os olhos são o espelho da alma. E olhos vazios são o espelho de uma alma vazia. Não se esqueça disso!

"É importante que os olhos de um ator, sua mirada, seu olhar, reflitam o tamanho e a profundidade da sua mente criativa. Então, ele precisa ter acumulado um considerável e profundo conteúdo interior de mente, experiências similares à 'vida do espírito humano' de um papel, que ele precisará transmitir com os outros atores. Ele deve repartir esse conteúdo com os seus parceiros por todo o tempo que estiver no palco.

"Porém, o ator é um ser humano com as habituais fraquezas humanas. Quando sobe ao palco, ele naturalmente carrega consigo seus pensamentos, sentimentos pessoais, suas ideias provenientes do mundo real. Sua própria rotina, a vida cotidiana, ainda está lá e aproveita a primeira oportunidade para se transferir para a personagem que ele está vivenciando. O ator só se entrega de todo o coração ao papel quando o assume de dentro para fora. Então, ele se funde com a personagem e sofre uma transformação criativa. Porém, basta que ele se distraia para ser novamente apanhado em sua própria vida pessoal, que o carrega para além das luzes da ribalta, para a plateia ou mais longe, para fora do teatro, procurando algum objeto com que possa se comunicar mentalmente. Em tais momentos, o papel é transmitido exterior e mecanicamente. Todas essas distrações quebram constantemente a linha de vida do personagem e a comunicação. As lacunas são então preenchidas por detalhes oriundos da vida pessoal do ator, que não têm nada a ver com o papel que ele está representando.

"Imaginem um valioso colar no qual três aros de ouro são seguidos por um quarto de simples latão, com os dois próximos aros de ouro amarrados com barbante.

"Qual é o valor de um colar como esse? Quem precisa de uma linha partida? Partindo constantemente a linha de um papel dessa maneira, ele é mutilado ou é morto.

"No entanto, se necessitamos estar em comunicação adequada e contínua com pessoas ou coisas na vida real, a necessidade é dez vezes mais forte no palco. Isso se deve à natureza do próprio teatro, que é inteiramente baseado nas relações entre as personagens e das personagens individuais consigo mesmas. Então, imaginem que o autor resolveu mostrar suas personagens enquanto elas estão dormindo ou inconscientes, isto é, naqueles momentos em que suas vidas interiores não são de nenhum modo aparentes.

"Ou imaginem que ele mostra duas personagens que não se conhecem e não querem se apresentar nem trocar seus pensamentos e sentimentos – mas, ao contrário, desejam escondê-los – e que se sentam, em silêncio, em diferentes cantos do palco.

"Se for esse o caso, o público está desperdiçando seu tempo, já que não está recebendo o que veio buscar. Ele não detecta os sentimentos ou descobre os pensamentos das personagens.

"É uma outra questão se eles vêm ao palco e um deles deseja dizer ao outro o que está sentindo ou convencê-lo de que as suas opiniões estão corretas, enquanto o outro, por sua vez, tenta entendê-lo.

"Quando o público vê duas ou mais personagens trocando seus pensamento e sentimentos, ele se envolve em suas palavras e ações involuntariamente, um pouco como alguém que acidentalmente escutou uma conversa. O público participa em silêncio dessas trocas, ele as vê, ele as compreende e é arrebatado pelas vivências de outras pessoas.

"Conclui-se daí que o público só pode entender e participar indiretamente daquilo que está acontecendo quando as personagens na peça estão em comunicação umas com as outras.

"Se os atores não querem perder seu controle sobre um grande público, eles devem sempre tomar muito cuidado para estar em comunicação ininterrupta com seu parceiro por intermédio dos seus próprios sentimentos, pensamentos e ações, que são similares aos sentimentos, pensamentos e ações da personagem. É claro que o material interior que eles têm para comunicar deve ser interessante e atraente para os olhos e ouvidos do público. O processo de comunicação é de excepcional importância. Temos de prestar uma atenção especial nele. Isso significa aproximar um olhar mais consciente sobre os seus vários aspectos que iremos encontrar mais tarde."

.. .. 19..

– Vou começar com a comunicação solitária, ou autocomunicação – explicou Tortsov quando entrou na sala de aula. – Quando falamos em voz alta com nós mesmos na vida real?

"Quando estamos tão chateados e com raiva que não podemos nos conter ou quando estamos martelando uma ideia difícil em nossas cabeças, que nossa mente não pode compreender rapidamente, quando usamos sons para nos lembrar de algo que já sabemos ou quando estamos totalmente sozinhos e expressamos tristeza ou felicidade apenas para aliviar o nosso estado de espírito.

"Isso ocorre muito raramente na vida real, mas frequentemente no palco.

"Quando tenho de estar em comunicação silenciosa comigo mesmo no palco, sinto-me bem; eu gosto bastante disso porque me é familiar. Isso acontece naturalmente. Mas quando tenho de estar no palco cara a cara comigo mesmo e proferir longos e floreados discursos em verso, sinto-me perdido e não sei o que fazer.

"Como vou justificar no palco algo que eu raramente sou capaz de justificar na vida?

"Onde estou, nesse estado de espírito, para encontrar o *meu verdadeiro eu*? Um ser humano não é pouca coisa. Para onde vou me voltar? Para o meu cérebro, meu coração, minha imaginação, meus braços e pernas?... Como faço para direcionar o fluxo interno de comunicação – de onde para onde?

"Preciso de um tema e de um objeto propriamente definidos. Onde estão eles dentro de nós? Sem dois centros relacionados, não posso manter um controle firme sobre o meu poder de concentração, que é instável e sem foco. Não é de surpreender que ele voe para a plateia, onde um irresistível objeto está sempre repousando à nossa espera: uma grande multidão.

"Mas eu fui ensinado a sair dessa situação. Aprendi que existe outro centro, além do centro do sistema nervoso no cérebro, um centro situado perto do coração: o plexo solar.

"Tentei fazer estes dois centros falarem um com o outro.

"Fiquei maravilhado não só com o fato de sentir que eles efetivamente existiam, mas com o fato de eles começarem a falar um com o outro.

"Tomei o centro na minha cabeça para representar a consciência e o plexo solar para representar a emoção.

"Então, a impressão que eu tinha era de que a minha cabeça estava em comunicação com o meu coração.

"'Então está bem' – eu disse para mim mesmo –, 'deixe-os falar.' Meu assunto e objeto foram encontrados.

"A partir desse momento, o meu estado de espírito, quando se trata de mim mesmo no palco, se sente seguro, não somente nas pausas silenciosas, mas também falando em voz alta.

"Não tenho nenhum desejo de saber se o que eu senti é aceitável para a ciência ou não.

"Meu critério é a maneira como eu me senti. Ele pode, de fato, ser puramente pessoal; ele pode, de fato, mostrar ser o produto da minha própria imaginação, mas ele me ajuda; então, faço todo o uso possível desse critério.

"Se a minha técnica prática e não científica também é útil para vocês, então tanto melhor. Eu não faço afirmações."

Após uma breve pausa, Tortsov continuou:

— Aprender a se comunicar com outro ator é mais fácil. Mas mesmo ali nos deparamos com obstáculos que precisamos conhecer e superar. Por exemplo, estamos juntos no palco e você está em comunicação direta comigo. Eu sou um grande camarada. Basta olhar para mim! Eu tenho um nariz, uma boca, pernas, mãos, um tronco. Será que você pode realmente estar em comunicação com todas as partes do meu corpo ao mesmo tempo? – perguntou-me Tortsov. – Se isso não é possível, então escolha alguma parte de mim, algum ponto através do qual você possa iniciar a comunicação.

— Os olhos! – sugeriu alguém. – Eles são o espelho da alma.

— Como vocês podem ver, o que vocês devem procurar primeiro em alguém é a sua alma, o seu mundo interior. Procure a alma viva em mim, o meu "eu" vivo.

— Como vamos fazer isso? – perguntaram os estudantes, confusos.

— Será que a vida não lhes ensinou isso? – disse Tortsov, espantado. – Vocês já se sentiram fora da mente de outra pessoa, testaram-na com os seus sentimentos? Vocês não precisam aprender como fazer isso. Observem-me de perto, tentem entender, sentir o meu estado de espírito interior. Então, como vocês diriam que eu estou agora?

— Amável, compassivo, afetuoso, animado e interessante – disse eu, tentando sentir seu estado de espírito.

— E agora? – perguntou Tortsov.

Eu me preparei, mas, subitamente, vi na minha frente não Tortsov, mas Fámussov[1], com todos os seus tiques habituais, seus olhos ingênuos, lábios grossos, mãos rechonchudas e os gestos suaves e senis de um homem mimado.

– Com quem você está em comunicação? – perguntou-me Tortsov com a voz de Fámussov, no tom insolente que ele usa ao falar com Moltchálin.

– Com Fámussov, é claro – respondi.

– Então, onde está Tortsov? – perguntou Tortsov, instantaneamente voltando a ser ele mesmo. – Se você não estava em comunicação com o nariz de Fámussov nem com suas mãos que eu alterei como parte da personagem que criei, mas com a minha mente, então essa mente ainda estava lá dentro de mim. Eu não posso expulsá-la, não posso alugar a mente de outra pessoa. Isso significa que você fez errado desta vez e estava em comunicação não com uma mente, mas com outra coisa. O que era?

Sim, com o que eu estava em comunicação?

Com uma mente viva, é claro. Lembro-me de que quando Tortsov transformou-se em Fámussov, ou seja, quando o objeto mudou, meus sentimentos também se transformaram, do profundo respeito que tenho por Tortsov para o amável e irônico divertimento que a personagem de Fámussov, tal como interpretada por Tortsov, despertou em mim. Então, eu não podia resolver com quem estava em comunicação e disse isso a Tortsov.

– Você estava em comunicação com um novo ser, cujo nome é Fámussov/Tortsov ou Tortsov/Fámussov. No devido tempo, você virá a conhecer essa maravilhosa metamorfose que ocorre em um ator realmente criativo. Por enquanto, entenda que as pessoas sempre tentam se comunicar com a alma viva de um objeto, e não com seu nariz, olhos ou botões, como os atores fazem no palco.

"Então, como você pode ver, duas pessoas precisam se conhecer, e imediatamente existe comunicação mútua.

"Por exemplo, agora mesmo nós nos encontramos e uma forma de comunicação foi estabelecida entre nós.

"Eu estava tentando transmitir meus pensamentos para você, e você ouviu e fez um esforço para receber o meu conhecimento e a minha experiência."

– Isso significa que não é mútua, não é uma comunicação de mão dupla – interrompeu Grícha –, porque emitir sentimentos é algo que o sujeito, que é a pessoa que fala, faz; e receber sentimentos é algo que os objetos, as pessoas que escutam, fazem. Diga-me, por favor, como isso teria mão dupla? Onde está o fluxo de retorno do sentimento?

– O que você está fazendo agora? – perguntou-lhe Tortsov. – Você está me dizendo que eu estou errado, você está tentando me convencer, ou seja,

---

1. Personagem de *A desgraça de ter um espírito* (1824), de Aleksándr Serguéievitch Griboiédov, um dos principais papéis de Stanislávski. Moltchálin é secretário de Famusov.

você está transmitindo suas dúvidas para mim e eu as estou recebendo. Esse é o fluxo de retorno de que você estava falando.

— Agora, sim, mas o que dizer sobre antes, quando você era o único que falava?

— Eu não vejo nenhuma diferença — rebateu Tortsov. — Nós estávamos nos comunicando então e ainda estamos nos comunicando agora. Obviamente, emitindo e recebendo, alternadamente. Mas quando eu estava falando e você estava ouvindo, eu já podia sentir as dúvidas que estavam se insinuando em sua mente. Sua impaciência, seu espanto e sua animação chegaram até mim.

"Por que isso aconteceu? Porque você não pode contê-las, porque dar e receber alternam-se involuntariamente. Mesmo quando você não estava dizendo nada, o fluxo de retorno estava lá. No fim, tudo isso veio à tona em sua objeção final. Isso não será um exemplo de comunicação contínua, de mão dupla?

"A comunicação mútua e ininterrupta é particularmente necessária e importante para nós, uma vez que a peça e a atuação consistem quase inteiramente de diálogo, que é a comunicação mútua entre duas ou mais personagens.

"Infelizmente, a comunicação contínua é uma raridade no palco. A maioria dos atores, se a utiliza de algum modo, só se comunica enquanto está dizendo as suas próprias falas. Logo que eles não têm nada para dizer, e alguém está falando, eles não escutam, não recebem os pensamentos de seus parceiros. Eles param de atuar até que venha a sua próxima fala. Esse comportamento do ator destrói a comunicação direta que o dar e receber sentimentos requer, não apenas durante palavras faladas, mas em momentos de silêncio, quando, muitas vezes, são os olhos que continuam falando.

"Lacunas nas palavras são erradas. Mas você tem de aprender a falar seus pensamentos para outra pessoa e, então, assegurar-se de que eles tenham alcançado sua consciência e os seus sentimentos. Para isso, você precisa de uma breve pausa. Somente quando você estiver convencido de que isso aconteceu e de ter falado com os seus olhos o que não é possível dizer em palavras é que você deve proferir a próxima parte da sua falação. Na sua vez, você deve receber as palavras e os pensamentos do seu parceiro como se fossem novos, frescos como o dia, todas as vezes. Você deve prestar a devida atenção aos pensamentos e palavras que você conhece bem, que você já ouviu muitas vezes em ensaios e nas incontáveis representações das quais você participou. O processo de dar e receber continuamente sentimentos e pensamentos deve ser repassado do princípio ao fim todas as vezes que você recriar o papel. Tudo isso exige grande concentração, técnica e disciplina."

Tortsov não pôde concluir sua explicação porque a aula chegou ao fim.

.. .. 19..

Tortsov continuou sua descrição das características de vários tipos de comunicação que ele tinha iniciado na aula anterior.

— Vou passar a examinar um novo tipo de relacionamento: com objetos imaginários, irreais, inexistentes (por exemplo, o fantasma do pai de Hamlet). Ele não é visto pelo ator no palco ou pelas pessoas na plateia.

"Diante de tais objetos, o inexperiente tenta se iludir pensando que pode realmente ver um objeto que, na realidade, não existe, mas é somente implícito. Toda a sua energia e concentração vai para isso.

"Porém, os atores experientes sabem que não é o 'fantasma' real que importa, mas seu relacionamento com ele, e assim eles substituem um objeto inexistente por um 'se' mágico e tentam responder sincera e honestamente o que eles fariam se um 'fantasma' aparecesse no espaço vazio à sua frente.

"Por sua vez, alguns atores, especialmente estudantes e iniciantes, quando trabalham em casa, também recorrem a um objeto imaginário na ausência de um ser vivo. Eles o colocam mentalmente diante de si e, então, tentam vê-lo e se comunicar com um espaço vazio. Uma grande quantidade de energia e concentração é investida em um esforço máximo para ver algo que não existe, em vez de se concentrarem na Tarefa (que é o que seria necessário para a vivência acontecer). Isso se torna um hábito, que eles carregam involuntariamente para o palco. No fim, eles não são mais usados para ver um objeto vivo, mas são usados para colocar um objeto falsificado, morto, entre eles e seus camaradas atores. Isso é fatal e está quase sempre tão profundamente arraigado que se mantém por toda a vida.

"É uma agonia representar com atores que olham para você, veem outra pessoa e adaptam-se a essa pessoa, e não a você. Um muro os separa daqueles com quem deveriam estar em comunicação direta. Eles não prestam atenção em suas falas, em sua voz, não há qualquer forma de comunicação. Seus olhos vidrados olham fixos para o vazio, como se eles estivessem em um transe. Cuidado com isso, é perigoso, mortífero e debilitante. Isso cria raízes facilmente e é difícil arrancá-las."

— Sim, mas o que nós devemos fazer quando não existe objeto vivo com o qual fazer a comunicação? — perguntei.

— Simples. Não se comunicar de maneira alguma até encontrar algum — respondeu Tortsov. — Você tem uma aula de "treinamento e exercício". Ela foi criada a fim de que vocês tivessem de fazer exercícios não por conta própria, mas em pares ou em grupos. Deixem-me repetir, insisto absolutamente que vocês não devem se comunicar com um completo vazio, mas fazer exercícios com objetos vivos, sob a supervisão de um especialista, e não de um espaço vazio.

"A comunicação com um grupo de objetos ou, em outras palavras, com um grande público, é igualmente difícil."

— Você nunca deve se comunicar com eles! De nenhuma maneira! — advertiu Vânia.

— Sim, sim, é verdade, comunicação direta durante uma representação, não, mas a comunicação indireta é essencial. Tanto a dificuldade quanto a singularidade de nossa forma de comunicação residem no fato de que ela ocorre com outro ator e com o público simultaneamente. A comunicação com o primeiro é direta, consciente, mas com o último é indireta, inconsciente, *através de outro ator*. É evidente que, em ambos os casos, a comunicação tem mão dupla.

Mas Pácha protestou:

— Eu posso entender que a comunicação que um ator tem com outros atores possa ser chamada de mão dupla, mas o relacionamento com o público é a mesma coisa? Para isso, o público teria de dar alguma coisa. Mas o que nós realmente podemos obter deles? Aplausos, flores, mas não enquanto estamos atuando, só depois de descer a cortina.

— E os risos, lágrimas, aplausos ou vaias durante a atuação, a algazarra — e Deus sabe mais o quê! Você não os leva em conta? — perguntou Tortsov.

"Eu vou dar-lhe um exemplo que descreve perfeitamente a ligação, a comunicação de mão dupla entre o público e o palco" — disse ele, continuando sua argumentação. — "Durante a matinê infantil de *O pássaro azul*, na cena em que as árvores e os animais estão reunidos apreciando as crianças, senti alguém me cutucando na escuridão. Era um menino de dez anos.

"'— Diga-lhes que o Gato está espionando... Ele está se escondendo, mas eu posso vê... eee-lo!' — sussurrou ele, assustado por Tiltil e Miltil[2].

"Eu não consegui acalmá-lo e, então, ele veio até o palco e, percorrendo a ribalta, começou a sussurrar para os atores, que interpretavam as crianças, que eles estavam em perigo."

— Isso não é uma resposta de fora?

— Se você quer uma ideia melhor daquilo que recebe do público, tente se livrar dele e atuar para uma casa completamente vazia. É isso que você quer?

Por um momento, eu mesmo me coloquei no lugar de algum pobre ator atuando para uma casa vazia... e senti que não poderia fazer isso até o fim.

— E por que é assim? — perguntou Tortsov depois que eu admiti isso. — Porque, então, não há nenhuma conexão entre o ator e a plateia, e, sem isso, não pode haver atuação.

---

2. Ato III, cena II de *O pássaro azul* (1908), do dramaturgo belga Maurice Maeterlinck (1862-1949). Miltil e Tiltil são os heróis da peça.

"Atuar sem público é como cantar em um espaço com uma acústica ruim, cheio de estofados e de tapetes. Atuar para uma casa lotada e receptiva é como cantar em uma sala com uma boa acústica.

"O público cria, por assim dizer, uma acústica psicológica. Ele registra aquilo que nós fazemos e devolve sua própria vida, os sentimentos humanos de volta para nós.

"A arte da representação e a atuação de mera técnica agem de acordo com esta forma de comunicação bem simples. Frequentemente, o estilo da peça e a atuação consistem inteiramente em convenções. Assim, por exemplo, nas velhas comédias e farsas francesas, os atores dizem suas falas voltados para frente o tempo todo. As personagens vão para a frente do palco e proferem falas individuais ou discursos verbosos que definem a trama. Isso é feito com confiança, audácia, com muita serenidade e é muito impressionante. E o fato é que, se você estiver buscando se comunicar com a casa inteira, é melhor fazer isso de tal forma que assuma o comando sobre ela.

"No próximo tipo de comunicação grupal – cenas de multidão –, nós também temos de lidar com uma grande quantidade de pessoas, só que dessa vez não na plateia, mas no próprio palco, e nós não usamos a comunicação indireta com o grupo alvo, mas a direta. Algumas vezes nos comunicamos com objetos individuais e, em outros momentos, nós abrangemos a massa inteira de pessoas. Isso é, por assim dizer, uma comunicação de mão dupla estendida.

"As pessoas em cenas de multidão são todas bastante diferentes e são parte dessa comunicação de mão dupla. Elas trazem consigo uma grande variedade de pensamentos e sentimentos, e intensificam o processo. O grupo excita você, individualmente ou como parte do todo. Isso estimula os atores e causa uma grande impressão na plateia."

Depois disso, Tortsov passou para um novo tipo de comunicação: a atuação de mera técnica.

– Ele se direciona diretamente do palco para a plateia, ignorando o outro ator, que é uma personagem da peça. É a linha de menor resistência. Este tipo, como vocês bem sabem, é mero exibicionismo, sobretudo, de amadores. Não vamos perder nenhum tempo com isso, pois eu já disse o suficiente sobre a atuação de mera técnica em aulas anteriores. Podemos supor que vocês já não confundem mero exibicionismo com o esforço genuíno de transmitir alguma coisa para seus camaradas atores, para receber deles experiências humanas e vivas. Existe uma enorme diferença entre as alturas criativas e o mero funcionamento mecânico. Esses são dois tipos diametralmente opostos de comunicação.

"Em nosso teatro, reconhecemos todas as formas de comunicação que eu indiquei, exceto esse aparato. Mas vocês têm de conhecê-la e estudá-la para que possam lutar contra ela.

"Para concluir, vou dizer algumas poucas palavras sobre a natureza ativa e dinâmica da comunicação.

"Muitas pessoas pensam que os movimentos visíveis das mãos, pernas e corpo são sinais de dinamismo, enquanto as ações invisíveis e a comunicação mental não são atividades verdadeiras.

"Isso é um erro, tanto mais lamentável pelo fato de que em nosso tipo de atuação, que cria a 'vida do espírito humano' de um papel, cada indicação de ação interna é especialmente importante e preciosa.

"A comunicação através da mente constitui uma das mais importantes ações dinâmicas na atuação e deve ser valorizada. Ela é absolutamente essencial no processo de criação e emissão da 'vida do espírito humano' de um papel."

.. .. 19..

– Se desejam se comunicar, vocês devem ter, primeiramente, alguma coisa que queiram comunicar, ou seja, seus próprios pensamentos e sentimentos, suas vivências – disse Tortsov na aula de hoje.

"No mundo real, a própria vida os produz. Lá, o material que nós comunicamos surge espontaneamente, dependendo das nossas circunstâncias.

"Esse não é o caso no teatro, e aí reside uma nova dificuldade. No teatro, nós recebemos de outra pessoa pensamentos e sentimentos em um papel que foi criado por um escritor e que aparece na impressão fria de uma página. É difícil vivenciar esse tipo de material. É muito mais fácil ser exterior, representar a aparência de paixões não existentes no papel.

"Ocorre a mesma coisa com a comunicação. É mais difícil comunicar-se genuinamente com seu camarada ator do que brincar de estar se comunicando. Essa é a linha de menor resistência. Os atores gostam disso e, por isso, estão todos muito dispostos a trocar a comunicação genuína por meros truques de teatro. O que estamos transmitindo para o público em momentos como esse?

"Essa é uma questão que temos de considerar. Para mim, é importante que vocês devam não somente entender com a sua inteligência, não somente sentir, mas vejam com seus próprios olhos o que é que, na maior parte do tempo, nós trazemos para o palco conosco para comunicar ao público. Para mostrar a vocês o que eu quero dizer, a coisa mais fácil é subir ao palco e demonstrar as coisas que vocês precisam saber, sentir e ver."

Tortsov foi para o palco e interpretou um espetáculo inteiro para nós. Ele foi notável pelo seu talento, domínio e técnica. Ele começou recitando alguns versos, que proferiu muito rápido, com grande efeito. Porém, o significado deles não ficou muito claro, de modo que não entendemos muita coisa.

– O que eu estava comunicando para vocês? – perguntou-nos ele.

Os estudantes ficaram perplexos para responder.

— Precisamente nada! — disse-nos ele. — Eu despejei algumas palavras, espalhei-as como ervilhas de um cesto, sem mesmo saber o que estava falando ou para quem estava falando.

"Aí então vocês têm o tipo de disparates sem sentido que os atores frequentemente comunicam ao público, despejando palavras sem nenhuma preocupação com o seu significado, com o seu Subtexto, somente pelo efeito que elas têm."

Depois de um momento de reflexão, Tortsov explicou que iria ler o discurso de Fígaro do último ato de *O casamento de Fígaro*[3].

Desta vez, sua atuação foi uma absoluta torrente de movimentos prodigiosos, mudanças vocais e risos contagiantes. Sua dicção era cristalina, sua voz, ressonante, veloz e cintilante. Ele foi tão eficiente que só com dificuldade pudemos parar de aplaudi-lo. Quanto ao seu conteúdo interno, não tínhamos a menor ideia sobre o que era o discurso.

— O que eu estava comunicando a vocês? — perguntou-nos Tortsov mais uma vez, e, novamente, não pudemos responder, mas desta vez porque ele nos tinha dado demais e não conseguimos compreender imediatamente o significado pleno daquilo que tínhamos visto e ouvido.

— Eu me exibi no papel — respondeu-nos Tortsov — e explorei o discurso de Fígaro, as suas palavras, sua encenação, movimentos, ações etc., não para mostrar o papel, mas para eu me mostrar no papel, isto é, meus próprios atributos: corpo, voz, gesticulação, poses, maneirismos, movimentos, andar, voz, dicção, articulação, entonação, energia e técnica — em poucas palavras, tudo, exceto sentimentos e vivências adequadas.

"Isso não é difícil de fazer para qualquer um que tenha uma boa técnica. Tudo o que eu tinha de fazer era ter certeza de que a minha voz fosse ressonante, de que a língua vociferasse as letras, sílabas, palavras e frases, de que as poses e os gestos fossem expressivos e de que a coisa toda fosse do agrado do público. Ao mesmo tempo, vocês não devem observar somente a si mesmos, mas as pessoas que estão diante de vocês. Apresentei-lhes partes de mim mesmo ou do todo, como um 'astro' de cabaré, ficando constantemente de olho no efeito que estava causando. Senti que eu era uma peça de mercadoria e que vocês eram os compradores.

"Aqui está outro exemplo de algo que um ator nunca deve fazer no palco, embora faça um grande sucesso com o público."

Um terceiro experimento se seguiu.

— Um momento atrás, eu lhes mostrei a mim mesmo no papel — disse ele. — Agora vou lhes mostrar o papel em mim, como determinado pelo

....

3. Peça de Beaumarchais (1732-1797), escrita em 1784. Fígaro faz um longo discurso sobre a Mulher no ato V.

autor e ensaiado por mim. Isso não significa que eu vou vivenciá-lo. Não é uma questão de vivenciá-lo, mas de apresentar sua forma exterior, as falas, o rosto, os movimentos etc. Eu não vou criar o papel, mas simplesmente expedi-lo.

Tortsov representou uma cena de *Estupidez suficiente em todo homem sábio*, na qual um importante general que teve de ficar sozinho em casa não sabia o que fazer consigo mesmo[4]. Por puro tédio, ele alinhava as cadeiras como se elas fossem soldados em uma parada. Então, ele arrumava todas as coisas que estavam na escrivaninha, pensava em alguma coisa divertida e picante, lançava um olhar horrorizado sobre os papéis oficiais, assinava alguns sem lê-los, bocejava, se espreguiçava, para então recomeçar seus estúpidos afazeres outra vez.

Durante todo o tempo em que representava essa cena, Tortsov dizia as falas com a nobreza daqueles que ocupam altas posições e com a falta de modos encontrada em todos os outros, tudo com grande precisão.

Tortsov nos apresentou o diálogo com frieza, exteriormente, demonstrando-o, exibindo-o em seu feitio, em sua forma exterior, sem tentar dar-lhe qualquer vida ou profundidade. Em algumas passagens, ele proferiu as falas tecnicamente; em outras, foram as ações, ou seja, algumas vezes, ele deu ênfase a uma pose, movimentos, atividades, gestos, outras vezes salientou um traço típico da personagem, mas o tempo todo com o olho no público, para ter certeza de que o retrato do papel que ele tinha concebido estava obtendo uma resposta. Quando teve de fazer uma pausa, ele a fez cuidadosamente. Era como aqueles atores que interpretam um papel do qual estão cansados, mas que fora bem concebido, mas que, na quingentésima apresentação, já se sentem em muitos momentos como se fossem um gramofone e, em outros, como um projetor mostrando interminavelmente o mesmo velho rolo de filme.

— Por mais estranho e triste que possa parecer, mesmo esta demonstração exterior de um papel bem ensaiado é raramente vista no teatro – observou Tortsov. – Agora, eu ainda tenho de mostrar o que vocês devem comunicar no palco, ou seja, seus sentimentos vivos, que são semelhantes aos da personagem e foram plenamente vivenciados e fisicamente corporificados.

"Mas vocês têm visto este tipo de atuação muitas vezes, quando eu consegui completar mais ou menos o processo de comunicação com vocês. Como vocês sabem, nessas apresentações tento ter relações apenas com meu camarada ator, para que eu possa comunicar meus próprios sentimentos humanos, semelhantes aos da personagem. As outras coisas, que produzem

---

4. A personagem é o General Krutítski de *Estupidez suficiente em todo homem sábio* (1868), de Ostrôvski. Esse foi um dos mais famosos papéis de Stanislávski.

uma fusão total com o papel e geram uma nova criação, o ator/papel, surgem subconscientemente. Em atuações desse tipo, eu sempre me sinto como eu mesmo, nas Circunstâncias Dadas definidas pela peça, pelo diretor, por mim mesmo e por toda a equipe de produção.

"Essa é uma forma rara de comunicação que, para minha grande tristeza, tem poucos expoentes.

"Será que preciso dizer" – resumiu Tortsov – "que aqui identificamos somente o último tipo de comunicação com nosso camarada ator, usando sentimentos que nós vivenciamos pessoalmente? Quanto aos outros tipos de comunicação, nós os rejeitamos ou, com um certo pesar no coração, toleramos. Mas todo ator deve também saber o que eles são, para que possa lutar contra eles.

"Agora vamos tentar ver o que vocês comunicam e como o fazem. Desta vez, vocês irão atuar e eu vou indicar os momentos em que a sua comunicação está errada tocando uma sineta. Esses serão momentos em que vocês perdem a comunicação com o objeto (seu camarada ator), ou quando estão exibindo o papel em vocês mesmos ou vocês mesmos no papel, ou simplesmente relatando-o. Indicarei todos esses erros com a sineta.

"Apenas três tipos de comunicação receberão um silêncio aprovador:

"1) comunicação direta com o objeto e, através dela, indiretamente, com o público;
"2) autocomunicação;
"3) comunicação com um objeto não existente ou imaginário."

Depois disso, a revisão começou.

Lev e eu representamos mais bem do que mal; no entanto, para nosso espanto, a sineta tocou bastante.

Os outros estudantes fizeram o mesmo teste, e Grícha e Sônia foram os últimos a serem chamados ao palco.

Nós esperávamos que Tortsov tocasse praticamente o tempo todo, mas, para nossa surpresa, embora ele tenha tocado bastante, foi muito menos do que tínhamos previsto. O que significava isso? Que conclusões foram extraídas das nossas experiências?

– Isso significa – resumiu Tortsov, depois que lhe manifestamos a nossa perplexidade – que muitos de vocês que se orgulham da sua capacidade de se comunicar adequadamente estão, na verdade, muitas vezes equivocados, e que aqueles que vocês criticam tão veementemente podem vir a ser capazes de fazer isso muito bem. A diferença entre os dois grupos foi uma questão de percentagem. Com alguns, a incidência de comunicação pobre foi alta, enquanto com outros foi alta a incidência da boa comunicação.

"Vocês podem extrair a seguinte conclusão dessas experiências" – disse Tortsov no final da aula –: "não existe boa ou má comunicação em termos absolutos. Na carreira de um ator, são abundantes os momentos de ambos os tipos, e, assim, pode-se dizer que momentos bons estão misturados a momentos ruins.

"Se fosse possível analisar a comunicação, vocês poderiam dividi-la da seguinte maneira: tantos por cento de comunicação com seu camarada ator, tantos por cento de comunicação com a plateia, tantos por cento de demonstração do formato de um papel, tantos por cento de relato, tantos por cento de exibicionismo etc. A combinação de todas essas diversas percentagens determina um maior ou menor grau de comunicação direta. Aqueles que têm a maior percentagem de comunicação com seu camarada ator, com o objeto imaginário ou com eles próprios se aproximam mais do ideal. Aqueles que, no entanto, têm menos desses momentos estão mais distantes da boa comunicação.

"Além disso, existem graus de insuficiência naquilo que consideramos ser uma comunicação pobre. Por exemplo, demonstrar o papel em si mesmo, o seu perfil psicológico, mas não vivenciá-lo, ainda é melhor do que demonstrar a si mesmo no papel ou meramente reportá-lo.

"As combinações são infinitas, e é difícil especificá-las.

"A tarefa de todo ator é livrar-se da abordagem mista e sempre atuar com verdade.

"A melhor maneira de proceder em relação a isso é esta: por um lado, aprender a fixar-se no objeto, seu camarada ator e sua comunicação com ele e, por outro lado, aprender a reconhecer os objetos errados e a comunicação errada, e combatê-los. Prestem especial atenção na qualidade do material interior que vocês estão compartilhando."

.. .. 19..

– Quero, hoje, examinar seus meios de comunicação. Preciso saber quão profundamente vocês pensam neles – explicou Tortsov. – Subam ao palco, todos vocês, sentem-se em pares e comecem uma discussão de qualquer tipo.

"Isso é o mais fácil de fazer com o nosso rei das brigas, Grícha" – pensei comigo mesmo.

Então sentei-me ao lado dele. Em um minuto, tinha alcançado o meu objetivo.

Tortsov percebeu que, enquanto eu estava explicando minhas ideias para Grícha, estava usando muitíssimo minhas mãos e dedos. Então, ele ordenou que eles fossem amarrados com um guardanapo.

– Por que você fez isso? – perguntei, com espanto.

— Como uma prova por contradição, para que você possa entender que nós muitas vezes não damos valor às coisas que temos e "Lamentamos aquilo que perdemos". E também para convencê-lo de que, se os olhos são o espelho da alma, as pontas dos dedos são o espelho do corpo — disse ele, enquanto minhas mãos estavam sendo atadas.

Privado de minhas mãos e punhos, intensifiquei meu discurso. Mas Tortsov sugeriu que eu deveria diminuir o ímpeto e falar suavemente, *sem levantar a voz ou colorir minhas palavras*.

Em vez disso, tive de pedir ajuda aos meus olhos, à expressão facial, aos movimentos das sobrancelhas, do pescoço, da cabeça e do tronco. Eles usaram sua força combinada para tentar compensar o que tinha sido tirado. Mas amarraram meus braços, pernas, tronco e pescoço na cadeira, e tudo que eu tinha à minha disposição era minha boca, orelhas, rosto e olhos.

Logo cobriram meu rosto inteiro com um pano. Eu comecei a fazer barulhos, mas isso não ajudava.

A partir desse momento, o mundo exterior foi tirado de mim, e tudo que eu tinha era o meu olho interior, meu ouvido interno, minha imaginação, "a vida do espírito humano".

Eles me deixaram por um tempo que pareceu longo. Finalmente, uma voz de fora encheu meu ouvido, como se viesse de outro mundo.

— Você gostaria de ter um dos seus órgãos sensoriais de volta? Escolha. Qual deles? — gritou-me Tortsov, com toda a sua força.

Tentei responder com um movimento que queria dizer: "Tudo bem, vou pensar sobre isso".

O que se passava dentro de mim enquanto eu estava escolhendo o mais importante, o mais essencial órgão de comunicação?

Em primeiro lugar, dois candidatos disputavam a primazia do posto: a visão e a fala. Tradicionalmente, a primeira exprime e transmite sentimentos; e a segunda, o pensamento.

Nesse caso, quem são seus camaradas de armas?

Essa questão produziu conflito, disputa selvagem, revolta, confusão: eu estava em guerra comigo mesmo.

O sentimento gritava que o mecanismo da fala pertencia a ele, visto que o importante não eram as palavras em si, mas o tom que expressa a atitude interior para com o que estava sendo dito.

A guerra também irrompeu em relação à audição. O sentimento declarou que ela era o melhor estímulo para ele, e a fala insistiu que a audição era necessária porque sem ela não poderia haver comunicação. Então, eles discutiram sobre os punhos e a expressão facial.

Eles não podiam, de maneira alguma, ser classificados como fala, pois não dizem nada. A que eles pertencem, então? E o tronco? E as pernas?

— Para o inferno com isso! — explodi, em completa confusão. — Um ator não é aleijado! Dê-me todos eles! Sem compromissos!

Enquanto meus laços e nós estavam sendo removidos, expliquei o meu grito de guerra "amotinado" — "tudo ou nada" — para Tortsov. Ele me elogiou por isso e disse:

— Finalmente você está falando como um ator que compreende o significado de cada um dos meios de comunicação! Vamos tentar hoje ensinar você a avaliá-los adequadamente.

"Vamos livrar para sempre o palco dos olhos vazios, dos rostos estáticos, das vozes sem brilho, da fala monótona, dos corpos desajeitados com colunas vertebrais e pescoços rígidos, das mãos, punhos e pernas de pau através dos quais os movimentos não fluem, de uma maneira de andar terrível e dos maneirismos.

"Que o ator dê a mesma atenção ao seu aparelho criativo que um violinista dá ao seu amado Stradivarius ou ao seu Amati."

A aula teve de terminar mais cedo porque Tortsov tinha uma apresentação aquela noite.

.. .. 19..

— Até agora, temos lidado com o processo de *comunicação exterior, visível e corporal* — disse Tortsov na aula de hoje. — Porém, existe outro tipo mais importante: a *comunicação interior, invisível e mental*, e é sobre isso que vamos falar hoje.

"A dificuldade é que eu tenho de falar sobre coisas que sinto, mas realmente não conheço, coisas que eu tenho vivenciado apenas na prática e para as quais não tenho fórmulas teóricas, palavras claras e prontas. Só posso explicar isso a vocês por indícios e tentando fazer vocês sentirem sobre o que estamos falando.

> *Ele me pegou pelo pulso e me apertou muito forte,*
> *Em seguida, esticou completamente o seu braço,*
> *E com a outra mão sobre a testa*
> *Pôs-se a estudar o meu rosto*
> *Como se quisesse desenhá-lo. Ele ficou longo tempo assim.*
> *Por fim, sacudindo levemente o meu braço*
> *E balançando a cabeça três vezes de cima para baixo,*
> *Ele soltou um suspiro tão comovente e profundo*
> *Que parecia que todo o seu corpo ia se quebrar*
> *E que seria o seu fim. Depois disso, ele me deixou*
> *E com a cabeça virada por cima do ombro,*
> *Ele parecia encontrar seu caminho sem seus olhos,*
> *Porque ele atravessou as portas sem a ajuda deles,*
> *E até o fim desviou sua luz para mim.*

"Será que vocês não sentem que o assunto aqui é a comunicação silenciosa entre Hamlet e Ofélia? Será que vocês nunca tiveram consciência, na vida ou no palco, quando em comunicação com outra pessoa, de uma corrente emanando da sua vontade, fluindo através dos seus olhos, das pontas dos seus dedos, da sua pele?

"Como devemos chamar esse método de comunicação? *Emissão e recepção de raios, de sinais? Irradiação para dentro e irradiação para fora?* Na ausência de uma alternativa terminológica, vamos ficar com essas palavras, uma vez que ilustram muito claramente o tipo de comunicação sobre a qual vou falar.

"Em um futuro próximo, quando essa corrente invisível for estudada pela ciência, uma terminologia mais adequada será estabelecida. Por enquanto, vamos ficar com os nomes que desenvolvemos em nosso jargão de atores.

"Agora, vamos tentar investigar esse método invisível, usando nossas próprias impressões, e vamos tentar encontrá-las e observá-las.

"Quando o nosso estado de espírito está calmo, os assim chamados emissores e receptores são pouco perceptíveis. Mas, em momentos de intensidade, de aumento de sentimento, eles são mais claros para ambos os envolvidos.

"Talvez alguns de vocês os tenham visto nos bons momentos da apresentação, quando, por exemplo, você, Mária, saiu correndo do palco com o grito: 'Salvem-me!'; ou quando você, Kóstia, interpretou a fala 'Sangue, Iago, sangue!'; ou durante o exercício com o louco, ou na própria vida, quando a cada minuto temos consciência dessa corrente interna sobre a qual estamos falando.

"Ontem, na casa de um de meus parentes, testemunhei uma cena entre uma jovem noiva e seu futuro marido. Eles tinham brigado, não falavam um com o outro e estavam distantes. A garota fingia não notar seu noivo. Mas ela fazia isso de modo a ter a sua máxima atenção. (As pessoas conhecem esse truque: evitar a comunicação de modo a se comunicar.) Então, o noivo, com um olhar envergonhado, sem se mexer, olhou para sua prometida suplicante, cujos olhos aborrecidos estavam voltados diretamente para ele. Ele tentou captar seu olhar de longe, de modo a sentir e entender o que estava acontecendo em seu coração. Ele fixou seus olhos sobre ela, para se comunicar com sua alma viva. Eles a sondaram. Mas sua noiva irritada evitou a comunicação. Finalmente, ele conseguiu captar um raio de seus olhos, que piscaram por um segundo.

"Porém, o pobre rapaz não ficou mais feliz por isso; mas, pelo contrário, tornou-se mais macambúzio. Então, como se fosse por acaso, ele se transferiu para outro lugar de onde podia olhar diretamente nos olhos dela. Ele gostaria de pegar na sua mão, mas não podia porque sua noiva estava determinada a não estabelecer comunicação com ele.

"Não haviam palavras, exclamações ou gritos, nem expressão facial, movimentos ou ações.

"Mas haviam os olhos, os olhares. Essa é a comunicação direta, imediata, em sua forma pura, de mente para mente, de olho para olho, ou das pontas dos dedos, do corpo, sem ação física visível.

"Cabe aos homens aprender a explicar a natureza desse processo invisível para nós. Eu só posso falar sobre a maneira como estou consciente dele dentro de mim e de como uso essa consciência em minha própria atuação."

Infelizmente, a aula foi interrompida quando Tortsov foi chamado urgentemente ao teatro.

.. .. 19..

— Vamos tentar descobrir em nós mesmos os raios invisíveis que emitimos e recebemos enquanto estamos nos comunicando, para que possamos reconhecê-los a partir da nossa própria experiência pessoal – sugeriu Tortsov.

Fomos divididos em pares, e mais uma vez me vi com Grícha.

Na mesma hora, começamos a emitir e receber externa, física, mecanicamente, sem pé nem cabeça.

Tortsov nos interrompeu imediatamente.

— Nós já temos o tipo de tensão com o qual devemos ser muito cautelosos no delicado e complicado processo de emissão e recepção. Elas não podem ocorrer enquanto há tensão muscular. E então vocês têm Dária e Vânia olhando-se profundamente nos olhos, aproximando-se um do outro como se fossem se beijar, mas não por uma irradiação invisível tanto para fora quanto para dentro.

"Comece por se livrar da tensão onde ela aparece.

"Inclinem-se para trás" – ordenou Tortsov. – "Vamos! Vamos! Mais, muito mais! Sentem-se tão confortavelmente e relaxados quanto possível! Isso não é suficiente! Nem de perto é suficiente! Vocês realmente têm de estar em repouso. Agora, olhem um para o outro. Vocês realmente chamam isso de olhar? Seus olhos estão pulando para fora das suas caras, vocês estão muito tensos. Façam menos, muito menos. Nenhuma tensão nas pupilas dos olhos!

"O que você está recebendo?" – perguntou Tortsov a Grícha.

— Bem, eu quero continuar com a nossa discussão sobre a arte.

— Você pretende emitir pensamentos e palavras com seus olhos? Você não terá sucesso – comentou Tortsov. – Transmita pensamentos através da voz e das palavras, e deixe para os olhos o que não pode ser transmitido pela fala. Talvez, enquanto estiver discutindo, você possa sentir o processo de emissão e recepção de raios que ocorre em cada ato de comunicação.

Começamos a discutir novamente.

— Agora mesmo, na pausa, eu senti que você estava emitindo alguma coisa.

Tortsov apontou para mim.

— E você, Grícha, estava se preparando para recebê-la. Você lembra o que estava acontecendo na pausa, enquanto ele estava esperando?

— Eu não atingi o alvo — expliquei. — O exemplo que eu tinha apresentado para provar meu ponto de vista não convenceu meu parceiro, então eu estava preparando um novo e tentando uma segunda chance.

— E você, Vánia — perguntou Tortsov, subitamente —, será que sentiu o olhar de Dária sobre você? Isso foi emissão genuína.

— E como! Ufa! Eu estive na extremidade do receptor durante toda a semana, e tudo para nada — reclamou Vánia.

— Agora você não está apenas ouvindo, você está tentando captar nas coisas o que está sentindo o objeto que está falando com você — disse-me Tortsov.

"Será que você sente que, ao lado do argumento verbal consciente e da troca intelectual de ideias, outro processo estava acontecendo ao mesmo tempo, uma sondagem mútua, uma corrente que jorrava para dentro e para fora de seus olhos?

"Essa foi uma comunicação invisível, cujos emissor e receptor, como numa corrente submarina, fluem continuamente sob as nossas palavras, em nossos silêncios, formando a ligação invisível entre os objetos que criam uma conexão interna.

"Você se lembra de como, em uma aula anterior, eu lhe disse que nós podemos olhar, ver e assimilar e não transmitir nada? Mas você pode olhar, ver, receber e enviar um fluxo de raios.

"Agora vou fazer outra tentativa para que você consiga transmitir. Você vai se comunicar comigo" — resolveu Tortsov, sentando no lugar de Grícha.

"Sente-se o mais confortavelmente que puder, não fique nervoso, não se apresse e não faça força. Antes de transmitir alguma coisa para alguém, você prepara o que tem para transmitir. Você não pode transmitir algo que você não tem. Pense em algo para comunicar mentalmente" — sugeriu Tortsov.

"Não faz muito tempo que o nosso trabalho, o estudo da nossa psicotécnica, parecia complicado para vocês, agora vocês fazem isso por diversão. Vai ser exatamente a mesma coisa com a emissão e a recepção de raios" — garantiu-nos Tortsov enquanto estávamos nos preparando.

"Transmita seus sentimentos para mim sem palavras, apenas com os olhos" — ordenou-me Tortsov.

— Eu não posso transmitir as sutilezas daquilo que eu tenho para comunicar apenas com os meus olhos.

— Não há nada que você possa fazer quanto a isso, abandone os pontos mais delicados.

— Então, o que sobra? — fiquei imaginando.

— Sentimentos de cordialidade, de respeito. Você pode transmiti-los silenciosamente. Porém, sem palavras, não posso fazer alguém entender que gosto dele porque ele é inteligente, ativo, laborioso e decente.

— O que eu quero transmitir a você? – disse eu, fixando meus olhos em Tortsov.

— Eu não sei, isso não é de nenhum interesse para mim – respondeu Tortsov.

— Por quê? – disse eu, surpreso.

— Porque você está me dando um olhar vazio – disse Tortsov. – Para que eu sinta o tom geral do sentimento que você está me transmitindo, você tem de viver a sua essência interior.

— E agora? Será que você entende o que eu estou comunicando? Eu não posso fazer isso mais claramente – disse eu.

— Você me despreza por alguma razão, mas não podemos saber o porquê sem palavras. Todavia, esse não é o ponto. O que importa é: você estava consciente de um fluxo voluntário sendo emitido de você ou não? – Tortsov estava interessado em saber.

— Bem... nos olhos – respondi, e tentei mais uma vez verificar os sentimentos que eu tinha.

— Não, ainda agora tudo o que você estava pensando era em como você poderia forçar isso para fora de si mesmo. Você tensionou seus músculos. Você esticou seu pescoço e o queixo, seus olhos estavam pulando para fora das órbitas... O que eu quero de você pode ser transmitido de forma mais simples, mais fácil e mais naturalmente. Os músculos não precisam trabalhar para que você seja capaz de "inundar" alguém com os raios da sua vontade. A sensação física de um fluxo sendo emitido de nós é quase imperceptível, ao passo que a tensão física pela qual você passou ainda agora foi suficiente para levar a um ataque cardíaco.

— Em outras palavras, eu não entendo você! – disse eu, perdendo toda a paciência.

— Acalme-se e, enquanto isso, vou tentar lembrá-lo da sensação que estamos buscando, uma com a qual você está perfeitamente familiarizado na vida.

"Um dos meus alunos comparou-a ao 'perfume de uma flor', outro acrescentou que 'um diamante cintilando brilhantemente deve experimentar a mesma sensação de emitir raios de luz'. Você pode imaginar a sensação que uma flor tem ao exalar seu perfume ou um diamante quando cintila seus raios de luz?

"Eu mesmo recordei a sensação que tive de um fluxo voluntário sendo emitido de mim" – continuou Tortsov – "quando vi uma lanterna mágica lançando seus raios brilhantes sobre uma tela na escuridão, e também quando eu estava na beira de um vulcão, que estava expelindo ar quente. Naquele momento, eu senti o poderoso calor do interior da terra irrompendo das suas entranhas e recordei a sensação da corrente que brota de nós quando nos comunicamos. Será que essas comparações levam você aos sentimentos que queremos?"

— Não, elas não me dizem nada — disse eu obstinadamente.

— Nesse caso, vou tentar chegar a você de um outro ângulo — disse-me Tortsov, com extraordinária paciência. — Escute-me.

"Quando estou em um concerto e a música não está fazendo nada em mim, penso em alguma coisa para me divertir. Por exemplo, escolho alguém na plateia e começo a hipnotizá-lo com o meu olhar fixo. Se é uma mulher com um belo rosto, tento transmitir a minha atração; se é um rosto do qual não gosto, eu transmito a minha aversão.

"Naqueles poucos momentos, eu me comunico com a minha vítima escolhida e a bombardeio com meu fluxo de raios. Quando estou envolvido nessa atividade, que pode ser familiar a você, eu sinto apenas essa sensação física que nós estamos procurando agora."

— Quando você hipnotiza alguém, será que existe a mesma sensação? — perguntou Pácha.

— É claro, se você tiver praticado o hipnotismo, deve saber o que é que nós estamos procurando — disse Tortsov, encantado.

— Então, é uma simples sensação que todos nós conhecemos bem? — disse eu, encantado.

— Eu disse que era fora do comum? — disse Tortsov, admirado.

— Mas era isso que eu estava procurando, algo fora do comum.

— É sempre assim — declarou Tortsov. — Tudo o que se tem a fazer é falar de arte e todos vocês imediatamente começam a ficar tensos e pomposos. Rápido, vamos repetir a nossa experiência — ordenou Tortsov.

— O que eu estou emitindo? — perguntei.

— Desdém, novamente.

— E agora?

— Agora você quer ser legal comigo.

— E agora?

— É um sentimento extremamente amigável, mas com uma pitada de ironia.

— Está quase certo — disse eu, feliz porque ele tinha adivinhado corretamente.

— Será que você entende a sensação de um fluxo para fora sobre a qual estamos falando?

— Pode ser — disse eu, indeciso.

— Isso é o que chamamos de emissão de raios.

— O termo define muito bem a sensação.

— É como se os nossos sentimentos e desejos interiores emitissem raios, que passam pelos nossos olhos, nosso corpo e engolem outras pessoas em seu fluxo — explicou Tortsov, animadamente.

"Receber é o processo oposto, ou seja, tomar sentimentos e impressões das outras pessoas. E esse termo define o processo sobre o qual estávamos falando ainda agora. Experimente-o."

Logo em seguida, Tortsov e eu mudamos de lugar. Ele começou a transmitir seus sentimentos, e eu fui bastante bem-sucedido em adivinhá-los.

— Tente definir em palavras a sensação de receber — disse-me Tortsov, quando a experiência terminou.

— Vou defini-la com um exemplo, como o estudante que você mencionou — sugeri. — Um ímã atraindo ferro poderia sentir a mesma sensação de receber.

— Certo — concordou Tortsov.

Tivemos de interromper essa lição interessante porque nos esperavam em nossa aula de esgrima.

.. .. 19..

Tortsov continuou de onde havia parado.

— Eu espero que você tenha sentido a ligação interna que é forjada entre atores quando eles estão em comunicação, com ou sem palavras — disse ele.

— Parece que sim — disse a ele.

— Esse foi um vínculo interno. Ele foi criado a partir de momentos fortuitos, isolados. Porém, se você usar uma longa linha de vivências e sentimentos que estão em sequência lógica e interconectados, então esse vínculo será fortalecido, crescerá e finalmente desenvolverá o grau de força que chamamos de controle de ferro e que torna o processo de emitir e receber raios mais forte, mais nítido e mais concreto.

— Que tipo de controle de ferro é esse? — perguntaram os estudantes, com interesse.

— O tipo que um buldogue tem em seus dentes — explicou Tortsov. — E nós temos de ter um controle de ferro no palco, nos olhos, nos ouvidos, em todos os órgãos dos cinco sentidos. Se vocês estão ouvindo, então ouçam e escutem. Se vocês estão cheirando, então cheirem. Se estão olhando, então olhem e vejam, não deixem que seus olhos deslizem pelo objeto sem se engatarem nele, apenas lambendo-o visualmente. Vocês devem, por assim dizer, meter seus dentes no objeto. Mas isso não significa, é claro, que vocês devam ficar desnecessariamente tensos.

— Em *Otelo*, houve um momento em que eu tive esse controle? — disse eu, passando por cima do que havia sentido.

— Sim, um ou dois momentos. Mas isso não é suficiente. Todo o papel de Otelo precisa de um controle contínuo. De fato, se você precisa de um controle de ferro em outras peças, na tragédia shakespeariana você precisa de um controle mortal. Isso você não tem.

"Você nem sempre necessita de um controle contínuo na vida, mas no palco, especialmente, na tragédia, isso é essencial. De fato. Qual é o curso normal das coisas? A maior parte da nossa vida é ocupada com rotinas menores. Levantar-se, dormir, cumprir esta ou aquela obrigação. Isso não requer controle e acontece automaticamente. Mas não há lugar para isso no palco. Existem outros Cortes em nossas vidas, momentos de horror — às vezes, curtos, às vezes, longos — ou de grande alegria, de paixão selvagem e outras vivências memoráveis que irrompem em nossa rotina diária. Eles nos convocam para lutar pela liberdade, por um ideal, pela nossa própria existência, por justiça. Esses são os momentos de que precisamos no palco. Mas eles exigem um controle interior se os estamos incorporando fisicamente. Então, temos de descartar 95% da vida real, que não necessita de controle, e só reter no palco os 5% para os quais ele é essencial. É por isso que vocês podem viver suas vidas sem controle, mas é por isso que no palco ele é necessário quase o tempo todo, em cada momento da intensa atividade criativa. E lembrem-se, controle não significa extrema tensão física, mas uma grande quantidade de ação dinâmica interna.

"Não se esqueçam, igualmente, de que as condições nas quais trabalhamos, em público, estão cheias de dificuldades que precisam ser incessante e energicamente combatidas. Na vida, vocês não têm o buraco negro, uma casa cheia, o brilho das luzes da ribalta, a necessidade de serem bem-sucedidos, de agradarem o público a qualquer custo. Um ser humano normal iria achar essas condições não naturais. Vocês devem ser capazes de superá-las ou ignorá-las, desviar sua atenção delas com suas próprias Tarefas criativas. Deixem que toda a sua concentração e capacidade criativa possa convergir para isso, ou seja, criem um controle.

"Pensando nisso, lembro-me de uma história: um homem que adestrava macacos foi procurar animais selvagens na África. Centenas de exemplares foram reunidos por ele para uma seleção. O que ele fez para encontrar o mais adequado para ser adestrado? Ele tomou cada macaco separadamente e tentou interessá-lo por algum item: um lenço brilhoso, que ele sacudia diante dos seus olhos ou alguma bugiganga que pudesse divertir o macaco com seu brilho ou com o barulho que fazia. Uma vez que o animal era atraído para o item, o adestrador tentava distrair sua atenção com alguma outra coisa: um cigarro ou uma noz. Se fosse bem-sucedido e o animal transferisse facilmente a sua atenção do lenço para o novo item, o adestrador o rejeitava. Se, no entanto, ele visse que, apesar de ser momentaneamente distraído pelo novo objeto, sua atenção retornava persistentemente para o primeiro objeto, o lenço, e que o macaco olhava para ele e tentava tirá-lo do seu bolso, o adestrador se convencia e comprava o macaco que podia se concentrar. Ele o comprava porque o macaco demonstrava uma capacidade de ligação ou de controle.

"Nós julgamos a concentração de nossos estudantes e seu poder de se comunicar do mesmo jeito, pela força e a duração de seu controle, e, assim, desenvolvê-lo."

Depois de um momento, Tortsov continuou com sua explicação:

– Aconteceu de eu ler em algum livro, cujo valor científico não vou garantir, que o rosto do assassino fica algumas vezes impresso no olho da vítima. Se é assim, então julguem por si mesmos o quanto é forte o processo de recepção.

"Se tivéssemos algum dispositivo que nos permitisse ver esse processo de emissão e recepção, a troca que ocorre entre o palco e o auditório em momentos de intensidade criativa, ficaríamos espantados ao ver como nossos nervos aguentam a pressão do fluxo de raios que estamos emitindo para a plateia e também recebendo de volta dos milhares de organismos vivos sentados à nossa frente!

"Como seríamos capazes de preencher um espaço enorme como o Teatro Bolshoi com nossas transmissões? Inconcebível! Pobre ator. Para conquistar a plateia, ele deve preenchê-la com o fluxo invisível de seus próprios sentimentos ou de sua própria vontade...

"Por que é difícil representar em um espaço aberto? Não é porque temos de forçar nossas vozes ou potencializar a ação. Não! Isso é simples. Isso é fácil para alguém que domina a dicção no palco. Emitir é que é difícil."

Acho que hoje, enquanto eu voltava para casa da escola, as pessoas devem ter me tomado por uma aberração. O tempo todo, enquanto estava andando, eu fazia exercícios de emissão e recepção. Eu não poderia fazer experiências com as pessoas vivas que cruzavam o meu caminho e, então, limitei-me a coisas inanimadas. Os principais objetos envolvidos em meus exercícios foram os muitos animais empalhados na vitrine de um peleteiro. Havia um zoológico inteiro: um enorme urso com uma bandeja em suas patas, uma raposa, um lobo, um esquilo. Desenvolvi uma estreita e íntima amizade com todos eles e tentei penetrar em suas almas imaginárias através de suas peles, em um esforço para extrair alguma coisa delas e levá-la para dentro de mim. Tentei tão arduamente arrancar alguma coisa dessas figuras empalhadas vazias que inclinei meu pescoço, minha cabeça e meu tronco para trás e, ao fazê-lo, forcei as pessoas que estavam atrás de mim, enquanto eu estava ali olhando boquiaberto, a se amontoarem. Mas, então, lembrei-me do que Tortsov tinha recomendado sobre eu não me esforçar muito. Então, como um domador de animais, eu hipnotizei as feras e disse para mim mesmo: se este urso se aproximasse de mim, erguendo-se sobre suas patas traseiras, será que eu seria capaz de deter o animal fazendo-o obedecer à minha vontade pelos seus olhos e mandíbulas? Inclinei-me tanto para frente, na direção do objeto, enquanto emanava, que bati meu nariz contra o vidro sujo da enorme vitrine. Eu tentei dar tanto de mim para o objeto que achei que ficaria nauseado. E os meus olhos, como acontece quando alguém está nessa condição, estavam saltando para fora das órbitas.

"Não!" – disse eu, criticando a mim mesmo –, "trabalhar tão duro é mais parecido com engasgar e se empanturrar do que com se comunicar."

"Relaxe! Relaxe!" – diria Tortsov. – "Por que tão tenso?"

Porém, quando comecei a comunicação com menos intensidade, toda sensação física de alguma coisa indo para fora de mim ou, ao contrário, entrando em mim, desapareceu. Tive de interromper meus breves experimentos quando uma multidão reuniu-se à minha volta. Dentro da loja havia cinco pessoas, evidentemente funcionários e compradores estavam olhando para mim e sorrindo discretamente. Era óbvio que eles tinham visto meus experimentos e achado tudo muito engraçado. Isso não me impediu de tentar a mesma experiência na loja seguinte.

Dessa vez, o objeto era um busto de Tolstói.

Sentei-me em frente ao Monumento a Gógol e testei o meu controle. Eu queria segurar a estátua de bronze com os meus olhos e também usá-los para puxá-la na minha direção, para que ela se levantasse de sua cadeira.

Mas meus olhos logo doeram por olhar tão fixamente. Além do que, no momento crítico, avistei alguém que eu conhecia passando.

– Você está se sentindo bem? – perguntou ele, com simpatia.

– Não, estou com uma terrível enxaqueca – disse eu, corando até a raiz dos cabelos, sem saber como sair daquela situação.

"Você nunca deve chegar a esse nível de tensão!" – decidi interiormente.

.. .. 19..

Na aula de hoje, Tortsov disse:

– Se emitir e receber raios é tão importante, temos de perguntar se existem maneiras de dominar isso tecnicamente. Será que existe uma maneira de fazer isso à vontade? Será que existe uma técnica, um "chamariz" que vai estimular a emissão e a recepção invisível e, assim, intensificar nossa capacidade de vivenciar?

"Se você não pode ir do interior para o exterior, então vá do exterior para o interior. Então, podemos usar a ligação orgânica entre o corpo e a mente. A ligação é tão poderosa que quase poderia ressuscitar os mortos, como um homem afogado, sem pulso ou sinais de vida, que, quando colocado em uma determinada posição definida pela medicina, estremece violentamente e assim obriga os órgãos respiratórios a inspirar e expirar automaticamente. Isso é suficiente para estimular a circulação do sangue e, subsequentemente, o funcionamento de todas as partes do corpo. E também, por causa de sua indissolúvel ligação com o corpo, a 'vida do espírito humano' de um homem que quase se afogou é revivida.

"Nós seguimos esse princípio quando estimulamos a emissão e a recepção artificialmente: se a comunicação interna não ocorre espontaneamente, então devemos abordá-la a partir do exterior" – passou a explicar Tortsov. – "Essa ajuda de fora é a isca que põe o processo em movimento, e, em seguida, a própria vivência.

"Felizmente, como vocês verão em breve, o novo chamariz pode ser desenvolvido tecnicamente. Agora vou dizer-lhes como usar isso."

Começou com Tortsov sentado à minha frente e me fazendo pensar em uma Tarefa, uma ideia para justificá-la e, então, comunicar o que eu havia feito. Eu poderia usar palavras, expressão facial, gestos, tudo o que pudesse me ajudar. Tortsov me pediu para estar consciente do fluxo de saída e entrada da emissão e da recepção.

O trabalho preliminar levou um longo tempo, porque eu não conseguia entender o que Tortsov queria.

Quando consegui, a comunicação foi estabelecida. Tortsov fez que eu me comunicasse intensamente com palavras e ações e prestasse atenção às minhas sensações físicas enquanto estava fazendo isso. Então, depois, ele me pediu para retirar as palavras e as ações e sugeriu que eu continuasse a me comunicar apenas por emanação.

Contudo, eu tive de lutar bastante antes que pudesse começar e emitir e a receber fisicamente desse modo. Quando o fiz, Tortsov me perguntou como eu me sentia.

– Como uma bomba sugando o ar de um tanque vazio – gracejei. – Eu tive a sensação de uma corrente saindo especialmente das pupilas dos meus olhos e também, penso eu, pelo lado do meu corpo que estava voltado na sua direção – expliquei.

– Siga emitindo na minha direção, física e automaticamente, durante o tempo que for capaz – ordenou-me ele.

Mas isso não durou muito, e logo interrompi essa "atividade sem sentido", como eu a chamava.

– Você não quer dar a ela algum tipo de significado? – perguntou-me Tortsov. – Não quer que os seus sentimentos internos clamem para deixá-los entrar e ajudá-lo? Não quer que sua Memória Emotiva faça tudo o que pode para sugerir uma experiência que você possa usar para a comunicação física?

— Se você vai fazer que eu me comunique física e automaticamente a qualquer preço, então vai ser difícil se eu não tiver nada para me ajudar a fazer as minhas ações terem sentido. Em outras palavras, eu preciso de algo para transmitir e de algo para receber. Onde devo obter isso? — eu estava aturdido.

— Transmita para mim tudo o que você está sentindo agora, isto é, desnorteamento, desamparo, ou encontre algum outro sentimento dentro de você — aconselhou Tortsov.

Foi o que eu fiz. Quando se tornou impossível para mim continuar emitindo fisicamente, sem nenhum significado, tentei transmitir meu aborrecimento e minha contrariedade.

"Deixe-me em paz! Você está atrás de quê? Por que você está fazendo da minha vida uma pura tortura?" — pareciam dizer meus olhos.

— Como você se sentiu? — perguntou-me Tortsov, mais uma vez.

— Como uma bomba que foi ligada a um barril de água e agora pode expelir alguma coisa diferente do ar — gracejei mais uma vez.

— Então, o seu emissor físico sem sentido adquiriu um significado e um propósito — comentou Tortsov.

Depois de repetir esses exercícios, ele fez a mesma coisa com a recepção. Foi o mesmo processo, mas em sentido inverso. Então, não vou descrevê-lo, mas apenas registrar um novo fator que surgiu durante minhas experiências.

Antes que eu pudesse receber qualquer coisa, eu tive de sondar a mente de Tortsov com meus olhos e encontrar nela algo nele que eu fosse capaz de receber.

Para fazer isso, eu tive de inspecioná-la cuidadosamente para, por assim dizer, encontrar algo em seu estado mental e então tentar conectar-me com isso.

— Como você pode ver, não é tão simples estimular o processo por meios técnicos quando ele não surge espontaneamente, de forma intuitiva, como faz na vida – disse Tortsov. — No entanto, deixe-me tranquilizá-lo: isso é muito mais fácil de realizar quando se está atuando do que ao fazer exercícios ou em sala de aula.

"Eis por que isso acontece. Ainda agora tivemos de encontrar rapidamente alguns sentimentos fortuitos para manter o processo de emissão e recepção em andamento, mas no palco esse processo é muito mais fácil. Na atuação, todas as Circunstâncias Dadas foram explicadas, todas as Tarefas foram encontradas, todos os sentimentos corretos amadureceram e estão à espera de uma oportunidade para vir à superfície. Tudo o que você tem a fazer é dar um pequeno empurrão e os sentimentos fluem para fora em uma corrente contínua.

"Quando você usa um tubo para aspirar água de um aquário, você só tem de dar uma sugada no ar e a água simplesmente flui para fora. É o mesmo com a emissão. Dê-lhe um pequeno empurrão, faça uma abertura e os sentimentos simplesmente fluem, vindos de dentro."

— Que exercícios podemos fazer para isso? — perguntaram os estudantes.

— Eles desenvolvem a mesma ideia que os dois exercícios que vocês fizeram ainda agora.

"O primeiro exercício consiste na utilização de um chamariz para despertar alguma emoção (sentimento) em si mesmo e emiti-la para alguém. Enquanto vocês estão fazendo isso, prestem atenção ao que está acontecendo com vocês fisicamente. Da mesma maneira, acostumem-se com o que sentem ao receber, quando isso acontece naturalmente, e notem o que ocorre quando vocês estão se comunicando com os outros.

"O segundo exercício é tentar transmitir ou receber sem emoção. Isso requer uma grande dose de concentração. Caso contrário, vocês poderiam confundir a simples tensão muscular com comunicação. Quando o processo físico for posto em movimento, encontrem algum sentimento a ser transmitido ou recebido. Mas, repito, vocês devem tomar cuidado com essa forçação e com o esforço físico. A comunicação deve ser sempre fácil, livre, natural, sem desperdício de energia física. Deixem que se diga também que essa nova técnica ajudará vocês a focalizar sua atenção firmemente no objeto, já que não pode haver emissão sem um objeto estável.

"Só não façam esses exercícios sozinhos, consigo mesmos ou com uma pessoa imaginária. Façam a comunicação apenas com objetos vivos, que realmente existem na vida, com alguém que está realmente ao seu lado e que realmente queira receber seus sentimentos. A comunicação deve ser mútua. Nunca façam exercícios sozinhos, sem Rakhmánov. Vocês precisam de um olho experiente para que não se extraviem e confundam a mera tensão muscular com o genuíno senso de comunicação. Isso é perigoso, como qualquer forma de deslocamento."

— Deus, isso é tão difícil! — exclamei.

— É difícil fazer alguma coisa que é uma parte normal de nossa natureza? — disse Tortsov, espantado. — Você está equivocado. O que é normal é fácil. É muito mais difícil treinar a si mesmo para ir contra a natureza. Assim, reconheça suas leis e só pergunte o que é certo para ela. Eu prevejo que vai chegar o momento em que você vai ficar constitucionalmente incapaz de estar no palco, ao lado de seu camarada ator, e não se conectar com ele, de mente para mente, por um vínculo ou um controle — algo que neste momento você considera difícil.

"Liberação muscular, concentração, as Circunstâncias Dadas e todo o resto também pareciam difíceis para você, mas agora você não pode fazer nada sem elas.

"Então, fique feliz porque você está enriquecendo a sua técnica com uma nova e muito importante isca para motivar a comunicação, ou seja, a emissão e recepção de sinais."

11

Adaptações de um ator e outros elementos, qualidades, aptidões e dons

.. .. 19..

Tortsov entrou e leu o cartaz, "Adaptação", que Rakhmánov havia pendurado. Felicitou-nos por atingir uma nova fase em nosso trabalho e então chamou Vánia, dando-lhe a seguinte Tarefa:

— Você tem de sair da cidade para ver alguns amigos. Você espera ter momentos muito agradáveis. O trem sai às duas e já é uma hora. Como você vai sair da escola mais cedo? O problema é que você tem de enganar não só a mim, mas seus camaradas de classe também. Como você vai fazer isso?

— Fingindo estar triste, melancólico, deprimido, doente — aconselhei-o.

— Fazendo que todos perguntem: "O que foi?". Você pode contar alguma história verossímil de tal modo que todos nós acreditemos nela. Então, teremos de deixar o doente ir embora, gostemos ou não.

— Sim! Entendi! Eu realmente entendi! — disse Vánia, radiante, e, de pura alegria, agitou suas pernas em uma espécie de passo de dança que seria impossível descrever.

Mas... após o terceiro ou quarto rodopio ele tropeçou, gritando de dor e ficando preso ao chão com uma perna levantada e o rosto contorcido.

Por um momento, pensamos que ele estivesse tentando nos enganar e que estivesse brincando. Mas ele parecia estar sentindo uma dor real, e eu acreditei nele e levantei-me para ajudar o pobre camarada, mas... tinha minhas dúvidas. Os demais correram para o palco. Vánia, que não deixava ninguém tocar em sua perna, tentou colocar seu peso sobre ela, mas deu um tamanho grito de dor que Tortsov e eu trocamos um olhar indagador para saber se o que estava acontecendo era um trote ou não. Vánia foi carregado para a saída com muito cuidado. Ele pulava com sua perna boa, enquanto era segurado pelos ombros. Ficamos quietos, solenemente, sem dizer uma palavra.

Mas, de repente, Vánia deu um salto de dança e rompeu em gargalhadas.
— Isso é o que eu chamo de vivenciar! Sim, de fato!... Eu fui brilhante! Marquei um ponto! Vocês não souberam a diferença! — exclamou ele, com frases entrecortadas, não podendo parar de rir.

Sua recompensa foi uma salva de palmas e, mais uma vez, senti como ele era talentoso.

— Vocês sabem por que o aplaudiram? — perguntou Tortsov e imediatamente deu a resposta. — Porque ele encontrou a Adaptação correta e a conduziu com sucesso.

"Esta palavra, Adaptação, é o que nós utilizaremos, no futuro, para designar a engenhosidade, tanto mental quanto física, que as pessoas usam para ajustar seu comportamento e, assim, influenciar outras pessoas, o seu objeto."

— O que significa "ajustar"? — indagaram os estudantes.
— Significa aquilo que Vánia fez agora. Ele usou sua engenhosidade para que pudesse deixar a aula antes da hora — explicou Tortsov.
— Eu acho que ele nos enganou — interrompeu alguém.
— Vocês teriam acreditado nele sem essa brincadeira? — perguntou Tortsov. — O truque era essencial para ele alcançar seu fim, deixando a escola mais cedo. Vánia decidiu sobre isso, e sobre a fraude, para ajustar a situação, as Circunstâncias Dadas que o estavam impedindo de escapulir.
— Isso significa que Adaptação é fraude? — perguntou Grícha.
— Em alguns casos, sim; em outros, é uma expressão visível de sentimentos ou pensamentos interiores. Às vezes, a Adaptação ajuda você a chamar a atenção de alguém com quem você quer se comunicar e de quem você deseja a simpatia. Algumas vezes, ela transmite coisas que são invisíveis e quase imperceptíveis para os outros, coisas que não podem ser ditas por palavras e assim por diante.

"Como vocês podem ver, existem muitos tipos e usos para as Adaptações.

"Por exemplo, digamos que você, Kóstia, tem um importante cargo oficial e eu venho a você com uma petição. Preciso da sua ajuda. Porém, você nunca me viu mais gordo. Então, para atingir o meu objetivo, eu preciso fazer alguma coisa para me destacar da massa geral dos peticionários.

"Mas como eu vou atrair sua atenção e mantê-la? Como vou fazer para desenvolver uma ligação quase embrionária entre nós? Como vou persuadi-lo a olhar favoravelmente para mim? Como devo chegar à sua mente, aos seus sentimentos, à sua imaginação? Como vou tocar o coração de um homem influente?

"Se ele vê o estado lamentável da minha vida com seu olho interior; se, na sua imaginação, ele cria uma imagem que está perto de ser tão terrível quanto a realidade, então ele vai ter um interesse por mim e vai abrir o seu coração para que possamos nos comunicar. Então, eu estou salvo! Mas, para ser capaz de entrar no coração de alguém, de me comunicar com a sua vida, eu preciso de Adaptações.

"Nós as usamos para realçar nossos sentimentos interiores, o estado em que estamos, tanto quanto é possível.

"Mas, em outros casos, usamos a Adaptação para esconder, para mascarar nossos sentimentos e nosso estado geral. Um homem vaidoso e orgulhoso tenta ser amável para mascarar o sentimento de uma afronta. Um investigador ardilosamente esconde sua verdadeira atitude para com o criminoso que ele está interrogando, utilizando Adaptações.

"A Adaptação é uma das mais importantes técnicas da comunicação, mesmo quando estamos sozinhos, já que precisamos nos adaptar a nós mesmos e ao nosso próprio estado de espírito, se quisermos nos convencer.

"Quanto mais complexa for a Tarefa e os sentimentos a serem transmitidos, quanto mais diferentes, variados e coloridas, mais sutis devem ser as Adaptações."

— Veja, por favor, perdoe-me — rebateu Grícha —, mas é para isso que as palavras existem.

— Será que você imagina que elas podem transmitir até a última nuance de um sentimento? Não. Quando estamos nos comunicando com alguém, as palavras não são suficientes, elas são muito formais, mortas. Precisamos de sentimento para insuflar vida nelas e precisamos de Adaptações para revelar e transmitir esse sentimento ao objeto com o qual estamos em comunicação. Elas complementam as palavras, completam declarações incompletas.

— Isso significa que quanto mais Adaptações houver, mais forte e mais completa será a comunicação? — perguntou alguém.

— Não é uma questão de quantidade, mas da qualidade das Adaptações.

— De que qualidades precisamos no palco? — perguntei.

— Elas são muitas e variadas. Cada ator tem as suas próprias Adaptações particulares de variadas origens e variável eficácia, que pertencem somente a ele. É a mesma coisa na vida. Homens, mulheres, velhos, crianças, o poderoso, o humilde, o zangado, o amável, a irascível, o calmo e, assim por diante, têm seus próprios tipos específicos de Adaptação.

"Cada nova circunstância na vida, em nosso ambiente, lugar e tempo produz mudanças correspondentes em nossas Adaptações. À noite, quando todos estão dormindo, nossas Adaptações são de certo modo diferentes das do dia, na luz, quando estamos com outras pessoas. Quando chegamos ao estrangeiro, tentamos encontrar as devidas Adaptações às condições locais.

"Cada sentimento que experimentamos requer a sua própria Adaptação especifica, esquiva, se ele deve ser comunicado.

"Todos os tipos de comunicação – de mão dupla, em grupo, com um objeto imaginário ou inexistente e assim por diante – exigem uma Adaptação correspondente.

"As pessoas se comunicam através dos seus cinco sentidos, utilizando meios visíveis e invisíveis, ou seja, os olhos, o rosto, os movimentos das mãos e dedos, o corpo, e também por meio da emissão e da recepção. Em todos os casos, elas precisam das Adaptações correspondentes para fazer isso.

"Alguns atores são mestres em Adaptação no drama, mas carecem completamente dela na comédia ou, inversamente, se adaptam bem na comédia e mal no drama.

"Muitas vezes, vocês têm atores que podem vivenciar cada aspecto do sentimento humano esplendidamente, com Adaptações refinadas e verdadeiras. Mas esses atores frequentemente causam a sua mais profunda impressão na intimidade da sala de ensaio, quando o diretor e o público estão sentados bem perto deles. Quando são colocados sobre o palco, onde uma maior clareza é exigida, suas Adaptações parecem pálidas. Eles não vão além da ribalta ou, se o fazem, não são suficientemente claros nem suficientemente dramáticos.

"Também conhecemos atores cujas Adaptações são claras, mas poucas. Elas logo perdem a sua força, a sua nitidez e o seu fio.

"Mas existem numerosos atores – para os quais a sorte não sorriu – que têm Adaptações pobres, monótonas e vagas, ainda que verdadeiras. Essas pessoas nunca estarão na linha de frente."

.. .. 19..

Tortsov continuou com a explicação que ele havia deixado incompleta na última aula:

– Se as pessoas na vida real precisam de um número infinito de Adaptações, os atores precisam delas numa medida ainda maior, uma vez que eles estão continuamente em comunicação com alguém ou alguma coisa, e porque estão adaptando o tempo todo. A qualidade das Adaptações desempenha um papel importante nisso. Sua clareza, cor, ousadia, sutileza, delicadeza de tom, elegância e bom gosto. Por exemplo, em nossa última aula a Adaptação de Vánia foi vigorosa, quase atrevida. Mas pode ser diferente. Vária, Grícha e Igor, subam ao palco e representem o "queimando dinheiro" – ordenou Tortsov.

Vária preguiçosamente levantou de sua cadeira e ficou esperando, com uma cara entediada, que seus camaradas atores seguissem seu exemplo e também se levantassem. Mas eles ficaram sentados.

Seguiu-se um silêncio constrangedor.

Incapaz de suportar a completa inação, Vária começou a falar. Para atenuar suas palavras, ela usou ardis femininos, já que sabia por experiência que eles têm um efeito sobre os homens. Ela baixou seus olhos, para esconder seu estado mental, escolhendo cuidadosamente um lugar longe da placa com o número de seu assento. Querendo esconder suas bochechas que estavam coradas com um vermelho brilhante, ela as cobriu com um lenço.

A pausa prolongou-se por muito tempo. Para preenchê-la, para reduzir a sensação embaraçosa que a situação havia criado, Vária tentou fazer um comentário humorístico sobre o mal-entendido e forçou uma risada que soava oco.

— Estamos entediados! Estamos muito, muito entediados — assegurou-nos a bela criatura. — Eu realmente não sei como dizer isso, mas por favor, nos dê um novo exercício... e então nós representaremos... vamos representar... vai ser formidável!

— Bravo! Muito bem! Esplêndido! Agora não precisamos representar o "queimando dinheiro"! Você nos mostrou tudo o que precisamos sem isso — afirmou Tortsov.

— O que exatamente ela nos mostrou? — perguntamos.

— Vou lhes dizer. Se Vánia nos ofereceu uma Adaptação atrevida, vigorosa e exterior, Vária nos mostrou algo mais elegante, sutil, interior. Ela, pacientemente, fez todos os esforços para me conquistar e tentou me fazer penalizado por ela. Ela fez bom uso de seu constrangimento, e mesmo das suas lágrimas. Onde foi possível, ela flertou a fim de obter o que queria e cumprir a tarefa. Ela modificou suas Adaptações em seu desejo de comunicar-se comigo e de me fazer registrar cada nuance de seus sentimentos.

"Se uma Adaptação não foi bem-sucedida ou se desvirtuou, ela tentou uma segunda, uma terceira, na esperança de finalmente acertar com aquela que era mais convincente e que penetraria no coração do objeto.

"Temos de saber nos adaptar às circunstâncias, ao tempo e à cada pessoa separadamente.

"Se vocês estão lidando com um idiota, devem se ajustar à sua capacidade mental, encontrar formas mais simples de palavras e Adaptações condizentes com a mente e a compreensão de um idiota.

"Se, no entanto, o objeto da comunicação é alguém de raciocínio arguto, vocês têm de agir com mais cuidado, encontrar Adaptações mais sutis para que ele não veja a sua artimanha e fuja da comunicação, e assim por diante.

"Vocês podem julgar a importância da Adaptação pelo fato de que muitos atores com uma capacidade medíocre de vivenciar, mas uma capacidade vigorosa de se adaptar, fazem você compartilhar a sua 'vida do espírito humano' interior melhor do que outros que têm sentimentos mais fortes e mais profundos, mas cujas Adaptações são pálidas.

"A melhor coisa é observar as Adaptações das crianças, em quem elas são mais claramente expressas do que nos adultos.

"Vejam as minhas duas sobrinhas, por exemplo. A mais jovem é a própria franqueza e inspiração. Quando ela quer expressar o ápice da alegria, um beijo não é suficiente. Ele não pode transmitir plenamente o seu prazer. Então, para dar mais força à expressão do seu sentimento, ela tem de morder. Essa é a sua Adaptação, que ela nem mesmo percebe. Isso acontece espontaneamente. É por isso que quando a vítima de seu prazer dá um grito de dor, a garotinha fica realmente espantada e se pergunta: 'Quando eu mordi você?'.

"Eis aí um modelo de Adaptação subconsciente para vocês.

"A mais velha, por sua vez, seleciona de maneira consciente e deliberada as suas Adaptações. Ela diz 'olá' e 'obrigada' para diferentes pessoas de acordo com a quantidade de respeito que tem por elas ou pelo quanto fizeram por ela. Mas essas Adaptações não podem ser consideradas plenamente conscientes pelo seguinte:

"Eu vejo duas etapas na criação de Adaptações: 1) escolher a Adaptação; 2) executá-la. Admito que a minha sobrinha escolhe suas Adaptações conscientemente. Mas ela as executa, como a maioria das pessoas, em sua maior parte subconscientemente. Eu chamo essas Adaptações de semiconscientes."

— Mas existem Adaptações plenamente conscientes? — eu estava interessado em saber.

— Existem, é claro, mas... vocês sabem, eu nunca, na vida real, tive conhecimento de Adaptações que fossem tanto selecionadas quanto executadas de uma maneira plenamente consciente.

"Só no palco, onde, ao que parece, a comunicação subconsciente tem rédea solta, é que eu me deparo com Adaptações totalmente conscientes o tempo todo. Essas coisas são clichês de atores."

— Por que você diz que, no teatro, a comunicação subconsciente tem uma amplitude completa? — perguntei.

— Porque quando está atuando você precisa de maneiras poderosas e irresistíveis de influenciar as pessoas, e a maior parte de nossas Adaptações biológicas subconscientes estão incluídas entre elas. Elas são vigorosas, persuasivas, imediatas, cativantes. E é somente pelo uso dessas Adaptações naturais que você pode transmitir nuances pouco perceptíveis de sentimento do palco para uma casa lotada. Essas Adaptações são de importância primordial na vida de grandes figuras clássicas, com sua complexidade psicológica. Somente o nosso organismo e o nosso subconsciente têm a capacidade de criá-las e transmiti-las. Você não pode realizar esse tipo de Adaptação só com a sua inteligência ou com a sua técnica. Elas ocorrem espontânea e subconscientemente, quando o sentimento chega ao seu clímax.

"Como são vigorosas e brilhantes as Adaptações subconscientes no palco! Elas se apoderam das pessoas com quem vocês estão em comunicação e se imprimem por si mesmas na memória do público! Sua força reside na sua imprevisibilidade, na sua audácia, na sua desfaçatez.

"Quando você está observando um ator, seu comportamento, suas ações, você espera que ele, em momentos-chave, pronuncie suas falas em voz alta e clara, com seriedade. Mas, de repente, bastante inesperadamente, ele, em vez disso, as diz despreocupada e alegremente, de modo quase inaudível, e isso transmite a originalidade de seus sentimentos. Esta surpresa é tão convincente, tão impressionante que sua interpretação dessa passagem em particular parece ser a única possível. 'Por que será que eu não tenho senso para ver o significado que está oculto aqui?', pergunta o público com espanto, completamente tomado pela Adaptação inesperada.

"Nós só encontramos Adaptações inesperadas como essas em pessoas de grande talento. No entanto, elas não acontecem o tempo todo, mas apenas em momentos de inspiração, mesmo com pessoas excepcionais. Naquilo que concerne às Adaptações semiconscientes, nós as encontramos com muito mais frequência.

"Não vou me arriscar a analisar e definir o grau de subconsciência em cada uma delas.

"Vou dizer apenas que mesmo uma dose mínima do subconsciente confere vida, senso de reverência quando os sentimentos são expressos e transmitidos no palco."

– Isso significa – disse eu, tentando resumir – que você não admite Adaptações conscientes no palco?

– Eu as admito nos casos em que elas são sugeridas para mim de fora: pelo diretor, pelos meus camaradas atores e pelas pessoas que dão conselhos, tanto solicitados quanto não solicitados. Mas... Adaptações conscientes desse tipo devem ser tratadas com cautela e sabedoria.

"Nunca pense em usá-las na forma como são dadas. Não basta simplesmente copiá-las! Você deve absorver as Adaptações de outras pessoas e torná-las suas, sua propriedade pessoal. Isso requer uma boa dose de trabalho, novas Circunstâncias Dadas, chamarizes e assim por diante.

"Isso é o que nós devemos fazer quando um ator vê Adaptações na vida real que são típicas do papel que ele está criando e deseja usá-las. Cuidado com a simples cópia. Isso sempre empurra o ator para a sobreatuação e para a atuação de mera técnica.

"Uma vez que você idealizou uma Adaptação consciente, dê-lhe vida usando a sua psicotécnica, que irá ajudá-lo a dotar sua Adaptação com uma pequena porção do subconsciente."

.. .. 19..

— Vánia, suba ao palco comigo e vamos representar uma nova versão de "sair da aula mais cedo" — disse Tortsov.

O jovem animado lançou-se para o palco, enquanto Tortsov seguia lentamente sussurrando para nós:

— Agora eu vou brincar com ele.

"Então, você tem de sair da aula mais cedo a qualquer preço! Essa é a principal Tarefa. Faça isso."

Tortsov sentou-se à mesa e ficou cuidando de seus próprios assuntos. Ele tirou uma carta do seu bolso e ficou absorvido nela. Vánia ficou perto dele, concentrado, tentando elaborar a mais engenhosa Adaptação que pudesse para influenciar Tortsov ou enganá-lo.

Ele tentou uma grande variedade de truques, mas Tortsov, quase deliberadamente, não lhe deu atenção. O que não fez o nosso irresistível jovem para ser capaz de sair da aula? Ele sentou-se imóvel por um longo tempo com uma expressão de cansaço no rosto. (Se Tortsov tivesse olhado para ele, certamente teria ficado com pena.) Então, ele subitamente se levantou e saiu apressadamente para os bastidores. Ele ficou lá por algum tempo e depois voltou, parecendo doente, andando um pouco trêmulo, enxugando o suor frio de sua testa e se afundando pesadamente na cadeira ao lado de Tortsov, que continuou a ignorá-lo. Vánia representou com sinceridade e houve uma resposta calorosa da plateia.

Depois, ele quase morreu de exaustão, desenvolveu espasmos e convulsões, ele até mesmo deslizou da sua cadeira para o chão e chegou a tais exageros que todos nós rimos.

Mas Tortsov não reagiu.

Vánia pensou em outra Adaptação que provocou ainda mais risos. Mas Tortsov continuava sem dizer nada e sem prestar atenção ao ator a seu lado.

Vánia foi ficando cada vez mais exagerado e o riso na plateia ficou mais alto. Isso levou o rapaz a Adaptações novas, muito engraçadas, que finalmente terminaram em palhaçadas que causaram grandes gargalhadas.

Era isso que Tortsov estava esperando.

— Será que vocês entendem o que acabou de acontecer? — perguntou ele, voltando-se para nós, depois que nos acalmamos.

"A tarefa básica de Vánia era sair da aula. Todas as suas ações, palavras, tentativas de fingir que estava doente para chamar minha atenção e me fazer sentir pena dele eram apenas Adaptações para cumprir a tarefa principal. Primeiramente, Vánia realizou o tipo certo de ações. Mas aqui está o problema. Ele ouviu risos na plateia e imediatamente mudou seu objeto de atenção, e começou a adaptar não para mim, a pessoa que o estava ignorando, mas para vocês, as pessoas que incentivavam suas palhaçadas.

"Agora ele tinha uma nova Tarefa: divertir o público. Como isso pode ser justificado? Onde é que vamos encontrar as Circunstâncias Dadas? Como é que vamos testá-las e vivenciá-las? Vocês podem somente exagerar, que foi o que Vânia fez. É por isso que tudo desmoronou.

"Tão logo isso aconteceu, toda a vivência humana genuína cessou e a atuação de mera técnica veio por si mesma. A tarefa principal foi quebrada em toda uma série de piadas e piruetas, às quais Vânia é muito apegado.

"A partir desse momento, as Adaptações tornaram-se um fim em si mesmas e assumiram o papel principal, e não o secundário que era atribuído a elas. Elas se tornaram a Adaptação pela Adaptação.

"As coisas frequentemente dão errado assim. Conheço muito poucos atores que são capazes de Adaptações esplêndidas e vigorosas, mas que eles usam não para se comunicar, mas simplesmente para exibição, para fazer o público rir. Assim como Vânia, eles transformam as Adaptações em uma série de acrobacias, em um quadro de cabaré. Momentos ocasionais de sucesso viram as suas cabeças. Eles sacrificam o papel por uma questão de uns poucos risos e de algum aplauso, usando palavras e ações que muito frequentemente não têm qualquer relação com a peça. Quando as Adaptações são utilizadas dessa forma, elas perdem todo o sentido. Elas são inúteis.

"Como vocês podem ver, boas Adaptações podem ser uma perigosa tentação para um ator. Existem muitas razões para isso. Existem papéis inteiros que oferecem uma constante tentação para um ator. Por exemplo, existe o papel do velho, Mamaev, na peça de Ostrôvski, *Estupidez suficiente em todo homem sábio*[1]. Como não tem nada para fazer, ele passa sermão em todo mundo. Ele não faz nada na peça inteira, a não ser dar conselhos a qualquer um que ele possa apanhar. Não é fácil perseguir uma única Tarefa por cinco atos inteiros, fazer sermões a distância e compartilhar os mesmos sentimentos e pensamentos com alguns camaradas atores. É fácil se tornar monótono. Para evitar que muitas pessoas se concentrem totalmente em suas Adaptações, elas mudam a cada minuto enquanto cumprem a mesma Tarefa (fazer sermões). A contínua e ininterrupta troca de Adaptações introduz alguma variedade. Isso é bom, claro. Mas a coisa ruim é que as Adaptações, sem que o ator se dê conta, tornam-se o seu principal, seu único propósito.

"Se vocês prestarem atenção ao que está acontecendo em suas mentes em momentos como esses, ficará evidente que o roteiro de seu papel consiste nas seguintes Tarefas: 'Eu quero ser desagradável' (em vez de 'Eu quero alcançar a minha meta usando uma Adaptação desagradável') ou 'Eu quero ser afável, resoluto, abrupto' (em vez de 'Eu quero ser bem-sucedido

---
1. Cf. Capítulo 10, nota 4.

na Tarefa que me foi designada usando Adaptações afáveis, resolutas e abruptas').

"Mas vocês sabem que não devem ser desagradáveis por serem desagradáveis, afáveis por serem afáveis, resolutos e abruptos por serem resolutos e abruptos.

"Então, as Adaptações imperceptivelmente tornam-se fins em si mesmas e tomam o lugar da Tarefa principal no papel de Mamaev (fazer sermões e ir fazendo sermões).

"Isso leva sua atuação a ser exagerada. Isso desvia você da Tarefa, e até mesmo os outros atores. Quando isso acontece, o sentimento humano vivo e a ação genuína desaparecem e a teatralização surge por conta própria. Como todos sabemos, a característica típica da teatralização é o fato de que, embora o objeto seja o camarada ator que está no palco com você, que é a pessoa com quem você supostamente deveria estar em comunicação, você cria outro objeto para si mesmo – na plateia –, e é a ele que você se adapta.

"A comunicação externa com um objeto enquanto se adapta a outro termina em absurdo.

"Deixem-me explicar meus pensamentos com um exemplo.

"Imagine que você mora no andar de cima de uma casa e que do outro lado de uma rua bastante larga reside *ela*, a pessoa que você ama. Como é que você vai dizer a ela o que você sente? Beijos soprados, levar sua mão de encontro ao coração, simular um estado de êxtase, representar sua tristeza, sua melancolia, gesticular como um bailarino para tentar perguntar se você pode ir vê-la. Você tem de executar todas essas Adaptações externas de uma maneira clara e perceptível, caso contrário você não vai ser absolutamente compreendido.

"Agora imagine um maravilhoso lance de boa sorte. Não há uma viva alma na rua, ela está de pé sozinha na janela, todas as outras janelas da casa estão fechadas... Não há nada que o impeça de gritar palavras de amor. Você tem de arremessar sua voz para vencer a considerável distância que os separa.

"Depois dessa declaração, você sai e a encontra – ela está caminhando de braços dados com sua ameaçadora mãe. Como você vai aproveitar essa oportunidade de estar perto dela para poder dizer que a ama e suplicar um encontro?

"Dadas as circunstâncias do encontro, você tem de usar suas mãos de maneira expressiva, mas só pode ser visto com dificuldade, ou pode simplesmente usar seus olhos. Se você tiver de falar umas poucas palavras, elas devem ser sussurradas no ouvido dela, de forma quase imperceptível e inaudível.

"Você está se preparando para fazer justamente isso quando subitamente, no outro lado da rua, seu detestado rival aparece. O sangue sobe à sua cabeça, você perde todo o autocontrole. O desejo de se vangloriar da sua vitória é tão forte que você se esquece de que a mamãe está por perto e berra expressões de amor com a sua voz mais alta, começando a utilizar os gestos de balé que você usou antes, quando estava se comunicando a distância. Tudo isso é feito para o benefício de seu rival. Pobre menina! Como ela foi repreendida por sua mãe por causa do seu comportamento absurdo!

"A maior parte dos atores comete constantemente esse absurdo, que seria inexplicável em qualquer ser humano normal, e ficam com ele até o fim.

"Eles estão ao lado de seus camaradas atores e adaptam sua expressão facial, sua voz, seus movimentos e suas ações não de olho nos atores próximos, com quem eles supostamente estariam se comunicando, mas no espaço vazio que reside entre eles e a fileira de trás da plateia. Colocando em termos simples, eles não se adaptam ao ator que está de pé ao seu lado, mas ao público que está diante deles. Daí uma incorreção na qual nem o elenco, nem o público podem acreditar."

— Mas, olha só, por favor, perdão — protestou Grícha —, você tem de pensar na pessoa que não pode pagar por um assento da frente, onde tudo pode ser ouvido.

— Você deve, em primeira instância, pensar em seu camarada ator e adaptar-se a ele — respondeu Tortsov. — Quanto à fileira de trás, temos a nossa técnica vocal para isso, uma voz bem colocada, vogais bem pronunciadas, consoantes claras. Com esse tipo de dicção, você pode falar em voz baixa, como se estivesse em uma sala, e ser ouvido melhor do que se gritasse, especialmente se você desperta o interesse do público pelo conteúdo daquilo que está sendo falado, daquilo que você está dizendo. Mas quando você berra de maneira teatral as palavras íntimas, que precisam de uma voz baixa, elas perdem o seu significado interior. Elas não induzem o público a se envolver nesse contrassenso.

— Mas, veja só, perdão, o público tem de ser capaz de ver o que está acontecendo — persistiu Grícha.

— E nós temos ações longas, claras, sequenciais e lógicas para esse propósito, especialmente se as usamos para induzir o público a se envolver na ação. Mas se o ator trabalha contra o sentido interior daquilo que ele está dizendo e agita seus braços sem motivo, adotando poses — mesmo belas —, vocês não podem assisti-lo por muito tempo, primeiramente porque elas não são de nenhuma utilidade para o público ou para a personagem e, em segundo lugar, porque existe uma grande dose de repetição nessas explosões de gesticulação e de movimento, e elas logo perdem o interesse. É tedioso assistir à mesma coisa velha interminavelmente. Estou dizendo tudo isso para explicar como o próprio palco e o fato de se apresentar em público pode levá-los para longe das Adaptações naturais, genuínas e humanas, e empurrá-lo na direção daquelas que são convencionais, artificiais e teatrais. Mas estas últimas devem ser levadas para fora do palco e expulsas do teatro implacavelmente, por todos os meios possíveis.

.. .. 19..

— Agora nós vamos para a questão de como produzir e revelar Adaptações tecnicamente — explicou Tortsov, quando entrou na sala de aula.

Isso nos disse imediatamente sobre o que seria a aula de hoje.

— Vou começar com as Adaptações subconscientes.

"Infelizmente, não existe uma rota direta para o subconsciente, por isso temos de ser indiretos. Nós temos um número de chamarizes para este propósito que podemos usar para estimular o processo de vivência. E onde existe vivência, você inevitavelmente tem comunicação e Adaptações conscientes ou inconscientes.

"O que mais podemos fazer em uma área onde a mente consciente não pode penetrar? Não ficar no caminho da natureza, não infringir ou violar as leis inerentes a ela. Quando conseguimos nos levar a esse estado normal, humano, os sentimentos mais sutis, que se refugiam nas profundezas, vêm para a luz e o processo criativo acontece espontaneamente. Esses são momentos de inspiração quando as Adaptações ocorrem subconscientemente, fluem para a superfície e ofuscam a plateia com o seu brilho. Isso é tudo o que eu posso dizer sobre esse assunto.

"Diferentes condições prevalecem quando se trata de Adaptações semiconscientes. Existem algumas coisas que podemos fazer com a ajuda da nossa psicotécnica. Eu digo 'algumas coisas' porque, aqui também, não podemos fazer uma grande quantidade delas. A técnica para encontrar Adaptações não é muito extensa.

"Eu tenho, contudo, uma técnica prática. Um exemplo explicará. Vária! Você se lembra de como, algumas aulas atrás, você me implorou para alterar o exercício com o 'queimando dinheiro', repetindo as mesmas palavras, mas com Adaptações bastante diferentes?

"Tente representar o exercício agora, não só com as velhas Adaptações, que perderam o seu impacto, mas descobrindo novas e frescas, consciente ou inconscientemente."

Vária não podia fazer isso e, com exceção de uma ou duas coisas que ela não tinha feito antes, repetiu as velhas e surradas Adaptações.

— Onde é que vamos buscar novas Adaptações? — perguntamos, confusos, quando Tortsov criticou Vária por ser monótona.

Em vez de nos responder, Tortsov virou-se para mim e disse:

— Você é um taquígrafo, você mantém um registro do que nós fazemos. Então anote o que eu vou ditar:

"Calma, excitação, afabilidade, ironia, escárnio, polêmica, repreensão, capricho, desdém, desespero, ameaça, alegria, calor humano, dúvida, espanto, alarme..."

Tortsov mencionou muitos outros estados mentais, estados de espírito, sentimentos e assim por diante, que constituíram uma longa lista.

— Ponha o seu dedo sobre a lista — disse ele a Vária — e leia a palavra que você apontar por acaso. Deixe o estado mental indicado pela palavra ser a sua nova Adaptação.

Vária fez o que lhe foi dito e leu: calor humano.

— Adote este novo tom para substituir as suas velhas Adaptações, justifique a mudança e isso vai trazer frescor para sua atuação — sugeriu Tortsov.

Vária encontrou a justificação e o tom com bastante facilidade. Mas Lev roubou a cena. Ele começou em tom monótono, na sua voz de baixo, como se ela tivesse sido lubrificada. E, ao mesmo tempo, seu corpo atarracado e seu rosto expressavam um infinito bom humor.

Todo mundo riu.

— Isso é uma demonstração, observou Tortsov, de quão útil é um novo tom para a mesma tarefa: persuasão.

Vária pôs seu dedo na lista de novo e leu em voz alta: controvérsia. Ela passou a trabalhar com toda a persistência de uma mulher, mas desta vez foi Grícha quem roubou a cena. Ele não tem rival quando se trata de ser controverso.

— Essa é outra demonstração da verdade da minha técnica — resumiu Tortsov.

O mesmo exercício foi repetido com outros estudantes.

— Sejam quais forem os estados mentais e estados de espírito que vocês usem para preencher esta lista, todos eles são úteis para fornecer novos tons e sutilezas de Adaptação, mas apenas se forem interiormente justificados. Fortes contrastes e surpresas nas Adaptações só podem ajudá-los a influenciar outras pessoas quando vocês estão comunicando estados mentais. Então, vamos imaginar que vocês tenham voltado para casa depois de um espetáculo que teve um efeito devastador sobre vocês... Dizer apenas que o ator foi bom, excelente, inimitável, incomparável não é suficiente. Nenhum desses adjetivos expressa o que vocês vivenciaram. Vocês têm de fingir que estão deprimidos, cansados, exaustos, enfurecidos, nas profundezas do desespero e usar os estados de espírito inesperados dessas Adaptações para expressar o ápice do entusiasmo e da alegria. Em momentos como esses, vocês dizem para si mesmos: "Esses demônios realmente representaram bem!" ou "Não, essa felicidade é demais para suportar!".

"Esta técnica é válida quando se trata de vivências dramáticas, trágicas ou outras. Mas você pode rir inesperadamente em um momento trágico para fortalecer o estado de espírito de uma Adaptação e dizer para si mesmo:

"'É uma pilhéria a maneira como o destino me persegue e ataca!'

"Ou: 'Meu desespero é tamanho que eu tenho de rir, e não de chorar!'.

"Pensem nisso. De que versatilidade, de que poder de expressão, de que nitidez, de que disciplina do rosto, do corpo e da voz vocês precisam para responder às sutilezas quase incomunicáveis da vida subconsciente de um ator.

"As adaptações fazem as mais altas exigências aos meios expressivos de um ator quando ele está em comunicação.

"Isso coloca em vocês uma obrigação de equipar seu corpo, seu rosto e sua voz de maneira apropriada. Por enquanto, recordo isso a vocês apenas de passagem, vinculado ao estudo das Adaptações. Deixem que isso os torne mais profundamente conscientes do trabalho que vocês estão fazendo na ginástica, na dança, na esgrima, na impostação da voz etc."

A aula tinha terminado e Tortsov estava se preparando para ir quando subitamente as cortinas se abriram e vimos no palco a "sala de estar de Mária", à qual éramos tão afeiçoados. Ela estava cheia de enfeites e cartazes de vários tamanhos, pendurados por toda parte, e neles estava escrito:

1. *Tempo*-ritmo interno.
2. Caracterização interna.
3. Perseverança e polidez.
4. Ética e disciplina internas.
5. Carisma e sedução.
6. Lógica e sequência.

— Existem muitos cartazes, mas, por enquanto, não vamos nos preocupar muito com eles — comentou Tortsov, olhando para o mais recente esforço do bom e velho Rakhmánov. — O fato é que nós ainda não entramos em todos os Elementos, faculdades, talentos e dons artísticos que o processo criativo requer. Ainda existem muito poucos. Mas a questão é: será que eu posso falar para vocês sobre eles agora, sem desconcertar o meu método básico, que é o de proceder a partir da prática, a partir dos exemplos claros, a partir das nossas próprias sensações para chegar à teoria e às suas leis criativas? Como, de fato, eu devo falar do *tempo*-ritmo interno invisível ou das características internas invisíveis? E como farei para ilustrar minhas explicações claramente por meio da ação?

"Não seria mais simples adiarmos essa fase dos nossos estudos até que tenhamos passado pelo exame do *tempo*-ritmo exterior e da caracterização exterior, que são visíveis aos olhos?

"Então seremos capazes de estudá-los como ação clara e externa e, ao mesmo tempo, senti-las internamente.

"E mais do que isso: será que eu posso falar sobre perseverança quando vocês não têm uma peça nem um papel que exigem perseverança quando apresentados no teatro? Será que eu posso falar de polidez quando não temos nada para polir?

"Do mesmo modo, como posso falar sobre a ética artística ou qualquer outro tipo de ética e de disciplina no palco, enquanto vocês estão criando, quando muitos de vocês estão subindo ao palco pela primeira vez?

"Por fim, como alguém pode falar sobre o carisma se vocês ainda não têm a vivência da sua força, do seu efeito sobre uma grande plateia?

"Fiquemos com lógica e sequência.

"Parece-me que falei tanto sobre elas, no decorrer deste ano, que cheguei a entediar bastante vocês. Nosso programa inteiro esteve repleto de observações individuais sobre lógica e sequência. Então, vou ver se consigo falar um pouco mais sobre elas agora e, depois, digo mais no futuro."

— Quando você falou sobre elas? — perguntou Vánia.

— O que você quer dizer com "quando"? — perguntou Tortsov, espantado. — O tempo todo, em todas as oportunidades disponíveis, quando estávamos trabalhando com os "ses" mágicos e com as Circunstâncias Dadas eu exijo lógica e sequência nas suas ideias imaginativas e na execução de ações físicas — como, por exemplo, contar dinheiro, fazendo mímica, sem os objetos reais. Também certifiquei-me de que nós mantivéssemos uma lógica e uma sequência rigorosas nas ações e na contínua troca de objetos de atenção. Quando estávamos dividindo a cena da criança abandonada de *Brand* em Cortes e fixando as Tarefas em si, buscando nomes para elas, também exigi a mais rigorosa lógica e sequência. A mesma coisa aconteceu quando estávamos usando iscas e assim por diante.

"Tenho a sensação de que eu disse a vocês tudo o que vocês precisam saber sobre lógica e sequência logo no início. O restante será demonstrado em partes no decorrer do curso. Depois de tudo o que lhes disse, será que eu realmente necessito estabelecer uma fase separada no programa para lógica e sequência? Tenho medo de tornar as aulas secas e tediosas se entrar na teoria e me afastar da prática.

"Por essa razão, senti-me obrigado a apresentar-lhes somente um aceitável lembrete dos Elementos intangíveis, das aptidões, dos talentos e dos dons exigidos para atuar. Rakhmánov recordou-nos dos elementos que faltavam, de modo a completar o buquê. Com o passar do tempo, quando o próprio trabalho nos levar para outras questões que ainda não contemplamos, nós iremos primeiro vivenciar, sentir na prática cada um desses Elementos para, em seguida, defini-los teoricamente.

"Isso é tudo o que, por enquanto, posso dizer a vocês sobre eles.

"Esta lista conclui nosso longo estudo acerca dos Elementos internos, das aptidões, dos talentos e dos dons artísticos de que necessitamos para o nosso trabalho criativo."

12

Impulsos psicológicos internos

.. .. 19..

Tortsov disse:

— Agora que examinamos os Elementos de nossa psicotécnica, podemos assumir que nosso aparato mental está pronto e ajustado. Esse é o nosso exército e já podemos entrar em ação. Nós precisamos de generais para colocá-lo em movimento. E quem são eles?

— Somos nós — responderam os estudantes.

— E quem é esse "nós"? Onde está esse ser desconhecido para ser encontrado?

— Nossa imaginação, concentração, sentimento — explicaram os estudantes.

— O sentimento, esse é o mais importante de todos — concluiu Vánia.

— Eu concordo com você. Tudo o que você precisa fazer é sentir um papel, e todas as suas forças mentais estarão imediatamente prontas para a guerra.

"Então, nós encontramos o primeiro e, em geral, o mais importante, o primeiro motor, o impulso no processo criativo. É o sentimento" — reconheceu Tortsov, mas imediatamente ele comentou: — "O único problema é que o sentimento é intratável, não vai aceitar ordens. Vocês sabem disso por experiência própria. É por isso que, se o sentimento não cria espontaneamente, temos de recorrer a um outro general para obter ajuda. E quem é esse 'Outro'?"

— A imaginação! Sem isso... esqueça! — determinou Vánia.

— Nesse caso, imagine alguma coisa e veja todo o aparelho criativo entrar em movimento imediatamente.

"O que devo imaginar?"

"Eu não sei."

— Precisamos de uma Tarefa, um "se" mágico, alguma coisa... para... — disse Vánia.

— E o que você está fazendo para obtê-los?

— Sua mente vai sugerir algo — disse Grícha.

— Se a sua mente sugere algo, então ela vai ser o general, o líder, o impulso que estamos procurando. Ela lança e justifica o que criamos.

— Isso quer dizer que a imaginação não pode ser o general? — perguntei.

— É que falta a ela iniciativa e liderança.

— Concentração! — determinou Vánia.

— Vamos dar uma olhada na concentração. Qual é a sua função?

— Ela ajuda o sentimento, a mente, a imaginação, a vontade — listaram os estudantes.

— A concentração brilha como um holofote sobre o objeto escolhido, faz-nos interessados em suas ideias, sentimentos e desejos, expliquei.

— E o que designa esse objeto? — perguntou Tortsov.

— A mente.

— A imaginação.

— As Circunstâncias Dadas.

— As Tarefas — nós recordamos.

— Isso quer dizer que eles são os generais, os líderes, os impulsos interiores que dão início ao trabalho. Eles designam o objeto, enquanto o poder de concentração, se ele não pode lidar com isso por conta própria, está limitado a um papel auxiliar.

— Tudo bem, então o poder de concentração não é um general. Nesse caso, quem é? — perguntei.

— Interprete a cena do "louco" e você vai entender quem é o líder, o impulso, quem é o general.

Os estudantes não disseram nada, entreolharam-se, acharam difícil se levantar. Finalmente, um após o outro, todos se levantaram e, relutantemente, subiram no palco. Mas Tortsov os deteve:

— É bom que vocês façam um esforço. Isso mostra que vocês têm algum tipo de força de vontade. Mas...

— Isso significa que ela é o general — determinou Vánia, em um lampejo.

— Mas como? Você estava indo para o palco como os homens vão para a morte, contra a sua vontade, e não por causa dela. Isso não é base para ser criativo. Se você é frio por dentro, os seus sentimentos são frios e, sem o calor do sentimento, não existe vivência, não existe arte. Mas se você correr para o palco como um homem, com toda a paixão artística de que é capaz, então podemos falar sobre a vontade, a vontade criadora.

— Bem, não há nenhuma maneira de conseguir isso com o exercício sobre o "louco". Ele nos deixa todos loucos — resmungou Grícha.

— Eu vou tentar de qualquer maneira! Sabia que, enquanto você esperava o louco arrombar a porta da frente, ele estava entrando furtivamente pelas escadas dos fundos e está arrombando a porta agora? A porta é velha. Ela mal consegue se sustentar em suas dobradiças e, se ele a derrubar, você ficará frente a frente com ele! O que você vai fazer agora face a essas novas Circunstâncias Dadas? – perguntou Tortsov.

Os estudantes começaram a pensar, concentrados, examinando cuidadosamente, focados, e, finalmente, decidiram construir outra barricada.

Então fez-se o caos, o lugar rumorejava. Os jovens estavam em chamas, seus olhos brilhavam, seus corações batiam mais rápido. Em poucas palavras, eles fizeram quase a mesma coisa que tinham feito antes, quando encenamos esse exercício (que agora achamos tão tedioso) pela primeira vez.

– Então, eu lhes pedi para repetir o "louco" e vocês tentaram forçar a si mesmos, subindo ao palco para despertar, por assim dizer, a sua vontade, mas forçar não ajudou vocês a angariar qualquer entusiasmo por aquilo que estavam fazendo.

"Então, eu sugeri um novo 'se' e novas Circunstâncias Dadas. Eles foram a base para vocês criarem uma nova Tarefa, para despertarem novos anseios (vontade), mas, desta vez, eles não eram apenas anseios comuns, eram criativos. Vocês definem as coisas com entusiasmo. Perguntem a si mesmos: 'quem foi o general agora, quem foi o primeiro a mergulhar na batalha, arrastando o exército atrás dele?'.

– Foi você! – determinaram os estudantes.

– Mais precisamente, minha mente – corrigiu Tortsov. – Mas suas mentes poderiam fazer o mesmo e também se tornarem generais. Assim, o segundo general foi encontrado. A mente (o intelecto).

"Agora, vamos ver se não existe um terceiro general. Vamos passar por todos os Elementos.

"Poderia ser o senso de verdade e crença? Se esse fosse o caso, poderíamos somente acreditar e todo o nosso aparato criativo começaria a trabalhar imediatamente, assim como faz quando se estimula o sentimento."

– No que devemos acreditar? – perguntaram os estudantes.

– Como vou saber?... isso é assunto de vocês.

– Primeiro você tem de criar a "vida do espírito humano" e, em seguida, acreditar nela – comentou Pácha.

– O que significa dizer que o senso de verdade e a crença não são o terceiro general que estamos procurando. Então, talvez seja a comunicação e adaptação? – perguntou Tortsov.

– Para se comunicar, primeiro você tem de criar os sentimentos e pensamentos que deseja passar para outra pessoa.

– Verdade. Isso significa que eles também não são generais.

– Cortes e Tarefas!

– Não, não são eles. São os anseios vivos e esforços deliberados que criam as Tarefas – explicou Tortsov. – Mas, se esses anseios e intenções podem ativar todo o aparato de um ator criativo e focar sua vida psicológica no palco ...

— É claro que podem!

— Se for esse o caso, então nós encontramos o terceiro general. É a vontade.

— Então, parece que temos três generais, a saber: ...

Tortsov apontou para o cartaz pendurado na nossa frente e leu a primeira linha:

MENTE, VONTADE E SENTIMENTO

— Estes são os nossos "impulsos psicológicos internos".

A aula acabou, os estudantes estavam prestes a se dispersar quando Grícha começou a argumentar:

— Olha só, por favor, perdão, mas por que você não falou com a gente sobre a mente e a vontade antes, em vez de encher nossos ouvidos com toda essa conversa sobre sentimentos?

— Então você pensa que eu deveria ter dito a mesma coisa repetidas vezes, em detalhes, sobre cada um dos impulsos internos, é isso? — inqueriu Tortsov.

— Não, por que deveria ser o mesmo? — retrucou Grícha.

— Como poderia ser de outra forma? Os três impulsos internos são *indivisíveis*, e, assim, quando você fala sobre a primeira delas, você inevitavelmente toca na segunda e na terceira. Quando fala sobre a segunda, você recorda a primeira e a terceira, e quando fala sobre a terceira, você pensa nas duas primeiras. Será que realmente você quer ouvir a mesma coisa repetidas vezes?

"Vamos dizer que eu esteja realmente falando com você sobre Tarefas, como dividi-las, escolhê-las, nomeá-las. Será que não sentimos ter um papel a desempenhar quando estamos fazendo isso?

— Claro que sim — afirmou o resto dos estudantes.

— E será que a vontade não tem nada a ver com essas Tarefas? — perguntou Tortsov.

— Não, ela tem uma relação direta com elas — decidimos.

— Se é assim, quando eu falo sobre as Tarefas, eu teria de repetir quase as mesmas coisas que eu disse sobre o sentimento. E será que a mente participa da criação de Tarefas?

— Ela participa separando-as, assim como faz no processo de nomeá-las — determinaram os estudantes.

— Nesse caso, eu teria de repetir a mesma coisa sobre as Tarefas pela terceira vez. Então, você deve me agradecer por não cansar a sua paciência e por não desperdiçar seu tempo.

"No entanto, há um grão de verdade nas objeções de Grícha. Sim, eu estava muito preocupado com o lado emocional do trabalho criativo, mas eu fiz isso intencionalmente, enquanto outras escolas de atuação muitas vezes esquecem o sentimento. Nós temos muitos atores intelectuais e produções que estão todas na mente, enquanto o teatro genuíno, vivo e emocional é raramente encontrado. E, então, eu sinto que tenho de prestar uma dupla atenção ao sentimento, um pouco em detrimento do pensamento.

"Por causa do trabalho que temos feito neste teatro durante um longo período de tempo, nossos atores cresceram acostumados a considerar a mente, a vontade e o sentimento impulsos psicológicos internos. Isso agora reside no fundo da nossa consciência. Nossas psicotécnicas foram adaptadas para isso. Porém, em tempos recentes, a ciência introduziu importantes mudanças na definição dos impulsos psicológicas internos. Como vamos nos relacionar com isso? Que mudanças eles trazem para a nossa psicotécnica?

"Eu não vou tentar falar sobre isso hoje. Então, até a nossa próxima aula."

.. .. 19..

Hoje, Tortsov falou dos novos termos científicos para os impulsos psicológicos internos.

"REPRESENTAÇÃO, AVALIAÇÃO e VONTADE-SENTIMENTO[1]"

disse ele, lendo a segunda linha do cartaz.

"Esses termos são, em essência, os mesmos que eram usados antigamente. Eles simplesmente foram aprimorados. Quando vocês os comparam, a principal coisa que notam é que a representação e a avaliação, quando combinadas, cumprem a mesma função interna da mente (o intelecto) na antiga definição.

"Se vocês examinarem melhor os novos termos, verão que as palavras 'vontade' e 'sentimento' se fundiram em uma: 'vontade-sentimento'. Vou explicar o sentido desse termo e dos outros, dando-lhe exemplos.

"Suponha que vocês têm um dia livre e querem passá-lo da forma mais agradável possível. O que farão para satisfazer o seu desejo?

"Se o sentimento e a vontade estão silenciosos, então tudo que vocês podem fazer é se voltar para a mente. Cabe a ela aconselhá-los sobre o que fazer. Vou assumir o papel de sua mente e sugerir:

"'Você não gostaria de dar um passeio pela cidade para fazer algum exercício ao ar livre?'

"O mais aguçado e mais receptivo dos nossos cinco sentidos – a visão –, auxiliado por sua imaginação e pelo que vocês veem com os olhos da mente, cria uma imagem, uma representação do que espera por vocês, do que

---

1. Tentativa de Stanislávski de alinhar suas ideias com a psicologia soviética.

poderia atrair vocês no caminho que eu sugeri. Vocês veem um filme na sua 'tela' interior, com todos os tipos de vistas, ruas familiares, praças nos subúrbios e assim por diante. Então, vocês têm uma representação mental do caminho que pretende seguir.

"'Eu não me sinto assim hoje' – você diz para si mesmo. – 'Vagar pelas ruas não é interessante, e a natureza não é exatamente atraente quando o tempo está ruim. Além disso, estou cansado.'

"Assim, vocês formam uma avaliação sobre a sua representação. 'Nesse caso, vá ao teatro esta noite', aconselha sua mente.

"Com isso, sua imaginação e seu olho interior desenham uma série de imagens vívidas de teatros que vocês conhecem. Em sua mente, vocês vão da bilheteria para a plateia assistir a uma ou duas cenas da peça. Então, vocês podem ver e avaliar o seu novo plano para o dia. Mas, dessa vez, tanto a vontade quanto o sentimento subitamente ficam com raiva e rejeitam o que a mente sugeriu (ou seja, uma representação e uma avaliação). Vocês criaram um tumulto interior e despertaram os elementos internos. Então" – resumiu Tortsov –, "tendo iniciado com a mente (um retrato imaginário e uma avaliação), vocês trouxeram a vontade e o sentimento para dentro do jogo."

Depois de uma longa pausa, ele continuou:

– Onde é que nossas observações levam? Elas ilustram como a mente trabalha. Elas demonstram dois importantes fatores no seu funcionamento. Em primeiro lugar, ela representa e, em segundo lugar, ela avalia.

"Minha explanação ofereceu a vocês a essência da primeira metade da nova definição de nossos impulsos psicológicos internos.

"Quando investigamos a segunda metade, vemos, como eu disse anteriormente, que, na nova definição, *vontade* e *sentimento* são hifenizadas – vontade-sentimento. Por que isso? Minha resposta é outro exemplo. Imagine esta coincidência. Você está perdidamente apaixonado. Ela está muito longe. Você está aqui e está definhando porque não sabe como acalmar as inquietações que o amor cria. Então, você recebe uma carta dela. Parece que ela também está atormentada pela solidão e implora que você vá encontrá-la o mais rápido possível.

"Assim que você lê o pedido da sua amada, seus sentimentos ficam em chamas. Mas, por sorte, neste exato momento lhe é oferecido um novo papel, o de Romeu. Graças à semelhança entre os seus sentimentos e os da personagem, muitas passagens ganham vida para você fácil e rapidamente. Quem, nesse caso, é o general, dirigindo o processo criativo?" – perguntou Tortsov.

– O sentimento, é claro! – respondi.

– E o que dizer da vontade? Será que ela não é inseparável do sentimento? Será que ela também não está tumultuada; não é ela que, simultaneamente, deseja, anseia pela sua amada na vida real e por Julieta no palco?

— Sim, é ela — tive de reconhecer.

— Isso significa que ambos são líderes, dois impulsos psicológicos internos se unindo em um esforço comum. Tentem separá-los. Tentem, no seu tempo livre, pensar em casos em que vontade e sentimento estão separados; tracem a linha entre eles, mostrem-me onde termina um e começa o outro. Eu não acho que vocês sejam capazes de fazer isso melhor do que eu. É por isso que os termos científicos mais recentes as unem em uma palavra — a vontade-sentimento.

"Aqueles de nós que trabalham no teatro reconhecem a verdade desse novo termo e anteveem aplicações práticas no futuro, mas não somos capazes de usá-lo plenamente no momento. Isso precisa de tempo. Vamos usá-lo apenas parcialmente, à medida que o encontramos na prática e, de resto, por enquanto, vamos nos contentar com os velhos e bem experimentados termos.

"Eu não vejo outra maneira de sair de nossa situação presente. Então, sou obrigado a usar os dois conjuntos de termos para os impulsos psicológicos internos, o velho e o novo, dependendo do que pareça mais fácil de dominar, em cada caso individual. Se eu achar mais conveniente, em qualquer determinado momento, fazer uso do termo antigo, ou seja, não dividir as funções da mente, não fundir vontade e sentimento, eu vou fazê-lo.

"Espero que os homens de ciência me perdoem por esta liberdade. Ela é justificada pelas considerações puramente práticas que regem o trabalho que estou fazendo com vocês aqui na escola."

.. .. 19..

— Então — disse Tortsov —, a mente, a vontade e o sentimento, ou, de acordo com os novos termos, a representação, a avaliação e a vontade-sentimento, ocupam papéis de liderança no processo criativo.

"Sua força é aumentada pelo fato de que cada um dos impulsos internos serve como um chamariz para os outros, despertando os outros membros do triunvirato para ser criativo. Mente, vontade e sentimento não podem existir sozinhos, sem apoio mútuo. Eles, então, sempre funcionam juntos, simultaneamente, em estrita interdependência (mente-vontade-sentimento, sentimento-vontade-mente, vontade-sentimento-mente). Isso também aumenta o significado dos impulsos internos em um grau considerável.

"Quando definimos a mente para trabalhar, também envolvemos a vontade e o sentimento no processo criativo. Ou, para colocar em outros termos: a representação de alguma coisa provoca naturalmente uma avaliação dela.

"Qualquer um deles envolve a vontade-sentimento na operação.

"Somente quando todos os três impulsos internos estão trabalhando em uma aliança comum é que podemos criar livre e sinceramente, direta e organicamente, não usando nada alheio, mas apenas a nossa própria personalidade, correndo nosso próprio risco, assim como dita a nossa consciência dentro das Circunstâncias Dadas do papel.

"Quando um real ator embarca no solilóquio de Hamlet 'Ser ou não ser?', será que ele simplesmente transmite as ideias do autor, que não são suas, como meras palavras, e apenas executa os movimentos que o diretor lhe apresentou? Não, ele oferece muito, muito mais, e investe as palavras com alguma coisa de seu, a sua representação pessoal da vida, o seu coração, os seus sentimentos vivos, a sua vontade. Em tais momentos, um ator naturalmente evoca memórias de coisas que ele experimentou na vida, que são similares à vida, às ideias e aos sentimentos do papel.

"Ele fala não como uma pessoa inexistente, Hamlet, mas por direito próprio, nas Circunstâncias Dadas. Os pensamentos, sentimentos, representações e avaliações de outras pessoas tornam-se dele. E ele não diz as palavras apenas para que outras pessoas possam ouvir as falas e compreendê-las. É essencial que o público sinta sua relação interior com o que está sendo falado, de modo que ele deseje a mesma coisa que a sua vontade criativa.

"Nesse momento, todos os impulsos internos se unem, tornam-se interdependentes. Essa interdependência, essa reciprocidade, essa ligação estreita de uma força criativa com a outra é muito importante no nosso trabalho, e seria um erro não explorá-la para nossos próprios fins práticos.

"Isso exige uma psicotécnica adequada.

"O princípio básico é este: usar os trabalhos complementares dos três impulsos internos e as habilidades criativas do ator para estimular cada uma delas para a ação, natural e organicamente.

"Às vezes, os impulsos internos se unem para trabalhar imediata, espontânea, súbita e subconscientemente, ignorando a nossa vontade. Esses momentos de sucesso devem ser atribuídos a seus esforços criativos. Mas o que devemos fazer quando a mente, a vontade e o sentimento não respondem ao chamado criativo do ator?

"Então, você tem de fazer uso de chamarizes. Eles são encontrados não só em cada Elemento, mas também em cada um dos impulsos internos.

"Eles não devem ser ativados todos de uma vez. Escolha um deles: digamos, a mente. Ela é a mais complacente de todas, é mais obediente do que as outras e aceita ordens mais prontamente. O ator, então, cria uma representação que corresponde à ideia no texto e começa a visualizar o que as palavras dizem.

"Por sua vez, essa representação provoca uma avaliação. Juntas, elas produzem uma ideia que não é seca como poeira, ou formal, mas foi trazida à vida e, por sua vez, estimula a vontade-sentimento.

"Vocês já viram muitos exemplos disso em suas curtas carreiras. Lembrem-se, por exemplo, de como vocês deram vida ao 'louco', que vocês acharam tão tedioso. A mente produziu uma ideia: o 'se', as Circunstâncias Dadas. Estes últimos produziram novas e excitantes representações e avaliações que, por sua vez, ativaram a vontade-sentimento. Vocês interpretaram o exercício esplendidamente como resultado disso. Esse é um bom exemplo de como a mente inicia o processo criativo.

"Porém, podemos abordar uma peça, um exercício ou um papel de outras maneiras, isto é, começando com o sentimento, apesar de ele ser totalmente caprichoso e instável.

"Se a emoção responde imediatamente ao chamado, este é um grande lance de sorte. Então, tudo vai para o seu devido lugar espontaneamente, de uma forma natural. Uma representação emerge, uma avaliação dela é formada, e as duas, juntas, ativam a vontade. Em outras palavras, todos os impulsos psicológicos internos começam a trabalhar por causa do sentimento.

"Mas e se isso não acontecer espontaneamente, e se o sentimento não responder ao chamado e permanecer inerte? Então vocês têm de se voltar ao membro mais acessível dos três impulsos internos: a vontade.

"Que chamariz podemos utilizar para despertar a emoção adormecida?

"Com o tempo, vocês vão chegar a saber que o *tempo*-ritmo é esse chamariz e estímulo.

"Nós ainda temos de resolver a questão: como vamos despertar a nossa vontade adormecida para ser criativa?

"Como vamos estimulá-la para a ação criativa?"

– Com uma Tarefa – lembrei. – Isso afeta diretamente nossos anseios criativos, ou seja, a nossa vontade.

– Isso depende da Tarefa. Se ela não é muito atraente, não tem efeito. Esse é o tipo de Tarefa que você tem de introduzir na mente do ator por meios artificiais. Você tem de aprimorá-la, insuflar vida nela, torná-la interessante e excitante. Entretanto, uma Tarefa realmente urgente tem um efeito poderoso, direto e imediato, mas não sobre a vontade. Uma Tarefa urgente trabalha principalmente sobre as nossas emoções, e não sobre nossos anseios, porque ela trabalha diretamente sobre nosso sentimento. Ao atuar, você deve sentir primeiro a urgência e, depois, querer. E por isso é essencial perceber que o efeito que uma Tarefa tem sobre a vontade não é direto, mas indireto.

– Mas você foi bom o suficiente para nos dizer que, de acordo com uma nova terminologia, a vontade é indissociável do sentimento. Isso significa que, se a Tarefa tem um efeito sobre o sentimento, então deduz-se daí que ela estimula, ao mesmo tempo, a vontade, certo? – Grícha lembrou a Tortsov.

– De fato. A vontade-sentimento são dois lados da mesma moeda. Em alguns casos, a emoção domina os anseios e, em outros, os anseios, mesmo quando um pouco pressionados, dominam a emoção. E, assim, algumas

Tarefas agem melhor sobre a vontade do que sobre o sentimento, enquanto outras fortalecem o sentimento em detrimento da vontade.

"Mas... de uma forma ou de outra, direta ou indiretamente, a Tarefa afeta a nossa vontade, ela é um belo chamariz, nós a amamos, ela estimula nosso impulso para criar, e nós fazemos um uso cuidadoso dela.

"Isso significa que iremos, em primeira instância, continuar a usar as tarefas para exercer uma influência direta sobre a vontade-sentimento."

Após uma breve pausa, Tortsov continuou:

— A própria natureza apoia a verdade da afirmação de que os impulsos internos são a mente (representação, avaliação), a vontade e o sentimento, pelo fato de que ela frequentemente produz atores individuais moldados em uma fôrma emocional, volitiva ou intelectual.

"Atores do primeiro tipo — nos quais o sentimento domina a vontade e a mente —, quando estão representando Romeu ou Otelo, enfatizam o lado emocional do papel dado.

"Atores do segundo tipo — nos quais a vontade domina o sentimento e a mente —, quando estão representando Macbeth ou Brand, sublinham os seus desejos ambiciosos ou religiosos.

"Atores do terceiro tipo — nos quais a mente domina o sentimento e a vontade —, quando representam Hamlet ou Nathan, o sábio[2], involuntariamente dão ao papel uma excessiva ênfase intelectual, cerebral.

"No entanto, a predominância do primeiro, do segundo ou do terceiro impulso não deve reprimir totalmente os outros dois. Precisamos de uma relação harmoniosa entre os impulsos internos em nossas personalidades.

"Como vocês podem ver, a arte reconhece simultaneamente a atuação emocional, volitiva e intelectual na qual o sentimento, a vontade ou a mente desempenham o papel principal.

"Nós rejeitamos o trabalho que seja resultado de um cálculo estéril e teatral. Chamamos uma atuação como essa de fria, cerebral."

Depois de uma pausa digna, Tortsov concluiu a aula com o seguinte floreio:

— Agora vocês são ricos, vocês têm à sua disposição um amplo grupo de Elementos que podem ajudá-los a vivenciar a "vida do espírito humano" de um papel. Eles são seus instrumentos mentais de guerra, seu exército em ação. Vocês descobriram os três generais que podem liderar suas tropas na batalha.

"Essa é uma grande conquista e quero parabenizá-los!"

---

2. Herói epônimo da peça (1779) de Gotthold Ephraim Lessing (1729-1781).

13

Impulsos psicológicos internos em ação

.... .. 19..

— As tropas estão prontas para a guerra! Os comandantes estão em seus postos! Nós podemos avançar!

— Avançar como?

— Imagine que nós decidimos apresentar uma peça maravilhosa e a cada um de vocês foi prometido um papel deslumbrante. O que vocês fariam depois de chegar em casa do teatro após a primeira leitura?

— Atuar! — explicou Vánia.

Lev disse que iria começar a pensar sobre o papel. Mária sentou-se em um canto e tentou "sentir". Tendo aprendido por uma amarga experiência na nossa primeira apresentação, eu resistiria a essas tentações perigosas e começaria com a magia de outros "ses", com as Circunstâncias Dadas e com todos os outros detalhes. Pácha começaria dividindo o papel em Cortes.

— Em poucas palavras — disse Tortsov —, cada um de vocês, de uma maneira ou de outra, tentaria entrar no cérebro, no coração e nos anseios do papel, para estimular sua própria memória emotiva, criar uma representação, uma avaliação pessoal da vida da personagem, para despertar sua vontade-sentimento. Vocês chegariam até o coração do papel com as antenas de seu próprio coração, esforçando-se com seus próprios impulsos psicológicos internos.

"Em raríssimos casos, a mente, a vontade e o sentimento de um ator dominam imediatamente o sentido de um novo trabalho, são criativamente estimulados por eles e, em um surto de entusiasmo, estabelecem o necessário estado interno para o trabalho.

"Muito mais frequentemente, as falas são apenas parcialmente assimiladas pelo intelecto (mente), parcialmente dominadas pelas emoções (sentimento) e evocam um vago e intermitente fluxo de anseio (vontade).

"Ou, para usar uma nova terminologia, no período preliminar, quando conhecemos a obra de um escritor, construímos uma noção vaga e uma avaliação bastante superficial dela. A vontade-sentimento também responde parcialmente, de maneira hesitante, às primeiras impressões, e, em seguida, um sentimento interno é criado – 'de modo geral' – para a vida do papel.

"Vocês não podem esperar algo além se o ator apenas compreende o sentido do papel em termos gerais. Na maioria dos casos, o significado interior só pode ser penetrado depois de um grande volume de trabalho, após a peça ter sido estudada, depois que vocês seguiram o mesmo caminho criativo que o autor tomou.

"Mas há momentos em que a primeira leitura do texto escrito não diz nada para um ator, não produz nenhuma resposta da vontade e do sentimento, quando não é criada uma representação da peça ou qualquer avaliação sobre ela. Isso acontece frequentemente com obras impressionistas ou simbolistas.

"Então, vocês têm de usar as avaliações de outras pessoas e buscar ajuda externa para tentar mergulhar no texto escrito. Depois de muito trabalho duro, uma representação bastante tênue é formada, assim como uma avaliação que gradualmente começa a se desenvolver. No final, vocês conseguem, mais ou menos, chegar à vontade-sentimento, e todos os impulsos internos trabalham.

"No início, quando o objetivo não está claro, a direção em que eles se movem, de forma invisível, é embrionária. Momentos individuais, que o ator domina em seu primeiro contato com a peça, produzem os impulsos psicológicos internos em grandes explosões de atividade propositada.

"Pensamentos e anseios aparecem aos trancos e barrancos. Eles nascem e morrem para, então, nascer e morrer de novo.

"Se vocês tivessem de expressar isso em um diagrama, teriam uma linha quebrada, fragmentos, traços.

"Mas quando vocês começam a conhecer melhor o papel e aprofundam a compreensão de seu objetivo, a sua trajetória gradualmente se equilibra.

"Então, torna-se possível falar em primeiros movimentos de atividade criativa."

– Por que isso é assim?

Em vez de responder, Tortsov, bastante inesperadamente, começou a contorcer seus braços, sua cabeça e todo o seu corpo, e, em seguida, perguntou-nos:

– Vocês podem chamar meus movimentos de dança?

A nossa resposta foi negativa.

Então, em uma posição sentada, Tortsov executou outros tipos de movimento, que fluíram de um lado para o outro, formando uma linha contínua.

– E vocês podem fazer disso uma dança? – perguntou ele.

– Podemos – nós respondemos, em coro.

Tortsov começou a cantar algumas notas individuais, com longos intervalos entre elas.

— Vocês poderiam chamar isso de cantar? — perguntou ele.

— Não.

— E isso? — Ele cantou algumas notas contínuas, retumbantes, que fluíram uma após a outra.

— Podemos!

Tortsov começou a rabiscar linhas aleatórias individuais, traços, pontos e floreios em um pedaço de papel e perguntou:

— Vocês poderiam chamar isso de desenho?

— Não.

— E vocês poderiam fazer um desenho com essas linhas? — Tortsov desenhou algumas longas e belas linhas curvas.

— Podemos!

— Então, vocês estão vendo que, antes de tudo, qualquer arte precisa de linhas ininterruptas?

— Nós vemos isso!

— E atuar também precisa de uma linha contínua. É por isso que disse a vocês que quando uma linha se equilibra, ou seja, quando ela é contínua, podemos começar a falar em trabalho criativo.

— Olhe, por favor, perdão, na vida e, mais ainda, no palco, podemos realmente ter uma linha completamente ininterrupta? — perguntou Grícha.

— Tal linha pode existir, mas não em pessoas que são normais, apenas no insano, e chamamos isso de *obsessão*. Quando se trata de pessoas saudáveis, algumas lacunas são normais e obrigatórias. Pelo menos é assim que me parece. Mas as pessoas não morrem durante essas quebras, elas vão vivendo, e, assim, cada uma das linhas de sua vida continua seu movimento para frente — explicou Tortsov.

"Que tipo de linhas são essas?

"Vocês teriam de perguntar aos cientistas. Mas, daqui por diante, iremos considerar normais as linhas nas quais algumas lacunas obrigatórias ocorrem em um ser humano."

No final da aula, Tortsov explicou que não precisamos de tal linha, mas de uma série completa delas, ou seja, nossa imaginação, concentração, objetivos, lógica e sequência, Cortes e Tarefas, anseios, esforços e ações, verdade, crença, Memória Emotiva, comunicação, Adaptações e outros Elementos essenciais para a atividade criativa.

Se a linha de ação é interrompida no palco, isso significa que o papel, a peça e a atuação morreram. Se isso acontece com relação aos impulsos internos, por exemplo, com relação ao pensamento (a mente), então o ser humano/ator pode não ser capaz de criar suas próprias representações e suas avaliações, mas apenas dizer palavras, o que significa que ele pode não ter ideia do que está fazendo ou dizendo. Se a linha de vontade-sentimento chega a um impasse, o ser humano/ator e o seu papel não terão motivação, podendo não ser vivenciados.

O ser humano/ator e o ser humano/papel vivem todas essas linhas quase continuamente. Elas dão vida e movimento à personagem. Porém, se forem interrompidas, a vida do papel é cortada e ocorre a paralisia ou morte. Quando a linha é restaurada, o papel ganha vida novamente.

Essa alternância entre morte e renascimento é anormal. Um papel requer que a vida continue e que sua linha possa ser quase ininterrupta.

.. .. 19..

— Em nossa última aula, vocês reconheceram que no drama, assim como em qualquer outra arte, o que precisamos, acima de tudo, é de uma linha ininterrupta — disse Tortsov. — Vocês gostariam de me mostrar como ela é criada?

— É claro — disseram os estudantes.

— Conte-me o que você fez hoje esta manhã a partir do momento em que se levantou — ele perguntou a Vánia.

O animado rapaz fez esforços cômicos para se concentrar e pensar muito sobre o que responder. Mas ele não poderia dirigir a sua mente para a primeira parte do dia. Para ajudá-lo, Tortsov lhe deu este conselho:

— Quando recordar o passado, você não deve partir do passado em direção ao presente, mas, ao contrário, mover-se para trás, do presente para passado, para você poder se lembrar. Mover-se para trás é fácil, especialmente quando você está lidando com o passado imediato.

Vánia não conseguiu entender rapidamente como isso acontecia. Então, Tortsov veio em seu auxílio. Ele disse:

— Estamos falando agora na aula. O que você fez antes disso?

— Eu troquei de roupa.

— Trocar de roupa é um processo pequeno e independente. Dentro dele encontram-se pequenos Elementos individuais — desejos, esforços, ações etc. —, sem os quais você não pode cumprir as Tarefas da vez. Trocar de roupa traçou uma linha curta de sua vida na sua memória. Existem muitas linhas curtas em um papel, assim como muitas Tarefas e maneiras de cumpri-las como elas são na vida. Por exemplo: o que aconteceu mais cedo, antes de você trocar de roupa?

— Eu estava praticando esgrima e ginástica.

— E antes disso?

— Eu estava fumando no bufê.

— E antes disso?

— Aula de canto.

— Todas essas foram linhas curtas em sua vida que deixaram marcas na memória — observou Tortsov.

Então, movendo-se mais e mais para trás, chega o momento em que Vánia acordou, no início do seu dia.

— Então, temos agora uma longa série de linhas curtas, que você viveu na primeira metade do dia, começando com o momento em que você acordou e terminando agora. Vestígios delas foram retidos em sua memória. Para fixá-las mais solidamente, repita o que você fez várias vezes na mesma ordem, tal como acabamos de fazer — sugeriu Tortsov.

Depois que isso foi feito, ele reconheceu que Vánia não só tinha se tornado consciente da parte anterior do dia como a tinha fixado.

— Agora, repita a mesma coisa várias vezes, mas em ordem inversa, ou seja, começando com o momento em que você acordou até o momento que você está vivenciando agora.

Vánia fez isso não uma, mas várias vezes.

— Agora conte-me — disse-lhe Tortsov —, você não tem a impressão de que suas ações e seus sentimentos formam algum tipo de linha de representação relativamente longa do que você viveu até hoje? Ela é criada não somente a partir das memórias de ações individuais, que você realizou no passado imediato, mas também de uma série de sentimentos, pensamentos, sensações físicas etc. que você experimentou.

Vánia demorou muito tempo para entender o que estava sendo perguntado a ele. Os estudantes, inclusive eu, explicaram-lhe:

— Será que você não entende que, quando olha para trás, você lembra de uma série completa de coisas cotidianas e muito familiares, que formam uma sequência que é rotineira para você? Se prestar mais atenção e se concentrar bastante no passado imediato, você então se lembrará não só da linha exterior, mas também da linha interna de sua vida hoje. Isso deixa traços vagos, que correm atrás de nós como um trem.

Vánia não disse nada. Ele parecia totalmente confuso. Tortsov o deixou em paz e virou-se para mim:

— Você entendeu como trazer a primeira parte de hoje para a vida. Faça a mesma coisa agora com a segunda metade, que você ainda não viveu — sugeriu ele.

— Como posso saber o que vai acontecer comigo no futuro imediato? — disse eu, com espanto.

— O que você quer dizer? Você não sabe que tem outras coisas para fazer depois da minha aula, que você vai ter outras aulas para ir e depois vai para casa jantar? Você não tem planos para esta noite — visitar amigos, ir ao teatro, ao cinema, a uma palestra? Se vai ou não vai fazer o que você planejou, você pode até não ter certeza, mas pode supor.

— Claro — concordei.

— Se for esse o caso, isso significa que você tem algumas ideias sobre a segunda metade de hoje! Será que você não sente uma linha se estendendo para o futuro com seus cuidados, obrigações, alegrias e preocupações, os quais, quando você pensa sobre eles, fazem você se sentir mais feliz ou mais triste?

"Há também movimento nesse futuro e, quando há movimento, há uma linha emergente, sua linha de vida. Você pode sentir isso quando pensa no que está à frente de você?"

— É claro que estou ciente das coisas que você está falando.

— Coloque essa linha junto com a anterior e você terá, no dia de hoje, uma ampla e contínua linha — passado, presente e futuro — estendendo-se desde o momento em que você acordou até o momento em que você irá adormecer. Será que você agora compreende como as pequenas linhas individuais em sua vida foram fundidas em uma linha extensa e contínua, que é a de sua vida inteira?

"Agora, imagine" — disse Tortsov — "que lhe disseram que você tem de ensaiar *Otelo* em uma semana. Será que você não sente que, nesse período, toda a sua vida será reduzida a uma única coisa — cumprir com honra essa dificílima tarefa? Isso vai absorver você por sete dias inteiros e, durante esse tempo, você terá uma preocupação primordial: sair-se bem desse assustador espetáculo."

— Claro — reconheci.

— Você também não sente que, na vida, eu acabei criando para você essas mentiras em uma linha mais longa do que no exemplo prévio, uma linha de vida ininterrupta, que corre ao longo de uma semana inteira, dedicada à preparação de Otelo? — continuou Tortsov. — Se temos linhas para um dia e uma semana, por que não podemos ter também linhas para um mês, um ano e, finalmente, para uma vida inteira?

"Essas linhas longas são o resultado da fusão de muitas linhas pequenas.

"A mesma coisa acontece com cada peça e cada papel. Neles, também uma linha longa é composta por linhas pequenas. Elas podem ocupar várias extensões de tempo, um dia, uma semana, um mês, um ano, uma vida inteira etc.

"No mundo real, é a vida que tece essa linha, e, em uma peça, é a trama do autor, fiel à vida, que a cria.

"Mas a linha que ele criou não é contínua, sem interrupções, por toda a duração do papel. Ela existe somente em partes, com amplas lacunas."

— Mas por que isso? — perguntei.

— Nós já discutimos o fato de que o dramaturgo não nos fornece toda a vida de uma peça ou de um papel, mas apenas aqueles momentos que são apresentados e executados no palco. Ele não escreve muito sobre o que acontece nos bastidores. Ele é, frequentemente, silencioso sobre o que acontece na coxia, nas lacunas da personagem que o ator está interpretando no palco. Temos de suprir o que o autor não criou em seu texto impresso, usando a nossa própria imaginação. Caso contrário, você não terá uma "vida do espírito humano" contínua em uma peça para o ator. Você estará lidando com fragmentos isolados.

"Para ser capaz de vivenciar, você deve ter uma linha (relativamente) contínua em um papel e em uma peça.

"Saltos e lacunas na linha de um papel são inadmissíveis, não só no palco, mas também nos bastidores. Eles quebram a vida da personagem e criam pontos mortos nela. Estes são, então, preenchidos com os pensamentos e sentimentos pessoais do ser humano/ator, não tendo relação com o que ele está interpretando. Isso o leva na direção errada: para sua própria vida privada.

"Vamos dizer, por exemplo, que vocês estão representando o 'queimando dinheiro'. Vocês estão seguindo a linha do papel muito bem. Quando sua esposa o chama, você sai da sala de jantar para admirar o seu filho tomando banho. Mas quando você chega nos bastidores, você encontra um amigo que acaba de chegar de longe e que teve de mexer os pauzinhos para chegar aí. Dele você fica sabendo de uma coisa divertida que aconteceu com um de seus parentes. Incapaz de conter o seu riso, você torna a entrar no momento em que o dinheiro está queimando e detém-se: 'inação trágica'.

"Você sabe que tais lacunas não são úteis para o papel e não ajudam você. Isso significa que você não deve quebrar a linha, mesmo nos bastidores Mas muitos atores são incapazes de continuar representando o papel nos bastidores. Então deixe-os pensar no que eles fariam *nesse dia* caso estivessem, eles próprio, na situação em que se encontra a personagem. O ator deve responder a essa e outras perguntas, em cada apresentação. Essa é a razão pela qual um ator vai ao teatro para atuar. Se o ator deixa o teatro sem ter respondido às perguntas que eram necessárias naquele dia, ele não fez o que deveria."

.. .. 19..

Tortsov começou a aula pedindo que subíssemos ao palco, sentássemos o mais confortavelmente possível no "apartamento de Mária" e falássemos sobre alguma coisa de que gostássemos.

Os estudantes sentaram-se à mesa redonda e se encostaram nas paredes, nas quais havia lâmpadas elétricas fixadas.

Rakhmánov era o mais ativo de todos, de modo que nós concluímos que ele iria demonstrar sua última ideia brilhante.

Durante a conversa geral, luzes se acendiam e se apagavam em várias partes do palco, e então chamou minha atenção o fato de que elas iluminavam a pessoa que falava ou o objeto em discussão. Por exemplo, tão logo Rakhmánov dizia uma palavra, uma luz se acendia sobre ele. Tão logo ele se lembrava de alguma coisa, situada sobre a mesa, a luz brilhava sobre aquilo etc.

Mas havia uma coisa que eu não conseguia explicar. Todas as luzes estavam fora de nossa sala; elas estavam na sala de jantar, no hall e em outros espaços adjacentes. Descobriu-se que a luz mostrava o que estava acontecendo fora da sala de estar.

Assim, por exemplo, a lâmpada no corredor se acendia quando nos recordávamos do passado; a luz na sala de jantar se acendia quando falávamos sobre coisas que aconteciam agora, fora de nossa sala. A lâmpada no hall brilhava quando sonhávamos com o futuro. Eu também percebi que a iluminação era contínua. Mal uma lâmpada se apagava, outra se acendia. Tortsov explicou que a iluminação ilustrava a contínua mudança de objetos de atenção que ocorre em nossas vidas, infinita, lógica e sequencialmente, ou mesmo apenas por acaso.

– A mesma coisa deve ocorrer com a atuação – explicou Tortsov. – É importante que os objetos de atenção tomem o lugar uns dos outros sem parar e criem uma linha contínua. Essa linha deve estar do nosso lado da ribalta e não deve se estender para a plateia.

"A vida de um ser humano ou de um papel é uma sequência contínua de objetos e círculos de atenção cambiantes, seja na vida real, em torno de nós ou no palco, seja em um mundo imaginário ou em sonhos do futuro, desde que não seja na plateia. Essa continuidade de linha é extremamente importante para um ator, e vocês devem fazer todo o possível para torná-la mais forte.

"Usarei a luz e mostrarei a vocês como a linha deve se estender sem quebras por todo o papel.

"Vão para a plateia" – disse ele – "e Rakhmánov irá para a caixa de luz para me ajudar.

"Essa é a peça que vou interpretar. Hoje haverá um leilão. Dois Rembrandt estão sendo oferecidos. Enquanto espero pela venda, estou sentado à mesa redonda com um especialista para decidir o preço de reserva das pinturas. Para isso, o que precisaremos fazer primeiro é examinar atentamente um e depois o outro.

(As luzes de ambos os lados da sala se acendiam e se apagavam ao mesmo tempo em que a lâmpada nas mãos de Tortsov se apagou)

"Nós temos, ao mesmo tempo, de fazer uma comparação mental das pinturas que temos aqui com outros Rembrandt originais existentes em museus do país e do exterior.

(A luz do vestíbulo, representando as pinturas imaginárias nos museus, se acendiam e se apagavam, alternando-se com as duas luzes nas paredes que ilustravam as pinturas imaginárias na sala de estar.)

"Vocês veem as luzes suaves que aparecem repentinamente perto das portas de saída. Elas são os compradores de menor importância. Elas chamaram minha atenção, e eu fui ao encontro delas sem grande entusiasmo.

"'Se eles forem os únicos clientes que vierem, não conseguirei atingir o preço de reserva' — disse a mim mesmo. Estou tão perdido em meus próprios pensamentos que não presto atenção em nada ou em ninguém.

(Todas as luzes anteriores se apagam, mas, sobre a cabeça de Tortsov, surge um holofote ilustrando um pequeno círculo de atenção. Ele se move com Tortsov, enquanto este caminha nervosamente pela sala.)

"Vejam, vejam, o palco inteiro e as salas de trás se enchem de novas luzes acesas e, desta vez, muito maiores.

"Elas representam os compradores dos museus estrangeiros. É claro que eu os recebo com especial respeito."

Depois que Tortsov retratou sua reunião, ele fez o mesmo com o próprio leilão. Sua concentração era particularmente intensa quando uma acirrada disputa ocorreu entre os grandes compradores, culminando em uma enorme contenda, que foi representada por uma orgia de luzes... As grandes lâmpadas se acendiam e se apagavam juntas ou separadamente, criando uma bela imagem, parecida com o final de uma demonstração de fogos de artifícios. Nossos olhos estavam deslumbrados.

— Consegui demonstrar para vocês como uma linha contínua é criada no palco? — perguntou Tortsov.

Grícha disse:

— Se você não se importa que eu diga, você nos demostrou exatamente o oposto. As luzes que usou não nos deram uma linha contínua, mas saltos infinitos.

— Não vejo desse modo. A concentração de um ator se move de um objeto para outro sem parar. Essa mudança constante cria uma linha contínua. Se o ator se fixasse em um objeto e permanecesse com ele por um ato inteiro ou pela peça toda, nunca o deixando de lado, não haveria movimento, mas, se isso surgisse assim, seria a linha de alguém mentalmente doente e que, como já disse, é chamada de *obsessão*.

Os estudantes ficaram ao lado de Tortsov e insistiram que ele tinha sido bem-sucedido ao dar uma explicação gráfica de suas ideias.

— Melhor ainda — disse ele. — Mostrei a vocês como isso deve acontecer, sempre. Lembrem-se, a título de comparação, do que acontece com a maioria dos atores, mas que nunca deve acontecer com vocês. Eu ilustrei isso para vocês em uma aula anterior com essas mesmas luzes. Elas raramente se acendiam no palco, enquanto estavam quase continuamente acesas na plateia.

"Será que vocês pensam que é normal a vida e a concentração de um ator estarem ativas por um momento ou dois para, então, morrerem por um longo tempo, perdendo-se na plateia ou fora do teatro? E será que elas retornam apenas para desaparecerem novamente por um longo tempo?

"Atuando assim, apenas alguns poucos momentos da vida do ator no palco dizem respeito ao papel; no resto do tempo, esses momentos são alheios a ele. A arte não precisa de semelhante confusão de sentimentos.

"Aprendam a criar uma linha (relativamente) contínua no palco para cada um dos impulsos psicológicos internos e para cada um de seus elementos."

14

O estado criativo interno do ator

.. .. 19..

Hoje, não tivemos uma aula comum. Havia um cartaz. Tortsov disse:

– Para onde os impulsos psicológicos internos se dirigem tão logo sejam alinhados? Para onde o pianista se dirige em momentos de excitação, quando precisa liberar seu sentimento e dar a seus poderes criativos o máximo alcance? Ao piano, seu instrumento. Para onde se dirige o pintor? Para sua tela, seus pincéis e tintas, ou seja, para as ferramentas com as quais ele cria. Para onde o ator se dirige ou, melhor ainda, para onde se dirigem seus impulsos internos? Para aquilo que o motiva, isto é, para sua mente e corpo, para seus Elementos mentais. A mente, a vontade e o sentimento tocam o alarme, e ele usa toda sua potência, energia e convicção para mobilizar as suas forças criativas.

"Exatamente como num acampamento militar, mergulhado no torpor, é despertado para a ação pelo alarme, nossas forças artísticas são agitadas e se preparam rapidamente para uma incursão artística.

"O número infinito de ideias, objetos de atenção, comunicação, Tarefas, desejos e ações, momentos de verdade e crença, memórias emotivas e Adaptações se alinha em fileiras.

"Os impulsos internos passam através deles, ativam os Elementos e são, eles próprios, inflamados por uma energia artística ainda maior.

"Além disso, algo das qualidades naturais dos Elementos recai sobre eles. Como resultado disso, mente, vontade e sentimento tornam-se mais dinâmicos, mais ativos. Eles são estimulados ainda mais fortemente pela imaginação, conferindo à peça maior credibilidade e fundamentando as Tarefas mais plenamente. Isso auxilia os impulsos internos e os Elementos a sentir melhor a verdade de um papel e a acreditar que o que está acontecendo no palco é possível. Tudo isso estimula o processo da vivência e a necessidade de fazer a comunicação com as outras personagens, e, para isso, vocês precisam de Adaptações.

"Em poucas palavras, os impulsos internos pegam os tons, cores e nuances dos Elementos pelos quais eles passam. Eles assumem seu conteúdo emocional.

"Por sua vez, os impulsos internos não somente infundem nas fileiras sua própria energia, força, vontade, emoção e pensamento, mas também transmitem para elas pistas transitórias do papel e da peça, coisas que os excitaram em um primeiro contato com o texto da peça e que os inspiraram em sua atividade criativa. Eles enxertam esses primeiros lampejos da vida emocional do papel nos Elementos.

"Os sentimentos do ator/papel se desenvolvem gradualmente, a partir desses lampejos, na mente do ator. Nesse aspecto, eles são como um exército bem ordenado avançando sob a liderança dos impulsos internos."

— Para onde eles vão? — perguntaram os estudantes.

— Para algum lugar bem longe... para um lugar onde as pistas e os lampejos que eles recebem da sua imaginação, das Circunstâncias Dadas e dos "ses" mágicos da peça os convocam. Eles seguem em frente para onde as tarefas criativas os levam, para onde os desejos, intenções e ações do papel os arrastam. Eles são atraídos por objetos com os quais desejam entrar em comunicação, isto é, as personagens da peça. Eles vão em direção a coisas que são fáceis de acreditar, tanto no palco quanto no texto, isto é, em direção à verdade artística. Notem que todas essas características devem ser encontradas no palco, do nosso lado da ribalta, e não na plateia.

"Quanto mais os Elementos avançam juntos, maior a sua unidade. Esse encontro de todos os elementos cria um estado mental que é extremamente importante para os atores e que, em nosso vocabulário, chamamos de..." — Tortsov apontou para o cartaz pendurado em nossa frente no qual estava escrito:

O ESTADO CRIATIVO INTERNO DO ATOR

— O que é isso?! — exclamou Vánia, apavorado.

— Muito simples — disse eu. E comecei a explicar a ele muito mais para convencer a mim mesmo. — Os impulsos internos e os Elementos se combinam para formar um objetivo comum para o papel. Você entende?

— Sim, mas com duas condições. Primeiro, desde que seja um objetivo comum básico, que ainda está um pouco distante, e também que os Elementos só se unam para investigá-lo usando suas forças combinadas.

"A segunda condição é uma questão de terminologia. Até agora, por convenção, nós simplesmente chamamos nossas aptidões artísticas, qualidades, talentos, dons naturais e mesmo alguns dos métodos de nossa psicotécnica de Elementos. Essa era apenas uma designação temporária. Só a utilizamos porque era cedo demais para falarmos sobre os estados do ser. Agora que introduzimos essa palavra, declararei que seu verdadeiro nome é:

ELEMENTOS DO ESTADO CRIATIVO DO ATOR EM CENA."

— Elementos... do estado... criativo... do ator... — Vânia tentava repercutir as estranhas palavras dentro de sua cabeça. — Não tem jeito de entender isso! — concluiu ele, com um fundo suspiro, desistindo, puxando desesperadamente os cabelos.

— Não há nada para entender! Esse é um estado humano quase completamente normal.

— Quase?!

— Ele é melhor do que o estado normal em alguns aspectos e... pior.

— Por que pior?

— Porque nós trabalhamos, nós criamos em público, o que não é natural, e, assim, existe um vestígio remanescente de teatralidade em nossas mentes, e também de exibicionismo, que não existem no estado humano normal. E assim nós não chamamos simplesmente de estado criativo, mas acrescentamos também as palavras *do ator*.

"E em que sentido o estado criativo do ator em cena é melhor do que o estado normal?

"É porque existe o sentimento da solidão pública, que é desconhecido por nós na vida real. Trata-se de um sentimento delicioso. Vocês devem se lembrar que disseram antes que era tedioso atuar por um longo espaço de tempo em um teatro vazio ou em uma sala de casa, frente a frente com seu colega ator. Nós comparamos esse tipo de atuação com cantar em um aposento cheio de tapetes e estofados que amortecem a acústica. Mas, no teatro, com o público numeroso, com mil corações batendo em uníssono com o do ator, uma maravilhosa ressonância acústica é criada para nossos sentimentos. Para cada momento genuinamente vivenciado no palco, nós recebemos uma resposta do público, a participação, a empatia, correntes invisíveis de mil vidas, pessoas emocionalmente estimuladas que criam conosco a atuação. Uma plateia pode não somente tiranizar e aterrorizar o ator, mas também estimular nele uma energia criativa genuína. Isso lhe dá um brilho interior, uma crença em si mesmo e em seus esforços artísticos.

"A resposta de uma casa cheia produz em nós esta grande alegria que só um ser humano pode conhecer.

"Então, por um lado, criar em público é um empecilho para o ator, mas, por outro, é uma ajuda.

"Infelizmente, esse estado humano autêntico e quase totalmente natural ocorre muitíssimo raramente de forma espontânea no palco. Quando, excepcionalmente, uma atuação ou partes dela são bem-sucedidas, o ator volta para o seu camarim dizendo: 'Hoje eu estava inspirado!'.

"Isso significa que ele descobriu, por acaso, um estado humano quase normal.

"Em momentos excepcionais como esses, todo o aparato criativo do ator, todas as suas partes separadas, todos os seus, por assim dizer, 'botões', 'molas' e 'pedais' internos funcionam soberbamente, quase da mesma forma ou ainda melhor do que na vida.

"Esse é o tipo de estado criativo de que precisamos ao máximo quando estamos no palco, já que só assim o trabalho criativo genuíno pode ser feito. É por isso que damos um valor tão especial a ele. Este é um dos mais importantes fatores no processo criativo e é por causa disso que desenvolvemos os Elementos.

"Felizmente, nós temos uma psicotécnica que pode, a nosso comando, a nosso critério, produzir o estado criativo que costumava vir a nós por acaso, 'caído do céu'. É por isso que termino a aula felicitando-os por terem atravessado uma fase muito importante de nosso trabalho nesta escola, por terem aprendido."

.. .. 19..

— Em ocasiões, infelizmente muito frequentes — disse Tortsov —, em que o verdadeiro estado criativo não emerge, o ator, quando volta para o seu camarim, se lamenta: "Não estou em forma, hoje eu não atuei".

"Isso indica que seu aparato mental não está trabalhando adequadamente ou não está funcionando de maneira alguma, e essa atuação mecânica, baseada em convenções, clichês, mera técnica, tornou-se a sua atuação. O que leva a isso? Talvez o ator estivesse com medo do buraco negro e tenha confundido todos os seus Elementos? Ou talvez tenha ensaiado pouco, sem acreditar em suas palavras ou ações. Isso terá produzido uma incerteza que destruiu seu estado criativo?

"Ou talvez seja o caso de que o ator tenha sido simplesmente muito preguiçoso para preparar-se de maneira adequada, que não tenha insuflado uma nova vida em um papel que ele já tinha concebido totalmente. No entanto, vocês devem fazer isso todas as vezes, antes de cada apresentação. Porém, ele entrou no palco e, em vez disso, apresentou a forma exterior do papel. Está tudo certo se ele faz uso de um repertório estabelecido e de uma técnica perfeita, que nós encontramos na arte da representação. Desempenhos desse tipo podem até mesmo ser reconhecidos como arte, embora não tenham relação com nossa escola de atuação.

"Mas talvez o ator não tenha se preparado porque ele estava doente ou apenas com preguiça, ou sem ideias, porque ele tinha problemas ou preocupações particulares que desviaram sua mente de seu trabalho. Ou talvez ele seja um daqueles 'atores' que estão acostumados a recitar o papel e a fazer pose para entreter o público, pois são incapazes de qualquer outra coisa. Nos casos que mencionei, a composição, o detalhe e a qualidade dos Elementos de seu estado criativo foram, em suas diferentes formas, igualmente falsos. Não há nada a ganhar examinando cada um desses casos separadamente. É suficiente chegar a uma conclusão geral.

"Vocês sabem que quando um ser humano/ator enfrenta uma plateia lotada, seja por medo, confusão, acanhamento, senso de suas responsabilidades ou problemas pessoais, ele perde o seu autocontrole. Ele não pode falar, ver, escutar, pensar, desejar, sentir, caminhar, comportar-se de uma maneira humana. Ele tem uma compulsão nervosa de agradar o público, de se exibir e de simular seu estado mental com uma postura que seja capaz de diverti-lo.

"Em tais momentos, os Elementos do ator se separam e vivem suas próprias vidas. Nós temos a concentração pela concentração, os objetos pelos objetos, o sentimento de verdade pelo sentimento e Adaptações pelas adaptações. Isso é anormal, claro. É normal quando os Elementos que produzem o estado criativo no ser humano/ator são, como na vida real, indivisíveis.

"Estes Elementos devem ser indivisíveis no momento criativo, quando vocês estão no estado interno adequado, e este estado é quase indistinto da vida. Isso é o que acontece quando o ator está no estado criativo apropriado. O problema é que esse estado, por causa das condições anormais nas quais atuamos, é instável. Mas dificilmente ele é quebrado, ou então os Elementos perderiam a sua ligação comum e começariam a viver isolados uns dos outros, por si mesmos e para si mesmos. Então, o ator está sendo ativo no palco, mas não na direção geral de que o papel necessita. Ele está sendo simplesmente 'ativo', estando ali apenas para que essas 'ações' possam ser realizadas. O ator está em comunicação não com aquilo que a peça necessita, mas com a plateia, para entretê-la. Ora, ele se adapta de modo a não transmitir mais plenamente seus próprios pensamentos e sentimentos, que são similares aos do papel, ao seu camarada ator, mas a impressionar a plateia com seu virtuosismo e sutileza etc. Então, conforme as personagens se movimentam no palco, elas perdem primeiro uma, depois outra, e finalmente perdem todas as qualidades do coração e da mente que o ser humano/papel necessita. Algumas dessas pessoas imperfeitas carecem do sentimento de verdade e crença no que fazem, enquanto outras não possuem o poder humano necessário de se concentrar naquilo que estão dizendo, e outras descobrem que seu objeto de atenção desapareceu e que, sem isso, qualquer significado ou possibilidade de comunicação natural desaparece.

"As ações dessas aberrações no palco estão mortas, e é por isso que vocês não têm a sensação de uma representação da vida humana dentro delas; não há imagens mentais, desejos e anseios, e sem isso a vontade-sentimento não pode ganhar vida.

"O que aconteceria se existissem defeitos físicos semelhantes, visíveis aos olhos, e o personagem que nós estamos criando não tivessem orelhas, mãos ou dentes? Vocês teriam de levar um longo tempo para se acostumarem com tamanha aberração. Mas nossos defeitos mentais não são visíveis aos olhos. A plateia não tem consciência deles, mas os percebe inconscientemente. Eles só são compreendidos em nossa profissão pelos especialistas judiciosos.

"É por isso que o integrante mediano de nossa plateia diz: 'Foi bom, mas eu não fui arrebatado!'. É por isso que a plateia não responde a esse tipo de atuação, não aplaude e não volta uma segunda vez. Todas essas aflições e coisas piores nos ameaçam no palco e produzem instabilidade em nosso estado criativo.

"Além disso, o perigo é exacerbado pelo fato de que um estado errado pode ser criado com facilidade e velocidade inusitadas, sem que o percebamos. Tudo de que se necessita é que um Elemento errado seja introduzido no estado interno que nós criamos, para que ele se torne imediatamente instável. O Elemento errado atrai outros, que acabam distorcendo o estado mental que torna o trabalho criativo possível.

"Verifiquem o que eu digo. Estabeleçam um estado criativo no qual todas as partes constituintes funcionem amistosamente juntas, como uma orquestra bem ensaiada. Depois, substituam um desses Elementos por outro, que esteja errado, e vocês verão o tipo de desarmonia que surgirá.

"Por exemplo, imaginem que alguém do elenco tenha tido uma ideia na qual ele próprio não consiga acreditar. Então vocês terão, inevitavelmente, autoengano e mentiras, que rompem com a verdade de nosso próprio estado criativo. A mesma coisa acontece com outros Elementos.

"Ora, imaginem que um ator está olhando para um objeto, mas que não o veja realmente. Como resultado disso, sua concentração não está no objeto que é essencial para o papel e para a peça. Ele deixa de lado o verdadeiro objeto que lhe causou sofrimento e se volta para outro objeto errado, que lhe parece mais interessante e excitante, isto é, a plateia ou uma vida imaginária fora do palco. O ator começa a 'olhar' mecanicamente, o que leva à sobreatuação, e, assim, todo o nosso estado criativo é desarticulado. Ora, tentem substituir uma Tarefa viva na pessoa/papel por uma Tarefa artificial morta, ou se exibam para a plateia, ou usem o papel para ostentar sua energia e ardor. No momento em que vocês introduzem algum Elemento errado em um verdadeiro estado criativo, todos os outros Elementos são modificados, juntos ou gradualmente. A Verdade se transforma em convenção e em truques técnicos, a crença na real natureza da vivência e da ação de alguém transforma-se em crença na mera técnica em si, na ação reflexo. Tarefas humanas, desejos e intenções tornam-se artificiais, profissionais; ideias criativas são substituídas por trivialidades, isto é, por uma apresentação baseada em convenções; temos apenas sobreatuação, exibição, 'teatro' no sentido pejorativo.

"Agora, somem o resultado de todas essas distorções: um objeto de atenção para além da ribalta, um sentimento de verdade que foi violado, memórias emotivas teatrais que não são verdadeiras em relação à vida, Tarefas mortas, tudo isso acontecendo não onde o pensamento e a reflexão prevalecem, mas em um mundo de trivialidades, de condições irreais, sem mencionar a tensão muscular aumentada que é inevitável em tais casos.

"Todos esses Elementos se juntam para compor um estado errado no qual vocês não podem nem vivenciar, nem ser criativos, mas somente fazer uma exibição exterior, posada, divertida, falsa, simulação da personagem.

"Não acontece a mesma coisa na música? Nela, uma nota errada arruína a harmonia, transforma a consonância em dissonância e faz que todas as outras notas soem fora da melodia. Conserte a nota e o acorde soará mais uma vez como deve.

"Em todos os exemplos que dei para vocês hoje havia, inevitavelmente, primeiro uma distorção e, depois, o estado criativo errado do ator que, em nosso vocabulário, nós chamamos de *estado de mera técnica* (afetado).

"Os atores que estão apenas começando ou estudantes, como vocês, que carecem de experiência e de técnica, frequentemente tornam-se vítimas desse estado errado. Ele traz um conjunto completo de convenções para a peça. Quanto a um estado criativo verdadeiro, normal e humano, isso é algo que se chega apenas por acaso, involuntariamente."

– Como podemos cair na atuação de mera técnica se só estivemos no palco uma única vez? – perguntei, tal como fizeram outros estudantes.

– Se não me engano, posso responder com suas próprias palavras – disse-me ele. – Você deve se lembrar da primeira aula quando fiz você simplesmente sentar-se no palco entre seus camaradas-estudantes. Em vez de sentar, você começou a sobreatuar e disse mais ou menos o seguinte: "Estranho! Eu estive no palco apenas uma vez e o resto do tempo vivi uma vida normal, mas é infinitamente mais fácil, para mim, exibir-me no palco do que viver naturalmente". O segredo é que a mentira está implícita no próprio palco, em muitas circunstâncias de uma apresentação pública. Não pode haver acordo, devemos promover uma guerra constante contra ela e estarmos aptos a contorná-la sem perceber isso. As mentiras teatrais promovem uma guerra constante contra a verdade. Como podemos nos defender contra as primeiras e fortalecer a segunda? Veremos a resposta em nossa próxima aula.

.. .. 19..

— Tentemos responder a próxima questão em nossa agenda. Por um lado, como nos protegemos no palco do erro, da atuação de mera técnica (afetação), em que somente as poses e a imitação são possíveis? Por outro, como podemos produzir em nós este estado mental correto e humano, no qual apenas a atividade criativa genuína é possível? – disse Tortsov, dando-nos o tema da aula de hoje.

"Podemos responder a essas duas questões simultaneamente, já que uma exclui a outra. Uma vez que um estado criativo verdadeiro foi criado, ele destrói o outro que é errado e vice-versa. A primeira dessas questões é a mais importante, e é sobre ela que falaremos.

"Na vida, cada estado mental ocorre espontânea e naturalmente. Ele é sempre verdadeiro, *per se*, se você leva em conta as condições internas e externas. No palco, é o oposto. Dadas as condições artificiais da criação em público, vocês quase sempre terão um estado errado, uma afetação. Apenas muito raramente, por acaso, vocês encontrarão um estado que seja natural e se aproxime daquele que é normal e humano.

"O que devemos fazer quando um estado criativo apropriado não ocorre?

"Então, vocês devem usar meios técnicos conscientes para criar um estado humano natural, que é quase o mesmo que experimentamos o tempo todo na vida real.

"Para isso, vocês precisam de nossa psicotécnica.

"Ela nos ajuda a estabelecer a verdade e destrói o estado criativo incorreto. Ela ajuda o ator a se manter dentro da atmosfera de um papel, protegendo-o contra o buraco negro e contra a atração magnética da plateia.

"Como funciona esse processo?

"Todos os atores se maquiam e se vestem antes da apresentação, e, assim, eles podem se parecer externamente com a personagem, mas eles esquecem o essencial: de se preparar, digamos, de 'maquiar' e 'vestir' seus corações e mentes para que possam criar a 'vida do espírito humano' de um papel, que é, acima de tudo, o que eles devem vivenciar em cada apresentação.

"Por que, então, os atores demonstram preocupação especial com seus corpos? Será o corpo o agente criativo mais importante no palco? Por que a mente do ator não se 'maquia' e se 'veste'?"

— Como seria possível "maquiá-la"? – perguntaram os estudantes.

— Limpar a mente e preparar-se para o papel consiste no seguinte: não ficar no camarim até o último momento, como faz a maioria das pessoas, mas (se for um papel importante) preparar-se para a sua primeira entrada no palco duas horas antes do espetáculo começar. Mas como?

"O escultor amassa a argila antes de modelar, um cantor faz exercícios vocais antes de cantar, nós nos aquecemos com uma série de jogos, por assim dizer, para afinar nossas cordas mentais, para testar nossas 'molas', 'pedais' e 'botões' mentais, todos os Elementos separados e os chamarizes que usamos por nosso aparelho em movimento.

"Vocês conhecem tudo isso de nossa aula de 'treinamento e exercícios'.

"Os exercícios começam com o relaxamento dos músculos, já que, sem isso, o trabalho não é mais possível.

"E então... Eis aqui:

"O objeto é este quadro. O que ele retrata? Qual é seu tamanho? Quais são suas cores? Selecionem um objeto distante. Um pequeno círculo que não se estenda além de suas pernas ou de sua caixa torácica. Inventem uma Tarefa física! Justifiquem-na, deem vida a ela, primeiro com uma e depois com outra ideia. Conduzam a ação para um ponto de verdade e crença. Imaginem um 'se' mágico, Circunstâncias Dadas etc.

"Depois que todos esses Elementos forem separados, comuniquem-se com um deles.

"Qual?

"Aquele com o qual vocês se sentirem melhor, a Tarefa, o 'se', uma ideia, um objeto de atenção, uma ação, uma pequena verdade e crença etc.

"Se vocês conseguirem fazer um deles funcionar (mas não 'de modo geral', não aproximadamente, ou como mera forma, mas verdadeiramente, de modo completo), então, todos os outros Elementos seguirão atrás. E tudo isso irá acontecer por causa da propensão natural que os impulsos internos e os Elementos têm para trabalhar em comum.

"Isso acontece como no estado de afetação, no qual um elemento errado arrasta os outros consigo. O mesmo acontece aqui. Um elemento verdadeiro, que foi trazido plenamente à vida, incita todos os outros Elementos verdadeiros a trabalhar e a produzir assim um verdadeiro estado criativo.

"Apanhe um elo da corrente e o resto seguirá. O mesmo se aplica aos Elementos do estado criativo.

"Que maravilhosa ferramenta de trabalho é a nossa natureza criativa, se não abusamos dela. Quão interligadas e interdependentes são todas as suas partes!

"Precisamos usar esta qualidade com cuidado. E, assim, cada vez que tentarmos chegar a esse estado verdadeiro, cada vez que começarmos a criar, seja no ensaio ou, ainda mais importante, na atuação, precisamos nos preparar adequada e cuidadosamente, tonificando os Elementos e estabelecendo o estado criativo correto a partir daí deles."

— Todas as vezes? — perguntou Vánia, impressionado.

— Isso é difícil — disseram os outros estudantes em apoio a Vánia.

— Então vocês pensam que é mais fácil realizar ações com Elementos que foram mal utilizados, é isso? Sem Cortes e Tarefas, sem o sentimento de verdade e crença? Será que os verdadeiros anseios, as intenções na direção de uma clara e tentadora meta, com o uso de "ses" mágicos que foram justificados, e Circunstâncias Dadas nas quais se pode acreditar, são realmente um impedimento para vocês, enquanto a sobreatuação, as mentiras e os clichês são de tamanha ajuda que vocês relutam em se separar deles?

"Não! É mais fácil e mais natural unir todos os Elementos, e mais ainda porque essa é sua inclinação inata.

"Somos criados de tal maneira que precisamos de mãos e pés e um coração, rins e estômago, todos de uma vez, simultaneamente. Achamos muito desagradável quando um de nossos órgãos é removido e um substituto, colocado em seu lugar: um olho de vidro, um nariz falso ou uma perna, ou um braço artificial, ou dentes postiços.

"Por que vocês não concedem o mesmo privilégio a um ator criativo ou ao papel que ele interpreta? Ele também precisa de todos os Elementos constituintes de seu organismo, e os substitutos artificiais — os clichês — são um empecilho para isso. Então deixemos todas as partes constituintes que criam o estado criativo adequado trabalharem amigavelmente, em total coordenação.

"Qual a utilidade de um objeto de atenção, tomado separadamente, em si e por si, para quem quer que seja? Ele só pode viver com o restante de nossas ideias. Mas onde existir vida vocês encontram suas partes constituintes ou cortes, e onde existem cortes vocês encontram Tarefas. Uma Tarefa que os guia naturalmente evoca anseios e intenções que culminam em ação.

"Mas uma ação errada e espúria não serve para ninguém, e assim vocês devem ter a verdade, e onde existe a verdade vocês têm a crença. Todos os Elementos combinados destravam a Memória Emotiva, e, assim, os sentimentos podem aflorar livremente e a 'verdade das paixões' pode ser criada.

"Será que isso pode ocorrer sem os objetos de atenção, as ideias criativas, os cortes e Tarefas, desejos, intenções, ações, verdade e crença? Voltamos novamente ao começo, como uma canção infantil que vai girando e girando repetidas vezes.

"O que a natureza uniu, vocês não devem separar. Não contradigam o que é natural, não se mutilem. A Natureza tem suas exigências, suas leis e condições que não devem ser renegadas, mas, ao contrário, precisam ser estudadas, compreendidas e defendidas.

"Então não se esqueçam de fazer todos os seus exercícios sempre, sempre que vocês fizerem um trabalho criativo."

— Mas, olha só, perdão — começou a argumentar Grícha —, nesse caso você tem de fazer não uma, mas duas apresentações por noite. A primeira para si mesmo, enquanto se prepara no camarim, e a segunda no palco, para a plateia.

— Não, você não tem de fazer isso — tranquilizou-o Tortsov. — Quando você se prepara para a apresentação, tudo o que tem de fazer é tocar nos momentos básicos, individuais, do papel ou do exercício, nos momentos importantes na peça. Você não tem de desenvolver todos os Cortes e Tarefas por completo.

"Apenas pergunte a si mesmo: eu posso acreditar na minha atitude para este trecho do papel, hoje, agora? Será que eu sinto esta ação particular? Será que eu deveria alterar ou expandir este ou aquele detalhe menor com uma ideia criativa? Todos estes exercícios preparatórios, antes da apresentação, são apenas uma 'sondagem de terreno', testando o aparelho expressivo de alguém, afinando o seu instrumento criativo mental, revisando as marcações e os Elementos constituintes do coração e da mente de um ator.

"Se o papel já está amadurecido, o trabalho preparatório flui fácil e relativamente rápido todas as vezes, sendo a atuação também recriada todas as vezes. O problema é que nem todo papel no repertório de um ator chega a esse grau de maturidade, mesmo quando ele está em posse dessa marcação e tornou-se o mestre de sua psicotécnica e criador de sua própria arte.

"Nessas circunstâncias, o processo de preparação para um papel é dificultado. No entanto, ele se torna ainda mais necessário e requer ainda maior cuidado e atenção todas as vezes. O ator deve, incansavelmente, tentar induzir o estado criativo correto, não apenas durante a apresentação, mas antes dela também, no ensaio e quando está trabalhando em casa. O estado criativo correto é instável tanto no início, quando o papel ainda não se definiu, quanto depois, quando o papel está um tanto desgastado e já perdeu seu fio.

"O estado criativo correto vacila continuamente. Ele é como um avião pairando no ar que precisa ser pilotado. Com mais experiência, o trabalho do piloto torna-se automático e não requer muita atenção.

"O mesmo ocorre em nossa própria profissão. Os Elementos de nosso estado criativo precisam de constantes ajustes, com os quais, por fim, vocês aprendem a lidar automaticamente.

"Um exemplo pode ilustrar isso.

"Digamos que o ator esteja se sentindo bem. Ele é tão senhor de si que pode testar seu estado criativo e seus Elementos constituintes sem sair do papel. Eles funcionam todos esplendidamente, ajudando uns aos outros. Mas, então, um leve percalço ocorre e o ator imediatamente 'volta seus olhos para si mesmo', para ver qual de seus Elementos não está funcionando apropriadamente. Tendo encontrado o erro, ele o corrige. Fazendo assim, ele não tem dificuldade de se dividir em dois, isto é, de um lado ele corrige alguma coisa errada e, de outro, continua a viver seu papel.

"O ator vive, chora, ri no palco, mas, chorando ou rindo, ele observa seu riso e as suas lágrimas. E é nesta vida dupla, neste equilíbrio entre a vida e o papel, que a arte reside.[3]"

.. .. 19..

— Vocês agora sabem o que é o estado criativo e como ele é composto de impulsos individuais internos e de nossos Elementos.

"Vamos tentar ir direto para o interior de um ator no momento em que esse estado mental está sendo estabelecido. Tentemos seguir o que acontece em sua mente ao criar um papel.

"Digamos que vocês foram convidados a trabalhar em uma das mais difíceis e complexas personagens, o Hamlet de Shakespeare.

"Com o que podemos compará-lo? Com uma enorme montanha. Para ter uma ideia das riquezas que estão em suas entranhas, devemos explorar seus veios ocultos de metais preciosos, pedras, mármore e depósitos de minérios. Precisamos conhecer a composição da água mineral de suas fontes montanhosas, precisamos apreciar as belezas da natureza. Um homem sozinho não pode realizar tal Tarefa. Ele precisa da ajuda de outros, de uma organização complexa, recursos financeiros, tempo etc.

"Primeiramente, vocês veem esta montanha inacessível debaixo, a partir da sua base; vocês a circundam, a estudam do exterior. Então, vocês criam pontos de apoio na superfície da rocha e a escalam.

"Vocês abrem caminhos, perfuram túneis, cavam buracos e os preenchem, abrem poços, trazem máquinas, mobilizam trabalho especializado e, depois de várias explorações e sondagens, ficam convencidos das incalculáveis riquezas que jazem escondidas no interior da montanha.

"Quanto mais fundo vocês vão, mais abundantes se tornam os espólios. Quanto mais alto vocês escalam, mais estupefatos ficam com a amplidão do horizonte e com as belezas da natureza.

"De pé, diante do precipício, à beira de um poço sem fundo, vocês podem apenas distinguir, muito abaixo, a planície ensolarada, que os surpreende com a combinação e variedade de suas cores. Um córrego desce em cascata para dentro da montanha. Ele segue sinuosamente ao longo da planície e brilha ao sol. E, mais longe na montanha, existe uma densa floresta, e, acima dela, essa montanha é ocultada pela relva e, ainda mais acima, ela se transforma numa pura e branca superfície rochosa. Os raios do sol e as manchas de luz correm e brincam sobre ela. De tempos em tempos, ela é cruzada pelas sombras das nuvens que passam rapidamente pelo céu.

---

3. Tommaso Salvini, "Qualche pensiero sull'arte teatrale", em *Artist*, n. 14, 1891.

"E, mais acima ainda, estão os picos nevados. Eles estão sempre escondidos pelas nuvens, e vocês nunca podem saber o que acontece por lá, neste espaço acima da terra.

"Subitamente, há uma agitação entre as pessoas na montanha. Todos estão correndo. Eles estão jubilosos e gritam: 'Ouro, ouro! Nós achamos o veio!'. Começa o trabalho a sério. Buracos são cavados em todos os lados da montanha. Mas o tempo passa, as picaretas param, tudo volta a ficar quieto; os trabalhadores se dispersam silenciosamente, deprimidos, partindo para outro lugar, muito longe dali.

"O veio se esgotou. Todo o trabalho foi por nada. As esperanças foram frustradas, a energia enfraqueceu. Os topógrafos e os garimpeiros estão perdidos, eles não sabem o que fazer.

"Mas o tempo passa e, mais uma vez, gritos de alegria são elevados aos céus. Eles escalam até o local, escavam, e toda a multidão grita e canta.

"Mas, novamente, o esforço humano foi em vão – nenhum ouro foi encontrado.

"Das entranhas da terra, como um ronco subterrâneo, erguem-se os sons das picaretas e os mesmos gritos de alegria que, em seguida, se silenciam.

"Mas a montanha não pode dissimular seu tesouro do trabalhador. O empreendimento humano é coroado com sucesso. O veio é encontrado. As picaretas ressurgem, os trabalhadores começam a cantar canções de júbilo, as pessoas percorrem alegremente por toda a montanha. Um breve tempo se passa e um veio dos mais preciosos dos metais é encontrado."

Após uma breve pausa, Tortsov continuou:

– Em Hamlet, a maior obra que um gênio (Shakespeare) escreveu, incalculáveis tesouros (os Elementos psicológicos) e seus minérios (o tema da obra) jazem escondidos, como a montanha com o ouro. Esses objetos preciosos são extremamente sutis, complexos, fugidios. Eles são mais difíceis de extrair do coração de um papel e de um ator do que um veio de minerais da terra. Quando abordam a obra de um escritor, vocês a veem de fora (tal como viam a montanha cheia de ouro), vocês estudam sua forma. Então vocês procuram por caminhos, por algum meio de penetrar no secreto abismo onde as riquezas da mente estão escondidas. Para isso, vocês também precisam de "perfurações", de "túneis" e de "poços" (Tarefas, anseios, lógica, sequência etc.); vocês precisam de trabalhadores (forças criativas, Elementos); vocês precisam de "engenheiros" (os impulsos interiores); vocês precisam do "estado de espírito" apropriado (seu estado criativo).

"O processo criativo fica em ebulição por muitos anos na personalidade do ator, de dia, de noite, em casa, no ensaio, na apresentação. Esse trabalho pode ser mais bem caracterizado pelas palavras: 'as alegrias e as tristezas da criação'.

"Há também um 'grande júbilo' pessoal para nós, como atores, quando descobrimos o veio de ouro, o minério em nós.

"Cada momento do trabalho de um ator em um papel serve para estabelecer nele um estado criativo profundo, complexo, forte, contínuo e estável como artista criativo. Só nessas circunstâncias é possível falar de um trabalho criativo genuíno e de arte.

"Mas, infelizmente, esse estado penetrante é um fenômeno raro – só encontrado em grandes atores.

"Com mais frequência, os atores criam em um estado de espírito muito menos profundo, no qual eles só podem roçar a superfície. Eles fazem um passeio casual em torno do papel, como se rodeassem a montanha, sem preocupação com as riquezas incalculáveis que jazem ocultas dentro dela.

"Nesse estado raso e superficial, não há como revelar a profundeza psicológica de uma peça, mas meramente se familiarizar com suas belezas exteriores.

"Infelizmente, na maioria das vezes, esse é o tipo de ator que encontramos.

"Se eu pedir a vocês que subam ao palco e procurem por um pedaço de papel que não existe, vocês terão de criar, então, as Circunstâncias Dadas, os 'ses', suas ideias, terão de despertar todos os Elementos de seu estado criativo. Apenas com a ajuda deles, vocês serão capazes de recordar, de reconhecer (sentir) uma vez mais como a simples Tarefa de procurar por um pedaço de papel é realizada.

"Um objetivo menor requer um estado criativo menor, um que não seja profundo nem prolongado. Em um ator técnico de qualidade, isso estará lá instantaneamente, e a ação, uma vez realizada, desaparece instantaneamente.

"Cada Tarefa e ação tem seu estado criativo interior correspondente.

"Disso só podemos tirar uma conclusão: que a qualidade, força, resistência, estabilidade, profundidade, duração, penetração e composição e formas do estado criativo do ator são infinitamente variadas. Se vocês considerarem que os impulsos internos e a individualidade do ator podem predominar em cada um ou outro dos Elementos, então as variações do estado criativo parecem infinitas.

"Em outras instâncias, o estado criativo busca os temas de sua ação criativa por eles próprios, por acaso.

"Mas pode ocorrer o caso oposto. Uma Tarefa interessante, um papel, uma peça podem estimular o ator a ser criativo e evocar, assim, o estado correto.

"Isso é o que acontece na mente de um ator quando ele está interpretando e ensaiando."

15

A supertarefa e a ação transversal

.. .. 19..
— O estado criativo interior do ator/papel foi estabelecido!

"Nós estudamos a peça usando não apenas nosso intelecto frio (a mente), mas nossos desejos (a vontade), emoções (sentimento) e todos os Elementos! O exército criativo está ainda mais bem preparado para a guerra!

"Podemos avançar!

"Para onde vamos enviá-lo?

"Para o centro, para a capital, para o coração da peça, para o objetivo básico que levou o escritor a escrevê-la e o ator a atuar nela."

— E onde vamos encontrar este objetivo? — disse Vánia, intrigado.

— Na obra do escritor e na psicologia do ator/papel.

"Como isso pode ser feito?

"Antes de responder a isso, tenho de falar sobre um ou dois momentos importantes no processo criativo. Escutem-me.

"Assim como uma semente cresce até se tornar uma flor, a obra de um escritor nasce de um pensamento e de um sentimento individual.

"Esses pensamentos, sentimentos e sonhos vivos individuais correm através da vida do escritor como um fio de ouro e guiam-no quando ele está criando. O escritor faz deles a base de sua peça, e, dessa semente, ele desenvolve uma obra literária. Todos esses pensamentos, sentimentos, sonhos que parecem vivos, as eternas alegrias e tristezas do escritor tornam-se a base da peça. É por causa deles que ele pega a sua caneta, a principal tarefa da produção. A transmissão dos sentimentos e pensamentos do escritor, de seus sonhos, suas tristezas e alegrias é a principal tarefa da produção.

"Convenhamos que, no futuro, vamos chamar este objetivo fundamental, que congrega cada uma e todas as Tarefas, e estimula os esforços criativos dos impulsos internos e dos Elementos que compreendem o estado criativo do ator-papel de:

A SUPERTAREFA DA OBRA DO ESCRITOR"

Tortsov apontou para a inscrição no cartaz pendurado à nossa frente.
— A Supertarefa?! — ponderou Vánia, com uma expressão trágica em seu rosto.
— Vou explicar — disse Tortsov, para ajudá-lo. — Por toda a sua vida, Dostoiévski procurou por Deus e pelo Diabo nas pessoas. Isso o levou a produzir Os Irmãos Karamázov. É por isso que a procura por Deus é a Supertarefa nesta obra.
"Tolstói esforçou-se pela própria perfeição por toda a sua vida, e muitas de suas obras nasceram dessa semente, que constituiu suas Supertarefas.
"Tchékhov lutou contra a vulgaridade e a mesquinharia, sonhando com uma vida melhor. Esta luta, este esforço em direção a ela se tornaram a Supertarefa de muitas de suas obras.
"Será que vocês não sentem quão facilmente essas grandes metas vivificantes que os homens de gênio impõem a si mesmos podem se tornar Tarefas estimulantes e cativantes para um ator, e como elas podem reunir todos os Cortes individuais da peça e do papel?
"Tudo o que acontece em uma peça, todas as suas Tarefas individuais, maiores ou menores, todas as ideias e ações criativas do ator, que são análogas ao papel, lutam para cumprir a Supertarefa da peça. Sua ligação comum com ela, bem como a influência que ela tem sobre tudo o que acontece na peça, é tão grande que mesmo o detalhe mais trivial, se for irrelevante para a Supertarefa, torna-se danoso, supérfluo, desviando a atenção do significado essencial da obra.
"Esta busca pela Supertarefa deve ser contínua, sem quebras durante a peça e o papel inteiros.
"Além dessa continuidade, vocês devem discernir sobre a qualidade e a origem dessa procura.
"Ela pode ser histriônica, mera forma, e apenas fornecer uma direção global mais ou menos crível. Esforços desse tipo não podem conduzir a obra viva inteira nem estimular vocês a ações dinâmicas, genuínas, produtivas e com propósito. O palco não necessita desses tipos de esforços criativos.
"Porém, existe outro tipo, que é genuíno, humano e ativo, e que tenta alcançar o objetivo básico da peça. Essa busca contínua, como uma artéria principal, alimenta todo o organismo do ator e do personagem que ele está interpretando e confere vida à peça inteira.
"A busca vital genuína mexe com a qualidade especial da própria Supertarefa e com seu poder para compelir.

"Uma Supertarefa magistral tem grande poder de atração, é forte; mas quando ela é ordinária, a atração é fraca."

– E quando ela é ruim? – perguntou Vánia.

– Quando é ruim, um ator deve se esforçar para dar a ela força e profundidade.

– Quais são as qualidades de que necessitamos na Supertarefa? – perguntei.

– Será que necessitamos de uma Supertarefa errada que não corresponda às ideias que o autor expressa na peça, mesmo que ela seja interessante em si mesma e para o ator? – perguntou Tortsov.

"Não! Podemos ficar sem isso! Além do mais, isso é perigoso. Quanto mais atraído por uma Supertarefa errada, mais ela distanciará o ator do autor, da peça e do papel" – disse Tortsov, respondendo à sua própria pergunta.

"Será que precisamos de uma Supertarefa cerebral? Também podemos viver sem uma Supertarefa fria e cerebral. Mas precisamos de uma Supertarefa *consciente*, que venha da nossa inteligência, de uma ideia criativa interessante.

"Será que precisamos de uma Supertarefa emotiva, que estimule toda a nossa natureza? É claro que sim, no mais alto grau, assim como precisamos do ar e do sol.

"Será que precisamos de um Supertarefa volitiva, que agrupe todas as nossas qualidades mentais e físicas? Sim, muitíssimo.

"E o que diremos de uma Supertarefa que estimule a nossa imaginação criativa, que atraia nossa total atenção, satisfaça nosso sentimento de verdade e estimule o nosso poder de crença, assim como os outros elementos no estado de autoconsciência do ator? Nós precisamos de cada Supertarefa que estimule os impulsos internos, os Elementos, assim como precisamos de pão e alimentos.

"Então parece que precisamos de uma Supertarefa que seja análoga aos pensamentos do escritor, mas que incessantemente evoque uma resposta na personalidade do ator. Isso é o que pode evocar não uma vivência formalista ou cerebral, mas uma vivência genuína, viva, humana e direta.

"Ou, em outras palavras, você deve procurar pela Supertarefa não apenas no papel, mas também no coração e na mente do ator.

"A mesma Supertarefa que todo o ator que interpreta um papel deve aceitar tem uma ressonância diferente para cada pessoa. Você tem uma Tarefa que é e não é a mesma. Por exemplo, tome a mais real das aspirações humanas: 'Quero viver feliz'. Quantas nuances diferentes e esquivas existem no mesmo desejo e quantas diferentes maneiras de alcançá-lo na mesma representação de felicidade? Há muito de pessoal, de individual em tudo isso que nem sempre podemos avaliar de uma forma consciente. Se vocês, então, considerarem uma Tarefa mais complexa, as peculiaridades individuais de cada ser humano/ator serão ainda mais nítidas.

"Essas nuances individuais nas personalidades de diferentes pessoas interpretando o mesmo papel são de grande importância para a Supertarefa. Sem as suas vivências subjetivas, ela é árida, morta. É essencial encontrar uma resposta na personalidade do ator para que a Supertarefa e o papel se tornem vivos, vibrantes, resplandecentes, com todas as cores da vida humana genuína.

"É importante que a atitude do ator para com o papel não perca nada da sua sensibilidade individual e, ao mesmo tempo, não seja divergente das ideias do autor. Se o ator não investe sua própria natureza como ser humano no papel, então aquilo que ele cria estará morto.

"O ator deve encontrar a Supertarefa por si mesmo e levá-la para o seu coração. Se ela lhe for indicada por outros, ele deverá filtrá-la através de si mesmo e trazê-la à vida emocionalmente com sua própria personalidade e sentimentos. Em outras palavras, ele deve ser capaz de fazer cada Supertarefa se tornar a sua própria. Isso significa encontrar nela coisas que tenham uma afinidade essencial com a sua própria personalidade.

"O que confere à Supertarefa sua especial e fugidia atração, estimulando todo o ator que interpreta o mesmo papel? Na maioria dos casos, esta qualidade especial confere à Supertarefa esse algo especial que sentimos nela, esse algo que está oculto no subconsciente.

"A Supertarefa deve estar na mais íntima afinidade com isso.

"Vocês veem agora o quão longa e arduamente devemos procurar por uma Supertarefa que seja substancial, estimulante e profunda?

"Vocês veem agora quão importante é sentir a presença dela na obra do autor e descobrir uma resposta pela ela em nosso próprio coração e mente?

"Quantas Supertarefas em potencial nós temos de rejeitar e, então, alimentar mais uma vez? Quantas vezes temos de mirar e errar antes de atingir o nosso objetivo?"

.. .. 19..

Hoje, Tortsov disse:

— O processo de busca e consolidação da Supertarefa de um grande papel é difícil, e escolher uma definição representa uma parcela importante disso.

"Vocês sabem muito bem que, quando lidamos com Cortes e Tarefas simples, a exatidão da definição lhes confere força e significado. Também dissemos antes que a substituição de um verbo por um substantivo aumenta o nível de dinamismo e o impulso para a atividade criativa.

"Esse é ainda mais o caso quando definimos a Supertarefa verbalmente.

"'Não importa como você a chama' – diria o leigo. — "Mas acontece que a linha que tomamos e a interpretação que damos à obra dependem da exatidão do nome e da ação implícita nesse nome. Digamos que estejamos interpretando *A desgraça de ter espírito*, de Griboiédov, e que tenhamos definido a Supertarefa da obra como 'Quero lutar por Sófia'. Existem muitas razões na peça que justificam essa expressão.

"Infelizmente, o aspecto de crítica social da peça recebe um significado apenas incidental em tal interpretação. No entanto, vocês podem definir a Supertarefa de *A desgraça de ter espírito* com as mesmíssimas palavras 'Quero lutar', não por Sófia, mas pelo meu país. Nesse caso, o amor apaixonado de Tchátski pela Rússia, por sua nação, por seu povo, vai para o primeiro plano.

"Quando isso acontece, o lado de crítica social da peça destaca-se muito mais, e a obra inteira adquire um maior significado interior.

"Mas você pode dar uma profundidade ainda maior à peça se definir sua Supertarefa pelas palavras 'Quero lutar pela liberdade!'. Se é isso que o herói almeja, a força de sua crítica torna-se mais nítida, e a obra inteira adquire não um significado pessoal e privado, como no primeiro exemplo – pelo amor de Sófia –, não um significado estritamente nacional, como na segunda versão; mas um significado que é comum a todos os homens.

"A mesma metamorfose ocorre na tragédia de *Hamlet* quando vocês mudam o nome da Supertarefa. Se vocês a chamarem de 'Quero honrar a memória de meu pai', vocês enfatizam o drama familiar. Se tiverem o título 'Quero entender os segredos da existência', vocês terão uma tragédia mística na qual um homem, uma vez que lançou o olhar para além do limiar da vida, não consegue mais continuar vivendo até responder a questão do significado da existência. Algumas pessoas vão buscar em Hamlet um segundo Messias que, com a espada na mão, deve purificar o mundo de tudo aquilo que é inferior. A Supertarefa 'Quero salvar a humanidade' confere à tragédia um alcance e uma profundidade ainda maiores.

"Um ou dois exemplos da minha própria prática artística explicarão a importância de encontrar um nome para a Supertarefa de uma maneira mais gráfica do que os exemplos que já mencionei.

"Eu estava interpretando Argan em *O doente imaginário*, de Molière. Inicialmente, nós abordamos a peça de uma maneira muito simplista, definindo a Supertarefa como 'Quero estar doente'. Quanto mais eu tentava ser assim, maior era o meu sucesso e mais a alegre comédia satírica se transformava em uma tragédia sobre a doença, em um estudo patológico.

"Mas logo aprendemos nosso erro e definimos a Supertarefa do déspota como 'Quero que as pessoas pensem que estou doente'.

"Com isso, o aspecto cômico da peça repentinamente ganhou vida e estava criada a base para um tolo ser explorado pelos charlatães do mundo médico, os quais Molière queria ridicularizar em sua peça, e a tragédia foi repentinamente transformada em uma comédia alegre sobre a pequena burguesia.

"Em outra peça, *A hospedeira*, de Goldoni, chamamos inicialmente a Supertarefa de 'Quero odiar as mulheres' (misoginia), mas então a peça não poderia ser divertida ou eficiente. Mal eu compreendi que o herói amava as mulheres e não queria ser realmente um misógino, mas apenas parecer como tal, a Supertarefa tornou-se 'Quero namorá-las secretamente' (simulando a misoginia), e, repentinamente, a peça ganhou vida.

"Mas essa tarefa se relacionava mais com o meu próprio papel do que com a peça como um todo. Mas quando, depois de uma grande quantidade de trabalho, compreendemos que a 'hospedeira' ou, dito de outra forma, 'a senhora de nossas vidas' era a Mulher (Mirandolina) e estabelecemos uma Supertarefa ativa nessas linhas, o sentido completo da peça emergiu.

"Os exemplos que forneci mostram a vocês que o batismo da Supertarefa é um fator extremamente importante em nosso trabalho criativo, e a técnica que usamos para isso nos confere sentido e direção para todos os nossos esforços.

"Com muita frequência, a Supertarefa só é definida depois da apresentação. O público frequentemente ajuda o ator a descobrir o nome certo para ela.

"Agora está claro para vocês que o elo inquebrável entre a Supertarefa e a peça é algo orgânico, que a Supertarefa deriva do próprio coração da peça, de suas profundezas secretas?

"A Supertarefa deve ser fixada na personalidade do ator, na sua imaginação, seus pensamentos, seus sentimentos, tão firmemente quanto possível. A Supertarefa deve lembrá-lo incessantemente da vida interior do papel e do objetivo de seu trabalho criativo. O ator deve se preocupar com ela durante toda a apresentação. Ela deve ajudá-lo a conter a sua atenção sensorial dentro do âmbito do papel. Quando isso acontece, então o processo de vivência prossegue normalmente, mas se uma divisão ocorre no palco entre o objetivo interior do papel e as intenções do ser humano/ator interpretando-o, então você tem uma confusão desastrosa.

"É por isso que a preocupação principal do ator é não perder de vista a Supertarefa. Esquecê-la significa a perturbação da linha vital da peça. Isso é catastrófico para o papel, para o próprio ator e para toda a apresentação. Quando isso acontece, a concentração do ator se move na direção errada, há um vazio no próprio coração do papel e sua vida é abreviada. Aprendam a criar normal e biologicamente no palco aquilo que acontece facilmente e de modo espontâneo na vida real.

"A obra do autor foi engendrada pela Supertarefa, e é para essa direção que o ator deve direcionar seus esforços criativos."

.. .. 19..

— Então — disse Tortsov —, os impulsos internos, que são oriundos do intelecto (mente), dos desejos (vontade) e das emoções (sentimento) do ator, seguem em frente para agrupar todas as minúsculas partes do papel. Isso é então permeado pelos nossos Elementos criativos interiores do ser humano/ator que se unem, se fundem em um desenho planejado – tal como fios tecidos – e são presos em um nó apertado.

"Todas essas linhas formam o estado criativo, que é o pré-requisito para o estudo de todas as partes, de todas as complexas sutilezas tanto da vida interior do papel quanto, pelo mesmo motivo, da vida pessoal do próprio ator durante o ato criativo.

"A Supertarefa, razão pela qual a peça e seus personagens foram criados, é destilada deste estudo multifacetado do papel.

"Uma vez que o objetivo apropriado de nossas intenções criativas foi compreendido, todos os impulsos internos e Elementos percorrem o caminho trilhado pelo autor em direção ao seu objetivo comum e definitivo, a Supertarefa.

"Em nosso vocabulário, chamamos isso de empuxo linear dos impulsos internos do começo ao fim da..."

Tortsov apontou para uma segunda inscrição em um cartaz pendurado à nossa frente:

A AÇÃO TRANSVERSAL DO ATOR/PAPEL

– Então, para um ator, a Ação Transversal é a extensão direta da dinâmica dos impulsos internos que tem sua origem na mente, na vontade e no sentimento criativo do ator.

"Se não houvesse Ação Transversal, todos os Cortes e Tarefas na peça, todas as Circunstâncias Dadas, a comunicação, as Adaptações, os momentos de verdade e crença etc. vegetariam separadamente uns dos outros, sem esperança de ganhar vida.

"Mas a Ação Transversal agrupa tudo, mantém todos os elementos presos, juntos, assim como faz com miçangas soltas, e aponta-os na direção da Supertarefa em comum.

"Depois disso, tudo serve a ela.

"Como posso explicar para vocês a enorme importância prática da Ação Transversal e da Supertarefa em nosso trabalho criativo?

"Exemplos concretos da vida real os convencerão melhor. Vou lhes dar um.

"A atriz Z, que fazia muito sucesso e era muito popular, interessou-se pelo 'sistema'. Ela decidiu estudar tudo novamente e, com esse intuito, abandonou o palco por algum tempo. Ao longo de alguns anos, ela estudou o novo método com vários professores, fez o curso completo e, então, retornou novamente ao palco.

"Para sua surpresa, ela não teve o mesmo sucesso que tivera antes. As pessoas acharam que ela havia perdido exatamente as coisas que nela eram mais famosas: a versatilidade, os súbitos lampejos de inspiração. Eles tinham sido substituídos por insipidez, detalhes naturalistas, atuação convencional e outros defeitos. Vocês podem imaginar facilmente a situação da pobre atriz. Cada entrada no palco se tornava outra provação. Isso interferiu na sua atuação e aumentou o seu aturdimento, que chegou ao ponto do desespero. Ela tentou por conta própria se apresentar em outras cidades, afirmando que, na capital, os inimigos do 'sistema' tinham preconceito contra o novo método. Mas a mesma coisa aconteceu nas províncias. A pobre atriz amaldiçoou o 'sistema' e tentou se livrar dele. Ela tentou voltar aos seus velhos caminhos, mas não conseguiu. Por um lado, ela havia perdido a sua facilidade cênica e a crença em suas velhas maneiras e, por outro, ela reconhecera o absurdo de seu método anterior de atuação em comparação com o novo, ao qual ela agora estava muito apegada. Ela abandonara o velho método, mas não tinha entendido o novo e estava presa entre um e outro. Disseram que Z ia desistir do palco para se casar. Em seguida, houve rumores de que ela estava pensando em dar um fim a si mesma.

"Naquela época, aconteceu de eu ir vê-la no palco. Após a apresentação, a seu pedido, fui encontrá-la em seu camarim. Ela me cumprimentou como uma estudante culpada. A apresentação acabara há muito tempo, o elenco e o público tinham ido embora, mas ela, ainda maquiada e vestida, não me deixava sair de seu camarim e, em um estado de agitação tão grande que beirava o desespero, suplicou para saber o que estava acontecendo com ela. Repassamos cada momento de seu papel, o trabalho que havia sido feito com ele, todas as técnicas do 'sistema' que ela dominava. Tudo era como deveria ser. A atriz entendeu todas as partes dele separadamente, mas não havia dominado os fundamentos criativos do 'sistema' como um todo.

"'E quanto à Ação Transversal e à Supertarefa?' – perguntei a ela.

"Ela ouvira alguma coisa a respeito e as conhecia em linhas gerais, mas era apenas teoria e não havia se transformado em prática.

"Se você interpreta sem a Ação Transversal, isso significa que as suas ações não estão de acordo com as Circunstâncias Dadas e com o 'se' mágico, o que quer dizer que você não está trazendo a sua própria natureza e o seu subconsciente para dentro do seu trabalho criativo, e que você não está formando a 'vida do espírito humano' do papel, e esse é o objetivo principal e o fundamento requerido pela nossa escola de atuação. Não há 'sistema' sem isso. Isso significa que você não estava criando no palco, mas meramente fazendo exercícios individuais, sem nenhuma relação com o 'sistema'. Eles são bons na sala de aula, na escola, mas não em uma apresentação. Você se esqueceu de que esses exercícios e tudo o mais que se refere ao 'sistema' são necessários, primeiro e antes de tudo, para a Ação Transversal e a Supertarefa. É por isso que os Cortes individuais do seu papel, por mais lindos que sejam, não causam impressão e não são satisfatórios como um todo. Você está quebrando uma estátua de Apolo em pedaços e mostrando cada um deles separadamente. Fragmentos dificilmente podem cativar uma plateia.

"Foi marcado um ensaio para o dia seguinte na casa dela. Expliquei como ela deveria fazer a Ação Transversal transpassar todos os Cortes e Tarefas nas quais ela havia trabalhado e então direcioná-las para uma Supertarefa em comum.

"Ela se entregou ao trabalho com grande entusiasmo e pediu-me alguns dias para que pudesse dominá-lo. Fui vê-la para verificar o que ela havia feito por conta própria e, finalmente, fui ao teatro assistir à apresentação em sua nova versão. Não é preciso descrever o que aconteceu naquela noite. A atriz talentosa foi recompensada por todos os seus sofrimentos e dúvidas. Ela obteve um sucesso impressionante. Isso é o que podem fazer as miraculosas, notáveis e vivificantes Ação Transversal e Supertarefa.

"Esse é, penso eu, um exemplo convincente da enorme importância que elas têm para nós.

"Darei mais um passo" – exclamou Tortsov, depois de uma breve pausa. – "Imaginem um ser humano/ator ideal, devotado a um único grande objetivo na vida: 'inspirar e levar alegria às pessoas por meio de sua grande arte, deixando claras as belezas espirituais ocultas que uma obra de arte magistral contém'.

"Um ser humano/ator desse tipo sobe ao palco para mostrar, para evidenciar sua nova interpretação de uma obra-prima e de um papel para o público reunido no teatro, porque, em sua opinião criativa, ele é mais capaz de transmitir a essência interior da obra. Esse tipo de ser humano/ator pode dedicar sua vida à elevada missão cultural de trazer esclarecimento a seus contemporâneos. Ele pode usar seu sucesso pessoal para fornecer às massas ideias e sentimentos que são caros ao seu coração e à sua mente etc. Quem sabe quantos objetivos inspiradores os grandes homens podem ter!

"Convém daqui em diante chamar este objetivo vital que um ser humano/ator tem de a super-Supertarefa e a super-Ação Transversal.

"O que é isso?

"Em vez de responder, darei a vocês um exemplo da minha própria vida que me ajudou a compreender (isto é, a sentir) a coisa da qual estamos falando.

"Há muito tempo, quando nosso teatro estava excursionando por Petersburgo, na véspera de nossa estreia, trabalhei até tarde por causa de um ensaio ruim e mal preparado. Saí do teatro exasperado, irritado e cansado. De repente, fui presenteado com uma visão inesperada. Vi um enorme acampamento que se estendia por toda a praça em frente ao teatro. Fogueiras estavam acesas, milhares de pessoas estavam sentadas, cochilando, dormindo na neve e em bancos que elas tinham trazido consigo. Essa enorme multidão esperava a abertura da bilheteria, pela manhã, para que pudessem obter as primeiras senhas para poderem comprar ingressos.

"Fiquei atordoado. Para avaliar a plena dimensão do heroísmo demonstrado por aquelas pessoas, eu tive de perguntar a mim mesmo que evento, que perspectiva tentadora, que fenômeno extraordinário, que gênio mundial poderiam me fazer tremer no gelo e na neve, não apenas por uma noite, mas por várias noites seguidas. Eles estavam fazendo este sacrifício só para conseguir um pedaço de papel que lhes daria o direito de ir à bilheteria sem garantia de que obteriam um ingresso.

"Eu não podia responder a questão ou imaginar qualquer evento que fizesse que eu arriscasse minha saúde ou mesmo minha vida.

"O teatro significa tanto para as pessoas! Como nós precisamos ter uma profunda consciência disso! Que honra, que grande fortuna é levar a suprema alegria para um público de milhares que estão prontos a arriscar suas vidas por isso. Quero assumir um compromisso com essa suprema meta que eu chamei de super-Supertarefa e alcançá-la por meio da super-Ação Transversal."

Depois de uma breve pausa, Tortsov continuou:

– Mas ai do ator se acontecer de, no caminho para uma grande e irrevogável meta – seja ela a Supertarefa da peça ou do papel, ou a super-Supertarefa de toda a sua vida como um artista criativo – ele prestar mais atenção do que deve a alguma coisa insignificante ou privada.

"O que acontece, então?

"Isso. Vocês devem se lembrar de que existe uma brincadeira de criança na qual elas rodam um peso ou uma pedra amarrada a uma longa corda sobre suas cabeças. À medida que roda, ela se enrola em torno de uma vara e vai ganhando impulso. Quando está rodando mais rápido, a corda com o peso amarrado descreve um círculo e, ao mesmo tempo, gradualmente se enrola na vara que a criança está segurando. No fim, o peso se aproxima cada vez mais da vara até atingi-la.

"Agora imaginem que enquanto a brincadeira está em pleno andamento, alguém coloca a sua bengala no caminho da rotação. Então, quando a corda com o peso entra em comunicação com a bengala, a corda, por sua própria inércia, começa a se enrolar em torno da bengala e não da vara, da qual recebe o seu impulso. Como resultado, o peso gravita não na direção do seu verdadeiro dono, a criança, mas para o estranho que prendeu a corda com a sua bengala. Com isso, é claro, a criança perde toda a possibilidade de controlar a sua brincadeira e fica à margem.

"Algo semelhante acontece em nossa profissão. Muito frequentemente, quando estamos empenhados na definitiva Supertarefa, deparamo-nos no caminho com uma tarefa secundária, erroneamente teatral e de menor importância. Toda a energia criativa do ator em trabalho é entregue a ela. Será preciso explicar que essa troca de um objetivo maior por um menor é um fenômeno perigoso que distorce todo o trabalho feito pelo ator?"

.. .. 19..

— Vou utilizar gráficos para fazer vocês avaliarem a importância da Supertarefa e da Ação Transversal de forma mais completa – disse Tortsov, indo até um grande quadro-negro e apanhando um pedaço de giz.

"Normalmente, todas as Tarefas e as linhas curtas de vida dentro de um papel são orientadas, sem exceção, em uma única direção, isto é, para a Supertarefa. Então:"

Tortsov desenhou no quadro-negro:

----▶----▶----▶----▶ | Supertarefa

"Uma longa série de linhas de vida no papel, pequenas, médias e grandes, vão todas por um só caminho: na direção da Supertarefa. As linhas curtas de vida no papel e suas tarefas alternam-se e estão conectadas umas às outras em sequência lógica. Graças a isso, uma linha é, de um lado a outro, criada, atravessando toda a peça.

"Agora, imaginem por um momento que o ator não possui uma Supertarefa, que cada uma das linhas de vida curtas no papel que ele está interpretando está se movendo em uma direção diferente."

Mais uma vez, Tortsov ilustrou sua ideia com traços que quebravam a linha contínua da Ação Transversal:

"Eis uma série de tarefas grandes, médias e pequenas, e de pequenos cortes na vida de um papel apontando para diferentes direções. Será que elas podem criar uma linha contínua e reta?"

Reconhecemos que não.

— Então, nesse caso, a Ação Transversal é destruída, a peça é quebrada em cortes que seguem em direções diferentes, e cada uma de suas partes é obrigada a existir por conta própria, na ausência do todo. Nessa forma, por mais belas que possam ser, as partes individuais não são de utilidade para a peça.

"Vou apresentar para vocês um terceiro caso" – disse Tortsov, continuando sua explicação. – "Como já lhes disse, em toda boa peça a Supertarefa e a Ação Transversal emergem organicamente da própria obra. Isso é algo que vocês não podem infringir impunemente sem destruir a obra em si.

"Imaginem que existam pessoas que queiram introduzir um objetivo estranho ou desviante que não tem nada a ver com a peça.

"Nesse caso, a ligação orgânica entre a peça, a Supertarefa e a Ação Transversal natural que foi criada permanece em parte, mas é, em determinados momentos, alterada pelo desvio que foi introduzido:

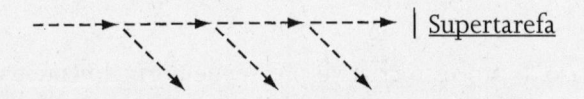

----▶----▶----▶----▶ | Supertarefa

"Uma peça mutilada como essa não pode ter vida."

Grícha protestou energicamente, como ator.

— Olha só, por favor, perdão, mas você está tirando toda a iniciativa pessoal do diretor e do ator, toda a contribuição criativa pessoal, o seu próprio *ego*, a possibilidade de renovar a arte do passado e de aproximá-la do presente!

Tortsov explicou calmamente:

— Você e muitos outros que pensam assim confundem três palavras: o eterno, o contemporâneo e o meramente atual.

"Aquilo que é contemporâneo pode se tornar eterno se contiver questões substanciais e ideias profundas. Não tenho nada a dizer contra esse tipo de contemporaneidade se a obra do autor a requer.

"Em contraste completo com isso, aquilo que é exclusivamente atual nunca poderá se tornar eterno. Ele só vive por hoje e pode ser esquecido amanhã. É por isso que uma obra de arte eterna nunca é organicamente combinada com a mera atualidade, por mais engenhosas que possam ser as ideias do diretor, dos atores ou, em parte, você mesmo.

"Quando você força elementos tópicos ou algum outro objetivo estranho dentro de uma peça monolítica e clássica, isso é como um câncer em um belo corpo que frequentemente o deforma até que ele se torne irreconhecível. A Supertarefa aleijada não seduz nem atrai, apenas enraivece.

"Forçar é um método ruim na arte, e, assim, uma Supertarefa que tenha sido 'atualizada' pelo uso de um desvio tópico significa a morte de ambos, da peça e das personagens que estão nela.

"Mas existem momentos, é verdade, quando o desvio está intimamente ligado com a Supertarefa. Nós sabemos que você pode enxertar um limão em uma laranjeira para que então cresça uma nova fruta, que é chamada, na América, de *grapefruit*.

"Você pode realizar um enxerto similar em uma peça. Algumas vezes, você pode enxertar uma nova ideia muito naturalmente em um clássico e, assim, rejuvenescê-lo. Nesse caso, a nova ideia deixa de existir independentemente e reemerge na Supertarefa.

"Isso pode ser expresso graficamente da seguinte maneira: a linha da Ação Transversal é coextensiva com a Supertarefa e o desvio.

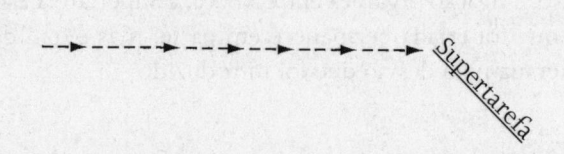

--- ▶ --- --- ▶ -- ▶ -- ▶ -- ▶ --- *Supertarefa*

"Nesse caso, o processo criativo prossegue normalmente e a obra permanece organicamente intacta.

"A conclusão a ser tirada de tudo aquilo que disse é:

"Acima de tudo, protejam a Supertarefa e a Ação Transversal; tenham cautela ao introduzir forçadamente um novo desvio e outras intenções e objetivos alheios à peça.

"Se, hoje, consegui fazer vocês entenderem o papel totalmente excepcional e preeminente que a Supertarefa e a Ação Transversal desempenham no trabalho criativo, serei um homem feliz e considerarei ter explicado a vocês um dos elementos mais importantes no 'sistema'."

Depois de uma pausa bastante longa, Tortsov continuou:

— Cada ação encontra uma contra-ação, e a segunda evoca e fortalece a primeira. Então, em cada peça, paralelamente à Ação Transversal, existe uma contra-Ação Transversal oposta vindo ao seu encontro, em direção contrária.

"Isso é bom e nós devemos acolher tal fenômeno porque uma reação provoca naturalmente toda uma série de novas ações. Precisamos desse choque constante. Ele produz luta, oposição, conflito, toda uma série de problemas correspondentes e modos de resolvê-los. Ele estimula nossa energia, nossa ação, que são os fundamentos da atuação.

"Se não houvesse contra-Ação Transversal na peça e tudo simplesmente funcionasse, não haveria nada para o elenco e as personagens fazerem, e a própria peça seria sem ação e, consequentemente, não teatral.

"Então, se Iago não tecesse seu plano traiçoeiro, Otelo não ficaria com ciúme de Desdêmona e não a mataria. Porém, como o mouro suspira por sua bem-amada com todo o seu ser, e Iago fica entre eles com sua contra-Ação Transversal, vocês têm uma tragédia altamente ativa em cinco atos, que termina em catástrofe.

"Precisamos acrescentar que a linha da contra-Ação Transversal é feita de momentos individuais e de pequenas linhas de vida do ator/papel. Tentarei ilustrar aquilo que eu disse usando Brand como exemplo.

"Digamos que tenhamos estabelecido a divisa de Brand, 'tudo ou nada', como a Supertarefa (se isso é certo ou não, não importa para o presente exemplo). Em um fanático, esse princípio é aterrorizante. Ele não admite acordo, concessão ou enfraquecimento na realização de seu ideal de vida.

"Agora tentem ligar os Cortes individuais do extrato 'a criança abandonada', que analisamos anteriormente, com a Supertarefa da peça inteira."

Mentalmente, tentei usar a criança abandonada como o ponto de partida e fixar minha visão na Supertarefa, "tudo ou nada". É claro que a minha imaginação e as minhas ideias me ajudaram a estabelecer a conexão entre elas, mas eu só podia fazer isso com uma grande dose de esforço, que é debilitante para a peça.

— É muito mais natural se você tiver resistência em vez de complacência com a mãe, e assim, nesse Corte, Agnes não segue a Ação Transversal, mas a contra-Ação Transversal. Não vai na direção da Supertarefa, mas contra ela.

"Quando fiz a mesma coisa com Brand e procurei a ligação entre suas Tarefas — 'persuadir minha esposa a desistir da criança abandonada, como se estivesse fazendo um sacrifício' — e a Supertarefa 'tudo ou nada', pude encontrá-la imediatamente. Era natural que o fanático exigisse tudo em função do seu ideal de vida. A contra-Ação Transversal de Agnes provocou a ação mais forte de Brand. Daí começou a luta entre dois princípios básicos.

"O senso do dever de Brand está em conflito com o amor materno. Ideias combatem sentimentos. O pastor fanático contra a mãe de luto, o princípio masculino contra o feminino.

"Então, nessa cena em particular, a linha da Ação Transversal está nas mãos de Brand e a da contra-Ação Transversal vem de Agnes."

Como conclusão, Tortsov nos apresentou um breve sumário esquemático das coisas que ele havia dito ao longo de todo o nosso ano de estudo.

Esse breve resumo ajudou-me a colocar em ordem todas as coisas que eu aprendera nesse primeiro ano de estudo.

— Agora me deem toda a sua atenção, pois o que tenho para dizer é muito importante — afirmou Tortsov. — Todos os estágios do nosso programa, desde o início de nosso trabalho aqui na escola, todas as investigações dos Elementos individuais que desenvolvemos este ano, foram feitas de modo a alcançarmos o estado criativo.

"É nisso que temos trabalhado o inverno inteiro. É isso que exige e sempre exigirá a atenção integral de vocês.

"Porém, neste estágio de nosso desenvolvimento, o seu estado criativo não está pronto para lidar com a busca intensa e sutil da Supertarefa e da Ação Transversal. O estado criativo que desenvolvemos precisa de um importante suplemento. Ele contém o grande segredo do 'sistema', um suplemento que justifica o princípio mais importante de nossa escola de atuação: *o subconsciente através do consciente.*

"Vamos nos voltar para o estudo deste suplemento e de seus princípios em nossa próxima aula."

* * *

Então, o primeiro ano estudando o "sistema" acabou e "em meu coração", como dizia Gógol, "sinto-me tão confuso, tão incomodado"[4]. Tinha esperado que o trabalho que fizéramos por quase um ano iria me levar à "inspiração" mas, infelizmente, nesse sentido, o "sistema" não fez jus às minhas expectativas.

Esses eram meus pensamentos enquanto estava no saguão do teatro, pondo mecanicamente meu casaco e enrolando preguiçosamente o cachecol em volta do pescoço. De repente, senti um "golpe" nas costelas. Dei um grito, virei-me e vi um sorridente Tortsov.

Vendo o estado em que me encontrava, ele quis saber por que eu estava tão desanimado. Minha resposta foi evasiva, mas ele persistiu obstinadamente e pediu-me mais detalhes:

— O que você sente quando está no palco? — Ele queria saber o que havia no "sistema" que me aturdia e preocupava.

— O problema é que eu não sinto nada de especial. Sinto-me bem no palco, sei o que tenho de fazer, não me sinto inútil ou vazio. Acredito em tudo, estou consciente do meu direito de estar no palco.

— O que mais você quer?! Será que é realmente tão ruim não contar mentiras enquanto está lá, acreditar em tudo, sentir-se senhor do lugar? Isso é muito importante! — assegurou-me Tortsov.

Então, admiti o caso da inspiração.

— Então é isso!... — ele gritou. — Não venha me falar disso. O "sistema" não fabrica inspiração. Ele apenas prepara o solo correto para ela. Quanto à questão de ela chegar ou não, você deve perguntar aos céus, ou à sua própria natureza, ou ao acaso. Não sou um mago. Posso apenas mostrar a vocês novas iscas, novas técnicas para despertar sentimentos e para vivenciar.

"Aconselho a você que, no futuro, não saia caçando o fantasma chamado inspiração. Deixe essa questão para a feiticeira, a natureza, e preocupe-se com aquilo que é acessível à consciência humana.

"Schêpkin escreveu para seu pupilo Chúmski: 'Você pode algumas vezes atuar fracamente, algumas vezes de maneira adequada (isso frequentemente depende de como você se sente), mas atue sinceramente'.

"Essa é a direção na qual as suas aspirações e preocupações artísticas deveriam se mover.

"Uma vez que o papel tenha sido posto no caminho certo, ele segue em frente, se amplia, aprofunda e finalmente atinge a inspiração.

"Até que isso aconteça, tenha certeza de que mentiras, simulações, clichês e poses nunca produzem inspiração. Então faça o seu melhor para atuar com sinceridade, aprenda a preparar o solo correto para a 'inspiração que

---

4. Em uma carta escrita por Gógol, após a primeira apresentação de O inspetor geral.

vem das alturas' e fique certo de que ela estará em muito maior sintonia com você por causa disso.

"De qualquer forma, falaremos sobre a inspiração em nossa próxima aula. Nós vamos examiná-la mais detalhadamente" – disse Tortsov, enquanto saía.

"Vamos examinar mais detalhadamente a inspiração?! Raciocinar, ser 'intelectual' sobre ela? Será que isso é realmente possível? Será que eu fui racional quando disse 'Sangue, Iago, sangue' na apresentação? Mária terá sido racional quando gritou 'Salvem-me!'? Será que é realmente possível juntarmos migalhas, sobras e lampejos individuais e combiná-los para formar inspiração, assim como fazemos com as ações físicas e com os pequenos momentos de verdade e crença que elas contêm?" – era o que eu me perguntava quando deixei o teatro.

16

O subconsciente e o estado criativo do ator[1]

.. .. 19..

— Kóstia e Vánia, interpretem a primeira parte de "queimando dinheiro" — disse-nos Tortsov, quando entrou na sala de aula.

"Vocês sabem que para atuar devemos sempre começar relaxando os músculos. Então, antes de tudo, tentem se sentar confortavelmente, sem esforço, como se estivessem em casa."

Subimos ao palco e fizemos o que nos foi dito.

— Não, não! Mais livremente, mais à vontade! — gritou Tortsov, da plateia. — Noventa e cinco por cento menos de tensão!

"Talvez vocês pensem que estejam indo longe demais? Não, um ator pode tentar se esforçar mais diante de um grande público. E a pior coisa de todas é aquela que acontece sem que se perceba, sem razão, sem que a vontade e o senso comum do ator tenham algo a ver com isso. Então, sejam arrojados e se livrem disso, tanto quanto puderem.

"Sintam-se mais em casa no palco do que realmente se sentem em suas próprias casas. Vocês devem se sentir mais confortáveis no palco do que na vida real porque no teatro não estamos lidando apenas com estar sozinhos, mas com a 'solidão pública'. Isso nos dá o maior prazer."

Porém, eu me esforcei tanto que cheguei a um estado de total prostração, caindo em um estado forçado de imobilidade do qual não conseguia sair. Esse também é um dos piores tipos de bloqueio. Eu tinha de lutar contra ele. Então mudei de posição, me movi, tentei mover as coisas e acabei no outro extremo, ficando ocupado demais. Isso fez que me sentisse desconfortável. Para me livrar disso, precisei trocar o ritmo rápido e nervoso por um muito lento, quase preguiçoso.

---

1. Para a condição deste capítulo, conferir a *Introdução* deste livro.

Tortsov não só reconheceu, mas aprovou o que eu tinha feito:

— Quando um ator se esforça demais, é útil que ele adote uma atitude indiferente, quase casual em relação ao que está fazendo. Este é um bom antídoto contra o esforço exagerado e a sobreatuação.

"Mas, infelizmente, isso não lhe trouxe o conforto que você sente na vida real, em casa, em seu próprio sofá."

O fato é que eu havia esquecido três elementos no processo: 1) tensão; 2) relaxamento; 3) justificativa. Eu precisava corrigir o meu erro rapidamente. Quando fiz isso, senti que estava internamente livre de algo supérfluo. Alguma coisa de que eu não precisava parecia ter se afastado e desaparecido. Senti a gravidade da terra em meu corpo inteiro, senti o peso dele. Apenas afundei na poltrona macia na qual estava quase deitado. Naquele momento, a enorme dor da tensão muscular se foi. Mas mesmo aquilo não me deu a liberdade que eu queria, a liberdade que eu conhecia na vida real. Por que era assim?

Quando examinei meu próprio estado de espírito, entendi que não eram os meus músculos, mas a minha mente que estava tensa. Ela se mantinha vigiando meu corpo e impedindo-o de ficar quieto.

Eu disse a Tortsov o que estava pensando.

— Você está certo. Também existe uma grande dose de excesso de tensão nos Elementos. Mas você tem de lidar com o retesamento interno de modo diferente do que lida com o da simples musculatura. Elementos psicológicos são fios de teia de aranha em comparação com os músculos, que são como cabos. Os fios da teia de aranha se rompem facilmente, mas se você juntá-los, eles ficam se parecendo com cabos que nem mesmo um machado pode cortar. Porém, você deve manipulá-los com cuidado desde o início.

— Como lidar com esses "fios de teia de aranha"? — perguntaram os estudantes.

— Quando vocês estão lutando contra a tensão psicológica, devem se lembrar de que existem três estágios, ou seja: tensão, relaxamento e justificativa.

"Ao lidar com os dois primeiros, procurem pelas tensões internas, encontrem a sua origem e tentem se livrar delas. No terceiro estágio, justifiquem o seu novo estado psicológico com as Circunstâncias Dadas corretas.

"No caso em questão, usem o fato de que um dos mais importantes dos seus Elementos (concentração) está centrado em vocês, em seus músculos, e não espalhado pelo palco e pela plateia. Foquem em alguma coisa interessante, um objeto muito importante em cena. Direcionem para ele algum objetivo ou ação que atraia vocês. Isso dará vida ao seu trabalho."

Comecei a lembrar das Tarefas na cena, das Circunstâncias Dadas. Mentalmente, caminhei pelo apartamento inteiro. Enquanto fazia isso, subitamente uma nova circunstância veio à minha mente. Cheguei a um quarto que não conhecia e vi um homem e uma mulher muito idosos, os pais de minha esposa, que viviam conosco depois de se aposentarem. Essa descoberta inesperada moveu-me e, ao mesmo tempo, preocupou-me, já que um aumento do tamanho de minha família complicava meu relacionamento com ela. Tinha de trabalhar muito arduamente para alimentar cinco bocas, sem contar a minha própria! Nessas condições, meu trabalho, a auditoria do dia seguinte, a assembleia geral e o trabalho que eu fazia agora, verificar os papéis e contar o dinheiro, assumiam um significado muito maior em minha vida. Sentei na poltrona e comecei a enrolar uma das tiras que, por acaso, estava segurando em torno do meu dedo.

— Muito bem! — disse Tortsov, de um dos assentos, em sinal de aprovação. — Aí temos músculos realmente relaxados. Agora acredito em tudo: no que você está fazendo, no que está pensando, mesmo que não saiba exatamente o que está se passando na sua mente.

Quando verifiquei meu corpo, descobri que meus músculos estavam completamente soltos, sem qualquer estresse ou esforço de minha parte. Evidentemente, o terceiro estágio, o momento de justificar o fato de estar sentado, do qual eu tinha me esquecido, aconteceu espontaneamente.

— Mas não se apresse — sussurrou-me Tortsov. — Use seu olho interior para ver diretamente através de tudo. Se precisar, introduza um novo "se".

— Bem, e se houvesse uma grande discrepância no dinheiro? — foi o pensamento que subitamente me ocorreu. — Então eu precisaria verificar os livros e os papéis. Que terrível! Conseguirei fazer isso sozinho... durante a noite?

Olhei para o relógio automaticamente. Eram quatro horas. Quatro do quê? Da tarde ou da madrugada? Por um momento pensei que era noite, fiquei preocupado com o adiantado da hora e instintivamente corri para a mesa e comecei a trabalhar furiosamente, esquecendo todo o resto.

— Bravo! — ouvi um aprovador Tortsov dizer, mas só com um ouvido.

Mas eu não estava prestando atenção a encorajamentos. Eu não precisava deles. Estava vivendo, sentindo no palco, tinha o direito de fazer tudo o que parecesse apropriado.

Mas isso não era o bastante. Eu queria tornar a minha situação ainda mais difícil e meus sentimentos ainda mais intensos.

Para isso, tive de introduzir uma nova Circunstância Dada, um grande desfalque.

"O que eu posso fazer?" — perguntei a mim mesmo em grande agitação. "Ir para o escritório", decidi, voando para o corredor. "Mas o escritório está fechado", lembrei, e retornei à sala de estar, andei por um longo tempo para arejar minha cabeça, fumei um cigarro e sentei em um canto escuro para recuperar o controle sobre mim mesmo.

Tive uma visão de algumas pessoas com semblantes severos. Eles estavam repassando os livros, os papéis e o caixa. Eles me questionavam e, sem saber o que responder, fiquei confuso. A teimosia e o desespero não permitiam que eu reconhecesse meus erros.

Então foi tomada a decisão fatal. Grupos de pessoas sussurravam pelos cantos, eu estava sozinho, isolado, em desgraça. Então o julgamento, a sentença, o confisco dos meus bens, o despejo do apartamento.

— Vocês veem que Kóstia não está fazendo nada, mas podemos sentir que tudo borbulha dentro dele — sussurrou Tortsov aos estudantes.

Naquele momento, minha cabeça começou a girar. Eu me perdi no papel e não sabia mais quem era eu e quem era a personagem. Minhas mãos pararam de mexer no barbante. Eu estava parado, sem saber o que fazer.

Não me recordo do que aconteceu depois. Só sei que estava confortável e me sentindo em casa com cada ação improvisada.

Então decidi ir até o Promotor Público e voei para o corredor procurando em todos os armários por faturas e fazendo outras coisas das quais não me lembro, mas que descobriria depois por intermédio das pessoas que estavam assistindo. Houve uma transformação mágica dentro de mim, como em um conto de fadas. Antes eu tateava meu caminho através do cenário, sem saber inteiramente o que estava acontecendo nele ou comigo. Agora era como se meu "olho interior" estivesse aberto e eu compreendesse tudo por completo. Cada detalhe no palco e dentro de mim tinha um significado diferente. Eu estava consciente dos sentimentos, representações, avaliações e imagens mentais do papel e em mim mesmo. Estava, de fato, interpretando uma nova peça.

— Isso significa que você se encontrou no papel, e o papel, em você — disse Tortsov, quando expliquei minhas sensações a ele.

— Antes eu via, ouvia e entendia de forma diferente. Depois houve os "sentimentos que pareciam verdade" e agora existe a "verdade das paixões". Antes havia a sinceridade de uma imaginação empobrecida, agora existe a sinceridade de uma imaginação rica. Antes, a minha liberdade no palco era limitada, presa às convenções, agora ela é irrestrita e audaz.

"Sinto que, no futuro, interpretarei o 'queimando dinheiro' de forma diferente cada vez que o fizer.

"Será que isto é que é viver e ser um ator? Isso não será inspiração?"

— Não sei. Pergunte aos psicólogos. A ciência não é o meu campo. Sou um homem prático e posso apenas explicar como vivencio o processo criativo em tais momentos.

— Qual é a sua vivência? — perguntaram os estudantes.

— Direi a vocês com prazer, mas não hoje, já que a aula terminou. Vocês têm outras aulas.

.. .. 19..

Tortsov não esqueceu sua promessa e começou a aula da seguinte forma:
— Há algum tempo, pediram-me que fizesse uma operação simulada em uma festa organizada por alguns amigos.

"Eles trouxeram grandes mesas: uma era ostensivamente para os instrumentos cirúrgicos, a outra (que não tinha nada sobre ela) era para ser a 'mesa de operações'. O chão estava coberto de panos; trouxeram ataduras, bacias e travessas.

"Os 'médicos' colocaram roupões e me deram uma camisa. Eles me levaram para a 'mesa de operações' e me vendaram, ou, para ficar mais simples, enfaixaram meus olhos. O mais irritante era o fato de que os médicos me tratavam com um cuidado exagerado, como se eu estivesse gravemente doente, e tratavam a brincadeira e tudo o que estava relacionado a ela de uma maneira séria e profissional.

"Isso me deixou tão confuso que eu não sabia como agir, se devia rir ou chorar. Tive até um pensamento tolo: 'E se eles realmente começarem a me cortar?'. A incerteza e a espera eram perturbadoras. Eu era todo ouvidos, não deixava passar um simples som. Havia uma porção deles. Haviam sussurros por toda parte: água sendo derramada, instrumentos cirúrgicos retinindo e, às vezes, uma grande bandeja soando como um sino de funeral.

"'— Vamos começar!' — sussurrou alguém, alto o suficiente para que eu ouvisse.

"Uma mão forte apertou a minha pele bem firme. Primeiramente, senti uma dor vaga, depois, três espetadas... Eu não conseguia parar de recuar. Eles arranharam a parte de cima do meu punho com algo desconfortavelmente pontudo e duro. Meu braço foi enfaixado. Estavam excitados e alvoroçados. Coisas caíam no chão.

"Finalmente, depois de uma longa pausa... eles falaram em voz alta, riram, me felicitaram, desenfaixaram meus olhos e... deitado em meu braço esquerdo eu vi um bebê, feito no meu braço direito, que tinha sido todo amarrado. O rosto bobo de uma criança tinha sido desenhado na parte superior do punho.

"Agora chegamos à questão: 'será que as experiências que eu tive foram realmente verdadeiras, acompanhadas de uma crença real, ou o que eu senti deveria mais propriamente ser chamado de sentimentos que parecem de verdade?'.

"É claro que isso não era a verdade e crença real. Houve uma constante alternância entre 'acredito' e 'não acredito', entre a vivência real e uma ilusão de vivência, entre 'verdadeiro' e o 'que parece verdadeiro'. Então entendi que, se eles tivessem realizado uma operação de verdade em mim, em certos momentos quase as mesmas coisas teriam ocorrido comigo na realidade, como enquanto a brincadeira estava acontecendo. A ilusão foi convincente no mais alto grau.

"Entre as sensações que eu tive, houve momentos de total vivência, durante os quais eu senti como teria feito na realidade. Houve até sinais de que eu estava prestes a desmaiar – mas apenas por um instante, é claro. Eles sumiram tão rápido quanto chegaram. Entretanto, a ilusão deixou suas marcas. E agora me parece que as coisas que eu senti poderiam ter acontecido na vida real. Essa foi a primeira vez que eu senti uma insinuação desse estado mental em que existe uma grande medida do subconsciente, com o qual eu agora estou muito familiarizado no palco" – nos disse Tortsov, concluindo sua história.

"Porém, isso não é uma linha de vida, mas frações dela.

"Talvez vocês pensem que o subconsciente crie em uma linha ininterrupta ou que o ator vivencia tudo exatamente da mesma forma que na vida real.

"Se fosse assim, o organismo humano não suportaria a tensão mental e física que a arte exerce sobre ele.

"Como vocês sabem, no palco, vivemos memórias emotivas do mundo real. Em alguns momentos, elas são parecidas com a vida real. Perder-se totalmente no papel, de maneira contínua, tendo uma crença inabalável naquilo que está acontecendo, pode ocorrer, mas só raramente. Conhecemos momentos individuais, mais ou menos longos, de um semelhante estado. O resto do tempo, o verdadeiro e o que parece verdadeiro, o crível e o plausível se alternam.

"Assim como eu durante a operação fingida, Kóstia teve momentos de vertigem quando representou o 'queimando dinheiro' da última vez. Nossas vidas como seres humanos, com nossas memórias emotivas, eram tão parecidas com o papel, tão intimamente entrelaçadas, que vocês não poderiam dizer onde começava uma e terminava a outra."

– Então isso deve ser inspiração – afirmei.

– Sim, existe uma grande dose de subconsciente nesse processo – corrigiu-me Tortsov.

– E onde você tem o subconsciente, você tem inspiração.

– Por que você acha isso? – disse Tortsov, espantado, virando-se imediatamente para Igor, que estava sentado ao lado dele. – O mais rápido que puder, sem pensar, nomeie alguma coisa que não está aqui.

– Um poste!

– Por que, precisamente, um "poste"?

– Não faço ideia!

– Eu também "não faço ideia", e ninguém tem qualquer "ideia". Só o subconsciente sabe por que ele manipulou você com essa ideia. E você, Lev, me apresente uma imagem mental.

– Um abacaxi!

— Por que um abacaxi?

Aparentemente, enquanto caminhava pelas ruas em uma noite recente, Lev, do nada, lembrou-se de um abacaxi. Por um momento ele pensou que essa fruta crescia em uma palmeira. Isso não foi acidental, já que ele se parece com uma palmeira. De fato, as folhas de um abacaxi lembram um pinheiro em miniatura e a casca escamosa de um abacaxi é como a casca de uma palmeira.

Tortsov tentou inutilmente descobrir a razão de tal ideia ter ido parar na cabeça de Lev.

— Talvez você tenha comido um abacaxi um pouco antes?
— Não — respondeu ele.
— Talvez você tenha pensado nisso?
— Novamente, não.
— Isso significa que tudo o que podemos fazer é procurar pela solução no subconsciente. Em que você anda pensando? — disse Tortsov a Vánia.

Antes de responder a pergunta, nosso excêntrico amigo refletiu profundamente. Enquanto estava se preparando para responder, inconscientemente, ele esfregou as palmas de suas mãos em suas calças, de modo mecânico. Então continuou pensando muito. E pegou um pedaço de papel de dentro do seu bolso e começou a dobrá-lo, cada vez menor.

Tortsov soltou uma gargalhada e disse:

— Tentem repetir conscientemente as ações que Vánia realizou antes de responder à minha pergunta. Por que ele as realizou? Apenas o subconsciente sabe o significado de tamanho despropósito.

"Você está vendo?" — disse Tortsov, virando-se para mim. — "Tudo o que Igor e Lev disseram, tudo o que Vánia fez, ocorreu sem inspiração de qualquer tipo, e, contudo, havia elementos do subconsciente em suas palavras e atos. Isso significa que ele aparece não apenas enquanto estamos atuando, mas nos mais simples momentos de querer, de se comunicar, de se adaptar, de fazer etc.

"Nós e o subconsciente somos bons amigos. Nós o encontramos na vida real em cada passo que damos. Cada representação emergente, cada imagem mental requer o subconsciente em maior ou menor proporção. Elas se formam a partir dele. Em cada expressão física de nossa vida interior, em cada Adaptação — como um todo ou em parte — existe uma instigação invisível do subconsciente."

— Isso não faz sentido! — disse Vánia, irritado.

— E, contudo, é realmente muito simples. Quem sugeriu a palavra "poste" para Igor, quem criou essa representação para ele? Quem sugeriu esse estranho movimento da mão, a expressão facial, o tom de voz para Lev — em poucas palavras, todas as Adaptações pelas quais ele transmitiu sua surpresa diante da ideia de abacaxis crescendo em palmeiras? Quem teria colocado conscientemente na cabeça de Vánia a ideia de efetuar as ações físicas insólitas que ele realizou antes de responder a minha pergunta? Mais uma vez, o subconsciente sugeriu.

— Isso significa — disse eu, esforçando-me para entender —, que cada representação, cada Adaptação é, em maior ou menor grau, de origem subconsciente?

— A maioria delas — apressou-se em confirmar Tortsov. — É por isso que eu afirmo que, na vida, nós e o subconsciente somos bons amigos.

"O que faz que tudo seja mais cansativo é que nós raramente o encontramos no lugar em que mais precisamos dele: no teatro, no palco. Tentem encontrar o subconsciente em uma apresentação que tenha se tornado uma rotina fixa, que se recita feito um papagaio, quando tudo já foi trabalhado e planejado de uma vez por todas. Porém, sem o poder criativo de nossa natureza mental e física, nossa atuação é cerebral, errada, uma mera convenção, árida, sem vida, formalista.

"Tentem dar liberdade de ação para o subconsciente criativo! Removam as coisas que o entravam e reforcem aquelas que ajudam a fortalecê-lo. E, então, a tarefa básica de nossa psicotécnica é levar o ator para o estado em que o seu subconsciente criativo possa brotar.

"Como podemos nos aproximar de forma consciente de algo que, evidentemente, por sua própria natureza, não é acessível à mente consciente, algo que é 'subconsciente'? Felizmente, para nós, não há uma linha divisória nítida entre as vivências conscientes e subconscientes.

"Além disso, o aspecto consciente muitas vezes indica a direção que a atividade subconsciente seguirá. Nós fazemos uso disso em nossa psicotécnica. Isso nos permite realizar um dos fundamentos mais importantes de nossa escola de atuação: *induzir os poderes criativos subconscientes de um ator por meio de uma psicotécnica consciente.*

"Então, a próxima questão em nossa agenda é a psicotécnica do ator, que estimula os seus poderes criativos subconscientes naturais. Mas vamos falar sobre isso na próxima vez."

.. .. 19..

— Então, hoje vamos falar sobre a forma de estimular nossos poderes criativos naturais, biológicos e subconscientes por meio de uma psicotécnica consciente.

"Kóstia pode lhes falar sobre isso. Ele vivenciou o processo na penúltima aula, quando fez novamente o 'queimando dinheiro'."

— Tudo o que posso dizer é que, de repente, tive uma espécie de inspiração. Não tenho ideia do que fiz.

— Você não está tirando as conclusões certas. Alguma coisa muito mais importante aconteceu além daquilo que você está admitindo. A vinda da "inspiração" com a qual você sempre conta foi um mero acidente. Você não pode depender disso. Estamos falando de algo em que podemos confiar. A inspiração não veio por acaso, mas porque você a despertou e preparou o terreno para ela. Esse é um resultado muito mais importante para nós como atores, para a nossa psicotécnica, para o nosso trabalho prático.

— Eu não preparei o terreno de jeito algum e não sei como fazê-lo — disse eu, refutando a ideia.

— Isso significa que fui eu quem preparou o terreno sem você saber.

— Como? Quando? Tudo aconteceu como deveria, como sempre. Meus músculos estavam soltos, as Circunstâncias Dadas tinham sido estudadas, uma série de Tarefas tinha sido estabelecida e cumprida etc.

— Absolutamente certo. Não teve nada de novo em relação a isso. Mas você se esqueceu de um detalhe extremamente importante, um novo elemento de grande importância. Foi apenas um pequeno suplemento — eu fiz você executar cada ação criativa diretamente até o fim, até a última gota. Isso foi tudo.

— Como você faz isso? — perguntou Vánia.

— Muito simples. Levem todos os Elementos, os impulsos psicológicos internos, a Ação Transversal, até o ponto em que eles se tornem uma atividade normal, humana — e não presa a convenções e artificial. Então vocês chegarão a conhecer a verdade da sua própria mente e da sua natureza. Vocês conhecerão a verdade da personagem. Vocês não podem deixar de acreditar na verdade. E onde existe verdade e crença, o estado de "estou sendo" surge por si mesmo.

"Vocês já perceberam como cada vez que ele aparece, espontaneamente, independente da vontade do ator, a natureza e o subconsciente se juntam?

"Isso foi o que aconteceu com Kóstia, lembrem-se, em 'queimando dinheiro', e também na aula de anteontem.

"Então, é a psicotécnica consciente do ator, pressionada até alcançar seus limites extremos, que cria o terreno no qual o nosso processo criativo natural e subconsciente pode ganhar vida.

"Pressionar até o limite o uso perfeito da nossa psicotécnica constitui um suplemento extremamente importante para aquilo que vocês já sabem sobre a atuação criativa.

"Se vocês soubessem como esse novo suplemento é importante!

"A opinião geral é que cada momento em nossa atuação deve infalivelmente ser grande, complexo, excitante. Mas vocês sabem, por causa do seu trabalho prévio, que a menor das ações ou o menor dos sentimentos, o menor aspecto de nossa técnica adquire um enorme significado se, no palco, eles são levados até o seu extremo limite. Lá termina a verdade humana e viva e começam a crença e o 'estou sendo'. Quando isso acontece, então os aparelhos mentais e físicos do ator começam a trabalhar de acordo com as leis da natureza humana, exatamente como fazem na vida, a despeito da situação artificial na qual nós mesmos nos encontramos, tendo de ser criativos em público.

"As coisas que ocorrem naturalmente, de forma espontânea na vida, têm de ser preparadas para o palco por meio do uso da psicotécnica.

"Pensem nisso. A mais insignificante ação física ou mental, que cria momentos de genuína verdade e crença, leva ao limiar do 'estou sendo' e envolve habilmente a própria natureza do ator e seu subconsciente naquilo que ele está fazendo. Isso não é alguma coisa nova, não é um suplemento importante para aquilo que vocês já sabem?

"Em total oposição a alguns professores, meu ponto de vista é que os estudantes, os iniciantes, que, como vocês, estão dando seus primeiros passos no palco, devem, dentro dos limites do possível, ser levados imediatamente na direção do subconsciente. Isso deve ser feito nos estágios iniciais, quando se trabalha com os Elementos e com os estados mentais em todos os exercícios e improvisações.

"Os iniciantes devem saber, desde o início, ainda que em momentos isolados, que o mais feliz dos estados de espírito que um ator pode ter é quando está sendo criativo. Eles devem saber disso não apenas em palavras e frases, não como uma terminologia morta e seca que só pode assustá-los, mas em seus próprios sentimentos. Eles devem aprender a amar esse estado de espírito criativo como parte do seu trabalho e realmente lutar por ele no palco."

— Entendo a sua importância — disse eu a Tortsov —, mas isso não é o suficiente. Precisamos saber as psicotécnicas certas e sermos capazes de usá-las. Então, nos ensine as corretas e nos ofereça uma abordagem mais concreta.

— Como você desejar. Você não vai ouvir mais nada de mim. Eu só posso ser mais preciso sobre as coisas que você já conhece. Aqui está um conselho: assim que você tiver criado o estado mental correto e sentir que a psicotécnica o ajudou a colocar tudo no lugar interiormente para você ser criativo, e quando sentir que a sua natureza está apenas esperando pelo sinal verde, então dê o sinal.

— Como posso fazer isso?

— Em química, quando a reação entre duas soluções é lenta ou fraca, uma pequena quantidade de uma terceira substância específica é acrescentada, atuando como catalisador em uma determinada reação. É uma espécie de condimento que permite que a reação atinja o seu limite. E você introduz um catalisador semelhante na forma de alguma coisa improvisada, um detalhe, uma ação, um momento de genuína verdade — não importando se essa coisa é mental ou física. Essa surpresa repentina despertará você, e a natureza correrá para a briga.

"Isso aconteceu na última vez que o 'queimando dinheiro' foi representado. Kóstia estava no estado mental correto e, como ele mesmo explicou, para aguçar o seu estado de espírito criativo, ele introduziu, in loco, uma Circunstância Dada de improviso – um grande desfalque no dinheiro. Essa ideia foi seu 'catalisador'. Foi o 'condimento' que empurrou sua reação até o limite, isto é, até o ponto onde sua mente, natural e subconscientemente, começou a criar."

– Onde podemos encontrar "catalisadores"?

– Em todos os lugares: em representações, em imagens mentais, em avaliações, em sentimentos, em anseios, em pequenas ações mentais e físicas, em novos pequenos detalhes criados pela sua imaginação, nos objetos com os quais vocês estão em comunicação, nos detalhes transitórios do cenário, na encenação, na mise-en-scène. De fato, em qualquer lugar você pode encontrar pequenas verdades genuínas, humanas e vivas que evoquem o tipo de crença que pode estabelecer o estado de espírito do "estou sendo".

– E então, o que acontece?

– Sua cabeça gira com o número de momentos em que a vida da personagem e a sua própria se fundem de maneira inesperada e total. Você vai sentir partes de si mesmo no papel e do papel em você.

– E depois disso?

– O que eu lhe disse. Verdade, crença e "estou sendo" colocam você no controle da natureza e do subconsciente.

"Você pode fazer um trabalho semelhante ao que fez Kóstia na penúltima aula, começando com qualquer um dos Elementos. Em vez de começar, como ele, relaxando os músculos, volte-se para a imaginação e para as Circunstâncias Dadas, os anseios e as tarefas para ajudar, se eles estiverem claros, ou para as emoções, se elas forem estimuladas espontaneamente para as representações e as avaliações. Você pode subconscientemente sentir a verdade da obra do escritor, e, então, a crença e o 'estou sendo' irão surgir espontaneamente. O importante, em todo caso, é que você não deve se esquecer de tornar plenamente vivo o primeiro Elemento que emergir. Você sabe que só o que tem a fazer é começar com um dos Elementos, e, então, todo o resto vai seguir atrás por causa do vínculo indissolúvel que existe entre eles.

"Este método consciente de estimular o nosso poder criativo natural subconsciente não é o único. Há um outro, mas eu não tenho tempo para demonstrá-lo hoje. Então, até a próxima vez."

.. .. 19..

– Pácha e Kóstia – disse-nos Tortsov, assim que entrou na sala de aula –, representem a abertura da cena entre Iago e Otelo, mas apenas as primeiras falas.

O SUBCONSCIENTE E O ESTADO CRIATIVO DO ATOR

Nós nos preparamos e representamos a cena, no meu modo de ver, bastante bem, com boa concentração e o estado criativo correto.

— Com o que vocês estavam preocupados ainda agora? — perguntou-nos Tortsov.

— Com a Tarefa imediata, que era chamar a atenção de Kóstia — respondeu Pácha.

— Eu estava preocupado em explorar o que Pácha estava dizendo e em ver as coisas sobre as quais ele estava falando com meu olho interior — expliquei.

— Então, um de vocês estava atraindo a atenção para si mesmo só pela atenção, e o outro estava tentando explorar e ver o que estava sendo dito apenas por explorar e ver.

— Não! Por quê? — protestei.

— Porque isso é tudo o que pode acontecer quando não há Ação Transversal ou Supertarefa para a peça ou para o papel. Sem eles, você só pode chamar a atenção para si mesmo por chamar a atenção para si mesmo e explorar e ver por explorar e ver.

"Agora, repitam o que acabaram de fazer e sigam para a próxima cena na qual Otelo brinca com Iago.

"Qual foi a sua Tarefa?" — perguntou Tortsov mais uma vez, quando tínhamos acabado.

— A ideia do *dolce far niente*[2] — respondi.

— E para onde foi a Tarefa anterior: "tentar entender a pessoa que está falando com você"?

— Para dentro de uma Tarefa nova e mais importante. Foi absorvida por esta última.

— Lembre-se, enquanto a memória está fresca, de como você cumpriu as duas Tarefas e de como disse as falas nos dois Cortes — sugeriu Tortsov.

— Eu me lembro do que fiz e disse no primeiro Corte, mas não no segundo.

— Isso significa que ele representou por si próprio e as falas se disseram por elas mesmas — afirmou Tortsov.

— Parece que sim.

— Agora, repita o que você acabou de fazer e vá para a próxima cena, que é o primeiro desnorteamento que vai se transformar em ciúme.

Fizemos como nos foi dito e definimos nossa tarefa muito desajeitadamente com as palavras: "rir das calúnias ridículas de Iago".

— E onde estão as tarefas anteriores: "entender o que a outra pessoa está dizendo" *dolce far niente*? Desapareceram?

Eu gostaria de ter dito que elas também tinham sido engolidas por uma tarefa nova e mais forte, mas comecei a pensar e não disse nada.

---
2. "A ociosidade é agradável."

— O que há de errado? O que está incomodando você?

— É que, em um momento, numa fala do papel há felicidade, mas há uma interrupção, e uma nova fala, e o ciúme começa.

— Não houve interrupção — corrigiu-me Tortsov —, mas a entrada gradual em uma nova vida por causa da modificação das Circunstâncias Dadas. Primeiramente, passou-se por um breve período de felicidade desfrutada pelo recém-casado Otelo, sua brincadeira com Iago, e, então, seguiu-se um desnorteamento, uma perplexidade, dúvida e repulsa diante da possibilidade da infelicidade. Então, depois o ciúme diminui espontaneamente, e o antigo estado de espírito da bem-aventurada felicidade retorna.

"Nós conhecemos essas transições de um estado de espírito para outro no mundo real. Lá também a vida vai fluindo alegremente, e, então, somos invadidos pela dúvida, pela desilusão e pela tristeza, e, em seguida, tudo se ilumina novamente.

"Não se assuste com essas transições. Pelo contrário, considere-as um tesouro, realce as diferenças entre elas. Não é difícil, neste caso em particular. Tudo o que você tem a fazer é lembrar do início da história de amor de Otelo e Desdêmona. Na sua mente, você tem de vivenciar o passado alegre dos amantes e, em seguida, na sua mente, fazer a transição para um estado de espírito contrastante e compará-lo com o horror e o inferno que Iago prevê para o mouro."

— É do passado que supostamente vamos lembrar? — disse Vánia, mais uma vez confuso.

— O maravilhoso primeiro encontro dos amantes na casa de Brabâncio, as belas histórias de Otelo, os encontros secretos, o rapto da noiva e o casamento, a separação na noite de núpcias, a reunião em Chipre sob um sol de verão, a lua de mel inesquecível. E, então, o futuro... pensem no que esperava Otelo no futuro.

"E quanto ao futuro?...

"Tudo o que acontece no quinto ato é o resultado da trama diabólica de Iago.

"Quando você estabelece esses dois extremos, passado e futuro, as premonições, o desnorteamento do mouro enquanto cresce nele mais e mais o ciúme, tornam-se compreensíveis. A atitude do ator para com o destino de sua personagem torna-se clara. Quanto mais vividamente nós mostrarmos o período feliz na vida do mouro, mais intensamente seremos capazes de transmitir a escuridão do fim. Agora, avante!" — ordenou Tortsov.

Repassamos toda a cena dessa forma, diretamente para o famoso juramento de Iago ao céu e às estrelas: "Iago devota / Seu engenho, suas mãos e seu coração / A serviço de Otelo ultrajado".

— Se você trabalha com o papel dessa maneira — explicou Tortsov —, as pequenas Tarefas se juntam e criam uma série de grandes Tarefas. Não existem tantas delas assim. Essas Tarefas são como marcos ao longo de um canal, indicando a Ação Transversal. O que é importante para nós agora é entender, que é o mesmo que sentir, que o processo de absorção das Tarefas pequenas pelas grandes ocorre subconscientemente.

Falamos sobre o nome que deveríamos dar à primeira Tarefa maior. Nenhum de nós, nem mesmo Tortsov, conseguiu resolver a questão de imediato. No entanto, isso não era uma surpresa. A Tarefa verdadeira, viva e convincente, e não alguma coisa cerebral ou formalista, não surge assim espontaneamente. Ela é estabelecida pela vida que criamos no palco, à medida que trabalhamos. Nós ainda não sabíamos de fato como era essa vida e, então, não éramos capazes de definir o seu significado de forma adequada. No entanto, alguém propôs um nome bastante desajeitado, que aceitamos na falta de coisa melhor: "quero venerar Desdêmona, o ideal entre as mulheres; quero servi-la e dedicar minha vida a ela".

Quando pensei nessa Tarefa maior e lhe dei vida à minha própria maneira, percebi que ela me permitia encontrar uma base pessoal para a cena inteira e para os Cortes individuais. Senti que, em qualquer momento em cena, eu começava a me direcionar para o objetivo final que havíamos estabelecido: "venerar Desdêmona, o ideal entre as mulheres".

À medida que me direcionava para o objetivo final, começando com as pequenas Tarefas que havia criado, eu sentia que o nome que tínhamos dado a ela começava a perder todo o seu sentido ou significado. Por exemplo, vamos examinar a primeira Tarefa: "tentar entender o que Iago está dizendo". Qual é o desígnio dessa Tarefa? Ninguém sabe.

Para que se incomodar quando está perfeitamente claro? Otelo está apaixonado, só pensa em Desdêmona e quer falar apenas dela. E, assim, todas as suas perguntas e todas as suas lembranças relacionadas à sua amada são um conforto necessário para ele. Por quê? Porque "ele venera Desdêmona, o ideal entre as mulheres", porque "ele quer servi-la e dedicar sua vida a ela".

Agora, quanto à segunda Tarefa: *dolce far niente*. Essa Tarefa também é supérflua. Além do mais, está errada. Quando fala de sua amada, o mouro está fazendo a coisa que é mais importante para ele, algo de que ele necessita. Por quê? Porque "ele venera Desdêmona, o ideal entre as mulheres", porque "ele quer servi-la e dedicar sua vida a ela".

Depois da primeira acusação de Iago, Otelo, tal como eu o entendo, ri. Ele sente uma certa satisfação em pensar que nada poderia manchar a pureza cristalina de sua deusa. Essa crença coloca o Mouro em um estado de espírito favorável e fortalece a sua admiração por ela. Por quê? Porque "ele venera Desdêmona, o ideal entre as mulheres" etc. Eu me dei conta de como o seu ciúme ia nascendo devagar, de como a sua confiança nela e o seu ideal iam enfraquecendo imperceptivelmente e de como a consciência da perfídia, da depravação e do fato de que ela não passava de uma serpente na relva com cara de anjo ia ficando cada vez mais forte.

– E para onde foram as suas Tarefas anteriores? – perguntou Tortsov.

– Elas foram engolidas por uma única preocupação com um ideal despedaçado.

– Que conclusão podemos tirar do experimento de hoje? Qual é o resultado desta aula? – perguntou Tortsov.

"O resultado é que eu obriguei os dois atores a reconhecer, em termos práticos, o processo pelo qual as Tarefas pequenas são absorvidas pelas grandes.

"Não há nada de novo nisso. Eu só estava repetindo o que tinha dito antes, quando discutimos os Cortes e Tarefas ou a Supertarefa e a Ação Transversal.

"O que é novo e importante é outra coisa: é que Kóstia e Pácha perceberam que o objetivo final desvia a atenção do objetivo imediato, assim como as pequenas Tarefas desaparecem de nossas mentes. Essas Tarefas se tornam automaticamente subconscientes. Elas não estão mais separadas, tornaram-se subordinadas e nos conduzem a uma Tarefa maior. Agora, Kóstia e Pácha sabem que quanto mais profundo, mais amplo e mais significativo for o objetivo final, mais atenção será dada a ele e menos oportunidade haverá para sucumbir às Tarefas imediatas, subordinadas e pequenas. Temos de deixá-las para lá, e essas pequenas Tarefas pequenas ficarão sob o controle da natureza e do subconsciente de uma forma perfeitamente normal."

– Do que você está falando? – disse Vánia, perturbando-se.

– Eu estava dizendo que quando um ator se entrega a uma Tarefa muito importante, ele fica totalmente dominado por ela. Enquanto isso está acontecendo, nada impede que a natureza trabalhe livremente, a seu bel-prazer, de acordo com suas necessidades e desejos. A natureza assume o controle de todas as Tarefas pequenas e as utiliza para ajudar o ator a chegar à Tarefa final, na qual toda a sua atenção e toda a sua atividade consciente estão mergulhadas.

"A conclusão que podemos tirar da aula de hoje é que *a Tarefa maior é um dos melhores meios que podemos encontrar para que a nossa psicotécnica possa influenciar nossas mentes, nossos corpos e o subconsciente*."

Depois de uma pausa bastante longa para reflexão, Tortsov continuou:

– Exatamente a mesma transformação que vocês acabaram de observar nas pequenas Tarefas acontece com as grandes, desde que elas sejam guiadas por uma Supertarefa abrangente. Quando servem a esta última, as grandes Tarefas se tornam subsidiárias dela. Por sua vez, ela se converte nos degraus que nos conduzirão à meta básica, abrangente e final. Quando o ator está totalmente concentrado na Supertarefa, então as grandes Tarefas também são, em grande parte, realizadas de maneira subconsciente.

"A Ação Transversal, como vocês sabem, é formada por uma longa sequência de Tarefas grandes. Em cada uma delas, existe uma quantidade enorme de pequenas Tarefas que são realizadas de uma maneira subconsciente.

"Agora, surge a questão: quantos momentos de atividade criativa subconsciente existem na Ação Transversal que ocorre durante a peça?

"Existe, de fato, uma quantidade enorme. A Ação Transversal é, precisamente, este meio poderoso e estimulante que estamos procurando para que possamos influenciar o subconsciente."

Depois de pensar um pouco, Tortsov continuou:

— Mas a Ação Transversal não acontece por acaso. Sua força criativa pode ser encontrada na sua dependência direta de uma Supertarefa convincente.

"A Supertarefa também tem a capacidade de estimular momentos de atividade criativa subconsciente.

"Adicionem isso aos momentos que existem, ocultos, na Ação Transversal, e vocês compreenderão que a Supertarefa e a Ação Transversal são as mais poderosas iscas para despertar os nossos poderes criativos naturais, biológicos e subconscientes.

"O maior sonho de todo ator criativo deve ser dar a elas pleno alcance no sentido mais profundo e mais amplo da palavra cada vez que ele desempenha um papel no palco.

"Se isso acontecer, então o resto acontecerá de forma subconsciente por meio dessa maravilha que é a natureza.

"Nessas circunstâncias, cada vez que repetirmos uma interpretação, haverá versatilidade, naturalidade, verdade e, o mais importante de tudo, diferenças inesperadas. Só então vocês conseguirão se desvencilhar da atuação de mera técnica, dos clichês, dos artifícios e de todas as investidas do tipo de teatralidade que detestamos. Só assim pessoas vivas vão aparecer no palco e a vida que se passa em torno delas estará livre de qualquer coisa que macule a arte. Essa vida emergirá quase nova todas as vezes, sempre que vocês repetirem alguma coisa que criaram.

"O que me resta é aconselhar vocês a usarem a Supertarefa como uma estrela guia, e nunca como estandarte. Então, toda a Ação Transversal da peça pode ser seguida com facilidade, de maneira natural e, em grande parte, subconscientemente."

Após outra pausa, Tortsov continuou:

— Assim como a Supertarefa e a Ação Transversal engolem todas as Tarefas grandes e as tornam subordinadas, as super-Supertarefas e as super--Ações Transversais da vida do ser humano/ator como um todo engolem as Supertarefas das peças e dos papéis em seu repertório. Elas se tornam os meios, são degraus na direção da realização do grande objetivo em sua vida.

— E isso é bom para o espetáculo? — perguntou Pácha, duvidando um pouco.

— Não se a balança começar a pender para o cerebral, porém é bom quando você consegue esse efeito pelo uso de meios artísticos.

"Então agora vocês sabem o que é a psicotécnica consciente. Ela tem a capacidade de criar as práticas, as condições favoráveis nas quais o trabalho da natureza e do subconsciente possam acontecer.

"Pensem, também, sobre o que estimula nossos impulsos internos, pensem no estado criativo, na Supertarefa e na Ação Transversal. Com a ajuda deles, aprendam a criar o solo favorável para o subconsciente. Mas nunca considerem ou tentem o caminho direto para o subconsciente, porque vocês estarão procurando inspiração pela inspiração. Isso só acaba criando tensão muscular e levando ao resultado oposto."

.. .. 19..

— Além de uma psicotécnica consciente que prepara nossas mentes para a atividade criativa subconsciente, existem muitas vezes simples acidentes. Precisamos saber como usá-los, mas, para isso, precisamos da psicotécnica adequada.

"Por exemplo, Mária, tente se lembrar de quando gritou 'Salvem-me!' durante a primeira apresentação e conte-nos o que você sentiu naqueles poucos segundos que durou a sua explosão emocional."

Mária não disse nada porque provavelmente só tinha lembranças confusas de sua primeira aparição no palco.

— Vou fazer o máximo para que você se lembre do que aconteceu – disse Tortsov, vindo em sua ajuda. – A órfã que você estava representando tinha sido jogada na rua ao mesmo tempo que você, a estudante Mária, estava sendo atirada em um enorme palco vazio com o terrível buraco negro à sua frente. O terror do vazio, a solidão da órfã e da estudante – uma iniciante – estavam suficientemente próximos para que se fundissem em um só. Tomando o vazio do palco pelo vazio da rua e a sua própria solidão pela solidão da órfã, você gritou: "Salvem-me!", com o tipo de medo imediato e natural que nós só conhecemos na vida real. Foi um ditoso acidente devido à semelhança e à proximidade das duas situações.

"Um ator experiente, com o tipo certo de psicotécnica, tiraria o máximo proveito de um semelhante acidente feliz. Ele saberia como converter o medo do ser humano/ator em medo do ser humano/papel. Mas em você, por ser inexperiente e não dominar a psicotécnica, o ser humano superou o ator. Você traiu seus poderes criativos, parou de atuar e buscou refúgio nas coxias."

Então Tortsov virou-se para mim e disse:

— Você também não vivenciou o estado de espírito do qual acabamos de falar? Será que não sentiu a mesma identidade entre você e o papel?

— Acho que sim, na cena "Sangue, Iago, sangue!".
— Sim — concordou Tortsov. — Vamos rememorar o que aconteceu.
— Antes de tudo, gritei as palavras não como Otelo, mas como eu mesmo — lembrei. — Mas foi um grito de desespero de um ator em dificuldade. O meu grito veio de dentro de mim, mas me forçou a lembrar de Otelo e da comovente história de Lev e do amor do mouro por Desdêmona. Aproveitei meu desespero de um ser humano/ator como desespero do ser humano/papel, ou seja, Otelo. Eles se tornaram uma coisa só na minha mente e eu disse as falas sem ter consciência delas ou do que realmente elas estavam dizendo.
— No entanto, é bem possível que, naquela ocasião, a semelhança e a proximidade dos sentimentos produzissem alguma identidade — expôs Tortsov.
Depois de uma pausa, Tortsov continuou:
— Na prática, não lidamos somente com esse tipo de acidente. Com frequência, um mero acidente alheio à peça, ao papel ou à interpretação irrompe da vida real para a vida convencional do palco.
— Que tipo de acidente? — perguntaram os estudantes.
— Bem, uma cadeira tombando ou um lenço que caiu. Já falei sobre isso com vocês.
"Se o ator usar a sua sagacidade com isso, se ele não ficar confuso ou tentar ignorar esse acidente, mas, ao contrário, transformá-lo em parte da peça, então isso se torna uma espécie de diapasão para ele. Isso proporciona uma nota de verdade viva em meio às mentiras da representação teatral baseada em convenções, remete à verdade real, arrasta toda a linha da peça para si e obriga você a acreditar e a sentir o que nós chamamos de 'estou sendo'. Tudo isso conduz o ator para os seus poderes criativos naturais e subconscientes.
"Vocês devem usar os acidentes e os sentimentos de forma inteligente, não devem rejeitá-los, mas prezá-los, e também não basear o seu planejamento artístico neles.
"Isso é tudo que eu posso dizer a vocês sobre a psicotécnica consciente e os acidentes que estimulam os poderes criativos subconscientes de uma pessoa. Por enquanto, como podem vocês ver, o tipo correto de métodos conscientes é raro. Ainda temos uma grande dose de trabalho e de pesquisa para fazer nesse campo. Assim, devemos ter em grande conta aquilo que já descobrimos até agora."

.. .. 19..

Na aula de hoje eu vi a luz, eu entendi tudo e tornei-me um fervoroso admirador do "sistema". Eu vi como uma técnica consciente pode gerar atividade criativa subconsciente, que por si só é inspiradora. Aconteceu o seguinte:

Dária representou a cena com a "criança abandonada" que Mária tinha representado de forma tão esplêndida anteriormente.

Vocês precisam saber por que Dária tinha tamanha predileção por cenas com crianças, tais como a da "criança abandonada" de Brand e a nova cena. Ela tinha acabado de perder seu único filho, que ela adorava. Eu tinha ouvido alguns rumores secretos sobre isso. Mas hoje, quando a vi fazer a cena, soube que era verdade.

Enquanto ela atuava, um mar de lágrimas escorria de seus olhos, e, para nós que estávamos assistindo, seu afeto maternal convertia o tronco de madeira, que representava a criança, em um ser vivo. Podíamos sentir isso sob a toalha de mesa, representando a criança abandonada. Quando chegamos ao momento da morte da criança, tivemos de encurtar a cena para evitar um desastre. O mar de emoções que Dária estava vivenciando estava turbulento demais.

Estávamos todos arrasados. Tortsov estava chorando, assim como Rakhmánov e o resto de nós.

Como você pode falar sobre chamarizes, falas, Cortes, Tarefas e ações físicas quando se confronta com a vida real?

— Existe um exemplo de como a natureza e o subconsciente criam! — disse Tortsov, que estava empolgado. — Eles criam em rigorosa conformidade com os princípios do nosso tipo de atuação, visto que esses princípios não foram inventados por nós, mas dados pela própria natureza.

"Mas não recebemos essas descobertas e esses poderes proféticos todos os dias. Em outra ocasião, eles podem não chegar e então..."

— Não, eles virão! — gritou uma extasiada Dária, que tinha ouvido casualmente a nossa conversa.

E receosa de que a inspiração pudesse abandoná-la, ela correu para repetir a cena que tinha acabado de representar.

Tortsov quis impedi-la, para poupar seus jovens nervos, mas ela logo parou por conta própria, como se nada tivesse acontecido.

— O que foi agora? — perguntou-lhe Tortsov. — No futuro, vão exigir que você tenha um bom desempenho não só na primeira apresentação, mas em todas as apresentações subsequentes. Caso contrário, a peça que teve uma estreia bem-sucedida será um fiasco nas demais apresentações e deixará de ganhar dinheiro.

— Não! Tudo o que preciso fazer é sentir, e então consigo atuar — afirmou Dária.

— "Assim que eu tiver sentido, vou atuar!" — riu Tortsov. — É a mesma coisa que dizer: "Quando eu tiver aprendido a nadar, vou tomar banho".

"Eu entendo o seu desejo de ir direto ao sentimento. É claro que assim é melhor. Como seria bom se pudéssemos dominar a técnica de repetir com sucesso as coisas que nós vivenciamos. Mas sentimentos não podem ser fixados. Assim como a água, eles escorrem por entre os nossos dedos... Portanto, temos, queiramos ou não, de procurar métodos mais estáveis, influenciá-los e estabilizá-los.

"Façam a sua escolha – qualquer uma! O mais acessível, o mais fácil, uma ação física, uma pequena verdade, pequenos momentos de crença."

Porém, nossa ibseniana pôs de lado, com repugnância, qualquer coisa física na arte.

Passamos por todos os meios que um ator pode usar – Cortes, Tarefas, a imaginação. Mas nenhum deles era suficientemente convincente, estável ou acessível.

Independentemente do caminho para o qual ela se voltava, por mais que tentasse passar por cima das ações físicas, no final ela teve de se contentar com elas, já que não conseguia sugerir nada melhor. Tortsov logo a colocou na direção certa. Ele não procurou por novas ações físicas. Ele tentou fazer que ela repetisse as coisas que tinha acabado de descobrir de forma intuitiva e que tinha representado tão brilhantemente.

Dária representou bem, com verdade e crença. Mas como isso poderia ser comparado com o que ela tinha feito da primeira vez?

Tortsov disse para ela:

– Você representou esplendidamente, mas não a cena que lhe foi dada. Você modificou o objeto. Pedi que você fizesse uma cena com uma criança abandonada viva, mas você me apresentou uma cena com um pedaço morto de madeira envolto em uma toalha de mesa. Você adaptou suas ações físicas a ele: você envolveu o pedaço de madeira com mãos hábeis e competentes. Mas lidar com uma criança viva exige uma série de detalhes que você deixou de fora. Por exemplo, da primeira vez você pôs a fralda na criança imaginária, abriu seus braços e pernas, tinha consciência deles, você os beijou carinhosamente, murmurou alguma coisa para ela com um sorriso afetuoso e lágrimas nos olhos. Isso foi muito comovente. Mas dessa vez esses detalhes foram deixados de fora. E isso é compreensível – um pedaço de madeira não tem braços ou pernas.

"Da primeira vez, quando você enfaixou a cabeça do bebê imaginário, tomou muito cuidado para não apertar as suas bochechas e alisou-o carinhosamente. Depois de pôr a fralda na criança, você ficou do lado dela por um longo tempo, chorando copiosas lágrimas de alegria e de orgulho maternal.

"Vamos corrigir esses erros. Faça a cena com a criança para mim de novo, e não a cena com o pedaço de madeira."

Depois de muito trabalho com Tortsov em cima das pequenas ações físicas, Dária finalmente viu o ponto e conscientemente evocou as coisas que tinha feito de forma subconsciente da primeira vez que representara a cena... Ela tinha consciência da criança, e as lágrimas escorriam espontaneamente de seus olhos.

— Aí vocês têm um exemplo do efeito da nossa psicotécnica e da ação física sobre o sentimento! — exclamou Tortsov, quando Dária terminou.

— Talvez — disse eu, desapontado —, mas dessa vez Dária não sentiu nenhum tipo de turbilhão, e nem você, nem eu derramamos uma única lágrima.

— Não importa! — exclamou Tortsov. — Quando o terreno foi preparado e o sentimento desabrocha em uma atriz, o turbilhão vem, e tudo o que você tem a fazer é encontrar um caminho para ele: uma tarefa altamente desafiadora, um "se" mágico ou algum outro "catalisador". Eu não quero desgastar os jovens nervos de Dária. No entanto...

Então, virando-se para Dária, depois de uma breve pausa, ele disse:

— O que você faria com esse pedaço de madeira envolto na toalha de mesa se eu introduzisse um "se" mágico como esse? Imagine que você tenha dado à luz uma criança, uma encantadora menininha. Você está apaixonadamente apegada a ela... Porém... depois de alguns meses, ela morre. O mundo não tem lugar para você. Mas o destino se compadece de você. Oferecem-lhe uma criança abandonada, também uma menininha, ainda mais encantadora do que a primeira.

Ele acertou na mosca!

Tortsov nem havia terminado de expor-lhe a sua ideia e Dária já tinha irrompido em lágrimas sobre o pedaço de madeira envolto na toalha de mesa, e a convulsão se repetiu com força redobrada.

Fui correndo até Tortsov para explicar o segredo do que havia acontecido. Ele tinha adivinhado precisamente a tragédia real de Dária.

Tortsov apertou a cabeça com as mãos, correu para a ribalta para parar a pobre mãe, mas ele ficou tão comovido com o que ela estava fazendo que não se decidiu a interromper sua apresentação.

Quando a cena acabou, e tudo tinha se acalmado, e as lágrimas tinham secado, fui até Tortsov e comentei:

— Você não acha que aquilo que Dária acabou de vivenciar não foi fruto da sua imaginação, mas da realidade, ou seja, do seu próprio sofrimento pessoal, humano, do mundo real? Assim, acho que deveríamos considerar o que acabou de acontecer agora como efeito do acaso, como acidente, e não como uma vitória da técnica de atuação, enfim, não como algo criativo, como arte.

— E aquilo que ela fez da primeira vez era arte? — indagou Tortsov, rebatendo a pergunta.

— Sim — reconheci. — Aquilo era arte.

— Por quê?

— Porque ela recordou subconscientemente a sua própria tristeza e extraiu vida disso.

— Então, o problema é que eu a instiguei a recordar coisas que haviam sido conservadas em sua Memória Emotiva e que *ela* não descobriu por si mesma assim como tinha feito da última vez. Não vejo nenhuma diferença entre um ator revivendo por conta própria as memórias da sua própria vida ou tendo outra pessoa que as recorde para ele. O importante é que a sua memória tenha conservado e então reativado, com o tipo certo de incentivo, aquilo que tinha sido vivenciado. Você não pode deixar de acreditar, como um ser humano, com todo o seu próprio coração e o seu corpo, nas coisas que a sua própria memória retém.

— Tudo bem, suponhamos que seja assim como você diz. Mas você deve reconhecer que agora há pouco Dária não estava extraindo vida das Tarefas físicas ou da verdade e da crença, mas sim do minúsculo "se" que você lhe sugeriu.

— E eu estou negando isso? — interrompeu-me Tortsov. — É quase sempre uma questão da imaginação e de um "se" mágico. Você tem apenas de ser capaz de introduzir o "catalisador" no momento certo.

— E quando seria esse momento?

— Vou lhe dizer quando! Vá e pergunte a Dária se ela poderia ter extraído vida do meu "se" mágico se eu o tivesse acionado antes, quando, da segunda vez que interpretou a cena, ela estava segurando friamente um pedaço de madeira envolto em uma toalha de mesa, quando ela ainda não tinha consciência das pernas e dos braços da criança enjeitada, quando ela não os beijava. Antes que ela começasse a pôr a fralda em uma criatura viva e linda em vez de em um torpe pedaço de madeira, o que se transformou nela? Estou convencido de que antes daquele momento, minha comparação de um pedaço sujo de madeira com seu lindo bebê só a teria inibido. É claro que se ela tivesse sido afetada pela eventual coincidência da minha sugestão com a tristeza que tinha sentido na vida, ela teria derramado copiosas lágrimas. Isso trouxe de volta memórias vívidas da morte de seu filho. Mas elas teriam sido lágrimas pelo morto, ao passo que as lágrimas de que precisávamos para a cena com a criança abandonada eram lágrimas pelo morto misturadas com alegria pelo vivo.

"Além disso, estou convencido de que, até que a transformação interna de um pedaço de madeira morta em um ser vivo tivesse ocorrido, ela o teria rejeitado com repugnância e se afastado dele o máximo possível. Então, sozinha com suas lembranças queridas, ela teria chorado. Mas, então, essas teriam sido lágrimas pelo morto, e não as lágrimas de que precisamos, aquelas que ela derramou da primeira vez que fez o exercício. Mas, uma vez que ela conseguiu ver e, em sua imaginação, sentir os braços e pernas do bebê,

Dária chorou da maneira como deveria, do jeito que a cena exigia, com lágrimas de alegria pelo vivo.

"Adivinhei o momento certo e lancei a faísca, sugerindo o 'se' mágico, que coincidiu com suas memórias mais profundas e mais secretas. Então tivemos uma genuína convulsão emocional, que, espero, tenha deixado vocês plenamente satisfeitos."

— Será que isso não quer dizer que Dária estava tendo delírios enquanto atuava?

— Não! — disse Tortsov, sacudindo as mãos. — O segredo não foi ela ter acreditado que o pedaço de madeira poderia se tornar um ser vivo, mas que a cena poderia acontecer na vida real e trazer-lhe o seu bem-vindo consolo. No palco, ela acreditou no caráter genuíno de suas ações, na progressão, na lógica e na verdade delas. Graças a elas, Dária sentiu o "estou sendo" e estimulou os poderes criativos da natureza e do subconsciente.

"Como vocês podem ver, a abordagem do sentimento por meio da verdade e da crença em ações físicas e o 'estou sendo' é aplicável não apenas aos papéis que você está criando, mas também aos papéis que você já criou.

"A grande sorte é que existem maneiras de estimular sentimentos que já foram criados. Se não fosse assim, a inspiração lampejaria somente por um momento e depois desapareceria para sempre."

Eu me sentia ótimo e, depois da aula, fui falar com Dária e agradecer a ela por me fazer ver com meus próprios olhos algo que era muito importante na arte e que eu ainda não havia levado plenamente em conta.

.. .. 19..

— Hora de fazer uma prova! — propôs Tortsov quando entrou na sala de aula.

— De quê? — não entenderam os estudantes.

— Agora, depois de quase um ano de trabalho, cada um de vocês formou alguma ideia do que é o processo criativo.

"Vamos comparar essa ideia com aquela que vocês tinham antes, com a sobreatuação da qual vocês se recordam nas suas apresentações amadoras ou com a primeira apresentação que fizeram quando começaram na escola. Por exemplo:

"Mária! Você se lembra de como, em uma das primeiras aulas, você procurou pelo valioso broche do qual dependiam o seu destino e a sua permanência na escola? Você se lembra de como estava cheia de pressa, correndo de um lado para o outro, de como tentou exagerar o desespero e sentiu prazer artístico com isso? Será que agora você ficaria satisfeita com esse tipo de 'atuação' e com o estado mental que ele ocasiona?"

Mária refletiu por um momento, lembrando-se do passado, e um sorriso desdenhoso se abriu em seu rosto. Por fim, ela balançou a cabeça e deu uma risada silenciosa, certamente pensando na sobreatuação ingênua que ela tinha realizado antes.

— Está vendo, você está rindo. De quê? Do fato de, antes, você interpretar "de modo geral", tudo de uma vez, indo direto aos resultados. Não é de se admirar que tudo estivesse desconjuntado, um exagero da personagem e das suas paixões.

"Agora, lembre-se das suas experiências na cena com a 'criança abandonada', de como você fez truques e jogos não com uma criança viva, mas com um pedaço de madeira. Compare essa vida, que era genuína, seu estado criativo, com a maneira como você sobreatuava antes e me diga se está satisfeita com o tempo que gastou na escola."

Mária pensou por um momento, seu rosto tornou-se sério e, depois, sombrio, houve um lampejo de alarme em seus olhos e, sem dizer nada, ela deu um significativo e pensativo aceno de cabeça.

— Viu? — disse Tortsov. — Você não está rindo agora, você está a ponto de chorar por causa de uma simples memória. Por que acontece isso?

"Porque quando estava criando a cena, você andava por um caminho completamente diferente. Você não foi diretamente para o resultado final: para surpreender, para atordoar o público, interpretar a cena para todos que, para você, valiam a pena. Dessa vez, você plantou uma semente dentro de si mesma e, gradualmente, produziu frutos das suas raízes. Você procedeu de acordo com as leis criativas da própria natureza.

"Lembre-se sempre desses dois diferentes caminhos, um que leva inevitavelmente à atuação de mera técnica e outro que leva à genuína atuação criativa."

— E nós sentimos esse mesmo estado de espírito na cena com o "louco"! — disseram os estudantes, esperando ser elogiados.

— Concordo — reconheceu Tortsov.

"E você, Dária, estava consciente desse estado de espírito durante a sua famosa cena com a 'criança abandonada'?

"E quanto a Vánia, ele nos pegou com a falsa lesão de sua perna enquanto dançava. Ele acreditou tão sinceramente em sua própria história que, por um momento, foi envolvido pela ilusão. Agora vocês sabem que o trabalho criativo não é apenas artifício técnico e exageração exterior de uma personagem, como muitos de vocês pensavam antes.

"Qual é a natureza da atuação como nós a entendemos?

"Ela é a concepção e o nascimento de um novo ser vivente, o ser humano/papel.

"Esse é um ato natural criativo, como o nascimento humano.

"Se vocês revisarem com cuidado o que acontece na mente de um ator quando ele se envolve com o papel, reconhecerão a verdade dessa comparação.

"No teatro, cada personagem é uma criação única e inimitável, assim como tudo na natureza.

"Assim como o nascimento de um ser humano, ela passa por estágios análogos em seu desenvolvimento.

"No processo criativo existe *ele*, o marido (o autor).

"Existe *ela*, a esposa (o ator ou atriz, que está prenhe do papel, que recebe a semente do autor, o núcleo de sua obra).

"Existe *o fruto, a criança* (o papel assim como está sendo criado).

"Existe o momento em que *ele* e *ela* (o ator e o papel) se encontram pela primeira vez. Existe o tempo da sua união, da paixão, das brigas, da discórdia, da reconciliação, da cópula, da inseminação e da gravidez.

"Durante esse período, o diretor serve de casamenteiro.

"Existem, como na gravidez, vários estágios no processo criativo que se refletem, para o bem ou para o mal, na vida privada do ator. Por exemplo: é um fato bem conhecido que as mães, em vários momentos da sua gestação, sentem desejos e têm caprichos. A mesma coisa acontece com o ser humano/ator enquanto ele está criando. Vários períodos na concepção e no crescimento do papel têm variados efeitos sobre a vida privada do ator.

"Considero que o crescimento orgânico de um papel precisa do mesmo tempo – e, em certos casos, de um tempo consideravelmente maior – que o da concepção e do crescimento de um ser humano vivo.

"Durante esse período, o diretor participa do processo como uma parteira ou um obstetra.

"Em uma gestação e um parto normais, a criação do ator é formada fisicamente de uma forma natural e, então, nutrida e criada pela mãe (o ator que a está criando).

"Mas também existem nascimentos prematuros, abortos espontâneos ou de outro tipo em nosso ofício. O resultado é um monstro teatral inacabado e atrofiado.

"Uma análise desse processo nos persuade dos limites bem definidos dentro dos quais a natureza opera quando traz um novo fenômeno ao mundo, seja um fenômeno biológico ou o produto da imaginação humana.

"Em poucas palavras, o nascimento de um ser vivo teatral (o papel) é um ato normal da própria natureza criativa do ator.

"Como extremamente se perdem essas pessoas que não entendem essas verdades, que inventam seus 'princípios' e seus 'fundamentos', a sua própria 'arte nova', que não têm fé nos poderes criativos da maturidade!

"Para que fazer suas próprias regras quando elas já existem, quando foram estabelecidas de uma vez por todas pela própria natureza? Suas regras são obrigatórias para todas aquelas pessoas, sem exceção, que fazem trabalho criativo no teatro e são uma aflição para aquelas que as violam. Transgressores da atuação como esses não se tornam artistas criativos, mas falsificadores, imitadores e fingidores.

"Uma vez que vocês tenham feito um estudo profundo e intenso das leis da natureza e aprendido a obedecê-las livremente, não só na vida, mas também no palco, vocês poderão criar o que quiserem e como quiserem, com esta única condição absoluta: a de que vocês respeitem estritamente todas as leis criativas de sua natureza, e sem exceção.

"Eu penso que ainda não nasceu o gênio, o mestre da excelência técnica que seria capaz, usando a nossa própria natureza como base, de criar numerosas modas e 'ismos' antinaturais, artificiais, elegantes e modernosos."

— Olha só, por favor, perdão, você está rejeitando tudo o que é novo na arte?

— Pelo contrário. Eu penso que a vida humana é tão sutil, complexa e multifacetada que, para expressá-la plenamente, nós precisamos de um número incomparavelmente maior de novos "ismos" dos quais ainda não temos consciência. Mas, ao mesmo tempo, sinto muito ter de dizer que a nossa técnica é débil e primitiva e que, tão cedo, não seremos capazes de atender às exigências interessantes e justificáveis dos inovadores sérios. Essas pessoas cometem um grande erro, elas se esquecem de que existe uma enorme diferença entre ideias, princípios e fundamentos, por mais corretos que eles estejam, e a sua colocação em prática. Quanto a nós, para que possamos nos aproximar deles, precisaremos trabalhar por um longo tempo em nossa técnica, que ainda se encontra em um estado primitivo.

"Enquanto a nossa psicotécnica estiver incompleta, o nosso maior medo deve ser forçar a nossa própria natureza criativa orgânica e suas leis inatas e invioláveis.

"Como vocês podem ver, tudo faz que seja uma exigência absoluta que cada estudante que deseja se tornar um ator deva, em primeiro lugar, estudar as leis criativas da natureza minuciosamente, em detalhes, não apenas na teoria, mas também na prática. Ele também é obrigado a estudar e a dominar, na prática, todos os métodos da nossa psicotécnica. Sem isso, ninguém tem o direito de subir ao palco. Caso contrário, não estaremos criando verdadeiros mestres, mas amadores e incompetentes. Com camaradas como esses, nosso teatro não pode crescer nem florescer. Pelo contrário, ele estará condenado ao fracasso."

* * *

A aula terminou com despedidas, visto que hoje foi a última aula desse semestre sobre o "sistema".

Tortsov concluiu seu discurso aos estudantes com as seguintes palavras:
— Agora vocês têm a sua psicotécnica. Com a ajuda dela, vocês podem estimular o processo de vivência. Agora vocês podem cultivar sentimentos e dar a eles uma forma física.

"Porém, para que a vida sutil e quase sempre subconsciente da natureza encontre uma expressão externa, vocês precisam possuir um aparelho vocal e físico extremamente sensíveis e esplendidamente desenvolvido. Ele deve, de modo instantâneo e preciso, transmitir, com enorme sutileza e imediatez, vivências internas que não conseguem ser capturadas.

"Em outras palavras, a dependência que a vida física do ator no palco tem da sua vida psicológica é extremamente importante em nossa escola de atuação. É por isso que atores do nosso tipo, muito mais do que em outros tipos de atuação, devem se preocupar não apenas com o nosso aparelho interno, que cria o processo de vivência, mas com o nosso aparelho externo, físico, que transmite sinceramente os resultados do trabalho criativo realizado pelo sentimento — sua forma exterior de expressão corporal. A nossa natureza e o nosso subconsciente também exercem uma grande influência sobre esse trabalho, e nesse campo — dar expressão corporal — não pode haver comparação entre eles e a técnica dos atores mais experientes, independentemente de quão autossuficiente essa técnica possa ser ou de quanto ela se diga superior.

"O processo de dar expressão corporal é, naturalmente, o próximo em nossa agenda. Dedicaremos a ele a maior parte do próximo ano.

"Isso não é tudo. Vocês adotaram, em alguns aspectos, o nosso futuro 'trabalho sobre um papel': vocês aprenderam a estabelecer esse estado criativo, que é a única maneira de abordar esse processo. Isso é também um importante trunfo para o futuro, do qual vamos fazer pleno uso no momento certo, quando chegarmos ao estudo do 'trabalho sobre um papel'.

"Então, até o nosso próximo encontro! Descansem um pouco. Em poucos meses, vamos nos reunir novamente para continuar o 'trabalho sobre si mesmo' e, em particular, o processo de dar expressão corporal."

* * *

Estou extremamente feliz e sinto-me nas nuvens. Agora conheço completamente, na prática, o significado das palavras:

"*Através da psicotécnica consciente do ator chega-se ao poder criativo subconsciente da natureza!*"

Para mim, isso agora significa: consuma anos e anos da sua vida desenvolvendo essa psicotécnica, e você criará o solo para a inspiração. Então, ela chegará a você por sua própria vontade.

Que perspectiva maravilhosa! Que grande alegria isso será!
É para isso que se deve viver e trabalhar!
Esses eram meus pensamentos e sentimentos quando enrolei o cachecol no pescoço, no corredor.

Subitamente, como antes, Tortsov apareceu do nada. Mas hoje ele não me deu uma cutucada nas costelas. Pelo contrário, fui eu que me atirei em seus braços e o abracei calorosamente. Ele ficou aturdido e perguntou-me o motivo da minha efusão.

– Você me fez entender – disse-lhe eu – que o segredo de nossa arte reside na rigorosa observância das leis da natureza, e eu prometo solenemente estudá-las com cuidado e em profundidade! Assumo o firme compromisso de obedecê-las, pois só elas podem indicar o caminho certo para a criatividade e a arte. Prometo desenvolver minha psicotécnica e fazer isso pacientemente, de forma sistemática e incansável. Em poucas palavras, vou me dedicar a tudo para aprender como preparar o solo para que o subconsciente, para que a inspiração possa vir até mim!

Tortsov ficou comovido com essa efusão. Ele puxou-me para um canto, pegou na minha mão, segurou-a por um longo tempo e disse:

– É gratificante, mas também é assustador ouvir você fazer essas promessas.

– Por que assustador? – disse eu, surpreso.

– É que tem havido demasiadas decepções. Tenho trabalhado no teatro por um longo tempo, centenas de estudantes já passaram pelas minhas mãos, mas só posso chamar um punhado deles de meus sucessores, aqueles que compreenderam a essência das coisas às quais eu tenho dedicado a minha vida.

– E por que eles são tão poucos?

– Porque muito poucos deles tiveram a força de vontade e a energia para trabalhar corretamente do princípio ao fim pela arte genuína. Não basta apenas *conhecer* o "sistema". Você deve ser *capaz de usá-lo*. Por esse motivo, você necessita treinar e se exercitar diariamente ao longo de toda a sua carreira de ator.

"Os cantores precisam vocalizar, os dançarinos precisam fazer aulas e os atores precisam do treinamento técnico tal como é estabelecido pelo 'sistema'. Faça esse trabalho, queira fazê-lo por toda a sua vida, aprenda sobre a sua própria natureza, discipline-a e, se você tiver talento, vai se tornar um grande ator."

Segundo ano
ESBOÇOS E FRAGMENTOS
Uma reconstrução

17

Transição para a concretização física

.. .. 19..

Já imaginávamos que a aula de hoje seria especial. Primeiro, porque as entradas para a plateia e para o palco estavam fechadas e, segundo, porque Rakhmánov ficava entrando e saindo, sempre fechando as portas com cuidado cada vez que passava. Era óbvio que estava acontecendo alguma coisa lá dentro. E, em terceiro lugar, havia, excepcionalmente, rostos desconhecidos no corredor onde esperávamos.

Entre os estudantes, os rumores eram numerosos. Eles estavam convencidos de que se tratavam de professores que ensinariam as matérias mais bizarras e inexistentes.

As portas secretas, por fim, se abriram, e Rakhmánov surgiu, pedindo que entrássemos.

A plateia estava decorada mais ou menos no bom e velho estilo de Rakhmánov.

Havia toda uma fileira de cadeiras para os convidados, com novas bandeirinhas sobre elas. As bandeirinhas tinham a mesma cor e formato que as outras que se encontravam penduradas na parede da esquerda. O que diferia era o que estava escrito nelas.

Nas novas bandeiras podíamos ler: "canto", "impostação de voz", "dicção", "leis do discurso", "*tempo*-ritmo", "movimento expressivo", "dança", "ginástica", "esgrima" e "acrobacia".

— Uau! — exclamamos. — Vamos ter de passar por tudo isso!

Tortsov entrou abruptamente, cumprimentou os novos professores e, virando-se para nós, fez um breve discurso, que transcrevi quase literalmente.

— Nossa família aqui na escola — disse ele — está recebendo um grupo de pessoas talentosas que, gentilmente, aceitaram compartilhar as experiências e os estudos conosco.

"Rakhmánov, incansável como ele só, criou uma nova apresentação da nossa didática, de modo que hoje ficará gravado como um dia especial na memória de vocês.

"Isso tudo quer dizer que chegamos a um novo *estágio* do nosso programa de estudos.

"Até agora, temos lidado com o aspecto interior da nossa arte e da sua psicotécnica.

"A partir de hoje, trabalharemos o aparelho corporal, que usamos para a concretização física e sua técnica exterior. Aqui, neste teatro, atribuímos excepcional importância ao seu papel, que é fazer que a vida criativa *invisível* do ator torne-se *visível*.

"A materialização física é importante na medida em que transmite a 'vida do espírito humano'.

"Falei muito sobre vivência, mas não lhes disse nem a centésima parte daquilo que vocês precisam saber a respeito da intuição e do inconsciente.

"Este é o lugar de onde vocês irão extrair a sua matéria-prima, os meios técnicos da vivência. Ele é infinito e não sucumbirá a cálculos frios.

"As técnicas que usamos para corporificar as vivências inconscientes também não respondem a cálculos frios. Também elas muitas vezes devem materializar nossas mentes de maneira inconsciente e intuitiva.

"Isso está além da mente consciente. Só a natureza pode fazê-lo. A natureza é o melhor de todos os artistas criativos e mestres da técnica. Somente ela tem o poder absoluto de controlar tanto o aparelho interno quanto o externo da vivência e da materialização. Somente a própria natureza é capaz de materializar sentimentos sutis *imateriais* [usando] o *material* bruto de que é composto o nosso aparelho vocal e físico de materialização.

"No entanto, nessa difícil tarefa, devemos proceder usando os nossos poderes criativos. Eles não atrapalham; pelo contrário, permite que aquilo que a natureza nos deu chegou a um verdadeiro estado de perfeição natural. Em outras palavras, nós devemos desenvolver e preparar nosso aparelho físico, com o qual concretizamos de determinada maneira todas as partes que correspondem ao que a natureza exige dele.

"Temos de desenvolver a nossa voz e o nosso corpo tendo a natureza como base. Isso exige uma grande dose de trabalho longo e sistemático, e é para esse trabalho que estou convocando a partir de hoje. Se vocês não o fizerem, então o seu aparelho físico provará ser imperfeito demais para o trabalho que a natureza designa para ele.

"Vocês não podem transmitir a sutileza da música de Chopin com um trombone, assim como não podem expressar delicados sentimentos inconscientes com as partes brutas de nosso aparelho físico, especialmente se elas não estiverem em harmonia, tal como um instrumento musical que não foi bem afinado.

"É impossível transmitir as coisas que a natureza cria inconscientemente com um corpo despreparado, assim como é impossível tocar a Nona Sinfonia de Beethoven com instrumentos que não estejam afinados.

"Quanto maior o artista, quanto mais sutis são os seus esforços criativos, mais ele necessita de trabalho e de técnica.

"Desenvolvam seu corpo e o subordinem aos comandos criativos internos dados pela natureza..."

Depois de seu discurso, Tortsov apresentou todos os estudantes aos professores, não só pelo nome completo de cada um, mas como atores, ou seja, ele mandou todos nós interpretarmos os trechos de nossa apresentação original.

Então, tive de fazer a minha parte da cena de *Otelo*.

Como me saí? Mal, porque fiquei me exibindo no papel, ou seja, fiquei pensando só na minha voz, no meu corpo, nos meus movimentos. Como todos sabemos, o esforço para parecer belo só trava e tensiona os músculos, e toda essa tensão é um entrave. Ela contrai a voz e trava os músculos.

Depois que apresentamos nossos trechos, Tortsov convidou todos os novos professores a nos pedirem para fazer o que lhes parecesse necessário para conhecerem melhor os nossos aspectos artísticos positivos e negativos.

Esse foi o início de uma verdadeira farsa, que mais uma vez me fez perder a autoconfiança.

Para testar o nosso senso de ritmo, tivemos de caminhar de acordo com diferentes durações de notas musicais e andamentos, ou seja, em semibreves, semínimas, colcheias etc., em notas pontuadas, quiálteras e assim por diante.

Era fisicamente impossível não rir com a visão da enorme e simpática figura de Lev e o olhar de seriedade trágica com que seu rosto media o pequeno palco, sem nenhum adereço, com passos de gigante, fora da batida e fora de ritmo. Todos os seus músculos estavam emaranhados e ele andava em todas as direções, como se estivesse bêbado.

E o que dizer dos nossos ibsenianos, Nikolai e Dária? Eles estavam completamente absortos durante todo o exercício. Era muito engraçado.

Então, todos nós fomos obrigados a entrar, um de cada vez, nas coxias, ir até uma dama e, depois de fazer uma reverência, beijar a mão que ela nos estendia. Era, à primeira vista, uma tarefa simples, mas vocês precisavam ter visto o que aconteceu quando Pácha, Lev e Vánia foram exibir o seu traquejo social. Eu nunca teria imaginado que eles pudessem ser tão desajeitados e canhestros.

E não só eles, mas também os especialistas em exibição, Igor e Grícha, estavam à beira de se tornar engraçados.

Eu também... provoquei alguns sorrisos, e isso acabou comigo.

É incrível como o brilho da ribalta capta e amplifica as falhas das pessoas e o seu lado tolo. Um ator de pé na ribalta é visto como que através de uma lente de aumento que amplia coisas que, muitas vezes, passam despercebidas na vida real.

É algo que temos de entender. E nós temos de estar preparados para isso.

Tortsov e os professores saíram. Rakhmánov, junto conosco, colocou as bandeiras de volta em seu lugar.

Não vou registrar o que fizemos e dissemos, pois isso não acrescentaria nada de novo.

Vou terminar as anotações de hoje com um esboço da maneira como penduramos as bandeirinhas.

Por falar nisso, três bandeiras estavam sem nada escrito, como aquelas que estavam penduradas na metade esquerda da parede, onde o processo de vivência tinha surgido, não sabemos exatamente quando. Nós as penduramos sem nenhuma cerimônia e ninguém disse nada. Rakhmánov não deu nenhum tipo de explicação, apenas disse: "Vamos falar sobre tudo isso no momento oportuno, não se preocupem!".

18

Educação física

.. .. 19..

Hoje abriram uma sala secreta, ao lado do corredor, que nenhum de nós tinha visto ainda. Havia um boato de que ela ia ser o *museu da escola* e também serviria de sala de convivência para os estudantes. A intenção era colocar ali uma coleção de fotografias e reproduções das mais belas obras de arte do mundo. Se estivéssemos rodeados delas durante a melhor parte do dia, ficaríamos acostumados às coisas belas.

Além disso, disseram que, ao lado desse museu clássico, necessário para um ator, também pretendiam criar um pequeno museu *kitsch*. Nele, entre outras coisas, haveria uma coleção de fotografias de atores nos mais estereotipados tipos de figurinos, maquiagens e poses teatrais, do tipo que deve ser banido dos palcos. Essa coleção seria colocada perto do escritório de Rakhmánov. Normalmente, ela ficaria escondida atrás de uma cortina e só seria exibida em circunstâncias excepcionais, para fins didáticos, como uma demonstração por meio de opostos.

Isso tudo era ideia de Rakhmánov – ele é incansável.

Mas, evidentemente, essa história do museu ia demorar muito, dado o estado de absoluto caos em que se encontrava a sala secreta. Havia coisas finas, estátuas de gesso de Paris, estatuetas, alguns quadros, móveis da época de Alexandre I e Nicolau I, armários com excelentes publicações sobre vestuário. Um monte de fotografias, com e sem moldura, espalhadas em desordem sobre cadeiras, janelas, mesas, no piano e no chão. Algumas já estavam penduradas nas paredes. Um arsenal completo de floretes, adagas, punhais, máscaras e coletes de esgrima e luvas de boxe estava empilhado em dois cantos. Isso era um sinal de que estavam se preparando para nos dar uma série de novas aulas de treinamento físico.

Outro detalhe digno de nota: havia um cartaz na parede com os dias e horários de funcionamento dos museus e das galerias de arte de Moscou. Com base no que estava escrito a lápis na folha, concluí que estavam sendo preparados passeios turísticos sistemáticos por toda a cidade. Esses passeios, como se podia ver pelo que estava escrito, seriam conduzidos por especialistas que nos dariam uma série de palestras adaptadas para atender às nossas necessidades.

Querido e velho Rakhmánov! Quanta coisa ele faz por nós, e quão pouco nós o estimamos!

.. .. 19..

Hoje, Tortsov compareceu à nossa aula de ginástica sueca praticamente pela primeira vez e conversou conosco por longo tempo. Tomei nota dos pontos mais importantes.

Ele disse o seguinte:

— As pessoas não sabem como usar o equipamento que a natureza lhes deu. Não são capazes de mantê-lo em uma boa condição ou de desenvolvê-lo. Músculos frouxos, uma ossatura distorcida e uma respiração deficiente são ocorrências comuns na vida. Isso é tudo resultado da nossa incapacidade de educar e desenvolver o nosso aparelho físico. Não há por que se admirar, então, se o trabalho que a natureza designa para ele é executado de uma maneira insatisfatória.

"Pelas mesmas razões, constantemente encontramos corpos desproporcionais que não foram adequadamente desenvolvidos pelos exercícios.

"Muitos desses defeitos podem ser corrigidos por completo ou em parte... Mas nem todo mundo aproveita essa oportunidade. Por quê? Os defeitos físicos passam despercebidos na vida privada. Eles se tornam normais, ocorrências cotidianas para nós.

"Mas, uma vez que são transferidos para o palco, muitos dos nossos defeitos se tornam insuportáveis. No teatro, existem mil pessoas assistindo a um ator através das lentes de aumento dos seus binóculos. Isso significa que o corpo em exibição deve ser saudável e belo, e seus movimentos devem ser expressivos e harmoniosos. A ginástica que vocês têm feito nos últimos seis meses, ou mais, tem ajudado vocês a manter o seu corpo saudável e a aprimorá-lo.

"Muito trabalho já foi realizado. Os exercícios diários que vocês têm feito ajudaram a determinar os principais centros da sua musculatura, exercícios que a própria vida proporciona ou que, até agora, vocês não tinham desenvolvido. Para resumir, o trabalho que fizemos até agora não só ativou os centros motores comuns e brutos, mas também os mais refinados que nós raramente usamos. Eles praticamente morrem e se atrofiam porque não recebem o treinamento de que necessitam. Uma vez que eles tenham sido ativados, vocês começam a se tornar conscientes de novas sensações, novos movimentos, novos meios de expressão, de maiores chances para serem sutis do que vocês conheceram até agora.

"Tudo isso faz que o corpo tenha mais mobilidade, flexibilidade, expressividade, agilidade e sensibilidade em suas funções.

"Chegou a hora de começar o trabalho mais importante a ser feito na aula de ginástica."

Depois de um momento de pausa, Tortsov perguntou-nos:

— Vocês admiram o físico dos homens fortes do circo? Ou dos atletas? Ou dos lutadores? Pessoalmente, eu não consigo pensar em nada mais feio do que um homem com ombros de novilho, com feixes de músculos protuberantes por todo o corpo, que não têm nem o tamanho certo, nem estão no lugar certo para a beleza da proporção. Será que vocês já os viram trajando as roupas que eles costumam vestir depois de realizarem suas ações e seguirem o apresentador enquanto ele conduz um corcel lindamente adornado? Eles não lembram aquelas figuras grotescas que acompanham um cortejo fúnebre? O que aconteceria se esses corpos desproporcionais tivessem de usar um figurino veneziano medieval ajustado ao corpo ou um casaco de equitação do século XVIII? Como iriam parecer estúpidas, essas massas de carne.

"Não é da minha alçada julgar até que ponto esse tipo de educação física é necessária no esporte. Meu dever é advertir vocês de que adquirir esse tipo de físico monstruoso é completamente errado para o palco. Devemos ter um corpo compacto, forte, desenvolvido, bem proporcionado e bem constituído, sem nada exagerado ou não natural. A ginástica deve corrigir, e não estragar os nossos corpos.

"Agora vocês estão em uma encruzilhada. Que caminho vão escolher? Voltar a linha de desenvolvimento dos seus músculos para finalidades esportivas ou moldar a si mesmos para as exigências da nossa arte? Devemos, é claro, direcioná-los para o segundo caminho. E é por isso que vim aqui hoje.

"Vejam! Nós fazemos as mesmas exigências nas aulas de ginástica que nas de escultura. Da mesma maneira que um escultor procura pelas proporções corretas e belas nas partes constituintes da estátua que ele está criando, o professor de ginástica também deve conseguir a mesma coisa com o corpo vivo. A forma ideal não existe. Ela tem de ser criada. Para fazer isso, vocês têm de observar o corpo e entender as proporções de suas partes. Uma vez que os seus defeitos tenham sido entendidos, vocês têm de corrigir e desenvolver o que a natureza deixou incompleto e preservar o que ela fez bem. Assim, muita gente tem ombros muito estreitos e o peito encovado. Vocês têm de trabalhar em cima disso para fortalecer os músculos dos ombros e do peito. Outras pessoas, no entanto, têm ombros muito largos e um peito de pombo. Para que fazer exercícios que reforçam defeitos? Será que não seria melhor deixá-los em paz e voltar nossa atenção para as pernas, se estiverem muito finas? Trabalhando os músculos das pernas, vocês podem levá-los à forma desejada. Os exercícios esportivos podem ajudar a ginástica a atingir um determinado fim. O resto é feito pelo estilista, pelo figurinista, por um bom alfaiate e um bom sapateiro.

"Temos de encontrar as proporções corretas do corpo e um ponto de equilíbrio nas coisas que indiquei."

.. .. 19..

Um famoso palhaço do Circo de Moscou acompanhou Tortsov na aula de hoje. Ao apresentá-lo, Tortsov disse:

— A partir de hoje, vamos introduzir aulas de acrobacia em nosso programa de estudos. Por mais estranho que possa parecer, o ator precisa delas mais para uso interno do que externo... *para momentos de grande clímax psicológico... para a inspiração criativa.*

"Ficaram surpreendidos? *Eu preciso da acrobacia para desenvolver em vocês o poder de decisão.*

"É desastroso para um acrobata ter pensamentos ou dúvidas antes de dar um salto mortal ou de fazer um truque arriscado. A morte ameaça. Não é momento para dúvidas, você tem de fazer, e não pensar, deixar as coisas para o acaso, mergulhar de cabeça até o fundo! O que tiver de ser, será!

"Acontece exatamente a mesma coisa com um ator quando ele chega aos momentos de clímax em um papel. Em momentos como 'Então, deixe o cervo ferido', em *Hamlet*, ou 'Sangue, Iago, sangue!', em *Otelo*, vocês não devem pensar, duvidar, refletir, preparar ou testar a si mesmos. Vocês têm de fazê-lo, correr e saltar para ele. No entanto, a maioria dos atores tem uma atitude psicológica bastante diferente. Eles têm medo dos grandes momentos e se preparam meticulosamente para eles com bastante antecedência. Isso produz o tipo de constrições que impedem vocês de se abrir nos grandes momentos de clímax em um papel para que possam se entregar a eles completamente e sem reservas. Às vezes, vocês podem ficar com inchaços e contusões na sua cabeça. O professor vai cuidar para que eles não sejam muito graves. Conseguir um calombo que seja um 'sacrifício pela experiência' não vai matar vocês. Ele vai fazer que repitam a experiência sem pensamentos desnecessários da próxima vez, sem vacilação, *decididamente, como um homem, com intuição física e inspiração.* Uma vez que você tenha desenvolvido a sua vontade em termos de movimento de corpo e de ação, mais fácil será transportá-la para dentro dos grandes momentos. É quando vocês aprendem a cruzar o Rubicão, sem pensar, mas se entregando também completamente ao poder da intuição e da inspiração. Momentos como esse são encontrados em todas as grandes peças, então deixem que a acrobacia ajude vocês a chegar ao topo, o mais longe que forem capazes.

"Além do mais, a acrobacia pode prestar a vocês outro serviço: ela ajuda a ser mais ágil, a trabalhar melhor fisicamente no palco, quando estão subindo, se virando, se curvando ou correndo, e fazendo outros movimentos difíceis e rápidos. Vocês vão aprender a fazer coisas em um ritmo e um andamento rápidos e que só podem ser alcançados por um corpo bem exercitado. Eu lhes desejo boa sorte."

Assim que Tortsov foi embora, nós pedimos para dar saltos mortais no chão descoberto. Fui o primeiro voluntário, pois as palavras de Tortsov tinham me causado uma grande impressão. Quem se sentia mais desolado do que eu por não conseguir lidar com momentos trágicos?

Sem muito tempo para pensar, dei um salto mortal. Pow! – surgiu um enorme calombo no alto da minha cabeça. Fiquei com raiva e dei outro. Pow! – outro calombo na minha cabeça.

.. .. 19..

Tortsov continuou fazendo as rondas e hoje veio, pela primeira vez, para a aula de dança, que fazemos desde o início do ano letivo.

Ele disse, entre outras coisas, que essa aula não era básica para o desenvolvimento do corpo. Seu papel, assim como o da ginástica, era auxiliar, uma preparação para outros exercícios mais importantes.

Isso, no entanto, não anulava a grande importância que Tortsov dava à dança para o desenvolvimento físico.

Isso não só aprimora o corpo, mas abre os movimentos, os amplia, dá--lhes definição e acabamento, que são muito importantes, visto que gestos picados, cortados, não são bons para o palco.

– Valorizo essa aula de dança porque é excelente para a correta colocação das mãos, das pernas e da coluna vertebral – explicou Tortsov.

"Algumas pessoas, por terem o peito encovado e ombros curvos, têm mãos que balançam diante delas e batem contra sua barriga e suas coxas quando elas andam. Outras, por terem os ombros e o tronco jogados para trás e a barriga saindo para fora, têm as mãos balançando atrás da sua espinha. Nenhuma dessas posições pode ser considerada correta, já que a posição adequada para as mãos é dos lados.

"Os cotovelos, com frequência, estão voltados para o corpo. Mas eles deveriam estar virados na direção oposta, com os cotovelos para o lado de fora. Isso deve ser feito com moderação, pois o exagero perturba a 'colocação' e estraga tudo.

"A posição das pernas não é menos importante. Se ela estiver incorreta, toda a figura sofre como consequência, tornando-se estranha, pesada e desajeitada.

"Na maioria dos casos, as mulheres têm suas pernas viradas para dentro dos quadris até os joelhos. A mesma coisa acontece com seus pés, que têm os calcanhares virados para fora e os dedos dos pés, para dentro. A barra de balé corrige esses defeitos esplendidamente. Ela vira as pernas para fora do quadril e as posiciona adequadamente. E elas ficam, então, mais torneadas. O posicionamento correto da perna em relação aos quadris tem seu efeito sobre os pés, que ficam com os calcanhares unidos e as extremidades, separadas para lados diferentes, assim como devem estar quando a perna está posicionada de maneira correta.

"E não é só o trabalho na barra que contribui para isso, mas muitas outras danças e exercícios. Eles são baseados em diferentes 'posições' e 'passos', que exigem que os quadris estejam virados para fora e as pernas e os pés, posicionados de forma adequada.

"Tendo em vista esse objetivo, recomendo outra coisa, por assim dizer, de natureza mais caseira, que vocês podem usar muitas vezes, todos os dias. É extremamente simples. Virem o pé esquerdo para fora o máximo que puderem. Em seguida, coloquem o pé direito *na frente* dele, bem perto, com os dedos dos pés virados para fora o máximo que vocês conseguirem. Os dedos do pé direito vão tocar o calcanhar do pé esquerdo e os dedos do pé esquerdo vão tocar o calcanhar do pé direito. No começo, vocês vão ter de se apoiar em uma cadeira para não cair, não dobrar os joelhos nem o corpo inteiro. Mas vocês devem tentar, tanto quanto possível, endireitar os joelhos e o tronco. Mantendo-os retos, vocês forçarão as pernas a virar para fora dos quadris. Os pés vão se separar um pouco no começo. Caso contrário, vocês não serão capazes de mantê-los retos. Mas, com o tempo, à medida que os pés começarem a virar para fora, vocês serão capazes de alcançar a posição que indiquei. Uma vez que tenham conseguido, façam isso todos os dias, com o máximo de frequência que lhes permitam seu tempo, sua paciência e sua força. Quanto mais tempo vocês conseguirem ficar assim, com mais força e rapidez os seus quadris e os seus pés vão virar para fora.

"*Dar um retoque nos pés, mãos, punhos e dedos dos pés* não é de menor importância tanto para a flexibilidade de movimento quanto para o desenvolvimento do corpo.

"Aqui, também, os exercícios de balé e de dança podem ser de grande valia. Na dança, o aprimoramento dos pés é muito eloquente e expressivo. Deslizando sobre o chão em vários 'passos', como uma pena afiada sobre uma página, eles traçam desenhos elaborados. Quando os dedos estão *'en pointe'*, eles dão uma impressão de voo. Eles amortecem os choques, dão suavidade e graça, marcam o ritmo e os acentos da dança. Não é de admirar, então, que, na arte do balé, uma grande atenção é dada aos dedos dos pés e ao seu desenvolvimento. Devemos fazer uso das técnicas que essa arte elaborou.

"As coisas não são tão boas, na minha opinião, quando se trata do aprimoramento das mãos no balé. Eu não gosto da maneira como os dançarinos movem os punhos. É rebuscado, convencional e piegas; tem muito mais enfeite do que beleza. Muitas bailarinas dançam com punhos e dedos mortos e imóveis, que estão tensos por causa do esforço.

"Nesse caso, é melhor recorrer à escola de Isadora Duncan[1]. Ela é a que tem o melhor controle sobre os punhos.

"Há outro elemento no treinamento de balé que eu valorizo e que é de grande importância em toda a educação do corpo: sua flexibilidade de movimento, o posicionamento geral do tronco e nossa maneira de nos sustentar.

"É o seguinte: nossa coluna, que se dobra em todas as direções como uma espiral, deve estar firmemente posicionada na pelve. Ela deve estar, por assim dizer, como que aparafusada no lugar onde começa a primeira vértebra, a mais baixa. Se uma pessoa sente que a espiral imaginária está firmemente colocada, então a parte superior do tronco recebe apoio, tem um centro de gravidade e estabilidade e fica reta.

"Mas se a espiral imaginária está vacilante, a coluna vertebral perde a estabilidade, sua linearidade, seu posicionamento correto, sua harmonia e também beleza de movimento e flexibilidade.

"Essa espiral imaginária, esse centro que suporta a coluna vertebral, é de grande importância na arte do balé. Ela foi capaz de desenvolvê-la e fortalecê-la. Tirem proveito e adotem os métodos de desenvolvimento, fortalecimento e posicionamento da coluna vertebral vindos da dança.

"Com relação a isso, eu também tenho na manga um método antiquado para, por assim dizer, ser usado diariamente em casa.

"Nos velhos tempos, as governantas francesas costumavam colocar as crianças que tinham ombros curvados deitadas em uma mesa dura ou no chão, de forma que a parte de trás da sua cabeça e da espinha encostassem na superfície. As crianças costumavam ficar nessa posição por horas a fio todos os dias, enquanto a governanta, pacientemente, lia para elas interessantes livros em francês.

"Outro jeito simples que se usava para endireitar os ombros curvados das crianças: fazia-se que elas pusessem os seus braços para trás, dobrados na altura dos cotovelos, enquanto um bastão era passado entre eles e as costas. Quando elas tentavam se levantar normalmente, os braços, como é natural, puxavam o bastão contra a espinha. Quando tocava nela, o bastão obrigava a criança a se endireitar. As crianças andavam nessa posição

---

1. Isadora Duncan (1877-1927), uma das fundadoras da dança moderna; Stanislávski a conheceu quando ela estava em turnê em Moscou.

praticamente o dia inteiro sob os olhos de águia de suas governantas e, finalmente, acostumavam-se a manter a coluna reta.

"Enquanto a ginástica produz movimentos bem claros e quase bruscos, com acentos fortes e um ritmo quase marcial, a dança tenta criar suavidade, amplitude de gestos, como uma cantilena. Ela os desenvolve, dando-lhes linha, forma, direção e sustentação.

"Os movimentos da ginástica vão em linhas retas.

"Mas, no balé e na dança, a amplitude de movimento e o refinamento da forma levam ao exagero e à afetação. Isso também não é bom. Quando um dançarino ou uma dançarina têm de indicar por meio da mímica a entrada ou saída de uma personagem ou de um objeto inanimado, eles não estendem simplesmente o braço na direção desejada, mas, em primeiro lugar, o movem para o lado oposto, de modo a aumentar o âmbito e a curva do gesto. Quando eles realizam esse movimento desproporcionadamente amplo e vazio, tentam fazer que ele seja mais bonito, mais esplêndido e mais ornamentado do que o necessário. Isso produz afetação coreográfica, sorrisos afetados, pieguice, mentiras, falsidade e, muitas vezes, exagero absurdo e caricatura.

"Se quisermos livrar o drama de tudo isso, devo lembrar a vocês de algo que já disse muitas vezes, ou seja: não deve haver gestos por gestos no palco. Portanto, não tentem recorrer a eles e livrem vocês mesmos da afetação, dos sorrisos falsos, do exagero coreográfico e de outros perigos.

"O problema é que eles podem se infiltrar na própria ação. Para se protegerem contra isso, vocês devem se assegurar de que suas ações no palco sejam sempre genuínas, produtivas e com propósito. Ações como essas não precisam de afetação, de pieguice ou de exageros coreográficos. Elas serão forçadas a sair por uma ação efetiva e produtiva."

No final da aula, ocorreu um incidente comovedor que devo descrever porque indica outra coisa que decidiram incluir no programa. Também é algo típico de Rakhmánov e demonstra sua incansável dedicação ao trabalho.

Eis o que aconteceu:

Ao enumerar as aulas que ajudariam no desenvolvimento do corpo e do nosso aparelho expressivo, Tortsov acabou percebendo que ainda não tinha conseguido contratar um professor que trabalhasse com a *expressão facial* e, logo em seguida, se corrigiu:

— É claro — observou ele — que não se pode ensinar expressão facial porque o resultado disso são caretas. A expressão facial acontece por si mesma, naturalmente, por meio da intuição ou da vivência interior. Porém, você pode ajudá-la com exercícios e com o desenvolvimento dos músculos da face. Mas, para fazer isso, você tem de conhecer a musculatura da face. Não consigo encontrar um professor para isso.

Rakhmánov reagiu a isso com a sua impulsividade habitual e prometeu aprender o mais rápido possível, se necessário até trabalhando com cadáveres em aulas de anatomia, para que pudesse, em pouco tempo, transformar-se nesse professor até agora inexistente para a nossa aula de expressão facial.

— Então nós teremos, nas aulas de treinamento e exercício, o professor de que precisamos para realizar exercícios no desenvolvimento de nossos músculos faciais.

.. .. 19..

Acabei de voltar da casa do tio de Pácha. Ele praticamente arrastou-me até lá à força. Era porque um outro tio idoso, o famoso ator V..., tinha ido fazer uma visita e era uma pessoa que, de acordo com seu sobrinho, eu tinha de conhecer. Ele tinha razão. Hoje conheci um notável ator, que fala com seus olhos, com sua boca, suas orelhas, a ponta de seu nariz e com os dedos em movimentos e volteios quase imperceptíveis.

Quando está descrevendo o exterior de uma pessoa, a forma de um objeto ou os contornos de uma paisagem, ele oferece uma imagem externa, com extraordinária clareza, do que ele está vendo e de como ele está vendo. Por exemplo, quando descreveu a casa de um amigo ainda mais corpulento do que ele, o narrador transformou-se literalmente diante dos nossos próprios olhos em uma cômoda entulhada, em um grande guarda-louça ou em uma cadeira para se praticar agachamento. Ele não copiou os objetos, mas transmitiu uma sensação de aglomeração.

Quando ele começou, por assim dizer, a forçar seu caminho, com seu amigo corpulento, através da mobília, você tinha uma esplêndida imagem de dois ursos em uma toca.

Ele sequer precisou levantar-se da cadeira para descrever a cena. Sentado nela, ele curvou-se levemente, levantou ou abaixou sua proeminente barriga, e isso foi o suficiente para dar uma ilusão de abrir o nosso caminho para frente.

Enquanto ouvíamos mais uma história sobre uma pessoa que pulou de um bonde em movimento e se chocou contra um poste, todos nós gritamos ao mesmo tempo porque ele tinha conseguido nos fazer ver as coisas terríveis que estava descrevendo.

Ainda mais notável foram as respostas mudas que o convidado dava enquanto Tio Chustóv contava a história de como, na sua juventude, ele e seu amigo tinham cortejado a mesma dama.

O tio de Pácha se vangloriava de maneira divertida do seu próprio sucesso e ainda mais divertida do fracasso de V....

Este último estava em silêncio, mas, em certos pontos da história, em vez de dizer alguma coisa, corria o olhar pelo seu vizinho e por todos nós, como se estivesse dizendo:

"Que sujeito descarado! Ele está mentindo como um charlatão, e vocês, idiotas, estão ouvindo e acreditando nele!"

Em um desses momentos, o homem gordo fechou seus olhos e, em uma demonstração de desespero e impaciência, ficou completamente imóvel, com a cabeça jogada para trás e começou a contorcer suas orelhas. Ele parecia estar usando-as como mãos para afastar a conversa cansativa do seu amigo.

Quando Tio Chustóv fez observações ainda mais fanfarronas, o convidado perversamente contraiu a ponta do seu nariz, primeiro para a esquerda e depois para a direita. Em seguida, ergueu uma sobrancelha e depois a outra, fez alguma coisa com a testa, deixou que um sorriso passasse pelos seus lábios grossos e fez mais para desacreditar dos ataques feitos contra ele com esses movimentos quase imperceptíveis do que faria com palavras bombásticas.

Em outra disputa cômica entre os dois amigos, eles discutiam sem palavras, usando apenas os dedos. Ficava claro que a discussão era sobre uma trapaça que eles tinham feito em um caso amoroso do qual se acusavam mutuamente.

Primeiro, o convidado exprimia uma censura muito significativa usando seu dedo indicador. A ela, o tio de Pácha deu uma resposta de forma semelhante, mas usando o dedo mínimo. Se o primeiro gesto exprimia uma ameaça, o segundo tinha um tom irônico.

Quando o homem gordo, finalmente, ameaçou o tio de Pácha com os dedos gordos de sua pata enorme, percebemos esse gesto como um aviso final.

Houve mais discussão com as mãos. Elas retratavam episódios completos das suas vidas pregressas. Um deles rastejou e se escondeu. Então, o outro o encontrou, foi atrás dele e lhe bateu. Depois disso, o primeiro homem deu no pé e o segundo o perseguiu e o alcançou. Tudo isso terminou com as mesmas censuras, ironias e advertências de antes, expressas somente com os dedos.

Depois da refeição, durante o café, o tio de Pácha fez seu convidado e amigo mostrar para os jovens e para nós a sua famosa cena de *A tempestade*, que ele representou de maneira maravilhosa, e não somente na forma exterior, mas, se é possível dizer, psicologicamente, usando somente sua expressão facial e seus olhos.

.. .. 19..

Tortsov veio para a nossa aula de ginástica rítmica e disse o seguinte:

— A partir de hoje, teremos aulas de flexibilidade de movimento, que Xênia Sónova vai ministrar em paralelo com as aulas de eurítmica Dalcroze[2].

---

2. Émile Jaques-Dalcroze (1865-1950), criou um sistema de movimento rítmico para desenvolver a coordenação entre a mente e o corpo.

"Quero que vocês estejam plenamente conscientes na sua abordagem desse novo tema. Então, vamos trocar algumas palavras antes do início da aula."

Depois de um momento de pausa, continuou:

– Atribuo uma grande importância às aulas de flexibilidade de movimento. Em geral, considera-se que essas aulas podem ser ministradas por qualquer velho professor de dança mercenário e que a arte da coreografia, com seus métodos banais e "passos", é a mesma coisa que a flexibilidade de movimento da qual um ator dramático necessita.

"Será que é assim mesmo?

"Por exemplo, existem algumas poucas bailarinas que, quando dançam, contorcem suas mãos e demonstram suas 'poses' e 'gestos' para a plateia, enquanto os observam de fora. Elas exigem movimentos e flexibilidade de movimento por si mesmos. Elas estudam suas danças em termos de 'passos', desprovidos de conteúdo interno, e criam formas carentes de substância.

"Será que um ator dramático precisa dessas ações externas e expressivas sem conteúdo?

"E imaginem esses servos de Terpsícore fora do palco. Será que eles andam no caminho que a nossa arte requer? Será que sua afetação e as suas graças teatrais e artificiais são a coisa certa para os nossos fins criativos?

"Nós também conhecemos alguns atores dramáticos que precisam de movimentos expressivos para subjugar os corações de suas admiradoras. Esses atores criam *poses* combinando as belas flexões e os belos volteios dos seus corpos; eles traçam complicadas linhas externas quando movem os braços pelo ar. Esses 'gestos' se originam nos ombros, quadris e na coluna vertebral; eles correm ao longo da parte exterior dos braços, das pernas, do corpo inteiro e, em seguida, retornam ao seu ponto de partida, sem realizar nenhuma ação produtiva e não tendo nenhuma intenção interior de cumprir uma Tarefa. Tais movimentos são como um mensageiro que entrega cartas quando não tem nenhum interesse em saber o que há nelas.

"Esses gestos podem parecer expressivos, mas são vazios e sem sentido, como dançarinos agitando seus braços para dar a impressão de beleza. Nós não precisamos de técnicas coreográficas, nem de *poses* histriônicas, nem de *gestos* teatrais que sigam uma linha externa e superficial. Eles não dão vida a Otelo, Hamlet, Tchátski ou Khlestakóv como almas humanas.

"Vamos tentar adaptar bastante essas convenções, poses e gestos cênicos, de modo a realizar alguma tarefa viva, de modo a revelar vivências interiores. Então, um gesto deixa de ser um gesto e se torna uma ação genuína, produtiva e cheia de propósito.

"Precisamos de ações simples, expressivas e naturais que tenham conteúdo interno. Onde podemos encontrá-las?

"Existem dançarinos e atores dramáticos de um tipo diferente desse primeiro. Eles desenvolveram sua própria flexibilidade de movimento para durar toda uma vida e não fazem mais reflexões sobre esse aspecto da ação física.

"A flexibilidade de movimento tornou-se parte deles, pertence a eles, é a sua segunda natureza. Bailarinas e atores como esses não dançam nem representam, eles *são aquilo que fazem* e não conseguem fazer nada sem flexibilidade de movimento.

"Se eles tivessem de realmente prestar atenção nas coisas que estão sentindo, ficariam conscientes da energia dentro deles, proveniente das suas profundezas secretas, do fundo de seus corações. Ela passa através do corpo inteiro; não é vazia, mas lançada por emoções, desejos, Tarefas que a conduzem por uma linha interna para estimular uma resposta criativa.

"A energia, encorajada pelo sentimento, lançada pela vontade, guiada pela mente, move-se com confiança e orgulho, como um embaixador em uma missão importante. Esse tipo de energia surge em ação criativa, sensível, fértil e produtiva, que não pode ser feita de qualquer maneira, mecanicamente, mas de acordo com os impulsos do coração.

"À medida que flui através da rede do sistema muscular e estimula os centros motores internos, ela provoca a ação externa.

"É desse tipo de movimento e de ação, oriundos de lugares secretos do coração, seguindo uma linha interna, que os genuínos artistas do drama, do balé e de outras artes teatrais e do movimento necessitam.

"Apenas esse tipo de movimento é correto para a *materialização artística da vida do espírito humano de um papel.*

"*Somente por meio da consciência interna do movimento que nós podemos começar a aprender a compreendê-lo e senti-lo.*

"Como vamos conseguir isso?

"Sónova nos ajudará a responder essa pergunta."

Tortsov, então, passou o comando da aula para ela.

— Vejam — disse-nos Sónova —, tem uma gota de mercúrio na minha mão e, agora, cuidadosamente, muito cuidadosamente, vou derramá-la, vejam, no segundo dedo, o indicador da minha mão direita. Bem na pontinha.

Assim dizendo, ela fingiu pôr a gota imaginária na ponta do seu dedo, sobre os músculos motores.

— Deixem-na correr por todo o seu corpo — ordenou ela. — Sem pressa! De forma gradual! Bem gradual! Em primeiro lugar, sobre as articulações dos dedos, que devem ficar retas e deixar o mercúrio passar sobre a mão e, em seguida, descer pelo braço até o cotovelo. Ele está lá? Conseguem senti-lo? Bom! Muito bem! Agora, sem pressa, sintam isso acontecer. Bom! Muito bem! Agora, sem pressa, cuidadosamente, deixem que ele siga em frente, suba pelo braço até o ombro! Certo, bom! Maravilhoso, absolutamente maravilhoso! Agora todo o braço está estendido e reto, erguido, articulação por articulação, flexão por flexão. Agora, deixem o mercúrio rolar na direção oposta. Não, não, essa não é a maneira certa! Por que soltar o braço de uma só vez, como se fosse um bastão? Assim o mercúrio vai descer para a ponta do seu dedo e cair no chão. Vocês devem deixar que ele role devagarinho, devagarinho! Primeiro do ombro até o cotovelo. Dobrem o cotovelo, dobrem-no! Certo! Mas não soltem o resto do braço. Não façam isso de jeito nenhum, ou o mercúrio vai escorrer. Certo. Agora vamos em frente! Com cuidado, com cuidado! Suavemente! Deixem o mercúrio rolar para a palma da mão. Não de uma vez só. Façam isso com cuidado, com cuidado. Por que vocês estão deixando a mão cair? Levantem-na, ou o mercúrio vai escorrer. Devagarinho, devagarinho, bom! Agora, deixem que ele passe cuidadosamente, para não escorrer, sobre a palma da mão, até as articulações do dedo adjacente. É isso; deixem que ele caia de forma gradual. Suavemente! Certo. A última flexão. A mão inteira foi solta e o mercúrio escorreu... Esplêndido.

"Agora eu vou derramar o mercúrio no alto da sua cabeça" – disse ela a Pácha. – "E você vai deixá-lo passar pelo pescoço e descer pela coluna vertebral até a pelve; deixe o mercúrio descer pela perna direita até o dedão do pé e, depois, subir novamente para a pelve. Deixe o mercúrio descer mais uma vez pela perna esquerda, até o dedão do pé, e subir novamente para a pelve. Então, subir pela coluna vertebral até o pescoço e, finalmente, pelo pescoço até o alto da sua cabeça."

Deixamos a gota imaginária de mercúrio rolar pelos nossos dedos das mãos e dos pés, pelos ombros, cotovelos, pelo nariz, pelo queixo, pelo alto das nossas cabeças e, depois, deixamos que ela caísse.

Será que nós realmente sentimos o movimento passando através do nosso sistema muscular ou será que só imaginamos que podíamos sentir a passagem da gota imaginária de mercúrio por dentro de nós?

A professora não nos deu tempo de refletir sobre essa questão, mas fez que nos exercitássemos sem pensar nisso.

– Tortsov vai explicar tudo o que vocês precisam saber – nos disse Sónova – Por enquanto, vamos continuar trabalhando, com muita concentração, mais uma vez, e outra, e outra. Vocês precisam de tempo, têm de fazer muitos exercícios e se acostumarem a sentir sem saberem que estão fazendo isso, e então o hábito estará firmemente arraigado; se a gota de mercúrio, a força motriz de energia é real ou não, não faz diferença – afirmou a professora, de uma maneira tranquilizadora, enquanto fazia movimentos conosco, corrigindo os braços, pernas e tronco, de um e depois de outro estudante.

– Venha cá, rápido! – chamou-me Tortsov –, e diga-me, com franqueza, se você não acha que todos os seus colegas têm agora mais flexibilidade de movimento do que antes.

Comecei a admirar Lev, que era tão gordo. A circularidade de seus movimentos me surpreendia. Mas depois cheguei à conclusão de que a plenitude da sua figura era algo que ajudava.

Mas também tinha Dária, que era magrinha, com ombros, cotovelos e joelhos angulosos. De onde vinham a suavidade e o poder alusivo de seu movimento? Será que o mercúrio imaginário com seu movimento ininterrupto tinha produzido tal resultado?

Tortsov comandou o resto da aula. Ele disse:

— Tenham consciência das coisas que acabaram de aprender com Xênia Sónova.

"Ela focou a concentração física de vocês no movimento da energia, através da rede interna dos músculos. Precisamos do mesmo tipo de concentração quando estamos à procura de tensões no processo de relaxamento do qual falamos anteriormente. E o que é a tensão muscular senão o bloqueio da passagem da energia motora?

"Vocês também sabem, por sua própria experiência de radiação, que essa energia se move não apenas internamente, mas passa de nós, de lugares secretos de sentimento, para o objeto focal, que se encontra no nosso exterior.

"A concentração física desempenha um grande papel nesses processos, assim como faz agora na flexibilidade de movimento. É importante que essa concentração se mova continuamente em conjunção com o fluxo de energia, pois isso ajuda a criar uma linha infinita essencial na arte.

"A propósito, essa continuidade não é apenas essencial em nossa profissão, mas também em outras artes. Então, o que vocês acham: será que essa linha de som é essencial para a música?

"É bem claro que um violino não pode começar a tocar uma melodia até que o arco tenha passado de forma suave e contínua pelas cordas.

"E o que aconteceria se removêssemos a linha ininterrupta do pintor enquanto ele está desenhando? "— continuou Tortsov —" Será que ele conseguiria desenhar um simples esboço sem ela?

"Isso é impossível, é claro, e a linha é essencial para um pintor no mais alto grau.

"E o que vocês diriam de um cantor que tossisse fragmentos de ruídos em vez de notas constantes e contínuas?" — perguntou Tortsov.

— Eu sugeriria que ele fosse para um hospital, em vez do teatro — brinquei.

— Agora tentem tirar uma linha constante do dançarino. Será que ele consegue criar uma dança sem isso? — continuou Tortsov.

— É claro que ele não consegue — concordei.

— Os atores dramáticos também precisam de uma linha ininterrupta. Ou será que vocês acham que nós podemos trabalhar sem ela? — perguntou Tortsov.

Concordamos que precisávamos de uma linha de movimento.

– Então, ela é essencial em todas as artes – disse Tortsov, resumindo. – Mas isso não é tudo. *A própria arte nasce no momento em que uma linha ininterrupta e constante de som, de voz ou de movimento é criada. Enquanto existem apenas sons, roncos, notas e gritos individuais em vez de música, ou linhas curtas e pontos individuais em vez de desenho, ou arranques espasmódicos individuais em vez de movimento, não pode haver música ou canto, desenho, pintura, dança, arquitetura, escultura ou, por fim, a própria arte do teatro.*

"Quero que vocês examinem como uma linha infinita de movimento pode ser criada por vocês mesmos.

"Observem-me e façam o que eu fizer" – disse-nos Tortsov. – "Agora, como vocês podem ver, meu braço, que tem uma gota imaginária de mercúrio sobre ele, está para baixo. Mas eu quero erguê-lo, então, vamos pôr o metrônomo na velocidade mais lenta... Cada batida será igual a uma semínima. Quatro batidas fazem um compasso no ritmo 4/4, o período que eu tenho para levantar minha mão."

Tortsov colocou o metrônomo em movimento e nos disse que estava começando a sessão.

– Este é a primeira contagem, uma semínima, durante a qual uma das ações constituintes é realizada: erguer o braço e levar o fluxo de energia interna do ombro para o cotovelo.

"Essa parte do braço que não está erguida deve estar livre de tensão e balançar como um chicote. Os músculos que estão relaxados deixam o braço flexível e, então, ele se desdobra para uma posição reta, como o pescoço de um cisne.

"Notem que o movimento de erguer e de abaixar, assim como qualquer outro movimento do braço, deve ser feito junto do tronco. Um braço que está separado do corpo é como um bastão com uma das extremidades torta. Você deve estender o braço e, uma vez que o movimento esteja completo, trazê-lo de volta. O gesto vai do ombro para as extremidades e volta das extremidades para o ombro.

"Avante" – disse Tortsov para si mesmo, após um momento. – "*Dois*. Aqui temos a segunda semínima no compasso, durante a qual, por sua vez, é realizada outra ação: erguer a segunda parte do braço e deixar a gota imaginária de mercúrio rolar do cotovelo para a mão.

"Avante" – anunciou Tortsov. – "*Três!*... Aqui nós temos a próxima contagem, que é atribuída à terceira semínima: erguer a mão e deixar o fluxo de energia passar pelas articulações dos dedos.

"E, finalmente: quatro! Aqui temos a última semínima, que é atribuída ao movimento de erguer todos os dedos.

"Eu abaixo o braço exatamente da mesma maneira, atribuindo uma semínima para cada articulação.

"Uuum!... Dooois!... Trêêêss!... Quaaatro!"

Tortsov marcava os comandos de maneira muito acentuada e breve, num ritmo militar.

Uuum! Pausa... enquanto esperava a próxima contagem. *Dooois!* Mais uma vez silêncio. *Trêêêss!* – outra pausa. *Quaaatro!* uma parada etc.

Devido à lentidão do andamento, havia longas pausas entre as palavras de comando. As batidas, alternando-se com a inação silenciosa, evitavam qualquer tipo de suavidade. O braço se movia aos solavancos, como uma carreta passando por buracos fundos e ficando presa em cada um deles.

– Agora, vamos fazer o exercício novamente, mas com uma diferença: no dobro da velocidade com a contagem da divisão. Deixemos que cada semínima compreenda não um simples um, mas 1/1, como uma parelha na música; não apenas *dois*, mas 2/2; não apenas *três*, mas 3/3; não apenas *quatro*, mas 4/4. Como resultado, cada batida reterá as quatro semínimas anteriores, porém, divididas em oito momentos ou colcheias.

Fizemos o exercício.

– Como podem ver – disse Tortsov –, os intervalos entre as contagens foram mais curtos, já que havia mais deles no compasso, e isso, de certa forma, facilitou a suavidade de movimento.

"Estranho! Será que o simples fato de pronunciar o número de cada contagem poderia influenciar na suavidade de erguer ou baixar o braço? É claro, o segredo não reside nas palavras, mas na *concentração* focada sobre o movimento de energia. Isso aumenta com cada contagem, que deve ser cuidadosamente observada. Quanto menores as frações em cada contagem, mais elas ficam unidas no compasso, mais o preenchem, e mais contínua é a linha de concentração de que vocês necessitam para o movimento de energia. Se dividirem a contagem ainda mais, então as frações que vocês terão de observar serão ainda mais numerosas. Elas preenchem completamente o compasso, e graças a isso vocês têm uma linha ainda mais contínua de concentração e movimento de energia e, consequentemente, do próprio braço.

"Vamos testar o que eu disse na prática."

Então fizemos uma série de testes durante os quais as semínimas foram divididas em frações de três (tercinas), quatro (quartinas), seis (sextinas), até doze, dezesseis, 24, e frações ainda menores em cada compasso. Ao fazermos isso, alcançamos a plena continuidade de movimento, tal como o zumbido em que a contagem havia se transformado:

Umumumumumumumumdoisdoisdoisdoisdoisdoisdoisdoistrêstrêstrêstrêstrêstrêstrêsquatroquatroquatroquatroquatroquatroquatroquatroquatro

Eu não conseguia continuar contando, pois isso exigia uma rapidez de dicção que eu não possuo.

A voz era um zumbido, a língua se movia muito rápido, mas não dava para decifrar as palavras. Durante essa contagem rapidíssima, o braço se movia de forma contínua e lenta, enquanto o andamento se mantinha como antes.

O resultado foi uma suavidade maravilhosa. O braço se dobrava e se desdobrava.

Tortsov disse:

— Mais uma vez, sugere-se por si mesma a comparação com um automóvel. Quando ele começa a se mover, tem explosões curtas e acentuadas, mas depois elas se tornam contínuas, assim como o próprio movimento.

"A mesma coisa aconteceu quando vocês estavam contando; no começo, o comando era cuspido, e agora essas contagens bruscas se uniram para formar um zumbido contínuo e um movimento lento e flexível. Nesse sentido, isso estava próximo da arte, uma vez que vocês alcançaram uma cantilena ininterrupta.

"Vocês vão estar ainda mais conscientes disso quando realizarem suas ações com música, o que vai substituir o zumbido da sua contagem por uma bela linha ininterrupta de som."

Rakhmánov sentou-se ao piano, tocou algo calmo e lento, e nós estendemos nossas pernas e braços, curvando nossa coluna ao som da música.

— Estão sentindo — disse Tortsov — sua energia progredindo majestosamente ao longo de uma linha interior infinita?

"Essa linha cria a suavidade e a flexibilidade de movimento de que precisamos.

"Essa linha interna pode emergir das profundezas mais secretas e a energia pode estar impregnada com os estímulos dos nossos sentimentos, da nossa vontade e do nosso intelecto.

"Uma vez que, com a ajuda de exercícios sistemáticos, vocês tenham se habituado, tenham aprendido a amar e a sentir prazer nas suas ações, seguindo não a linha exterior, mas a interior, então saberão o que são a arte do movimento e a flexibilidade da forma."

Quando terminamos os exercícios, Tortsov disse:

— Uma linha contínua e ininterrupta de movimento em nossa arte representa a matéria-prima a partir da qual podemos desenvolver a flexibilidade da forma.

"Assim como o algodão comum ou o fio de lã é continuamente trabalhado à medida que passa por um tear, na nossa arte também uma linha ininterrupta de movimento é submetida à elaboração artística: em um lugar podemos iluminar o nosso movimento, em outro, torná-lo mais forte, e, em um terceiro, acelerá-lo, retardá-lo, sustentá-lo, interrompê-lo e, por fim, coordenar nossos movimentos com os acentos no *tempo-ritmo*.

"Qual instante no movimento, que estamos produzindo, deve coincidir com as batidas no compasso que contamos em nossas mentes?

"Esses estágios momentâneos são segundos quase imperceptíveis durante os quais a energia passa ao longo das articulações individuais, das partes do dedo ou das vértebras da coluna vertebral.

"São apenas esses instantes que são percebidos pela nossa atenção. No exercício anterior, à medida que a gota de mercúrio imaginária passava de uma articulação para a outra, nossa concentração percebia o momento em que ela passava sobre os ombros, os cotovelos, as dobras nas articulações. Vamos agora fazer esse exercício com música.

"Pode ser que as coisas não coincidam com o que nós esperamos delas, mas, posteriormente, sim, quando vocês estiverem contando a grande maioria dos momentos. Eles podem passar voando por vocês e deixá-los para trás. Pode ser que vocês não contem o número de compassos de forma correta, mas só aproximadamente, como medidas de tempo. O importante é que mesmo uma ação dividida dessa maneira deve impregná-los totalmente com seu *tempo-ritmo*, de cujas escalas vocês devem estar cientes, e cuja concentração deve acompanhar a contagem subdividida que a língua de vocês não consegue articular. Isso deve estabelecer uma linha ininterrupta de concentração e a linha contínua de movimento que estamos buscando.

"Como é agradável combinar o movimento interno de energia com a melodia!"

Vánia, que estava suando, trabalhando do meu lado, descobriu que "a música lubrifica o movimento, de modo que essa energia tem uma vida boa"[3].

O som e o ritmo ajudam a suavidade e a leveza de movimento, de modo que os braços parecem levantar voo do tronco por eles mesmos.

Fizemos o mesmo tipo de exercício de energia motora não somente com os braços, mas com a coluna vertebral e com o pescoço. O movimento ao longo da coluna vertebral foi realizado exatamente da mesma forma que os exercícios que tínhamos feito anteriormente, o de "liberar os músculos".

Quando a energia deslizava de cima para baixo, parecia que estávamos caindo no inferno. Mas, quando ela subia pela coluna vertebral, tínhamos a sensação de estar decolando.

Nós também tivemos de parar completamente o movimento de energia. E isso também foi feito com ritmo e andamento. O resultado foi uma pose fixa. Ela era verossímil quando estava interiormente justificada. Uma pose dessa natureza é transformada em *ação* estacionária, uma escultura viva. É bom não apenas executar ações justificadas interiormente, mas também executar não ações em *tempo-ritmo*.

No final da aula, Tortsov disse:

---

3. Stanislávski coloca um ponto de interrogação na margem oposta a essa sentença.

— Anteriormente, na aula de ginástica ou de dança, vocês estavam lidando com o movimento externo dos braços, pernas e tronco. Mas hoje, na aula de flexibilidade de movimento, vocês aprenderam outra coisa: *a linha interna de energia*.

"Agora, decidam qual das duas linhas, interna ou externa, vocês consideram a mais adequada para a materialização artística, no palco, da vida do espírito humano."

Por unanimidade, optamos pela *linha interna de energia motora*.

— Então — concluiu Tortsov —, parece que vocês têm de estabelecer não uma energia exterior e visível, mas uma interior e invisível como a base para a flexibilidade de movimento.

"E isso deve estar coordenado com os momentos ritmicamente acentuados no tempo-ritmo.

"Nós chamamos essa consciência interior, da passagem de energia através do corpo, de senso de movimento."

.. .. 19..

O trabalho de hoje, sobre flexibilidade de movimento, foi feito no saguão do teatro. Foi Tortsov quem deu essa aula. Ele disse:

— A energia não apenas se move pelos braços, coluna, pescoço e pernas. Ela provoca a ação dos músculos da perna e produz uma maneira de andar, algo de extrema importância no palco. Será que existe uma maneira especial de caminhar pelo palco que não é a nossa maneira de caminhar na vida comum? Na verdade, isso acontece precisamente porque nenhum de nós caminha de maneira correta, ao passo que *caminhar no palco deve ser como a natureza pretendeu, em conformidade com todas as suas leis*. E é nisso que reside a maior dificuldade.

"Aqueles aos quais a natureza negou uma boa maneira de andar natural e que são incapazes de desenvolver uma recorrem a todo tipo de invenções quando sobem ao palco para camuflar suas deficiências. E assim eles aprendem a andar de uma maneira especial, antinatural e aparatosa, como se estivessem em uma pintura. Eles não andam, eles marcham pelo palco. Mas esse jeito teatral, aparatoso e artificial de andar não deve ser confundido com um *andar de palco baseado nas leis da natureza*. Esse é o seu problema.

"Vamos falar sobre isso e sobre as possibilidades de desenvolver esse andar, de modo que possamos livrar o palco, de uma vez por todas, do jeito aparatoso, afetado e teatral de andar, que é tão comum no teatro atual.

"Em outras palavras, vamos começar do zero a aprender a caminhar no palco da mesma maneira como fazemos na vida real."

Tortsov mal tinha terminado o que estava dizendo quando Vária levantou-se de um salto e caminhou, passando por ele, exibindo sua forma de andar, que ela evidentemente considerava exemplar.

— Bem — disse Tortsov de maneira significativa, olhando para os pés dela. — Os chineses usam sapatos apertados para transformar o pé humano em pata de vaca. Mas o que as mulheres modernas fazem arruína a melhor, a mais complexa e a mais bela peça do equipamento do nosso corpo — a perna humana, na qual o pé desempenha um papel tão importante. Que coisa bárbara de se fazer, especialmente para uma mulher! Para uma atriz! Um andar bonito é um dos mais atraentes de seus encantos. E tudo isso é sacrificado por alguma moda estúpida. No futuro, devo pedir às nossas queridas damas que venham à aula de movimento usando sapatos baixos ou, ainda melhor, escarpins. Nosso guarda-roupa pode fornecer tudo o que é necessário.

Depois de Vária, foi a vez de Igor caminhar, exibindo sua leveza de passada. Seria mais verdadeiro dizer que ele não andou, mas esvoaçou.

— Se os pés e os dedos de Vária não fizeram seu trabalho da forma correta, os seus foram zelosos demais — disse-lhe Tortsov. — Mas não é nada muito lamentável. É difícil desenvolver o pé e incomparavelmente mais fácil mantê-lo dentro dos limites. Não estou preocupado com você.

Para Lev, que se "arrastou" na frente dele, Tortsov disse:

— Se um dos seus joelhos ficasse paralisado por causa de uma lesão ou de uma doença, você correria de um médico para outro e gastaria uma fortuna neles, só para fazer que ele voltasse a se mover corretamente. Então, por que, quando os seus dois joelhos estão praticamente atrofiados, você fica tão indiferente diante das suas limitações? Entretanto, quando caminhamos, o movimento dos joelhos é de grande importância. Você não pode caminhar com as pernas duras e retas.

No caso de Grícha, a espinha, que também está envolvida e desempenha um papel importante no andar, não é flexível o suficiente.

Para Pácha, Tortsov sugeriu a "lubrificação" dos quadris, como se estivessem enferrujados e ficando travados. Isso impedia que ele pusesse o pé suficientemente para a frente e reduzia o seu passo, fazendo que ele ficasse desproporcional ao tamanho da perna.

Verificou-se que Dária tinha um defeito típico de mulher. Suas pernas se viravam para dentro dos quadris até os joelhos. Seus quadris teriam de ser virados para fora com exercícios na barra.

Os dedos dos pés de Mária estavam tão virados para dentro que quase colidiam uns com os outros.

Por sua vez, os pés de Nikolai estavam muito virados para fora.

Tortsov achou que o movimento das minhas pernas era arrítmico.

— Você caminha da mesma maneira como falam muitas pessoas do sul: algumas palavras são ditas muito lentamente e outras, subitamente, por uma ou outra razão, como ervilhas espalhadas. Essa é a maneira como você anda: um grupo de passos é igual e então, de repente, você começa a galopar com botas de sete léguas. O seu andar pula um batimento, como em uma doença na válvula do coração.

Como resultado da observação de nossa maneira de caminhar, entendemos os nossos próprios defeitos e os das outras pessoas e percebemos que tínhamos esquecido como andar.

Como crianças muito pequenas, tivemos de aprender novamente essa difícil e importante arte.

Para nos ajudar a fazer isso, Tortsov explicou a estrutura da perna humana e os fundamentos do andar correto.

– Vocês precisam ser mais do que atores, precisam ser engenheiros e mecânicos para entender e avaliar o papel e a ação da nossa perna como peça de maquinário – disse ele, como uma introdução.

"As pernas humanas" – continuou ele –, "da pelve até os pés, lembram-me o movimento fácil de um vagão Pullman. Por causa do grande número de molas que absorvem e amortecem os choques que vêm de todos os lados, a parte superior, onde os passageiros estão sentados, quase não se move, mesmo quando o carro está viajando em alta velocidade com solavancos vindos de todos os lados. Isso é o que deve acontecer quando os seres humanos caminham ou correm. Então, a parte superior do tronco e da caixa torácica, os ombros, o pescoço e a cabeça não devem sofrer solavancos, mas devem estar completamente em repouso, livres em seus movimentos, como um passageiro de primeira classe em seu confortável vagão. A coluna vertebral é, em grande medida, uma auxiliar nisso.

"A sua função é se inclinar em forma de espiral em todas as direções, ao menor movimento, de modo a manter o equilíbrio dos ombros e da cabeça, que, na medida do possível, devem permanecer em repouso, sem ser sacudidos.

"O papel das espirais é desempenhado pela pelve, pelos joelhos e tornozelos e por todas as articulações dos dedos dos pés. Sua função é amortecer os choques que acontecem ao caminhar ou correr e, também, ao se inclinar para a frente, para trás, para a direita e para a esquerda, e também, por assim dizer, ao se lançar e rolar.

"O papel das molas que suportam o corpo é movê-lo para frente. Isso deve ser feito de modo que o corpo flutue em uma linha horizontal da proa para a popa.

"Falando desse modo de caminhar, lembrei-me de um incidente que me impressionou. Eu estava assistindo a alguns soldados marchando. Seus peitos, ombros e cabeças estavam visíveis acima da cerca que nos separava. Parecia que eles não estavam caminhando, mas patinando ou esquiando em uma superfície lisa. Dava a impressão de que eles estavam deslizando, sem passos que oscilam para cima e para baixo.

"Isso acontecia porque todas as molas certas nos ombros, quadris, joelhos, tornozelos e dedos dos pés estavam fazendo o seu trabalho esplendidamente. Graças a isso, a parte superior do tronco flutuava ao longo da cerca em uma linha horizontal.

"Para que possamos ter uma ideia mais clara da função da perna e de suas partes individuais, vou dizer algumas palavras sobre cada uma delas.

"Vou começar com a parte de cima, ou seja, a partir da cintura pélvica. Ela tem duas funções: primeiro, como a coluna vertebral, ela amortece o efeito dos solavancos laterais e o balanço da esquerda para a direita que acontece quando se caminha e, segundo, ela move a perna inteira para frente quando se dá um passo. Esse movimento deve ser amplo e livre, apropriado à nossa altura, ao tamanho da perna, ao comprimento da nossa passada e à velocidade, andamento e características que desejamos para a nossa caminhada.

"Quanto melhor a perna balançar para frente, mais livre e facilmente viajará de volta, melhor será o passo e mais rápido será o seu movimento. Esse balanço da perna, para frente e para trás, não deve, de agora em diante, depender do tronco, embora o tronco muitas vezes tente participar do nosso avanço curvando-se para frente ou para trás, de modo a aumentar o impulso do movimento para frente. Esse movimento só deve ocorrer nas pernas.

"Isso requer exercícios especiais para desenvolver a nossa passada e para permitir que a perna balance para frente e para trás de forma livre e ampla.

"Eles consistem no seguinte: fiquem de pé e encostem o seu ombro direito, e depois o esquerdo, e também o tronco em uma coluna, ou um batente de porta, ou em uma das sólidas portas duplas. Esse apoio é necessário para o corpo manter sua posição vertical intacta e não se inclinar para frente ou para trás, para a esquerda ou para a direita.

"Tendo assegurado assim o tronco em uma posição vertical, apoiem-se firmemente na perna que está contra a coluna ou a porta. Levantem-se um pouco na ponta dos pés e então balancem a outra perna para frente e, depois, para trás. Tentem fazer isso em um ângulo reto. Esse exercício deve ser feito primeiramente por períodos curtos e em um ritmo lento e, em seguida, por períodos cada vez mais longos. Obviamente, não façam tudo de uma vez, mas gradual e sistematicamente.

"Uma vez que este exercício tenha sido feito com uma perna, digamos, a direita, virem para o outro lado da porta e façam o mesmo com a perna esquerda.

"Em ambos os casos, tenham em mente que, quando vocês balançam sua perna para fora, o pé não deve estar em ângulo reto, mas esticado na direção em que o movimento está sendo feito.

"Ao caminhar, como já foi dito, os quadris sobem e descem. À medida que o quadril direito sobe (quando você empurra o pé direito para frente), o quadril esquerdo desce, quando a perna esquerda vai para trás. Então, há a sensação de um movimento circular e rotatório nas articulações do quadril.

"As próximas molas, depois dos quadris, são os joelhos. Eles, como já foi dito, também têm uma dupla função: por um lado, projetam o tronco e, por outro, amortecem os solavancos e choques que ocorrem quando vocês transferem o peso do tronco de uma perna para a outra. Nesse ponto, a perna que está suportando o peso está ligeiramente dobrada na altura do joelho, o suficiente para manter o equilíbrio dos ombros e da cabeça. Depois disso, quando os quadris tiverem feito todo o seu trabalho de deslocar o tronco para frente e regular seu equilíbrio, é a vez dos joelhos que, então, põem em ordem e empurram o tronco ainda mais para frente.

"O terceiro grupo de molas que amortece o movimento e, ao mesmo tempo, move o tronco para frente, compõe-se dos tornozelos, os pés e as articulações dos seus dedos. Essa é uma peça muito complexa e refinada do aparelho, uma peça importante na hora de andar. Por isso, chamo, especialmente, a atenção de vocês para ela.

"A flexão da perna na altura dos tornozelos, assim como na altura dos joelhos, ajuda o tronco a se projetar ainda mais. Os pés e, especialmente, os dedos dos pés não estão envolvidos apenas nessa operação, mas também têm outra função. Eles amortecem os solavancos enquanto vocês estão em movimento. A sua importância tanto na primeira quanto na segunda operação é considerável.

"Existem três maneiras de usar o aparelho do pé e dos dedos dos pés, que criam três tipos de caminhar.

"Na primeira delas, vocês pisam primeiro com o calcanhar.

"No segundo tipo, vocês pisam com todo o pé.

"No terceiro, o chamado andar grego à maneira de Isadora Duncan, vocês primeiro pisam com os dedos dos pés e, então, o movimento rola pelo pé para o calcanhar e, de volta, do calcanhar para os dedos dos pés, e depois até a perna.

"Por ora, vou falar sobre o primeiro tipo de caminhar, que é o mais usado quando se está calçando sapatos com saltos. Ao caminhar assim, como já foi dito, o calcanhar carrega o peso do corpo e rola o movimento ao longo do comprimento do pé até os seus dedos. Os dedos dos pés não se dobram de volta, mas, pelo contrário, enfiam-se no chão como se fossem as garras de um animal.

"Como o peso do corpo começa a pressionar para baixo e a rolar pelas articulações dos dedos dos pés, eles se endireitam e se afastam do chão até que o movimento tenha, finalmente, chegado à ponta do dedão do pé, onde, como acontece com dançarinos que ficam nas pontas dos pés, todo o peso do corpo descansa por um curto espaço de tempo sem impedir o movimento para frente, arrastado pelo seu próprio impulso. O grupo inferior de molas – do tornozelo até a ponta do dedão do pé – desempenha um papel grande e importante nisso. Vou lhes dar um exemplo tirado da minha própria experiência.

"Quando estou indo para casa ou para o teatro, e os meus dedos dos pés estão fazendo perfeitamente o seu trabalho, chego ao meu destino final, em uma velocidade uniforme, cinco ou seis minutos antes do que quando os meus pés e dedos não estão trabalhando como deveriam. É importante que os dedos dos pés devam, por assim dizer, 'seguir do princípio ao fim', estendendo seu passo reto até o final.

"Os dedos dos pés também são de imensa e primordial importância para amortecer os solavancos. Seu papel é, particularmente, importante naquele momento mais difícil de um caminhar suave, quando os indesejáveis solavancos verticais podem ocorrer, à medida que o peso do corpo é transferido de uma perna para a outra. Essa fase de transição é um perigo para a suavidade do movimento. Nesse ponto, tudo depende dos dedos dos pés (principalmente, do dedão), que, mais do que as outras molas, são capazes de amortecer o deslocamento do peso corporal por meio da ação amortecedora de suas extremidades.

"Tentei delinear para vocês a função de todas as partes constituintes da perna e por isso as dividi em ações individuais. Mas é claro que elas não trabalham isolada, mas simultaneamente, em completa e mútua reação e interdependência. Assim, por exemplo, no momento em que alguém transfere o corpo de uma perna para a outra, assim como na segunda etapa de mover o corpo para frente e no terceiro momento de deslocamento, transferindo o peso para a outra perna, todas as partes motoras do aparelho da perna estão mais ou menos envolvidas e completamente conectadas. É impossível descrever por escrito o seu relacionamento mútuo, sua assistência mútua. Essas são coisas que vocês terão de descobrir por si mesmos, quando estiverem em movimento, usando as suas próprias sensações. Eu só posso esboçar um panorama geral do trabalho maravilhoso e complexo que o aparelho motor, a nossa perna, realiza."

Depois da explicação que Tortsov nos deu, todos os estudantes começaram a andar significativamente pior do que antes – nem do jeito antigo, nem do novo. Tortsov, no entanto, notou que eu tinha tido algum pequeno avanço, mas depois acrescentou:

– Sim, seus ombros e sua cabeça estão protegidos dos solavancos. Sim, você está planando, mas ainda no chão, não está voando pelos ares. Seu andar parece mais um rastejar ou um engatinhar. Você anda como um garçom em um restaurante quando está com medo de derramar uma tigela de sopa ou um prato com uma comida cheia de molho. Eles protegem seu corpo, suas mãos e também sua bandeja contra batidas e solavancos.

"No entanto, a suavidade no movimento é uma coisa boa apenas até um certo ponto. Se ela for longe demais, o resultado será o exagero e a vulgaridade que todos percebemos nos garçons. Um certo nível de variação, para mais ou para menos, é necessário. Deixe os ombros, a cabeça e o tronco flutuarem pelo ar, não em uma linha absolutamente reta, mas ligeiramente ondulada.

"Nosso andar não deve ser um rastejar, mas um *pairar*.

"Eu peço a mim mesmo para explicar a diferença.

"O fato é que quando o nosso caminhar é um movimento rastejante, no momento em que o peso do corpo está sendo transferido de uma perna para a outra, digamos, da perna direita para a esquerda, a primeira perna deixa de funcionar no exato momento em que a segunda começa. Em outras palavras, a perna esquerda transfere o peso do corpo e a direita recebe-o simultaneamente. Então, quando o nosso caminhar é um movimento de rastejar ou de engatinhar, não há um único momento em que, por assim dizer, o corpo esteja no ar, descansando unicamente sobre o dedão de um pé que carrega seu movimento atribuído até o fim. Em um andar que é um movimento flutuante, existe um segundo durante o qual uma pessoa se separa do chão, como um dançarino na ponta dos pés. Depois desse levantamento momentâneo no ar, começa a descida suave, imperceptível e sem choques, e a transmissão do peso do corpo de uma perna para a outra."

Tortsov atribui uma grande importância a esses dois momentos, a elevação e a passagem suave de uma perna para a outra, pois é por causa deles que nós temos graciosidade, suavidade, continuidade, leveza e a qualidade de flutuar no andar de uma pessoa.

No entanto, flutuar quando você anda não é tão simples como parece.

Em primeiro lugar, é difícil localizar o momento em que se flutua. Mas, felizmente, eu consegui isso. Então Tortsov me passou a tarefa de oscilar para cima e para baixo.

— Mas como você vai "decolar" sem isso?

— Não voe em linha reta para cima, mas para frente, em uma linha horizontal.

Tortsov insistiu, sobretudo, que não deve haver paradas ou atrasos no movimento do corpo para frente. O voo para frente não deve ser interrompido nem por um momento. Quando você estiver na ponta do dedão do pé, deve prolongar seu voo através do seu próprio impulso, no mesmo andamento em que começa o passo. Um andar desse tipo voa sobre o chão, não vai de repente sacudindo para cima e para baixo em uma linha vertical, mas se move para frente e para cima horizontalmente, saindo do solo como um aeroplano no momento em que ele decola suavemente, assim como quando aterrissa sem sacudir para cima e para baixo. O movimento horizontal para frente proporciona uma linha levemente curvada, ondulada, em um gráfico, sacudindo para cima e para baixo à medida que o andar cria uma linha torta, angular ou em zigue-zague.

Se um intruso tivesse caído na nossa aula de hoje, ele teria pensado que estava em um hospital para paraplégicos. Todos os estudantes estavam movendo as pernas, perdidos em pensamentos, concentrando sua atenção em seus músculos, como que absortos em algum problema enigmático. Consequentemente, os centros motores estavam em uma total confusão. Coisas que, anteriormente, tinham sido feitas de forma intuitiva e automática agora exigiam a intervenção do pensamento consciente, que se mostrou bastante inexperiente quando se tratava de anatomia e do sistema motor muscular. Na verdade, não estávamos puxando as cordas certas e, por isso, fizemos movimentos aleatórios, como um fantoche quando os cordéis estão embaraçados.

Como resultado de prestarmos atenção aumentada ao nosso movimento, conseguimos, através da nossa mente consciente, apreciar toda a sutileza e a complexidade do mecanismo da perna.

Como tudo está conectado e coordenado!

Tortsov nos pediu para "seguir o nosso passo" até o final.

Sob a observação direta de Tortsov, e trabalhando sob as suas ordens, nós nos movemos lentamente, passo a passo, atentos às nossas sensações corporais.

Com uma vara na mão, Tortsov a usava para indicar cada ponto, cada momento em que a tensão muscular ou uma passagem de energia ocorria na minha perna direita.

Ao mesmo tempo, Rakhmánov se movia do meu outro lado, usando outra vara para indicar o mesmo movimento de tensão muscular na minha perna esquerda.

— Veja — disse Tortsov —, no mesmo momento em que a minha vara está subindo pela perna direita, que está esticada para frente e suportando o peso do corpo, a vara de Rakhmánov está descendo pela sua perna esquerda, que está passando o peso para a perna direita e movendo o corpo para cima dela. E agora as varas estão se movendo no sentido inverso: a minha está descendo e a de Rakhmánov está subindo. Será que vocês notaram a maneira como esse movimento alternado de nossas varas, dos dedos dos pés para os quadris e dos quadris para os dedos dos pés, ocorre em ordem inversa e em direções opostas? É assim que os pistões trabalham em um motor a vapor do tipo vertical. Será que vocês perceberam como, ao mesmo tempo, flexões e relaxamentos se alternam para cima e para baixo, para baixo e para cima, em ordem lógica?

"Se houvesse uma terceira vara, poderíamos usá-la para indicar como parte da energia sobe pela coluna vertebral, amortecendo os solavancos e mantendo o equilíbrio. Uma vez que o seu trabalho está feito, a tensão na espinha vai novamente para baixo, para os dedos do pé, de onde ela veio.

"Notaram mais um outro detalhe?" – continuou Tortsov.

"Quando as varas móveis sobem para os quadris, há uma pausa de um segundo durante a qual elas giram no local em que estão as articulações e depois descem."

– Sim, nós percebemos – dissemos. – O que significa essa rotação das varas?

– Vocês não perceberam por si mesmos o movimento rotatório nos quadris? Algo que literalmente faz uma volta completa antes de se mover para baixo?

"Estou me lembrando da plataforma giratória que permite que uma locomotiva, em uma estação terminal, se vire para poder seguir na direção oposta.

"A mesma plataforma giratória existe em nossos quadris, e eu consigo sentir o seu movimento.

"Outra observação: será que vocês sentiram como os nossos quadris trabalham habilmente quando a tensão passa para dentro e para fora?

"Como os controles em um motor a vapor, eles estabilizam, amortecendo os solavancos nos momentos de perigo. Nos momentos em que o navio se move para cima e para baixo, para baixo e para cima. Esse senso de rolamento vem da passagem de energia pelos músculos da perna.

"Se isso ocorrer de forma suave e uniforme, o nosso andar será suave, uniforme e terá flexibilidade de forma. Se a energia se mover em arranques, com hesitações no meio do caminho, nas articulações ou em outros centros motores, então, o nosso andar não pode ser uniforme, mas irregular.

"E, assim, uma vez que o nosso andar tenha uma linha de movimento ininterrupta, isso significa que nós sentiremos que ele tem andamento e ritmo.

"O movimento, como nas mãos, é dividido em momentos separados na passagem de energia pelas flexões e articulações (extensão da perna, movimento do corpo para frente, liberação, alternância das pernas, amortecimento de choques etc.).

"*Então, quando vocês estiverem fazendo mais exercícios, devem combinar os acentos do tempo-ritmo quando estiverem caminhando, não para a linha externa de movimento da energia, mas para a interna, assim como fizemos com os braços e a espinha.*"

Quando eu estava voltando para casa hoje, as pessoas devem ter pensado que estava bêbado ou louco.

Eu estava aprendendo a andar.

Como isso é difícil!

Muita concentração é necessária para se observar o movimento invariável e rítmico da energia motora.

A menor hesitação ou dificuldade e você terá um solavanco desnecessário, a continuidade suave do movimento será destruída e o ritmo, arruinado.

O momento em que o peso do corpo é transferido de uma perna para a outra é particularmente difícil.

Era assim que eu estava indo para casa. Quando cheguei lá, eu tinha, por assim dizer, sido capaz, em certa medida, de eliminar os choques que ocorrem da transferência do corpo de uma perna para a outra, vamos dizer dos dedos do pé da perna direita para o calcanhar da esquerda (depois de rolar o movimento ao longo de todo o pé esquerdo) e, em seguida, dos dedos do pé esquerdo para o calcanhar do pé direito. Acima de tudo, aprendi por experiência própria que a uniformidade e uma linha ininterrupta e horizontal de movimento dependem da ação simultânea de todas as molas da perna e da cooperação dos quadris, joelhos, tornozelos, calcanhares e dedos dos pés.

Fiz uma parada, como de costume, no monumento a Gógol. Sentado no banco e observando os transeuntes, eu via a maneira como eles caminhavam. Nenhuma das pessoas que passaram por mim "seguiram totalmente" até as pontas dos seus dedos dos pés, nenhuma delas pairou no ar, sobre um dedo do pé, por um centésimo de segundo. Eu só vi voo, e não o caminhar rastejante que todos os outros tinham, sem exceção, em uma menina.

Sim! Tortsov tem razão quando afirma que as pessoas não sabem como usar esse maravilhoso aparelho que é a perna.

Temos de aprender. Aprender tudo do zero: a andar, a olhar, a fazer coisas.

Anteriormente, quando Tortsov disse isso para nós, dei um pequeno sorriso, pensando que ele queria dizer isso no sentido figurado. Agora estou começando a entender o sentido literal de suas palavras, assim como o nosso programa de estudo imediato para o desenvolvimento de nossos atributos físicos.

Essa compreensão é meio caminho andado. Mas ainda mais importante é o fato de, mesmo que eu não tenha entendido (sentido) a importância da energia motora para a flexibilidade de movimento, eu ter uma imagem e uma sensação claras da maneira como ela se move durante a ação no palco, seu fluxo através do corpo inteiro; eu posso sentir essa linha interior infinita e tenho plena consciência de que, sem ela, não pode haver regularidade de beleza de movimento. Agora desprezo aqueles movimentos ilícitos, em *staccato*, que são todos fragmentários e destroçados. Ainda não tenho a amplitude de gesto que revela o sentimento interior, mas isso se tornou uma necessidade real para mim.

Em poucas palavras, eu não tenho a genuína *flexibilidade de movimento* ou uma *sensação de movimento*, mas tenho um pressentimento daquilo que elas são e sei que a *flexibilidade externa de movimento se baseia em uma sensação interna do movimento de energia*.

19

Voz e fala

1[1]

Havia um piano no meio do salão principal. Aparentemente, será aqui que teremos futuramente as nossas aulas de canto.

Tortsov chegou com uma professora de canto que conhecíamos bem, Anastássia Zarembo. Temos trabalhado com ela desde o início do ano letivo. Tortsov disse:

– Quando perguntaram ao grande ator italiano Tommaso Salvini o que é preciso para ser um ator trágico, ele respondeu: "É preciso voz, voz e ainda mais voz!". Por ora, não posso explicar, e vocês não compreenderiam bem o sentido profundo e prático da resposta desse grande ator. Vocês só serão capazes de entender (ou seja, de sentir) o verdadeiro significado dessas palavras por meio da prática e de uma longa experiência pessoal. Uma vez que vocês percebam as possibilidades que uma voz bem impostada e funcionando com naturalidade abre para vocês, a importância plena da frase de Tommaso Salvini ficará clara.

"'Estar com a voz em forma!': que dádiva para um cantor e, também, para um ator sério! Sentir que você pode controlá-la, que ela lhe obedece, que pode transmitir os mais ínfimos detalhes, modulações e nuances em sua atuação, com ressonância e força!... 'Não estar com a voz em forma!': que tortura isso é para o cantor e para o ator sério, quando ela não lhe obedece, quando ela não alcança uma casa lotada de pessoas ansiosas para ouvir você! Quando você não pode revelar claramente, de forma profunda e invisível, aquilo que a sua mente está criando. Só um ator pode saber que agonia é isso. Só ele pode com-

---

1. No original russo, "Canto e Dicção".

parar aquilo que está profundamente dentro dele com aquilo que é exteriorizado, e como isso é transmitido pela sua voz e pelas suas palavras. Se a sua voz está desafinada, ele sente vergonha, porque a vivência que ele criou no interior foi distorcida pela forma exterior que ele lhe deu.

"Existem atores que consideram normal não estar com a voz em forma. E, por isso, eles são roucos e falam com sons que destroem aquilo que eles tentam transmitir. E, contudo, existe uma bela música em suas almas.

"Imaginem um mudo que queira comunicar os sentimentos afetuosos e poéticos que ele nutre pela mulher que ama. Porém, em vez da voz, ele tem um horrível guincho. Isso deforma a beleza e a delicadeza das coisas que ele sente, levando-o ao desespero. O mesmo ocorre com o ator que é realmente capaz de sentir, mas cuja voz é pobre.

"Muitas vezes, os atores têm vozes naturalmente boas, com um timbre refinado e flexibilidade de expressão, mas lhes falta alcance. Eles não vão além da quinta fila. Apenas a primeira fila pode apreciar o timbre atraente dos sons que eles produzem, sua dicção expressiva e sua fala belamente treinada. Porém, e quanto às pessoas que estão sentadas mais atrás? Existem mil pessoas na plateia que ficarão inevitavelmente aborrecidas. Elas vão começar a tossir para que as outras pessoas não consigam ouvir e para que os atores não possam falar.

"Então, eles têm de forçar as suas belas vozes, e esse esforço não somente arruína a produção da sua voz e a sua dicção, mas também as suas próprias vivências interiores.

"Também existem vozes que são bastante audíveis no registro alto ou baixo, mas que não têm o registro médio. Algumas pessoas forçam suas vozes para cima, de modo que elas se tornam tensas, estreitas e com guinchos. Outras zumbem e rangem no tom baixo. Forçar a voz arruína o timbre, e vocês não podem ser expressivos com uma extensão de cinco notas.

"É igualmente angustiante ver um ator que é bom em todos os aspectos, forte, flexível, com uma boa produção de voz, uma voz expressiva e extensa, capaz de transmitir todas as sutilezas e nuances de sua imagem interna, mas ter – eis o cerne da questão – um timbre de voz desagradável, sem encanto algum. Qual é a utilidade da força, da flexibilidade e da expressividade se o coração e os ouvidos as rejeitam?

"Às vezes, essas deficiências vocais não podem ser corrigidas por causa de alguma peculiaridade inata ou de danos devidos a uma doença. Mas, na maioria das vezes, elas podem ser removidas centrando a voz de forma correta e eliminando a estreiteza e a tensão, a forçação, a respiração deficiente e a articulação dos lábios ou, finalmente, em caso de doença, por tratamento.

"Eis por que é essencial manter um controle cuidadoso da nossa respiração e do nosso aparelho vocal.

"Quando devemos começar a trabalhar? Agora, durante nosso tempo de estudantes, ou mais tarde, quando já formos atores e tivermos apresentações à noite e ensaios durante o dia?

"Os atores devem chegar ao palco totalmente equipados, porém, a voz é a parte mais importante de seus instrumentos e meios criativos. Além disso, quando vocês são profissionais, uma falsa sensação de orgulho impede que vocês aprendam o seu bê-á-bá como um estudante. Assim, aproveitem ao máximo a sua juventude e os seus dias de alunos. Se vocês não fizerem o trabalho agora, não vão enfrentá-lo depois e sofrerão durante toda a sua carreira criativa por causa dessa falha de seus dias de estudantes. Sua voz será um obstáculo, e não uma ajuda.

"'Mein Organ ist mein Kapital!'[2], disse o famoso ator alemão Ernst Possart. Ele era um dos convidados de um almoço e ficava medindo com um termômetro de bolso a temperatura da sopa, do vinho e de outras bebidas. Em sua preocupação de proteger sua voz, ele controlava cuidadosamente a temperatura de tudo o que comia. Essa era a medida de como ele cuidava de um dos mais finos dons da natureza criativa: uma voz bela, ressonante, expressiva e forte."

.. .. 19..

Hoje Tortsov entrou na sala de aula de braços dados com Anastássia Zarembo.

– A partir de hoje, Anastássia Zarembo vai impostar suas vogais e também as suas consoantes. Eu, ou alguém no meu lugar, vou, ao mesmo tempo, corrigir a sua articulação.

"Não preciso fazer nada com relação às vogais, visto que elas são corrigidas pelo próprio canto, e não pela fala.

"Já as consoantes precisam ser trabalhadas não só com o canto, mas também com as aulas de fala.

"Infelizmente, existem professores de canto que têm pouco interesse em palavras e consoantes em particular. Mas existem professores de fala que nem sempre têm uma compreensão clara do som e de como ele deve ser impostado. Como resultado, ao cantar, a voz se encontra adequadamente impostada para os sons vocálicos, porém erradamente para as consoantes, ao passo que na fala, ao contrário, ele se encontra errada para as vogais e certa para as consoantes.

"E assim, as aulas de canto e de fala podem ser ao mesmo tempo úteis e prejudiciais.

---

2. "Minha voz é o meu capital."

"Isso é anormal, e a culpa é quase sempre do mau juízo.

"Como seria bom se os professores de canto pudessem, ao mesmo tempo, ensinar fala, e os professores de fala pudessem ensinar canto. Mas, como isso não é possível, façamos que os dois especialistas trabalhem juntos lado a lado.

"Anastássia Zarembo e eu decidimos fazer isso como um experimento.

"Trabalhar a voz consiste principalmente em desenvolver a respiração e em produzir notas sustentadas. Muitas vezes, isso significa apenas vogais cantadas. Mas será que as consoantes não podem ser notas sustentadas? Por que não torná-las ressonantes como as vogais?

"Não posso suportar a costumeira cantilena declamatória exageradamente teatral que temos no drama. Apenas pessoas cujas vozes naturalmente não cantam, e sim martelam, precisam disso.

"Para torná-las ressonantes, elas precisam recorrer a 'cata-ventos' vocais e a floreios teatrais declamatórios; elas precisam deslizar sua voz para baixo em intervalos de um segundo para parecerem meritórias ou, para quebrar a monotonia, guincham notas individuais uma oitava mais alto, e o resto do tempo, devido a sua extensão limitada, martelam em uma extensão de três, quatro ou cinco notas.

"Será que esses atores precisariam desse artifício se tivessem um tom cantante natural?

"Porém, uma boa voz é rara na fala conversacional. Se vocês encontrarem uma, ela não carecerá de força e de extensão. E não dá para expressar a 'vida do espírito humano' com uma extensão de cinco notas.

"A conclusão de tudo que eu disse é que a voz, mesmo aquela naturalmente boa, deve ser treinada não só para cantar, mas para falar bem.

"Em que consiste esse trabalho? Será que as exigências do teatro e da ópera são diferentes?

"Bastante diferentes, afirmam alguns: são necessários sons abertos para a fala conversacional. Porém, com base na minha própria experiência, diria que essa abertura da voz a torna vulgar, pálida, difusa e, por fim, faz que ela suba de tom, o que é ruim para a fala do palco.

"Quanta insensatez – protestam outros. – Na conversação, é preciso ter sons constritos e fechados.

"Mas isso, como descobri no meu próprio caso, torna o tom estreito, abafado, com uma extensão limitada, como se estivesse em um barril, gotejando nos pés da pessoa que está falando em vez de voar para frente.

"O que podemos fazer?

"Em vez de responder, vou falar a vocês sobre o trabalho que tenho feito ao longo da minha carreira artística sobre tons e dicção.

"Quando eu era jovem, estava me preparando para me tornar um cantor de ópera" – disse Tortsov, começando sua história. – "Por isso, tenho alguma ideia dos métodos usuais de trabalhar a respiração e os sons na arte do vocalista. Porém, eu não preciso deles para cantar, mas para descobrir os melhores métodos para desenvolver uma fala natural, bela e interiormente significativa. Ela deve transmitir em palavras os sentimentos sublimes do estilo trágico tal como acontece com a fala simples, intimista e elegante no drama e na comédia. Minhas descobertas foram auxiliadas pelo fato de ter trabalhado com ópera nos últimos anos. Ao entrar em contato com cantores, discuti com eles sobre a sua arte, ouvi os tons das vozes bem produzidas, vim a conhecer os mais diversos timbres, aprendi a distinguir entre os tons de garganta, de nariz, de cabeça, de peito, do occipital e outros. Tudo isso ficou impresso em minha memória auditiva. Mas a coisa importante foi que eu entendi a vantagem das vozes colocadas 'na máscara', onde estão situados o palato duro, as fossas nasais, o seio maxilar e outros ressonadores.

"Os cantores disseram-me: 'Um som que é *colocado nos dentes* ou direcionado *ao osso*, ou seja, no crânio, adquire um toque e poder'. Os sons que batem no palato mole ou na glote ressoam como se estivessem envoltos em algodão.

"Das conversas que tive com um cantor, eu também aprendi outro segredo importante da impostação de voz. Ao respirar durante o canto, é preciso estar ciente de duas correntes de ar vindo simultaneamente da boca e do nariz. Parece que, à medida que surgem, elas vêm juntas em uma onda comum de som na frente do rosto do cantor.

"Outro cantor me disse: 'Quando estou cantando, eu imposto o som como fazem as pessoas que estão doentes ou dormindo quando gemem, com a boca fechada. Direciono o som para a cabeça e para as cavidades nasais, abro a boca e continuo o som gemente como antes. Mas, dessa vez, o gemido está dividido em sons que emergem livremente e ressoam *na máscara* e nos outros ressonadores verdadeiros da cabeça'.

"Testei todas essas técnicas em mim mesmo para tentar encontrar o tipo de som do qual eu tinha um vago pressentimento.

"Meus esforços foram guiados pelo acaso. Por exemplo, enquanto estava no exterior, conheci um famoso cantor italiano. No entanto, no dia do concerto, ele sentiu que a sua voz não soava corretamente e que não seria capaz de cantar naquela noite.

"O pobre homem pediu-me que o acompanhasse ao recital e lhe mostrasse como lidar com a situação se as coisas dessem errado.

"Com as mãos gélidas, pálido e muito agitado, ele subiu ao palco e começou a cantar de uma maneira maravilhosa. Após o primeiro número, ele voltou para as coxias e deu um *entrechat* de alegria, trinando feliz:

"– Ela chegou lá, ela chegou lá, ela chegou lá!

"– O que chegou? – perguntei, admirado.

"– Ela! A nota! – repetiu ele, pegando a sua relação de músicas para o próximo número.

"– Chegou onde? – perguntei, sem entender.

"– Aqui – disse o cantor, apontando para a parte superior do rosto, para o nariz e os dentes.

"Em uma outra ocasião, aconteceu de eu estar em um concerto apresentado pelos pupilos de uma professora de canto bem conhecida, que estava sentada ao meu lado. Eu pude observar de perto a sua ansiedade em relação aos seus pupilos. A velha senhora agarrava a minha mão a cada minuto, cutucando-me nervosamente com seus cotovelos e joelhos quando os estudantes não faziam o que deviam. E a pobre mulher repetia o tempo todo, em um estado de terror:

"– Sifoi, sifoi! (isto é, foi embora, foi embora).

Ou, então, sussurrava alegremente:

"– Stalá, stalá (está lá, está lá).

"– O que chegou onde? – perguntei, sem entender.

"– A nota foi parar atrás do pescoço – dizia no meu ouvido a aterrorizada professora, ou, ao contrário, repetia alegremente:

"– Stalá, stalá no focino (chegou ao focinho, ou seja, na 'máscara').

"Lembrei-me desses dois incidentes com as mesmas palavras 'está lá' e 'se foi', 'na máscara' e 'na nuca', e comecei a descobrir, com base na minha própria experiência, por que é tão terrível quando a nota sai da 'máscara', e tão bom quando a nota retorna para ela.

"Para fazer isso, eu precisava da ajuda do canto. Estava com medo de perturbar as pessoas que viviam comigo e, então, fazia minhas experiências *em voz baixa, com a minha boca fechada.* Esse senso de tato me trouxe recompensas consideráveis. Porque, inicialmente, ao impostar a voz, é melhor sussurrar baixinho, de modo a encontrar o apoio certo para a voz.

"Quando comecei, eu sustentava apenas uma, duas ou três notas no registro médio, apoiando-as em todos os ressonadores da *máscara facial* que eu conseguia sentir de fora. Foi um trabalho de busca longo e difícil. Em alguns momentos, parecia que o som tinha caído no lugar certo, em outros eu observei esse 'sifoi'.

"Finalmente, como um resultado de longos exercícios, acostumei-me e, com a ajuda de alguns dispositivos técnicos, aprendi a impostar corretamente duas ou três notas que soavam de uma nova maneira: completas, compactas, vibrantes; algo que eu nunca tinha notado antes.

"Mas isso não foi o suficiente. Decidi trazer o tom certo para a frente, de modo que a ponta do meu nariz estremecesse com a vibração.

"Poderíamos dizer que, de certa forma, estava sendo bem-sucedido, exceto pelo fato de que a minha voz tornou-se nasal. Isso me fez trabalhar ainda mais. Esse trabalho consistia em livrar o tom de sua qualidade nasal. Isso exigiu muito tempo e esforço, embora o segredo tenha se revelado bastante simples. Tudo o que tinha de fazer era liberar uma pequena tensão, quase imperceptível, na parte interna da área nasal na qual sentia uma pressão.

"Finalmente, consegui livrar-me dela. A nota veio muito mais para frente e ficou mais ressonante, mas não com o timbre agradável que eu gostaria. Havia vestígios de um indesejável pré-som que eu não conseguia eliminar. Mas, por pura teimosia, eu não levava a nota para trás e para baixo, na esperança de que, com o tempo, superasse esse novo obstáculo que tinha aparecido.

"Na próxima etapa do meu trabalho, tentei ampliar um pouco a extensão que eu tinha fixado para os meus exercícios. Surpreendentemente, as notas médias, assim como as superiores e as inferiores, soavam bem por sua própria harmonia, comparáveis, no gênero, àquelas com que eu tinha trabalhado anteriormente.

"Então, pouco a pouco, testei e equilibrei as notas dentro da minha extensão, que era naturalmente aberta. Em seguida, passei ao trabalho mais difícil: as notas no limite superior, as quais exigem, como sabem, tons fechados, impostados de maneira artística.

"Quando você está procurando por alguma coisa, não dá para sentar simplesmente na praia e ficar esperando que a descoberta chegue até você. É preciso ir atrás e procurar, procurar e procurar, incansavelmente.

"É por isso que eu passava todo o meu tempo livre em casa, cantarolando, tentando encontrar novos ressonadores e suportes, e chegar a um acordo com eles.

"Enquanto realizava minha pesquisa, notei, totalmente por acaso, que quando se tenta trazer o tom para os ressonadores frontais, *abaixa-se a cabeça para frente e o queixo cai. Essa posição ajuda a trazer a nota o mais para a frente possível.*

"Muitos cantores usam esse método e o aprovam.

"Desse modo, pode-se trabalhar toda uma escala de notas altas. Mas, até então, tudo isso era feito cantarolando, e não cantando da maneira correta, com a boca aberta.

"Era o início da primavera. Meus pais tinham ido para o campo. Eu estava sozinho no apartamento, o que me permitiu fazer meus exercícios e cantarolar não só com a boca fechada, mas também com a boca aberta. No primeiro dia, depois da partida deles, voltei para casa para almoçar e, como sempre, atirei-me no sofá. Comecei cantarolando como de costume e, depois de um intervalo de quase um ano, decidi pela primeira vez abrir minha boca quando uma nota tivesse sido bem estabelecida para cantarolá-la.

"Qual não foi a minha surpresa quando, de repente, inesperadamente, um som desconhecido, amadurecido por muito tempo, simplesmente rolou para fora do meu nariz e da minha boca e abriu fortes asas, um som como o qual há muito tempo sonhava, do qual eu tinha ouvido os cantores falarem e eu mesmo buscava há muito tempo.

"À medida que a voz se tornava mais forte, o som se tornava mais firme, mais completo. Até então, não sabia que tinha um som. Parecia que havia acontecido um milagre. Estava tão animado que cantei a noite inteira, e minha voz não só não se cansou, mas soou cada vez melhor.

"Anteriormente, até eu começar a trabalhar de forma sistemática, ficava facilmente rouco se cantasse em voz alta por muito tempo; agora, no entanto, isso teve um efeito salutar sobre a minha garganta e a limpou.

"Tive outra surpresa agradável: eu tinha notas na minha extensão que não estavam lá antes. Apareceu uma nova coloração na minha voz, outro timbre que considerei melhor, mais gracioso e aveludado do que o anterior.

"Como é que tudo isso aconteceu? Ficou claro que cantarolar baixinho não só poderia ajudar a desenvolver o tom, mas também ajudava a nivelar todas as notas em sons vocálicos. E como isso é importante!

[Como são desagradáveis as vozes que são todas em cortes e pedaços, quando uma vogal vem do estômago, outra, da glote, outra ronca como se estivesse dentro de um barril e outras caem em um buraco do qual você não pode tirá-las[3].]

"Com a nova impostação da voz que eu tinha desenvolvido, os sons das vogais abertas eram direcionados para o mesmo lugar, para o palato duro na raiz dos dentes, e então reverberavam um pouco mais alto no interior das cavidades nasais, na parte da frente da máscara.

"Outras experiências mostraram que quanto mais alta fica a voz, deslocando-se em notas artificialmente fechadas, mais para o alto se deslocam os apoios do som, indo para cima e para frente da máscara, na área das cavidades nasais. Além disso, notei que minhas notas naturalmente abertas encontraram apoio no palato duro e saltaram para fora das cavidades nasais, mas que as notas fechadas, que eram apoiadas nas cavidades nasais, saltavam para fora do palato duro.

"Fiquei cantando a noite inteira no apartamento vazio, encantado com a minha nova voz. Porém, logo tornei a ficar desencantado. Em um ensaio de ópera, fui testemunha da crítica de um célebre diretor a um cantor que puxava seu tom muito para frente da máscara, de modo que o seu canto adquiria uma desagradável qualidade aciganada, uma leve nasalidade. Esse

....
3. Os colchetes no texto indicam uma paráfrase de uma passagem que se refere a sons russos específicos. Para cada caso, o texto original é apresentado na nota. No original, essa passagem é assim: "Que desagradáveis são as vozes em cortes e pedaços, quando o 'A' vem do estômago, o 'E', da glote, o 'O' soa como se estivesse em um barril, e o 'U' e o 'Y' caem em um buraco de onde não se pode tirá-los".

incidente mais uma vez abateu-me, logo quando me sentia tão seguro. Sim, eu tinha notado um matiz indesejável na voz que apareceu em notas situadas mais à frente da máscara.

"Tive de começar um estudo mais aprofundado.

"Sem deixar de lado as coisas que já tinha feito, comecei a procurar novos ressonadores em meu crânio, em cada ponto do palato duro, no seio maxilar, na parte superior do crânio e até mesmo no occipício, com o qual me disseram para ter cuidado. Encontrei ressonadores por toda parte. Todos eles faziam o seu trabalho em uma extensão maior ou menor, embelezavam o tom com novas colorações.

"Os experimentos deixavam claro que a técnica do canto é mais complexa e sutil do que eu havia imaginado e que o segredo da arte vocal não é simplesmente estar na 'máscara'.

"Havia um outro segredo que tive sorte bastante para descobrir.

"Nas aulas de canto, fiquei muito interessado no que uma professora gritava várias vezes aos seus estudantes quando emitiam notas agudas.

"– Bocejem – lembrava-lhes ela.

"Parece que, para liberar a tensão em notas agudas, a laringe e a faringe devem estar situadas na mesma posição de quando se está bocejando. Quando isso acontece, a garganta se abre naturalmente, eliminando as tão indesejáveis tensões.

"Graças a essa descoberta, minhas notas altas ficaram largas, adquiriram um toque e se libertaram da tensão. Fiquei encantado.

"Depois de todo esse trabalho que descrevi, consegui uma voz adequadamente impostada nos sons vocálicos. Fiz exercícios de vocalização com eles, e minha voz soou harmoniosa, forte e cheia em todos os registros. Depois disso, passei às canções com letra. Mas, para o meu espanto, todas elas soavam como exercícios vocais, pois eu estava cantando apenas os sons *vocálicos* das palavras. Naquilo que dizia respeito às *consoantes*, elas não apenas saíam surdas, mas também prejudicavam meu canto com seu barulho seco.

"Foi então que entendi, com base na minha própria experiência, o maravilhoso aforismo de S. M. Volkónski: as vogais são o rio e as consoantes são as margens[4]. É por isso que o meu canto com consoantes sem energia era como um rio sem margens, que transborda e se transforma em um pântano, um charco no qual as palavras ficam presas e afundam."

.. .. 19..

– "Éora dabri asportapra liberdadi pissuau" – disse-nos Tortsov, inesperadamente, quando entrou na sala de aula.

---

4. Stanislávski está abreviando a história. Os exercícios que ele está descrevendo foram feitos na década de 1880. O livro de Volkónski sobre a fala só foi publicado em 1913.

Olhamos para ele, depois um para o outro, sem entender nada.

— Vocês não entenderam? — perguntou, depois de uma pausa.

— Nem uma palavra — reconhecemos. — O que querem dizer essas palavras agressivas?

— "É hora de abrir a porta para a liberdade, pessoal". O ator que falou assim em uma peça tinha uma voz boa e alta que podia ser ouvida em toda parte; no entanto, era impossível entendê-lo, e todos nós pensamos, assim como vocês acabaram de fazer, que ele estava sendo hostil — disse Tortsov.

"O resultado desse episódio trivial e cômico revelou-se de grande importância para mim, e é por isso que vou gastar algum tempo com ele.

"Aconteceu o seguinte comigo:

"Depois de muitos anos como ator e diretor, me dei conta (vim a sentir) que todos os atores devem possuir uma excelente dicção e uma excelente pronúncia, que elas devem se deixar perceber não somente nas frases e palavras, mas em cada sílaba e em cada uma das suas letras. O fato é que, quanto mais simples a verdade, mais ela demora para ser percebida.

"Também compreendi que todo mundo, na vida real ou no palco, fala terrivelmente e que cada um de nós só pode encontrar uma pessoa que, na sua opinião, fale bem. A si mesmo. Isso acontece porque, em primeiro lugar, estamos acostumados conosco, e, em segundo lugar, porque ouvimos a nós mesmos de forma diferente da maneira que a nossa fala é recebida pelos outros. Devemos estudar isso atentamente, de modo a ouvir a nós mesmos com naturalidade.

"Eu estudei a mim mesmo da mesma forma que fiz com os outros, e o resultado final foi que decidi que todos devem voltar para a escola e começar com o bê-á-bá. [Nós não sentimos a nossa linguagem, as nossas frases, palavras e letras, e assim distorcemos tudo facilmente: nós substituímos um som por outro. Adicione a isso o tom balbuciante e gutural, o tom nasal, estridente, rangente[5], o chiado e a gagueira.]

"Uma palavra com um início desajeitado é como um homem com uma cabeça achatada. Uma palavra cujo final não é pronunciado lembra um homem com uma perna só.

"A omissão de letras e palavras individuais é a mesma coisa que um nariz amassado, um olho ou dentes faltando, uma orelha de couve-flor ou tipos semelhantes de deformidade.

---

5. Cf. nota 3. No original, essa passagem é assim:

"Não sentimos a nossa linguagem, as frases, palavras e letras, e por isso as distorcemos facilmente: em vez da letra 'CH', pronunciamos 'PFA', em vez de 'L', dizemos 'WA'. A consoante 'S' soa como 'TS', e algumas pessoas mudam o 'G' para 'GKHA'. Acrescentem a isso o 'O' e o 'A' átonos, o balbucio, o tom gutural, o tom nasal, estridente, rangente, o chiado e a gagueira."

"Quando, por preguiça ou desleixo, as palavras de alguma pessoa saem como uma protuberância sem forma, lembro-me de uma mosca que caiu no mel; vem-me a imagem da névoa e do nevoeiro de outono, quando tudo se funde na escuridão.

"Uma fala arrítmica, na qual a palavra ou frase começa devagar e, de repente, acelera no meio só para escapulir inesperadamente, lembra-me um bêbado ou o balbucio de um homem atacado pela dança de São Guido.

"Com certeza, vocês já tiveram a oportunidade de ler livros e jornais que foram mal impressos, com letras faltando e erros tipográficos. Será que não é verdade que é angustiante ter de parar e tentar adivinhar a resposta do enigma?

"E também é angustiante ler uma carta de aviso escrita à mão com as letras todas borradas. Seu palpite é de que alguém está convidando você para alguma coisa, mas onde e quando, não dá para entender. Está escrito: 'Você é um e... c...'. Então, o que você é? Um esbanjador ou um encanto, um colega ou um cretino? É impossível entender.

"Por mais difícil que seja lidar com um livro mal impresso ou com uma caligrafia ruim, com uma boa dose de esforço você consegue adivinhar o sentido do que foi escrito. O papel ou a carta está à mão, e você encontra tempo para voltar e decifrar o que não entendeu.

"Mas o que você pode fazer quando, no teatro, durante uma apresentação, os atores recitam o texto estabelecido como se fosse um livro mal impresso, omitindo letras individuais, palavras e frases que muitas vezes são de importância primordial ou mesmo decisiva, já que a peça inteira foi construída em cima delas? Não dá para ouvir de novo um texto falado ou parar a apresentação ou a peça, enquanto ela se desenvolve rapidamente, para que vocês possam decifrar as coisas que não entenderam. A fala ruim cria um mal-entendido após outro. Eles se acumulam, borram ou obscurecem completamente o sentido, a essência ou até mesmo o estilo da peça. No início, o público força seus ouvidos, sua atenção e sua mente para não perder nada do que está acontecendo no palco. Se eles não são bem-sucedidos, começam a ficar inquietos, aflitos, a murmurar uns com os outros e, por fim, a tossir.

"Vocês entendem como é terrível essa palavra 'tosse' para um ator? Uma multidão de mil pessoas que perderam a paciência e o contato com o que está acontecendo no palco pode 'expulsar com a tosse' os atores, a peça e a apresentação. Isso é um desastre para a peça e para a apresentação. Uma plateia que tosse é o nosso pior inimigo. Uma forma de se proteger contra isso é ter uma fala bonita, clara e vívida.

"Eu também vim a entender que as distorções na fala coloquial podem sobreviver em nosso ambiente doméstico. Porém, quando versos retumbantes sobre temas nobres, tais como a liberdade, os ideais e o amor puro, são declamados no palco com uma fala grosseira, essa declamação grosseira é um insulto e um obstáculo, como um vestido de baile em uma mulher vulgar.

"As letras, sílabas e palavras não foram inventadas pelo homem; elas foram sugeridas pelos nossos instintos, impulsos, pela própria natureza, pelo tempo e pelo lugar, pela própria vida.

"Dor, frio, alegria e medo provocam em todos, em todas as crianças, os mesmos sons expressivos. Por isso, por exemplo, o som A-A-A surge de dentro espontaneamente, do medo ou da alegria que se apodera de nós.

"Todos os sons que se combinam para formar palavras têm sua alma, sua natureza, seu conteúdo, que a pessoa que fala deve sentir. Se uma palavra não tem nenhuma conexão com a vida, mas é dita de maneira formalista, mecânica, flácida, sem alma, vazia, então ela é como um cadáver sem nenhuma pulsação. A palavra viva é preenchida de dentro. Ela tem o seu próprio caráter individual e deve permanecer como a natureza a criou.

"Se uma pessoa não sente a alma de uma letra, ela não vai sentir a alma de uma palavra, não vai sentir o som de uma frase ou de um pensamento.

"Uma vez que eu entendera que as letras só têm uma forma acústica para preencher seu conteúdo, fui naturalmente confrontado com a tarefa de estudar a forma sonora das letras para que pudesse entender melhor seu conteúdo.

"Deliberadamente, voltei para o alfabeto e comecei a estudar cada uma das letras individualmente.

"Foi mais fácil para mim começar com as vogais, pois elas já tinham sido preparadas, corrigidas e harmonizadas pelo canto."

.. .. 19..

— Será que vocês conseguem entender o sentimento que emerge de nossas almas através do claro som A-A-A? Esse som está associado com profundas experiências interiores, que querem sair para fora, voar livremente de dentro de nós, das profundezas de nossas almas.

"Mas existe outro tipo de A-A-A que é enfadonho e fechado, que não se rompe livremente para fora de nós, mas permanece dentro e retumba, ecoando ameaçadoramente, como em uma caverna ou uma cripta. Existe também um A-A-A insidioso que rasteja para fora e penetra na pessoa com quem nós estamos falando. Existe também um A-A-A alegre que voa para fora da nossa alma como um foguete. Existe também um A-A-A pesado, que afunda como um peso de ferro em um poço.

"Será que vocês não sentem que pequenas partes de nossa própria alma sobem e descem por causa dessas ondas vocais? Elas não são vazias, mas sons vocálicos cheios de significado psicológico, o que me dá o direito de dizer que dentro delas, em seus próprios corações, existe um pedacinho da alma humana.

"Então, eu vim a saber (sentir) a forma acústica de todas as letras que representam as *vogais* e depois passei a um estudo semelhante das *consoantes*.

"Essas letras não tinham sido corrigidas e preparadas por meio do canto, e, assim, trabalhar com elas se mostrou algo mais complexo.

"A minha consciência da importância de minha nova tarefa se intensificou depois que me contaram que o célebre barítono italiano V... soava fraco quando vocalizava as vogais. Mas assim que ele juntava a elas as consoantes, a força de sua voz se decuplicava. Comecei a testar isso em mim, mas a minha experiência não dava o resultado desejado. Além do mais, isso me convenceu de que as minhas vogais não soavam por si mesmas, separadamente, mas em conjunção com as consoantes. Foi preciso muito trabalho antes que eu entendesse como desenvolver a ressonância em todas as letras, sem exceção.

"Depois disso, minha atenção se dirigiu apenas às consoantes.

"Observei a maneira como elas soavam em mim mesmo e nos outros, fui às óperas e aos concertos, ouvi cantores. E o que aconteceu? Descobri que, com os melhores deles, assim como acontecia comigo, árias e canções se transformavam em pura vocalização por causa da preguiça das consoantes ou da maneira descuidada como eram pronunciadas.

"Em *A palavra expressiva*, lê-se que: se as vogais são o rio e as consoantes, as margens, devemos reforçar estas últimas para que não sejam inundadas.

"Mas, além das funções diretivas, as consoantes também são sonoras.

"As consoantes desse tipo são: V, B, G (forte), D, L, M, N.

"Comecei com elas.

"Nessas notas, você pode distinguir claramente uma nota sustentada vinda da laringe e que soa exatamente como as vogais. A única diferença é que o som não emerge imediatamente e sem impedimentos, mas é detido em vários pontos, o que lhe confere sua coloração articular. Quando essa pressão que retém o acúmulo de som da laringe explode, o som emerge. Assim, por exemplo, em B, o acúmulo do zumbido da laringe é retido pela pressão de ambos os lábios, que dão [ao som] a sua coloração característica. Com a liberação da pressão, você tem uma explosão e o som emerge. Não é surpresa, portanto, que esses e outros sons similares sejam chamados de 'oclusivos'. Ao pronunciar a letra V, a mesma coisa acontece com a pressão do lábio inferior e dos dentes superiores.

"A mesma coisa ocorre com a letra G, devido à pressão da parte de trás da língua e do palato duro.

[Stanislávski continua com uma discussão sobre a colocação correta de consoantes sonoras e de outras consoantes em russo.]

"Quando as letras se unem para formar sílabas ou palavras e frases inteiras, sua forma sonora, naturalmente, torna-se mais espaçosa, e, então, podemos colocar mais dentro dela.

"Consideremos, por exemplo, as letras A-B."

"Meu Deus" – pensei –, "vamos ter de aprender todo o nosso abecedário de novo. Estamos realmente vivendo uma segunda infância – artisticamente: as letras A-B!"

Bá-bá-bá... Todos começamos a balir feito um rebanho de ovelhas.

– Olhem, vou escrever no papel o som que vocês fizeram – disse Tortsov, interrompendo-nos.

Em um pedaço de papel que tinha à mão, com um lápis azul, ele desenhou *pba*, isto é, inicialmente um pequeno *p* indistinto e incaracterístico que era uma percussiva ou oclusiva, mas não um pequeno *b* totalmente sonoro. Enquanto eles ainda estavam indefinidos, desabaram em um A grande, aberto, oco, com uma sonoridade vazia e desagradavelmente áspero, e, então, desapareceram.

– O que eu preciso é de um outro som – explicou Tortsov –, aberto, claro e amplo: *Ba-a...* o tipo que transmite surpresa, alegria, uma saudação amigável, que faz o coração bater mais rápido, mais feliz. Ouçam vocês mesmos. *Ba!* Será que vocês conseguem sentir como, dentro de mim, nos lugares secretos da minha alma, um *b* está chegando a ferver na laringe, e como meus lábios quase não são capazes de reter o som e o sentimento que o acompanha? Quando, finalmente, o obstáculo foi rompido, um *A* amplo, hospitaleiro e acolhedor voa dos meus lábios abertos em direção a vocês, como uma saudação de acolhida a um convidado estimado. *B-b – A-a-a!* Será que vocês não conseguem sentir um pedaço da minha própria alma nessa exclamação, voando direto para os seus corações com um som jubiloso?

"Agora eis a mesma sílaba *ba* de um tipo diferente."

Tortsov pronunciou essas letras de uma maneira pesada, sem brilho, deprimente. Dessa vez, o som de zumbido que a letra *b* fez foi como o estrondo subterrâneo que antecede um terremoto. Os lábios não tomaram parte em uma recepção amigável, eles se abriram lentamente como se tivessem em dúvida. Mesmo o som *a* não tinha um tom de alegria, mas soava sem brilho, plano e parecendo cair de volta para o estômago sem ter alcançado a liberdade. Em vez de uma respiração sussurrante surgida dos lábios, era como um vapor quente vindo de um grande recipiente aberto.

– Em quantas variações completamente diferentes nós podemos pensar para as sílabas das duas letras, *ba*! E, em cada uma delas, um pequeno pedaço da alma humana está aparente. São esses tipos de sílabas que viviam no palco, assim como aqueles que resultam de uma articulação frouxa, sem alma e mecânica, como um cadáver de onde não vem a sensação de vida, mas de tumba.

"[Agora, tentem desenvolver sílabas de três letras: *bar, bam, bak, bat, bach...*[6]] Como o estado de espírito muda com cada nova letra, então cada som novo atrai outro pequeno pedaço de nosso sentimento proveniente dos vários cantos de nossa alma!

"[Se vocês combinarem duas sílabas, existe ainda mais espaço para o sentimento: *baba, bava, bacha, baca, bama, baqui, bala, baiu, baí, batbat, bambar, barbuf.*[7]]"

Nós repetíamos as sílabas depois de Tortsov e criávamos as nossas próprias. Talvez, pela primeira vez na minha vida, eu realmente ouvi os sons que elas faziam e entendi como elas eram incompletas quando nós as pronunciávamos e como eram ricas na boca de Tortsov – que, como um gourmet, saboreava cada palavra e cada letra.

A sala inteira encheu-se com sons variados, que lutavam e colidiam uns com os outros. Mas a ressonância era insuficiente, apesar de todo o nosso zelo para produzi-la. No meio das nossas vogais coaxantes e sem graça e das nossas enormes consoantes, as vogais ressonantes e as consoantes vibrantes de Tortsov pareciam brilhar, reverberando, ricocheteando por todos os cantos da sala.

"Como essa tarefa é ao mesmo tempo simples e difícil" – pensei. – "Quanto mais simples e mais natural, mais difícil ela é."

Observei o rosto de Tortsov: estava brilhando, como um homem desfrutando de alguma coisa bela. Desviei meu olhar para os rostos dos meus camaradas e dificilmente pude conter o riso quando vi o olhar em seus rostos rígidos, que beiravam uma careta.

Um Tortsov encantado, que agora estava montado em seu cavalinho de pau, se deleitava com as sílabas, com as quais ele criou palavras que nós conhecíamos e outras que ele mesmo tinha inventado.

Ele começou a fazer frases com essas palavras. Ele fez um longo discurso e, então, voltou mais uma vez para os sons individuais, sílabas e palavras.

Enquanto Totsov se deleitava com os sons, eu observava seus lábios de perto. Eles me fizeram lembrar das chaves finamente trabalhadas de um instrumento de sopro. Quer estivessem abertos ou fechados, nenhum ar passava por alguma fresta. Graças a tal precisão matemática do som, ele obtinha uma excepcional clareza e pureza. Com o tipo de aparelho de fala que Tortsov tinha confeccionado para si mesmo, a articulação dos lábios ocorria com incrível leveza, velocidade e exatidão.

....

6. Cf. nota 3. No original, esta passagem é assim: "Agora, tentem sílabas de três letras: *bar, bam, bakh, bats, bashch...*".

7. Cf. nota 3. No original, esta passagem diz: "Se você combinar duas sílabas, existe ainda mais espaço para o sentimento: *baba, bava, baki, bali, bayou, bai, batsbats, bambar, barbuf*".

Não era assim que acontecia comigo. Assim como as chaves de um instrumento de sopro de má qualidade, meus lábios não se fechavam apertados o suficiente. Eles deixavam que o ar passasse. Eles se descolavam como se tivessem sido mal fabricados. E assim as minhas consoantes não eram bastante puras e claras.

A articulação dos meus lábios é tão subdesenvolvida e tão distante do domínio total que não chega nem mesmo a permitir que eu fale rapidamente. As sílabas e as palavras saem borradas, tropeçando umas nas outras, se esvaindo como as margens de um rio que se desintegram e, como consequência, as vogais constantemente transbordam e a língua fica amarrada.

– Quando vocês tiverem entendido a maneira como fiz, terão o desejo consciente de trabalhar e de desenvolver o aparelho articulatório dos lábios, a língua e todas aquelas partes que formam consoantes claras e nítidas.

"A famosa cantora e professora Pauline Viardot disse a alguém que se deve cantar 'avec le bout des lèvres' (com a ponta dos lábios), e por isso o trabalho duro para desenvolver a articulação dos lábios. Os músculos desempenham um papel importante nesse processo, exigindo tempo e um desenvolvimento sistemático.

"Por enquanto, eu não vou entrar nos detalhes desse trabalho. Vocês estão estudando isso em 'treinamento e exercícios'.

"Por ora, no final da aula, vou alertá-los sobre um outro defeito muito difundido que, muitas vezes, encontramos em pessoas que pronunciam palavras de duas ou mais letras, consoantes e vogais que estão unidas.

"Esses defeitos consistem no seguinte: em muitas pessoas, as vogais são formadas em uma parte da cabeça e as consoantes, em outra parte completamente diferente. E, então, vocês têm de mover as consoantes para cima, rolá-las 'por trilhos' de algum lugar abaixo para combinar com as vogais em um som comum.

"O resultado não é um som de duas letras: *Ba, Va, Da*... mas dois, vindos de diferentes lugares. Assim, por exemplo, em vez de *Ba*, vocês têm um estrondo na laringe, com os lábios fechados: *gmmm*... Então, depois de terem viajado da laringe para os lábios, e de eles terem se aberto, e depois de um estalo frouxo, vem para fora um enorme *A-a-a*... *gmmm* – *buA*. Isso é errado, feio e vulgar.

"O zumbido da laringe das consoantes deve se juntar e ressoar no mesmo lugar em que as vogais são formadas. E assim elas se mesclam e se misturam com as consoantes, e depois do estalar dos lábios o som voa para fora em dois fluxos oriundos da boca e do nariz, ressoando no mesmo ressonador que as vogais.

"Da mesma maneira que o caráter misto de uma voz com vogais provenientes de diferentes partes do aparelho da cabeça é ruim, também são ruins as consoantes que viajam de vários centros do aparelho sonoro.

"A comparação com uma máquina de escrever não deixa de ser adequada. Também existem todas as letras do alfabeto saltando para cima e atacando o mesmo lugar em que são impressas no papel."

.. .. 19..

Hoje, Tortsov continuou sua explicação. Ele disse:

– Depois de absorver as principais leis dos sons, da dicção e da articulação, durante as noites eu "berrava" ou cantava música com palavras.

"No entanto, as coisas não funcionavam bem com todas as consoantes. Muitas delas me escapavam – como as sibilantes, fricativas e as africativas. Evidentemente, a causa era uma falha inata que teve de ser abordada.

"Em primeiro lugar, precisei compreender as posições em que a boca, os lábios e a língua se colocam para produzir corretamente as consoantes. Para tanto, recorri ao 'natural', isto é, convoquei um dos meus estudantes que tinha uma boa dicção. Ele provou ser um camarada paciente. Isso me deu a oportunidade de vigiar sua boca por horas a fio, para observar o que os seus lábios e a sua língua faziam quando articulavam aquelas consoantes que eu havia reconhecido como incorretas.

"É claro que percebi que existem duas maneiras e técnicas completamente individuais de falar. As pessoas têm de se adaptar, de uma forma ou de outra, ao que lhes foi dado. No entanto, tentei assumir as coisas que tinha observado em minha 'natureza'.

"Mas existem limites para a paciência de qualquer um. O estudante que eu tinha escolhido não durou muito. Ele encontrou várias desculpas para não comparecer.

"Tive de recorrer a uma senhora, experiente professora de dicção, e trabalhar com ela.

"Não é parte da minha tarefa de hoje repetir o que aprendi durante essas lições. Especialistas da área de dicção vão dizer tudo o que vocês precisam saber na hora certa.

"Por enquanto, vou me limitar a alguns comentários sobre o que o meu próprio trabalho prático me proporcionou.

"Acima de tudo, aprendi que só o tempo em sala de aula não era suficiente para impostar a voz e corrigir a dicção. Na aula, você só pode estabelecer o que precisa ser feito em 'treinamento e exercícios', primeiro sob o olhar atento de um orientador e, depois, por conta própria, em casa, por toda parte, na sua vida diária.

"Até essa nova maneira de falar tornar-se parte das suas vidas, vocês não podem considerá-la realmente de vocês. Temos de fazer que sempre falemos correta e belamente no palco e na vida. Temos de colocar isso em prática, criar um hábito, torná-la uma nova parte de nossas vidas, fazer dela, de uma vez por todas, a nossa segunda natureza. Somente nessas condições, quando isso tiver se tornado um hábito, uma segunda natureza para nós, podemos parar de prestar atenção à nossa dicção quando nos apresentarmos no palco. Se alguém representando Tchátski ou Hamlet tiver de pensar nas suas falhas vocais ou nos seus defeitos da fala enquanto estiver interpretando, é pouco provável que isso o ajude em seu principal propósito criativo. E, assim, aconselho agora vocês, em seus primeiros dois anos, a atender todas as exigências básicas de dicção e da produção de voz. Quanto às sutilezas da arte de falar, que ajudarão vocês a expressar as imperceptíveis nuances de sentimento e pensamento de maneira artística, bela e precisa, vocês vão ter de trabalhar nelas ao longo de toda a sua vida.

"Eu estava tão ocupado cantando que esqueci o objetivo principal dos meus estudos: *a fala de palco e as técnicas de declamação.*

"Mas depois lembrei-me delas e tentei falar do jeito como tinha aprendido a cantar; porém, para o meu espanto, os sons saíam da nuca e eu não conseguia transportá-los para a parte frontal da cabeça. Quando finalmente consegui, tanto a voz com que eu falava quanto o meu canto não pareciam naturais.

"'O que significa isso?' – perguntei a mim mesmo, espantado. – Evidentemente, uma pessoa deve falar de forma diferente da maneira como canta. Isso é o que os cantores profissionais fazem, e com boa razão; eles cantam de maneira diferente da maneira como falam!

"Minhas questões e discussões sobre este assunto deixaram claro que muitos vocalistas fazem isso para não estragar o *timbre do seu tom de cantar* enquanto falam.

"'Mas' – conclui –, 'em nosso ofício essa é uma precaução desnecessária, porque nós, na verdade, cantamos para sermos capazes de *falar com timbre.*'

"Tive de gastar muito tempo com esse problema antes de chegar à verdade. A sorte me ajudou. Uma famosa cantora estrangeira, renomada por sua voz, dicção e declamação, disse-me: 'Uma vez que a voz esteja devidamente impostada, você deve falar exatamente do jeito que canta'.

"A partir desse momento, meu trabalho seguiu em uma direção diferente e foi mais rápido. Eu alternava o canto e a fala: cantava durante um quarto de hora e depois falava durante o mesmo tempo em um tom predeterminado. Novamente, eu cantava por algum tempo e falava por algum tempo. Isso continuou por um longo tempo, mas os resultados foram nulos.

"'Não é de causar surpresa' – conclui. – 'O que essas poucas horas de fala correta podem começar a fazer quando estão cercadas por muitas horas de falação incorreta? Vou manter uma vigilância constante sobre mim mesmo e sobre a impostação da minha voz. Vou transformar minha vida em uma longa aula! Dessa forma, vou me livrar da maneira incorreta de falar.'

"No entanto, não era tão fácil se acostumar, mas fiz o que podia, até onde resistia a minha concentração.

"Por fim, senti alguma diferença na minha fala coloquial. Belos sons individuais começaram a aparecer, frases inteiras, e, então, eu percebi que, apenas em momentos assim, as coisas que tinha descoberto no canto estavam sendo aplicadas na fala coloquial. Nesses momentos, eu falava como cantava. O problema é que esse tipo de fala não durava muito tempo, já que o tom constantemente tentava desaparecer no palato mole e na garganta.

"A mesma coisa acontece comigo agora. Não estou convencido de que vou ser capaz de impostar a voz por toda a minha vida de tal maneira que sempre seja capaz de falar corretamente, da maneira como eu canto. Então, obviamente, tenho de corrigir a minha voz antes de cada apresentação ou ensaio, utilizando exercícios de aquecimento.

"No entanto, tive um êxito incontestável. Aprendi a colocar a voz na frente da cabeça de forma fácil e rápida, à vontade, em todos os momentos da interpretação, não só para cantar, mas para falar."

2

.. .. 19

Hoje eu estava fazendo efeitos sonoros e, pelas frestas, ouvi Tortsov e os atores conversando na Salão Verde.

Tortsov estava dando notas para um dos atores sobre sua interpretação e sobre uma das cenas que ele ouviu enquanto estava nas coxias.

Infelizmente, cheguei no meio do que ele estava dizendo e perdi o início. Tortsov disse o seguinte:

— Ao declamar um verso, procuro falar do modo mais simples possível, sem pompa, sem trair a melodia, sem enfatizar a métrica, seguindo o significado interior da obra, a sua essência. Isso não é feito por um primitivismo vulgar, mas pela beleza da fala. Isso foi ajudado pelo fato de as sílabas da frase soarem, cantarem e emprestarem elegância e musicalidade à minha fala.

"Quando comecei a falar dessa nova maneira no teatro, meus camaradas atores ficaram surpreendidos com a mudança na minha voz, na minha dicção e com a nova técnica para exprimir sentimento e pensamento. Mas ainda havia muito o que fazer, como se viu. Além do prazer que você desfruta com a sua própria voz, você precisa também permitir que a plateia entenda e aprecie as coisas que merecem atenção. Você deve fazer deslizar as palavras e as entonações para dentro das orelhas do ouvinte, sem que ele perceba. É fácil tomar o caminho errado e começar a exibir sua voz para a plateia, flertando com ela, ostentando o seu modo de falar.

"Mas isso é algo que vocês nunca devem fazer. Vocês devem somente adquirir aquelas habilidades que facilitam a compreensão das suas palavras para todo mundo em um grande espaço. Para tanto, vocês devem articular de forma mais clara em algumas passagens e se conter em outras, ou até parar de falar, de modo que dê tempo ao ouvinte para ele entender aquilo que foi dito, para ele admirar uma expressão bela e vívida, ou perceber toda a profundidade de uma ideia, ou até para apreciar exemplos claros e comparações, entonações verdadeiras e vívidas.

"Para tanto, um ator deve realmente saber que palavra, frase ou pensamento trazer para fora ou, inversamente, o que deve ser deixado em segundo plano.

"Essa habilidade deve se tornar um reflexo, uma segunda natureza.

"Aprendi, como dizemos na nossa linguagem privada, a 'sentir a palavra'.

"A fala é música. Os diálogos em uma peça são uma melodia, uma ópera ou uma sinfonia. A dicção no palco é uma arte tão difícil quanto a de cantar, exigindo preparação e técnica no mesmo nível de um virtuose. Quando [um ator com] uma voz bem treinada e uma maneira de falar virtuosística recita suas falas em claro e bom tom, ele me conquista com a sua maestria. Quando ele tem um senso de ritmo e marca involuntariamente o ritmo e a fonética de sua fala, ele me entusiasma. Quando um ator vai para o cerne das letras, palavras, frases e pensamentos, ele me carrega consigo para os profundos segredos da obra do autor e para dentro de sua própria alma. Quando ele usa um som claro para retratar as inflexões que delineiam sua vida interior, ele me faz ver, com meu olho interior, as imagens e figuras que a sua imaginação criativa moldou e suas palavras descrevem.

"Quando um ator é senhor de seus movimentos e os utiliza para complementar o que as suas palavras e a sua voz estão dizendo, eu creio estar ouvindo um acompanhamento adequado para um belo canto. Uma boa voz masculina transmite suas falas como um violoncelo ou um oboé. As notas do peito de uma atriz me fazem lembrar de um violino ou de uma flauta, enquanto o estrondo grave da [voz] de um ator dramático lembra-me o de uma viola ou de uma *viola d'amore* fazendo a sua entrada. A rica voz grave de um 'nobre pai' soa como um fagote, enquanto a voz do vilão é um trombone que se racha com a sua própria força e borbulha por dentro por causa da saliva que se acumulou, pela maldade.

"Como é que os atores não sentem toda uma orquestra na fala humana?

....

"Palavras e frases têm essas possibilidades! Que riqueza existe na linguagem. Ela é poderosa não por direito próprio, mas na medida em que contém o coração e o pensamento humanos!

....
"[Assim] como o universo é feito de átomos, as palavras são formadas pela união de letras, e as frases, pela união de palavras, e os pensamentos, pela união de frases, e as cenas inteiras, pela união de pensamentos, e atos, pela união de cenas, e grandes momentos das peças, pela união de atos que contêm a vida trágica do espírito humano, de Hamlet, Otelo, Tchátski e outros. Isso é toda uma sinfonia!"

2[8]

.. .. 19..

1

Hoje havia um letreiro pendurado na plateia:

FALA DE PALCO

Como de costume, Tortsov nos felicitou por chegarmos a essa nova fase do trabalho. E, depois, disse-nos:
— Na aula anterior, eu disse que vocês precisavam sentir as letras e as sílabas, serem sensíveis à sua verdadeira natureza. Hoje, vamos discutir palavras e frases completas da mesma maneira.
....
Depois de uma pausa para pensar, Tortsov continuou:
— Muitas vezes, adverti vocês de que qualquer pessoa que suba no palco tem de aprender tudo do zero — aprender a olhar, a caminhar, a fazer e manter contato e, finalmente, a falar. A maioria das pessoas fala mal e pobremente na vida cotidiana, mas não tem consciência disso. Nós estamos acostumados aos nossos defeitos. Não acho que vocês sejam uma exceção a essa regra. Assim, antes de vocês começarem a próxima fase do nosso trabalho, devem reconhecer os seus próprios defeitos e, então, podem se livrar do hábito, comum entre os atores, de terem a si mesmos como referência e considerarem a sua própria e incorreta fala cotidiana um modelo para justificar uma fala ainda pior no palco.
"A fala está em uma situação ainda pior no palco do que na vida. Na grande maioria dos casos, os atores dizem suas falas de forma decente ou tolerável. Mas sua fala ainda é rude e convencional.

....
8. No original russo, *A fala e suas leis*.

"Existem muitas razões para isso, das quais a primeira é:

"Na vida, eles normalmente falam por algum propósito, algum objetivo, alguma necessidade, para realizar alguma ação verbal genuína, produtiva e específica. E mesmo naqueles raros casos quando tagarelam as palavras sem pensar nelas, eles fazem isso por uma razão: para fazerem o tempo passar mais rápido, para desviar a atenção etc.

"Mas no palco é diferente. Nele, dizemos as falas de outra pessoa, o autor. Muitas vezes, elas não são o que precisamos ou queremos dizer.

"E, na vida, falamos em resposta ao que vemos física ou mentalmente, ao que genuinamente sentimos e pensamos e, efetivamente, sentimos coisas que realmente existem. No palco, temos de falar sobre o que as nossas personagens vivem, veem e sentem, e não sobre aquilo que nós mesmos vemos, sentimos e pensamos.

"Na vida, ouvimos corretamente porque estamos interessados ou porque temos de fazê-lo. No palco, na maioria das vezes, apenas representamos estar atentos, fazemos de conta que escutamos. Não há necessidade prática de entrarmos na mente de alguém ou de assimilarmos as falas de outro ator. Temos de nos forçar a fazê-lo. Mas isso resulta quase sempre em fingimento, atuação de mera técnica e clichês.

"Existem também outras convenções maçantes que destroem a comunicação humana viva. Falas que são repetidas várias e várias vezes durante os ensaios e apresentações frequentes tornam tudo muito batido. Então, seu conteúdo interno desaparece, permanecendo apenas o conteúdo mecânico. Para ganhar o direito de estar no palco, vocês devem fazer algo de positivo, pois uma maneira de preencher os pontos mortos em um papel é recitar as falas mecanicamente.

"O resultado é que os atores se acostumam a falar de forma mecânica no palco, ou seja, a declamar as falas inexpressivamente, sem pensar na sua essência, e quanto mais você tolera esse hábito, mais forte se torna a memória mecânica e mais aferrado se torna o hábito de tagarelar.

"Gradualmente se desenvolve uma fala padrão específica do palco.

"Dizem que nós encontramos a mesma recitação mecânica de palavras na vida real. Por exemplo: 'Olá. Como vai?' 'Tudo bem, fico feliz em vê-lo.' 'Até breve. Fique bem.'

"A fala mecânica é, particularmente, aparente nas orações. Por exemplo, uma pessoa que eu conheço, em seus anos de declínio, pensava que 'Ave-Maria, cheia de graça' fossem duas palavras, e não cinco.

"O que as pessoas pensam e sentem quando elas recitam mecanicamente essas palavras? Nada que tenha alguma coisa a ver com o seu sentido. As palavras saem enquanto estamos distraídos com outros pensamentos e sentimentos. A mesma coisa acontece com um coroinha na igreja. Enquanto sua língua repete mecanicamente as preces em louvor a Deus, sua mente está em casa. Vocês veem a mesma coisa na escola. Enquanto o estudante está repetindo a lição que aprendeu como um papagaio, ele está pensando na nota que vai tirar. É a mesma coisa no teatro. Quando um ator recita suas falas, ele está pensando em irrelevâncias, ele fala de qualquer maneira para preencher os vazios, as lacunas não sentidas em seu papel, para manter a plateia ocupada, para que ela não fique entediada. Então, ele fala por falar, sem nenhuma preocupação com os sons ou com o sentido que tornam o processo de falar, em si, vivo e ardente.

"Para esses atores, as ideias e os sentimentos da personagem são como enteados. Seus filhos verdadeiros são as próprias falas. Quando eles leram a peça pela primeira vez, os diálogos deles e de seus camaradas atores pareciam interessantes, novos e importantes. Mas, uma vez acostumados com as falas, que ficaram gastas e surradas durante os ensaios, elas perdem o seu sabor, o seu sentido. Elas não estão mais armazenadas nem nas suas mentes, nem nos seus corações, mas apenas nas articulações musculares. Depois disso, o que eles ou os outros dizem não é importante. A coisa importante é recitar as falas sem parar, sem intervalo entre elas.

"É totalmente insensato quando os atores não ouvem o que lhes foi dito ou perguntado, ou não dão tempo aos outros atores para dizerem os seus pensamentos mais importantes, ou até mesmo cortam o final. Então, a palavra-chave é falsificada, ela não chega até você. O pensamento inteiro perde o seu significado e não há nada para se responder. Você sente vontade de pedir a eles que repitam a sua pergunta, mas isso não faz nenhum sentido porque eles não têm nenhuma ideia do que estavam perguntando. Todas essas mentiras criam as convenções, os clichês que destroem a credibilidade do que está sendo dito ou sentido. Isso é ainda pior quando os atores deliberadamente interpretam mal as suas falas. Nós todos sabemos como muitos de nós exploram as falas para mostrar como são bons o nosso equipamento vocal, a nossa dicção, a nossa retórica e a nossa articulação. Atores como esses têm apenas uma relação muito tênue com a arte. Não são melhores do que os empregados de uma loja de música que ficam executando peças chamativas e corridas em todos os tipos concebíveis de instrumentos, não para transmitir a obra do compositor e sua compreensão dela, mas para demonstrar a qualidade da mercadoria.

"Os atores também usam a voz para criar cadências engenhosas e figuras decorativas. Eles cantam individualmente as letras e sílabas, arremessando-as para fora, como em uivos, não para mostrarem uma ação genuína ou transmitirem as suas vivências, mas apenas para exibirem as suas vozes e deleitarem os tímpanos da plateia."

.. .. 19..

A aula de hoje foi dedicada ao Subtexto.

— Somente quando a linha completa do Subtexto passa correndo pelos nossos sentimentos, como uma fonte subterrânea, é que nós podemos criar a Ação Transversal da personagem e da peça. Isso é afetado não somente por meio do movimento físico, mas por meio da fala. Você pode realizar ações não só com o seu corpo, mas também com sons e palavras.

"Aquilo que chamamos de Linha transversal na ação, nós chamamos de Subtexto na fala.

"Será que preciso acrescentar que uma palavra que não vem preenchida de dentro, tomada isoladamente, é um mero som, gritinho?

"O diálogo composto de gritinhos é uma sequência de sons vazios.

"Tomemos, por exemplo, a palavra russa 'liubliú'[9]. Isso soa engraçado para os estrangeiros por causa de sua combinação incomum de sons. Para eles, ela é vazia, porque não está relacionada com as belas imagens interiores que elevam o coração. Porém, uma vez que o sentimento, o pensamento e a imaginação dão vida a esses sons vazios, a atitude em relação a eles se modifica, a palavra passa a ter conteúdo. Então, esses sons, 'liubliú', podem inspirar paixão e mudar vidas. Quando a palavra 'avante' ganha vida por sentimentos patrióticos, é possível mandar regimentos inteiros para a morte certa. As mais simples palavras, que transmitem pensamentos complexos, podem modificar toda a nossa perspectiva sobre a vida. Não é por acaso que as palavras são a expressão mais concreta do pensamento humano.

"As palavras também podem estimular os nossos cinco sentidos. Tudo o que vocês precisam fazer é lembrar o nome de uma peça de música ou de um artista, um prato, um perfume favorito e assim por diante, revivendo imagens auditivas e visuais, cheiros, sabores e sensações táteis de que as palavras nos falam.

"Elas também podem estimular sensações dolorosas. Por exemplo, existe um caso no livro *Minha vida na arte* em que uma história sobre dor de dente produziu dor de dente no ouvinte.

"Não deve haver palavras sem alma e sem emoção no teatro. Também não deve haver palavras irrefletidas e inativas. As palavras devem provocar todos os tipos de sentimentos, desejos, pensamentos, intenções, ideias criativas, imagens sonoras e visuais, e outras experiências sensoriais nos atores e nos seus parceiros, e, por meio deles, no público.

"Isso significa que as palavras, o diálogo, não são valiosos em si e por si mesmos, mas pelo seu conteúdo, seu Subtexto. Muitas vezes nos esquecemos disso quando representamos.

....
9. "Eu amo"

"Também não devemos esquecer que a peça publicada não é um trabalho completo até que tenha sido encenada por atores e trazida à vida pelos sentimentos vivos e humanos deles, assim como uma peça de música não é uma sinfonia até que tenha sido executada por uma orquestra.

"Assim que os músicos e os atores trazem o subtexto à vida com suas próprias vivências, os lugares ocultos secretos, a essência da obra que eles estão encenando e a razão pela qual ela foi criada, tornam-se aparentes tanto no próprio subtexto quanto neles mesmos. O significado de uma obra de arte reside em seu *Subtexto*. Sem ele, as palavras são ineficazes no palco. Quando criamos uma interpretação, as palavras são do autor e o subtexto é nosso. Se fosse de outra forma, o público não iria fazer um esforço para ir ao teatro e assistir ao ator. Em vez disso, ele ficaria em casa e leria a peça.

"Apenas no teatro você pode vir a conhecer uma obra dramática em toda a plenitude do seu sentido. Somente nele você pode sentir o coração real e vivo da peça, o subtexto criado pelo ator e que é revivido em cada apresentação.

"Os atores devem harmonizar a peça com a música dos seus próprios sentimentos e aprender a cantar essa música com as falas que eles recebem para dizer. Somente quando ouvimos a melodia do coração vivo é que podemos apreciar plenamente o mérito e a beleza do texto e daquilo que ele contém.

"Vocês aprenderam, no primeiro ano de estudo, tudo sobre a linha interna do sentimento e da sua Ação Transversal, a Supertarefa, que vocês criam através da vivência. Vocês também aprenderam como desenhar todas essas linhas juntas e como despertar vivências pela sua psicotécnica, quando elas não surgem de maneira espontânea, intuitivamente.

"Todo esse processo se aplica às palavras e à fala, mas com um acréscimo importante. Vamos ter de gastar várias aulas com ele. Então, até a próxima."

.. .. 19..

— Nuvem... guerra... pipa... lilás – Tortsov pronunciava cada palavra plenamente, com uma longa pausa entre elas. Foi assim que a aula de hoje começou.

"O que acontece quando seus ouvidos recebem esses sons? Consideremos 'nuvem', por exemplo. Que memórias, sentimentos e imagens vêm a vocês quando digo [essa] palavra?"

Eu tinha uma imagem de uma enorme mancha de fumaça colorida em um céu claro de verão.

Mária viu uma folha longa e branca estendida em linha reta pelo céu.

— Agora, vamos examinar o efeito da frase "Vamos para a estação", quando o ouvido de vocês a capta.

Na minha mente, saí de casa, peguei um táxi, passei pela rua Dmítrovka, pelos bulevares, ao longo da rua Miásnitskaia, cheguei ao bulevar Sadôvaia através de algumas ruas paralelas e logo cheguei à estação. Lev se viu andando de um lado para o outro na plataforma. Quanto a Vária, ela até conseguiu fazer uma viagem mental para Ialta, Alúpka e Gurssúf. Depois que contamos para Tortsov sobre as nossas imagens mentais, ele nos disse mais uma vez:

— Então, eu mal pronunciei algumas palavras e vocês, imediatamente, as preencheram com o seu significado em suas mentes. E descreveram sua resposta à minha frase com tanto cuidado!

"E de que maneira vocês usaram o som e as inflexões para retratar suas imagens visuais de maneira que nós pudéssemos ver com os seus olhos! Que esforço vocês fizeram para escolher suas palavras e dar a elas um colorido diferente. Vocês queriam formar suas frases plenamente buriladas.

"E que cuidado vocês tiveram para assegurar que a imagem que vocês transmitiam estava próxima do original, que são as imagens mentais que a viagem imaginária à estação produziu em vocês.

"Se vocês passassem por esse processo no palco, todas as vezes, com o mesmo estado de espírito, e dissessem suas falas com a mesma percepção profunda do seu significado, vocês logo se tornariam grandes atores."

Após uma breve pausa, Tortsov começou a repetir a palavra "nuvem" de diferentes maneiras e nos perguntou de que tipo de nuvem ele estava falando. Nós adivinhamos de maneira mais ou menos correta. Nós vimos a nuvem como uma névoa de luz, uma visão fantástica, uma assustadora nuvem de tempestade etc.

Como Tortsov transmitia essas várias imagens? Por meio de inflexões? De expressões faciais? Da sua própria atitude em relação à imagem que ele estava criando? Com os olhos, que pareciam estar olhando para o objeto inexistente no teto?

— Dessa maneira, daquela maneira, de cinco maneiras, de vinte maneiras diferentes — disse-nos Tortsov. — Perguntem à natureza, ao subconsciente, à intuição, a quem vocês quiserem, como eles comunicam as suas imagens mentais. Não gosto e sou muito cauteloso quando se trata de esboçar questões precisas que estão fora da minha competência. Então, não pode ficar no caminho do subconsciente quando ele está trabalhando, mas aprender a envolver os nossos processos mentais naturais em nosso trabalho criativo, assegurando que nossos mecanismos vocais e auditivos — de fato, todos os mecanismos de materialização física pelos quais comunicamos os nossos sentimentos, pensamentos, imagens mentais etc. — estejam sensíveis e receptivos.

"Não é difícil comunicar em palavras, de forma mais ou menos clara, imagens mentais definidas, tais como 'pipa', 'lilás' e 'nuvem'. Mas é bem mais difícil com palavras que expressam abstrações, como 'justiça' ou 'direito'. É interessante observar o que acontece mentalmente quando falamos [essas palavras]."

Comecei a pensar sobre as palavras que tinham sido apresentadas, e isso me fez examinar em mim mesmo as sensações que elas produziram.

No começo, fiquei confuso, sem saber onde me concentrar, em que me fixar, e, assim, meus pensamentos e sentimentos, minha imaginação e todos os outros elementos mentais se fundiram descontroladamente.

Meu intelecto tentou descobrir o tema principal e investigar seu significado. Eu tinha uma vaga consciência de algo grande, importante, brilhante e nobre, mas esses adjetivos também tinham limites pouco nítidos. Então, lembrei-me das várias definições comumente aceitas que os conceitos de "justiça" e "direito" sugeriam.

Mas definições sem vida não são suficientes, elas não são provocantes. Sentimentos vagos lampejam através da minha mente e depois vão embora. Agarrei-os, mas não consegui segurá-los.

Eu precisava de algo mais tangível para prender corretamente esse conceito abstrato. Foi a minha imaginação, mais do que todos os outros elementos psicológicos, que, no meio de toda essa busca selvagem, respondeu traçando um desenho para mim.

Mas como é que se representa a "justiça" ou o "direito"? Usando símbolos, alegorias, emblemas. A memória vasculhou todas as imagens banais que são usadas para personificar a ideia de justiça e de direito.

Apareceu uma mulher com uma balança em sua mão e um livro de leis aberto com um dedo apontando para um dos parágrafos.

Mas isso não satisfez meu intelecto ou meus sentimentos. Então, minha imaginação rapidamente criou novas imagens visuais: uma vida construída sobre os pilares da justiça e do direito. Era mais fácil acreditar em uma história como essa do que em uma abstração sem corpo. Fazer de conta com base na vida real é mais concreto, mais acessível e mais tangível. É mais fácil de ver e, uma vez visto, de sentir. Isso move você muito mais rapidamente e conduz bastante naturalmente à revivência.

Recordando casos da minha própria vida, semelhantes à imagem que a minha imaginação tinha desenhado, o [conceito] de "justiça" tomou uma forma definitiva.

Quando falei para Tortsov sobre a minha observação de mim mesmo, ele chegou à seguinte conclusão:

— A natureza ordenou as coisas de modo que, quando estamos em comunicação verbal com alguém, primeiro vejamos as coisas sobre as quais estamos falando com o nosso próprio olho interior e só depois digamos aquilo que vimos. Se estamos ouvindo, então, antes de tudo, nossos ouvidos aceitam o que está sendo dito e, então, nós percebemos que ouvimos com os nossos olhos.

"Em nosso vocabulário, ouvir significa ver o que está sendo falado, e falar significa esboçar imagens visuais.

"Para os atores, as palavras não são meros sons, mas estímulos para imagens. Assim, na comunicação verbal, não falamos tanto para o ouvido, mas para o olho.

"Então, na aula de hoje, vocês aprenderam que nós precisamos de um subtexto ilustrado, e não de um subtexto simples para o papel e para a peça.

"Como criamos isso?

"Vamos falar sobre isso da próxima vez."

.. .. 19..

Na aula de hoje, Tortsov chamou Pácha e pediu a ele para falar alguma coisa. Mas Pácha não era nenhum falastrão e não tinha nenhum texto pronto para dizer.

— Nesse caso, vá para o palco e diga as seguintes frases, ou melhor, conte toda a história:

"Acabei de visitar Vánia. Ele está em um estado deplorável. Sua mulher fugiu. Precisamos ir falar com [um amigo] e pedir a ele que nos ajude a acalmar o pobre coitado."

Pácha falou as frases, mas elas não funcionaram. Tortsov, então, falou:

— Não consigo acreditar em uma palavra que você disse. Não senti que você necessitava ou mesmo desejava dizer palavras que outra pessoa tinha passado para você.

"E não me admiro. Será que você pode dizê-las se as suas ideias criativas, os 'ses' mágicos e as Circunstâncias Dadas não criam imagens mentais para você? Você preciso conhecê-las, visualizá-las com seu olho interior. Mas, por enquanto, você não conhece nem visualiza o que foi sugerido pelo que disse sobre Vánia ou sobre seu amigo. Pense na ideia criativa, no 'se' mágico e nas Circunstâncias Dadas que vão lhe conceder o direito de dizer essas palavras. E não apenas conheça, mas tente visualizar claramente a imagem que a sua ideia criativa produz.

"Depois que você fizer isso, as palavras que lhe foram dadas vão se tornar uma parte necessária de você. Você saberá quem é este Vánia, cuja esposa o abandonou, quem é esse amigo, onde ele vive, qual é a relação entre eles e você. [Quando você] os vir com o seu próprio olho interior e tiver a imagem de onde, como e com quem eles vivem, Vánia e seu amigo vão se tornar pessoas reais na vida imaginária que você criou. E lembre-se de dar uma olhada detalhada com seu olho interior nos apartamentos deles, na disposição dos cômodos, da mobília, dos pequenos objetos e de como eles estão arrumados. Você terá, então, de ir à casa de Vánia e, depois, à do seu amigo e, por fim, ao lugar onde você dirá as palavras que lhe foram passadas.

"Isso significa que você tem de ver as ruas, pelas quais você passa, na sua mente, as portas das casas nas quais você tem de entrar. Em outras palavras, você tem de criar e visualizar na tela de seu olho interior tudo o que você imaginou, todos os 'ses' mágicos e os outros 'ses', todas as Circunstâncias Dadas, a situação exterior em que o subtexto da tragédia doméstica de Vánia se desenrola e que as palavras que você recebeu descrevem. As imagens mentais criam um estado de espírito que evoca sentimentos correspondentes. Na vida, como você sabe, tudo isso é definido com antecedência pela própria vida, mas, no palco, temos de cuidar disso por nós mesmos.

"Não fazemos isso simplesmente para sermos naturalistas ou realistas, mas porque nossa natureza criadora e nosso subconsciente precisam disso. Eles precisam da verdade, mesmo que seja uma verdade fictícia na qual podemos crer e viver."

Uma vez que conseguiu encontrar ideias críveis, Pácha repetiu a frase que tinha recebido, e achei que ele a disse melhor.

Mas Tortsov ainda não estava satisfeito e disse que Pácha ainda não tinha um objeto ao qual desejasse comunicar suas imagens mentais e que, sem ele, Pácha não conseguiria dizer a frase de maneira que tanto ele quanto o ouvinte acreditassem que as palavras tinham de ser ditas.

Para ajudá-lo, Tortsov mandou Mária subir ao palco para ser seu objeto e disse:

– Certifique-se de que seu objeto não apenas ouça e compreenda o significado da frase, mas também visualize com seu olho interior aquilo que você está vendo, ou quase, quando você falar as palavras que recebeu.

Mas Pácha não achava que isso fosse possível.

– Não comece a pensar assim, isso vai bloquear a natureza. Tente fazer o que lhe foi pedido. Não é o resultado que importa. Isso não depende de você. O que importa é a sua intenção de completar a tarefa, o que importa é a ação, ou melhor, a tentativa de agir sobre Mária, sobre seu olho interior, que é com o que você está lidando no momento. O importante é a atividade interior!

Eis a explicação de Pácha para o que ele sentiu e vivenciou durante o experimento.

– Vou indicar os momentos representativos – explicou ele.

– Eu precisei primeiro selecionar e organizar, antes mesmo de me comunicar com o objeto, a matéria a ser comunicada, isto é, analisar seu significado, relembrar os fatos que tinha de discutir, as Circunstâncias Dadas que tinha de considerar, estabelecendo minhas próprias imagens mentais em meu olho da mente.

"Quando eu estava totalmente preparado e quis materializá-los, tudo começou a borbulhar e a ferver dentro de mim (mente, sentimento, imaginação, adaptações, expressão facial, olhos, mãos, corpo), tentando encontrar o ângulo a partir do qual eu deveria abordar a tarefa. Eles eram como uma grande orquestra afinando os instrumentos rapidamente. Eu mantive, então, uma estreita vigilância."

– Vigilância neles, mas não no objeto? – perguntou Tortsov. – Fica claro que, para você, não era importante se Mária estava entendendo ou não, se ela sentia seu subtexto, se ela visualizava tudo o que estava acontecendo na vida de Vánia com seus olhos ou não. Isso quer dizer que, quando estavam em contato, você esqueceu essa tarefa natural, essencial e humana: imprimir suas imagens mentais em outra pessoa.

"Isso indica falta de dinamismo. Se você tivesse realmente tentado se comunicar, não teria dito as falas sem interrupção, como se fosse um discurso, sem olhar para o outro ator, como acabou de fazer, mas teria esperado mais em alguns momentos. O objeto precisa dessas pausas para poder registrar o subtexto que você está transmitindo e também as suas imagens mentais. Você não pode receber tudo de uma vez só. O processo requer três partes: transmissão, pausa, recepção, pausa e, novamente, transmissão, pausa, recepção etc. Coisas que são óbvias para você, a pessoa que vivenciou, são novas para o objeto e precisam ser decodificadas e registradas. E isso leva um certo tempo. Mas você não fez nada disso e, graças a todos esses erros, em vez de conversar com uma pessoa viva, como na vida real, você acabou fazendo um discurso, como no teatro."

Por fim, Tortsov conseguiu que Pácha fizesse o que ele queria, ou seja, comunicar para Mária o que ele estava pensando e sentindo. Ela entendeu, ou melhor, sentiu seu subtexto, assim como, de certa forma, o resto de nós.

Pácha se sentia nas nuvens e garantiu para todos nós que hoje ele não tinha apenas entendido, mas também sentido o significado prático, a verdadeira importância de comunicar as imagens mentais do Subtexto ilustrado.

– Agora vocês entenderam o significado do Subtexto ilustrado – disse Tortsov no final da aula.

No caminho de volta para casa, Pácha contou-me o que tinha vivenciado enquanto estava fazendo o exercício "Vánia". Evidentemente, o que mais o impressionou foi o fato de que a Tarefa de influenciar a mente de outra pessoa, com suas próprias imagens mentais, tinha transformado imperceptivelmente as palavras alheias, irritantes e entediantes em uma coisa pessoal e essencial para ele.

– Você viu – disse ele –, se você não explicar o fato de que a mulher de Vánia o abandonou, não tem história. E, se não tem história, não há nada a partir do que criar um subtexto ilustrado.

"Isso significaria que as imagens mentais também não seriam necessárias e não existiria razão para comunicá-las a outra pessoa.

"Mas, como você vê, não dá para comunicar a triste história de Vánia só por meio de imagens mentais, emanação, movimentos ou expressão facial. Você precisa de palavras.

"Foi nessa hora que as palavras que tinham me passado se tornaram imperativas! Foi nessa hora que me apaixonei por elas como se fossem as minhas próprias palavras! Agarrei-as, saboreei-as, apreciei cada som, amei cada inflexão. Agora eu precisava delas, não mais para dizê-las de forma mecânica ou para ficar exibindo a minha voz e a minha dicção, mas com um propósito, para que o ouvinte pudesse entender a importância daquilo que eu estava dizendo.

"E, você sabe, a coisa mais maravilhosa de todas" – continuou ele, todo entusiasmado – "foi que, assim que as palavras passaram a ser minhas, eu me senti totalmente em casa no palco. E a partir daí brotou a calma e o controle.

"Como é grande essa sensação de ser senhor de si mesmo para conquistar o direito de ir devagar e fazer as outras pessoas esperarem.

"Eu plantei uma palavra depois da outra no objeto, uma imagem mental depois da outra. Você, mais do que ninguém, pode avaliar como foram, para mim, importantes e significativos esse controle e essa calma que senti, porque nós dois temos medo de ter um apagão no palco."

A história de Pácha me cativou. Fui para casa com ele e fiquei para o jantar.

Como de costume, durante a refeição, o velho Chustóv pediu para o sobrinho contar o que tinha acontecido na aula. Pácha repetiu tudo o que tinha me dito. Seu tio ouvia, sorria, assentia com a cabeça em sinal de aprovação e acompanhava cada assentimento com:

– Sim, sim! É isso mesmo.

Então, depois de alguma coisa que Pácha disse, seu tio, de repente, saltou da cadeira e, balançando seu garfo no ar, bradou:

– Acertou na mosca! Afete o objeto! "Penetre em seu âmago.[10]" E você vai afetar a si mesmo mais ainda. E se você afetar a si mesmo, vai afetar os outros ainda mais. Então, as suas palavras vão ser como um vinho forte. E por que é assim? É a nossa avó natureza, a atriz! É o nosso avô, o milagreiro: nosso subconsciente!

"Eles gostariam de levar os mortos para a ação! No trabalho criativo, o dinamismo é o vapor do motor!

"*A ação com dinamismo, genuína, produtiva e cheia de propósito, é a coisa mais importante no trabalho criativo e também na fala!*

....
10. Citação de carta de Schépkin a S. V. Chumski, de 27 de março de 1848.

"Fala é ação. O dinamismo nos dá a tarefa de plantar nossas imagens mentais em outra pessoa. Não tem importância se a outra pessoa as vê ou não. A mãe natureza e o pai subconsciente cuidam disso. O seu negócio é querer plantar, e o querer gera ação.

"Uma coisa é aparecer diante de um público respeitoso e desenrolar 'tum-ti-tum', 'tum-ti-tum' e sair. Outra coisa é arregaçar as mangas e ser ativo!

"A primeira maneira de falar é 'teatral', e a segunda é humana.

"Nós não apenas sentimos essas partes de nossas vidas, nós também as vemos com nosso olho da mente."

.. .. 19..

– Quando pensamos, imaginamos ou recordamos algum evento, objeto, ação ou momento da nossa vida real ou imaginária, nós os visualizamos com o olho da nossa mente [– disse Tortsov].

"No entanto, é essencial que todas as nossas imagens mentais se refiram exclusivamente à personagem, e não ao ator, pois a vida do ator não vai coincidir com a do papel, a menos que seja realmente muito semelhante a ela.

"É por isso que a nossa principal preocupação na interpretação é que o olho da mente sempre reflita imagens mentais que estejam relacionadas à personagem. As imagens mentais que a nossa imaginação cria e as circunstâncias dadas que dão vida ao papel e justificam suas ações, intenções, pensamentos e sentimentos, mantêm e fixam a atenção do ator na vida interior do papel. Devemos usá-las quando a concentração se perde, arrastá-la de volta para o 'filme' e fazê-la seguir essa linha.

"Da última vez, trabalhamos com uma pequena fala sobre Vánia e seu amigo" – disse Tortsov. – "Mas imaginem que nós trabalhamos sobre cada fala, cada cena, sobre a peça inteira exatamente da mesma maneira, como devemos fazer quando criamos 'ses' ilustrados e Circunstâncias Dadas. Então, todo o roteiro é acompanhado de imagens mentais no olho da nossa mente, exatamente da maneira como o ator as imaginou. A partir delas, conforme expliquei, anteriormente, quando falava da imaginação, criamos um filme completo e ininterrupto, que é projetado na tela do olho da nossa mente. Ele é nosso guia enquanto estamos dizendo ou fazendo alguma coisa no palco.

"Assistam-no o mais de perto possível, usem as falas para descrever o que vocês veem, como se estivessem vendo as ilustrações pela primeira vez, em cada apresentação. Falem no palco sobre as imagens mentais, não recitem as falas.

"Para isso, vocês têm de se aprofundar no significado das palavras que estão dizendo e senti-las. Mas esse é um processo difícil e nem sempre conseguimos isso, primeiro porque um dos principais elementos do subtexto é a memória de experiências anteriores, que são muito evasivas, caprichosas e difíceis de fixar, e, em segundo lugar, porque um aprofundamento constante no significado das palavras e do subtexto exige uma memória bem disciplinada.

"Esqueçam de tentar sentir tudo de uma vez e concentrem-se unicamente nas imagens mentais. Olhem para elas de perto e descrevam o que veem e ouvem da forma mais completa, profunda e clara possível.

"Essa técnica é muito mais forte e mais estável em momentos de dinamismo e de ação. As falas não são ditas por elas mesmas ou para a plateia, mas para os outros atores, para implantar suas imagens mentais. Isso significa que as ações têm de ser realizadas do princípio ao fim. Elas trazem a vontade para a peça e, com ela, os três motivadores psicológicos e todos os elementos da alma criativa do ator.

"Por que não deveríamos usar o melhor de nossa memória visual? Uma série de imagens mentais é mais acessível para nós, e, uma vez que tenha sido firmemente fixada em nossas cabeças, é mais fácil manter a concentração na verdadeira linha do *Subtexto e da Ação Transversal*. Quando nos atemos a essa linha e falamos apenas sobre o que vemos, estimulamos os sentimentos recorrentes que estão armazenados em nossa memória emotiva e dos quais precisamos para vivenciar da maneira certa.

"Assim, quando observamos nossas imagens mentais, estamos pensando no subtexto do papel e sentindo-o.

"Essa técnica não é novidade. Nós usamos métodos semelhantes quando lidamos com o movimento e a ação. Usamos ações físicas tangíveis e estáveis para estimular nossa memória emotiva instável e estabelecer a linha contínua da 'vida do corpo humano em um papel'.

"Agora usamos essa mesma técnica, pela mesma razão, e usamos uma linha ininterrupta de imagens mentais, descrevendo-as em palavras.

"Anteriormente, a ação física foi um chamariz para sentimentos e vivências internas, e, agora, as imagens mentais são um chamariz para sentimentos e vivências, palavras e fala.

"Na apresentação de hoje, projetem o filme que o olho da sua mente realizou tantas vezes quanto for possível. Esbocem aquilo que vocês veem como um pintor, descrevam aquilo que vocês veem e como vocês veem como se fossem um escritor. Assim, vão conhecer e entender o significado das palavras que estão falando.

"Deve haver variações todas as vezes que essas imagens mentais ocorrem e todas as vezes que vocês as descreverem. Isso tudo é para o bem, porque o improviso e o inesperado são os melhores estímulos para o trabalho criativo. Apenas certifiquem-se sempre de assistir ao filme das suas imagens mentais antes de falar delas e de implantá-las na pessoa com quem vocês estão em contato.

"Vocês devem desenvolver esse hábito através de um trabalho longo e sistemático. Nos dias em que a sua concentração estiver fraca e a linha do subtexto que vocês estabeleceram puder ser facilmente rompida, aferrem-se aos objetos no olho da sua mente como se fossem um salva-vidas.

"E há outra vantagem nessa técnica. Como sabemos, as falas podem se converter em mera tagarelice quando nós as repetimos muitas vezes. Mas as imagens visuais, por sua vez, ganham em força e amplitude através da repetição frequente.

"A imaginação não dorme, mas vai preenchendo as imagens mentais com novos detalhes, vai preenchendo o filme no olho da mente e tornando-o ainda mais vivo. Assim, a repetição é vantajosa, e não desvantajosa, para as nossas imagens mentais e para todo o subtexto ilustrado.

"Agora, vocês não só sabem como estabelecer e usar o subtexto ilustrado, mas também conhecem o segredo da psicotécnica que recomendei a vocês."

.. .. 19..

— Então, uma missão que as palavras têm no teatro é comunicar nosso subtexto ilustrado aos outros atores, ou para nos vermos completamente todas as vezes — disse Tortsov no início da aula.

"Vamos ver se a fala de Lev cumpre essa missão.

"Suba ao palco e fale o que quiser."

— Eutejuroamadaminhaque / eusópossovivernestaterra / exclusivamen-tecontigoe... / morrereiquandomedeixaresparaastrevasdo / infernoondenós / vamosnosreunirnovamente — declamou Lev, com sua habitual tagarelice, com pausas sem sentido que quebravam a prosa em versos ruins e o versos em uma prosa ainda pior.

— Não entendi nada e vou continuar sem entender se você continuar dividindo as falas do jeito que acabou de fazer — disse-lhe Tortsov. — Quando você recita as falas dessa maneira, não dá para falar seriamente de um Subtexto ou mesmo de um texto. Com você, tudo simplesmente rola para fora da língua de forma aleatória. A vontade e a consciência não estão envolvidas. Tudo depende da quantidade de ar que você tem para expirar.

"Então, antes que você continue, precisamos colocar um pouco de ordem nas falas, colocá-las em grupos adequados ou famílias — ou, como dizem alguns, em barras de fala. Só então poderemos dizer que palavra se relaciona com outra e entender as partes que vão compor a oração ou o pensamento inteiro.

"Para dividir a fala em barras você precisa de paradas ou, em outras palavras, de pausas lógicas.

"Como você, sem dúvida, sabe, elas têm duas funções opostas, mas simultâneas: juntar palavras em grupos (ou barras de fala) e separar os grupos uns dos outros.

"Vocês sabiam que o destino de um homem pode depender de onde são colocadas as pausas lógicas? Por exemplo:

"'Perdão impossível mandar para a Sibéria.'

"Como entendermos essa ordem sem que ela tenha sido dividida em pausas lógicas?

"Coloquemos as pausas e, então, o sentido das palavras ficará claro.

"'Perdão / impossível mandar para a Sibéria' ou 'Perdão impossível / Mandar para a Sibéria.' No primeiro caso temos clemência, no segundo, exílio.

"Coloque as pausas na sua fala e faça de novo. Só então poderemos compreender o seu conteúdo."

Com a ajuda de Tortsov, Lev dividiu a sentença em grupos de palavras e começou a dizê-las novamente, mas Tortsov o deteve depois da segunda barra.

– O texto entre duas pausas lógicas deve ser dito com o menor número de quebras possível, tudo junto, quase como uma única palavra. Você não deve quebrar o texto e cuspi-lo em pedaços, como está fazendo.

"Existem, é claro, exceções, quando você tem de parar no meio de uma barra. Mas existem regras para isso, que vou explicar a vocês no momento oportuno."

– Já sabemos quais são – objetou Grícha. – As barras de fala são lidas de acordo com a pontuação. Nós aprendemos isso, se você não se importa que eu diga, na escola primária.

– Se já sabem, então falem corretamente – respondeu Tortsov. – E falem da melhor maneira que puderem também no palco.

"Sempre que puderem, peguem um livro e um lápis, leiam e dividam o que leram em barras de fala. Treinem seus ouvidos, seus olhos e suas mãos. Ler por meio de barras de fala tem uma grande vantagem prática: ajuda no processo real de vivência.

"Marcar as barras de fala e leitura com base nelas é também essencial porque faz que vocês analisem sentenças e investiguem o seu significado. Se vocês não olharem dentro delas, não conseguirão dizê-las de forma correta.

"O hábito de falar em barras não somente confere ao que você diz harmonia de forma e clareza de expressão, mas profundidade de conteúdo, porque faz você pensar o tempo todo no significado daquilo que está dizendo. Até que você tenha feito isso, é inútil investir em uma das grandes Tarefas que as palavras cumprem, ou seja, comunicar o *Subtexto ilustrado de uma fala*, tanto quanto é inútil investir no trabalho preliminar: a criação de imagens mentais para ilustrar o subtexto.

"O trabalho com a fala e as palavras deve sempre começar dividindo-as em barras de fala ou, em outras palavras, deve começar colocando as pausas lógicas."

.. .. 19..

Hoje, Tortsov me chamou e pediu para recitar alguma coisa. Escolhi um discurso de *Otelo*:

> *Tal como o mar Pôntico,*
> *cujas correntes gélidas e o curso uniforme*
> *jamais sofrem a ação do refluxo, e se lançam sem descanso*
> *para a Propôntida e o Helesponto;*
> *assim meus pensamentos sanguinários, na violência de seu curso,*
> *jamais voltarão atrás, não refluirão para o humilde amor;*
> *é preciso que eles venham mergulhar*
> *em uma vasta e profunda vingança.*

Não há um ponto final, e a sentença é tão longa que tive de dizê-la rapidamente. Parecia-me que eu havia recitado aquilo de sopetão, sem uma pausa para respirar. Mas é claro que não era possível fazer assim.

Não é de admirar, então, que eu tenha espremido algumas barras, ficado sem fôlego e todo corado por conta do enorme esforço.

— Para evitar, no futuro, o que acabou de acontecer, primeiro recorra às pausas lógicas, dividindo as falas em barras, porque, como você pode ver, não é possível falar tudo de só uma vez — sugeriu Tortsov, depois que terminei.

Eis como distribuí as pausas:

> *Tal como o mar Pôntico/*
> *cujas correntes gélidas e o curso uniforme/*
> *jamais sofrem a ação do refluxo,/ e se lançam sem descanso/*
> *para a Propôntida e o Helesponto;/*
> *assim meus pensamentos sanguinários, na violência de seu curso,/*
> *jamais voltarão atrás, não refluirão para o humilde amor;/*
> *é preciso que eles venham mergulhar/*
> *em uma vasta e profunda vingança.*

— Muito bem — disse Tortsov, e me fez repetir essa sentença excepcionalmente longa várias vezes, seguindo as barras de fala que eu havia marcado.

Depois que fiz isso, ele reconheceu que as falas tinham ficado um pouco mais fáceis de ouvir e de entender.

— Mas é uma pena que você ainda não as tenha sentido — acrescentou.

"Você é seu pior inimigo porque está com tanta pressa que não dá a si mesmo tempo para entrar naquilo que está dizendo, você nunca consegue explorar e sentir o subtexto sob as palavras. E, sem isso, você está emperrado.

"É por isso que a primeira coisa é parar de correr."

— Seria um prazer, mas como? — perguntei, totalmente desnorteado.
— Vou mostrar a você um jeito de fazer isso.
Após uma pausa curta, Tortsov continuou:
— Você aprendeu a dizer a fala de *Otelo* usando pausas lógicas e barras de fala. Isso é bom! Agora, repita a fala para mim usando a pontuação.

"Os sinais de pontuação pedem inflexões especiais. O ponto final, a vírgula, o ponto de interrogação, o ponto de exclamação etc. têm suas próprias formas vocais características e não podem funcionar corretamente sem elas. Se a voz não abaixar no ponto final, o ouvinte não vai entender que a sentença chegou ao fim. Se você não der ao ponto de interrogação a sua característica 'curva' fônica, o ouvinte não vai entender que uma pergunta está sendo feita e exige uma resposta.

"Essas inflexões têm um efeito sobre o ouvinte e o obriga a fazer alguma coisa: uma forma fônica interrogativa exige uma resposta, um ponto de exclamação exige uma resposta simpática, de concordância ou protesto; dois pontos exigem que você se concentre no que vem depois etc. Existe um grande poder expressivo em todas essas inflexões.

"*As palavras e a fala têm a sua própria natureza, que exige uma inflexão correspondente para cada tipo de ponto.* As qualidades inerentes da pontuação ajudarão a acalmá-lo e a impedir que você corra. É por isso que estou gastando tanto tempo com elas.

"Diga para mim a fala de *Otelo* usando a pontuação, as vírgulas e pontos finais, as suas inflexões naturais."

Quando comecei a dizer a fala, senti como se estivesse lendo em uma língua estrangeira. Antes que pudesse dizer uma palavra, tinha de pesá-la, pesquisar em torno, especular, mascarar tudo que me causasse dúvida, então... parei, porque simplesmente não conseguia continuar.

— Isso demonstra que você não conhece a natureza do seu próprio idioma e, em particular, a natureza dos sinais de pontuação. Do contrário, você poderia ter feito facilmente o que pedi.

"Lembre-se do que aconteceu. Esse deve ser mais um lembrete de quão essencial é estudar por completo as leis da fala.

"Então, agora a pontuação virou um obstáculo para a sua fala. Vamos tentar fazer o oposto e fazer que ela o ajude!

"Não posso [resolver] o problema de todos os sinais de pontuação" – continuou Tortsov.

"E assim, para efeito demonstrativo, vou experimentar com um deles. Se a experiência for bem-sucedida, tenho certeza de que você vai querer explorar a natureza de todos os outros sinais de pontuação por si mesmo, da mesma maneira.

"Repito, a minha tarefa não é ensinar você, mas persuadi-lo a estudar as leis da fala por conta própria. Vou usar a vírgula para a nossa experiência porque ela foi praticamente o único sinal de pontuação que você escolheu ao trabalhar com a fala.

"Você se lembra do que instintivamente quis fazer em cada vírgula? Antes de tudo, é claro, queria parar. Mas, antes disso, você fez uma inflexão ascendente na última sílaba da última palavra (e sem ênfase, já que não era logicamente necessária). Então, você deixou a última nota suspensa no ar por algum tempo.

"Flexionar o som para cima é como mover alguma coisa de uma prateleira mais baixa para outra mais alta. Essas inflexões ascendentes podem ser de formas e alturas diferentes: em intervalos de uma terceira, uma quinta ou uma oitava. O aumento pode ser curto e abrupto ou longo, suave e gradual, e assim por diante.

"A coisa mais notável sobre uma vírgula é que ela possui uma qualidade milagrosa. Sua ascensão é como uma das mãos levantada em sinal de advertência. Ela obriga o ouvinte a esperar pacientemente que a sentença inacabada continue. Será que você consegue ver como isso é importante para as pessoas nervosas como você ou impetuosas como Lev? Se acreditar que, depois de uma inflexão ascendente em uma vírgula, o ouvinte vai esperar pacientemente por você, então você não tem nenhuma razão para estar com pressa. Isso não apenas acalma você, mas o obriga a amar a vírgula e todos os seus atributos naturais.

"Se você soubesse a satisfação que dá quando se conta uma longa história ou quando se diz uma longa sentença — como a que você acabou de dizer — e se faz uma inflexão ascendente antes da vírgula e espera com confiança, tendo a certeza de que ninguém vai interrompê-lo ou apressá-lo.

"A mesma coisa acontece com os outros sinais de pontuação. Tal como ocorre com a vírgula, eles apresentam certas exigências ao ouvinte. Por exemplo, uma pergunta exige uma resposta do ouvinte...

"Um ponto de exclamação exige uma resposta simpática... (mais uma vez nós esperamos pacientemente como antes)... dois-pontos... aumenta a concentração do outro ator enquanto ele espera pelo que vem depois. Essa transferência temporária de responsabilidade para outra pessoa garante que você mantenha a sua calma, pois é o ouvinte que agora precisa de pausas, quando antes deixou você nervoso e apressado. Vocês concordam?"

Tortsov terminou sua frase, sua pergunta, com uma acentuada inflexão para cima, e esperou por uma resposta. Nós tentamos encontrar algo para dizer, mas não conseguimos e ficamos bastante preocupados. Porém, ele permaneceu perfeitamente calmo, porque não era problema seu.

Tortsov riu durante toda a pausa e depois explicou o porquê.

— Não faz muito tempo, eu estava tentando explicar para uma criada onde ela devia pendurar a chave da porta da frente. Eu lhe disse: "Ontem à noite, passando pelo saguão, vi a chave na fechadura...".

"Tendo feito uma enorme inflexão para cima, esqueci do que estava falando e fui em silêncio para o meu estúdio.

"Uns bons cinco minutos se passaram quando ouvi uma batida na porta. A cabeça da criada apareceu na porta, com uma expressão de curiosidade no rosto. 'Você viu a chave na fechadura, e então?' – indagou ela.

"Como vocês podem ver, a inflexão para cima antes de uma vírgula funcionou por cinco minutos inteiros. Tinha de ter havido uma queda na voz no ponto final para que a frase terminasse. Essa exigência não pode ser contradita."

No final da aula, resumindo o que tínhamos feito, Tortsov profetizou que, em breve, eu não teria mais medo das pausas, porque terei aprendido o segredo de fazer as outras pessoas esperarem por mim. E quando eu entendesse como usar as pausas para aumentar a clareza, a expressividade e o poder da minha fala, além de estreitar mais o meu contato com os outros, eu não só deixaria de ter medo das pausas, mas aprenderia a gostar delas e, de fato, a abusar delas.

.. .. 19..

Tortsov entrou de bom humor e, subitamente, sem nenhuma razão aparente, disse-nos com muita calma, mas de maneira firme e categórica:

– Se vocês não prestarem a devida atenção em mim, não vou mais trabalhar com vocês.

Ficamos surpresos. Não sabíamos o que pensar. Olhamos uns para os outros e estávamos prestes a assegurar-lhe de que não só estávamos interessados nas suas aulas, mas que também estávamos entusiasmados com elas. Mas não tivemos chance de fazer isso, porque Tortsov soltou uma gargalhada.

– Será que não conseguem perceber que estou de bom humor? – perguntou ele, muito animado. – Eu não poderia estar mais feliz, porque acabei de ler no jornal que um dos meus pupilos favoritos vem tendo um enorme sucesso. Porém, eu só tive de produzir as inflexões, palavras e falas que, pela sua própria natureza, são necessárias para transmitir determinação, firmeza e inflexibilidade, e, então, transformei-me em um professor primário severo e mal-humorado!

"Existem inflexões e formas fônicas obrigatórias não somente para as palavras individuais e os sinais de pontuação, mas para frases e orações inteiras.

"Elas têm uma forma definida e natural. Elas têm nomes específicos.

"Por exemplo, a inflexão que acabei de usar é chamada, no livro *A palavra expressiva*[11], de 'sentença de curvatura dupla'. Existe um aumento vocal para cima e uma vírgula que coincidem com a pausa lógica, e, em seguida, uma

....
11. S. M. Volkónski, *A palavra expressiva* (1913).

pausa momentânea, depois da qual a voz cai bruscamente para o ponto mais baixo. Este diagrama mostra o que eu quero dizer.

"Essa é uma inflexão obrigatória. Existem muitas outras formas fonéticas que regem frases inteiras, mas não vou demonstrá-las a vocês porque não estou ensinando esse tema, mas apenas falando sobre ele.

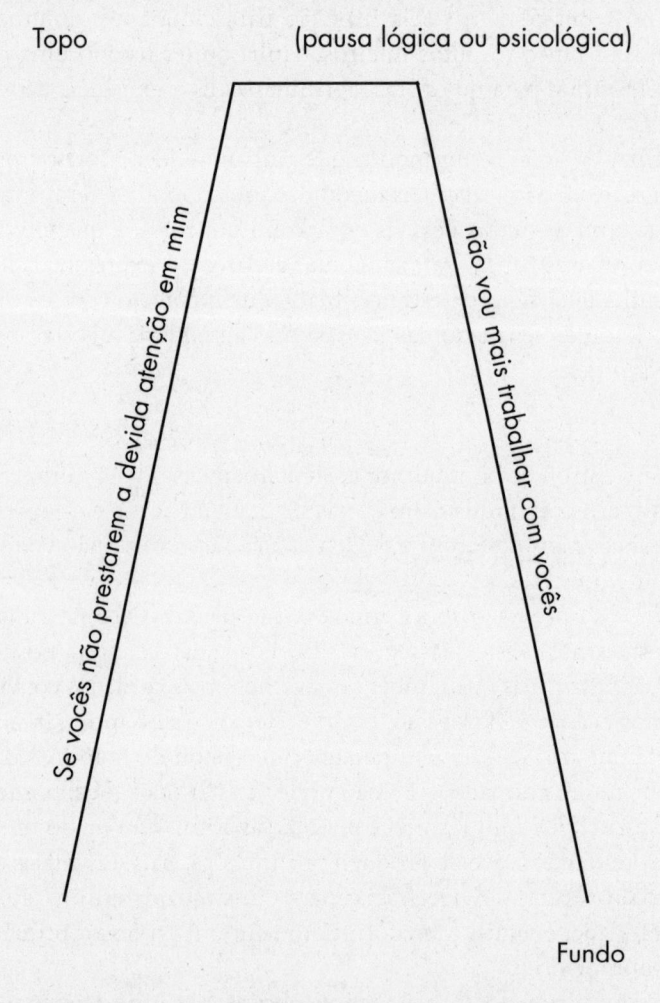

Topo (pausa lógica ou psicológica)

Se vocês não prestarem a devida atenção em mim

não vou mais trabalhar com vocês

Fundo

"Os atores precisam conhecer todas essas formas fonéticas, e aqui está uma das muitas razões para isso:

"No palco, quando nos sentimos constrangidos, muitas vezes a nossa extensão vocal diminui e a nossa fala perde a sua forma.

....

"Como é que vamos corrigir isso? Não há saída para as pessoas que não conhecem as formas fônicas obrigatórias para determinadas frases.

"As leis da fala podem ser de grande valia aqui.

"Assim, se as suas inflexões traírem vocês, partam da forma fônica externa para sua justificação, e daí para o processo natural de revivência."

Bem nessa hora, entrou o turbulento assistente de Tortsov, chamando-o para sair.

Tortsov saiu, dizendo que voltaria em dez minutos.

Grícha se aproveitou da pausa para expressar suas costumeiras objeções. Ele não gostava de ser coagido. Na sua opinião, as leis da fala matavam a liberdade criativa por meio da imposição de inflexões obrigatórias para um ator.

Rakhmánov provou de forma conclusiva que aquilo que Grícha chamava de coação era, de fato, a qualidade natural de nossa língua. Mas para Rakhmánov, atender às demandas da natureza era sempre a mais elevada forma de liberdade. Para ele, as inflexões antinaturais, convencionais e declamatórias das quais Grícha tanto gostava é que eram uma coação. Grícha embasou sua opinião citando o exemplo de uma certa atriz provinciana, Sôlskaia, cujo encanto residia inteiramente em sua fala desobediente.

— Ela é assim, vocês sabem! — afirmou Grícha. — Ensine-lhe as leis da fala e ela deixará de existir.

— Que boa ideia! — afirmou Rakhmánov, por sua vez. — Se Sôlskaia precisa falar de uma forma peculiar por causa da personagem, isso é bom. Vou aplaudi-la. Mas se a sua fala degradada não se origina da personagem, então é um ponto negativo, e não uma vantagem para ela. É um pecado flertar com uma fala pobre e vulgar. Isso é o que é! Diga a ela, rapaz, que se ela fizer o que está fazendo agora, mas com uma boa fala, então seus encantos afetarão ainda mais o público. Porque, rapaz, eles não serão mais desvalorizados por sua sonoridade inculta.

— Sei lá, uma hora dizem que temos de falar como na vida real, depois dizem que temos que falar de acordo com algumas leis da fala ou outras. Olha, desculpe-me, mas você se importaria de nos dizer o que devemos fazer no palco? Será que isso significa que devemos falar de alguma forma diferente da vida real, de alguma maneira especial? — perguntou Grícha.

— Exatamente, rapaz, exatamente! — disse Rakhmánov, captando a pergunta. — Não é como na vida, mas é de uma maneira especial. No palco, você não deve falar mal como na vida real.

O atarefado assistente interrompeu a discussão, explicando que Tortsov não voltaria para a aula naquele dia.

Em vez disso, faríamos "treinamento e exercícios" com Rakhmánov.

.. .. 19..

Hoje tive de dizer a fala de *Otelo* para Tortsov por diversas vezes, com o som adequadamente infletido antes de cada vírgula.

Inicialmente, essas inflexões ascendentes eram mecânicas e sem vida. Mas, então, uma delas me lembrou de uma inflexão da vida real e, imediatamente, alguma coisa calorosa e familiar começou a se agitar dentro de mim.

Encorajado por isso, lentamente tornei-me mais ousado e comecei, algumas vezes com sucesso e outras não, a fazer todos os tipos de inflexões, às vezes com um curto e às vezes com um amplo balanço para cima. E cada vez que eu acertava a forma fônica correta, novas e diferentes memórias emotivas se agitavam dentro de mim.

"Essa é a verdadeira base da técnica vocal, algo real, orgânico, e não artificial. As palavras, por sua própria natureza, influenciam a memória emotiva, os sentimentos e a revivência pelo lado de fora, pela maneira como elas são infletidas" – pensei comigo mesmo.

Agora eu estava tentado a segurar a pausa após a inflexão ascendente para que eu pudesse entender e sentir diretamente as agitações dentro de mim.

Então veio o desastre. Eu estava tão absorto em todos esses sentimentos, pensamentos e experiências que esqueci minhas falas, parei no meio do caminho com uma confusão entre pensamentos e falas, e não consegui terminar. Mesmo assim, Tortsov me elogiou muito.

– Vocês viram? – disse ele, feliz. – Nem bem acabei de dizer que você ia adquirir um gosto pelas pausas e você realmente já começou a apreciá-las! Você não apenas marcou todas as pausas lógicas, mas comunicou muitas delas psicologicamente. Isso é muito bom realmente e bastante legítimo, mas somente desde que, em primeiro lugar, a pausa psicológica não suplante a pausa lógica, mas a melhore, e, em segundo lugar, que, em todos os momentos, a pausa psicológica cumpra as tarefas que lhe são atribuídas.

"Caso contrário, o que aconteceu a você será inevitável: uma balbúrdia teatral.

"Você só vai entender a minha advertência depois que eu tiver explicado o que são as pausas psicológicas. Enquanto as pausas lógicas criam, automaticamente, barras e sentenças inteiras e, assim, ajudam a tornar o sentido claro, as pausas psicológicas dão vida a essas ideias, sentenças e barras, e tentam comunicar o subtexto. Se a fala sem pausas lógicas é iletrada, sem pausas psicológicas, ela é inanimada.

"As pausas lógicas são passivas, formais e inativas. As pausas psicológicas são sempre dinâmicas e ricas em conteúdo interno.

"A pausa lógica serve à cabeça, e a pausa psicológica, ao coração.

"Metropolitano Filareto disse: 'Que as tuas palavras sejam poucas, e o teu silêncio, eloquente'.

"As pausas psicológicas são esse silêncio eloquente. Elas são um meio extremamente importante de comunicação. Hoje, você sentiu que tinha de usar essas pausas silenciosamente eloquentes para fins criativos. As palavras são substituídas por olhares, expressão facial, transmissão, sinais, movimentos quase imperceptíveis e muitos outros meios conscientes e subconscientes de comunicação.

"Elas dizem o que as palavras não podem dizem e, muitas vezes, sua ação silenciosa é mais intensa, mais sutil e mais irresistível do que a própria fala. Sua elocução não verbal pode ser tão interessante, rica e persuasiva quanto a elocução verbal.

"As pausas, muitas vezes, comunicam que parte do subtexto vem não apenas da mente consciente, mas do subconsciente, e não pode ser expressa concretamente em palavras.

"Essas experiências e seu modo de expressão são, como vocês sabem, muito valorizadas em nosso método de atuação.

"Será que vocês têm alguma ideia do quanto prezamos as pausas psicológicas?

"Elas não estão sujeitas a nenhuma lei. Todas as leis estão sujeitas a elas.

"Vocês podem produzir uma pausa psicológica onde parece impossível fazer uma parada lógica ou gramatical. Por exemplo: imaginem que a companhia vai fazer uma turnê. Todos os estudantes vão viajar, exceto dois. 'Quem são eles?', vocês perguntam para Pácha, alarmados. 'Eu e...' (uma pausa psicológica para suavizar o golpe ou, ao contrário, para aumentar o seu alarme) ... você', responde Pácha.

"Todo mundo sabe que não existe nenhuma parada depois da conjunção 'e'. Mas uma pausa psicológica quebra tranquilamente essa lei e produz uma pausa que não foi indicada. E uma pausa psicológica tem um direito ainda maior de substituir uma pausa lógica sem destruí-la.

"Uma pausa lógica é mais ou menos bem definida e de curta duração. Se ela é prolongada, então vocês devem rapidamente transformar uma pausa lógica inativa em uma pausa psicológica. A extensão de uma pausa psicológica não está definida. Ela não se preocupa com o tempo que leva para fazer o seu trabalho, ela interrompe a fala pelo tempo que precisar para realizar uma ação específica, genuína e produtiva. Ela tem como objetivo a Supertarefa, segue a linha do Subtexto e da Ação Transversal e, por essa razão, não pode deixar de ser interessante.

"No entanto, devem-se estar ciente do perigo de se arrastar as pausas psicológicas por muito tempo, que é o que acontece quando cessa a ação produtiva. Em vez de deixar que isso aconteça, elas devem dar preferência à fala e às palavras.

"É uma pena quando se perde o momento certo, porque, nesse caso, a pausa psicológica degenera em uma mera parada, e isso cria um contratempo teatral que deixa um buraco aberto na peça.

"Foi justamente o que aconteceu hoje, e, por isso, estou ansioso para lhes explicar o erro de vocês imediatamente, para que possam evitá-lo no futuro.

"Substituam a pausa lógica por uma pausa psicológica, mas não façam isso desnecessariamente.

"Agora vocês sabem o que significam para nós as pausas em nossa fala de palco. Falando de um modo geral, vocês agora estão preparados para usá-las. A pausa é um elemento importante em nossa fala e um dos seus melhores trunfos."

.. .. 19..

Tortsov acomodou-se confortavelmente em uma poltrona, sentou-se sobre as mãos, assumiu uma posição fixa e recitou a abertura de um discurso, declamando depois alguns versos com grande expressão e paixão. Ele falou tudo em uma língua desconhecida, mas rica em sonoridade. Ele enunciou as palavras incompreensíveis com grande movimentação e energia, elevando a voz nas passagens longas, ou deixando-a cair, ou ficando em silêncio para dizer com os olhos o que não podia ser dito com palavras. Tudo isso foi feito com um enorme poder interior e sem gritaria. Ele falou outras passagens com uma ressonância particular e um tom pesado, pintando um quadro completo para nós. Outras frases eram quase inaudíveis, mas ele as enchia com vivências e sentimentos interiores justificados. Quando representou que estava à beira das lágrimas, teve mesmo de fazer uma pausa expressiva para dominar sua emoção. Então, houve outra mudança interior. Sua voz reverberou, e fomos surpreendidos por sua exuberância juvenil. Mas, inesperadamente, ele cortou essa breve explosão transitória e voltou a vivenciar o silêncio.

O verso e a prosa eram de sua própria invenção, assim como a linguagem fonética.

— Então — resumiu Tortsov —, falei em um idioma que vocês não entenderam, mas me ouviram com atenção. Evitei qualquer movimento, mas vocês me observaram de perto. Fiquei em silêncio, e vocês tentaram arduamente adivinhar o que o meu silêncio significava. Coloquei imagens, pensamentos e sentimentos que pareciam conectados com os sons. É claro que essa conexão era apenas geral, e não específica. Naturalmente, a impressão resultante era de um tipo similar. Por um lado, consegui isso por meio de sons e, por outro, por meio de inflexões e pausas. Será que não acontece a mesma coisa quando ouvimos poemas e falas dramáticas em línguas que não conhecemos, quando atores e cantores estrangeiros estão em turnê? Eles causam uma enorme impressão em nós, criam um estado de espírito, nos comovem, não é? E, no entanto, não entendemos uma palavra daquilo que está sendo dito.

"Eis outro exemplo. Não faz muito tempo, um dos meus amigos ficou entusiasmado com um poema que tinha ouvido o ator B. declamar em um concerto.

"'– O que ele declamou?' – perguntei-lhe.
"'– Não sei' – respondeu-me ele. – 'Não consegui distinguir as palavras.'
"Evidentemente, o ator B. causa-nos uma impressão, não com palavras, mas com outra coisa.
"Qual é o segredo? É a coloração do som das palavras. As inflexões e o silêncio eloquente influenciam o ouvinte, preenchendo aquilo que as palavras não dizem.
"*As inflexões e pausas exercem, por direito próprio, uma forte influência emocional sobre o ouvinte, independentemente das palavras. Isso foi atestado hoje pela minha recitação em uma língua incompreensível.*"

.. .. 19..

Hoje, depois de recitar mais uma vez a fala do *Otelo*, Tortsov me disse:
– Agora nós não somente entendemos a fala, mas começamos a senti-la, embora ainda não com força suficiente.

Na vez seguinte, tentei conseguir poder de uma maneira "teatral". Coloquei meu pé no pedal alto e encenei a paixão por si mesma. O resultado, é claro, foi tensão e correria, e acabei misturando todas as barras.
– O que diabos você estava fazendo? – disse Tortsov, jogando as mãos para cima. – Você destruiu todo o nosso trabalho em dois minutos. Matou o sentido e também a lógica.
– Eu queria deixar isso mais vital, mais potente – disse eu, envergonhado e me justificando.
– A potência está na lógica e na sequência, será que você não entende isso? E você as destruiu. Você, por acaso, já ouviu uma fala simples, sem adornos, no palco ou fora dele? Sem nenhum esforço especial, nenhuma ascensão e queda, sem intervalos exagerados, sem inflexões intrincadas?
"Apesar da falta de dispositivos retóricos, a fala simples muitas vezes produz uma impressão indelével pelo poder de persuasão, a clareza dos pensamentos expressos, a precisão e a sutileza das palavras, sua lógica e sequência, sua combinação, a construção das frases e a contenção na recitação.
"As pausas lógicas são uma parte viva de toda essa fala. Elas aumentam o seu poder de influenciar e de persuadir.
"São elas que você deve usar, mas você as destruiu. Para conseguir a potência que você está procurando, aprenda primeiro a falar logicamente e de forma sequencial, com pausas adequadas."

Rapidamente, voltei para a fala da maneira como estava, limpa e clara, mas, como antes, ela também ficou seca como pó. Senti como se estivesse em um círculo vicioso.
– Está claro, para nós dois, que ainda é muito cedo para você pensar em potência. A potência é uma combinação de muitos fatores. Vamos tentar encontrá-los.

— Onde? Em quê?

— Diferentes atores entendem diferentemente a potência. Existem aqueles que, por exemplo, tentam encontrá-la na tensão física. Eles apertam os punhos e inflam todo o seu corpo, quase entrando em convulsões para intensificar o efeito que exercem sobre a plateia. Suas vozes, como consequência, ficam espremidas em uma linha horizontal, com a mesma pressão que estou empurrando para fora de você agora.

"Em nosso jargão, chamamos essa prática de usar a pressão para produzir potência de atuação em alta voltagem. Mas esse método não produz potência, mas somente berreiro e gritaria, constrição e rouquidão dentro de um registro vocal limitado.

"Tente fazer isso por si mesmo. Fale uma frase como: 'Não posso mais suportar isso', com algumas poucas notas, em intervalos de uma segunda ou terça, com toda a potência interior que você possui."

Tentei.

— Não, mais potência! — ordenou Tortsov.

Tentei de novo, aumentando a potência o máximo que pude.

— Mais potência, mais potência — insistiu Tortsov —, não aumente a extensão vocal!

Obedeci. A tensão física se transformou em espasmo. Minha garganta apertou, minha extensão ficou limitada às terças, e eu ainda não conseguia uma impressão de potência.

Depois de esgotar todos os recursos, tive mais uma vez — quando pressionado por Tortsov — de recorrer à mera gritaria.

Foi horrível. O som que eu fazia era como se estivesse sendo estrangulado.

— Isso é o que acontece quando você usa a "alta voltagem" para produzir volume, ou seja, expelindo som sob pressão ao longo de uma linha horizontal — disse Tortsov. — Agora, tente outro experimento, absolutamente oposto. Livre-se da "alta voltagem", não encene paixão nem se preocupe com a potência, mas fale a mesma frase para mim com a máxima extensão vocal e inflexões devidamente justificadas. Para fazer isso, imagine as Circunstâncias Dadas que o excitem.

Eis a ideia que tive:

Se eu fosse um professor, e um dos meus estudantes, como Grícha, chegasse meia hora atrasado pela terceira vez, o que eu faria para acabar com tal desleixo?

A frase era fácil de dizer com essa base, e minha extensão vocal aumentou espontaneamente e com naturalidade.

— Está vendo, a frase ficou mais potente do que os seus gritos de antes, que falharam, e não foi necessário pressionar — explicou Tortsov.

"Agora diga as mesmas palavras para mim com uma extensão ainda maior, não em quintas, como da última vez, mas em oitavas inteiras e justificadas."

Eu tinha de inventar novas circunstâncias dadas. Então, imaginei que, apesar de todos os meus pedidos, reprimendas, advertências, avisos e relatórios, Grícha estava atrasado novamente, não só meia hora, mas uma hora inteira. Eu tinha tentado de tudo. Agora só restava uma coisa.

– "Não posso mais suportar isso!" – A frase arrancou-se de mim espontaneamente, mas não em voz alta. Eu me segurei, supondo que meu sentimento ainda tinha algum caminho para percorrer.

– Você viu? – disse Tortsov, com grande prazer. – Saiu poderosamente, não em voz alta e sem pressão. Isso é o que o movimento dos sons para cima e para baixo, por assim dizer, em uma linha vertical, pode fazer. Sem a "alta voltagem", o impulso segue uma linha horizontal, como aconteceu da última vez. Quando você precisar de potência no futuro, utilize uma ampla variedade de inflexões para cima e para baixo, como um pedaço de giz desenhando as formas em um quadro negro.

"Não adote como modelo os atores que buscam a potência da fala na intensidade sonora. Volume não é potência, é apenas volume, gritaria.

"Alto e não alto são *forte* e *piano*. Nós todos sabemos que *forte* não é *forte* em si, *forte* é simplesmente não *piano*.

"Do mesmo modo, *piano* não é *piano*, mas não *forte*.

"O que será que significa '*forte* não é *forte* em si, mas não *piano*'? Significa que este *forte* não é uma quantidade fixa, como um metro ou um quilograma.

"*Forte* é para ser entendido de forma relativa.

"Vamos supor que você comece a fala em voz baixa. Se falar levemente mais alto depois da primeira linha, não será o *piano* com que você começou.

"Você diz a próxima fala ainda mais alto, de modo que será ainda menos *piano* do que a fala anterior etc., até alcançar o *forte*. Se você aumentar a potência, passo a passo, acabará por atingir o mais alto nível de intensidade sonora, que só pode ser descrito como *forte-fortissimo*. É essa transformação gradual do som de *piano-pianissimo* para *forte-fortissimo* que constitui o aumento relativo da intensidade sonora. No entanto, temos de ser econômicos no uso da voz dessa maneira. Temos de ter um senso de discrição. Caso contrário, é fácil passar dos limites.

"Existem cantores, sem nenhum gosto, que pensam que contrastes dinâmicos acentuados são chiques. Por exemplo, eles cantam as palavras de abertura da serenata de Tchaikóvski 'Na distante Alpuchart...' *forte-fortissimo* e descem, fazem as palavras seguintes, 'as terras douradas', caírem para um quase inaudível *piano-pianissimo*. Então, mais uma vez, eles berram 'o som sedutor da guitarra' *forte-fortissimo* e, imediatamente, continuam com 'vinde a mim, minha querida' *piano-pianissimo*. Será que vocês não sentem como são totalmente banais e de mau gosto esses contrastes?

"A mesma coisa acontece no teatro dramático. Existe um exagero de gritos e sussurros em momentos trágicos, que não leva em conta o significado interior e o senso comum.

"Mas existem outros cantores e atores que conheço, com pouca voz e paixão, que conseguem criar a ilusão de que são dez vezes mais talentosos do que realmente são, por meio do uso do contraste de *piano* e *forte*.

"Muitos deles têm a reputação de possuírem grandes vozes. Mas eles estão plenamente conscientes de quanta técnica e habilidade necessitaram para obter os resultados que alcançaram.

"O som alto, como tal, quase nunca é necessário no palco. Na maioria dos casos, ele está lá só para rachar os ouvidos dos ignorantes e profanos com um monte de barulho[12].

"Então, se você quiser uma fala potente, esqueça o volume sonoro e pense nas inflexões, na ascensão e queda ao longo de uma linha vertical e também nas pausas.

"Só use o volume alto rapidamente, para uma frase conclusiva ou para uma palavra no final de uma fala, de uma cena ou de uma peça, e apenas quando você tiver esgotado todas as técnicas vocais de seu arsenal: progressão, lógica, sequência, gradação, toda forma fônica e inflexão concebíveis, e quando o significado da frase exigir isso.

"Quando questionaram Tommaso Salvini sobre como ele conseguia gritar de forma tão potente com sua idade avançada, ele respondeu: 'Eu não grito. Você é quem dá o grito. Eu só abro a minha boca. Meu negócio é trabalhar até o clímax lentamente e, então, quando ele chega, deixo a plateia dar o seu próprio grito, se é disso que ela precisa'.

"Existem, no entanto, circunstâncias excepcionais em que você tem de falar alto, em cenas de multidão, por exemplo, ou quando se fala com música ou com efeitos de fundo.

"Mas lembrem-se de que nós precisamos de uma dinâmica relativa, de progressão, de cada gradação de som, e que ficar pendurado em uma ou duas notas altas apenas perturba a plateia.

"Então, o que podemos concluir, a partir dos exemplos que dei, das diferentes noções de potência sonora na fala? Isto: que ela não deve ser procurada na 'alta voltagem' nem no volume alto ou no grito, mas na ascensão e queda da voz, ou seja, nas inflexões. E também no contraste entre a modulação alta e a baixa ou na transição de *piano* para *forte* e sua inter-relação."

---

12. Stanislávski faz alusão ao discurso de Hamlet aos atores, *Hamlet*, Ato III, cena II.

.. .. 19..

— Vária, suba ao palco e fale alguma coisa para nós — disse Tortsov no início da aula de hoje.

Ela subiu ao palco e nos deu o nome da peça que ia fazer:

— Úma pessôa agradável.

— Ouçam isso! — gritou Tortsov. — Três palavras e todas com ênfase. O título não nos diz nada.

"Uma fala que é toda de ênfases ou que não tem ênfase nenhuma não tem sentido, você certamente sabe disso, não é? Você não pode esbanjar ênfases assim! Pôr a ênfase no lugar errado distorce o sentido, mutila a frase, quando deveria ser construtivo.

"A ênfase é um dedo indicador marcando a palavra mais importante da barra. A palavra selecionada contém o coração, o essencial do subtexto!

"Você ainda não entendeu a importância da ênfase, e é por isso que tem tão pouco respeito por ela.

"Aprenda a amá-la da mesma forma que alguns de vocês começaram a amar as pausas e as inflexões. A ênfase é o nosso terceiro trunfo na fala.

"Suas ênfases são erráticas, no palco ou fora dele. Elas vagueiam pelas falas como ovelhas por um campo. Confira alguma ordem a elas. Diga 'pessoa'."

— Pês-sôa — enunciou Vária.

— Você foi um pouco melhor! — admirou-se Tortsov. — Agora você tem duas ênfases em uma palavra. Será que não consegue dizer "pes-sôa" como uma palavra, não como duas, com a ênfase na segunda sílaba: "pessôa"?

— Pessôooa — disse a nossa beldade, fazendo um grande esforço.

— Isso não é uma ênfase, é uma pancada na cabeça — zombou Tortsov. — O que faz você pensar que uma ênfase é um murro violento? Você não só bateu na palavra com sua voz, com seu som, você a deixou achatada com um empurrão do seu queixo e da sua cabeça. Isso é um mau hábito, muito comum entre os atores. A cabeça e o nariz são projetados para a frente como se fossem trazer importância e significado às palavras. Nada poderia ser mais simples.

"Mas, de fato, isso é extremamente complexo. A ênfase pode ser uma recitação amigável ou hostil, respeitosa ou desdenhosa, ambígua ou sarcástica de uma sílaba ou palavra. Ela a serve em uma bandeja.

"Além disso" — continuou —, "tendo dividido a palavra 'pessoa' em duas, você lançou a primeira parte sobre nós como uma granada explosiva, e depois tratou a segunda parte com um certo desprezo, praticamente engolindo-a. Vamos pegar uma palavra, uma ideia, um conceito. Vamos pegar uma série de sons juntos em uma linha comum de som! Você pode levantá-la, deixá-la cair, curvá-la aqui ou ali!

"Peguem um pedaço de arame, dobrem-no um pouco para cima, e vocês terão uma linha bastante bonita e expressiva, com um ponto alto que, como um para-raios ou uma cúpula, vai eliminar a ênfase, enquanto o resto da linha forma um padrão. Então, a linha tem forma, definição, integridade e unidade. Isso é melhor do que pedaços de fio espalhados por todos os lados. Tente curvar a linha fônica de 'pessoa' em vários tons de voz."

Houve tanto barulho que não se podia ouvir nada.

— Vocês fizeram o que pedi de forma mecânica — disse Tortsov, interrompendo-nos. — Vocês pronunciaram alguns sons sem vida que só tinham uma conexão formal externa. Deem vida a eles.

— O que devemos fazer? — perguntamos, confusos.

— Acima de tudo, certificar-se de que as palavras cumprem a função que a natureza lhes deu, que elas transmitem pensamentos, sentimentos, ideias, conceitos, figuras e imagens mentais, e não apenas estrondos contra os tímpanos.

"Formem a palavra no pensamento, seja sobre o que for que vocês estejam pensando e falando, seja o que for que vocês vejam com o olho da sua mente. Digam aos outros atores se a 'pessoa' é bonita ou feia, grande ou pequena, agradável ou desagradável, boa ou má.

"Façam o máximo para transmitir o que vocês veem ou sentem através do som, utilizando inflexões e outros meios expressivos."

Vária tentou, mas não deu certo.

— O seu erro foi dizer as palavras primeiro e só depois tentar entender o que estava dizendo. Você não as está extraindo da vida. Tente fazer agora de maneira inversa: primeiro pense em alguém que você conhece, tenha-o diante de você, como um artista faz com um modelo, e, então, descreva, com palavras, o que vê na tela do olho da sua mente.

Vária fez um esforço consciente para realizar o que lhe havia sido solicitado.

Tortsov a encorajou, dizendo:

— Eu realmente não sinto quem é essa pessoa de que você está falando, mas, no momento, estou feliz que você esteja tentando me apresentar a ela, que você esteja concentrada no que deve e que a palavra force você à ação, a um contato genuíno, e não apenas a um falar por falar. Agora diga "uma pessoa agradável".

— "Uma pessôa agradável" — enunciou ela.

— Mais uma vez, você está me dando duas diferentes percepções ou personagens: uma delas é "agradável" e a outra é apenas uma "pessoa".

"Ao passo que as duas juntas formam um único ser.

"Agora, pegue a diferença entre 'uma pessoa... agradável' e as três palavras grudadas 'umapessôaagradável'. Ouça, vou colar o adjetivo e o substantivo firmemente juntos como se fossem um só, e assim teremos um conceito, uma ideia, não de uma 'pessoa', qualquer pessoa, mas de uma 'pessôa--agradável'.

"O adjetivo caracteriza, colore o substantivo e assim distingue essa 'pessoa' de todas as outras pessoas.

"Mas, primeiro, tenha calma, remova todas as ênfases e depois volte a colocá-las."

É mais fácil dizer do que fazer.

— É isso! — disse Tortsov, depois de finalmente conseguir que ela fizesse certo, depois de muito trabalho.

"Agora" — ele a instruiu —, "ponha uma ênfase na segunda sílaba, 'pessôa-agradável'. Só não bata nela, por favor, ame-a, saboreie-a, destaque carinhosamente a sílaba tônica na palavra selecionada.

"Ouça: aqui estão as duas palavras com a ênfase removida: 'pessoa agradável'. Você ouve como o som está longo e maçante, chato como uma prancha? Agora, aqui estão essas mesmas palavras conectadas, mas com uma inflexão minúscula, quase imperceptível: 'pessoa agradável'. Há uma pequena, uma leve ascensão do som na segunda sílaba, 'soa'.

"Existe todo o tipo de dispositivo para ajudar vocês a dar a 'uma pessoa agradável' uma forma ingênua ou resoluta, suave ou dura."

Depois que Vária e todos os outros estudantes tentarem fazer o que Tortsov pediu, ele os interrompeu dizendo:

— Não é bom vocês ficarem ouvindo as suas próprias vozes. Isso é narcisismo, exibicionismo. A questão não é como vocês dizem, mas como as outras pessoas ouvem e entendem isso. "Ouvir a si mesmo" é uma falsa tarefa. Influenciar outras pessoas, transmitir imagens mentais para elas, é uma tarefa infinitamente mais importante. Então, não falem para os ouvidos, mas para os olhos. Essa é a melhor maneira de evitar o "ouvir a si mesmo", que põe em risco o trabalho criativo, confunde vocês e os desvia do caminho ativo.

.. .. 19..

Tortsov entrou, virou-se para Vária, riu e perguntou-lhe:

— Como vai a sua "pessoa agradável"?

Vária respondeu que a "pessoa agradável" ia bem e, ao fazê-lo, colocou as ênfases absolutamente certas.

— Bem, agora, diga as mesmas palavras, mas com a ênfase na segunda palavra — sugeriu-lhe Tortsov. — Mas, antes de você fazer isso — interrompeu ele —, preciso familiarizar você com duas regras. A primeira é que *um adjetivo qualificando um substantivo não tem ênfase*. Ele apenas define, complementa o substantivo e funde-se com ele. É por isso que eles são chamados de "qualificadores".

"Isso pareceria implicar que não se deve dizer 'pessoa agradável' como sugeri, com a acentuação tônica na segunda palavra, o qualificador.

"Porém, existe uma outra lei mais forte, como a pausa psicológica, que se sobrepõe a todas as outras leis e regras. Trata-se da lei de justaposição, com base na qual devemos a todo custo destacar claramente as palavras antitéticas que expressem pensamentos, sentimentos, imagens, percepções, ações, e assim por diante. Isso é, especialmente, importante na fala de palco. Façam isso, façam-no *da maneira que quiserem*. Digam alto uma das partes justapostas e a outra com suavidade, uma no registro mais elevado e a outra no mais baixo, a primeira em uma coloração e a segunda em outra coloração, em outro andamento etc. Basta deixar a diferença entre as duas partes justapostas ser bem clara, realmente a mais clara possível. De acordo com essa lei, dizer 'pessoaagradável', com a ênfase no *adjetivo*, significa que tem que haver, na realidade ou na fantasia, 'outra pessoa', uma 'pessoa *desagradável*', e assim você pode colocar uma 'pessoa agradável' como antítese em relação a ela.

"Para ter certeza de que você disse as palavras de forma espontânea, naturalmente, primeiro imagine que você não está falando de uma 'desagradável', mas..."

— De um "homem agradável" — interrompeu Vária, instintivamente.

— Viram? Esplêndido. – disse Tortsov, com um tom encorajador.

"Depois disso, acrescentamos uma, duas, três, quatro, cinco, etc. palavras, até que haja uma história inteira."

— "*Um homem agradável esteve aqui, mas você não estava em casa. Então, ele foi embora triste, dizendo que não voltava.*"

Como a sentença aumentou, mais palavras acentuadas foram exigidas de Vária. Logo ela ficou tão confusa que não conseguia mais juntar nem duas palavras.

Tortsov riu muito com o seu desalento, com seu rosto preocupado. Mas depois disse-lhe num tom mais sério:

— Você entrou em pânico porque precisou colocar o número máximo de ênfases e não as removeu. Porém, quanto menos ênfases, mais clara é a sentença, desde que, obviamente, você só destaque as poucas palavras mais importantes. Remover as ênfases é tão difícil quanto colocá-las. Estude ambas as coisas.

Tortsov tinha uma apresentação hoje à noite, e assim a aula acabou mais cedo. Rakhmánov usou o resto do tempo para "treinamento e exercícios".

.. .. 19..

— Estou chegando à conclusão de que vocês devem aprender a eliminar a ênfase antes de colocá-la – disse Tortsov hoje.

"Os iniciantes tentam muito falar corretamente. Eles abusam da ênfase. Para se contrapor a isso, temos de aprender a eliminar as ênfases desnecessárias. Como já disse, esta é uma arte em si mesma, e muito difícil. Em primeiro lugar, ela libera sua fala das ênfases falsas que a vida enraizou em vocês. Uma vez que o terreno esteja limpo, é mais fácil plantar as ênfases corretas. Em segundo lugar, saber como eliminar as ênfases ajudará vocês no seu trabalho futuro. Por exemplo, quando estamos transmitindo ideias complexas ou fatos detalhados, por uma questão de clareza, você precisa lembrar de episódios individuais relacionados com aquilo sobre o qual você está falando. Porém, devemos fazer isso de tal maneira que não nos desvie do enredo básico. Essas observações intercaladas devem ser lúcidas, mas não intrusivas. Temos de ser econômicos com as inflexões e as ênfases. Em outros casos, em uma sentença longa e pesada, devemos apenas destacar certas palavras e deixar que as outras passem com clareza, embora despercebidas. Essa técnica torna mais fácil fazer que um texto difícil fique mais leve, algo que temos de fazer com bastante frequência.

"Nessas circunstâncias, saber remover as ênfases vai ser de grande ajuda para vocês, o tempo todo."

Tortsov chamou Pácha ao palco e pediu que ele repetisse a história sobre o "homem agradável", mas ele teria de enfatizar apenas uma palavra e eliminar a ênfase de todas as outras. Na última aula, Vária tinha falhado em uma tarefa semelhante. Hoje, Pácha demorou algum tempo. Depois de ele ter feito uma ou duas tentativas infrutíferas, Tortsov disse-lhe:

— Estranho, Vária estava obcecada com a colocação de ênfases e você está obcecado em tirá-las. Evitemos os dois extremos. Quando uma sentença é desprovida de ênfases ou de peso, ela perde todo o significado.

"Vária precisava de muitas delas, e você, de muito poucas. Isso é porque nenhum de vocês tem um Subtexto claro. Estabeleça isso primeiro, de modo que vocês tenham algo para comunicar e alguma forma de fazer isso.

"Justifique a ausência de ênfase por meio de uma ideia criativa."

"Isso não é tão fácil" – pensei.

Mas, na minha opinião, Pácha encontrou uma excelente saída. Ele não apenas justificou a ausência de ênfase, mas também encontrou as Circunstâncias Dadas nas quais era fácil deslocar a única ênfase disponível de uma palavra para outra quando Tortsov lhe pedisse que fizesse isso. A ideia de Pácha era que todos nós, nas fileiras da frente, iríamos interrogá-lo sobre a chegada da "pessoa agradável". Esse interrogatório, de acordo com Pácha, foi provocado pelo fato de que nós duvidávamos da realidade dos fatos que ele havia apresentado e da verdade da sua afirmação de que a "pessoa agradável" estava chegando. Para justificar-se, Pácha tinha de estabelecer a verdade de cada palavra na sua história. É por isso que ele destacava cada uma delas, uma após outra, e martelava a palavra acentuada em nossas cabeças. Uma "pessoa *agradável* veio aqui e" etc., "*uma* pessoa agradável veio aqui e" etc. Uma "pessoa agradável *veio* aqui e" etc. Cada vez que ele repetia a mesma frase, removia todas as ênfases, exceto a da palavra destacada. Isso foi feito de modo a não privar a palavra acentuada de seu significado e do seu sentido. Naturalmente, fora de contexto, sem qualquer ligação com a história como um todo, ela perdia todo o seu significado interior.

Quando ele terminou o exercício, Tortsov disse-lhe:

– Você colocou e removeu as ênfases muito bem. Mas por que a pressa? Por que espremer a parte da frase em que você tinha somente de baixar o tom?

"Correria, nervosismo, tagarelice e cuspir frases inteiras não baixam o tom delas, mas as destroem totalmente. Mas essa não era a sua intenção. Nervosismo em alguém que está falando somente exaspera os ouvintes, uma dicção pobre os irrita porque eles têm de tentar desesperadamente adivinhar aquilo que não entenderam. Isso chama a atenção para as mesmas coisas que você queria deixar em tom baixo. Ficar inquieto torna a fala pesada. Calma e controle a aliviam. Para baixar o tom de uma frase, você precisa de uma inflexão muito vagarosa, plana, quase sem nenhuma ênfase e com uma calma e confiança excepcionais.

"É isso que produz calma em seus ouvintes.

"Destaque a palavra importante de maneira clara e, então, preencha o resto levemente, de forma limpa, deliberadamente para o senso geral, sem ênfase. Esse é o caminho para remover as ênfases. Desenvolva o controle da fala em suas aulas de 'treinamento e exercícios'."

Em outro exercício, Tortsov dividiu a história da "pessoa agradável" em uma série de episódios, que tinham de ser destacados e claramente esboçados.

Episódio um: A pessoa agradável chega.

Episódio dois: Ela descobre por que não pode ver a pessoa que quer.

Episódio três: Ela se chateia e se pergunta se deve esperar ou ir embora.

Episódio quatro: Ela se ofende e decide ir embora e nunca mais voltar.

Isso produziu quatro frases independentes, com quatro palavras enfatizadas, uma por barra.

Primeiramente, Tortsov apenas nos pediu para transmitir cada fato claramente. Para isso, precisávamos de uma imagem mental clara do que estávamos falando e colocar corretamente e de forma expressiva as ênfases em cada barra. Tivemos de criar as imagens mentais de que necessitávamos para transmitir o objeto e vê-lo com o olho da nossa mente.

Tortsov, então, queria que Pácha não apenas visse o que aconteceu, mas fizesse que nos sentíssemos como a pessoa agradável que veio e foi embora.

Não só o que, mas o como.

Ele queria ver, a partir do relato de Pácha, qual era o estado de espírito do homem agradável quando ele chegou. Feliz? Triste? Preocupado?

Isso significava que ele precisava não apenas de uma ênfase, mas de uma inflexão para colori-la. Além disso, Tortsov queria saber que tipo de ofensa o homem sentiu: grande, profunda, violenta, silenciosa?

Tortsov também queria saber em que estado de espírito a decisão de ir embora foi tomada: de tristeza ou de raiva? Isso pedia uma imagem correspondente, para colorir não apenas o momento acentuado, mas o episódio inteiro.

Os outros estudantes realizaram exercícios semelhantes, colocando e removendo ênfases.

.. .. 19..

Eu precisava verificar se realmente havia entendido o que Tortsov tinha dito.

Ele ouviu a fala de Otelo sem interrupção e encontrou muitas falhas na ordenação e colocação técnica das ênfases.

— Uma ênfase correta é uma ajuda, uma incorreta é um entrave — observou ele de passagem.

Para corrigir meus defeitos, ele me pediu que redistribuísse as ênfases e dissesse novamente a fala, ali mesmo, na sala de aula.

Comecei a repassar a fala, barra por barra, para indicar que palavras eu julgava que precisariam ser destacadas.

— "Tal como o mar Pôntico / Cujas correntes gélidas". Normalmente — expliquei — a ênfase, nessa barra, recai sobre a palavra "mar". Mas agora, depois de pensar bastante, gostaria de transferi-la para a palavra "correntes", porque é disso que realmente estamos falando aqui.

— Você decide — disse Tortsov, virando-se para os estudantes. — Está certo?

Todo mundo começou a gritar ao mesmo tempo. Alguns disseram "correntes", outros "gélidas", outros "Pôntico"; Vánia gritou com toda a sua força que eu deveria escolher a palavra "como".

Ficamos atolados em uma profusão de palavras tônicas e átonas durante o resto da fala. No final, decidimos que precisávamos de ênfase em praticamente todas as palavras.

Mas Tortsov nos lembrou de que uma frase com ênfase em cada palavra é inexpressiva. Não tem sentido.

Repassamos toda a fala dessa forma, mas não consegui tomar uma única decisão sobre o que era para ser destacado. De fato, fiquei cada vez mais confuso porque poderia colocar uma ênfase em qualquer palavra ou removê-la dela e ter significados diferentes. Qual era o mais próximo da verdade? Essa foi a pergunta que me deixou totalmente confuso.

Talvez seja o resultado de uma idiossincrasia pessoal. Quando há muito de tudo, meus olhos se perdem por todo o lugar, em uma loja, uma padaria, uma mesa de aperitivos. É difícil, para mim, fixar-me em qualquer prato, bolo ou mercadoria. Existem tantas palavras e ênfases na fala de Otelo que eu me perdi.

Paramos sem ter decidido nada, mas Tortsov obstinadamente ainda não dizia nada e sorria maliciosamente. Houve uma pausa longa e embaraçosa que fez Tortsov começar a rir. Ele disse:

– Nada disso teria acontecido se vocês conhecessem as leis da fala. Elas teriam ajudado vocês a definir imediatamente as ênfases obrigatórias e, portanto, corretas, sem terem de pensar tanto nisso. Muito poucos teriam permanecido em seu juízo.

– Então, o que deveríamos ter feito? – perguntamos.

– Antes de tudo, aprender as leis da fala e depois...

"Imaginem que vocês acabaram de se mudar para um novo apartamento e todas as suas coisas estão espalhadas por todos os cômodos" – disse Tortsov, como forma de ilustração. – "Como vocês fariam a arrumação?"

"Primeiro, vocês precisam reunir todos os pratos em um lugar, as xícaras em outro, o tabuleiro de xadrez e suas peças em um terceiro, e classificar as peças grandes da mobília de acordo com o seu uso etc.

"Quando vocês fizerem isso, verão o que está acontecendo.

"Vocês têm de fazer a mesma classificação preliminar com um texto antes de colocar as ênfases naturais. Para explicar esse processo a vocês, tenho de tocar em uma ou duas das primeiras e mais altamente relevantes leis, que são discutidas no livro *A palavra expressiva*. Entendam que não estou fazendo isso para ensinar essas leis, mas apenas para salientar a vocês que elas são necessárias e como, com o tempo, vocês passarão a usá-las. Uma vez que vocês tenham aprendido o seu propósito e o seu valor, será mais fácil carregarem com vocês conscientemente a matéria que estudaram.

"Vamos supor que vocês tenham dividido o texto ou a fala e haja uma longa sequência de adjetivos: 'uma pessoa legal, agradável, nobre e maravilhosa'.

"Os adjetivos não são enfatizados, vocês sabem disso. Mas e se houver uma antítese? Isso é outra questão. Mas será que realmente precisamos de uma ênfase em cada um deles? Legal, agradável, nobre e maravilhosa são quase a mesma coisa, com o mesmo significado.

"Felizmente, graças às leis da fala, vocês sabem, com absoluta certeza, que os adjetivos com um significado comum não são enfatizados. E assim, sem hesitação, vocês removem as ênfases de todos os adjetivos e omitem o último deles com o substantivo enfatizado, obtendo, assim, 'maravilhosapessôa'.

"Então vocês continuam. Eis aqui outro grupo de adjetivos: uma mulher querida, adorável, jovem, talentosa e inteligente. Esses adjetivos não têm um significado comum, mas distinto.

"Mas vocês sabem que cada um desses adjetivos, sem um significado em comum, deve ter uma ênfase, e, assim, automaticamente, vocês a colocam de tal forma que não matem a ênfase principal no substantivo: 'mulher'.

"Os nomes são enfatizados no sobrenome, as datas, no ano e os endereços, no número da casa. Piôtr Petrov, 15 de julho de mil novecentos e oito, Rua Moscou número vinte.

"Essas são justaposições. Destaquem-nas da maneira que puderem, inclusive com a ênfase.

"Uma vez que as palavras tenham sido agrupadas, é mais fácil encontrar o seu caminho de volta para as ênfases individuais.

"Vocês têm dois substantivos. Vocês sabem que a ênfase deve recair sobre o possessivo, pois o possessivo é mais forte do que a palavra que ele qualifica. O livro do meu irmão, a casa do meu pai, a corrente do oceano. Não pensem nisso, enfatizem o possessivo e sigam em frente.

"Vocês têm duas palavras repetidas com um aumento de energia. Enfatizem corajosamente a segunda, porque isso é uma questão de um aumento de energia, como em: 'Avante, avante para a Propôntida e para o Helesponto'.

"Se, no entanto, existe uma queda de energia, então enfatizar a primeira palavra vai transmitir um declínio, como na fala: 'Sonhos, sonhos, onde está sua doçura agora?'.

"Vocês podem ver por si mesmos como muitas palavras e ênfases se encaixam quando usamos as leis da fala" – continuou Tortsov.

"Não existem muitas palavras enfatizadas que não foram classificadas, e não é difícil encontrar seu caminho por entre elas, especialmente a partir do momento em que o subtexto (com suas inúmeras vertentes, todas entrelaçadas), a Ação Transversal e a Supertarefa guiam e ajudam vocês o tempo todo.

"Depois disso, tudo o que vocês têm a fazer é organizar todas as ênfases marcadas, algumas para serem faladas com mais força e outras para serem atenuadas.

"Isso é difícil e importante, mas vamos falar sobre essa questão na próxima aula."

.. .. 19..

Na aula de hoje, como prometido, Tortsov falou sobre a organização de muitas ênfases em sentenças individuais e parágrafos.

– Uma sentença com uma palavra enfatizada é muito mais fácil de entender – explicou ele. – Por exemplo: "Alguém que você conhece bem veio aqui". Enfatizem qualquer palavra que quiserem, e todas as vezes o sentido vai ser diferente. Tentem colocar não uma, mas duas ênfases, por exemplo, em "bem" e "aqui".

"Essa sentença não é apenas difícil de justificar, ela é difícil de dizer. Por quê? Porque vocês estão injetando um novo significado nela: primeiro, porque não é simplesmente qualquer um, mas alguém 'conhecido' que veio, e, em segundo lugar, porque ele não foi simplesmente a qualquer lugar, ele veio 'aqui'.

"Coloquem uma terceira ênfase em 'veio' e a sentença se torna ainda mais difícil de justificar ou comunicar, porque um fato novo foi acrescentado, ou seja, que 'alguém que você conhece bem' não veio dirigindo, mas 'veio' com seus próprios pés[13]. Agora, imaginem uma sentença com tudo enfatizado, mas sem justificação interna para nenhuma das palavras.

"Diante disso, tudo o que podemos dizer é que 'a sentença com todas as palavras enfatizadas não faz sentido'. No entanto, existem momentos em que vocês têm de justificar uma sentença em que vocês enfatizaram todas as palavras que acrescentam um novo conteúdo. É mais fácil dividir essas sentenças em várias sentenças independentes em vez de tentar recitá-las como uma só.

"Por exemplo" – Tortsov pegou um pedaço de papel do seu bolso –, "vou ler para vocês uma longa fala de *Antonio e Cleópatra*, de Shakespeare:

> Corações, línguas, escultores, escribas, bardos e poetas não podem
> Pensar, falar, moldar, escrever, cantar e cantar e calcular – Ó!
> Seu amor por Antonio.

"O eminente estudioso Jeavons[14]" – continuava lendo Tortsov – "afirma que, nessa sentença, Shakespeare juntou seis sujeitos e seis adjetivos, de modo que, falando com rigor, ela tem 6 × 6, ou 36 sentenças.

"Será que alguém gostaria de ler essa sentença de forma a extrair todas as 36 sentenças? Algum voluntário?" – disse ele.

Ninguém se manifestou.

– Estão certíssimos. Eu que não tentaria resolver o problema que Jeavons apresentou, não teria técnica vocal para tanto. Mas não é com isso que estamos lidando agora. Isso não nos interessa, o que interessa é a técnica de enfatizar e coordenar várias ênfases em uma sentença.

"Como podemos enfatizar a palavra-chave em uma longa fala e também uma série de palavras menos importantes, que não deixam de ser essenciais para o significado?

"Para isso, precisamos de uma complexa escala de ênfases: forte, média e fraca.

"Na pintura, existem ênfases na cor, tom fortes e fracos, meios-tons e quartos de tom, ou luz e sombra. De maneira semelhante, na fala, existe uma ampla escala nos graus de ênfase.

---

13. Em russo, existem verbos específicos para indicar movimento a pé ou em veículo.

14. W. S. Jeavons, *A textbook of logic*. A tradução russa foi publicada em São Petersburgo em 1887; Stanislávski refere-se à página 87. O manuscrito da próxima seção contém versões alternativas escritas por sugestão do irmão de Stanislávski, Vladímir, principalmente, por razões de clareza.

"A ênfase deve ser calculada, combinada, mas coordenada de tal modo que as ênfases secundárias não depreciem nem entrem em competição com a palavra-chave, mas a enfatizem com mais força. Tudo deve trabalhar junto para construir e comunicar uma sentença difícil. Deve haver perspectiva nas proposições individuais e na fala como um todo.

"Vocês sabem como a profundidade é transmitida na pintura, isto é, a terceira dimensão. Ela realmente não existe. O artista pinta em uma tela plana e esticada, dentro de um quadro. Mas a pintura cria a ilusão de vários planos. Eles recuam para dentro da tela, mas o primeiro plano sai para fora do quadro até nós.

"Esses planos existem na nossa própria fala e emprestam perspectiva à sentença. A palavra-chave é a mais claramente destacada de todas e vem direto para a frente do plano sonoro. As palavras menos importantes criam uma série de planos mais profundos.

"Na fala, criamos uma perspectiva, sobretudo através de ênfases de intensidades variadas, que precisamos organizar cuidadosamente. E não é apenas a intensidade da ênfase que é importante, mas a sua qualidade.

"Por exemplo, será importante saber se a ênfase vem de cima ou de baixo, se pousa na terra pesadamente ou se voa com leveza e soa de forma limpa? Se é dura ou suave, óbvia ou quase imperceptível, se ela cai de repente e desaparece imediatamente ou se ela se prolonga por um bom tempo?

"Há também o que poderíamos chamar de ênfases masculinas e femininas.

"As primeiras (masculinas) são definitivas e brutais como um martelo sobre uma bigorna. Elas são breves, de curta duração. As segundas (femininas) são igualmente definitivas, mas não chegam a um fim repentino, elas permanecem. Como ilustração, vamos supor que depois de dar uma pancada sobre a bigorna, você tenha de arrastar o martelo de volta para trás, para que seja mais fácil levantá-lo de novo.

"Vamos chamar esse tipo de ênfase definitiva e prolongada de 'feminina'.

"Ou eis aqui outro exemplo de fala e movimento. Quando um anfitrião, com raiva, expulsa um convidado indesejado, ele grita 'Fora!' e aponta para a porta energicamente. Ele usa a ênfase masculina na fala e no movimento.

"Se um homem mais educado tem de fazer a mesma coisa, então o seu desdenhoso 'fora' e a sua gesticulação somente são decisivos e definitivos por um segundo, então sua voz baixa, o movimento desacelera e a acrimônia do primeiro momento é abrandada. Essa ênfase muito alongada é 'feminina'.

"Além da ênfase vocal e da inflexão existe outro elemento da fala que podemos usar para destacar palavras: inflexões. Sua forma empresta maior expressividade à palavra enfatizada e a fortalece. Mais uma vez, vocês podem combinar inflexão e ênfase. Então, a ênfase é colorida por muitos tons diferentes de sensação: cordial (como em 'pessoa'), malicioso, irônico, desdenhoso ou respeitoso etc.

"Além da ênfase vocal e das inflexões, existem outras maneiras de destacar palavras. Por exemplo, para fortalecer uma palavra destacada por ênfase, vocês podem transformar esta ou aquela pausa em uma pausa psicológica. Vocês também podem realçar a palavra importante removendo a ênfase de todas as palavras sem importância. Então, a palavra enfatizada, que está intacta, ganha força, por comparação."

.. .. 19..

Tortsov, hoje, continuou a explicação que tinha ficado inacabada da última vez.

— Primeiro, vocês devem escolher a palavra-chave na sentença e destacá-la com uma ênfase. Então, devem fazer o mesmo com outras palavras em destaque, embora menos importantes.

"Já as palavras sem importância, não destacadas, só são necessárias para o significado geral e devem se desvanecer no pano de fundo.

"*Temos de descobrir inter-relações, gradações de força, qualidades de ênfase entre todas as palavras destacadas e não destacadas, criando uma perspectiva de som que vai dar vida e movimento à sentença.*

"Essa relação harmoniosa e equilibrada, de diferentes gradações de ênfase e de palavras individuais destacadas, é o que queremos dizer quando falamos de organização.

"Desse modo, criamos a harmonia da forma e a beleza da arquitetura em uma sentença."

Depois de um momento de reflexão, Tortsov continuou:

— Assim como as palavras formam orações, proposições formam pensamentos completos, narrativas e falas longas.

"Então, nós não vamos apenas destacar palavras em orações, mas orações inteiras em narrativas e diálogos.

"Tudo o que dissemos sobre destacar e organizar palavras em orações se aplica a orações individuais em narrativa ou diálogo. Usamos a mesma técnica quando enfatizamos palavras individuais. Vocês podem destacar a oração-chave enfatizando uma palavra e articulando as sentenças importantes com maior ênfase do que as orações secundárias. Então, a ênfase sobre a palavra-chave, em uma oração destacada, deve ser mais forte do que em uma não destacada.

"Vocês podem destacar uma oração enfatizada posicionando-a entre duas pausas. Vocês podem conseguir o mesmo resultado usando a inflexão, aumentando ou diminuindo o tom de uma oração destacada ou fazendo a inflexão foneticamente mais clara. Isso empresta uma nova coloração à oração enfatizada.

"Vocês podem mudar o andamento e o ritmo de uma oração destacada em comparação com o resto do diálogo ou da história. Por fim, você podem deixar a cor e a força da oração destacada de lado e atenuar a ênfase no resto.

"Não é do meu interesse entrar em todas as possibilidades, em todas as sutilezas de enfatizar palavras ou orações. Só posso garantir a vocês que essas possibilidades são muitas, assim como as formas de usá-las. Vocês podem usá-las para criar os mais complexos arranjos de todo tipo de palavras e orações destacadas e enfatizadas.

"Dessa forma, vocês criam uma perspectiva com vários planos.

"Se eles são direcionados para a Supertarefa da peça, se seguirem a Ação Transversal, tornam-se extremamente importantes, porque nos ajudam a alcançar aquilo que é fundamental para a nossa arte: criar a vida do espírito humano de papel ou peça.

"O grau em que nós podemos usar as possibilidades vocais é regido pela nossa experiência prática, conhecimento, bom gosto, sensibilidade e talento. Atores com sensibilidade para idiomas e para sua língua natal se tornam *virtuosos* em organizar e criar perspectivas sonoras.

"Eles realizam esses processos quase intuitiva e subconscientemente.

"Pessoas menos talentosas têm de trabalhar de maneira mais consciente, têm muitas coisas para aprender. Elas têm de estudar a sua própria língua, as leis da fala, e precisam de experiência prática e arte.

"Quanto mais extensos são os meios à nossa disposição, mais vital, poderosa, expressiva e irresistível nossa fala deve ser.

"Aprendam como fazer um pleno uso das leis e das técnicas da comunicação verbal e, em particular, da organização e da criação de uma perspectiva sonora, com todos os seus planos."

.. .. 19..

Hoje, eu disse novamente a fala de Otelo.

– O seu esforço valeu a pena – disse Tortsov, encorajando-me.

"Está bom nos detalhes. Aqui e ali, está até mesmo poderoso. Mas a fala como um todo está correndo no mesmo lugar. E não chega a lugar nenhum. Duas barras para a frente, duas barras para trás, o tempo todo.

"A repetição constante do mesmo padrão fonético torna-se irritante, assim como o mesmo velho desenho em um papel de parede de mau gosto.

"No teatro, você deve usar os seus dons expressivos de forma diferente, não apenas como Deus lhe deu, mas intencionalmente.

"Em vez de explicar o que eu quero dizer, vou dizer a fala, não como um meio de exibir a minha habilidade, mas para revelar os segredos da minha técnica vocal, passo a passo, conforme for fazendo, e mostrar os tipos de pensamentos que os atores têm sobre o efeito dramático sobre eles mesmos e sobre os outros atores.

"Vou começar definindo de forma mais clara a minha tarefa" – disse ele, voltando-se para Pácha.

"Isso é para fazer você sentir, como Iago, o impulso elementar de Otelo para sua terrível vingança. Para tanto, como Shakespeare teria desejado, vou justapor um retrato vívido das ondas fluentes do 'Mar Pôntico' e o turbilhão mental de um homem ciumento. Para isso, a melhor coisa é capturar você com as minhas imagens mentais. Trata-se de uma tarefa difícil, mas não impossível, especialmente porque eu tenho um material pronto e preparado que é claro, vívido e excitante o bastante para fazer o trabalho."

Tortsov preparou-se por um instante e, então, fixou seus olhos penetrantes em Pácha, como se a infiel Desdêmona estivesse diante dele.

— *Tal como o mar Pôntico* — falou ele, baixinho, com muita calma. E, então, acrescentou secamente:

"Por ora, não estou entregando tudo. Poderia fazer mais!

"Você deve guardar, acumular a emoção.

"A frase é incompreensível.

"Você não pode visualizar o que está sendo dito.

"Então eu a termino na minha mente: *Tal como o mar Pôntico... e se lançam sem descanso para a Propôntida e o Helesponto*. Tenho cuidado para não acelerar. Depois da palavra 'mar', faço uma inflexão para cima. Quase infinitesimal. Dois segundos, três, não mais.

"Elevo a voz na próxima vírgula flexionada (haverá muitas mais), mas ainda não chego ao máximo.

"Eu me movo verticalmente. Não há linhas horizontais a partir de agora!

"Sem alta voltagem. Não achatada, conformada!

"Tenho de escalar, mas passo a passo, não diretamente.

"Deixo a segunda barra mais forte do que a primeira, a terceira mais forte do que a segunda, a quarta mais forte do que a terceira. Sem gritar!

"Gritar não é força!

"A força reside no *crescendo*.

"*Cujas correntes gélidas e o curso uniforme...*

(*... e se lançam sem descanso para a Propôntida e o Helesponto*)

"Mas se eu levantar cada barra para uma terça, as 52 palavras da sentença vão exigir uma extensão de três oitavas, que eu não tenho!

"Então, quatro notas para cima e duas para baixo.

"Cinco notas para cima e duas para baixo.

"Total: um intervalo de apenas uma terça.

"Mas a impressão é de uma quinta!

"Então, novamente, quatro notas para cima, duas para baixo.

"Total, um aumento de apenas um segundo. Mas a impressão é de um quarto.

"E assim por diante, o tempo todo.

"Ao economizar, a minha extensão aguenta todas as 52 palavras.

"Economia, economia, economia!

"Não apenas de emoção, mas de registro.

"Mais tarde, se você não tiver notas suficientes para aumentar ainda mais, flexione com mais força. E divirta-se!

"Isso dá uma impressão de aumento de potência.

"A inflexão foi feita!

"Espere, não corra.

"Não há nada que impeça você de introduzir uma pausa psicológica, além da pausa lógica.

"A inflexão para cima estimula a nossa curiosidade.

"A pausa psicológica tem o mesmo efeito sobre a sua natureza criativa, sua intuição... sua imaginação e seu subconsciente.

"Uma parada dá a mim e a você tempo para examinar as imagens mentais, para revelá-las por meio da ação, da expressão facial e da transmissão.

"Isso não enfraquece o efeito. Pelo contrário. Uma pausa ativa aumenta o efeito e nos estimula a ambos.

"Como posso evitar cair na mera técnica?

"Tenho de pensar somente na Tarefa, que é fazer que você veja aquilo que eu vejo, a qualquer custo.

"Vou ser dinâmico. Devo ter ação produtiva.

"Mas... não deixe que a pausa se arraste.

"Avante!

"*Jamais sofrem a ação do refluxo... (e se lançam sem descanso para a Propôntida e o Helesponto)*

"Por que meus olhos se arregalaram?

"Será que eles estão transmitindo mais com mais força?

"E por que as mãos avançam para a frente, lenta e majestosamente?

"E eu todo também?

"No andamento e no ritmo das ondas pesadas e rolantes?

"Você pensa que isso é um efeito 'teatral', calculado?

"De maneira alguma, eu lhe asseguro!

"Isso foi espontâneo.

"Eu interpretei primeiro e tive consciência depois.

"Quem faz isso?

"A intuição?

"O subconsciente?

"A própria natureza criativa?

"Talvez.
"Tudo o que sei é que a *pausa psicológica* ajudou.
"O estado de espírito foi criado!
"A emoção foi despertada!
"Ela foi posta em ação!
"Se eu tivesse feito isso com um olhar consciente para o efeito, você teria pensado que isso era uma atuação.
"Mas a natureza o fez, e você acreditou nisso.
"Porque era natural.
"Porque era verdadeiro.
"*E se lançam sem descanso
para a Propôntida e o Helesponto*
"Mais uma vez, *post factum*, percebi que algo maligno havia crescido dentro de mim.
"Eu não sei de onde, nem como.
"Isso foi bom. Gostei!
"Eu me seguro na pausa psicológica.
"E a pausa se torna mais ativa."

....

"Mais uma vez incito a natureza.
"Vou enganar o subconsciente enquanto ele está trabalhando.
"Há muitos chamarizes para fazer isso.
"Chego ao topo da extensão vocal: 'Helesponto'.
"Digo isso e, então, deixo o som cair.
"Para ir subindo até o fim.
"*Assim meus pensamentos sanguinários, na violência de seu curso,
Jamais voltarão atrás, não refluirão para o humilde amor;*
"Destaco a inflexão para cima com mais força. Essa é a maior nota na fala.
Não refluirão para o humilde amor.
"Tenho medo de falsa emoção.
"Aferro-me à minha tarefa.
"Tenho certeza de que as minhas imagens mentais estão firmemente enraizadas.
"Intuição, o subconsciente, natureza — isso é tudo de vocês.
"Liberdade total! Mas eu contenho, atormento vocês com pausas.
"Quanto mais tempo eu contenho, mais isso atormenta.
"É chegado o momento. Vamos voar!
"Todos os meus meios expressivos foram mobilizados.
"Todos para o resgate!
"Andamento! Ritmo!

"E... tenho medo de dizer isso: o mesmo volume.
"Sem gritar.
"Somente nas últimas duas palavras da frase:
"*Não refluirão para o humilde amor...*
"O final, o clímax. O final definitivo:
"*É preciso que eles venham mergulhar
em uma vasta e profunda vingança.*
"Eu contenho o andamento.
"Para torná-lo mais significativo.
"E coloco o ponto final.
"Vocês entendem o que isso significa?
"A parada em uma fala trágica?
"Significa morte.
"Será que vocês gostariam de sentir o que eu estou falando?
"Subam ao pico mais alto.
"Acima de um abismo sem fundo.
"Peguem uma pedra pesada e...
"Joguem-na no abismo.
"Vocês vão ouvir, vão sentir como a pedra se estilhaça em pedacinhos.
"Esse é o tipo de queda de que vocês precisam – na voz.
"Desde o topo até o fundo do seu registro.
"Uma parada, por sua natureza, exige isso.
"Como isso."

— O quê? – exclamei – Em um momento como esse, um ator está vivendo de técnica, de cálculo profissional!
"E quanto à inspiração?
"Eu estou desolado e ferido."

.. .. 19..

Vendo que muitos estudantes tinham, na aula anterior, achado os gráficos que representam o som claros e convincentes, Tortsov os usou hoje para o trabalho que estava previsto sobre *inflexões com base nos sinais de pontuação*.

Tortsov começou essa parte da aula com uma breve introdução. Ele disse:

— O real propósito dos *sinais de pontuação* é agrupar as palavras em uma sentença e indicar os descansos da fala, ou pausas. Eles se diferenciam apenas em duração e caráter. Seu caráter depende da inflexão que eles carregam. Em outras palavras, cada sinal de pontuação exige sua própria inflexão *característica* correspondente, e esse é o aspecto dos sinais de pontuação que vamos estudar agora.

"Como vocês podem ver, vou ter de falar sobre isso duas vezes, agora e depois, quando falarmos sobre os descansos da fala e as pausas, porque eles têm uma dupla função.

"Não deixem que isso impressione vocês. Estou fazendo de propósito.

"Vou começar com o *ponto final*. Imaginem uma pedra pesada caindo ruidosamente em um abismo e batendo no fundo. O som da última sílaba destacada, antes do ponto final, cai exatamente da mesma maneira e bate no fundo da extensão vocal de quem fala. Essa queda no som e o impacto são características do ponto final. Quanto maior a extensão vocal, mais longa será a queda, mais abrupto e forte será o impacto, mais típico será o padrão sonoro do ponto final e mais conclusiva e convincente será a maneira como soará o pensamento que vocês estão comunicando.

"Entretanto, quanto mais curta a extensão vocal, menor será a queda, a velocidade, o impacto, e menos clara será a comunicação do pensamento.

"Quando dizemos, em no nosso jargão particular, 'pôr a sentença para dormir', queremos dizer que o ponto final foi bem colocado. Julguem por vocês mesmos a importância de ter uma extensão ampla e um bom grave.

"As *reticências*, ao contrário do ponto final, não concluem a sentença, mas, por assim dizer, lançam-na no vazio, onde ela desaparece como um pássaro que foi solto de uma gaiola ou como fumaça suspensa no ar entre o céu e a terra. A voz flutua no espaço, sem subir nem descer. Ela se desvanece sem concluir a sentença ou se estabelecer. Fica pairando no ar.

"A *vírgula* também não termina a sentença, mas a levanta, como se a levasse para um andar superior ou para uma prateleira mais alta. Na música, esse padrão é chamado de *portamento*.

♩ ⸚ ♩

"Essa inflexão ascendente é obrigatória com uma vírgula, como se fosse um dedo em riste alertando mil pessoas para o fato de que a sentença não acabou e está prestes a continuar. Os ouvintes sabem que têm de esperar, que a concentração não deve ser enfraquecida, mas intensificada.

"A maioria dos atores tem medo das vírgulas e mal pode esperar para pular sobre elas e terminar a sentença o mais rapidamente possível para chegar a um ponto seguro, como uma grande estação na qual você pode descansar depois de uma viagem, pernoitar e comer antes de continuar sua viagem. Mas não devemos ter medo das vírgulas. Pelo contrário, devemos amá-las, como um breve descanso ao longo do caminho, tal como colocar a cabeça para fora da janela e respirar um pouco de ar fresco e se sentir revigorado. A vírgula é o meu sinal de pontuação favorito.

"O *portamento* exigido por uma vírgula empresta elegância à fala e às inflexões. Se vocês não tiverem medo de pausas, mas as usarem de forma inteligente, elas podem ajudar vocês a falar de maneira calma, livre, sem pressa, convictos de que a plateia vai ouvir os pensamentos que vocês têm para lhe comunicar. Tudo o que vocês têm de fazer é uma inflexão clara para cima e segurar ainda mais o som durante o tempo que for necessário ou que vocês desejarem. Qualquer pessoa que tenha dominado essa técnica sabe muito bem que, ao fazer um *portamento*, a calma, o controle e a convicção forçam a plateia a esperar pacientemente até mesmo quando um ator prolonga a pausa mais do que deveria, depois de uma inflexão ascendente.

"É uma sensação maravilhosa estar diante de uma casa lotada e calma e pacientemente combinar os parágrafos complexos e as partes estruturais de uma ideia e saber que a plateia ainda está toda pacientemente ouvindo você.

"A inflexão ascendente obrigatória antes de uma vírgula, se bem feita, é de uma grande ajuda nisso.

"Em termos de inflexão, o *ponto e vírgula* é, em qualquer parte, um meio-termo entre um ponto final e uma vírgula. A sentença chega a um fim, mas não com uma queda tão longa, como no caso de um ponto final. De fato, existe uma inflexão quase imperceptível para cima.

"Os *dois-pontos* exigem uma ênfase curta e acentuada na última sílaba antes deles. O grau de ênfase é quase o mesmo para o ponto final, mas, ao passo que o ponto final exige uma queda evidente e considerável no tom, com os dois-pontos o som pode cair, ou subir um pouco, ou permanecer no mesmo nível. A característica mais importante desse sinal é que ele provoca uma quebra, não para terminar a sentença ou o pensamento, mas para estendê-los. Nessa quebra, devemos sentir o que está por vir. Ela é preparatória, anuncia o que vem depois, ela aponta o dedo para isso. O movimento particular do som para frente indica isso.

"O *ponto de interrogação*. Sua marca registrada é uma inflexão ascendente curta e rápida, ou lenta, vagarosamente ampla ou pequena, como se fosse o coaxar de um sapo, que é breve ou continuado. Vocês podem fazer isso levantando a voz até o topo do registro.

"Às vezes, essa nota interrogativa aguda permanece no ar, outras vezes, cai um pouco.

"A altura e a velocidade dessa inflexão interrogativa ascendente, a nitidez ou amplitude da *inflexão* indicam o grau de urgência da pergunta. Quanto maior a surpresa, mais alto a voz sobe. Quanto menos significativa a pergunta, mais baixo a voz desce. Quanto mais vivo o espanto, maior a volta que pode ser dada, maior a curva da inflexão e maior o espanto que ela transmite.

"A curva interrogativa pode conter uma ou *várias* curvaturas. Quando o espanto é intenso, essa inflexão pode ser repetida em cada palavra da oração interrogativa. Por exemplo, para reforçar a sentença: 'E tudo se foi para sempre?'. Vocês podem fazer uma volta em quase todas as palavras.

"Este esquema os ajudará a entender:

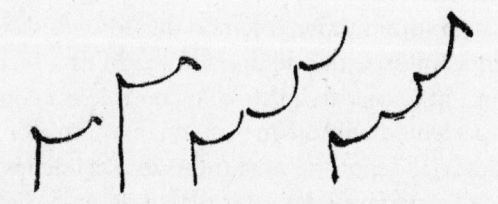

"O *ponto de exclamação*. Quase tudo o que eu disse sobre o ponto de interrogação se aplica aqui. A única diferença é que a volta desaparece e é substituída por uma queda curta ou mais ou menos longa depois da subida inicial. Um esquema dessa forma de som se parece com um mangual para debulhar milho. O mangual de madeira pode ser curto ou longo.

"Quanto mais alto a voz se eleva durante a inflexão, menos ela cai depois e mais fortes ou mais fracos serão os sons de exclamação.

"Vocês podem esquematizar a inflexão assim:

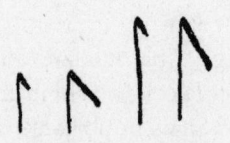

"Eu usei gráficos para explicar as inflexões obrigatórias nos sinais de pontuação. Não fiquem achando que terão necessidade de usá-los no futuro, para registrar ou fixar as inflexões em um papel de forma permanente. Vocês não devem fazer isso, pois é nocivo e perigoso. Nunca decorem padrões de som para os seus papéis. Eles devem ocorrer espontaneamente, de maneira intuitiva e subconsciente, e só assim as suas inflexões transmitirão com precisão a vida do espírito humano de um papel.

"Aprender padrões sonoros é algo árido, meramente formal, sem vida. Eu rejeito e condeno isso, absolutamente.

"Se as linhas que eu desenhei explicaram as formas vocais e inflexões obrigatórias nos sinais de pontuação, então esqueçam-se delas, tirem-nas das suas cabeças ou lembrem-se delas em momentos críticos, quando a inflexão que sua intuição sugere for claramente errada ou não vier de forma espontânea.

"Então, relembrar o esquema pode colocar a intuição no caminho certo."

Em resposta a uma pergunta: "De onde vêm as inflexões?", Tortsov respondeu:

– E de onde vêm as palavras para pousarem na nossa língua quando estamos expressando um pensamento específico? Por que será que é justamente a palavra de que necessitamos? Por que será que os movimentos, as ações ocorrem, em resposta a uma convocação interna, sem a nossa participação consciente? Por que as mãos, os pés e tronco funcionam por conta própria? Vamos deixar que a natureza, a fazedora de milagres, responda. Não tem nada de ruim se alguma coisa bela no processo criativo permanecer envolto em mistério. Tudo isso é bom, é útil para a intuição, que muitas vezes sugere a inflexão certa.

"Trabalhar as inflexões não significa constrangê-las ou forçá-las. Elas surgem espontaneamente se *aquilo* que elas deveriam expressar (sentimento, pensamentos, a essência) e os *meios* através dos quais isso pode ser comunicado (palavras, fala, um tom vocal vibrante, sensível, amplo e expressivo, boa dicção) estiverem lá.

"Elas devem ser a sua preocupação primordial, e, então, as inflexões virão de forma espontânea, intuitivamente, como um reflexo.

"Em outras palavras, aprendam a dominar os chamarizes, a desenvolver sua voz e os órgãos de articulação. Notem, ao estudar, que a isca mais importante, aquela que produz intuitivamente uma inflexão, é a *Adaptação*. Por quê? Porque a inflexão em si é uma adaptação vocal, destinada a despertar sentimentos e vivências invisíveis. A mesma isca, a Adaptação, cria fisiologicamente os melhores movimentos e ações intuitivas enquanto cria psicologicamente as mais precisas ações e inflexões verbais.

"Então, o objetivo da aula de hoje e da seguinte será persuadi-los a trabalhar incansavelmente para dominar as iscas, desenvolvendo a voz, estendendo seu alcance e aperfeiçoando o funcionamento dos órgãos de articulação que reproduzem as inflexões. Essas sessões destinam-se também a preparar vocês para uma nova aula, 'as leis da fala e a arte de falar', para estarmos seguros de que vocês entenderam a importância dessa nova matéria e que dedicarão sua completa atenção a ela.

"Será que vocês já ouviram uma fala simples, em que a voz não sobe nem desce muito, na qual a extensão é limitada e não há nenhuma das complexidades de forma e de som que são tão importantes na linguagem? No entanto, apesar da ausência de todos esses elementos, uma fala simples muitas vezes é eficaz. Onde reside o segredo da sua força?

"*Na clareza do pensamento falado, na precisão e definição das expressões, na lógica, na sequência, na estrutura da sentença, no agrupamento e na construção de toda a história. A soma total de tudo isso afeta o ouvinte.*

"Usem essa outra habilidade que as palavras têm. Aprendam a falar em *sequência lógica*."

"A prática de se debruçar sobre cada palavra solta (especialmente quando se recita versos) é um maneirismo comum. Mas vocês sabem que uma sentença toda enfatizada ou sem ênfase alguma não expressa nada e não tem sentido.

"Mas existem atores que são menos pródigos com a ênfase. Eles a poupam, mas ainda a colocam no lugar errado e, assim, em menor grau, também distorcem a fala do palco. Eles não ligam muito para os sujeitos, predicados, substantivos e verbos. Eles preferem os adjetivos, advérbios e todas as palavras 'atuáveis' – *grande, pequeno, adorável, feio, bom, mau, especial, excessivo* ou *subitamente, inesperadamente, especialmente, excessivamente*. Vocês podem ilustrar cada uma dessas palavras, vocês podem apresentá-las com qualquer inflexão que quiserem. E essas palavras 'atuáveis' são preferidas às palavras que estão em torno delas e que transmitem o significado essencial.

"Essa colocação arbitrária e indiscriminada da ênfase se tornou quase normal. Sentenças que são faladas com bastante normalidade na vida real para anunciar uma tarefa genuína, produtiva e específica são modificadas até se tornarem irreconhecíveis, no palco, pelas ênfases 'atuáveis' incorretas. Uma fala mutilada é difícil de acompanhar, e, assim, tudo o que nós podemos fazer é escutá-la.

"Na outra ponta da escala estão os atores (em número significativamente menor) cuja fala é excessivamente correta. Não se pode fazer nenhuma objeção a eles em termos de gramática ou de ênfase lógica. É claro que isso é bom. Sua fala não somente é audível, mas é *compreensível*. Porém, infelizmente, isso não pode ser *sentido* devidamente pela ausência de *ênfases simbólicas* ou *artísticas*. Somente elas podem ajudar vocês a transformar a árida massa informe de uma palavra em alguma coisa viva e a converter a fala instruída, mas formal, em arte genuína que comunique a vida do espírito humano de um papel.

"Esse é um problema difícil e não vou entrar em detalhes, mas deixem-me dar a vocês um conselho valioso, extraído da minha longa experiência:

"Tentem, tanto quanto possível, fazer somente algumas poucas ênfases extremamente essenciais. E façam que as suas ênfases simbólicas coincidam, tanto quanto lhes for possível, com as ênfases lógicas. Existirão, é claro, exceções, mas não as converta em regra. Para garantir que a sua fala seja artística, com o mínimo de ênfases, tomem muito cuidado com o subtexto. Uma vez que ele tenha sido estabelecido, tudo vai correr sem problemas. Pode ser que vocês não tenham uma, mas várias ênfases, fortes, médias e fracas, uma completa escala deslizante delas, relacionadas de diversas maneiras. A intuição as organiza de tal forma que a lógica, a gramática e a arte fiquem satisfeitas e o ouvinte, contente."

II[15]

.. .. 19..

Tortsov lembrou-nos que, em nossos estudos, até agora, sempre que surgia uma oportunidade, nós tínhamos falado sobre uma linha ininterrupta de som e de unidade.

— Mas isso não significa, é claro, que os atores devam falar o diálogo de forma contínua, sem uma parada!

"Falar sem parar faria que parecessem lunáticos. As pessoas normais precisam de paradas, descansos, pausas, não somente na fala, mas em todos os seus outros processos, internos ou externos: reflexão, imaginação, audição, visão etc.

"Podemos representar nosso estado normal como uma série de linhas alternadamente longas e curtas, com pausas grandes e pequenas, assim:

_____ ____ _____ ____ _____ ____ ____ _____

"O oposto disso é obsessão (*idée fixe*), que podemos representar por uma linha contínua, assim:

_____

"'A fala sem pausas ou com pausas exageradamente longas ou além dos limites é uma confusão sem sentido', escreveu Volkónski em uma passagem do seu livro. E em outra, ele exclama: 'Vocês realmente não sabem o que é mais surpreendente, quão pouco ela (a pausa) é usada ou o quanto ela é mal utilizada'. 'É difícil dizer o que é pior: introduzir uma pausa quando ela não é necessária ou omitir uma pausa quando ela seria necessária' (*A palavra expressiva*).

"Como vamos reconciliar estes opostos: uma linha ininterrupta de um lado e a necessidade de descanso do outro?

---
15. Esta seção e a seção 3 são versões de uma parte anterior, mas contêm material novo.

"Primeiro, entendendo que continuidade não deve ser interpretada como um *perpetuum mobile* e que os intervalos e pausas não devem fazer picadinho da fala, como é quase sempre o caso no teatro.

"Na música, que é baseada em uma linha contínua de som, existem pausas tão importantes quanto a continuidade e que não prejudicam a cantilena.

"As pausas são necessárias para dividir a música em suas partes constituintes. Durante esses intervalos silenciosos, o som é cortado, mas flui em uma linha ininterrupta estendida entre as pausas.

"As pausas da fala devem dividir o pensamento que está sendo expressado em suas partes componentes, embora preservando a continuidade e a unidade de cada uma delas.

"As pessoas que falam bem na vida cotidiana aderem a essa regra instintiva ou intencionalmente e colocam as pausas de maneira mais ou menos verdadeira quando estão falando. Mas basta elas terem de aprender as falas de outra pessoa para dizê-las no palco e, na maioria dos casos, passarão por uma transformação: elas picarão sua fala e colocarão as pausas nos lugares errados.

"Por que isso acontece?

"Existem razões internas e externas. Vou começar com as internas.

"Existem muitos atores cuja respiração é curta e com pouca resistência. Os sons que eles produzem só duram enquanto estão inspirando o ar, e se eles inspirarem muito vão tentar se livrar do ar excedente em qualquer momento da sua fala. Eles também respiram sempre que lhes dá vontade, sem perguntarem se o intervalo é legítimo ou não.

"Essa fala é como asma. Ela não é clara nem educada.

"Existe uma outra razão para que os atores pausem no lugar errado.

"Eles não sabem que a potência não está no volume, não está na alta voltagem, mas reside na ascensão e queda do som ou, em outras palavras, nas inflexões, na lógica e na sequência.

"Os atores que conhecem um pouco da nossa técnica vocal tentam intensificar a comunicação verbal por meio do uso dos mais ingênuos métodos 'teatrais'. Em um esforço para parecerem mais convincentes, eles impelem a si mesmos, inflam a sua energia e recorrem ao grito. Mas todo esse esforço muscular não produz resultados, pois eles trabalham na superfície, e não por dentro. A vida e a vivência não têm nada em comum com todas essas contrações musculares. Assim como a pausa associada com elas, as contrações ocorrem de maneira bastante arbitrária, por razões físicas ou nervosas.

"Então, será que podemos ver quando e onde uma pausa vai emergir? Evidentemente, onde quer que o ator considere que ele pode espremer 'inspiração' (entre parênteses) de forma mais eficaz, especialmente onde ele deseja exibir o seu 'gênio'. As razões não derivam do pensamento, do verdadeiro significado do papel, elas surgem apesar deles e quase sempre como mero ditame do acaso.

"Como resultado, a mais simples das sentenças, por exemplo: 'Eu gostaria de dizer que a conduta de vocês é indescritível', é transformada, e as dores do parto, quando as palavras saem, são agonizantes.

"'Eu (enorme pausa, para espremer um pouco de inspiração) gostaria de dizer avocêsqueasúa (outro espasmo, depois do qual algumas palavras da oração posterior escorregam para a primeira) condútaéín (nova pausa para bombear energia) dêscritível' (disparada como uma bala, todo o ar restante é expelido, seguindo-se outra longa pausa, como um descanso pós-parto).

"Essa maneira de falar é como a do juiz de O *inspetor geral*, de Gógol, lembram? Ele costumava roncar como um relógio velho por um bom tempo antes de dizer uma palavra.

"Vocês devem usar o canto e trabalhar a respiração e as inflexões para ajudá-los na luta contra essas razões externas.

"A principal razão não é externa, mas originalmente interna. Ela reside em uma falta de sensibilidade adequada para as palavras, em um amor insuficiente por elas, em uma falta de compreensão da nossa própria língua.

"Mas como podemos combater isso?

"Por meio de uma relação mais consciente com as palavras, indo mais fundo na sua natureza. Estudar as leis da fala pode ajudar, sobretudo, na função importante de um terceiro auxiliar na comunicação verbal (depois da inflexão e da ênfase) – os *descansos* (pausas).

"Vocês vão estudá-los em detalhes com os especialistas em seus devidos cursos. Meu objetivo aqui, em linhas gerais, é introduzir vocês na matéria e explicar seu significado.

"Existem atores que consideram chique dizer correndo uma sentença dentro da outra ou preencher as pausas com som. Eles alegam que isso não é resultado da pobreza da fala, mas que acontece porque eles não podem domar a natureza irreprimível de seu temperamento 'arrebatado', ou seja, eles são incapazes de controlá-lo.

"Outros fazem isso 'de propósito', para que possam recitar mais palavras e sons em uma única respiração. 'Para que desperdiçar o ar que você tem?'

"Mas, com muito mais frequência, as pausas são erroneamente colocadas porque esses atores só têm uma noção vaga do que estão falando, porque eles não se aprofundaram no verdadeiro significado das palavras.

"Como é que podemos evitar esses erros comuns nos atores? Como podemos aprender a dominar as pausas lógicas na fala? Temos de ter uma sensibilidade inata para as palavras e para a linguagem ou precisamos de um conhecimento mais teórico e, por fim, da experiência prática.

"Uma sensibilidade inata, uma sensação de que as palavras não vêm de você – isso é uma dádiva da natureza. Nós só podemos concentrar nossas mentes e nos aprofundar no significado das palavras e da linguagem, e é isso que eu recomendo a todos os atores. O conhecimento vem de um estudo das leis da fala, e a habilidade prática vem dos exercícios.

"Que regras ou leis regem as pausas da fala e de que forma elas ajudam?

"Nossa melhor ajuda na colocação das pausas lógicas (gramaticais) são os sinais de pontuação.

"Eu tinha prevenido vocês de que voltaria a falar deles. Agora este 'aviso' entra em vigor.

"Os sinais de pontuação têm uma dupla função. A primeira tem a ver com as inflexões, que já discutimos. Agora vamos falar da segunda.

"Ela consiste na colocação e marcação de pausas. Elas dividem algumas palavras e, ao mesmo tempo, agrupam outras palavras relacionadas entre si para formar barras de fala.

"A duração das pausas nos sinais de pontuação depende da importância, relevância, conteúdo, profundidade, finalidade e significado essencial do material entre os pontos e as vírgulas, do que é anunciado pelos dois-pontos, do que é indagado pelo ponto de interrogação, do que é anunciado pelo ponto de exclamação, do que é deixado incompleto pelas reticências e do que é completado pelo ponto final. Em poucas palavras, a duração da pausa depende do que pede um descanso e da razão por que isso acontece.

"Mas a duração da pausa não é apenas influenciada pelo significado e pelo propósito, existem outros fatores. Por exemplo, o tempo que o seu interlocutor precisa para assimilar os pensamentos de outra pessoa e para que aquele que está falando comunique silenciosamente o subtexto não falado. Ou a força da vivência interior, o grau de perturbação emocional, o *tempo-ritmo* da sentença.

"Vocês não podem calcular com precisão a duração dos descansos que os sinais de pontuação indicam. Isso é relativo. Só podemos discuti-la de maneira aproximada, comparando uma determinada lentidão com uma relativa rapidez, e vice-versa.

"Como já lhes disse, para combater os erros nas pausas lógicas vocês precisam de mais experiência prática e de mais exercícios.

"E quais seriam?

"Dê-me seu livro" – disse Tortsov, estendendo a mão para mim.

Eu lhe dei as *Memórias*, de Schêpkin, que eu tinha acabado de comprar de um vendedor de livros de segunda mão.

– Eis aqui uma carta de Schêpkin para Chúmski. Leia estas linhas, nas quais Schêpkin fala do sucesso de Chúmski em Odessa.

Tortsov passou o livro para Pácha, que começou a ler:

— "*Eu sei que seus sofrimentos foram muitos, mas o que vem de graça? E o que significaria a arte se não custasse nenhum sofrimento?*"

— Está bom, por enquanto — disse Tortsov, interrompendo-o. — Vamos colocar as pausas no texto que acabamos de ouvir e agrupar as palavras para fazer as barras de fala. Como podemos fazer isso? Assim: vamos pegar as palavras de duas em duas e ver se elas têm alguma relação direta e imediata uma com a outra.

"Se não tiverem, aprofundem-se no seu significado e decidam se elas estão relacionadas com a palavra anterior ou com a palavra posterior.

"Eis as três primeiras: 'Eu sei que'. Elas estão juntas ou separadas? [Existe uma breve pausa depois das duas primeiras.]

"Consideremos as três palavras seguintes 'Eu sei' – 'que seus sofrimentos'.

"Será que o 'que' se relaciona com o 'Eu sei' que vem antes ou com 'seus sofrimentos', que vem depois? Com 'seus sofrimentos', é claro, porque as palavras 'que', 'quem' e 'qual' estão sempre vinculadas ao que vem depois.

"Consideremos agora 'foram muitos'. Estas últimas estão relacionadas com as palavras 'que seus sofrimentos', de modo que todas elas se juntam num mesmo grupo, numa única barra, que separamos da oração que vem depois.

"Continua com 'mas'. A palavra 'mas' não contém nenhum pensamento, porém, a vírgula antes dela indica claramente que ela está conectada à oração seguinte.

"Vou passar para o próximo conjunto, 'o que vem'. Existe um pensamento aqui, e, então, colocamos a palavra 'vem' neste grupo.

"O conjunto 'vem de graça' pertence ao mesmo grupo, é outro membro da família, então temos uma barra de fala: 'mas o que vem de graça?'."

Tortsov trabalhou pacientemente, da mesma maneira, com o restante do trecho da carta de Schêpkin.

Depois que todas as pausas tinham sido colocadas, Tortsov pediu que Pácha tornasse a ler o trecho que tínhamos trabalhado.

Pácha assim o fez.

— "Eu sei / que seus sofrimentos foram muitos / mas o que vem de graça / E o que significaria a arte / se não custasse nenhum sofrimento?"

— Existe uma outra maneira prática, igualmente simples e ingênua, de colocar as pausas. Eu vou explicar para vocês poderem utilizar nesse mesmo trecho.

"Primeiramente, coloquem as ênfases lógicas.

"'Eu sêi que seus sofrimentos foram múitos, mas o que vem de gráça? E o que significaría a arte se não custasse nenhum sofrimênto?'

"Agora, aprofundem-se em cada uma das palavras enfatizadas e tentem entender qual das palavras adjacentes elas atraem.

"Por exemplo, as palavras 'Eu sei'. Elas atraem a sentença inteira, e não apenas palavras individuais. E, assim, temos de marcar essas palavras por meio de uma pausa e dar a esse momento de ênfase uma inflexão especial para colocá-lo em uma relação mais próxima com o que se segue.

"A segunda palavra enfatizada é 'muitos'. Quais palavras ela atrai?

"'Sofrimentos foram muitos', 'foram muitos', 'que eles foram muitos'.

"A próxima palavra enfatizada é 'graça'. Que palavras ela atrai?

"'Que vem de graça', 'o que vem'.

"A palavra enfatizada 'significaria' está intimamente vinculada às palavras 'o que significaria', 'significaria a arte'.

"A próxima palavra destacada, 'sofrimento', atrai as palavras 'se não custasse'.

"Peguem um livro sempre que puderem e leiam-no, colocando as pausas.

"Se a intuição e um afeto pela natureza da linguagem levarem vocês, ouçam-nos, mas quando não disserem nada, guiem-se pelas regras.

"Porém, não façam o contrário, não façam pausas interiormente injustificadas porque as regras assim disseram. Elas são estéreis, e sua atuação e sua leitura poderão ser formalmente corretas, mas mortas. As regras devem servir apenas de guia, de lembrete da verdade, para indicar-lhes o caminho.

"Os exercícios que recomendei vão incutir o hábito de agrupar palavras e de colocar pausas de maneira correta. Façam disso uma segunda natureza. Agrupar palavras e colocar pausas corretamente é a condição necessária para uma fala refinada e bonita, e também para comunicar a natureza da língua que você fala de modo adequado e inteligente.

"As pausas psicológicas são anárquicas. Enquanto as pausas lógicas estão sujeitas a leis fixas, as pausas psicológicas recusam qualquer tipo de restrição. Vocês podem usá-las antes ou depois de qualquer palavra, de qualquer parte da fala (substantivo, adjetivo, conjunção, advérbio etc.) ou parte de uma oração (sujeito, predicado, objeto etc.).

"Em todos os casos que mencionei, uma condição primordial deve ser respeitada: a pausa deve ser justificada. Nisso, vocês devem ser guiados pelas intenções do autor e do diretor e pelas suas próprias, na condição de criadores do subtexto.

"As pausas psicológicas passam por cima de todas as regras.

"Em sua ilegalidade, elas são como a lei arbitrária da 'justaposição', que não deixa nada de pé em seu caminho.

"Vou lhes dar alguns exemplos, para ilustrar sua anarquia.

"Aparentemente, não deveríamos dizer:

"'Esta (pausa) cadeira.'
"'Esta (pausa) mesa.'
"'Eu sou (pausa) um homem.'
"Principalmente, porque há uma regra que nos proíbe de separar essas palavras do que quer que elas definam.
"Mas as pausas psicológicas têm total liberdade e assim podemos dizer:
"'Esta (pausa psicológica, para indicar firmemente o objeto escolhido) cadeira.'
"'Esta (pausa psicológica para transmitir indecisão na escolha do objeto) mesa.'
"'Eu sou (pausa psicológica para expressar minha alegria perante os outros) um homem.'
"Eis outro exemplo de uma pausa psicológica arbitrária.
"Nós não deveríamos dizer:
"'Ele está deitado embaixo (pausa) da cama.'
"Mas a pausa psicológica justifica esse descanso e separa a preposição do substantivo.
"'Ele está deitado embaixo (pausa psicológica para expressar desespero e raiva por causa do comportamento de alguém embriagado) da cama.'
"Vocês podem colocar uma pausa psicológica antes ou depois de qualquer palavra que quiserem.
"As pausas psicológicas podem ser uma faca de dois gumes. Elas podem ser uma bênção ou uma maldição. Se forem equivocadas ou fracamente justificadas, elas têm um efeito inverso. Elas são uma distração, elas obstruem a expressão do pensamento e do sentimento importante e, em vez disso, geram confusão. Se vocês colocarem a pausa corretamente, isso não só ajuda a comunicar o pensamento, mas traz as palavras interiormente à vida.
"Não abusem das pausas lógicas ou das pausas psicológicas. Se vocês fizerem isso, a fala vai se tornar confusa e sobrecarregada. No entanto, essa é uma ocorrência comum no teatro. Os atores gostam de 'ficar representando' tudo, inclusive o silêncio. É por isso que eles estão preparados para transformar o menor intervalo em uma pausa psicológica.
"Smoliênski[16] aconselha que se lance mão de uma pausa psicológica somente quando esta coincidir com uma pausa lógica. Isso faria, segundo ele, que o número de descansos fosse reduzido.
"Acho que isso é válido até um certo ponto. Mas, se removermos por completo as pausas psicológicas, a fala se torna árida.
"Subestimar as pausas é tão prejudicial quanto superestimá-las. Precisamos delas, na medida que pudermos usá-las para organizar e vivificar a fala.

---

16. I. L. Smoliénski em *Manual de declamação. Sobre a acentuação lógica*, publicado em Odessa em 1907.

"As pausas lógicas e psicológicas podem ou não coincidir. O que vocês devem ter em mente é o seguinte: quando os atores têm muito a oferecer de dentro, as pausas lógicas revelam o subtexto tanto quanto as psicológicas. Elas se tornam psicológicas e passam a ter uma dupla função.

"Se elas desempenham esse duplo papel e revitalizam a fala, então essa metamorfose é bem-vinda.

"Mas se essa transformação for prejudicial para o significado, e a sentença tornar-se ininteligível e confusa, então ela não é bem-vinda.

"Muitas vezes, encontramos o oposto com atores que têm pouco em seu interior. Não somente suas pausas lógicas, mas também suas pausas psicológicas revelam uma escassez de subtexto. Sua fala é árida, formal, sem vida e sem cor – e isso, evidentemente, não é o que queremos.

"Existem momentos em que as pausas lógicas e psicológicas não coincidem, mas coexistem lado a lado. Muitas vezes, a pausa psicológica se sobrepõe e obscurece a pausa lógica, e então o significado sofre e começa a confusão. Isso também é indesejável.

"As pausas psicológicas devem ser colocadas quando são interiormente motivadas, mas não devem prejudicar a lógica e o sentido.

"Vocês sabem que as pausas lógicas são relativas em duração. Porém, as pausas psicológicas não estão sujeitas às restrições de tempo. Vocês podem estender consideravelmente um descanso silencioso, desde que, é claro, preencham-no com significado e dinamismo."

3.

– Em geral, quando as pessoas falam sobre "perspectiva", elas têm em mente as chamadas perspectivas lógicas. Aqui, em nosso próprio trabalho no teatro, nós usamos um conjunto bastante amplo de termos. Nós falamos sobre:

1) a perspectiva do pensamento a ser transmitido (a perspectiva lógica);
2) a perspectiva dos sentimentos a serem vivenciados; e
3) a perspectiva artística que habilmente desdobra as cores que iluminam a história, a narrativa ou a fala nos vários planos.

"Existem todos os tipos de técnicas para estabelecer essas perspectivas, com base em *inflexões* (uma subida ou descida no som), no destaque de palavras individuais, frases e sentenças (ênfase), em pausas que agrupam e dividem as partes individuais e nas combinações de andamento e ritmo.

"Vou começar com a perspectiva do pensamento a ser transmitido (a perspectiva lógica). A lógica e a sequência desempenham aqui o papel principal, desenvolvendo as ideias e estabelecendo as devidas proporções entre as partes do todo.

"Damos perspectiva às ideias enquanto elas se desenrolam por meio do uso de uma série de palavras destacadas e enfatizadas que conferem sentido à sentença.

"As ênfases têm qualidades variadas: forte, não tão forte, fraca, quase imperceptível, curta, nítida, leve, longa, pesada, de cima para baixo, de baixo para cima etc.

"A ênfase dá colorido a uma sentença inteira. Esse é um dos melhores meios para estabelecer os planos e as cores, tornando a peça tridimensional.

"'Nem é preciso dizer que o quadro geral da perspectiva lógica é completado pelas ênfases distributivas que... são sempre mais fracas do que as ênfases lógicas' (Smoliênski).

"Os variados graus de ênfase nas palavras destacadas são particularmente óbvios na música. Por exemplo, consideremos uma sentença da ópera *Borís Godunóv*, de Mussórgski (exemplo de Smoliênski):

"'Chame as pessoas para a festa, todos, do lorde ao mendigo humilde, que todos venham livremente, todos são convidados de honra.'

"O compositor intensifica gradualmente a ênfase na palavra repetida, 'todos', por meio da elevação do tom e do prolongamento das notas, o que também aumenta sua força.

"A arte de quem fala e de quem lê reside na distribuição bem-sucedida de todos os graus de ênfase ao longo da sentença, da fala, da cena, do ato, da peça ou do papel, e na sua colocação em perspectiva.

"Destacamos esta ou aquela sílaba em uma palavra, esta ou aquela palavra em uma sentença, esta ou aquela sentença de um pensamento completo, as seções-chave em narrativas longas, solilóquios e diálogos, os episódios-chave em uma cena longa, em um ato etc.

"Além de acentuar sílabas, nós, naturalmente, destacamos palavras e sentenças inteiras, pensamentos inteiros etc. Nós chegamos a uma cadeia de momentos enfatizados que diferem em força e em grau de destaque."

4.

.. .. 19..

Reuni toda a minha coragem e tentei contar a Tortsov tudo o que eu tinha passado nos últimos dias, desde a sua última aula.

— Tarde demais — disse ele, interrompendo. Voltando-se para os estudantes, ele explicou.

— Meu trabalho, no que diz respeito à fala, está feito. Não ensinei nada para vocês e essa nunca foi a minha intenção. Mas introduzi vocês em um estudo consciente de uma nova e importantíssima matéria.

"Por meio de pequenos experimentos práticos, fiz vocês entenderem que existem muitas técnicas para desenvolver a voz, o colorido, as inflexões, as formas de som, todos os tipos de ênfases, as pausas lógicas e psicológicas etc., que os atores devem ter e nas quais devem trabalhar se quiserem atender às exigências feitas às palavras e à fala no teatro.

"Eu já lhes disse tudo o que podia. O seu novo professor, Vladímir Sétchenov, vai, melhor do que eu, ensinar a vocês as 'leis da fala'."

Sétchenov emergiu da escuridão da plateia e Tortsov o apresentou a nós. Depois de algumas poucas palavras de boas-vindas, ele explicou que Vlad daria sua primeira aula após um breve intervalo.

Tortsov estava prestes a sair, mas eu o detive.

– Não vá! Por favor! Não vá embora sem nos dizer a coisa mais importante de todas!

Pácha me apoiou.

Tortsov ficou constrangido, corou, puxou-nos para um canto, nos repreendeu pela indelicadeza com o novo professor e, por fim, acrescentou:

– Qual é o problema? O que aconteceu?

– É terrível! Esqueci como falar! – engasguei com minhas próprias palavras enquanto tentava desabafar.

"Eu tentei arduamente aplicar as lições que você nos ensinou enquanto eu falava ou lia, mas eu me confundo tanto que não consigo nem juntar duas palavras. Coloco a ênfase, mas é como se ela estivesse rindo de mim. Ela não fica onde as regras dizem que deveria estar, mas pula para longe. Tento colocar as inflexões obrigatórias nos sinais de pontuação, mas a minha voz cria umas formas tão esquisitas que não consigo acreditar que esteja acontecendo. Começo a falar uma ideia e paro de pensar nela porque fiquei tão bitolado nas leis da fala que fico a sentença inteira tentando descobrir onde aplicá-las.

"Meus miolos estão em frangalhos e minha mente está em um turbilhão por causa de tudo isso!"

– Isso é porque você é impaciente – disse-me Tortsov. – Você não deve ter tanta pressa! Deve seguir o programa de estudos.

"Para dar um repouso à sua mente, eu teria de quebrar a sequência e adiantar o curso, o que confundiria todos os outros estudantes que não estão se queixando nem estão com pressa, como você."

Depois de um momento de reflexão, Tortsov nos convidou para ir à sua casa às nove horas daquela noite. Depois disso, ele saiu e Sétchenov começou sua aula.

Será que vale a pena anotar coisas que já foram publicadas no livro *A palavra expressiva*? É mais fácil comprá-lo. Decidi, portanto, não transcrever as aulas de Sétchenov.

20

Perspectiva do ator e do papel

.. .. 19..

Estávamos na casa de Tortsov por volta das nove da noite.

Contei-lhe quão ofendidos estávamos pela inspiração ter sido substituída pelo cálculo consciente por parte do ator.

– Sim, de fato... – disse Tortsov – uma parte de vocês está pendendo para a Supertarefa, a Ação Transversal, o Subtexto, as imagens mentais, o estado criativo, e a outra parte está preocupada com a sua psicotécnica e as Adaptações, como havia mostrado em aulas anteriores.

"Quando está interpretando, um ator divide-se em dois. Salvini disse: 'Quando estou atuando, vivo uma vida dupla, rio e choro e, ao mesmo tempo, analiso meu riso e minhas lágrimas, de modo que possam tocar os corações daqueles que desejo comover o mais profundamente'.

"Como podem ver, uma vida dupla não impede vocês de estarem inspirados. Pelo contrário! Uma ajuda a outra.

"Estamos também divididos em dois no mundo real. Mas isso não nos impede de viver ou sentir profundamente.

"Lembrem-se de que, no início, quando estava explicando as Tarefas e a Ação Transversal para vocês, eu falei de duas perspectivas, correndo paralelas uma à outra.

"Uma delas tem a ver com o papel.

"A outra tem a ver com o ator, com a sua vida no palco, com a sua psicotécnica como artista.

"O caminho, eu descrevi para vocês anteriormente, na aula de *psicotécnica*, a perspectiva do ator. Ela está próxima da perspectiva do papel. Ela é como uma pequena estrada paralela a uma rodovia. Mas existem momentos em que elas divergem por algum motivo que não tem nada a ver com a peça.

Felizmente, é para isso que serve a nossa psicotécnica, para nos atrair de volta para o caminho certo, assim como a estradinha sempre nos leva de volta para a rodovia."

Pedimos a Tortsov que explicasse com mais detalhes as duas perspectivas a que ele tinha se referido de passagem.

Ele não queria se desviar do nosso programa de estudos, dar um salto à frente e interromper sua sequência.

— A perspectiva do papel e a do ator ficam para o ano que vem, *O trabalho sobre um papel* — explicou ele.

Mas nós insistimos muito com todos os tipos de perguntas. Ele ficou bem eufórico, não percebendo que já estava falando sobre algo que ele ainda não queria discutir.

.. .. 19..

— Estive no teatro recentemente e assisti a uma peça em cinco atos — disse Tortsov na aula de hoje.

"No final do primeiro ato, sentia-me entusiasmado com a produção e a interpretação. As personagens eram vivas, os atores tinham calor e energia, eles tinham encontrado um estilo de atuar que me interessava. Segui o desenrolar da peça e as atuações com simpatia.

"Mas o segundo ato foi igual ao primeiro. Como resultado, meu interesse e o da plateia enfraqueceram. O terceiro ato foi a mesma coisa, só que ainda pior. As personagens não mudavam nem um pingo, havia o mesmo tipo de energia que a plateia já conhecia e o mesmo estilo de atuação que havia caído no clichê. Eram maçantes, sem cor e, por vezes, irritantes. No quinto ato, perdi o interesse. Parei de ver ou de ouvir e só conseguia pensar em uma coisa: como escapar com discrição.

"Como é que vamos explicar essa queda na produção e na atuação de uma boa peça?"

— Era monótona — comentei.

— Há uma semana, eu estava em um concerto. Havia a mesma "monotonia" na música. Uma boa orquestra estava tocando uma bela sinfonia. Ela terminou do jeito que começou, com quase nenhuma mudança no andamento, sempre no mesmo grau de volume, sem sutileza nenhuma. Era torturante para o público.

"Por que uma peça boa com um bom elenco e uma boa sinfonia com uma boa orquestra falham?

"Será que não era porque nem os atores, nem os músicos sabiam para onde estavam indo, porque não tinham uma linha, uma perspectiva?

"O que chamamos de 'perspectiva' é o planejamento, *a relação harmoniosa e o arranjo das partes da peça inteira e do papel*."

— A relação harmoniosa e o arranjo das partes... — Vánia tentou absorver as palavras.

— Isso significa o seguinte — disse Tortsov, para ajudá-lo. — Não dá para haver atuação, ação, movimento, pensamento, fala, palavras, sentimento etc. sem o tipo certo de perspectiva. A mais simples entrada ou saída, sentar-se em qualquer cena, a pronúncia de uma palavra, uma fala etc. devem estar alinhadas com um objetivo final (Supertarefa).

"Sem isso, não se pode sequer dizer 'sim' ou 'não'. As grandes ações físicas, a expressão de grandes pensamentos, a vivência de grandes sentimentos e paixões, que são compostos de muitas partes pequenas e, de fato, uma cena, um ato, uma peça, não podem ser realizados sem *uma perspectiva*, sem *um objetivo final* (*Supertarefa*).

"Podemos comparar a perspectiva na atuação com a perspectiva e os diferentes campos de profundidade na pintura. Também temos o primeiro plano, o plano médio, o plano de fundo etc.

"Na pintura, eles são transmitidos por meio das cores, da luz e das perspectivas de recuo e avanço; no palco, são transmitidos por meio de ações, atitudes, desenvolvimento de pensamentos, sentimentos, vivências, ação criativa (com a força correspondente), cor, andamento, clareza, definição, expressividade etc.

"Na pintura, o primeiro plano é mais nítido e mais colorido do que as coisas mais distantes.

"Na atuação, as cores mais ricas são colocadas não de acordo com a proximidade física ou a distância de uma ação, mas por causa de sua importância em relação à totalidade da peça.

"Algumas Tarefas, desejos e pensamentos mais importantes são colocados em primeiro plano e são fundamentais, enquanto outros, médios e pequenos, são subordinados, secundários e mantidos no plano de fundo.

"Somente quando um ator pensou, analisou e viveu o papel inteiro, e uma ampla, distanciada, clara, colorida e atraente perspectiva se abriu diante dele, é que a sua atuação, por assim dizer, adquire uma visão de longo prazo, e não de curto prazo, como anteriormente. Então, ele consegue interpretar não somente tarefas individuais e falar não apenas frases individuais, mas pensamentos e trechos inteiros.

"Quando lemos um novo livro, sua perspectiva global nos escapa. Só conseguimos ver as ações, palavras e sentenças imediatas. Esse tipo de leitura é artística ou correta? É claro que não.

"Quando um ator está interpretando um papel que ele não estudou ou analisou adequadamente, é como alguém lendo um livro difícil com o qual está pouco familiarizado.

"Atores desse tipo não conseguem ver a perspectiva do trabalho de forma clara. Eles não compreendem basicamente para onde devem ir com a personagem que estão interpretando. Muitas vezes, quando interpretam uma cena específica, eles não sabem o que está oculto em um futuro sombrio. Como resultado, o ator só pensa na Tarefa imediata, na ação, no sentimento e no pensamento imediatos. Isso faz que ele, em qualquer momento determinado, pense simplesmente na Tarefa, na ação, no sentimento ou no pensamento imediatos, sem relação com o todo e com a perspectiva que a peça abre.

"Por exemplo, alguns atores que interpretam Luká, em *A ralé*, nem se preocupam em ler o último ato porque não aparecem nele. Como resultado, não têm a perspectiva correta e não conseguem interpretar seu papel. O começo depende do fim. O último ato é o resultado da fala do velho. O ator que interpreta Luká deve ter sempre em vista o final da peça e levar os outros atores, que ele influencia, em direção a ele.

"Em outras ocasiões, um ator que esteja interpretando Otelo e que não tenha estudado adequadamente seu papel já está revirando os olhos e arreganhando os dentes no primeiro ato, prenunciando o assassinato do quinto ato.

"Mas Salvini era muito mais cuidadoso ao preparar seus papéis. Em *Otelo*, por exemplo, ele sempre tinha uma perspectiva da peça, da paixão juvenil na primeira cena até final, com o ódio sem limites de um marido ciumento e o assassinato. Ele planejava sentimentos para toda a peça, momento a momento, com precisão matemática e uma lógica inexorável.

"Esse grande ator conseguia fazer isso porque estava sempre consciente da perspectiva e não tinha apenas uma, mas duas perspectivas para seguir."

– Duas perspectivas? Quais? – perguntei. Eu estava aturdido.

– *A do papel e a sua própria.*

– Qual é a diferença entre elas?

– A personagem não sabe nada sobre a perspectiva ou sobre seu futuro, ao passo que o artista deve sempre ter em mente a perspectiva.

– Como é possível esquecer o futuro quando você representou uma centena de vezes?

– Não é possível nem pode ser – explicou Torsov. – Embora a personagem não deva saber nada sobre o seu futuro, tem de haver uma perspectiva do papel, para que, em qualquer momento determinado, o estado de espírito presente possa ser mais bem entendido e apreciado, de modo que você possa se entregar totalmente a ele.

"Digamos que vocês estejam representando Hamlet, um dos papéis mais complexos psicologicamente. Nele encontramos a perplexidade quando confrontado com o súbito amor de uma mãe que 'antes que os sapatos estivessem gastos' tinha conseguido esquecer seu marido. Existe a experiência sobrenatural de um homem que tem um vislumbre momentâneo da vida no além, onde seu pai está atormentado. Quando Hamlet começa a aprender os segredos do futuro, o mundo real perde todo o significado que tinha antes. Nós também temos o desejo de compreender e a consciência da missão impossível que é necessária para salvar seu pai na outra vida. O papel exige um sentimento filial por sua mãe, o amor por uma jovem, o rompimento com ela, sua morte, um sentimento de tristeza e terror no momento da morte de sua mãe, o assassinato, e sua própria morte, depois de cumprir seu dever. Tentem misturar todos esses sentimentos em um só, sem nenhum tipo de ordem, e imaginem que resultado embaralhado vocês terão.

"Mas se vocês colocarem todas essas vivências em uma perspectiva lógica, sistematicamente, assim como exige a complexidade psicológica da personagem, com seu desenvolvimento cada vez mais complexo do começo ao fim da peça, então vocês chegarão a uma estrutura firme, a uma linha harmoniosa na qual o papel preponderante será interpretado por todas as partes dependentes na tragédia de uma grande alma, à medida que ela se torna cada vez mais profunda.

"Será que vocês poderiam representar qualquer momento, em tal papel, sem dar a ele *perspectiva*? Se vocês não transmitirem adequadamente, no início da peça, sua perturbação e incompreensão diante da visão de sua mãe frívola, então a famosa cena com ela não estará suficientemente preparada. Se ele não estiver suficientemente abalado pelo seu conhecimento da vida após a morte, então a impossibilidade de sua missão terrena, suas dúvidas, sua busca urgente pelo sentido da vida, o rompimento com sua amada e seu estranho comportamento seriam incompreensíveis.

"Vocês sabiam, pelo que eu disse, que, quanto mais cautelosamente o ator que interpreta Hamlet representar as cenas de abertura, mais fortes serão as paixões exigidas dele, à medida que elas se desenvolvem ao longo da peça?

"No nosso jargão particular, chamamos esse tipo de interpretação de *atuação com perspectiva*.

"Então, quando desenvolvemos um papel, precisamos ter em mente *duas perspectivas, uma pertencente ao papel e a outra ao próprio ator*. Hamlet não deve conhecer o seu destino nem o final de sua vida, mas o ator deve ver toda a perspectiva o tempo todo, caso contrário ele não será capaz de ordenar, colorir, matizar e moldar as diferentes partes.

"O futuro de um papel é sua Supertarefa. As personagens na peça precisam trabalhar nessa direção. Não há nenhum mal se, por um momento, o ator se lembra de toda a perspectiva de seu papel. Isso só reforça o significado de cada Corte imediato, assim como ele o vivencia, e faz que o ator se concentre mais fortemente nesse Corte.

"Entretanto, ambas as perspectivas devem pensar constantemente no futuro."

— Eu gostaria de aprender com exemplos das duas — persisti.

— Muito bem. Vamos começar com o papel. Vamos supor que você e Pácha estão representando a cena entre Otelo e Iago. É importante que você se lembre de como o mouro chegou a Chipre, onde uniu-se para sempre com Desdêmona, e que você vivenciou o momento mais feliz de sua vida, a sua lua de mel.

"Onde mais você encontraria o estado de espírito alegre que precisa para o início da cena? Isso é ainda mais importante pelo fato de que existem poucos momentos brilhantes na peça. Também é importante que você se lembre de que, com essa cena, o período mais feliz de sua vida começa a se tornar sombrio e que você precisa mostrar isso gradual e nitidamente. Deve haver um contraste marcante entre o presente e o futuro. Quanto mais brilhante o primeiro, mais sombrio o último.

"Só depois de uma rápida olhadela para o passado e para o futuro do papel é que você pode calcular seus Cortes sucessivos. Quanto mais consciência você tiver do seu significado dentro da peça como um todo, mais será capaz de concentrar todo o seu ser nela.

"É por isso que vocês precisam ter uma perspectiva sobre o papel" — disse Tortsov, para concluir.

— E por que precisamos do segundo tipo de perspectiva, a do ator? — perguntei.

— Nós precisamos *da perspectiva do ator, da perspectiva do ser humano interpretando o papel*, de modo que, a qualquer momento determinado, continuemos a pensar no futuro, ponhamos em ordem todas as nossas forças criativas internas e meios exteriores de expressão, para que possamos ordená-los de maneira adequada e ver o valor da matéria-prima com alguma inteligência. Por exemplo, na cena de Otelo com Iago, o ciúme infiltra-se na sua mente e lentamente se transforma em dúvida.

"E assim o artista tem de lembrar que ele deve representar muitos momentos similares e sempre ascendentes de paixão até o fim da peça. É perigoso interpretar a primeira cena com muita intensidade, não se contendo com relação ao ciúme crescente. Desperdiçar energia mental estraga todo o plano para o papel. Precisamos ser econômicos e comedidos, e nunca esquecer o clímax da peça. A emoção artística é medida em gramas, e não em quilos.

"Tudo o que eu disse se aplica igualmente à voz, à dicção, ao movimento, à expressão facial, à energia e ao *tempo*-ritmo. Aqui também é perigoso dar tudo de uma vez, desperdiçar. Precisamos ser econômicos, ter senso verdadeiro de nossa força física e de nossos meios de expressão.

"Para manter todos sob controle, precisamos da nossa própria perspectiva, assim como fazemos com as nossas forças interiores.

"Não podemos esquecer, também, uma das qualidades mais importantes da perspectiva na atuação. Ela dá às nossas vivências lugar, espaço, verve e ímpeto.

"Considerem o seguinte: vocês estão participando de uma corrida que não é direta, mas em etapas, com paradas a cada vinte passos. Então, vocês nunca vão acumular o ímpeto que é tão importante para correr.

"É a mesma coisa conosco. Se pararmos depois de cada Corte e começarmos de novo com outro, os nossos esforços, desejos e ações nunca acumularão esse ímpeto. E precisamos dele, porque ele aciona a nossa vontade, nossos sentimentos, nossas ideias, nossa imaginação etc. Vocês não podem ganhar velocidade em áreas fechadas. Vocês precisam de espaço, perspectiva, distanciamento e uma meta que atraia vocês para ela.

"Agora que vocês têm mais um novo conhecimento, *a perspectiva da peça e do papel*, digam-me: isso não faz vocês se lembrarem de alguma coisa que já conhecem – a *Ação Transversal*?

"É claro que a perspectiva não é a Ação Transversal, mas elas estão muito próximas. Ela a auxilia de perto. Ela é o caminho, a perspectiva que a Ação Transversal segue ao longo de a peça.

"Por fim, gostaria de observar que demorei a falar sobre a *perspectiva* porque só agora vocês conhecem a necessidade da *Supertarefa* e da *Ação Transversal*.

"*Elas contêm as principais ideias de atuação e arte, contêm o 'sistema' completo.*"

21

Tempo-ritmo

.. .. 19..

Hoje, na plateia do teatro da escola, havia uma placa:

TEMPO-RITMO INTERNO E EXTERNO

Ela indicava que havíamos chegado a uma nova fase do nosso programa.
— Eu deveria ter falado sobre o *Tempo-ritmo* interno muito antes, quando estávamos estudando como atingir o *estado criativo na atuação*, pois o Tempo-ritmo interno é um de seus principais traços — explicou hoje Tortsov.

"Mas eu me contive, a fim de facilitar o trabalho de hoje.

"É muito mais conveniente falar sobre o *Tempo-ritmo* interno no momento em que tratamos também do Tempo-ritmo *externo*, pois ele é observável em ações físicas. Nesse momento, ele pode ser visto; assim como pode ser sentido, um pouco como as vivências internas que não são visíveis aos olhos. Não disse nada sobre o *Tempo-ritmo* antes porque ele estava invisível, mas agora falo dele porque estamos discutindo o Tempo-ritmo *externo, visível*.

"Tempo é o grau em que valores de comprimento iguais, combinados e simples, seguem-se uns aos outros em qualquer compasso de tempo dado.

"Ritmo é a relação quantitativa de valores de comprimento ativos e combinados em qualquer *tempo* ou compasso de tempo dados.

"*Compasso de tempo* é a repetição (ou repetição presumida) de um grupo de valores de comprimento combinados, marcados por uma ênfase simples (comprimento do movimento fônico)" — leu Tortsov nas notas que Rakhmánov lhe entregou. — "Vocês entenderam?" — perguntou ele.

Totalmente constrangidos, admitimos que não havíamos entendido uma palavra.

— Sem querer falar mal das definições científicas — continuou Tortsov —, penso que, no momento, elas não têm muita utilidade prática para vocês, porque vocês ainda não têm experiência pessoal da importância e do efeito do Tempo-ritmo no palco.

"Essas definições complicam a abordagem do Tempo-ritmo. Elas impedem que vocês o apreciem com facilidade, livremente, de maneira despreocupada, e se divirtam com ele como se fosse um brinquedo. E é exatamente dessa atitude brincalhona que nós necessitamos, especialmente, em nossos primeiros passos, logo no início.

"Seria prejudicial para vocês se tentássemos extrair o Tempo-ritmo de dentro de vocês ou fazê-los franzirem as sobrancelhas e calcularem todas as suas complexas combinações, como um problema matemático alucinante.

"Então, deixemos de lado as definições científicas e, simplesmente, brinquemos com o ritmo.

"Como podem ver, eu trouxe alguns brinquedos para vocês usarem. Vou entregá-los agora a Rakhmánov. Essa é a área dele."

Tortsov foi para o fundo da plateia com seu secretário, e Rakhmánov dispôs por todo o palco, como se fossem sentinelas, os metrônomos que haviam sido trazidos por um servente. Ele colocou o maior deles no meio da mesa redonda. Três máquinas menores foram postas em mesas menores nas proximidades. Ele colocou o metrônomo maior para funcionar. Seu tique-taque era claro (número 10 na escala).

— Ouçam todos! — disse Rakhmánov, voltando-se para nós.

"Agora, este grande metrônomo fará tique-taque devagar" — explicou ele.

"Aqui está como ele trabalha devagar: um... um... *andante quasi andantissimo*.

"O número dez é uma personagem e tanto.

"Se diminuirmos o peso do pêndulo, obteremos um *andante* simples, que é um pouco mais rápido do que o *quasi andantissimo*.

"É mais rápido, sim, mas apenas uma fração! Ouçam: um... um... um.

"Mas, se empurrarmos o peso mais para baixo... fica assim: umumum... Este é mais rápido, é um *allegro*.

"E este é o *presto*.

"E agora o *presto-prestissimo*.

"Todos esses termos são indicações de *velocidade*. O número de velocidades diferentes é igual ao número de marcas no metrônomo.

"Que geringonça inteligente!"

Então, Rakhmánov tocou uma sineta marcando dois, depois três, depois quatro, cinco, seis tique-taques do metrônomo.

— Um............... dois...............

Um toque.

— Um............... dois...............

Um toque, e Rakhmánov demonstrava o compasso binário.

– Ou: um... dois... três... Toque. Um... dois... três... Toque. Este é o compasso ternário.

– Ou: um... dois... três... quatro... Toque. E assim por diante. Este é um compasso quaternário – explicou Rakhmánov, entusiasmado.

Depois disso, ele pôs o primeiro metrônomo pequeno para funcionar e fez que seu tique-taque ficasse duas vezes mais rápido do que o do metrônomo grande – dois tique-taques breves para um longo.

Ele pôs o segundo metrônomo pequeno para funcionar quatro vezes mais rápido, e o terceiro, oito vezes mais rápido do que o grande – quatro e oito tique-taques breves para um longo.

– É uma pena que não tenhamos um quarto e um quinto metrônomos pequenos. Eu gostaria de poder fazê-los soar dezesseis e 32 vezes mais rápido! Isso seria realmente uma coisa e tanto! – disse Rakhmánov, suspirando.

Mas ele logo se animou porque Tortsov voltou, com Pácha, e os dois fizeram o papel dos dois metrônomos que faltavam, marcando os dezesseis e os 32 tique-taques na mesa com suas chaves.

O tique-taque dos metrônomos e o bater das chaves coincidiam sempre que a sineta marcava o início de um compasso. No resto do tempo, os tique-taques e as batidas eram todos desencontrados e só se juntavam quando a sineta tocava.

Havia toda uma orquestra de tique-taques e batidas. Era difícil entender essa miscelânea confusa. Nossas cabeças giravam.

Mas, quando todas as batidas coincidiam, havia um momento de harmonia na desordem geral, e isso trazia uma satisfação momentânea.

A confusão era aumentada pela mistura de compassos de tempo regulares e irregulares: dois, quatro, oito tempos e três, seis, nove para um compasso. O resultado foi uma subdivisão e uma confusão ainda maiores, um caos inacreditável, que Tortsov simplesmente adorou.

– Ouçam essa confusão e, no entanto, a ordem, a harmonia desse caos ordenado. Isso é criado pelo mago, o Tempo-ritmo. Vamos investigar esse maravilhoso fenômeno e examinar cada uma de suas partes componentes.

"Aqui temos o andamento" – disse Tortsov, apontando para o metrônomo grande. – "Sua função é quase totalmente mecânica e *pedantemente regular*.

"*Andamento* é rapidez ou lentidão. Ele pode abreviar ou estender uma ação, encurtar ou alongar a fala.

"Realizar uma ação e falar uma palavra exigem tempo.

"Acelerem o andamento e haverá menos tempo para as duas coisas. Isso quer dizer que terei de agir ou falar com mais rapidez.

"Diminuam o andamento e terão mais tempo para agir e falar e, assim, maior oportunidade para fazer e dizer aquilo que é importante.

"Aqui está o compasso" – Tortsov apontou para a sineta que Rakhmánov havia tocado. – "Ele funciona em completa coordenação com o metrônomo grande e com a mesma precisão mecânica.

"O compasso é a *escala de tempo*. Mas existem diferentes tipos de compassos. Sua duração depende do *tempo* e da velocidade. Se é assim, isso quer dizer que nós também temos diferentes escalas de tempo.

"O compasso é um conceito convencional, relativo. Ele não é a mesma coisa que uma jarda, com a qual medimos uma extensão no espaço.

"Uma jarda é constante e invariável, mas os compassos, que medem o tempo, são diferentes.

"O compasso não é uma entidade, como uma jarda.

"*Compasso é o mesmo que tempo.*

"*Tempo é medido por tempo.*

"O que todos esses metrônomos menores representam? O que eu e Pácha, tamborilando as frações perdidas, representamos?

"Todos nós criamos ritmo.

"Os metrônomos pequenos dividem os períodos de tempo, chamados de compassos, em frações de diferentes tamanhos.

"Nós os combinamos de infinitas maneiras e criamos um *infinito número de ritmos possíveis* dentro da mesma duração de compasso.

"O mesmo vale para a atuação. As ações e as falas se movem através do tempo. Devemos preencher o tempo com uma ampla variedade de movimentos, entremeados de momentos de repouso. Quando falamos, preenchemos o tempo com momentos de elocução, que têm intervalos intercalados entre eles.

"Eis aqui algumas fórmulas muito simples, combinações para um compasso:

$1/4 + 2/8 + 4/16 + 8/32 + 1$ compasso em $4/4$.

"Ou outra combinação, em compasso ternário:

$4/16 + 1/4 + 2/8 + 1$ compasso em $3/4$.

"Desse modo, o ritmo é uma combinação de momentos de todas as durações possíveis que divide o tempo, que chamamos de compasso, em uma variedade de partes. Vocês podem criar inúmeras combinações e agrupamentos com ele. Se ouvirem com atenção os ritmos e tique-taques caóticos dos metrônomos, poderão muito bem descobrir todas as frações de que podem precisar para combinar e agrupar ritmos, e para obter as fórmulas mais diversas e complexas.

"Vocês terão de descobrir, separar e depois agrupar em sua própria perspectiva pessoal, no que se refere aos andamentos, compassos de fala, movimento e vivência, todas as ações e palavras para o papel que estiverem interpretando, em meio aos caóticos *Tempo*-ritmos do palco.

"Aprendam a escolher o seu próprio ritmo no palco, em meio ao caos criado por diferentes andamentos e compassos de tempo."

.. .. 19..

– Hoje vamos brincar novamente com o *Tempo*-ritmo – disse Tortsov ao entrar.

"Vamos bater palmas, como crianças. Vocês verão que isso também pode ser divertido para os adultos."

Tortsov começou com o metrônomo em um tique-taque muito lento.

– Um... Dois... Três... Quatro.

E mais uma vez:

– Um... Dois... Três... Quatro...

E ainda outra vez:

– Um... Dois... Três... Quatro...

E assim por diante, *ad infinitum*.

Por um ou dois minutos, batemos palmas na primeira batida.

Batemos palmas em uníssono em "um".

Mas essa brincadeira não foi nada divertida. Ela nos deixou com sono. Ela fez que nos sentíssemos entediados, embotados e indolentes, por causa da regularidade da batida. No início, batíamos palmas com energia e ruidosamente, mas quanto mais o nosso ânimo diminuía, mas baixas ficavam as palmas, e se podia ver em nossos rostos uma crescente expressão de tédio.

– Um... Dois... Três... Quatro...

E mais uma vez:

– Um... Dois... Três... Quatro...

E novamente:

– Um... Dois... Três... Quatro...

Estávamos praticamente adormecidos.

– Vocês não parecem estar se divertindo muito. Mais um pouco e vocês vão começar a roncar – comentou Tortsov, e rapidamente mudou a brincadeira.

– Vamos manter o mesmo *tempo* lento, mas acrescentaremos dois acentos em cada compasso, para despertá-los. Batam palmas duas vezes, em "três" e em "um". Assim:

"Um... Dois... Três... Quatro."

E novamente.

– Um... Dois... Três... Quatro.

E ainda outra vez:

– Um... Dois... Três... Quatro.

E assim por diante, *ad infinitum*.

Ficou um pouco mais animado, mas ainda estava longe de ser divertido.

– Se isso não funcionar, acentuem então todas as quatro batidas no mesmo *tempo* lento – resolveu Tortsov:

"Um... *Dois*... Três... *Quatro*."

Acordamos um pouco e, ainda que não estivéssemos nos divertindo, nos sentíamos um pouco mais animados.

– Agora – disse Tortsov –, façam duas colcheias para cada semínima com a ênfase na primeira colcheia de cada par, dessa forma:

"Um-um, *Dois*-dois, *Três*-três, *Quatro*-quatro."

Isso nos animou. As palmas ficaram mais claras e mais altas, e nossos rostos pareciam mais enérgicos e mais contentes.

Continuamos assim por alguns minutos.

Quando Tortsov passou para as semicolcheias e as fusas, ainda com a ênfase na primeira contagem de cada semínima, toda a nossa energia voltou.

Mas ele não parou por aí. Foi aumentando a velocidade do metrônomo gradualmente.

Logo fomos ficando para trás. Isso nos eletrizou.

Queríamos acompanhar as batidas, no *tempo* e no ritmo. Começamos a suar e nossos rostos ficaram vermelhos, batíamos palmas como loucos, usando pernas, corpo e boca, grunhidos para nos ajudar. Os músculos dos nossos braços estavam cansados e com cãibras. Mas estávamos felizes. Estávamos até nos divertindo.

– Muito bem! Estão brincando felizes? Estão se divertindo? – riu Tortsov. – Vejam como eu sou um mago! Não apenas posso controlar os seus músculos, mas os seus sentimentos, assim como o seu estado de espírito! Primeiro consigo botar vocês para dormir e, depois, levá-los a um frenesi e fazê-los suar em baldes – brincou.

"Mas eu não sou um mago. É o *Tempo*-ritmo que tem a mágica e é capaz de afetar o estado de espírito interno de vocês" – resumiu Tortsov.

– Acho que a conclusão a que você chegou vem de um mal-entendido – argumentou Grícha. – Olha só, perdoe-me, mas nós nos animamos ao batermos palmas não por causa do *Tempo*-ritmo, mas porque precisávamos de dez vezes mais energia para acompanhar os tique-taques. Quando o tempo está muito frio e um vigia noturno bate seus pés no chão e suas mãos no peito, é a força dos seus movimentos que o aquece, e não o *Tempo*-ritmo.

Tortsov não parou para discutir, mas sugeriu outro experimento:

— Darei a vocês um compasso com tempo 4/4 em que há uma mínima, igual a duas semínimas, depois um intervalo de semínima e, por fim, uma semínima, o que dá 4/4, ou seja, um compasso inteiro.

"Batam palmas assim, enfatizando a mínima inicial:

"Um... Dois... hm... Quatro.

"Um... *Dois*... hm... Quatro.

"Um... Dois... hm... Quatro.

"Estou usando 'hm' para representar o intervalo da semínima. A semínima final tem uma ênfase lenta sustentada."

Batemos palmas por um longo tempo e tivemos de admitir que o resultado foi um estado de espírito bastante solene, tranquilo e prolongado.

Então, Tortsov repetiu o experimento, substituindo a semínima final por um intervalo de colcheia e uma colcheia, assim:

— Um-dois (mínima), hm (intervalo de semínima), hm (intervalo de colcheia) e 1/8.

"Um... Dois... hm, hm, 1/8, Um... Dois... hm, hm, 1/8...

"Vocês notaram que a última nota parece atrasada e parece quase deslizar para o compasso seguinte? Ao quebrar a barra do compasso, ela perturba a mínima seguinte, calma e sóbria, que se encolhe como uma mulher nervosa."

Até mesmo Grícha teve de concordar que aquele estado de espírito calmo e respeitável havia sido alterado por uma perturbação que não acontecia realmente, mas que estava subentendida. A mínima foi então substituída por duas semínimas, que depois foram trocadas por colcheias, com intervalos, e depois por semicolcheias, de forma que a sensação de calma foi desaparecendo gradualmente e sendo substituída por uma sensação de mal-estar e nervosismo.

Repetimos o exercício, acrescentando a síncope, o que aumentou a sensação de perturbação.

Então, batemos palmas em grupos de dois, três e quatro. Isso produziu uma sensação sempre crescente de alarme. Repetimos o experimento em um *tempo* rápido e depois muito rápido. Isso resultou em novos estados de espírito e novas reações.

Variamos o método, o estilo e a natureza das palmas. Em alguns momentos, elas eram abundantes e sólidas; em outros, acentuadas ou em *staccato*, leves ou pesadas, ruidosas ou suaves.

As variações de *tempo* e ritmos produziam uma ampla diversidade de estados de espírito: *andante maestoso, andante largo, allegro vivo, allegretto, allegro vivace.*

Nossos experimentos foram numerosos demais para serem contados, mas nos convenceram de que, embora o uso do ritmo não seja realmente capaz de induzir ao alarme e ao pânico, é possível ter uma ideia daquilo que eles são emocionalmente.

Quando terminamos, Tortsov voltou-se para Grícha e disse:

— Espero que você não nos compare ao vigia noturno que está congelando no gelo e na neve, mas reconheça que é o *Tempo-ritmo*, e não uma ação enquanto tal, que tem um *efeito direto e imediato* sobre nós.

Grícha não respondeu, e nós todos apoiamos o que Tortsov havia dito.

— Só me resta parabenizá-los por terem feito uma "descoberta" extremamente importante, algo que todo mundo sabe, mas que os atores sempre esquecem, ou seja: que no que quer que você faça, a métrica adequada em sílabas, palavras e fala e o movimento e os ritmos precisos, são essenciais para o processo de vivência.

"Não se esqueçam de que o *Tempo-ritmo* é uma faca de dois gumes. Ele pode ser útil ou prejudicial na mesma medida.

"Escolham o *Tempo-ritmo* adequado, e os sentimentos e vivências surgirão naturalmente. Mas se o *Tempo-ritmo* estiver errado, sentimentos e vivências inadequados surgirão exatamente da mesma maneira e na mesma passagem, e vocês não serão capazes de consertar as coisas até que tenham substituído o *Tempo-ritmo* errado."

.. .. 19..

Hoje, Tortsov elaborou um novo jogo para nós.

— Você prestou o serviço militar? — perguntou ele a Lev, de repente.

— Sim — foi a resposta.

— Você aprendeu a se portar como um soldado?

— É claro.

— E você pode se lembrar de como se sentia?

— Espero que sim.

— Então lembre como era.

— Terei de me preparar para isso.

Tortsov continuou sentado, mas começou a batucar uma marcha militar com os pés. Pácha seguiu seu exemplo, Vánia, Mária e todos nós nos juntamos a eles. Tudo à nossa volta começou a pulsar na batida da marcha.

Era como se houvesse um regimento inteiro passando pela sala. Para intensificar a ilusão, Tortsov começou a bater na mesa, de modo rítmico, imitando o rataplã de um tambor.

Fizemos o mesmo. Havia agora uma orquestra inteira. As batidas claras e exatas de nossos pés e mãos fizeram que nos endireitássemos. Tínhamos a sensação de estar em um treinamento militar.

Tortsov havia conseguido o que queria instantaneamente, graças ao *Tempo-ritmo*.

Depois de uma breve pausa, ele explicou:
— Agora vou batucar algo solene, não uma marcha.
Tum-tum, tum-tum, tumtumtum, tum tum, tum, tum-tum.
— Eu sei o que é! Adivinhei! — gritou Vánia, o mais alto que pôde. — É um jogo. Alguém batuca um ritmo e alguém tem de adivinhar o que é. Se não adivinharem, terão de pagar uma multa.

Dessa vez não adivinhamos o ritmo em si, mas apenas o seu estado de espírito geral. Na primeira vez, ele havia batucado uma marcha militar; na segunda, algo solene (que depois descobrimos ser o Coro dos peregrinos de *Tannhäuser*). Tortsov, então, passou para o experimento seguinte.

Mas, dessa vez, não conseguimos definir o que ele estava batucando. Era algo animado, confuso, premente. Na verdade, ele estava apresentando o barulho de um trem expresso.

Vánia, que estava perto de mim, tamborilou algo romântico para Mária, e depois algo arrebatado.
— O que é isso? Ouçam: tum-tata tumtata-ta-ta.
— Oh! Excelente!
— Não estou entendendo nada, meu querido, absolutamente nada. Você está tamborilando à toa!
— Mas eu sei o que é. Palavra de honra. Estou batucando amor e ciúme. Tum-ta-taaa! Agora, pague a sua multa.

Nesse meio-tempo, tamborilei o estado de espírito que tenho quando chego em casa. Tinha a imagem clara de entrar na sala, lavar minhas mãos, tirar meu casaco, deitar no sofá e começar a pensar no *Tempo*-ritmo. Aí vinha meu gato e se deitava ao meu lado. Paz e quietude.

Pensei que estivesse transmitindo essa imagem de felicidade doméstica por meio do *tempo* e do ritmo, mas ninguém me entendeu de jeito nenhum. Pácha detectou o descanso eterno, e Igor lembrou-se de *Marlborough s'en va-t-en guerre*[1].

Não haveria maneira de contar todas as outras coisas que batucamos — entre outras, uma tempestade no mar ou nas montanhas, vento, granizo, trovão e relâmpagos, sinos noturnos, sinos de alarme, um incêndio em um vilarejo, patos grasnando, torneiras pingando, ratos roendo, dor de cabeça, dor de dente, aflição e êxtase. Batucamos e martelamos como se estivéssemos na cozinha, fazendo almôndegas. Se alguém tivesse entrado ali, teria pensado que estávamos bêbados ou loucos.

Alguns dos estudantes bateram palmas até que as suas mãos ficaram tão doloridas que eles tiveram de transmitir suas vivências e imagens mentais movendo as mãos como maestros. Isso se mostrou muito mais adequado e, logo, todos estavam fazendo o mesmo. Depois disso, reger tornou-se "legal".

....
1. Famosa canção popular francesa do século XVIII.

Mas ninguém conseguiu adivinhar de fato o que representavam as batidas. O *Tempo*-ritmo de Tortsov era um óbvio fiasco.

— Bem, vocês estão convencidos do poder do *Tempo*-ritmo? — perguntou Tortsov, com um olhar triunfante.

Sua pergunta nos deixou estupefatos, pois estávamos para lhe dizer exatamente o contrário:

— E o seu famoso *Tempo*-ritmo? Por mais que batucássemos, ninguém estava entendendo nada.

Expressamos nosso espanto para Tortsov em termos um pouco mais moderados, e ele respondeu:

— Vocês querem dizer que estavam marcando ritmos para os outros, e não para si mesmos? O exercício que dei foi para os executores, não para os observadores. Eu queria que o *Tempo*-ritmo tomasse conta de vocês e que a marcação das batidas estimulasse a sua Memória Emotiva e envolvesse outras pessoas. E, para envolver os outros, vocês precisam primeiro envolver a si mesmos. Os ouvintes percebem o estado de espírito geral do seu ritmo, e isso é muito importante quando se está tentando influenciá-los.

— Como vocês podem ver, mesmo Grícha não nega que o *Tempo*-ritmo influencia os sentimentos.

Grícha, no entanto, negou isso:

— Não foi o *Tempo*-ritmo, mas as Circunstâncias Dadas que nos afetaram hoje — argumentou.

— E o que as produziu?

— O *Tempo*-ritmo — gritamos todos, refutando Grícha.

.. .. 19..

Tortsov é inexaurível. Hoje ele pensou em outro jogo:

— Rápido, sem pensar, mostrem-me o *Tempo*-ritmo de um viajante que ouve o primeiro sinal que anuncia a partida de um trem de longa distância.

Vi a bilheteria em um canto da estação, uma longa fila de pessoas e um guichê que ainda estava fechado.

E, então, ele se abriu. Seguiu-se um avanço longo e maçante, passo a passo, e então a compra da passagem.

Depois visualizei outra bilheteria, com preços escritos nela, bagagens empilhadas no balcão e outra longa fila que se movia lentamente. Era preciso fazer recibos e realizar pagamentos. Então havia a entediante questão da minha bagagem de mão. Entre uma coisa e outra, olhei de relance para os jornais e revistas no quiosque. Depois fui, apressado, à lanchonete para comer alguma coisa. Encontrei meu trem, meu vagão e meu assento, guardei minhas coisas e dei uma olhada nos meus companheiros de viagem. Abri meu jornal e comecei a ler etc. Como o segundo sinal não havia tocado, tive de introduzir novas Circunstâncias Dadas. Eu havia perdido alguma coisa e precisava comunicar esse fato. Tortsov continuava sem dizer nada. Então, tive de me imaginar comprando cigarros, enviando um telegrama, procurando por pessoas conhecidas no trem etc. etc. Assim, criei uma série longa e ininterrupta de Tarefas que eu realizava tranquilamente, sem pressa, pois ainda faltava muito tempo para o trem partir.

— Agora, façam tudo isso de novo, só que desta vez vocês só chegarão a tempo de ouvir o segundo sinal — ordenou Tortsov. — Vocês não terão mais quinze minutos até o trem partir, como antes, mas muito menos tempo; então, deverão fazer tudo o que tiverem de fazer em cinco minutos, e não em quinze. E, para azar de vocês, a estação está lotada. Façam a regência desse novo Tempo-ritmo para mim.

Isso era suficiente para acelerar o coração de qualquer um, especialmente o meu. Sempre viajo em um estado de nervosismo total (*Reisefieber*). Meu Tempo-ritmo refletiu tudo isso. Ele não era mais regular, mas brusco e apressado.

— Outra mudança — disse Tortsov, após uma breve pausa. — Vocês chegaram pouco antes do terceiro sinal, e não do segundo.

Para aumentar a tensão, ele imitou o retinir do sinal usando um abajur de metal. Não tínhamos mais cinco minutos para tudo o que precisávamos fazer, mas apenas um minuto. Só tínhamos tempo para pensar no essencial e esquecer o resto. Estávamos tão agitados que mal conseguíamos parar quietos em nossos assentos. Nossas mãos estavam desajeitadas demais para fazer as batidas do nosso Tempo-ritmo interno.

Quando o experimento terminou, Tortsov explicou que a intenção do exercício era demonstrar que o Tempo-ritmo não pode ser evocado ou usado sem que se criem as imagens mentais ou as Circunstâncias Dadas que o acompanham ou sem que sintamos nossas Tarefas e ações. As duas coisas estão tão estreitamente ligadas que uma produz a outra, ou seja, as Circunstâncias Dadas evocam o Tempo-ritmo e o Tempo-ritmo nos faz lembrar das Circunstâncias Dadas relevantes.

— Sim — afirmou Pácha, pensando no exercício que havíamos acabado de fazer. — Nós realmente tivemos de examinar e ver o *que* e *como* se faz quando se parte para uma longa jornada. Só assim tive alguma ideia do que é o Tempo-ritmo.

— Assim, o Tempo-ritmo não apenas estimula a Memória Emotiva, como vimos ao batucar nas aulas anteriores, mas também introduz em nossa memória, visual e mental, imagens vivas. Por isso é um erro pensar no Tempo-ritmo apenas em termos de andamento e regularidade — comentou Tortsov.

"Não precisamos do Tempo-ritmo por si só. Ele deve estar relacionado ao significado interior que o Tempo-ritmo sempre esconde dentro de si. Uma marcha militar, o ritmo de um caminhar e um cortejo fúnebre podem ter o mesmo Tempo-ritmo, mas cada um tem *conteúdos internos, estados de espírito e características específicas elusivas* bastante diferentes.

"Em poucas palavras, o Tempo-ritmo possui não apenas características externas que nos afetam, mas tem também um conteúdo interno que alimenta nossos sentimentos. E é nessa forma que a memória o retém e o disponibiliza para propósitos criativos."

.. .. 19..

— Nas nossas últimas aulas, vocês se divertiram com os jogos que lhes dei, mas hoje vocês vão criar a sua própria diversão. Agora que sabem o que é o Tempo-ritmo e já não têm mais medo dele, não há nada que os impeça de brincar com ele.

"Vão para o palco e façam o que quiserem.

"Apenas deixem claro de antemão o que vocês usarão para marcar as batidas fortes."

— Mexer nossas mãos, pés, dedos, nosso corpo todo, girar nossas cabeças, pescoços, cinturas, usar expressão facial, os sons que fazemos com letras, sílabas e palavras — gritaram os estudantes, interrompendo uns aos outros.

— Sim. Essas são ações que qualquer Tempo-ritmo pode criar — concordou Tortsov. — Nós caminhamos, corremos, andamos de bicicleta, falamos e trabalhamos em Tempo-ritmo. Mas quando as pessoas não estão se movendo, quando estão descansando, esperando, sem fazer nada, será que elas não têm nenhum tempo ou ritmo?

— Sim, aí também existe tempo e ritmo — reconheceram os estudantes.

— Mas não é algo visível exteriormente, apenas sentido interiormente — acrescentei.

— É verdade — concordou Tortsov. — Nós pensamos, sonhamos e nos afligimos em determinados Tempo-ritmos porque revelamos nossas vidas em todos esses momentos. E onde existe vida existe ação, e onde existe ação existe movimento, e onde existe movimento existe tempo, e onde existe tempo existe ritmo.

"E transmitir e receber, eles não têm movimento?

"Se tiverem, isso quer dizer que as pessoas também trabalham, criam, percebem, se comunicam e persuadem em um certo Tempo-ritmo.

"Também falamos de voos de ideias e fantasias. Isso quer dizer que eles também têm movimento e, portanto, tempo e ritmo.

"Ouçam como os sentimentos tremem, pulsam, fervilham e se excitam. Cada movimento invisível tem uma grande variedade de velocidades e valores de tempo implícitos e, portanto, tem também tempo e ritmo.

"Cada paixão humana, estado de espírito e vivência tem o seu Tempo-ritmo. Cada tipo individual de caráter interno e externo — sanguíneo, fleumático, o Prefeito, Khlestakóv, Zemliánika[2] — tem o seu Tempo-ritmo.

---
2. Personagens de O inspetor geral, de Gógol.

"Cada fato e cada evento têm, inevitavelmente, o seu próprio *Tempo-ritmo*. Uma declaração de guerra ou de paz, por exemplo, uma assembleia solene, a recepção de uma delegação, cada um desses eventos tem o seu próprio *tempo* e ritmo.

"Se o *tempo* não corresponder ao evento, o resultado é cômico. Imaginem, por exemplo, um casal real correndo desabaladamente para a sua coroação.

"Em suma, existe um *Tempo-ritmo* vivo em todos os momentos da nossa existência, mental ou física.

"Agora está claro para vocês *o que* usarão para mostrar isso" – concluiu Tortsov. – "Vamos decidir *como* vocês marcarão os momentos em que as ações e as batidas coincidem."

– Por meio da realização de Tarefas e ações, falando, nos comunicando – declararam os estudantes.

– Na música, uma melodia é composta por compassos, e os compassos são compostos por notas de duração e intensidade variáveis que expressam o ritmo. O *tempo* é interno e invisível. Os músicos o contam mentalmente ou o maestro o marca com a sua batuta.

"O mesmo ocorre com a atuação. As ações são compostas de movimentos grandes ou pequenos de duração e regularidade variáveis. A fala é a combinação de letras, sílabas e palavras curtas e longas, acentuadas e não acentuadas, que marcam o ritmo.

"As ações são realizadas e as falas são ditas de acordo com o tique-taque do nosso próprio 'metrônomo' mental, escondido, por assim dizer, dentro de nós.

"As sílabas e os movimentos acentuados devem, de forma consciente ou inconsciente, corresponder à contagem mental.

"Se os atores sentirem aquilo que estão dizendo e fazendo de forma intuitiva e adequada, então o *Tempo-ritmo* correto surgirá espontaneamente de dentro, enquanto eles estiverem falando, acentuando e fazendo a correspondência entre a palavra e a batida. Se isso não acontecer, tudo o que podemos fazer é produzir o *Tempo-ritmo* tecnicamente, ou seja, geralmente de fora para dentro. Para tanto, façam a regência do *Tempo-ritmo* de que precisamos. Agora vocês sabem que isso é impossível sem imagens mentais, sem ideias criativas, sem Circunstâncias Dadas etc., que se combinam para estimular os sentimentos. Vamos verificar, por meio de um experimento, a ligação entre o *Tempo-ritmo* e o sentimento.

"Começaremos com o Tempo-ritmo da ação e passaremos para o Tempo-ritmo da fala."

Rakhmánov deu corda no metrônomo grande e o deixou com um tique-taque bastante lento. Tortsov pegou uma pasta grande e dura, com trabalhos escolares, que estava à mão, e pôs várias coisas sobre ela, como se fosse uma bandeja: um cinzeiro, uma caixa de fósforos, um peso de papel e assim por diante. Então, ele pediu que Lev as pegasse no ritmo lento e solene das batidas, tirando-as da bandeja e entregando-as aos presentes quando a contagem do compasso chegasse a quatro.

Só que Lev não tinha nenhuma noção de ritmo, e o experimento não funcionou. Tivemos de treiná-lo com uma série de exercícios. Outros estudantes se juntaram a ele. Os exercícios que fizeram foram os seguintes: eles tinham de preencher o longo intervalo entre os tique-taques com uma ação ou movimento, não mais do que isso.

— Da mesma forma como, na música, uma semibreve preenche um compasso — explicou Tortsov. — Como podemos justificar tal lentidão e falta de ação?

Dei como justificativa a enorme quantidade de concentração de que precisei para examinar uma mancha que havia observado na parede do outro lado da plateia. Uma luz lateral me impedia de vê-la. Tive de colocar a palma da minha mão na têmpora para proteger meus olhos. Essa foi, inicialmente, a única ação que me permiti. Então a readaptei para a mesma tarefa em cada compasso subsequente. Isso criou a necessidade de mudar a posição da minha mão, do meu corpo e dos meus pés, conforme me inclinava para frente para ver a mancha. Esses movimentos preencheram os outros compassos.

Então puseram também um dos metrônomos pequenos para funcionar. Ele bateu primeiramente 2, depois 4, 8 e 16 tempos para um compasso, como mínimas, semínimas, colcheias e semicolcheias na música.

Desta vez, tivemos de preencher o compasso com 2, depois com 4, 8 e 16 movimentos.

Eu justifiquei essas ações rítmicas vasculhando meus bolsos, lentamente ou de forma apressada, procurando algumas anotações importantes que havia perdido.

Expliquei o *Tempo*-ritmo mais rápido por ter de espantar um enxame de abelhas.

Gradualmente, acostumamo-nos ao *Tempo*-ritmo e começamos a brincar com ele. Era esplêndido quando os nossos movimentos coincidiam com o tique-taque do metrônomo. Isso nos fazia acreditar naquilo que estávamos fazendo no palco.

Porém, depois que esse estado de espírito passou e continuamos contando, a matemática dominou. Franzimos nossas sobrancelhas. A brincadeira tinha acabado.

.. .. 19..

Hoje, Tortsov retomou o exercício com a bandeja. Lev, porém, não pôde fazê-lo desta vez, e então Tortsov passou a responsabilidade para mim.

O metrônomo estava batendo em um ritmo tão lento, de uma semibreve por compasso – e, por conseguinte, um movimento –, que tive de esticar aquela única ação para que ela durasse por todo o intervalo entre as batidas. Isso induziu a um estado de espírito estável e solene, que ecoou na minha cabeça e exigiu movimentos correspondentes.

Eu me via como o presidente de um clube desportivo, distribuindo troféus e diplomas.

Ao final da cerimônia, ordenaram que eu saísse da sala e voltasse no mesmo ritmo imponente, pegasse de volta os troféus e diplomas e saísse mais uma vez.

Fiz o que me pediram sem me preocupar em justificar minha nova tarefa. A ação em si e seu *Tempo-ritmo* imponente me sugeriram novas Circunstâncias Dadas.

Eu me sentia como um juiz, causando uma dor injusta nos premiados. Espontânea e intuitivamente, senti uma antipatia por aqueles objetos.

Quando tive de fazer o exercício novamente, em outro *Tempo-ritmo*, com quatro semínimas por compasso, me senti como um lacaio servindo champanhe em uma recepção de gala. As mesmas ações, realizadas com oito por compasso, me transformaram em um garçom em uma lanchonete de estação ferroviária durante uma breve parada do trem. Eu corria de um lado para o outro loucamente, levando pratos de comida para todos os presentes.

– Agora transforme a segunda e a quarta semínimas em colcheias – ordenou Tortsov.

Toda a solenidade se foi. As colcheias instáveis entre as semínimas criavam um estado de espírito de incerteza, confusão e inépcia. Isso fez que eu me sentisse como Iepikhôdov em *O jardim das cerejeiras*, com seus "22 desastres". Quando as colcheias foram substituídas por semicolcheias, o estado de espírito ficou ainda mais forte.

Eu parecia derrubar tudo. A cada minuto caía um prato que eu tinha de pegar.

– Será que estou bêbado? – fiquei imaginando.

Então, todos nós tivemos de fazer o mesmo exercício com *síncope*. O clima de nervosismo, dúvida e hesitação ficou ainda mais forte e sugeriu uma nova história que justificasse as minhas ações, na qual eu pudesse acreditar que o champanhe estava envenenado. Era por isso que eu estava tão agitado. Igor se saiu melhor do que eu nesse exercício. Ele transmitiu nuances sutis, *largo lento* e *staccato*, conforme Tortsov as definiu.

Nosso ex-dançarino teve um grande sucesso.

Devo admitir que a aula de hoje me convenceu de que *o Tempo-ritmo não somente pode levar aos sentimentos e vivências corretos de forma intuitiva, direta e imediata, mas também pode ajudar a criar personagens.*

O seu efeito sobre a Memória Emotiva e sobre a imaginação pode ser visto de forma ainda mais clara quando realizamos ações rítmicas com música. É verdade que, nesse caso, não temos apenas o *Tempo-ritmo*, como no caso do tique-taque do metrônomo, mas também notas, harmonias e melodias, que são sempre muito comoventes.

Tortsov pediu a Rakhmánov que tocasse algo ao piano, e a nós que realizássemos ações ao som da música. Tínhamos de expressar o que a música estava dizendo, aquilo que ela sugeria para a nossa imaginação, movimentando-nos no *Tempo-ritmo* adequado. Foi um experimento extremamente interessante, e os estudantes ficaram entusiasmados com ele.

É boa a sensação de realizar ações de acordo com um *Tempo-ritmo* definido. Isso cria um estado de espírito e afeta a maneira como sentimos.

Da nossa própria maneira particular e muitas vezes contraditória, cada um de nós entendeu aquilo que o *Tempo-ritmo*, a música e o que Rakhmánov tocava estavam tentando dizer. Mas nós todos estávamos convencidos pela nossa própria interpretação.

Às vezes, parecia-me que o ritmo turbulento e martelado do acompanhamento sugeria alguém galopando. Um circassiano! Eu estava nas montanhas, sendo levado como prisioneiro. Meti-me por entre os móveis e as cadeiras como se fossem pedras e me escondi atrás deles, confiante de que os cavaleiros não me encontrariam ali.

Então a melodia ficou mais terna e romântica, sugerindo novos ritmos e ações.

Era a minha amada. Ela corria ao meu encontro. Eu sentia vergonha de ter sido tão covarde. Estava feliz, tocado pela premência com que ela corria para mim. Isso é um sinal do seu amor. Mas então a música ficou sinistra. Tudo o que eu pensava e sentia era melancolia. O *Tempo-ritmo* da música desempenha um grande papel nessas técnicas.

Assim, ele pode sugerir não apenas personagens inteiras, mas também cenas inteiras!

.. .. 19..

Hoje, Tortsov chamou todos ao palco, colocou três metrônomos para funcionar em diferentes andamentos e nos disse para reagirmos da maneira que quiséssemos.

Nós nos dividimos em grupos, estabelecemos Tarefas, Circunstâncias Dadas e começamos a reagir, alguns em semibreves, outros em semínimas, outros em colcheias etc.

Mas Vária achou decepcionantes os *Tempo-ritmos* dos outros e quis estabelecer uma mesma velocidade e uma mesma batida para todos.

— Por que essa regulamentação? — perguntou Tortsov, confuso. — As pessoas têm o seu próprio *Tempo-ritmo*, tanto na vida como no palco. Um

Tempo-ritmo em comum é, geralmente, um acidente. Imagine que você esteja em um camarim pouco antes do último ato. O primeiro grupo que respondeu ao primeiro metrônomo encerrou sua atuação e está apressadamente removendo a sua maquiagem para poder ir para casa. O segundo grupo, que respondeu ao segundo metrônomo, que era mais rápido, está trocando de roupa e aplicando uma nova maquiagem para o ato que resta. Você, Vária, está nesse grupo e tem cinco minutos para arrumar os cabelos e pôr um vestido de baile.

Nossa beldade residente se cercou de cadeiras e entusiasticamente começou a se dedicar à sua ocupação favorita: fazer que ela mesma parecesse bela, alheia aos *Tempo*-ritmos das outras pessoas.

Subitamente, Tortsov pôs o terceiro metrônomo para funcionar na sua velocidade máxima, e ele e Rakhmánov começaram a agir em um ritmo frenético e errático, o qual justificaram dizendo que eles precisavam se trocar com rapidez e tinham de abrir o próximo ato. Suas roupas estavam espalhadas por toda a sala, e eles tinham de procurá-las em uma pilha onde havia outras roupas.

O novo *Tempo*-ritmo contrastava nitidamente com os dois primeiros e aumentava a complexidade, a vivacidade e a agitação da cena. Ainda assim, apesar da variação de ritmos, Vária continuou arrumando seus cabelos, ignorando a atividade à sua volta.

— Por que nada interrompeu você desta vez? — perguntou Tortsov, quando o exercício terminou.

— Não sei dizer — respondeu nossa beldade. — Não tive tempo de prestar atenção.

— Exatamente! — disse Tortsov, aproveitando a resposta dela. — Antes você estava seguindo o ritmo apenas pelo ritmo, mas ainda agora você estava realizando *ações produtivas e específicas no ritmo* e, por isso, "não teve tempo de prestar atenção" no que os outros estavam fazendo.

Eis o que Tortsov tinha a dizer sobre o ritmo do grupo como um todo:

— Quando muitas pessoas estão vivendo e reagindo em um único ritmo no palco, como uma fileira de soldados ou o corpo de baile, elas criam um *Tempo*-ritmo convencional. A sua força reside no instinto de rebanho, no treinamento mecânico em grupo.

"Ignorando aquelas ocasiões excepcionais em que uma multidão sucumbe a um propósito comum, esse *Tempo*-ritmo único que abarca tudo é uma raridade em um teatro realista como o nosso, que exige todas as nuances da própria vida.

"Nós tememos a pura convenção. Isso nos leva para a representação e para a atuação de mera técnica. Usamos o *Tempo*-ritmo, mas não o mesmo para tudo. Misturamos uma grande variedade de velocidades e de indicações de compasso que se combinam para criar um *Tempo*-ritmo resplandecente, com todas as nuances da própria vida real.

"Deixem-me ilustrar a diferença entre uma abordagem básica e uma mais sutil do ritmo dessa maneira. As crianças usam cores básicas nos seus desenhos: a grama e as folhas são verdes, os troncos das árvores e a terra são marrons, o céu é azul. Essas são cores básicas convencionais. Os artistas de verdade criam as suas próprias cores com diversos matizes. O azul com o amarelo produz diversos tons de [verde]...

"Isso produz uma paleta bastante ampla em suas telas, uma combinação de tons e matizes.

"Nós tratamos o *Tempo*-ritmo da mesma forma que os pintores tratam as suas cores e combinamos uma ampla variedade de velocidades e de indicações de compasso."

Tortsov ainda explicou que não somente podem haver diferentes ritmos e *tempo* operando simultaneamente em todas as personagens de uma cena, mas também em uma única personagem e em um mesmo momento.

– Quando se tomam grandes decisões, quando uma pessoa ou o protagonista não sofre com dúvidas ou conflitos, um *Tempo*-ritmo dominante é tão possível quanto necessário. Mas quando, como em Hamlet, a resolução luta contra a dúvida, muitos ritmos variados têm de existir lado a lado. Então, uma variedade de *Tempo*-ritmos cria um conflito interno, nascido de muitas causas. A vivência é intensificada, o dinamismo interno aumenta, o sentimento é despertado.

Eu queria verificar isso e me decidi por dois *Tempo*-ritmos diferentes: um muito rápido e o outro muito lento.

Como eu poderia justificar a combinação desses dois, e com o quê?

Então me veio à cabeça uma ideia muito simples.

Eu era um farmacêutico bêbado, cambaleando às cegas pela sala, agitando preparados em diversos frascos. Essa história me permitiu usar *Tempo*-ritmos muito inesperados. O andar vacilante de um bêbado justificava o *Tempo*-ritmo lento, ao passo que a agitação dos frascos exigia um ritmo rápido, misturado.

Em primeiro lugar, trabalhei no andar. Tive de aumentar o grau de embriaguez para desacelerar o ritmo. Percebia a verdade daquilo que estava fazendo, e isso fez que eu me sentisse bem mental e fisicamente.

Depois trabalhei no movimento das mãos ao agitar os frascos de medicamentos. Estava em busca de movimentos confusos e sem sentido, adequados ao estado que eu estava retratando.

Assim, dois ritmos bastante opostos combinaram-se espontaneamente. Interpretar o papel do bêbado agora tinha ficado divertido e os aplausos diante de mim encorajaram-me ainda mais.

O exercício seguinte era combinar três diferentes andamentos em uma pessoa, seguindo três metrônomos diferentes.

Eis a história que criei:

Eu era um ator me preparando para entrar em cena, repassando minhas falas lentamente, no ritmo do primeiro metrônomo. Ao mesmo tempo, no ritmo do segundo metrônomo, eu estava andando de um lado para outro do meu camarim, pois estava nervoso, enquanto me vestia e dava o nó na gravata no ritmo rápido do terceiro metrônomo.

Para coordenar os diferentes Tempo-ritmos e ações, fiz o que já havia feito antes, ou seja, primeiro combinei duas ações e dois Tempo-ritmos: vestir-me e andar de um lado para o outro. Quando isso se tornou automático, introduzi a terceira ação, repassar as falas, em um novo Tempo-ritmo.

O exercício seguinte era muito mais difícil.

— Digamos que você esteja representando Esmeralda sendo levada para a sua execução — disse Tortsov a Vária. — O cortejo se move lentamente ao sinistro rufar dos tambores. Mas o coração dela bate descontroladamente dentro do seu peito. Ela sente que esses são os seus últimos momentos. Ao mesmo tempo, a desafortunada criminosa recita uma prece para que sua vida seja salva em um terceiro Tempo-ritmo, enquanto fricciona suas mãos sobre o coração, lentamente, em um quarto Tempo-ritmo.

O exercício foi tão difícil que Vária apertava a cabeça com as mãos. Tortsov ficou preocupado e logo a acalmou:

— Virá o tempo, em momentos assim, que você vai agarrar o ritmo, e não a sua cabeça, como se ela fosse uma tábua de salvação.

.. .. 19..

Hoje, Tortsov nos fez repetir todos os exercícios anteriores acerca do Tempo-ritmo. Mas o fez, por assim dizer, de forma "seca", sem as indicações do metrônomo, isto é, o fez com o nosso próprio "metrônomo" ou, em outras palavras, por meio de uma contagem mental.

Cada um de nós teve de escolher uma velocidade e uma indicação de compasso, mantê-las e realizar ações de forma que os momentos fortes em nossos movimentos coincidissem com a batida do metrônomo imaginário.

Isso levantava a questão: que linha seguir, a interior ou a exterior, quando se olha para os momentos fortes? As imagens mentais, as Circunstâncias Dadas imaginadas, contato, transmissão etc.? Como você pode usar a ação interna para capturar e fixar momentos enfatizados quando não há ação externa? Não é algo fácil. Comecei a repassar meus pensamentos, desejos e intenções, mas nada fazia sentido para mim.

Então comecei a ouvir os meus próprios batimentos cardíacos e minha pulsação. Mas isso não tornou nada mais claro. Onde eu encontraria o meu "metrônomo imaginário" e onde eu deveria bater o Tempo-ritmo?

Às vezes, era algo que parecia estar acontecendo na minha cabeça, e outras vezes, nas minhas mãos. Tive medo de que o movimento delas pudesse ser notado e então o transferi para os dedos dos meus pés, mas o movimento deles também era óbvio demais, de modo que interrompi todos os movimentos curtos. Então o movimento se transferiu por conta própria para a raiz da minha língua, o que me impedia de falar.

Assim, pulando de um lugar para outro, meu Tempo-ritmo interno se expressava de numerosas maneiras físicas. Contei isso a Tortsov, que encolheu os ombros e comentou:

– Os movimentos físicos são mais fáceis de serem detectados e capturados, e é por isso que lançamos mão deles. Quando a intuição está adormecida e precisa ser despertada, use algo físico para bater o Tempo-ritmo. Se isso ajudar, use-o, mas apenas de vez em quando, quando você precisar evocar e manter um ritmo instável. Use-o com um peso no coração, porque isso não é aceitável como um método geral.

"Então, uma vez que você tenha batido o Tempo-ritmo, justifique-o o mais rápido possível com uma nova ideia e com novas Circunstâncias Dadas.

"São elas que devem manter a velocidade e a pulsação corretas, e não as suas mãos e pés. E, quando você sentir que o seu Tempo-ritmo interno está vacilando, auxilie-o com alguma coisa externa, com alguma coisa física, mas apenas por um momento.

"Quando a sua sensibilidade para o Tempo-ritmo for mais forte, você conseguirá abrir mão desse recurso grosseiro e substituí-lo por um método mais sutil: contar mentalmente."

Aquilo que Tortsov tinha nos dito era tão importante que eu tinha de saber em primeira mão quais eram todas as implicações dessa técnica para mim.

Tortsov aceitou meu pedido e propôs a seguinte tarefa: eu deveria parecer exteriormente relaxado, quase lânguido, mas com um Tempo-ritmo rápido, confuso e ansioso por dentro.

Primeiro, fixei tanto a velocidade externa quanto a interna e a indicação de compasso, e as reforcei com uma tensão invisível nos dedos das mãos e dos pés.

Então, rapidamente as reforcei e justifiquei com novas ideias e Circunstâncias Dadas, perguntando-me: o que poderia criar um Tempo-ritmo bem rápido e turbulento?

Depois de procurar muito, decidi que a causa poderia ser algum crime horrível que eu havia cometido, que inesperadamente pesava na minha consciência. Quando tentei imaginar o horror de tal evento, vi o corpo sem vida de Mária estendido no chão com uma grande mancha vermelha no seu vestido. Eu a havia assassinado em um acesso de ciúme. Isso deixou-me em um estado de agitação e achei que tinha justificado e fixado meu ritmo interno por intermédio da minha história e das Circunstâncias Dadas.

Voltando-me mais uma vez para o *Tempo-ritmo* externo, relaxado e indolente, usei primeiro a tensão nos dedos dos pés para estabelecê-lo com mais clareza e, depois, o justifiquei e fixei pensando em uma nova ideia. Perguntei-me o que faria agora, aqui na sala de aula, diante dos outros estudantes, de Tortsov e Rakhmánov, se minha terrível história fosse realmente verdade. Eu não somente tinha de parecer calmo, mas também tinha de ter um olhar despreocupado, como se não tivesse preocupação alguma. Não consegui encontrar a Adaptação correta imediatamente. Eu sentia que não conseguiria olhar as pessoas nos olhos. Isso aumentou o *Tempo-*ritmo. Quanto mais eu queria parecer calmo, menos calmo me sentia por dentro. Quando passei a acreditar na minha própria história, fiquei ainda mais perturbado.

Pensei, então, nas Circunstâncias Dadas. O que eu diria a Tortsov e aos outros estudantes depois da aula? Será que eles sabiam o que tinha acontecido? Para onde eu deveria olhar quando eles começassem a falar sobre essa calamidade? Para onde eu iria depois da aula? Ver a minha vítima em seu caixão?

Quanto mais analisava a situação, mais perturbado ficava, mais me traía e mais tentava, desesperadamente, parecer à vontade.

Dois ritmos haviam ganhado vida; um interno – rápido – e um externo – calma artificial. Senti que essa combinação de dois extremos estava correta, e isso me deixou ainda mais agitado.

Agora que eu havia encontrado uma linha de Circunstâncias Dadas justificadas, a Ação-transversal e o Subtexto, parei de pensar em contar o *tempo* e o ritmo, e vivi o *Tempo*-ritmo naturalmente. Isso se confirmou pelo fato de que Tortsov sabia pelo que eu estava passando, embora eu não demonstrasse nada. Ao contrário, estava me empenhando para esconder aquilo.

Tortsov compreendeu que eu estava escondendo meus olhos de forma deliberada, pois eles me denunciavam, e que estava encontrando um pretexto após outro para passar a minha atenção de um objeto para outro, fingindo estar muito interessado neles.

– Mais do que qualquer outra coisa, foi sua tranquilidade intranquila que revelou sua agitação interior – disse ele. – Você não notou como os seus olhos, sua cabeça e seu pescoço estavam se movendo involuntariamente em seu *Tempo*-ritmo interno. Você se traiu porque não estava vivendo um ritmo tranquilo e indolente, mas um ritmo rápido, que estava tentando desesperadamente esconder de nós. Você caiu na sua própria armadilha, confundiu-se e olhou para nós para ver se havíamos compreendido alguma coisa que não deveríamos compreender. Então, você retornou à sua Adaptação, a calma artificial. Quando você pegou seu lenço, quando levantou e se sentou de novo para ficar mais confortável, eu soube perfeitamente bem que você estava fazendo isso para mascarar sua agitação interna. Você ficava involuntariamente paralisado em alguns momentos, e sua atenção passava daquilo que estava acontecendo à sua volta para algo que o preocupava interiormente. O que entregou você, mais do que qualquer outra coisa, foi esse semblante de calma imperturbável, quebrada por momentos de ansiedade. Isso é verdadeiro para a vida real, quando tentamos esconder sentimentos fortes. Ficamos sentados, bem parados, em um Tempo-ritmo rápido e nervoso, perdidos em nossos próprios pensamentos, atormentados por sentimentos que, por alguma razão, queremos ocultar. Se você falar subitamente com uma pessoa nesse estado, você vai vê-la ressuscitar, dar um pulo e, por um ou dois segundos, dirigir-se a você no Tempo-ritmo interior rápido que ela estava tentando esconder. Um momento depois, ela recupera o controle, desacelera e finge uma calma exterior.

"Se a pessoa não tiver motivos para esconder seus sentimentos, ela continuará caminhando no Tempo-ritmo rápido, emocional.

"Muitas vezes, peças inteiras, cenas inteiras se desenrolam por meio de uma série de Tempo-ritmos contraditórios. Tchékhov constrói muitas peças e personagens assim: Tio Vánia, Ástrov, Sônia, as três irmãs e outras estão calmas por fora, enquanto, no interior, encontram-se em um estado quase constante de ansiedade e inquietação."

Depois de compreender que meus movimentos lentos, com um tempo ritmo interno rápido, comunicavam melhor o estado mental de que eu precisava, comecei a fazer muitos dos meus movimentos. Mas Tortsov me interrompeu:

— Julgamos o estado mental de outra pessoa pelo que vemos. É claro que os movimentos físicos descontrolados são os mais chamativos visualmente. Se eles forem calmos e lentos, concluiremos que a outra pessoa está de bom humor. Mas, se examinarmos você com mais atenção, olhando nos seus olhos e, por assim dizer, sentindo o que você sente, perceberemos a [ansiedade] interior que você está tentando esconder. Isso quer dizer que, nos casos que citei, você deve ser capaz de mostrar seus olhos para toda a plateia. Isso não é fácil. Exige habilidade e controle. Não é tarefa fácil, em um espetáculo, ver da plateia dois pontinhos, os olhos, em um grande palco aberto. A pessoa que está sendo olhada tem de ficar parada, em pé, por um bom tempo. Então, embora você possa usar o movimento, deve fazê-lo com discrição. A atuação depende dos olhos e da expressão facial. Suas ações devem ser de tal modo que os seus olhos possam ser vistos.

Depois de mim, Grícha e Vária representaram uma cena que eles criaram, sobre uma esposa sendo interrogada pelo marido ciumento. Antes que pudesse acusá-la abertamente, ele tinha de encurralá-la. Naquela situação, ele tinha de se manter calmo, esconder habilmente seu estado mental, não mostrando seus olhos.

Tortsov disse a Grícha:

— Você está completamente calmo. Não está tentando fazer nenhuma tentativa para esconder a sua agitação interior porque não tem nenhuma agitação para esconder. Kóstia estava em um estado altamente emocional e, portanto, tinha algo para ocultar. Ele estava vivendo dois *Tempo-ritmos* simultaneamente, o interno e o externo. Ele apenas ficou sentado e não fez nada, e isso produziu emoção. Você só ficou sentado, não fez nada, mas isso não produziu emoção porque você não tinha dois, mas apenas um *Tempo-ritmo*, calmo, para transmitir o estado mental complexo e cindido que estava retratando. Isso transformou a cena em uma aconchegante conversa em família.

"Repito: em estados de espírito complexos, com linhas internas contraditórias, vocês devem evitar o *Tempo-ritmos* único. Vocês precisam combinar vários."

.. .. 19..

— Até agora, falamos do *Tempo-ritmo* de grupos, personagens, momentos e cenas específicos. Mas as peças e interpretações também têm o seu *Tempo-ritmo* – explicou hoje Tortsov.

"Isso quer dizer que um andamento, uma indicação de compasso deve durar a noite toda? É claro que não. Uma peça ou uma interpretação não tem um único *Tempo-ritmo*, mas uma sucessão de grandes e pequenos agrupamentos, de andamentos e de indicações de compasso divergentes e diversificados, reunidos em um todo harmonioso.

"A soma desses andamentos e dessas indicações de compasso cria um estado de espírito que pode ser grandioso e majestoso ou leve e feliz. Em algumas interpretações, predomina o primeiro *Tempo-ritmo*; em outras, o segundo. É o tom geral da interpretação como um todo que determina o equilíbrio.

"O *Tempo-ritmo* é crucial para a interpretação como um todo. Muitas vezes, uma boa peça, bem montada e bem encenada, fracassa por ser lenta ou rápida demais. Tentem simplesmente representar uma tragédia no *tempo* de farsa ou uma farsa no *tempo* de tragédia.

"Muitas vezes, uma peça medíocre, com uma interpretação medíocre, faz sucesso se for encenada com velocidade e verve, porque isso é excitante.

"Então, naturalmente, as psicotécnicas para estabelecer o *Tempo-ritmo* correto para uma peça ou um papel são um auxílio imenso em um processo complexo e elusivo.

"Mas não temos psicotécnicas nessa área, e isso é o que acontece na realidade, na prática.

"Encontrar o *Tempo-ritmo* de uma interpretação é, na maior parte das vezes, uma questão de puro *acaso*. Se, por alguma razão, os atores sentirem a peça e o papel como deveriam, se estiverem de bom humor e se o público for receptivo, então o tipo correto de vivência e, por conseguinte, o Tempo-ritmo certo se produzem espontaneamente. Porém, quando isso não acontece, ficamos desamparados. Se tivéssemos a psicotécnica certa, poderíamos usá-la para estabelecer e justificar, em primeiro lugar, o Tempo-ritmo externo e, depois, o interno, o que ativaria os nossos sentimentos.

"Como têm sorte os músicos, cantores e dançarinos. Eles possuem metrônomos, maestros, mestres de coro, mestres de balé.

"Para eles, o problema do Tempo-ritmo foi solucionado, e sua importância para o trabalho criativo foi reconhecida. A precisão de sua performance musical é, até certo ponto, garantida e fixada em relação ao tempo e à indicação de compasso. Isso é algo que tem notação e está sob o controle regular do maestro.

"Conosco não é assim. Nós só estudamos a métrica no verso. Mas, quanto ao resto, não temos metrônomos, nem notação, nem partitura ou maestro, como se tem na música. É por isso que a mesma peça pode ser representada em diferentes andamentos e diferentes ritmos em diferentes dias.

"Não há nenhum lugar onde os atores dramáticos possam procurar por ajuda. E precisamos seriamente dela.

"Vamos supor, por exemplo, que um certo ator receba algumas notícias perturbadoras pouco antes de uma apresentação. Como resultado, seu Tempo-ritmo naquele dia específico fica acelerado. Ele segue nesse estado de espírito intensificado. Alguns dias depois, ele é roubado, e isso arrasta o pobre homem para uma crise depressiva. Seu Tempo-ritmo desacelera, na vida e no palco.

"Assim, a interpretação depende dos acidentes da vida diária, e não da nossa psicotécnica.

"Vamos supor, além do mais, que esse ator se acalme ou se enerve antes de entrar em cena, de forma que seu Tempo-ritmo passe do metrônomo 50 para o 100. Mas isso está longe demais do Tempo-ritmo exigido pela peça, que é, digamos, o metrônomo 200. Esse erro afeta as Circunstâncias Dadas, a Tarefa criativa e a maneira como ele a cumpre. Porém, o mais importante de tudo é que o Tempo-ritmo errado aparecerá nos seus sentimentos e na sua revivência.

"Nós muitas vezes descobrimos uma disparidade entre o Tempo-ritmo do ator e o da personagem.

"Por exemplo:

"Vocês se lembram de como se sentiram na sua primeira apresentação, quando se defrontaram com o buraco negro e com uma plateia que acreditavam estar cheia de gente?

"Façam a regência do Tempo-ritmo daquele momento."

Fizemos isso, mas minha mão carecia de habilidade para transmitir todas as fusas com seus pontos, tercinas e síncopes, no Tempo-ritmo daquela apresentação memorável.

Tortsov calculou que eu havia regido com o metrônomo 20.

Ele pediu, então, que eu me lembrasse dos momentos mais tranquilos e tediosos da minha vida e fizesse a regência deles.

Pensei na minha cidade natal e regi o que senti.

— Agora, imagine que você está interpretando Podkoliosin, em O casamento, de Gógol, que exige o metrônomo 20, e você, o ator, está no metrônomo 200 antes de as cortinas se abrirem. Como vai conciliar seu próprio estado de espírito com o da personagem? Digamos que você consiga se acalmar 50% e diminuir o seu tempo interno para 100. Isso parece demais para você, mas não é suficientemente baixo para Podkoliosin, que requer o metrônomo 20. Como você vai conciliar essa discrepância? Como vai preencher essa lacuna sem um metrônomo?

"A melhor forma é aprender a sentir o Tempo-ritmo, como fazem os bons musicistas e maestros. Deem a eles uma marcação de metrônomo e eles imediatamente a regerão de memória. Ah, se tivéssemos uma companhia de atores com um senso absoluto de Tempo-ritmo! O que eles não poderiam fazer!" — suspirou Tortsov.

— O que, por exemplo? — perguntamos.

— Vou dizer a vocês.

"Recentemente, montei uma ópera na qual havia uma cena com uma grande multidão para o coro. Além dos solistas e do próprio coro, havia extras e figurantes com experiência variada. Eles eram bem treinados em Tempo-ritmo. Se você comparasse cada cantor, figurante e extra individualmente com os membros de nossa própria companhia, eles não suportariam a comparação. Eles estão em um nível muito mais baixo. Mas, no fim, os artistas de ópera superam a nós, seus rivais, por mais fortes que sejamos e apesar de terem ensaiado menos do que nós.

"Na ópera, as cenas de multidão atingem um padrão dramático mais alto do que somos capazes de atingir em nosso teatro, embora tenhamos um conjunto melhor e ensaios muito mais cuidadosos.

"Por que isso ocorre?

"O Tempo-ritmo coloriu, equilibrou, moldou e unificou uma cena grosseira.

"O Tempo-ritmo emprestou clareza, suavidade, acabamento, flexibilidade e harmonia à atuação.

"O Tempo-ritmo ajudou artistas que sabiam pouco sobre psicotécnica a viver e a controlar o aspecto interior de seus papéis."

Com tato, chamamos a atenção de Tortsov para o fato de que seu sonho de uma companhia de atores com uma noção perfeita de Tempo-ritmo dificilmente seria prática.

— Tudo bem, então eu vou me ajustar — declarou ele. — Se eu não puder contar com todos eles, alguns membros devem desenvolver o *Tempo-ritmo*. Muitas vezes ouvimos nas coxias observações como: "Não há motivo para se preocupar com a apresentação de hoje, pois tais e tais atores pesos-pesados estarão na peça". O que isso quer dizer? Que uma ou duas pessoas podem carregar nas costas a apresentação e o resto do elenco. No passado era assim.

"Segundo a tradição, nossos grandes predecessores, como Schêpkin, Sadôvski, Chúmski e Samárin, sempre iam para a coxia muito tempo antes de entrarem em cena, para se sintonizar com o *tempo* da apresentação. É por isso que eles sempre levavam com eles vida, verdade e o tom certo para a peça e para a personagem.

"Sem dúvida, eles eram capazes disso não só porque grandes atores preparam sua primeira entrada em cena com cuidado, mas porque, consciente ou inconscientemente, eles eram sensíveis ao *Tempo-ritmo* e sabiam do que se tratava. É evidente que eles conseguiam se lembrar da velocidade, da lentidão e da métrica da ação de cada cena e da peça como um todo.

"Ou, talvez, começassem do zero a cada vez, sentados nas coxias por um longo tempo antes de entrarem em cena, observando cuidadosamente o que estava acontecendo no palco. Eles entravam no *Tempo-ritmo* correto intuitivamente ou, talvez, com o uso de certos recursos próprios que, infelizmente, são um mistério para nós.

"Tentem se tornar esse tipo de ator, líderes em *Tempo-ritmo*."

— O que é a *psicotécnica* para estabelecer o *Tempo-ritmo* de uma peça ou de um papel? — perguntei.

— O *Tempo-ritmo* de uma peça é o *Tempo-ritmo* da sua *Ação Transversal e de seu Subtexto*. E vocês sabem que, ao lidar com o Subtexto, é preciso ter uma *perspectiva dupla* sobre o papel: a do ator e a da personagem. Assim, como um pintor dispõe suas cores nos seus quadros e tenta atingir um equilíbrio adequado entre elas, os atores tentam dispor o *Tempo-ritmo* da Ação Transversal.

— Nunca conseguirei fazer isso sem um maestro — decidiu Vánia, absorto em pensamentos.

— Rakhmánov encontrará algum tipo de dublê para fazer as vezes de maestro — brincou Tortsov, ao ir embora.

.. .. 19..

Hoje, como de costume, cheguei adiantado para a aula. As luzes já estavam acesas, as cortinas estavam abertas, e lá estava Rakhmánov, em mangas de camisa, com os eletricistas, preparando um novo aparelho.

Ofereci ajuda e, com isso, Rakhmánov teve de revelar seu segredo antes do tempo.

Nosso engenhoso inventor havia criado um "marcador elétrico de batidas para o teatro".

Sua invenção ainda estava em estado bruto, mas o que se via era o seguinte: imaginem um aparelho com duas pequenas lâmpadas, dentro da caixa do ponto. A plateia não consegue vê-las, mas os atores podem, e elas piscam silenciosamente, substituindo o tique-taque do metrônomo. O ponto põe o aparelho para funcionar. Ele marca o *tempo* e a indicação de compasso corretos para cada Corte, conforme o combinado durante o ensaio, na sua cópia da peça. Ao apertar um botão em um pequeno quadro de força que tem ao seu lado, ele liga o aparelho, o que faz que os atores se lembrem do *tempo* combinado. Quando necessário, ele o desliga.

Tortsov ficou interessado na invenção de Rakhmánov e a testou junto com ele em diversas cenas, enquanto o eletricista colocava, brusca e aleatoriamente, qualquer ritmo que lhe viesse à cabeça. Os dois atores tinham um controle magnífico do *Tempo*-ritmo e uma imaginação ágil e flexível para justificar qualquer ritmo. Não poderia haver discussão, pois esses dois mestres, cada um a seu modo, demonstrava a eficácia do marcador elétrico de batidas.

Eu, Pácha e outros estudantes realizamos então uma série de testes. Nós só conseguimos seguir o ritmo acidentalmente, mas, no resto do tempo, fracassamos.

– A conclusão é óbvia – disse Tortsov. – O marcador elétrico de batidas é um grande auxílio para nós e pode regular uma apresentação. É algo possível e prático, mas apenas se todo o elenco, ou parte dele, estiver treinado no *Tempo*-ritmo.

"Mas, infelizmente, pessoas assim são raras no teatro.

"Na verdade, há pouca conscientização da importância do *Tempo*-ritmo no teatro dramático. Isso torna ainda mais necessário termos um cuidado especial com o trabalho que estamos fazendo com ele agora."

O fim da aula se transformou em uma discussão generalizada. Muitos de nós tínhamos nossos esquemas para substituir um maestro.

Tortsov fez uma observação digna de nota nessa parte da aula. Na sua opinião, os atores deveriam se reunir e realizar exercícios ao ritmo de música antes do espetáculo e entre os atos, para entrar no fluxo do *Tempo*-ritmo.

– Que exercícios são esses? – ficamos interessados em saber.

– Tudo a seu tempo – disse Tortsov. – Façam mais alguns exercícios básicos antes de falarmos sobre eles.

– Mas como eles são? – insistimos.

– Falaremos sobre eles da próxima vez – disse Tortsov, indo embora.

.. .. 19..

— Como estão? Um bom *Tempo*-ritmo para vocês! — assim nos cumprimentou Tortsov quando entrou. — Por que estão tão surpresos? — perguntou, vendo o nosso espanto.

"Na minha opinião, é muito mais preciso dizer um 'bom *Tempo*-ritmo para vocês' do que 'boa saúde'. De que maneira a nossa saúde pode ser boa ou má? O *Tempo*-ritmo, por sua vez, pode estar *bom*, e essa é a melhor indicação de boa saúde. Por isso, desejo a vocês bom ritmo e *tempo* ou, em outras palavras, uma boa saúde.

"Agora, falando sério, em qual *Tempo*-ritmo vocês estão?"

— Eu realmente não sei — disse Pácha.

— E você? — perguntou Tortsov a Lev.

— Não tenho ideia — murmurou ele.

— E você? — perguntou ele a cada um de nós, sucessivamente.

"Que grupo!" — disse Tortsov, fingindo grande espanto. — "É a primeira vez na minha vida que encontro pessoas como vocês. Ninguém está consciente do ritmo e do *tempo* da sua própria vida. Ainda assim eu teria pensado que todos os seres humanos deveriam ter consciência do andamento ou de alguma outra forma de medir os seus movimentos, ações, sentimentos, pensamentos, respiração, pulsação, batimentos cardíacos e condição geral.

"É claro que temos consciência deles. O que nós não compreendemos é quais momentos devemos escolher para observar. Se é quando penso que terei momentos agradáveis esta noite, e isso produz um *Tempo*-ritmo agradável, ou se, em outras ocasiões, quando duvido que o dia será muito bom ou mesmo quando fico momentaneamente entediado e meu *Tempo*-ritmo cai.

"Façam para mim a regência desses dois tipos de *tempo*" — sugeriu Tortsov. — "Vocês estão criando um ritmo alternado. Estão vivendo-o agora mesmo. Vocês podem cometer um erro. E daí? O que importa é que, na busca por um *Tempo*-ritmo, vocês desbloqueiem os sentimentos que têm dentro de si.

"Em que *Tempo*-ritmo acordaram hoje cedo?"

Franzimos as sobrancelhas, levando a pergunta muito a sério.

— Será que vocês precisam mesmo ficar tão tensos para responder à minha pergunta? — disse Tortsov, surpreso. — Nossa noção de *Tempo*-ritmo está sempre, por assim dizer, disponível. Sempre temos, ou podemos evocar, uma noção aproximada de todos os momentos que vivemos.

Visualizei as Circunstâncias Dadas de hoje de manhã e lembrei que elas foram uma grande confusão. Estava atrasado para a escola, tive de fazer a barba, recebi algum dinheiro pelo correio e o telefone tocou diversas vezes. O resultado foi que regi e revivi um *Tempo*-ritmo rápido e inquieto.

Após um breve intervalo, Tortsov criou o seguinte jogo: ele batucaria um *Tempo*-ritmo bastante rápido e incoerente.

Repetimos esse *Tempo-ritmo* diversas vezes para ouvi-lo e absorvê-lo melhor.

— Agora — ordenou Tortsov —, decidam quais Circunstâncias Dadas e vivências criariam esse ritmo.

Para fazer isso, tive de elaborar uma história apropriada (o "se" mágico, as Circunstâncias Dadas). Então, para ativar minha imaginação, tive de fazer a série habitual de perguntas: *onde* estou, *o que* estou fazendo aqui e *por que* estou aqui? Quem são todas essas pessoas? Resolvi que estava na sala de espera de um cirurgião e que todo o meu futuro estava sendo decidido. Ou estava gravemente doente, teria de ser operado e poderia morrer, ou estava perfeitamente saudável e iria embora calmamente, do mesmo jeito que havia chegado. A história fez o seu efeito e fiquei muito mais profundamente comovido com as minhas próprias suposições do que com o *Tempo-ritmo* que me havia sido dado.

Tive de atenuar minha história e imaginar que não estava mais no consultório de um cirurgião, mas no de um dentista, para extrair um dente.

Mas isso ainda era forte demais para o *Tempo-ritmo* que me havia sido dado. Tive de mudar para um otorrinolaringologista, aonde havia ido para fazer uma limpeza nos ouvidos. Essa situação era mais adequada ao *Tempo-ritmo* que nos foi dado.

— Então — resumiu Tortsov —, na primeira metade da aula vocês ouviram sua vivência interna e expressaram externamente o *Tempo-ritmo* dela pela marcação das batidas. A um instante vocês aceitaram o *Tempo-ritmo* de outra pessoa e deram vida a ele com as suas próprias ideias e vivências. Assim, vocês passaram *do sentimento para o Tempo-ritmo* e vice-versa, *do Tempo-ritmo para o sentimento*.

"Os atores devem dominar ambas as técnicas.

"Ao final da última aula, vocês queriam saber sobre exercícios para desenvolver o seu *Tempo-ritmo*.

"Hoje mostrei a vocês *duas formas importantes de orientá-los na escolha dos exercícios*."

— Mas onde encontramos esses exercícios? — indaguei.

— Lembrem-se de todos os experimentos que realizaram. O tempo e o ritmo são essenciais em todos eles.

"Como resultado, vocês têm material suficiente para 'treinamento e exercícios'.

"Então, hoje respondi à pergunta que deixei em aberto da última vez" — disse Tortsov ao sair.

.. .. 19..

— Seguindo nosso plano de estudos, primeiramente, descobrimos como o *Tempo-ritmo* da ação afeta nossos sentimentos — disse Tortsov, lembrando-nos de aulas anteriores.

"Agora faremos os mesmos testes com o *Tempo-ritmo* da fala.

"Se o efeito dele sobre os nossos sentimentos for igual ou mais forte do que sobre as nossas ações, então a psicotécnica de vocês se enriquecerá com um método de trabalho novo e muito importante, que consiste em usar o externo para influenciar o interno, ou seja, usar o Tempo-ritmo da fala para afetar o sentimento.

"Começarei pelo fato de que os sons e a fala são um bom meio para transmitir e expressar o Tempo-ritmo do Subtexto e do texto de superfície. Como disse antes, 'quando falamos, preenchemos o tempo com sons de várias durações, com intervalos entre eles'. Ou, em outras palavras, uma linha de palavras se estende ao longo do tempo, mas, nesse caso, o som se quebra em letras, sílabas e palavras agrupadas em seções rítmicas.

"A natureza de alguns sons, sílabas e palavras exige uma dicção cortada, semelhante às colcheias e semicolcheias na música. Junto com isso, outros devem ser proferidos com maior extensão e peso, como semibreves e mínimas. Algumas letras e palavras são forte ou fracamente enfatizadas. Um terceiro tipo, no entanto, não é enfatizado, um quarto tipo, um quinto tipo etc. são combinados em duínas e tercinas etc.

"Esses sons falados, por sua vez, são entrecortados por pausas e respirações de extensão variável. Todos os recursos da palavra falada criam um Tempo-ritmo contínuo e variado, e podemos usá-los para desenvolver a fala métrica de que precisamos para comunicar verbalmente, em palavras, tanto as emoções sublimes da tragédia quanto as alegrias modestas da comédia.

"Se desejarmos criar o Tempo-ritmo na fala, precisamos não apenas dividir os sons em grupos, mas também marcar as batidas e, desse modo, criar barras de fala.

"O metrônomo e a sineta produziram essas barras por ações. Qual é o seu equivalente na fala? Como sincronizamos essa ou aquela letra ou sílaba com a batida? Temos de contar mentalmente, em vez de usar o metrônomo, e nunca parar de escutar instintivamente o Tempo-ritmo que estamos ouvindo.

"A fala métrica, ressonante e suave é muito semelhante ao canto e à música.

"Letras, sílabas e palavras são as notas musicais da fala, com as quais criamos compassos, árias e sinfonias. A bela fala é chamada, com justiça, de musical.

"A fala ressonante e métrica aumenta o poder efetivo das palavras.

"Na fala, assim como na música, exprimir-se em semibreves, semínimas, colcheias ou semicolcheias, em quartinas, tercinas etc. não é a mesma coisa. Existem uma diferença entre dizer: 'Eu cheguei aqui (pausa) fiquei esperando por muito tempo (pausa) inutilmente (pausa) e fui embora' em semibreves e semínimas medidas, fluidas e calmas, e modificar a extensão e o ritmo das palavras, usando colcheias e semicolcheias em compassos de quatro tempos, com todos os tipos de pausas:

"'Eu...... cheguei aqui...... fiquei esperando por muito tempo...... inutilmente...... e fui embora.'

"No primeiro exemplo, temos calma e, no segundo, nervosismo e ansiedade.

"Cantores talentosos sabem tudo sobre isso 'pela graça de Deus'. Eles têm medo de transgredir o ritmo e, assim, se existem três semínimas impressas, eles dão a elas um igual valor. Se o compositor incluir uma semibreve, os verdadeiros cantores irão sustentá-la até o fim. Se a música exigir tercinas ou notas pontuadas, eles as incluirão exatamente como é exigido pela matemática da música e do ritmo. Essa precisão produz um efeito indelével. A arte exige ordem, disciplina, precisão e acabamento. E mesmo quando temos arritmia musical, um acabamento limpo e bem feito ainda é essencial. O caos e a desordem também têm seu próprio *Tempo-ritmo*.

"Tudo o que foi dito sobre música e canto se aplica aos atores dramáticos. No entanto, muitos não são realmente cantores, mas apenas pessoas que cantam, com ou sem uma boa voz. Eles transformam colcheias em semicolcheias, semínimas em mínimas, transformam três colcheias iguais em uma só com uma impressionante facilidade.

"Como resultado, seu canto carece da precisão, da disciplina, da organização e do acabamento exigidos pela música. É algo confuso, borrado, caótico. É algo que deixa de ser música e se transforma em mera exposição vocal.

"A mesma coisa acontece com a fala.

"Atores como Igor, por exemplo, têm uma fala-ritmo inconsistente. Ela não só muda ao logo de numerosas orações, mas também dentro da mesma sentença. Muitas vezes, a primeira metade de uma sentença é dita em um *tempo* lento, e a segunda, muito mais depressa. Vamos considerar, por exemplo, 'Muito poderosos, sérios e veneráveis senhores'[3]. Essa sentença é dita de forma lenta e solene, mas as palavras seguintes, 'Meus nobilíssimos e bem acreditados mestres', são ditas na correria, após uma longa pausa. O mesmo ocorre com palavras individuais. 'Absolutamente', por exemplo, é dita com rapidez, porém, se arrasta no final: 'ab... so... lu... ta... meeeeeen... te'.

"Muitos atores que não têm sensibilidade para a língua ou preocupação com as palavras cortam o fim de palavras e frases por conta da velocidade sem sentido de sua declamação.

"As mudanças no *Tempo*-ritmo são ainda mais aparentes em atores originários de um país específico.

"Isso não deveria ocorrer na fala correta e de boa qualidade, mas, se ocorrer, apenas em casos excepcionais, em que se muda o *Tempo*-ritmo intencionalmente, porque isso faz parte da personagem. Consequentemente, os

---

3. Ato I, cena I.

intervalos entre as palavras devem estar de acordo com a rapidez ou a lentidão com que elas são declamadas. Quando se fala rápido, as pausas devem ser curtas; quando se fala devagar, elas devem ser mais longas.

"Nosso problema é que muitos atores não desenvolveram dois importantes aspectos da fala. Por um lado, existem *suavidade e uma fluidez lenta e ressonante* e, por outro, *velocidade e uma articulação leve, clara e limpa.* É raro ouvirmos uma fala *lenta*, ressonante e fluida ou uma fala genuinamente rápida e leve sendo declamada nos palcos russos. Quase sempre as pausas são longas e as palavras entre elas são apressadas.

"Mas, para uma fala lenta e solene, precisamos de uma linha cantante ressonante e sustentada, e não de silêncios.

"Ler lentamente ao som de um metrônomo, preservando o fluxo das palavras e ritmos, e justificando-os internamente de forma adequada, ajudará vocês a desenvolver uma fala lenta e suave.

"Mais raro ainda é ouvir uma declamação bem feita e rápida, que respeite o *tempo*, que tenha ritmos limpos, dicção e articulação claras e que possa comunicar ideias. Nós não deslumbramos o público com a velocidade da nossa articulação, como os atores franceses e italianos. A nossa articulação é embaçada, pesada, confusa; não é rápida, mas atropelada, cuspida, espirrando as palavras. Vocês têm de desenvolver uma articulação rápida falando lentamente e com uma precisão exagerada. Repetindo as mesmas palavras muitas e muitas vezes, vocês podem treinar os órgãos de articulação até serem capazes de pronunciá-las com muita velocidade. Isso exige exercícios regulares, e vocês devem fazê-los porque a fala de palco não pode ser feita sem velocidade. Então, não tomem maus cantores como modelos e não distorçam o ritmo. Aprendam com bons cantores, com sua precisão, regularidade rítmica e sua disciplina.

"Quando estiverem lendo, deem a cada letra, sílaba e palavra seu próprio valor sonoro e rítmico, formem sentenças em barras de fala, organizem o fraseado e valorizem a ênfase clara e bem feita, que são os elementos típicos das paixões e dos sentimentos vividos, essenciais à criação de uma personagem.

"Os ritmos de fala claros e precisos facilitam a revivência rítmica limpa e vice-versa: a vivência rítmica ajuda a falar com clareza. É claro que isso só funciona se essa clareza for justificada internamente pelas Circunstâncias Dadas ou por um 'se' mágico."

.. .. 19..

Hoje, Tortsov colocou o metrônomo grande para funcionar em um *tempo* lento. Rakhmánov, como sempre, marcou as barras de compasso com uma sineta.

Então, eles puseram um metrônomo pequeno para funcionar, indicando o ritmo da fala.

Tortsov sugeriu que eu falasse no ritmo desse metrônomo.

– E devo dizer o quê? – perguntei, sem ideia nenhuma.

– O que você quiser – respondeu ele. – Conte-nos sobre algo que aconteceu com você, o que você fez ontem ou no que está pensando em fazer hoje.

Comecei a lembrar-me de um filme que tinha visto no dia anterior. O metrônomo marcava as batidas e a sineta tocava, mas isso não tinha quase nenhuma relação com o que eu estava dizendo. A máquina estava funcionando por conta própria, e eu também.

Tortsov riu e comentou:

– Quando isso acontece, dizemos, "a banda toca, mas a bandeira apenas tremula"[4].

– Não me surpreende, pois não tenho a menor ideia de como falar no ritmo de um metrônomo – disse eu, sentindo-me diminuído e tentando me justificar.

"As pessoas podem cantar e declamar poesia em um *tempo* e em uma determinada indicação de compasso, de forma que a cesura e a métrica estejam de acordo com determinadas batidas do metrônomo. Mas como faremos isso em prosa? Não tenho a menor ideia do ponto em que as palavras e as batidas devem coincidir" – reclamei.

E, de fato, às vezes eu me atrasava, outras me adiantava, às vezes arrastava o *tempo* e outras vezes o acelerava demais.

Sempre havia uma disparidade entre mim e o metrônomo.

Então, de repente, muito por acaso, encontrei a batida diversas vezes e me senti muito bem com isso.

Mas meu prazer durou pouco. O *Tempo*-ritmo que eu tinha encontrado acidentalmente durava apenas alguns segundos por seus próprios meios e, então, desaparecia, e o desencontro retornava.

Fiz o possível para encontrar novamente a batida, mas quanto mais tentava, mais confusos ficavam meus ritmos e mais o metrônomo parecia me atrapalhar. Eu não tinha mais nenhuma ideia daquilo que estava dizendo e, então, parei.

– Não consigo continuar! Não tenho sensibilidade nenhuma para o *tempo* ou para o ritmo! – decidi, mal segurando as lágrimas.

– Bobagem! Não se deixe intimidar! – disse Tortsov, encorajando-me. – Você está esperando demais do *Tempo*-ritmo em prosa. Ele não pode lhe dar o que você está querendo. Não se esqueça de que prosa não é poesia, da mesma forma que ações não são dança. Você não pode acertar a batida com absoluta regularidade, ao passo que na poesia e na dança você pode preparar e construir isso de antemão.

---

4. Citação do Chefe dos Correios em *O inspetor geral*, de Gógol, Ato I, cena II.

"As pessoas que têm ritmo encontram a batida mais vezes, e aquelas que não têm o fazem menos vezes. É só isso.

"Estou tentando descobrir quais de vocês pertencem à primeira categoria e quais pertencem à segunda.

"Mas você não precisa se preocupar" – disse-me ele. – "Você é um dos estudantes que têm ritmo. Mas ainda não conhece o método específico que o ajudará a controlar o *Tempo-ritmo*. Ouça com atenção, pois revelarei um importante segredo da técnica vocal.

"Existe *Tempo*-ritmo na prosa, assim como na música e na poesia. Porém, na fala comum, ele é bastante fortuito. Na prosa, o *Tempo*-ritmo está em todo lugar. Um compasso tem um ritmo, o compasso seguinte tem outro bastante diferente. Uma sentença é arrastada, outra é abreviada, e cada uma delas tem o seu próprio ritmo.

"Isso nos leva a um questionamento um tanto desencorajador: 'Será que podemos alcançar o ritmo na prosa?'.

"Responderei a isso com outra pergunta: alguma vez vocês ouviram uma ópera, uma ária ou uma canção que fosse composta em prosa, e não em versos? Os sons falados, sílabas, palavras e frases governam as notas, pausas, os compassos, o acompanhamento, as melodias e o *Tempo*-ritmo. Todos eles se fundem para formar a harmonia rítmica dos sons musicais, o Subtexto para as palavras. Quando o ritmo métrico e matemático predomina, a simples prosa quase soa como poesia e adquire uma estrutura musical. Vamos tentar seguir esse caminho quando falarmos em prosa.

"Vamos lembrar o que acontece na música. A voz canta a melodia e as palavras. Quando não existem palavras cantadas, entra o acompanhamento, e as pausas preenchem as batidas que faltam no compasso.

"Fazemos o mesmo na prosa. Letras, sílabas e palavras substituem as notas. Pausas, respirações e contagem preenchem aqueles momentos rítmicos em que não existe texto falado em uma barra de fala.

"Letras, sílabas e palavras são, como vocês sabem, a matéria-prima para os mais diversos ritmos.

"A correspondência regular de sílabas e palavras com as batidas fortes da prosa falada no palco pode ter uma certa semelhança com a música e a poesia.

"Podemos ver isso nos chamados 'poemas em prosa' e também nas obras de novos poetas, que podem ser chamadas de 'prosa poética', pois estão muito próximas da fala cotidiana.

"Assim, o *Tempo*-ritmo da prosa é composto de elocuções e pausas fortes e fracas. Podemos falar ou não falar, estar ativos ou inativos no *Tempo*-ritmo.

"As pausas e respirações são muito importantes para recitar poesia ou prosa, não somente porque fazem parte da linha rítmica, mas também porque desempenham um papel crucial e ativo na nossa técnica de criar e dominar o próprio ritmo. As pausas e respirações nos ajudam a fazer a correspondência dos momentos fortes da fala, da ação e da revivência com momentos idênticos da nossa contagem mental.

"Alguns especialistas chamam esse processo de preencher as batidas que faltam com pausas e respirações de 'tum-ti-tumação'.

"Explicarei a origem dessa expressão para que vocês possam entender melhor o processo.

"Quando cantamos uma canção e esquecemos a letra ou, simplesmente, não a conhecemos, nós a substituímos por sons sem significado, como 'tum-ti-tum-ti-tum' etc.

"Quando estamos contando mentalmente, também usamos esses sons para preencher as batidas e ações que faltam em um compasso, por isso o nome 'tum-ti-tumação'.

"Você se sentiu diminuído porque a correspondência entre a palavra e a batida, na fala em prosa, é uma questão de acaso. Agora você tem a segurança de que existe uma forma de combater o elemento do acaso: 'tum-ti-tumação'.

"Você pode usar isso para transformar a fala em prosa rítmica."

.. .. 19..

Tortsov entrou, virou-se para nós e sugeriu que recitássemos a sentença de abertura de O *inspetor geral*, de Gógol, em *Tempo*-ritmo.

"Chamei-os aqui, meus senhores, para lhes dar notícias desagradáveis: um inspetor está a caminho."

Todos nós recitamos a fala, um de cada vez, mas não conseguíamos acertar o ritmo.

— Vamos começar com a primeira metade da sentença — disse Tortsov. — Será que vocês podem encontrar um ritmo nela?

As respostas foram contraditórias.

— Será que vocês conseguem transformar essa sentença em verso e começar da primeira linha?

O grupo começou a versificar, e o resultado foi a seguinte "obra de arte":

> *Senhores, chamei-os aqui para dar*
> <u>*De uma vez*</u> *notícias desagradáveis —*
> Alguém está a caminho
> Um inspetor do governo.
>   Quem?
>
> Ele vem incógnito.
>   O que, isso também?

— Como veem — disse um encantado Tortsov —, é péssimo, mas ainda assim é poesia. Isso quer dizer que existe ritmo em um texto em prosa. Agora vamos fazer um experimento com a segunda metade da sentença: "para lhes dar uma notícia desagradável".

Num piscar de olhos, criou-se má poesia:

>*Para lhes dar notícias desagradáveis* e assim
>Poupá-los de uma surpresa desagradável.

Esse novo "trabalho" provou como o ritmo era eficaz na segunda metade da sentença. Escrevemos versos com base no último compasso da fala:

>*Um inspetor está a caminho!*
>Isso é algo estúpido de se dizer!

— Agora darei a vocês uma nova Tarefa — disse Tortsov. — Combinem esses três itens de verso, em diferentes ritmos, em uma "obra de arte", e recitem-nos um após o outro, sem interrupção.

Fizemos o melhor que podíamos, mas falhamos.

Os diferentes metros que forçamos a ficar juntos fugiam horrorizados uns dos outros e não se combinavam de jeito nenhum. Tortsov teve de tentar.

— Vou falar e vocês vão ouvir, podendo me interromper se o ritmo destoar demais — estipulou ele, antes de começar:

>*Senhores, eu os reuni aqui, hoje,*
>*Para lhes dar más notícias,* para dizer (ti-tum)
>Que lhes contarei logo tudo o que sei,
>Para poupá-los (tum-ti) de uma surpresa repentina (hm).
>Agora peço que ouçam (ti-tum), meus amigos,
>Pois eu........ (ti-tum)
>tenho me preocupado por muitos dias (hm)
>*Um inspetor está a caminho!*

— Como vocês não me interromperam, apesar da minha poesia malfeita, concluo que minha transição de um metro para outro não os chocou em demasia.

"Vou avançar mais uma etapa e encurtar as falas para aproximá-las mais do texto de Gógol" — explicou Tortsov.

>Senhores, chamei vocês aqui hoje (ti-tum)
>Para lhes dar notícias desagradáveis (ti-tum)
>Um inspetor está a caminho. (ti-tum)

"Ninguém contestou. Isso quer dizer que uma sentença em prosa pode ser rítmica" – resumiu Tortsov.

"Agora estamos convencidos de que a 'tum-ti-tumação' pode nos ajudar a fazer nosso trabalho. Ela funciona mais ou menos como o maestro de uma orquestra ou de um coro que tem de guiar todos os músicos e cantores e, depois, todos os ouvintes, de uma parte de uma sinfonia composta, digamos, em 3/4, para outra composta em 5/4. Isso não acontece de uma vez. Uma grande multidão de pessoas que está acostumada a viver em um *tempo* e em uma indicação de compasso em uma seção não consegue subitamente mudar para um *tempo* e um ritmo totalmente diferentes em outra seção.

"Muitas vezes, o maestro precisa ajudar a multidão de artistas e ouvintes a fazer a transição para outro padrão rítmico. Para tanto, ele primeiro necessita contar, fazer seu tipo de 'tum-ti-tumação', que ele marca com sua batuta. Isso não é algo que ele consiga de repente: ele guia seus artistas e seus ouvintes ao longo de uma série de passos rítmicos de transição, que gradualmente os levam a uma nova indicação de compasso.

"E precisamos fazer o mesmo, passar de um ritmo de fala a outro, que tem um *tempo* e uma indicação de compasso diferentes. A diferença entre o maestro e nós é que ele faz isso de forma explícita, com sua batuta, ao passo que nós o fazemos em segredo, interiormente, usando a contagem mental ou a 'tum-ti-tumação'.

"E, acima de tudo, nós, atores, precisamos dessas transições para podermos passar para o novo *Tempo*-ritmo de modo nítido e para carregarmos conosco, com precisão e confiança, o objeto de comunicação e, por meio dele, também o público.

"A 'tum-ti-tumação' em prosa é a ponte que une sentenças muito diferentes, com ritmos muito diferentes."

No fim da aula, falamos no tempo do metrônomo de uma maneira muito simplificada, como fazemos na vida real. Apenas tentamos fazer que as palavras e sílabas fortes correspondessem ao metrônomo, quando necessário.

Entre essas correspondências, agrupamos sucessivamente palavras e frases, de modo que as ênfases coincidissem com as batidas de uma forma que fosse logicamente correta, sem alterar o sentido. Também conseguimos preencher as palavras que faltavam no compasso por meio da contagem ou da inserção de pausas. É claro que isso ainda era uma forma muito fortuita de falar, mas, ainda assim, ela criou harmonia e fez que eu me sentisse bem.

Tortsov confere uma enorme importância à influência que o *Tempo*-ritmo exerce sobre a vivência.

.. .. 19..

FÁMUSSOV
O que é isso? Moltchálin, é você, garoto?
MOLTCHÁLIN
Sim.
FÁMUSSOV
A essa hora? Por favor, me diga, por quê?

Tortsov citava o primeiro ato de *A desgraça de ter espírito*, de Griboiédov. Então, após uma breve pausa, ele repetiu:
"– O que temos aqui? É você, rapaz, Moltchálin?"
"– Sim, senhor, sou eu."
"– De onde você surgiu a uma hora dessas?"
Tortsov dizia as mesmas sentenças, porém, sem métrica ou rima.
– O significado é o dos versos, mas quanta diferença! Na prosa, as palavras se espalham, não são mais concisas, claras, nítidas, inequívocas – explicou Tortsov. – Na poesia, todas as palavras são essenciais; nenhuma é supérflua. Na prosa, muitas vezes é preciso uma sentença inteira para dizer algo que a poesia pode dizer em duas palavras. E fica tão nítido quanto uma moeda que acabou de ser cunhada! "A prosa é vagarosa e a poesia é vigorosa", disse-me uma pessoa totalmente irrelevante.
"Pode-se dizer que a verdadeira diferença entre os dois exemplos que dei é que Griboiédov escreveu um deles e eu, sem sucesso, o outro.
"Isso é verdade, é claro. Mas continuo dizendo que, se o maior dos poetas escrevesse em prosa, ainda assim ele não seria capaz de expressar seu sentido com a precisão do ritmo e da rima da poesia de Griboiédov.
"No primeiro ato, por exemplo, em seu encontro com Fámussov, um apavorado Moltchálin tem uma única palavra para expressar seu horror: 'Sim'. Ela rima com a última palavra da fala de Fámussov, 'como assim'?
"Conseguem sentir a exatidão e o acabamento do ritmo e a perspicácia da rima?
"*O ator que for representar Moltchálin deve ter o mesmo acabamento, exatidão e acuidade em sua vivência e em seus sentimentos interiores e na sua expressão exterior de tudo o que se esconde por trás das palavras: o horror, o constrangimento, a subserviência que se desculpa – na verdade, o subtexto inteiro.*
"Sentimos a poesia de maneira diferente da prosa porque a poesia tem uma forma diferente.
"Poderíamos inverter essa sentença e dizer que a poesia tem uma forma diferente porque nós sentimos o Subtexto de maneira diferente.
"Uma das principais distinções entre prosa e poesia é seu *Tempo-ritmo*, a forma como suas diferentes métricas afetam a nossa Memória Emotiva, as nossas lembranças, sentimentos e vivências.

"Usando isso como premissa, podemos afirmar que, quanto mais rítmica for a poesia ou a prosa, mais claramente os pensamentos, sentimentos e o Subtexto inteiro poderão ser vivenciados. E, no sentido inverso, quanto mais exatos e rítmicos forem os pensamentos, sentimentos e vivências, mais rítmica será sua expressão verbal.

"Isso revela outro aspecto da interação entre o Tempo-ritmo e o sentimento.

"Vocês se lembram de ter regido o tempo e o ritmo de diversos estados de espírito, ações e até mesmo personagens que vocês criaram? Então, o simples fato de marcarem as batidas e o Tempo-ritmo delas estimulou a sua Memória Emotiva, seus sentimentos e vivências.

"Se a simples marcação das batidas é capaz disso, o processo fica muito mais fácil quando vocês usam os sons vivos da fala humana, o tempo-ritmo das letras, sílabas e palavras, e o Subtexto.

"Mesmo quando não entendemos por completo as palavras, o som do seu Tempo-ritmo nos afeta. Lembro-me, por exemplo, de uma das falas de Corrado, no melodrama intitulado *A morte civil*[5], da forma como Salvini o representou. Essa fala descreve a fuga de um escravo das galés.

"Eu não entendo italiano, não compreendi uma palavra do que ele disse, mas reagi a cada nuance de seu sentimento. Isso se deveu, em grande parte, não apenas às suas maravilhosas inflexões, mas também ao Tempo-ritmo excepcionalmente claro e expressivo quando ele falava.

"Além disso, penso em todos os poemas nos quais o Tempo-ritmo cria imagens sonoras: o tocar de sinos, o galope de cavalos. Por exemplo:

> O sino da noite
> O sino da noite
> Quantos sonhos
> Esse sino pode contar.

ou

> *Wer reitet so spät durch Nacht und Wind*
> *Es ist der Vater mit seinem Kind*[6]."

... .. 19..

— A fala é uma combinação não só de sons, mas também de pausas — disse Tortsov. — Ambos devem estar impregnados com o Tempo-ritmo.

---

5. No segundo ato de uma peça de Paolo Giacometti (1816-1882), *La morte civile*, traduzida em russo como *A família de um criminoso*, por Ostrôvski.

6. Poema de Goethe, "Der Erlkönig", mais conhecido na versão musicada por Franz Schubert.

"Ele vive nos atores enquanto eles estão no palco, quer estejam ativos ou inativos, falando ou calados. Agora seria interessante ver como diferentes andamentos e ritmos se relacionam durante a ação e a inação, a fala e o silêncio. Esse é um problema particularmente importante e difícil quando se declama poesia. É disso que falarei agora.

"A dificuldade com a poesia está no fato de haver um limite para a duração de uma pausa. Você não pode exagerar e ficar impune, pois uma pausa excessivamente indulgente quebra a linha do Tempo-ritmo. Então, tanto o falante quanto o ouvinte esquecem quais eram o *tempo* e a indicação de compasso anteriores. Eles saem tanto do *tempo* quanto do ritmo e têm de retornar novamente a eles.

"Isso quebra o verso e cria um hiato. No entanto, há momentos em que uma pausa prolongada é inevitável, pois a peça foi escrita dessa forma, com longos períodos de ação silenciosa entre as falas. Por exemplo, na cena de abertura do primeiro ato de *A desgraça de ter espírito*, Lizanka bate à porta do quarto de Sófia para encerrar o encontro amoroso entre sua patroa e Moltchálin antes do amanhecer. A cena se desenrola assim:

LIZANKA
(*à porta do quarto de Sófia*)
    Eles me ouvem, mas fingem que não.
    Deveriam abrir as persianas, mas não o fazem.
(*Pausa. Ela olha o relógio. Pensa.*)
    Eu vou mexer nos ponteiros, embora esteja com *raiva*,
    Vou fazê-lo badalar.
(*Pausa. Lizanka anda até o relógio, abre a porta de vidro e puxa ou aperta um botão. O relógio bate. Ela faz uma dancinha. Fámussov entra.*)
LIZANKA
    Ah! Patrão!
FÁMUSSOV
    Sim, senhorita, é o seu patrão.
(*Pausa. Fámussov anda até o relógio, abre a porta de vidro e gira o botão, fazendo-o parar de tocar.*)
    Para ser franco, que espertinha descarada você é
    Então me conte, que palhaçada é essa?"

— Como podem ver, a ação cria pausas longas na poesia. Devo acrescentar também que a dificuldade de manter-se fiel às rimas na poesia falada complica a nossa questão de manter o ritmo.

"Uma pausa longa entre 'raiva' e 'você é', e entre 'patrão' e 'essa' nos faz esquecer o esquema de rimas, e isso mata a própria rima. E uma pausa curta demais, que restrinja a ação, mata nossa *verdade e a crença* nela. Temos de conciliar o tempo, os intervalos entre as rimas e a ação. Uma sequência de fala, pausas, ações silenciosas e 'tum-ti-tumação' mantém constantemente o ritmo interno. Isso cria um estado de espírito, que evoca sentimentos, tornando-se uma parte natural do processo criativo.

"Muitos atores que interpretam Lizanka e Fámussov têm medo de pausas longas; eles galopam através das ações para que possam voltar às palavras e ao *Tempo-ritmo* quebrado. O resultado é uma confusão que mata a verdade e a crença na ação, que faz picadinho do *Subtexto*, da sua vivência e também do *Tempo-ritmo* interno e externo. Ação e fala que são picadas dessa maneira criam um absurdo teatral. As duas coisas se tornam tediosas, não fazem a plateia se interessar pela peça, elas a matam. É por isso que esses atores erram ao correr para o relógio e fazer muito estardalhaço ao acioná-lo ou pará-lo. Eles só revelam sua incapacidade, seu medo de pausas, sua precipitação sem sentido e a ausência de qualquer *Subtexto*. Precisamos fazer as coisas de maneira diferente: realizar as ações com calma, sem pressa, sem pausas excessivas no diálogo, contando todo o tempo, guiados pelo nosso senso de verdade e pelo nosso senso de ritmo.

"Quando falarem depois de uma pausa longa, vocês devem, por um momento, sublinhar com muita força o *Tempo-ritmo* do verso. Isso ajuda o ator e a plateia a voltar ao *tempo* e à métrica que haviam sido quebrados e, talvez, esquecidos. Nesses momentos, a 'tum-ti-tumação' é de grande utilidade para nós. Primeiramente, ele preenche uma pausa longa com a contagem rítmica mental. Em segundo lugar, dá vida a essa pausa. Em terceiro lugar, ela conserva a ligação com a sentença anterior que foi quebrada e, em quarto lugar, leva vocês de volta ao *Tempo-ritmo* anterior.

"Vejam o que acontece quando se declama poesia com pausas:

	Vou mexer nos ponteiros
Lizanka atravessa a sala	Tum-ti-tum-ti-tum-ti-tum
	Tum-ti-tum-ti-tum-ti-tum
	embora esteja com raiva
	(tum)
abre o relógio	Tum-ti-tum-ti-tum
	Vou fazê-lo tocar
	Tum-ti-tum-ti-tum-ti-tum
	Tum-ti-tum-ti-tum-ti-tum

aperta o botão
O relógio toca
Lizanka dança
Fámussov abre a porta,
entra furtivamente
Lizanka o vê, corre

LIZANKA	Ah! Patrão?
FÁMUSSOV	Sim, *senhorita, é o seu patrão*
	Tum-ti-tum-ti-tum
	Tum-ti-tum-ti-tum
Fámussov	
para o relógio	Para ser franco, você é uma espertinha descarada

"Como podem ver, o Tempo-ritmo tem um papel crucial em todos os momentos, sejam eles de fala, ação ou pausa.

"Assim como a Ação Transversal e o Subtexto, ele atravessa como um fio todas as ações, palavras faladas, pausas e vivências."

.. .. 19..

Hoje, Tortsov disse:

– Chegou a hora de resumir uma grande quantidade de trabalho. Vamos olhar rapidamente tudo o que fizemos. Lembram-se de como batemos palmas e de como isso criou um estado de espírito ao qual reagimos de forma automática? Lembram-se de como batemos palmas para tudo o que nos vinha à mente: uma marcha, um bosque no inverno, conversas? A ação de bater palmas criou um estado de espírito e evocou vivências em nós, e talvez até naqueles que estavam nos ouvindo. Lembram-se dos três sinais antes da partida do trem e de como vocês realmente ficaram excitados como se fossem passageiros? Lembram-se de como brincaram com o Tempo-ritmo e usaram um metrônomo imaginário para estimular uma grande variedade de vivências? E do improviso com a bandeja e de como vocês se transformaram interior e exteriormente, passando de presidente de um clube desportivo a um garçom bêbado em uma pequena estação ferroviária? Lembram-se de terem atuado ao ritmo da música?

"Em todos esses improvisos e exercícios em ação, o Tempo-ritmo criou um estado de espírito e evocou, todas as vezes, sentimentos correspondentes.

"Nós trabalhamos da mesma forma com as palavras. Vocês se lembram de como as semínimas, colcheias, duínas e tercinas afetaram nosso estado mental?

"Lembram-se de como experimentamos combinar a recitação de versos com pausas ativas e rítmicas? E de como vocês sempre acharam útil a técnica da 'tum-ti-tumação'? E de como o ritmo geral dos versos recitados e da ação precisa e metricamente regular uniu palavras e movimentos?

"O mesmo ocorreu, em maior ou menor grau, de uma forma ou de outra, em todos esses exercícios que mencionei: *foram criados sentimentos e vivências interiores.*

"É, portanto, justificado afirmarmos que *o Tempo-ritmo afeta nossa vida interior, nossos sentimentos e vivências, seja de forma automática, seja de forma intuitiva ou consciente. O mesmo vale para quando estamos sendo criativos no palco.*

"Agora, me deem a sua total atenção porque eu vou discutir um elemento importante não somente em nossa preocupação imediata, o *Tempo-ritmo*, mas em *nosso trabalho criativo como um todo.*

"A nova descoberta é a seguinte."

Após uma longa pausa, Tortsov começou sobriamente:

— Tudo o que vocês aprenderam sobre o *Tempo-ritmo* nos leva a concluir que ele é o nosso amigo e companheiro mais íntimo, pois *ele é frequentemente o estímulo direto, imediato e, às vezes, quase automático para a Memória Emotiva e, consequentemente, para as vivências interiores.*

"Disso, naturalmente, temos o seguinte:

"Em primeiro lugar, o sentimento correto é impossível com um *Tempo-ritmo* errado.

"[Em segundo lugar], vocês não podem descobrir o *Tempo-ritmo* correto sem vivenciarem, simultaneamente, os sentimentos que correspondam a ele. Existe uma ligação indissolúvel entre o *Tempo-ritmo* e o sentimento e, reciprocamente, entre o sentimento e o *Tempo-ritmo*. Eles são interconectados, interdependentes e interativos.

"Examinem um pouco mais profundamente aquilo que eu disse e apreciem o valor pleno da nossa descoberta. Ela é extremamente importante. Estamos falando sobre *o efeito imediato, frequentemente automático, que o Tempo-ritmo tem sobre sentimentos voluntariosos, arbitrários, desobedientes e apreensivos, que não aceitam ordens, que fogem ao menor sinal de estarem sendo forçados e que se escondem onde não podem ser achados. Até aqui, fomos apenas capazes de afetá-lo de forma indireta, usando iscas, mas agora temos uma técnica para acesso direto.*

"Essa é, de fato, uma grande descoberta! E, se for verdadeira, então o *Tempo-ritmo* correto para uma peça ou um papel pode capturar nossos sentimentos e evocar as vivências certas espontânea, intuitiva, subconsciente, quase automaticamente.

"Isso é extraordinário!" – disse Tortsov, com alegria.

"Perguntem a cantores e atores o que significa cantar com um maestro de gênio que sente o *Tempo-ritmo* verdadeiro, preciso e característico de uma obra.

"'Não nos reconhecemos', exclamam os cantores-atores, levados pelo talento e pela sutileza de um maestro de gênio. Porém, e se acontecesse o oposto, se um cantor sentisse e vivenciasse a partitura corretamente e, de repente, se confrontasse com um *Tempo-ritmo* que fosse exatamente o oposto do seu e estivesse errado? Isso inevitavelmente mataria toda a vivência, todo o sentimento, a personagem e *o estado criativo*, que são essenciais no trabalho criativo.

"Exatamente a mesma coisa acontece conosco quando o *Tempo-ritmo* não corresponde aos nossos sentimentos e à forma como o materializamos.

"Então, qual é o resultado final?

"Uma conclusão incomum, que abre todo tipo de possibilidades para a nossa psicotécnica: a de que nós possuímos *estímulos diretos e imediatos para cada um dos nossos impulsos psicológicos.*

"*Palavras, falas, pensamentos, representações que levam a juízos, tudo afeta diretamente as nossas mentes. A Supertarefa, as Tarefas, a Ação Transversal, tudo afeta diretamente a nossa vontade (desejos). O Tempo-ritmo afeta diretamente o sentimento.*

"Não seria esse um acréscimo importante à nossa psicotécnica?"

.. .. 19..

Hoje, Tortsov revisou o Tempo-ritmo na fala. Primeiro ele chamou Lev, que proferiu uma das falas de Salieri e cujo Tempo-ritmo estava bastante satisfatório.

Relembrando o fiasco de Lev no improviso com a bandeja, em uma aula anterior, Tortsov disse:

— Vocês têm aqui um exemplo de como a ação arrítmica e a fala rítmica podem existir lado a lado na mesma pessoa, mesmo que tenha sido algo um tanto árido e psicologicamente pobre.

Então, ele testou Igor que, ao contrário de Lev, tinha brilhado no improviso com a bandeja. Mas hoje ele não brilhou como orador.

— Temos aqui um exemplo de alguém com ação rítmica e fala arrítmica — disse Tortsov.

Grícha foi o próximo.

Mais tarde, Tortsov comentou que existem atores que têm o mesmo Tempo-ritmo para todas as personagens, todas as ações, todas as falas e todas as pausas.

Na opinião de Tortsov, Grícha era um desses atores que tem andamento e padrão rítmicos.

O Tempo-ritmo de tais atores combina com seu tipo de personagem.

Os "pesados" sempre têm um Tempo-ritmo "pesado".

A "*ingénue*", uma garota inocente, sempre tem um ritmo inquieto e acelerado.

O cômico, o herói, a heroína, todos têm Tempo-ritmos fixos.

Grícha, apesar de todas as suas pretensões de ser um "herói", desenvolveu o andamento e o padrão rítmico de um "*raisonneur*"[7].

— É uma pena — disse Tortsov — porque isso enfraquece tudo. Teria sido melhor se ele tivesse mantido o seu próprio Tempo-ritmo humano. Pelo menos, não teria permanecido sempre o mesmo: teria vivido e mudado o tempo todo.

....

7. Personagem característico da comédia neoclássica francesa. O *raisonneur* é o homem do bom senso e da razão que tenta persuadir os outros a tomar o caminho do meio e a evitar os extremos.

Tortsov não me chamou, nem chamou Pácha hoje, e também não chamou Nikolai ou Dária.

Aparentemente já o havíamos entediado bastante e mostrado o que éramos capazes de fazer em relação ao Tempo-ritmo em Otelo e Brand.

Mária não disse nada, porque não possuía repertório. Vária era o *alter ego* de Grícha.

Assim, a "revisão do Tempo-ritmo" não levou muito tempo.

Tortsov não tirou conclusões da revisão, mas declarou:

— Existem muitos atores que só se deixam atrair pelas exterioridades do verso declamado, pelo ritmo e pela rima, e se esquecem de tudo sobre o Subtexto e o *Tempo-ritmo interno do sentimento e da vivência*.

"Eles respeitam as exterioridades com uma precisão quase pedante. Destacam cuidadosamente as rimas, a escansão, marcam automaticamente as batidas fortes e têm pavor de destruir a precisão matemática da métrica. Eles também têm medo de fazer pausas, pois sentem um buraco no Subtexto, mas eles não têm um Subtexto, e sem ele não é possível ter nenhum sentimento pelas palavras, porque as palavras não falam para o coração a não ser que sejam trazidas à vida de dentro. Elas só são interessantes como rima e ritmo articulados.

"O resultado é um balbucio mecânico, que não pode ser aceito como declamação de versos.

"Esses atores fazem o mesmo com o *tempo*. Eles adotam uma velocidade e se agarram a ela enquanto estiverem falando, esquecendo-se de que o *tempo* vive, vibra e, até certo ponto, muda o tempo todo, isto é, não fica estagnado.

"Essa abordagem do *tempo*, a ausência de qualquer sentimento, não é diferente da moedura de um realejo ou do tique-taque mecânico do metrônomo. Comparem essa visão de *tempo* com a atitude de maestros de gênio como Nikisch[8].

"Para maestros refinados como esses, um *andante* não é um *andante* ininterrupto, e um *allegro* não é apenas um *allegro*. Cada um deles faz uma rápida aparição no outro. Essas flutuações trazem uma vida que estava totalmente ausente no tique-taque do metrônomo. Em uma boa orquestra, o *tempo* é constante, mas também está mudando e se mesclando sutilmente, como um arco-íris.

"Tudo isso é absolutamente relevante para a atuação. Existem atores e diretores de mera técnica e existem também belos maestros. Os primeiros têm andamentos de fala entediantes, monótonos e convencionais; os segundos têm andamentos infinitamente variados, vivos e expressivos. É preciso que eu diga que os atores que tratam o Tempo-ritmo como uma forma externa nunca dominarão a declamação de versos como forma estética. Também

---

8. Arthur Nikisch (1855-1922), maestro húngaro.

conhecemos outras formas de declamar versos no palco nas quais o *Tempo-ritmo* está tão fragmentado que os versos quase viram prosa.

"Isso muitas vezes acontece porque o Subtexto é profundo e pesado demais para a leveza do próprio texto.

"Esse tipo de vivência é sobrecarregado com pausas psicológicas, Tarefas internas pesadas e uma psicologia complexa e emaranhada."

"O ator é sobrecarregado por pausas psicológicas pesadas, tarefas internas onerosas e uma mentalidade complexa e confusa.

"Isso produz um *Tempo-ritmo* interno proporcionalmente pesado e um Subtexto psicologicamente confuso que são difíceis de unir com palavras da própria poesia.

"Uma soprano wagneriana pesada, poderosa e dramática não pode cantar árias de *colloratura* ligeira.

"Da mesma forma, vocês não devem usar os ritmos e rimas leves da poesia de Griboiédov para expressar vivências profundas e pesadas.

"Será que isso quer dizer que a poesia não pode ser profunda em conteúdo e sentimento? É claro que não. Sabemos como amamos usar a poesia para expressar os nossos sentimentos mais elevados e as nossas emoções mais trágicas.

"Devo acrescentar que atores que sobrecarregam desnecessariamente o Subtexto têm grande dificuldade para dominar a forma poética.

"Um terceiro tipo de ator encontra o meio-termo. Ele valoriza tanto o Subtexto, com seu *Tempo-ritmo* interno e suas vivências, quanto o próprio texto, com sua forma, sons, métrica regular e precisão. Ele lida com a poesia de forma bastante diferente. Ele entra nas ondas do *Tempo-ritmo* já na primeira leitura. Ele informa tudo o que faz, não apenas sua fala, mas seus movimentos, a maneira como ele anda. Ele transmite e recebe em *Tempo*-ritmo. Ele nunca o abandona, seja ao falar, ao pausar, ao marcar pausas lógicas ou psicológicas, quer esteja ativo ou inativo.

"Atores que absorveram o *Tempo-ritmo* fazem um livre uso das pausas porque as pausas também são informadas pelo *Tempo*-ritmo, dando calor humano por meio de sentimentos e ideias que eles justificaram.

"Eles carregam o tempo todo o seu próprio metrônomo invisível dentro deles, e ele acompanha mentalmente todas as suas ações, palavras, pensamentos e sentimentos.

"É só então que a poesia deixa de ser uma camisa de força e dá aos atores total liberdade para a vivência e a ação interna e externa. Só então o processo interior de vivenciar e o processo exterior de dar a ela uma expressão verbal podem produzir um *Tempo-ritmo* e um casamento entre o texto e o Subtexto.

"Como é maravilhoso ter noção de *tempo* e de ritmo. Como é importante desenvolver isso quando se é jovem. Existem muitos atores que, infelizmente, têm uma noção grosseira de *Tempo*-ritmo.

"Quando os atores realmente sentem o que estão comunicando, suas palavras e ações tornam-se relativamente rítmicas. Isso também se deve à ligação íntima entre *ritmo e sentimento*. Mas quando o sentimento não ganha vida espontaneamente e necessita do ritmo para ajudá-lo, eles ficam desamparados."

22

Lógica e sequência[1]

1.

— A lógica e a sequência internas e externas são essenciais para nós, atores. Por isso, baseamos a maior parte de nossa técnica nelas.

"Vocês devem ter notado que, neste ano, eu me baseei totalmente nelas, seja lidando com ações físicas externas simples e reais ou com ações e vivências externas complexas e intrincadas.

"A lógica e a sequência na ação e no sentimento constituem um dos mais importantes elementos nos estudos que estamos realizando.

"Como podemos fazer um bom uso delas?

"Começarei com a ação externa, porque isso vai tornar a nossa discussão mais clara.

"Na vida real, realizamos ações com lógica e sequência extraordinárias, que foram incorporadas aos nossos músculos por anos de hábito. Na verdade, temos poucas escolhas, pois muitas ações essenciais seriam impossíveis sem a lógica e a sequência corretas. Quando temos de encher um copo com água, por exemplo, primeiro temos de tirar a tampa da garrafa, colocar o copo sob a garrafa, pegá-la, incliná-la e verter a água no copo. Se decidirmos alterar essa sequência e começar vertendo a água sem colocar o copo sob a garrafa ou se não tirarmos a tampa de vidro da garrafa e inclinarmos sobre

---

1. Existem três manuscritos desta parte. Uma série de rascunhos foi reunida por Stanislávski pouco antes da sua morte, para que ele pudesse reformulá-los. Muitas páginas não estão numeradas. Um segundo manuscrito, mais antigo, intitulado *A lógica dos sentimentos*, data de novembro de 1937. Stanislávski também considerou incluir uma seção, *Lógica e sequência*, em um capítulo intitulado *Outros elementos*.

o copo, o resultado será desastroso: derramaremos água na bandeja ou na mesa sobre a qual está a garrafa ou quebraremos o copo quando a tampa cair sobre ele da garrafa inclinada.

"A sequência é ainda mais importante nas ações mais complexas.

"Isso tudo é tão elementar, tão óbvio, que normalmente não pensamos a respeito. A lógica e a sequência vêm em nosso auxílio por uma questão de hábito.

"Mas, por mais estranho que pareça, quando estamos no palco nos esquecemos da lógica e da sequência até mesmo das ações mais simples. Lembram-se da maneira como os cantores agitam copos que supostamente estão cheios de vinho? Lembram-se de como eles bebem em grandes goles imensas taças cheias, mas nunca se engasgam com aquele enorme fluxo de líquido passando pelas suas gargantas?

"Se você fizer isso na vida real, vai engasgar e sufocar ou derramar três quartos do vinho no seu colarinho e nas suas roupas. Os atores têm realizado ações dessa maneira há séculos, sem nunca perceberem a ausência de lógica e de sequência. Isso ocorre porque não nos preparamos para beber vinho de uma garrafa de papel machê vazia de uma forma natural quando estamos no palco. Não precisamos de lógica nem de sequência para isso.

"Normalmente, sequer pensamos nas nossas ações, mas, ainda assim, elas são lógicas e sequenciais. Por quê? Porque elas são essenciais. Nós fazemos aquilo que temos de fazer por um hábito motor e estamos inconscientemente cientes daquilo que temos de fazer.

"Cada ação que realizamos subconsciente ou automaticamente na vida real tem lógica e sequência. Elas são normalmente, por assim dizer, parte subconsciente de todas as ações que precisamos realizar para sobreviver.

"Mas não precisamos das ações que realizamos no palco. Apenas fingimos precisar delas.

"É difícil fazer alguma coisa quando ela não é realmente necessária, sem nenhuma necessidade dela. Nesse caso, não realizamos ações reais, nós as fazemos 'de modo geral', e vocês sabem que isso leva à convenção teatral, ou seja, às mentiras.

"Então, o que devemos fazer? Devemos criar uma grande ação a partir de pequenas ações individuais que se encaixem de forma lógica e sequencial. Foi esse o caso com Kóstia no 'queimando dinheiro', na cena em que ele o estava contando.

"Mas então o peguei pela mão e guiei cada uma das suas pequenas ações constituintes. Sem mim, ele não teria sido capaz de realizar a tarefa que lhe havia sido designada.

"E por que isso? Porque, como a grande maioria das pessoas, ele presta muito pouca atenção aos detalhes mais sutis da vida. Ele não tinha um interesse ativo por esses detalhes e não sabia que partes individuais compõem as nossas ações: ele não estava interessado na sua lógica e sequência, mas estava satisfeito apenas deixando que elas acontecessem.

"Mas eu sei por experiência prática o quanto precisamos da lógica e da sequência no teatro, e trabalho o tempo todo com elas. Eu observo a vida. Sugiro que vocês façam o mesmo. Se o fizerem, não terão dificuldade de se lembrar, quando estiverem no palco, das pequenas ações constituintes, da sua lógica e sequência, para tentar juntá-las novamente em uma grande ação.

"No momento em que vocês sentem a linha lógica de uma ação teatral e têm de repeti-la várias vezes, na sequência correta, ela imediatamente se torna uma parte viva da sua memória muscular e de outras formas de memória. Então, vocês sentirão a verdade genuína de sua ação, e essa verdade evocará a crença na realidade daquilo que estão fazendo.

"Uma vez que os atores conhecem a sequência e a lógica de suas ações, uma vez que eles as reconhecem e as aceitam como organismos vivos, então a ação genuína se torna parte de um papel e passa a acontecer subconscientemente, como na vida real. Estudem a lógica e a sequência das ações físicas com aplicação.

"Como podemos estudá-las? Como?...

"Peguem uma caneta e um papel e escrevam o que estão fazendo:

1. Procuro papel na escrivaninha.
2. Pego a chave, giro-a na fechadura, puxo a gaveta. Afasto a cadeira para dar espaço para a gaveta.
3. Tento me lembrar de como e em que ordem as coisas estão organizadas na gaveta. Sei onde devo procurar pelo papel. Encontro o papel, escolho as folhas corretas e as deixo sobre a escrivaninha, de forma ordenada.
4. Fecho a gaveta e puxo a cadeira para perto da escrivaninha.

"Devo dizer a vocês que tenho cadernetas especiais para anotar coisas assim. Tenho uma coleção dessas cadernetas e, muitas vezes, procuro informações nelas. As anotações exercitam minha memória muscular e são de grande ajuda para mim. Estou mencionando isso para vocês pensarem a respeito."

— No ano passado, se vocês se recordam, recorremos à lógica e à sequência em cada passo, assim como estudamos cada um dos Elementos. Isso mostra que elas são necessárias não apenas em nossas ações ou sentimentos, mas em todos os outros elementos de nosso trabalho criativo: pensamentos, anseios, imagens mentais, ideias, Tarefas, a Ação Transversal, contato e Adaptação. Somente quando existe uma linha ininterrupta de lógica e sequência correndo através da nossa atuação é que a verdade pode surgir e nos convencer de que aquilo que estamos fazendo é real.

"Não podemos acreditar sinceramente em algo que não tenha sequência ou lógica e, mesmo que fizéssemos [isso], seria uma exceção à regra, um caso especial. Uma falta de sequência e de lógica é aceitável, é claro, em alguns casos. Porém, no resto do tempo, devemos absolutamente nos assegurar de que tudo seja lógico e sequencial. Do contrário, iremos nos arriscar a cair na armadilha de transmitir paixões, personagens e ações 'de modo geral'. Vocês sabem que esse tipo de atuação resulta em representação, fingimento e mera técnica.

"Com o tempo, [vocês] aprenderão [como dominar a lógica e a sequência da ação]. Por enquanto, vou lhes recomendar um pequeno trabalho preparatório. Darei a vocês alguns indicadores.

"Quais são eles?

"Treinem seus poderes de concentração para observar seus mecanismos criativos internos e externos.

"Comecem com aquilo que é mais simples, com a lógica e a sequência externa das ações sem objetos, assim como fizemos com o 'contando as notas' e com a cena de abertura de 'queimando o dinheiro'.

"Esses exercícios ensinarão vocês a explorar a lógica e a sequência das pequenas ações individuais e constituintes, que criam uma grande ação.

"Vocês devem, como dizem, pôr as mãos na massa, treinar a si mesmos usando exercícios regulares em uma ampla variedade de ações sem objetos e de cenas que lhes vierem à cabeça. Quando vocês as tiverem analisado e apreendido sua lógica linear e sua linha de sequência, e souberem isso muito bem, vocês terão uma sensação de verdade. E onde existe verdade, existe crença; e onde existe crença, você está perto do 'limiar do subconsciente'.

"Depois de terem usado esses exercícios para disciplinar um pouco o seu poder de concentração, voltem-se para dentro, para sua mente, que precisa de lógica e de sequência em um grau muitíssimo elevado. Não se deixem intimidar pelo que estou dizendo. É muito mais fácil do que parece.

"Os tipos de exercícios que recomendo são os seguintes:

"Selecionem um estado mental, um estado de espírito e, por fim, uma emoção completa e transformem-nos em uma longa linha de ações pequenas e grandes, interiores e exteriores. O que isso significa?

"Suponhamos que vocês selecionem o estado de espírito *tédio*. Uma noite de outono, o crepúsculo vem mais cedo, o campo, a chuva, o granizo, a solidão, o estalido das folhas e dos galhos secos. O local da ação: a propriedade de um amigo, onde você está morando ou onde você pode estar agora mesmo em sua imaginação. Adicionem, tanto quanto puderem, as Circunstâncias

Dadas, que são características do lugar, do tempo e do estado de espírito que vocês escolheram."

— Como posso fazer isso? — perguntei, com interesse.

— Exatamente da mesma maneira que você fez nas aulas anteriores, em "contando o dinheiro". Você usou pequenos momentos da verdade e da crença na realidade daquilo que você estava fazendo (contando o dinheiro) e pequenas ações físicas e criou, de forma lógica, sequencial e progressiva, uma grande ação física, uma grande verdade e, portanto, uma crença naquilo que você estava fazendo.

"Lembra-se de que nós comparamos isso a seguir por uma trilha invadida pelo mato?"

— Eu me lembro, mas não consigo ver como nada disso pode ser uma aproximação para o subconsciente — comentei.

— E o que dizer de todas as suas ações de improviso? Elas provavelmente foram sugeridas pelo subconsciente.

— Pode ser, mas eram detalhes — argumentei.

— Esses detalhes trouxeram você para perto da verdade e evocaram a crença naquilo que você estava fazendo. Uma grande verdade chamou por outra ainda maior.

— Que outra maior? — perguntei, intrigado.

— Você queria saber sobre o passado do corcunda, sobre o passado de sua esposa, sobre o passado da sua própria personagem. Você tinha de inventar uma série de incidentes interessantes sobre o passado. Primeiro, isso tornou a sua situação mais crível, mais provável, e então trouxe você para perto da verdade, da crença e do subconsciente.

— Sim, eu tinha de saber por quem estava trabalhando, porque queria entreter o corcunda — recordei.

— Sua história o aproximou dele. Ela criou uma família para você, um ambiente acolhedor, um propósito sério para suas ações simples e físicas. Ela criou aquilo que chamamos de "estou sendo".

"Você realmente acha que podemos chegar a esse estado mental sem estarmos muito próximos do 'limiar do subconsciente'?

"Você estava perfeitamente alinhado com isso, suas ondas se derramavam sobre você. E você conseguiu tudo isso graças a pequenas e insignificantes ações físicas!"

2.

— ... Nossos elementos onipresentes, *lógica e sequência*, também estão presentes nas emoções.

"Mais uma vez, tenho de me desviar por um momento para examinar como a lógica e a sequência afetam os sentimentos.

"Em poucas palavras, vou discutir a lógica e a sequência do sentimento no processo de revivência criativa.

"Não é fácil falar de lógica e sequência do sentimento!

"É uma questão que apenas estudiosos podem responder. Então, como nós, amadores e leigos, vamos lidar com isso?

"A desculpa para a nossa audácia é a seguinte:

"Em primeiro lugar, não há outra saída. Temos de resolver essa questão de uma forma ou de outra. Nosso tipo de atuação, que se baseia na revivência genuína, tem de enfrentar a questão da lógica e da sequência de sentimentos. Sem elas não há verdade e, consequentemente, não há crença nem o 'estou sendo'. O nosso organismo e seu subconsciente, nos quais nossa arte, nossos esforços criativos e nossa vivência se baseiam, não funcionam sem elas.

"Em segundo lugar, não abordo a questão de uma forma científica, que está além da nossa competência, mas de uma forma prática.

"Como vocês já devem ter notado, sempre que a ciência e a tecnologia não têm conseguido, nós recorremos à nossa própria criatividade natural e biológica, ao nosso subconsciente e à experiência prática. E convido vocês a fazerem o mesmo agora. Deixemos a ciência e passemos a nossas próprias vidas, que conhecemos e que nos proporcionam uma ampla experiência, conhecimento e informações práticas, um rico e inesgotável material emocional, habilidades, hábitos etc. etc."

— Como é que vamos fazer isso? — perguntou Vánia, muito preocupado.

— Da mesma forma que fizeram anteriormente — disse Tortsov, acalmando-o. — Perguntem a si mesmos: *"O que eu faria, como um ser humano, se me encontrasse nas mesmas Circunstâncias da personagem que estou interpretando?"*.

"Não tentem me dar nenhuma resposta velha, em termos de forma exterior. Sejam sérios e sinceros. Envolvam seu sentimento e vontade, deixem que eles forneçam a resposta, e não apenas a sua inteligência. Não se esqueçam de que a mais insignificante ação física pode criar verdade e produzir sentimento de uma maneira natural.

"Além do mais, eu quero que vocês deem sua resposta não com palavras, mas com *ações físicas*.

"Deixem-me lembrá-los de que quanto mais claras, concretas e precisas forem essas ações, menor será o risco de vocês enfraquecerem a sua atuação.

"Então, para reconhecer e definir a lógica e a sequência de nosso estado mental e da vida do espírito humano, nós nos voltamos para o nosso corpo com suas ações físicas precisas, acessíveis e concretas, e não para os nossos sentimentos, que são muito pouco confiáveis e difíceis de fixar, ou para as complexidades de nossa mente. Nós reconhecemos, definimos e fixamos sua lógica e sequência não em jargão científico e em termos psicológicos, mas como simples ações físicas.

"Se elas forem genuínas, produtivas e cheias de propósito, se estiverem interiormente justificadas pelas vivências humanas sinceras, elas, então, estabelecerão um vínculo inquebrantável entre a nossa vida interior e a exterior. Vou usar isso, também, para os meus próprios propósitos criativos.

"Agora vocês podem ver como resolvemos uma questão complexa e impossível – a lógica e a sequência dos sentimentos – de uma maneira natural, simples e prática. Usamos a lógica e a sequência de ações físicas factíveis que conhecemos da vida real.

"Isso significa que o meu método simples, que não é científico, mas prático, leva ao resultado desejado.

"Em vez de sentimentos, que são esquivos e pouco confiáveis, volto-me para ações físicas fáceis, *procuro por elas em meus impulsos interiores*, extraio a informação que preciso da minha própria experiência humana direta da vida. Em tais momentos, deixo minhas memórias e minha própria natureza assumirem o controle, pois elas têm um faro para a verdade orgânica e sabem no que podem acreditar. Eu só tenho de ouvi-las. Vocês já devem ter percebido, é claro, que neste método não estamos falando sobre as ações físicas em si, mas sobre a maneira como nós as justificamos interiormente e podemos acreditar verdadeiramente nelas.

"Quando vocês precisam transmitir algum estado mental ou um sentimento, primeiro têm de perguntar: 'O que eu faria em semelhantes circunstâncias?'. Anotem isso, convertam isso em ações e coloquem-nas, como um traçado, no papel. Se a peça for boa e sua vida for real, então vocês vão descobrir que o traçado se encaixa, se não totalmente, ao menos em parte.

"Recomendo a vocês, veementemente, que escrevam perguntas e respostas relativas a um novo papel. Isso tem ainda uma outra vantagem.

"Para escrever uma pergunta ou uma resposta, vocês precisam encontrar exatamente as palavras certas. Vocês não podem fazer isso sem entrar profundamente na questão. Essa é uma forma muito útil de se conhecer melhor o papel. Tentem não ser vagos, definam seus sentimentos com precisão em palavras que não possam ser alteradas. Isso leva a uma análise muito mais ampla de sentimentos.

"Existe outra vantagem. Essas notas são materiais criativos inestimáveis para um ator.

"Imaginem que vocês tenham gradualmente anotado cada condição, cada estado de espírito que já vivenciaram em cada papel e em cada peça na sua carreira de atores.

"Se nossa lista contivesse todos os elementos individuais de que as paixões humanas são feitas, se vivenciássemos cada uma das partes constituintes de forma lógica e sequencial, de acordo com a nossa lista, ainda assim não seríamos capazes de persegui-los, [para que pudéssemos] agarrá-los com um estalar de dedos, como alguns atores fazem, mas teríamos de dominá-los gradualmente, pouco a pouco. Não é possível dominar grandes paixões logo de cara. Mas é isso que a maioria dos atores tenta fazer.

"Uma grande parte da sua Memória Emotiva vai para essas notas. Isso é muita coisa! É um material muito valioso quando se estuda a lógica dos sentimentos."

– Considerem o amor, por exemplo – começou Tortsov. – Do que ele é feito, que ações provoca essa paixão humana?

"Encontro com ele ou com ela.

"Existe uma atração imediata ou gradual e uma atenção muito maior é dedicada ao futuro amado.

"Os amantes revivem cada momento de seu encontro.

"Eles acham uma desculpa para se encontrar novamente.

"Segundo encontro. O desejo de estabelecer um vínculo por meio de interesses comuns, atividades que implicam encontros mais frequentes etc. etc.

"Depois:

"O primeiro segredo que os aproxima ainda mais.

"Aconselhamentos de amigos que requerem encontros e contato regulares etc. etc.

"Depois:

"A primeira briga, reprimendas, dúvidas.

"Novos encontros para desanuviar.

"Reconciliação. Maior proximidade etc. etc.

"Depois:

"Obstáculos aos encontros.

"Correspondência secreta.

"Encontros secretos.

"O primeiro presente.

"O primeiro beijo etc. etc.

"Depois:

"Amizade e espontaneidade em seu relacionamento.

"Uma atitude mais exigente para com o outro.

"Ciúme.

"Separação.

"Despedida.

"Um encontro adicional. Perdão etc. etc.

"Todos esses momentos têm uma base interior. Eles resumem os sentimentos interiores, as paixões ou estados mentais para os quais nós temos um nome: 'amor'.

"Realizem cada uma dessas ações de forma correta na sua mente, com um fundamento adequado, com cuidado, sincera e plenamente, e vocês se aproximarão, primeiro exteriormente e, depois, interiormente, dos estados e ações análogos aos de um homem apaixonado. Se fizerem esse trabalho de base, será mais fácil para vocês entenderem o papel e a peça nos quais essa paixão humana é retratada.

"Todos esses elementos, ou os mais importantes deles, aparecem, de uma forma ou de outra, em maior ou menor grau, em uma peça boa e bem construída. Os atores procuram por eles em seus papéis e os reconhecem. Eles são pontos de referência, sinalizações ao longo da peça e do papel. Podemos, então, realizar uma série de Tarefas e ações que, combinadas, formam o estado mental que chamamos de amor. Nós o criamos pouco a pouco, e não de uma vez só, não 'de modo geral'. Então atuamos, não dissimulamos, somos seres humanos, não nos comportamos como canastrões, nós sentimos, e não imitamos os resultados do sentimento.

"Mas a maioria dos atores, que não pensam nem aprofundam a natureza dos sentimentos que estão interpretando, representa o amor como uma grande experiência 'de modo geral'. Eles tentam 'compreender o incompreensível'. Eles se esquecem de que as experiências importantes são uma combinação de vários episódios e momentos separados. Vocês têm de conhecê-los a fundo, estudá-los, compreender e executar cada um deles separadamente. Caso contrário, vocês estão fadados a clichês sem vida e a atuação de mera técnica.

"Infelizmente, a lógica e a sequência dos sentimentos, tão importantes para os atores, ainda não são aplicadas no palco. Então, só nos resta esperar que isso aconteça no futuro.

"Realizem a seguinte tarefa e ação para mim: tranquem essa porta e, em seguida, passem por ela para a sala ao lado" – sugeriu-nos Tortsov. – "Vocês não podem. Nesse caso, respondam à pergunta: se estivesse totalmente escuro, como eu apagaria esta lâmpada? Vocês não podem fazer nenhuma das duas coisas.

"Se quiserem transmitir o seu segredo mais íntimo para mim, em caráter privado, como poderiam fazer isso no máximo da sua voz?

"Porque nos teatros, na ampla maioria dos casos, durante cinco atos, *ele* e *ela* fazem todo o possível para se casar, sofrem todas as provações e tribulações que se possa imaginar, lutam desesperadamente contra as dificuldades e, quando o tão esperado momento chega, depois de terem se beijado com fervor, eles ficam frios um com o outro, como se aquilo fosse tudo, e o espetáculo termina. Que decepção para a plateia! Depois de ter passado a noite inteira acreditando em suas esperanças e sentimentos, como o público fica desapontado com a frieza demonstrada pelos protagonistas e pela pobreza da sua lógica e sequência no planejamento de seus papéis!

"Vejam com que facilidade resolvemos o problema da lógica e da sequência de sentimentos. Basta perguntarem a si mesmos: 'O que eu faria se estivesse no lugar da personagem?'. Sua própria experiência pessoal vai lhes dar a resposta para essa pergunta, porque vocês vivem na vida real e isso está organicamente ligado à sua própria natureza interior.

"É claro que isso não significa que as suas experiências e aspirações precisem ser as mesmas da personagem. Elas podem ser muito diferentes. Mas é importante que vocês as julguem não como um ator, de fora, mas como um outro ser humano. Vocês devem julgá-las como uma pessoa faz com outra.

"Para concluir, vou apenas dizer uma coisa que vocês já sabem perfeitamente bem, que a lógica e a sequência são essenciais no processo criativo.

"Precisamos delas, particularmente, quando se tratam de sentimentos. Se sua lógica e sua sequência estiverem corretas, isso vai impedi-los de cometer os enormes erros que, frequentemente, vemos no teatro. Se conhecêssemos o desenvolvimento lógico e sequencial de um papel, estaríamos conscientes das suas partes constituintes. Não tentaríamos apreender as emoções principais de uma só vez. Nós as juntaríamos de forma lógica e sequencial, passo a passo, pouco a pouco. Um conhecimento das partes constituintes e de sua sequência nos tornaria capazes de controlar nossa vida interior."

23

Características físicas

.. .. 19..

Eu disse a Tortsov, no início da aula de hoje, que entendia intelectualmente o processo de vivenciar, ou seja, estimular e nutrir na mente de um ator aqueles Elementos que seriam corretos para a personagem. Mas eu ainda estava inseguro a respeito da encarnação de um papel. Se você não usar o seu próprio corpo, voz, maneira de falar, de caminhar e de se comportar, se você não encontrar as características corretas para a personagem, você não pode transmitir a vida do espírito humano.

— É verdade — concordou Tortsov. — Sem formas exteriores, a personalidade específica da personagem não chega ao público. As características físicas iluminam, ilustram e, dessa maneira, fazem que a invisível forma interior da mente de uma personagem passe para a plateia.

— Sim, sim! — exclamamos eu e Pácha. — Mas como e onde é que encontramos essas características físicas exteriores?

— Mais frequentemente do que o contrário, especialmente, em atores talentosos, elas surgem de forma espontânea, porque a moldura mental correta foi criada — explicou Tortsov. — Existem muitos exemplos disso no livro *Minha vida na arte*[1]. Tomemos, por exemplo, *Um inimigo do povo*, de Ibsen. Uma vez que a moldura mental correta e as características mentais corretas foram criadas, a partir de Elementos similares aos do próprio Stockmann, a impetuosidade, o andar desengonçado, o queixo saliente, os dois dedos se empurrando e outras características aparecem do nada.

— E se você não tiver tanta sorte? — perguntei-lhe. — O que acontece então?

---
1. Na seção *A linha sociopolítica*.

— Você se lembra do que Piôtr disse para Aksiúcha, em *A floresta*, de Ostrôvski, quando está lhe explicando como eles podem evitar ser reconhecidos enquanto estão fugindo? "Torça seu rosto e você vai olhar como se tivesse apenas um olho."

— Disfarçar não é difícil em si. Isso aconteceu comigo. Eu tinha um bom amigo com uma bela voz de baixo, cabelos compridos, uma longa barba e um bigode pontudo. De repente, ele raspou a barba e cortou o cabelo. Isso revelou um queixo minúsculo e orelhas de abano. Ele se encontrou comigo, com seu novo visual, em um jantar de família. Sentamos de frente um para o outro e conversamos. "Quem será que ele me lembra?", eu perguntava a mim mesmo, não percebendo que ele lembrava ele mesmo. O brincalhão disfarçou sua voz de baixo, falando em falsete. No meio do jantar eu ainda estava me comportando como se tivesse acabado de conhecê-lo.

"Eis outro exemplo. Uma mulher muito bonita foi picada por uma abelha. Seu lábio inchou e distorceu sua boca. Isso não só tornou sua aparência externa irreconhecível, mas também sua fala. Eu a encontrei por acaso, no corredor, e conversei com ela por alguns minutos, sem suspeitar que era alguém que eu conhecia muito bem."

Enquanto Tortsov falava, ele semicerrou um olho de uma maneira quase imperceptível, como se estivesse ficando com um terçol, e arregalou o outro, levantando a sobrancelha. Mal se notava, mesmo para quem estava perto. Essas mudanças instantâneas tiveram um efeito estranho. Ele continuava sendo Tortsov, é claro, mas... também outra pessoa, alguém indigno de confiança. Ele agora tinha nele alguma coisa de trapaceiro, de astuto, de vulgar, que não era realmente dele. Mas assim que ele parou de brincar com seu olho, ele voltou a ser o bom e velho Tortsov. Porém, quando ele torceu seu olho de novo e mudou seu rosto, mais uma vez era o vigarista.

— Será que vocês notaram — perguntou Tortsov — que, mentalmente, eu continuava sendo Tortsov o tempo inteiro, falava com a minha própria voz o tempo todo, enquanto meu olho estava torcido ou não e enquanto a minha sobrancelha estava erguida ou não? Se eu estivesse desenvolvendo um terçol e isso fizesse que o meu olho ficasse torcido, eu não teria mudado mentalmente e continuaria vivendo como se estivesse normal. Por que deveria mudar mentalmente por causa de um estrabismo? Continuo sendo a mesma pessoa com meu olho aberto ou fechado, com as sobrancelhas erguidas ou não.

"Ou vamos supor que eu tenha sido picado por uma abelha, como aquela bela senhora que conheço, e que a minha boca tenha ficado deformada."

Com extraordinária facilidade técnica, simplicidade e leveza, Tortsov puxou sua boca para a direita, o que modificou a sua fala e a sua dicção.

— Será que a minha personalidade e as minhas vivências normais — continuou ele, com a dicção bastante alterada — têm de sofrer porque o meu rosto e a minha fala estão distorcidos? Será que preciso deixar de ser eu? Nem uma picada de abelha, nem uma distorção técnica do meu rosto devem afetar minha vida interior como um ser humano. E o que dizer de coxear (Tortsov mancou), ou de ter paralisia nas mãos (por um momento suas mãos pareceram paralisadas), ou ombros encolhidos (sua coluna assumiu a posição apropriada), ou os calcanhares voltados para fora ou para dentro (Tortsov andou de ambas as maneiras), ou braços mal posicionados, muito para frente ou muito para trás, atrás da coluna (ele demonstrou ambas as coisas)? Será que todos esses detalhes externos têm qualquer relação com a vivência, com a comunicação e com a encarnação física?

A facilidade, a simplicidade e a naturalidade com que Tortsov assumia esses defeitos físicos dos quais havia falado, instantaneamente, sem qualquer tipo de preparação, eram incríveis.

— Mas que truques extraordinários a voz e, especialmente, a articulação das consoantes podem fazer, transformando um ator. É verdade que a voz tem de ser devidamente impostada e treinada quando se muda a dicção. Caso contrário, você não consegue falar no registro mais alto ou mais baixo por muito tempo. No que diz respeito a modificar sua dicção e, especialmente, a articulação de consoantes, isso é muito simples. Empurre a língua para trás, ou seja, encurte-a (ele fez assim), e disso resulta uma maneira de falar muito particular, bastante parecida com o jeito como o inglês pronuncia suas consoantes. Ou, esticando a língua, estendam-na para a frente dos dentes e vocês vão falar com a língua presa — o que, se vocês trabalharem nisso, é perfeito para Nedorôsl ou Balzamínov[2].

"Ou, novamente, coloquem sua boca em outras posições estranhas, e uma outra maneira de falar resultará disso. Por exemplo, lembrem-se daquele inglês que nós todos conhecemos. Ele tem um lábio superior muito fino e dentes muito longos, como um coelho. Encurtem mais ainda o lábio superior e descubram seus dentes o máximo que puderem."

— Como vamos fazer isso? — perguntei, tentando fazer o que ele tinha dito.

— É fácil — respondeu Tortsov. Ele tirou um lenço, secou seus dentes superiores e a parte de dentro do seu lábio superior. Ele o levantou de um modo que nós mal percebemos e, enquanto aparentemente secava seu lábio, ele tirou a mão da frente da boca e nós realmente vimos dentes de coelho e um lábio superior fino levantado, que ficou preso nos dentes secos de cima.

Esse truque ocultou o Tortsov que todos nós conhecemos tão bem. Era como se tivéssemos o nosso conhecido inglês diante de nós. Pareceu-nos que aquele estúpido lábio fino e os dentes de coelho tinham transformado com-

---

2. Nedorôsl em *O queridinho da mamãe*, de Fonvízin (1745-1792); Balzamínov em *O casamento de Balzamínov*, de Ostrôvski.

pletamente Tortsov. Sua voz e sua fala também estavam diferentes. Assim foi com seu rosto e seus olhos, mesmo a sua maneira de ficar em pé, seu andar, seus braços e pernas. Mesmo a sua personalidade pareceu se modificar. Mas ele não estava fazendo nada por dentro. Depois de um momento, ele parou com os truques e falou em seu estado normal.

Ele também parecia surpreso, porque, enquanto estava fazendo truques com seus lábios, seu corpo, braços, pernas, pescoço, olhos e até mesmo a voz mudaram fisicamente e assumiram o caráter dos dentes de coelho e do lábio fino.

Tudo era intuitivo. Ele só se tornou consciente disso depois que verificou o que tinha acontecido. Fomos nós (de fora), e não Tortsov, que explicamos que as características que surgiram intuitivamente como resultado de um simples truque eram as corretas e preenchiam a imagem do homem com o lábio fino e dentes de coelho.

Depois de ter sondado sua própria mente e percebido o que tinha acontecido, Tortsov comentou que houve uma mudança que ele não tinha notado e que não conseguia apreender imediatamente.

Houve, sem dúvida, uma mudança mental para corresponder à aparência física e a tudo o que se seguiu daí, porque as palavras que ele tinha falado então, tanto quanto pudemos ver, não eram suas, nem do seu estilo habitual, embora as ideias que expressava fossem genuínas e naturais[3].

.. .. 19..

Na aula de hoje, Tortsov demonstrou que a intuição pode produzir características físicas externas e, por isso, pode ser um puro truque técnico e mecânico.

Onde é que vamos obter esses truques? Outro enigma preocupante. Será que não teríamos de aprendê-los, inventá-los, extraí-los da vida, encontrá-los por acaso, descobri-los em livros de anatomia?

— Em qualquer uma das dezenas de maneiras que existem — explicou Tortsov —, vocês devem extrair a sua caracterização externa de vocês mesmos, dos outros, da vida (real ou imaginária), intuitivamente ou por meio da observação, da rotina diária, dos amigos, fotos, gravuras, desenhos, livros, histórias, romances, ou contar com o que a sorte lhes proporcionar. Não importa qual. Só não se percam nessa busca exterior, sejam vocês mesmos. Sim, é o que vamos fazer — decidiu Tortsov, e ele, então, disse: — Na próxima aula, vamos organizar um baile de máscaras.

?!.. Consternação geral.

....
3. Existe aqui uma lacuna no manuscrito, com uma nota de Stanislávski: *O exterior afeta o interior*. Aparentemente, a lacuna deveria ser preenchida por uma passagem preservada nos arquivos. Cf. Apêndices.

– Quero que cada estudante venha disfarçado de uma personagem.
– Baile de máscaras? Uma personagem exterior? Que personagem?
– Não importa. Qualquer uma que vocês quiserem – explicou Tortsov. – Um homem de negócios, um camponês, um soldado, um espanhol, um aristocrata, um mosquito, um sapo, qualquer coisa que venha à mente. O guarda-roupa e a maquiagem estão à disposição de vocês. Podem escolher fantasias, perucas e coisas para usar.

Esse anúncio primeiramente causou consternação, depois um monte de discussões e, finalmente, interesse e excitação.

Todos nós começamos a pensar, planejar, fazer anotações e esboços secretos para que pudéssemos decidir sobre o figurino e a maquiagem para as nossas personagens.

Apenas Grícha, como de costume, manteve-se frio e indiferente.

.. .. 19..

Hoje, a turma toda foi para os enormes departamentos de guarda-roupa, um que fica acima do hall de entrada e o outro que fica no porão, embaixo do palco.

Grícha escolheu tudo o que queria em quinze minutos e saiu. Os outros também não ficaram muito tempo. Apenas Vária e eu levamos um bom tempo para chegar a uma decisão definitiva.

Como acontece com a maioria das mulheres sedutoras, os olhos dela iam para todos os lados, sua mente era um redemoinho por causa da imensa variedade de vestidos bonitos. Quanto a mim, eu também estava igual a ela, pois ainda não sabia quem ia representar. Estava confiando na sorte.

Examinei cuidadosamente tudo o que foi mostrado, esperando encontrar uma roupa que me sugerisse uma personagem que me interessasse.

Minha atenção foi atraída por um simples fraque. Ele era notável pelo material incomum do qual era feito, uma cor de areia cinza-esverdeada que eu nunca tinha visto antes. Estava desbotado e coberto de mofo, pó e cinzas. Achei que qualquer um pareceria um fantasma usando aquele fraque. Ao examinar aquele velho casaco, senti vagamente alguma coisa de podre e repulsiva e, ao mesmo tempo, tenebrosa e apaixonadamente letal.

Se eu encontrasse um chapéu que combinasse luvas e sapatos cinzentos gastos e empoeirados, se tivesse uma maquiagem que também fosse cinza-verde-amarelada e indeterminada como o material, será que eu não teria, então, algo sinistro e também... familiar?! Mas, naquele momento, eu não sabia dizer o que era.

Separaram o fraque para mim e prometeram encontrar sapatos, luvas e uma cartola, assim como peruca e barba, mas eu ainda não estava satisfeito e continuei olhando até que a responsável pelo guarda-roupa disse-me gentilmente que eles tinham de se preparar para o espetáculo da noite.

Tive de ir embora sem nada definido. Tudo o que eu tinha era o fraque sujo.

Deixei o guarda-roupa, ainda ansioso e perplexo. Quem eu tinha visto nesse fraque bolorento?

Daquele momento até o baile de máscaras, que estava marcado para dali a dias, alguma coisa estava acontecendo dentro de mim. Eu não era mais a pessoa que eu conhecia. Ou melhor, eu não estava sozinho. Havia outra pessoa dentro de mim, que eu procurava, mas não achava. Não!

A vida seguia como sempre, mas eu não conseguia me sentir envolvido por completo, algo havia mudado, algo estava diluindo a minha vida normal. Era como se tivessem me dado uma [bebida] com alguma coisa estranha misturada, em vez de um bom vinho. Esse gosto só me lembrava parcialmente do gosto da minha bebida favorita ou nem isso. Eu tinha o aroma da minha vida, mas não da vida em si. E, no entanto, também não era isso. Eu estava ciente não apenas da minha própria vida, mas de outra vida se agitando dentro de mim. Eu estava partido ao meio. Sabia que a minha vida normal estava lá, mas agora ela parecia oculta por um nevoeiro. E, embora eu tentasse olhar bem de perto para aquilo que tinha chamado a minha atenção, eu não conseguia vê-lo direito, mas somente em linhas gerais, "de modo geral". Eu não podia ver realmente o que era. Estava pensando, mas só pela metade, ouvindo, mas só pela metade, cheirando, mas só pela metade. Metade de minha energia e das minhas faculdades humanas tinha sido drenada para outro, e isso minou e dividiu meu ímpeto e minha concentração. Eu não conseguia terminar o que tinha começado. Parecia que ainda havia alguma coisa importante que eu tinha de fazer. No entanto, minha mente consciente estava em um nevoeiro, eu não conseguia ver adiante, estava vago, partido em dois.

Que estado fastidioso e frustrante! Isso continuou por dias, e eu ainda não tinha decidido o que representar no baile de máscaras.

Ontem à noite, despertei de repente e tudo ficou claro. A segunda vida que tinha vivido em paralelo à minha própria estava escondida no subconsciente. Era ali que a busca pela pessoa embolorada, cujas roupas eu tinha encontrado acidentalmente, estava acontecendo.

Meu momento de discernimento não durou muito tempo e vi-me mais uma vez atormentado pela insônia e pela dúvida.

Foi como se tivesse esquecido ou perdido alguma coisa e não conseguisse encontrar novamente. Era um estado de espírito angustiante para se estar; e, no entanto, se alguém se oferecesse para removê-lo em um passe de mágica, não estou certo de que teria dito sim.

E eis outra coisa estranha que observei.

Eu estava totalmente convencido de que encontraria a personagem que estava procurando, mas ainda continuava procurando. Passei um longo tempo examinando todas as fotos nas vitrines das lojas dos fotógrafos, tentando descobrir quem eram aqueles originais. Era óbvio que ainda estava tentando encontrar o que eu precisava. Mas, então, por que não entrava nas lojas e olhava todas as pilhas de fotos? Também existem pilhas de fotos sujas e empoeiradas em qualquer sebo. Elas eram material, por que não usá-las? Por que eu não dava uma olhada nelas? Peguei um montinho bem pequeno e meticulosamente evitei o restante, para não sujar minhas mãos.

O que foi tudo isso? Como explicar essa falta de impulso, essa personalidade partida? Acho que isso veio de uma convicção inconsciente mas resoluta de que, mais cedo ou mais tarde, este cavalheiro empoeirado e embolorado ganharia vida e me resgataria. "Não adianta ficar procurando. Você não vai encontrar nada melhor do que esse homem empoeirado", dizia provavelmente uma voz oculta. Então, coisas estranhas aconteceram duas ou três vezes.

Eu estava andando pela rua e, de repente, tudo ficou claro. Congelei em meu caminho para que pudesse captar todo o significado daquilo que havia sido posto em minhas mãos... Mas... dez segundos se passaram e aquilo se esvaiu, deixando-me novamente com um ponto de interrogação.

Outra vez, fiquei surpreso com meu andar arrítmico e irregular, que não era meu, mas do qual não conseguia me livrar.

À noite, acordado na cama, esfreguei as mãos uma na outra de uma forma estranha. "Quem esfrega as mãos assim?" – perguntei a mim mesmo, mas não conseguia lembrar. Só sabia que ele tinha mãos pequenas, estreitas, frias e úmidas, com as palmas avermelhadas, muito avermelhadas. É muito desagradável ficar sacudindo aquelas mãos macias, que pareciam não ter ossos. Quem é ele? Quem é ele?

.. .. 19..

Ainda dividido, ainda indeciso, fui para o camarim dos estudantes ao lado do palco da escola. Estava muito desapontado. Tinham colocado todos nós em um único camarim e tínhamos de nos maquiar e nos trocar juntos, e não separadamente, como fizemos em nossa primeira apresentação no palco grande. Foi difícil me concentrar com toda a conversa e agitação. Além disso, eu sentia que colocar o fraque empoeirado, a peruca amarelo-acinzentada e a barba pela primeira vez era algo muito importante. Só eles poderiam sugerir aquilo que eu vinha procurando de forma inconsciente. Eu tinha depositado a minha última esperança neles.

Mas tudo ficava no meu caminho. Grícha, que estava sentado ao meu lado, já tinha se fantasiado de Mefistófeles. Ele já havia vestido um rico traje negro espanhol e ouviam-se "Ohs" de admiração em toda volta. Outros estavam gritando de tanto rir de Vánia, que tinha coberto sua cara de bebê com todos os tipos possíveis e imagináveis de pontos e traços, como um mapa, para parecer mais velho. Pácha me deixou com raiva, porque tudo o que fez foi colocar um terno bastante comum e apareceu o belo Skálozub[4]. É verdade que havia um elemento surpresa, já que ninguém teria sonhado que debaixo de sua aparência normal, de sua roupa folgada, havia um corpo bem constituído, com boas pernas retas. Lev me divertia com seus esforços para ser um aristocrata. Não foi desta vez que ele conseguiu, mas não havia como negar que ele tinha presença. Em sua composição, com a barba bem feita e sapatos de salto alto, que aumentavam a sua estatura e o deixavam mais magro, ele impressionava. Seu andar cuidadoso — resultado, sem dúvida, dos saltos altos — emprestou-lhe uma suavidade que não possuía na vida real. Igor também divertia a todos com sua inesperada ousadia. O atleta, o dançarino, o mestre de retórica decidiu se esconder dentro da sobrecasaca comprida de Tito Títitch Bruskov[5], com calças largas, um colete florido, uma barriga protuberante, barba e cabelo "*à la russe*".

O camarim dos estudantes ecoava com pessoas gritando, como no pior tipo de espetáculo amador.

"Eu não teria reconhecido você!" "É você mesmo?" "Maravilhoso!" "Que ótimo, nunca pensei que você poderia fazer isso!" etc.

Essa gritaria me deixava com raiva, e os questionamentos e comentários sem entusiasmo que recebi me fizeram perder completamente o ânimo.

"Tem alguma coisa errada!" "Eu não sei... uma espécie de... mistério." "Quem é ele?" "Quem você está representando?"

Quem era essa pessoa que eu estava representando? Se eu soubesse, teria sido o primeiro a dizer.

Maldito maquiador; eu sentia que estava chegando a algum lugar até ele chegar e me transformar em um loiro teatral padrão. Comecei a tremer um pouco à medida que, lentamente, colocava o velho fraque, a peruca, e colava a barba. Se eu estivesse sozinho, sem todas as distrações à minha volta, tenho certeza de que teria descoberto quem era essa pessoa misteriosa. Mas a algazarra e o falatório não me deixavam pensar, e, por isso, eu não conseguia alcançar a coisa desconhecida que ganhava vida dentro de mim.

Finalmente, todo mundo saiu e foi para o palco se exibir para Tortsov. Fiquei sentado, sozinho, no camarim, cansado e desesperado, olhando para meu rosto teatral padrão. Senti que tudo era uma perda total e decidi não continuar, mas me trocar novamente e remover minha maquiagem com um

---
4. Personagem de *A desgraça de ter espírito*, de Griboiédov.
5. Personagem da peça *Tempos difíceis*, de Ostrôvski.

creme verde de aparência repulsiva que estava ao meu lado. Peguei um pouco com os dedos e espalhei no rosto... Todas as cores escorreram, como em uma aquarela. O resultado foi um rosto cinza-verde amarelado, como complemento para a minha fantasia... Não dava para determinar onde estavam o meu nariz, os olhos e os lábios. Espalhei um pouco do creme no meu cabelo e no bigode e depois em toda a peruca. O cabelo ficou grumoso e coagulado... Então, tremendo todo, como se estivesse delirando, com meu coração batendo aos pulos, arranquei minhas sobrancelhas todas de uma vez. Salpiquei tudo de pó... Manchei minhas mãos de verde e minhas palmas de rosa... arrumei o paletó e endireitei a gravata. Fiz tudo isso com rapidez e segurança, porque então saberia que tipo de homem estava representando.

Inclinei meu chapéu em um ângulo desenvolto e, então, tomei consciência das minhas calças vincadas que um dia estiveram na moda, agora puídas e gastas; moldei minhas pernas nos vincos que se formaram e virei meus dedos dos pés firmemente para dentro. O resultado foram pernas arqueadas. Vocês já notaram as pernas arqueadas que algumas pessoas têm? É horrível! Por causa da posição estranha das minhas pernas, eu parecia mais baixo e meu andar estava diferente. Todo o meu corpo se inclinou para a direita. Eu precisava de uma bengala. Tinha uma ali por perto e eu a peguei, embora não fosse exatamente o que eu tinha imaginado... Também precisava de uma pena de escrever atrás da orelha ou entre os dentes. Pedi uma para o adereçista e caminhei pela sala, enquanto esperava o seu retorno, tornando-me consciente de como todas as partes do corpo, minhas linhas faciais e características haviam se encaixado definitivamente.

Depois de duas ou três voltas pela sala, com um andar irregular e arrítmico, olhei de relance no espelho e não me reconheci. Eu tinha me transformado por completo desde a última vez que tinha me olhado.

"É ele, é ele!" – exclamei, incapaz de conter meu prazer. "Assim que trouxerem a caneta, posso ir para o palco."

Ouvi passos no corredor. Tinha de ser o homem dos adereços com a caneta, então corri para encontrá-lo e esbarrei com Rakhmánov na porta.

– Que susto! – exclamou ele quando me viu. – Quem é esse, rapaz? Que tipo de brincadeira é essa? Dostoiévski? Ou o homem que não morria? É você, Kóstia? Quem você está representando?

– Um crítico sarcástico – respondi, com uma voz bastante estridente e cortada.

– Que tipo de crítico sarcástico, rapaz? – perguntou-me Rakhmánov, um pouco desconcertado com meu olhar penetrante e insolente. Eu me senti como uma sanguessuga grudada nele.

– Que tipo? – repeti, com um evidente desejo de ofendê-lo. – O crítico que é inquilino de Kóstia Nazvánov. Eu existo para impedir que ele trabalhe. Esse é o meu maior prazer, a mais nobre ambição da minha vida.

Fiquei espantado com a minha própria insolência, com a hostilidade do meu tom, com meu olhar à queima-roupa, com o cinismo e a rudeza com que o tratei. Meu tom e minha autoconfiança o abalaram. Ele não conseguia se relacionar de forma diferente comigo. Ele não sabia o que dizer. Estava desorientado.

— Vamos... — disse ele, hesitante. — Eles começaram já faz tempo.

— Vamos porque eles começaram já faz tempo — disse eu, sem me mover, mas atravessando-o com o olhar insolente. Seguiu-se uma pausa desconfortável. Nenhum de nós se moveu. Ficou claro que Rakhmánov queria que a cena acabasse rapidamente, mas não sabia como. Para a sorte dele, o homem dos adereços chegou com a caneta naquele exato momento. Peguei-a e a enfiei entre os meus dentes.

Isso estreitou a minha boca para baixo, formando uma fenda diabólica, e a extremidade pontiaguda de um lado e a pena do outro tornaram a expressão do meu rosto ainda mais sarcástica.

— Vamos — disse Rakhmánov, em voz baixa, quase tímido.

— Vamos — eu o imitava, de modo sarcástico e insolente.

Fomos até o palco e Rakhmánov procurou não me olhar nos olhos.

Quando entrei na "sala de estar de Mária", não me deixei ver de imediato. Eu me escondi atrás da lareira cinzenta, deixando à mostra somente o meu perfil com a cartola.

Enquanto isso, Tortsov estava assistindo Lev e Pácha como o aristocrata e Skálozub. Eles tinham acabado de se conhecer e estavam falando coisas sem sentido, porque isso era tudo o que as suas personagens podiam fazer.

— Quem está aí? — perguntou subitamente Tortsov, muito preocupado. — Acho que tem alguém sentado atrás da lareira. Quem diabos está aí? Eu já vi todo mundo. Quem será? Ah, sim, é o Kóstia... Não, não é ele.

"Quem é você?" — indagou-me Tortsov, muito curioso.

— Um crítico — disse eu, levantando-me e me apresentando. Com isso, para minha surpresa, minha perna arqueada foi para a frente e me inclinei ainda mais para a direita. Tirei o meu chapéu com exagerada elegância e curvei-me polidamente. Então, voltei a me sentar atrás da lareira, quase me fundindo com a sua cor.

— Um crítico? — repetiu Tortsov, hesitante.

— Sim. Um crítico muito pessoal — expliquei, com a voz esganiçada. — Está vendo a pena... Toda mastigada... de pura raiva. Eu a mordi, assim, no meio... ela tremeu e rachou.

Então, de forma bastante inesperada, deixei escapar uma espécie de guincho em vez de uma risada. Fiquei surpreso comigo mesmo. Isso também teve bastante impacto sobre Tortsov.

— Que diabos! — exclamou ele — Venha aqui para a luz.

Desci para a ribalta com minhas pernas arqueadas.

— De quem você é crítico pessoal? — ele olhava para mim como para um estranho.

— Da pessoa na qual eu vivo — guinchei.

— Que pessoa?

— Kóstia Nazvánov — admiti, baixando os olhos modestamente como uma moça.

— Você está dentro dele? — perguntou Tortsov.

— Eu me instalei.

— Em quem?

Engasguei novamente, assim como ri e guinchei. Tive de me acalmar antes de conseguir dizer:

— Nele. Os atores amam as pessoas que os destroem. E um crítico...

Outra explosão de gargalhadas e guinchos me impediram de expressar meus pensamentos. Fiquei de joelhos para poder olhar Tortsov direto nos olhos.

— O que você pode criticar? Você é um ignorantão — disse Tortsov, com desprezo.

— Ignorantões também criticam — me defendi.

— Você não sabe nada, não pode fazer nada — continuou Tortsov, de forma provocativa.

— Quem pode faz, quem não pode ensina — disse eu, sentando-me perto das luzes da ribalta, de frente para Tortsov, de uma forma muito afetada.

— Isso não é verdade. Você não critica, você censura. Você não é melhor do que uma sanguessuga ou uma lesma. Elas não são perigosas, não mais do que você é, mas elas não dão vida.

— Eu vou lhe arrastar pela lama... implacavelmente... incansavelmente — guinchei.

— Seu verme! — gritou Tortsov, com uma fúria indisfarçável.

— Oh! Quanto estilo! — disse eu, debruçando-me sobre a ribalta e fazendo brincadeiras com Tortsov.

— Seu parasita — Tortsov quase berrou.

— Bom!... muito, muito bom. — Eu continuava brincando com Tortsov sem o menor remorso na consciência. — Não dá para se livrar de uma sanguessuga. E onde existem sanguessugas, existe um pântano, e onde existe um pântano, existem demônios... e eu.

Olhando para trás, fico espantado com minha ousadia e insolência. Cheguei a um ponto em que já flertava com Tortsov como com uma bela mulher e até mesmo estiquei um dedo gorduroso da minha mão estreita, com sua palma vermelha, na direção do nariz e das bochechas do meu professor.

Eu queria afagá-lo, mas ele, instintivamente, afastou minha mão, com nojo, e eu semicerrei meus olhos e passei a flertar com ele por entre as aberturas.

Após um momento de hesitação, Tortsov afetuosamente tomou minhas bochechas em suas mãos, puxou-me para perto dele e disse-me calorosamente, murmurando:

— Muito bem! Esplêndido!

E, então, percebeu que eu o tinha manchado com a graxa que escorria do meu rosto e acrescentou:

— Oh! Olha o que ele fez comigo. Isso não sai com água!

Todos correram para limpá-lo, enquanto eu, com as bochechas ardendo com a marca de sua aprovação, saltei, pulei e corri para os bastidores, já como eu mesmo, sob os aplausos de todos.

Parece-me que sair imediatamente da personagem, como eu tinha saído, e mostrar minha própria personalidade ressaltou ainda mais as características especiais do Crítico e a forma como eu havia me transformado nele.

Antes de sair do palco, parei um momento e dei um passo atrás, voltando a ser a personagem por um momento e repetindo a reverência afetada do crítico, como forma de me despedir.

Então, voltei-me para Tortsov e notei como, com um lenço na mão, ele parou de limpar seu rosto e me lançou um olhar afetuoso, de longe.

Eu estava realmente feliz. Mas não era aquele tipo comum de felicidade. Era uma felicidade nova, artística, criativa.

A interpretação continuou no camarim. Os estudantes ficavam me dizendo falas novas às quais eu retrucava com respostas cortantes, encarnando a personagem sem vacilar uma única vez. Eu tinha a sensação de que poderia continuar com isso para sempre, de que poderia viver o papel em qualquer situação. Como é maravilhoso dominar assim uma personagem!

Continuei, mesmo depois de ter removido a maquiagem e trocado de roupa, interpretando a personagem usando meus próprios atributos naturais. Rosto, movimentos, voz, inflexões, dicção, mãos e pernas se adaptaram tão perfeitamente à personagem que substituíram a peruca, a barba e o fraque cinza. Olhei para mim mesmo no espelho, uma ou duas vezes, e estou certo de que não era a mim que eu via, e sim o sarcástico crítico embolorado. Eu o representei sem maquiagem nem figurino, usando o meu próprio rosto e as minhas próprias roupas.

Mas isso não foi tudo. Eu não conseguia sair da personagem. No caminho de casa e indo para o meu quarto, o tempo todo havia vestígios da personagem no jeito como eu me movia e me comportava.

E tem mais. Durante o jantar, quando estava conversando com a senhoria e os outros inquilinos, eu estava argumentativo, irônico e destrutivo, como o Crítico, e não como eu mesmo. A senhoria até comentou:

– Você deve ter tido um dia ruim!...

Fiquei encantado.

Estou feliz porque sei o que é preciso para ser outra pessoa, o que são as *transformações e caracterizações físicas*.

Elas são as qualidades que um ator talentoso deve ter.

Hoje, quando estava tomando banho, lembrei-me de que, mesmo quando estava vivendo o Crítico, não perdi o contato comigo mesmo, Kóstia.

Cheguei a essa conclusão porque durante todo o tempo em que estava atuando, sentia um enorme prazer em observar a minha própria transformação física.

Metade de mim era um espectador, ao passo que a outra metade estava sendo outra pessoa, o Crítico sarcástico.

Contudo, será que é possível chamá-lo de outra pessoa?

O Crítico saiu de mim. Eu, por assim dizer, estava dividido ao meio. Uma metade era o ator, e a outra observava, como um espectador.

Estranho. Essa sensação de estar dividido em dois não era um obstáculo, ela disparava e incentivava o processo criativo.

.. .. 19..

Dedicamos a aula de hoje a uma análise consciente do "baile de máscaras".

Virando-se para Vária, Tortsov disse:

– Alguns atores, sobretudo mulheres, não precisam de *caracterização física* ou *transformação* porque eles transformam cada personagem em si mesmos e confiam em seu próprio *encanto* pessoal. Seu sucesso é construído em cima disso. Sem isso, eles são impotentes, como Sansão sem seu cabelo. Eles têm pavor de qualquer coisa que esconda da plateia a sua própria personalidade.

"Se a sua beleza funciona com uma plateia, eles a exibem. Se o seu encanto está em seus olhos, seu rosto, sua voz, nas suas maneiras particulares, eles os mostram para a plateia, como faz Vária.

"Para que se transformar quando isso vai fazer você parecer pior do que é na vida real? Você ama a *si mesma* no papel mais do que ama o *papel* em você. Isso é um erro. Você é bem capaz não apenas de se mostrar, mas também de mostrar a personagem.

"Muitos atores confiam no encanto de sua personalidade. Eles a exibem para a plateia. Por exemplo, Dária e Nikolai acreditam que sua atração reside em sua profundidade de sentimento e na intensidade de sua vivência. Eles submetem cada papel a esse tratamento, preenchendo-o com as suas próprias qualidades mais poderosas e enérgicas.

"Se Vária está apaixonada pelo seu exterior, Dária e Nikolai não são indiferentes ao seu interior.

"Por que se incomodar com a roupa e com a maquiagem se elas só atrapalham?

"Isso também é um erro. Evitem-no. Aprendam a amar o *papel* em vocês mesmos. Vocês têm a capacidade criativa para criá-lo.

"Existe outro tipo de ator. Não, não olhem em volta procurando por ele. Não existe nenhum aqui. Vocês ainda não tiveram tempo de se transformar em um desses.

"Eles estão preocupados com a originalidade de sua técnica, com os clichês particulares que eles trabalharam tão bem. É por isso que eles sobem ao palco, para exibi-los. Por que se incomodar com transformação? Ou com caracterização física, quando isso não deixa que eles exibam os seus pontos fortes?

"Existe um terceiro tipo de ator, armado com uma forte técnica e uma bateria de clichês, que não são suas, mas de outras pessoas. Sua caracterização física e transformação são criadas com base em rituais de longa data. Eles sabem como cada papel, em cada peça, em cada região 'é representado'. Cada papel foi reduzido a um plano mestre, sem o qual eles não poderiam representar 365 papéis por ano, com um ensaio por peça, como se faz nos teatros de província.

"Então, aqueles de vocês que estiverem tentados a tomar o caminho de menor resistência devem ser avisados enquanto há tempo. É perigoso.

"Você, Grícha, por exemplo. Não pense que o seu Mefistófeles da última aula foi uma caracterização verdadeira só porque você exibiu suas belas roupas e maquiagem ou porque você tenha se transformado e desaparecido por trás dele. Não, de forma alguma. Você continuava sendo você mesmo com sua própria beleza, só que com uma nova roupa e com um novo sortimento de clichês. Dessa vez, como chamamos isso, era uma 'personagem gótica medieval'.

"Presenciamos os mesmos clichês de *A megera domada*, só que daquela vez adaptados para um papel cômico, e não trágico.

"Também conhecemos os seus, por assim dizer, clichês em trajes modernos para dramas contemporâneos e comédias em verso e prosa. Porém... independentemente da maquiagem ou da roupa que você puser, independentemente dos maneirismos e dos hábitos que adotar, você parece nunca poder escapar, enquanto está no palco, de 'Grícha, o ator'. Pelo contrário, cada clichê e truque conduz você diretamente de volta para ele.

"Mas não é bem assim que acontece também. Seus clichês não o levam de volta para 'Grícha, o ator', mas para o ator 'de modo geral', para todos os atores representacionais de todos os tempos e países.

"Você imagina que tem *seus* gestos, *seu* modo de andar e *sua* maneira de falar, mas você não os tem. Eles são *lugares comuns*, utensílios permanentes para atores que trocam a arte pela mera técnica.

"Mas se você algum dia decidir mostrar para nós alguma coisa que nunca vimos antes, e se mostrar assim como você é na vida real, isto é, não 'Grícha, o ator', mas o ser humano, isso seria maravilhoso, porque Grícha, *a pessoa*, é muito mais interessante e talentoso do que Grícha, *o ator*. Mostre-o para nós, porque podemos ver Grícha o ator a qualquer hora, em qualquer lugar de qualquer teatro.

"Tenho certeza de que Grícha, o ser humano pode produzir uma geração de personagens de peças. Mas Grícha, o ator não vai produzir nada porque uma coleção de clichês acaba sendo muito esquálida e desgastada."

Tortsov passou, então, a analisar Vánia. Ele está sendo cada vez mais duro com Vánia. Possivelmente, para conseguir controlá-lo, porque ele está muito indisciplinado. Isso é tudo para o bem.

— O que você nos apresentou não era uma personagem, mas uma miscelânea. Não era nem um homem, nem um macaco, nem um limpador de chaminés. Você não tinha um rosto, mas um trapo sujo para limpar os seus pincéis.

"E o que dizer de seus movimentos, ações, de todo o seu comportamento? O que deveria ser aquilo? Dança de São Guido? Você queria se esconder atrás de sua caracterização de um velho, mas não o fez. Muito pelo contrário, o ator Vánia estava mais óbvio do que nunca. Porque sua postura não era típica da personagem, mas de você.

"Seu fingimento embusteiro o traiu ainda mais. Ela não tinha nada a ver com o velho que você estava tentando representar, mas apenas com você.

"Esse tipo de caracterização física não transforma você, ela é completamente reveladora e cria um pretexto para fazer pose.

"Você não gosta de caracterização física e de transformação, não sabe sobre elas, não precisa delas e é impossível falar a sério sobre aquilo que você nos apresentou. Era algo que você nunca deve exibir no palco, em circunstância alguma.

"Esperemos que esse fracasso ponha algum juízo na sua cabeça e faça você reconsiderar sua atitude leviana com relação àquilo que venho dizendo e àquilo que você está fazendo aqui na escola.

"Caso contrário, isso será um problema!"

Infelizmente, a segunda metade da aula precisou ser alterada porque Tortsov teve de tratar de negócios urgentes. Rakhmánov assumiu e passou a "treinamento e exercícios".

.. .. 19..

Hoje, Tortsov entrou no "apartamento de Mária" com um braço paternal em torno de Vánia, que parecia chateado e estava com os olhos vermelhos de chorar. Evidentemente, eles tinham conversado e eram amigos novamente.

Como se estivesse continuando a discussão, Tortsov disse:
— Vá, tente.
Um momento depois, Vánia começou a mancar em volta da sala, curvado, como se estivesse paralítico.
— Não — disse Tortsov, interrompendo-o. — Isso não é um ser humano, mas uma lula ou um fantasma. Não exagere.
No minuto seguinte, Vánia era jovem novamente e mancava com bastante rapidez para um velho.
— Agora, você está enérgico demais! — disse Tortsov, interrompendo-o novamente. — O seu erro é tomar a linha de menor resistência, copiando apenas os exteriores. Copiar não é arte. Esse é o caminho errado. A melhor coisa é estudar a velhice do zero. Então você vai saber o que precisa encontrar em sua própria natureza.
"Como é que os jovens podem, de repente, pular, girar, correr, ficar de pé, sentar sem preparação, e as pessoas idosas não podem?"
— Porque são velhas... é por isso! — disse Vánia.
— Isso não é uma explicação. Existem outras razões puramente fisiológicas — explicou Tortsov.
— E quais são elas?
— Depósitos de sais, enrijecimento dos músculos e outras razões, que vão deteriorando o organismo humano ao longo dos anos. As articulações dos idosos não são lubrificadas. Elas rangem e travam, como se estivessem enferrujadas.
"Isso restringe a amplitude da gesticulação, torna os ângulos mais agudos e reduz o grau de flexão nas articulações e na rotação do tronco e da cabeça. Você tem de dividir um grande movimento em muitas partes constituintes e se preparar para cada uma delas.
"É possível girar a cintura em um ângulo de 50 ou 60 graus quando se é jovem, mas quando se é velho só se pode conseguir 12 graus, e isso tem de ser feito com cuidado, em etapas, e é preciso parar e recuperar o fôlego. Caso contrário, você terá dores lancinantes ou será vencido ou retorcido pela lombalgia.
"Além disso, nas pessoas velhas, a comunicação entre os centros motivadores e os centros motores é lenta, como, por assim dizer, em um trem de carga, e não em um trem expresso. Seus movimentos serão hesitantes e indecisos. Os movimentos dos velhos são, portanto, lentos e frouxos.
"Essas são as 'Circunstâncias Dadas' e os 'ses mágicos' com que você, o ator, tem de trabalhar. Agora, observe cada um dos seus movimentos, lembrando o que um velho consegue ou não fazer."
Não conseguíamos nos controlar, começamos a nos comportar como velhos no conjunto de circunstâncias que Tortsov havia descrito. A sala se transformou em um asilo para idosos.

Para mim, era importante sentir que minhas ações eram humanas, dentro dos limites prescritos pela fisiologia dos idosos, e que eu não estava apenas fingindo e imitando.

No entanto, de vez em quando, Tortsov e Rakhmánov tinham de interromper um de nós, quando nos entregávamos a movimentos que eram demasiado amplos ou rápidos, ou errados do ponto de vista fisiológico e lógico.

Por fim, com intensa concentração, fizemos algo mais ou menos correto.

— Agora vocês foram ao extremo oposto — corrigiu-nos Tortsov. — Vocês estão aderindo ao mesmo *tempo* e ritmo lentos quando caminham e estão sendo muito cuidadosos com os seus movimentos o tempo todo. Não é assim que as pessoas idosas fazem. Vou ilustrar o que quero dizer contando para vocês algo que eu lembrei.

"Eu conhecia uma senhora que tinha uns cem anos de idade. Ela ainda era capaz de correr em linha reta. Mas tinha de se preparar por um longo tempo, correr no lugar, soltar as pernas e começar com pequenos passos. Ela tinha o mesmo tipo de concentração intensa que uma criança de um ano aprendendo a andar.

"Uma vez que suas pernas estavam aquecidas e funcionando, e tinham adquirido algum impulso, ela não conseguia ficar parada e se movia cada vez mais rápido até estar quase correndo. Quando chegava ao fim da linha, ela tinha até dificuldade para parar. Uma vez lá, ela parava, como um motor que não tem mais vapor.

"Ela recuperava o fôlego antes de enfrentar outra tarefa muito difícil — voltar. Ela corria no lugar de novo por um longo tempo, parecendo muito preocupada, muito concentrada e tomando todo o tipo de precauções. A virada era muito lenta, levava muito, muito tempo, então outra pausa para recuperar o fôlego, a corrida sem sair do lugar e o início da viagem de volta."

Em seguida, testamos essa história.

Todo mundo começou a correr em passos curtos e a se esticar vagarosamente quando chegava à parede.

Senti que, inicialmente, eu não estava realmente me *comportando* de acordo com as Circunstâncias Dadas, como uma pessoa idosa, mas imitando, fingindo o que a mulher de cem anos, que Tortsov havia descrito, faria. No entanto, eu finalmente comecei e estava tão entusiasmado que decidi me sentar como uma pessoa de idade aparentemente cansada.

Mas, então, Tortsov veio até mim e explicou que eu havia cometido inúmeros erros.

— Quais? — perguntei, ansioso para saber.

— São os jovens que se sentam assim — explicou ele. — Eles querem se sentar e o fazem, quase de imediato, sem pensar, sem se preparar para isso.

"E também" – continuou ele – "veja em quantos graus você dobrou os joelhos. Cerca de cinquenta. Como uma pessoa de idade, você não consegue dobrá-los mais do que em um ângulo de 20 graus. Não, você vai ter de fazer menos. Muito, muito menos. É isso. Agora, sente-se."

Eu me inclinei para trás e caí na poltrona como um saco de batatas.

– Está vendo? – comentou Tortsov. – Seu idoso já se machucou ou teve uma crise de lombalgia.

Tentei me adaptar de todas as formas possíveis para sentar dobrando meus joelhos só um pouco. Tive de me dobrar ao meio e usar minhas mãos para tentar encontrar apoio. Inclinei-as sobre os braços da poltrona e, lentamente, comecei a dobrá-las na altura dos cotovelos e me abaixei na poltrona.

– Com suavidade, suavidade, preste atenção – guiou-me Tortsov. – Não se esqueça de que as pessoas idosas têm a vista fraca. Elas precisam olhar para ver sobre o que estão se inclinando, antes de colocarem suas mãos sobre o braço da poltrona. Agora, mais devagar, ou você vai deflagrar a sua lombalgia. Não se esqueça de que suas articulações estão enferrujadas e doloridas. Cuidado... é isso aí!

"Pare, pare! O que você está fazendo?" – interrompeu-me Tortsov porque eu queria me recostar na poltrona assim que sentei.

"Você tem de descansar" – alertou-me Tortsov. – "Precisa de tempo. As pessoas idosas não fazem as coisas rapidamente. Isso."

Agora me recostei um pouco de cada vez.

– Bom! Primeiro, coloque uma das mãos em seus joelhos, depois a outra. Descanse. Pronto.

"Por que todas essas precauções? Você já fez a parte mais difícil. Agora você pode ser mais jovem, mais ágil, mais enérgico, flexível. Altere o *tempo* e o ritmo. Mova-se mais audaciosamente, dobre-se, dê a energia da juventude às suas ações. Mas dentro de um limite de 15 a 20 graus de seus movimentos normais. Não vá além desse limite ou, se fizer isso, vá com muito cuidado, caso contrário, terá cãibras.

"Se um jovem ator, interpretando um velho, considerar absorver cuidadosamente todas as partes constituintes de uma ação grande e difícil, se ele começar a se comportar de forma consciente, sincera e honestamente, de modo produtivo e específico, dentro das Circunstâncias Dadas da idade, sem ênfase excessiva ou exagero, se ele fizer o que eu disse, estabelecendo as partes de uma ação maior, vai cair no *tempo* e no ritmo do velho, que são de primordial importância ao se retratar a idade.

"É difícil estabelecer as Circunstâncias Dadas da idade. Mas, uma vez que você as tenha encontrado, não é difícil fixá-las tecnicamente."

.. .. 19..

Hoje, Tortsov continuou sua crítica inacabada ao "baile de máscaras", que tinha sido interrompida na aula anterior.

Ele disse:

— Falei a vocês sobre os atores que dão o melhor de si para evitar a caracterização física e a transformação pessoal.

"Hoje quero apresentar outro tipo de ator, que, por várias razões, gosta delas e as persegue.

"Esses atores fazem isso principalmente porque não têm uma aparência muito boa e carecem de encanto por dentro e por fora. Não sendo personalidades do palco, eles têm de se esconder atrás de uma personagem e, desse modo, encontram o encanto e a atração que lhes faltam.

"Isso exige um grande refinamento técnico e artístico. Infelizmente, esse excelente e precioso dom é raro, e, sem ele, todos os esforços para a caracterização podem ir para o lado errado, ou seja, para o fingimento convencional.

"Vou examinar as diferentes variedades de ator para mostrar de forma mais clara a abordagem certa e errada da caracterização. Em vez de usar exemplos, vou basear minhas observações naquilo que vocês fizeram no 'baile de máscaras'.

"Vocês podem criar personagens no palco 'de modo geral': o comerciante, o soldado, o aristocrata, o camponês etc. A observação superficial fornece as mais óbvias maneiras, hábitos e maneirismos das diferentes classes sociais em que as pessoas costumavam ser divididas[6]. Por exemplo, um soldado 'de modo geral' é empertigado, marcha em vez de andar normalmente, move seus ombros para exibir suas dragonas. Ele bate os calcanhares, retine suas esporas, fala e pigarreia bem alto para parecer mais rude etc. Os camponeses cospem e assoam seus narizes no chão, têm o andar pesado, falam de forma grosseira com as vogais erradas e limpam a boca nas mangas da camisa.

"Aristocratas sempre usam cartolas e luvas, ostentam um monóculo, possuem a fala gutural e pronunciam seus erres como os franceses. Eles gostam de brincar com a corrente do relógio ou a fita de seu monóculo etc. Todos esses são clichês 'de modo geral', que supostamente caracterizam. Eles são extraídos da vida, podem ser encontrados na realidade. Mas essa não é a questão. Eles não são típicos.

"Igor adotou essa abordagem simplista. Ele nos deu tudo o que poderíamos esperar de Tito Títitch[7], mas aquele não era Bruskov, não era um co-

....

6. Stanislávski está escrevendo durante o período soviético. Na sociedade tsarista, a classe social era definida por lei. Essas distinções foram abolidas após a Revolução de 1917.

7. Cf. nota 5.

merciante comum, era 'de modo geral' aquilo que no teatro chamamos de 'comerciante', entre aspas.

"O mesmo comentário se aplica a Lev. Seu aristocrata 'de modo geral' não foi uma criação viva, mas puramente teatral.

"Essas são todas tradições moribundas, de mera técnica. Essa é a maneira como 'vocês fazem' mercadores e aristocratas em todos os teatros. Esses não são seres vivos, mas representações rituais histriônicas.

"Outros atores, com poderes de concentração mais fortes e refinados, conseguem discernir grupos *específicos* de comerciantes, soldados, aristocratas e camponeses, ou seja, distinguir os membros da infantaria dos membros da guarda ou da cavalaria, soldados rasos de oficiais e generais. Eles podem distinguir os lojistas dos comerciantes e identificar os industriais entre os homens de negócios. Eles distinguem os aristocratas da corte daqueles de São Petersburgo e do campo, da Rússia e do estrangeiro. Eles dotam cada grupo com as suas próprias características específicas.

"Isso foi o que Pácha fez.

"Ele escolheu o grupo de soldados comuns fora do militar 'de modo geral' e os dotou com suas típicas características básicas.

"Ele não nos apresentou um militar 'de modo geral', mas um soldado particular.

"Um terceiro tipo de ator característico tem poderes de observação ainda mais sutis. Eles selecionam algum Ivan Ivanovitch Ivanov[8]. Eles o isolam da totalidade dos militares e do grupo de soldados comuns e transmitem aquilo que é único, que é específico dele e de mais ninguém. Essa pessoa é, indubitavelmente, um soldado 'de modo geral', mas também é Ivan Ivanovitch.

"No que diz respeito à criação de uma personalidade individual, apenas Kóstia fez isso.

"O que ele nos apresentou foi uma *criação* artística arrojada, e, assim, temos de falar sobre isso em detalhes.

"Vou pedir para Kóstia nos dizer com detalhes como criou seu crítico sarcástico. Seria interessante saber qual foi o processo criativo."

Fiz o que me foi pedido e repassei tudo o que tinha escrito em meu diário sobre como a maneira como o homem bolorento alcançou a maturidade.

Quando ouviu tudo o que eu lembrava, Tortsov levantou outra questão para mim.

– Tente lembrar de como você se sentiu quando estava realmente na personagem.

– Senti um tipo de prazer completamente diferente. Não há nada que eu

---
8. O equivalente russo de João da Silva/João Ninguém.

possa comparar a isso – respondi, com entusiasmo. – Não há nada parecido, a não ser talvez a maneira como eu me senti só por um momento na cena do "Sangue, Iago, sangue", em nossa primeira apresentação – só que ainda maior. E a mesma coisa ocorreu durante determinados exercícios.

– E o que foi? Tente colocar em palavras.

– Ocorreu, sobretudo, a crença total no que eu estava fazendo e sentindo – disse eu, relembrando como tinha me sentido. – Graças a essa crença, eu estava satisfeito com o fato de que a minha personagem fosse verdadeira e suas ações fossem sinceras. Não era a autossatisfação de um ator vaidoso, mas alguma coisa de uma ordem diferente, muito próximo de uma convicção de sua própria verdade.

"Quando penso na maneira como tratei você! Eu tenho uma grande dose de afeição, respeito e admiração por você. Na vida real, eu teria ficado sem jeito de me abrir e de esquecer com quem eu estava falando. Eu não teria conseguido romper as amarras e me deixar levar, não teria conseguido relaxar e revelar-me por completo. Mas, na pele de outra pessoa, meu relacionamento com você foi diferente. Senti que não era eu quem estava me comunicando com você, mas outra pessoa. Estávamos ambos olhando para outra pessoa. É por isso que a sua proximidade e o olhar penetrante que me lançou não me pararam, mas me incentivaram. Eu estava gostando de sentir que tinha todo o direito de olhar de forma insolente para você e não ter medo. Será que eu teria ousado fazer isso se fosse eu mesmo? Nunca. Mas, como outra pessoa, tanto quanto quisesses. Se eu pudesse fazer isso, olhar para você direto nos olhos, poderia tratar a plateia de frente, sem vergonha."

– E quanto ao buraco negro? – perguntou alguém.

– Não percebi, porque estava totalmente absorvido fazendo algo mais interessante.

– Então – resumiu Tortsov –, Kóstia realmente viveu a personagem de um crítico sarcástico e repulsivo. E, notem, viveu isso com as suas próprias sensações, sentimentos e instintos, e não com os de outra pessoa. Isso significa que os sentimentos que ele nos apresentou como o crítico eram os seus próprios.

"Agora, a questão é: será que ele apresentaria a personagem que ele criou da mesma forma se não pudesse se esconder atrás dela? Será que ele mostraria essa pessoa agora, sem alterar sua aparência, isto é, sem figurino e sem maquiagem?

"Será que ele faria isso?" – Tortsov pediu que eu declarasse.

– Por que não? Eu já o representei sem maquiagem – respondi.

– Mas com todas as expressões faciais, maneirismos e maneira de andar corretos? – perguntou novamente Tortsov.

– É claro – respondi.

– Da mesma forma que com a maquiagem. Mas essa não é a questão.

Você pode criar uma personagem para se esconder atrás dela sem maquiagem. Não. Mostre-me o seu eu mais secreto, mais íntimo, mais profundo, bom ou mau, sem se esconder atrás de uma personagem.

— Isso é constrangedor — admiti, depois de pensar um pouco.

— Mas e se você se esconder atrás de uma personagem?

— Então eu posso fazer isso — resolvi.

— Viu? — disse Tortsov, encantado. — Agora é como um baile de máscaras real.

"Em um baile de máscaras, vemos como um rapaz que é tímido com as mulheres subitamente se torna atrevido até o descaramento atrás de uma máscara, exibindo desejos secretos que não ousaria expressar na vida real.

"De onde vem sua ousadia? Da *máscara* e da fantasia que o escondem. Ele fará coisas como alguém por quem ele não é responsável, coisas que nunca faria como ele mesmo.

"A caracterização é a *máscara* que esconde o ator-ser humano. Quando estamos mascarados podemos revelar os detalhes mais íntimos e maliciosos sobre nós mesmos.

"Esse é um aspecto importante da caracterização.

"Vocês já perceberam que os atores e, especialmente, as atrizes, que não gostam de transformações físicas sempre interpretam, como eles mesmos, papéis belos, nobres, amáveis e românticos? E já repararam como atores característicos gostam de representar vilões, monstros e caricaturas, porque são figuras mais nítidas, mais brilhantes, mais claras, mais teatrais, das quais o público se lembra por mais tempo?

"A caracterização física no processo de transformação é algo grande.

"E a partir do momento em que os atores têm de criar uma personagem, e não apenas se exibirem para a plateia, todos nós precisamos de transformação e de caracterização física.

"Em outras palavras, todos os atores, sem exceção, criam personagens e se transformam fisicamente.

"Não existem peças sem personagens."

24

Os retoques finais

.. .. 19..

Na aula de hoje, havia uma placa onde estava escrito:

CONTROLE INTERNO E EXTERNO E OS RETOQUES FINAIS

Essa placa já havia aparecido junto com outras, mas Tortsov se absteve de explicar os novos elementos criativos até que chegasse o momento certo, quando fosse possível falar de seus aspectos *internos* e *externos* simultaneamente.

Esse momento havia chegado.

— Vou começar com o *controle*, porque não pode haver nenhum retoque final sem isso e, antes de tudo, vou discutir seu aspecto *exterior*, porque ele é mais visível e acessível do que o aspecto *interior* — explicou Tortsov, chamando Vánia para o palco. Ele e Igor representaram uma cena que todos nós conhecíamos, entre um senhor e um servo em uma peça do século XVIII.

Tortsov disse:

— Tive dificuldade para entender o que vocês estavam fazendo e dizendo.

— É mesmo? Mas eu estava sentindo, minhas ações eram genuínas! — disse Vánia, bem desanimado.

— Eu acredito em você porque certas palavras e trechos me tocaram — disse Tortsov, para acalmá-lo. — Porém, vocês ficaram matraqueando, agitando suas mãos diante dos seus rostos, de modo que eu não conseguia entender o que vocês estavam dizendo ou ver nos seus olhos o que vocês estavam sentindo.

"Vocês criaram obstáculos tão intransponíveis que não conseguiam se comunicar como deveriam ou ser teatralmente expressivos. É como se vocês tivessem feito um artista esboçar um delicado retrato a lápis em uma folha de papel suja. As manchas se misturariam com o desenho, que ficaria perdido entre o caos e a sujeira. O retrato perderia toda a forma.

"Se quiserem impedir que isso aconteça, vocês precisam primeiro limpar o papel. O mesmo se aplica a nós: atores gesticuladores – as gesticulações são como as manchas. Elas borram a forma de um papel. Seus contornos se perdem em uma profusão de gestos indesejáveis. Assim, eliminem o excesso e só nos apresentem os *movimentos e gestos* de que a personagem necessita. Então, o público vai vê-los e apreciá-los. Isso é muito importante para você, Vánia."

– Por quê?

– Porque você é um ator característico. Quantos dos seus gestos eram típicos do servo que acabou de representar? – perguntou-lhe Tortsov.

– Não sei. Não contei.

– Deveria ter contado – repreendeu Tortsov. – Notei três ou quatro, não mais do que isso.

– O que você quer dizer com três ou quatro? E o resto? – disse o jovem exuberante, com espanto.

– Eram seus próprios gestos humanos ou gestos "de ator", truques técnicos, clichês banais, tiques etc. Você lhes deu a sua cabeça e eles o controlaram, em vez de você controlá-los. O resultado foi uma confusão caótica de gestos desnecessários. Os três ou quatro gestos típicos se perderam no meio deles como gotas de um bom vinho em um copo cheio de água e passaram despercebidos.

"Livre-se do excesso de gestos e os movimentos realmente característicos vão se destacar com muito maior significado e força, assim como o bom vinho que não foi diluído em água. Os atores experientes sabem como selecionar movimentos e ações adequados para a personagem, livrando-se daqueles que são nocivos. Mas, com atores inexperientes, como Vánia e Igor, uma enxurrada de gestos pessoais afoga aqueles que a personagem necessita. Quando isso acontece, os atores que têm a sua própria persona teatral saem de trás da máscara, erguem a cabeça e bloqueiam a personagem real. Se isso acontece com todos os papéis, eles inevitavelmente se tornam chatos, atores de uma única personagem. Que pena! Vánia tem a capacidade de caracterização e, também, pensamento e versatilidade. Quando, por alguma razão, a sua gesticulação habitual desaparece e sua vida interior vem à tona, isso expressa o Vánia real em movimentos precisos e em adaptações vívidas e ousadas, para não dizer audaciosas.

"O problema é que isso só acontece por acidente. Ele deve tomar medidas para se assegurar de que isso aconteça o tempo todo, consciente e inconscientemente. Ele, assim como vocês e como todos os atores, sem exceção, deve não somente eliminar a *gesticulação*, mas o *gesto em si*."

— Mesmo quando eles são essenciais? — disse Grícha, pesarosamente.
— Não existe essa coisa de gestos essenciais no palco — corrigiu-o Tortsov.
— Ah, mas me desculpe — objetou Grícha. — Suponhamos que eu esteja representando Narciso e esteja posando diante do espelho ou desfilando na frente de meus parceiros na peça, como é que vou fazer isso sem gestos?
— Não vai, porque, no exemplo que você acabou de dar, os gestos e poses se tornaram ações e deixaram de ser *gestos* — explicou Tortsov.
— Se for esse o caso, então a gesticulação pode ser útil — disse Grícha, tentando entender literalmente.
— É oportuno, na medida em que é característico do papel — concordou Tortsov.
— Eu acho que... o gesto também é necessário se ajudar... a vivência e a materialização física... se isso não ocorrer com facilidade — disse Igor, timidamente.
— Como? — Tortsov foi para cima dele. — Será que os seus gestos de balé o ajudam a se sentir bem?! Nem um pouco. Eles matam todo o esforço criativo. São um convite aberto para o fingimento, a representação e o exibicionismo. Nós não podemos acreditar neles, e onde não há crença, não há vivência. *Sustento que esse tipo de gesticulação não é apenas supérfluo, mas é positivamente perigoso no palco.* Enquanto os *movimentos e ações* realmente típicos ligam os atores mais estreitamente ao papel, *os gestos e a gesticulação* os distanciam dele.
"Então, transformem o gesto e a gesticulação em ações criativas genuínas ou livrem-se deles por completo!"
— Como vamos fazer isso? — perguntei, ansioso.
— A melhor coisa a fazer é encontrar a raiz, a origem, a causa que *produziu o gesto*, e eliminá-la. Elas são múltiplas.
— Diga quais são — pedi-lhe.
— Nervos, constrangimento, medo do palco, falta de crença naquilo que você está fazendo, sentimento de impotência na tentativa de cumprir uma tarefa criativa impossível, perda do autocontrole, pânico, exibicionismo, ficar se mostrando para a plateia, posar para ela e tentar compreender o incompreensível, ou seja, tentar interpretar o papel inteiro de uma só vez, querendo dar mais do que você tem etc. — enumerou Tortsov. — Essas são as raízes, as causas do gesto e da gesticulação.
— E como podemos lutar contra elas?
— Isso vocês já sabem: chamarizes, "ses" mágicos, Circunstâncias Dadas, a Supertarefa, tudo aquilo que norteia o processo criativo e produz o estado criativo. Eles eliminam por completo *o gesto e a gesticulação* ou os transformam em movimento dinâmico, em ações específicas genuínas e produtivas.
"Outra arma é o *controle técnico*, que elimina o excesso de gestos e abre espaço para o *movimento* e as *ações* de que o papel necessita. O controle técnico

nos ensina a usá-los de forma econômica e inteligente. Vocês precisam trabalhar duro e por muito tempo para desenvolverem o controle técnico."

— Como?

— É muito simples. Não fazendo gestos ou movimentos desnecessários — disse Tortsov. — Definam vocês mesmos a tarefa de transmitir a partitura de um papel com o mínimo de movimento e absolutamente nenhum gesto.

— Isso é muito difícil — comentou alguém.

— Vocês precisam de meses, de anos para dominar esse hábito salutar e fazer do *controle técnico exterior* a sua segunda natureza — advertiu Tortsov. — Uma vez que vocês tenham disciplinado o seu mecanismo exterior, ele se converte em uma "folha de papel em branco", na qual vocês podem expressar as mais complexas concepções.

"Todos os grandes atores passam por um período de luta contra o *gesto* à medida que crescem e amadurecem. Eles sabem como isso pode ser útil. A vantagem é que remover a *gesticulação* desnecessária chama automaticamente para dentro da peça outras maneiras mais sutis e expressivas de refletir nossa vida interior. O rosto, os olhos, a fala, as inflexões, a transmissão e recepção etc."

.. .. 19..

— Hoje vou mostrar para vocês um jeito de desenvolver o *acabamento* e, com isso, eu quero falar do *acabamento das ações no palco* — disse Tortsov, no início da aula de hoje. — Se vocês não têm *controle* sem acabamento, vocês não têm *acabamento* sem controle. Vou começar com o exterior. É mais fácil ver Kóstia subir e acender a lareira como fez no início dos nossos estudos.

Subi ao palco e fiz como me foi solicitado, tendo, é claro, estabelecido previamente as Circunstâncias Dadas. Tortsov me disse:

— O que você fez foi bom o suficiente para a vida, mas não tem clareza ou *acabamento* suficiente para um grande teatro com um grande público.

— Como faço para obtê-los? — perguntei, ansioso para saber isso o quanto antes.

— É muito simples — respondeu Tortsov. — Você sabe que os grandes Cortes, Tarefas e ações são compostos por Cortes médios, e os Cortes médios, por Cortes pequenos etc. Então, mostre-me todas as partes do todo, não "de modo geral", como você acabou de fazer, mas de maneira completa.

Repeti o exercício.

— Não é bem assim — disse-me Tortsov. — Dê a cada parte mais *acabamento*, mais clareza, mais polimento, de modo que haja só uma linha tênue entre elas, como uma pausa quase imperceptível. Quem estiver assistindo deve saber onde termina uma tarefa e começa outra.

Repeti o exercício, tentando fazer tudo o que tinha sido dito.

— Dessa vez, você me fez ver as partes, mas perdi o todo — disse Tortsov.
— Isso foi porque você fez os Cortes, Tarefas e as ações por eles mesmos.

— Entendi. Eu me esqueci das Circunstâncias Dadas e da Ação Transversal, ou seja, da doença de Mária e do meu desejo de impedi-la de pegar outro resfriado — recordei.

Mantive isso em mente quando fiz o exercício de novo e o erro foi corrigido.

— Dessa vez, não apenas entendi, como senti o todo — disse Tortsov, em tom de aprovação. — É muito importante apresentar o todo, não destruí-lo, e, além disso, não borrar as partes. Só assim o público pode captar a linha clara da ação, e não apenas uma aproximação geral dela.

Para levar a lição para casa, Tortsov deixou que eu repetisse o exercício. É claro que eu fiz um pleno uso da solução e, assim, realizei todas as partes constituintes de uma grande ação meticulosamente. Mas, de repente, Tortsov me interrompeu e disse:

— *Acabamento* requer, acima de tudo, um *senso de verdade*. O exagero leva a mentiras e as mentiras matam a verdade e o sentimento. Assim, não ceda à clareza ou ao acabamento excessivos, que podem beirar o fingimento. Ação demais ou muito pouca ação são coisas igualmente perigosas. Fique com o meio-termo.

Quando tentei fazer isso, mais uma vez desviei-me da Supertarefa e da Ação Transversal. Depois de corrigirmos esse erro, Tortsov me disse:

— Espero que você agora entenda que a coisa mais importante a ser considerada é o acabamento da Ação Transversal e da Supertarefa, e que os pequenos e grandes cortes e partes devem servir a elas, e não serem realizados por si mesmos.

No fim da aula, Tortsov viu Vánia e Dária em sua velha cena de *Brand*. Então ele disse a Vánia:

— Estender cada Corte e Tarefa e exagerá-los não significa que você está lhes dando acabamento ou atuando com controle. Exagerar o controle e o acabamento não estimula a precisão e clareza de forma na atuação. Pelo contrário, se você for longe demais, acaba quebrando e enfraquecendo a forma e a estrutura de um papel ou peça.

.. .. 19..

— Até agora, discutimos o *controle técnico e o acabamento externos*; hoje vamos falar do controle e do acabamento *internos* — disse Tortsov, assim que entrou. — Pácha, suba ao palco e faça um pequeno Corte de "queimando dinheiro", na hora em que o corcunda joga o último pacote nas chamas e você está atordoado.

Pácha subiu ao palco e interpretou a cena. Tortsov disse:

— Senti um tipo de vida e inquietação nas pausas silenciosas — no interior. Isso é bom. Mas teria sido ainda melhor se eu entendesse não o seu pensamento real (que não pode ser expresso sem palavras), mas, pelo menos, o seu estado de espírito geral, seu estado mental, nas pausas, em cada ponto, em cada Corte interior e nas transições lógicas e sequenciais de uma tarefa para outra. Além do mais, eu quero saber como a linha interna da peça e do papel se desenvolvem.

"Você não me possibilitou entender, isto é, sentir isso. Então, traduza em palavras, para nós, o que você estava vivendo e pensando durante as pausas, o que você estava vivendo e o que estava acontecendo dentro de você durante as pausas" — pediu Tortsov.

— Eu estava, sobretudo, tentando entender as circunstâncias e sentir o horror daquilo que estava acontecendo — explicou Pácha.

— Foi por isso que você olhou para o fogo que ardia e para a mesa vazia — supôs Tortsov.

— Sim, exatamente — respondeu Pácha. — Eu queria ver com meu olho interior o que aconteceria à nossa volta se essa fosse uma tragédia da vida real.

— Nesse momento, você inspecionou todos os cantos da sala.

— Sim — confirmou Pácha. — Lembrei-me da vida feliz que tivemos neste apartamento e imaginei como a vida seria terrível no futuro, agora que o domicílio familiar tinha sido destruído. Essas imagens mentais me ajudaram a entrar na situação do criminoso e sentir que estava interpretando um novo papel.

— Então, surgiram três tarefas: você precisava registrar que os documentos não estavam mais na mesa, aceitar que todo o dinheiro tinha sido queimado, recordar o passado e imaginar sua vida futura neste aposento.

— Sim — confirmou Pácha.

— Infelizmente, essas três tarefas claras e precisas se fundiram em uma única, disforme. Era impossível dizer qual era qual.

— E, ainda assim, eu sentia todas as três em seus lugares — lembrou Pácha. — Elas irrompiam em chamas e então morriam.

— Se for assim, então os inícios da vivência real estavam se agitando dentro de você. Mas você não mostrou isso muito bem — explicou Tortsov. — Bastava você dar uma olhada para a mesa, para a lareira e para a sala para perceber que havia ocorrido uma catástrofe. Se você tivesse feito isso de forma limpa, com controle e acabamento, eu teria entendido imediatamente suas ações externas e os impulsos internos que as causaram. Mas, em vez disso, sua cabeça foi da esquerda para a direita pelo menos umas dez vezes. Isso não é realizar a sua tarefa por completo, mas de forma superficial. Repetindo interminavelmente o mesmo movimento, você reduziu o seu impacto, distorceu a verdade, criou uma mentira e destruiu toda a credibilidade. Isso matou a vivência e confundiu a plateia. O exterior ocultou o interior. Nada disso, é claro, ajuda a despertar a Memória Emotiva ou o sentimento vivo. É por isso que tudo o que posso lembrar da primeira metade da cena silenciosa é de uma mistura de gestos. Eles estavam entre mim e a sua mente e me impediram de sentir o que estava acontecendo ali, por meio da transmissão e da recepção.

"Entendi a segunda metade da pausa imediatamente. Por quê? Porque você vivenciou os Cortes e as Tarefas de forma limpa e não os escondeu com ações desnecessárias. Você olhou para a porta atrás da qual sua esposa estava dando banho no bebê. Você estava confuso, estava tentando pensar e eu entendia a razão. 'Será que ela vai me perdoar por ter matado o seu irmão?' pensava você, franzindo as sobrancelhas, olhando para baixo, cobrindo seus olhos e permanecendo imóvel por um longo tempo. Entendi os pensamentos terríveis que você estava tendo. Você havia comprometido sua esposa inocente, feito dela sua cúmplice. Se *a falta de controle e de acabamento* foi um obstáculo na primeira metade, o seu excelente *controle e acabamento* na segunda me ajudaram imensamente. Eles ajudaram você a vivenciar de forma precisa e plena, a refletir o que estava acontecendo dentro de você com clareza e a separar os vários Cortes e Tarefas, camada por camada, dando-lhes contornos claros."

— Isso simplesmente aconteceu, foi puro acaso, e ele pode nunca mais fazer isso de novo. Como você pode dominar conscientemente o controle e o acabamento? — perguntei, admitindo as novas dúvidas que tive hoje.

— Você sabe muito bem como fazer isso. Limite os movimentos externos e as ações externas ao mínimo para evitar que eles façam um bloqueio entre a plateia e a sua mente. Substitua os movimentos externos pelas sutilezas dos seus olhos e do seu rosto, que estão mais intimamente conectados à vida da mente. Se o sentimento não surgir espontaneamente, não o force nem se atormente, mas atraia-o com imagens mentais. Quanto mais precisas elas forem, mais precisos serão sua vivência e seus Cortes e Tarefas. Você deve realmente amá-las, assim como deve amar o que está acontecendo com você, por dentro e por fora, enquanto está no palco. Não corra e não se arraste naquilo que faz, para não destruir a lógica e sequência lineares de suas imagens mentais. O exagero leva às mentiras. Então, seja lógico e sequencial em suas ações internas no mais alto grau. Se existe uma espontânea e involuntária *carência de lógica*, deixe estar, se isso brotou do inconsciente. Essa lógica e essa sequência particulares estão além da sua compreensão. Certifique-se de ter *Tempo-ritmo*. Você não pode ter controle e acabamento sem isso. Você deve gostar de camadas. Leve seus Cortes e as Tarefas diretamente até o fim.

— Sim, mas na vida real, você sabe, não temos de seguir todas essas regras, não estamos esperando ter controle e acabamento especiais, e mesmo assim todos nos entendem — disse Grícha.

— Você está muito enganado. Deixe-me lhe dar um exemplo. Algumas semanas atrás, uma velha amiga de minha esposa, uma senhora respeitável e um tanto confusa, que havia perdido uma amiga muito próxima a ela, estava em nossa casa. Ela estava chorando amargamente, enfurecida com alguma coisa... e não parava de falar. Eu a acalmei, embora não conseguisse entender nada. Poucos dias depois, ela voltou em busca de uma resposta. Que resposta? Aparentemente, ela tinha me pedido que verificasse se ela podia se juntar à nossa companhia, para ter o que comer. Atuar era a única coisa que ela conseguia cogitar, embora nunca tivesse posto os pés no palco. Por que o mal-entendido surgiu? Porque quando as pessoas vivenciam uma profunda crise pessoal, elas não conseguem falar sobre isso de maneira coerente. Seus pensamentos estão perturbados, suas lágrimas as sufocam, sua voz falha e cada olhar lastimoso é uma distração que nos impede de chegar ao fundo daquilo que elas estão dizendo. Mas o tempo é o melhor remédio. Ele abranda as coisas e as ajuda a ter uma visão mais equilibrada dos acontecimentos do passado. Elas falam sobre o passado de forma lógica e sequencial, com controle e acabamento, e, então, conseguimos entendê-las. Então, aquele que fala está mais ou menos calmo e o ouvinte é quem chora.

"Os atores também têm de lidar com o período tempestuoso quando estão vivenciando, agonizar sobre um papel, ir longe demais, em casa e nos ensaios, para então livrar-se de coisas supérfluas que bloqueiam as suas emoções, adquirir o controle necessário e, depois, ir para o palco e dizer à plateia, com clareza e acabamento, calor e riqueza interior, aquilo que vivenciaram antes. A plateia, então, entende tudo e fica ainda mais comovida do que o ator.

"Quanto mais *controle e acabamento* tiver a atuação, mais calmo estará o ator, mais claramente aparecerão o jeito e a forma da personagem, mais isso afetará a plateia e mais sucesso o ator terá."

.. .. 19..

— Hoje quero tentar fazer vocês sentirem a força do controle e do acabamento tanto para o ator quanto para o público.

2

— Um famoso pintor estava examinando o trabalho de seus pupilos na sala de aula e acrescentou uma pincelada em uma das telas inacabadas. O quadro ficou tão vivo que não havia mais nada para o pupilo fazer. O estudante ficou maravilhado com o milagre que havia ocorrido quando o professor havia "apenas" tocado a tela com seu pincel.

"A isso, o famoso artista respondeu: ['apenas' é tudo na arte].

"E eu, da mesma maneira que o famoso pintor, digo que, no teatro, também precisamos de um 'apenas' aqui e acolá para dar vida a um papel. Sem esse 'apenas', o papel não tem brilho nenhum.

"Vemos muitos papéis no palco que carecem desse 'apenas'. Tudo está bem, tudo está pronto, mas alguma coisa muito importante está faltando. Um diretor talentoso chega, diz uma palavra e o ator explode de vida, o papel brilha com sua ampla gama de cores.

"Lembro-me do regente de uma banda militar que *agitava seus braços* o tempo todo nos concertos de rua. No começo, você era atraído pelos sons e ouvia, mas, depois de cinco minutos, você começava a prestar atenção na ondulação regular da batuta do regente e no modo como sua outra mão, de forma metódica e imperturbável, virava as páginas de sua partitura. Ele não era um músico ruim, e sua banda era boa e famosa na cidade. No entanto, sua música era ruim, desnecessária, porque ele não revelava aquilo que era mais importante, o seu conteúdo interno, e não atingia o ouvinte. Todas as partes constituintes da peça pareciam grudadas. Elas eram todas parecidas, mas o ouvinte queria conhecê-las, compreendê-las, ouvi-las de forma adequada, queria que cada uma delas tivesse esse 'apenas' que daria o acabamento para cada corte e para o trabalho como um todo.

"No teatro, temos atores que 'balançam seu braço' em um mesmo ritmo ao longo de todo o papel ou de toda a peça, sem nunca pensarem nesse essencial 'apenas' que poderia fornecer o acabamento.

"Assim como maestros que acenam com a batuta, lembro-me de Nikisch[1], pequeno mas grande, um homem eloquente que podia dizer mais com sons do que com palavras. Ele podia desenhar um oceano de sons com a ponta de sua batuta e criar uma vasta gravura musical.

"Nunca me esquecerei da maneira como Nikisch olhava para todos os músicos antes de começar a tocar, como levantava sua batuta e esperava que o público se acomodasse e se preparasse para ouvir. Sua batuta dizia: 'Prestem atenção! Ouçam! Vou começar!'.

"Havia este intangível 'apenas' que dava a cada ação um acabamento tão bom, mesmo nesse momento de expectativa. Nikisch amava cada semibreve, cada mínima, cada colcheia, cada semicolcheia, cada ponto, cada tercina matematicamente precisa, cada delicioso bequadro, cada dissonância dentro de uma harmonia. Ele fazia tudo isso com prazer e calma, sem medo de arrastar a música. Ele usava cada frase plenamente antes de deixá-la passar. Tirava o máximo possível dos instrumentos e da própria alma dos músicos, com a ponta de sua batuta. E como era maravilhosa sua mão esquerda, indicando um *diminuendo* ou um *rinforzando*. Que controle ideal ele tinha, uma

---

1. Cf. Capítulo 21, nota 8.

precisão matemática que incentivava em vez de desestimular a inspiração. Havia a mesma qualidade em seus andamentos. Seu *lento* não era monótono, tedioso, ocioso. Ele não irritava os nervos como a minha banda militar, marcando o tempo como um metrônomo. Seus andamentos lentos abrangiam todas as velocidades possíveis. Ele nunca corria e nunca se demorava. Somente quando cada sentença estava completa é que Nikisch acelerava ou desacelerava para compensar o que tinha sido deixado para trás ou para retornar àquilo que ele tinha deliberadamente tirado anteriormente com um *accelerando*. Ele criava um novo *tempo* para cada frase. Aqui está, não se apressem. Digam tudo o que têm a dizer! Agora ele está se aproximando do clímax da frase. Quem pode prever como ele vai moldar a parte superior da frase? Com um novo *rallentando* ainda maior ou com *accelerando* inesperadamente ousado para enfatizar o fim?

"Quantos maestros são como Nikisch, quantos podem sentir e ouvir todas as nuances de uma obra, e não apenas extraí-las, mas também comunicá-las de forma clara?

"Nikisch podia fazê-lo porque seu trabalho não apenas tinha *controle*, mas um *acabamento* deslumbrante.

"Se as minhas palavras conseguirem dar alguma ideia de quem era Nikisch, então vocês sabem o que pode ser a fala na boca de um ator ou de um declamador. Eles terão o mesmo *lento* maravilhoso de Nikisch. A mesma riqueza, o mesmo *piano*, a mesma gama infinita, a mesma ausência de pressa, a mesma precisão em dar valor integral às palavras, com todas as colcheias, os pontos, as tercinas matematicamente precisas e o mesmo controle e entusiasmo sem pressa [ou] demora desnecessárias. Isso é controle e acabamento.

"A 'demonstração por meio de opostos' é uma boa maneira de convencer as pessoas. Vou usá-la agora para que vocês possam compreender mais plenamente o valor do acabamento na atuação. Vocês se lembram de atores com pressa? Existem muitos deles, especialmente em teatros especializados em farsas, comédias e operetas, onde se tem de estar feliz, ser engraçado e animado a qualquer preço. Mas é difícil estar feliz quando se está triste. E, então, recorre-se aos truques técnicos. Dentre eles, o *Tempo*-ritmo externo é, de longe, o melhor. Esses atores tagarelam suas falas e zumbem através das suas ações com incrível velocidade. Tudo se torna um todo caótico que o público não consegue distinguir.

"Uma das melhores qualidades dos grandes atores [estrangeiros], em turnê, que têm uma técnica consumada é o seu *controle e acabamento*. Quando nós os observamos e vemos como um papel se desenvolve e cresce diante dos olhos da plateia, sentimos que estamos presenciando um renascimento milagroso, a ressurreição de uma grande obra de arte. Isso é o que sinto durante essas notáveis apresentações. É mais fácil explicar através de um exemplo.

"Imagine que vocês tenham ido ao ateliê de um grande, super-humano e quase divino escultor. 'Mostre-me Vênus', vocês dizem.

"Esse gênio, sabendo o pleno significado daquilo que devia acontecer agora, concentra sua mente e ignora o que está a sua volta. Ele pega um enorme pedaço de argila e lenta e cuidadosamente começa a moldá-lo. Ele vê cada linha, curva e vazio na perna da deusa com seu olho interior e molda a massa disforme. Suas mãos velozes e fortes trabalham com extraordinária precisão, sem perturbar a grandeza e a suavidade do ato criativo, do processo. Com muita rapidez, suas mãos criam uma maravilhosa perna de mulher, a mais bela, clássica e perfeita perna que já existiu. Não há nada que eventualmente possa ser mudado. Ela viverá para sempre. Aqueles que a virem jamais se esquecerão dela. O escultor lhes mostra essa parte da estátua inacabada e vocês olham para ela maravilhados. Vocês também começam a sentir o quanto ela será bela. Mas o escultor não se importa se vocês gostam ou não do seu trabalho. Ele sabe que a obra é o que é, e não pode ser de outra forma. Se as pessoas que olham para a estátua são maduras o suficiente para entender, elas entenderão, caso contrário os portões para o reino da verdadeira beleza estética estarão fechados para elas. O escultor, então, com calma e concentração ainda maiores, modela uma segunda perna, não menos bela do que a primeira, e o tronco, como se estivesse realizando um rito religioso. Mas, então, ele subitamente fica excitado. Ele sente que a massa dura em suas mãos está se tornando mais quente, mais maleável. Ela parece se mover, subir e descer, respirar. Ele fica totalmente eufórico. Sorri, seus olhos são como os de um moço apaixonado. Agora parece como se este belo torso feminino pudesse se curvar graciosamente em qualquer direção. Você se esquece de que aquilo já foi um material inerte e grosseiro. O escultor trabalha por longo tempo na cabeça de Vênus. Ele está inspirado. Ele ama, adora seus olhos, nariz, boca, seu pescoço de cisne.

"Está acabado.

"Aqui estão as pernas, os braços, o tronco sobre o qual o escultor coloca a cabeça. Vejam! Vênus tem vida! Vocês a conhecem como nos sonhos, não na realidade. Você nunca suspeitaria de que tamanha beleza pudesse existir na vida real, que ela poderia ser tão simples, natural, leve e etérea.

"Agora, ela está moldada em duro e pesado bronze monumental e, mesmo assim, ela continua sendo, como antes, um sonho divino, embora vocês consigam senti-la, tocá-la com suas mãos, apesar de ela ser tão pesada que vocês nem consigam levantá-la. Vocês nunca acreditariam que fosse possível criar uma tal perfeição a partir do metal bruto e pesado.

"Os atores de gênio criativo, como Salvini, o Velho, são bronzes monumentais. Eles esculpem uma [parte do papel] diante da plateia, no primeiro ato, e então gradual e silenciosamente, de maneira confiante, criam as outras partes durante os atos restantes. Quando todas as partes estão juntas, elas formam um monumento imortal à paixão humana: o ciúme, o amor, o horror, a vingança e a fúria. O escultor cria sonhos em bronze, os atores os criam fora de seus próprios corpos. As obras que os atores de gênio criam são leis, monumentos e lembretes constantes."

— Vi Salvini pela primeira vez no Teatro Bolshoi, onde ele se apresentou com sua companhia italiana durante quase toda a Quaresma[2].

"Eles representavam *Otelo*. Não sei o que havia de errado comigo, mas, devido à distração ou à falta da mesma atenção prestada a outros grandes atores que eu tinha visto antes, eu o confundi com outras celebridades, como Possart[3], por exemplo, que tinha representado Iago, e não Otelo. Assim, prestei muito mais atenção a Iago, pensando que era Salvini.

"'Sim, ele tem uma boa voz' — disse para mim mesmo. — 'Tem os ingredientes de um bom ator, uma boa aparência, a habitual maneira italiana de atuar e transmitir, mas não vejo nada de especial nele. Otelo é igualmente bom. Ele também tem os ingredientes de um bom ator: voz, dicção, atitude e nível geral maravilhosos.' — Fiquei impressionado com o arrebatamento com que os conhecedores saudaram a primeira fala de Salvini.

"Aparentemente, no início, o grande ator não queria ser o centro das atenções. Se ele quisesse, poderia ter feito isso com a pausa magistral que faria depois, na cena do Senado. Não havia nada de novo na abertura da cena, exceto o fato de eu conseguir ver o rosto, a roupa e a maquiagem de Salvini. Não posso dizer que havia qualquer coisa de notável neles. Não gostei do seu figurino, nem então, nem depois. A maquiagem? Não acho que ele usasse alguma. Era seu próprio rosto, e talvez fosse inútil maquiá-lo.

"Ele tinha um grande bigode pontudo, uma peruca que era demasiado óbvia, um rosto grande e pesado, quase gordo, e uma grande adaga oriental pendurada em seu cinturão, que fazia que ele parecesse mais corpulento do que realmente era, sobretudo com a túnica mourisca e o turbante. Nada disso era muito típico de Otelo, o soldado.

"Mas...

"Otelo se aproximou do trono de Doge, reuniu seus pensamentos e tinha toda a plateia do Bolshoi na sua mão antes que pudéssemos perceber. Parecia fazer isso com um simples gesto. Ele estendeu sua mão, sem olhar para nós, e nos manteve na sua palma, como se fôssemos formigas ou moscas. Ele cerrou o punho e sentimos o alento da morte sobre nós. Ele o abriu e

---

2. Na Rússia pré-revolucionária, os teatros eram fechados durante a Quaresma. As apresentações eram feitas por companhias estrangeiras em turnê.

3. Ernst Possart, conhecido ator alemão.

houve um êxtase. Estávamos em seu poder e permaneceríamos assim para o resto de nossas vidas, para sempre. Agora nós sabíamos quem era esse gênio, o que ele era e o que poderíamos esperar. No início, seu Otelo era mais como Romeu. Ele não via e não pensava em nada nem em ninguém que não fosse Desdêmona. Sua fé nela não tinha limites, e estávamos maravilhados com o fato de que Iago pudesse transformar um Romeu em um Otelo ciumento.

"Como posso fazer vocês entenderem o impacto que Salvini causou?
"Nosso famoso poeta Balmónt disse, certa vez:
"'Temos de criar para a eternidade, para todo o sempre.'
"Salvini criou para a eternidade, para todo o sempre."

3.

— Agora, deixem-me perguntar a vocês: na sua opinião, esse tipo de atuação é resultado da *inspiração*, da mera técnica ou da experiência prática?
— Da inspiração, é claro — declararam os estudantes.
— Com o *controle* e o *acabamento* externos e internos ideais? — perguntou Tortsov.
— É claro — concordamos todos.
— No entanto, nem Salvini, nem nenhum outro ator ou gênio se inibia em tais momentos. Não havia pressa, histeria, tensão, e o *tempo* não era forçado. Pelo contrário, eles tinham uma calma concentrada, majestosa e tranquila, uma falta de pressa que lhes permitia fazer tudo cuidadosamente. Será que isso quer dizer que eles não estavam comovidos ou não vivenciavam interiormente em toda a sua potência? É claro que não. Isso significa que a inspiração não vem da maneira como ela acontece em romances ruins, ou como os maus críticos a descrevem, ou da maneira como vocês pensam. A inspiração vem de muitas maneiras, pelas mais inesperadas razões, que muitas vezes são um mistério para os próprios atores.

"Na maioria das vezes, não precisamos de algum impulso divino, mas de um quase insignificante 'apenas'."

4.

— Para vocês, inspiração significa momentos de grande euforia. Não nego isso, mas repito que a inspiração vem de muitas formas. Sondar com calma as profundezas de sua mente pode ser inspiração. Brincar livre e despreocupadamente com seus sentimentos pode ser inspiração. Uma percepção sombria e pesada do segredo da vida pode ser inspiração.

"Como posso descrevê-la em todas as suas formas, quando ela se esconde no subconsciente e é inacessível à razão humana?

"Nós só podemos falar sobre o estado mental de um ator, que é um solo fértil para a inspiração. É por isso que uma sensação de *controle e acabamento* é tão importante na atuação. Ela é importante para compreender e para valorizar os novos elementos, não como guias diretos para a inspiração, mas como dois dos elementos preparatórios para estimulá-la.

"Vocês compreenderam intelectualmente o que o controle e a finalização significam em termos do estado criativo. Agora nós temos de trabalhar em termos de sentimento. Vocês também precisam entender isso."

25

Carisma

— Vou passar para o carisma.

"Vocês sabem que existem atores que só precisam fazer sua entrada em cena e a plateia já os adora. Por que será? Será que é porque são bonitos? Não, muitas vezes eles nem são. Será que é por causa da sua voz? Mas alguns nem têm uma bela voz. Será que é por causa do talento? Mas, muitas vezes, ele não é sequer digno de admiração. Então, é por causa do quê? É por causa dessa qualidade indescritível que chamamos de carisma. Ela é a inexplicável atração exercida pelo ser inteiro do ator, no qual mesmo as falhas são transformadas em qualidades e copiadas por seus admiradores e imitadores.

"Para esses atores, tudo vale, inclusive representar mal. Eles só precisam fazer uma entrada inicial e ficar no palco o tempo suficiente para permitir que a plateia veja seu ídolo e caia de amores por ele.

"Muitas vezes, ao encontrar esses atores na vida real, até mesmo o mais fervoroso admirador teatral diz, decepcionado: 'Oh! Como ele é sem graça fora do palco!'. Mas isso é como se os refletores iluminassem virtudes que conquistam você. Não é por acaso que essa qualidade é chamada de carisma 'de palco', e não da vida real.

"É uma grande alegria tê-lo, uma vez que garante de antemão o sucesso com o público e ajuda o ator a transmitir para a multidão os seus pensamentos criativos que embelezam o papel e a sua arte.

"Mas como é importante que o ator use seus dons naturais com inteligência, cuidado e discrição! É uma pena quando ele não entende isso e começa a usá-los para vender o seu fascínio. Nos bastidores, atores como esses são chamados de gigolôs. Como prostitutas, eles vendem os seus encantos, eles os mostram como tal, para o seu próprio benefício, para a sua própria vantagem e sucesso, e não usam seu carisma para criar a personagem que estão representando.

"Isso é um erro perigoso. Conhecemos muitos casos em que o dom natural do carisma de palco provoca a ruína de um ator cuja única preocupação e cuja técnica são finalmente reduzidas a nada além de um puro exibicionismo.

"É como vingança, por abusar de forma tola do seu dom, que a natureza o castiga cruelmente, porque narcisismo e exibicionismo deformam e destroem aquele grande carisma de que falamos. Os atores se tornam vítimas de seu próprio dom, belo e natural.

"Outro perigo do carisma é que os atores que naturalmente o têm se tornam monótonos porque sempre ficam se exibindo. Quando eles se escondem por trás de uma personagem, ouvem seus admiradores exclamarem: 'Oh! que horror! Por que ele se deixou ficar feio assim?'. O medo de não agradar seus admiradores faz que eles se agarrem a essa sua qualidade natural e perigosa, e garante que ela se torne visível através da sua maquiagem, do figurino e da aparência geral do papel – que frequentemente não apela para as qualidades individuais do ator-performático.

"Mas existem atores com outro tipo de carisma de palco. Eles não se mostram como realmente são, já que não apenas carecem de carisma pessoal, mas também possuem a desvantagem de serem deficientes em qualquer tipo de atração. Mas tudo o que esses atores precisam fazer é colocar peruca, barba, maquiagem, esconder completamente sua individualidade humana, e eles ganham um 'magnetismo de palco'. Não são eles, como pessoas, que atraem, mas seu carisma artístico e criativo.

"Existe suavidade, sutileza, graça ou, talvez, ousadia, e mesmo audácia e intensidade, que são atraentes naquilo que eles criam.

"Vou dizer algumas palavras sobre esses atores desafortunados que não têm nenhum dos dois tipos de carisma. Existe alguma coisa desagradável oculta em sua natureza. É muito comum que eles sejam pessoas muito bem-sucedidas na vida. 'Que amor ele é', dizem as pessoas quando eles não estão usando o figurino. 'Por que será que ele não agrada no palco?', acrescentam. No entanto, esses atores são, muitas vezes, mais brilhantes, mais talentosos e mais puros em sua arte e no trabalho criativo no palco do que aqueles dotados de um irresistível carisma diante dos quais tudo abre passagem.

"Deve-se observar e estudar esses atores, tão injustamente privados pela natureza. Só então vocês podem compreender os seus genuínos méritos artísticos. Muitas vezes vocês precisam observar por um longo tempo, e o reconhecimento de seu talento é adiado.

"A questão que surge é: será que não existe um meio, por um lado, de cultivarmos em nós, mesmo de forma limitada, o carisma que a natureza não deu e, por outro lado, será que não é realmente possível lutar contra aquilo que é desagradável em um ator que não é abençoado pelo destino?

"Sim, vocês podem, mas só até um certo ponto, tanto no que diz respeito à criação de carisma quanto à eliminação de defeitos desagradáveis. É claro que o próprio ator deve, acima de tudo, entendê-los, ou seja, senti-los; e, depois de entendê-los, aprender a lutar contra eles. Muitas vezes isso requer uma grande observação, consciência de si, uma enorme paciência e um trabalho sistemático para erradicar atributos naturais e hábitos diários.

"Quanto a inocular-se com esse algo desconhecido, que atrai a atenção do público, isso é ainda mais difícil e, talvez, impossível.

"Um dos melhores auxiliares com relação a isso [é] a familiaridade. Uma plateia pode se acostumar com os defeitos de um ator, que adquire um certo atrativo a partir do momento em que o hábito impede que vocês vejam coisas que já tenham achado chocantes. Vocês podem, até certo ponto, fabricar "encantos carismáticos", graças à técnica e ao bom treinamento que são atrativos.

"Com frequência, ouvimos as pessoas dizerem: 'Como esse ator melhorou! Você não iria reconhecê-lo! E ele era tão pouco atraente antes'.

"Como resposta a isso, é possível dizer:

"'O trabalho e o conhecimento da sua arte provocaram essa mudança.'

"A arte embeleza e enobrece. E o que é belo e nobre atrai."

26

Ética e disciplina

.. .. 19..

Recebi um bilhete pedindo-me para estar no teatro às nove horas. Entrada pela porta do palco.

A primeira pessoa que encontrei no saguão foi nosso bom amigo Rakhmánov.

Quando todos os estudantes estavam reunidos, ele explicou que Tortsov tinha resolvido envolver todos nós nas cenas de multidão de *O coração ardente*, de Ostrôvski[1]. Isso permitiria que ele testasse o nosso modo de interpretação interior e o melhorasse por meio da aparição em uma apresentação pública.

No entanto, antes de enviar para o palco estudantes inexperientes, sem noção do mundo dos bastidores, Rakhmánov achou que deveríamos ter alguma ideia de quais eram as condições. Devemos aprender a disposição, as entradas e saídas. Isso foi essencial no caso da lareira. Todo mundo na apresentação precisava saber onde eram os camarins com banheiros e chuveiros, onde estavam a maquiagem e o figurino, os depósitos noturnos de adereços e antiguidades, onde se localizavam os vários artesãos, onde era a sala dos eletricistas e a sala de descanso.

Também era preciso mostrar aos novatos as complexidades do próprio palco, para que pudessem aprender onde estavam os pontos de perigo: aberturas e alçapões no piso nos quais você poderia cair no escuro, a plataforma giratória com todas as suas enormes máquinas debaixo do palco, que podem fazer picadinho de você, as lonas pesadas que ficam entrando e saindo, as quedas de cenário que podem rachar a sua cabeça e, por fim, os lugares

....
1. A referida produção ocorreu em 1926.

onde você não pode ir durante uma apresentação sem o risco de ser visto pelo público.

Rakhmánov começou uma volta detalhada pelo palco e pelas coxias para nos mostrar todos os seus segredos, todas as suas partes: os alçapões, os depósitos de cenários, os espaços de trabalho, as gruas, as cordas e roldanas, o equipamento elétrico, as salas de controle e de iluminação e os enormes armários contendo materiais elétricos, lâmpadas etc.

Passamos pelas salas de armazenamento, grandes e pequenas, onde cenários, móveis, adereços e figurinos eram mantidos. Fomos para a sala da orquestra, onde havia lugar para armazenar instrumentos musicais.

Conhecemos os escritórios do diretor e do agente literário, o nicho do diretor de palco, os postos dos bombeiros, as saídas de emergência etc.

Depois, atravessamos o pátio e todos os edifícios onde os cenários são preparados.

Era uma fábrica completa, com oficinas enormes para pintores de cenários, escultores, carpinteiros, auxiliares, ferreiros, aderecistas, costureiros, tintureiros, lavadeiras. Também fomos para a garagem.

Também nos mostraram os alojamentos para os atores e para a equipe de palco, bibliotecas, um albergue para os trabalhadores, cozinhas, refeitórios, cafeterias etc.

Fiquei estupefato com o que vi, pois nunca tinha pensado que um teatro pudesse ter uma organização tão enorme e tão complexa.

— Esse "rolo compressor" funciona todo o dia e metade da noite, meu rapaz, no inverno, na primavera, no verão e no outono. Enquanto os atores estão longe, em turnê, consertamos cenários antigos e preparamos novos.

"Vocês podem ver que organização é preciso ter para garantir que todas as partes desse 'rolo compressor' estejam devidamente coordenadas. Caso contrário, haveria um desastre.

"Existe um problema se a menor engrenagem não estiver trabalhando corretamente. Deixe-me dizer-lhe, meu rapaz, que basta uma engrenagem inadequada para que as consequências possam ser desastrosas. Alguém pode morrer."

— Que tipo de desastre pode haver? — perguntou Vánia, muito preocupado.

— Por exemplo, um assistente de palco descuidado ou um velho cabo solto, um refletor pesado ou uma enorme lona cai e mata um dos atores. Que tal?

— Uau!

— Ou uma deixa é mal calculada, um alçapão se abre e alguém cai. Ou um eletricista é negligente e dois cabos encostam um no outro em um local inacessível. O resultado é um incêndio, pânico, pessoas atropelando umas às outras.

"Outros percalços podem ocorrer.

"A cortina desce muito cedo e arruína o ato ou o fim dele. Ou ela sobe antes da hora e o público pode ver o que está acontecendo nos bastidores. Isso dá uma nota cômica à apresentação. Barulho e conversa nas coxias criam uma confusão e desmoralizam o público.

"Basta que um simples extra não apareça depois que o diretor de palco toca o sinal para que haja um inevitável embaraço. Passa-se bastante tempo enquanto procuram pelo retardatário no mundo labiríntico dos bastidores. Naturalmente, ele vai dar uma centena de desculpas – não ouviu o sinal, não conseguia se vestir e se maquiar, sua roupa rasgou etc. etc. Mas será que essas desculpas conseguem compensar o tempo perdido, reparar o dano, preencher a lacuna?

"Não se esqueçam, existem muitas pessoas envolvidas em uma apresentação, e, se nem todas prestam a devida atenção às suas tarefas, quem pode garantir que não haverá qualquer problema entre os atos ou que os atores não vão se atrasar e colocar os outros membros do elenco em uma posição impraticável?

"Assistentes de palco, aderecistas e iluminadores também podem causar atrasos e confusão, quando não definem as coisas adequadamente, ou perdem a sua deixa, ou realizam um efeito de luz ou de som.

"Cada membro da equipe deve sentir que é uma 'engrenagem' em uma máquina grande e complexa e estar claramente consciente do perigo, para toda a apresentação como um todo, se ele não fizer o que deve ou se ele se afastar do procedimento estabelecido.

"Todos vocês, estudantes, também são pequenas engrenagens de uma máquina complexa, o teatro, e é de vocês que depende o sucesso, o destino, o bem-estar da apresentação. Não somente quando a cortina está aberta, mas também quando está baixada, o trabalho físico é realizado, mudando-se aposentos imensos, colocando-se enormes tribunas, e os atores estão fazendo rápidas trocas de roupa e retoques na maquiagem em seus camarins. Quando isso é feito de uma forma desordenada e desorganizada, a plateia percebe. Os esforços dos bastidores são transmitidos para fora e se refletem na morosidade do desempenho.

"Juntem a isso os possíveis intervalos entre os atos e a apresentação parece estar em grande perigo.

"Só existe uma maneira de evitar isso: *disciplina ferrenha*. Isso é essencial em todo o trabalho artístico em equipe, seja em uma orquestra, um coral ou qualquer outro tipo de conjunto.

"E isso se aplica ainda mais a uma complexa apresentação de palco.

"Deve haver organização e ordem exemplares em nossa equipe de trabalho artístico, de modo que a mecânica do espetáculo se desenvolva sem nenhuma dificuldade.

"O trabalho criativo interno exige ainda mais ordem, organização e disciplina. A mente é sutil, complexa e extremamente delicada. Devemos trabalhar obedecendo estritamente às leis da mente humana.

"Quando nos lembramos de que criamos em público, com todas as dificuldades que isso implica, cercados como estamos pelo trabalho intricado e complicado dos bastidores, é claro que a exigência de total disciplina, interna e externa é ainda maior. Sem ela, vocês não podem cumprir todas as exigências do 'sistema'. Tudo vai ser inundado por fatores externos, e o seu modo de representar pode ser destruído.

"Vocês só podem enfrentar esse perigo possuindo uma disciplina ainda mais estrita e colocando exigências ainda maiores sobre o trabalho em equipe de cada ínfima engrenagem em uma gigantesca máquina teatral.

"Mas o teatro não é simplesmente uma fábrica de trocar cenários; ele é uma fábrica de almas humanas. Nada menos do que isso!

"No teatro, nós alimentamos as criações humanas vivas que o ator/papel produz.

"O teatro chega a centenas de milhares, a milhões de pessoas. Milhões, eu digo! Ele as leva para os píncaros da emoção.

"Agora vocês sabem que enorme máquina, que imensa fábrica o teatro é. Para garantir que o mecanismo funcione de forma adequada, precisamos de ordem rigorosa e disciplina férrea. Mas como podemos fazer isso de tal maneira que não sufoque os atores, mas, ao contrário, os ajude?

"Nós não apenas fabricamos cenários e encenação no teatro, nós criamos personagens, pessoas vivas, suas almas, a vida do espírito humano. Isso é muito mais difícil do que se assegurar de que a apresentação, a atividade nos bastidores, o cenário e a encenação estão em ordem.

"O trabalho interno exige uma disciplina interna e uma ética ainda maiores."

2.

.. .. 19..

A aula aconteceu em uma das salas de descanso.

Os estudantes haviam pedido para se encontrar muito antes do ensaio começar. Tínhamos medo de que nossa primeira aparição fosse um fiasco e, por isso, pedimos a Rakhmánov para nos dizer como teríamos de nos comportar.

Para nosso espanto e prazer, Tortsov veio para a reunião.

Ficamos sabendo que ele tinha ficado profundamente comovido com a maneira séria com que estávamos abordando a nossa primeira aparição.

— Vocês saberão o que têm de fazer e como têm de se comportar se pensarem no trabalho em equipe — disse-nos ele.

"Todos nós criamos juntos, ajudamos uns aos outros, dependemos uns dos outros. Somos todos guiados por uma pessoa, o diretor.

"O trabalho em equipe é agradável e proveitoso se for devidamente organizado, porque, assim, ajudamos uns aos outros.

"Mas, sem uma ordem apropriada, o trabalho criativo em equipe é uma tortura. As pessoas vão de um lado para o outro, atrapalhando umas às outras. É claro que todos devem, portanto, estabelecer e manter a disciplina."

— Como podemos fazer isso?

— Primeiro, cheguem ao teatro meia hora ou quinze minutos antes de o ensaio começar, para reunir todos os elementos do seu estado criativo.

"Se uma pessoa está atrasada, há confusão. Se todo mundo chegar só um pouquinho atrasado, perde-se tempo de trabalho na espera. Isso leva a um ambiente ruim, onde ninguém consegue trabalhar.

"Se, no entanto, as pessoas levam a sério suas responsabilidades para com os outros e chegam preparadas para o ensaio, isso cria um ambiente feliz que estimula vocês. Então, o trabalho anda bem, porque estamos todos ajudando uns aos outros.

"Imagine por um momento que um de vocês tenha vindo ao teatro para representar um papel de protagonista. A apresentação começa em meia hora. Você está atrasado porque teve alguns pequenos contratempos e aborrecimentos pessoais. Sua casa está uma bagunça. Você foi assaltado. O ladrão levou seu casaco e um terno novo. Você também ficou chateado porque, quando chegou ao seu camarim, percebeu que a chave da escrivaninha onde você guarda seu dinheiro ficou em casa. E se eles também roubarem seu dinheiro? Você tem de pagar o aluguel amanhã. Você não pode pedir para pagar depois porque não se dá bem com a sua senhoria. E também tem uma carta da sua família. Seu pai está doente, e isso o aborrece. Primeiro, porque você o ama e, em segundo lugar, porque se acontecer qualquer coisa com ele você vai ficar sem apoio financeiro. E os salários no teatro são baixos.

"Mas o pior de tudo é a atitude dos outros atores e da gerência com relação a você. Eles riem de tudo o que você faz. Fazem surpresas para você durante a apresentação. Eles deliberadamente eliminam uma fala fundamental, ou subitamente mudam a movimentação, ou sussurram algo insultante ou desagradável no meio da ação. E você, sendo uma pessoa tímida, fica confuso. Isso é o que eles querem, eles acham que isso é engraçado. Inventam todos os tipos de truques bobos, ou porque estão entediados, ou por pura diversão.

"Vamos explorar um pouco mais as Circunstâncias Dadas, que eu apenas esbocei, e decidir se é fácil preparar o estado criativo nessas condições.

"Todos nós reconhecemos, é claro, como isso é difícil, especialmente no curto espaço de tempo que vocês têm antes de as cortinas se abrirem. Com alguma sorte, vocês vão ser capazes de se maquiar e se vestir.

"Mas não se preocupem com isso" – assegurou-nos Tortsov. – "Automaticamente, nossas mãos põem a peruca, a maquiagem e o adesivo para a barba. Sequer percebemos o que estamos fazendo. Em todas as ocasiões, você consegue correr para o palco no último minuto. E a cortina sobe antes que vocês possam recuperar o fôlego. Mas sua língua recita sua cena por uma questão de hábito. Então, uma vez recuperado o fôlego, vocês podem pensar sobre 'o estado criativo'. Vocês acham que eu estou brincando, que estou sendo irônico?

"Não. Infelizmente, temos de admitir que essa atitude anormal para com nossas responsabilidades artísticas ocorre com muita frequência" – concluiu Tortsov.

Após uma breve pausa, ele virou para nós novamente.

– Agora – disse ele –, vou esboçar outra imagem.

"Sua vida privada é a mesma de antes: você tem problemas em casa, seu pai está doente etc. Mas existe algo muito diferente que o espera no teatro. Todos os membros da família artística entendem e acreditam naquilo que é dito em *Minha vida na arte*: que nós, os atores, somos pessoas de sorte, porque, de todo o imensurável espaço do mundo, o destino nos deu alguns poucos metros quadrados nos quais podemos construir por conta própria uma bela vida artística, onde vivemos de forma criativa e damos corpo aos nossos sonhos trabalhando com os outros. Estamos em constante contato com escritores geniais como Shakespeare, Púchkin, Gógol, Molière e outros.

"Isso não seria suficiente para criar um belo recanto para nós aqui na terra?

"Mas é ainda mais importante, em termos práticos, viver em um ambiente que seja propício ao seu estado criativo."

– Está claro que versão nós preferimos. O que não está tão claro é como fazer isso.

– Muito simples – respondeu Tortsov. – Se vocês protegerem o seu teatro contra "toda a poluição", automaticamente estabelecerão uma boa atmosfera, que é favorável ao estado criativo.

"Aqui vão alguns conselhos práticos. *Minha vida na arte* nos diz que não devemos entrar no teatro com os pés enlameados. Limpem a poeira e a sujeira lá fora, deixem na porta do teatro as suas galochas, suas preocupações mesquinhas, brigas e irritações, que complicam a sua vida e desviam você da sua arte.

"Limpem tudo antes de entrar no teatro. E, uma vez lá dentro, não cuspam nos cantos. A maioria dos atores, no entanto, traz toda a sujeira das suas vidas cotidianas para dentro do teatro: fofocas, intrigas, mexericos, calúnias, invejas, vaidades mesquinhas. O resultado não é um templo de arte, mas uma escarradeira, uma pilha de lixo, uma cloaca."

— Isso é inevitável, é humano — sucesso, fama, competição, inveja — disse Grícha, em defesa do teatro.

— Você deve cortar tudo isso pelas raízes! — insistiu Tortsov, ainda com mais veemência.

— Será que isso é possível? — persistiu Grícha.

— Tudo bem. Vamos admitir que você não possa se livrar de toda a sujeira da vida. Mas você pode, é claro, parar de pensar nisso por um momento e se voltar para algo mais atraente. Você só tem de querer isso com bastante deliberação e com bastante esforço.

— É fácil falar — disse Grícha, duvidando.

— Se isso está além do seu alcance — disse Tortsov, ainda tentando convencê-lo —, deixe sua própria sujeira em casa e não estrague o humor das outras pessoas.

— Isso é ainda mais difícil. Todos nós temos coisas para desabafar — persistiu nosso argumentativo amigo.

— Não entendo por que os russos pensam que é seu privilégio fazer um escarcéu sobre os seus problemas domésticos e arruinar a atmosfera com suas lamúrias — disse Tortsov, espantado. — Em todos os outros países civilizados, isso é considerado inconveniente, um sinal de má-criação. Mas nós vemos isso como um sinal de nossa profunda e sensível "alma russa". Que coisa reles! — disse Tortsov, genuinamente indignado. — Não, não e novamente não! Temos de entender de uma vez por todas que lavar nossa roupa suja em público é vulgar, que isso revela falta de autocontrole e de respeito pelas outras pessoas e que é um mau hábito — disse Tortsov, acaloradamente. — Temos de parar de nos entregar a essa autopiedade e autodepreciação. Quando você está com outras pessoas, deve sorrir, como os norte-americanos. Eles não gostam de rostos carrancudos. Chore e se lamente em casa, mas, quando estiver com outras pessoas, seja caloroso, feliz e agradável. Vocês devem se condicionar a fazer isso — insistiu Tortsov.

— Teríamos prazer em fazer isso, mas como? — perguntaram os estudantes.

— Pensem mais nas outras pessoas e menos em si mesmos. Preocupem-se com o estado de espírito dos demais, com o trabalho dos demais e menos com o seu próprio, e, então, as coisas irão bem — aconselhou Tortsov.

"Se todos os trezentos membros de uma equipe de teatro trouxessem sentimentos positivos para o seu trabalho, isso curaria qualquer um e até mesmo o mais sombrio estado de ânimo.

"O que é melhor: ficar revolvendo todas as suas mágoas na sua mente ou deixar que a força combinada de trezentas outras pessoas ajude você a não se entregar à autopiedade e a continuar com as coisas que você ama?

"Quem é mais livre: as pessoas que estão constantemente se defendendo de ataques ou as pessoas que se esquecem de si mesmas e estão preocupadas com a liberdade das outras pessoas? Se todos nós nos comportássemos dessa forma, em última análise, toda a humanidade iria defender a minha liberdade."

– Como assim? – perguntou Vánia, intrigado.

– O que é tão difícil de entender? – perguntou Tortsov, espantado. – Se, de cada cem pessoas, 99 estivessem preocupadas com algo em comum, isto é, a minha liberdade, a vida seria maravilhosa para eles e para mim. Porém, se essas 99 pessoas estiverem pensando apenas na sua própria liberdade e oprimirem as outras pessoas por causa disso – e eu junto com elas –, eu tenho, então, de lutar sozinho contra todas as outras 99 para defender a minha própria liberdade. A preocupação delas com a sua própria liberdade é um ataque involuntário contra a minha. Acontece o mesmo no teatro. Não apenas você, mas todos os outros membros de nossa família teatral devem ser capazes de viver felizes dentro desse prédio. Gostaríamos de criar uma atmosfera que pudesse superar o mau humor e fazer vocês esquecerem as suas mágoas. Então, vocês poderiam trabalhar.

"Denominamos essa preparação para o trabalho, essa disposição mental positiva, de *estado de pré-trabalho*. Esse é o estado no qual vocês devem sempre chegar ao teatro.

"Como podem ver, precisamos de ordem, de disciplina, de ética e do resto não apenas para a estrutura geral de nossos assuntos, mas, acima de tudo, para o objetivo artístico de nosso trabalho criativo.

"A primeira condição para criar esse estado de pré-trabalho é expressa pelo ditado: *Ame a arte em você mesmo, e não você mesmo na arte*. Então, deixe que a sua principal preocupação seja o bem-estar da sua arte.

"Outra maneira de criar ordem e um ambiente saudável é reforçar a autoridade daqueles que, por qualquer razão, têm de se encarregar dos nossos assuntos.

"Podemos discutir, brigar, protestar contra este ou aquele candidato ao cargo de diretor até o momento em que alguém tenha sido eleito ou nomeado. Uma vez que alguém tenha sido colocado no comando do teatro ou da administração, temos de apoiá-lo para o bem de toda a companhia e de nós mesmos. E, quanto mais fracos eles forem, mais devemos apoiá-los. Se a pessoa nomeada não goza de nenhuma autoridade, o centro motor principal de toda a companhia estará paralisado. Pensem nisso: qual pode ser o rumo de um empreendimento conjunto se não há ninguém para tomar a iniciativa e guiar seus esforços comuns?

"Devemos fazer como os alemães. Quando não há candidato adequado, eles inventam um. Eles selecionam a melhor pessoa disponível no momento, a nomeiam e, então, a apoiam e protegem a autoridade investida nela. Quando necessário, lhe dão conselhos reservadamente. Mesmo quando a nomeação é um fracasso total, eles não dispensam alguém que não correspondeu às expectativas, mas o removem discretamente. Humilhando a sua própria nomeação, estarão humilhando a si mesmos. Mas se a pessoa nomeada se torna presunçosa e vira um perigo para o teatro, eles são unânimes em substituí-la. Que Deus ajude quem decidir ser obstinado e se destacar em relação aos demais.

"Isso é muito diferente do que fazemos aqui na Rússia. Adoramos humilhar, desacreditar, destruir as próprias pessoas que escolhemos. Se alguém talentoso, além de nós mesmos, ocupa uma posição superior ou se destaca de alguma maneira do rebanho comum, damos o melhor de nós para unir forças e bater-lhe na cabeça, dizendo: 'Não pense que você é mais do que é, seu arrogante!'. Quantas pessoas talentosas e úteis foram derrubadas dessa forma? Mas, então, existem alguns que, apesar de tudo, conseguiram alcançar o reconhecimento e o respeito geral, mas são bandidos que nos manipulam e nos exploram. Resmungamos uns com os outros e toleramos isso porque não podemos fazer disso uma causa comum e temos medo de derrubar um déspota.

"Isso, com raras exceções, é uma ocorrência muito comum em nossos teatros. A luta pela primazia entre atores, atrizes e diretores, a inveja do sucesso alheio, as disputas sobre salário e elenco estão em toda parte e são uma iniquidade.

"Travestimos nossa vaidade, nossa inveja e nossas intrigas com belas palavras como 'concorrência leal', mas elas exalam o fedor do mal e envenenam a atmosfera do teatro.

"Por medo ou vaidade mesquinha, os atores saúdam os novos membros da companhia com facas na mão. Os recém-chegados têm sorte se sobreviverem à provação. Mas quantos deles ficam apavorados, perdem sua autoconfiança e se entristecem?

"Esses atores são como estudantes que submetem cada novo colega a um trote.

"Essa é uma mentalidade animal.

"Certa vez, sentado em uma varanda em uma cidade de província, pude observar a maneira como os cães se comportam. Eles também têm o seu território e o defendem incansavelmente. Se um cachorro estranho for ousado o suficiente para cruzar uma certa linha, ele se deparará com toda uma matilha de cães. Se ele resiste, é aceito e pode ficar. Se não, ele foge, ferido e mutilado, do território de seres vivos que, como ele, têm direito ao seu lugar na terra.

"É essa mentalidade animal que encontramos, com poucas exceções, no teatro. Devemos destruí-la.

"Isso não predomina apenas entre os iniciantes, mas também entre atores antigos e consagrados.

"Por exemplo, eu vi duas grandes estrelas trocarem insultos, não apenas nos bastidores, mas também no palco, de um jeito que uma vendedora de peixes teria invejado.

"Também vi dois atores muito famosos se recusarem a entrar pela mesma porta ou pela mesma coxia.

"Ouvi falar de um astro e de uma estrela bastante conhecidos, que não se falavam há anos, mas que se comunicavam nos ensaios por intermédio do diretor.

"'Fale para *ela*' – dizia o astro – 'que ela está falando bobagens.'

"'Fale para *ele*' – dizia a atriz ao diretor – 'que ele é um idiota.'

"Por que essas pessoas talentosas estragam algo de belo que criaram por causa de insultos e querelas pessoais mesquinhas e sem sentido?

"Essas são as profundezas da autodestruição para as quais descem aqueles que não conseguem dominar seus instintos 'teatrais' mais básicos.

"Que isso seja um aviso e uma lição para vocês.

"Eis aqui algo que vemos frequentemente no teatro. Aqueles que fazem as maiores exigências para os diretores e os administradores são os atores jovens, que são os menos capacitados e experientes.

"Eles só querem trabalhar com o melhor e não podem perdoar as inadequações ou fraquezas de pessoas que não podem fazer milagres por eles.

"Vocês sabem como essas exigências são infundadas.

"Tem-se a impressão de que os jovens atores ainda têm muito a aprender, mesmo de alguém com talento limitado, mas de experiência madura. Eles poderiam aprender muito com alguém assim. Para isso, vocês têm de ser seletivos e aproveitar o que precisarem.

"E, assim, não sejam muito exigentes, ponham as críticas de lado e prestem muita atenção ao que os atores experientes podem lhes oferecer, mesmo se eles não forem gênios.

"Aprendam a colher aquilo que é útil.

"Defeitos são fáceis de copiar, pontos positivos são muito mais difíceis.

"A maioria dos atores parece pensar que só se tem de trabalhar nos ensaios e que pode relaxar em casa.

"Não é assim, de jeito nenhum. Tudo o que vocês aprendem nos ensaios é que vocês têm de trabalhar em casa.

"É por isso que desconfio de atores que falam muito nos ensaios. Eles estão convencidos de que podem se lembrar de tudo sem fazer anotações e sem planejar seu trabalho em casa.

"Será isso mesmo? Eu sei perfeitamente bem que vocês não podem se lembrar de tudo, em primeiro lugar porque o diretor discute tantos detalhes importantes e menores que ninguém poderia guardá-los; em segundo lugar, porque não estamos lidando com fatos estabelecidos, mas, na maioria dos ensaios, explorando impressões em nossa Memória Emotiva. Se vocês quiserem entendê-las e recordá-las, têm de encontrar as palavras, expressões e exemplos certos, a escrita correta ou outros tipos de iscas para que vocês possam evocar e depois fixar o sentimento em questão. Vocês devem pensar sobre isso por muito tempo em casa, antes de extraí-los para fora de vocês mesmos. Essa é uma enorme empreitada e exige grande concentração, não somente em casa, mas quando se consulta as anotações do diretor.

"Nós, diretores, sabemos melhor do que ninguém qual valor dar às opiniões de um ator desatento. Temos de lembrá-los da mesma anotação repetidas vezes.

"Essa atitude com relação ao trabalho em equipe é um grande obstáculo para o esforço comum. Sete pessoas não podem ficar esperando por uma. Então, você tem de desenvolver *a ética e a disciplina artísticas* corretas.

"Isso obriga os atores a se preparar de maneira adequada para cada ensaio em casa. Deve ser considerado vergonhoso e uma afronta a todo o elenco se o diretor tem de repetir alguma coisa que ele já explicou. Vocês não devem se esquecer das anotações do diretor. Vocês podem não ser capazes de absorvê-las todas de uma vez, podem ter de voltar atrás para estudá-las mais, mas elas não devem entrar por um ouvido e sair pelo outro. Isso é um crime contra todos os que trabalham no teatro.

"Então, se quiserem evitar isso, vocês devem desenvolver uma habilidade para trabalhar em casa de maneira independente. Isso não é fácil, e vocês precisam aprender a fazê-lo corretamente enquanto estão aqui na escola. Eu posso falar sobre isso lentamente e de forma detalhada, aqui e agora, mas não posso transformar um ensaio em uma aula. O teatro apresenta a vocês exigências muito mais rigorosas do que a escola. Lembrem-se disso e se preparem para elas.

"Lembrei-me de outro defeito comum que, muitas vezes, encontramos nos ensaios.

"Muitos atores são tão descuidados em sua atitude para com o seu trabalho que só prestam atenção às anotações que dizem respeito diretamente a sua própria personagem. Eles não estão nem um pouco interessados nas cenas em que não aparecem.

"Lembrem-se: os atores devem ter um interesse ativo não só por sua própria personagem, mas por tudo que tenha a ver com a peça como um todo.

"Além disso, muito daquilo que o diretor diz sobre o âmago da peça, especialmente quando ela é de um bom escritor, sobre formas de materializá-la fisicamente e o estilo de que ela necessita, aplica-se igualmente a todo o elenco. Você não pode repetir a mesma coisa para cada indivíduo.

"Os atores devem prestar atenção aos comentários sobre a peça como um todo e trabalhar com os outros para ter uma compreensão mais profunda não somente de suas próprias personagens, mas da peça inteira.

"Os *ensaios de cenas de multidão* exigem rigor e disciplina excepcionais. Eles têm de ser postos, por assim dizer, em 'pé de guerra'. Isso é compreensível. O diretor tem de controlar sozinho uma multidão de até uma centena de pessoas. É possível haver ordem sem disciplina militar?

"Basta pensar no que aconteceria se o diretor não conseguisse tomar as rédeas em suas mãos. Imaginem um atraso ou uma ausência, uma nota que não foi escrita, alguém do elenco tagarelando quando deveria estar ouvindo e multiplique isso pelo número de extras, supondo que cada um, no ensaio, cometa um erro que ponha em perigo o trabalho de todos os demais, e você terá um número imenso de erros. Isso testa a nossa paciência, porque temos de fazer a mesma coisa novamente e perder tempo desnecessariamente, além do fato de isso ser muito desgastante para aqueles que estão trabalhando de forma consciente.

"Vocês podem imaginar isso?

"Vocês não devem se esquecer de que ensaiar cenas de multidão é cansativo de qualquer maneira, tanto para os atores quanto para os diretores. Então é melhor se os ensaios forem curtos, mas produtivos. Para isso, vocês necessitam de uma disciplina rigorosa e têm de se preparar e treinar de antemão. Cada erro, quando estamos em 'pé de guerra', conta como vários e a punição deve ser várias vezes mais forte. Caso contrário, acontece o seguinte:

"Vamos supor que estejamos encenando uma rebelião na qual todo mundo tem de usar suas vozes no volume máximo, suar, movimentar-se muito e se desgastar. Tudo vai indo bem, mas algumas pessoas que perderam um ensaio, ou chegaram atrasadas, ou não ouviram, estragam tudo. A multidão inteira, então, tem de sofrer. Não apenas o diretor deveria explicar o que ele quer, mas todos os envolvidos na cena deveriam exigir que aqueles que foram desleixados se enquadrem e se concentrem. A pressão do grupo é muito mais eficaz do que uma reprimenda e medidas disciplinares do diretor.

"Existem numerosos atores e atrizes que não têm nenhuma iniciativa criativa. Eles vão aos ensaios e esperam receber tudo mastigado. Depois de uma grande dose de esforço, o diretor talvez consiga provocar uma centelha nessas pessoas preguiçosas. Ou, uma vez que os outros atores tenham encontrado a linha certa para a peça, eles a seguem passivamente, recolhem vivências de outras pessoas e, assim, sentem a peça por eles mesmos. Depois de uma série desses solavancos criativos, se eles têm alguma capacidade, são provocados pelas vivências de outras pessoas, sentem o papel e o dominam. Só nós, diretores, sabemos quanto trabalho, inventividade, paciência, energia nervosa e tempo são necessários para fazer atores preguiçosos funcionarem. As mulheres agitam suas pestanas e docemente se desculpam, dizendo: 'Esse é o meu jeito. Eu não consigo representar uma personagem até senti-la. Uma vez que eu a tenha sentido, tudo vai simplesmente acontecer'. Elas se vangloriam disso com orgulho, convencidas de que esse método de atuação é um sinal de inspiração e de gênio.

"Vocês não precisam de mim para dizer como esses parasitas são obstáculos para o trabalho em equipe, explorando os talentos criativos, os sentimentos e os esforços de outras pessoas. Temos de adiar a estreia em uma semana por causa deles. Muitas vezes, eles não somente atrasam o trabalho, mas também incentivam outros a fazer o mesmo. Então, o resto do elenco tem de empenhar todos os esforços para compensar os desses atores preguiçosos. Isso resulta em algo forçado, em fingimento, arruinando as suas próprias interpretações, que já começaram a ganhar vida, mas que ainda não estão firmemente estabelecidas em suas mentes. Quando os atores conscientes não recebem a sugestão correta, eles fazem enormes esforços para que os atores preguiçosos comecem a se mexer, perdendo a qualidade viva que descobriram em seus próprios papéis. Eles estão em uma posição sem saída e, em vez de moverem o espetáculo para a frente, eles o retardam ou o interrompem completamente fazendo que o diretor desvie a sua atenção da equipe para eles mesmos.

"Agora não existe apenas uma atriz preguiçosa introduzindo mentiras e fingimento no espetáculo em vez de vida, em vez de uma genuína revivência, mas o resto do elenco também. Dois atores podem levar um terceiro a se extraviar, e esses três podem atrapalhar um quarto. No fim, por causa de uma pessoa, um espetáculo que estava indo bem sai dos trilhos e desce a ladeira escorregadia.

"Pobre diretor! Pobres atores! Atores que têm má vontade criativa e técnica inadequada devem ser demitidos da companhia. O problema é que muitos deles são talentosos. O menos dotado de nós nunca aceitaria um papel passivo, mas atores talentosos são autoindulgentes, sabendo que podem se safar. Eles realmente acreditam que têm o absoluto direito de esperar a inspiração chegar, um pouco como 'esperando que alguma coisa apareça'.

"Preciso acrescentar que se vocês não podem ganhar dinheiro à custa de outras pessoas, também nós temos o dever de contribuir com nossos próprios sentimentos vivos para 'a vida do espírito humano', e não tirar isso dos outros. Se todos nós nos comportarmos dessa maneira, teremos não somente os nossos próprios esforços, mas os de todos os outros também. Porém, se todos nós dependermos de alguém, nosso trabalho criativo carecerá de iniciativa. Os atores não são fantoches.

"De tudo o que já disse, conclui-se que os atores devem desenvolver sua própria vontade artística e sua técnica. Como todos os outros, eles devem fazer um trabalho criativo em casa e nos ensaios, e, tanto quanto possível, em altos brados.

"Seria correto um ator, em uma peça em grupo bem ensaiada, afastar-se da verdadeira linha interna por pura preguiça, negligência ou imprudência e, assim, transformar sua apresentação em atuação de mera técnica?

"Será que ele tem esse direito? Vejam, ele não está criando a peça inteira sozinho. O trabalho de grupo não é só dele. São um por todos e todos por um. Tem de haver uma garantia coletiva, e quem quer que a quebre é um traidor.

"Devido à minha completa admiração por certos indivíduos muito talentosos, não gosto da prática de trazer astros convidados. O trabalho em equipe, que é a base de nossa atuação aqui, exige um conjunto, e qualquer um que rompa com isso é culpado de um crime, não só contra seus camaradas, mas contra a arte a que ele serve.

"Muitos atores (astros especialmente convidados) têm o hábito insuportável de ensaiar quase sussurrando. Que utilidade tem para qualquer pessoa murmurar falas de forma inaudível, sem vivenciá-las ou dar a elas algum significado? Em primeiro lugar, isso é prejudicial para o papel, visto que incentiva resmungos mecânicos e sem sentido. Em segundo lugar, essas quebras fazem que nos acostumemos com a atuação de mera técnica. Porque as falas que nós dizemos estão ligadas às nossas vivências, que não têm absolutamente nenhuma relação com elas. Vocês sabem como qualquer rompimento da linha de ação pode ser prejudicial. Que utilidade tem uma deixa ruim para o seu camarada ator? O que ele deveria fazer com ela, como ele pode responder a palavras jogadas aleatoriamente ou a ideias pouco nítidas e substitutos para o sentimento? Deixas ruins e vivência pobre são um convite para réplicas ruins e sentimentos falsos como resposta. Para que servem os ensaios realizados apenas por formalidade? Os atores têm o dever de representar em voz alta em todos os ensaios e de dar e receber a deixa correta dentro das linhas estabelecidas para a peça e para a personagem.

"Essa regra é obrigatória para todos os atores, porque sem ela os ensaios se tornam sem sentido.

"O que estou dizendo não exclui a possibilidade, se for necessário, de vivenciar e comunicar sentimentos e ações sem palavras.

"Na medida em que a missão do verdadeiro artista é criar, incentivar e propagar a beleza, ele é alguém elevado e nobre, e o ator de mera técnica, que se vende por dinheiro, é indigno e...

"O palco, assim como um livro ou uma pilha de páginas em branco, pode servir para coisas elevadas e para coisas baixas, dependendo do *que* é mostrado, de *quem* representa isso e de *como*. O *que* é colocado sob o brilho das luzes da ribalta e *como* isso é apresentado! Podem ser as belas e inesquecíveis interpretações de Salvini, Iermôlova ou Duse, ou podem ser obscenas canções de cabaré, farsas pornográficas ou o *music hall*, com uma mistura de arte, habilidade, ginástica, arlequinadas e exibição vulgar. Onde traçamos a linha divisória? Onde acaba a beleza e começa a feiura? Wilde estava certo ao dizer: 'Um ator é um padre ou um palhaço'[2].

"Tentem encontrar a linha de demarcação ao longo de toda a sua vida. Separem o mau do bom em sua arte. Assim, muitos de nós dedicamos nossas vidas ao mal sem saber disso, porque não podemos medir o efeito que isso tem sobre o público. Mas nem tudo o que reluz no palco é ouro. A falta de escrúpulos ou de princípios foi a perdição do teatro em nosso país e no exterior. Essas mesmas razões impediram o teatro de desfrutar da alta posição e da importância na vida social que lhe são devidas.

"Não sou puritano e não... no teatro. Não. Eu tenho uma visão ampla do que o teatro pode fazer. Gosto de alegria e diversão...

"Normalmente, quando as pessoas tentam criar a atmosfera correta e uma boa disciplina, elas querem tudo isso de uma vez, em toda a companhia, em todas as partes da organização teatral complexa. Elas impõem regras rigorosas, regulamentos, estabelecem multas. O resultado é uma disciplina e uma ordem exteriores e formais. Todos ficam felizes, todos se vangloriam disso. Porém, você não pode estabelecer aquilo que tem menos importância no teatro por meios externos. Como isso não pode ser estabelecido da noite para o dia, os organizadores perdem a energia e a confiança e atribuem seu fracasso aos outros, tentando se justificar e transferindo sua culpa para o resto de seus camaradas. 'Não é possível fazer nada com essa gente', dizem eles.

"Tentem abordar a tarefa de um outro ângulo. Não comecem com seus camaradas, mas com vocês mesmos.

"Tentem descobrir tudo o que vocês querem construir nas suas vidas, tudo de que vocês necessitam para criar ordem e disciplina (e vocês têm de decidir o que é isso), antes de tudo, em vocês mesmos. Convençam por meio do exemplo pessoal. Então, vocês terão um trunfo e as pessoas vão parar de lhes dizer: 'Médico, cura-te a ti mesmo' ou 'Pratique aquilo que você prega'.

---

2. Oscar Wilde (1854-1900).

"O exemplo pessoal é a melhor maneira de merecer autoridade.

"O exemplo pessoal é a melhor prova, não só para os outros, mas, principalmente, para vocês mesmos. Quando pedem às pessoas para fazerem o que vocês fazem, vocês podem estar seguros de que aquilo que querem pode ser feito. Vocês sabem, por experiência própria, quão fácil ou difícil é.

"Se fizerem isso, vão prevenir a inevitável consequência de pedir às pessoas para fazerem algo que é impossível ou muito difícil. Se vocês sabem que o oposto é verdadeiro, vão se tornar excessivamente exigentes, impacientes, mal-humorados e severos, e, para provar que estão certos, vão jurar que é perfeitamente fácil fazer o que vocês pediram.

"Essa é a melhor maneira de minar a sua própria autoridade e de fazer que as pessoas digam: 'Ele não sabe o que está pedindo'.

"Em poucas palavras, uma boa atmosfera, disciplina e ética não podem ser estabelecidas por regras e regulamentos nem por meio de uma canetada ou de medidas draconianas aplicadas a todos. Vocês não podem fazer isso, por assim dizer, 'por atacado', como geralmente acontece quando vocês tentam influenciar uma instituição inteira. Isso tem de ser feito 'no varejo'. Não se trata de uma *produção em massa*, mas de uma *indústria caseira*.

"Isso nunca pode ser feito imediatamente, como as pessoas querem, de uma só vez. Pressa e impaciência estão previamente fadadas ao fracasso.

"Vão até cada pessoa individualmente. Falem com elas e, quando vocês souberem o que estão enfrentando, sejam firmes, tenazes, exigentes e rigorosos.

"Lembrem-se sempre de como as crianças fazem enormes bolas e blocos com punhados de neve... O mesmo tipo de processo deve ser verdadeiro para vocês. Primeiro um, eu sozinho, depois dois, eu e alguém que pensa como eu, depois quatro, oito, dezesseis etc., em progressão aritmética e possivelmente geométrica.

"Com o tempo, cinco membros de uma empresa unidos por uma paixão e por um ideal comum podem pôr um teatro de volta nos trilhos.

"Assim, se, no primeiro ano, vocês criam um grupo de apenas cinco ou seis pessoas, que estão inseparavelmente ligadas umas às outras, entendem aquilo que têm de fazer e dão seus corações para isso, você podem ficar felizes, porque sabem que a vitória já é de vocês.

"Talvez outros grupos semelhantes se formem em outras partes do teatro. Tanto melhor, pois mais rápido as suas ideias irão se unir. Só que não imediatamente.

"Ao apresentarem as suas exigências e outras formas de disciplina para a companhia, ao criarem a atmosfera que vocês desejam, vocês devem, acima de tudo, ser pacientes, comedidos, firmes e calmos. Para isso, vocês devem primeiramente saber o que querem, reconhecer as dificuldades envolvidas e o tempo que levará para superá-las. E vocês devem acreditar que todos, no fundo de seus corações, querem o bem, mas que algo os impede de alcançá-lo. Uma vez que tenham se aproximado dele e o tenham sentido por si mesmos, eles não vão querer abandoná-lo, porque ele é muito mais satisfatório do que o mal. A principal dificuldade é reconhecer aquilo que fica entre você e a mente de outra pessoa para removê-lo. Vocês não precisam de sutilezas psicológicas para isso, vocês simplesmente precisam estar atentos, chegar perto e observar as pessoas com quem estão lidando. Então, vocês verão um caminho claro para dentro das suas mentes, quais são os bloqueios e o que está obstruindo o caminho de nossas intenções.

"Como os cantores, pianistas e bailarinos começam o seu dia?

"Eles se levantam, se lavam, se vestem, tomam chá e cantam ou fazem exercícios vocais por um determinado período. Os músicos – pianistas, violinistas etc. – tocam escalas ou fazem outros exercícios para manter ou desenvolver sua técnica. Os bailarinos correm para o teatro para trabalhar na barra etc. Isso acontece todos os dias, seja inverno ou verão, e um dia desperdiçado é um dia perdido, um passo atrás artisticamente.

"Em seu livro, Stanislávski diz que Tolstói, Tchékhov e outros escritores consideram que é essencial escrever todos os dias por um determinado tempo, se não for um romance, um artigo ou um conto, então que seja um diário ou anotações. O importante é que a mão que escreve ou datilografa não perca o hábito de escrever, mas deve se tornar a cada dia mais hábil em transmitir seus sentimentos espontâneos, sutis e precisos, ideias, imagens mentais, memórias emotivas intuitivas etc.

"Perguntem a um pintor e ele vai lhes dizer o mesmo.

"Eu também conheço um cirurgião (e a cirurgia também é uma arte) que passa seu tempo livre brincando com jogos de pega-varetas japoneses ou chineses. Quando bebe chá ou está conversando, ele subitamente puxa algum objeto quase imperceptível de uma pilha de coisas para, como ele diz, 'manter sua mão em dia'.

"Somente o ator sai correndo de manhã para algum lugar familiar ou não, para tratar dos seus próprios assuntos pessoais, porque esse é o seu único tempo livre.

"Tudo bem, mas o cantor não tem menos preocupações do que o ator, o bailarino tem seus ensaios, sua carreira, e o músico tem ensaios, aulas, concertos!...

"No entanto, atores que não fazem seus exercícios diários em casa sempre dizem que 'não têm tempo'.

"Isso é uma grande pena! Porque o ator, mais do que qualquer outro especialista, precisa trabalhar em casa.

"Enquanto o cantor está preocupado apenas com a sua voz e com a sua respiração, o bailarino, com o seu aparato físico, e o músico, com as suas mãos (ou, no caso dos músicos que tocam instrumentos de metal ou de sopro, com o sopro e a sua embocadura etc.), o ator tem de lidar com suas mãos, pernas, olhos, rosto, flexibilidade, ritmo, movimento e todo o programa que ensinamos nessa escola. Isso não acaba quando o curso termina. Isso dura por toda a carreira de um ator. E, quanto mais vocês envelhecem, mais precisam de uma técnica desenvolvida e, consequentemente, de uma forma sistemática de trabalhar com ela.

"Mas, como o ator 'não tem tempo', sua arte, na melhor das hipóteses, fica paralisada e, na pior das hipóteses, declina, e essa técnica aleatória, que necessariamente deriva de ensaios ruins, falsos, mera técnica e apresentações insuficientemente preparadas, fica arraigada.

"Mas, como vocês sabem, o ator mais especialmente digno de pena é aquele que não representa papéis principais, é o coadjuvante ou o ator de pequenos papéis que, mais do que em qualquer outra profissão, desperdiça seu tempo livre.

"Vamos olhar para alguns números. Consideremos um figurante em uma cena de multidão, digamos que na peça *Czar Fiódor*. Ele tem de estar pronto às sete e meia para participar da cena dois (a reconciliação entre Boris e Chúmski). Depois disso, há um intervalo. Não imaginem que ele vai mudar sua maquiagem e figurino. Não. A maioria dos nobres mantém a mesma maquiagem e só retira suas peles. E assim eles ganham dez minutos de uma pausa de quinze.

"Existe a breve cena do jardim e, em seguida, após um intervalo de doze minutos, uma cena longa chamada ['A retirada de Boris'], que não leva menos de meia hora. Assim transcorrem 35 minutos, incluindo o intervalo, mais os dez minutos anteriores – 45 minutos.

"Então nós temos as outras cenas... (verificar os registros, calcular o tempo livre que os figurantes têm e computar o valor global).

"Isso é o que acontece com os figurantes em cenas de multidão. Mas existem muitos atores fazendo papéis pequenos – servos e mensageiros – ou papéis mais importantes, porém episódicos. Uma vez que tenham feito sua entrada em cena, eles descansam o resto da noite ou esperam por uma entrada de cinco minutos no último ato e ficam se espreguiçando em seus camarins a noite inteira, entediados.

"É assim que os atores passam seu tempo em uma peça como *Czar Fiódor*, que é bastante difícil de encenar.

"Vamos ver, a propósito, o que a maior parte da companhia, que não aparece na peça, está fazendo. Eles estão livres... e se queixando. Lembremo--nos disso.

"Essa é a situação dos atores que trabalham à noite.

"Mas que tal durante o dia, nos ensaios?

"Em alguns teatros – o nosso, por exemplo –, os ensaios começam às onze horas ou ao meio-dia. Os atores estão livres até então. E isso é certo e apropriado por muitas razões, dada a natureza especial de nossas vidas. As apresentações acabam tarde. Os atores ficam tensos e não conseguem dormir rapidamente. Enquanto outras pessoas estão dormindo ou tendo seu terceiro sonho, eles estão representando o último e mais poderoso ato de uma tragédia e 'morrendo'.

"Quando chegam em casa, eles aproveitam o fato de que tudo está quieto e de que eles estão juntos, longe das outras pessoas, e trabalham em um novo papel.

"Não é de surpreender, então, se, no dia seguinte, quando todo mundo está acordado e trabalhando, os atores, cansados, ainda estejam dormindo depois de um trabalho longo e duro, com os nervos à flor da pele o dia todo.

"'Eles estavam enchendo a cara' – dizem as pessoas comuns.

"Mas existem teatros que mantêm seus atores em uma rédea muito curta, porque têm 'disciplina férrea e ordem exemplar' (entre aspas). Os ensaios começam às nove da manhã (aliás, em seu teatro, uma tragédia shakespeariana em cinco atos termina às onze da noite).

"Esses teatros, que têm tamanho orgulho da sua ordem, não pensam nos atores e... em seus direitos. Esses atores 'morrem' três vezes por dia, muito felizes, e ensaiam três peças pela manhã.

"'Bla bla bla, bla bla bla. Bla bla bla' – sussurra a protagonista para si mesma. 'Atravesso para o sofá e me sento.'

"E o herói, como resposta, murmura em tons suaves... 'Bla bla bla, bla bla bla. Bla bla bla' etc. Vou até o sofá, me ajoelho e beijo as suas mãos."

"Muitas vezes, quando está a caminho do teatro, ao meio-dia, você encontra um ator de outro teatro dando um passeio depois do ensaio.

"'Para onde você está indo?' – pergunta ele.

"'Ensaiar.'

"'Ao meio-dia? É muito tarde' – declara ele, com um toque de malícia, pensando consigo mesmo: 'Nossa, que vadio inútil. Que tipo de ordem eles têm em seu teatro?'. – Eu já fui ensaiar. Repassamos a peça inteira. Começamos por volta das nove – se gaba este medíocre, orgulhosamente, com um olhar condescendente para o retardatário.

"Mas eu não me importo. Sei com quem estou lidando e a 'arte' (entre aspas) da qual estamos falando.

"Porém, eis uma coisa que eu não entendo.

"Muitos administradores de bons teatros que, de uma forma ou de outra, estão fazendo um grande esforço para criar arte consideram que a ordem e a 'disciplina férrea' dos teatros de mera técnica são genuínas, para não dizer exemplares! Como essas pessoas podem operar um empreendimento artístico ou entender como ele funciona, a energia nervosa, os sacrifícios que os verdadeiros artistas fazem por algo que eles amam, em termos de energia nervosa e dos seus próprios impulsos mais delicados, quando o seu julgamento dos esforços dos atores e das condições nas quais eles trabalham é ditado pelos seus contadores e administradores de bilheteria? Esses atores 'dormem até o meio-dia' e perturbam 'o trabalho do departamento de elenco'.

"Como vamos nos livrar desses donos de loja, desses caixas de banco e desses pequenos homens de negócios? Onde podemos encontrar pessoas que entendam e, mais importante, sintam como é o trabalho de um verdadeiro ator e saibam como lidar com ele?

"No entanto, apesar de tudo, eu ainda estou pedindo mais de atores cansados, independentemente de estarem interpretando grandes ou pequenos papéis. Quero que eles usem o pouco tempo que têm nos intervalos ou durante as cenas em que não aparecem para desenvolver a sua técnica.

"Existe tempo para isso, como demonstram os números que apresentei.

"Mas você está pedindo que eles se esgotem. Está roubando os seus últimos momentos de descanso!

"Não. A coisa mais desgastante para os atores é ficar sem fazer nada nos camarins, esperando por uma entrada em cena.

"*A tarefa do teatro é criar a vida interior da peça e do papel e dar uma forma teatral exterior à semente ou pensamento que deu origem à obra do escritor ou do compositor.*

"Todos os que trabalham no teatro, do encarregado, do atendente da chapelaria, do auxiliar da bilheteria (que é a primeira pessoa que os espectadores encontram quando chegam) à gerência, ao pessoal do escritório, ao diretor e aos atores, aos cocriadores – escritor ou compositor –, que o público vem ver, são servos do objetivo básico da arte e totalmente subordinados a ele. Todos, sem exceção, são cocriadores da apresentação. Qualquer membro da equipe que, em qualquer grau, prejudique o nosso esforço comum e nos impeça de alcançar nosso propósito artístico básico deve ser considerado perigoso. Se o porteiro do palco, o atendente da chapelaria, o recepcionista e o auxiliar da bilheteria não acolherem o público de forma calorosa, eles são um perigo, e o nosso propósito artístico, assim como o estado de espírito do público, afunda. Se o teatro está frio, sujo e descuidado, se a cortina se abre depois da hora, se a apresentação carece do entusiasmo adequado para que as ideias e os sentimentos básicos do escritor, do compositor, dos atores e do diretor sejam transmitidos ao público, não há nenhum motivo para ele ter vindo. A produção está arruinada e o teatro perde todo o significado social, artístico e educativo. O escritor, o compositor e o intérprete criam o estado de espírito indispensável do nosso lado, o dos atores, o da ribalta. A gerência cria o estado de espírito correto para o público do outro lado e também para os atores, enquanto eles se preparam em seus camarins.

"A plateia, bem como os atores, cria a apresentação, e, assim, o elenco precisa estar no estado de espírito certo; caso contrário, ele não vai captar as impressões e as ideias básicas que o compositor e o escritor têm a oferecer.

"A subserviência absoluta de todos aqueles que trabalham no teatro ao propósito fundamental da arte é válida não apenas durante a apresentação, mas nos ensaios e em outros momentos do dia. Se, por alguma razão, um ensaio é improdutivo, qualquer um que impeça o nosso trabalho é um perigo para o nosso objetivo básico comum. Nós só podemos trabalhar criativamente no contexto certo, e qualquer um que nos impeça de estabelecê-lo comete um crime contra a arte e a sociedade, às quais servimos. Um ensaio estragado prejudica um papel; um papel danificado é um obstáculo, e não uma ajuda, aos nossos esforços de apresentar a ideia central do escritor, que é o principal propósito da arte.

"O antagonismo entre o lado administrativo e o lado artístico, entre o palco e o escritório, é bastante comum no teatro. Nos tempos do czarismo, isso foi a ruína do teatro. A 'Secretaria dos Teatros Imperiais' era o 'nome' dado para a burocracia de gabinete, para a estagnação, para a rotina etc.

"A administração, claramente, deve ter o seu lugar apropriado, mas esse lugar é subordinado, uma vez que é o palco, e não o escritório, que dá vida ao teatro e à arte. É o palco, e não o escritório, que atrai o público ou proporciona popularidade e fama. O palco, e não o escritório, cria arte. É o palco, e não o escritório, que a sociedade ama, e é o palco que causa a impressão e tem um significado educativo para a sociedade. É o palco, e não o escritório, que é bom para os ganhos etc.

"Mas tentem dizer isso para qualquer empresário, administrador de teatro, inspetor ou burocrata. Eles terão um ataque de fúria diante de tal heresia. A ideia de que o sucesso teatral depende deles e da sua gestão está enraizada em suas mentes. Eles decidem se pagam ou não, se investem nessa ou naquela produção. Eles aceitam ou rejeitam propostas, fixam salários, cobram multas, organizam recepções, fazem discursos, têm escritórios luxuosos e uma equipe enorme que consome a maior parte do orçamento. Eles podem ficam felizes ou infelizes quando um espetáculo ou um ator é um sucesso. Eles distribuem entradas grátis. Os atores têm de suplicar a alguém importante ou a um técnico para poderem entrar. Mas essas pessoas recusam ingressos de cortesia para os atores e depois os dão para os seus amigos. Essas são as pessoas que se pavoneiam pelo teatro e respondem desdenhosamente às saudações dos atores. Elas são um mal terrível no teatro, são as destruidoras e as opressoras da arte. Não consigo encontrar palavras fortes o bastante para desabafar minha amargura e meu ódio pelos burocratas que encontramos em toda parte em nossos teatros, que exploram nossos esforços artísticos descaradamente.

"Os administradores vêm oprimindo os atores desde tempos imemoriais, explorando todas as peculiaridades da nossa natureza. Eternamente arrastados para o mundo da sua própria imaginação criativa, sobrecarregados, com os nervos à flor da pele de manhã até de noite, nos ensaios e nas apresentações, ou quando trabalham em casa, impressionáveis, desequilibrados, excitáveis por natureza, carecendo de fibra moral e deprimindo-se com facilidade, os atores são um prato cheio para a exploração, ainda mais porque eles dão tudo no palco e não têm energia de sobra para defender os seus próprios direitos humanos.

"Como é raro encontrar administradores e contadores que entendam o seu papel específico no teatro. E que papel maravilhoso é esse! Mesmo o funcionário mais humilde pode e deve, de uma forma ou de outra, se juntar ao empreendimento artístico comum, auxiliá-lo, tentar entender quais são as suas principais tarefas e realizá-las em cooperação com os outros. É muito importante encontrar os materiais certos para a produção, os cenários, os figurinos, os efeitos! Ordem e harmonia, todo o nosso modo de vida, são muito importantes tanto no palco quanto nos camarins e nas oficinas. O público, os atores e qualquer pessoa que esteja ligada ao teatro deve abordá-los com um sentimento especial de veneração.

"O público deve ser tomado pelo estado de espírito correto assim que atravessa as portas, para ajudá-lo a responder e não desencorajá-lo. A atmosfera nos bastidores e na plateia é extremamente importante para a apresentação. E assim existe um estado de espírito ritualístico nos bastidores. Como são imensamente importantes para um artista a ordem, a calma e a ausência de pressa nos camarins. Tudo isso afeta a criação de um *estado de trabalho criativo*.

"O pessoal administrativo está em contato estreito com os aspectos mais íntimos e importantes da nossa vida criativa e pode auxiliar e apoiar os atores. Se houver calma e boa ordem, isso contribui muito. Elas preparam o ator para ser criativo e o público para corresponder. Mas se existe um clima de mau-humor e de falta de apoio, então você não pode nem criar, nem corresponder, ou você precisa de uma extraordinária coragem e técnica para lutar contra tudo que está trabalhando contra você.

"No entanto, como existem teatros nos quais os atores precisam suportar uma tragédia inteira antes de as cortinas subirem! Eles precisam lutar com os figurinistas, com os maquiadores e com os aderecistas por cada peça de vestuário, pelos sapatos certos, por meias limpas, por roupas que sirvam, por uma peruca e uma barba com cabelo de verdade, e não de estopa. O pessoal do figurino e da maquiagem, que não compreendeu o papel crucial que desempenha em um empreendimento artístico comum, não liga para o que os atores estão usando quando se apresentam ao público. Eles ficam nos bastidores e nunca veem os resultados de seu desleixo e descuido. Mas o ator que interpreta o herói, um nobre cavaleiro, um amante apaixonado, torna-se motivo de chacota por causa de seu figurino, da maquiagem e da peruca, justamente quando o público deveria admirá-lo por sua boa aparência e elegância.

"Como é frequente que os nervos dos atores estejam em frangalhos, antes de a cortina subir ou nos intervalos, de modo que eles entram em cena em um vazio mental e em farrapos e fazem uma interpretação ruim porque não têm forças para uma melhor.

"É preciso ser um ator e ter visto essa confusão por si mesmo para entender o efeito que essas dificuldades de bastidores têm sobre o seu *estado criativo de trabalho*. Mas se não há disciplina ou ordem, não se pode sentir-se melhor no palco. É muito provável não encontrar os adereços de que necessita, de alguns dos quais toda a cena depende: uma pistola ou uma adaga com a qual você vai se matar, ou matar seu rival.

"Quantas vezes o responsável pela iluminação diminui as luzes e arruína a sua melhor cena. Ou o aderecista está ocupado nas coxias e faz tanto barulho que arruína o seu monólogo ou o seu diálogo. Então, para coroar tudo isso, a plateia, que percebeu a desordem no teatro, fica impaciente e se comporta de maneira tão barulhenta, tão mal que cria outro problema para o ator: lutar contra ela. O pior de tudo é quando o público faz muito barulho, fala ou se mexe nas poltronas ou, em particular, tosse durante a ação. Se você quiser se assegurar de que o público tenha a disciplina necessária para a apresentação, o teatro em si deve ser digno de respeito, de modo que o público perceba como deve se comportar. Se o clima no teatro não é igual à elevada vocação de nossa arte, mas convida ao mau comportamento, então, a impossível tarefa de lutar contra [isso] e de fazer a plateia esquecer a distração recai sobre o ator.

"Em vista da estreia de vocês, que será muito em breve, quero explicar como os atores devem se preparar para a sua entrada em cena e estabelecer o estado criativo.

"Qualquer pessoa que perturbe a vida do teatro deve ser demitida ou neutralizada. E nós devemos zelar para que só levemos sentimentos positivos, estimulantes e felizes conosco. No teatro, devemos sorrir, porque amamos o nosso trabalho. A administração e o pessoal da manutenção etc. devem se lembrar disso também. Eles devem entender que o teatro não é um entreposto, uma loja ou um banco onde as pessoas matam umas às outras pelo lucro. O mais humilde escriturário ou funcionário da tesouraria deve compreender o significado [daquilo] a que eles servem.

"As pessoas dizem: 'E quanto ao orçamento, aos gastos, aos prejuízos e aos salários?'.

"Só posso dizer, com base na minha própria experiência, que o lado financeiro ganha se o ambiente for bom. Um clima atinge a plateia, prendendo-a sem que ela perceba, a purifica e cria a necessidade de respirar o ar artístico do teatro. Se vocês soubessem como a plateia está consciente daquilo que está acontecendo por trás das cortinas!

"Desordem, barulho, gritos, marteladas entre os atos, assistentes xingando, comoção no palco: tudo passa para a plateia e puxa uma apresentação para baixo. Mas ordem, harmonia e tranquilidade transmitem leveza.

"Também me perguntam: 'E quanto à inveja mesquinha dos atores, suas intrigas, sua ânsia por bons papéis, o sucesso, o desejo de ser o primeiro?'.

"Eu respondo: 'Aqueles que conspiram, aqueles que têm inveja devem ser despedidos, sem misericórdia. Os atores que não têm papéis para representar também. Se eles não estiverem satisfeitos com a escalação do elenco, devem se lembrar de que não existem papéis pequenos, só atores pequenos'.

"As pessoas que amam a si mesmas na arte, e não a arte nelas mesmas, também devem ser demitidas.

"Mas e quanto aos intrigantes e fofoqueiros que dão ao teatro a sua má fama? Não é possível demitir as pessoas porque são difíceis ou porque impedem os outros de se sentirem bem.

"Concordo. Pode-se perdoar qualquer coisa em atores talentosos, mas suas asas devem ser cortadas pelo resto do elenco. Quando um bacilo ataca todo o organismo, deve-se desenvolver um antídoto, uma imunidade para que o intrigante não prejudique o clima geral de bem-estar no teatro."

— Temos de juntar, então, uma congregação de santos para criar a companhia e o teatro de que você está falando, não é? — objetou Grícha.

"E qual é a sua ideia?" — rebateu Tortsov, com veemência. — "Será que você quer pão-durice e canastrice para impulsionar os seres humanos e seus mais nobres e mais elevados pensamentos e sentimentos para fora do palco? Será que você quer viver a sua própria vidinha vulgar nas coxias e depois entrar em cena e estar à altura de um Shakespeare?

"É verdade que todos nós conhecemos atores que se venderam para empresários e para a riqueza e que nos impressionam logo que entram em cena.

"Porém, vejam vocês, esses atores, homens de gênio, descem a um nível impressionante de grosseria quando estão fora do palco. Seu talento é tão imenso que faz que eles se esqueçam de qualquer coisa ignóbil quando estão atuando.

"Mas será que qualquer pessoa pode fazer isso? Os atores de gênio fazem isso porque são 'inspirados', mas nós temos de passar toda a nossa vida trabalhando nisso. Será que esses atores fizeram tudo o que deviam e podiam?

"Então, vamos concordar, de uma vez por todas, em não tomar atores de gênio como nosso modelo. Eles são pessoas especiais e trabalham de uma maneira especial.

"Existe muita conversa fiada entre atores de gênio. Eles supostamente passam o dia inteiro bebendo, como Kean no melodrama francês[3], e aparecem em público à noite...

"Não é assim, de maneira alguma. De acordo com aqueles que conheceram grandes atores como Schêpkin, Iermôlova, Duse, Salvini, Rossi e outros semelhantes, eles levaram vidas bastante diferentes, que aqueles gênios caseiros que arruinaram suas próprias vidas fariam bem em imitar. Motchálov[4]... sim, de fato... Dizem que ele era diferente na vida privada. Mas por que considerá-lo um exemplo somente nesse aspecto? Ele disse outras coisas que eram muito mais importantes, muito mais valiosas, muito mais interessantes.

"Chegou a hora de falar sobre outro Elemento, ou melhor, de outra precondição para o estado criativo" – disse Tortsov. – "Ela surge do clima no palco e na plateia. Estou falando da ética, da disciplina artística e do espírito de equipe dos atores em nosso trabalho.

"Tudo isso cria uma animação artística, uma preparação para a ação em comum. Esse estado mental contribui para o trabalho criativo. Não consigo pensar em um nome para ele.

"Ele não é a mesma coisa que o estado criativo, uma vez que é apenas um dos seus elementos e ajuda a prepará-lo.

"Na falta de um nome correto para ele, eu o chamo de 'ética *dos atores*', que desempenha um papel importante no estabelecimento desse estado mental pré-criativo.

"A 'ética dos atores' e o estado mental que ela cria são muito importantes em nosso ofício, por causa de sua natureza especial.

"O escritor, o compositor, o pintor e o escultor não estão restritos pelo tempo. Eles podem trabalhar quando têm vontade. Seu tempo é livre.

"Não é assim no teatro. Os atores devem estar preparados para ser criativos em um determinado horário, impresso no cartaz. Mas como se pode

---

3. *Kean*, uma peça de Alexandre Dumas filho (1802-1870). A peça, escrita em 1836, tem como subtítulo *Desordem e gênio*.

4. Motchálov (cf. Capítulo 7, nota 3) era, por vezes, conhecido como o Kean russo.

ordenar a si mesmo que esteja inspirado em um determinado momento? Isso não é tão fácil."

.. .. 19..

Aconteceu de não haver nenhum lugar para que os estudantes se reunissem depois do ensaio normal de hoje, para consultar as anotações de Rakhmánov. A sala de descanso e os camarins estavam sendo limpos para a apresentação desta noite. Tivemos de nos reunir no grande camarim dos figurantes.

Lá também estavam sendo preparados figurinos, perucas, maquiagem e pequenos adereços.

Os estudantes estavam interessados em tudo e causaram uma grande confusão, porque pegavam as coisas e não punham de volta nos seus lugares corretos. Fiquei interessado em um cinto, examinei-o, experimentei-o e simplesmente o deixei largado em uma cadeira. Rakhmánov nos repreendeu com muita veemência por causa disso e nos fez uma palestra inteira a respeito.

— Somente quando interpretarem algum papel é que vai ficar claro para vocês o que uma peruca, uma barba, um traje ou um adereço significam e o quanto vocês precisam deles para a personagem que estão interpretando.

"Somente alguém que tenha tomado o caminho longo e difícil de não apenas procurar pela alma, mas pela forma corporal de um ser humano/papel – que se formou na sua imaginação e então ganhou forma em seu próprio corpo –, pode entender o que significa cada recurso, cada detalhe, cada objeto ligado ao ser que ele tem de trazer à vida. Como é angustiante para os atores não encontrar na realidade alguma coisa excitante que eles viram em sua imaginação. Que prazer sentimos quando os nossos sonhos adquirem uma forma física.

"Um figurino ou um adereço que nós encontramos para uma personagem deixam de ser meros objetos e se tornam relíquias sagradas.

"É terrível se eles se perderem. Pior ainda é se você tiver de entregá-los a outro ator que esteja substituindo você no mesmo papel.

"Um famoso ator, Martínov, disse que quando tinha de interpretar um papel vestindo as mesmas vestes que ele usava para vir ao teatro, assim que chegava, ele as tirava e colocava em um cabide em seu camarim. E, quando estava pronto e chegava a hora de entrar em cena, ele colocava seu casaco, que tinha deixado de ser um casaco e se tornado um figurino, ou seja, o que a personagem usaria.

"Isso é mais do que simplesmente se trocar. É o momento em que ele coloca suas *vestes*. Esse é um momento psicológico muito importante. É por isso que vocês podem reconhecer os verdadeiros artistas pela maneira como eles se relacionam com o seu figurino e com os pequenos adereços, pela maneira como eles amam e cuidam deles. Não é de se estranhar, visto que são de inesgotável utilidade para eles.

"Porém, existe uma atitude bastante diferente com relação ao figurino e aos adereços.

"Muitos atores mal terminam de representar e já removem sua peruca e sua barba no palco. Às vezes, eles até as jogam por ali mesmo e saem do palco removendo os resquícios de maquiagem do seu rosto engordurado, abrindo os botões que conseguem e deixando partes da roupa caídas por toda parte, para se transformarem novamente neles mesmos.

"Os pobres maquiadores e aderecistas têm de vasculhar o teatro, recolhendo e procurando coisas de que os atores precisam, mas eles não. Conversem com eles sobre isso. Eles usam uma enxurrada de palavrões para descrever esses atores. Eles fazem isso não apenas porque esse desleixo lhes causa uma grande quantidade de problemas, mas porque estiveram intimamente envolvidos na criação do traje ou do adereço e sabem o seu significado e o seu valor para o nosso empreendimento artístico.

"Esses atores deveriam ter vergonha. Tentem não ser como eles, mas cuidem e tenham apreço pelos seus trajes, casacos, perucas e adereços de mão como se fossem relíquias sagradas. Cada um deles deve estar no seu devido lugar no camarim. Sempre os coloquem de volta no lugar, de maneira adequada.

"Não devemos nos esquecer de que muitos adereços são antiguidades autênticas e são insubstituíveis. Perdê-los ou danificá-los criaria uma lacuna, porque não é fácil copiar uma antiguidade. Eles têm o encanto da sua época, que é difícil de reproduzir. Além do mais, nos artistas genuínos e nos amantes de raridades eles evocam um estado de espírito especial. Um simples adereço carece dessa qualidade.

"Os atores devem demonstrar um amor, um cuidado e um respeito ainda maiores pela sua maquiagem. Vocês não devem aplicá-la de forma mecânica, mas, por assim dizer, psicologicamente, pensando na própria vida e no coração da personagem. Então, a menor ruga é baseada na vida que gravou esse traço de sofrimento humano em suas feições.

"Em seu livro, Stanislávski fala de um erro que os atores frequentemente cometem. Eles maquiam e vestem seu corpo com muito cuidado, mas se esquecem de suas mentes, que precisam ser preparadas com um cuidado incomparavelmente maior antes de fazer uma apresentação.

"Então, o ator deve primeiramente pensar sobre a sua mente e começar a preparar o *estado de pré-trabalho* e o *estado criativo*. Nem é necessário dizer que essa deve ser a sua principal preocupação antes e depois de vocês chegarem ao teatro.

"Os verdadeiros atores, que têm um espetáculo à noite, pensaram e se preocuparam com ela o dia todo, desde a manhã e, por vezes, desde o dia anterior."

.. .. 19..

Houve um incidente que causou sensação no teatro sobre o ator Z. Ele foi severamente repreendido e advertido de que se tal incidente intolerável ocorresse novamente, ele seria demitido. Isso provocou muita fofoca na escola.

— Olha só, perdão — disse Grícha —, mas a administração não tem o direito de interferir em nossas vidas privadas.

Perguntamos a Rakhmánov o que ele pensava a respeito disso, e ele disse o seguinte:

— Vocês não acham insensato criar alguma coisa com uma mão e destruí-la com a outra?

"No entanto, é o que a maioria dos atores faz. No palco, eles tentam criar uma impressão de beleza e arte. Mas, uma vez que saem do palco, eles fazem o melhor que podem para desiludir as próprias pessoas que os estavam admirando um momento antes, como se zombassem delas. Nunca vou esquecer o amargo ressentimento que senti contra um famoso astro quando eu era jovem. Não vou lhes dizer o nome dele para não macular sua memória.

"A interpretação que vi tinha sido inesquecível. Ela me deixou uma impressão tão grande que eu não queria ir para casa sozinho. Eu tinha de falar com alguém sobre aquilo que acabara de vivenciar no teatro. Fui a um restaurante com um amigo. Enquanto ainda estávamos nos deleitando com as nossas memórias, e para nosso grande prazer, o nosso gênio entrou. Nós nos apressamos a manifestar o nosso entusiasmo por ele. Este homem famoso nos convidou para cear em uma sala privada, onde ele bebeu até chegar a um estado de bestialidade. Toda a sua corrupção humana e artística, oculta por um exterior brilhante, foi revelada, sua repulsiva ostentação, sua vaidade mesquinha, suas maquinações e fofocas, todos os atributos do ator canastrão. Para coroar tudo isso, ele se recusou a pagar pelo vinho que tinha engolido praticamente sozinho. Demoramos meses para pagar essa dívida inesperada. Depois disso, tivemos o prazer de levar a besta do nosso ídolo, bêbado, arrotando e praguejando, para o seu hotel, onde não permitiram que ele entrasse devido ao seu estado deplorável.

"Coloquem todas as nossas impressões boas e más desse gênio juntas e o que vocês terão?"

— Algo como soluços depois de champanhe — brincou Pácha.

— Então, tomem cuidado para que a mesma coisa não aconteça com vocês quando se tornarem famosos — concluiu Rakhmánov.

"Os atores só podem se soltar na privacidade da sua própria casa ou em um círculo muito limitado. Eles têm o dever de serem portadores de beleza, mesmo na vida comum. Caso contrário, eles vão criar com uma mão e destruir com a outra. Lembrem-se disso quando servirem a arte em seus primeiros anos e se preparem para essa missão. Desenvolvam o autocontrole necessário, a ética, a disciplina de uma figura pública que traz o belo, o elevado e o nobre para o mundo.

"Os atores, pela natureza da arte a qual eles servem, são membros de uma instituição grande e complexa: uma companhia teatral. Eles aparecem em nome dela e sob a sua bandeira perante milhares de pessoas. Quase diariamente, milhões leem sobre o seu trabalho e suas atividades dentro dessa instituição. Seus nomes são inseparáveis dela, da mesma forma que Schêpkin, Sadôvski e Iermôlova são inseparáveis do Teatro Máli e Lílina, Moskvín, Katchálov e Leonídov são inseparáveis do Teatro de Arte. Os atores carregam o nome do teatro da mesma forma que o seu próprio. Sua vida privada e sua vida profissional são uma só na cabeça das pessoas. Então, se os atores do Teatro Máli, do Teatro de Arte ou de qualquer outro teatro fizerem algo repreensível, criarem um escândalo, cometerem um crime, não importa o quanto eles o neguem, não importa que desculpa ou explicação será impressa nos jornais, eles não conseguirão remover a mancha, a sombra que lançaram sobre o teatro ao qual servem. Os atores têm o dever de ter uma conduta decente fora do teatro e de proteger o seu nome não só no palco, mas também na sua vida privada."

27

O estado criativo externo da atuação

.. .. 19..

— Imaginem — disse Tortsov na aula de hoje — que vocês acordaram e continuaram deitados na cama, meio adormecidos, com seu corpo todo duro. Vocês não sentem vontade de se mexer ou de se levantar. Vocês sentem calafrios. Mas, ainda assim, se forçam a sair da cama, fazem sua ginástica, se aquecem, alongam os músculos do corpo e do rosto. O sangue começa a circular de forma adequada. Todos os seus membros, cada dedo das mãos e cada dedo dos pés, estão plenos de uma energia que circula livremente dos pés à cabeça e vice-versa.

"Com o corpo em ordem, vocês começam a trabalhar a voz. Cantam um pouco. O som tem um bom apoio, ele é pleno, rico, ecoa bem e preenche todos os ressonadores das cavidades nasais, na cabeça e no palato duro. O som se propaga livremente e preenche o quarto. Os ressonadores ecoam claramente e a acústica do quarto devolve isso para vocês, como se incentivasse a sua energia, vitalidade e dinamismo.

"Dicção clara, fraseado limpo e uma fala cheia de cor tentam encontrar pensamentos que lhes darão ainda mais clareza, variedade e potência.

"As inflexões inesperadas que vêm de dentro dão a eles mais relevo e expressão.

"Depois disso, vocês inserem as ondas de ritmo e se movem sobre as ondas em andamentos variados.

"Há ordem, disciplina e harmonia em todo o seu ser físico."

"Tudo está no seu lugar e é como a natureza desejou."

"Agora, todas as partes de seu mecanismo físico, que vocês usam para a *corporificação*, estão flexíveis, receptivas, expressivas, sensíveis, ágeis, como uma máquina bem lubrificada e ajustada na qual todas as rodas dentadas e todos os cilindros estão trabalhando em perfeita harmonia.

"É difícil ficar parado. Vocês querem se mover, agir, satisfazer impulsos internos, expressar *a vida do espírito humano*.

"Vocês sentem uma chamada para a ação através de todo o seu corpo. Vocês estão 'a todo vapor'. Como crianças, vocês não têm certeza do que fazer com todo esse excesso de energia e estão bastante preparados para desperdiçá-la com a primeira coisa que aparecer.

"Vocês precisam de Tarefas, de comandos internos, de material psicológico, da vida do espírito humano para que possam materializá-los. Se eles aparecem, todo o seu mecanismo físico se lança sobre eles com uma paixão e uma energia infantis.

"Os atores devem aprender a produzir esse estado físico no palco, para ordenar todas as partes constituintes de seu mecanismo físico de materialização, agilizá-las e fazê-las funcionar.

"Nosso termo para isso é *estado criativo externo*.

"Assim como o estado criativo interno, ele é feito de várias partes constituintes – como a expressão facial, a voz, as inflexões, a fala, o movimento, a expressão corporal, a ação física, o contato e as adaptações.

"Todos os elementos do estado criativo externo devem ser exercitados e treinados para garantir que a sua materialização seja tão sutil, flexível, clara e fisicamente expressiva quanto os sentimentos caprichosos e a vida fugidia do espírito da qual ela é chamada a refletir.

"O estado criativo externo não deve ser somente superlativamente bem treinado, mas deve ser subserviente aos comandos da vontade. Sua ligação com o estado interno e a interação entre os dois devem se tornar um *reflexo* instantâneo e inconsciente."

28

O estado criativo geral na atuação

1.

Tortsov estava no meio de uma [explanação] quando as cortinas se abriram de repente, depois de um sinal de Rakhmánov. Então vimos um grande quadro-negro com um esboço do apartamento de Mária afixado no meio. Ele mostrava o que acontece na mente de um ator no processo criativo. Aqui está uma cópia do esboço.

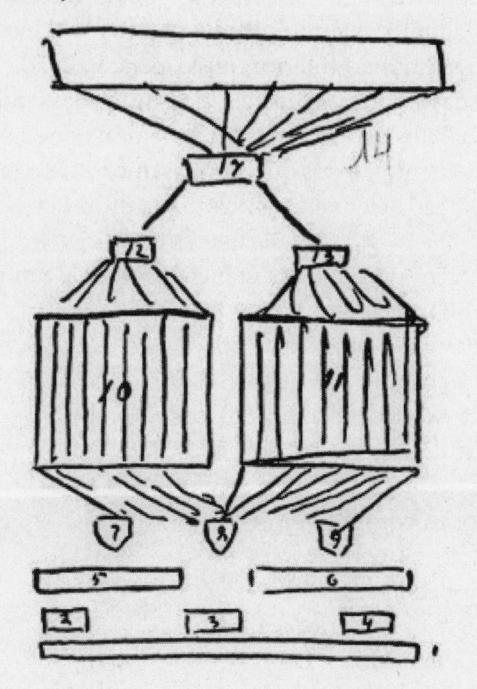

Tortsov explicou:

– Na parte de baixo, como as três baleias sobre as quais repousa a terra, colocamos três ideias, os três principais fundamentos da atuação. Vocês devem basear tudo que fazem neles.

"Nº 1. *A arte do ator dramático é a arte da ação interior e exterior.*

"Nº 2. O segundo é um aforismo de Púchkin: 'Verdade das paixões, sentimentos que parecem verdadeiros nas circunstâncias estabelecidas'.

"Nº 3. O terceiro é a *criação subconsciente da natureza por meio da psicotécnica consciente do ator.*

"Duas grandes plataformas são construídas sobre essas fundações.

"Nº 4. *O processo de revivência, que estudamos em linhas gerais;*

"Nº 5. *O processo de materialização.*

"Três virtuoses estão sentados em dois enormes órgãos sobre essas plataformas. Os números 6, 7 e 8. Os três impulsos da vida mental: *inteligência, vontade e sentimento* (de acordo com a primeira definição científica) ou *representação, juízo e vontade-sentimento* (de acordo com a definição mais recente).

"Nº 9. Uma peça nova e um novo papel fecundam nossos impulsos psicológicos, motivadores; eles plantam sua semente neles e despertam o desejo de criar.

"Nº 10. Os caminhos desses impulsos psicológicos que carregam dentro de si as sementes da peça e do papel. No início, são erráticos, caóticos, mas, à medida que o objetivo fundamental do nosso trabalho criativo se torna mais claro, eles adquirem continuidade, objetividade e coerência.

"Nº 11. Nosso mundo interior, nossa personalidade, nosso mecanismo criativo, com todas as suas qualidades, possibilidades, aptidões, capacidades, dons naturais, hábitos dos atores e psicotécnicas, que nós chamamos anteriormente de 'elementos' e dos quais precisamos para o processo de revivência. Notem que a cada elemento foi dada sua própria cor específica:

a) Imaginação – ('se', Circunstâncias Dadas de um papel)
b) Cortes e Tarefas... 1 cor
c) Concentração e objetos... 1 cor
d) Ação... 1 cor
e) Senso de verdade e crença... 1 cor
f) Tempo-ritmo interno... 1 cor
g) Memória emotiva... 1 cor
h) Contato... 1 cor
i) Adaptação... 1 cor
j) Lógica e sequência... 1 cor
k) Caracterização interior... 1 cor
l) Presença interior... 1 cor

m) Ética e disciplina... 1 cor
n) Retoques finais... 1 cor

"Todos esses elementos existem na mente do ator, juntamente com os motivadores psicológicos e com as sementes mentais do papel que foram plantadas nela.

"Vocês podem ver como os primeiros impulsos avançam e gradualmente assumem as cores dos 'elementos' do ator.

"Nº 12 é o mesmo, mas transformado no movimento dos impulsos psicológicos do ator-papel. Comparem-nos antes (nº 10) e depois (nº 11) quando eles entraram na mente e vocês verão a diferença. Agora os 'elementos' da peça absorveram os próprios 'elementos' do ator, intelecto, vontade, sentimento, impulsos e não são mais reconhecíveis (nº 12).

"Nº 13. Esse é o nexo em que todas as trajetórias dos motivadores psicológicos se juntam, é o estado mental que chamamos de 'estado criativo interno'.

"Nº 14. Essa é a corda feita com todas as trajetórias, que se movem em direção à Supertarefa. Agora que elas se uniram e se transformaram, nós as chamamos de 'ação transversal'.

"Nº 15. É a 'Supertarefa', ainda provisória e indefinida."

– O que é a linha pontilhada à direita do desenho? – perguntaram os estudantes.

– Ela mostra o segundo processo: *materialização física*.

2.

Tortsov indicou, no desenho, as caixas que diziam "estado criativo interno" e "estado criativo externo".

– Tudo o que resta é unir esses dois estados criativos para formar aquilo que nós denominamos *o estado criativo geral*.

"Como vocês podem ver no quadro-negro, ele combina *ambos os estados, o interno e o externo*.

"Então, cada sentimento, estado de espírito e vivência que vocês criaram se *reflete* exteriormente. É fácil para os atores responderem a todas as tarefas que a peça, o autor, o diretor e eles próprios criaram. Todos os elementos físicos e mentais do seu estado criativo estão em alerta e respondem ao chamado imediatamente.

"Quanto mais direta, vívida e precisamente o exterior refletir o interior, melhor, pois mais ampla e plenamente o público vai compreender a vida do espírito humano que vocês criaram. É por isso que a peça foi escrita, é por isso que o teatro existe.

"*O estado criativo geral é o estado de trabalho.*

"Os atores devem se encontrar nesse estado, independentemente de qualquer outra coisa que eles façam. Se estiverem fazendo a peça pela primeira ou pela centésima vez, se estiverem aprendendo ou repetindo as falas, se estiverem trabalhando em casa ou no ensaio, se estiverem tentando encontrar material mental ou físico para a sua personagem, se estiverem pensando na vida do espírito humano ou em sua forma exterior, no figurino e na maquiagem, ou, em outras palavras, cada vez que tiverem o menor contato com o papel, eles devem se encontrar no *estado criativo interno, externo e geral da atuação.*

"Vocês não podem começar a trabalhar sem isso. Isso deve se tornar uma parte natural e biológica de nós – uma segunda natureza.

"Vamos concluir a aula de hoje com uma revisão rápida do *trabalho sobre si mesmo*. Isso vai assinalar o fim do [segundo]¹ ano do nosso curso de três anos.

"Agora que vocês aprenderam como criar o modo geral de atuação, podemos passar, no próximo ano, para a segunda parte do curso: o *trabalho sobre um papel*.

"A massa de informação que vocês receberam ao longo do ano passado está borbulhando e fervendo em suas cabeças e corações. É difícil para vocês colocarem todos os elementos do modo de atuação juntos novamente em seus devidos lugares depois que nós os separamos e examinamos um por um.

"E, no entanto, a coisa que estivemos estudando tão laboriosamente por um ano inteiro é o mais comum estado humano, com o qual estamos bastante familiarizados na vida real. Quando vivenciamos um sentimento na vida, o estado que chamamos de 'modo geral de atuação' surge bastante naturalmente.

"Ele é feito dos mesmos elementos que buscamos em nós mesmos quando estamos no brilho das luzes da ribalta. E sem esse estado de espírito vocês não podem se entregar à sua vivência para expressá-la e comunicá-la externamente ou na vida real.

"É incrível que algo tão familiar, tão natural, tão espontâneo na vida deva desaparecer ou dar errado assim que pisamos no palco. Uma grande quantidade de trabalho, estudo, treinamento e técnica é necessária para colocar no palco alguma coisa que é completamente normal para todo ser humano.

"O estado criativo comum, que é complexo em suas partes, é, de fato, o mais simples e normal estado humano. Em um mundo morto de painéis pintados, de coxias, tintas, cola, papel machê e adereços, o modo de atuação nos fala de uma vida humana e verdadeira, genuína, vívida.

---

1. O texto fala do primeiro ano do curso, mas o primeiro ano lida com o estado criativo interior. Esta seção, assim como a seção 1, pode ter sido destinada originalmente a ser incluída no Capítulo 15 da Primeira Parte, Primeiro Ano, que Stanislávski revisava continuamente.

"Como é estranho que os sentimentos e vivências mais simples e mais naturais devem se transformar em algo complexo assim que tentamos analisá-los e expressá-los em palavras. Por exemplo:

"Vocês querem um doce?" – disse ele, oferecendo-nos uma caixa que estava segurando. – "Comam um e descrevam as suas sensações enquanto fazem isso.

"Estão vendo? É mais fácil executar uma ação comum do que descrevê-la. Seria necessário um livro inteiro. Se vocês examinarem conscientemente as sensações ou ações mecânicas mais comuns, vão se surpreender com a complexidade e opacidade de algo que fazemos sem esforço e inconscientemente.

"A mesma coisa acontece quando estudamos o 'sistema' e, em particular, o modo de atuação. O estado que nós estamos examinando é, em si, simples, natural e familiar, mas a sua análise é complexa.

"Agora que a dificuldade ficou para trás, vai ser fácil para vocês lidarem com o resto e se exercitarem no natural e conveniente estado criativo vivo[2]."

3.

Hoje, Tortsov entrou na sala com um desconhecido taciturno, um diretor, pelo que dizem. A aula seria, mais uma vez, dedicada a revisar nosso estado criativo.

Vánia foi chamado e pediu permissão para interpretar com Pácha a cena entre Nestchastlívtsev e Stchastlívtsev de *A floresta*, de Ostrôvksi. Esse deve ser o mais recente acréscimo ao repertório secreto de peças que ele está organizando.

Admiti abertamente que estava ouvindo as conversas particulares entre Tortsov e Rakhmánov de forma bastante descarada. Acontece que eu estava sentado numa cadeira da qual podia ouvir tudo. Disfarcei a minha espionagem escrevendo em meu diário com enorme concentração e envolvimento.

Será que foi errado da minha parte ouvir?

– Muito bom! – sussurrou Tortsov para Rakhmánov, feliz com Vánia. – Basta ver como é firme o seu objeto e como é estreito o seu círculo de concentração. Isso é um estado criativo absolutamente autêntico, sem dúvida. Um lance de sorte, é claro. Não há possibilidade de que Vánia tenha estudado isso meticulosamente e o dominado. Oh, seu jovem endiabrado! Não, não faça isso. Agora ele está sobreatuando como um grande canastrão. Lá vai ele de novo! Não restou um vestígio do estado criativo.

"Veja, veja! Oh, muito bem! Ele fez direito. Temos verdade e crença, novamente. Ele até trouxe algumas ideias, e esse é o seu ponto fraco. Ah, lá

---

2. Cf. material adicional nos *Apêndices*.

vem ele de novo!" – dizia Tortsov, aflito, quando Vánia forçava uma acrobacia grosseira, mudava a tarefa e perdia o "círculo". – "Agora, o objeto está aqui fora, na plateia. Está uma bela bagunça. Parabéns, os elementos estão descoordenados, o senso de verdade foi-se embora, ele está rígido de tensão e a voz está esganiçada. As memórias emotivas dos atores se esgueiram, e restam apenas poses, artifícios, clichês e Deus sabe mais o quê. Agora, é claro, já não há mais salvação."

Tortsov estava certo. Vánia estava sobreatuando tanto que ficou, como se diz na escola, "inassistível". Por exemplo, para mostrar como Stchastlívtsev se enrolou e desenrolou no tapete por causa do frio, Vánia rolou hábil e até comicamente pelo piso imundo do palco até as luzes da ribalta.

– Ele poderia ter poupado suas roupas – suspirou Tortsov, e se afastou.

"Que obra maravilhosa é a nossa natureza" – disse ele ao estranho, em vez de olhar para o palco. – "Como tudo se junta e se entrelaça. Por exemplo, o estado criativo. Se um pequeno componente está fora de lugar, a coisa toda vai mal. Tudo o que você tem de fazer é substituir um dos elementos certos, e os outros, que dependem dele, são inevitavelmente alterados. Uma falsa tarefa ou um falso objeto, um círculo errado de atenção ou um senso de verdade perturbado etc. transformam nossas memórias afetivas e sentimentos, adaptações etc. Como resultado, todos os elementos restantes e o nosso estado criativo são deformados. É como a música. Uma nota errada em um acorde e ela se torna cacofonia. Consonância transforma-se em dissonância. Corrija a nota errada e o acorde soa corretamente.

"É a mesma coisa conosco. Substitua um elemento falso por um verdadeiro e nosso estado criativo vira um acorde tocado em harmonia.

"Cada um dos elementos adequados precisa estar lá. Só quando estão todos presentes é que nós podemos criar a condição que chamamos de *estado criativo*."

Quando a cena acabou e os atores desceram para as primeiras filas, Tortsov disse a Vánia:

– Eu gostaria de abraçar você pela primeira parte e de lhe dar umas palmadas pela segunda. O seu estado criativo desceu ladeira abaixo. O que aconteceu?

"Um objeto do lado de cá da ribalta, um senso de verdade inadequado, memórias emotivas pouco sinceras, sem vida, e o contato, a emanação e as adaptações de um velho profissional vulgar, e não de um ser humano. Essa falsidade produziu uma extrema tensão muscular que aumentou e intensificou a falsidade do seu estado geral.

"Esses elementos falsos não produziram uma 'atuação', mas um tipo específico de atuação no qual você não pode ser criativo ou vivenciar, mas somente *fazer pose* para divertir ociosos embasbacados.

"Esse estado criativo falso não conduz ao trabalho criativo ou à arte, mas somente ao pior tipo de atuação de mera técnica.

"Vocês precisam entender quão importante é o estado criativo correto. Sem ele, vocês não podem entrar em cena, mas, pelo contrário, devem se manter afastados do palco. Existem dois atores dentro de vocês. Eles não são apenas diferentes, mas se destroem mutuamente. Um deles é talentoso, o outro é mimado e incorrigível. Vocês têm uma escolha a fazer. Precisam sacrificar um deles. Isso é algo para vocês pensarem. Obtenham controle sobre si mesmos e peçam a Rakhmánov para treiná-los em todas as aulas e para ajudá-los a criar o estado criativo e fazer dele um hábito. Tudo o que vocês precisam por enquanto é de 'treinamento' supervisionado."

– Eu realmente não entendo – lamentou Vánia, com lágrimas nos olhos. – Eu estaria no paraíso... Não estava à altura. Não comecei. Não sei o que fazer.

– Ouça, e eu vou lhe ensinar – disse-lhe Tortsov, em um tom carinhoso, encorajador e gentil.

"Em primeiro lugar, aprenda a tonificar todos os elementos do estado criativo, internos e externos. Comece trabalhando com eles separadamente e depois os reúna. Por exemplo, combine liberação muscular com um senso de verdade, objetos de atenção com transmissão, ação com tarefas físicas etc. Você vai notar que quando unir adequadamente dois elementos, eles criarão um terceiro; e os três produzirão um quarto e um quinto elemento. Então, virá um sexto, um décimo etc.

"Mas há uma condição importante. Você não deve criar o estado criativo por ele mesmo. Ele é instável e rapidamente se desintegra em suas partes constituintes ou se torna um *modo de atuação*. Tudo isso acontece muito facilmente, de forma muito rápida, quase antes que você tenha tempo de perceber. Se você quiser explorar todas as sutilezas do estado criativo, ele deve se tornar um hábito extremo, que você só pode adquirir por meio de exercícios e de experiência prática. E lembre-se de que você não pode criar o estado criativo 'frio', mas somente por meio de uma tarefa, ou de uma série de tarefas, que cria uma linha contínua de ação. Essa linha é, por assim dizer, o núcleo que reúne todos os elementos a serviço do objetivo básico da peça.

"Essa linha e as tarefas que ela cria não devem ser sem vida e mecânicas. Devem ser vivas, vitais e verdadeiras. Você precisa de *ideias excitantes* ('se' mágico, Circunstâncias Dadas). Elas, por sua vez, exigem *verdade e crença, concentração, anseios* etc. Elas estão todas interligadas e criam um 'estado criativo' inteiro de vários elementos. Lógica e sequência também são importantes."

Depois disso, Tortsov virou-se para Rakhmánov com a seguinte sugestão:

– Você viu como eu coloquei Kóstia no estado criativo da última vez, como eu gradualmente construí isso. Você deve fazer a mesma coisa com Vánia.

"É claro que você precisa ter certeza de que ele entenda seu estado mental por si mesmo. É claro que ele não vai conseguir isso por um longo tempo porque você precisa de um senso de verdade bem desenvolvido e claramente definido para controlar o estado criativo. Mas o senso de verdade dele é caótico. É a nota errada que arruína o acorde. Então, você vai ter de representar o 'executante do seu senso de verdade', por meio de ideias interessantes ou, em outras palavras, de circunstâncias definidas. A capacidade dele para a emoção não é ruim. Está lá, não há dúvida sobre isso. Mas, antes de ativá-la, ele deve primeiro focar sua concentração de maneira correta porque se ele começar a sentir algo irrelevante, isso vai levá-lo Deus sabe aonde, em direção oposta à verdade. Então, você não deve apenas treinar o seu senso de verdade, mas a sua sensibilidade para a Tarefa certa.

"Existem aqueles que são atraídos por uma plateia, quer eles gostem disso ou não. Mas existem outros que amam as plateias e vão ao encontro delas de bom grado. Vánia é assim. Então, sua última esperança é uma tarefa que vai arrastá-lo de volta para o palco. Em suma, quando você trabalhar com ele, combata seu *falso estado criativo*, que ele ainda não consegue distinguir do *estado criativo* genuíno.

"Então, se você guiar Vánia ao longo do caminho para a verdade, dia após dia, ele vai se acostumar com isso e aprender a distinguir o verdadeiro do falso. É um trabalho duro, laborioso e torturante."

— E quanto a Lev? O que devemos fazer com ele? Ele se encontra no estado errado? Você pode ter certeza disso — disse Rakhmánov, solicitando ordens a Tortsov.

— Você não pode julgá-lo por Nestchastlívtsev. O papel em si é mais enfático. Deixe-o representar Salieri — disse Tortsov.

"Se você espera obter uma vivência genuína de Lev, dado o que sabemos sobre ele, não vai conseguir nada. Ele não é um ator emocional, como Mária ou Kóstia. Ele vivencia com seu intelecto, ele segue a linha literária" — explicou Tortsov.

— E como vamos estabelecer o estado criativo? — persistiu Rakhmánov.

— Para ele, nesse momento, esse é o estado criativo — disse Tortsov.

— Sem vivência? — disse Rakhmánov, espantado.

— Com vivência "intelectual". Onde você vai obter qualquer outra coisa, se não existe nada? Vamos ver depois se ele é ou não capaz de ter o tipo de revivência de que precisamos — continuou Tortsov. — *O estado criativo vem em várias formas.* Às vezes o intelecto é dominante, às vezes é o sentimento e às vezes é a vontade. É a partir deles que esse estado adquire seu matiz particular. Quando um dos elementos — digamos, *o intelecto* — está em evidência, você tem um tipo, um aspecto do estado criativo. Mas existem outras versões, ou seja, *vontade* ou *sentimento* podem ser a voz principal. Isso cria duas novas colorações do estado criativo. Lev extrai sua coloração da razão e da literatura. Sejamos gratos por isso. Ele realmente entende e aprecia tudo o que diz. É verdade que não há muito calor ou sentimento. Mas o que você pode fazer? Você pode injetar sentimento. Tente estimular seus "ses" mágicos, as Circunstâncias Dadas. Desenvolva sua imaginação, invente tarefas interessantes que vão ajudar o sentimento a ganhar vida, descongele-o e, então, ela vai se aquecer. Mas você não vai muito longe nessa direção. Lev é um típico "intelectual", com um cérebro maravilhoso e uma bela figura – que, é claro, tem de ser trabalhada para parecer humana. Quando fizermos isso, não digo que teremos um ator excelente, mas teremos um ator útil. Ele vai estar em todas as produções, você vai ver. Em resumo, esse estado criativo, com sua inclinação para o "intelectual", é aceitável por enquanto.

– Pobre Lev – refleti. – Todo esse esforço apenas para se tornar "útil". Porém, ele não é muito exigente. Que ele se contente com isso.

.. .. 19..

Hoje, o estado criativo dos estudantes foi testado novamente.

Tortsov pediu a Grícha que interpretasse alguma coisa. É claro que ele tinha de ter Vária junto com ele.

Nossos supermedíocres têm um repertório de peças caça-níqueis que só eles conhecem, composto por obras de segunda classe, de mau gosto e de péssima qualidade.

Grícha interpretou um promotor público interrogando uma bela suspeita por quem ele estava apaixonado e para quem se insinuava.

– Ouça – sussurrou Rakhmánov para Tortsov. – Esse é o diálogo estúpido que o autor deu a Grícha: "Das profundezas ardentes do povo, sustentados pelo meu poder de castigar, milhões de cidadãos famintos e amotinados despejam suas maldições sobre você". Agora, lembre-se de como ele falou esse palavreado trivial.

"Todas as palavras pomposas da sentença foram destacadas e enfatizadas. Mas a palavra mais importante, a razão para a fala, foi encoberta."

– Que palavra? – perguntou Rakhmánov.

– *Você*, é claro. O ponto é que as pessoas estão despejando suas maldições sobre *você*.

"Grícha não sabe nada sobre as leis da fala. O que o professor dele tem feito? Preste uma séria atenção a esse [assunto]. É um dos mais importantes. Se o professor não estiver à altura, livre-se dele rapidamente. Não se deve deixar que as pessoas falem desse modo.

"Meu Deus, que monte de sandices!" – disse Tortsov, sentindo pena de Grícha. – "É melhor não tentar dar sentido a isso, basta ouvir a voz" – disse ele, para se consolar.

"A voz é bem sustentada, com uma extensão adequada, boa ressonância, livre, expressiva, muito bem impostada.

"Mas você pode ouvir a maneira como ele pronuncia as consoantes:

"'Pppppprofundezas ardddddentes... sssssustentados pelo meu ppppoder de cccccastigar'!

"Você acha que ele está fazendo isso para desenvolver suas consoantes? De jeito nenhum. Ele acha que sua voz soa melhor quando as prolonga. Deixe de lado essa afetação barata e sua fala, no todo, é tolerável.

"O que podemos fazer com esses dons? Veja!" – exclamou Tortsov, de repente. – "Se eu fosse um estrangeiro que não falasse russo, eu o aplaudiria por esse gesto largo, que terminou com todos os cinco dedos esticados. Sua voz foi bem para baixo ao mesmo tempo que a sua mão, para complementá-la.

"Sim, ele fala muito bem, sua voz é bem treinada e eu poderia perdoar a sua afetação e teatralidade se nós estivéssemos falando de pousar ou de pilotar um aeroplano. Mas não é esse o caso, nós estamos falando sobre ir para um lugar de julgamento. A fala se destina a assustar sua pobre vítima e fazê-la concordar com aquilo que ele pede.

"Sinto que Grícha estava pensando em belos gestos e em alguns eficientes floreios declamatórios mesmo quando estava lendo pela primeira vez essa peça estúpida. Ele os aperfeiçoou lenta e meticulosamente na quietude do seu quarto. Isso é o que ele chama de 'trabalhar sobre um papel'. Ele estudou e ensaiou esse roteiro barato para que pudesse nos deslumbrar com sua pose e suas inflexões.

"Que monte de lixo! Meu Deus!

"Vamos tentar entender o que ele está passando. Agora você sabe o que o motiva. Os elementos em seu estado criativo – fala inculta, um aeroplano pousando em terra e 'pppppprofundezas ardddddentes'. Junte tudo isso e o que você tem? Uma mixórdia!

"Mas pergunte a Grícha e ele vai jurar que esse é o estado criativo real e que ninguém tem um 'senso dramático' melhor do que ele, que isso é atuação em grande estilo, e não o naturalismo vulgar da revivência."

– Então, livre-se dos dois. Faça isso! – insistiu Rakhmánov. – De Lev e Igor também. Não precisamos de forasteiros. De jeito nenhum!

– Você acha que eles são inúteis no teatro? – perguntou Tortsov a Rakhmánov, em tom de provocação.

– Na verdade, acho!

– Vamos ver – disse Tortsov, e foi para a ribalta depois que nossos dois representacionistas tinham terminado sua cena.

Tortsov pediu a Grícha que detalhasse o que estava fazendo, como entendia o papel e sobre o que era a cena.

Foi incrível.

Nem ele, nem ela sabiam o que era importante na cena ou por que ela tinha sido escrita. Para contar o conteúdo, eles primeiro tiveram de repetir mecanicamente as falas que tinham decorado como papagaios, analisar as ideias e explicar o conteúdo em suas próprias palavras.

— Agora vou lhes contar uma história — disse Tortsov, e esboçou uma maravilhosa história passada na Idade Média.

Ele tem, como já devo ter mencionado, um notável dom para explicar o conteúdo das peças. Ele capta magnificamente as partes mais importantes e interessantes e as coisas que os autores se esqueceram de colocar nelas.

Grícha analisou o conteúdo da cena somente depois de representá-la. Havia, de fato, muito mais do que aquilo que Grícha e Vária tinham mostrado no palco.

Ambos pareceram gostar da interpretação de Tortsov. Eles corrigiram voluntariamente a cena seguindo a nova linha interna, sem discutir nada.

Por sua vez, Tortsov não os forçou a fazer qualquer coisa contra a sua vontade e não fez nada quanto à sua atuação — que, de tão canastrona, daria a impressão de necessitar de mais atenção do que qualquer outra coisa. Não, Tortsov só estava interessado em corrigir a linha interna, as tarefas, os "ses" mágicos e as Circunstâncias Dadas.

— E os clichês, e o senso de verdade e crença?

"Onde está a verdade? Por que você não corrigiu toda essa atuação convencional?" — persistiu Rakhmánov.

— Para quê? — perguntou Tortsov, calmamente.

— Como assim, para quê? — foi a vez de Rakhmánov se surpreender.

— Sim, para quê? — perguntou Tortsov mais uma vez. — Isso não vai nos levar a lugar nenhum. Eles são típicos representacionistas por natureza, então eles devem, pelo menos, representar com sinceridade. Isso é tudo o que podemos esperar deles por enquanto.

Finalmente, depois de muito trabalho, Grícha e Vária representaram sua cena, auxiliados pelas sugestões de Tortsov.

Tenho de admitir que gostei. Era compreensível, clara, significativa, um bom esboço dos papéis. Na verdade, estava longe de ser aquilo que Tortsov havia descrito anteriormente. Mas foi indubitavelmente melhor do que da primeira vez. É verdade que eles não me comoveram nem me fizeram acreditar neles. Era possível sentir que eles estavam "atuando". Eles foram rebuscados, afetados, declamatórios e cometeram todas as falhas típicas do ator. Mas, ainda assim...

— O que foi isso? Arte? Mera técnica?

— Não é bem arte ainda — afirmou Tortsov. — Mas se vocês trabalharem nas técnicas de materialização, se vocês se livrarem de todos os desgastados clichês de ator, se desenvolverem sua técnica de atuação, então, mesmo esse tipo de canastrice pode chegar perto da arte.

— Mas esse não é o nosso tipo de atuação — disse Rakhmánov, com excitação.

— É claro que isso não é vivência. Ou, para ser mais preciso, eles captaram a forma do papel e talvez até mesmo o revivenciaram, mas a materialização real ainda está cheia de convenções e clichês. Mas, com o tempo, eles podem alcançar uma forma aceitável. O resultado não é verdadeiro, ou mesmo verossímil, mas é uma indicação razoável de como o papel pode ser vivenciado. Isso não é atuação, mas uma exposição pitoresca do papel, que você pode fazer ser compreendida se tiver uma técnica brilhante. Muitos atores estrangeiros vêm aqui em turnê e são aplaudidos.

"Discutiremos a adequação de Grícha para se juntar ao nosso teatro quando ele se formar. Por enquanto, ele é um estudante e devemos transformá-lo, *fazer* dele o melhor ator que pudermos. Talvez ele receba os seus louros nas províncias. Depois, que o céu o ajude! Mas ele precisa ser educado. Temos de estabelecer uma técnica aceitável de atuação usando os dons que ele tem e desenvolver o que é mais essencial para combinar seus talentos em um todo, em um conjunto, por assim dizer, ou em um acorde que soe verdadeiro."

— E como devemos fazer isso? — perguntou Rakhmánov, nervosamente.

— Primeiro — explicou Tortsov —, precisamos ajudá-lo a desenvolver o estado criativo correto. Temos de treinar um punhado mais ou menos aceitável de elementos. O estado criativo correto deve ajudá-lo a seguir o ponto em vez da vivência adequada (embora ele vá alcançá-la em momentos ocasionais).

— Mas se você deseja obter a forma geral, você tem de vivenciar! — disse Rakhmánov, com veemência.

— Eu já disse que você não pode chegar a lugar algum sem a revivência. Mas uma coisa é sentir um papel por dentro, de modo a conhecer sua forma, outra coisa é vivenciar quando se está no palco atuando. Por enquanto, ensine-o a sentir a linha do papel e comunicá-la adequadamente, mesmo que seja tudo convenção. Mas, é claro, você precisa fazer algo a respeito dos seus terríveis clichês e truques, alterá-los, melhorá-los ou substitui-los.

— Como vou fazer isso? Como devemos chamar esse "estado criativo"? — perguntou Rakhmánov, cada vez mais exaltado. — Teatralismo?

— Não — defendeu-se Tortsov. — Um estado criativo teatralístico é baseado em ações mecânicas, mera técnica, e, mesmo assim, você ainda encontra mínimos vestígios de vivência.

— Quer dizer, aquilo que você nos mostrou — comentou Rakhmánov.

— Possivelmente — respondeu Tortsov. — Esse mínimo fragmento de vivência foi chamado de "modo de meio-ator" um tempo atrás — refletiu Tortsov.

— Sim, certo. Para o inferno com isso. De meio-ator. Está bem. Está bem. — respondeu Rakhmánov, insatisfeito. — Mas o que devemos fazer com esta sereia? — perguntou, preocupado. — Como desenvolver nela o estado criativo?

— Dê-me um momento para descobrir — disse Tortsov, e começou a examiná-la de perto.

"Oh, Vária" — disse Tortsov, com tristeza. — "Tudo o que ela sempre faz é exibir-se mais e mais. Ela não se cansa de se admirar. Por que está representando essa cena? Está claro, alguém evidentemente a elogiou, ou ela viu essa pose sinuosa, a bela linha do tronco no espelho, e, agora, o único pensamento por trás de sua atuação é lembrar e reproduzir um movimento que ela adora, um quadro vivo.

"Veja, ela esqueceu o que seus pés estavam fazendo e está usando sua memória visual para tentar descobrir... graças a Deus ela encontrou... Não. Não é bem assim. Está vendo como ela aponta o bico do sapato ainda mais com sua perna em uma posição recuada?

"Agora vamos ouvir seu diálogo" — falou meio sussurrando Tortsov para Rakhmánov. — "'Ergo-me diante de vós como uma criminosa' — *Ergo-me*. Mas ela está deitada. Vamos ouvir um pouco mais. 'Estou cansada. Meus pés doem.' Será que estar deitada faz os pés dela doerem? Será que eles estão formigando porque ela os esticou para trás?

"Tente adivinhar em que estado ela se encontra, o que está vivendo por dentro, se suas palavras contradizem suas ações. Um tipo estranho de psicologia. Ela está se concentrando tanto nas suas pernas que não sobra nada para o que a sua língua está fazendo. Que desprezo pelas palavras e por sua tarefa interior. De que tipo de estado criativo podemos chamar isso?

"O estado criativo foi substituído pela vaidade de uma sereia. Ela tem seu próprio 'modo de dama' e não consegue se livrar dele. Os elementos pelos quais ele é composto têm todos a mesma origem 'própria de uma dama'. Como chamamos aquilo que ela está fazendo? Atuação de mera técnica? Representação? Balé? Uma pintura viva? Nenhum deles. É 'flerte com o público'" — disse Tortsov, finalmente encontrando o nome.

4.

Havia um aviso no quadro negro convocando os estudantes para um ensaio no teatro.

Fiquei paralisado quando li aquilo e meu coração batia descontroladamente antecipando minha estreia, em um teatro real com atores reais.

Na aula de hoje, Tortsov explicou o propósito e o significado educacional de nossa futura apresentação. Ele disse:

— O teatro chamou vocês não em benefício próprio, mas para o de vocês, não porque ele precise de vocês, mas porque vocês precisam dele.

"Aparecer em cenas de multidão é apenas uma fase no programa da escola. Ainda é uma aula, mas em público, em uma produção em grande escala e sujeita às condições de uma apresentação pública.

"O que para nós, atores, é um ensaio, para vocês é uma *preparação para aparecer em público*. O que para nós é um espetáculo, para vocês é uma *aula em público*.

"Na escola, dentro de nossas próprias quatro paredes, sem um público de fora, nós indicamos o que vocês sentiriam, na hora em que aparecessem em público.

"Esse momento agora chegou, e vocês vão agora vivenciar no palco aquilo sobre o qual falamos na escola.

"Somente quando tiverem feito isso e tiverem sentido, por si mesmos, o estado correto no palco é que vocês serão capazes de avaliar aquilo que ensinamos para vocês.

"De fato, onde, senão no teatro e em uma apresentação pública, vocês podem aprender o significado prático do 'se mágico' e da concentração no próprio palco, no meio de todas as distrações de um espetáculo? Onde, exceto diante de uma casa cheia, você podem sentir a genuína 'solidão pública' ou a importância da comunicação com os objetos? Onde, senão no palco, confrontados com o buraco negro, vocês devem criar, desenvolver e manter o estado criativo correto? Então, depois de muito trabalho, projetado para desenvolver os elementos do estado criativo, continuamos a estabelecer esse estado no palco e nas apresentações públicas.

"E é precisamente a isso que todo o nosso trabalho tem nos levado.

"Não falei sobre isso anteriormente porque não queria confundi-los resumindo coisas que ainda não tinham sido feitas, mas agora, *post factum*, posso explicar que o primeiro ano do programa de estudos é inteiramente dedicado a estabelecer o estado criativo geral (ou de trabalho), para depois reforçá-lo no próprio palco, diante de uma plateia, na apresentação.

"Começamos com isso porque qualquer trabalho é impensável sem um genuíno estado criativo.

"Quero parabenizá-los por alcançar essa nova fase em nosso programa, que é aparecer em público para que vocês possam estabelecer e reforçar o estado criativo correto enquanto estiverem no palco.

"Vocês vão continuar aperfeiçoando e corrigindo isso ao longo de toda a sua carreira.

"Por isso, é ainda mais importante que agora, logo no início, em sua estreia, vocês coloquem o seu trabalho na direção certa. Mas isso exige de vocês concentração e honestidade excepcionais, além de uma capacidade de analisar os seus sentimentos e ações invisíveis. Nós, seus professores, podemos apenas adivinhar o que eles são; e se vocês estão nos contando mentiras, e não o que estão sentindo, tanto pior para vocês. Em longo prazo, vocês é que perderão. Vocês perderão a oportunidade de julgar de forma adequada o que está acontecendo com vocês, e Ivan Rakhmánov e eu não seremos capazes de lhes dar conselhos úteis.

"Portanto, não nos atrapalhem, ajudem-nos de toda maneira que puderem a entender o que está acontecendo invisivelmente dentro de vocês na apresentação.

"Se vocês realmente se concentrarem todas as vezes em que estiverem sob os holofotes, se vocês forem curiosos e honestos, se abordarem seu estado criativo não com uma formalidade morta, mas com um entusiasmo consciente, se vocês derem tudo o que têm, se aplicarem tudo o que aprenderam na escola todas as vezes em que entrarem em cena, vocês gradualmente dominarão o estado criativo correto.

"Por nosso lado, garantiremos que as suas aparições públicas sejam bem organizadas no sentido educacional. Mas vocês precisam entender que, em um trabalho como esse, vocês têm de ir até o fim. Vocês têm de vislumbrar a vitória final, quando o estado criativo correto se torna normal, natural, habitual e biológico, e o estado errado, o estado de ator, se torna uma total impossibilidade. Vejam, por exemplo, o meu caso. Quando descobri e consolidei o estado criativo correto, não conseguia mais entrar em cena sem ele. Só então pude sentir-me em casa. No modo de ator eu era um forasteiro, indesejável, desnecessário, e isso era a morte. É preciso muita força para me tirar do modo geral de trabalho, ele está tão firme depois da enorme quantidade de trabalho que fiz em cenas de multidão e também por conta da minha longa experiência como ator. Agora é quase impossível, para mim, transferir o objeto de atenção para o outro lado da ribalta, onde se senta a plateia, e não me relacionar com o ator que está diante de mim. É ainda mais difícil ficar parado na frente de milhares de pessoas sem tarefas criativas. Se isso acontecer, fico tão perdido quanto qualquer novato.

"Tentem desenvolver o *estado criativo geral de trabalho* correto assim que puderem e o tornem permanente."

— Em outras palavras, tentem ser permanentemente criativos, ser gênios — comentou Pácha.

— Não. Qualquer pessoa que saiba como trabalhar e termine aquilo que começou pode desenvolver o estado criativo correto.

"Não estou dizendo que seja fácil, mas *a natureza* vai ajudar se ela estiver convencida da verdade biológica daquilo que vocês estão fazendo. Então, ela assumirá a iniciativa criativa e, como vocês sabem, ela é uma artista incomparável.

"O estado criativo que esteja em harmonia com as exigências da natureza é o mais estável e verdadeiro estado mental para um ator. Sigam o caminho que lhes mostramos aqui na escola, andem de mãos dadas com a natureza, e vocês vão ver como crescerão rapidamente como artistas.

"Se eu tivesse tempo e oportunidade" – meditou Tortsov –, "voltaria a fazer cenas de multidão, papéis pequenos, seria um figurante. A melhor parte do que sei sobre a minha psicotécnica veio das cenas de multidão."

– Por que delas, e não dos papéis principais? – perguntei.

– Porque você não pode topar com um papel principal quando é estudante, quando esse papel carrega a peça inteira. Você tem de interpretá-lo com perfeição. Ele necessita do desempenho de um mestre, e não dos primeiros esforços de um estudante.

"Em um papel principal, a responsabilidade por toda a apresentação recai sobre vocês. Vocês têm um dever para com ela, e ela exige tarefas que estão além da capacidade de atores pouco treinados como vocês. Isso desperta tensões e esforço excessivo. E vocês sabem onde isso vai parar. É diferente em cenas de multidão ou em pequenos papéis. Sua responsabilidade e suas tarefas criativas são muito menos importantes. Vocês as executam no meio de um grande grupo de pessoas. Podem experimentar alguns exercícios com impunidade – somente, é claro, se eles não contrariarem a Supertarefa e a Ação Transversal da peça.

"Esses exercícios podem ser feitos, e são mais benéficos, quando se está diante de uma plateia. É por isso que dou tanta importância às aulas em público.

"Além disso, o que fazemos em sala de aula nem sempre acontece e nem sempre é ouvido no palco de um teatro. Isso também evoca a necessidade de estimular nossas aulas e atividades em público.

"Que escola nesse mundo pode fornecer uma situação como essa para que seus estudantes aprendam? Basta pensar: mil pessoas na frente, toda a panóplia de uma produção – cenários, móveis, acessórios, vestimentas de palco, iluminação, efeitos sonoros, figurino, maquiagem, música, dança, a excitação de aparecer em público, o código de ética dos bastidores, disciplina, trabalho em equipe, um tema interessante e rico para o trabalho criativo, uma Supertarefa convincente, a Ação Transversal, a direção, um belo roteiro bonito que vai ensiná-los a falar com beleza, uma construção com uma boa acústica para que vocês possam se adaptar vocalmente, agrupamentos atraentes, encenação, movimentos, atores vivos e objetos mortos com os quais fazer contato –, todo um conjunto de razões para exercitar seu senso de verdade etc., todas as coisas que estão passando pela minha cabeça agora...

"O teatro proporciona tudo isso para que possamos usá-lo na escola, em nossas aulas diárias sistemáticas. É uma montanha de riquezas! Será que vocês querem desperdiçar essa oportunidade de se tornarem atores reais? Ou preferem a busca usual dos atores por uma 'carreira', pelo 'estrelato', correndo atrás dos melhores papéis, do maior salário, obcecados pelo sucesso aparatoso, pela popularidade, pela glória barata, pela publicidade e pela satisfação de sua própria vaidade corrupta e mesquinha?

"Se é o que vocês preferem, saiam rápido do teatro porque ele pode enobrecê-los, ou degradá-los e envenená-los. Usem o que o teatro oferece para o seu próprio crescimento moral, e não para o seu declínio moral. Os atores crescem à medida que aprendem cada vez mais o que é a arte, e entram em declínio quando a exploram. Obtenham tudo o que puderem de suas próximas aparições em público, desenvolvendo primeiramente o estado criativo geral (de trabalho) correto, e façam isso rápido.

"Apressem-se enquanto ainda há tempo. Vocês não serão capazes de pensar nos estudos quando se tornarem profissionais. Vocês não podem representar papéis principais sem o estado criativo correto. Então, vocês podem acabar em uma situação impossível, que só pode levar à atuação de mera técnica e aos clichês...

"Mas que o céu os ajude se vocês tratarem essa nova fase do programa de estudos, aparecendo em cenas de multidão, passando pelos movimentos, sem a concentração excepcional e contínua que ela requer. Vocês terão o resultado oposto, indesejável e destrutivo. Vão desenvolver um estado criativo de ator, mais rápido do que vocês possam perceber, e isso é perigoso e prejudicial para o trabalho criativo.

"Aparecer em público é uma faca de dois gumes. Pode ser útil e prejudicial na mesma medida. E é mais provável que seja prejudicial pela seguinte razão:

"Aparições públicas têm a sua própria capacidade de prender e fixar aquilo que acontece no palco na mente do artista.

"Eventos no palco ficam na mente por mais tempo. Cada ação, cada momento de vivência realizado em um estado de excitação criativa, ou outra qualquer, fica mais profundamente impresso na sua Memória Emotiva do que quando você está na intimidade do ensaio diário ou em casa. Assim, tanto seus sucessos quanto seus erros são levados para casa pela presença de uma plateia. A atuação de mera técnica é mais fácil do que a arte, os clichês são mais fáceis do que a revivência; assim eles se enraízam em um papel mais facilmente durante uma apresentação.

"É muito mais difícil apreender e incentivar coisas que estão escondidas nas profundezas da alma do que na superfície ou, para dizer de outro modo, é mais fácil fixar o corpo do que a vida do espírito humano de um papel. Porém, quando essa vida do espírito vê o brilho dos refletores e uma grande plateia, ela diz a um ator, pela maneira como a plateia corresponde, quais são os verdadeiros, fortes e humanos momentos biológicos de vivência e o ajuda a acreditar neles. Então a aparição pública é um fixador que prende os momentos vivos bem sucedidos na mente de um ator para sempre."

5.

Não tenho ideia de que tipo de ensaio tivemos hoje. Os atores fizeram um ensaio seco, sem maquiagem ou figurino.

Mas nós, estudantes, tivemos de entrar vestidos e maquiados, como se fosse em um espetáculo.

Tivemos também o cenário completo e adereços.

O clima dos bastidores era sério, provavelmente como é em um espetáculo — uma ordem maravilhosa, quietude. Tudo dentro ou fora do palco funcionava como um relógio. As alterações na cena foram feitas sem barulho ou gritos, através de sinais e palmas.

O clima geral de seriedade prendia e emocionava. Meu coração batia descompassadamente.

Rakhmánov levou-nos para o palco em tempo hábil. Ele me fez andar de um lado para o outro por uma linha que ele desenhou, como um guarda na prisão provincial, e ficar de guarda nos lugares que ele indicou.

Lev e Igor ensaiaram a caminhada dos "prisioneiros" com barris de água para a prisão e voltaram várias vezes. Eles tiveram de fazer isso de maneira simples e discreta para não distrair a atenção sem necessidade.

— Lembre-se de que você é um personagem de fundo. Então, não se coloque à frente, não fique exposto! Especialmente nas grandes cenas. Suas ações devem ser cautelosas. Justifique essa cautela. Certo!

É muito difícil se mover sem chamar a atenção para si mesmo. É preciso deslizar. Isso significa que é preciso se concentrar nas pernas. Mas, assim que comecei a pensar nelas, meu senso de equilíbrio se foi, e eu não conseguia me mover de forma adequada. Parecia que estava tropeçando. Tropeçava como um bêbado, não conseguia andar em linha reta, cambaleava e estava com medo de esbarrar na cerca com os portões e derrubá-los. Isso fez que a minha atuação e os meus movimentos ficassem tensos e pouco naturais. Eu estava tão chateado que fiquei sem fôlego e tive de ficar parado.

Assim que parei de me observar, minha concentração se rompeu. Comecei a olhar para novos objetos. Fui atraído pelas coxias. Observei o que estava acontecendo ali por perto.

Haviam alguns atores maquiados, de pé, me observando.

"O que ele pensa que é?" – é o que provavelmente eles estavam dizendo.

Depois de falar em sussurros e me fazer em pedaços, um deles riu e eu fiquei muito vermelho porque pensei que o seu riso e seu escárnio tinham sido dirigidos a mim.

Rakhmánov chegou e fez sinais para que eu andasse de um lado para o outro da linha.

Mas eu não conseguia me mover. Minhas pernas pareciam paralisadas. Tive de fingir que não o tinha visto.

Enquanto isso, Lev e Igor, com seus barris, fizeram sua entrada da prisão. Eu deveria ajudá-los a passar pelo portão, mas esqueci. Eu também os escondi da plateia e arruinei a cena. Eles tiveram de caminhar por um portão semiaberto, e com isso Lev quase derrubou o cenário em cima dele.

Que desgraça!

Foi somente no final do ato que compreendi que tinha falhado porque estava bloqueado pela tensão muscular.

.. .. 19..

Participei da primeira apresentação da reencenação de *O coração ardente* e tentei me livrar da tensão.

Consegui fazer isso de forma rápida e eficaz no meu camarim antes da nossa cena, mas logo que entrei no clima nervoso das coxias, com todo o barulho e perturbação, minha mente e meu corpo ficaram tensos, porque eu estava ciente das minhas responsabilidades. E isso aconteceu apesar do meu autocontrole, que estava melhor do que antes.

Depois de uma luta feroz contra a tensão, consegui focar a atenção no meu corpo e procurar por cãibras prejudiciais. Mas se concentrar não é o suficiente, é preciso manter essa concentração sobre determinados objetos. Isso é fácil de fazer no clima calmo da escola, mas, no meio da excitação e das distrações do teatro, essa primeira e essencial fase do importante processo de liberação muscular se transforma em um longo duelo entre você e as condições não naturais nas quais você trabalha. Ela dura o tempo todo que você está no palco. É possível superar as tensões, descobri-las e liberá-las por um breve período. Mas quando se passa para a terceira fase, de consolidação, justificando seu estado criativo, vai-se contra toda a teimosia da imaginação. Como todos nós sabemos, é preciso criar o conjunto de circunstâncias, as ideias que justificam seu estado físico. Mas é difícil chegar a um acordo com a imaginação no clima nervoso de um espetáculo. É algo tenso, difícil e trabalhoso. Se você consegue se manter firme e ser fiel a si mesmo, está tudo muito bem. Mas isso nem sempre acontece, e se você não controla a sua imaginação, ela enfraquece e confunde a sua concentração e todos os outros elementos do estado criativo.

Assim, a apresentação de hoje foi inteiramente absorvida pela terceira fase do processo de liberação muscular, ou seja, a *justificação* interna do estado físico geral.

Enquanto trabalhava, lembrei de quando estava deitado no sofá, no ano passado, com meu bichano, e adotei uma posição difícil, estirado. Quando eu sentia e definia os pontos de tensão muscular, conseguia libertá-los, mas não completamente. Precisava de uma "justificação" para completar e consolidar o processo, e "justificação" requer Circunstâncias Dadas, Tarefas e ações. Eu não teorizava, mas pensava: "Tem uma enorme barata no chão. Esmague-a, rápido!".

Assim dizendo, esmaguei o inseto imaginário e justifiquei uma pose difícil por meio da minha ação, livrando automaticamente meu corpo do excesso de tensão. Se não tivesse feito isso, não poderia ter atingido a minha vítima imaginária. A natureza e o subconsciente fizeram aquilo que a técnica e a mente consciente não puderam.

Hoje decidi repetir esse procedimento diante de uma casa cheia, começando a procurar por uma ação apropriada. Tinha de ser dinâmica. Onde eu poderia encontrar isso no estado inativo de um soldado de sentinela?

Comecei a pensar. Pense logo, eu lhe peço, com todas as distrações lá no palco. Para mim, foi uma espécie de heroísmo.

1. Eu decidi que poderia andar em linha reta e, por puro tédio, mover meus pés na hora da música ou no ritmo da poesia que eu estava recitando na minha cabeça.
2. Eu poderia percorrer a linha e olhar de soslaio para a entrada da casa do Prefeito, onde todos os peticionários estavam de pé em fila.
3. Eu poderia ficar totalmente retraído ou marchar ostensivamente, de modo que todo mundo pudesse ver quão bem eu estava cumprindo o meu dever e, também, como eu estava pronto para "prender e enforcar" qualquer um que caísse em minhas mãos, em qualquer momento.
4. Eu poderia fumar furtivamente um cachimbo em um canto da prisão.
5. Eu poderia me interessar por um besouro rastejando pelos degraus da prisão. Poderia brincar com ele, colocá-lo sob um galho ou sob uma folha de capim e fazê-lo sair rastejando, levantá-lo e esperar que ele abrisse suas asas e voasse para longe.
6. Mas o mais provável é que simplesmente me encostasse na cerca, sem me mexer; me aquecendo ao sol, como um soldado pensando em sua aldeia, sua casa, sua família, em lavrar e colher.

Realizar todas essas ações diretamente, com sinceridade, trouxe a natureza e o subconsciente para dentro da peça de forma bastante normal. Eles iriam justificar aquilo que eu fiz e liberar o excesso de tensão que estava impedindo uma ação específica genuína e produtiva.

Eu tive de me conter e lembrar, sendo hiperativo, o que Rakhmánov havia dito sobre não desviar a atenção para mim mesmo em detrimento dos atores principais.

É por isso que eu tinha de escolher uma tarefa passiva: ficar de pé, aquecendo-me ao sol, pensando nos meus próprios assuntos. Tanto mais que eu tinha de considerar o que ia fazer a seguir. Então me encostei na cerca, aquecendo-me nos raios do sol elétrico e pensando.

Mas eu não tinha nada pronto na minha cabeça para o papel.

Como foi possível fazer semelhante asneira?

Como Rakhmánov pôde me mandar para o palco sem nada dentro? Imperdoável!

Se Tortsov estivesse em Moscou, não iria tolerar esse trabalho amador.

Não perdi tempo. Ali mesmo, no palco, criei o passado, o presente e o futuro do soldado.

— De onde é que ele tinha vindo para ocupar seu posto? — perguntei. Do quartel. Onde está o quartel? Descendo a rua?

Respondi à pergunta imediatamente, usando meu conhecimento das ruas nos arredores de Moscou.

Uma vez que havia imaginado o caminho para o quartel, comecei a pensar sobre a vida nos bairros dos soldados. Então, imaginei a aldeia do pequeno soldado, sua cabana, sua família. Os raios quentes das luzes do palco me aqueciam e me ofuscavam agradavelmente, como o sol. Eu mesmo tive de cobrir meus olhos com a borda da minha boina.

Senti-me bem, em paz, confortável, me esqueci do mundo exterior e da apresentação em público com todas as suas convenções. Pude deixar minha mente vagar diante de milhares de pessoas. Até então, isso teria sido impensável!

.. .. 19..

Gastei todo o meu tempo livre pensando no meu soldado e juntando as Circunstâncias Dadas de sua vida.

Pácha e eu ajudamos um ao outro, porque ele tinha um papel sem fala, como um peticionário do Prefeito, na mesma cena.

Entrei diretamente na vida de um oficial de polícia provinciano e cumpri mentalmente todos os seus deveres: fui com o Prefeito às galerias e ao mercado, carreguei as mercadorias que ele tinha confiscado dos comerciantes, coletei todas as propinas que podia e surrupiei o que estivesse disponível.

Agora eu tinha outros anseios mais dinâmicos, que defini como "agarre-o e o mantenha seguro".

Mas eu tinha medo de alterar minhas ações anteriores sem permissão. Qualquer coisa nova tinha de ser feita com cuidado, discretamente, de modo a não desviar a atenção dos outros atores.

Mas essa não era a única razão para a minha incerteza. Meu problema era que meu soldado havia se dividido em duas personagens opostas: de um lado, um camponês gentil, um homem de família, e, do outro, um policial cujo objetivo na vida era "agarrar e manter seguro".

Qual eu deveria escolher?

E se eu apresentasse os dois? O camponês gentil no quartel e o policial na prefeitura? Dessa forma eu resolveria dois problemas de uma única vez. Criei dois papéis e representei em dois níveis. No segundo nível, mais fácil, eu me acostumo com o estado criativo. No primeiro nível, mais difícil, eu trabalho para eliminar os obstáculos na apresentação pública.

Enquanto eu pensava, encostado na cerca, a banda de bêbados de Khlinov irrompeu no palco. Suas poses e piruetas cômicas, suas bravatas de bêbados com relação ao Prefeito começaram.

Os atores me fascinaram com a sua interpretação. Fiquei ali, boquiaberto. Eu olhava, contemplava, ria com gosto, esquecendo que estava no palco. Eu me sentia maravilhoso e esqueci tudo sobre meus pequenos músculos. Eles tiveram de cuidar de si mesmos.

Então, quando a cena barulhenta tinha acabado e as declarações líricas dos amantes começaram, fiquei por um longo tempo de costas para a plateia e realmente admirei a paisagem aberta no pano de fundo. E lembrei-me da expressão favorita de Tortsov: "Quando nos concentramos no nosso lado da ribalta nos esquecemos do outro". Ou, em outra versão: "Quando estamos fascinados pelo que está no palco, não nos fascinamos com o que está fora dele".

Eu estava feliz. Sentia-me vitorioso. Regozijei-me por poder esquecer de mim mesmo diante de uma casa cheia, em condições não naturais de apresentação. Até mesmo Tortsov diz que não devemos nos perder no papel. Isso significa que não há nada de errado em se comportar como você mesmo.

A única coisa embaraçosa era que estava representando a mim mesmo, e não a personagem. Mas Tortsov também diz que não devemos perder o nosso próprio eu em um papel.

Assim, tudo se resume a objetos e tarefas interessantes do nosso lado da ribalta.

Como eu poderia ter esquecido uma verdade importante que sei tão bem por causa da escola?

Parece que o teatro nos obriga, no palco, em uma exibição pública, a reaprender, a reentender e a revivenciar coisas que nós sabemos na vida.

Estou pronto para reaprender o que sei. Meus professores serão o trabalho prático, o palco e as condições nas quais eu trabalho, o monstro de muitas cabeças – a plateia – e as mandíbulas escancaradas do buraco negro.

Lá está ele, amplamente escancarado, para além do proscênio.

Sim, lá está ele! Por que eu não o percebi antes? Reconheço o medo, a terrível sensação de desaparecer em sua garganta sem fundo, e sua capacidade de escravizar e fascinar um ator. Não importa o que eu faça, não importa o quanto eu me afaste, posso sentir sua presença. "Eu estou aqui!" – ele me grita o tempo todo, com insolência. "Não me esqueça da mesma forma como eu não vou me esquecer de você."

A partir desse momento, eu não conseguia me concentrar no mundo dos bastidores, no pano de fundo e em tudo o que estava acontecendo no palco. Apenas o proscênio permaneceu, o monstro com sua garganta sem fundo escancarada. Lembrei-me do pânico que senti na nossa primeira apresentação. Eu estava atordoado, olhava para o abismo escuro e distante, e meus músculos ficaram tão pressionados que eu não conseguia me mexer.

Se o monstro, o arco do proscênio, me oprime quando estou no plano de fundo, o que aconteceria se eu estivesse no primeiro plano, nas próprias mandíbulas do buraco negro?

No final do ato, quando eu estava passando pelo nicho do ponto, um desconhecido, o diretor de palco do espetáculo daquele dia, caiu sobre mim.

"– Vou colocar no diário" – disse ele – "que no futuro devemos reservar um lugar para você na primeira fila para todas as apresentações de O *coração ardente*. Na primeira fila, você pode admirar os atores melhor do que do seu posto de sentinela, dentro do palco. Você vai ficar melhor de frente para ele."

"– Bravo, bravo" – disse-me um rapaz simpático. – "Seu soldado é um toque artístico no quadro geral. Quanta simplicidade e franqueza."

"– Foi bom que você estivesse relaxado e se sentindo em casa. Muito bom" – disse-me Rakhmánov. – "Mas onde estava o 'se mágico'? Sem isso, não existe arte. Então, encontre-o, crie-o e observe tudo o que está acontecendo no palco, não com os olhos de Kóstia, mas com os olhos da personagem na peça."

? ....

.. .. 19..

Medonho!

Hoje tive de substituir na última hora um figurante que adoeceu e ficar de guarda na casa do Prefeito, bem na beira do palco, nas mandíbulas do arco do proscênio.

Meu coração parou de bater quando ouvi a decisão do diretor. Não tive como recusar. Meu protetor, Rakhmánov, não estava no teatro.

Tive de obedecer.

Colocado bem na beira do palco, nas mandíbulas do monstro, perto do buraco negro, eu mais uma vez me senti inundado.

Não via nada do que estava acontecendo nos bastidores e não entendia nada do que estava acontecendo no palco. Tudo o que consegui fazer foi ficar de pé, encostado discretamente no cenário e tentando não desmaiar. Foi medonho!

Às vezes eu me sentia como se estivesse no colo de alguém na primeira fila. Minha audição tornou-se tão aguda que eu podia ouvir qualquer sentença casual dita no fosso da orquestra. Minha visão tornou-se tão aguçada que eu conseguia ver tudo o que estava acontecendo na casa. Eu era puxado para o outro lado da ribalta e tinha de fazer um enorme esforço para não me virar e olhar para a plateia. Se eu tivesse feito isso, teria perdido o último vestígio de autocontrole e ficaria parado junto às luzes da ribalta, olhando terrificado, totalmente rígido, desamparado e à beira das lágrimas. Não me virei para frente nenhuma vez; mantive-me de perfil. No entanto, eu ainda podia ver o que estava acontecendo lá fora – cada movimento de rosto, cada brilho dos binóculos. Sentia que estavam todos focados em mim. Eu tinha de prestar ainda mais atenção em mim mesmo. Mais uma vez, estava tão consciente do meu corpo que ele ficou rígido como uma tábua. Sentia-me patético, impotente, ridículo, nada artístico, uma mancha em um quadro que, se não fosse por isso, seria bonito.

Estava tão envergonhado! O ato parecia durar uma eternidade. Estava muito cansado. Resolvi me ocultar discretamente, apagar-me, então usei um estratagema e me escondi atrás de uma das coxias, atrás do palco. O buraco negro parecia menos aterrorizante de lá.

No final do ato, o diretor de palco me parou novamente no nicho do ponto e disse:

– É difícil ver os atores das coxias. Você realmente precisa ir para frente!

Recebi olhares de pena no palco. Talvez estivesse apenas imaginando isso, mas o fato é que ninguém se incomodava com um patético figurante como eu, que foi como eu me senti durante a noite inteira e agora, enquanto estou fazendo este registro.

Que pseudoator, insignificante e sem talento eu sou.

.. .. 19..

Hoje eu fui para o teatro como se estivesse indo para a forca. A ideia da absoluta tortura que seria ficar parado nas mandíbulas do monstro, junto ao arco do proscênio, me causava horror.

"Qual é a minha melhor defesa?" – perguntei a mim mesmo e, de repente, me lembrei da salvação, o "círculo de atenção".

Como pude tê-lo esquecido e não usá-lo antes de tudo quando estava fazendo a minha estreia?

Senti como se um peso tivesse sido tirado do meu coração e como se tivesse recebido uma armadura impenetrável antes de uma batalha sangrenta. Enquanto estava me maquiando e me vestindo, repassei todos os exercícios que tínhamos feito na escola sobre os círculos de atenção.

"Se eu obtinha um prazer indescritível com a solidão pública diante de uma dúzia de estudantes, que prazer eu não sentiria diante de um teatro cheio de gente?" – disse para mim mesmo.

"Eu me fecho no círculo e tento encontrar um ponto para me concentrar. Então abro uma pequena janela no meu círculo impenetrável, dou uma rápida olhada naquilo que está acontecendo no palco e talvez arrisque uma espiada na plateia e volte rapidamente para casa, para dentro do círculo e para a minha solidão" – pensei, tentadoramente.

Tudo aconteceu de forma bastante diferente. Uma surpresa estava reservada para mim – boa por um lado e ruim por outro. O diretor de palco mandou que eu voltasse para a minha posição original no fundo do palco, perto da cerca.

Eu estava muito assustado para perguntar por que e obedeci sem questionar. Fiquei contente porque estaria mais à vontade e mais tranquilo lá no fundo, mas, ao mesmo tempo, lamentei isso porque senti que o círculo de proteção iria me ajudar a dominar meu medo do buraco negro.

Eu estava feliz no fundo do palco, no círculo, me sentia em casa. Fechei-me nele. Às vezes eu gostava da sensação de solidão na presença de uma plateia, às vezes observava o que estava acontecendo fora dele. Admirava a atuação e a paisagem distante, e olhava audaciosamente para o buraco negro. Hoje, tive a impressão de que poderia mesmo ter ficado na frente do palco, nas mandíbulas do monstro, graças ao meu círculo de proteção.

Mas tinha de me controlar e lembrar da observação que Rakhmánov tinha feito ao se despedir: que eu não deveria viver a minha própria vida no palco, mas que as minhas vivências deveriam ser filtradas pelo "se mágico" e pelo conjunto das circunstâncias do papel. Sem isso para me ocupar, eu teria desmoronado hoje.

Como posso saber onde a minha própria vida e a minha outra vida começam, uma vez que me adaptei às circunstâncias da personagem?

Por exemplo, eu estou aqui, olhando ao longe. Será que faço isso como eu mesmo, como parte da minha própria vida, ou como a personagem, como parte do soldado?

Primeiro tive de decidir se um camponês apreciaria a vista da mesma forma que nós.

"O que há para se apreciar?" – respondeu ele. – "Uma vista é uma vista."

Um camponês aprecia isso, ama isso, assim como ele faz com toda a natureza, em todos os seus aspectos e formas, sem sentimentalismo. Assim, a ação que eu tinha escolhido era errada para o soldado. Seria mais provável que ele olhasse a vista maravilhosa com distanciamento, como algo muito familiar.

E como será que o meu soldado veria a malta embriagada de Khlínov, como ele se relacionaria com ela e com seu comportamento turbulento?

"A nobreza está se divertindo. Vergonhoso. Eles estão ébrios. Meu Deus, estão mesmo!" – diz ele, de maneira desaprovadora, apenas sorrindo nos momentos mais cômicos. Ele já tinha visto tudo aquilo antes.

Isso significa que a minha ação não estava correta para o soldado ou o camponês.

Lembrei-me do conselho que Tortsov nos dera: "Quando vocês representarem um camponês, lembrem-se de quão simples, naturais e diretos eles são. Eles andam ou ficam parados porque precisam. E quando sua perna coça, eles a coçam, e quando eles querem assoar seu nariz ou tossir, simplesmente o fazem para, em seguida, deixar suas mãos caírem e esperar, bastante imóveis, pela próxima ação essencial".

Então, meu pequeno camponês soldado só deve fazer aquilo que ele tem de fazer. Isso significa que o papel precisa de grande controle e contenção. A inação é típica do meu camponês soldado. Se ele tem de ficar de pé, ele fica, se o sol brilha, ele puxa sua boina para baixo. E isso é tudo, nada mais.

Mas será que essa imobilidade, será que essa total ausência de ação é teatral? O teatro requer dinamismo.

Se for assim, tenho de encontrar ação na inação, de pé no meu posto, quando estiver representando esse soldado, e isso é difícil.

É ainda mais difícil não me perder na personagem, mas me encontrar nela e encontrá-la em mim.

Nesse caso, tudo o que eu posso fazer é ser eu mesmo nas Circunstâncias Dadas.

Tento criar essas circunstâncias e me colocar nelas.

Percebo que quietude e imobilidade são exemplos delas e as aplico. Na medida do possível, vou ficar parado.

Mas esse não sou eu, Kóstia. Não consigo simplesmente não pensar em nada. Não há nada a dizer; meu pequeno soldado não consegue divagar enquanto fica parado. Ele é humano como eu. A questão é: devo ter os mesmos pensamentos e sonhos que ele?

Não. Isso seria como uma camisa de força, criaria uma mentira e destruiria a verdade. Vou sonhar meus próprios sonhos. Vou me limitar ao caráter geral de seus pensamentos. Eles devem ser calmos, tranquilos e muito pessoais.

.. .. 19..

Hoje eu não fui eu mesmo, pois me faltava o foco adequado. Ainda assim, consegui me concentrar e não ser vítima do buraco negro. É verdade que eu não estava concentrado no que era necessário para o papel, e sim no que era necessário para mim. Eu estava vivenciando em mim mesmo o tempo todo. Trabalhei para estabelecer o estado criativo correto. Não estava atuando em um espetáculo, estava fazendo exercícios em público.

Fiquei feliz porque, apesar de estar indisposto, não sucumbi ao bicho-papão, o buraco negro.

Era um êxito inegável e um pequeno passo à frente.

.. .. 19..

"Será que eu deveria desistir do teatro? Estou desanimado. Não posso ter nenhum talento" – pensei, depois do mau desempenho de hoje. Um ano inteiro de estudo, toda uma série de apresentações como um insignificante figurante e o resultado é praticamente nulo!

Até agora, só apliquei uma fração daquilo que aprendi na escola. Esqueço o resto assim que entro no palco.

O que usei em *O coração ardente?* – liberação muscular, objetos de atenção, tarefas e ações físicas e, só recentemente, círculos de atenção e solidão pública... e depois o quê?

E ainda há a questão de saber se eu realmente domino o pouco que experimentei no palco. Será que usei minha psicotécnica para chegar ao momento criativo crucial, quando a nossa natureza biológica e o subconsciente são colocados dentro da peça? Se não for o caso, todo o meu trabalho e, de fato, o "sistema", não tem pé nem cabeça.

Mesmo que eu tenha usado, o que eu consegui até agora é apenas a mais insignificante e elementar parte do que fizemos na escola; e ainda tenho de dominar isso na prática, em condições difíceis de execução.

Quando penso nisso, perco toda a energia e fé em mim mesmo.

Memória Emotiva, comunicação, Adaptação, a ação dos impulsos psicológicos, a linha interna de um papel, a Ação Transversal, a Supertarefa e o estado criativo interno trazendo a nossa natureza biológica e o subconsciente para dentro da peça.

Tudo isso é muito mais difícil e complexo do que qualquer coisa que eu tenha feito até agora. E o pior de tudo é que estou dando os meus primeiros passos sozinho, sem ajuda nenhuma. Recentemente, quando me queixei sobre isso com Rakhmánov, ele disse: "Meu trabalho era jogá-lo na água. Agora nade e saia dela da melhor maneira que puder".

Não, isso está errado! Trata-se de um uso indevido da força. Tortsov não aprovaria.

Existe outra maneira melhor, que é transformar a apresentação em uma aula pública para nós, estudantes. Isso não vai prejudicar o conjunto. Pelo contrário, será uma ajuda, porque os estudantes vão trabalhar melhor, mais perto do espírito da peça, sob a supervisão de um professor.

Por que nossos professores são tão despreocupados com as nossas aparições públicas? Por que não usam as abundantes oportunidades de criar uma escola inteira diante de um teatro cheio de pessoas, em um espetáculo?

Nós temos todos os tipos de maneiras de fazer isso. Basta pensar no monte de riquezas que nós temos: uma turma com maquiagem e figurino, com um cenário completo e adereços, em uma apresentação bem organizada, com uma ordem modelar nos bastidores, que pode ser guiada pelos melhores diretores e supervisionada pelos melhores professores. Eu sei, eu sinto que somente em semelhantes "aulas" públicas podemos desenvolver o estado criativo interno correto. Isso não pode ser feito na intimidade da escola, com uma dúzia de camaradas estudantes presentes, nos quais não pensamos de maneira alguma como um público.

Também sustento que não se pode desenvolver o estado criativo interno correto longe das mandíbulas escancaradas do monstro, o buraco negro. Não podemos chamar aquilo que alcançamos em nossos apartamentos ou na sala de aula de estado criativo, mas de um estado *caseiro*, um estado *escolar*.

Agora ficou óbvio para mim que, para alcançar o estado criativo, é preciso uma *apresentação*, o buraco negro e todas as provações de aparecer em público. Precisamos de uma psicotécnica especial para nos ajudar a superar os inúmeros obstáculos inerentes às apresentações públicas. Precisamos enfrentar essas dificuldades todos os dias, duas vezes por dia, em cada cena, cada ato, cada noite. Em poucas palavras, precisamos de uma longa aula pública todos os dias. Quando todas as dificuldades de aparecer em público tiverem se tornado familiares, habituais, normais, quando elas fizerem parte da minha vida, quando eu não puder entrar em cena sem levar o estado criativo correto, quando "as dificuldades forem um hábito, e o hábito é fácil, e o que é fácil é belo", então eu poderei dizer que criei o estado criativo correto e usei isso em meu favor.

Tudo o que quero saber é: de quantas aulas públicas preciso para isso, para alcançar o "estou sendo" e trazer a minha própria natureza biológica e o subconsciente para dentro da peça?

.. .. 19..

Hoje tive um encontro com Rakhmánov. Eu e Pácha fomos à sua casa, onde tivemos uma longa conversa. Expliquei todas as minhas ideias e planos.

— Isso é muito louvável — disse Rakhmánov, muito comovido — porém...

Ele franziu as sobrancelhas, fez uma careta e, depois de uma pausa, disse:

— Infelizmente, existe sempre um lado negativo para todas as coisas. Sim, negativo. Existem *muitos momentos de perigo* em espetáculos públicos.

"Não há dúvida de que, para vocês, seria muito útil se encontrar com a plateia e aplicar na prática o que aprenderam na escola. Se um estudante talentoso e conscencioso trabalhou um ano inteiro, dia após dia, então, de acordo com a lei biológica, o estado criativo correto se torna uma segunda natureza. Isso é maravilhoso. Eu grito 'bravo' e aplaudo. Quanto mais vezes você aparece no palco no estado criativo correto, mais forte ele se torna."

Depois de uma pausa e de um olhar misterioso para nós dois, Rakhmánov inclinou-se para frente e, como se fosse um segredo, perguntou:

— Mas e se esse não for o caso? E se, noite após noite, você criar o estado errado o tempo todo? Isso seria algo!... Um estudante talentoso se transforma em um nada atraente e posudo. Então, quanto mais você aparece em público, mais perigoso e destrutivo isso será. Porque não é uma escola, mas um espetáculo público. E será que vocês sabem o que é um espetáculo público? É algo!

"Quando você atua para a sua família ou na escola, para os outros estudantes, e se sai bem, é ótimo. Se você for um fiasco, é ruim. Sucesso é ótimo. Fracasso é ruim. Sim! Leva cinco, seis dias, um mês para se recuperar. Isso quando você está atuando em casa ou na escola, para sua mãe, seu pai e seus camaradas estudantes!

"Mas você tem alguma ideia do que seria ter sucesso ou fracassar diante de uma casa cheia em um espetáculo de verdade... Você vai se lembrar disso até o dia da sua morte!... Perguntem-me sobre isso... Vão em frente... Eu sei. O segredo, a única coisa a ser observada em tudo isso, é que cada boa interpretação, com vivência real, ou cada interpretação ruim, com uma postura clichê, fica fixada na mente. As luzes e a casa fixam memórias emotivas, as Circunstâncias Dadas, Tarefas e Adaptações certas e erradas.

"O ruim deixa uma impressão mais funda do que o bom. É fácil ser ruim, de modo que o mal é mais forte, mais resistente. O bom é mais difícil, inatingível, leva mais tempo e dá mais problemas para se fixar.

"É assim que posso resumir.

"Hoje, você atuou bem e de forma verdadeira porque todos os elementos estavam funcionando adequadamente, e você foi capaz de aplicá-los no palco como se fosse na vida real. Confira a si mesmo um ponto positivo. Apenas um, lembre-se!

"Amanhã você não vai estar no controle dos elementos. Eles vão fazer exatamente o que quiserem, sua técnica vai ser fraca; então confira a si mesmo dez pontos negativos imediatamente. Dez!"

— Tudo isso?

— Sim, tudo isso! Porque os maus hábitos são mais fortes. Eles corroem você como a ferrugem. Pode apostar! Eles não se opõem às nossas condições de trabalho, não, mas se aderem a elas. Eles nos ensinam a nos render aos clichês. Isso é mais fácil do que lutar contra eles, erradicá-las, nadar contra a corrente, como fazemos em nosso teatro. É tão fácil se entregar aos clichês, deixar-se levar. É por isso que você tem de fazer dez boas apresentações depois de uma ruim. Pelo menos dez! Pode apostar! Só então você pode fazer a sua natureza criativa voltar a ser o que era antes dessa apavorante atuação canastrona.

Após uma breve pausa, ele continuou:

— Tem outro "porém" com relação aos estudantes aparecerem diariamente.

— Qual é?

— Uma coisa ruim. Muito ruim. O mundo dos bastidores é uma má influência para os estudantes. Sucesso, aplausos, vaidade, presunção, boêmia, canastrice, falta de modéstia, vanglória, fofocas, instigação de escândalos e conspirações são tentações perigosas, muito perigosas, para jovens e novatos inexperientes. Temos de imunizar vocês de todas as maneiras possíveis antes de expô-los à nossa infecção. Precisamos vaciná-los.

— E como se faz isso?

— Com princípios artísticos criativos, um amor verdadeiro pela arte em você mesmo — e não por você mesmo na arte —, consciência pessoal, crenças fortes, bons hábitos e compreensão do que implica o trabalho em equipe e um senso de lealdade, esses são todos poderosos antídotos. Precisamos deles, rapazes, caso contrário seremos infectamos.

— Mas onde vamos encontrá-los?

— Na escola. Aprenda-os enquanto treina. Isso é importante... Ou aqui, no teatro, no ofício, na prática... Ensinando os jovens a se defender contra o perigo.

— Faça isso, então. Estamos prontos!

— Você precisa de uma organização, de pessoas, professores no palco, nos camarins e na sala de descanso.

— Mas nós podemos tentar sem tudo isso. Sabemos o que estamos fazendo, é por isso que viemos até você. Não somos crianças, somos adultos e tomamos as nossas próprias decisões. Diga-nos o que fazer e prometemos fazê-lo sem questionar. Ficaremos no palco, no nosso camarim, e em nenhum outro lugar. Confie em nós.

— É isso mesmo, no palco, no camarim e em nenhum outro lugar. Eu gosto disso, eu aplaudo. Por quê? Vou lhes dizer...

"O momento mais perigoso nos bastidores é a longa espera antes de entrar em cena, os períodos de ociosidade entre as entradas. Você não pode deixar o teatro ou fazer qualquer outra coisa. Muitas vezes, os atores aparecem somente no primeiro e no último ato, com um par de falas em cada um. São horas de espera para alguns momentos no palco. O ator só fica sentado e espera. As horas fora do palco acumulam-se. Até chegar a hora, o tempo não fica vazio. Ele é gasto com conversas vazias, fofocas, escândalos, histórias. E, assim, dia após dia. Isso é terrível. É a ruína da vida dos bastidores.

"O mais estranho é que esses ociosos sem vontade estão sempre reclamando que não têm tempo para nada, que estão terrivelmente atarefados e que não podem trabalhar as suas capacidades. Eles deveriam aproveitar o tempo que passam esperando nas coxias."

— Talvez trabalhar as suas habilidades possa distraí-los da interpretação. — comentei.

— E fofocas e histórias não são uma distração? Não são? — disse Rakhmánov, inclinando-se em minha direção. — Que momento seria melhor para trabalhar a técnica do que entre os atos e as entradas em cena? Os cantores vocalizam, os músicos afinam seus instrumentos e os atores devem fazer exercícios. Nosso instrumento criativo é mais complexo do que um violino. Temos mãos, pés, um corpo, um rosto, anseios, sentimentos, imaginação, contato, adaptação — uma orquestra inteira! Temos mais do que o suficiente para afinar.

"Os atores não têm tempo para treinar pela manhã, então eles devem corrigir os elementos de seu estado criativo — concentração, imaginação, um senso de verdade, contato etc. — em seus camarins, individualmente ou em grupos. Eles devem trabalhar a fala. Devem realizar ações sem objetos, lógica e sequencialmente, com sinceridade. Eles devem prosseguir essas atividades até o ponto em que a natureza e o subconsciente entrem na peça.

"Em suma, eles devem repassar todo o primeiro ano de estudo. Devem continuar a crescer e se desenvolver a cada dia de sua carreira.

"E tem mais uma coisa. Vocês estão se apresentando em seu próprio tempo livre, depois do trabalho na escola. Quando vão poder estudar? Eu pergunto a vocês, quando?"

— Entre as entradas em cena — dissemos eu e Pácha, em uníssono.

— Muito cansativo. Sim, de fato! Isso se refletiria em seu trabalho na escola — disse Rakhmánov, em tom de dúvida.

— Não. Somos jovens.

— Vocês sabem que não vão ser pagos por isso.

— Nós é que deveríamos estar pagando por esse luxo, uma aula pública, nada menos do que isso!

— Parabéns, meninos — disse Rakhmánov, mais uma vez comovido com o nosso entusiasmo. — Mas o que dirão os outros estudantes? — Ele estava subitamente pensativo.

— Eles têm liberdade de sacrificar seu tempo assim como nós, se quiserem — respondemos.

— Nem todos eles — contrapôs Rakhmánov. — Eles não estão comprometidos o suficiente. E se vocês dois não se comportarem de maneira inteligente, é isso! Isso seria uma grande decepção.

"Tortsov vai querer me estrangular por causa de vocês" — suspirou ele. — "Ele vai me perguntar por que eu estou usando estudantes como figurantes. Vai dizer que primeiro vocês têm de trabalhar todo o programa de maneira inteligente e, então, pô-lo em prática. Vocês não podem combinar trabalho e estudo. O aprendizado vem em primeiro lugar. Figurantes não têm tempo de completar todo o programa. Eles só conseguem se educar pela metade, atores artífices. E precisamos de atores totalmente educados, treinados. O trabalho prático deve ser feito no tempo certo, e vocês vão ter um amplo tempo para isso mais tarde, o resto de suas vidas, mas nosso tempo é limitado a um curso completo de quatro anos. Isso é complexo. Isso é o que Tortsov vai dizer. Ele vai cair em cima de mim" — suspirou novamente Rakhmánov.

Após a discussão de hoje, ficou combinado que:

1. Rakhmánov vai obter a permissão do diretor de palco para que Pácha e eu nos revezemos nos papéis do soldado e do mendigo em *O coração ardente*.
2. Ele vai supervisionar nosso trabalho e nos levar ao palco.
3. Ele vai obter permissão para que apareçamos em outros atos da peça.
4. Pácha e eu prometemos fazer nossos exercícios escolares sobre o "sistema" entre os atos e as entradas.
5. Nós prometemos não ir a lugar nenhum fora do camarim e do palco.

Assim, terminou nossa discussão.

29

O "Sistema"

Costuma-se chamar aquilo que nós estamos estudando de "o sistema Stanislávski". Isso é um erro. A força desse método reside precisamente no fato de que ele não foi concebido nem inventado por ninguém.

Nascemos com essa capacidade criativa, com esse "sistema" dentro de nós. A criatividade é uma necessidade natural, e vocês poderiam pensar que nós seríamos incapazes de criar corretamente a não ser de acordo com o "sistema". Mas, espantosamente, perdemos aquilo que a natureza nos deu no momento em que pisamos no palco e, em vez de criar, nós posamos, falsificamos, dissimulamos e representamos.

A sensação de estar sendo forçado, sujeitado por alguma coisa estranha só pode desaparecer quando os atores transformam o que é do outro em algo deles mesmos. O "sistema" ajuda nesse processo. Seus "ses" mágicos e as Circunstâncias Dadas, a inventividade e as iscas fazem o que é dos outros se tornar seu. O "sistema" pode fazer ninguém acreditar em coisas que não existem. E onde existe verdade e crença, há ação genuína, produtiva e específica, a vivência, o subconsciente, criatividade e arte. Coisas que são lançadas ao ator, ou sugeridas a ele, devem não somente ser absorvidas, mas tornadas suas. Foi aí, então, que Stanislávski sugeriu que era possível falar da atuação como uma arte valiosa; só assim, para ele, a existência do teatro foi justificada*.

"A sensação de estar sendo forçado, sujeitado por alguma coisa estranha só pode desaparecer quando os atores fazem alguma coisa alheia se tornar sua. O 'sistema' ajuda nesse processo. Seus 'ses' mágicos, Circunstâncias Da-

---

* Visando a uma melhor compreensão e clareza do texto, o parágrafo foi finalizado aqui, embora, no original em inglês, ele não se separe do parágrafo seguinte, que repete quase literalmente parte do que foi dito acima [N. E.]

das, inventividade e chamarizes fazem o que é dos outros se tornar seu. O 'sistema' pode fazer acreditar em coisas que não existem. E onde existe verdade e crença, há ação genuína, adequada e produtiva, a vivência, o subconsciente, criatividade e arte."

O "sistema" é um guia. Abram-no e leiam. O "sistema" é um livro de referência, e não uma filosofia.

O "sistema" termina quando começa a filosofia.

Trabalhem o "sistema" em casa. No palco, ponham-no de lado.

Você não pode atuar o "sistema".

Não existe "sistema". Existe a natureza.

Minha preocupação ao longo da minha vida tem sido buscar maneiras de chegar mais perto daquilo que chamamos de "sistema", isto é, da natureza do ato criativo.

As leis da natureza são as leis da natureza. O nascimento de uma criança, o crescimento de uma árvore são manifestações de uma única ordem. Foi essencial estabelecer um "sistema", isto é, as leis da natureza, porque, durante uma apresentação, as condições da natureza são violadas e suas leis são quebradas. O "sistema" as restabelece, traz a natureza humana de volta ao normal. Constrangimento, medo do palco e falsas tradições destroem a natureza.

De um lado, a técnica de fazer o subconsciente começar a trabalhar. De outro, a habilidade de não ficar em seu caminho quando ele começar.

O "sistema" não é um livro de receitas. Quando você quer preparar um prato específico, simplesmente olha no índice, procura a página adequada e está pronto. Mas aqui não está pronto. O "sistema" não é um livro de referência para todos os fins, mas toda uma *cultura* que deve ser cultivada e alimentada ao longo de muitos e muitos anos. Um ator não vai conseguir aprendê-lo como se fosse um papagaio, mas pode fazer dele uma parte de sua própria carne e sangue, fazer dele uma segunda natureza, tornar-se um com ele para sempre, de modo que ele o transforme para o palco. O "sistema" tem de ser estudado em suas partes separadas e, então, apreendido como um todo, de modo a se compreender a sua estrutura geral e os seus fundamentos. Somente quando ele se abre diante de você é que você pode chegar ao entendimento inicial dele. Isso não acontece em um dia...

Apêndices
MATERIAL ADICIONAL

MATERIAL ADICIONAL PARA O CAPÍTULO "AÇÃO, 'SE', 'CIRCUNSTÂNCIAS DADAS'"

.. .. 19..

— O fracasso na última aula do "louco", quando ele foi repetido, ocorreu não apenas porque vocês não definiram por si mesmos nenhuma nova tarefa para aquele dia e repetiram procedimentos antigos. Outro erro se introduziu. Não houve sequência nem lógica em suas ações.

"Para entender o que estou dizendo, lembrem-se de como vocês construíram a barricada.

"Na primeira vez que vocês fizeram o improviso, empurraram uma estante enorme contra a porta. Não daria nem para abrir uma pequena brecha e enfiar um bastão por ela para empurrar a estante.

"Hoje, vocês fizeram o improviso de forma diferente. Não empurraram a estante diretamente contra a porta, mas a alguma distância dela. Não havia nada para impedir o louco de entreabrir a porta e se espremer pelo vão.

"O resto da mobília pesada também não foi colocada bem junta, havia lacunas entre os móveis. Isso enfraqueceu a barricada.

"Consequentemente, vocês não estavam acreditando; seus esforços, suas ações, foram propositais. Sem crença, o que vocês estão fazendo no palco não pode ganhar vida.

"Vária nos deu outro exemplo de ação ilógica e sem propósito. Por que ela precisava do abajur? Será que era realmente para se defender do louco? Por que ela derrubou esse miserável quebra-luz e depois fez tanta coisa para levantá-lo?

"E você, Kóstia, por que você precisava do álbum com a capa de pelúcia? Isso, também, é um meio desesperado de defesa. Vocês hão de convir que suas ações não tinham propósito e eram *ilógicas*, sem credibilidade.

"Consigo lembrar de muitos momentos, da segunda vez, em que as ações de vocês *careciam de sequência*. Também não tinham credibilidade. Não possibilitavam que tivessem sentimentos verdadeiros enquanto atuavam. Muito pelo contrário, elas eram um bloqueio para a revivência espontânea."

— Não estou entendendo nada — suspirou Vánia.

— No entanto, é bastante simples. Imagine que você queira alguma coisa para beber e encha um copo com a água de um jarro. Você pega o jarro e o vira sobre o copo, aí a tampa pesada cai, estilhaça o copo e a água se derrama por toda a mesa, menos na sua garganta. Esse é o resultado de uma *falta de sequência* em suas ações.

— Oh! — disse Vánia, pensativo.

— Agora vamos pegar outro exemplo. Você vai se encontrar com um inimigo, para efetuar uma reconciliação com ele, e tem uma discussão que termina em pancadaria. Isso é o resultado de uma *falta de lógica* em suas ações.

— Entendi! Realmente entendi! — gritou Vánia, com alegria.

— Então, sabemos que a próxima questão é: *o papel da lógica e da sequência no processo de ação psicológica e física*.

"Isso é o mais importante de tudo, porque a lógica e a sequência [não] são *Elementos independentes no processo criativo*.

"Elas estão interagindo constantemente com todos os outros Elementos.

"É mais fácil, para mim, discutir isso cada vez que ocorrer. Isso significa que tenho de dividir questões sobre a maneira como a lógica e a sequência influenciam os outros Elementos por todo o programa de estudo, à medida que estudamos as partes constituintes da psicologia criativa do ator.

"Agora, em nosso trabalho sobre a ação, primeiro temos de tratar da sua interação com a lógica e a sequência, às quais vou dedicar um certo tempo para que possamos examiná-las com atenção.

"Na vida cotidiana, de forma consciente ou por hábito, as ações exteriores e interiores das pessoas são lógicas e sequenciais. Em grande parte, somos guiados pelo nosso objetivo na vida, pelas nossas necessidades presentes e pelas exigências humanas. Respondemos a isso instintivamente, sem pensar. Mas, no palco, em um papel, a vida não decorre da realidade, mas de uma ficção. Quando começam os ensaios, as nossas próprias exigências humanas e metas vitais, análogas às da personagem, ainda não estão em nossas mentes. Não as criamos com uma só penada, mas elas aparecem gradualmente depois de uma grande quantidade de trabalho.

"Vocês devem ser capazes de transformar objetivos imaginados em reais e urgentes. Os atores que não dominam a necessária técnica interior encontram soluções ingênuas e primitivas para esse problema. Eles dão a impressão de que estão trabalhando com todas as suas forças para o alto propósito da peça e que todas as suas ações são realizadas para esse fim. Na verdade, eles estão apenas 'fingindo as paixões na peça'. Mas vocês não podem funcionar ou sentir 'como se' quando acreditam em semelhante autoilusão.

"Se os atores não acreditam que suas próprias intenções são genuínas, eles perdem, no final, o controle de suas habilidades humanas vitais, de seus hábitos, as vivências do funcionamento de seu subconsciente, da lógica e da sequência de seus anseios humanos, ambições e ações.

"Em vez disso, vocês encontram um estado mental especial, específico dos atores, que não tem nada em comum com a vida real.

"Quando eles não têm controle sobre as suas necessidades humanas, os atores desmoronam e seguem a linha de menor resistência. Eles ficam à mercê do clichê e da atuação de mera técnica.

"Felizmente para nós, temos a nossa psicotécnica, que nos ajuda a combater os perigos que indiquei e nos faz seguir o caminho da natureza.

"Uma de nossas técnicas se baseia na lógica e na sequência das ações psicológicas e físicas. Para dominá-la, vocês devem estudar a natureza dessas ações, tanto em si mesmos quanto nas outras pessoas."

— Com todo o respeito, isso significa que vamos ter de ficar dando voltas o tempo todo, com um caderninho na mão, registrando as ações lógicas e sequenciais que observamos em nós mesmos e em outras pessoas? — disse Grícha, sarcasticamente.

— Não, estou sugerindo um método mais simples e mais prático, que vai fazer vocês examinarem suas próprias ações e as das outras pessoas — comentou Tortsov.

— Qual? — perguntou Vánia, impaciente.

— Acalme-se! Vou lhes dar um exemplo — declarou Tortsov. — Kóstia e Vánia, subam ao palco e comecem alguma ação física.

— O quê? — não entendi.

— Conte dinheiro, organize documentos comerciais. Jogue aqueles que não quiser mais no fogo e coloque os outros de um lado.

— E eu, o que devo fazer? — Vánia também não estava entendendo.

— Observe Kóstia trabalhando, interesse-se pelo que ele está fazendo, tente de uma forma ou de outra participar disso — explicou Tortsov.

Subimos ao palco e puxamos a mesa para perto da lareira.

— Por favor, dê-me um pouco de dinheiro cenográfico — disse eu a um assistente de palco que estava de pé nas coxias.

— Você não precisa disso. Interprete com "nada" — ordenou Tortsov.

Comecei a contar o dinheiro inexistente.

— Não estou acreditando em você! — disse Tortsov, interrompendo-me assim que me estiquei para pegar o pacote imaginário.

— Não está acreditando em quê?

— Você nem mesmo está olhando para aquilo em que está tocando.

Olhei para onde estava o pacote imaginário, não vi nada, estendi minha mão e a recolhi de volta.

— Faça parecer que você está apertando seus dedos para não deixá-lo cair. Não jogue o pacote, deposite-o. Isso demora só um segundo. Se você quiser justificar e acreditar fisicamente naquilo que está fazendo, não economize. É essa a maneira de desatá-lo? Encontre a ponta do barbante. Não assim! Você não pode fazer de uma vez só. Normalmente, as pontas são atadas juntas e enfiadas por debaixo do barbante, para que o pacote não se desfaça. Não é tão fácil esticar as pontas. É isso aí – disse Tortsov, em sinal de aprovação. – Agora conte cada pacote.

"Ufa! Isso foi rápido. Nem o melhor caixa do mundo conseguiria contar notas velhas e amassadas tão rápido.

"Está vendo a grande quantidade de detalhes realistas, as numerosas pequenas verdades que temos de considerar para que a nossa natureza acredite na verdade física daquilo que estamos fazendo?"

Tortsov guiou-me fisicamente, ação por ação, segundo a segundo, de maneira lógica, em sequência. À medida que eu contava o dinheiro imaginário, gradualmente me lembrava de como se faz isso normalmente, em que ordem e sequência.

As ações lógicas sugeridas por Tortsov mudaram a minha atitude com relação ao "nada". Elas substituíram perfeitamente o dinheiro imaginário, ou melhor, permitiram que me concentrasse em um objeto imaginário. Mexer seus dedos sem nenhum sentido e contando as notas surradas de rublo sujas e imaginárias são duas coisas diferentes.

Assim que senti a verdade da ação física, senti-me à vontade no palco.

Improvisei muito. Enrolei o barbante com muito cuidado e o coloquei sobre a mesa ao meu lado. Essa pequena ação insignificante aguçou meu senso de verdade e produziu mais improviso. Por exemplo, antes de contar os pacotes, eu os bati na mesa por um longo tempo para nivelar as bordas. Vánia, que estava ao meu lado, entendeu o que eu estava fazendo e riu.

— O que é isso? – perguntei-lhe.

— Foi muito bom – explicou ele.

— Isso é o que chamamos de uma ação física totalmente justificada, em que um ator pode biologicamente acreditar! – gritou Tortsov, da primeira fila.

"Então" – resumiu ele –, "você começou com puro fingimento. Para escapar disso, teve de verificar cuidadosamente a sequência das ações que estava realizando.

"Tendo repetido essas ações algumas vezes, você foi lembrando pouco a pouco das sensações que tem na vida real, reconheceu essas sensações, acreditou nelas e na verdade de suas ações no palco.

"Na vida real, todos esses sentimentos parecem naturais, acessíveis, simples e familiares para nós. Mas, no palco, eles são transformados nas convenções de uma apresentação pública e parecem estranhos, distantes e complexos.

"Mesmo a lógica e a coerência normais das mais elementares e humanas ações físicas nos traem e nos abandonam. Temos de reconhecer, de uma vez por todas, essa incômoda transformação como sendo lamentavelmente inevitável. Temos de lutar contra ela.

"Para fazer isso, precisamos da nossa psicotécnica e de um certo conhecimento elementar da natureza de nossas ações físicas e psicológicas. Isso, por sua vez, exige um estudo detalhado de seus Elementos constituintes.

"Quando as ações ganham vida espontaneamente, temos de usar o princípio de ir de fora para dentro. Colocamos os Elementos constitutivos em uma sequência coerente e lógica e criamos ação fora deles. A lógica e a coerência das partes nos relembram da verdade da vida. As sensações motoras familiares reforçam essa verdade e evocam a crença na veracidade das ações que estamos realizando.

"Quando o ator acredita nelas, elas ganham vida. Você pode passar por todo esse processo hoje, quando trabalhar em 'queimando dinheiro'.

"Devo enfatizar com veemência que, quando nos deslocamos da técnica externa para a verdade viva e vital, a *lógica* e a *coerência* da sequência das partes constituintes que formam a ação têm uma grande significação.

"Vocês devem estudá-las, particularmente pelo fato de que, no futuro, teremos de fazer um amplo uso do método que recomendei para dar vida ao todo por meio da fusão de suas partes."

— Como vamos estudá-las? — perguntou Vánia, preocupado.

— É muito simples, coloque-se em uma situação em que semelhante "estudo" se torne inevitável.

— E que situação é essa? — insisti.

— A situação em que você estava hoje quando fazia o "contando o dinheiro". Essa foi a situação criada pelo trabalho com o "nada", ou seja, com coisas imaginárias.

"Em nosso jargão, chamamos isso de *'ações sem objetos'*.

"Para que vocês possam lidar com isso de forma consciente, vou fazer o melhor que puder para explicar o segredo ou o significado prático desse trabalho por meio de um exemplo claríssimo. Vou ter de recorrer a um paradoxo.

"Kóstia e Vánia! Repitam 'contar o dinheiro', só que desta vez não usem o 'nada', mas as coisas reais que o aderecista vai lhes trazer."

Repetimos o improviso.

Quando terminamos, Tortsov virou-se para os estudantes que estavam assistindo na plateia e disse:

— Será que vocês perceberam, será que podem se lembrar de como Kóstia pegou os maços de notas um após outro da mesa, separou-os, contou-os e arrumou-os etc.?

— Mais ou menos — os estudantes responderam, preguiçosamente.

— Só mais ou menos? Existe muita coisa que vocês esqueceram? — pressionou-os Tortsov.

— Não é que esquecemos, nós apenas tivemos de fazer um grande esforço para lembrar — explicaram alguns deles.

— Foi difícil acompanhar — disseram outros.

— E vocês, os dois atores, será que conseguem se lembrar de todos os momentos individuais nas ações que acabaram de realizar usando coisas reais? — perguntou Tortsov para mim e Vánia.

Tive de reconhecer que não pensamos sobre cada ação física ou sobre cada momento individual, mas que eles simplesmente aconteceram, automaticamente.

Então Tortsov voltou-se novamente para os estudantes que estavam assistindo na plateia com a seguinte questão:

— Agora, tentem se lembrar e me digam: como aparece na memória de vocês a apresentação anterior de "contando o dinheiro — *sem coisas reais, com "coisas imaginadas*", ou, em outras palavras, sem "nada"?

Era evidente que as "ações sem objetos" passaram para o teatro e se prenderam na memória de forma mais limpa, clara e vívida.

— E vocês, os atores, o que têm a dizer? — perguntou Tortsov, virando-se mais uma vez para mim e Vánia. — Que lembranças vocês retiveram de contar o dinheiro usando "ações sem objetos"?

A linha de concentração que havíamos estabelecido durante o exercício com ações físicas tinha ficado em nossas mentes com maior clareza, lógica e coerência.

— Que conclusão vocês podem tirar das experiências com ou sem coisas reais? — perguntou-nos Tortsov.

Nós não conseguíamos responder.

— A conclusão é — explicou Tortsov — que em exercícios nos quais se usam objetos reais muitos dos momentos constituintes da ação proposta escapam à nossa atenção sem o nosso conhecimento, existem lapsos de concentração. Eles são realizados mecanicamente, como um hábito, sem pensamento. Esses lapsos nos impedem de aprender a natureza da ação que estamos investigando. Não há possibilidade de colocar as partes constituintes da ação em ordem lógica e coerente. Isso também complica o trabalho de estabelecer uma linha de concentração que nós possamos sempre observar e que sempre nos guie.

"Quando usamos 'ações sem objetos', as coisas são bastante diferentes. Então os lapsos momentâneos, quando a concentração é impossível, simplesmente desaparecem."

— Oh! Por que isso?

— Porque, em exercícios com coisas reais, as ações mecânicas, hábitos, habilidades e a lamentável tendência aos lapsos de concentração que está associada a com eles desaparecem. Libertar-se dessa tendência de apressar permite que vocês estabeleçam uma linha contínua, lógica e coerente, uma que seja inteira, preenchida com memórias dos momentos constituintes individuais com os quais a ação é construída.

"Em outras palavras, os objetos imaginários nos forçam a estar plenamente conscientes das coisas que são feitas mecanicamente na vida.

"Onde está, afinal, o segredo da técnica das 'ações sem objetos'?

"Na lógica e coerência das suas partes constituintes. Lembrando-se delas e combinando-as, vocês estabelecem ações verdadeiras e as sensações familiares associadas a elas. Elas são críveis porque estão próximas da verdade. Vocês as reconhecem a partir de memórias da sua própria vida, de sensações físicas familiares. Tudo isso dá vida a uma ação que foi criada em partes."

No final da aula, Tortsov nos exortou com veemência a dar total atenção ao exercício com "ações sem objetos". Ele encarregou Rakhmánov de manter um olhar atento sobre essas aulas e de informar sobre como elas estavam indo.

— Como vocês sabem, esses exercícios são para o ator dramático aquilo que a vocalização é para o cantor. Ela foca os sons, e as "ações sem objetos" focam a concentração do ator — assegurou-nos Tortsov.

"Estou no palco já desde muitos anos, mas, mesmo agora, ainda trabalho nas 'ações sem objetos' de quinze a vinte minutos. Eu conheço sua natureza e suas partes constituintes. Eu executo essas ações em uma variedade de conjuntos de circunstâncias.

"Julguem vocês mesmos a técnica que eu tenho desenvolvido nessa área. Se vocês soubessem o quanto um ator precisa disso e o quanto isso o ajuda!

"É muito cedo para explicar o que é essa ajuda. Por enquanto, vocês me compreendem com a sua inteligência, mas esse tipo de compreensão sobrecarrega o cérebro. Vamos esperar pelo tempo em que vocês possam entender o que estou dizendo com a totalidade do seu ser psicológico e físico.

"Por enquanto, deem-me, por assim dizer, um voto de confiança e trabalhem completamente nas 'ações sem objetos', mas sob a supervisão pessoal de Rakhmánov."

.. .. 19..

Hoje Tortsov disse:
— Nos experimentos de ação com e sem objetos que fizemos na última aula, vocês notaram que o trabalho com "nada" resultou em muito mais clareza, acabamento, lógica e sequência do que as mesmas ações executadas com coisas reais.

"Na vida, na maioria das vezes, as partes constituintes de uma ação são confusas e desfocadas. Será que não deveríamos, portanto, concluir disso que a clareza de que estamos falando contradiz o que acontece na vida real?

"Em vez de responder a isso, dividirei com vocês uma das minhas mais preciosas memórias estéticas, que tenho carregado comigo por mais de quarenta anos.

"Quando Eleonora Duse veio a Moscou pela primeira vez, eu a vi em *A dama das camélias*. Houve uma longa pausa em que ela escreveu uma carta para Armand. E posso me lembrar dessa famosa improvisação não 'de modo geral', mas em todos os seus momentos constituintes. Eles ficaram gravados na minha memória com uma clareza e um brilho incomuns, em toda a sua perfeição: adorei essa improvisação como um todo e, também, em suas partes, assim como alguém adora um magnífico exemplo da arte da ourivesaria.

"É um grande prazer saborear dessa forma uma obra de gênio. Mas isso não acontece na vida real! Grícha vai se opor.

"Não é assim. Isso acontece, mas raramente. Mais de uma vez admirei a maneira esmerada como uma camponesa realiza suas tarefas domésticas. Admirei o acabamento que uma mão dá ao seu trabalho em uma fábrica e como as criadas negras limpam uma sala nos Estados Unidos..."

MATERIAL ADICIONAL PARA
O CAPÍTULO "COMUNICAÇÃO"

........19..

Tortsov disse:

– Quando um cachorro entra em uma sala, observa as pessoas presentes para ver em que estado de espírito elas estão. Quando já sabe, ele escolhe um objeto com o qual se comunicar, vai até ele, se esfrega em suas pernas ou põe a pata no seu joelho para chamar a atenção para si. Quando ele consegue o que quer, ele se abaixa nas quatro patas e fixa seus olhos na pessoa que escolheu com o objetivo de estabelecer uma comunicação.

"Passo adiante. Um processo semelhante pode ser observado entre insetos ou animais marinhos. Criaturas vivas rastejam para fora de seus buracos e estudam o mundo da natureza ao seu redor por um longo tempo. Eles usam suas antenas para identificar as coisas e os seres vivos que cruzam o seu caminho. Só depois de uma cuidadosa investigação é que eles passam a algum tipo de ação.

"E as pessoas, não fazem o mesmo? Quando entramos em uma sala, observamos as pessoas que estão nela, tentando entender seu estado de espírito. Nós selecionamos um objeto, vamos até ele, atraímos sua atenção, começamos a sondar com nossos olhos, a entender seu estado de espírito. Usando transmissão e recepção, nós, como sujeitos, em nossa chegada, estabelecemos contato com o objeto que selecionamos.

"Em circunstâncias diferentes, as mesmas criaturas – cachorro, criatura marinha, homem – aparecem de repente, captam a atenção daqueles que estão presentes e estabelecem alguma forma de contato.

"Como podem ver, existem várias fases nesse processo, que todos os seres vivos devem respeitar. Elas são criadas a partir de Elementos que seguem sempre a mesma ordem lógica e sequencial.

"Os atores são a única exceção. Eles não querem nada com as leis da natureza. Não estão interessados no estado de espírito predominante quando fazem uma entrada em cena. Eles não selecionam um objeto com o qual se comunicar. Não olham nos olhos dele, não sentem seu coração nem a sua proximidade.

"O ator de mera técnica decidiu de uma vez por todas que o seu objetivo é o público, lá fora, na plateia. Ele sabe de antemão onde deve ficar e o que supostamente deve fazer e dizer. Ele faz tudo isso não por necessidade humana pessoal, mas sob coação, em obediência ao autor da peça ou ao diretor. Ele é incapaz de transformar os sentimentos, impulsos, pensamentos, as palavras e ações de outras pessoas em algo seu.

"É por isso que os atores de mera técnica não andam dentro de um cenário, mas se pavoneiam 'pela cena', usando-a para se exibir para uma casa cheia.

"Como fazer para evitar essa distorção da natureza humana, que encontramos nos palcos de todo o mundo? Como vamos escapar do artifício rústico, da atuação de mera técnica e dos clichês, com os quais esses atores tentam substituir a criação espontânea e subconsciente da própria natureza de acordo com suas próprias leis?

"Nós temos um dos meios à mão: a nossa psicotécnica.

"As coisas que acontecem espontaneamente na vida, frequentemente, precisam, no palco, da ajuda da nossa psicotécnica, que nos ensina a realizar conscientemente todos os momentos e fases em nossos processos orgânicos, incluindo a *comunicação*. Quando esse processo não começa espontânea e subconscientemente, devemos construí-lo conscientemente a partir de momentos separados, em ordem lógica e coerente. Se nós fizermos isso não como forma, exteriormente, mas por meio do uso de sugestões internas, transmitindo e recebendo, estaremos em nosso caminho para a verdade.

"Mas ai de vocês se forem contra a lei natural. Isso vai inevitavelmente conduzi-los pelo caminho das mentiras, do fingimento e da mera técnica. Iremos continuar a estudar as leis da natureza de forma diligente e estaremos vigilantes para ver se elas estão sendo obedecidas. Essa injunção é igualmente relevante para o processo de comunicação, quando ele não ocorrer de maneira espontânea e subconsciente.

"Até agora, temos estudado os momentos individuais do processo de comunicação. Agora temos de ver como construir fases mais longas com esses momentos e o processo de transformar essas fases mais longas em um contato orgânico real.

"Os momentos em que um ator entra em uma sala, em um cenário, examina os que estão presentes, *descobre sua atitude e seleciona um objeto* constituem o primeiro estágio do processo orgânico de comunicação.

"Os momentos em que ele se aproxima do objeto com o qual deseja se comunicar e *atrai sua atenção* usando ações muito óbvias e entonações inesperadas etc. constituem o segundo estágio no processo orgânico no qual estamos interessados.

"Os momentos de *mergulhar na alma* do objeto com as antenas dos olhos, preparando a alma da outra pessoa para receber os pensamentos, sentimentos e imagens eidéticas do sujeito da maneira mais fácil e mais livre possível constituem a *terceira fase* do contato orgânico.

"Os momentos de *transmissão das suas imagens mentais para o objeto*, usando a irradiação, a voz, palavras, entonações e adaptações: o desejo e a intenção de obrigar o objeto não só a ouvir e a entender, mas a ver com o olho interior o que o sujeito comunicante está transmitindo e *como* ele está fazendo isso, constitui a *quarta fase* no processo orgânico de comunicação.

"Os momentos em que *o objeto responde e existe uma troca mútua de transmissão e recepção* constitui a *quinta fase* no processo orgânico de comunicação.

"Todas as cinco fases devem ser respeitadas sempre que ocorre uma comunicação no palco."

— Uma tarefa difícil — comentei.

— Vou mostrar para vocês que não é tanto. Comecem com o fato de que os processos orgânicos que levam à comunicação são extremamente lógicos e sequenciais. E a lógica e a sequência, como vocês já sabem, levam à verdade, e a verdade, à crença, e as duas juntas criam o "estou sendo" e estimulam os poderes criativos, a natureza orgânica e seu subconsciente.

— É fácil falar sobre as cinco fases do processo orgânico, mas e quanto a tentar dominá-las? — perguntaram os estudantes.

— Vamos tentar, então! — propôs Tortsov. — Kóstia, vá para o corredor, volte daqui a um minuto e adivinhe em que estado de espírito você pensa que nós estamos.

Disseram-me depois que mal eu havia saído da sala quando Tortsov confidenciou a todos, em segredo:

— Coitado do Kóstia! Ele ainda não sabe que vai ter de deixar a escola porque está sendo chamado para fora de Moscou.

— O quê? Kóstia está deixando a escola? — disseram os estudantes, correndo para junto de Tortsov.

Ele não teve tempo de responder porque eu já tinha voltado para a plateia.

Houve um silêncio constrangedor durante o qual alguns dos estudantes, acreditando na notícia imaginária, evitaram um contato direto comigo, enquanto outros, compreendendo o truque de Tortsov, sorriam e me lançavam óbvios olhares.

— Com mil diabos! O que aconteceu aqui que eu não sei? — disse eu, olhando fixamente para cada um dos presentes.

— Bravo! Os momentos de *descobrir a atitude alheia e procurar um objeto com o qual se comunicar* emergiram espontaneamente e criaram a *primeira fase* no processo. Você fez grandes esforços para sondar as pessoas presentes com as antenas dos seus olhos porque queria saber o estado de espírito delas. Não importa se você entendeu ou não o nosso estado de espírito, o que importa é que deu o máximo de si para senti-lo — disse Tortsov, explicando o significado do seu truque.

"Quanto à *fase dois, atrair a atenção do objeto*, vou ajudá-lo a fazê-la. Eu sou o seu objeto e você já tem a minha atenção. Então, venha até mim, olhe nos meus olhos e tente entender o meu estado de espírito" — ordenou Tortsov.

Fiz o que ele pediu com bastante facilidade.

— Bravo! *Fase três, mergulhar dentro da mente do objeto*, também foi realizada — gritou Tortsov, quando olhei fixamente em seus olhos.

— Não é bem assim, já que não consegui definir o seu estado de espírito interno — comentei.

— Isso não importa, o que importa é que você criou uma conexão interna comigo pela sua própria vontade e preparou o terreno para a comunicação.

"É claro que nenhuma dessas coisas foi tão difícil como parecia anteriormente, e você não teve de estimular os sentimentos vagos que precedem a comunicação. Isso significa que você se saiu bem nesta tarefa" — declarou Tortsov.

— Eu não me saio bem no palco, em pé diante do buraco negro e de uma casa cheia.

— Isso é uma questão de prática, tempo e concentração. Eles vão ajudar você a lidar com isso. Uma vez que tenha desenvolvido o hábito correto, garanto que você, assim como eu, vai encarar uma casa cheia da mesma maneira que encara um objeto no palco, e estabelecer contato como deve, organicamente, com imagens mentais, transmissão e recepção — dessa forma, e não de outra. Nossa psicotécnica irá nos ajudar a estimular artificialmente o processo normal de comunicação.

— Sim, mas e quanto às fases quatro e cinco? — interrompi.

— Vamos falar sobre a transmissão de suas imagens mentais para o objeto e do estabelecimento de contato mútuo na próxima aula.

.. .. 19..

A aula começou com as objeções de Grícha — que, surpreendentemente, dessa vez, foram oportunas, visto que nos levaram ao tema principal da aula de hoje.

— Veja, perdão — começou ele, criticamente —, você fica feliz em dizer que quando se interpreta um papel você precisa passar pelos estágios lógicos e sequenciais de comunicação. Mas veja só! Antes de poder se comunicar, você precisa ter alguma coisa para comunicar! Será que não teríamos, antes de tudo, quero dizer, antes de começar esse processo, de criar algo para transmitir?

— Poderia ser assim. Vamos submeter a questão a um teste prático. Vamos todos subir ao palco e entrar no "apartamento de Mária".

Fizemos como nos foi pedido.

— Que improvisação interpretaremos? Vamos fazer uma aula normal, aqui, no "apartamento de Mária", a mesma coisa que fazemos normalmente. A única diferença será que, desta vez, um "Inspetor" vai chegar inesperadamente. Grícha irá representá-lo para nós. Então, ele deve ir para as coxias e o resto de nós se ocupará com alguns exercícios. Então, o inspetor chega. O ator deve começar a passar por todos os estágios de comunicação, de acordo com todas as leis da natureza, mas sem nenhuma Tarefa definida, sem ter preparado nenhum material.

Grícha foi para as coxias. Tortsov se esgueirou para a plateia e se escondeu em um canto escuro, ao passo que nós, estudantes, começamos a fazer exercícios de relaxamento muscular.

Depois de uma longa espera, Grícha entrou como o Inspetor. Conforme exigido pelas leis da natureza, ele ficou parado na porta, olhou para todos nós (*entender seus comportamentos. Fase 1*) e procurou Tortsov. Como não conseguiu encontrá-lo, refletiu para decidir com qual dos estudantes iria falar e levou um longo tempo para selecionar um objeto. Por fim, foi até Vánia (*selecionar o objeto*).

— Eu preciso falar com o diretor da escola — disse-lhe Grícha.

— Não é possível! Ele não está aqui. Está ocupado.

Por um momento, Grícha ficou desconcertado com o tom hostil de Vánia, mas então, bruscamente, mudou seu próprio tom, e isso obrigou Vánia a prestar mais atenção nele (*chamar a atenção do objeto. Fase 2*).

Dessa vez foi Vánia quem ficou desconcertado. Houve uma pausa muito longa durante a qual ambos olharam fixamente um para o outro (*mergulhar dentro da mente do objeto. Fase 3*).

— Você poderia me fazer a gentileza de informar ao diretor — insistiu Grícha — que estou aqui por ordem de um congresso que está agora em sessão? Informe-o de que nós tomamos conhecimento de algumas irregularidades na sua escola.

O Inspetor tentou descrever o mais graficamente possível o que havia ocorrido na reunião imaginária, na qual Tortsov tinha aparentemente sido condenado por seus métodos de ensino, que eram um atentado contra a vontade do estudante (*transmissão de imagens mentais. Fase 4*).

Vánia recusou-se a se mover. Uma discussão se seguiu (*Comunicação. Fase 5*).

O comportamento do estudante enfureceu o Inspetor, que perguntou a Vánia quem ele era, como tinha ido parar na escola, com que direito falava de maneira tão rude a uma autoridade e quem eram seus pais.

Naquele momento, Tortsov gritou para Grícha:

— Ele é seu filho. Quando era jovem, ele fugiu de você e da sua tirania.

Depois de alguns instantes de confusão, Grícha continuou o interrogatório, mas, ao mesmo tempo, preparou-se para lidar com a nova ideia que lhe havia sido imposta.

Ele representou de forma esplêndida. Considerando esse encontro inesperado com o filho em seus cálculos como ator, Grícha começou um sermão floreado sobre medidas de cuidado para com jovens e crianças. Ele falou do dever paterno com um sentimento muito falso. Quanto mais imponente ficava o seu pomposo discurso, mais ridícula se tornaria a sua situação depois, quando fosse revelado que ele era o pai despótico e que Vánia era a vítima da sua tirania paterna.

O Inspetor livrou-se comicamente de sua situação difícil e, para o riso geral, fugiu da sala de aula e de seu próprio filho, a quem ele tinha acabado de recomendar que devia ser amado e cuidado.

Quando a improvisação acabou, Tortsov disse:

— Vocês devem reconhecer que Grícha e Vánia iniciaram e concluíram o processo de comunicação de acordo com todas as leis da natureza e que isso foi feito sem a prévia elaboração do material psicológico interior que é necessário para se comunicar.

"Grícha começou a procurar por esse material no final, depois que o processo foi concluído. Apenas lembrem-se de que o ator interpretando o Inspetor entrou no palco com a única intenção de estabelecer comunicação com uma das pessoas que estavam lá. Ele não recebeu nenhuma história, nenhuma Tarefa, se ignorarmos um 'se', ou seja, o título e a função do inspetor.

"Tendo escolhido Vánia como seu objeto, Grícha estabeleceu contato com ele. Assim que o vínculo foi criado, o material interno e outros tipos de materiais foram necessários para manter o processo em andamento.

"Naquele momento crítico, eu interrompi para ver o que estava acontecendo nas mentes das pessoas na improvisação.

"Será que vocês percebem que iniciar contato é um estímulo poderoso para os poderes criativos de um ator? Ele procura a ajuda de seus elementos internos e os põe para funcionar um após outro ou todos de uma vez."

— Por quê? — perguntou Vánia, agitado.

— Porque não pode haver contato sem a participação de todos os Elementos. Será que você pode se comunicar com uma pessoa viva sem ações internas e externas, sem ideias criativas e Circunstâncias Dadas, sem imagens mentais, sem focar sua concentração de maneira adequada, sem um objeto no palco, sem a sensação de verdade, sem a crença nessa verdade, sem o estado de "estou sendo" etc.?

"Comunicação no palco, vínculo, ligação, requerem a participação de todo o mecanismo interno e externo do ator.

"Isso é o que aconteceu com Grícha. Seu mecanismo criativo, estimulado pelo processo de comunicação, natural e espontaneamente começou a trabalhar. A imaginação sugeriu um novo material para ele, um novo conjunto de circunstâncias, tarefas e memórias emotivas. Os impulsos para a ação surgiram espontaneamente. Tudo isso aconteceu de maneira lógica e sequencial. A parte com a briga entre Vánia e o Inspetor e o interrogatório emergiram dessa forma, espontaneamente, por causa do impulso criativo. Essa parte ajudou a desenvolver o enredo da improvisação.

"Será que tudo o que nós vimos demonstra o fato de que os atores podem começar o seu trabalho criativo diretamente com a comunicação, sem a preparação prévia do material interno e externo essencial para esse processo orgânico?

"Se os atores conseguem completar todos os momentos que levam à comunicação de forma lógica e sequencial, em concordância com as leis da natureza, se eles sentem a verdade daquilo que estão vivendo e fazendo, se acreditam na autenticidade do que está acontecendo, se eles são bem sucedidos em criar o estado de 'estou sendo', então sua natureza criativa e o subconsciente se juntam para trabalhar. O impulso criativo, a lógica e a sequência criam novos conjuntos de circunstâncias, tarefas e ações e, com base nisso, o enredo da improvisação a ser representada.

"E isso não é tudo. Nosso experimento mostrou que quando começamos o processo criativo diretamente com a comunicação, sem um tema fixado, nós não somente podemos criar esse tema, mas podemos justificar e dar vida a um enredo dado para nós por outra pessoa.

"Isso é o que aconteceu com Grícha.

"No momento em que os seus poderes criativos estavam em pleno funcionamento, quando ele pensava em interrogar Vánia para fazer contato, eu lhe sugeri a minha própria versão do desenvolvimento da continuidade da improvisação. Ele aceitou gratamente a minha sugestão sobre o seu filho ter fugido da casa da família. Minha história ajudou Grícha a estender o processo de comunicação que já tinha se iniciado.

"Como autor, eu lhe sugeri a minha variação no exato momento em que seu mecanismo criativo psicológico estava particularmente receptivo a qualquer nova tarefa e conjunto de circunstâncias porque ele havia incluído todos os seus elementos internos em seu trabalho.

"Isso é mais uma demonstração do fato de que o trabalho criativo pode começar com a comunicação e pode até mesmo, subsequentemente, criar material psicológico para ser transmitido a outros."

.. .. 19..

A intervenção de Grícha na aula de hoje não criou confusão mas, pelo contrário, apresentou questões para as quais Tortsov deu respostas detalhadas.

Foi isto que aconteceu:

Grícha persistiu em suas objeções preocupadas.

— Mesmo o escritor, muitas vezes, não deixa espaço no roteiro para a preparação do processo de comunicação. Ele vai diretamente para o estágio final — explicou ele.

— Evidentemente, você está falando de maus escritores. Não há necessidade de perder tempo com eles.

— Não. Griboiédov, você sabe, não é um dramaturgo ruim, mas comete o mesmo tipo de erro. Por exemplo, a entrada de Tchátski no primeiro ato de *A desgraça de ter espírito*. Ele se apressa e, sem primeiro entender os comportamentos, sem usar as antenas de seus olhos, começa a se comunicar.

— Sim. É o que os maus atores fazem. Eles correm para cima do palco como se estivessem em uma arena de touradas. Eles não dão para Sófia uma única olhada, não procuram entender seu comportamento, mas se atiram apoiados em um joelho, como um dançarino de balé, se emocionam teatralmente e declamam:

"'O dia amanheceu! E tu estás desperta! Estou a teus pés!'[1]"

"Mas bons atores não fazem isso. Eles param na porta, identificam seu comportamento em um lampejo, visam a seu objeto, isto é, Sófia, vão rapidamente até ela, de modo a captar mais intensamente a atenção de sua bem amada, baixam sobre um joelho e sondam os olhos dela com os seus.

"Depois disso, todos os estágios do processo de comunicação foram completados, todos eles foram justificados pelo texto. Por exemplo:

>Feliz? Não. Mas olhe no meu rosto.
>Surpreso. Não mais. Que recepção!
>É como se eu não tivesse ficado uma semana fora,
>É como se tivéssemos nos encontrado ontem
>E aborrecido um ao outro como distração.
>Nenhuma insinuação de amor. Que delicada você é!

"Essas palavras foram escritas de modo que Tchátski possa explorar o coração de Sófia:

>Corri cem léguas por quarenta
>e cinco horas sem dormir, quase sem vida

---
1. Do Ato I, cena VII de *A desgraça de ter espírito*, de Griboiédovi.

> Sem uma alma para me fazer companhia;
> Queda após queda, pela tormenta e pela neve
> E essa é a recompensa por minha brava exibição!

"Essas palavras descrevem imagens mentais de Tchátski, que ele transmite a Sófia.

"Depois, de acordo com o texto, o *processo de comunicação* começa.

"Então, você erroneamente censura um excelente autor por quebrar as leis da natureza e, em particular, do processo de comunicação.

"Todos os grandes poetas, dramaturgos e homens de letras, como Griboiédov, levam plenamente em conta as exigências da natureza humana."

– Veja, perdoe-me, mas posso lhe mostrar boas peças nas quais, quando a cortina se abre, o processo de comunicação não está nos estágios preparatórios, mas está plenamente desenvolvido – persistiu Grícha.

– Porque a preparação ocorreu com a cortina fechada.

– Mas isso não está na peça, você sabe.

– E isso é porque a natureza do ser humano/ator, suas leis, lógica e sequência e a nossa psicotécnica exigem isso. Você não pode abrir a cortina até que o processo preparatório esteja acabado. Os atores não podem, possivelmente, começar a atuar.

– E o que dizer da peça *O valor da vida*, de Nemiróvitch-Dántchenko, que começa no fim, ou seja, com o suicídio? – replicou Grícha.

– Em uma peça como essa, os atores devem não somente se preparar para a comunicação, mas anotar e vivenciar a peça inteira antes de a cortina se abrir.

Tivemos de terminar a aula mais cedo, já que Tortsov tinha uma apresentação naquela noite.

A RELAÇÃO ATOR-PÚBLICO[1]

1.
NO GUARDA-ROUPA, DURANTE UM INTERVALO

ATOR: O que isso significa? Eu estava chorando e a plateia ficou fria como pedra.

DIRETOR: E os outros atores que estavam com você no palco, também estavam chorando?

A: Não sei. Não notei.

D: Você quer dizer que não tinha consciência se estava transmitindo seus sentimentos para eles ou não?

A: Eu estava tão preocupado com a plateia que nem notei os outros atores. Juro a você, eu estava atuando com tanto ardor que só pensava em mim e na plateia.

D: Então, por que você estava no palco?

A: Como assim?

D: Você subiu ao palco para se comunicar com as personagens que o autor deu a você. Que outra razão poderia ter um ator para subir ao palco?

A: E quanto ao público?

D: Se você transmitir seu sentimento para os outros atores e como-vê-los, pode estar seguro de que a plateia será capturada e não vai perder o mais ínfimo detalhe dos seus sentimentos. Porém, se você não conseguir nem mesmo transmiti-los para o seu cama-

....

1. Este primeiro de dois artigos foi escrito em 1933, no final de um texto chamado *Caracterização física*, com uma nota escrita à mão por Stanislávski: "transferir, mas para onde?"

rada ator, que está em pé ao seu lado, como você pode esperar que uma multidão ruidosa e desatenta, sentada a vinte fileiras de distância, sinta alguma coisa? Pense menos na plateia e mais nas outras personagens que estão próximas de você.

A: Eu penso que o ator está lá primeiramente e antes de tudo para se apresentar para a plateia, e não para os seus camaradas atores, que já tiveram o suficiente dele nos ensaios. Os autores nos dão suas obras para que possamos transmiti-las às pessoas.

D: Não rebaixemos nossa arte. Será que somos apenas meros mensageiros, intermediários entre o escritor e o público?

Nós também somos criadores.

Será que atuar significa dizer as falas e conversar com a plateia?

Nós vivemos nossas vidas no palco, principalmente, para nós mesmos, porque queremos viver os sentimentos da personagem e ser capazes de transmiti-los para aqueles que vivem no palco conosco, tendo o público como observador. Fale em voz alta para que o público possa ouvi-lo e esteja onde ele possa vê-lo, mas, quanto ao resto, esqueça dele e só pense nas personagens da peça.

Os atores não deveriam se interessar pelo público, mas o público é que deveria se interessar pelas personagens.

A melhor maneira de se comunicar com a plateia é por meio do contato com as outras personagens.

2.
O OBJETO VIVO

– Mas, olhe aqui, por favor, perdoe-me, você não pode tratar o público com total desprezo – protestou Grícha.

– Por que você presume que estou fazendo isso? – perguntou Tortsov.

– Você nos disse para não olhar para ele nem tomar conhecimento dele. Assim, no fim, você sabe, o ator esquece que está no palco e diz as palavras, você sabe, de forma errada, ou se comporta de uma determinada maneira que só é apropriada na privacidade de sua própria casa. Perdão, você simplesmente não pode fazer isso!

– Você acha que isso é possível? – perguntou Tortsov, em vez de dar uma resposta.

– O que é possível?

– Ficar de pé sendo contemplado atentamente por umas mil pessoas e esquecer que elas existem? – perguntou Tortsov. – Isso é apenas uma fábula para amadores e teóricos irresponsáveis. Então, não se preocupe. Não dá para esquecer mil pessoas. Elas lembram você da sua existência. Você não pode fugir da plateia. Ela é um ímã poderoso. E, por mais que você tente fugir, vai ficar pensando nela. Muito mais do que deveria.

"Você sabe do que os seus medos me lembram? Da minha sobrinha de oito anos, que é mãe de uma família inteira de bonecas. Ela tem muito medo de que as lições com a sua preceptora possam distraí-la de seus deveres como mãe.

"Também ouvi uma história sobre uma pessoa que enlouqueceu, que tinha tanto medo de voar para o céu que resolveu se amarrar com cordas à terra.

"E você tem medo de se entregar complemente ao seu papel e voar para as esferas criativas, e assim tenta de todas as maneiras possíveis fortalecer os laços com o público. Esteja certo de que eles são fortes o suficiente. Assim como a força da gravidade impede você de voar para os céus e o mantém em terra, o público nunca vai deixar você sair do seu poder, mas vai sempre atraí-lo para ele, por mais que você tente se libertar e se entregar ao papel.

"Por que ficar tão preocupado com alguma coisa que simplesmente não vai acontecer?

"É melhor tomar uma bailarina ou um acrobata como exemplo. Eles não têm medo de voar para o céu; pelo contrário, eles conhecem as leis da gravidade. Eles passam a vida toda aprendendo a como sair do chão, mesmo que seja apenas por um minuto, e voar pelos ares. E você, também, deve aprender a ficar distante do público, mesmo que seja por um instante. Depois de um trabalho longo e árduo, você poderá ser bem sucedido em se entregar plenamente ao seu papel, mas apenas por momentos, aqui e ali.

"Então, pare de se preocupar inutilmente com algo que é tão inevitável quanto a lei da gravidade.

"Para conquistar o público e capturar seu interesse, Stanislávski, em seu livro *Minha vida na arte*, recomenda um método totalmente diferente, o contrário do seu. Ele diz:

"'Quanto menos atenção o ator dá ao público, mais o público se interessa por ele.'

"'E, todavia, quanto mais um ator tenta entreter uma plateia, menos ela se dá conta dele.'

"'Ao se libertar da plateia para viver um papel, o ator acaba forçando-a a prestar a máxima atenção ao palco.'"

6.
SOBRE A INGENUIDADE DO ATOR[2]

Para o capítulo Crença e senso de verdade

Hoje, Tortsov pediu que Pácha representasse alguma coisa.

Pácha queria testar sua ingenuidade e, assim, perguntou se lhe seria permitido representar uma cena com uma criança, semelhante a uma que havia sido representada por um figurante em uma das produções de Tortsov.

— Eu admiro sua coragem — comentou Tortsov, e deu a Pácha permissão para tentar a experiência.

Ele subiu ao palco, pegou a toalha da mesa, levantando uma nuvem de poeira, pegou o pedaço de madeira mais próximo, do tamanho da lenha cortada, e começou a envolvê-lo com a toalha, como se fosse um bebê.

— Por que você está deixando que ele fique pendurado, em vez de segurá-lo junto a você? — perguntou Tortsov.

— Isso é para não amarrotar o pano — explicou Pácha. — Além disso, ele está cheio de poeira.

— Ah! — disse Tortsov. — Sua ingenuidade é bem calculada. Você não é "bobo" o bastante para ser ingênuo como uma criança quando está sendo criativo — concluiu Tortsov.

— Bobo? — todos nós perguntamos. — Será que um ator tem de ser estúpido?

— Sim, se você considerar que o Simão Simplório da canção infantil é um bobo por causa da sua ingenuidade, inocência e generosidade. É uma grande coisa ser generoso, digno de confiança, sábio, calmo e abnegado como sabemos que Simão é. Ele não recebeu esse nome não porque não tem miolos, mas porque ele é *ingênuo*.

"Seja a mesma coisa, se não na vida, então no palco. Isso é um dom de ouro para um ator.

"Não é à toa que Púchkin diz: 'A poesia, que Deus me perdoe, deve ser um pouco tola'."

— Como podemos nos tornar ingênuos? — perguntei, perplexo.

— Vocês não devem, porque o resultado não seria nada além de falsa ingenuidade, o pior dos defeitos de um ator. Então, sejam ingênuos na medida em que isso for útil para vocês. Todo ator é ingênuo até um certo ponto. Mas, na vida, ele tem vergonha disso e esconde o seu caráter natural. Nunca façam isso no palco.

---

2. Uma versão anterior de *Crença e senso de verdade*.

— Eu não tenho vergonha de ser ingênuo. Pelo contrário, quero revelar isso da maneira que puder, mas não sei como — lamentou Pácha.

— Para se tornar ingênuo, você não deve se preocupar com a ingenuidade em si, mas com aquilo que a entrava e, também, com o que a ajuda.

"Ela é entravada pelo seu pior inimigo, o *cavador de defeitos*. Para ser ingênuo, você não deve criticar nem superanalisar as ideias que a sua imaginação lhe dá.

"A ingenuidade é auxiliada pelos seus dois melhores amigos — *verdade e crença*. E assim, em primeira instância, livre-se do *cavador de defeitos* e, então, crie verdade e crença por meio de suas próprias ideias estimulantes.

"Quando tiver feito isso, não se torture com o pensamento de que você tem de *criar* alguma coisa e executá-la. Não. Faça a si mesmo uma pergunta completamente diferente; você não tem de criar nada, mas só tem de tomar uma decisão com toda a sinceridade e responder à pergunta: o que você faria se aquilo que imaginou fosse realmente verdade? Quando comprovar a sua decisão, a ingenuidade emergirá espontaneamente.

"Então, antes de tudo, descubra no que você consegue acreditar e exclua aquilo em que não consegue, e não seja muito capcioso, como foi o caso ainda há pouco com a toalha de mesa, que você achava estar muito cheia de pó e que não podia ser amarrotada. Se ela estiver empoeirada, sacuda-a, se não pode amarrotá-la, encontre outra coisa."

— Mas e se eu não for ingênuo por natureza? — perguntou Pácha.

— As pessoas que não são ingênuas na vida podem ser ingênuas no palco, durante o processo criativo. Temos de distinguir entre a ingenuidade natural e a ingenuidade teatral, embora, para dizer a verdade, elas muitas vezes andem juntas — explicou Tortsov ao jovem. — Então — continuou ele, depois de uma breve pausa, voltando-se para Pácha —, concentre os raios de sua atenção dentro de você, observe o que está acontecendo em seu coração e identifique em que você acreditou na cena que acabou de representar.

— Eu não acreditei em nada, não senti nada, só assumi uma postura, sem qualquer tipo de pensamento — reconheceu Pácha.

— Se for esse o caso, então, justifique o que puder, acredite no que puder, do modo que você seja mais capaz de fazer, e assim será mais fácil estabelecer ou descobrir a verdade — aconselhou Tortsov.

— Não sei por onde começar — disse Pácha, procurando por algum lugar para mirar.

— É claro que é melhor começar de dentro, sem pensar nisso — disse Tortsov.— Se você não consegue chegar ao sentimento de forma direta, tente uma abordagem indireta. Temos os *chamarizes* que a nossa imaginação cria para isso, Tarefas e Objetos. Devemos sempre começar com eles.

Pácha tentou descobrir algo em seu interior, para se agarrar a alguma coisa que evidentemente era vaga. Naturalmente, isso o levou a forçar e, portanto, a sobreatuar e a mentir.

— Quando os sentimentos atraídos não dão resultado, não force. Você sabe que isso termina em clichês e atuação de mera técnica — interrompeu-o Tortsov. — Assim, não há mais nada a fazer a não ser abordar o sentimento por outro caminho.

"Comece observando atentamente tudo em sua volta e tente entender (sentir) no que você pode acreditar, no que você tem de se concentrar e o que você tem de deixar de lado, nas sombras.

"Por exemplo, você pode acreditar que o 'apartamento de Mária' é sua casa?" — perguntou Tortsov.

— Ah, sim! Estou tão acostumado com ele que é como se fosse o meu próprio quarto — respondeu Pácha, sem hesitação.

— Ótimo! — disse Tortsov, muito satisfeito. — Vamos prosseguir. Você pode acreditar que um pedaço de madeira é um ser vivo? Você pode e deve acreditar em uma semelhante ilusão? — perguntou Tortsov.

— É claro que não — respondeu ele, sem um momento de reflexão.

— Bom — concordou Tortsov. — Agora, para que você não tenha de pensar mais em um pedaço de madeira, substitua-o pelo seu *"se" mágico*.

"E, ao mesmo tempo, diga para si mesmo: se isso não fosse um pedaço de lenha enrolado [em uma toalha de mesa], mas uma criança viva, o que eu *faria*?

"Vamos ainda mais longe. Será que você consegue acreditar que a toalha de mesa se transformou em uma manta?"

— É claro — reconheceu Pácha.

— Ótimo — disse Tortsov alegremente. — Então você acredita nisso. Que a toalha de mesa se transformou em uma manta e, sobretudo, que ela envolve a criança adequadamente, é uma verdade da vida real na qual podemos acreditar.

Pácha começou a envolver o pedaço de madeira na toalha de mesa, mas não funcionou.

— Não acreditei em você — disse Tortsov. — Se isso fosse um bebê de verdade, você teria se comportado de forma adequada, você o teria enrolado, mesmo de maneira ruim, de modo que o bebê não ficasse caindo para todos os lados, como está acontecendo agora, e para que a luz não o impedisse de dormir.

Pácha trabalhou afastado por um longo tempo e, finalmente, montou um pacote enorme e desajeitado.

Então Tortsov, como tinha feito comigo, chamou sua atenção para cada mínimo detalhe das ações físicas, levando-as a um estado de completa e biológica *verdade e crença*.

Por fim, Pácha colocou o bebê recém-nascido para dormir.

– Por que você está escondendo o rosto do bebê com a ponta da toalha de mesa com tanto cuidado? – perguntou Tortsov.

– Primeiro para que eu não veja o tronco, o que destrói a ilusão, e segundo para que a luz, "por assim dizer", não bata nos olhos do bebê – respondeu Pácha.

– Excelente – disse Tortsov, satisfeito. – Você cobriu uma mentira com uma verdade: quando se preocupou com os olhos do bebê, você desviou sua atenção de algo que não queria ver.

"Em outras palavras, você transferiu sua atenção de algo que era um empecilho para algo que era uma ajuda.

"Isso foi verdadeiro, isso foi bom.

"Mas tem uma coisa que não entendi" – continuou Tortsov, depois de um minuto. – "Você estava acalentando o bebê numa voz tão alta e balançando-o com tanta força que isso dificilmente iria ajudá-lo a dormir. Pelo contrário. Você o estava acordando.

"Deve haver uma considerável *progressão lógica e inteligência* em cada ação genuína. Tente trabalhar nesse caminho. Isso vai levar você mais para perto da *verdade* e da *crença* naquilo que você está fazendo no palco, ao passo que o comportamento ilógico vai distanciá-lo de ambas as coisas.

"Agora que o bebê está tranquilo, você deve deitá-lo no berço ou se sentar calmamente no sofá e segurá-lo em seus braços."

Pácha se sentou no sofá e fez um sério esforço para não perturbar a criança. Ele fez isso com tanta sinceridade que ninguém na plateia riu.

– Por que essa cara tão infeliz? – perguntou Tortsov. – Será que você pensa que aquilo que está fazendo é uma coisa pequena? Não se sinta constrangido. O que você fez pode até ser modesto, mas duas coisas "modestas" são ainda melhores e dez coisas "modestas" são muito boas, e cem delas é excelente.

"Quando você realiza dez ações simples no palco e realmente acredita que elas são genuínas, você vai ser muito feliz."

– Feliz... com o quê... como? – Pácha fez um esforço para entender, tropeçando em sua confusão.

– Feliz com a sensação física de verdade que o ator tem no palco, e a plateia tem diante dela – explicou Tortsov.

"Se você quer se entregar e me agradar, realize ações físicas simples diretamente com total justificação. Isso é infinitamente mais interessante do que fazer canastrice com paixões e espremer sentimentos de dentro de você.

"Posso dizer, daqui da plateia, que você se sente bem no palco. Você tem consciência da *linha do corpo humano* e da *linha da mente humana*. O que mais você poderia querer para começar?"

— Tudo certo, mas isso não me emocionou — disse Pácha, de maneira sofrida.

— Isso não é surpreendente, você não se esforçou para entender quem você tinha embrulhado e posto na cama, e por que — disse Tortsov. — Aproveite o fato de estar sentado no sofá com a criança em seus braços e sussurre para nós (sem perder a concentração) quem é essa criança e como ela chegou até você. Sem uma história imaginativa, suas ações físicas ficam sem motivação, sem vida e, assim, incapazes de despertar seus poderes criativos.

— Ele é um enjeitado — foi a resposta brusca de Pácha. — Eu o achei ainda agora na porta da frente do "apartamento de Mária".

— Está vendo? — disse Tortsov, encantado. — O que você não conseguia fazer antes ganha vida espontaneamente. Antes você não conseguia pensar em uma história imaginativa, agora tudo o que você tem a fazer é justificar algo que já existe e sentir a "vida do corpo humano" do papel.

"Então, você estabeleceu dois *ses mágicos*.

"O primeiro é: e se não fosse um tronco de madeira, mas uma criança viva?

"O segundo é: e se a criança tivesse sido abandonada?

"Existe alguma consideração ou circunstância que torna a sua situação difícil?" — perguntou Tortsov.

— Sim, existe — disse Pácha, recuperando-se. — Minha esposa não está em casa. Não posso decidir o que fazer com a criança sem ela. Eu me pergunto se devo ou não deixá-la na porta de algum vizinho, mas isso seria deplorável. Como faço para não parecer um criminoso? Provar que não sou o pai, que não fui eu que abandonei a criança recém-nascida, mas que a deixaram comigo?

— Sim — concordou Tortsov. — Essas são circunstâncias de peso que complicam o seu se mágico. Existe mais alguma dificuldade? — ele continuou perguntando.

— Sim, e uma muito importante. — Pácha foi mergulhando cada vez mais fundo na situação que havia criado. — O fato é que nunca segurei um recém-nascido nos braços e, falando francamente, eles me assustam. Eles podem escorregar das suas mãos feito uma enguia. É verdade que fui eu quem decidiu escolher o bebê, mas agora estou com medo — e se ele acordar e começar a chorar? O que os vizinhos vão pensar?

"Que algazarra a aparição de um bebê recém-nascido pode causar na nossa casa.

"Mas o pior de tudo é se acontecer o 'acidente' usual. Eu não tenho a menor ideia de como trocar um bebê."

— Sim, sim — encorajou-o Tortsov —, todos esses são assuntos sérios, mesmo que ao mesmo tempo sejam *circunstâncias* divertidas, fato que você deve levar em conta.

"No entanto, eles são detalhes. Existe algo muito mais importante."

— O quê? — perguntou Pácha. — Sou todo ouvidos.

— Você sabia — explicou Tortsov, solenemente — que, quando cobriu o rosto do bebê cuidadosamente com uma ponta da toalha de mesa, ele sufocou e morreu?

Mesmo eu, como um inocente espectador na plateia, senti um aperto no coração diante de uma tal ocorrência inesperada e senti um abalo por dentro. Não é de admirar, então, que, para Pácha, que fazia parte da ação, isso tenha sido um choque ainda maior.

Uma cena dramática ocorreu de forma espontânea. Porque a situação humana de um homem que se encontra por acaso com uma criança desconhecida em seus braços é dramática. Ela sugere algo criminoso.

— Ah! — lembrou-lhe Tortsov. — Você ficou pálido, sabendo que o pedaço de madeira foi sufocado pela toalha de mesa. Você acreditou nesse total absurdo. Será que você ainda precisa de ingenuidade?

De fato, penso eu, não seria ingênuo para um homem adulto envolver cuidadosamente um pedaço de madeira, niná-lo, sentar-se imóvel por um longo tempo, com medo de perturbá-lo e ficar pálido porque sabe que o pedaço madeira foi asfixiado, e acreditar na verdade de um absurdo e não reconhecer que isso tudo é uma história? E ele fez tudo isso seriamente, consciente da importância daquilo que estava fazendo.

— Então — resumiu Tortsov —, essa nova cena, criada aleatoriamente — "O criminoso inocente ou O tronco na toalha de mesa" —, deve nos dizer que você possui ingenuidade suficiente para um ator.

"Você também se convenceu, no palco, de que isso pode ser invocado gradualmente, ser composto de Cortes, quando não acontece de forma espontânea, como foi o caso hoje. Esse processo se torna muito mais fácil quando a semente daquilo que você imaginou cai no solo previamente preparado da 'vida do corpo humano'.

"Então" — resumiu Tortsov —, "na aula anterior, Kóstia preparou o rico solo interior e exterior para ser semeado, mas esqueceu de fornecer as sementes dos *ses mágicos e das Circunstâncias Dadas*.

"Hoje você não só arou e adubou o solo com pequenas ações físicas, verdades e crença, mas também plantou as sementes que lhe deram uma rica colheita de vivências."

ESBOÇOS E FRAGMENTOS

TREINAMENTO E EXERCÍCIOS

.. .. 19..

Hoje, como de costume, fizemos três horas e meia de "treinamento e exercícios", intercaladas com canto e dança.

Enquanto fazíamos os nossos velhos exercícios, senti que minha imaginação e minha concentração tinham se tornado mais flexíveis e sensíveis.

Se for esse o caso, então, o lema de Rakhmánov – "a prática leva à perfeição"[1] – se justifica.

Na última meia hora, tentamos inicialmente manter um objeto focal e ampliar nossa capacidade de atenção com as luzes acesas, não com lâmpadas, como antes, mas sem elas, isto é, com as coisas no "apartamento de Mária".

Rakhmánov indicava alguma coisa, talvez um candelabro. Todos nós tentávamos nos concentrar nele. Se o objeto em si não conseguisse prender nossa atenção, como era de costume nesses casos, nós examinávamos sua forma, linha e cor. Mas como essa não era uma atividade muito interessante e não durava muito tempo, tivemos de usar nossa inteligência, imaginação e poderes de invenção.

Eu disse para mim mesmo:

– Esse candelabro atravessou os reinados de Alexandre I e Napoleão. Talvez tenha brilhado sobre um deles durante uma recepção de gala ou em uma reunião governamental quando a história foi feita. Talvez seu destino tenha sido mais modesto e tenha servido a meros dignitários, e não a imperadores. Quantas belas damas e cavalheiros ele iluminou! Quantas frases

---

1. Literalmente "Costurar a ação, colher o hábito".

brilhantes e floreadas, quantos versos sentimentais e quantas canções lacrimosas ele terá ouvido, acompanhadas por um cravo ou por um velho piano. Quantos encontros amorosos e quantas cenas alegres ele terá testemunhado?

"Então veio o duro período de Nicolau I. Quem sabe esse candelabro poderia estar ardendo durante as reuniões secretas dos Dezembristas[2] e então tenha ficado pendurado por um longo tempo, esquecido em uma casa vazia, enquanto seus proprietários sofriam lá longe na neve, no norte, nos subterrâneos, aprisionados com suas mãos acorrentadas a um carrinho de mão?

"O tempo voou e, quem sabe, talvez o candelabro tenha sido leiloado para um comerciante *nouveau riche*, que o pendurou em sua loja. Como o pobre e elegante candelabro aristocrático deve ter ficado chocado com a vulgaridade da sociedade dentro da qual ele foi cair!

"Seria o comerciante um fraudador? Será que o magnífico candelabro ficou muito tempo pendurado em um antiquário? Sua beleza aristocrática não foi apreciada. Ele esperou um conhecedor. Tortsov veio e, com grande respeito, levou-o para o seu teatro.

"Mas, uma vez que estava lá, ele saiu das suas mãos. Ele foi entregue a Rublióv, a Polúchkin[3] e aos outros fabricantes de adereços. Olhe o que fizeram com ele! Como a sua esplêndida forma foi arruinada. Eis aqui um castiçal entortado. O bronze está manchado. Não será esse um amplo testemunho do trágico destino que se abateu sobre esse refinado aristocrata, em meio ao caos, à boêmia do teatro?

"Pobre candelabro velho e elegante, o que o espera no futuro?

"Será que eles vão jogar você fora? Será que o derreterão para fazer dobradiças de porta ou samovares barrigudos?"

Eu estava tão perdido em meus devaneios que não percebi que um novo objeto tinha sido indicado.

Todo mundo já estava se concentrando em um álbum com capa de pelúcia de mau gosto, com cantos de metal e uma placa de identificação cinzelada.

Tente abri-lo e você verá um amontoado de fotografias que o departamento de adereços colou nele. Na parte de cima, a imagem de um trabalhador autônomo do distrito de Rozgov. O jovem comerciante vestiu seu uniforme militar pela primeira vez e correu para tirar essa foto e deixá-la para os seus descendentes. Como ele pode mostrar sua ousadia? Ele pega seu sabre, puxa-o até a metade da bainha e se vira com um olhar feroz em direção

---

2. Os Dezembristas eram um grupo de oficiais que tinham absorvido as ideias ocidentais sobre a democracia. Seu golpe planejado contra o czar, em 12 de dezembro de 1825, foi um fracasso.

3. Membros da equipe técnica do Teatro de Arte de Moscou.

à câmera, como se fosse matar um inimigo invisível. Próximo a ele há uma foto do imperador austríaco Francisco José em uma pose impressionante. Embaixo há um homem-peixe com desagradáveis olhos brancos em um aquário. E, ao lado do peixe, o retrato da venerável abadessa de um convento. Em que companhia essa santa mulher foi cair!

Como uma raridade como o candelabro de Alexandre I e um lixo de mercado de pulgas, como o álbum de pelúcia, acabam no palco? Vendo de fora, da plateia, não estou certo de que não diria, como Grícha:

"Livre-se do candelabro, porque ele parece lixo. Dê ao álbum um lugar de destaque, porque ele parece bom."

Isso é o que o palco faz. Nem tudo que reluz é ouro na ribalta.

Dessa vez eu me esqueci de desviar minha atenção para outro objeto.

"Isso é bom" – pensei. – "Se eu não desenvolvi *aderência*, pelo menos desenvolvi um *vínculo*."

Após o terceiro objeto, Rakhmánov nos pediu para relatar o conteúdo das nossas *reflexões privadas livres e despreocupadas*, como Tortsov as chama.

No geral, Rakhmánov elogiou a qualidade de nossas imaginações, apenas comentando que os observadores devem definir o *porquê*, ou seja, o motivo interior pelo qual estão olhando para o objeto. Em outras palavras, eles precisam de uma *tarefa interior e de um "se mágico" para justificar isso*. O que nós não temos.

Hoje, tivemos novamente "treinamento e exercícios" com Rakhmánov.

– Hoje – disse ele –, Tortsov tem uma agradável surpresa guardada para nós. Vocês vão fazer todos os exercícios antigos *com música* e os farão bem porque F....... estará ao piano.

"Fiquem todos de pé e agradeçam a ele pela honra de estar se apresentando para peixinhos como vocês."

Todos ficamos de pé e fizemos uma profunda reverência, com muita sinceridade.

Fiquei tão comovido que decidi perguntar o motivo dessa honra. Eu queria saber para que pudesse prestar uma atenção mais consciente aos exercícios e fazê-los melhor.

A resposta de Rakhmánov foi breve. "Não estou em posição de lhe dar uma resposta. Meu trabalho é fazer o que me disseram."

De repente, ouvimos alguém nas coxias tocando esplendidamente a *Sonata ao luar*, de Beethoven, e uma luminária azul de vidro fosco semicircular foi acesa no meio da sala. Era como se ela estivesse tentando ser a lua. A bela música e a meia-luz produziram seu efeito, colocando-nos em um estado de espírito para devaneios e pensamentos tristes...

.. .. 19..

— Vamos à igreja — sugeriu Tortsov, assim que entrou.

— Igreja?! Para quê? — ficamos surpresos. — E quanto à aula?

— Essa será a nossa aula. Primeiro vamos à igreja, depois a uma loja de móveis e, em seguida, a uma repartição do governo, uma estação ferroviária e um mercado.

Vánia se levantou, pronto para ir, mas Tortsov o deteve.

— Nós somos atores, não precisamos de táxi para chegar a esses lugares. Sente-se calmamente e deixe a sua imaginação fazer a viagem. Esse é o mundo em que nós artistas realmente vivemos, não a vida real.

Demorou apenas alguns segundos para que a maioria de nós sentisse que estávamos na igreja.

— Em qual? — perguntou Tortsov a Vária, que já tinha tido tempo de fazer o sinal da cruz, rezar e agitar suas pálpebras para algum ícone imaginário de Nicolau, o Milagroso, enquanto beijava suas mãos.

Nossa beldade não conseguiu especificar em que igreja estava.

— De modo geral — em uma igreja.

— Não. "De modo geral" não significa nada na arte — disse-lhe Tortsov. — Você foi à igreja para adorar algum santo, não foi para a igreja de modo geral.

— Não sei como fazer isso — disse Vária, coquete.

— Nós logo aprenderemos — disse Tortsov, acalmando-a. — Dê-me sua mão — disse ele, amigavelmente. Ela fez rapidamente o que lhe foi pedido e estendeu sua bela mão para ele. Mas Tortsov empurrou-a de volta para o colo dela e disse:

— Só com a sua mente... dê-me sua mão com a sua mente e eu a guiarei para sairmos daqui. Para que rua? — perguntou ele.

— Rua Prokóvaia — respondeu ela.

— Vamos — disse Tortsov, com firmeza, sem se mover. — Não se esqueça de me avisar quando chegar lá.

.. .. 19..

— Agora vocês se encontram em Moscou, na escola. Eu trago um "se" *mágico* e pergunto a vocês: "O que vocês fariam se não estivessem aqui, mas em um enorme transatlântico rumo à América durante uma violenta tempestade?".

— O que eu faria? — pensou Pácha.

— Primeiro, vocês têm de ter em mente que essa sala estaria subindo e descendo — disse Tortsov, estimulando nossa imaginação. — Nós não seríamos capazes de nos sentar nessas cadeiras frágeis... Elas rolariam de um lado para o outro... Também não poderíamos ficar de pé, porque o chão estaria nos balançando e nos jogando...

— Nesse caso, a melhor coisa a fazer seria voltar rapidamente para a cabine e deitar — resolveu Pácha. — Onde está minha cabine? — refletiu ele.

— Vamos supor que esteja bem abaixo e que para chegar lá você tenha de passar pela porta e descer as escadas que levam ao guarda-roupa — sugeriu Tortsov.

— Agora, o chão está inclinado em direção à porta — refletiu Pácha. — Isso significa que... eu estou escorregando em direção a essa parede.

— Como fazer para se manter aí? Onde você pode se segurar? Na cama?

— Não, ela está deslizando comigo por causa do movimento do navio... É melhor sentar no chão — resolveu Pácha. — É preciso admitir que a vida a bordo de um navio não é um piquenique, é tudo muito assustador.

— Como você chama aquilo que está fazendo agora? — continuou Tortsov.

— Imaginando as circunstâncias de ficar na minha cabine — respondeu Pácha.

.. .. 19..

Tortsov mal tinha entrado na sala quando virou-se para mim e perguntou:

— Onde você está agora?

— Na sala de aula — respondi.

— Mas e se você estivesse em casa — perguntou-me novamente —, o que estaria fazendo?

Antes que eu pudesse responder, tive de me sentir em meu quarto, lembrar o que tinha acontecido pela manhã e o que iria acontecer à noite, todas as coisas que tinha empilhado e que estavam esperando sua vez, lidar com meus próprios anseios e desejos, levar em conta outras circunstâncias e, por fim, decidir o que deveria fazer — nesse caso, visitar meu tio e meu primo, Koka.

— Veja! — Tortsov tirou um papel do bolso do colete e disse: — Tenho aqui um camarote para o ensaio geral de hoje à noite no Máli. Imagine que eu o tenha dado para vocês... a turma inteira pode ir. Mas o problema é que Kóstia precisa ir ver seu tio. Se esse fosse o caso, o que você faria? — perguntou ele, virando-se para mim mais uma vez.

— Isso é fácil! Iria ao teatro — reconheci.

— Então vou introduzir outro *"se"* mágico — refletiu Tortsov. — Seu tio precisa de você para um assunto urgente. Ele escreveu que se você não for logo haverá problemas.

— Bobagem. Seria apenas alarmismo — recusei.

— Na vida real, talvez, mas na atuação é diferente. O "se" que eu introduzi é categórico, então o perigo é certo.

— Ah, esse meu tio! — explodi.

— Isso é o suficiente para mim — disse Tortsov. — Essa exclamação demonstra, melhor do que qualquer tipo de raciocínio, a força e o poder do "se" mágico sobre você.

"Agora vou introduzir mais um 'se' mágico e lhe contar um segredo: acontece que o famoso ator de São Petersburgo, V......, vai aparecer no ensaio de hoje. Ele só tem mais uma apresentação e os ingressos estão esgotados. Então, é agora ou nunca, hoje é sua única chance. Decida-se rapidamente. Já são sete e quinze e a apresentação começa em quinze minutos."

— Isso é cruel! — exclamei, com a mesma sinceridade de antes.

— Lembre-se de que seu tio ligou uma segunda vez. Ele quer que você vá o mais rápido possível.

— Não vou continuar com esse jogo — disse eu, decidido —, ele me deixa no limite.

— Por causa da sua recusa, você reconhece o poder do "se" mágico de influenciar seu coração e seus sentimentos — disse Tortsov.

Tenho de admitir que para mim não restava dúvida sobre isso...

No final da aula, Tortsov examinou nosso trabalho em treinamento e exercícios. Depois de dar uma olhada nos nossos exercícios de liberação muscular, ele disse:

— Agora vocês estão começando a justificar poses casuais e dar sentido a elas. Elas se tornam *ações reais* para vocês. Vánia, por exemplo. No início, como de costume, havia uma certa quantidade de poses, mas agora ele está começando a colher uvas ou alguma outra coisa.

Ele deu sentido à pose e justificou-a por meio da ação.

.. .. 19..

Hoje, Tortsov nos deixou nas mãos de Rakhmánov. Ele demonstrou exercícios para desenvolver um senso físico de verdade que depois incluiríamos em nosso "treinamento e exercícios".

Primeiro Tortsov chamou nossa atenção para o fato de que ele dava uma importância excepcional a esses exercícios. Como ficou claro em nossas aulas anteriores, o nosso mundo interior é intuitivamente iluminado por um sentimento de verdade e crença. Se ele não acontecer, é possível alcançá-lo de fora através do reflexo externo, das ações físicas justificadas e verdadeiras, e das Tarefas lógicas e sequenciais que são solicitadas por "ses" mágicos prováveis etc.

— Parece bastante fácil influenciar nosso mundo interior usando tarefas físicas, mas devemos nos lembrar de que as Tarefas físicas ou ações que não são devidamente justificadas são tão atraentes e irresistíveis quanto aquelas que o são e podem ter consequências terríveis...

.. .. 19..

Tortsov nos deu uma série de exercícios que Rakhmánov tinha de fazer conosco em suas aulas de "treinamento e exercícios". Ele explicou que não estava fazendo exercícios sobre o sentimento de verdade por eles mesmos (*an und für sich*)[4]. Verdade e crença não existem em e por si mesmas, sem conexão com a coisa que elas justificam. Elas são parte de todas as nossas vivências e ações criativas – movimento, andar, ação exterior, voz, fala, pensamento, tarefas, ideias criativas, "se" mágico. O mundo material exterior – tela pintada, uma adaga cenográfica – deve estar imbuído com verdade e crença naquilo que está acontecendo.

É por isso que os exercícios que nos são dados são uma repetição de episódios que representamos anteriormente, com a diferença de que a justificação interna não era tão forte antes como é agora. Nós sempre rejeitamos qualquer tipo de fingimento, mas não com a intensidade com que fazemos isso em nossos novos exercícios. Agora nós prestamos mais atenção à ação exterior. O sentimento de verdade de uma ação física deve ser absoluto.

Como disse Tortsov, nós sabemos que qualquer ação no palco contém uma certa medida de esforço supérfluo e de afetação. É por isso que esse minúsculo adicional deve ser eliminado de todos os nossos movimentos e ações.

Tivemos de repetir cem vezes com Rakhmánov tudo o que tínhamos feito com Tortsov. Vou discutir esses exercícios com detalhes na seção "treinamento e exercícios".

O que estou escrevendo hoje não tem a ver com os exercícios em si, mas com aquilo que Tortsov disse sobre eles.

Primeiramente, Tortsov sugeriu que arrumássemos a mobília do palco como se fosse "o apartamento de Mária". Montamos tudo sem nenhuma ideia precisa. Assim que alguns estudantes colocavam uma cadeira em algum lugar, outros vinham e a punham em qualquer lugar que a sua fantasia determinava.

Naturalmente, para mover a cadeira, cada um de nós fez o que era fisicamente essencial, de forma lógica e sequencial, para transferi-la de um lugar para outro, ou seja, todos nós estendemos nossos braços, fechamos nossos dedos, tensionamos os músculos certos para pegar o objeto e carregá-lo. Em resumo, nossas ações foram normais, não como em algumas aulas anteriores nem da maneira como eu contava o dinheiro usando o ar em exercícios similares. No entanto, quando examinamos cuidadosamente nossas ações no palco, havia um número enorme de extras desnecessários, que arruinaram nosso estado de espírito e nosso estado criativo.

---

4. "Em e por si mesmo."

.. .. 19..

— Penso que já falei tudo o que podia sobre o *sentimento de verdade*.

"Agora chegou a hora de pensar em maneiras de desenvolvê-lo e verificá-lo.

"Existem amplas oportunidades para isso. Devemos encontrá-las em cada passo do caminho, visto que o sentimento de verdade aparece em todos os momentos em que estamos envolvidos no trabalho criativo, seja em casa, no palco, nos ensaios ou na apresentação. O que o ator faz e a plateia vê deve estar preenchido com um sentimento de verdade e aprovado por ele.

"Mesmo o exercício mais insignificante conectado com a linha interior ou exterior deve ser testado e sancionado pelo sentimento de verdade. Fica claro, a partir do que eu disse, que todos os momentos em que estivermos trabalhando, na escola, no teatro ou em casa, podem ser úteis para desenvolver esse sentimento. Tudo o que nós temos de fazer é nos assegurar de que esses momentos sejam úteis, e não prejudiciais, e que eles ajudem a desenvolver e consolidar o sentimento de verdade, mas não mentiras, falsidade e fingimento.

"Essa é uma tarefa difícil, já que mentir e simular é mais fácil do que falar e se comportar verdadeiramente. É preciso uma grande dose de concentração rigorosa e a supervisão de seus professores para que vocês possam desenvolver um sólido sentimento de verdade.

"Livrem-se das mentiras, de qualquer coisa que vocês ainda não possam administrar, de qualquer coisa que vá contra a sua natureza, lógica e senso comum. Essas coisas só podem desestabilizá-los, produzir situações forçadas, fingimento e mentiras.

"Quanto mais frequentemente vocês as permitirem no palco, pior será para o seu sentimento de verdade, que será suplantado por mentiras.

"Ser falso e mentir não deve se transformar em um hábito em detrimento da verdade."

Por medo de levar os estudantes para as mentiras, Tortsov era muito cuidadoso na definição dos exercícios práticos que nós fazíamos na aula de Rakhmánov, "treinamento e exercícios". No começo, Tortsov se satisfazia com as tarefas físicas mais simples e mais elementares, que nos eram familiares por causa da nossa vida e de nossas aulas anteriores. Por exemplo, ele nos fazia sentar bem imóveis, medir a sala em passos, encontrar um objeto, arrumar a sala, examinar o tapete, o teto, os objetos, arrumar nossas roupas e a nós mesmos, examinar nossas mãos, nos aproximarmos e cumprimentarmos um ao outro etc. Cada uma dessas tarefas muito simples tinha de ser trazida à vida por um pensamento justificativo. Esse processo, como sempre, era realizado pelo onipresente "se" mágico.

Tortsov foi extremamente rigoroso e exigente (mas não de maneira exagerada) com relação às *pequenas e grandes verdades*. Cada instante, cada sugestão de movimento e de ação tinha que ser justificada. Tortsov prestava muita atenção à lógica e à sequência estritas de cada tarefa física que realizávamos.

Ele também exigiu que as pequenas partes constituintes das tarefas físicas maiores fossem realizadas com clareza e não deslizassem umas para dentro das outras. No entanto, quando comecei a exagerar a precisão de meus movimentos e ações, Tortsov me interrompeu, dizendo que *acabamento tosco e exagerado são igualmente prejudiciais no palco, já que criam falsidade.*

Inicialmente, passamos por todos esses exercícios nos cômodos adjacentes — a sala de jantar, o vestíbulo, o corredor —, que eram em lugares onde estávamos cercados por quatro paredes. É claro que, nessas circunstâncias, realizamos nossas ações com simplicidade, naturalmente, sem fingimento, porque não sentíamos a presença de uma plateia de estranhos. Mas quando tivemos de fazer os mesmos exercícios na sala de estar, com a quarta parede aberta para a plateia, sentimos a artificialidade, a teatralidade da nossa atuação, a necessidade de se exibir e de fingir, à qual é tão difícil resistir.

Realizamos muitos exercícios com e sem objetos. Tortsov atribuía grande importância ao trabalho sem objetos.

A continuação do trabalho sobre o sentimento de verdade foi passada para Rakhmánov, em sua aula de "treinamento e exercícios".

.. .. 19..

Hoje, Tortsov continuou demonstrando exercícios para a aula de Rakhmánov, de "treinamento e exercícios", para *desenvolver e consolidar o sentimento de verdade.*

Ele começou nos levando para a sala de jantar do "apartamento de Mária" e nos dizendo para pôr a mesa para cinco pessoas. Tudo o que era necessário — toalha de mesa, pratos, guardanapos — estava pronto, esperando no armário. Tínhamos de encontrá-los, pegá-los e arrumá-los. Estávamos desorganizados, de maneira que um atrapalhava o outro. No entanto, depois de vários percalços, a mesa estava posta. Então nos foi dito para limpar a mesa e colocar a louça de volta no aparador, em seu devido lugar.

Não havia nada de mentiras e de fingimento enquanto fazíamos isso porque não havia razão para tentar dificultar as coisas. Estávamos em um aposento sem a quarta parede aberta para revelar nossas ações para a plateia. Em poucas palavras, nós nos comportávamos como na vida real, onde tudo é verdadeiro.

No entanto, em que sentido arrumar a mesa apenas por arrumar é verdadeiro? Na vida real, tudo é feito com um propósito, e nossas ações não tinham nem justificação, nem motivação. Tortsov preencheu essa lacuna rapidamente, e, assim, o próximo exercício consistiu em colocarmos a mesa novamente, justificando isso com uma ideia criativa ou um "se" mágico.

Esse "se" foi o fato de que muitos parentes tinham se reunido no "apartamento de Mária". A única criada e a anfitriã imaginária não conseguiriam dar conta dos convidados, e, então, nós tivemos de cuidar deles. Isso explicava por que todos os estudantes estavam arrumando a mesa.

Agora a tarefa tinha sido definida dentro de uma ideia criativa, ela era mais complexa do que antes, quando tinha sido meramente um exercício, e, por isso, exigia preparação. Tivemos de ser claros sobre quem representava quem e como eles estavam relacionados com Mária, a suposta dona da casa, quando e por que os parentes tinham se reunido etc. Não vou descrever nossa atuação em detalhes, o que seria repetir sensações familiares, sobre as quais já falei nas cenas com a lareira úmida e o cão raivoso[5], que fizemos com a cortina aberta e fechada. A diferença é que, desta vez, Tortsov estava muito mais rigoroso em relação ao senso de verdade do que em exercícios anteriores. No entanto, ele não teve de nos interromper muitas vezes porque, como eu disse, não tinha ninguém para nos ver atuar dentro de quatro paredes. Nós nos comportamos com naturalidade.

O exercício foi então transferido para a "sala de estar", isto é, para uma sala com uma parede aberta para a plateia ver. A tarefa foi muito mais difícil, ainda mais porque, desta vez, Tortsov foi extremamente exigente no que diz respeito a justificar cada movimento da ação no palco. Ele tinha de nos interromper a cada minuto e conter a tendência ao fingimento e às mentiras, que se infiltravam em nosso trabalho contra a nossa vontade.

– Não acredito em você – disse Tortsov a Igor. – Você está pondo as facas e garfos com uma pressa injustificada e com uma exibição de polidez e servilismo que se destina às pessoas que estão diante de você, e não a nós aqui no palco. Além disso, eu não acho que na vida real você seria tão elegantemente cortês com sua irmã, interpretada por Vária. Você não iria começar a fazer reverências se pisasse no pé dela. E se acontecesse de você encontrá-la na rua, quando estivesse tratando dos seus negócios, você não deixaria que ela passasse à sua frente, como um cavalheiro.

Nós então repetimos o mesmo exercício na "sala de jantar" e na "sala de estar", com a única diferença de que pusemos a mesa sem usar objeto nenhum. Eles foram substituídos por *"nada"*.

Tortsov insistiu na mesma precisão, lógica e sequência de quando contamos o dinheiro sem usar nada. Não fomos capazes de fazer o exercício de forma satisfatória e de justificar suficientemente todas as ações físicas que ele nos deu. No entanto, ele não achava que conseguiríamos e estava apenas mostrando para nós o trabalho que completaríamos ao longo do tempo nas aulas de "treinamento e exercícios" de Rakhmánov. Tortsov nos entregou nas mãos dele e, mais uma vez, lembrou-nos de que *ele considerava os exercícios que tinha demonstrado, sobre pequenas e grandes ações físicas, e as verdades, extremamente importantes, desde que os justificássemos "completamente"*. Tivemos de dominar completa-

---

5. Nenhum exercício assim foi descrito. Stanislávski evidentemente se refere à cena com o "louco".

mente as ações físicas e as pequenas verdades, e praticar realizando-as com simplicidade e naturalidade o tempo todo.

Nos primeiros instantes, trabalhar com esses exercícios parecia estúpido. Além do mais, reagi mal à pressão. Não eu exatamente, mas um forasteiro "teatral" que tinha se instalado em mim sem ser convidado. Pessoalmente, eu realmente queria tentar fazer os exercícios, mas meu inquilino colocava para-choques defensivos contra a minha vontade, e isso me impedia de me confrontar com meu objeto.

Meu inquilino obstinado obstruía meu trabalho com uma má vontade criminosa. Como Grícha, ele criticava tudo e não me dava uma chance de acreditar, de forma ingênua e sincera, na importância daquilo que eu estava fazendo. Ele desacreditava meu trabalho. Então, eu me alternava entre os polos da crença e da descrença: *eu creio, eu não creio*.

Houve momentos em que a crença fazia pender a balança, mas então o meu crítico insuportável fazia secretamente que ela pendesse para o outro lado, e o *eu creio* se evaporava.

Por fim, chegamos a uma espécie de equilíbrio. Não porque eu acreditasse sinceramente no que estava fazendo, mas porque me acostumei com a luta entre o *eu acredito* e o *eu não acredito*. Era tedioso e enfadonho, mas não me desviou.

Então Tortsov sugeriu um exercício sobre a verdade:

— Suponham — disse ele — que vocês estejam indo para casa com alguns amigos em um bonde. Ele está lotado e existem estranhos em torno de vocês. Na presença deles, vocês começam a dialogar em voz bastante alta, com uma enunciação simples e natural, de modo a não incomodar as pessoas que estão ao seu redor e fazê-las pensar que se trata de uma conversa normal.

Após a aula de hoje, Pácha e eu tentamos fazer isso no bonde e quase conseguimos. Mas haviam trechos que não conseguíamos justificar, e assim recebemos olhares engraçados de nossos vizinhos. Isso foi constrangedor. É por isso que temos de justificar as palavras e ações "completamente".

Como é terrível ser "teatral" na vida real. As convenções da atuação parecem pretensiosas e anormais. Você tem de ser absolutamente natural se não quiser parecer louco.

A verdade é arbitrária.

— Vamos tentar outra experiência sobre o efeito que *a verdade da ação física* tem sobre o sentimento — sugeriu Tortsov. — Neste momento, vocês não querem chorar; então, vamos fazer vocês se lembrarem de um estado em que é fácil chorar. Então, vou dar a vocês esta tarefa com o seguinte "se":

"Digam-me, o que vocês fariam se os seus olhos se enchessem de lágrimas e vocês tivessem vergonha de que víssemos o estado em que vocês se encontram?"

Comecei a esfregar com força a minha testa como se o problema estivesse ali, e não nos meus olhos. Essa ação permitiu que eu os cobrisse com a minha mão.

Mas não é possível manter essa posição por muito tempo sem se entregar.

Eu tinha de encontrar outra maneira de me ocultar. Encostei nas costas de uma cadeira, cobri uma das bochechas com a mão, escondendo, assim, metade do meu rosto das pessoas sentadas à direita, então peguei meu lenço com minha outra mão e comecei a assoar o nariz, para me esconder das pessoas à esquerda. Tive de enxugar as lágrimas dos meus olhos e das bochechas sem que percebessem. Mas essa ação também não poderia demorar muito. Tive de pensar em outra coisa.

O que eu fiz foi pegar um pedaço de papel do meu bolso e começar a lê-lo atentamente. Isso permitiu que eu me escondesse de todos e justificou o meu silêncio pelo meu grande interesse na carta.

Havia outras ações de um tipo similar, mas não houve necessidade de recorrer a elas porque o meu interesse foi despertado por outra coisa.

Minha Adaptação externa, que escondia meu rosto dos olhos curiosos, lembrou-me (por analogia ou associação) de outras ações vivas, mais sutis, relacionadas com a minha tarefa presente. Elas me ajudaram espontaneamente. Comecei a piscar, a engolir saliva com frequência, a mover minha língua nervosamente, a abrir minha boca para respirar mais profundamente como fazemos quando o nosso nariz está tapado e não podemos inspirar da maneira correta. Essas pequenas ações espontâneas e verdadeiras desencadearam muitas outras verdades e ações pequenas e, em seguida, grandes, que me deram um sentimento de vida real e me provocaram sensações familiares. Tentei interpretar o meu estado mental e me perguntei: "Em que Circunstâncias Dadas eu poderia vivenciar essas sensações?".

Minha imaginação corria solta, tentando encontrar uma história adequada. Tentei uma justificação após outra.

Primeiro, imaginei que a carta que estava escondendo meu rosto, a qual eu lia ostensivamente, falava da morte de um amigo querido. Isso me lembrou do choque que se sente em um momento como esse.

Usando esse estado de espírito como pano de fundo, minha imaginação pintou uma ideia após outra. Por exemplo, alguém tinha me dito que Mária tinha falado que a minha atitude "paternal" (entre aspas) em relação a ela era difícil de suportar. Isso acrescentou combustível às chamas.

Eu estava ainda mais chateado pelo fato de que Tortsov tinha aparentemente escolhido Pácha para o papel de Otelo e Grícha para o de Iago, deixando-me de fora do repertório trágico.

Eu me sentia muito triste por mim mesmo. Mas não chorei por todos esses infortúnios imaginários. No entanto, eles continuavam a me afetar e consolidavam minha verdade e crença em minhas ações físicas. Eu acreditava que, se tudo acontecesse como na minha história, eu não teria de me comportar como estava fazendo agora e que a crença me levaria à emoção sincera.

No fim, Tortsov chegou à seguinte conclusão:

— *A melhor maneira de estimular vivências de qualquer tipo é esconder seus sentimentos inexistentes das outras pessoas. A verdade de suas adaptações e ações físicas lembra você dos sentimentos inexistentes que você está escondendo, e eles brotam vivos assim que você se lembra deles.*

"Mas a maioria dos atores lida com as coisas de forma bastante diferente. Eles tentam demonstrar sentimentos inexistentes, e não as ações físicas que deram origem a eles. Isso é um convite a mentir, a forçar suas emoções, o que conduz vocês à atuação de mera técnica e à dependência de clichês no momento crítico."

.. .. 19..

Hoje foi um desastre. O pobre Rakhmánov estava em lágrimas. Eu nunca teria pensado que Tortsov pudesse ser tão implacável. Eis o que aconteceu. Nós estávamos realizando "ações sem objetos" durante a aula de "treinamento e exercícios".

Em um dos aposentos do "apartamento de Mária", Pácha estava analisando o que eu fazia e corrigindo meus erros. Grícha estava fazendo a mesma coisa em outro aposento com Dária, e Mária estava analisando Nikolai em outro.

Quanto a Rakhmánov, como de costume, ele estava fazendo a ronda, observando um de cada vez. "Você aprende ensinando aos outros" — disse ele. Então, ele fez os estudantes trabalharem juntos.

Pintei um retrato do meu tio "sem objetos", de memória, usando papel e tela imaginários, pincel, carvão e tintas imaginários.

— Você pegou o pincel sem olhar para ele — disse Pácha, criticando. — Você fez isso rápido demais. Apertou seus dedos com força demais. Você ainda pode fazer menos... menos. Você não arregaçou suas mangas e punhos antes de pintar. Não olhou para o pincel, não o preparou etc. — me dizia ele.

.. .. 19..

Tudo deu errado na aula seguinte de Tortsov. Eu atribuía meu fracasso ao fato de que o exercício era incrivelmente entediante.

— Quantas vezes você já o realizou? — perguntou Tortsov, espantado.

— Vinte vezes, talvez mais — queixei-me.

— Sim, é realmente muito — disse Tortsov, ironicamente. — Salvini disse que estava apenas começando a entender como Otelo devia ser interpretado depois da ducentésima representação. Mas você não apenas conseguiu criar um papel em dez ensaios, mas também conseguiu fazer dele uma bela bagunça.

Fiquei vermelho e não disse nada.

— Estude o que for difícil, o que não vier a você de mão beijada, e não o que for fácil — concluiu Tortsov.

EXERCÍCIOS E TRABALHO EM CLASSE[6]

Exercícios de atuação sobre a memória das ações físicas

1. Encero o chão.
2. Uso uma máquina de costura.
3. Cuido do jardim.
4. Lavo o chão.
5. Fico de sentinela.
6. Vou para a minha casa de campo.
7. Lavo roupa.
8. Arrumo o quarto.
9. Apanho água do buraco no gelo.
10. Treino um bode.
11. Pesco um peixe.
12. Faço um esboço e troco uma lâmpada queimada.
13. Rego as flores e desenho.
14. Sou o bosque no verão.
15. Colho centeio.
16. Janto e tomo remédio para dor de estômago.
17. Apago.
18. Tomo café pela manhã.
19. Subo em um muro, derrubo maçãs e as roubo.
20. Toco violino.
21. Guardo um pedaço de melão, acendo o fogo, faço a comida.
22. Trabalho em uma máquina.
23. Caço passarinhos no bosque.
24. Passo roupa.
25. Varro o chão.
26. Escrevo uma carta.
27. Atiço o fogo.
28. Limpo botas.
29. Lavo a janela.

---

6. Alguns exercícios relativos a aspectos específicos da vida soviética na década de 1930 foram omitidos.

30. Corto lenha.
31. Pinto a janela no inverno.
32. No verão, colho flores no jardim, leio um livro; está quente, uma abelha incomoda.
33. Alimento a galinha.
34. Lavo.
35. Brinco com o gato.
36. Mantenho-me no caminho.
37. Dou banho no cachorro e brinco com ele.
38. Toco piano.
39. Pego água do poço.
40. Trabalho na horta.
41. Tomo um laxante.
42. Remo na água.
43. Preparo o samovar, lavo pratos.
44. Troco as flores.
45. Cubro as minhas roupas.
46. Afio e limpo facas.
47. Penduro cartazes.
48. Faço uma guirlanda de flores silvestres.
49. Jogamos tênis em duplas.
50. Uma orquestra de dez instrumentos.

SOBRE A CONCENTRAÇÃO

Visão
1. Observo um objeto e discuto sobre ele.
2. Mostro um grupo de objetos para os estudantes, depois os cubro e peço para que me digam a ordem.
3. Peço para os estudantes se lembrarem do lugar dos objetos em uma parte do aposento; peço que não olhem. Mudo os objetos de lugar e peço para eles explicarem.
4. Observo dois objetos, procurando semelhanças e diferenças entre eles.
5. Observo duas pessoas, também à procura de semelhanças e diferenças.
6. Observo alguém, quero conhecer seu caráter para um papel que estou interpretando.

Audição
1. Só escuto o que está no aposento.
2. Só escuto o que está do outro lado da parede ou da porta etc.
3. Duas pessoas leem em voz alta simultaneamente, alguns escutam uma, alguns escutam a outra.

Tato
1. Estou absorto tocando um objeto.
2. Comparo a sensação de dois objetos.

Paladar
1. Defina o gosto em sua boca.
2. Lembre-se do gosto de um limão etc.

Olfato
1. Sinta o cheiro de um aposento.
2. Sinta o cheiro de um objeto, veja se é o mesmo em todo ele.
3. Compare o cheiro de dois objetos.

1. Concentre-se em uma ideia, tome uma decisão.
2. Fique perdido em recordações.
3. Espelho: repita as ações, a expressão facial etc. do seu parceiro.

Sobre a imaginação

1. O professor diz algumas palavras, todos as combinam em uma imagem harmoniosa, preenchendo-a com a sua imaginação.
2. Existem alguns objetos; criar uma pintura imaginária e eventos sobre eles.
3. Use sua imaginação em circunstâncias previamente determinadas; estipule o tempo, o lugar e a qualidade das personagens da peça.
4. Criar uma pintura imaginária com objetos determinados, mover ou modificar a pintura, modificando suas ideias consequentemente.

Relativo aos objetos
(Objetos mundanos)

1. Pegamos uma cadeira e a usamos como um peso.
2. Mudar a relação com o objeto indicado pelo professor: por exemplo, meu livro é o livro da Iermôlova etc.
3. Mudar a relação com um ambiente: meu próprio quarto, um museu, uma fábrica com máquinas barulhentas, um clube, uma floresta etc.
4. Compramos um piano, um sofá ou alguma outra coisa, os usamos e os congelamos em uma posição definitiva, característica da tarefa que nos foi dada.

Sobre a liberação muscular

1. Tensione gradualmente o corpo – por exemplo, dos pés até os joelhos – e depois o relaxe.

2. Subitamente tensione e libere a mão etc.
3. No momento certo, mude a posição do corpo, monitore a tensão, libere e justifique.
4. Tensione alguma parte do corpo e, enquanto tensiona, tente observar e ouvir etc. Sinta como a tensão é um obstáculo.
5. Concentre toda a sua energia no punho e tente acertar a pessoa mais próxima de você.

Sobre o movimento

1. Ande com as pernas flexionadas.
2. Sente e fique de pé com as pernas flexionadas.
3. Transfira o corpo de uma posição para outra, de forma gradual e repentina.
4. Defina uma série de movimentos – por exemplo, levantar-se, andar, pegar alguma coisa – e faça as transições suaves e claras.

Sobre a justificação do movimento

1. Na deixa do professor, alterar subitamente a sua postura e justificá-la.
2. Justificar uma determinada postura no exercício.
3. Justificar um determinado movimento no exercício.

Sobre a solidão pública

1. Recebo um telegrama sobre a morte de minha mãe.
2. Espero por meu irmão depois de um exame.
3. Faço uma fantasia para um clube de teatro.
4. Estou estudando a minha lição, um telefonema me perturba, uma batida na porta.
5. Roubo uma guloseima.
6. Preparo um presente para a minha irmã antes que ela chegue.
7. Acordo, sinto o cheiro de fumaça, descubro um incêndio.
8. Estou estudando um papel, meus vizinhos do lado me perturbam.
....
10. Estou costurando, recebo uma carta sobre o meu marido que está doente em uma viagem de negócios.
11. Cuido de um amigo doente.
12. Vou para casa depois que os deveres diminuíram.
13. Tomo café da manhã no bulevar, espero por alguém que amo.
14. Termino urgentemente um trabalho e o levo para a administração.
15. Procuro por um papel com um número de telefone de que preciso.
16. Ouço casualmente uma conversa.

17. Leio sobre a morte de um amigo no jornal.
18. Espero um amigo em casa, para que possamos ir ao teatro.
19. Procuro por uma passagem de trem, estou atrasado para tomá-lo.
20. Procuro por uma entrada de teatro.
21. Rompo com o passado.
22. Vou para casa: fui expulso do estúdio.
23. Escrevo uma carta, selo e me esqueço de escrever o que era mais importante.
24. Espero pelo bonde em um frio de 40 graus.
25. Resolvo uma questão importante e urgente.
26. Arrumo o quarto, estou esperando visitas.
27. Vou para casa cansado, depois de um dia muito pesado, e encontro uma carta há muito esperada.
28. Vou ao quarto de um amigo, espero por ele, leio, acidentalmente encontro uma carta no livro.
29. Uma mulher sozinha em um quarto, memorizando uma canção para um papel.
30. Uma mulher sozinha em um quarto, aprendendo a dançar.
31. Fim de tarde, o dia se desvanece, leio um livro interessante, como coisas deliciosas, um rato arranha, eu o ponho para correr.
32. Estou entediado, procuro algo para fazer, tudo escorre por entre os meus dedos.
33. Férias em breve, penso em uma viagem e nas minhas condições financeiras.
34. Pulo pela janela do apartamento de outra pessoa e roubo.
35. Quero levar uma corrente de ouro para a Togsin[7], mas não a encontro.
36. Vou ao médico, com uma doença cardíaca imaginária, preciso de um dia de folga.
37. Vou ao teatro, onde encontro um amigo querido.
38. Trabalho, mas estou terrivelmente sonolento.
39. Espero alguém que não vejo há muito tempo e que está muito atrasado.
40. Vou até o quarto onde eu morava quando era criança e onde agora moram alguns amigos.
41. Espero meu marido chegar em casa do trabalho e estou ansiosa, telefono.
42. Fujo do meu irmão, que está atrás de mim, faço uma barricada na porta e me escondo, e então me sento para trabalhar.
43. Uma mulher compra um casaco de tricô, olho para ele, vou até os vizinhos para mostrar.

---

7. Togsin era inicialmente uma loja em moeda forte, onde era possível trocar cupons por mercadorias que não podiam ser obtidas de outra maneira.

44. Fiquei completamente absorto, estou atrasado para a aula.
45. Espero o ônibus, vou para Kislovôdsk.
46. 1905, espero por uma investigação.
47. Estou perdido, bato na cabana, não tem ninguém, passo a noite ali.
48. Depois de um concerto, visto-me para ir para casa e descubro que minha carteira e minhas luvas foram roubadas.
49. Vou para casa e vejo que meus cupons de racionamento e meu dinheiro desapareceram da minha bolsa.
50. Vou para casa e acidentalmente encontro coisas de outra pessoa no bolso das minhas calças. Na pressa, eu tinha colocado as calças de outra pessoa.
51. Recebo um terno novo do alfaiate, que não é bom.
52. Sou um representante em um jantar formal, arrumo meu terno surrado.
53. Toco a campainha em um apartamento para entregar um pacote urgente, ninguém responde, então eu empurro o pacote pela porta e descubro que é o número errado.

Sobre o silêncio natural, para duas pessoas

1. Duas pessoas em uma banca de jornal. A olha para B e tenta se lembrar de onde a conhece.
2. A precisa dizer a B alguma coisa muito séria, mas não consegue criar coragem para isso; B percebe que A está evitando alguma coisa, mas também não começa uma conversa.
3. Uma pessoa cega em casa, um ladrão entra.
4. Um funeral de um comunista. Do lado de fora, estão cantando ou tocando uma marcha. A corre atrás do estandarte do funeral. B e C arrumam o aposento. D – a esposa do comunista – está perdida nas lembranças de seu marido.
5. A e B, que se conheceram em algum lugar, encontram-se em um consultório médico. Nenhum dos dois quer admitir que se conhecem e têm medo de que o outro tenha consciência disso.
6. Na sala de leitura. A quer conhecer B, pensando que ele é um famoso autor. B está convicto de que A é um estorvo.
7. A acaba de ser informado de algo ruim sobre B. B sabe disso e se pergunta como se justificar. Cada um fica esperando o outro falar.
8. Depois de uma violenta discussão: A é culpado e não quer se aproximar de B, que quer se reconciliar.
9. A está sentado no bulevar, o clima é bom; B – um ladrãozinho barato – quer roubar alguma coisa dele.
10. B está sentado no centro cultural e descansa, ele deve se encontrar com D. A senta-se em um banco, lendo um jornal; B quer que ele vá embora logo.

11. Dois vizinhos em um aposento. Um deles está estudando para uma prova de matemática, e o outro, para um exame de canto. Isso é muito incômodo para o primeiro vizinho.
12. No vagão de um trem. A está indo para Moscou para estudar, B quer conhecê-lo.
13. Duas pessoas querem o mesmo emprego, elas sabem que apenas uma vai obtê-lo e esperam por uma decisão.

Sobre características físicas

1. Todo mundo é um animal.
2. Todo mundo é francês, inglês etc.
3. Todo mundo é uma flor em um canteiro.
4. Todo mundo é um pássaro.
5. Todo mundo é uma estátua, por exemplo, em um museu de antiguidades.
6. Lembrar as características marcantes de alguém que você conhece e transmiti-las.

Sobre o silêncio natural, para várias pessoas

1. No dentista.
2. No médico.
3. Aguardo a chegada do trem na estação, no verão.
4. Aguardo a partida do trem, no inverno.
5. Uma parada de bonde, no inverno, na primavera, no verão e no outono.
6. O convés de um transatlântico balançando muito.
7. Comendo com amigos. Todo mundo sabe que existe uma pessoa mentalmente doente presente e gostaria de saber quem é.
8. Todo mundo chega pela primeira vez para a aula no estúdio. Ninguém se conhece, eles acabaram de fazer o exame e aguardam os resultados.
9. O exame é no segundo andar.
10. Um vagão em um trem no verão.
11. Um espaço aberto, com bancos, no parque.
12. Em um brechó.

Com música

1. Ginástica de Isadora Duncan (mãos, pés).
2. Desenvolver um andar leve.
3. Sentamos, andamos.
4. Carregamos objetos, brincamos com eles.
5. Passamos objetos ligeiramente em volta de um círculo e os pegamos.
6. Justificamos a música: é numa recepção, no cinema, no quarto de um vizinho, trabalhamos para isso.

7. Correr por toda a sala, tentando não fazer o mínimo barulho. Atravessar a porta é o nosso objeto de atenção.
8. Atravessar toda a sala para esconder coisas de alguém.
9. Usar um ritmo animado para carregar toda a mobília para um canto da sala e começar a se movimentar entre as coisas empilhadas da maneira mais leve e rápida possível.
10. Uma multidão. Tentar atravessá-la sem tocar nos outros.

Sobre o contato

(As circunstâncias são dadas, os participantes encontram as tarefas apropriadas)
....

2. Duas irmãs. A mais velha está dando uma lição de política elementar para a mais nova.
3. Chapeleiros trabalhando em casa, um cliente chega com um pedido apropriado.
4. A prisão de um trabalhador em 1905.
6. Limpar um cômodo. Outra pessoa o arruma.
7. Um encontro no bulevar com transeuntes.
8. Uma briga entre marido e mulher em 1933, e, como um paralelo, em 1910.
9. O salão de leitura da Biblioteca Lênin.
10. Uma assembleia geral sobre temas da atualidade.
11. O bonde de hoje.
12. Bater no quarto de alguém. Eles ficam assustados e não respondem.
13. Uma exposição de pinturas. Todos os visitantes, um administrador.
14. Trabalhar como uma criada ou arranjar um emprego.
15. 1905. Um ginasta espera para encontrar uma ginasta.
16. A está esperando por B em casa; C chega inoportunamente.
17. Duas pessoas não recebem seus passaportes, elas vendem sua mobília, compradores chegam.
18. Uma central de informações, fornecendo respostas para as perguntas de todos os cidadãos.
19. Grande discussão entre amigos.
20. Algo foi perdido na casa. A patroa culpa a criada.
21. Uma costureira, clientes chegam.
22. A vai até B, entrega uma carta e espera por uma resposta, os dois não se conhecem.
23. A é um ator famoso, ele é convidado para um concerto no clube dos operários.

24. A vai até B pedir dinheiro. B recusa.
25. Clientes chegam. Um anúncio no jornal diz "apartamento coletivo disponível".
26. A está lendo o jornal, vê uma oportunidade favorável para trocar seu apartamento por outro, telefona e marca um encontro.
....
30. O escritório de um gerente de fábrica. Eles despedem A e transferem B para outro serviço.
31. A informa B da morte súbita de alguém próximo que estava arruinado.
32. A vai ao quarto de seu amigo, mas entra por engano na porta ao lado e fica à vontade; a mulher que ocupa o quarto chega.
33. O estudante leva seu trabalho para o professor. Distraidamente, ele levou metade de outro trabalho.
34. A está na rua. De repente, B e C o agarram por trás. Ele pensa que são ladrões, mas na verdade são amigos.
35. Na fila para comprar entradas para o teatro.
36. Na fila do refeitório.
37. Um escritor famoso nas províncias. As seguintes pessoas vêm para vê-lo: A, para tratar de um sarau literário, o ensaísta B, os jovens escritores C e D etc.
38. Uma filha desenganada, cercada por sua família.
39. A vai até B e pergunta se ela quer se casar com ele, ela recusa.
40. Um colega de plantão pede a um telegrafista sobrecarregado para dar prioridade a um telegrama oficial, este se recusa e tem início uma briga.
41. Um cozinheiro e uma cozinheira se comunicam através de sentimentos líricos quando o trabalho é urgente.
42. A está com ciúmes de B e C, que lhe deu uma blusa.
43. Um operário de fábrica é informado por telegrama de que teve um filho. Ele pede licença e sai correndo.
44. Duas pessoas fofocam sobre seus inquilinos.
45. Preparando um relatório, várias batidas na porta: um telegrama, jornal, um mendigo, a mulher do leite etc.
....
47. O médico local visita um paciente muito doente.
48. Começo dos ensaios: pessoas estão atrasadas, não aparecem, contam histórias, loucura, etc.
49. Discussão sobre um bônus.
50. Saguão do teatro, várias pessoas estão atrasadas.
....
52. Discussão com o jornaleiro, que não traz os jornais que você encomendou ou nem aparece.

53. Preparativos para o 8 de março.
54. Estudando assuntos contemporâneos.
55. Clube dos operários, preparativos para as comemorações de outubro.
56. Aula para analfabetos.

Exercício 1

1) Sentar. 2) Ir até a porta. 3) Cumprimentar todo mundo. 4) Levantar. 5) Caminhar. 6) Levantar, sentar. 7) Olhar pela janela. 8) Deitar e levantar. 9) Deitar. 10) Ir até a porta e abri-la. 11) A mesma coisa, e fechá-la. 12) A mesma coisa, ver quem está lá, voltar e se sentar. 13) Passar pela porta, sentar, ficar lá por algum tempo, sair novamente. 14) Ir para a mesa, pegar um livro, levá-lo até a cadeira e sentar. 15) Sentar, levantar, ir até a mesa, deixar o livro, voltar e se sentar. 16) Levar esta cadeira para lá e trazer aquela outra para cá. 17) Ir até os alunos X, Y e Z. Ficar de pé ou sentar junto de Z por algum tempo (um minuto), voltar. 18) Trocar de lugar com o aluno X. 19) Sentar-se com ele por cinco minutos e falar sobre o seu trabalho. 20) Ir encher um copo com água, beber, voltar e se sentar. 21) A mesma coisa, mas dar o copo para o estudante Y, tornar a colocar o copo no lugar e se sentar. 22) Esfregar o rosto com seu lenço e colocá-lo de volta. 23) Pegar o seu relógio, ver a hora e guardar novamente o relógio. 24) Esconder este lápis e fazer as outras pessoas procurarem por ele...

Conclusão: ação pela ação.

Exercício 2

Ação com um propósito

1. *Sentar:* a) para descansar; b) para se esconder, de modo que ninguém encontre você; c) para ouvir o que está acontecendo no quarto ao lado; d) para ver o que está acontecendo do lado de fora da janela, ou as nuvens que passam; e) para esperar a sua vez no médico; f) para vigiar uma pessoa doente ou uma criança dormindo; g) para fumar um bom charuto ou cigarro; h) para ler um livro, uma revista ou limpar as unhas; i) para ver o que está acontecendo ao seu redor; j) para multiplicar 373 por 15, ou lembrar uma melodia esquecida, ou falar mentalmente, ou recordar um poema ou um papel.
2. *Entrar pela porta:* a) para visitar a família e amigos; b) para conhecer e deixar entrar um estranho; c) para ficar sozinho; d) para se esconder e evitar um encontro desagradável; e) para ver e animar alguém com a sua chegada inesperada; f) para assustar alguém; g) para ver o que está acontecendo no aposento sem ser observado; h) para encontrar uma mulher que você ama ou um amigo; i) para deixar uma pessoa desagradável ou perigosa (um inimi-

go, um malfeitor, um estranho que bateu) entrar; j) para ver se há alguém na porta ou não.

3. *Cumprimentar as pessoas*: a) para cumprimentá-las cordialmente; b) para mostrar sua superioridade; c) para mostrar que se sente ofendido; d) para ganhar sua boa vontade e adulá-las; e) para atrair o mínimo de atenção possível para si mesmo; f) ao contrário, para se exibir e chamar a atenção para si mesmo; g) para mostrar quão próximos, íntimos e bons camaradas vocês são; h) para alegrar as pessoas, diverti-las, animá-las com a sua chegada; i) para expressar suas condolências silenciosas; j) para começar a trabalhar o mais rápido possível.

4. *Levantar-se*: a) para se esconder e não chamar a atenção para si mesmo; b) para esperar sua vez; c) para se fazer notar; d) para impedir que alguém passe (um guarda); e) para ver melhor; f) para ser fotografado; g) para observar; h) para dar o seu lugar a alguém; i) para impedir que alguém de posição inferior se sente; j) para expressar um protesto ou um insulto.

5. *Andar*: a) para pensar ou recordar alguma coisa; b) para passar o tempo; para fazer um pouco de exercício enquanto está esperando um trem em uma estação; c) para contar passos ou medir as dimensões de uma sala; d) para estar de guarda; e) para impedir que o seu vizinho e as pessoas do andar de baixo durmam pacificamente; f) para controlar sua impaciência, raiva, ansiedade e para se acalmar; g) para se aquecer; h) para ficar acordado; i) para aprender a marchar.

6. *Levantar-se e sentar-se*: a) para cumprimentar pessoas de boa posição ou uma dama; b) para chamar a atenção para si mesmo; c) para votar em uma eleição; d) para sair e então, depois de alguma reflexão, ficar; e) para mostrar sua agilidade e estilo; f) para mostrar sua indolência e apatia; g) para lisonjear com suas atenções exageradas; h) para dar um sinal previamente combinado; i) para protestar; j) para lembrar os convidados ou a anfitriã de como é tarde e que é hora de ir embora.

Minha relação com o objeto muda de acordo com as circunstâncias em que nos encontramos. Minhas ações derivam disso.

Uma camisa branca: 1) estou doente: coloquei uma camisa perto de mim para poder me trocar quando transpirar; 2) tenho de usar uma camisa branca para ir a um baile ou ao teatro; 3) eu me visto antes do meu casamento; 4) ela está pendurada na parede, parece um fantasma (Hermann em *A dama de espadas*[8]); 5) uma camisa mágica: qualquer um que a ponha pode viajar para qualquer período no tempo (como em *As galochas da felicidade*, de Hans Christian Andersen); 6) a blusa com a qual Cleópatra morreu; 7) a camisa com a qual Púchkin travou um duelo.

------

8. Conto de Púchkin.

O espelho: 1) olho para mim mesmo, fico me imaginando maquiado para um papel; 2) estou me arrumando, antes de sair; 3) olho no espelho: nele eu deveria ver aquilo que me espera; 4) olho e vejo que envelheci ou que sou jovem e estou em boa forma; 5) uma antiguidade valiosa, quero comprá-lo ou dá-lo de presente; 6) uma herança, um espelho desenterrado em Pompeia e roubado; 7) o espelho mágico da *Branca de Neve*; 8) um grande espelho na sala de estar, eu sou uma camareira e arrumo o quarto; 9) um espelho muito antigo no qual está escrito com tinta invisível pistas em caracteres chineses para o tesouro escondido dos mandarins. Aprendi isso em antigos livros chineses nos quais os caracteres no espelho aparecem. Eu encontro o espelho na casa de um colecionador, que não conhece o segredo e não queria vendê-lo porque ele era muito antigo. Os caracteres aparecem quando o espelho é fortemente aquecido...

Uma faca: 1) faca de cozinha, faca de mesa, faca de papel, faca de cirurgião, faca de caça; 2) uma adaga usada para matar um grande homem no passado ou que matou muitos homens. Ela está no meu quarto e agora serve como cortador de papel. Eu a comprei em um antiquário, que a obteve depois de um assassinato; 3) uma adaga que eu vou usar para me matar (*harakiri*) imediatamente – amanhã ou dentro de alguns dias deve me acontecer uma desgraça (uma conspiração, um caso amoroso, a expulsão da bolsa de valores, uma estreia teatral) – ou quando eu tiver posto os meus negócios em ordem (terminar minhas memórias, pagar minhas dívidas, organizar minhas finanças, fazer meu testamento); 4) eu lhe dou polimento, besunto-a com veneno, a afio, pratico arremessá-la.

Uma carta: eu sou um marido, um amante, um espião, um vigarista; a carta é uma carta de amor, uma carta anônima, uma fatura de cartão de crédito, uma rica herança, uma denúncia, uma ameaça de morte, ameaças etc.

Ações e estados simples e sem complicações

Espero: o que significa esperar – por uma esposa, um amigo, um filho? Eles chegaram tarde em casa. Aconteceu alguma coisa com eles? Na cidade, no campo (eles têm de atravessar uma densa floresta), no trem, na corrida de automóveis, em um duelo, em uma tempestade no mar.

Limpo minha casaca: a única que tenho. Sou pobre e a casaca é muito velha, mas é preciosa para mim. Quero colocá-lo para ir a uma apresentação de gala. Usei minhas economias para comprar uma entrada muito cara, porque uma jovem, por quem estou apaixonado, estará lá. Talvez eu tenha a chance de encontrá-la em seu camarote. Mas a casaca está cheia de manchas (explicar por que eu me lembro de onde vieram as manchas). Minha camisa branca está suja ou eu nem tenho uma. Hoje é feriado, todas as lojas estão fechadas etc. etc.; 2) Procuro uma casaca para usar no meu casamento. Não tenho uma gravata branca ou abotoaduras; 3) Procuro pelo meu paletó para vender. Preciso dele para ir a um concerto, mas estou falido, não tenho mais nada para vender e tenho de comer; 4) limpo meu paletó, visto-o e me pergunto como vou roubar documentos importantes, dos quais meu governo precisa, da casa do embaixador (ou do ministro de guerra), onde está acontecendo o baile, ou como fazer a filha, a esposa ou a amante do anfitrião se apaixonar por mim para que eu possa obter os documentos por meio dela.

[Tiro e coloco meu sobretudo]: tiro meu sobretudo, acabei de perder o emprego, ou 2) coloco meu sobretudo para procurar uma colocação; 3) tiro meu sobretudo na sala do meu chefe; 4) vou para o aniversário da minha amada com um buquê de flores; 5) vou convidar uma celebridade para participar de um concerto ou estou na sala de Tolstói; 6) tiro e coloco meu sobretudo. Sou Akáki Akákevitch[9]; 7) ponho meu sobretudo, coloco a mão no bolso para tirar minha cigarreira, mas não a encontro; tem um jornal no lugar. Verifico o outro bolso e encontro uma carteira e algumas cartas que não são minhas. Examino o sobretudo, e ele não é meu. Começo a me perguntar onde poderia tê-lo trocado; 8) tiro o sobretudo e procuro um lugar para colocá-lo. É um sobretudo refinado, eu queria ter um assim fazia tempo, mas no apartamento sujo do meu amigo, que estou visitando, não há lugar para pendurá-lo, há poeira em todo lugar. 9) Saio da reunião; um monte de sobretudos pendurados, mas não encontro o meu. Será que alguém levou? Procuro por ele.

[POR ANALOGIA COM OS EXEMPLOS ANTERIORES, EM DIFERENTES CIRCUNSTÂNCIAS]
Beber café.
Procurar pela minha carteira.
Procurar por alguma coisa na sala.
Arrumar o quarto.
Vestir-se.
Organizar papéis.
Fazer a cama.
Embrulhar um pacote.
Varrer.
Deitar-se na cama.
Fazer as unhas.
Desenhar alguma coisa.
Costurar, remendar um furo.
Remover um borrão de tinta.

---

9. O personagem principal da história O capote, de Gógol.

Rascunhar, desenhar, jogar fora.
Mudar os móveis de lugar.
Limpar as roupas e os sapatos.
Assobiar ou cantar.
Lembrar das despesas e anotá-las.
Apontar um lápis.
Limpar luvas ou um cinto com fluido de limpeza.
Escrever uma carta.
Examinar um quarto que aluguei.
Diluir álcool ou preparar uma bebida.
Usar um termômetro.
Pintar paredes ou móveis.
Encerar o chão.
Atiçar a fornalha ou a lareira.
Aquecer tenazes.
Acender um fogareiro.
Esquentar chá ou comida.
Pendurar um quadro ou uma cortina.
Preparar um cômodo para desinfecção.
Fazer ginástica, movimentos expressivos, exercícios de voz e dicção.
Ler um livro.
Ensaiar um papel.
Arrumar a sala para uma produção.
Examinar uma mancha.
Projetar um novo carro ou avião etc.
Fechar a porta, uma janela, trancar, barricar-se.
Procurar uma pulga, um besouro, uma barata, um rato.
Inspecionar suas aquisições.
Esperar pela senhoria.
Encontrar coisas de outras pessoas no seu quarto, no seu bolso.
Estudar as lições.
Preparar uma palestra ou um discurso.
Regar flores.
Fazer um buquê.
Tocar violão.
Brincar com um cachorro, um gato ou uma criança.
Cuidar de uma criança, trocá-la, lavá-la e alimentá-la.
Olhar pela janela, pela porta.
Ouvir, escutar.
Esconder-se.
Saquear gavetas, roubar.

Olhar uma gravura.
Ler uma carta.
Ler o futuro nas cartas.
Recortar gravuras de um jornal.
Planejar um cardápio.
Dar a alguém um complicado problema de multiplicação.
Deixar alguém me plagiar.
Fazer um inventário.
Calcular seus rendimentos e despesas.
Fazer um esboço do seu quarto, do teatro, da rua.
Fazer um projeto para organizar seu aposento para diferentes propósitos – como uma sala de estar, um café, uma loja, uma biblioteca, um dormitório etc.
Sentar-se.
Dar alguns passos pelo palco.
Mover uma cadeira.
Ler os anúncios nos jornais.
Matar charadas, resolver enigmas.
Estou em um hotel que outrora foi um velho castelo. Existem fantasmas.
Chegar no hotel; cidade desconhecida ou povo desconhecido (decidir qual). Você vai a negócios ou de férias, à noite, de dia etc.
Ir para casa. Na cidade ou no campo, para trabalhar ou descansar etc.
Fazer uma visita – na cidade, no campo, no estrangeiro etc.
  (Nos últimos três exercícios, as ações são as mesmas: tomar o seu rumo, dar passos em diferentes estados de espírito.)
Passar por lugares solitários – uma floresta, um farfalhar repentino – um urso, uma pessoa suspeita, um casal de amantes. Fique parado, não se mova.
Procurar tesouros em uma floresta.
Um ladrão escala a janela ou a varanda de um apartamento. Ele está no escuro. Não sabe em que apartamento foi parar.

Pegue uma peça, uma história ou um conto e tente dividi-la em ações simples.

"*A bela adormecida*"
Uma jovem princesa pede à fada má que a ensine a fiar. Ela está entediada com seus brinquedos e está perambulando secretamente pelo seu palácio. Ela encontra a fada em um aposento distante e semiescuro. A princípio, ela fica assustada, mas a fada fala amavelmente. Elas começam a conversar. A princesa agora confia nela e pede para aprender a fiar. Ela lhe implora. Ela se pica. Há sangue em seu dedo, a fada desaparece. A princesa se apavora e corre o mais rápido que as suas pernas podem carregá-la, gritando e chorando. Ela chega ao seu quarto e desmaia.

O príncipe está caçando. Ele e seu lacaio se perdem em uma densa floresta. Ele vê rochas cobertas de hera e arbustos e, ao se aproximar, percebe que é o muro de um palácio. Ele encontra um portão, desobstrui uma entrada, encontra um soldado dormindo em pé, igualmente coberto de hera, bolor e fungos. Ele empurra etc.

("A bela adormecida" é um exercício de liberação muscular.)
"*Barba Azul*"
"A princesa sapo"

Pequenas cenas

1. O trem errado.
2. Indo para o estrangeiro, não conseguindo encontrar o vagão certo.
3. Ladrões entram durante a noite. Os proprietários estão dormindo. Eles acordam cedo. Não restou mais nada, os ladrões levaram tudo.
4. Gêmeos siameses.
5. Uma múmia egípcia jaz em eterno repouso. Subitamente, um ruído de raspagem, pancadas, uma luz intermitente. Pessoas entram etc.
6. Uma inundação (a peça *A inundação*[10]).
7. Uma forja na Inglaterra. O ferreiro, por um costume antigo, tem o direito de casar as pessoas e os laços que ele ata têm a força de lei. Sobre a bigorna estão um véu, uma cruz e uma Bíblia, e os jovens dão voltas em torno dela, dizendo preces e cantando salmos.
8. De *Maupassant*. Uma anciã está morrendo. Uma enfermeira é contratada por um salário baixo porque a anciã vai morrer em breve. Mas os dias passam e ela continua viva. A enfermeira está aborrecida por ter cobrado tão barato porque ela tem de fazer muito serviço doméstico. Ela decide assustar a anciã para que ela morra. Ela se veste de diabo. A velha morre.
9. "*A dama de espadas*"

Ações (a título pessoal)

1. Levar cadeiras, uma mesa, diferentes objetos de um lugar para outro.
2. Procurar por uma joia que eu secretamente escondi de você.
3. Contar a quantidade de móveis e o número de pequenos objetos.
4. Limpar até a última partícula de poeira de toda a mesa e dos objetos.
5. Arrumar os móveis e objetos em perfeita ordem da maneira antiga, da maneira moderna e segundo o seu próprio gosto, para que eles correspondam ao propósito do aposento.

---

10. A peça *A inundação*, de Berger, foi produzida no Primeiro Estúdio do Teatro de Arte de Moscou em 1915.

6. Desenhar uma planta do aposento, medindo-o em passos.
7. Encher um copo com água e dá-lo a uma dama.
8. Regar as flores e podar as folhas mortas.
9. Jogar bola. Lançar um objeto para alguém e pegar de volta.
10. Oferecer uma cadeira para uma dama. Ajudar outras pessoas a se sentar ou sentar-se você mesmo, confortavelmente.
11. Entrar e cumprimentar todos. Pedir licença individual e coletivamente e sair.
12. Uma batida na porta. Ir abri-la e, se não houver ninguém, tentar entender o mistério. Se houver alguém lá, deixá-lo entrar e fechar a porta.
13. Fechar as persianas para que a luz não possa entrar.
14. Fechar seus olhos, girar muitas vezes para ficar desorientado e procurar o caminho para fora do quarto ou para a cadeira onde você estava sentado.
15. Denominar os barulhos e cheiros que você perceber.
16. Vendar seu parceiro e dar a ele diversos objetos para que ele toque e adivinhe o que são e como se chamam.

Fazer todos esses exercícios não física, mas mentalmente. Transferir mentalmente a ação para outro aposento que você conheça bem, que seja seu ou de um amigo.

Fazer todos os exercícios dados anteriormente apenas pela tarefa física que eles contêm; por assim dizer, de forma pura.

Quando você faz sua entrada no palco, contra a sua vontade, você está consciente de outras tarefas irrelevantes: agradar o professor, querer cumprir suas ordens, querer se exibir, querer brilhar. Querer realizar a tarefa particularmente bem, de forma precisa, com beleza, habilidosamente. Talvez você tente exercer um controle muito estrito que restrinja a sua liberdade, e tudo fica forçado e planejado. Ou, pelo contrário, você sente que hoje pode cumprir a tarefa de modo especialmente exitoso, e isso faz que se sinta satisfeito consigo mesmo.

Todas essas tarefas adicionais e irrelevantes são supérfluas e desnecessárias. Você precisa libertar as suas ações físicas a partir delas mesmas, se quiser estabelecê-las em sua forma pura...

Não. Não está certo. Você moveu a cadeira sem sentimentos adicionais e irrelevantes, você realizou as ações para que eu parasse de importuná-lo. Isso foi ação pela ação. Não foi uma ação genuína. Ponha a cadeira em algum lugar *porque vai ficar melhor lá ou para abrir espaço*. Feche as cortinas *para não aparecer uma rachadura*. Essas não serão ações por ações, mas ações para algum propósito. Ações físicas genuínas — pequenas, sem atrativo e desinteressantes.

Essas ações não conseguem atrair você por muito tempo, realizá-las uma vez já lhe é suficiente. Assim, para embelezá-las, inclua as ações em uma história, introduza "ses mágicos" e depois as circunstâncias previstas.

Interpretar todas essas ações de acordo com os seguintes "ses" e com as circunstâncias previstas, que logicamente afluem deles:

Quando?
1. Se acontece *de dia* (ensolarado, nublado), *de noite* (escura, enluarada), *de madrugada, de manhã* (idem), *no fim da tarde, no crepúsculo* (idem).
2. Se acontece *no inverno* (geada forte, não moderada), *verão* (luminoso, chuvoso), *outono* (luminoso, chuvoso).
3. Se acontece *em nossa própria época, nos anos 1820-60, no século XVII, na Idade Média, na época clássica, nos tempos pré-históricos.*

(Não se preocupe com aquilo que você não sabe ou conhece muito pouco. Faça isso em sua própria pessoa, assim como você imaginar.)

Onde?
1. Se acontece *no mar, em um lago, em um rio* (no norte, nas regiões polares, no sul, nos trópicos). Em um navio, na coberta, no convés inferior, na cabine do capitão. Em um navio grande, em um navio pequeno, um navio de guerra, um navio de passageiros, um iate, um submarino, um barco à vela, uma balsa.
2. Se acontece *no ar* (um avião de guerra, um avião de passageiros, um dirigível).
3. Se acontece em *terra,* na Rússia, na Alemanha, na França, na Inglaterra, na Itália etc., na cidade, no campo, em casa, em diferentes aposentos, em uma cabana, em um celeiro, em um porão, na casa de parentes ou de amigos, de estranhos, em um hotel, no teatro (no palco, na plateia, no camarim), na prisão, em uma loja, em um tribunal, em uma fábrica, em um quartel, na delegacia de polícia, em uma cantina, em uma exposição, em uma galeria de arte, na rua, em uma praça, em uma avenida, no bosque, em uma gruta, em um penhasco, no pé de uma montanha, em uma estação ferroviária, em um vagão de trem, na alfândega, no aeroporto.

Para quê?
Se eu tivesse de assustar, agradar, entristecer, seduzir, importunar, irritar, terminar, acabar, encantar, cativar, provocar simpatia, ganhar a amizade, o envolvimento, a indulgência, tomar em mãos, dominar, extasiar, interessar, atrair para uma conversa, trazer mais para perto, abordar, intrigar, esfriar, descartar, colocar no lugar, merecer respeito, tramar, ensinar, aconselhar, influenciar, acalmar, entreter, divertir, fazer feliz, vingar, explicar,

ameaçar, aniquilar, constranger, envergonhar, chamar para prestar contas, evitar, esconder, simular, trapacear, tentar entender, chegar à verdade.

Por quê (passado)?
Se eu tinha deveres no passado, se conservei lembranças felizes e agradáveis, se eu tive esperanças, se as perdi, senti, acreditei, pedi perdão, esqueci, guardei sensações desagradáveis, se estava ressentido, apaixonado, invejoso.

Fechar a porta porque está ventando.

Fechar a porta porque existe alguém desagradável que eu não quero encontrar.

Fechar a porta para se proteger contra intrusos.

Fechar a porta para ficar a sós com ela.

1. Entrar na sala, cumprimentar as pessoas e sair, pedindo desculpas (em diferentes Circunstâncias Dadas).
2. Dar um pedaço de pau ou alguma coisa oca para alguém e dizer: "Eis aqui uma adaga, esfaqueie-se".

Que ações e tarefas constituem um esfaqueamento?

a) Coloco a adaga em vários pontos. (não estou certo de onde deve ser; considero a possibilidade de cair sobre ela e "sem querer, mas querendo" esfaquear a mim mesmo); b) Imagino como minha esposa e meus filhos vão se sentir ao me verem morto; c) Vejo a mim mesmo deitado no caixão.

Vamos supor que eu acredite em todas essas [ações]. Todas elas combinadas parecem verdadeiras.

Como posso me aproximar mais da verdade? Usando o "se" mágico e as circunstâncias previstas. Eles vão dar vida ao que parece verdadeiro e justificá-lo. Crie uma linha de vida física para um dia de muitas ações físicas e o resultado serão cenas, e das cenas surgirão atos.

O que é verdade teatral?
1. Feche seus olhos. Secretamente eu coloco uma moeda em um dos seus bolsos. Procure por ela! Você a encontra. Mais uma vez eu coloco uma moeda no mesmo bolso. Procure por ela como se não soubesse onde está. Transforme a ação repetida em uma primeira ação. Você precisa de um novo "se" mágico e de novas circunstâncias prévias.
2. Entro, sento-me e começo a falar para a mesma pessoa com quem falei anteriormente, quando entrei na sala de aula (Samôilov).
3. Repita aquilo que eu fiz casualmente na vida real: levante alguma coisa, olhe pela janela etc.

Quero falar com alguém. Eu preciso:
1. Atrair a atenção antes da conversa. Para fazer isso, coloco a mim mesmo no círculo de atenção, na linha e no campo de visão do objeto.
2. Surpreender, predispor, cumprimentar; transmitir boa vontade, bondade interior (tudo dependendo de quem você cumprimenta, se um credor ou uma neta), gratidão, admiração, entusiasmo, simpatia, amor, piedade, compaixão, alerta, preocupação, humor, crença, jovialidade, gratidão, aprovação, entusiasmo, êxtase, admiração. Atrair, repelir, parar, empurrar, reconciliar, ensinar, suplicar, recompensar, respeitar, reverenciar, humilhar-se, bajular, desprezar, xingar, caluniar, odiar, vingar-se, atormentar, ensinar, revelar um segredo, colocar em uma situação difícil, praguejar, ofender, humilhar, corromper, seduzir, flertar, conquistar o amor, ter ciúmes, invejar, confundir, acalmar, ridicularizar, apressar-se, ter medo, ficar ansioso, silenciar, enredar, fingir indiferença, enganar, dissimular, implorar, humilhar-se, rebaixar-se, vangloriar-se, mentir, ser excessivamente modesto, ter vergonha, confundir, amaldiçoar, zombar, murmurar, trair, censurar, justificar, defender, atacar.

Iniciar o metrônomo e despir-se dentro do ritmo e do *tempo*:

a) O *tempo* rápido do metrônomo é o *tempo*-ritmo interno. Mas execute suas ações em semibreves, mínimas e semínimas etc.

Inverso:
b) *Tempo* lento de vivência para *tempo* rápido de ações (isto é, para notas de 1/8, 1/16, 1/32).
c) Variar *tempo*-ritmo (primeiro esse, depois aquele).

Viver em um ritmo interno muito rápido. Viver com pausas, ainda sentado, com ações externas lentas (para não se entregar), durante uma conversa lenta semelhante (abertura de *Tannhäuser*).

Aprender a manter o ritmo com movimentos invisíveis de dois dedos das mãos e dos pés etc. Pegar sua deixa e se comportar no ritmo, mas depois recobrar os seus sentidos e mudar externamente para um ritmo lento.

Acionar um metrônomo imaginário trabalhando com diversas marcações e *tempi*. Trabalhar com um metrônomo. Justificar mentalmente cada marca do metrônomo.

Não estou sentado confortavelmente – melhorar minha posição, mas no ritmo. Escrever uma carta, abri-la, fechá-la também em vários ritmos.
Beber chá.

Pescar peixes.
Comer.
Arrumar seu cabelo, cumprimentar as pessoas.
Fazer reverência.
Tudo isso no ritmo, com música.

Ir para o palco. Quando e como se virar sem curvas desnecessárias e girando em seu próprio eixo.

Agrupar a multidão no palco. Todo mundo para na deixa. Todos recuam a distância de um braço, como em um tabuleiro de xadrez.

Manter a distância de um braço. Fazer todos os tipos de exercícios a essa distância. Aprender a formar grupos e a preencher o espaço vazio.

"Colar" no chão e fazer todos os tipos de movimentos expressivos, do menor ao maior, sem se descolar.

1. *Olhos*. Esquerda, direita, para cima, para baixo, em linha reta (justificar).
2. *Pescoço*. Ajuda os olhos, esquerda, direita, em linha reta (na distância), para cima, para baixo.
3. *Ouvidos*. Adicionar os ouvidos aos olhos e ao pescoço.
   [Fazer] todos esses exercícios com notas inteiras, 1/2, 1/4, 1/8, 1/16.
4. *Dedos*. Pequenos gestos, indicando a linha de visão, audição, como adições aos olhos, ouvidos e pescoço.
5. *Braço*. Idem. O movimento dos braços até os cotovelos para auxiliar o que foi mencionado acima.
6. *Braço*. Idem, até o ombro.
7. *Coluna vertebral*. Ajuda adicional ao que foi mencionado acima. Primeiro a parte superior (para auxiliar o pescoço) e, depois, a parte inferior.
8. *Pernas*. Alongar na direção do que foi mencionado acima para auxiliá-los. Fazer tudo isso com as notas inteiras, 1/2, 1/4, 1/8.

Fazer tudo isso em particular, em várias colorações: estado de espírito ameaçador, desespero, afeição, alegria, amor, ódio, súplica, horror (justificar).

Duas pessoas fazendo um dueto ou aparecendo em uma peça. Elas deveriam ser seus próprios diretores e definem movimentos de modo que suas vozes cheguem à plateia naturalmente e seus olhos e expressões faciais sejam vistos automaticamente.

Se os recitativos individuais, árias ou falas (em uma peça) forem direcionados de modo que a pessoa que fala esteja naturalmente posicionada para a plateia ou, quando em silêncio, seu rosto seja naturalmente visível quando o outro começar a falar.

1. Registrar ações físicas e outras ações em diferentes momentos, estados de espírito, condições, paixões. A *natureza* desses estados.
2. Para certos papéis, peças, partituras.
3. Preparar diferentes abordagens para cada momento, corte ou tarefa, e formas de realizar cada ação.
4. Várias ações físicas conectadas ao acaso. Compreender sua natureza, desenvolvê-las e criar a ação transversal, movendo-a em direção à Supertarefa.
5. Disposição de tabuleiro de xadrez.
6. Grupos. Sua estrutura.
7. Estátuas de mármore.
8. Exposição de esboços feitos para produções de sucesso.
9. Leitura [de uma peça] papel por papel (história da literatura).
10. Esboços de trajes de vários períodos. Selecione-os ([e pendure-os] nas paredes).
11. Idem com a arquitetura.
12. a) Sarau contemporâneo (recepção).
    b) Idem em [tempo] de guerra (pós-1905).
    c) Pré-1905. Idem.
    d) Anos 1860. Idem.
    e) Anos 1840-50. Idem.
    f) Anos 1820-30. Idem.
    g) *Incroyable*[11] O Império.
    h) Século XVIII. Uma assembleia no tempo de Pedro, o Grande.
    i) Século XVII.
    j) Século XVI.
    k) Século XV.
    l) Séculos XIV, XIII, XII e XI.
    m) Século X etc.
13. Esboços de cenas, papéis, peças e "portões"[12].
14. Descrever todos os possíveis estados, sentimentos e paixões em termos de ação (física e psicológica). *A lógica e a sequência do sentimento.*
15. Idem com tarefas e ações físicas. Criar uma ação maior a partir de pequenas ações físicas. *A lógica e a sequência das ações físicas.*

----

11. Francês. "Incrível".
12. Por esse termo, Stanislávski se refere a um ponto de inflexão em uma peça em que um ator passa de uma ação principal a outra.

16. *Caracterização física.* Interna, externa (comportamento, sua lógica, objetivos e tarefas).

Velhice. A natureza da velhice. Sinais e sua origem (movimento reduzido, *tempo-ritmo* e a razão para isso). Ações e comportamento fluindo logicamente.

Juventude. (Idem).

Infância. (Idem).

Nacionalidade. (Idem).

Linha interna – não perder seu "eu" humano.

Externa [linha] – mostrar como mudar o seu andar, gestos, fala, voz, braços, mãos, a posição das pernas, o tronco, *tempo-ritmo*. Fleumático. Sanguíneo.

GLOSSÁRIO DE TERMOS-CHAVE:
UMA COMPARAÇÃO DE TRADUÇÕES

RUSSO	O TRABALHO DO ATOR	A PREPARAÇÃO DO ATOR
Diêistvie	**Ação** Em um sentido aristotélico, a peça em si, na qual o ator deve ser um participante ativo. Em um sentido mais restrito, qualquer coisa que um ator faz com propósito, a fim de cumprir uma **Tarefa**. Essas ações são uma parte integrante da ação global.	Ação
Prispossobliênie	**Adaptação** Modificação de comportamento em resposta a uma reação de modo a cumprir uma tarefa indicada.	Adaptação
Vnimánie	**Atenção** Capacidade de se concentrar em uma coisa ou uma pessoa, excluindo todo o resto.	Concentração de atenção
Kussók	**Corte** Um segmento da ação total da peça que pode ser explorado separadamente. Os **Cortes** podem ser grandes, médios ou pequenos. A definição do Corte depende inteiramente daquilo que o ator pode entender e improvisar logo nos primeiros estágios do ensaio. Em outros textos, Stanislávski definiu cortes como episódios, eventos e fatos.	Unidade

RUSSO	O TRABALHO DO ATOR	A PREPARAÇÃO DO ATOR
Krug Vnimánia	**Círculo de atenção** Círculo (pequeno, médio e grande) dentro do qual a atenção está focada.	Círculo de atenção
Obschênie	**Comunicação** Ato de estar em contato com um objeto ou em comunicação com outra pessoa, verbalmente ou não.	Comunhão
Stsenitchêskoe Samotchústvie	**Estado criativo** O estado criativo surge quando o ator está plenamente preparado para ser criativo. Existem três formas: a) Estado criativo interno, quando ele está mentalmente pronto. b) O estado criativo externo, quando ele está fisicamente pronto. c) O estado criativo geral, quando os dois se juntam.	
Emotsionálnia Pámiat	**Memória emotiva** Memórias pessoais do ator que afloram espontaneamente quando ele explora a situação dramática ou que são conscientemente evocadas para fortalecer as reações naturais.	Memória emotiva
Periejivánie	**Vivência** Processo pelo qual um ator vivencia as emoções da personagem novamente em cada representação.	Vivido
Priedlagáiemie Obstoiálstva	**Circunstâncias Dadas** Situação dramática criada pelo dramaturgo que o ator tem de aceitar como real. Ele também terá de aceitar as ideias do diretor, o cenário, os figurinos, a iluminação e o som como parte dessa realidade.	Circunstâncias Dadas
Iá Iêsm	**"Estou sendo"** Estado mental quando a personalidade do ator e a personagem escrita se juntam e ocorre a criação subconsciente.	

RUSSO	O TRABALHO DO ATOR	A PREPARAÇÃO DO ATOR
"Iêsli b"	**"Se"** O ator deve se perguntar o que ele faria "se" as Circunstâncias Dadas fossem realmente verdade.	Se
Vnútreni Zriênie	**Olho interior** Olho com o qual as imagens mentais são percebidas mentalmente.	
Vdiênie	**Imagem mental** Imagem que o ator vê em sua mente e que se relaciona com aquilo que ele está falando ou ouvindo.	
Podtiêxt	**Subtexto** Pensamentos e imagens mentais que ocorrem na mente do ator durante a ação.	Subtexto
Sverkhzadátcha	**Supertarefa** Tema ou assunto da peça. A razão pela qual ela foi escrita.	Superobjetivo
Skvôznoe Diêistivie	**Ação Transversal** A sequência lógica de todas as ações da peça que dá coerência à apresentação.	Linha de ação transversal

POSFÁCIO POR ANATÓLI SMELIÁNSKI

ALGUMAS PALAVRAS SOBRE O "GRANDE LIVRO" DE STANISLÁVSKI E SOBRE O PRÓPRIO HOMEM[1]

O mundo do teatro conhece muito bem o livro *A preparação do ator*, de Stanislávski. Surgiu em 1936 e, desde então, tem sido publicado com frequência em muitos idiomas e em muitos países. Paradoxalmente, ele é menos conhecido na própria terra do autor. Isso requer algumas explicações. K.S. (era assim que seus amigos o chamavam no Teatro de Arte quando não estava por perto) escreveu seu livro a pedido de uma editora americana e deu carta branca à sua tradutora, Elizabeth Hapgood. O manuscrito foi editado e adaptado para atender o gosto do leitor americano, que desejava uma espécie de "manual para principiantes". A tradutora cumpriu sua missão. O livro encontrou seu lugar no mundo de língua inglesa. Ele apareceu em russo dois anos depois, após a morte de K.S., mas não na forma em que Elizabeth Hapgood o tinha apresentado. Uma grande parte tinha sido reescrita, ampliada e repensada, visto que K.S. tinha continuado a trabalhar em seu sistema naqueles dois últimos anos e muitas decisões importantes haviam sido tomadas novamente. A ideia do Método de Ações Físicas emergiu. Ele lançou uma nova luz sobre a gramática da atuação. Além disso, K.S. tinha plena consciência de que seu livro sairia na União Soviética de 1938, o que tinha de ser levado seriamente em consideração.

A versão russa evoluiu em um ambiente de extremos. Em agosto de 1934, K.S. retornou da França para Moscou após um longo tratamento, passando pela Alemanha, onde os nazistas já tinham pleno controle. Hitler em Berlim,

---

1. Tradução (para o inglês) de Jean Benedetti.

Stalin em Moscou: essa foi a escolha que K.S. enfrentou, assim como a maioria dos artistas europeus. Publicamente, K.S. preferiu Stalin. Na realidade, a sua escolha não foi tão inequívoca. Desde o verão de 1934 até o fim de sua vida, ou seja, antes de 1938, K.S. não pôs os pés no Teatro de Arte que ele tinha fundado; o Teatro de Arte, que agora se pensava não em termos de sua qualidade artística, mas de sua "eficácia", isto é, não tendo mais nada a ver com as grandes questões da arte ou com o desenvolvimento dessa arte. Ele trabalhava em casa com jovens atores e cantores no último de seus estúdios, o Estúdio Ópera-Dramático. Em resposta a uma pergunta de Elizabeth Hapgood, ele respondeu de modo um tanto enigmático: "Há um rumor de que eu abandonei o Teatro de Arte. Isso é mentira. O boato decorre do fato de que, desde que adoeci, não fui mais ao teatro, é esse o motivo. No inverno, quando há gelo e frio, eu não posso sair de casa. Eu tenho espasmos cardíacos (*angina pectoris*). Na primavera, quando poderia ir ver as minhas próprias produções e as de outras pessoas, os teatros, tais como o Teatro de Arte de Moscou e a ópera, estão em turnê. No outono, quando as apresentações recomeçam, eu tenho de tirar férias. Meu trabalho é conduzido (para todos os teatros e estúdios) somente da minha casa, na alameda Leontiévski".

Não havia estação alguma na natureza que lhe permitisse visitar o Teatro de Arte, do qual ele era o mentor. Mas, obviamente, não era uma questão de gelo e frio. Durante quatro anos, Stanislávski não pôs os pés no teatro que ele administrou, e isso era um sinal de oposição generalizada, uma rejeição voluntária dele, mas que, por várias razões, servia para todo mundo. Condenado a uma espécie de prisão domiciliar, ele fez bom uso dela. Ele "não tomava parte" da vida soviética, não assinava nenhuma carta de qualquer grupo que apoiasse o assassinato e a tortura de dissidentes, não encenava peças de propaganda. Afastando-se o máximo possível, ele preservava a sua autonomia. O período em que a versão russa do livro sobre atuação foi concluída era o de transição do "vegetarianismo" (como diz Anna Akhmátova) para "a era de sangue". Não se deve pensar que Stanislávski estava protegido do terror em sua casa, que era uma espécie de ilha de retiro. No princípio de junho de 1930, um de seus sobrinhos favoritos foi preso. Nem o seu estatuto de "vaca sagrada", nem os seus apelos para o chefe da polícia secreta Guénrikh Iagôda foram de alguma ajuda. Mikhaíl Alieksiêiev morreu na prisão. O único gesto de bondade por parte das autoridades foi entregar o seu corpo aos parentes. Outros parentes próximos foram presos e K.S. encarregou-se de seus filhos. A palavra "campo de concentração" aparece pela primeira vez em suas cartas para significar morte iminente.

Confinado confortavelmente em sua casa-prisão na alameda Leontiévski (cujo nome foi alterado para rua Stanislávski enquanto ele ainda estava vivo), ele decidiu terminar o seu "grande livro" que, em russo, seria chamado *O trabalho do ator sobre si mesmo no processo criativo de vivência*. A palavra-chave nesse título é "vivência", que, como muitos dos termos de K.S., desafia uma tradução adequada. O jargão desse ator-professor foi adotado pelos pupilos de Stanislávski, mas era obscuro para aqueles que não estavam familiarizados com o espírito geral de seu entendimento da atuação. Uma versão editada apareceu na América. K.S. preparou um livro para os seus contemporâneos com o seu significado intacto. Este livro já está disponível para os leitores de língua inglesa. O problema da tradução é o problema da compreensão geral do sistema de Stanislávski. E, assim, devemos estar atentos às circunstâncias em que K.S. decidiu sobre as duas versões – uma para o mundo inteiro e outra para a Rússia –, o que nós, na Rússia, chamamos de *sistema* e o que no mundo da língua inglesa é, muitas vezes, chamado erroneamente de *método*.

2.

Por muitos anos, o sistema existiu na forma oral, como uma espécie de folclore teatral. Ele mudava de acordo com aqueles que o ensinavam, com aqueles que o "narravam". Repetidas tentativas de recolocar os ensinamentos de Stanislávski em seu lugar produziram resistência por parte do autor. Isso se deu assim mesmo quando o sistema foi exposto por um pupilo tão inteligente quanto Mikhaíl Tchékhov. Também foi o caso quando, digamos, o diretor do Teatro de Arte, Iliá Sudakóv, fez o mesmo (no início dos anos 1930). Neste último caso, K.S. ficou furioso: "Não é uma questão de orgulho de autor", escreveu ele para Tamantsova, em 1º de fevereiro de 1934, "mas o fato de que a coisa que eu mais amo, à qual tenho dedicado a minha vida, tenha sido cinicamente violada e entregue ao juízo da multidão de forma mutilada".

Precisamos entender não apenas a razão emocional, mas a substantiva, pela qual ele não esteve disposto, por tanto tempo, a começar um livro sobre "sua preciosa criação" – o sistema – e fixá-lo, de modo geral, em palavras. Em suas cartas para Elizabeth Hapgood, em 1936, ele revela parcialmente o segredo de seu ofício de ator-escritor. "O que significa escrever um livro sobre o sistema? Isso não significa escrever sobre algo que já está cortado e seco. O sistema vive em mim, mas ele não tem forma. É apenas quando você tenta encontrar uma forma para ele que o sistema real é criado e definido. Em outras palavras, o sistema é criado no próprio processo de ser escrito."

O livro tinha sido escrito para sair nos Estado Unidos, mas K.S. estava preocupado com uma possível reação na Rússia. Os pontos de vista de sua editora, Liubóv Guriévitch, que tinha sido uma das primeiras a ler o manuscrito, confirmaram seus piores presságios. Sua amiga e também sua editora, em quem ele confiava plenamente, explicou-lhe de forma clara e direta que seu livro, com todos os exemplos e ideais que provinham de uma visão pré-revolucionária da vida de um ator, seria condenado na nova Rússia. Ela insinuou que K.S. estava completamente fora de contato com a nova situação histórica, que seus exemplos favoritos, com joias preciosas, seriam despropositados e até mesmo ofensivos. "Caro Konstantín Serguêievitch, não fale aos pobres e famintos de joias e investimentos porque isso só vai provocar uma amarga irritação em alguns e uma inquietante sensação de ressentimento em outros", advertiu ela a esse encanecido filho de um profeta no dia 1º de abril de 1929.

A sra. Guriévitch não estava falando apenas por si mesma, mas em nome de 95% dos "intelectuais comuns, desprivilegiados". Ela sugeriu que ele alinhasse seu livro com a vida contemporânea e o adaptasse às necessidades das novas gerações pós-revolucionárias. Ela usou conceitos básicos do sistema como argumentos, "'contato' com a vida e 'adaptação' ao seu tempo – adaptação no mais puro e mais nobre sentido da palavra, e não alguma camuflagem de mau gosto ou compromisso, esse é o dever de um artista se ele deseja ser eficaz. Essa 'adaptação' exige grande esforço mental que você, devido ao seu modo de vida, nunca teve uma oportunidade de seguir completamente. Quase todas as páginas do seu livro são reveladoras nesse aspecto".

Com o espírito quebrantado, essa mulher logo escreveu um "memorando" especial no qual ela apresentava a Stanislávski um plano para completar o sistema e "adaptá-lo" à vida contemporânea, tanto soviética quanto americana. A maior dificuldade em completar o manuscrito, na opinião da editora, era o fato de que os gostos, ideias e estados de espirito da sociedade russa e estrangeira nunca estiveram mais distantes do que naquele momento. Dois mundos que se confrontavam, como se estivessem preparados para um conflito armado. A vida, os hábitos, os costumes domésticos da nossa própria vida pré-revolucionária e o então atual modo de vida ocidental eram hostis ao "povo soviético"... já que pertenciam ao sistema capitalista. E assim, tudo no livro que datava de uma vida anterior – as descrições literárias, modas, os exemplos que atraíam um leitor ocidental – seria recebido com hostilidade pelo povo soviético. As exigências da sua terra natal e do estrangeiro eram irreconciliáveis.

Em seu segundo ponto, a sra. Guriévitch faz uma lista de postulados ideológicos que não poderiam deixar de assustar um autor que vivia, por assim dizer, em outro período. Ela conhecia seus pontos fracos. O delito mais perigoso era a sua querida "neutralidade" que, como ela lembrou-lhe, "poderia ser considerada, pelo partido, reacionária ou contrarrevolucionária". Ela alertou K.S. de que ele deveria estar preparado para "acusações incontáveis de um tipo semelhante", e, assim, ele teria de se voltar para as questões candentes de uma nova era. Não fazê-lo teria "consequências fatais para o livro".

Esse era o programa: "adequar-se à situação contemporânea", cujos pontos K.S. assinalou com um "sim". Se ele tivesse seguido todos esses pontos até o fim, isso significaria, sem dúvida, a morte de seu próximo livro e do trabalho de sua vida.

Os anos angustiantes de "trabalhar sobre si mesmo" começavam. Mas ele simplesmente não conseguia se adaptar. Seu gênio não permitiria isso. Com o espírito quebrantado e obediente à lei, ele começou a hesitar. "Se eu trabalhar em um só dos exemplos que você encontrou para os nossos jovens contemporâneos", escreveu ele em um rascunho de carta à sra. Guriévitch, "posso dizer com certeza absoluta que não só o meu livro nunca será publicado, mas que eu nunca vou ser permitido na América." Isso não foi incluído na carta que ele enviou. O que foi incluído foi muito mais franco em sua expressão. "O livro... fala da arte de uma época mais antiga, que não foi criada no tempo dos bolcheviques. É por isso que os exemplos são burgueses."

A despeito da sua costumeira demonstração de ingenuidade política, ele pôde, quando começou o trabalho, definir com absoluta precisão os pontos que poderiam ser censurados. "Na minha opinião, o maior perigo do livro é 'a criação da vida do espírito humano' (não se está autorizado a falar sobre o espírito). Outros perigos: o subconsciente, a transmissão e recepção, a palavra *alma*. Não seria essa uma razão para banir o livro?"

Uma mudança histórica atravessou a vida do Teatro de Arte. Ele foi canonizado. Decidiu-se criar uma academia ao lado dele, "a forja para uma força de trabalho criativa". Eram necessários livros didáticos no modelo "socialista". O sistema tomou uma nova direção. Ele deixou de ser o trabalho e as proezas pessoais de um ator. K.S. seguiu os superdecretos do governo. Uma comissão especial foi constituída para verificar os escritos de Stanislávski do ponto de vista dos mais recentes avanços científicos. Uma preocupação particular foi causada pelo rascunho do capítulo final e mais difícil, "No limiar do subconsciente", que definia quintessencialmente sua concepção da arte do ator. A correspondência com um oficial do partido, Aleksêi Angarov, revela a direção na qual eles tentaram conduzir Stanislávski nessa questão, em uma tentativa, exatamente no mesmo espírito da "sessão de magia negra" em *O mestre e a margarida*, de Bulgákov, de desmascarar "sua terminologia mística". (A ironia dessa história é que o funcionário que gentilmente permitiu que K.S. usasse os seus conceitos favoritos foi preso e liquidado não muito tempo depois.)

Liubóv Guriévitch parou de trabalhar como sua editora. Ela não conseguia mais aguentar as intermináveis correções, alterações e a obstinação de K.S. "Uma velha amiga, que não foi infiel, mas, forçada pelo destino, tornou-se inválida como um soldado ferido" (de uma de suas cartas de despedida para K.S.).

Na versão russa, ele estava estendendo a mão para o futuro. *O trabalho do ator sobre si mesmo* saiu poucas semanas depois da morte de Stanislávski.

A pressão das circunstâncias dadas pode ser sentida em seu último livro. Não existe a mesma liberdade com a qual ele escreveu *Minha vida na arte*. O primeiro livro é uma obra de grandes questões. O segundo é um livro de respostas. *Minha vida na arte* é confessional, *O trabalho do ator sobre si mesmo* é profissional. A atitude de um professor onisciente e de um pupilo que faz genuflexão são os principais "gestos psicológicos" do livro e inconscientemente refletem o "gesto dominante" da época. A maioria das omissões do livro está relacionada com matérias que ele não quis declarar ou explicar explicitamente. Porém, ele não renuncia ao coração do sistema, isto é, seu próprio coração. Fundamentalmente, sua "gramática" da atuação está cheia de atos heroicos de rejeição. Antiquado em sua maquinaria, o livro de Stanislávski conseguiu evocar o espírito "não da contemporânea, mas da *antiga, eterna e imutável* arte do ator-artífice, e não do ator-ativista".

Ele não permitiu o ator-ativista em sua casa. Dentro das fronteiras de seu "grande livro", assim como em sua casa, na travessa Leontiévski, não havia o menor indício do mundo soviético real dentro do qual ele tinha sido completado e aprimorado. Em ambas, havia uma pureza quase clínica, como se fosse um museu. Evidentemente, tanto quanto possível, o livro preservou aquilo que Óssip Mandelchtám descreveu como "ar roubado", que é o ar de outra cultura e de outras crenças.

3.

E, por fim, alguns comentários relativos à vida cotidiana do sistema no teatro russo contemporâneo. Nesse caso, o problema não é a tradução do russo para o inglês, mas a igualmente complexa tradução do russo para o russo. A abordagem do sistema e a maneira como ele é interpretado mudaram infinitamente desde a morte de K.S.; os países mudaram e a compreensão da arte do ator também mudou. Com a reabilitação e a reintegração dos principais oponentes de K.S., que haviam sido eliminados pelo regime soviético, tornou-se claro que o sistema tinha de ser inserido no amplo contexto do teatro russo e universal. Foi preciso levar em conta as modificações feitas por Meyerhold e Brecht, Mikhaíl Tchékhov, Vakhtángov, Taïrov e Grotowski. Novas gerações de atores e diretores russos se comprometeram com o enorme trabalho, quase sempre desconhecido no exterior, de falar por meio do sistema e de seus termos básicos. Eles tentaram entender o sistema para além das barreiras do entendimento. Darei apenas alguns exemplos.

Há alguns anos, os diários do ator Oliég Boríssov foram publicados postumamente. Boríssov foi, provavelmente, um dos mais importantes atores da Rússia pós-stalinista. Ele se formou no Estúdio-Escola do Teatro de Arte de Moscou, e, depois de ter bebido do sistema de Stanislávski junto com o leite materno, ele trabalhou com Tovstonógov e atuou em *Uma criatura dócil*, de Dostoiévski, dirigida por Liev Dódin, passando muitos anos no Teatro de Arte. Se tivéssemos de procurar um ator para simbolizar a escola russa de atuação e o que entendemos pelo sistema, esse homem seria Oliég Boríssov, assim como em sua época Mikhaíl Tchékhov teria sido possivelmente um dos primeiros candidatos a essa vaga.

Em seus diários, o ator conta como adaptou o sistema de K.S. para o seu próprio "sistema imunológico". Ele começou a partir do fato de que muita coisa havia se modificado desde a morte de K.S. e que seu sistema tinha sido introduzido dentro das escolas russas, "o sangue fervia, transbordava, e como bebiam dele!". Ideias altamente significativas foram submetidas a uma revisão. O ator sabe que o elemento mais importante no sistema é descobrir um caminho consciente para o inconsciente, "para desligar totalmente o cérebro, para se tornar uma folha de papel em branco e movimentar-se no inconsciente em um estado neutro". O problema é saber qual técnica vai funcionar. Tudo começa com o roteiro. O ator remove todos os sinais de pontuação ("uma vez que o primeiro sinal de vida apareça, então você pode sentir uma pulsação – e, então, você pode esboçar a primeira fala"). Ele seguiu K.S. na ideia de não confiar em palavras, apenas em atos, mas se recusou a lidar com elas de acordo com o sistema. Essencialmente, ele rejeitou a "ação transversal", pelo menos da maneira como ela era ensinada na escola. "Em primeiro lugar, estabeleça uma série de ações completas, em seguida, escolha a mais importante delas. Um mosaico é formado sem 'segmentos', sem ação transversal ou transições usuais. Estes devem, então, ser transmitidas ao público... Deixe tudo ser inesperado no caráter do homem. O inesperado é a característica mais preciosa da arte. Mas o que faremos nas pausas, em outras cenas? Desaparecer nas sombras. Tomar fôlego. Só atirar no momento certo. Arritmia, imprevisibilidade, e é para ser isso mesmo. É claro que mesmo a imprevisibilidade tem de ser estruturada, para evitar que seja sem sentido. O ator faz amizade com os mais eminentes treinadores e futebolistas do seu tempo e obtém da ideia de arritmia novas maneiras inesperadas de jogar futebol." Dou esse exemplo para que o leitor possa entender como o sistema de Stanislávski mudou e sobreviveu no teatro russo.

Em seu livro, Valiéri Galendeiev, um renomado professor e companheiro-de-armas de Liev Dódin, surge, assim como Dódin, como um dos mais poderosos sucessores de Stanislávski no teatro russo contemporâneo, adaptando o sistema de K.S. para si mesmo. Ele inventou seu próprio jargão, paralelo ao de Stanislávski. Dódin não usa a palavra "conceito", mas a substitui pela ideia de um *acordo*, assim como em *chegar a um acordo*. Essas palavras cautelosas significam um nível de entendimento mútuo entre os participantes, para contrabalançar as ideias individuais do próprio diretor quando ele se aproxima dos outros membros do ensaio com seu "conceito". Dódin não usa o termo "ação transversal", temendo, como Boríssov, embrutecer o próprio material que o ator está usando e perder o imprevisto naquilo que ele faz no palco. "Em vez disso, eu uso a ideia de ação e contra-ação", disse-me o diretor, "que impede o ator de criar uma linha para um papel fora de um conceito transversal, que simplifica demais a atuação."

Anatóli Éfros, outro excepcional diretor e professor do período pós-stalinista, desenvolveu o assim chamado método improvisatório. Éfros (seguindo os passos de sua professora, Mária Knebbel, discípula direta de Stanislávski) tentou mais uma vez descobrir uma base que permitisse que o ator usasse o método improvisatório de ensaio, ou seja, uma tentativa infindável de testar e entrar na peça. Esse método tem suas origens nas ideias finais de Stanislávski, mas coloca as improvisações do ator no centro de uma determinada peça. Éfros inventou seu próprio jargão, no qual a indesejada noção de ação transversal estava perto de um eletrocardiograma, no qual havia uma linha reta (indicando morte). Para Éfros, a maneira adequada de construir um papel lembrava uma "curva", um eletrocardiograma real, com seus característicos pontos altos e baixos, arritmia etc.

Oliég Efriémov, com quem eu tive a grande sorte de trabalhar por muitos anos no Teatro de Arte (ele o administrou por trinta anos), tentou traduzir do russo para o russo a importantíssima noção de Stanislávski do termo *perejivánie*, "vivência", que ainda agora nos parece muito obscura. Em sua boca, isso quase sempre parecia soar como "viver em", que era entendido como a capacidade do ator para penetrar e preencher todos os momentos de sua vida no palco com material vibrante, às vezes para criar vida, outras para completar uma ação. *Viver em* significa manter-se vivo em cada segundo da ação no palco, que avança como um *processo* complexo e sem paradas. Esse processo de viver (*vivência*, para K.S.) é confrontado todas as vezes por outro tipo de atuação, que K.S. chamou de *representação* e Grotówski chamou de arte de composição.

Tive a oportunidade de ouvir outra modificação do sistema de Stanislávski por outro diretor e professor, Piotr Fomiénko. O ator, sugeriu Stanislávski, deve, antes de tudo entender o que a personagem quer em qualquer momento determinado, o que impulsiona o seu comportamento. Porém, Fomiénko objeta que muitas vezes o ator, como qualquer pessoa, não sabe o que quer e, em termos estritos, sua ação consiste em tentar imaginar o que é que ele realmente deseja (casualmente, esse estado de espírito é bem característico de muitos dos heróis de Tchékhov).

Anatóli Vassíliev, na década de 1980, envolveu-se em uma acirrada polêmica com um estudioso francês de Stanislávski (em Paris, em um simpósio dedicado a Stanislávski). O renomado diretor russo ficou horrorizado com a interpretação primitiva (na verdade, uma tradução literal) do jargão que K.S. usava em sala de aula como fórmulas rígidas, uma terminologia que tinha perdido todo o sentido vivo. Existe toda uma parte do sistema chamada de "cortes e tarefas". Assim, a palavra *tarefa*, que K.S. utilizou, significa no teatro não tanto o processo de fixação de metas definitivas para o ator, mas o processo de plantar uma semente, de provocar o ator com algo emocionalmente atraente, sutilezas que o incitem à ação, ao ato criativo. Se você traduzir a palavra tarefa literalmente – sugeriu o diretor nesse simpósio –, isso significa que você a reduz a algo primitivo, você mata a alma viva do ator, juntamente com a alma viva do sistema.

Mencionei uma ou duas alterações do sistema por professores e diretores russos contemporâneos que se destacam ao lado das modificações clássicas no decorrer do século passado, feitas nele por contemporâneos e pupilos de Stanislávski e pelos seus principais oponentes. Não devemos nos esquecer de que, mesmo quando a versão russa de *O trabalho do ator sobre si mesmo* foi concluída, Stanislávski pediu a Meyerhold que ensinasse biomecânica no último de seus estúdios. Quando o teatro de Meyerhold foi destruído, ele ficou desempregado, mas K.S. não apenas estendeu uma mão auxiliadora para o condenado homem, como também gerou um encontro entre mentes criativas. Ele comparou a reunião dos dois com cavar um túnel a partir de extremidades opostas, para que elas finalmente se encontrassem no meio.

O encontro não durou muito tempo. Em agosto de 1938, Stanislávski morreu. Dentro de um ano, Meyerhold foi preso, torturado nos porões da Lubiánka e fuzilado. As discussões sobre o sistema foram interrompidas por décadas.

Essa discussão ganhou vida novamente em outro nível. O "grande livro", sua versão russa, permanece, em seu pensamento, um monumento significativo e provocante na cultura do teatro mundial. Ele foi combatido e modificado de todas as maneiras, mas ninguém que se preocupe seriamente com o ensino do teatro, em todo o mundo, pode se recusar a reconhecer o trabalho de K.S., assim como ninguém que seja interessado em química pode se recusar a reconhecer a tabela periódica criada por Dmítri Mendeliêiev. A comparação pode não ser totalmente apropriada, mas me parece essencialmente verdadeira.

Anatóli Smeliánski, PhD
Reitor do Estúdio-Escola do Teatro de Arte de Moscou, editor-chefe da nova edição russa das Obras reunidas de Stanislávski, em dez volumes.

1ª edição 2017 | **1ª reimpressão** junho de 2022 | **Fonte** Joanna MT
Papel Pólen 70 g/m² | **Impressão e acabamento** Imprensa da Fé